AF195275

 MARCO POLO HIGHLIGHTS 2 – 5

EUROPE MAP 1 : 2 000 000   8 – 99

Europe • Europa • Evropa • Európa

DISTANCES   12 – 13

Distances • Entfernungen • Distances • Distanze
Distancias • Distâncias • Vzdálenosti • Odległości
Udaljenosti • Razdalje • Távolságok • Afstande

CITY MAPS   100 – 148

Amsterdam	Dublin / Baile Átha Cliath	Luxembourg	Roma
Ankara	Frankfurt am Main	Lyon	Sankt Peterburg
Athína	Genève	Madrid	Sarajevo
Barcelona	Glasgow	Marseille	Sofija
Belfast	Hamburg	Milano	Stockholm
Beograd	Helsinki	Minsk	Tallinn
Berlin	İstanbul	Monaco/Monte Carlo	Tiranë
Bern	Kaliningrad	Moskva	València
Bonn	København	München	Venezia
Bratislava	Kyjiv	Oslo	Vilnius
Brussel / Bruxelles	Leipzig	Paris	Warszawa
Bucureşti	Lisboa	Praha	Wien
Budapest	Ljubljana	Reykjavík	Zagreb
Cardiff	London	Rīga	Zürich

ℹ   149 – 157

Travel information • Reiseinformationen • Informations voyageurs • Informazioni utili per il viaggio
Informações de viagem • Información turística • Reiseinformatie • Informacje dla podróżujących
Cestovní informace • Cestovné informácie • Potovalne informacije • Informacije za putnike

UNESCO WORLD HERITAGE   158 – 159

World Heritage • Welterbe • Patrimoine mondial • Patrimonio mondiale
Patrimonio de la humanidad • Patrimônio da humanidade • Světové dědictví • Obiekt światowego dziedzictwa
Svjetska baština • Svetovna dediščina • Világörökség • Verdensarv

A-Z   160 – 207

Index of place names • Ortsnamenverzeichnis • Index des localités • Indice dei luoghi
Índice de topónimos • Índice dos toponímicos • Register van plaatsnamen • Skorowidz miejscowości
Rejstřík sídel • Register sídiel • Kazalo naselij • Kazalo imena

MOTOR VEHICLE NATIONALITY LETTERS   161

Motor vehicle nationality letters • Internationale Autokennzeichen • Plaques de nationalité
Targhe automobilistiche internazionali • Targhe automobilistiche internazionali • Matrículas internacionals
Poznávací značky aut • Międzynarodowe znaki rejestracyjne • Međunarodnih registracijskih oznaka za cestovna vozila
Mednarodnih registrskih oznak za cestna vozila • Nemzetközi autójelzesek • Nationalitetsbetegnelser

★ MARCO POLO Highlights

★ 1 NORDKAPPLATÅET (N)

(UK) Unforgettable summer nights where the sun barely touches the sea

(D) Sommernächte, in denen die Sonne kaum das Meer berührt – ein unvergessliches Erlebnis!

(F) Des nuits d'été quand le soleil touche à peine la mer – inoubliable!

(I) Le notti d'estate, quando il sole sfiora appena il mare - sono indimenticabili!

★ 2 REYKJAVÍK (IS)

(UK) The northernmost capital city in the world is home to many museums and the Hallgrímskirkja.

(D) Die am nördlichsten gelegene Hauptstadt der Welt beherbergt viele Museen und auch die Hallgrímskirkja.

(F) La capitale la plus septentrionale du monde abrite de nombreux musées ainsi que la Hallgrímskirkja.

(I) La capitale più settentrionale del mondo ospita numerosi musei e la Hallgrímskirkja.

★ 3 OSLO (N)

(UK) A small capital at the head of the Oslofjord, surrounded by stunning countryside.

(D) Kleine Hauptstadt – tolles Umland: Vom Oslofjord geht's hinauf bis zum Holmenkollen.

(F) Petite capitale – magnifique environnement: de l'Oslo-Fjord on grimpe au Holmenkollen.

(I) Piccola capitale – grandi dintorni: dall'Oslofjord all'Holmenkollen.

★ 4 STOCKHOLM (S)

(UK) The 'Venice of the north' offers the old town of Gamla Stan, the prestigious Strandvägen quarter, museums, and countless small islands of the coast.

(D) Altstadt Gamla Stan, Nobel quartier, Museen, Schären ... das „Venedig des Nordens" lädt ein.

(F) La vieille ville Gamla Stan, le quartier noble, les musées, les archipels ... la «Venise du Nord» vous invite.

(I) Gamla Stan, il centro storico, il quartiere elegante, i musei, l'arcipelago ... la "Venezia del Nord" vi invita.

★ 5 HELSINKI (FIN)

(UK) Major attractions include the Rock Church, carved into a hillside of solid granite, the massive Senate Square, and the island fortress of Suomenlinna, now a World Cultural Heritage Site.

(D) Felsenkirche und Senatsplatz, dazu das Weltkulturerbe Suomenlinna sind die Attraktionen.

(F) L'église construite dans les rochers et la place du sénat avec le patrimoine culturel mondial Suomenlinna sont les attractions ici.

(I) La Chiesa della Roccia e la Piazza del Senato, oltre al sito di Suomenlinna, Patrimonio dell'Umanità, sono le attrazioni.

★ 6 KURŠIŲ NERIJA (LT)

(UK) The UNESCO World Heritage Site offers an extensive beach, hotels and campsites.

(D) Das UNESCO-Weltkulturerbe bietet einen weitläufigen Strand, Hotels und Campingplätze.

(F) Ce site classé au patrimoine mondial de l'UNESCO offre une vaste plage, des hôtels et des campings.

(I) Il sito, patrimonio mondiale dell'UNESCO, offre un'ampia spiaggia, hotel e campeggi.

★ 7 BLÅVAND, VEJERS STRAND, HENNE STRAND (DK)

(UK) Nothing but sand, dunes, wind and sea – as far as the eye can see.

(D) Nichts als Sand, Dünen, Wind und Meer – so weit das Auge reicht.

(F) Rien d'autre que sable, dunes, vent et mer – à perte de vue.

(I) Solo sabbia, dune, vento e mare a perdita d'occhio.

★ 8 GRAMPIAN MOUNTAINS (UK)

(UK) Awe-inspiring mountain range with expansive moors and heathland in central Scotland.

(D) Eine fantastische Bergwelt mit weiten Moor- und Heidelandschaften im mittleren Schottland.

(F) Des montagnes fantastiques avec de vastes paysages de marécages et de landes au centre de l'Écosse.

(I) Fantastici scenari montani con vasti paesaggi di brughiere e lande nella Scozia centrale.

★ 9 DUBLIN - BAILE ÁTHA CLIATH (IRL)

(UK) Boasting the National Gallery, Old Library and the Temple Bar – the place to go for night life – Dublin is outstanding.

(D) National Gallery, Old Library und das Szeneviertel Temple Bar – Dublin ist toll!

(F) National Gallery, Old Library et Temple Bar – Le quartier de la vie nocturne – Dublin est fantastique!

(I) La National Gallery, la Old Library e lo Temple Bar – Dublino è un posto da non perdere!

★ 10 LONDON (UK)

(UK) Big Ben, Tower Bridge and the British Museum are just three of the top attractions in London.

(D) Big Ben, Tower Bridge und British Museum sind nur drei der vielen Top-Ziele in London.

🇫 Pour ne nommer que trois des nombreux attractions de Londres: Big Ben, Tower Bridge, British Museum.

🇮 Il Big Ben, il Tower Bridge e il British Museum sono solo tre delle tante destinazioni top di Londra.

⭐ 11 BRUSSEL · BRUXELLES (B)

🇬🇧 The Atomium, Manneken Pis, and headquarters of the EU alone make the 'capital of Europe' well worth a visit.

🇩🇪 Atomium, Manneken Pis, Sitz der EU – die „Hauptstadt Europas" lohnt einen Besuch.

🇫 Atomium, Manneken Pis, siège de la UE – la «capitale de l'Europe» vaut le détour.

🇮 Atomium, Manneken Pis, sede dell'UE - la "capitale d'Europa" merita una visita.

⭐ 12 AMSTERDAM (NL)

🇬🇧 Boasting the Rijksmuseum, Van Gogh Museum, Nieuwmarkt and Canal Ring area, Amsterdam has many attractions for visitors.

🇩🇪 Rijksmuseum, Van Gogh Museum, Nieuwmarkt und Grachtenring … Amsterdam hat viele Highlights!

🇫 Rijksmuseum, Musée Van-Gogh, Nieuwmarkt et le quartier des canaux concentriques du 17ème siècle … Amsterdam a tant d'attraits!

🇮 Rijksmuseum, Van Gogh Museum, Nieuwmarkt e Grachtenring … Amsterdam ha molte attrazioni!

⭐ 13 BERLIN (D)

🇬🇧 The 'Museum Island', châteaus and parks, and historical buildings alongside modern architecture in the world metropolis of Berlin.

🇩🇪 Museumsinsel, Schlösser und Parks, Historisches und Berliner Moderne: eine Weltmetropole.

🇫 L'île aux Musées, des châteaux et des parcs, des temps anciens et modernes à Berlin – une métropole.

🇮 Isola dei musei, palazzi e parchi, Berlino storica e moderna: una metropoli mondiale.

⭐ 14 WARSZAWA (PL)

🇬🇧 The Polish capital sits astride the Vistula River and boasts highlights such as the Old Market, the Palace of Culture and the Royal Palace.

🇩🇪 Alter Markt, Kulturpalast, Königsschloss und zahlreiche Museen sowie charmante Altstadtgassen sind Highlights der Weichselmetropole.

🇫 Les attraits de la capitale aux berges de la Vistule sont le vieux marché, le palace de la culture et le palace royal.

🇮 La Piazza del Mercato Vecchio, il Palazzo della Cultura e il Castello Reale sono i punti salienti della metropoli della Vistola.

⭐ 15 KRAKÓW (PL)

🇬🇧 The Main Market, Cloth Halls, National Museum and the Castle Hill are a 'must see' for visitors to the city.

🇩🇪 Tuchhallen und Hauptmarkt, Nationalmuseum und Burgberg muss man gesehen haben.

🇫 Il faut absolument voir les Halles aux Draps, le marché principal, le musée national et la colline du château.

🇮 Tuchhallen e Hauptmarkt, il Museo Nazionale e il Collina del castello sono tappe obbligate.

⭐ 16 PRAHA (CZ)

🇬🇧 The Hradčany, the 'Golden Heart of Central Europe', sits enthroned above the city on the banks of the Vltava river.

🇩🇪 Über der Moldaumetropole, dem „Goldenen Herz Mitteleuropas", thront der Hradschin, eine beeindruckende mittelalterliche Burganlage.

🇫 Au-dessus de la métropole au bord de la rivière Vltava, «le coeur doré de l'Europe centrale», trône le Hradschin.

🇮 Il castello di Hradčany sovrasta la metropoli della Moldava, il "cuore d'oro dell'Europa centrale".

⭐ 17 PARIS (F)

🇬🇧 The visitor to Paris is spoilt for choice: the Eiffel Tower and the Louvre, and on the outskirts La Défense, Versailles, and Disneyland.

🇩🇪 Der Paris-Besucher hat die Qual der Wahl: Eiffelturm, Louvre, La Défense, Versailles und Disneyland.

🇫 Le visiteur à Paris a l'embarras du choix : Tour Eiffel, Louvre, La Défense, Versailles et Disneyland.

🇮 Il visitatore a Parigi ha l'imbarazzo della scelta: Torre Eiffel, Louvre, La Défense, Versailles e Disneyland.

⭐ 18 BODENSEE (D)

🇬🇧 The 'Swabian Sea' with wonderful trails along the shore, world heritage sites and the garden island of Mainau.

🇩🇪 Das „Schwäbische Meer" mit tollen Uferstrecken, zwei Welterbestätten und einer Blumeninsel.

🇫 La «mer Souabe» avec de superbes chemins longeant le bord, deux sites classés patrimoine mondial et une île pleine de fleurs.

🇮 Il "Mare Svevo" con fantastici tratti di costa, due siti Patrimonio dell'Umanità e un'isola dei fiori.

MARCO POLO Highlights | 3

★ 19 WIEN (A)

🇬🇧 Vienna is a must see for any visitor, combining the glory of the Habsburg monarchy, St. Stephen's Cathedral, and breathtaking museums.

🇩🇪 In Wien sind die Habsburgerpracht, der Stephansdom und das atemberaubende Museumsareal einfach ein Muss bei einem Besuch!

🇫🇷 La gloire de la monarchie des Habsbourg, la Cathédrale Saint Étienne de Vienne et la zone des musées belle à couper le souffle – c'est un «must»!

🇮🇹 Lo splendore asburgico, la Cattedrale di Santo Stefano, l'area museale mozzafiato e i suggestivi caffè storici: semplicemente un must!

★ 20 BUDAPEST (H)

🇬🇧 The Hungarian capital is packed with important works of art and historical monuments.

🇩🇪 Ungarns Hauptstadt verzaubert mit ihrer Pracht, der Donau ... und den Kaffeehäusern.

🇫🇷 La capitale hongroise attire avec une multitude d'oeuvres d'art et de monuments historiques.

🇮🇹 La capitale dell'Ungheria incanta con il suo splendore, il Danubio ... e i caffè.

★ 21 SIGHIȘOARA (RO)

🇬🇧 The little medieval town clings to the Transylvanian hillside like a collection of dolls houses.

🇩🇪 Das Siebenbürger Städtchen klebt wie eine mittelalterliche Puppenstube an seinem Berg.

🇫🇷 La petite ville de la Transylvanie colle à sa colline comme une maison de poupées du Moyen Âge.

🇮🇹 La piccola città transilvana è aggrappata alla sua montagna come una casa di bambola medievale.

★ 22 DUBROVNIK (HR)

🇬🇧 The queen of the Eastern Adriatic with palaces, churches, museums, and ancient fortified walls.

🇩🇪 Die Königin der östlichen Adria mit Wehrmauern, Palazzi, Kirchen und Museen.

🇫🇷 La reine de la mer Adriatique de l'Est avec murs fortifiés, palais, églises et musées.

🇮🇹 La regina dell'Adriatico orientale con mura fortificate, palazzi, chiese e musei.

★ 23 ROMA (I)

🇬🇧 The 'Eternal City' with the world's smallest state, the world's largest cathedral, and much more.

🇩🇪 Die „Ewige Stadt" mit dem größten Dom, dem kleinsten Staat und vielem mehr.

🇫🇷 La «Ville éternelle» avec la plus grande cathédrale, le plus petit état et tant d'autres choses à voir.

🇮🇹 La "Città Eterna" con la più grande cattedrale, il più piccolo Stato e molto altro ancora.

★ 24 CÔTE D'AZUR (F)

🇬🇧 The glamorous towns of Nice and Cannes lie on this spectacular coastline by the azure blue sea.

🇩🇪 Azurblaues Meer, spektakuläre Küste und glamouröse Städte wie Nizza und Cannes.

🇫🇷 Une mer d'azur, une côte spectaculaire et des villes de glamour comme Nice et Cannes.

🇮🇹 Un mare azzurro, una costa spettacolare e città affascinanti come Nizza e Cannes.

★ 25 BARCELONA (E)

🇬🇧 Gaudí's Art Nouveau buildings, the old town, port and Rambla, combine with stunning coastline to give Barcelona a unique atmosphere.

🇩🇪 Gaudís Jugendstilbauten, Altstadt, Hafen und Rambla, dazu das Meer und jede Menge Flair ...

🇫🇷 Les bâtiments Art Nouveau de Gaudí, vieille ville, port et rambla, avec cela la mer et beaucoup d'ambiance ...

🇮🇹 Gli edifici in stile Art Nouveau di Gaudí, il centro storico, il porto e la Rambla, oltre al mare e all'atmosfera ...

★ 26 LISBOA (P)

🇬🇧 The white town on the Tejo river is the heart of Portugal and has beaches, the Cabo da Roca and Sintra are close by.

🇩🇪 Die weiße Stadt am Tejo ist das Herz Portugals; Strände, Cabo da Roca und Sintra sind nahe.

🇫🇷 La ville blanche au bord de la rivière Tejo est le coeur du Portugal; les plages, Cabo da Roca et Sintra sont proches.

① La città bianca sul Tago è il cuore del Portogallo; le spiagge, Cabo da Roca e Sintra sono vicine.

⭐ 27 SICILIA ①

🇬🇧 Greek temples and Roman mosaics, quiet beaches and magnificent historic cities.

🇩🇪 Griechische Tempel und römische Mosaiken, stille Strände und prunkvolle Städte.

🇫🇷 Des temples grecs et des mosaïques romains, des plages tranquilles et des villes somptueuses.

① Templi greci e mosaici romani, spiagge tranquille e città magnifiche.

⭐ 28 ΑΚΡΟΠΟΛΗ ΤΗΣ ΑΘΗΝΑΣ - AKROPOLIS 🇬🇷

🇬🇧 The four temples dominating Athens bear witness to the glory of ancient Greece.

🇩🇪 Vier Tempel auf einem Fels über Athen haben Griechenlands antiken Glanz bewahrt.

🇫🇷 Les quatre temples sur un rocher dominant la vieille ville d'Athènes ont gardé l'ancien éclat de la Grèce.

① Quattro templi su una roccia sopra il centro storico di Atene hanno preservato l'antico splendore della Grecia.

⭐ 29 İSTANBUL 🇹🇷

🇬🇧 The metropolis on the Golden Horn combines oriental charm and cosmopolitan flair.

🇩🇪 Die Metropole am Goldenen Horn lockt mit orientalischem Charme und weltstädtischem Flair.

🇫🇷 La métropole située sur la Corne d'Or attire les visiteurs avec charme oriental et ambiance cosmopolite.

① La metropoli sul Corno d'Oro attrae i visitatori con il suo fascino orientale e la sua atmosfera cosmopolita.

⭐ 30 ΑΦΟΣ - PAPHOS 🇬🇷

🇬🇧 With its ancient architecture, the harbour city in the southwest of the Republic of Cyprus is a UNESCO World Heritage Site.

🇩🇪 Die Hafenstadt im Südwesten der Republik Zypern ist mit ihrer beeindruckenden antiken Architektur ein UNESCO-Weltkulturerbe.

🇫🇷 Cette ville portuaire située au sud-ouest de la République de Chypre est inscrite au patrimoine mondial de l'UNESCO pour son architecture antique.

① Con la sua architettura antica, la città portuale nel sud-ovest di Cipro è patrimonio UNESCO, ricca di storia, cultura e fascino mediterraneo.

MARCO POLO Highlights | 5

FRANCE
FRANKREICH
FRANCIA
1 : 300 000

ISBN: 978-3-575-02059-8

MARCO POLO

BELGIUM, NETHERLANDS, LUXEMBOURG
BELGIEN, NIEDERLANDE, LUXEMBURG

BELGIQUE, PAYS-BAS, LUXEMBOURG
BELGIO, PAESI BASSI, LUSSEMBURGO

1 : 200 000

ISBN: 978-3-575-01908-0

1 : 2 000 000

BLATTÜBERSICHT — KEY MAP — CARTE D'ASSEMBLAGE — QUADRO D'UNIONE
MAPA ÍNDICE — ÍNDICE DE MAPA — KLAD MAPOVÝCH LISTŮ — SKOROWIDZ ARKUSZY
PREGLED LIST — PREGLED LISTOV — ÁTTEKINTŐTÉRKÉP — OVERSIGTSKORT

1 : 2 000 000

Zeichenerklärung / Legend / Légende / Segni convenzionali

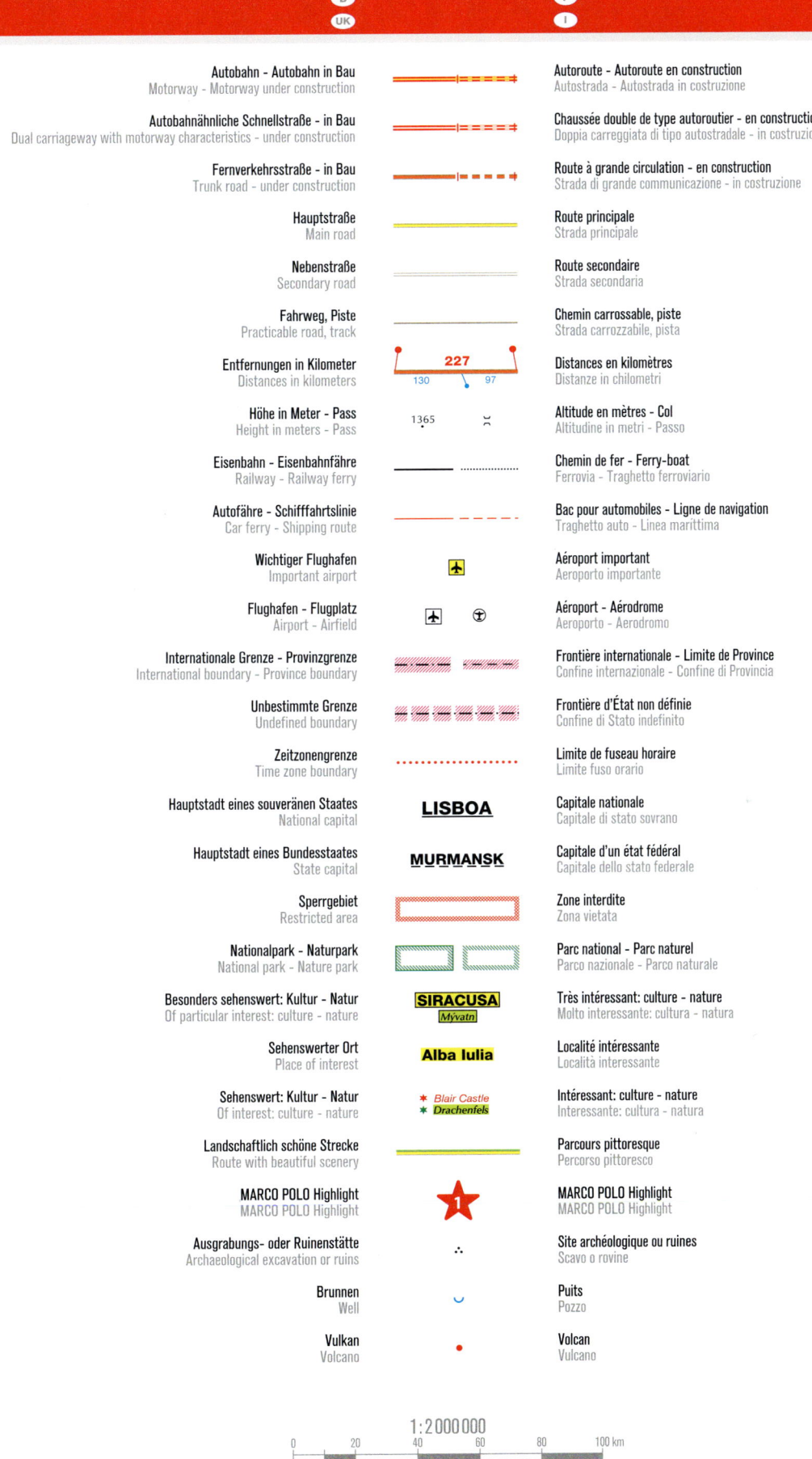

German / English	Symbol	French / Italian
Autobahn - Autobahn in Bau / Motorway - Motorway under construction		Autoroute - Autoroute en construction / Autostrada - Autostrada in costruzione
Autobahnähnliche Schnellstraße - in Bau / Dual carriageway with motorway characteristics - under construction		Chaussée double de type autoroutier - en construction / Doppia carreggiata di tipo autostradale - in costruzione
Fernverkehrsstraße - in Bau / Trunk road - under construction		Route à grande circulation - en construction / Strada di grande comunicazione - in costruzione
Hauptstraße / Main road		Route principale / Strada principale
Nebenstraße / Secondary road		Route secondaire / Strada secondaria
Fahrweg, Piste / Practicable road, track		Chemin carrossable, piste / Strada carrozzabile, pista
Entfernungen in Kilometer / Distances in kilometers	227 / 130 / 97	Distances en kilomètres / Distanze in chilometri
Höhe in Meter - Pass / Height in meters - Pass	1365	Altitude en mètres - Col / Altitudine in metri - Passo
Eisenbahn - Eisenbahnfähre / Railway - Railway ferry		Chemin de fer - Ferry-boat / Ferrovia - Traghetto ferroviario
Autofähre - Schifffahrtslinie / Car ferry - Shipping route		Bac pour automobiles - Ligne de navigation / Traghetto auto - Linea marittima
Wichtiger Flughafen / Important airport	✈	Aéroport important / Aeroporto importante
Flughafen - Flugplatz / Airport - Airfield	✈ ⊙	Aéroport - Aérodrome / Aeroporto - Aerodromo
Internationale Grenze - Provinzgrenze / International boundary - Province boundary		Frontière internationale - Limite de Province / Confine internazionale - Confine di Provincia
Unbestimmte Grenze / Undefined boundary		Frontière d'État non définie / Confine di Stato indefinito
Zeitzonengrenze / Time zone boundary		Limite de fuseau horaire / Limite fuso orario
Hauptstadt eines souveränen Staates / National capital	LISBOA	Capitale nationale / Capitale di stato sovrano
Hauptstadt eines Bundesstaates / State capital	MURMANSK	Capitale d'un état fédéral / Capitale dello stato federale
Sperrgebiet / Restricted area		Zone interdite / Zona vietata
Nationalpark - Naturpark / National park - Nature park		Parc national - Parc naturel / Parco nazionale - Parco naturale
Besonders sehenswert: Kultur - Natur / Of particular interest: culture - nature	SIRACUSA / Mývatn	Très intéressant: culture - nature / Molto interessante: cultura - natura
Sehenswerter Ort / Place of interest	Alba Iulia	Localité intéressante / Località interessante
Sehenswert: Kultur - Natur / Of interest: culture - nature	★ Blair Castle / ★ Drachenfels	Intéressant: culture - nature / Interessante: cultura - natura
Landschaftlich schöne Strecke / Route with beautiful scenery		Parcours pittoresque / Percorso pittoresco
MARCO POLO Highlight / MARCO POLO Highlight	★1	MARCO POLO Highlight / MARCO POLO Highlight
Ausgrabungs- oder Ruinenstätte / Archaeological excavation or ruins	∴	Site archéologique ou ruines / Scavo o rovine
Brunnen / Well		Puits / Pozzo
Vulkan / Volcano	•	Volcan / Vulcano

1 : 2 000 000

0 20 40 60 80 100 km
0 10 20 30 40 50 60 miles

1 : 2 000 000

Signos convencionales Sinais convencionais		Vysvětlivky Objaśnienia znaków
E P		CZ PL
Autopista - Autopista en construcción Auto-estrada - Auto-estrada em construção		Dálnice - Dálnice ve stavbě Autostrada - Autostrada w budowie
Autovía - en construcción Via rápida de faixas separadas - em construção		Dvouproudá silnice dálnicového typu - ve stavbě Droga szybkiego ruchu - w budowie
Ruta de larga distancia - en construcción Itinerário principal - em construção		Dálková silnice - ve stavbě Droga dalekobieżna - w budowie
Carretera principal Estrada principal		Hlavní silnice Droga główna
Carretera secundaria Estrada secundária		Vedlejší silnice Droga drugorzędna
Camino vecinal, pista Caminho, pista		Vozová cesta, vyježděná cesta Droga bita, szlaka
Distancias en kilómetros Distâncias em quilómetros	227 130 97	Vzdálenosti v kilometrech Odległości w kilometrach
Altura en metros - Puerto de montaña Altura em metros - Passagem	1365	Výška v metrech - Průsmyk Wysokości w metrach - Przełęcz
Ferrocarril - Transbordador para ferrocarriles Linha ferroviária - Comboios balsa		Železnice - Vlakový trajekt Kolej - Prom kolejowy
Ferry - Ruta marítima Balsa de carro - Linha de navegação		Říční přívoz pro auta - Lodní linka Prom samochodowy - Linia żeglugowa
Aeropuerto importante Aeroporto principal		Důležité letiště Ważny port lotniczy
Aeropuerto - Aeródromo Aeroporto - Aeródromo		Dopravní letiště - Přistávací plocha Port lotniczy - Lotnisko
Frontera internacional - Frontera provincial Fronteira internacional - Fronteira provincial		Mezinárodní hranice - Hranice provincie Granica międzynarodowa - Granica prowincji
Frontera indeterminada Fronteira indeterminada		Neurčitá hranice Granica nieustalona
Límite del huso horario Limite de fuso horário		Hranice časového pásma Granica strefy czasowej
Capital de un estado soberano Capital de estado soberano	LISBOA	Hlavní město suverenního státu Stolica państw niezależnych
Capital de estado Capital de estado federal	MURMANSK	Hlavní město spolkového státu Stolica stanów federalnych
Zona prohibida Área proibida		Zakázaný prostor Obszar zamknięty
Parque nacional - Parque natural Parque nacional - Parque natural		Národní park - Přírodní park Park narodowy - Park krajobrazowy
De interés especial: cultura - natura De interesse especial: cultura - natureza	SIRACUSA Mývatn	Turisticky pozoruhodný: kultura - příroda Szczególnie interesujący: kultura - przyroda
Población de interés Povoação interessante	Alba Iulia	Turisticky zajímavá lokalita Miejscowość interesująca
De interés: cultura - natura Interessante: cultura - natureza	Blair Castle Drachenfels	Zajímavý: kultura - příroda Interesujący: kultura - przyroda
Ruta pintoresca Itinerário pitoresco		Úsek silnice s pěknou scenérií Droga piękna widokowa
MARCO POLO Highlight MARCO POLO Highlight	1	MARCO POLO Highlight MARCO POLO Highlight
Escavación o ruinas historicas Sítio de escavações ou ruínas		Archeologické naleziště nebo ruiny Wykopalisko albo ruina
Fuente Poço		Studny Studnie
Volcán Vulcão		Sopka Wulkan

1:2 000 000

0 20 40 60 80 100 km

0 10 20 30 40 50 60 miles

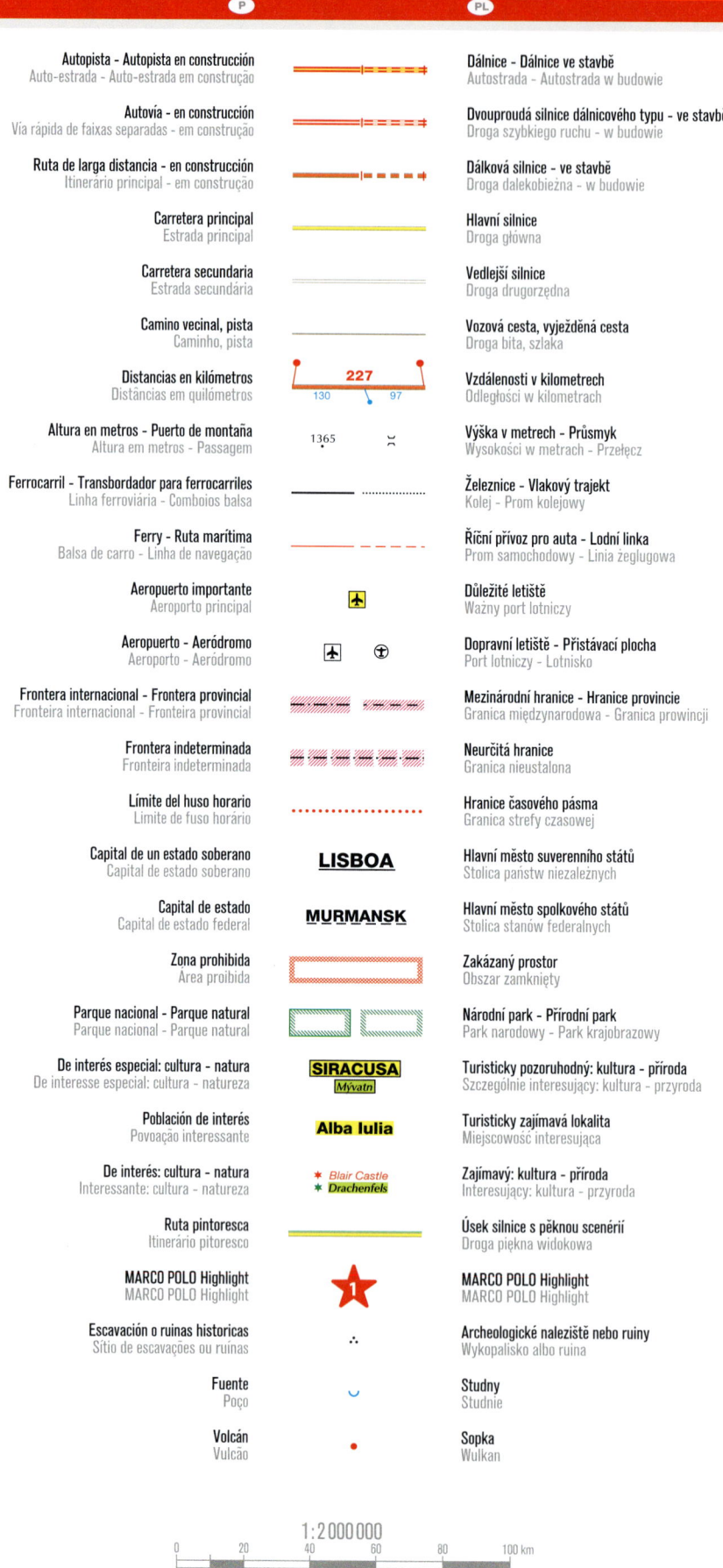

1 : 2 000 000

Objašnjenja / Legenda — Jelmagyarázat / Tegnforklaring

HR / SLO		H / DK
Autocesta - Autocesta u izgradnji Avtocesta - Avtocesta v gradnji		Autópálya - építés alatt Motorvej - Motorvej under bygning
Četverotračna brza cesta - u izgradnji Hitra cesta - v gradnji		Gyorsforgalmi út autópályahoz hasonlóan - építés alatt Motortrafikvej med to vejbaner - under bygning
Magistralna cesta - u izgradnji Magistralna cesta - v gradnji		Távolsági összekötő út - építés alatt Fjerntrafikvej - under bygning
Glavna cesta Glavna cesta		Főútvonal Hovedvej
Lokalna cesta Stranska cesta		Mellékút Bivej
Provozni put, stazu Vozna pot, pobočja		Közlekedési út, ösvény Mindre vej, bane
Udaljenosti u kilometrima Razdalje v kilometrah	227 130 97	Kilométertávolság Afstænder i kilometer
Visina u metrima - Prijevoj Višina v metrih - Prelaz	1365	Magasság méterben - Szoros Højde i meter - Pas
Željeznička pruga - Dereglija za prevoženje vozova Železniška proga - Železniški trajekt		Vasútvonal - Vasúti komp Jernbanelinie - Jernbanefærge
Trajekt za automobile - Brodska pruga Trajekt za avtomobile - Ladijska proga		Autószallító komp - Hajózási vonal Bilfærge - Skibsrute
Važna zračna luka Pomembno mednarodno letališče		Fontos repülőtér Vigtig lufthavn
Zračna luka - Uzletište Mednarodno letališče - Letališče		Közlekedési repülőtér - Egyéb repülőtér Lufthavn - Flyveplads
Međunarodna granica - Pokrajina granica Mednarodna meja - Provinca meja		Nemzetközi határ - Körzethatár International grænse - Provinsgrænse
Neodređeno granica Nedoločen meje		Bizonytalan határ Ubestemt grænse
Ograničenje vremenske zone Časovni pas mejo		Időzónahatár Tidszonegrænse
Glavni grad suverene države Glavno mesto suverena država	LISBOA	Önálló állam fővárosa Suveræn stats hovedstad
Glavni grad savezne države Glavno mesto stanje	MURMANSK	Szövetsegi állam fővárosa Forbundsstats hovedstad
Zabranjeno područje Zaprto območje		Zárt terület Afspærret omrade
Nacionalni park - Prirodni park Narodni park - Naravni park		Nemzeti park - Természeti park Nationalpark - Naturpark
Osobito znamenito: kultura - priroda Posebej zanimivo: kultura - priroda	SIRACUSA Mývatn	Különleges látványosság: kultúra - természet Særlig seværdig: kultur - natur
Znamenito naselje Zanimivo naselje	Alba Iulia	Látványos település Seværdig by
Znamenito: kultura - priroda Zanimivo: kultura - priroda	Blair Castle Drachenfels	Látványos: kultúra - természet Seværdig: kultur - natur
Cesta u lijepom krajoliku Slikovita cesta		Természetileg szép szakasz Landskabelig smuk vejstrækning
MARCO POLO Highlight MARCO POLO Highlight	1	MARCO POLO Highlight MARCO POLO Highlight
Najidišč ali razvaline Najidišča ali razvaline	∴	Régészeti asatások és romhely Udgravnings- eller ruinsted
Vodnjak Vodnjak		Kút Brønd
Vulkan Vulkan		Vulkán Vulkan

1:2 000 000

0 20 40 60 80 100 km

0 10 20 30 40 50 60 miles

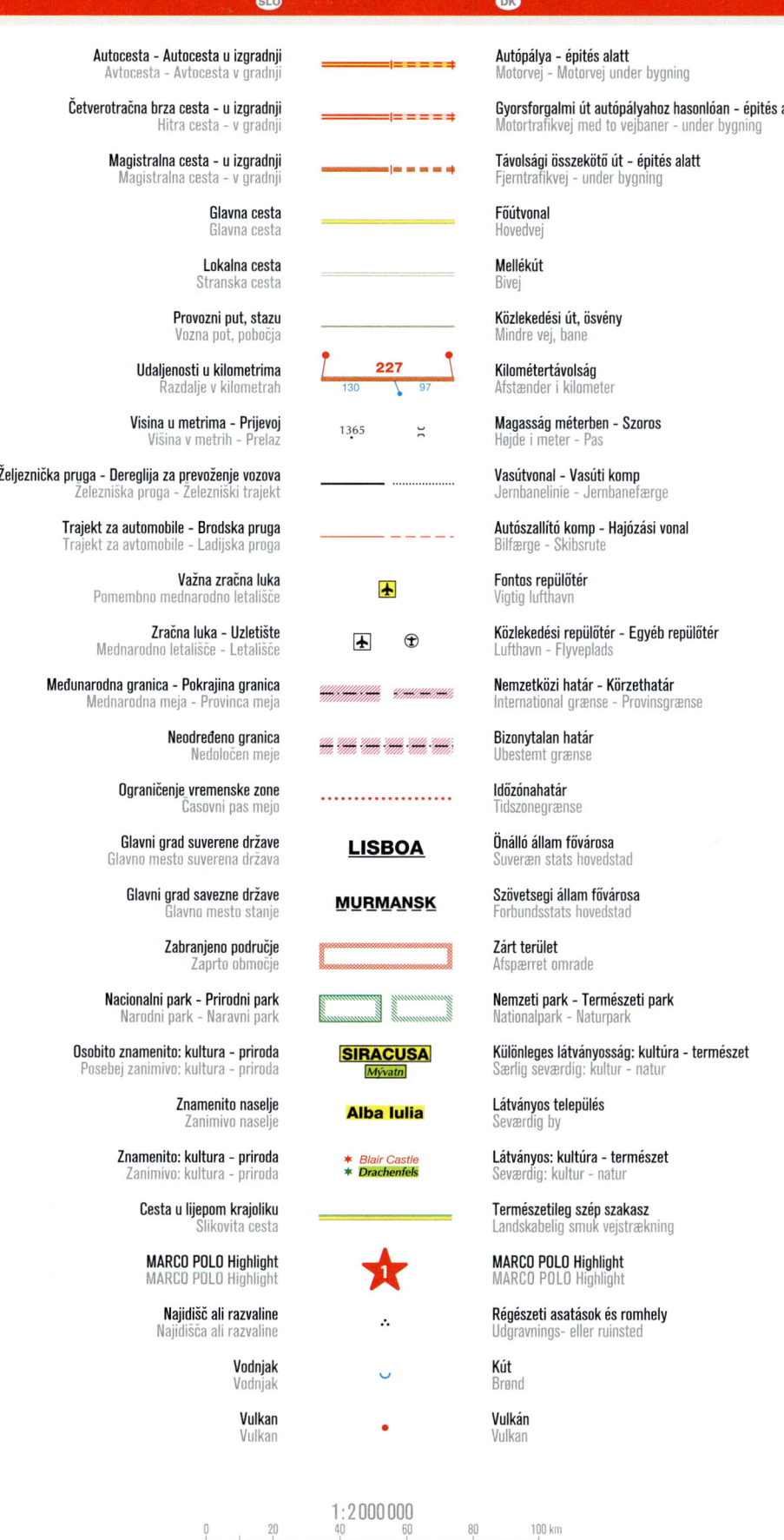

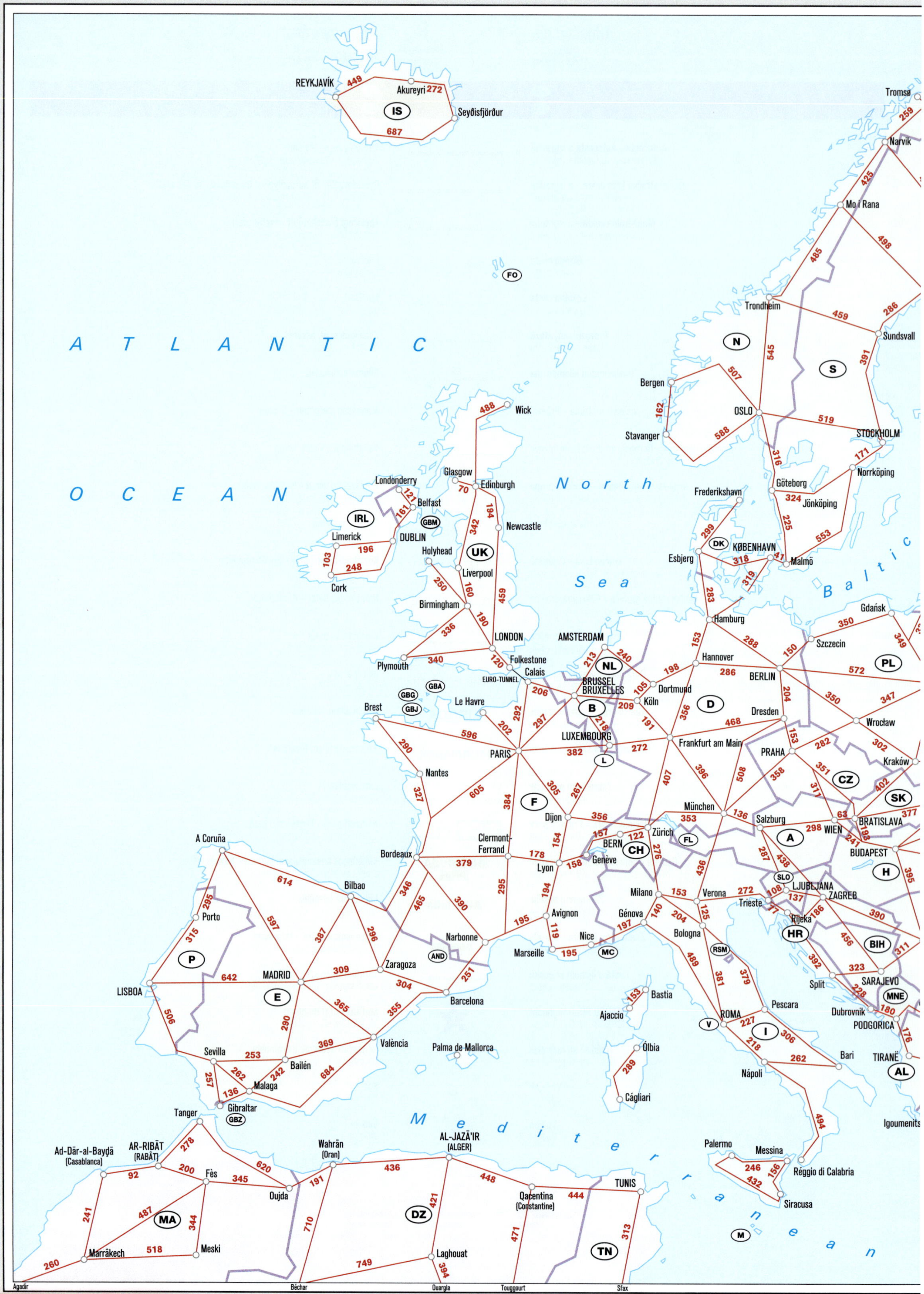

A T L A N T I C
O C E A N
N o r t h
S e a
B a l t i c
M e d i t e r r a n e a n
REYKJAVÍK
Akureyri
Seyðisfjörður
IS
FO
Tromsø
Narvik
Mo i Rana
Trondheim
Sundsvall
N
S
Bergen
OSLO
Stavanger
STOCKHOLM
Norrköping
Göteborg
Jönköping
Frederikshavn
DK
KØBENHAVN
Malmö
Esbjerg
Wick
Glasgow
Edinburgh
Londonderry
Belfast
IRL
GBM
Limerick
DUBLIN
Newcastle
Holyhead
UK
Liverpool
Cork
Birmingham
LONDON
AMSTERDAM
Plymouth
Folkestone
Calais
EURO-TUNNEL
GBA
GBG
GBJ
Brest
Le Havre
NL
BRUSSEL
BRUXELLES
B
Hamburg
Hannover
BERLIN
Dortmund
Köln
D
Dresden
Gdańsk
Szczecin
PL
Wrocław
Kraków
LUXEMBOURG
L
PARIS
Nantes
Frankfurt am Main
PRAHA
CZ
SK
F
Dijon
München
Salzburg
WIEN
BRATISLAVA
Bordeaux
Clermont-Ferrand
Lyon
BERN
CH
Zürich
FL
Genève
A
BUDAPEST
H
A Coruña
Bilbao
Porto
P
LISBOA
MADRID
E
Zaragoza
Narbonne
AND
Avignon
Marseille
Nice
MC
Milano
Génova
Verona
Trieste
SLO
LJUBLJANA
ZAGREB
Rijeka
HR
BIH
Bologna
RSM
Barcelona
València
Palma de Mallorca
Sevilla
Bailén
Malaga
Gibraltar
GBZ
Bastia
Ajaccio
Olbia
Cágliari
ROMA
V
I
Pescara
Nápoli
Bari
Split
SARAJEVO
MNE
Dubrovnik
PODGORICA
TIRANË
AL
Igoumenitsa
Palermo
Messina
Réggio di Calabria
Siracusa
M
Tanger
Ad-Dār-al-Bayḍā
(Casablanca)
AR-RIBĀT
(RABĀT)
Fès
Oujda
MA
Marrākech
Meski
Agadir
Wahrān
(Oran)
AL-JAZĀ'IR
(ALGER)
DZ
Laghouat
Béchar
Ouargla
Qacentina
(Constantine)
Touggourt
TUNIS
TN
Sfax

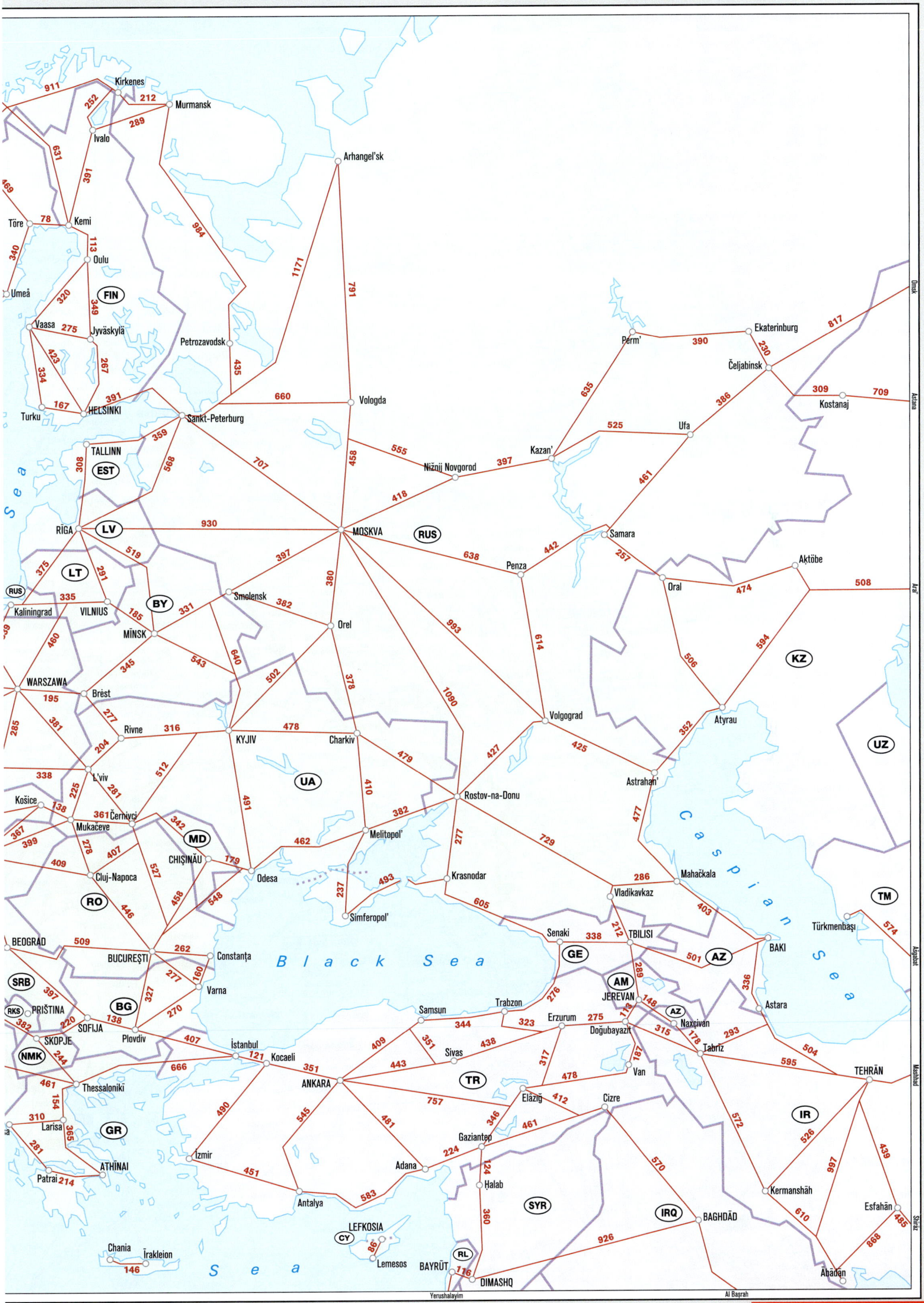
Kirkenes
Murmansk
Ivalo
Arhangel'sk
Töre
Kemi
Oulu
Umeå
FIN
Vaasa
Jyväskylä
Petrozavodsk
Turku
HELSINKI
Sankt-Peterburg
Vologda
TALLINN
EST
Nižnij Novgorod
Kazan'
Perm'
Ekaterinburg
Čeljabinsk
Kostanaj
Ufa
RIGA
LV
MOSKVA
RUS
Samara
Aktöbe
Penza
Oral
LT
RUS
Kaliningrad
VILNIUS
BY
MINSK
Smolensk
Orel
KZ
WARSZAWA
Brest
Volgograd
Atyrau
UZ
Rivne
KYJIV
Charkiv
L'viv
UA
Astrahan'
Košice
Mukačeve
Černivci
MD
Rostov-na-Donu
Melitopol'
CHIŞINĂU
Odesa
Cluj-Napoca
Krasnodar
Mahačkala
Vladikavkaz
RO
Simferopol'
TM
Türkmenbaşy
BEOGRAD
BUCUREŞTI
Constanţa
Senaki
TBILISI
GE
AZ
BAKI
SRB
Varna
AM
JEREVAN
RKS
PRIŠTINA
BG
SOFIJA
Samsun
Trabzon
AZ
Naxçivan
Astara
SKOPJE
Plovdiv
İstanbul
Erzurum
Doğubayazit
Tabriz
NMK
Kocaeli
Sivas
Van
TEHRĀN
ANKARA
TR
Thessaloniki
Elâziğ
Cizre
GR
Larisa
Gaziantep
IR
İzmir
Adana
Patrai
ATHĪNAI
Halab
Kermanshāh
Esfahān
Antalya
SYR
IRQ
BAGHDĀD
LEFKOSIA
CY
Lemesos
Chania
Īrakleion
RL
BAYRŪT
DIMASHQ
Ābādān
Yerushalayim
Al Başrah
Omsk
Astana
Aral'
Aşgabat
Mashhad
Shīrāz
Black Sea
Caspian Sea
Sea

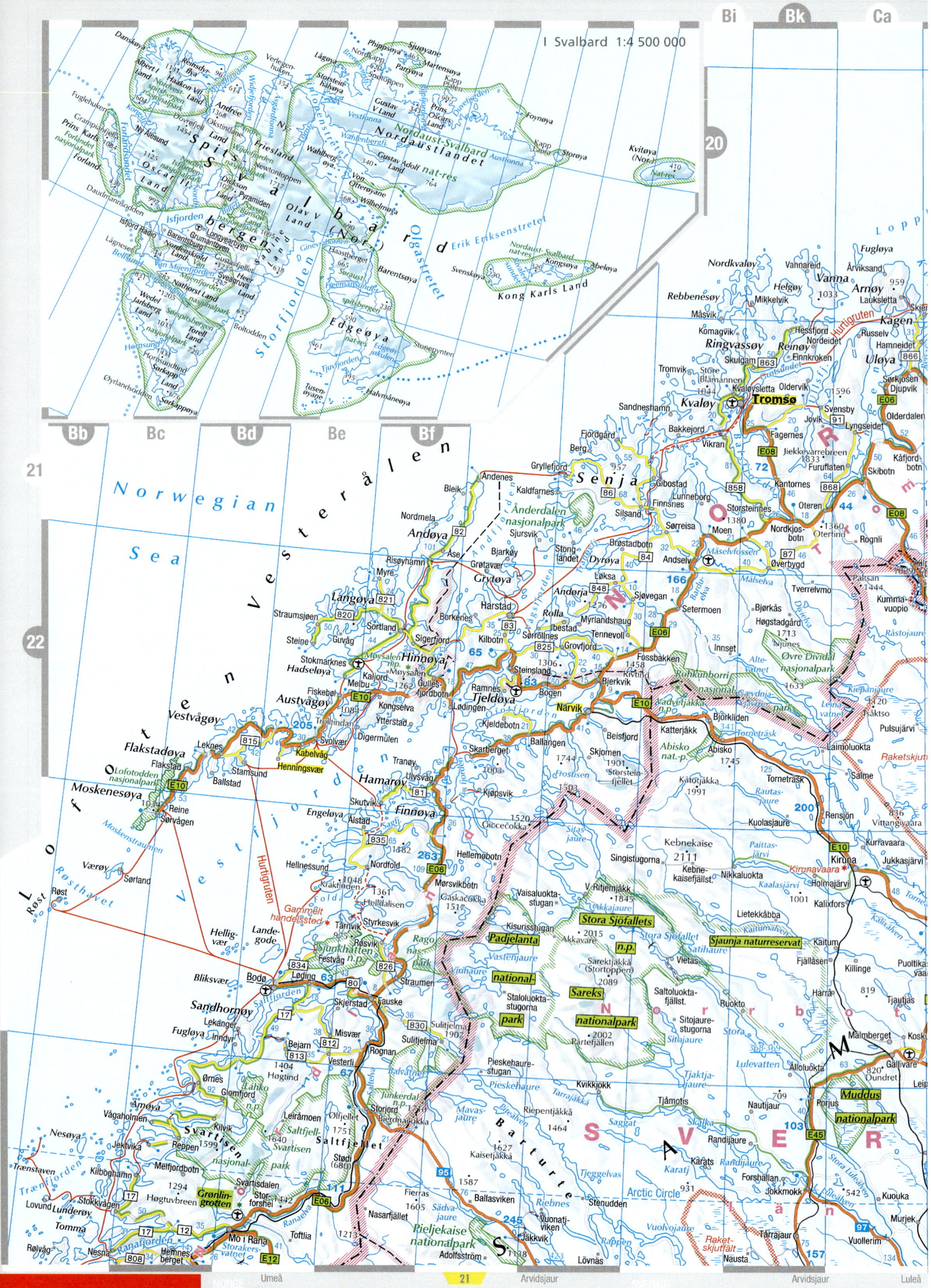
I Svalbard 1:4 500 000
Spitsbergen
Svalbard (Nor.)
Nordaustlandet
Nordaust-Svalbard nat-res
Sør-Spitsbergen nasjonalpark
Edgeøya
Barentsøya
Kong Karls Land
Kvitøya (Nor.)
Olgastretet
Erik Eriksenstretet
Storfjorden
Isfjorden
Longyearbyen
Barentsburg
Ny-Ålesund
Prins Karls Forland
Hopen
Norwegian Sea
Vesterålen
Lofoten
Vestfjorden
Andøya
Hinnøya
Langøya
Senja
Kvaløy
Ringvassøy
Tromsø
Narvik
Harstad
Bodø
Svolvær
Sortland
Stokmarknes
Andenes
Finnsnes
Moskenesøya
Flakstadøya
Vestvågøy
Austvågøy
Røst
Værøy
Hurtigruten
Saltfjellet
Svartisen
Mo i Rana
Fauske
Kiruna
Kebnekaise 2111
Abisko
Stora Sjöfallets n.p.
Padjelanta national park
Sarek nationalpark
Muddus nationalpark
Pieljekaise nationalpark
Sjaunja naturreservat
Arctic Circle
Jokkmokk
Gällivare
Norrbotten
Sverige
Norge
Umeå
21
Arvidsjaur
Luleå
0 10 20 30 40 50 km
0 10 20 30 miles

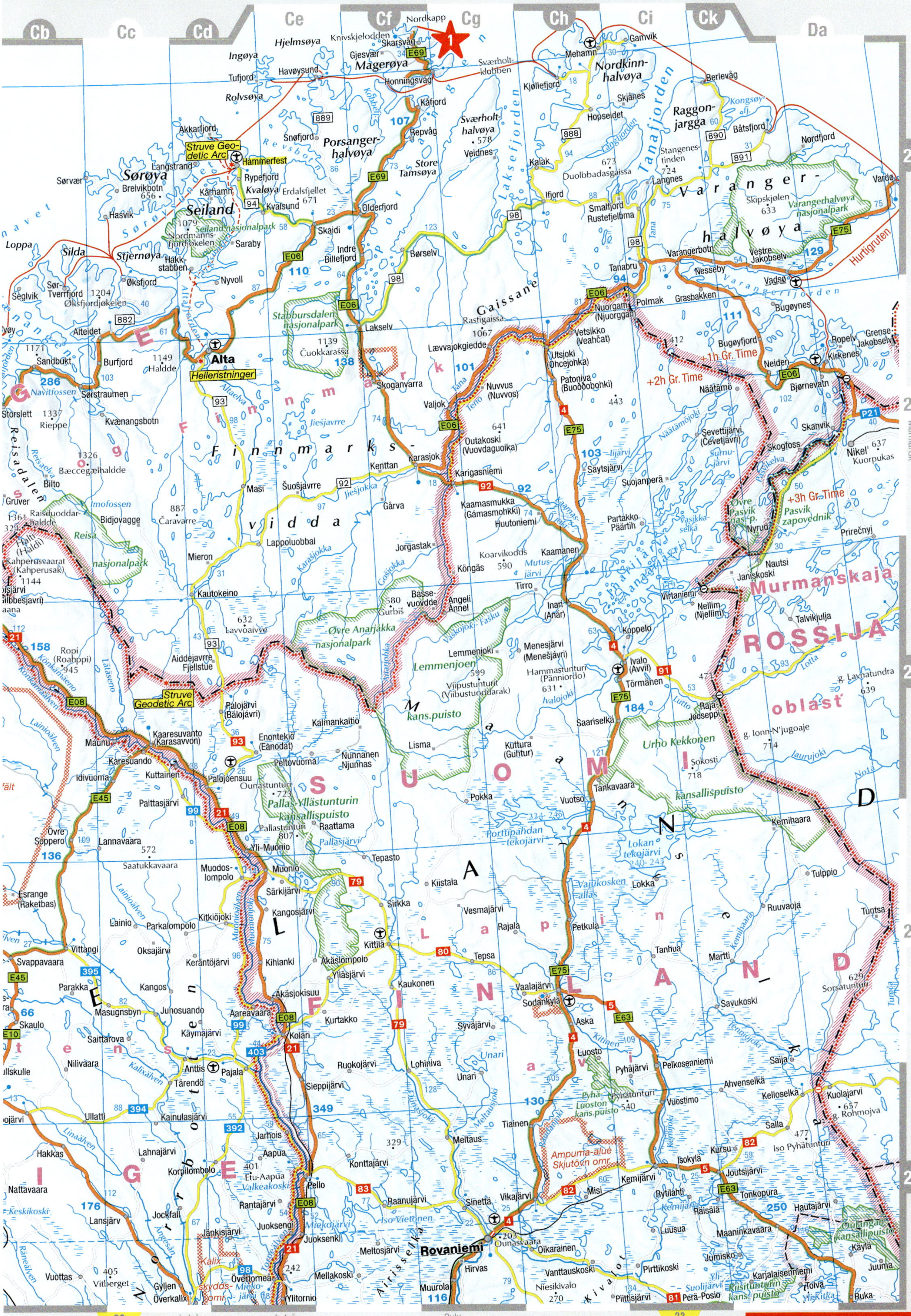
Cb
Cc
Cd
Ce
Cf
Cg
Ch
Ci
Ck
Da
20
21
22
23
24
Nordkapp
Hjelmsøya
Knivskjelodden
Skarsvåg
Ingøya
Gjesvær
Magerøya
Havøysund
Tufjord
Honningsvåg
Rolvsøya
Kåfjord
Akkarfjord
Snøfjord
Porsanger-halvøya
Repvåg
Struve Geodetic Arc
Hammerfest
Sørøya
Sørvær
Breivikbotn
Rypefjord
Kvaløya
Erdalsfjellet
Seiland
Hasvik
Kvalsund
Olderfjord
Seiland nasjonalpark
Nordmannsjøkelen
Saraby
Skaidi
Loppa
Silda
Stjernøya
Hakkstabben
Indre Billefjord
Øksfjord
Nyvoll
Sør-Tverrfjord
Øksfjordjøkelen
Seglvik
Alteidet
Stabbursdalen nasjonalpark
Lakselv
Čuokkarašša
Sandbukt
Burfjord
Halddde
Alta
Hellerristningen
Navitfossen
Sørstraumen
Storslett
Rieppe
Kvænangsbotn
Reisadalen
Bæccegalhalddo
Bilto
Finnmarksvidda
Masi
Šuošjavrre
Imofossen
Gruver
Bidjovagge
Čaravarre
Lappoluobbal
Reisa nasjonalpark
Raisduoddarhalddi
Halti (Haldi)
Kahperusvaarat (Kahperusak)
Mieron
Kautokeino
Lavvoaivve
Øvre Anarjakka nasjonalpark
Aiddejavrre Fjellstue
Ropi (Roahppi)
Struve Geodetic Arc
Palojärvi (Bálojávri)
Kaaresuvanto (Karasavvon)
Maunu
Karesuando
Enontekiö (Eanodat)
Kalmankaltio
Peltovuoma
Nunnanen Njunnas
Kuttainen
Palojoensuu
Ounastunturi
Idivuoma
Paittasjärvi
Pallas-Yllästunturin kansallispuisto
Övre Soppero
Lannavaara
Pallastunturi
Raattama
Yli-Muonio
Pallasjärvi
Saatukkavaara
Muodoslompolo
Muonio
Tepasto
Esrange (Raketbas)
Särkijärvi
Kiistala
Sirkka
Kangosjärvi
Kitkiöjoki
Lainio
Parkalompolo
Kittilä
Vesmajärvi
Rajala
Svappavaara
Vittangi
Oksajärvi
Keräntöjärvi
Kihlanki
Äkäslompolo
Tepsa
Parakka
Kangos
Ylläsjärvi
Kaukonen
Äkäsjoki
Masugnsbyn
Junosuando
Aareavaara
Skaulo
Käymäjärvi
Kolari
Kurtakko
Saittarova
Nilivaara
Anttis
Pajala
Tärendö
Ruokojärvi
Lohiniva
Unari
Sieppijärvi
Ullatti
Kainulasjärvi
Hakkas
Lahnajärvi
Korpilombolo
Jarhois
Aapua
Meltaus
Tiainen
Nattavaara
Lansjärv
Etu-Aapua
Pello
Konttajärvi
Rantajärvi
Raanujärvi
Jockfall
Jänkisjärvi
Juoksengi
Juoksenki
Sinettä
Vikajärvi
Misi
Rovaniemi
Ounasvaara
Oikarainen
Hirvas
Mellakoski
Meltosjärvi
Vuottas
Vitberget
Gyljen
Överkalix
Övertorneå
Ylitornio
Muurola
Vanttauskoski
Niesikivalo
Piittisjärvi
Perä-Posio
Pirttikoski
Karjalaisenniemi
Riisitunturin kans. puisto
Tolva
Buka
Kalix
Skyddsomr.
Ampuma-alue Skjutövn omr.
Kemijärvi
Rytilahti
Luusua
Maaninkavaara
Jumisko
Juuma
Kayla
Oulangan kansallispuisto
Hautajärvi
Tonkopuro
Joutsijärvi
Kursu
Isokylä
Iso Pyhätunturi
Salla
Kelloselkä
Kuolajarvi
Rohmojva
Ahvenselkä
Vuostimo
Pyhätunturi
Pyhä-Luosto kans.puisto
Luosto
Pyhäjärvi
Pelkosenniemi
Saija
Sodankylä
Aska
Vaalajärvi
Savukoski
Sorsatunturi
Martti
Tanhua
Petkula
Ruuvaoja
Tuntsa
Tulppio
Lokka
Vajukosken allas
Lokan tekojärvi
Porttipahdan tekojärvi
Pokka
Vuotso
Kemihaara
Tankavaara
Urho Kekkosen kansallispuisto
Sokosti
Saariselkä
Kuttura (Guhtur)
Lisma
Lemmenjoen kans.puisto
Lemmenjoki
Viipustunturi (Viibustuoddarak)
Menesjärvi (Menešjávri)
Hammastunturi (Pánniordo)
Ivalo (Avvil)
Törmänen
Raja-Jooseppi
Koppelo
Inari (Anár)
Tirro
Basse-vuovdde
Angeli Annel
Gurbiš
Köngäs
Koarvikodds
Mutusjärvi
Kaamanen
Jorgastak
Gárva
Kaamasmukka (Gámasmohkki)
Huutoniemi
Karigasniemi
Karasjok
Kenttan
Outakoski (Vuovdaguoika)
Nuvvus (Nuvvos)
Valjok
Skoganvarra
Lævvajokgiedde
Rastigaissa
Gaissane
Utsjoki (Ohcejohka)
Patoniva (Buođđobghki)
Vetsikko (Veahčat)
Nuorgam (Njuorggan)
Polmak
Tanabru
Grasbakken
Vadsø
Bugøynes
Bugøyfjord
Neiden
Kirkenes
Bjørnevatn
Ropelv
Jakobselv
Grense-Jakobselv
Nääatämö
Ševettijärvi (Čevetjávri)
Sevettijärvi
Skogfoss
Skanvik
Nikel'
Kuorpukas
Øvre Pasvik nas.-p.
Pasvik zapovednik
Nyrud
Prirečnyj
Nautsi
Janiskoski
Virtaniemi
Nellim (Njellim)
Talvikjulja
Murmanskaja
ROSSIJA
oblast'
g. Lavpatundra
g. Ionn-N'jugoaje
Saytsjärvi
Suojanperä
Partakko Päärtih
Inarijärvi
+1h Gr. Time
+2h Gr. Time
+3h Gr. Time
Varangerfjorden
Vestre Jakobselv
Nesseby
Varangerbotn
Varanger-halvøya
Varangerhalvøya nasjonalpark
Skipskjølen
Vardø
Hurtigruten
Nordfjord
Båtsfjord
Kongsøyfj.
Berlevåg
Raggon-jargga
Stangenes-tinden
Langnes
Tanafjorden
Smalfjord
Rustefjelbma
Ifjord
Duolbbadasgaissa
Kjøllefjord
Nordkinn-halvøya
Mehamn
Gamvik
Skjånes
Hopseidet
Kalak
Laksefjorden
Sværholt-halvøya
Sværholt-klubben
Veidnes
Store Tamsøya
Børselv
Porsangerfjorden
Finnmark
SUOMI
FINLAND
Lappi
Lapland
Norrbotten
Murmansk
SUOMI / FINLAND
Luleå
Oulu

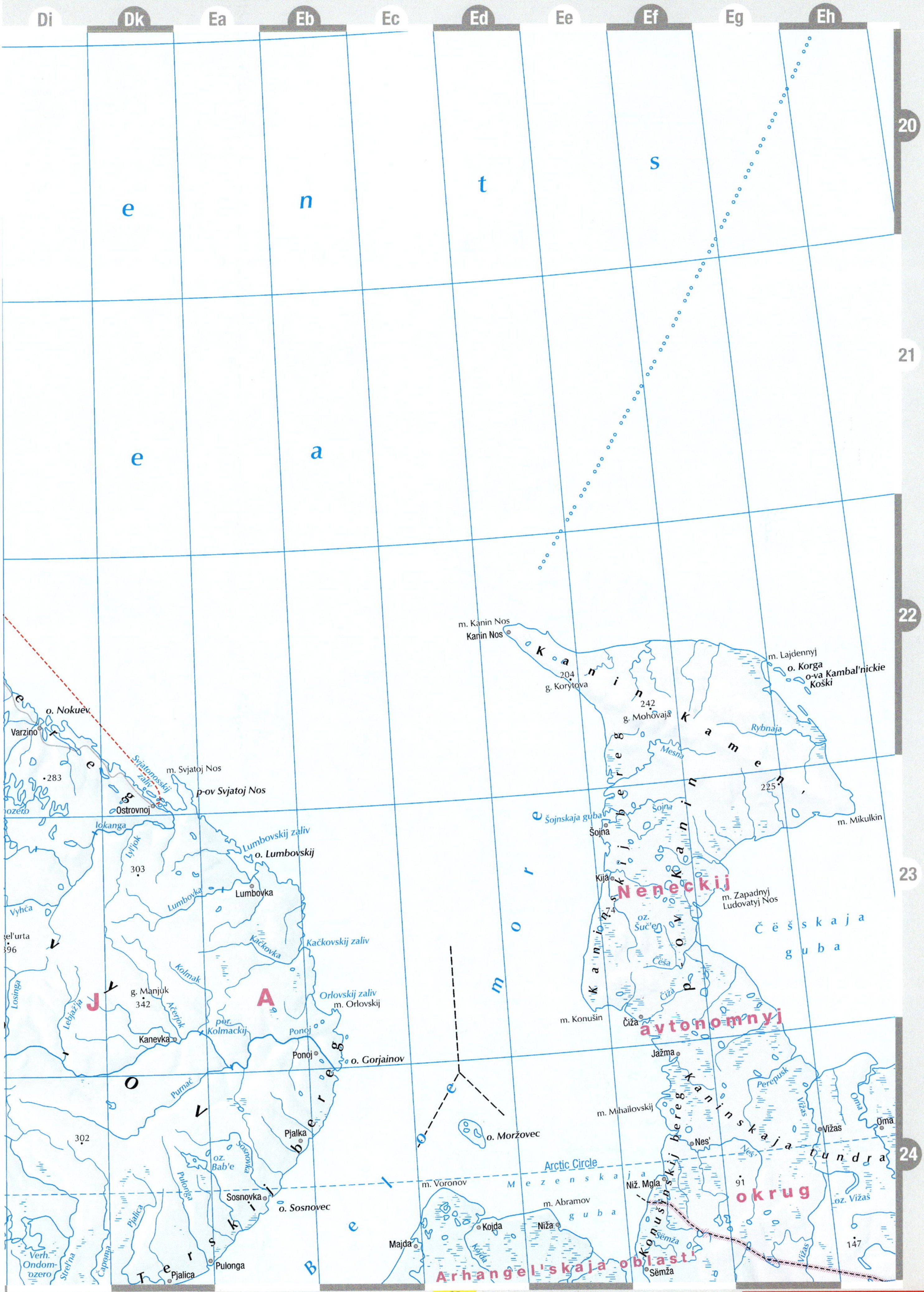
Di
Dk
Ea
Eb
Ec
Ed
Ee
Ef
Eg
Eh
20
21
22
23
24
e n t s
e a
m. Kanin Nos
Kanin Nos
K a n i n
204
g. Korytova
242
g. Mohovaja
K a m e n '
m. Lajdennyj
o. Korga
o-va Kambal'nickie Koški
Rybnaja
Mesna
225
m. Mikulkin
o. Nokuev
Varzino
•283
Svjatonosskij zaliv
m. Svjatoj Nos
p-ov Svjatoj Nos
Ostrovnoj
Iokanga
Lumbovskij zaliv
o. Lumbovskij
Šojnskaja guba
Šojna
Šojna
303
Lumbovka
Lumbovka
Kija
N e n e c k i j
m. Zapadnyj Ludovatyj Nos
Č ë š s k a j a g u b a
oz. Šuč'e
74
Kačkovka
Kačkovskij zaliv
Vyhča
Kolmak
Česa
Losinga
g. Manjuk
342
J
A
Orlovskij zaliv
m. Orlovskij
Lebjažja
Ačerjok
por. Kolmackij
Ponoj
Kanevka
Ponoj
o. Gorjainov
m. Konušin
Čiža
Čiža
a v t o n o m n y j
Jažma
K a n i n s k a j a t u n d r a
Perepusk
Pumač
V
O
Pjalka
o. Moržovec
m. Mihailovskij
Vižas
Vižas
Oma
Oma
302
oz. Bab'e
Sosnovka
Pulonga
Arctic Circle
M e z e n s k a j a g u b a
Nes'
Nes'
m. Voronov
Niž. Mgla
91
o k r u g
oz. Vižas
Sosnovka
o. Sosnovec
m. Abramov
Pjalica
Kojda
Niža
Konušinskij bereg
Šemža
Verh. Ondom-ozero
Strel'na
Čapoma
Majda
Kojda
147
T e r s k i j b e r e g
Pjalica
Pulonga
B e l o e m o r e
A r h a n g e l ' s k a j a o b l a s t '
Šemža

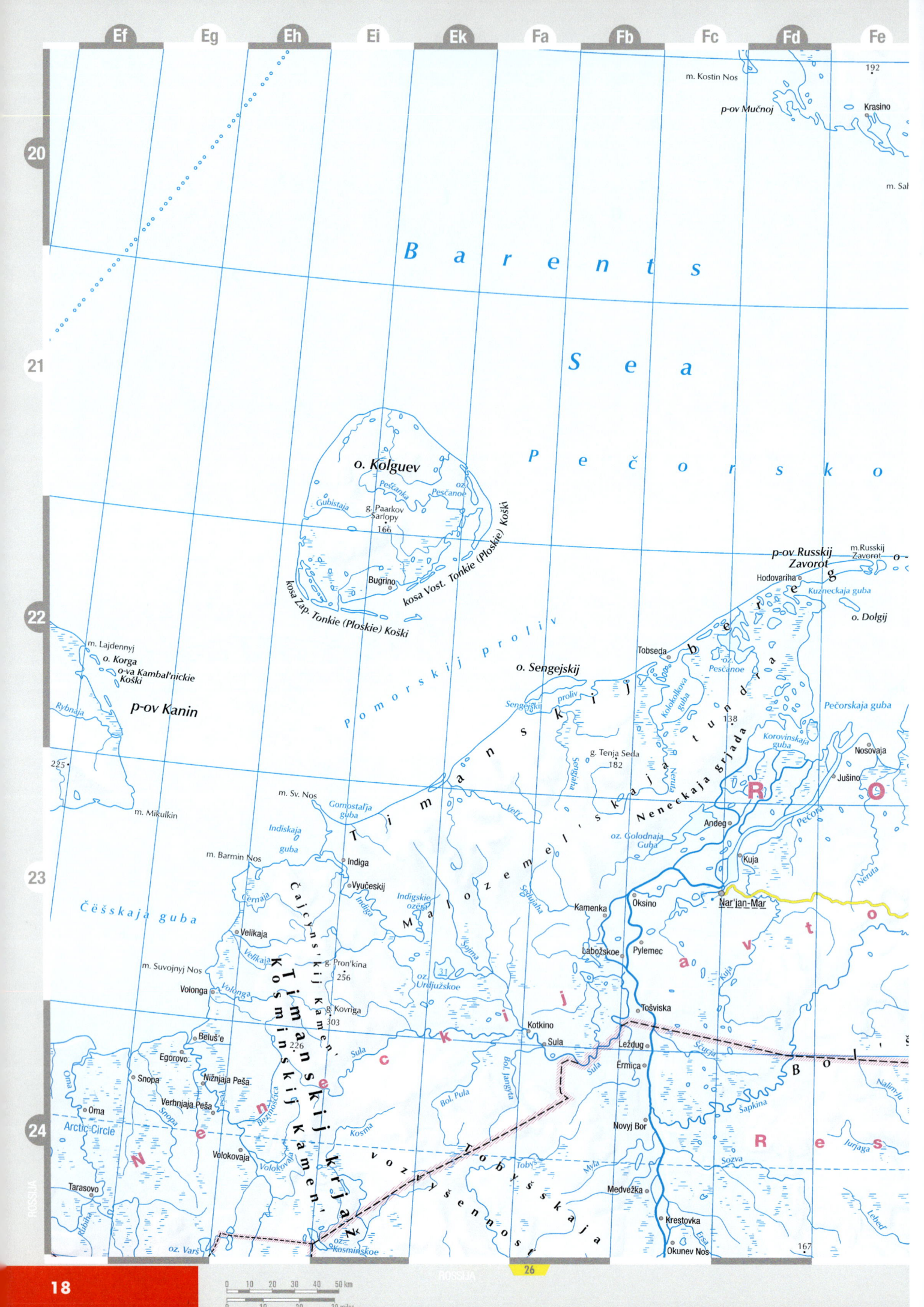

Ef
Eg
Eh
Ei
Ek
Fa
Fb
Fc
Fd
Fe
20
21
22
23
24
Barents Sea
Pečorskoe more
m. Kostin Nos
p-ov Mučnoj
Krasino
192
o. Kolguev
Peščanka
oz. Peščanoe
Gubistaja
g. Paarkov Šarlopy
166
Bugrino
kosa Vost. Tonkie (Ploskie) Koški
kosa Zap. Tonkie (Ploskie) Koški
p-ov Russkij Zavorot
m.Russkij Zavorot
Hodovariha
Kuzneckaja guba
o. Dolgij
m. Lajdennyj
o. Korga
o-va Kambal'nickie Koški
Rybnaja
p-ov Kanin
225
m. Mikulkin
Pomorskij proliv
o. Sengejskij
Sengejskij proliv
Tobseda
oz. Peščanoe
Kolokolkova guba
Pečorskaja guba
Malozemel'skaja tundra
Neneckaja grjada
138
Korovinskaja guba
Nosovaja
Jušino
g. Tenja Seda
182
Sengejaha
Neruta
Timanskij bereg
m. Sv. Nos
Gornostal'ja guba
Indiskaja guba
Vel't
oz. Golodnaja Guba
Andeg
Pečora
Kuja
Neruta
m. Barmin Nos
Indiga
Vyučeskij
Čërnaja
Indigskie ozëra
Indiga
Sjuljaha
Kamenka
Oksino
Nar'jan-Mar
Čëšskaja guba
Velikaja
Velikaja
Labožskoe
Pylemec
Čajcynskij Kamen'
g. Pron'kina
256
Sojma
oz. Urdjužskoe
31
m. Suvojnyj Nos
Volonga
Volonga
g. Kovriga
303
Tošviska
Timanskij krjaž
Kosminskij Kamen'
Kotkino
Sula
Beluš'e
226
Leždug
Egorovo
Sula
Sula
Ščuča
Ërmica
Snopa
Nižnjaja Peša
Oma
Verhnjaja Peša
Peša
Bezmošica
Bol. Pula
Bol. Jangyta
Šapkina
Nalim-Ju
Oma
Snopa
Arctic Circle
Novyj Bor
Kosma
Neneckij avtonomnyj okrug
Bol'šezemel'skaja
Volokovaja
Volokovaja
Vozvyšennost' Tobyšskaja
Toby
Myla
Sozva
Jurjaga
Tarasovo
Medvežka
Lebed'
Rubiha
Krestovka
Ersa
oz. Varš
oz. Kosminskoe
167
Okunev Nos
ROSSIJA
26

0 10 20 30 40 50 km

0 10 20 30 miles

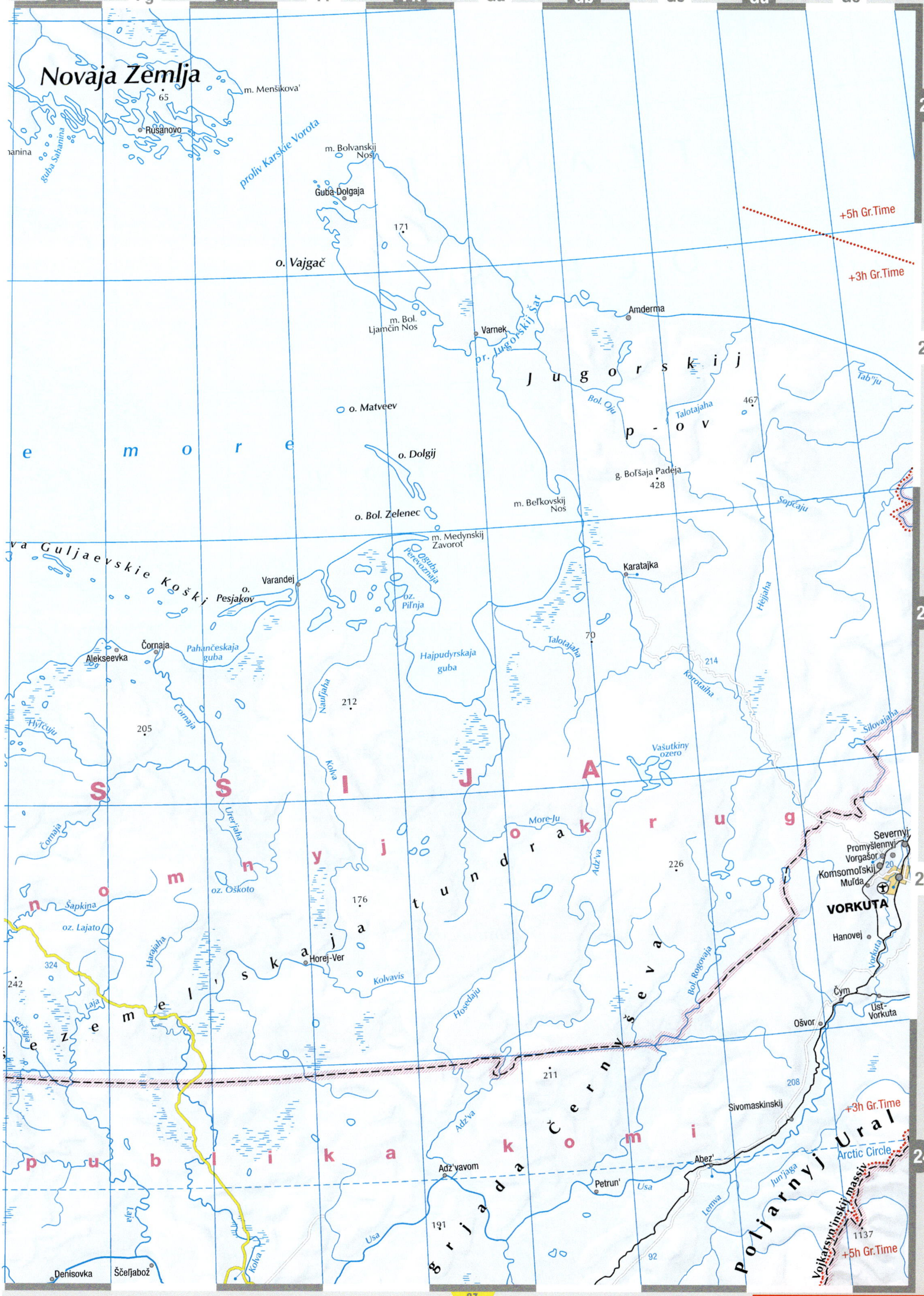

Novaja Zemlja
m. Menšikova'
65
Rusanovo
guba Sahanina
proliv Karskie Vorota
m. Bolvanskij Nos
Guba Dolgaja
171
o. Vajgač
+5h Gr.Time
+3h Gr.Time
m. Bol. Ljamčin Nos
Varnek
pr. Jugorskij Šar
Amderma
J u g o r s k i j
p - o v
Bol. Oju
Talotajaha
467
Tab"ju
o. Matveev
e m o r e
o. Dolgij
g. Bol'šaja Padeja
428
m. Bel'kovskij Nos
o. Bol. Zelenec
Sopčaju
ROSSIJA
m. Medynskij Zavorot
Guljaevskie Koški
Guba Perevoznaja
Varandej
o. Pesjakov
Karatajka
oz. Pil'nja
Pahančeskaja guba
Čornaja
Alekseevka
Hajpudyrskaja guba
Talotajaha
70
214
Korotaiha
Hėjjaha
Hyrčuju
205
Čornaja
Naul'jaha
212
Vašutkiny ozero
Silovajaha
Kolva
S S I J A
Čornaja
Urer'jaha
More-Ju
n o m n y j o k r u g
Bol'šezemel'skaja tundra
oz. Oškoto
Adz'va
226
Severnyj
Promyšlennyj
Vorgašor
Komsomol'skij
Mul'da
VORKUTA
Šapkina
oz. Lajato
176
Hanovej
324
242
Harajaha
Horej-Ver
Kolvavis
Bol. Rogovaja
Vorkuta
Laja
Sertejaha
Hosedaju
Čym
Ust'-Vorkuta
Ošvor
grjada Černyševa
211
208
Sivomaskinskij
+3h Gr.Time
Adz'va
Polarnyj Ural
p u b l i k a K o m i
Arctic Circle
Abez'
Adz'vavom
Petrun'
Usa
Jun'jaga
Lemva
Vojkarsyn'inskij massiv
Laja
191
Usa
92
1137
+5h Gr.Time
Kolva
Denisovka
Ščel'jabož

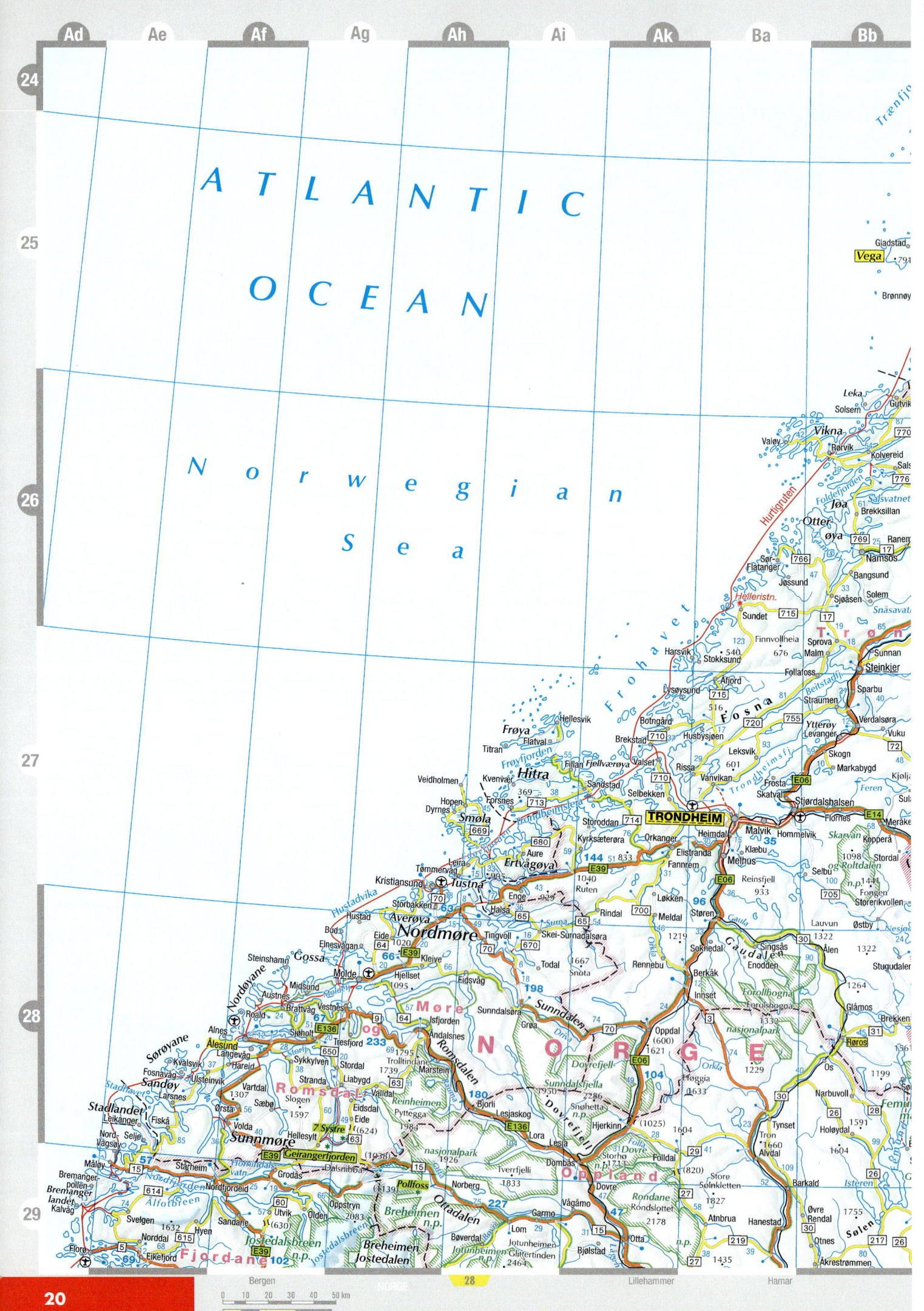

Ad
Ae
Af
Ag
Ah
Ai
Ak
Ba
Bb
24
25
26
27
28
29
ATLANTIC
OCEAN
Norwegian
Sea
Frohavet
Hurtigruten
Vega
Gladstad
Brønnøy
Leka
Solsem
Gutvik
Vikna
Valøy
Rørvik
Kolvereid
Foldefjorden
Jøa
Salsvatnet
Brekksillan
Otterøya
Ranem
Namsos
Sør-Flatanger
Jøssund
Bangsund
Sjøasen
Solem
Snåsavatn
Helleristn.
Sundet
Finnvollheia
Sprova
Malm
Sunnan
Steinkjer
Harsvik
Stokksund
Follafoss
Beitstadfj.
Sparbu
Straumen
Åfjord
Lysøysund
Fosna
Ytterøy
Levanger
Verdalsøra
Vuku
Skogn
Markabygd
Botngård
Brekstad
Husbysjøen
Leksvik
Rissa
Vanvikan
Trondheimsfjorden
Frosta
Skatval
Stjørdalshalsen
Flornes
Meråke
Feren
Frøya
Hellesvik
Flatval
Titran
Frøyfjorden
Fillan
Fjellværøya
Valset
Hitra
Veidholmen
Kvenvær
Sandstad
Selbekken
Hopen
Dyrnes
Smøla
Forsnes
Trondheimsleia
Storoddan
TRONDHEIM
Heimdal
Malvik
Hommelvik
Kyrksæterøra
Orkanger
Klæbu
Melhus
Skarvan og Roltdalen n.p.
Kopperå
Selbu
Stordal
Aure
Leira
Tømmervåg
Ertvågøya
Elistranda
Fannrem
Kristiansund
Tustna
Ruten
Reinsfjell
Fongen
Storerikvollen
Storbakken
Enge
Halsa
Løkken
Meldal
Støren
Rindal
Hustadvika
Hustad
Averøya
Nordmøre
Tingvoll
Surna
Skei-Surnadalsøra
Orkla
Gaula
Lauvun
Østby
Nesjø
Bud
Eide
Elnesvågan
Soknedal
Singsås
Gauldalen
Enodden
Ålen
Stugudalen
Steinshamn
Gossa
Kleive
Molde
Hjellset
Eidsvåg
Todal
Snota
Rennebu
Berkåk
Innset
Forollhogna nasjonalpark
Glåmos
Brekken
Nordøyane
Midsund
Austnes
Roald
Brattvåg
Vestnes
Møre og Romsdal
Sunndalsøra
Sunndalen
Grøa
Oppdal
Røros
Alnes
Ålesund
Sjøholt
Isfjorden
Andalsnes
Romsdalen
NORGE
Sørøyane
Langevåg
Hareid
Kvalsvik
Fosnavåg
Sandøy
Ulsteinvik
Tresfjord
Sykkylven
Stordal
Trolltindane
Marstein
Dovrefjell-Sunndalsfjella n.p.
Høggia
Os
Stadlandet
Stadhavet
Larsnes
Vartdal
Ørsta
Sæbø
Slogen
Liabygd
Valldal
Reinheimen
Bjorli
Snøhetta
Dovrefjell
Narbuvoll
Femund
Leikanger
Fiskå
Volda
Eidsdal
Pyttegga
Lesjaskog
Lora
Lesja
Hjerkinn
Tynset
Tron
Alvdal
Holøydal
Nord-Selje
Vågsøy
Sunnmøre
Hellesylt
Systre
Eide
Geirangerfjorden
Dalsnibba
nasjonalpark
Folla
Dovre
Storhø
Folldal
Måløy
Bremanger-pollen
Bremangerlandet
Kalvåg
Starheim
Hornindalsvatn
Grodås
Nordfjorden
Nordfjordeid
Pollfoss
Norberg
Tverrfjelli
Dombås
Oppland
Dovre
Rondane
Rondslottet
Store Sølnkletten
Barkald
Isteren
Alfotbreen
Svelgen
Sandane
Utvik
Olden
Oppstryn
Breheimen n.p.
Ottadalen
Garmo
Vågåmo
Atnbrua
Hanestad
Øvre Rendal
Sølen
Florø
Norddal
Hyen
Eikefjord
Fjordane
Jostedalsbreen n.p.
Breheimen
Jostedalen
Lom
Bøverdal
Jotunheimen n.p.
Glittertinden
Bjølstad
Otta
Lågen
Otnes
Åkrestrømmen

0 10 20 30 40 50 km

0 10 20 30 miles

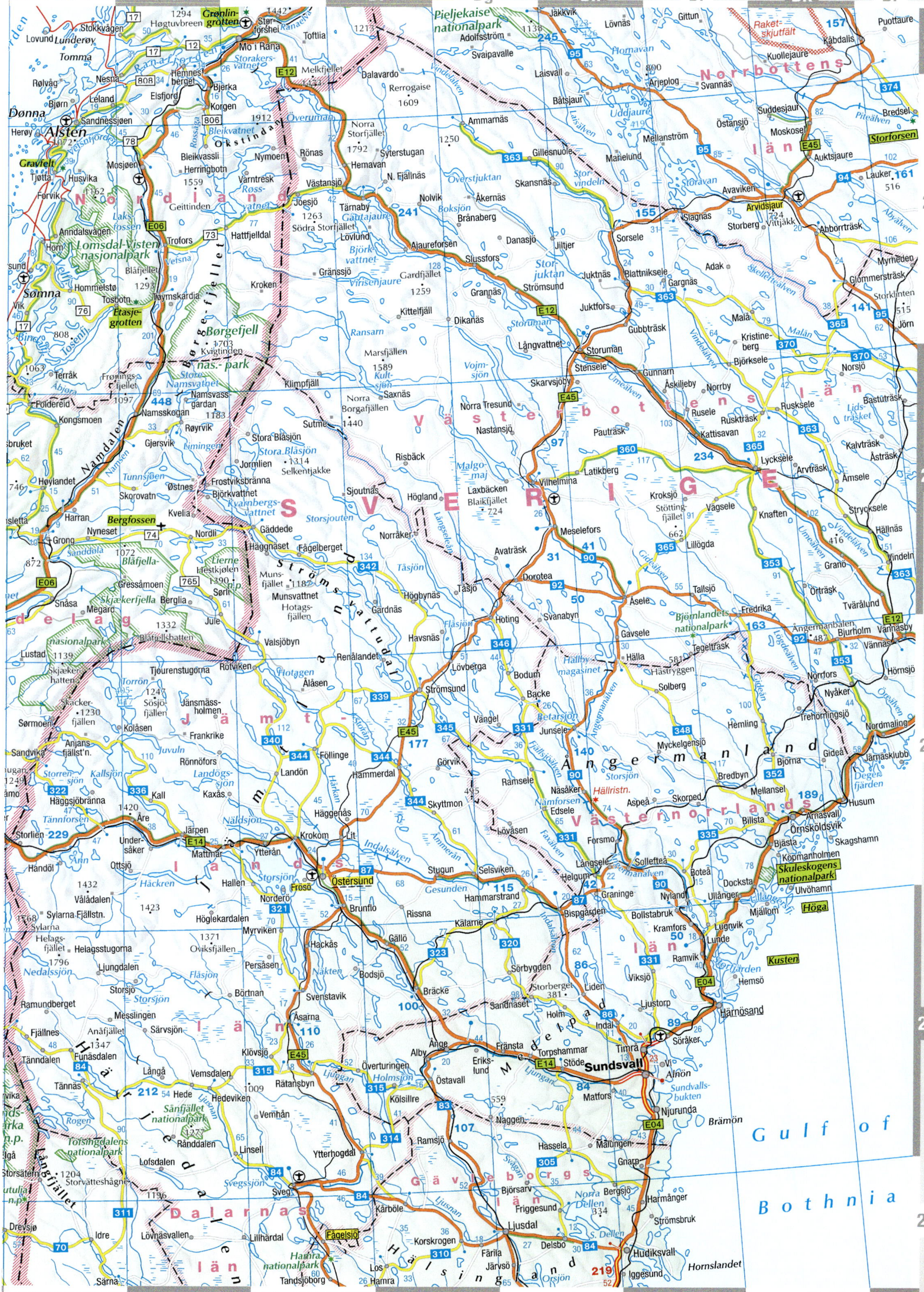

Pieljekaise nationalpark
Norrbottens län
Nordland
Västerbottens län
SVERIGE
Jämtlands län
Ångermanland
Västernorrlands län
Medelpad
Härjedalen
Gävleborgs län
Hälsingland
Dalarnas län
Gulf of Bothnia
Lomsdal-Visten nasjonalpark
Børgefjell nas.-park
Blåfjella-Skjækerfjella n.p.
Skuleskogens nationalpark
Sånfjället nationalpark
Töfsingdalens nationalpark
Hamra nationalpark
Björnlandets nationalpark
Strömsvattudal
Mo i Rana
Mosjøen
Sandnessjøen
Alsten
Namsskogan
Storuman
Sorsele
Arvidsjaur
Arjeplog
Malå
Lycksele
Vilhelmina
Dorotea
Åsele
Strömsund
Östersund
Frösö
Krokom
Åre
Sveg
Funäsdalen
Ljusdal
Hudiksvall
Sundsvall
Härnösand
Kramfors
Sollefteå
Örnsköldsvik
Umeå
Vännäs
Bräcke
Järpen
E12
E45
E14
E04
E06
Lofsdalen
Hede
Vemdalen
Idre
Tännäs
Gäddede
Hoting
Junsele
Ramsele
Bjurholm
Nordmaling
Skellefteå
Luleå

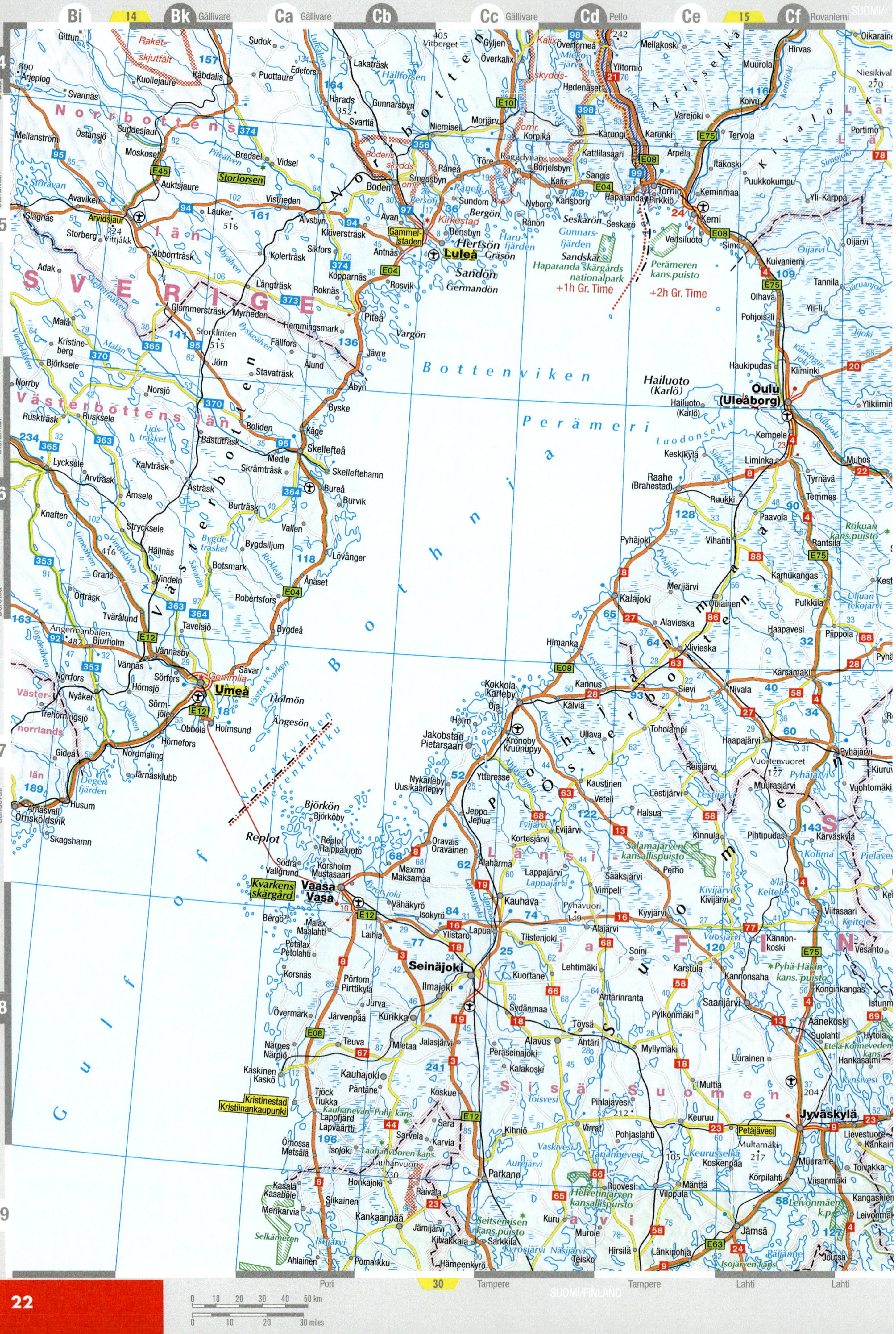
Bi
Bk Gällivare
Ca Gällivare
Cb
Cc Gällivare
Cd Pello
Ce
Cf Rovaniemi
SUOMI/
14
15
24
25
26
27
28
29
Bodø
Storuman
SVERIGE
Dorotea
Sundsvall
Norrbottens län
SVERIGE
Västerbottens län
Västernorrlands län
Norrbotten
Västerbotten
Bottenviken
Perämeri
Gulf of Bothnia
Norra Kvarken
Merenkurkku
Västra Kvarken
Pohjois-Pohjanmaa
Pohjanmaa
Etelä-Pohjanmaa
Länsi-Suomi
Keski-Suomi
Sisä-Suomi
Kemi
Tornio
Luleå
Piteå
Skellefteå
Umeå
Oulu (Uleåborg)
Hailuoto (Karlö)
Raahe (Brahestad)
Kalajoki
Kokkola Karleby
Jakobstad Pietarsaari
Vaasa Vasa
Seinäjoki
Kristinestad Kristiinankaupunki
Jyväskylä
Haparanda
Övertorneå
Kalix
Boden
Arvidsjaur
Storforsen
Gammelstaden
Örnsköldsvik
Haparanda skärgårds nationalpark
Perämeren kans.puisto
+1h Gr. Time
+2h Gr. Time
Kvarkens skärgård
Replot
Salamajärven kansallispuisto
Pyhä-Häkin kans. puisto
Helvetinjärven kansallispuisto
Seitsemisen kans.puisto
Petäjävesi
Pori
Tampere
Lahti
SUOMI/FINLAND
30
0 10 20 30 40 50 km
0 10 20 30 miles

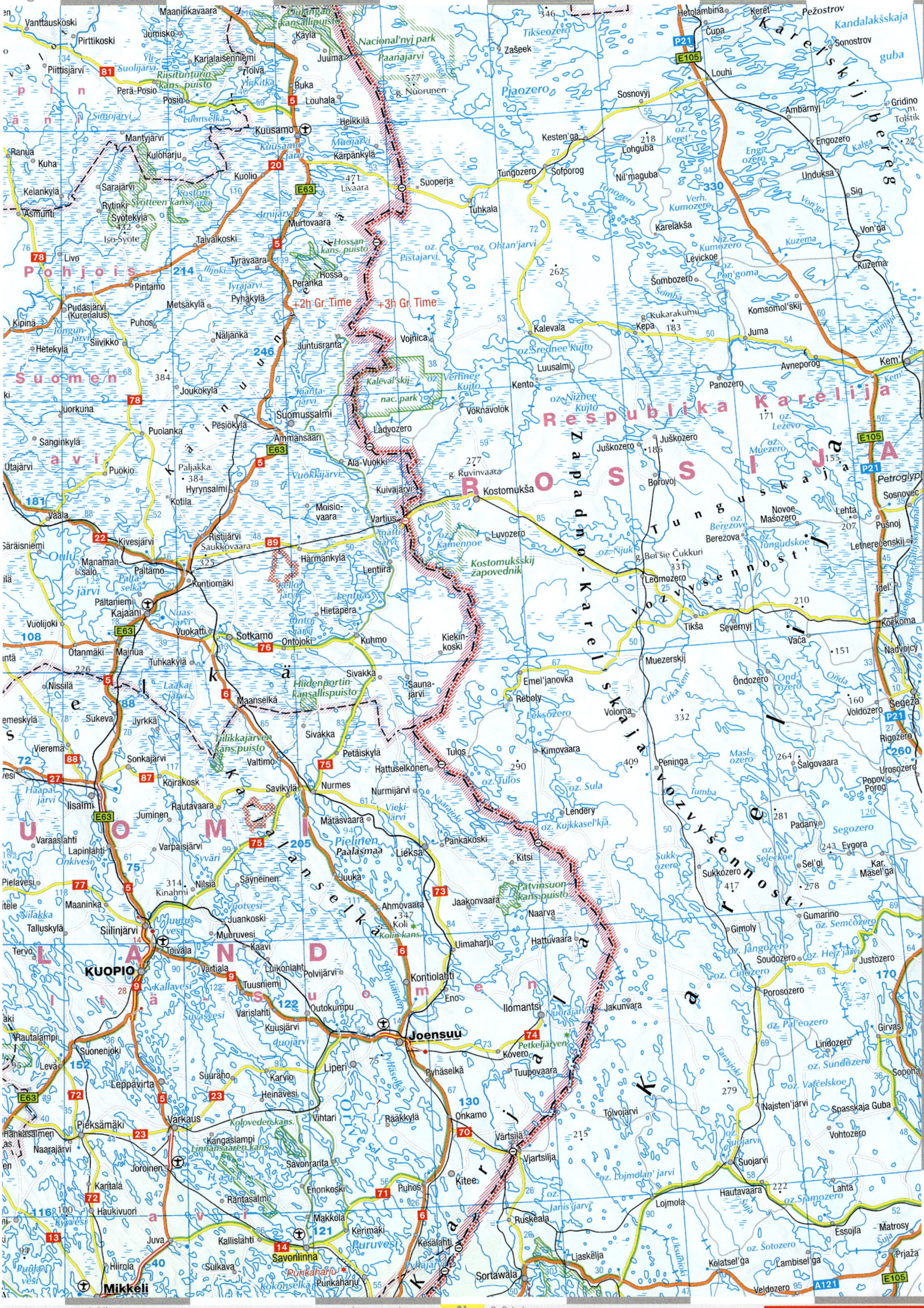

24
25
26
27
28
29
Medvež'egorsk
Petrozavodsk
ROSSIJA
Respublika Karelija
ROSSIJA
SUOMI
FINLAND
Pohjois-Suomen lääni
Itä-Suomen lääni
Kainuu
Pielinen
Karelskij bereg
Kandalakšskaja guba
Zapadno-Karel'skaja vozvyšennost'
Tunguskaja vozvyšennost'
Karel'skij pereš
+2h Gr. Time
+3h Gr. Time
Kuusamo
Taivalkoski
Suomussalmi
Kajaani
Sotkamo
Kuhmo
Nurmes
Lieksa
Joensuu
Kuopio
Varkaus
Savonlinna
Mikkeli
Pieksämäki
Ilomantsi
Kostomukša
Kalevala
Louhi
Kem'
Segeža
Suojarvi
Sortavala
Pudasjärvi
Oulanka kansallispuisto
Nacional'nyj park Paanajarvi
Kostomukšskij zapovednik
Kaleval'skij nac. park
Hiidenportin kansallispuisto
Patvinsuon kans. puisto
Koli kans.
Kolovesi kans.
Linnansaaren kans.
Tiilikkajärven kans. puisto
Syötteen kans. puisto
Hossan kans. puisto
Riisitunturin kans. puisto
Pjaozero
Tikšeozero
Topozero
Kuito
Vygozero
Segozero
Sjamozero
E63
E105
P21
A121

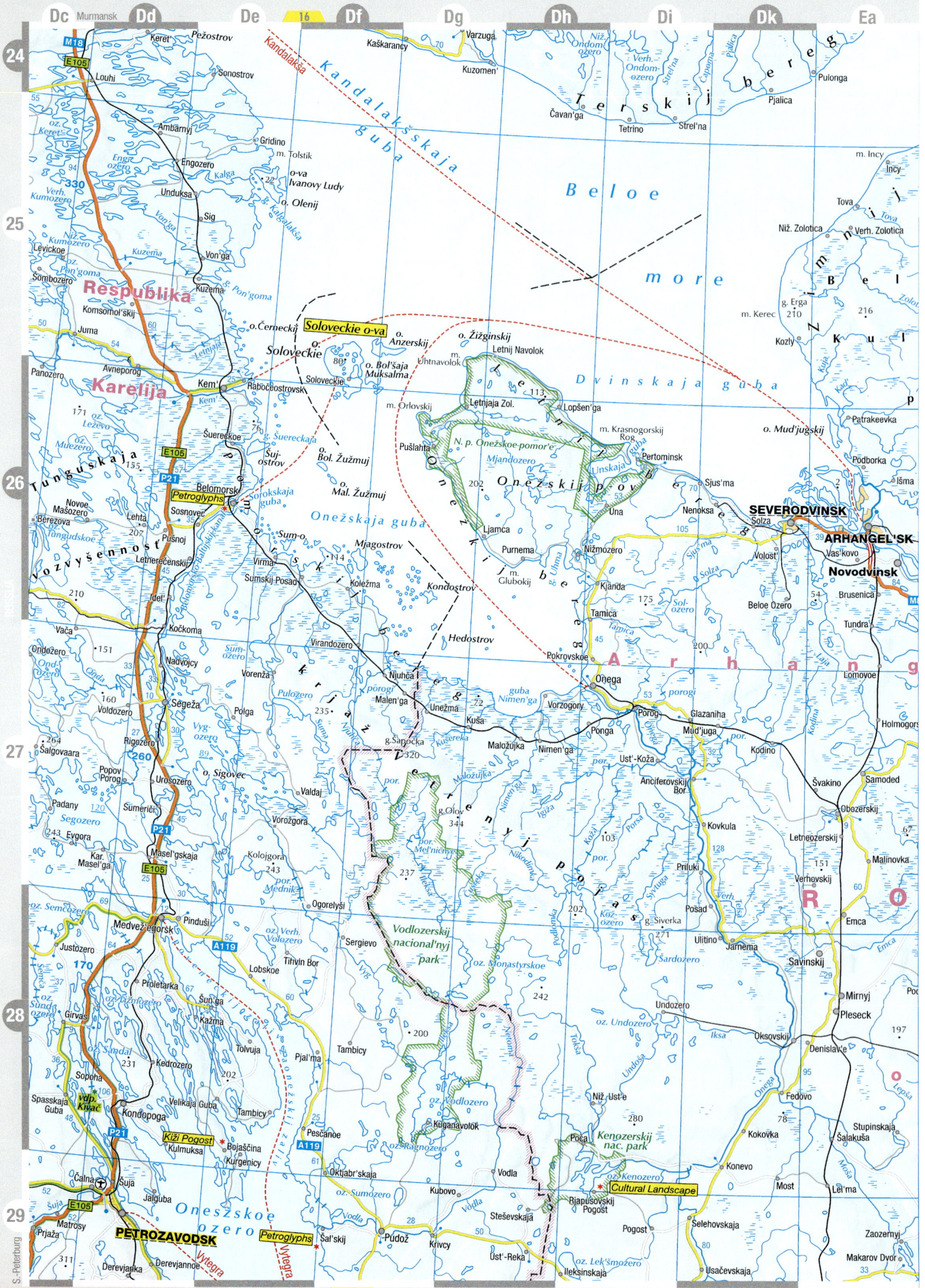

Dc
Murmansk
Dd
De
16
Df
Dg
Dh
Di
Dk
Ea
24
25
26
27
28
29
M18
E105
Keret'
Pežostrov
Sonostrov
Louhi
Kandalakša
Kandalakšskaja guba
Kaškarancy
Varzuga
Kuzomen'
Niž. Ondom. ozero
Verh. Ondom-ozero
Strel'na
Čapoma
Pjalica
Pulonga
Terskij bereg
Čavan'ga
Tetrino
Strel'na
Pjalica
oz. Keret'
Ambarnyj
Gridino
m. Tolstik
o-va Ivanovy Ludy
Engozero
Kalga
o. Olenij
Unduksa
Verh. Kumozero
330
Sig
Von'ga
Kuzema
Niž. Kumozero
Levickoe
Pon'goma
Sombozero
Respublika
Komsomol'skij
Juma
Karelija
Panozero
Avneporog
Kem'
Beloe
more
m. Incy
Incy
Tova
Niž. Zolotica
Verh. Zolotica
Zimnij bereg
m. Kerec
g. Erga
210
216
Kozly
Kuloj
o. Černeckij
Solovečkie o-va
o. Solovečkie
o. Anzerskij
o. Žižginskij
Letnij Navolok
m. Uhtnavolok
o. Bol'šaja Muksalma
Solovečkie
Rabočeostrovsk
Dvinskaja guba
113
Lopšen'ga
m. Orlovskij
Letnjaja Zol.
Letnij bereg
m. Krasnogorskij Rog
o. Mud'jugskij
Patrakeevka
Šuereckoe
Šuereckaja guba
Puškahta
N. p. Onežskoe pomor'e
Mjandozero
Pertominsk
Unskaja guba
Podborka
Tunguskaja
E105
P21
Suj-ostrov
o. Bol. Žužmuj
o. Mal. Žužmuj
Onežskij poluostrov
Sjus'ma
Išma
Belomorsk
Petroglyphs
Sorokskaja guba
Una
Nenoksa
SEVERODVINSK
Solza
ARHANGEL'SK
Novoe Mašozero
Berezova
Lehta
Sosnovec
Onežskaja guba
Ljamca
Nižmozero
Vas'kovo
Volost'
Novodvinsk
Tunguduskoe
Pušnoj
Letnerečenskij
Sum-o.
Mjagostrov
Purnema
m. Glubokij
Onežskij bereg
Kjanda
Brusenica
Vozvyšennost'
Virma
Sumskij Posad
Koležma
Kondostrov
Beloe Ozero
Tamica
Tundra
Idel'
Vača
Kočkoma
Virandozero
Hedostrov
Pokrovskoe
Arhangel'sk
Ondozero
Nadvojcy
Sum-ozero
Vorenža
Njuhča
Onega
Lomovoe
Voldozero
Segeža
Pulozero
Malen'ga
Unežma
guba Nimen'ga
Vorzogory
Porog
Glazaniha
Mud'juga
Holmogory
Polga
Kuša
Šalgovaara
Rigozero
Vyg-ozero
g. Sapočka
320
Maložujka
Nimen'ga
Ponga
Ust'-Koža
Kodino
Popov Porog
260
Urosozero
o. Sigovec
Valdaj
Vetrenyj pojas
Anciferovskij Bor
Švakino
Samoded
Padany
Sumeriči
Segozero
g. Olov
344
Kovkula
Obozerskij
Evgora
Vorožgora
Letneozerskij
Kar. Masel'ga
Masel'gskaja
Kolojgora
243
237
103
Priluki
151
Malinovka
Verhovskij
oz. Semčozero
Medvež'egorsk
Pinduši
Ogorelyši
202
Posad
Emca
Justozero
A119
oz. Verh. Volozero
Sergievo
Vodlozerskij nacional'nyj park
Siverka
271
Ulitino
Jarnema
Savinskij
170
Proletarka
Lobskoe
Tihvin Bor
oz. Monastyrskoe
Sardozero
Girvas
Sun'ga
Kažma
242
Undozero
Mirnyj
Pleseck
Tolvuja
Pjal'ma
Tambicy
200
oz. Undozero
Oksovskij
Denislavle
197
oz. Sandal
231
Kedrozero
Sopoha
Spasskaja Guba
vdp. Kivač
Velikaja Guba
Niž. Ust'e
Fedovo
Kondopoga
Tambicy
oz. Vodlozero
280
Kokovka
Stupinskaja Šalakuša
P21
Kiži Pogost
Kulmuksa
Bojaščina
Kurgenicy
Pesčanoe
Kuganavolok
A119
oz. Ragnozero
Poča
Kenozerskij nac. park
oz. Kenozero
Konevo
Čalna
Šuja
Oktjabr'skaja
Vodla
Most
Lel'ma
Jalguba
E105
oz. Sumozero
Kubovo
Cultural Landscape
Rjapusovskij Pogost
Matrosy
Prjaža
Oneszskoe ozero
Petroglyphs
Šal'skij
Pudož
Krivcy
Steševskaja
Pogost
Selehovskaja
Zaozernyj
PETROZAVODSK
Vytegra
Ust'-Reka
oz. Lek'šmozero
Ileksinskaja
Usačevskaja
Makarov Dvor
311
Derevjanka
Derevjannoe
S.-Peterburg
32

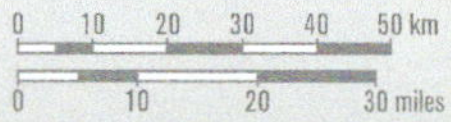

0 10 20 30 40 50 km
0 10 20 30 miles

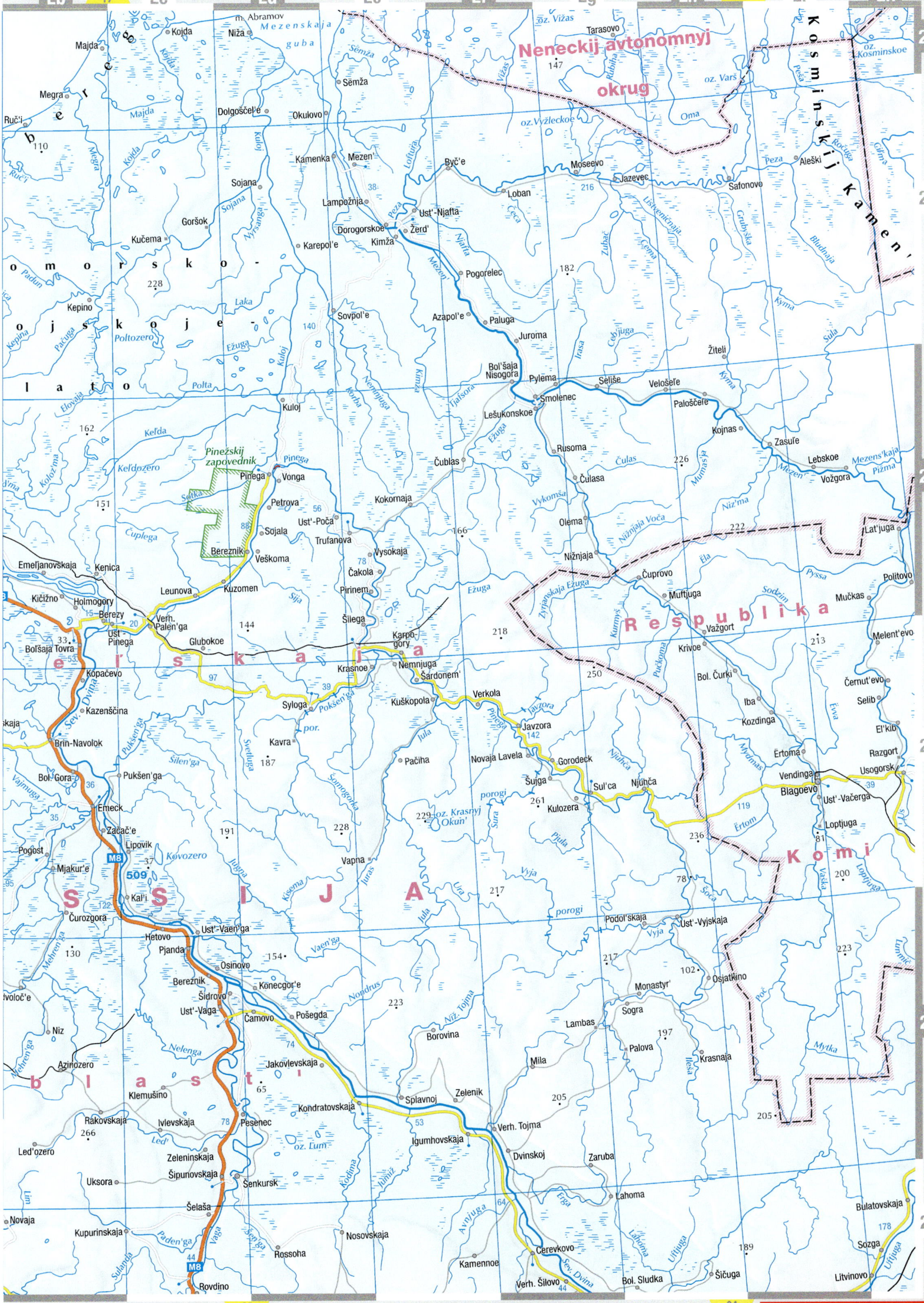

24
25
26
27
28
29
Neneckij avtonomnyj okrug
Respublika Komi
Kosminskij Kamen'
Arhangel'skaja oblast'
Mezenskaja guba
Pinežskij zapovednik
m. Abramov
Majda
Megra
Ruč'i
Kojda
Niža
Sëmža
Dolgoščel'e
Okulovo
Kamenka
Mezen'
Sojana
Goršok
Kučema
Lampožnja
Dorogorskoe
Kimža
Karepol'e
Ust'-Njafta
Žerd'
Byč'e
Loban
Moseevo
Jazevec
Safonovo
Aleški
Tarasovo
oz. Vižas
oz. Vyžleckoe
oz. Varš
oz. Kosminskoe
Oma
Peza
Pogorelec
Azapol'e
Paluga
Juroma
Sovpol'e
Kepino
Poltozero
Bol'šaja Nisogora
Pylema
Smolenec
Lešukonskoe
Seliše
Velošel'e
Paloščel'e
Kojnas
Zasul'e
Lebskoe
Vožgora
Žiteli
Rusoma
Čulasa
Olema
Nižnjaja
Čublas
Kokornaja
Kuloj
Pinega
Vonga
Petrova
Ust'-Poča
Trufanova
Sojala
Bereznik
Veškoma
Vysokaja
Čakola
Pirinem
Šilega
Karpogory
Kuzomen
Leunova
Emel'janovskaja
Kenica
Kičižno
Holmogory
Berezy
Verh. Palen'ga
Ust'-Pinega
Glubokoe
Bol'šaja Tovra
Kopačevo
Krasnoe
Nemnjuga
Šardonem'
Sylogа
Kuškopola
Verkola
Javzora
Kazenščina
Brin-Navolok
Kavra
Pačiha
Novaja Lavela
Gorodeck
Šujga
Sul'ca
Njunča
Kulozera
Čuprovo
Muftjuga
Važgort
Krivoe
Bol. Čurki
Iba
Kozdinga
Ërtoma
Vendinga
Blagoevo
Ust'-Vačerga
Loptjuga
Lat'juga
Politovo
Mučkas
Melent'evo
Černut'evo
Selib
El'kib
Razgort
Usogorsk
Bol. Gora
Puksen'ga
Emeck
Začač'e
Lipovik
Pogost
Mjakur'e
Kal'i
Čurozgora
Vapna
oz. Krasnyj Okun'
Podol'skaja
Ust'-Vyjskaja
Osjatkino
Monastyr'
Sogra
Lambas
Palova
Krasnaja
Hetovo
Pjanda
Ust'-Vaen'ga
Osinovo
Konecgor'e
Bereznik
Šidrovo
Ust'-Vaga
Čamovo
Pošegda
Borovina
Jakovlevskaja
Azinozero
Klemušino
Kondratovskaja
Splavnoj
Zelenik
Mila
Verh. Tojma
Igumhovskaja
Dvinskoj
Zaruba
Rakovskaja
Ivlevskaja
Pesenec
Led'ozero
Zeleninskaja
Šipunovskaja
Šenkursk
Uksora
Šelaša
Novaja
Kupurinskaja
Rossoha
Nosovskaja
Kamennoe
Cerevkovo
Verh. Šilovo
Bol. Sludka
Lahoma
Šičuga
Bulatovskaja
Sozga
Litvinovo
Rovdino
Sev. Dvina
Vaga
Ežuga
Pinega
Vyja
Ufa
M8
509

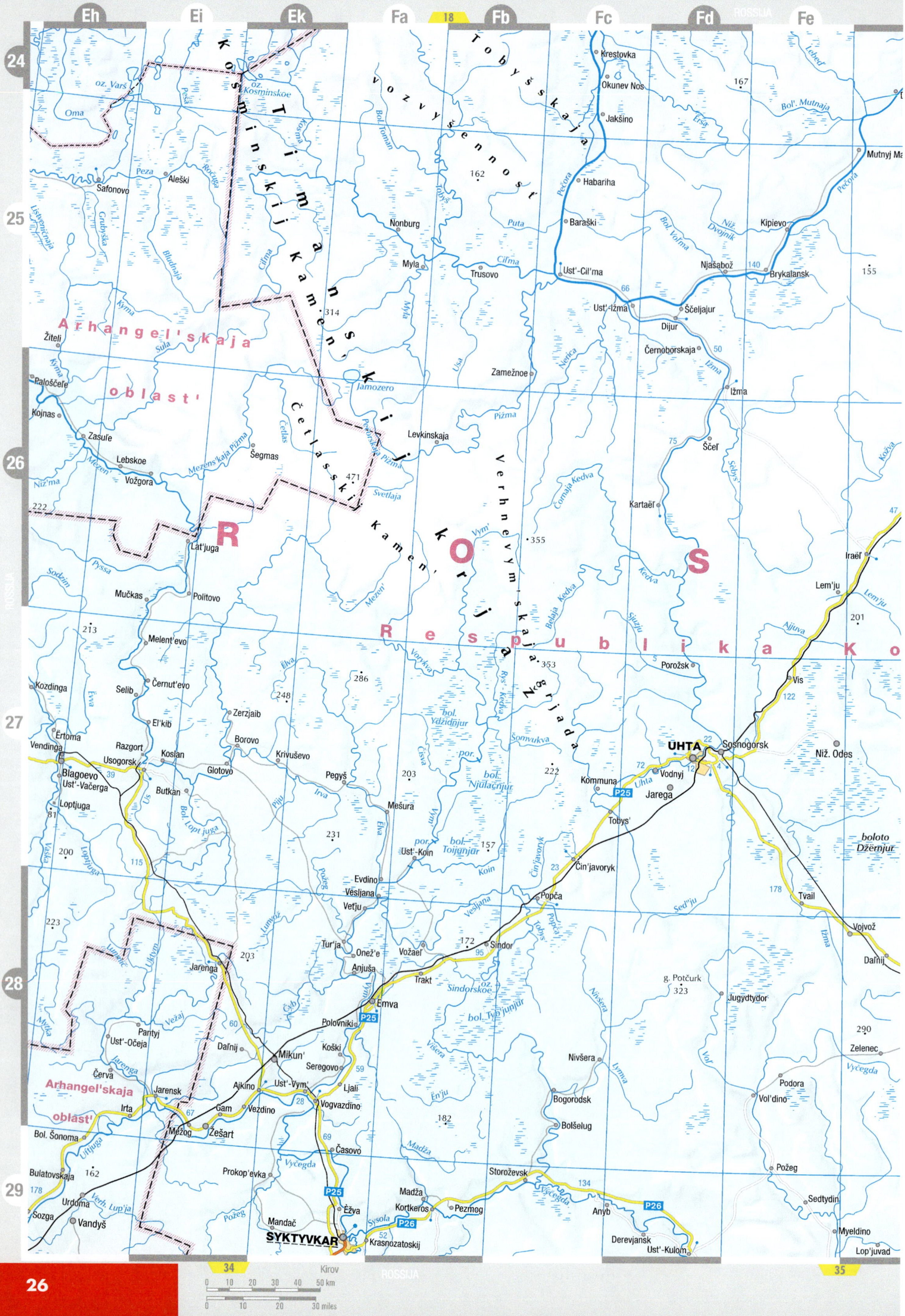
Eh
Ei
Ek
Fa
18
Fb
Fc
Fd
ROSSIJA
Fe
24
25
26
27
28
29
Tobysskaja vozvyšennost'
Kosminskij kamen'
Timanskij krjaž
Četlasskij kamen'
Verhnevymskaja grjada
Arhangel'skaja oblast'
R KO S
Respublika Ko
oz. Varš
oz. Kosminskoe
Oma
Pešu
Kosma
Bol. Toman
Krestovka
Okunev Nos
Jakšino
167
Lebed'
Bol'. Mutnaja
Ersa
Mutnyj Ma
Pečora
Habariha
162
Peza
Aleški
Safonovo
Ročuga
Listvenčnaja
Grubyška
Bludnaja
Cil'ma
Nonburg
Tobyš
Puta
Baraški
Bol. Volma
Niž. Dvojnik
Kipievo
Myla
Trusovo
Ust'-Cil'ma
Njašabož
140
Brykalansk
155
66
Ust'-Ižma
Ščeljajur
Dijur
Kyma
314
Žiteli
Sula
Usa
Nerica
Černoborskaja
50
Zamežnoe
Ižma
Palošcel'e
Jamozero
Ižma
Kojnas
Pižma
Levkinskaja
Zasul'e
Mezenskaja Pižma
Šegmas
Četlas
Pečorskaja Pižma
75
Ščel'
Sebys'
Kozva
Lebskoe
Mezen'
Nis'ma
Vožgora
471
Svetlaja
Čornaja Kedva
Kartaël'
222
Vym'
355
47
Lat'juga
Sodzim
Pyssa
Mezen'
Kedva
Iraël'
Mučkas
Politovo
Belaja Kedva
Sjuzju
Lem'ju
Lem'ju
213
Melent'evo
Vorykva
353
Porožsk
201
Ajjuva
Kozdinga
Selib
Černut'evo
Ēl'va
286
248
Rys'-Kedva
Vis
122
Ēvva
Zerzjaib
bol. Vydzidnjur
Šomvukva
El'kib
Ērtoma
Čisva
UHTA
22
Sosnogorsk
Vendinga
Razgort
Koslan
Borovo
Kruvševo
por.
bol. Njulačnjur
222
72
Vodnyj
Niž. Odes
Blagoevo
Usogorsk
39
Glotovo
Pegyš
203
Kommuna
Uhta
Jarega
12
4
Ust'-Vačerga
Butkan
Irva
P25
Loptjuga
Us
Bol. Lopt'juga
Pižu
Mešura
Tobys'
81
Vaška
200
Lopt'juga
115
231
Vym'
Ēl'va
por.
Ust'-Koin
bol. Toijignjur
157
Koin
Čin'javoryk
23
Čin'javoryk
boloto Džerjnjur
Požeg
Evdino
Vesljana
Vetju
Vesljana
Popča
Popča
178
Tvail
Sed''ju
223
Lunvož
Tur'ja
Onež'e
Vožael'
172
Sindor
95
Tobys
Vojvož
Ižma
Lunvož
Uktym
203
Jarenga
Anjuša
Trakt
oz. Sindorskoe
Dal'nij
g. Potčurk
323
Nivšera
Jugydtydor
Mytka
Vym'
Emva
Čub
P25
60
bol. Tyb'junjur
Vežaj
Pantyj
Polovniki
Ust'-Očeja
Višera
290
Dal'nij
Koški
Mikun'
Nivšera
Zelenec
Lymva
Vol'
Vyčegda
Jarenga
Serogovo
59
Červa
Ajkino
Ust'-Vym'
Ljali
Podora
Arhangel'skaja oblast'
Jarensk
28
Bogorodsk
Vol'dino
Ēn'ju
Irta
Gam
Vezdino
Vogvazdino
67
182
Mežog
Žešart
Bol'šelug
Bol. Šonoma
69
Čas ovo
Madža
Liftjuga
Vyčegda
Bulatovskaja
162
Prokop'evka
Storoževsk
Požeg
178
134
Vyčegda
Verh. Lup'ja
Urdoma
P25
Madža
Anyb
P26
Sedtydin
Sozga
Požeg
Kortkeros
Pezmog
Vandyš
Ežva
Sysola
Mandač
P26
52
Myeldino
SYKTYVKAR
Krasnozatonskij
Derevjansk
Ust'-Kulom
Lop'juvad
34
35
ROSSIJA
Kirov
0 10 20 30 40 50 km
0 10 20 30 miles

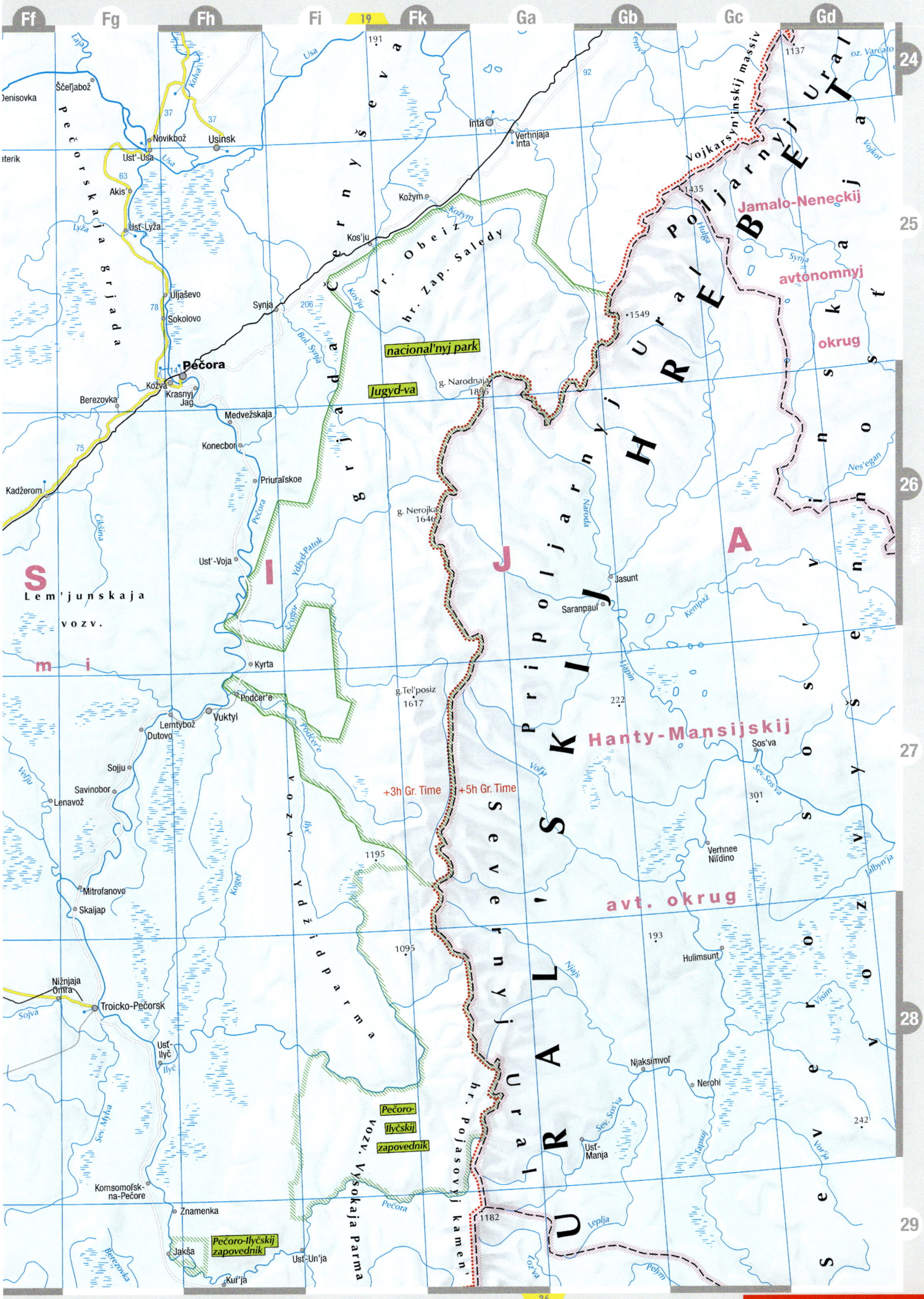
Ff
Fg
Fh
Fi
19
Fk
Ga
Gb
Gc
Gd
24
25
26
27
28
29
36
Denisovka
Ščeľjabož
Novikbož
Usinsk
Ust'-Usa
Akis'
Ust'-Lyža
Uljaševo
Sokolovo
Pečora
Kožva
Krasnyj Jag
Berezovka
Medvežskaja
Konecbor
Priural'skoe
Kadžerom
Ust'-Voja
Kyrta
Podčer'e
Vuktyl
Lemtybož
Dutovo
Sojju
Savinobor
Lenavož
Mitrofanovo
Skaljap
Nižnjaja Omra
Troicko-Pečorsk
Ust'-Ilyč
Komsomol'sk-na-Pečore
Znamenka
Jakša
Kur'ja
Ust'-Un'ja
Synja
Kos'ju
Kožym
Inta
Verhnjaja Inta
Jasunt
Saranpaul'
Sos'va
Verhnee Nil'dino
Hulimsunt
Njaksimvol'
Nerohi
Ust'-Manja
Pečorskaja grjada
Lem'junskaja vozv.
S
m
I
Černyševa grjada
hr. Obeiz
hr. Zap. Saledy
nacional'nyj park
Jugyd-va
g. Narodnaja 1895
g. Nerojka 1646
g. Tel'posiz 1617
vozv. Ydžidparma
Pečoro-Ilyčskij zapovednik
Pečoro-Ilyčskij zapovednik
vozv. Vysokaja Parma
hr. Pojasovyj kamen'
Severnyj Ural
Pripoljarnyj Ural
Poljarnyj Ural
Vojkarsyn'inskij massiv
+3h Gr. Time
+5h Gr. Time
URAL'SKIJ HREBET
J
A
Jamalo-Neneckij avtonomnyj okrug
Hanty-Mansijskij avt. okrug
Severo-Sos'vinskaja vozvyšennost'
Laja
Kolva
Usa
Lyža
Čikšina
Pečora
Bol. Synja
Kos'ju
Vydžyd-Patok
Ščugor
Podčer'e
Ilyč
Kogel'
Vel'ju
Sojva
Ilyč
Sev. Mylva
Berezovka
Pečora
Lemva
Hulga
Synja
Vojkor
oz. Varčato
Nes'egan
Naroda
Kempaž
Ljapin
Vol'ja
Sev. Sos'va
Njajs
Visim
Jalbyn'ja
Sev. Sos'va
Tapsuj
Vor'ja
Lepl'ja
Loz'va
Pelym
37
37
63
78
206
14
75
11
92
191
1137
1435
1549
1195
1095
222
301
193
242
1182
RUSSIA

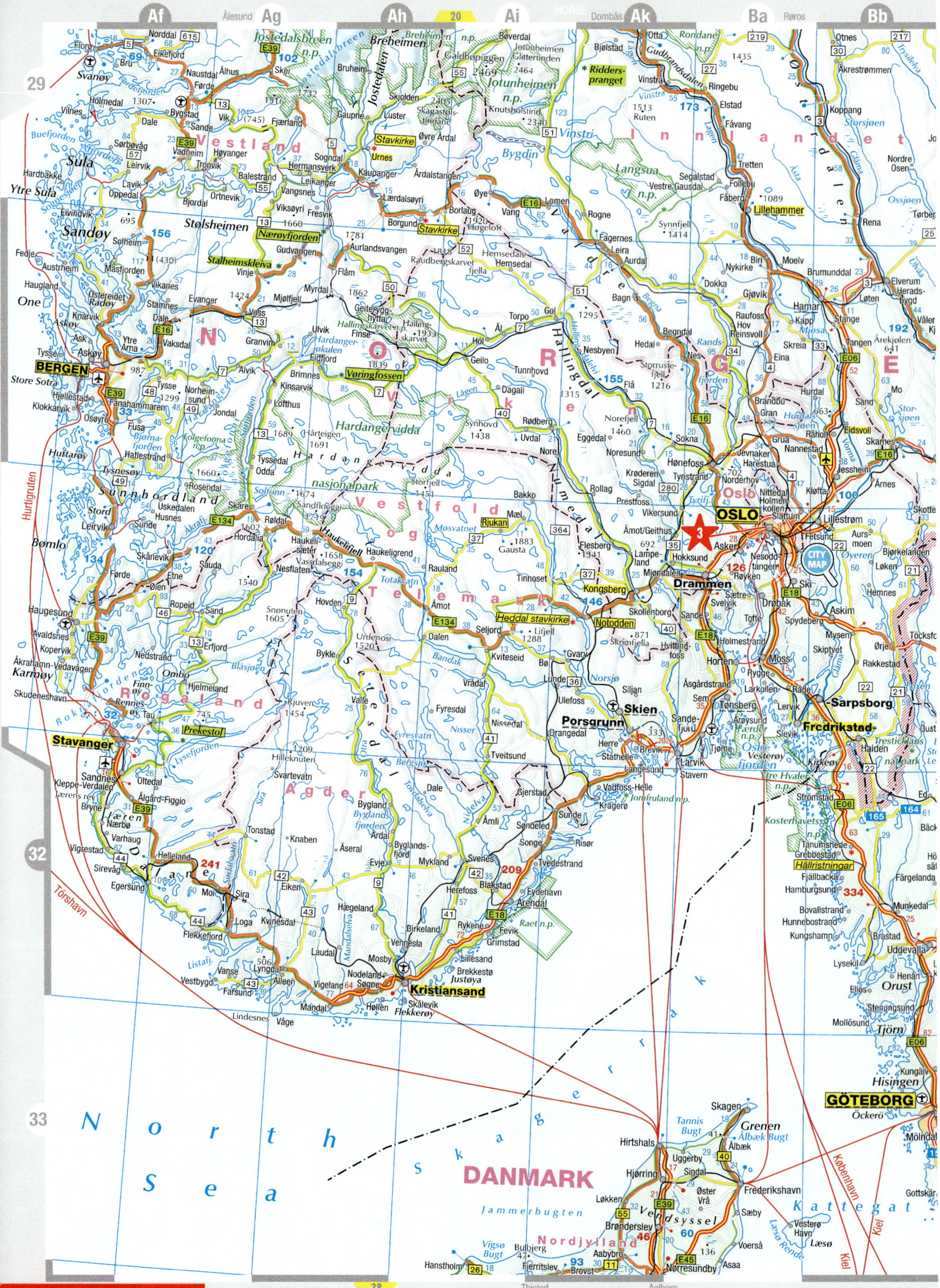
Af
Ålesund
Ag
Ah
20
Ai
NORGE
Dombås
Ak
Ba
Røros
Bb
29
32
33
Jostedalsbreen n.p.
Breheimen
Jotunheimen n.p.
Vestland
Innlandet
Østerdalen
Lillehammer
Hamar
Gjøvik
Stolsheimen
Nærøyfjorden
Stalheimskleiva
Stavkirke
Urnes
Ridderspranget
Langsua n.p.
Hallingdal
Vøringsfossen
Hardangervidda
Hardangervidda nasjonalpark
Sunnhordland
BERGEN
Sula
Sandøy
Hurtigruten
Haugesund
Karmøy
Rogaland
Stavanger
Prekestol
Vestfold og Telemark
Rjukan
Heddal stavkirke
Notodden
Kongsberg
Drammen
OSLO
Oslo
Lillestrøm
Skien
Porsgrunn
Larvik
Tønsberg
Sarpsborg
Fredrikstad
Halden
Agder
Setesdal
Dalane
Arendal
Kristiansand
Lindesnes
Mandal
Hällristningar
GÖTEBORG
Orust
Tjörn
Hisingen
Skagerrak
Kattegat
North Sea
DANMARK
Nordjylland
Vendsyssel
Jammerbugten
Hirtshals
Skagen
Frederikshavn
Hjørring
Brønderslev
Læsø
Tórshavn
København
Kiel
38
Thisted
DANMARK
Aalborg
0 10 20 30 40 50 km
0 10 20 30 miles

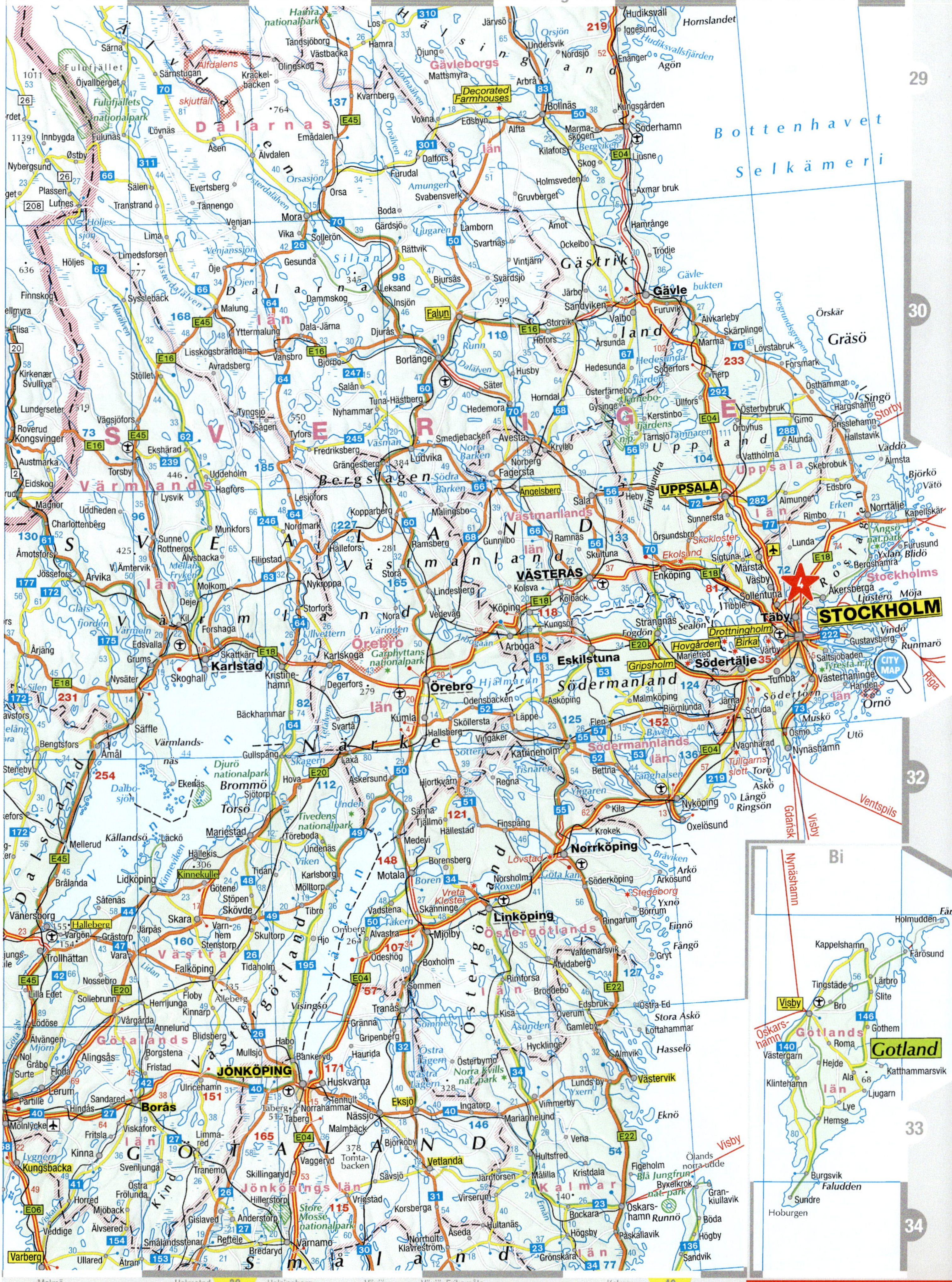
Bottenhavet
Selkämeri
Dalarnas län
Gävleborgs län
Gästrikland
Hälsingland
Uppland
Uppsala län
Stockholms län
STOCKHOLM
UPPSALA
Gävle
Falun
Borlänge
Mora
Hudiksvall
Söderhamn
Bollnäs
Sandviken
Ludvika
Avesta
Fagersta
Västmanlands län
Västmanland
VÄSTERÅS
Köping
Arboga
Eskilstuna
Södertälje
Södermanland
Södermanlands län
Nyköping
Norrköping
Linköping
Östergötlands län
Östergötland
Motala
Mjölby
Vadstena
Tranås
Örebro
Örebro län
Närke
Karlskoga
Kristinehamn
Bergslagen
Värmland
Värmlands län
Karlstad
Arvika
Säffle
Åmål
Dalsland
Vänern
Vättern
Mariestad
Skövde
Lidköping
Skara
Vänersborg
Trollhättan
Alingsås
Borås
Västra Götalands län
Västergötland
JÖNKÖPING
Huskvarna
Jönköpings län
Nässjö
Eksjö
Vetlanda
Värnamo
Småland
Kalmar län
Västervik
Oskarshamn
Vimmerby
Varberg
Kungsbacka
Göteborg
Sälen
Älvdalen
Orsa
Rättvik
Leksand
Siljan
Malung
Torsby
Hagfors
Kongsvinger
Fulufjällets nationalpark
Hamra nationalpark
Tiveden nationalpark
Djurö nationalpark
Garphyttans nationalpark
Store Mosse nationalpark
Norra Kvills nat. park
Decorated Farmhouses
Engelsberg
Drottningholm
Birka
Hovgården
Gripsholm
Skokloster
Ekolsund
Sigtuna
Täby
Nynäshamn
Tumba
Norrtälje
Gräsö
Gotland
Visby
Gotlands län
Roma
Hemse
Ljugarn
Slite
Fårösund
Burgsvik
Hoburgen
Gdańsk
Ventspils
Riga
CITY MAP
29
30
32
33
34

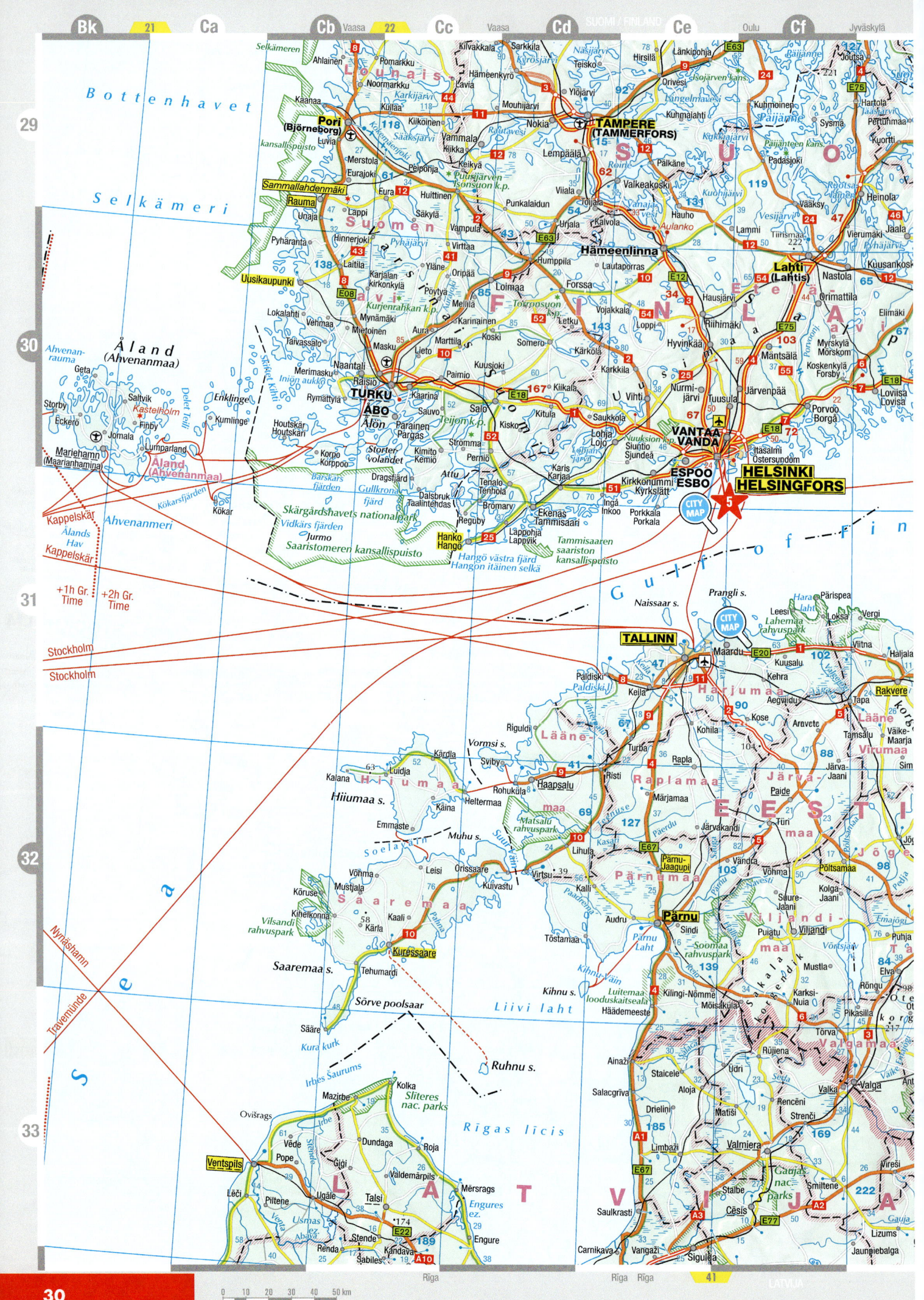
29
30
31
32
33
Bottenhavet
Selkämeri
Selkämeren kansallispuisto
Åland (Ahvenanmaa)
Ahvenanmeri
Ålands Hav
Kappelskär
+1h Gr. Time
+2h Gr. Time
Stockholm
Nynäshamn
Travemünde
Sea
Gulf of Finland
Mariehamn (Maarianhamina)
Geta
Saltvik
Kastelholm
Finby
Jomala
Eckerö
Storby
Lumparland
Kökar
Kumlinge
Enklinge
Delet Teili
Kökarsfjärden
Skärgårdshavets nationalpark
Saaristomeren kansallispuisto
Vidkärs fjärden
Jurmo
Pori (Björneborg)
Rauma
Sammallahdenmäki
Uusikaupunki
Ahlainen
Pomarkku
Noormarkku
Kaanaa
Luvia
Merstola
Eurajoki
Eura
Lappi
Unaja
Pyhäranta
Hinnerjoki
Laitila
Lokalahti
Vehmaa
Taivassalo
Mynämäki
Mietoinen
Masku
Naantali
Merimasku
Raisio
Rymättylä
TURKU ÅBO
Kaarina
Parainen Pargas
Sauvo
Houtskär Houtskari
Korpo Korppoo
Nagu
Dragsfjärd
Dalsbruk Taalintehdas
Kimito Kemiö
Salo
Halikko
Perniö
Bromarv
Tenala Tenhola
Ekenäs Tammisaari
Hanko Hangö
Lappohja Lappvik
Hangö västra fjärd
Hangon itäinen selkä
Tammisaaren saariston kansallispuisto
Karis Karjaa
Lohja Lojo
Siuntio Sjundeå
Kirkkonummi Kyrkslätt
Ingå Inkoo
Porkkala Porkkala
ESPOO ESBO
HELSINKI HELSINGFORS
VANTAA VANDA
Itäsalmi Östersundom
Järvenpää
Tuusula
Nurmijärvi
Porvoo Borgå
Loviisa Lovisa
Hyvinkää
Riihimäki
Mäntsälä
Lahti (Lahtis)
Nastola
Orimattila
Hämeenlinna
Forssa
Loimaa
Somero
Tampere (Tammerfors)
Nokia
Ylöjärvi
Orivesi
Kangasala
Valkeakoski
Lempäälä
Vammala
Huittinen
Kokemäki
Harjavalta
Kiikoinen
Punkalaidun
Urjala
Toijala
Kalvola
Hauho
Lammi
Heinola
Kuortti
Sysmä
Padasjoki
Vääksy
Pälkäne
Hattula
Humppila
Jokioinen
Tammela
Janakkala
Vihti
Karkkila
Koski
Marttila
Lieto
Paimio
Kiikala
Kisko
Kitula
Saukkola
SUOMI FINLAND
Suomen
Varsinais-Suomi
Lounais-Suomi
Etelä-Suomi
Uusimaa
Häme
Näsijärvi
Pyhäjärvi
Vanajavesi
Päijänne
Kurjenrahkan k.p.
Teijon k.p.
Nuuksion k.p.
Torronsuon k.p.
Puurijärven ja Isonsuon k.p.
Päijänteen kans.
Aulanko
Gulf of Finland
Naissaar s.
Prangli s.
TALLINN
Maardu
Paldiski
Keila
Kehra
Kuusalu
Aegviidu
Rakvere
Tapa
Tamsalu
Väike-Maarja
Kose
Kohila
Rapla
Märjamaa
Järvakandi
Türi
Paide
Järva-Jaani
Põltsamaa
Vändra
Võhma
Suure-Jaani
Kolga-Jaani
Viljandi
Mustla
Elva
Rõngu
Pärnu
Sindi
Audru
Tõstamaa
Kihnu s.
Kilingi-Nõmme
Mõisaküla
Häädemeeste
Karksi-Nuia
Tõrva
Valga
Pärnu-Jaagupi
Lihula
Virtsu
Haapsalu
Ristl
Turba
Riguldi
Vormsi s.
Hiiumaa s.
Kärdla
Käina
Heltermaa
Emmaste
Luidja
Kalana
Muhu s.
Saaremaa s.
Kuressaare
Orissaare
Kuivastu
Leisi
Võhma
Mustjala
Kõruse
Kihelkonna
Kärla
Kaali
Tehumardi
Sõrve poolsaar
Sääre
Kura kurk
Vilsandi rahvuspark
Matsalu rahvuspark
Lahemaa rahvuspark
Soomaa rahvuspark
Luitemaa looduskaitseala
Liivi laht
Ruhnu s.
Harjumaa
Läänemaa
Raplamaa
Järvamaa
Pärnumaa
Viljandimaa
Valgamaa
Virumaa
Jõgevamaa
Hiiumaa
Saaremaa
EESTI
Irbes šaurums
Rīgas līcis
Kolka
Slīteres nac. parks
Mazirbe
Dundaga
Roja
Valdemārpils
Mērsrags
Engures ez.
Engure
Talsi
Sabile
Kandava
Stende
Renda
Ugāle
Piltene
Ventspils
Ovišrags
Vēde
Pope
Gigi
Lēči
Usmas ez.
Ainaži
Salacgrīva
Staicele
Aloja
Limbaži
Saulkrasti
Carnikava
Vangaži
Sigulda
Cēsis
Valmiera
Strenči
Rūjiena
Mazsalaca
Smiltene
Gaujas nac. parks
Jaunpiebalga
Lizums
LATVIJA
A1
A2
A3
A10
E20
E67
E77
E22
E18
E63
E12
E8
E75

0 10 20 30 40 50 km
0 10 20 30 miles

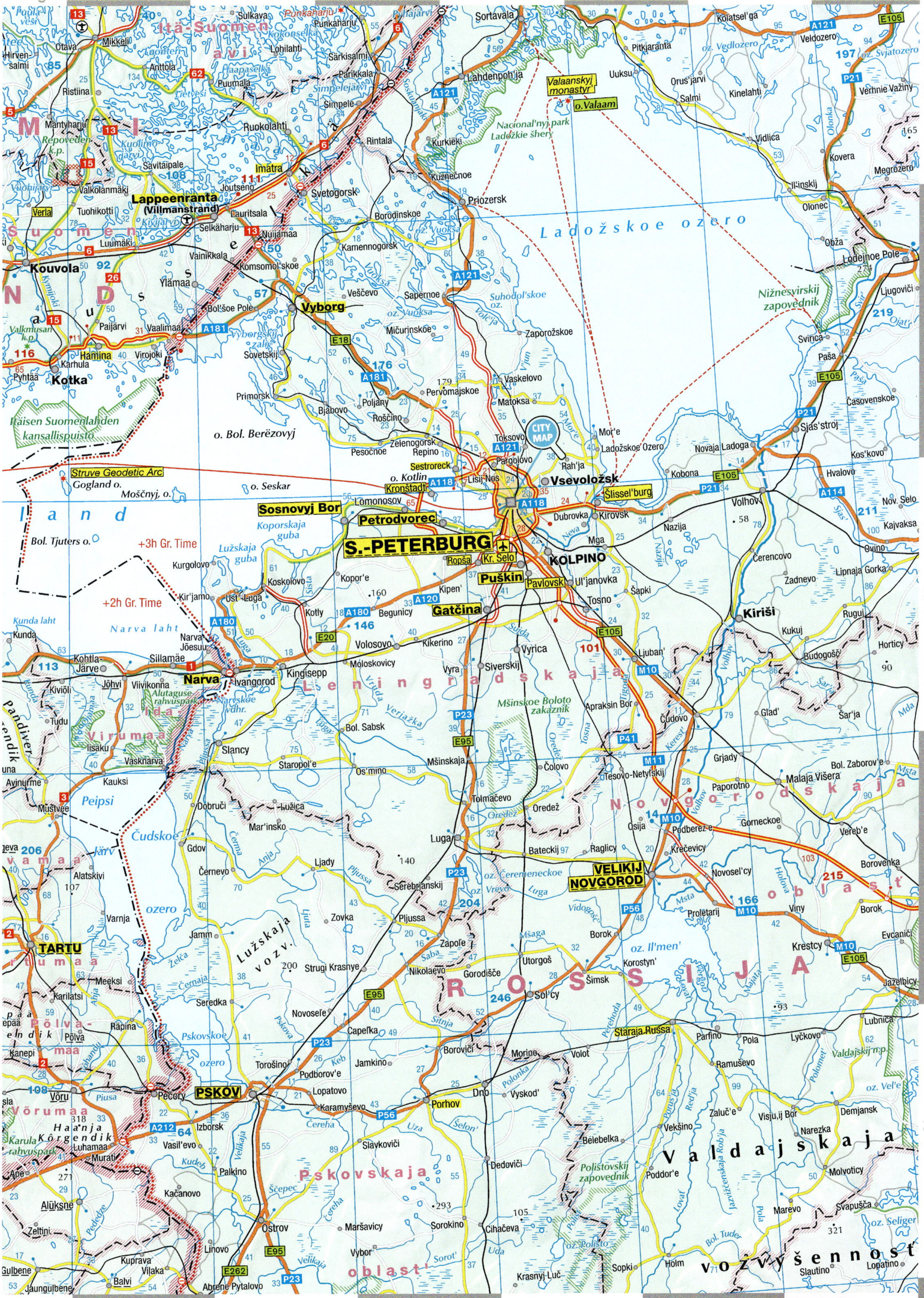
29
30
31
32
33
Vologda
Moskva
Sortavala
Lahdenpoh'ja
Valaamskyj monastyr'
o.Valaam
Nacional'nyj park Ladožkie shery
Priozersk
Ladožskoe ozero
Pitkjaranta
Salmi
Olonec
Lodejnoe Pole
Nižnesvirskij zapovednik
Svirica
Paša
Sjas'stroj
Novaja Ladoga
Volhov
Kiriši
Imatra
Svetogorsk
Lappeenranta (Villmanstrand)
Kouvola
Hamina
Kotka
Vyborg
Primorsk
Sovetskij
Zelenogorsk
Sestroreck
Kronštadt
o. Kotlin
Sosnovyj Bor
Lomonosov
Petrodvorec
S.-PETERBURG
Vsevoložsk
Šlissel'burg
KOLPINO
Puškin
Pavlovsk
Gatčina
Tosno
Ljuban'
Kingisepp
Ivangorod
Narva
Narva laht
Sillamäe
Kohtla-Järve
Jõhvi
Struve Geodetic Arc
Gogland o.
o. Bol. Berëzovyj
o. Seskar
Bol. Tjuters o.
+3h Gr. Time
+2h Gr. Time
Lužskaja guba
Koporskaja guba
Leningradskaja
Volosovo
Siverskij
Vyrica
Mšinskoe Boloto zakaznik
Luga
Slancy
Gdov
Peipsi
Čudskoe ozero
Lužskaja vozv.
TARTU
PSKOV
Pskovskoe ozero
Pečory
Izborsk
Ostrov
Porhov
Dno
Sol'cy
Šimsk
oz. Il'men'
VELIKIJ NOVGOROD
Novgorodskaja oblast'
Čudovo
Malaja Višera
Borovenka
Staraja Russa
Parfino
Valdajskaja vozvyšennost'
Polistovskij zapovednik
Pskovskaja oblast'
ROSSIJA
Võru
Valka
Alūksne
Gulbene
Balvi
Daugavpils
Vicebck
Tolmačevo
Oredež
Strugi Krasnyje
Plussa
Novoselje
Kotka
Raisen Suomenlahden kansallispuisto
Repovesi k.p.
Mikkeli
Puumala
Punkaharju
Ruokolahti
Joutseno
Virolahti
E18
E20
E95
E105
M10
M11
A118
A121
A180
A181
P23
P41
P56
CITY MAP

29

30

31

32

33

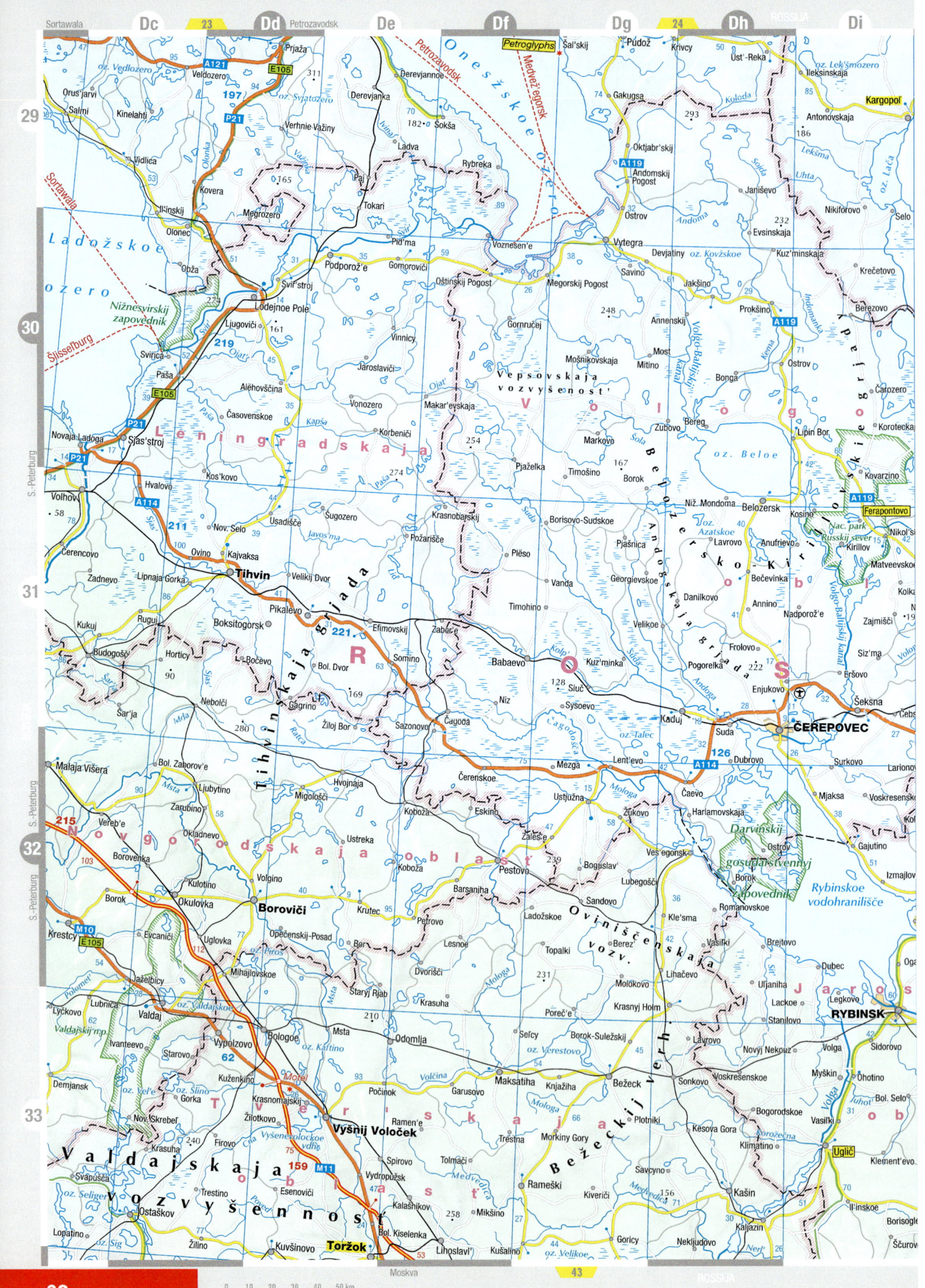

Ladožskoe ozero
Oneszskoe ozero
Nižnesvirskij zapovednik
Vepsovskaja vozvyšenost'
Leningradskaja
Vologodskaja
Novgorodskaja oblast'
Tverskaja
Jaroslavskaja oblast
Tihvinskaja grjada
Belozerskaja grjada
Andogskaja grjada
Ovinščenskaja vozv.
Bežeckij verh
Valdajskaja vozvyšennost'
Darvinskij gosudarstvennyj zapovednik
Rybinskoe vodohranilišče
oz. Beloe
Petroglyphs
Ferapontovo
Kargopol'
Vytegra
Lodejnoe Pole
Podporož'e
Tihvin
Pikalevo
Boksitogorsk
Belozersk
Kirillov
ČEREPOVEC
Šeksna
Babaevo
Borovići
Okulovka
Valdaj
Bologoe
Vyšnij Voloček
Ostaškov
Toržok
Kuvšinovo
Maksatiha
Bežeck
Pestovo
Ustjužna
Kaduj
Krestcy
Malaja Višera
Volhov
Novaja Ladoga
Sjas'stroj
Olonec
Pudož
Kašin
Kaljazin
Uglič
RYBINSK
Sortawala
Šlisselburg
S.-Peterburg
Moskva
E105
M10
M11
A114
A119
A121
P21

0 10 20 30 40 50 km
0 10 20 30 miles

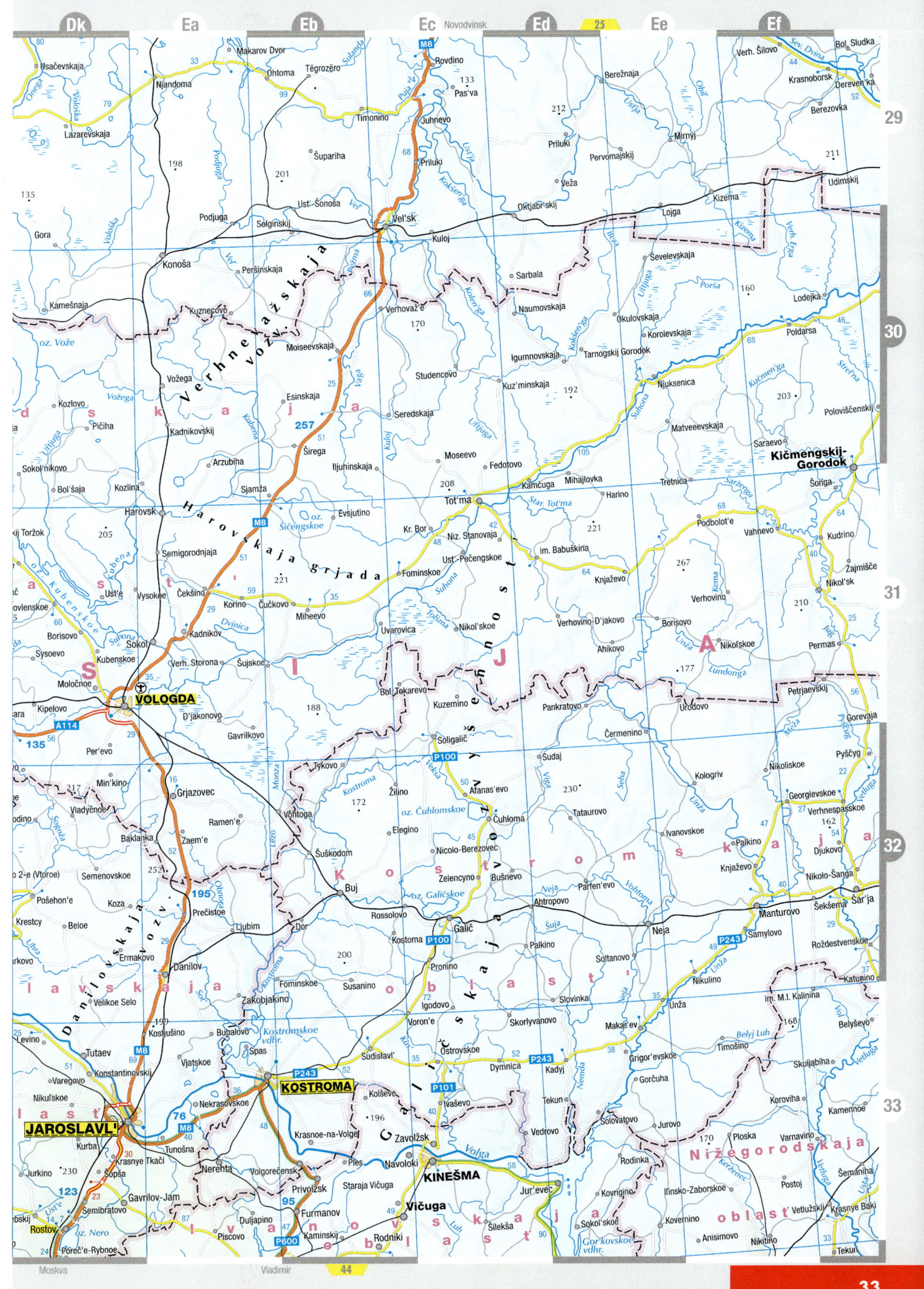

Dk
Ea
Eb
Ec
Novodvinsk
Ed
25
Ee
Ef
29
30
31
32
33
Usačevskaja
Lazarevskaja
Njandoma
Makarov Dvor
Ohtoma
Tëgrozëro
Rovdino
Pas'va
Timonino
Juhnevo
Šupariha
Priluki
Ust'-Šonoša
Vel'sk
Kuloj
Podjuga
Solginskij
Gora
Konoša
Peršinskaja
Kamešnaja
Kuznecovo
oz. Vože
Verhnevažskaja vozv.
Verhovaž'e
Moiseevskaja
Vožega
Kozlovo
Pičiha
Esinskaja
Kadnikovskij
Širega
Arzubiha
Sokol'nikovo
Bol'šaja
Kozlina
Sjamža
Harovsk
Harovskaja grjada
Evsjutino
oz. Šičengskoe
Semigorodnjaja
Toržok
Ust'e
Vysokoe
Čekšino
Korino
Čuckovo
Miheevo
Kubenskoe
Borisovo
Sysoevo
Sokol
Kadnikov
Kubenskoe
Verh. Storona
Šujskoe
Moločnoe
VOLOGDA
Kipelovo
D'jakonovo
Gavrilkovo
Per'evo
Min'kino
Grjazovec
Vjadyčnoe
Ramen'e
Baklanka
Zaem'e
Semenovskoe
Pošehon'e
Koza
Krestcy
Beloe
Prečistoe
Ljubim
Ermakovo
Danilov
Danilovskaja vozv.
Velikoe Selo
Kostjušino
Levino
Tutaev
Konstantinovskij
Varegovo
Nikul'skoe
JAROSLAVL'
Kurba
Tunošna
Krasnye Tkači
Jurkino
Šopša
Gavrilov-Jam
Semibratovo
Rostov
oz. Nero
Poreč'e-Rybnoe
Moskva
Bereznaja
Priluki
Pervomajskij
Mirnyj
Veža
Oktjabr'skij
Lojga
Kizema
Udimskij
Bol. Sludka
Verh. Šilovo
Krasnoborsk
Dereven'ka
Berezovka
Sev. Dvina
Ševelevskaja
Sarbala
Naumovskaja
Okulovskaja
Korolevskaja
Lodejka
Poldarsa
Igumnovskaja
Tarnogskij Gorodok
Studencovo
Kuz'minskaja
Njuksenica
Seredskaja
Matveevskaja
Polovišćenskij
Saraevo
Kičmengskij-Gorodok
Ijuhinskaja
Moseevo
Fedotovo
Kamčuga
Mihajlovka
Tretnica
Šonga
Tot'ma
Harino
Star. Tot'ma
Podbolot'e
Vahnevo
Kudrino
Kr. Bor
Niz. Stanovaja
Ust'-Pečengskoe
im. Babuškina
Knjaževo
Zajmišče
Fominskoe
Nikol'sk
Verhovino
Uvarovica
Nikol'skoe
Verhovino-D'jakovo
Borisovo
Ahikovo
Nikol'skoe
Permas
Bol. Tokarevo
Kuzemino
Pankratovo
Urodovo
Petrjaevskij
Gorevaja
Soligalič
Čermenino
Sudaj
Pyščug
Tykovo
Žilino
Afanas'evo
Kologriv
Nikoliskoe
Georgievskoe
Verhnespasskoe
Vohtoga
oz. Čuhlomskoe
Čuhloma
Tataurovo
Ivanovskoe
Palkino
Elegino
Šuškodom
Nicolo-Berezovec
Djukovo
Knjaževo
Nikolo-Šanga
Buj
Zelencyno
Bušnevo
Ahtropovo
Parfen'evo
Šar'ja
Šekšema
Manturovo
oz. Galičskoe
Rossolovo
Galič
Neja
Samylovo
Dor
Kostoma
Palkino
Soltanovo
Roždestvenskoe
Pronino
Nikulino
Katunino
Fominskoe
Susanino
Igodovo
Slovinka
Unža
im. M.I. Kalinina
Zakobjakino
Voron'e
Skorlyvanovo
Makar'ev
Belyševo
Bupalovo
Kostromskoe vdhr.
Spas
Sudislavl'
Ostrovskoe
Timošino
Belyj Luh
Grigor'evskoe
Skuljabiha
Vjatskoe
Dymnica
Kadyj
Gorčuha
KOSTROMA
Kolševo
Ivaševo
Koroviha
Kamennoe
Nekrasovskoe
Tekun
Solovatovo
Jurovo
Krasnoe-na-Volge
Zavolžsk
Vedrovo
Ploska
Varnavino
Nerehta
Volgorečensk
Ples
Navoloki
KINEŠMA
Rodinka
Nižegorodskaja oblast'
Šemaniha
Privolžsk
Staraja Vičuga
Jur'evec
Kovrigino
Il'insko-Zaborskoe
Postoj
Vičuga
Vetlužskij
Krasnye Baki
Duljapino
Furmanov
Šileksa
Sokol'skoe
Kovernino
Piscovo
Kaminskij
Rodniki
Gor'kovskoe vdhr.
Anisimovo
Nikitino
Tekun
Volga
Vladimir
44

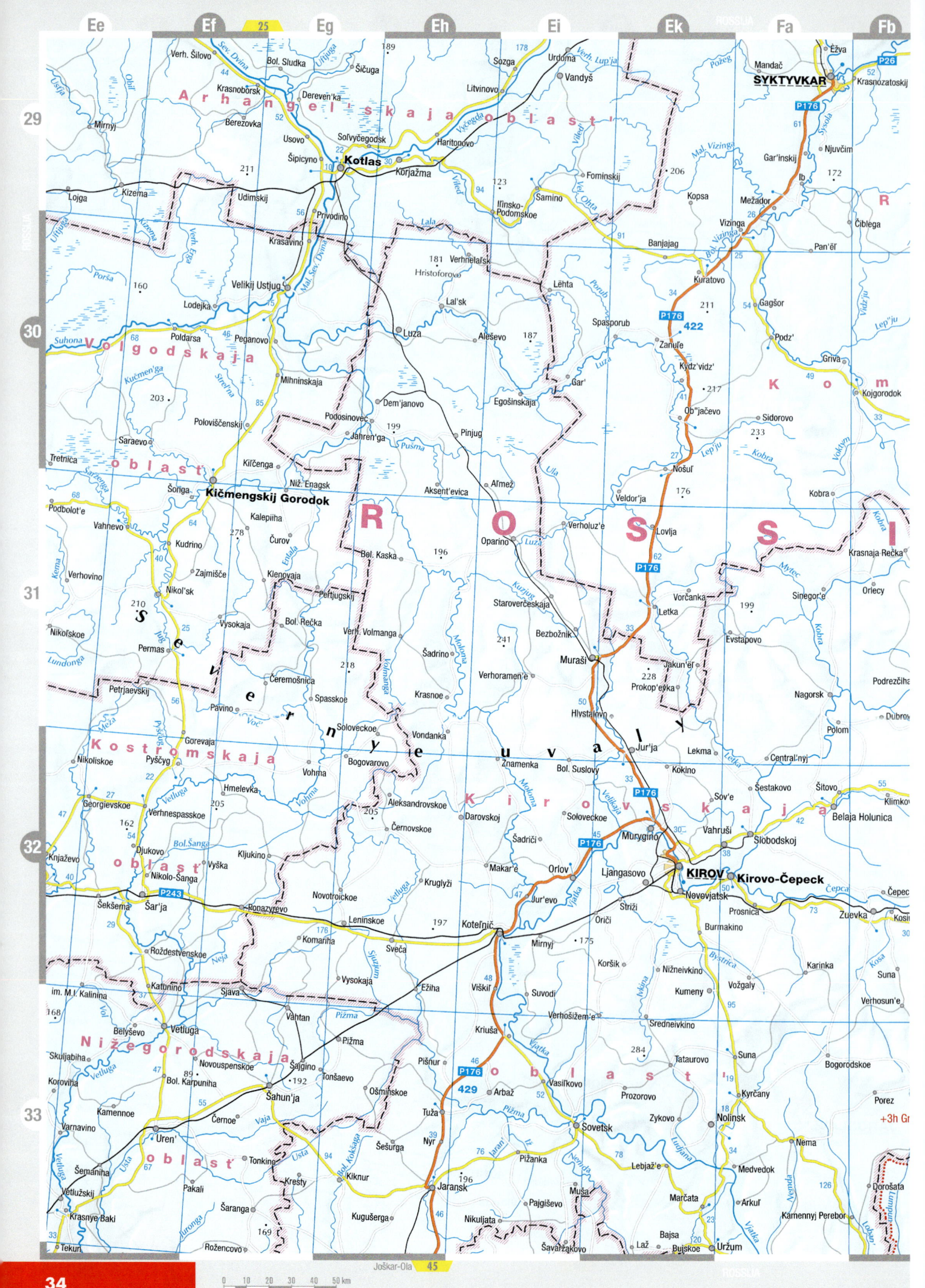
Ee
Ef
25
Eg
Eh
Ei
Ek
Fa
Fb
ROSSIJA
29
30
31
32
33
Arhangel'skaja oblast'
Volgodskaja oblast'
Kostromskaja oblast'
Nižegorodskaja oblast'
Kirovskaja oblast'
Komi
ROSSIJA
Severnye uvaly
Verh. Šilovo
Bol. Sludka
Šičuga
Sozga
Urdoma
Vandyš
Mandač
SYKTYVKAR
Ežva
Krasnozatoskij
Krasnoborsk
Dereven'ka
Litvinovo
Mirnyj
Berezovka
Usovo
Sol'vyčegodsk
Haritonovo
Šipicyno
Kotlas
Korjažma
Gar'inskij
Njuvčim
Lojga
Kizema
Udimskij
Privodino
Krasavino
Fominskij
Samino
Il'insko-Podomskoe
Kopsa
Mežador
Vizinga
Čiblega
Banjajag
Pan'ël'
Velikij Ustjug
Lodejka
Verhnelal'sk
Hristoforovo
Lal'sk
Luza
Alešev
Lëhta
Spasporub
Kuratovo
Gagšor
Zanul'e
Kydz'vidz'
Podz'
Griva
Kojgorodok
Poldarsa
Peganovo
Mihninskaja
Dem'janovo
Egošinskaja
Gar'
Ob''jačevo
Sidorovo
Podosinovec
Jahren'ga
Pinjug
Poloviščenskij
Saraevo
Tretnica
Kil'čenga
Niž. Enagsk
Šonga
Kičmengskij Gorodok
Aksent'evica
Al'mež
Nošul'
Veldor'ja
Kobra
Podbolot'e
Vahnevo
Kalepiiha
Čurov
Kudrino
Zajmišče
Nikol'sk
Klenovaja
Bol. Kaska
Oparino
Verholuz'e
Lovlja
Krasnaja Rečka
Verhovino
Pertjugskij
Starovercěskaja
Vorčanka
Letka
Sinegor'e
Orlecy
Nikol'skoe
Vysokaja
Bol. Rečka
Verh. Volmanga
Bezbožnik
Evstapovo
Permas
Šadrino
Muraši
Jakun'ël'
Verhoramen'e
Prokop'evka
Podrezčiha
Petrjaevskij
Čeremošnica
Spasskoe
Krasnoe
Nagorsk
Pavino
Hlystalovo
Dubrov
Gorevaja
Solovečkoe
Vondanka
Polom
Nikoliskoe
Pyščug
Bogovarovo
Vohma
Znamenka
Bol. Suslovy
Jur'ja
Lekma
Central'nyj
Kokino
Georgievskoe
Hmelevka
Aleksandrovskoe
Darovskoj
Solovečkoe
Šestakovo
Šitovo
Klimkov
Verhnespasskoe
Černovskoe
Šadriči
Murygino
Vahruši
Belaja Holunica
Slobodskoj
Djukovo
Knjaževo
Kljukino
Vyška
Nikolo-Šanga
Makar'e
Orlov
Ljangasovo
KIROV
Kirovo-Čepeck
Čepec
Kruglyži
Novotroickoe
Jur'evo
Novovjatsk
Prosnica
Zuevka
Kosi
Šekšema
Šar'ja
Ponazyrevo
Leninskoe
Kotel'nič
Striži
Oriči
Burmakino
Roždestvenskoe
Komariha
Sveča
Mirnyj
Koršik
Nižneivkino
Karinka
Suna
Vysokaja
Katunino
Sjava
Ežiha
Viškil'
Suvodi
Kumeny
Vožgaly
im. M.I. Kalinina
Vahtan
Verhošižem'e
Sredneivkino
Verhosun'e
Belyševo
Vetluga
Pižma
Kriuša
Skuljabiha
Novouspenskoe
Šajgino
Pišnur
Tataurovo
Suna
Bogorodskoe
Koroviha
Bol. Karpuniha
Tonšaevo
Ošminskoe
Arbaž
Vasil'kovo
Prozorovo
Kyrčany
Porez
Kamennoe
Šahun'ja
Tuža
Zykovo
Nolinsk
+3h Gr
Varnavino
Černoe
Sovetsk
Uren'
Nyr
Nema
Šešurga
Pižanka
Lebjaž'e
Tonkino
Šemaniha
Kiknur
Medvedok
Vetlužskij
Pakali
Kresty
Jaransk
Muša
Dorošata
Arkul'
Marčata
Krasnye Baki
Šaranga
Kugušerga
Nikuljata
Pajgiševo
Kamennyj Perebor
Rožencovo
Šavaržakovo
Laž
Bajsa
Bujskoe
Uržum
Tekun
P26
P176
P243
422
429
Joškar-Ola
45
ROSSIJA

0 10 20 30 40 50 km
0 10 20 30 miles

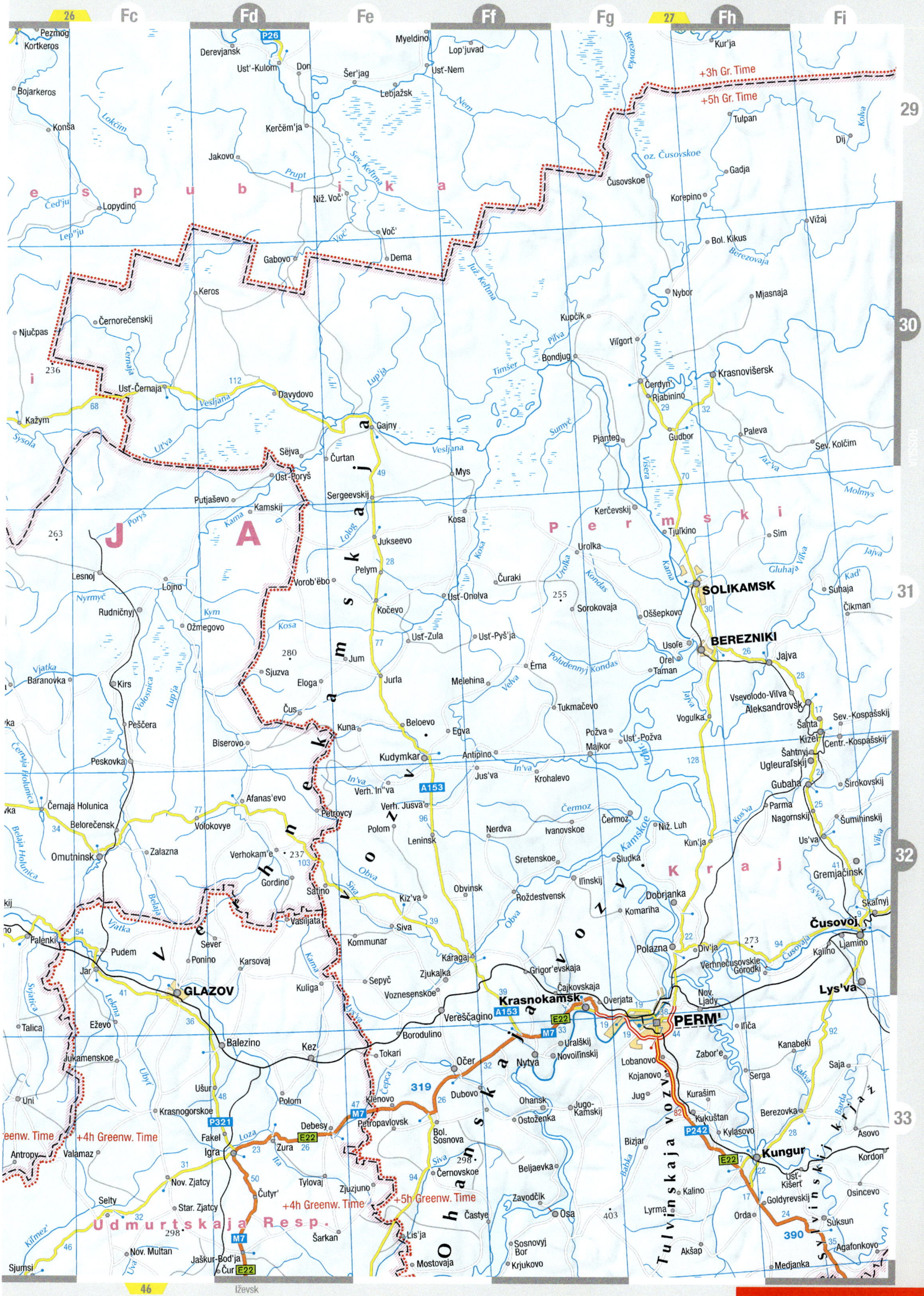

26
Fc
Fd
Fe
Ff
Fg
27
Fh
Fi
29
30
31
32
33
46
Iževsk
RUSSIA
Pezmog
Kortkeros
Derevjansk
P26
Usť-Kulom
Don
Myeldino
Lop'juvad
Usť-Nem
Šer'jag
Lebjažsk
Kur'ja
+3h Gr. Time
+5h Gr. Time
Bojarkeros
Lokčim
Nem
Berezovka
Konša
Kerčëm'ja
Tulpan
Kolva
Dij
Jakovo
Prupt
Sev. Keltma
oz. Čusovskoe
Gadja
Čusovskoe
e s p u b l i k a
Ceď'ju
Lopydino
Niž. Voč
Korepino
Lep"ju
Voč
Voč'
Vižaj
Gabovo
Dema
Bol. Kikus
Berezovaja
Juž. Keltma
Keros
Nybor
Mjasnaja
Černorečenskij
Kupčik
Njučpas
Piľva
Viľgort
Timšer
Bondjug
Černaja
236
Usť-Černaja
112
Davydovo
Vesljana
Lup'ja
Čerdyn'
Rjabinino
Krasnovišersk
29
32
68
Kažym
Gajny
Sumyč
Gudbor
Paleva
Sysola
Uťva
Vesljana
Pjanteg
Sev. Kolčim
Sëjva
Čurtan
Višera
Jaz'va
Usť-Poryš
49
Mys
70
Molmys
Putjaševo
Sergeevskij
Kerčevskij
Kamskij
Poryš
Kama
Kosa
J A
P e r m s k i
263
Lolog
Jukseevo
Tjuľkino
Sim
Kosa
Urolka
Jajva
28
Pelym
Kama
Gluhaja Viľva
Lesnoj
Lojno
Vorob'ëbo
Čuraki
Urolka
Kondas
SOLIKAMSK
Kad'
Suhaja
Nyrmyč
Kym
Usť-Onolva
255
Sorokovaja
Oššepkovo
Čikman
Rudničnyj
Kočevo
30
Ožmegovo
Kosa
Usť-Zula
Usť-Pyš'ja
BEREZNIKI
77
Usoľe
Orel
Taman
26
Jajva
Vjatka
280
Jum
Poludennyj Kondas
Èrna
Baranovka
Kirs
Sjuzva
Eloga
Jurla
Melehina
Velva
28
Volosnica
Lup'ja
Čus
Tukmačevo
Vsevolodo-Viľva
Aleksandrovsk
17
Pešćera
Kuna
Beloevo
Jajva
Vogulka
Šahta
Sev.-Kospašskij
Egva
Požva
Usť-Požva
Kizel
Centr.-Kospašskij
Biserovo
Antipino
Majkor
Šahtnyj
Černaja Holunica
Peskovka
Kudymkar
Jus'va
In'va
Krohalevo
128
Ugleuraľskij
In'va
Verh. In'va
A153
Gubaha
Širokovskij
Černaja Holunica
Afanas'evo
Verh. Jusva
Čermoz
Parma
Nagornskij
25
Beloročensk
34
Volokovye
Petrovcy
96
Nerdva
Ivanovskoe
Čermoz
Niž. Luh
Kos'va
Šumihinskij
Belaja Holunica
Polom
Leninsk
Kamskoe
Kun'ja
Us'va
Viľva
Omutninsk
Zalazna
Verhokam'e
237
103
Obva
Sretenskoe
Sludka
41
Gremjačinsk
K r a j
Gordino
Siva
Obvinsk
Iľinskij
Belaja
Satino
Kiz'va
Roždestvenskij
Dobrjanka
Us'va
Skaľnyj
Komariha
Vjatka
Vasiljata
Obva
273
Čusovoj
Palenki
54
Siva
39
22
94
Sever
Kommunar
Polazna
Div'ja
Ljamino
Kalino
Pudem
Ponino
Karagaj
Grigor'evskaja
Verhnečusovskie Gorodki
Kama
Karsovaj
Čusovaja
Jar
Sepyč
Zjukajka
Čajkovskaja
Lys'va
Kuliga
Overjata
41
GLAZOV
Voznesenskoe
39
Krasnokamsk
Nov. Ljady
Svjatica
Lekma
A153
E22
19
Ežovo
Vereščagino
M7
33
PERM'
Ilʹča
36
Borodulino
19
44
Talica
Balezino
Uraľskij
92
Kez
Tokari
Novoiľinskij
Kanabeki
Jukamenskoe
Nytva
Lobanovo
Zabor'e
Saja
Uni
Ubyť
Očer
32
Kojanovo
Serga
Ušur
Cepca
319
Dubovo
Ohansk
Jug
Kurašim
48
Polom
Klenovo
26
Jugo-Kamskij
Krasnogorskoe
47
Ostoženka
Kukuštan
Berezovka
P321
M7
Petropavlovsk
82
Kylasovo
Asovo
reenw. Time
+4h Greenw. Time
Fakel
Loza
Debesy
E22
Bol. Sosnova
Bizjar
P242
28
Igra
23
Zura
26
Kungur
Kordon
Antropy
Valamaz
31
Ita
Siva
298
E22
22
Nov. Zjatcy
50
Tylovaj
94
Černovskoe
Beljaevka
Usť-Kišerť
Osincevo
Čutyr'
Zjuzjuno
Kalino
Selty
Star. Zjatcy
+4h Greenw. Time
+5h Greenw. Time
Zavodčik
Lyrma
17
Goldyrevskij
32
Častye
Osa
403
Orda
Udmurtskaja Resp.
298
Šarkan
Lis'ja
24
Sukšun
Kiľmez'
46
Nov. Multan
Jaškur-Bod'ja
Sosnovyj Bor
390
35
Agafonkovo
Uva
M7
Akšap
Sjumsi
Čur
E22
Mostovaja
Krjukovo
Medjanka
Verhnekamskij vozv.
Ohanskaja vozv.
Tulvinskaja vozv.
Sylvinskij krjaž
Babka
Šakva
Barda

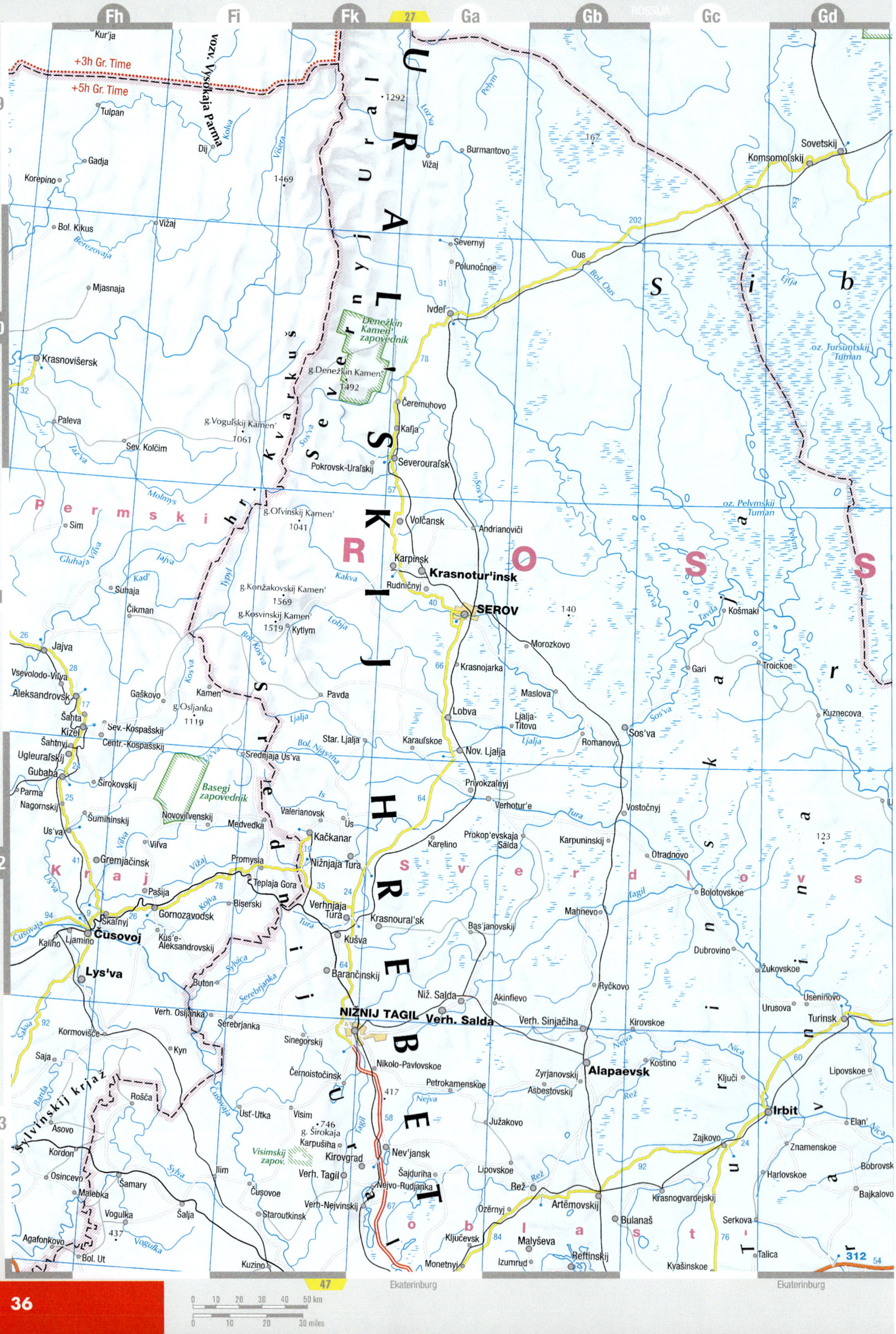
Fh
Fi
Fk
27
Ga
Gb
ROSSIJA
Gc
Gd
29
30
31
32
33
RUSSIA
+3h Gr. Time
+5h Gr. Time
Kur'ja
vozv. Vysokaja Parma
Tulpan
Gadja
Dij
Kolva
Korepino
Višera
1469
1292
Ural
Loz'va
Vižaj
Burmantovo
Pelym
167
Sovetskij
Komsomol'skij
Ess
Bol. Kikus
Vižaj
Berezovaja
202
Severnyj
Polunočnoe
Ous
Bol. Ous
Mjasnaja
31
Ivdel'
Ejtja
Denežkin Kamen' zapovednik
g.Denežkin Kamen' 1492
oz. Tursuntskij Tuman
Krasnovišersk
32
78
Čeremuhovo
Paleva
g.Vogul'skij Kamen' 1061
Kal'ja
Jaz'va
Sev. Kolčim
Sos'va
Severoural'sk
Pokrovsk-Ural'skij
Molmys
57
Sos'va
oz. Pelymskij Tuman
Permski Kraj
Sim
g.Ol'vinskij Kamen' 1041
Volčansk
Andrianoviči
Gluhaja Vil'va
Jajva
Kad'
Typyl
Kakva
Karpinsk
Krasnotur'insk
Rudničnyj
Suhaja
g.Konžakovskij Kamen' 1569
Loz'va
Tavda
Košmaki
Čikman
40
SEROV
140
g.Kosvinskij Kamen' 1519
Kytlym
Lobja
26
Jajva
Bol. Kos'va
Morozkovo
28
Vsevolodo-Vil'va
66
Krasnojarka
Gari
Troickoe
Aleksandrovsk
Gaškovo
Kos'va
Kamen'
Pavda
Maslova
17
g.Osljanka 1119
Šahta
Kizel
Sev.-Kospašskij
Lobva
Ljalja
Ljalja-Titova
Kuznecova
Centr.-Kospašskij
Star. Ljalja
Karaul'skoe
Ljalja
Romanovo
Sos'va
Šahtnyj
Ugleural'skij
Us'va
Srednjaja Us'va
Bol. Njas'ma
Nov. Ljalja
Gubaha
24
Basegi zapovednik
Parma
Širokovskij
Privokzal'nyj
Nagornskij
25
Is
64
Verhotur'e
Šumihinskij
Novovil'venskij
Valerianovsk
Tura
Vostočnyj
Medvedka
Us
Us'va
Vil'va
Kačkanar
Prokop'evskaja Salda
Karelino
Karpuninskij
123
Vil'va
41
Vižaj
19
Gremjačinsk
Promysla
Nižnjaja Tura
Otradnovo
Sverdlovskaja oblast'
78
Teplaja Gora
Us'va
Pašija
35
24
Tagil
Bolotovskoe
Kojva
Biserski
Verhnjaja Tura
Mahnevo
94
9
26
Gornozavodsk
Skal'nyj
Krasnoural'sk
Čusovaja
Čusovoj
Kus'e-Aleksandrovskij
Tura
Bas'janovskij
Kalino
Ljamino
Kušva
Dubrovino
Žukovskoe
Sylvica
64
Lys'va
Baranćinskij
Serebrjanka
Ryčkovo
Buton
Niž. Salda
Akinfievo
Useninovo
Urusova
Verh. Osljanka
NIŽNIJ TAGIL
Verh. Salda
Verh. Sinjačiha
Kirovskoe
Turinsk
Sakva
92
Kormovišče
Serebrjanka
Nejva
Nica
Sinegorskij
Kyn
Saja
Nikolo-Pavlovskoe
Kostino
60
Alapaevsk
Čusovaja
Zyrjanovskij
Ključi
Lipovskoe
Černoistočinsk
Barda
Sylvinskij krjaž
Rošča
417
Petrokamenskoe
Asbestovskij
Rež
Nejva
Usť-Utka
Visim
Irbit
58
746
g. Širokaja
Asovo
Karpušiha
Tagil
Južakovo
Elan'
Nica
Zajkovo
24
Znamenskoe
Kordon
Visimskij zapov.
Kirovgrad
Nev'jansk
Osincevo
Sylva
Ilim
Verh. Tagil
Šajduriha
Lipovskoe
Rež
92
Harlovskoe
Bobrovsk
Šamary
Nejvo-Rudjanka
Rež
Malebka
Čusovoe
Krasnogvardejskij
Bajkalovo
Vogulka
Šalja
Verh-Nejvinskij
67
Ozërnyj
Artëmovskij
Staroutkinsk
Bulanaš
Serkova
Agafonkovo
437
Vogulka
Ključevsk
84
Malyševa
76
Talica
Bol. Ut
Kuzino
Monetnyj
Izumrud
Reftinskij
Kyašinskoe
312
54
Tura
Tavda
Sibir
ROSSIJA
Ural'skij hrebet
Severnyj Ural
Srednij Ural
hr. Kvarkuš
47
Ekaterinburg
Ekaterinburg
0 10 20 30 40 50 km
0 10 20 30 miles

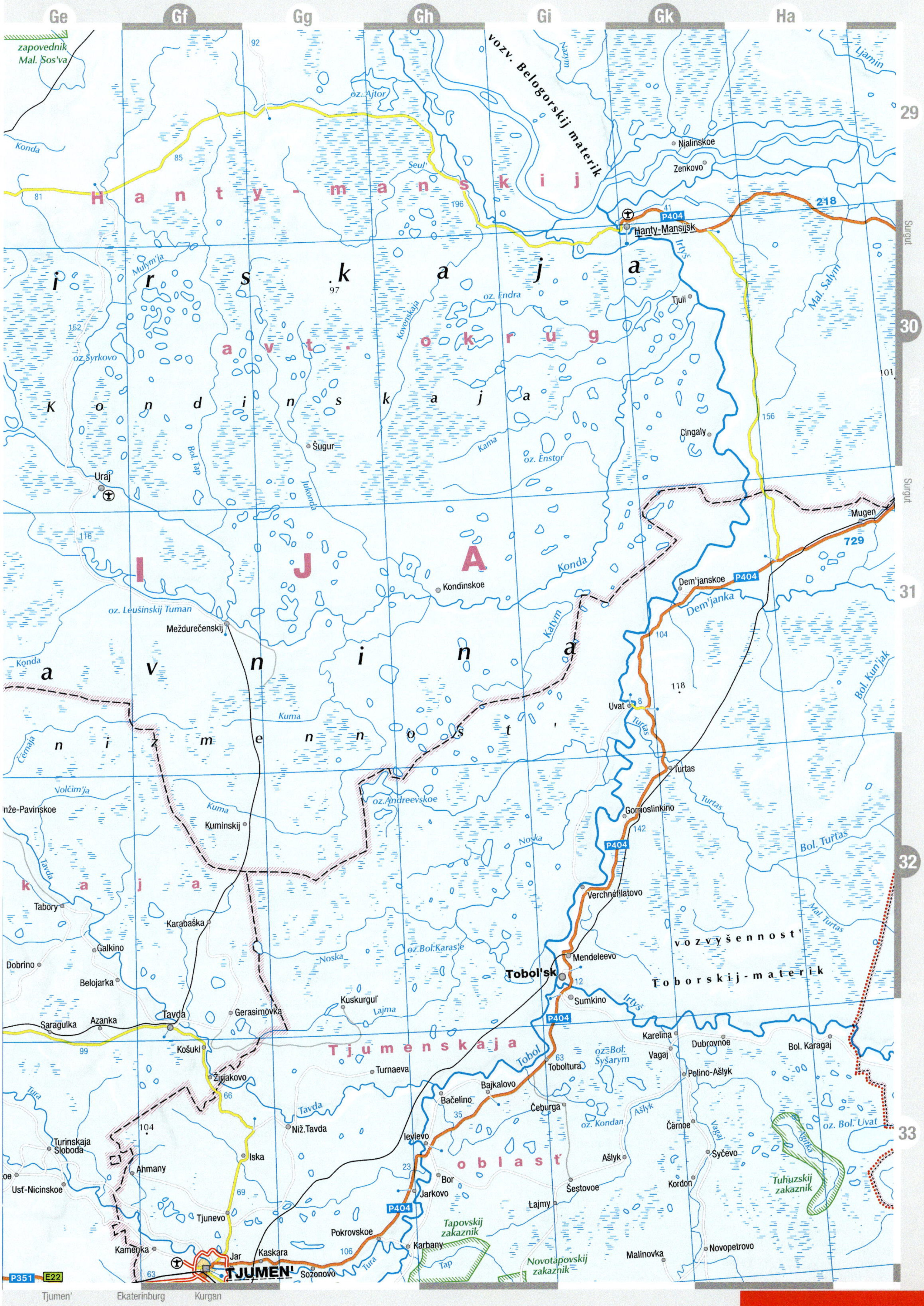
Ge
Gf
Gg
Gh
Gi
Gk
Ha
29
30
31
32
33
zapovednik Mal. Sos'va
vozv. Belogorskij materik
Hanty-mansijskij avt. okrug
Kondinskaja
Nizmennost'
Tjumenskaja oblast'
vozvyšennost' Toborskij-materik
oz. Ajtor
Seul'
Konda
Ljamin
Njalinskoe
Zenkovo
Hanty-Mansijsk
P404
218
Irtyš
Tjuli
Mal. Salym
Mulym'ja
oz. Endra
Kovenskaja
oz. Syrkovo
Bol. Tap
Šugur
Jukonda
Kama
oz. Enstor
Cingaly
Uraj
Surgut
Mugen
729
Dem'janskoe
Dem'janka
Kondinskoe
Katym
oz. Leušinskij Tuman
Meždurečenskij
Kuma
Uvat
Turtas
Bol. Kun'jak
Černaja
Volčim'ja
Kuminskij
Inže-Pavinskoe
oz. Andreevskoe
Noska
Gornoslinkino
Bol. Turtas
Mal. Turtas
Tavda
Tabory
Verchnefilatovo
Karabaška
Galkino
Dobrino
Belojarka
oz. Bol. Karas'e
Mendeleevo
Tobol'sk
Sumkino
Kuskurgul'
Lajma
Gerasimovka
Saragulka
Azanka
Karelina
Vagaj
Dubrovnoe
Bol. Karagaj
Košuki
oz. Bol. Šyšarym
Polino-Ašlyk
Tobol
Toboltura
Turnaeva
Bajkalovo
Bačelino
Zirjakovo
Čeburga
oz. Kondan
Ašlyk
Černoe
oz. Bol. Uvat
Niž. Tavda
Tura
Turinskaja Sloboda
Ahmany
Iska
Ievlevo
Syčevo
Ašlyk
Agitka
Bor
Jarkovo
Šestovoe
Kordon
Tuhuzskij zakaznik
Usť-Nicinskoe
Tjunevo
Łajmy
Tapovskij zakaznik
Pokrovskoe
Karbany
Tap
Novotapovskij zakaznik
Malinovka
Novopetrovo
Kamenka
Jar
Kaskara
TJUMEN'
Sozonovo
P351
E22
Tjumen'
Ekaterinburg
Kurgan

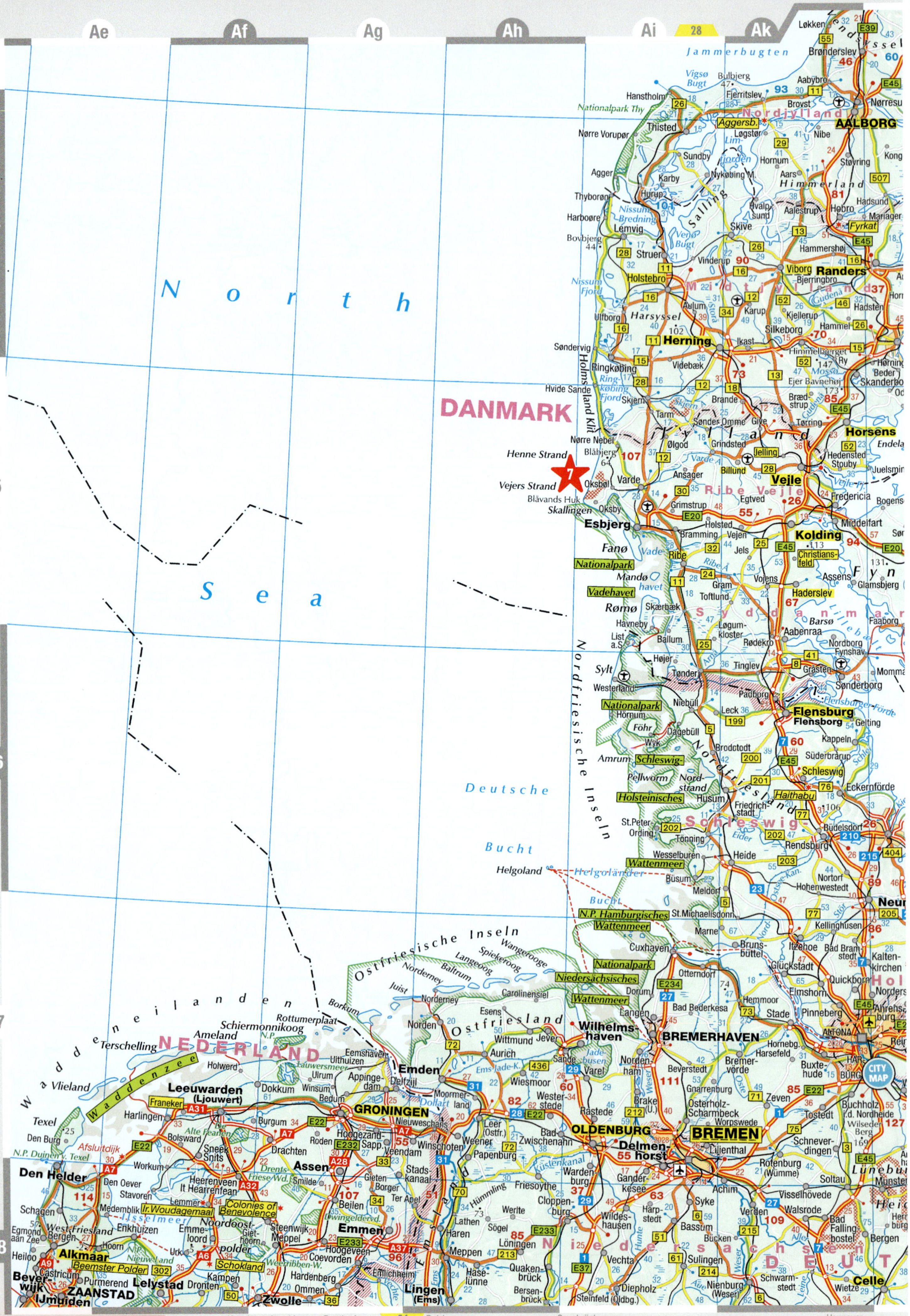
North Sea
DANMARK
NEDERLAND
Deutsche Bucht
Nordfriesische Inseln
Ostfriesische Inseln
Waddeneilanden
Waddenzee
Jammerbugten
Nordjylland
Himmerland
Salling
Midtjylland
Ribe
Syddanmark
Schleswig
Niedersachsen
Ostfriesland
Emsland
Deut
AALBORG
Randers
Viborg
Herning
Silkeborg
Horsens
Vejle
Kolding
Esbjerg
Ribe
Holstebro
Struer
Lemvig
Thisted
Skive
Ringkøbing
Billund
Haderslev
Aabenraa
Tønder
Flensburg
Schleswig
Husum
Heide
Helgoland
Cuxhaven
BREMERHAVEN
Wilhelmshaven
Emden
OLDENBURG
BREMEN
Delmenhorst
GRONINGEN
Leeuwarden (Ljouwert)
Assen
Emmen
Zwolle
Lelystad
Alkmaar
ZAANSTAD
IJmuiden
Den Helder
Lingen (Ems)
Meppen
Celle
Fanø
Rømø
Sylt
Föhr
Amrum
Pellworm
Nordstrand
Texel
Vlieland
Terschelling
Ameland
Schiermonnikoog
Borkum
Juist
Norderney
Baltrum
Langeoog
Spiekeroog
Wangerooge
Henne Strand
Vejers Strand
Blåvands Huk
Skallingen
Holmsland Klit
Nationalpark Thy
Hilversum
Utrecht
Apeldoorn
Enschede
54
Duisburg
Osnabrück
Hannover
0 10 20 30 40 50 km
0 10 20 30 miles
34
35
36
37
38

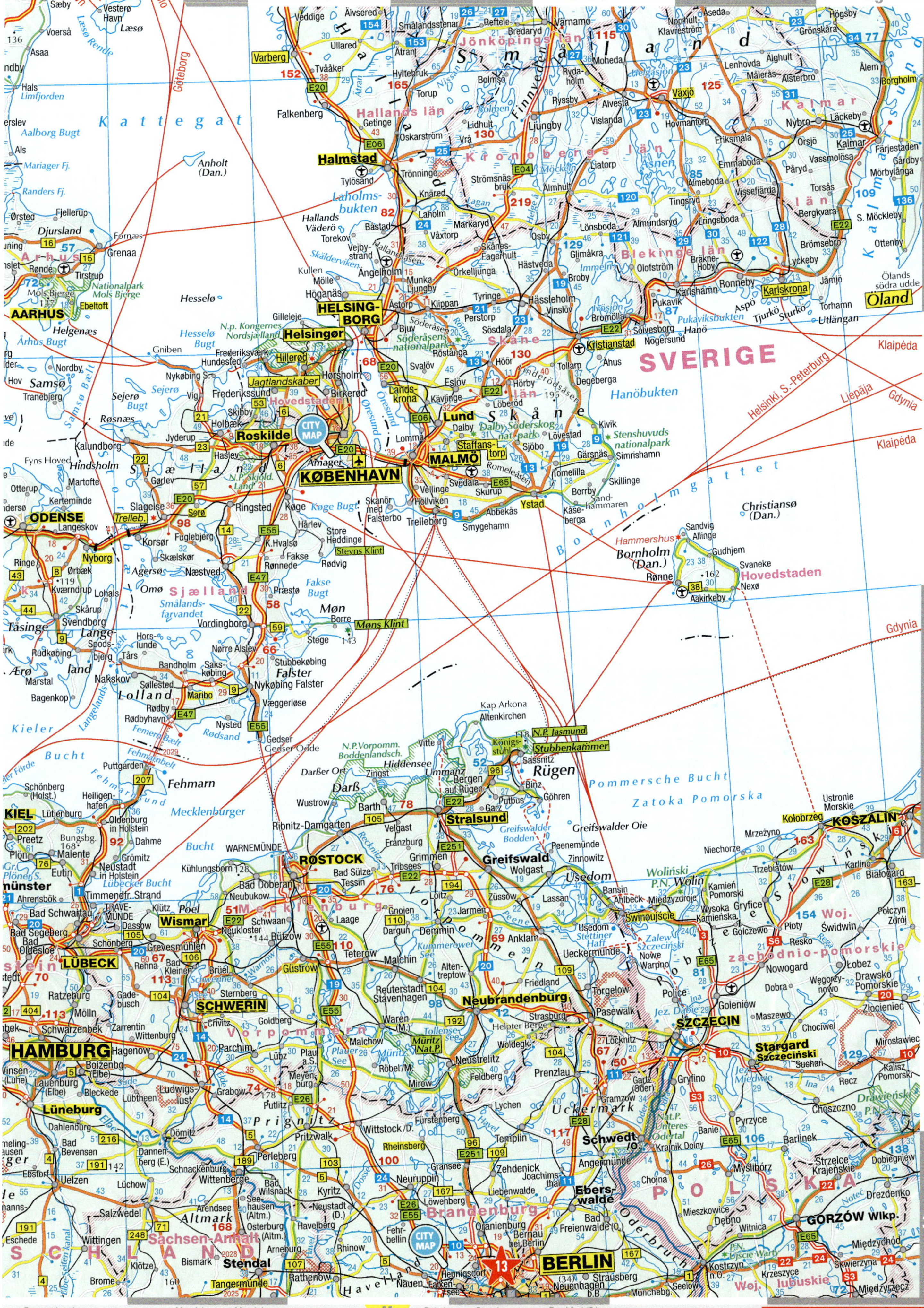
Kattegat
SVERIGE
Halmstad
HELSINGBORG
Helsingør
KØBENHAVN
MALMÖ
Lund
Roskilde
ODENSE
AARHUS
Sjælland
Skåne
Hallands län
Kronobergs län
Blekinge län
Kalmar
Växjö
Karlskrona
Kristianstad
Ystad
Trelleborg
Hanöbukten
Bornholm (Dan.)
Bornholmsgattet
Christiansø (Dan.)
Hovedstaden
Hammershus
Rønne
Nexø
Falster
Lolland
Møn
Fehmarn
Kieler Bucht
Mecklenburger Bucht
Rügen
Pommersche Bucht
Zatoka Pomorska
Stralsund
Greifswald
ROSTOCK
Wismar
LÜBECK
SCHWERIN
HAMBURG
Neubrandenburg
SZCZECIN
KOSZALIN
Kołobrzeg
Stargard Szczeciński
GORZÓW Wlkp.
BERLIN
Brandenburg
Stendal
Lüneburg
KIEL
Usedom
Wolin
Świnoujście
Mecklenburg
Vorpommern
Prignitz
Uckermark
Altmark
Sachsen-Anhalt
POLSKA
Öland
Klaipėda
Gdynia
Liepāja
Helsinki, S.-Peterburg

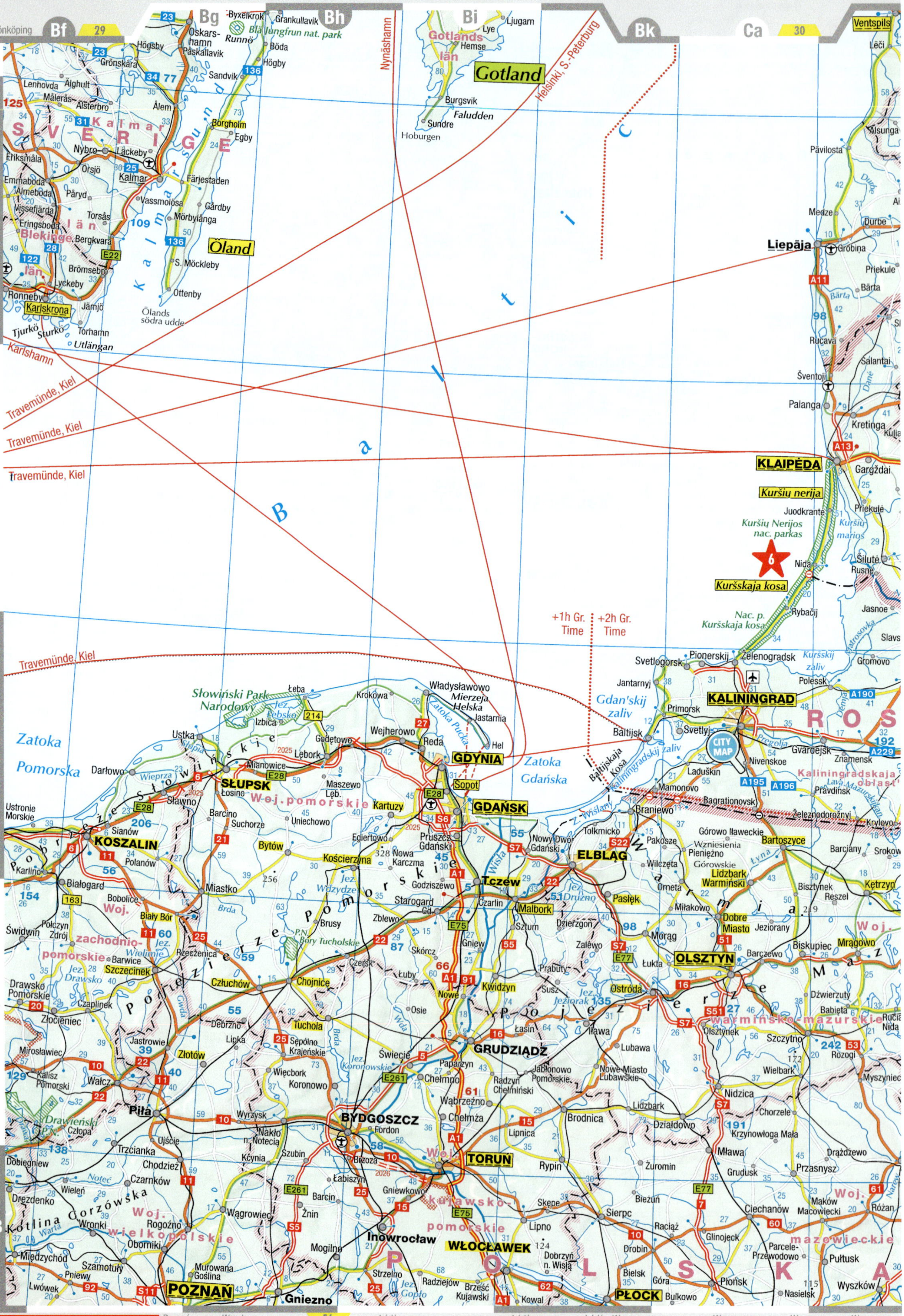

Jönköping
Bf
29
Bg
Bh
Bi
Bk
Ca
30
Ventspils
Växjö
Malmö
SVERIGE
Kalmar
Karlskrona
Ronneby
Blekinge län
Kalmar län
Öland
Borgholm
Färjestaden
Ottenby
Ölands södra udde
Utlängan
Karlshamn
Gotland
Gotlands län
Hemse
Burgsvik
Faludden
Sundre
Hoburgen
Ljugarn
Nynäshamn
Helsinki, S.-Peterburg
Travemünde, Kiel
Baltic
Liepāja
Pāvilosta
Grobiņa
Šventoji
Palanga
Kretinga
KLAIPĖDA
Gargždai
Kuršių nerija
Kuršių Nerijos nac. parkas
Juodkrantė
Nida
Šilutė
Rusnė
Kurššskaja kosa
Nac. p. Kurššskaja kosa
Rybačij
+1h Gr. Time
+2h Gr. Time
Zelenogradsk
Svetlogorsk
Pionerskij
KALININGRAD
Baltijsk
Gdan'skij zaliv
Kaliningradskij zaliv
Kaliningradskaja oblast'
ROS
Sovetsk
Gvardejsk
Bagrationovsk
Mamonovo
Zatoka Pomorska
Zatoka Gdańska
Słowiński Park Narodowy
Łeba
Władysławowo
Mierzeja Helska
Jastarnia
Hel
Zatoka Pucka
Wejherowo
Reda
GDYNIA
Sopot
GDAŃSK
Lębork
SŁUPSK
Ustka
Darłowo
Sławno
KOSZALIN
Kołobrzeg
Białogard
Szczecinek
Bytów
Kartuzy
Kościerzyna
Tczew
Malbork
ELBLĄG
Braniewo
Pasłęk
OLSZTYN
Bartoszyce
Lidzbark Warmiński
Kętrzyn
Mrągowo
Szczytno
Ostróda
Iława
Kwidzyn
GRUDZIĄDZ
Chojnice
Człuchów
Tuchola
Świecie
Chełmno
BYDGOSZCZ
TORUŃ
Piła
Złotów
Wałcz
Inowrocław
WŁOCŁAWEK
Gniezno
POZNAŃ
PŁOCK
Nidzica
Mława
Działdowo
Ciechanów
Brodnica
Wąbrzeźno
Chełmża
Rypin
Lipno
Sierpc
Płońsk
Wyszków
Pułtusk
Woj. pomorskie
Woj. zachodniopomorskie
Woj. kujawsko-pomorskie
Woj. warmińsko-mazurskie
Woj. wielkopolskie
Woj. mazowieckie
Pojezierze Pomorskie
Pojezierze Mazurskie
Kotlina Gorzowska
POLSKA
Poznań
Wrocław
56
Łódź
Warszawa
Berlin
Szczecin
Gorzów Wlkp.
0 10 20 30 40 50 km
0 10 20 30 miles

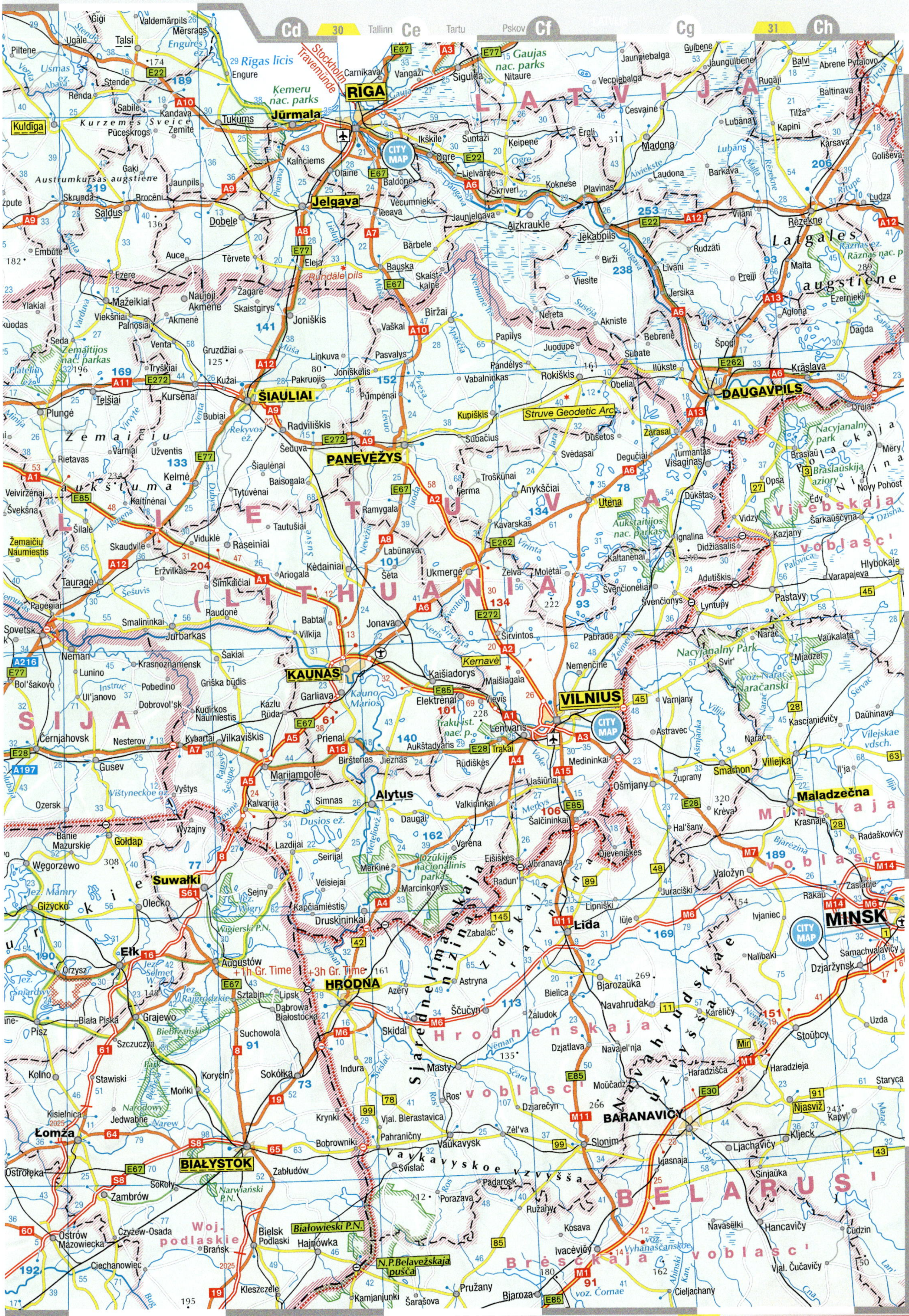
Cd
30
Tallinn
Ce
Tartu
Pskov
Cf
Cg
31
Ch
LATVIJA
Rīgas līcis
Stockholm
Travemünde
RĪGA
Jūrmala
Ķemeru nac. parks
Gaujas nac. parks
Kuldīga
Talsi
Tukums
Jelgava
Ogre
Sigulda
Aizkraukle
Jēkabpils
Madona
Rēzekne
Ludza
Līvāni
Preiļi
Latgales augstiene
Kurzemes Sveice
Austrumkursas augstiene
Saldus
Dobele
Bauska
Rundāle pils
Birži
Daugava
DAUGAVPILS
Krāslava
CITY MAP
34
Moskva
Polack
LIETUVA
(LITHUANIA)
Žemaičių aukštuma
Žemaičių Naumiestis
Mažeikiai
Telšiai
Plungė
ŠIAULIAI
Joniškis
Radviliškis
PANEVĖŽYS
Rokiškis
Kupiškis
Struve Geodetic Arc
Utena
Anykščiai
Ukmergė
Kėdainiai
Raseiniai
Tauragė
Jurbarkas
KAUNAS
Jonava
Kernavė
VILNIUS
Trakai
Trakų ist. nac. p.
Elektrėnai
Aukštaitijos nac. parkas
Ignalina
Visaginas
Zarasai
Marijampolė
Alytus
Druskininkai
Dzūkijos nacionalinis parkas
Lazdijai
Varėna
Šalčininkai
35
Nacyjanalny park Braslaŭskija aziory
Braslaŭ
Vicebskaja voblasc'
Pastavy
Mjadzel
Nacyjanalny Park Narač
Smarhon'
Maladzečna
Minskaja voblasc'
MINSK
36
SIJA
Sovetsk
Neman
Černjahovsk
Gusev
Ozersk
Gołdap
Suwałki
Augustów
Giżycko
Ełk
Węgorzewo
+1h Gr. Time
+3h Gr. Time
HRODNA
Hrodnenskaja voblasc'
Lida
Navahrudak
Navahrudskae uzvyšša
Sjarèdnenemanskaja nizina
Ščučyn
Masty
Skidal'
Slonim
BARANAVIČY
Stoŭbcy
Njasviž
Dzjaržynsk
37
Smolensk
Łomża
BIAŁYSTOK
Sokółka
Mońki
Grajewo
Woj. podlaskie
Bielsk Podlaski
Hajnówka
Białowieski P.N.
N.P. Belavežskaja pušča
Vaŭkavysk
Vaŭkavyskoe uzvyšša
BELARUS'
Brèscskaja voblasc'
Ivacèvičy
Pružany
Bjaroza
Kobryn
38
Lublin
57
Brest
58

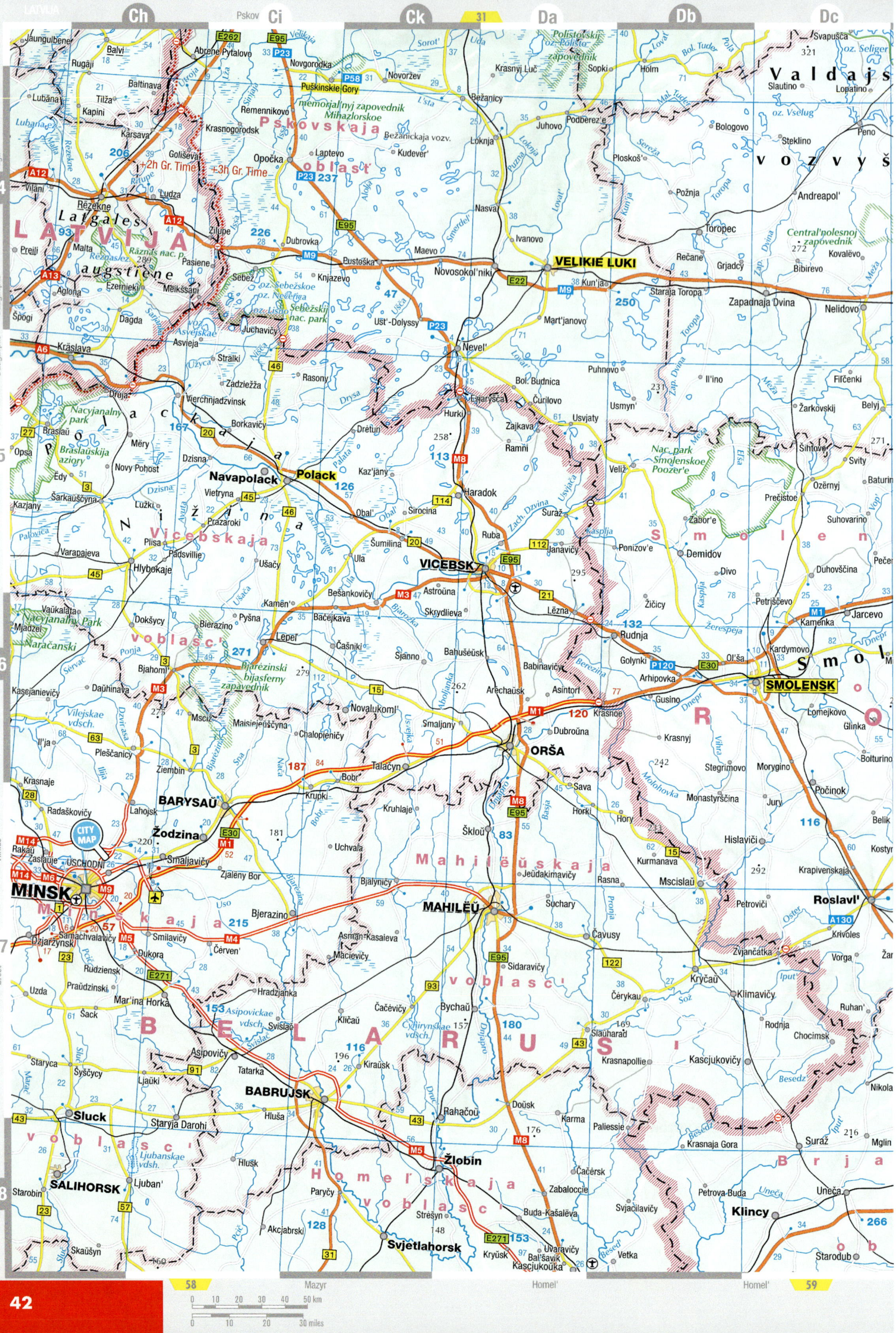
LATVIJA
Ch
Pskov
Ci
Ck
31
Da
Db
Dc
34
35
36
37
38
Riga
Daugavpils
Vilnius
Brest
Latgales
augstiene
Pskovskaja
oblast'
Valdajs
vozvyš
VELIKIE LUKI
Vicebskaja
voblasc'
VICEBSK
Polack
Navapolack
Smolen
SMOLENSK
BARYSAU
Žodzina
MINSK
CITY MAP
ORŠA
MAHILËU
Mahilëŭskaja
BABRUJSK
Žlobin
Svjetlahorsk
Homel'skaja
Sluck
SALIHORSK
Klincy
Roslavl'
BELARUS
Rėzekne
Ludza
Krāslava
Opočka
Novoržev
Nevel'
Haradok
Lepel'
Rudnja
Mscislaŭ
Krasnaja Gora
Unecha
Starodub
Bychaŭ
Rahačoŭ
Asipovičy
Dzjaržynsk
+2h Gr. Time
+3h Gr. Time
58
Mazyr
Homel'
Homel'
59
0 10 20 30 40 50 km
0 10 20 30 miles

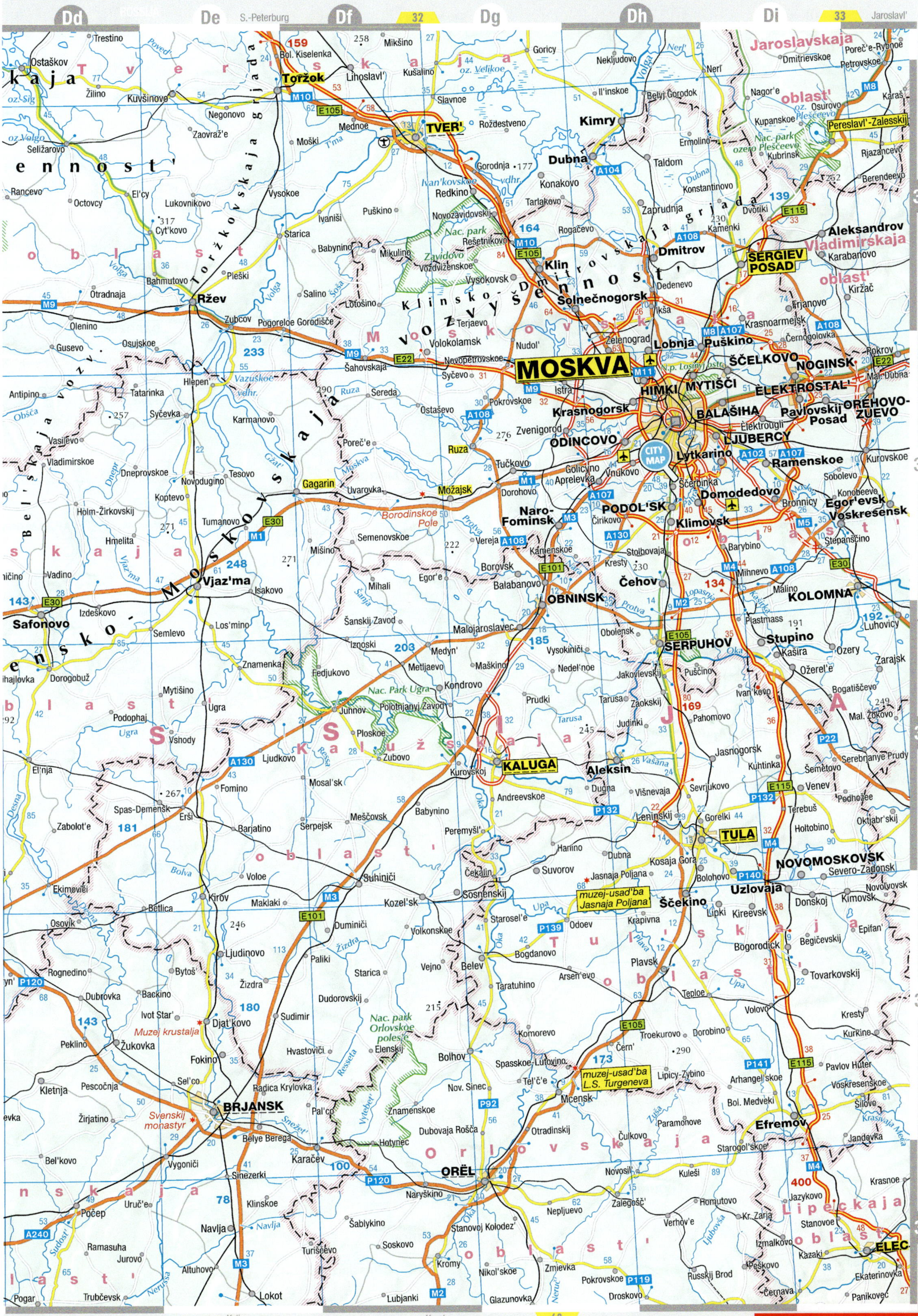

Dd
De
S.-Peterburg
Df
32
Dg
Dh
Di
33
Jaroslavl'
Ostaškov
Trestino
Toržok
Bol. Kiselenka
Lihoslavl'
Mikšino
Kušalino
Goricy
Nekljudovo
Nerl'
Jaroslavskaja
Dmitrievskoe
Poreč'e-Rybnoe
Petrovskoe
Žilino
Kuvšinovo
Negonovo
Zaovraž'e
Mednoe
TVER'
Roždestveno
Kimry
Il'inskoe
Belyj Gorodok
Nagor'e
oblast'
Kupanskoe
Pereslavl'-Zalesskij
Seližarovo
Moški
Gorodnja
Dubna
Taldom
Ermolino
Kubrinsk
Rjazancevo
Rancevo
Octovcy
El'cy
Lukovnikovo
Vysokoe
Redkino
Konakovo
Konstantinovo
Berendeevo
Cyt'kovo
Starica
Ivaniši
Puškino
Novozavidovskij
Tarlakovo
Zaprudnja
Dvoriki
Kamenki
Aleksandrov
Vladimirskaja
Karabanovo
Babynino
Nac. park Zavidovo
Rešetnikovo
Rogačevo
Dmitrov
SERGIEV POSAD
Mikulino
Vozdviženskoe
Klin
Bahmutovo
Pieški
Vysokovsk
Dedenevo
Kiržač
Otradnaja
Ržev
Salino
Lotošino
Solnečnogorsk
Ikša
Frjanovo
Olenino
Zubcov
Pogoreloe Gorodišče
Terjaevo
Krasnoarmejsk
Volokolamsk
Nudol'
Zelenograd
Lobnja
Puškino
Černogolovka
Gusevo
Osujskoe
Šahovskaja
Novopetrovskoe
MOSKVA
ŠČELKOVO
NOGINSK
Pokrov
Hlepen'
Syčevo
Istra
HIMKI
MYTIŠČI
ELEKTROSTAL'
Mal. Dubna
Antipino
Tatarinka
Sereda
Pokrovskoe
Krasnogorsk
BALAŠIHA
Pavlovskij Posad
OREHOVO-ZUEVO
Syčevka
Karmanovo
Ostaševo
Zvenigorod
Elektrougli
Vasilevo
Poreč'e
Ruza
ODINCOVO
LJUBERCY
Vladimirskoe
Dneprovskoe
Tesovo
Tučkovo
CITY MAP
Lytkarino
Ramenskoe
Kurovskoe
Novodugino
Gagarin
Uvarovka
Možajsk
Golicyno
Aprelevka
Vnukovo
Sobolevo
Koptevo
Dorohovo
Ščerbinka
Domodedovo
Konobeevo
Holm-Žirkovskij
Borodinskoe Pole
Naro-Fominsk
PODOL'SK
Bronnicy
Egor'evsk
Voskresensk
Tumanovo
Čirikovo
Klimovsk
Hmelita
Semenovskoe
Vereja
Kamenskoe
Stolbovaja
Barybino
Stepanščino
Mišino
Borovsk
Kresty
Vadino
Vjaz'ma
Egor'e
Balabanovo
Čehov
Mihnevo
Isakovo
Mihali
OBNINSK
Malino
KOLOMNA
Safonovo
Izdeškovo
Šanskij Zavod
Plastmass
Luhovicy
Semlevo
Los'mino
Malojaroslavec
Obolensk
Stupino
Iznoski
Medyn'
Vysokiniči
SERPUHOV
Kašira
Ozery
Znamenka
Fedjukovo
Metljaevo
Maškino
Nedel'noe
Jakovlevskij
Puščino
Ožerel'e
Zarajsk
Dorogobuž
Mytišino
Nac. Park Ugra
Kondrovo
Prudki
Tarusa
Zaokskij
Ivan'kovo
Bogatiščevo
Ugra
Juhnov
Polotnjanyj Zavod
Judinki
Pahomovo
Mal. Zokovo
Podophaj
Vshody
Ploskoe
KALUGA
Aleksin
Jasnogorsk
Serebrjanye Prudy
Ljudkovo
Zubcovo
Kurovskoj
Kuhtinka
Šemetovo
El'nja
Mosal'sk
Fomino
Dugna
Višnevaja
Sevrjukovo
Venev
Andreevskoe
Podhožee
Spas-Demensk
Erši
Babynino
Leninskij
Tereruš
Oktjabr'skij
Zabolot'e
Barjatino
Serpejsk
Meščovsk
Peremyšl'
Gorelki
TULA
Holtobino
Hanino
Dubna
Kosaja Gora
NOVOMOSKOVSK
Čekalin
Suvorov
Jasnaja Poljana
Bolohovo
Severo-Zadonsk
Voloe
Suhiniči
muzej-usad'ba Jasnaja Poljana
Uzlovaja
Ekimoviči
Kirov
Maklaki
Kozel'sk
Sosnenskij
Ščekino
Donskoj
Kimovsk
Novol'vovsk
Betlica
Starosel'e
Lipki
Kireevsk
Osovik
Duminiči
Volkonskoe
Odoev
Krapivna
Epifan'
Bogorodick
Begičevskij
Ljudinovo
Paliki
Bogdanovo
Rognedino
Bytoš
Starica
Vejno
Belev
Plavsk
Tovarkovskij
Žizdra
Arsen'evo
Dubrovka
Backino
Taratuhino
Teploe
Dudorovskij
Volovo
Kresty
Ivot Star'
Djat'kovo
Sudimir
Nac. park Orlovskoe polese
Komorevo
Dorobino
Kurkino
Pekline
Žukovka
Muzej krustalja
Troekurovo
Hvastoviči
Elenskij
Čern'
Pavlov Hutor
Fokino
Bolhov
Spasskoe-Lutovino
muzej-usad'ba L.S. Turgeneva
Lipicy-Zybino
Arhangel'skoe
Voskresenskoe
Kletnja
Sel'co
Radica Krylovka
Nov. Sinec
Tel'č'e
Bol. Medveki
Šilovo
Pescočnja
BRJANSK
Mcensk
Paramonove
Efremov
Žirjatino
Svenskij monastyr
Pal'co
Znamenskoe
Otradinskij
Belye Berega
Dubovaja Rošča
Čulkovo
Starogol'skoe
Jandovka
Bel'kovo
Vygoniči
Hotynec
Karačev
orlovskaja
Sinezerki
OREL
Novosil'
Kuleši
Krasnoe
Uruč'e
Naryškino
Zalegošč'
Homutovo
Jazykovo
Počep
Klinskoe
Nepljuevo
Kr. Zarja
Lipeckaja
Navlja
Šablykino
Stanovoj Kolodez'
Verhov'e
Stanovoe
Izmalkovo
ELEC
Ramasuha
Jurovo
Soskovo
Kazaki
Altuhovo
Turiščevo
Kromy
Zmievka
Pokrovskoe
Russkij Brod
Peškovo
Ekaterinovka
Pogar
Trubčevsk
Lokot
Lubjanki
Nikol'skoe
Glazunovka
Droskovo
Černava
Panikovec
Kyjiv
Kursk
60
RUSSIA
Vladimir
Rjazan'
Tambov
Voronež
34
35
36
37
38

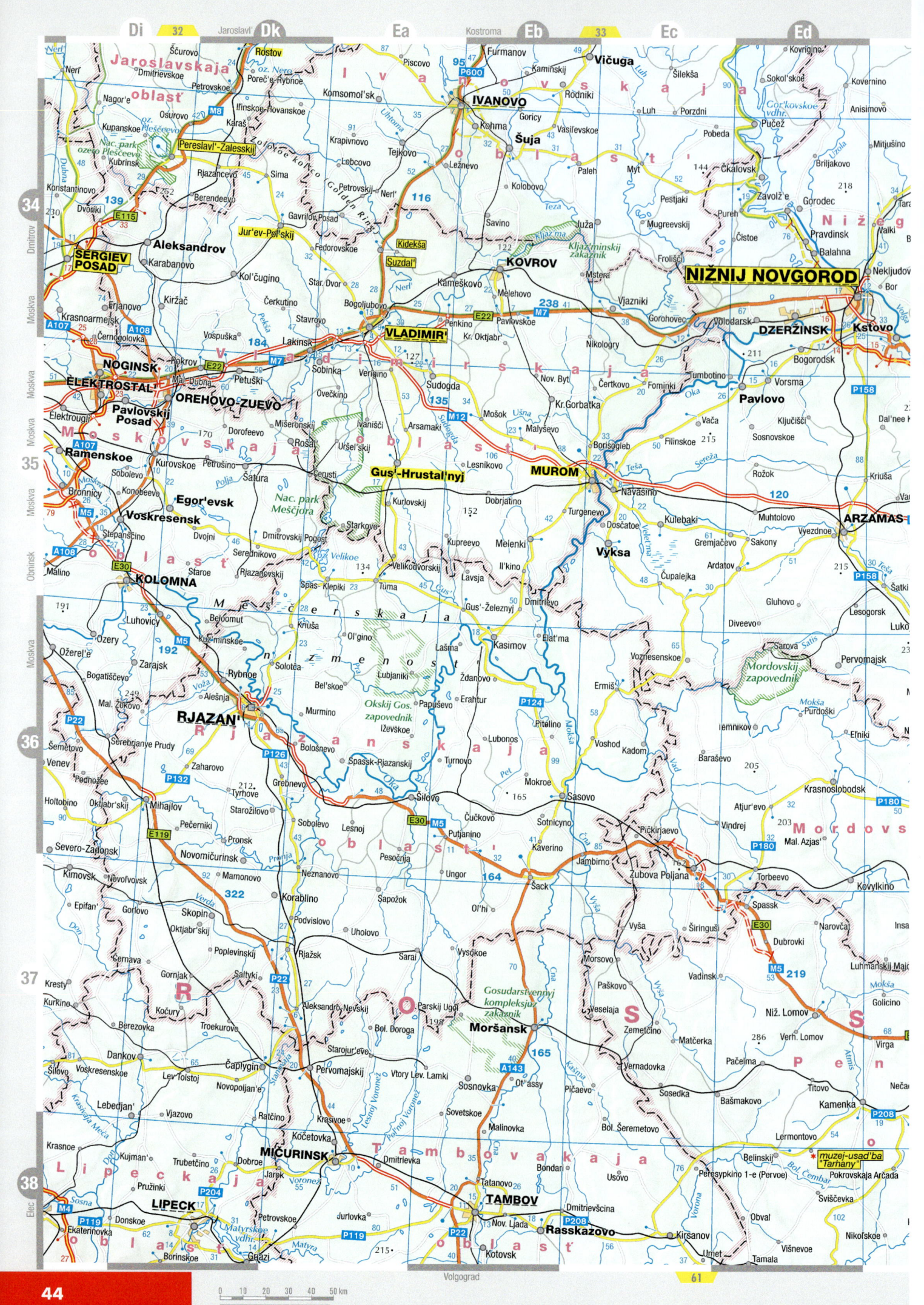

Di
32
Jaroslavl'
Dk
Ea
Kostroma
Eb
33
Ec
Ed
34
35
36
37
38
Dmitrov
Moskva
Obninsk
Elec
Jaroslavskaja oblast'
Rostov
Pereslavl'-Zalesskij
Zolotoe kol'co Golden Ring
Jur'ev-Pol'skij
SERGIEV POSAD
Aleksandrov
Karabanovo
Kol'čugino
Kiržač
Krasnoarmejsk
Černogolovka
NOGINSK
ELEKTROSTAL'
Pavlovskij Posad
OREHOVO-ZUEVO
Petuški
Pokrov
Sobinka
Lakinsk
VLADIMIR
Suzdal'
Kideksa
Vladimirskaja oblast'
Moskovskaja oblast'
Ramenskoe
Bronnicy
Voskresensk
Egor'evsk
KOLOMNA
Nac. park Meščjora
Šatura
Gus'-Hrustal'nyj
Kurlovskij
Sudogda
Kameškovo
KOVROV
Ivanovskaja oblast'
IVANOVO
Kohma
Šuja
Furmanov
Vičuga
Rodniki
Savino
Juža
Klaz'minskij zakaznik
Vjazniki
Gorohovec
Palеh
NIŽNIJ NOVGOROD
Nižegorodskaja oblast'
DZERŽINSK
Kstovo
Bogorodsk
Pavlovo
Vorsma
Čkalovsk
Gorodec
Zavolž'e
Balahna
Pravdinsk
Puček
MUROM
Navašino
Vyksa
Kulebaki
ARZAMAS
Melenki
Kasimov
Mordovskij zapovednik
Meščerskaja nizmennost'
Okskij Gos. zapovednik
RJAZAN'
Rjazanskaja oblast'
Spas-Klepiki
Rybnoe
Lukhovicy
Ozery
Zarajsk
Mihajlov
Skopin
Novomičurinsk
Sasovo
Šilovo
Kadom
Mordovskaja
Zubova Poljana
Spassk
Krasnoslobodsk
Tambovskaja oblast'
Moršansk
Gosudarstvennyj kompleksnyj zakaznik
Sosnovka
MIČURINSK
TAMBOV
Rasskazovo
Kotovsk
Kirsanov
muzej-usad'ba "Tarhany"
Penzenskaja
Niž. Lomov
Kamenka
Lipeckaja oblast'
LIPECK
Gr'azi
Dankov
Lebedjan'
Čaplygin
M7
M8
M5
M12
E22
E30
E115
E119
P22
P126
P132
P124
P180
P208
P158
P119
P204
A107
A108
A143
M4
0 10 20 30 40 50 km
0 10 20 30 miles
Volgograd
61

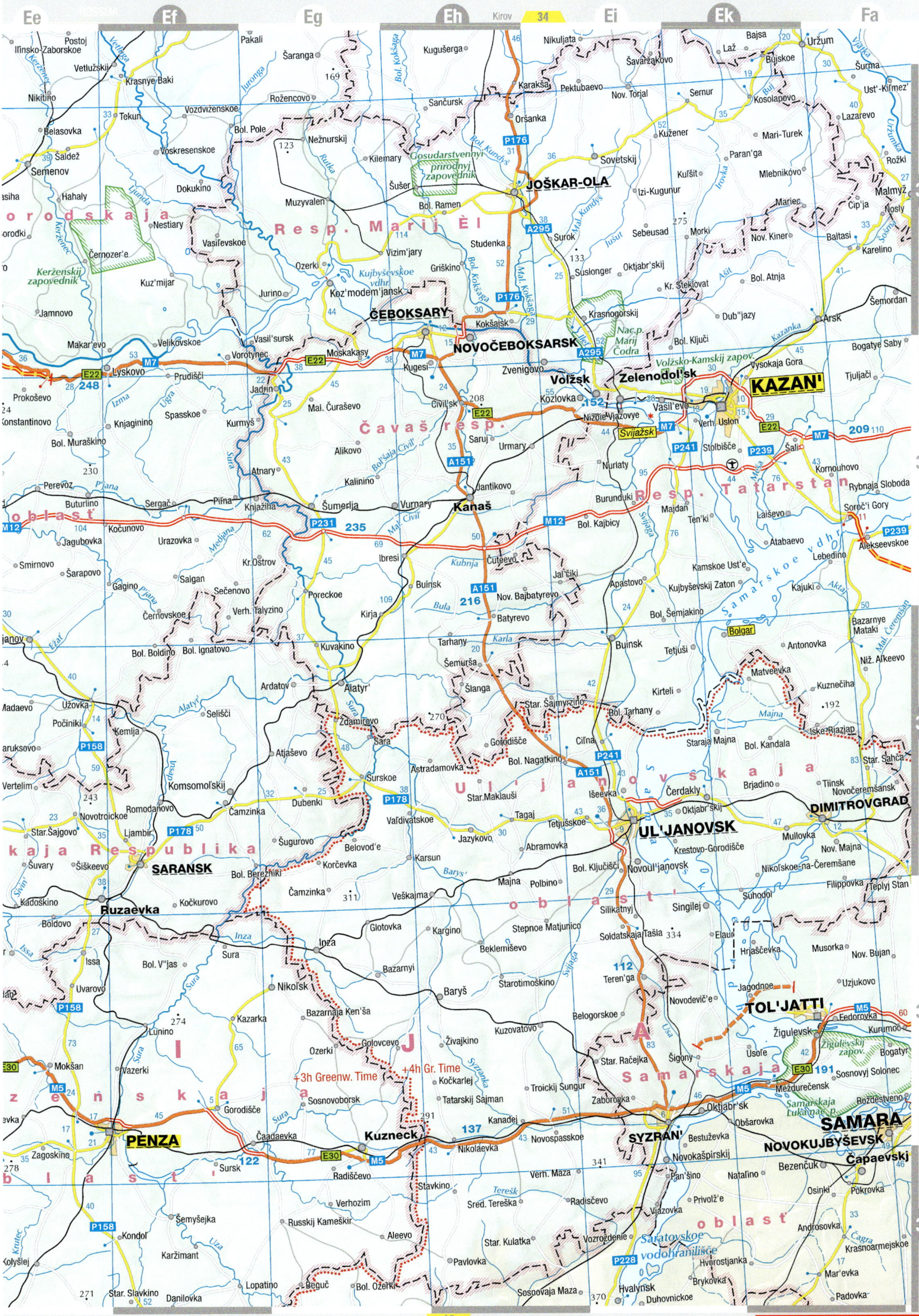
Ee
Ef
Eg
Eh
Ei
Ek
Fa
Kirov
34
35
36
37
38
Ufa
Samara
62
RUSSIJA
Postoj
Il'insko-Zaborskoe
Vetlužskij
Krasnye Baki
Nikitino
Tekun
Belasovka
Saldež
Semenov
Hahaly
Dokukino
Voskresenskoe
Vozdviženskoe
Pakali
Šaranga
Rožencovo
Bol. Pole
Nežnurskij
Kilemary
Kugušerga
Sančursk
Karakša
Oršanka
Nikuljata
Pektubaevo
Šavaržakovo
Nov. Toržal
Sernur
Laž
Bajsa
Uržum
Bujskoe
Šurma
Kosolapovo
Ust'-Kil'mez'
Lazarevo
Mari-Turek
Kužener
Sovetskij
Paran'ga
Rožki
Mlebnikovo
Kuršit
Izi-Kugunur
Malmyž
Cip'ja
Nosly
Mariec
Gosudarstvennyj prirodnyj zapovednik
Šušer
JOŠKAR-OLA
Bol. Ramen
Muzyvalen
Nestiary
Černozer'e
Kerženskij zapovednik
Kuz'mijar
Jamnovo
Vasil'evskoe
Resp. Marij Èl
Vizim'jary
Studenka
Surok
Sebeusad
Morki
Nov. Kiner
Baltasi
Karelino
Ozerki
Kujbyševskoe vdhr.
Koz'modem'jansk
Jurino
Griškino
Suslonger
Oktjabr'skij
Kr. Steklovat
Bol. Atnja
Šemordan
ČEBOKSARY
Kokšajsk
Krasnogorskij
Nac.p. Marij Čodra
Dub"jazy
Arsk
Makar'evo
Velikovskoe
Vasil'sursk
Vorotynec
Moskakasy
NOVOČEBOKSARSK
Bol. Ključi
Volžsko-Kamskij zapov.
Vysokaja Gora
Bogatye Saby
Tjuljači
Lyskovo
Prudišči
Jadrin
Kugesi
Zvenigovo
Volžsk
Zelenodol'sk
KAZAN'
Prokoševo
Konstantinovo
Knjaginino
Spasskoe
Kurmyš
Mal. Čuraševo
Civil'sk
Kozlovka
Nižnie Vjazovye
Vasil'evo
Verh. Uslon
Svijažsk
Stolbišče
Šali
Bol. Muraškino
Čavaš resp.
Saruj
Urmary
Alikovo
Atnary
Kalinino
Jantikovo
Nurlaty
Kornouhovo
Rybnaja Sloboda
Perevoz
Buturlino
Sergač
Pil'na
Knjažiha
Šumerlja
Vurnary
Kanaš
Burunduki
Resp. Tatarstan
Majdan
Ten'ki
Soroč'i Gory
Laiševo
oblast'
Kočunovo
Jagubovka
Urazovka
Kr. Ostrov
Ibresi
Bol. Kajbicy
Atabaevo
Lebedino
Alekseevskoe
Smirnovo
Šarapovo
Gagino
Salgan
Sečenovo
Poreckoe
Buinsk
Čuteevo
Jal'čiki
Kamskoe Ust'e
Kujbyševskij Zaton
Kajuki
Samarskoe vdhr.
Černovskoe
Verh. Talyzino
Kirja
Nov. Bajbatyrevo
Batyrevo
Apastovo
Bol. Šemjakino
Bazarnye Mataki
Janov
Bol. Boldino
Bol. Ignatovo
Kuvakino
Tarhany
Buinsk
Tetjuši
Bolgar
Antonovka
Niž. Alkeevo
Ardatov
Alatyr'
Šemurša
Slanga
Kirteli
Matveevka
Kuzneč ina
Madaevo
Užovka
Počiniki
Kemlja
Seliščі
Zdamirovo
Star. Šajmurzino
Bol. Tarhany
Majna
Isake-Riazjap
Atjaševo
Sara
Gorodišče
Cil'na
Staraja Majna
Bol. Kandala
Star. Šahča
Ruksovo
Vertelim
Komsomol'skij
Surskoe
Astradamovka
Bol. Nagatkino
Brjadino
Tiinsk
Novočeremšansk
Novotroickoe
Romodanovo
Čamzinka
Dubenki
Star. Maklauši
Iševka
Čerdakly
Star. Šajgovo
Ljambir'
Šugurovo
Val'divatskoe
Tagaj
Tetjušskoe
Oktjabr'skij
DIMITROVGRAD
Belovod'e
Jazykovo
UL'JANOVSK
Mullovka
Nov. Majna
Šuvary
Šiškeevo
SARANSK
Karsun
Abramovka
Krestovo-Gorodišče
Nikol'skoe-na-Čeremšane
Bol. Berezniki
Korčevka
Polbino
Bol. Ključišči
Novoul'janovsk
Filippovka
Teplyj Stan
Kadoškino
Ruzaevka
Kočkurovo
Čamzinka
Veškajma
Suhodol
Singilej
Boldovo
Glotovka
Kargino
Stepnoe Matjunino
Silikatnyj
Soldatskaja Tašla
Elaur
Hrjaščevka
Musorka
Nov. Bujan
Issa
Inza
Sura
Beklemiševo
Bol. V"jas
Bazarnyj
Nikol'sk
Baryš
Starotimoškino
Teren'ga
Jagodnoe
Uzjukovo
Uvarovo
Kazarka
Bazarnaja Ken'ša
Belogorskoe
Novodevič'e
TOL'JATTI
Fedorovka
Kurumoč
Lunino
Ozerki
Golovcevo
Živajkino
Kuzovatovo
Star. Račejka
Šigony
Žigulevsk
Usol'e
Žigulevskij zapov.
Bogatyr'
Mokšan
Vazerki
+3h Greenw. Time
+4h Gr. Time
Kočkarlej
Tatarskij Sajman
Troickij Sungur
Zaborovka
Sosnovyj Solonec
Sosnovoborsk
Gorodišče
Meždurečensk
Roždestveno
Oktjabr'sk
Samarskaja Luka Nac. P.
Obšarovka
SAMARA
PENZA
Čaadaevka
Kuzneck
Kanadej
Novospasskoe
SYZRAN'
Bestuževka
NOVOKUJBYŠEVSK
Zagoskino
Sursk
Nikolaevka
Novokašpirskij
Natal'ino
Bezenčuk
Čapaevsk
Radiščevo
Stavkino
Verh. Mazа
Pan'šino
Osinki
Pokrovka
Verhozim
Sred. Tereška
Radiščevo
Privolž'e
Šemyšejka
Tereška
Vjazovka
Andrososvka
Russkij Kameškir
Aleevo
Star. Kulatka
Vozroždenie
Saratovskoe vodohranilišče
Krasnoarmejskoe
Kondol'
Kolyšlej
Karžimant
Pavlovka
Hvorostjanka
Mar'evka
Brykovka
Lopatino
Beguč
Bol. Ozerki
Sosnovaja Maza
Hvalynsk
Duhovnickoe
Padovka
Star. Slavkino
Danilovka
Sura
Alatyr'
Mokša
E22
M7
P176
A295
A151
M12
P231
P241
P239
P178
P158
M5
E30
P228
248
235
216
209
191
137
122
112
152

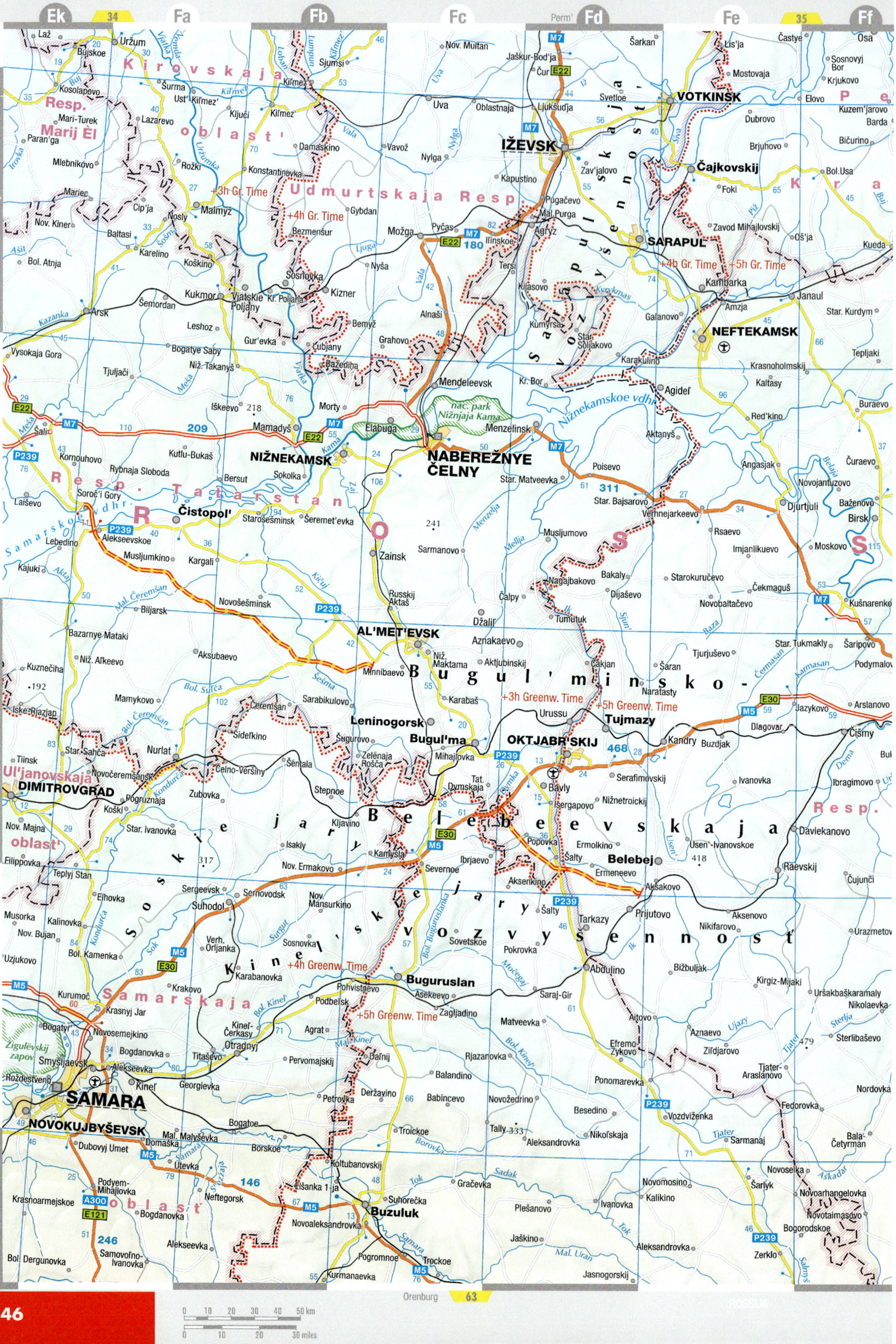
Ek
34
Fa
Fb
Fc
Perm'
Fd
Fe
35
Ff
Kirovskaja oblast'
Resp. Marij Èl
Udmurtskaja Resp.
Sarapul'skaja vozvyšennost'
Resp. Tatarstan
Bugul'minsko-Belebeevskaja vozvyšennost'
Sokskie jary
Kinel'skie jary
Samarskaja oblast'
Ul'janovskaja oblast'
Resp.
Kazan'
Moskva
Penza, Moskva
Orenburg
63
Lažʼ
Uržum
Bujskoe
Kosolapovo
Mari-Turek
Paran'ga
Šurma
Ust'-Kil'mez'
Lazarevo
Ključi
Kil'mez'
Sjumsi
Nov. Multan
Jaškur-Bod'ja
Čur
Šarkan
Lis'ja
Častye
Osa
Sosnovyj Bor
Krjukovo
Mostovaja
VOTKINSK
Svetloe
Elovo
Kuzem'jarovo
Barda
Dubrovo
Brjuhovo
Bičurino
Uva
Oblastnaja
Ljukšud'ja
IŽEVSK
Vavož
Nylga
Damaskino
Mlebnikovo
Rožki
Konstantinovka
Kapustino
Zav'jalovo
Čajkovskij
Bol.Usa
Foki
Mariec
Malmyž
Cip'ja
Nosly
Gybdan
+3h Gr. Time
+4h Gr. Time
Bezmenšur
Pugačevo
Mal.Purga
Agryz
Zavod Mihajlovskij
Oš'ja
Nov. Kiner
Baltasi
Možga
Pyčas
Ilinskoe
SARAPUL
Kueda
Bol. Atnja
Karelino
Koškino
Nyša
Tersi
+4h Gr. Time
+5h Gr. Time
Sosnovka
Kizner
Kijasovo
Kambarka
Janaul
Arsk
Kukmor
Vjatskie Poljany
Kr. Poljana
Šemordan
Alnaši
Amzja
Star. Kurdym
Leshoz
Bemyž
Kumyrsa
Galanovo
NEFTEKAMSK
Vysokaja Gora
Bogatye Saby
Gur'evka
Grahovo
Ljubjany
Star. Soljakovo
Tepljaki
Niž. Takanyš
Tjuljači
Baženiha
Karakulino
Krasnoholmskij
Kaltasy
Mendeleevsk
Kr. Bor
Agidel'
Buraevo
Iškeevo
Morty
nac. park Nižnjaja Kama
Nižnekamskoe vdhr.
Red'kino
Šali
Mamadyš
Elabuga
Menzelinsk
Aktanyš
Kornouhovo
Kutlu-Bukaš
NIŽNEKAMSK
NABEREŽNYE ČELNY
Čuraevo
Rybnaja Sloboda
Bersut
Sokolka
Star. Matveevka
Poisevo
Angasjak
Novojantuzovo
Laiševo
Soroč'i Gory
Čistopol'
Star. Bajsarovo
Verhnejarkeevo
Djurtjuli
Baženovo
Birsk
Samarskoe vdhr.
Starošešminsk
Šeremet'evka
Musljumovo
Rsaevo
Lebedino
Alekseevskoe
Imjanlikuevo
Moskovo
Kajuki
Musljumkino
Kargali
Zainsk
Sarmanovo
Bakaly
Starokuručevo
Čekmaguš
Nagajbakovo
Dijaševo
Novobaltačevo
Kušnarenkovo
Biljarsk
Novošešminsk
Russkij Aktaš
Čalpy
Džalil'
Tumutuk
Bazarnye Mataki
AL'MET'EVSK
Aznakaevo
Star. Tukmakly
Šaripovo
Niž. Al'keevo
Aksubaevo
Niž. Maktama
Aktjubinskij
Tjurjuševo
Kuzneččiha
Minnibaevo
Čakjan
Šaran
Podymalovo
Naratasty
+3h Greenw. Time
+5h Greenw. Time
Mamykovo
Sarabikulovo
Karabaš
Urussu
Tujmazy
Jazykovo
Arslanovo
Iske-Rjazjap
Čeremšan
Leninogorsk
Dlagovar
Čišmy
Sidel'kino
Star. Sahča
Nurlat
Šugurovo
Bugul'ma
OKTJABR'SKIJ
Kandry
Buzdjak
Tiinsk
Novočeremšansk
Čelno-Veršiny
Šentala
Zelenaja Rošča
Mihajlovka
Serafimovskij
Ivanovka
Ibragimovo
DIMITROVGRAD
Zubovka
Stepnoe
Tat. Dymskaja
Bavly
Nižnetroickij
Pogruzhaja
Koški
Kljavino
Isergapovo
Daviekanovo
Nov. Majna
Star. Ivanovka
Isakly
Popovka
Ermolkino
Usen'-Ivanovskoe
Filippovka
Kamyšla
Ibrjaevo
Salty
Belebej
Raevskij
Teplyj Stan
Nov. Ermakovo
Severnoe
Ermeneevo
Čujunči
Sergeevsk
Aksenkino
Aksakovo
Elhovka
Suhodol
Sernovodsk
Nov. Mansurkino
Šalty
Prijutovo
Aksenovo
Musorka
Kalinovka
Tarkazy
Nikifarovo
Nov. Bujan
Verh. Orljanka
Sosnovka
Sovetskoe
Pokrovka
Urazmetovo
Uzjukovo
Bol. Kamenka
+4h Greenw. Time
Abdulino
Bižbuljak
Karabanovka
Kirgiz-Mijaki
Krakovo
Buguruslan
Kurumoč
Pohvistnevo
Asekeevo
Saraj-Gir
Uršakbaškaramaly
Nikolaevka
Krasnyj Jar
Podbel'sk
+5h Greenw. Time
Zagljadino
Bogatyr'
Novosemejkino
Kinel'-Čerkasy
Agrat
Matveevka
Aitovo
Aznaevo
Sterlibaševo
Žigulëvskij zapov.
Otradnyj
Dal'nij
Efremo-Zykovo
Zif'djarovo
Smyšljaevsk
Bogdanovka
Titaševo
Pervomajskij
Rjazanovka
Tjater-Araslanovo
Roždestveno
Alekseevka
Kinel'
Balandino
Ponomarevka
Georgievka
Deržavino
Babincevo
Novožedrino
Nordovka
SAMARA
Petrovka
Besedino
Vozdviženka
Fedorovka
NOVOKUJBYŠEVSK
Bogatoe
Troickoe
Tally
Nikol'skaja
Aleksandrovka
Mal. Malyševka
Borskoe
Sarmanaj
Bala-Četyrman
Dubovyj Umet
Domaška
Utevka
Koltubanovskij
Novoselka
Podyem-Mihajlovka
Neftegorsk
Elšanka 1-ja
Gračevka
Novomosino
Šarlyk
Novoarhangelovka
Krasnoarmejskoe
Bogdanovka
Suhorečka
Buzuluk
Plešanovo
Ivanovka
Kalikino
Novotimasovo
Novoaleksandrovka
Bogorodskoe
Alekseevka
Jaškino
Aleksandrovka
Bol. Dergunovka
Samovol'no-Ivanovka
Pogromnoe
Trockoe
Mal. Uran
Zerklo
Kurmanaevka
Jasnogorskij
0 10 20 30 40 50 km
0 10 20 30 miles

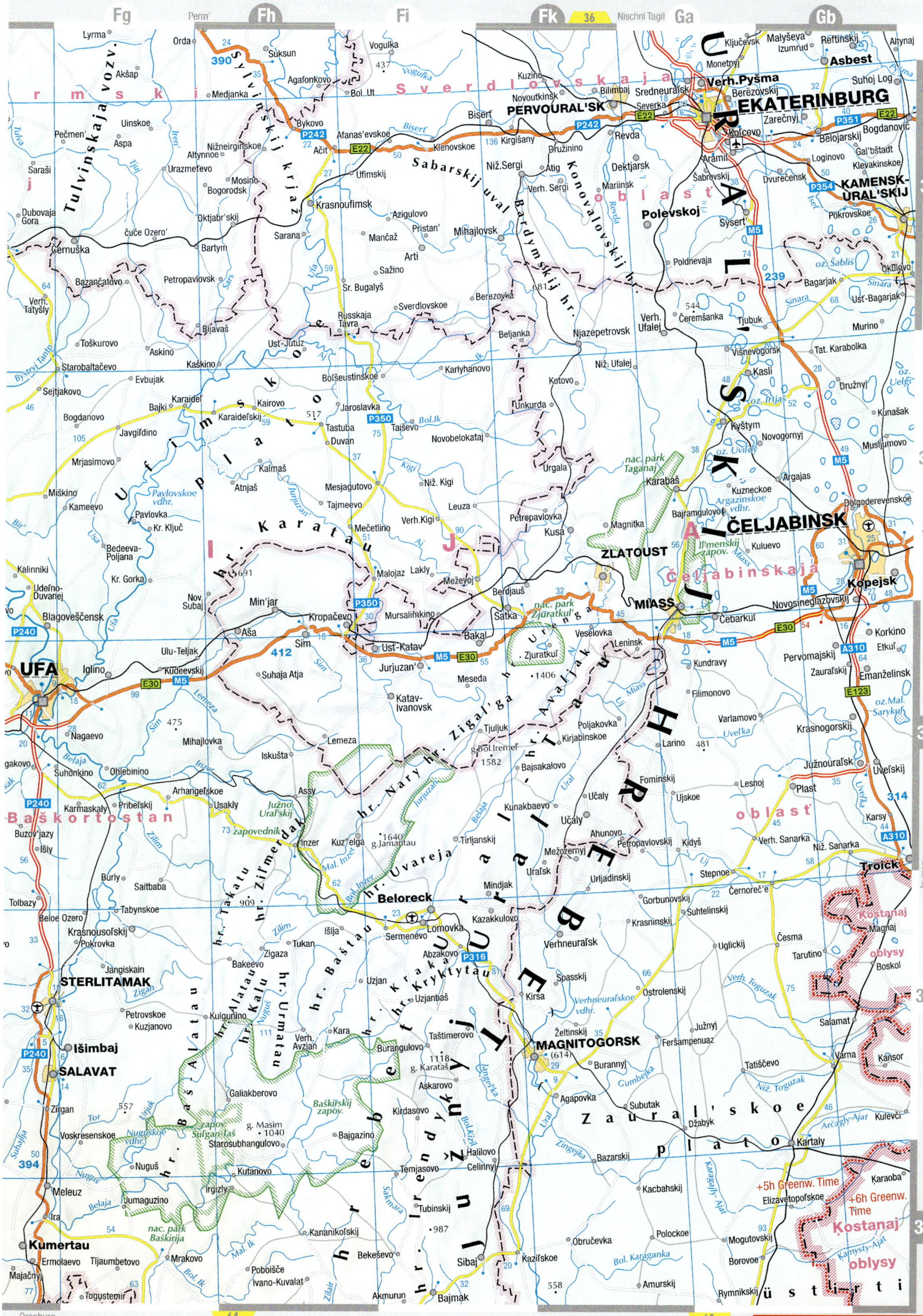
Fg
Fh
Fi
Fk
36
Ga
Gb
Perm'
Nischni Tagil
Lyrma
Orda
Suksun
Vogulka
Kuzino
Bilimbaj
Ključevsk
Malyševa
Izumrud
Reftinskij
Altynaj
Asbest
Monetnyj
Verh.Pyšma
Berëzovskij
Suhoj Log
Agafonkovo
Bol. Ut
Novoutkinsk
Sredneural'sk
EKATERINBURG
Zarečnyj
Bogdanovič
PERVOURAL'SK
Severka
Bisert'
Medjanka
Akšap
Uinskoe
Bykovo
Afanas'evskoe
Kirgišany
Revda
Kol'covo
Belojarskij
Gal'bštadt
Pečmen'
Aspa
Nižneirginskoe
Klenovskoe
Družinino
Aramil'
Loginovo
Klevakinskoe
Saraši
Altynnoe
Ačit
Ufimskij
Niž.Sergi
Atig
Dektjarsk
Šabrovskij
Dvurečensk
KAMENSK-URAL'SKIJ
Urazmet'evo
Mosino
Bogorodsk
Verh. Sergi
Mariinsk
Sysert'
Pokrovskoe
Dubovaja Gora
Krasnoufimsk
Azigulovo
Polevskoj
Oktjabr'skij
Pristan'
Mihajlovsk
Čuče Ozero'
Sarana
Mančaž
Arti
Poldnevaja
Černuška
Bartym
Sažino
Bagarjak
Okunevo
Bazančatovo
Petropavlovsk
Sr. Bugalyš
Berezovka
Verh. Tatyšly
Sverdlovskoe
Ust'-Bagarjak
Bijavaš
Russkaja Tavra
Verh. Ufalej
Čeremšanka
Tjubuk
Murino
Toškurovo
Askino
Ust-Jutuz
Beljanka
Njazepetrovsk
Tat. Karabolka
Starobaltačevo
Kaškino
Niž. Ufalej
Višnevogorsk
Evbujak
Bol'šeustinskoe
Karlyhanovo
Kasli
Družnyj
Sejtjakovo
Karaidel'
Kairovo
Kotovo
Bajki
Karaidel'skij
Jaroslavka
Unkurda
Kunašak
Bogdanovo
Tastuba
Taiševo
Kyštym
Javgil'dino
Duvan
Novobelokataj
Novogornyj
Musljumovo
Mrjasimovo
Urgala
Kalmaš
Argajas
Atnjaš
Mesjagutovo
Niž. Kigi
Karabaš
Kuzneckoe
Miškino
Pavlovskoe vdhr.
Dolgoderevenskoe
Kameevo
Tajmeevo
Leuza
Bajramgulovo
Pavlovka
Verh.Kigi
Petropavlovka
Magnitka
ČELJABINSK
Kr. Ključ
Mečetlino
Kusa
Bedeeva-Poljana
Kuluevo
ZLATOUST
Kalinniki
Malojaz
Lakly
Mežeevoj
Udel'no-Duvanej
Kr. Gorka
Berdjauš
Kopejsk
Nov. Subaj
Min'jar
MIASS
Blagoveščensk
Kropačevo
Mursalimkino
Satka
Čebarkul'
Novosineglazovskij
Aša
Bakal
Veselovka
Leninsk
Korkino
Ulu-Teljak
Sim
Ust'-Katav
Zjuratkul'
Pervomajskij
Etkul'
UFA
Iglino
Kudeevskij
Suhaja Atja
Jurjuzan'
Meseda
Kundravy
Zaural'skij
Emanželinsk
Katav-Ivanovsk
Filimonovo
Varlamovo
Nagaevo
Mihajlovka
Tjuljuk
Poljakovka
Krasnogorskij
Iskušta
Lemeza
g.Bol.Iremel'
Kirjabinskoe
Larino
Suhonkino
Ohlebinino
Bajsakalovo
Južnoural'sk
Uvel'skij
Arhangel'skoe
Assy
Fominskij
Lesnoj
Plast
Karmaskaly
Pribel'skij
Usakly
Južno-Ural'skij zapovednik
Učaly
Ujskoe
Karsy
Baškortostan
Kunakbaevo
Buzov'jazy
Išly
Inzer
Kuz'elga
g.Jamantau
Tirljanskij
Ahunovo
Petropavlovskij
Kidyš
Verh. Sanarka
Niž. Sanarka
Mežozernyj
Troick
Burly
Saitbaba
Ural'sk
Stepnoe
Urljadinskij
Černoreč'e
Mindjak
Tolbazy
Tabynskoe
Beloreck
Gorbunovskij
Kostanaj
Beloe Ozero
Išlja
Lomovka
Kazakkulovo
Krasninskij
Suhtelinskij
Magnaj
Krasnousol'skij
Pokrovka
Tukan
Sermenëvo
Verhneural'sk
Uglickij
Česma
oblysy
Zigaza
Abzakovo
Tarutino
Boskol
Jangiskain
Bakeevo
Spasskij
STERLITAMAK
Uzjan
Kirsa
Ostrolenskij
Petrovskoe
Uzjanbaš
Kuzjanovo
Kulguniпо
Kara
Taštimerovo
Željinskij
Južnyj
Salamat
Išimbaj
Verh. Avzjan
Burangulovo
MAGNITOGORSK
Feršampenuaz
SALAVAT
g. Karataš
Buranny
Tatiščevo
Varna
Kansor
Askarovo
Galiakberovo
Agapovka
Subutak
Zirgan
Kirdasovo
Džabyk
Kulevči
Voskresenskoe
g. Masim
Starosubhangulovo
Bajgazino
Kartaly
Nuguš
Halilovo
Temjasovo
Celinnyj
Kutanovo
Bazarskij
Karaoba
Meleuz
Irgizly
Kacbahskij
+5h Greenw. Time
+6h Greenw. Time
Elizavetopol'skoe
Jumaguzino
Tubinskij
Ira
Kanaņikol'skij
Polockoe
Kumertau
Mogutovskij
Obručevka
Ermolaevo
Tljaumbetovo
Mrakovo
Bekeševo
Kazil'skoe
Sibaj
Borovoe
Majačny
Poboišče
Ivano-Kuval at
Amurskij
Togustemir
Akmurun
Bajmak
Rymnikskij
Sverdlovskaja
oblast'
Čeljabinskaja
oblast'
Baškortostan
URAL'SKIJ HREBET
Ufimskoe plato
Zaural'skoe plato
Južnyj Ural
Sabarskij uval
Sylvinskij krjaž
Tulvinskaja vozv.
Permskij
hr. Karatau
Bardymskij hr.
Konovalovskij hr.
hr. Uvareja
hr. Nary
hr. Zigal'ga
hr. Baštau
hr. Kraka
hr. Kryktytau
hr. Irendyk
hr. Alatau
hr. Baš-Alatau
hr. Takatu
hr. Zil'merdak
hr. Kalu
hr. Urmatau
hr. Avaljak
nac. park Taganaj
nac. park Zjuratkul'
nac. park Baškirija
Baškirskij zapov.
Il'menskij zapov.
zapov. Šulgan-Taš
Nugušskoe vdhr.
Verhneural'skoe vdhr.
Argazinskoe vdhr.
Bol. Karaganka
Kazahstan
Tjumen'
Kurgan
Kostanaj
34
35
36
37
38
Orenburg
64
65

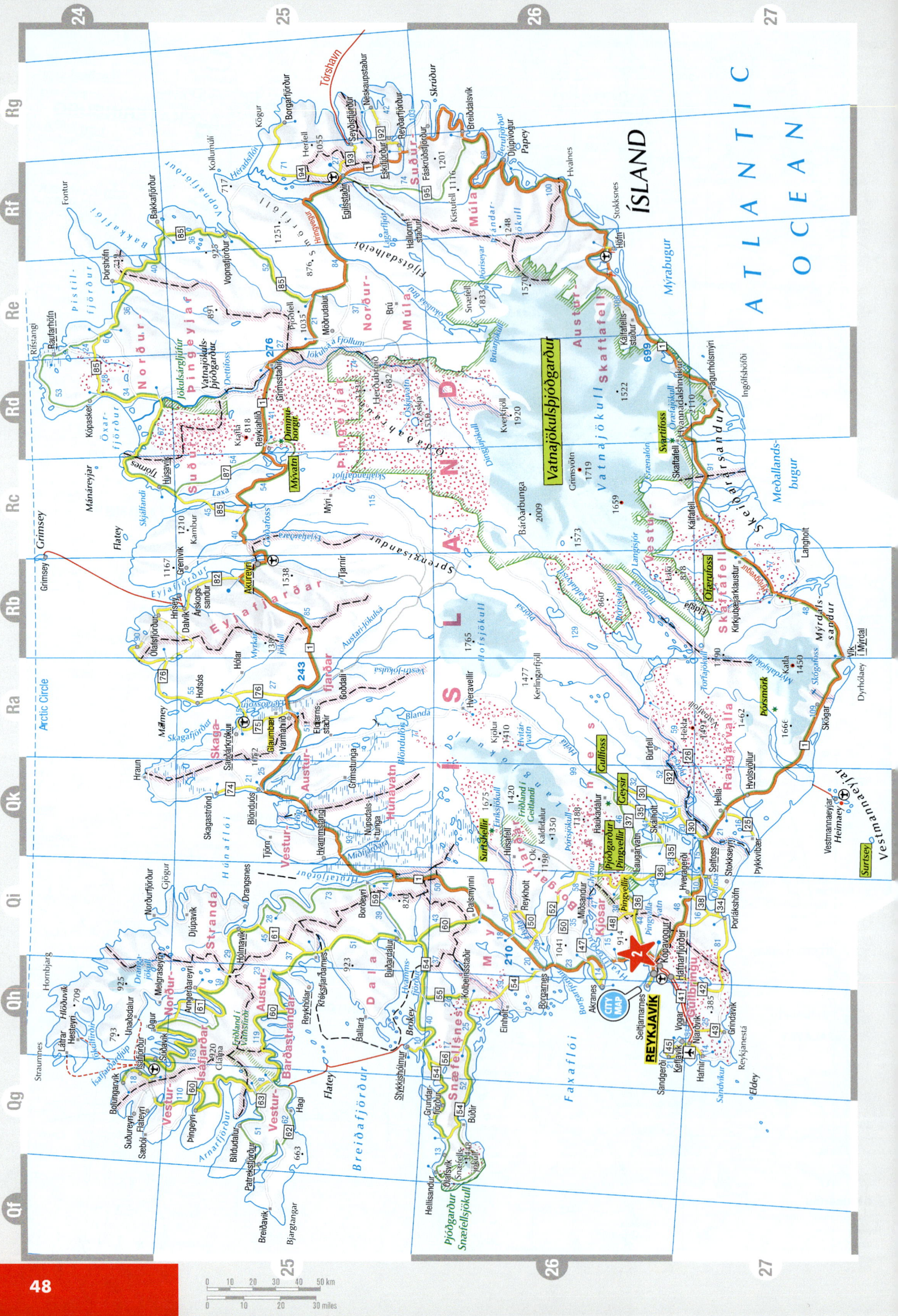
ÍSLAND
ATLANTIC OCEAN
Arctic Circle
REYKJAVÍK
Vatnajökulsþjóðgarður
Vatnajökull
Hofsjökull
Langjökull
Mýrdalsjökull
Snæfellsjökull
Þjóðgarður Snæfellsjökull
Þjóðgarður Þingvellir
Þingvellir
Gullfoss
Geysir
Dettifoss
Goðafoss
Svartifoss
Ófærufoss
Mývatn
Dimmuborgir
Surtshellir
Surtsey
Þórsmörk
Jökulsárgljúfur
Vatnajökulsþjóðgarður
Akureyri
Húsavík
Egilsstaðir
Seyðisfjörður
Höfn
Vík í Mýrdal
Selfoss
Hveragerði
Kópavogur
Hafnarfjörður
Keflavík
Njarðvík
Grindavík
Akranes
Borgarnes
Stykkishólmur
Ísafjörður
Bolungarvík
Patreksfjörður
Sauðárkrókur
Blönduós
Hvammstangi
Siglufjörður
Ólafsfjörður
Dalvík
Grímsey
Flatey
Vestmannaeyjar
Heimaey
Faxaflói
Breiðafjörður
Húnaflói
Skagafjörður
Eyjafjörður
Skjálfandi
Öxarfjörður
Þistilfjörður
Bakkaflói
Vopnafjörður
Héraðsflói
Mýrabugur
Meðallandsbugur
Sprengisandur
Ódáðahraun
Tórshavn
Hringvegur
Hekla
Katla
Askja
Herðubreið
Kverkfjöll
Bárðarbunga
Grímsvötn
Kerlingarfjöll
Skeiðarársandur
Mýrdalssandur
Reykjanestá
Eldey
Ingólfshöfði
Papey
Djúpivogur
Fáskrúðsfjörður
Reyðarfjörður
Eskifjörður
Neskaupstaður
Borgarfjörður
Raufarhöfn
Þórshöfn
Kópasker
Skaftafell
Kirkjubæjarklaustur
Hella
Hvolsvöllur
Þorlákshöfn
Stokkseyri
Eyrarbakki
CITY MAP
0 10 20 30 40 50 km
0 10 20 30 miles

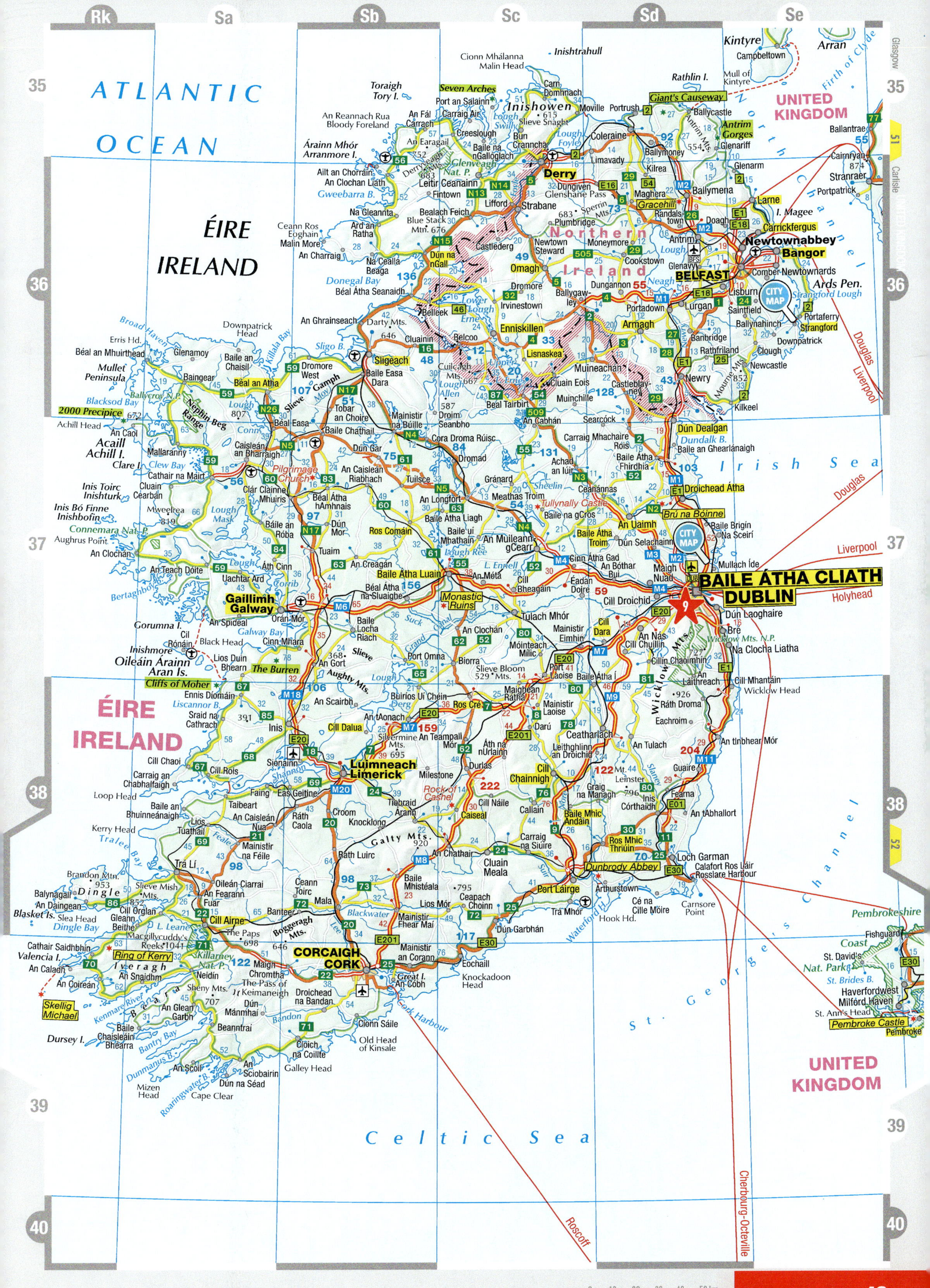

Rk
Sa
Sb
Sc
Sd
Se
35
36
37
38
39
40
ATLANTIC OCEAN
ÉIRE IRELAND
UNITED KINGDOM
Irish Sea
Celtic Sea
St. George's Channel
North Channel
Firth of Clyde
Kintyre
Campbeltown
Arran
Mull of Kintyre
Rathlin I.
Giant's Causeway
Ballycastle
Antrim Gorges
Glenariff
Glenarm
Larne
Cairnryan
Stranraer
Portpatrick
Ballantrae
Glasgow
Carlisle
Inishtrahull
Cionn Mhálanna
Malin Head
Carn Domhnach
Inishowen
Moville
Portrush
Coleraine
Ballymoney
Toraigh
Tory I.
Seven Arches
Port an Salainn
An Fál Carrach
Carraig Air
An Reannach Rua
Bloody Foreland
Creeslough
An Earagail
Áraínn Mhór
Arranmore I.
Glenveagh Nat. P.
Derry
Limavady
Dungiven
Glenshane Pass
Kilrea
Ballymena
Maghera
Gracehill
Randalstown
Antrim
Doagh
Carrickfergus
I. Magee
Newtownabbey
Bangor
Ailt an Chorráin
An Clochan Liath
Gweebarra B.
Leitir Ceanainn
Fintown
Lifford
Strabane
Plumbridge
Sperrin Mts.
Northern Ireland
Na Gleannta
Bealach Feich
Blue Stack Mtn.
Ard an Ratha
Ceann Ros Eoghain
Malin More
An Charraig
Dún na nGall
Castlederg
Newtown Steward
Omagh
Moneymore
Cookstown
Lough Neagh
Glenavy
BELFAST
Comber
Newtownards
Ards Pen.
Strangford Lough
Lisburn
Saintfield
Ballynahinch
Portaferry
Strangford
Downpatrick
Na Cealla Beaga
Donegal Bay
Béal Átha Seanaidh
Dromore
Irvinestown
Ballygawley
Dungannon
Portadown
Lurgan
Armagh
Banbridge
Rathfriland
Clough
Newcastle
Mourne Mts.
Newry
Kilkeel
Belleek
Lower Lough Erne
Enniskillen
Lisnaskea
Upper Lough Erne
Belcoo
Darty Mts.
Cluainin
An Ghrainseach
Sligo B.
Sligeach
Baile Easa Dara
Cuilcagh Mts.
Lough Allen
Beal Tairbirt
An Cabhán
Cluain Eois
Muineachán
Muinchille
Castleblayney
Dún Dealgan
Dundalk B.
Baile an Ghearlánaigh
Downpatrick Head
Killala Bay
Broad Haven
Erris Hd.
Béal an Mhuirthead
Glenamoy
Baile an Chaisil
Mullet Peninsula
Baingear
Béal an Átha
Dromore West
Blacksod Bay
Ballycroy N.P.
Nephin Beg Range
2000 Precipice
Lough Conn
Tobar an Choire
Mainistir na Búille
Droim Seanbho
Achill Head
An Caol
Acaill
Achill I.
Clare I.
Mallaranny
Caisleán an Bharraigh
Béal Easa
Baile Chathail
Clew Bay
Cathair na Mart
Pilgrimage Church
Dún Gar
An Caisleán Riabhach
Cora Droma Rúisc
Dromad
Carraig Mhachaire Rois
Baile Átha Fhirdhia
Drogheda
Inis Toirc
Inishturk
Cluain Cearbán
Clár Clainne Mhuiris
Tuilsce
Gránard
Sheelin
Ceanannas
Droichead Átha
Brú na Bóinne
Inis Bó Finne
Inishbofin
Mweelrea
Lough Mask
Béal Átha hAmhnais
An Longfort
Meathas Troim
Tullynally Castle
Baile na gCros
Baile Brigín
Na Sceirí
Connemara Nat. P.
Aughrus Point
An Clochán
Baile an Róba
Dún Mór
Ros Comáin
Baile Átha Liagh
Baile ui Mhathain
An Muileann gCearr
Baile Átha Troim
An Uaimh
Dún Selachainn
Tuaim
Lough Ree
L. Ennell
Cinn Átha Gad
An Bóthar Buí
Maigh Nuad
Mullach Íde
An Teach Dóite
Lough Corrib
Áth Cinn
Uachtar Ard
An Creagán
Baile Átha Luain
An Móta
Cill Bheagáin
Eadan Doire
Cill Droichid
BAILE ÁTHA CLIATH
DUBLIN
Holyhead
Liverpool
Douglas
Bertaghboy
Gaillimh
Galway
Óran Mór
Béal Átha na Sluaighe
Monastic Ruins
Tulach Mhór
Cill Dara
Dún Laoghaire
Bré
Gorumna I.
An Spidéal
Galway Bay
Baile Locha Riach
An Clochán
Mainistir Eimhin
An Nás
Cill Chuillin
Wicklow Mts. N.P.
Na Clocha Liatha
Inishmore
Oileáin Árainn
Aran Is.
Black Head
Cinn Mhara
Lios Duin Bhearn
The Burren
An Gort
Slieve Aughty Mts.
Port Omna
Biorra
Móinteach Milic
Slieve Bloom
Port Laoise
Baile Átha Í
Cillin Chaoimhín
An Láithreach
Cill Mhantáin
Wicklow Head
Cliffs of Moher
Ennis Díomáin
Liscannor B.
Sraid na Cathrach
Inis
An Scairbh
Buirios Ui Chéin
Ros Cré
Maighean Rátha
Mainistir Laoise
Ráth Droma
Eachroim
Cill Dalua
An tAonach
Silvermine Mts.
An Teampall Mór
Darú
Ceatharlach
An Tulach
An tInbhear Mór
Cill Chaoi
Carraig an Chabhalfaigh
Cill Rois
Sionainn
Luimneach
Limerick
Milestone
Durlas
Áth na nUrlainn
Leithghlinn an Droichid
Cill Chainnigh
Mt. Leinster
Guaire
Loop Head
Faing
Eas Geitine
Rock of Cashel
Caiseal
Tiobraid Árann
Callain
Graig na Managh
Inis Córthaidh
Fearna
Baile an Bhuinneánaigh
Kerry Head
Tralee Bay
Tairbeart
An Caisleán Nua
Ráth Caola
Croom
Knocklong
Galty Mts.
Cill Náile
Baile Mhic Andáin
Carraig na Siúire
Ros Mhic Thriúin
An tAbhallort
Lios Tuathail
Mainistir na Féile
Rath Luirc
An Chathair
Cluain Meala
Loch Garman
Calafort Ros Láir
Rosslare Harbour
Brandon Mtn.
Trá Lí
Dunbrody Abbey
Port Láirge
Dingle
Balynagall
An Daingean
Slieve Mish Mts.
Oileán Ciarraí
An Fearann Fuar
Ceann Toirc
Mala
Baile Mhistéala
Blackwater
Ceapach Choinn
Arthurstown
Cé na Cille Móire
Carnsore Point
Blasket Is.
Slea Head
Dingle Bay
Cill Orglan
Gleann Beithe
L. Leane
Banteer
Boggeragh Mts.
Lios Mór
Mainistir Fhear Maí
Dún Garbhán
Trá Mhór
Hook Hd.
Waterford H.
Macgillycuddy's Reeks
The Paps
Cathair Saidhbhín
Valencia I.
An Caladh
Ring of Kerry
Killarney Nat. P.
Iveragh
An Snaidhm
Maigh Chromtha
The Pass of Keimaneigh
CORCAIGH
CORK
Mainistir an Corann
Eochaill
Knockadoon Head
An Cóbh
Great I.
An Coireán
Neidín
Sheny Mts.
Droichead na Bandan
Cork Harbour
Kenmare River
Beara
An Gleann Garbh
Dún Mánmhai
Bandon
Skellig Michael
Baile Chaisleáin Bhearra
Bantry Bay
Beanntraí
Cloich na Coillte
Cionn Sáile
Old Head of Kinsale
Galley Head
Dursey I.
Dunmanus B.
An Scoil
An Sciobairín
Dún na Séad
Roaringwater B.
Mizen Head
Cape Clear
Roscoff
Cherbourg-Octeville
Pembrokeshire Coast Nat. Park
Fishguard
St. David's
St. Brides B.
Haverfordwest
Milford Haven
St. Ann's Head
Pembroke Castle
Pembroke
CITY MAP
0 10 20 30 40 50 km
0 10 20 30 miles

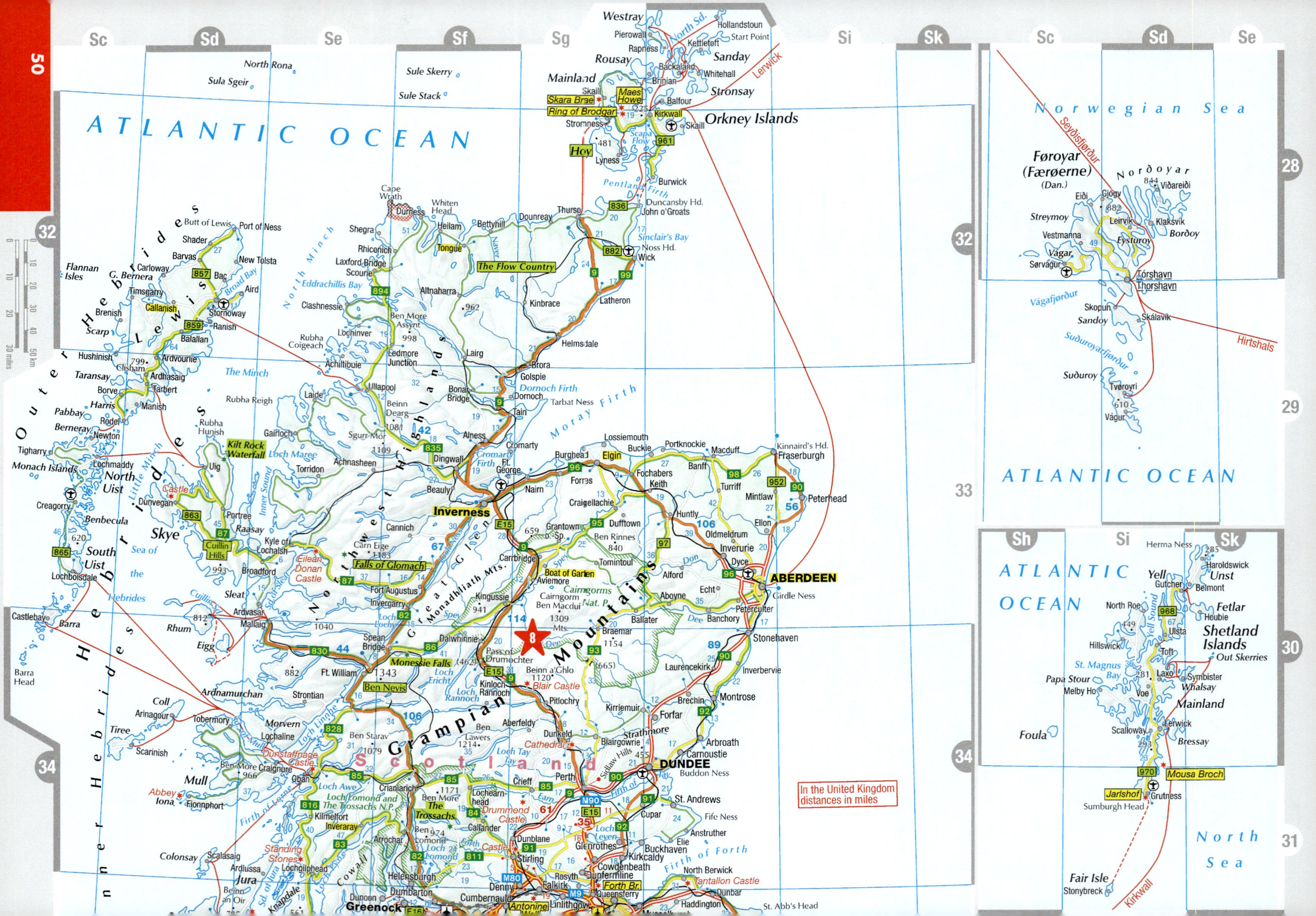

ATLANTIC OCEAN
Norwegian Sea
North Sea
Orkney Islands
Shetland Islands
Føroyar (Færøerne) (Dan.)
Scotland
Grampian Mountains
Northwest Highlands
Great Glen
Monadhliath Mts.
Outer Hebrides
Inner Hebrides
Lewis
Skye
Mull
Jura
Rhum
Eigg
Coll
Tiree
Colonsay
North Uist
South Uist
Barra
Harris
Hoy
Mainland
Rousay
Westray
Sanday
Stronsay
Yell
Unst
Fetlar
Foula
Fair Isle
Moray Firth
Dornoch Firth
Pentland Firth
Firth of Forth
Firth of Tay
The Minch
Little Minch
North Minch
Sea of the Hebrides
ABERDEEN
DUNDEE
Inverness
Perth
Stirling
Greenock
Fort William
Stornoway
Kirkwall
Lerwick
Thurso
Wick
Peterhead
Fraserburgh
Elgin
Tórshavn
Thorshavn
Hirtshals
Seyðisfjørður
Kirkwall
Lerwick
Skara Brae
Ring of Brodgar
Maes Howe
The Flow Country
Kilt Rock Waterfall
Cuillin Hills
Eilean Donan Castle
Falls of Glomach
Monessie Falls
Ben Nevis
Blair Castle
Boat of Garten
Cairngorms Nat. P.
Loch Lomond and The Trossachs N.P.
Drummond Castle
Dunstaffnage Castle
Standing Stones
Callanish
Tantallon Castle
Forth Br.
Antonine Wall
Mousa Broch
Jarlshof
In the United Kingdom distances in miles
0 10 20 30 40 50 km
0 10 20 30 miles

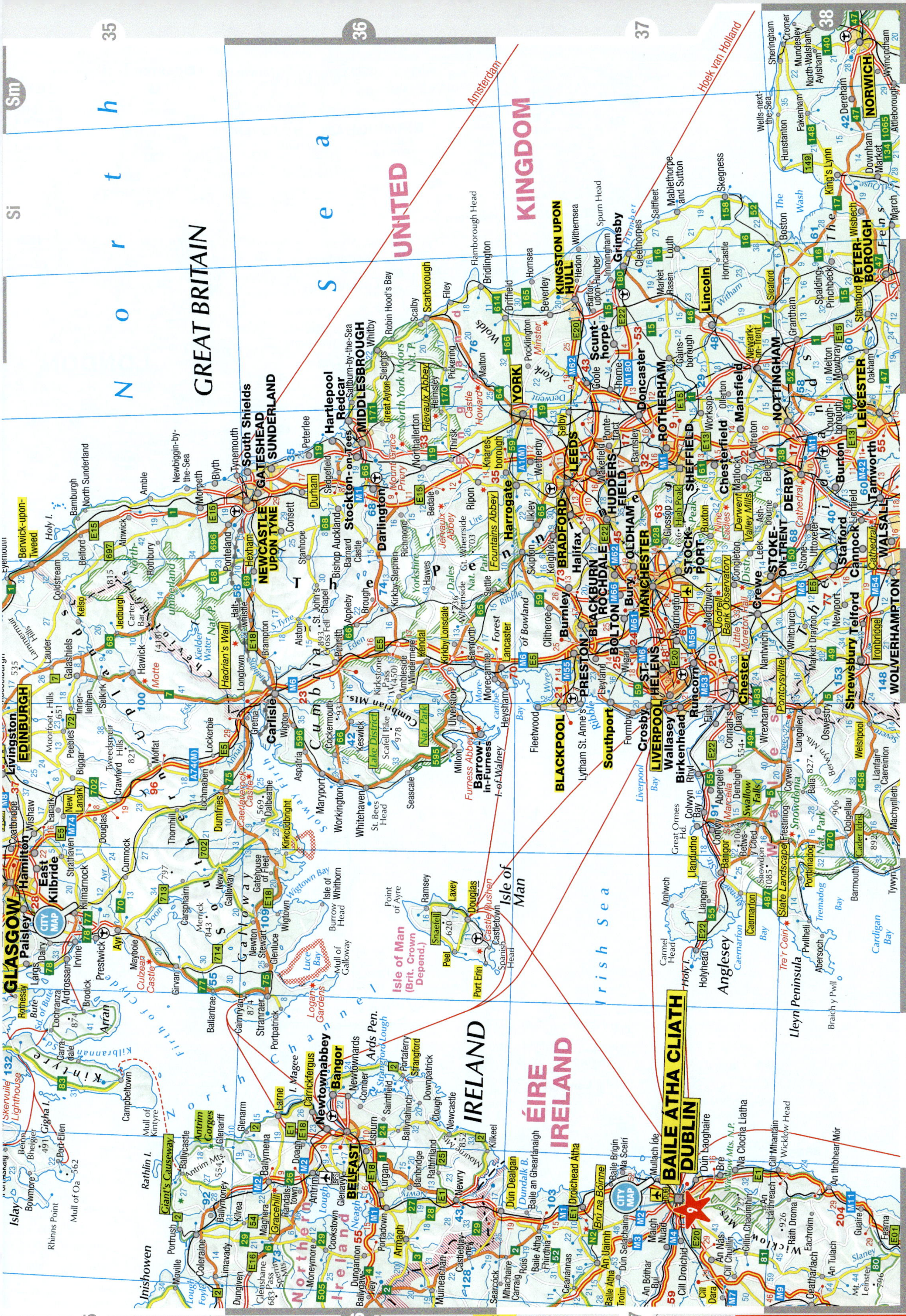
North Sea
GREAT BRITAIN
UNITED KINGDOM
IRELAND
ÉIRE IRELAND
Irish Sea
Isle of Man
Isle of Man (Brit. Crown Depend.)
Anglesey
Lleyn Peninsula
Arran
Kintyre
Islay
GLASGOW
EDINBURGH
NEWCASTLE UPON TYNE
SUNDERLAND
GATESHEAD
South Shields
MIDDLESBROUGH
Hartlepool
Darlington
Carlisle
Durham
YORK
LEEDS
BRADFORD
Harrogate
KINGSTON UPON HULL
Grimsby
Scunthorpe
Doncaster
SHEFFIELD
ROTHERHAM
Lincoln
NOTTINGHAM
DERBY
LEICESTER
PETERBOROUGH
NORWICH
MANCHESTER
LIVERPOOL
BLACKPOOL
PRESTON
BLACKBURN
BOLTON
OLDHAM
STOCKPORT
STOKE-ON-TRENT
WOLVERHAMPTON
WALSALL
Chester
Shrewsbury
Telford
BELFAST
Bangor
BAILE ÁTHA CLIATH DUBLIN
Douglas
Amsterdam
Hoek van Holland

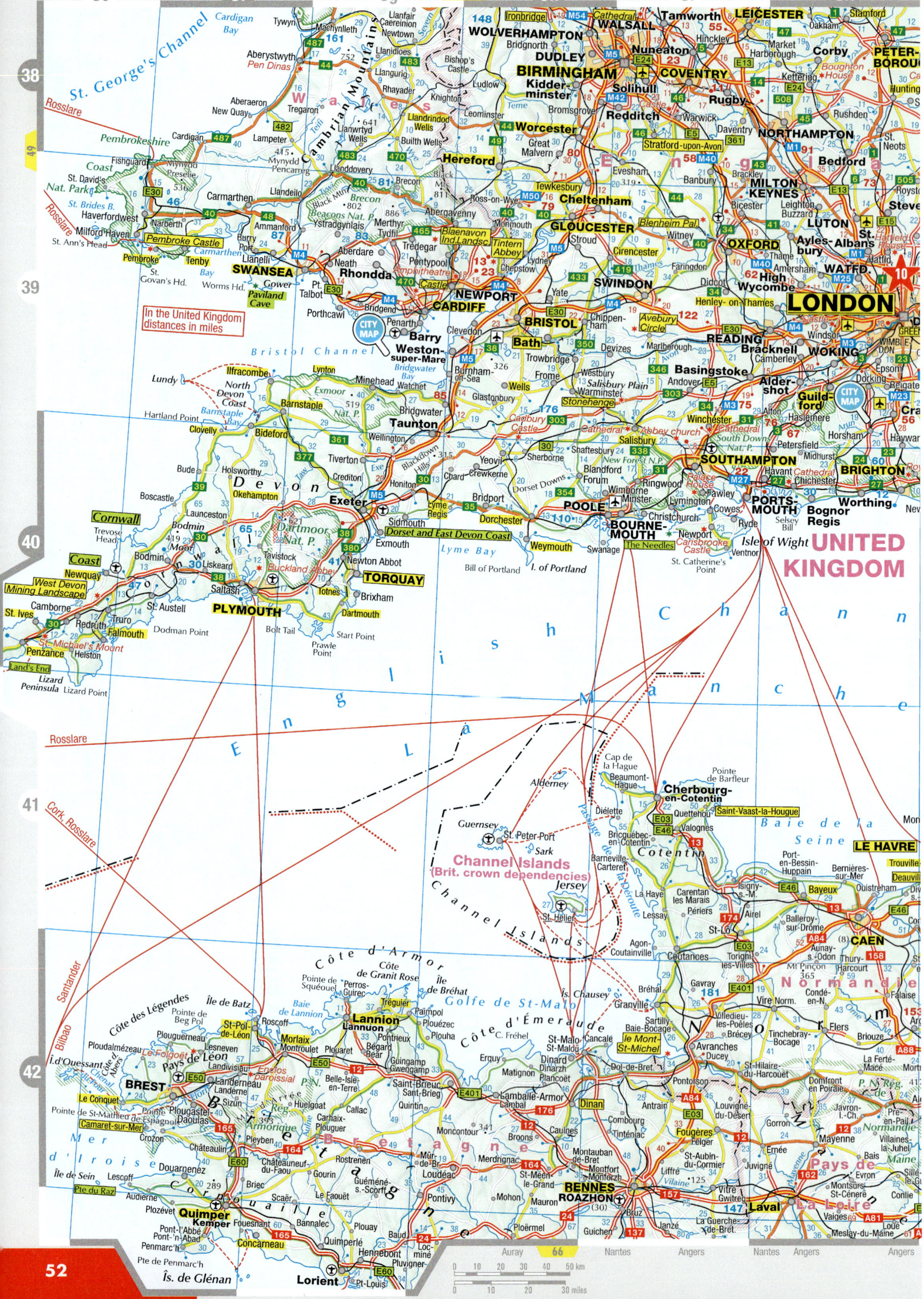
St. George's Channel
Cardigan Bay
Rosslare
Pembrokeshire Coast Nat. Park
Cambrian Mountains
Wales
Aberystwyth
Carmarthen
SWANSEA
Rhondda
NEWPORT
CARDIFF
In the United Kingdom distances in miles
Bristol Channel
Lundy
WOLVERHAMPTON
WALSALL
LEICESTER
DUDLEY
BIRMINGHAM
COVENTRY
Worcester
Hereford
NORTHAMPTON
Bedford
MILTON KEYNES
Cheltenham
GLOUCESTER
OXFORD
LUTON
SWINDON
BRISTOL
Bath
LONDON
READING
Basingstoke
Taunton
Exeter
Devon
Dartmoor Nat. P.
Exmoor Nat. P.
Cornwall
PLYMOUTH
TORQUAY
SOUTHAMPTON
PORTSMOUTH
BRIGHTON
POOLE
BOURNEMOUTH
Isle of Wight
UNITED KINGDOM
English Channel
La Manche
Channel Islands (Brit. crown dependencies)
Guernsey
Jersey
Alderney
Cherbourg-en-Cotentin
Baie de la Seine
LE HAVRE
CAEN
Normandie
Golfe de St-Malo
Côte d'Armor
Côte d'Émeraude
BREST
Bretagne
Quimper
Lorient
RENNES
Laval
Pays de la Loire
Mer d'Iroise
Cork, Rosslare
Santander
Bilbao
0 10 20 30 40 50 km
0 10 20 30 miles

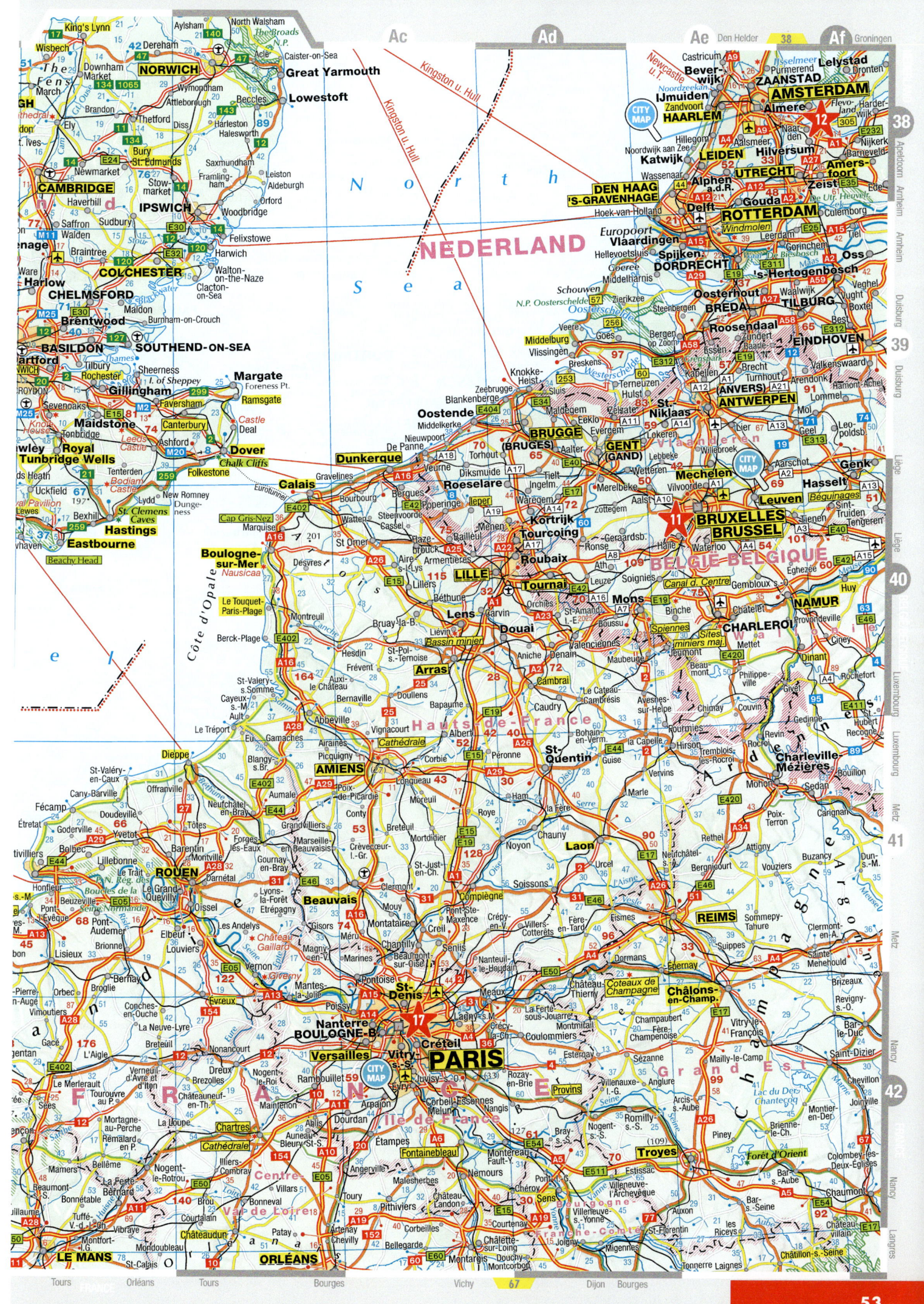

Ac
Ad
Ae
Den Helder
38
Af
Groningen
North Sea
NEDERLAND
Kingston u. Hull
Newcastle u.T.
King's Lynn
NORWICH
Great Yarmouth
Lowestoft
CAMBRIDGE
IPSWICH
COLCHESTER
CHELMSFORD
Brentwood
BASILDON
SOUTHEND-ON-SEA
Margate
Ramsgate
Gillingham
Maidstone
Canterbury
Royal Tunbridge Wells
Dover
Folkestone
Hastings
Eastbourne
Beachy Head
AMSTERDAM
ZAANSTAD
HAARLEM
IJmuiden
Lelystad
Almere
LEIDEN
Hilversum
Amersfoort
UTRECHT
DEN HAAG 'S-GRAVENHAGE
Delft
Gouda
ROTTERDAM
Vlaardingen
DORDRECHT
's-Hertogenbosch
TILBURG
BREDA
Roosendaal
EINDHOVEN
Middelburg
Vlissingen
Oostende
BRUGGE (BRUGES)
GENT (GAND)
St. Niklaas
ANTWERPEN (ANVERS)
Mechelen
Leuven
Hasselt
BRUXELLES BRUSSEL
BELGIË-BELGIQUE
Kortrijk
Roeselare
Ieper
Tournai
Mons
CHARLEROI
NAMUR
Dunkerque
Calais
Boulogne-sur-Mer
Le Touquet-Paris-Plage
Côte d'Opale
LILLE
Roubaix
Tourcoing
Lens
Douai
Arras
Cambrai
Valenciennes
Hauts-de-France
Abbeville
AMIENS
St-Quentin
Charleville-Mézières
Dieppe
ROUEN
Beauvais
Compiègne
Soissons
Laon
REIMS
Châlons-en-Champ.
Ardennes
Champagne
Grand Est
St-Denis
PARIS
Versailles
Nanterre
BOULOGNE-B.
Créteil
Vitry-s.-S.
Évry
Ile-de-France
Fontainebleau
Provins
Troyes
Chartres
Évreux
Normandie
Centre-Val de Loire
Bourgogne-Franche-Comté
ORLÉANS
LE MANS
FRANCE
CITY MAP
Tours
Orléans
Bourges
Vichy
67
Dijon
Langres
Nancy
Metz
Luxembourg
Liège
Duisburg
Arnheim
Apeldoorn
39
40
41
42

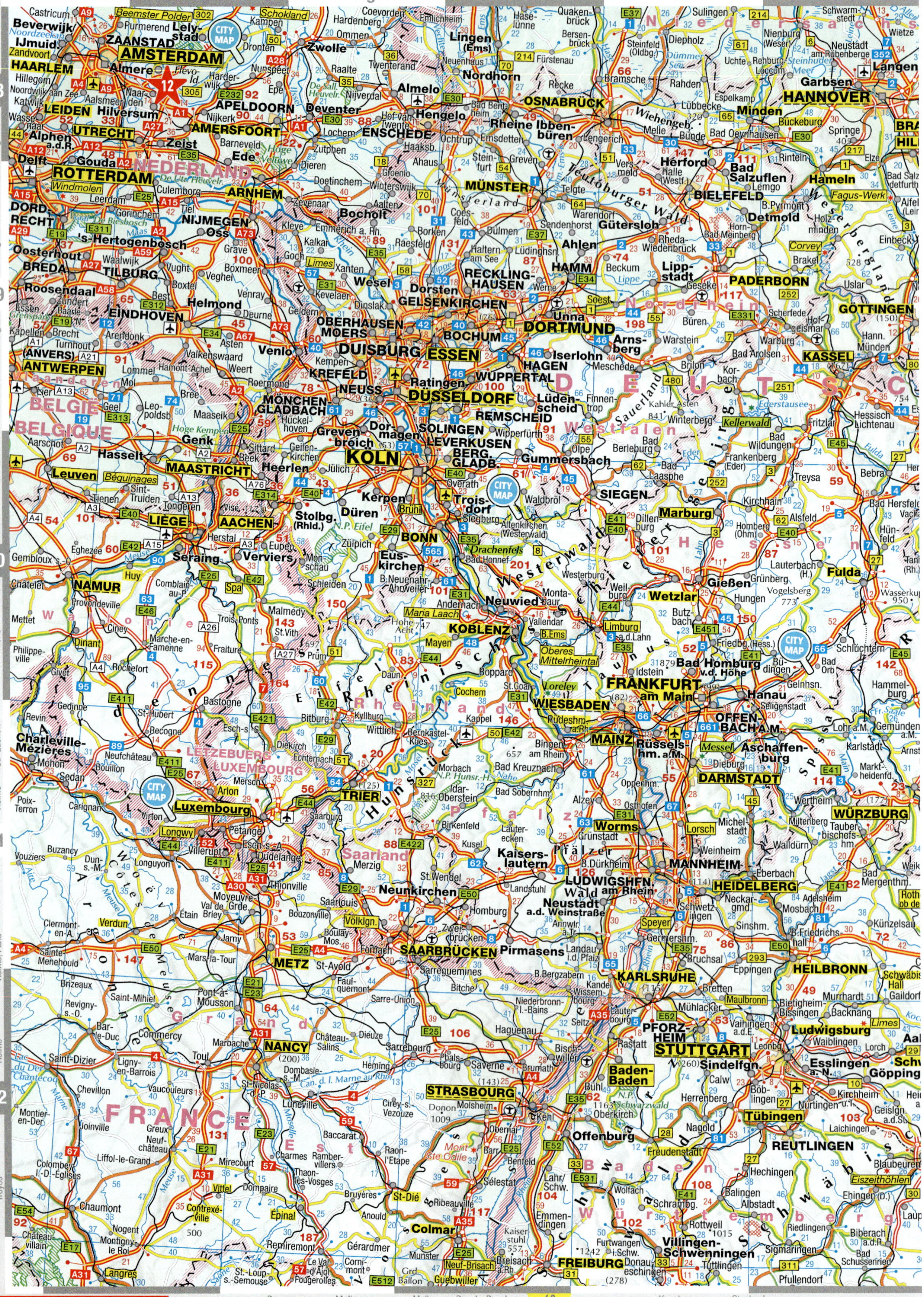
38
39
40
41
42
AMSTERDAM
HAARLEM
LEIDEN
UTRECHT
ROTTERDAM
Den Haag
AMERSFOORT
APELDOORN
Zwolle
Deventer
ARNHEM
NIJMEGEN
's-Hertogenbosch
BREDA
TILBURG
EINDHOVEN
Helmond
Venlo
NEDERLAND
ANTWERPEN
BELGIE
BELGIQUE
Hasselt
Leuven
MAASTRICHT
LIÈGE
AACHEN
Verviers
NAMUR
Charleville-Mézières
Luxembourg
LETZEBUERG
LUXEMBOURG
METZ
NANCY
STRASBOURG
Colmar
FRANCE
Épinal
Lingen (Ems)
Nordhorn
OSNABRÜCK
Enschede
Hengelo
MÜNSTER
BIELEFELD
Gütersloh
Herford
Detmold
HANNOVER
Minden
Hameln
PADERBORN
GÖTTINGEN
KASSEL
HAMM
Ahlen
DORTMUND
BOCHUM
ESSEN
GELSENKIRCHEN
RECKLINGHAUSEN
OBERHAUSEN
MOERS
DUISBURG
KREFELD
NEUSS
DÜSSELDORF
WUPPERTAL
HAGEN
Iserlohn
Lüdenscheid
REMSCHEID
SOLINGEN
LEVERKUSEN
MÖNCHENGLADBACH
KÖLN
BERG. GLADB.
Düren
Kerpen
BONN
Euskirchen
SIEGEN
Gummersbach
Westerwald
Neuwied
KOBLENZ
Marburg
Gießen
Wetzlar
Fulda
Bad Homburg v.d. Höhe
FRANKFURT am Main
WIESBADEN
MAINZ
Rüsselsheim
OFFENBACH A.M.
Hanau
Aschaffenburg
DARMSTADT
WÜRZBURG
Worms
Kaiserslautern
MANNHEIM
LUDWIGSHAFEN
HEIDELBERG
Neustadt a.d. Weinstraße
TRIER
Saarland
Neunkirchen
SAARBRÜCKEN
Pirmasens
KARLSRUHE
PFORZHEIM
Baden-Baden
STUTTGART
Ludwigsburg
Esslingen
HEILBRONN
Sindelfingen
Tübingen
REUTLINGEN
Offenburg
FREIBURG
Villingen-Schwenningen
DEUTSCHLAND
Hunsrück
Eifel
Pfalz
Schwarzwald
Schwäbische Alb
CITY MAP

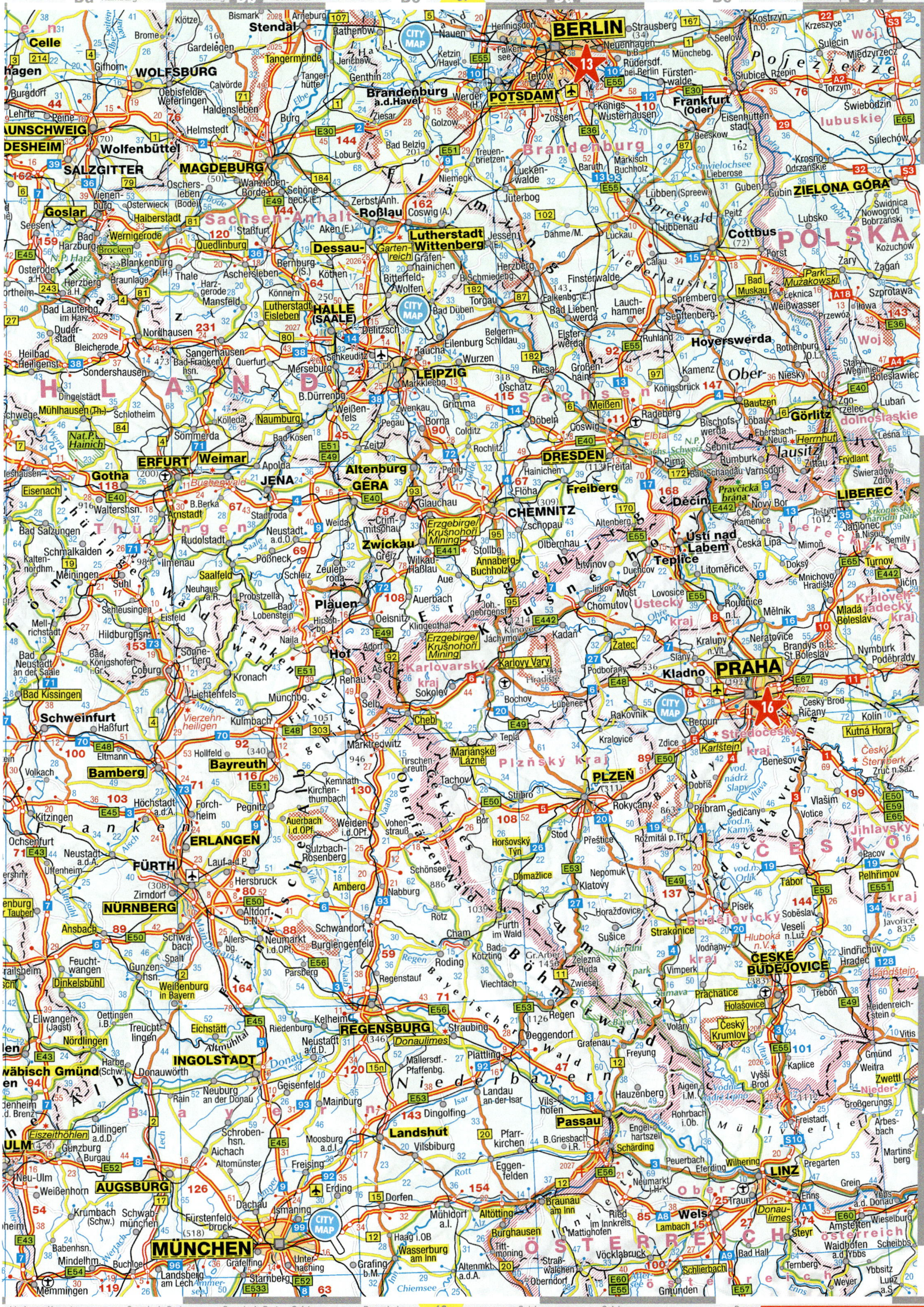

BERLIN
POTSDAM
Brandenburg a.d.Havel
Frankfurt (Oder)
Stendal
WOLFSBURG
Celle
SALZGITTER
Wolfenbüttel
MAGDEBURG
Goslar
Dessau-Roßlau
Lutherstadt Wittenberg
Cottbus
ZIELONA GÓRA
POLSKA
HALLE (SAALE)
LEIPZIG
Hoyerswerda
Görlitz
ERFURT
Weimar
JENA
GERA
DRESDEN
Gotha
Eisenach
Altenburg
CHEMNITZ
Zwickau
Freiberg
LIBEREC
Děčín
Ústí nad Labem
Teplice
Plauen
Hof
Karlovy Vary
PRAHA
Kladno
Schweinfurt
Bayreuth
Bamberg
PLZEŇ
ERLANGEN
FÜRTH
NÜRNBERG
Amberg
ČESKO
REGENSBURG
INGOLSTADT
Landshut
Passau
ČESKÉ BUDĚJOVICE
Český Krumlov
AUGSBURG
MÜNCHEN
LINZ
Wels
Steyr
ÖSTERREICH

38 39 40 41 42

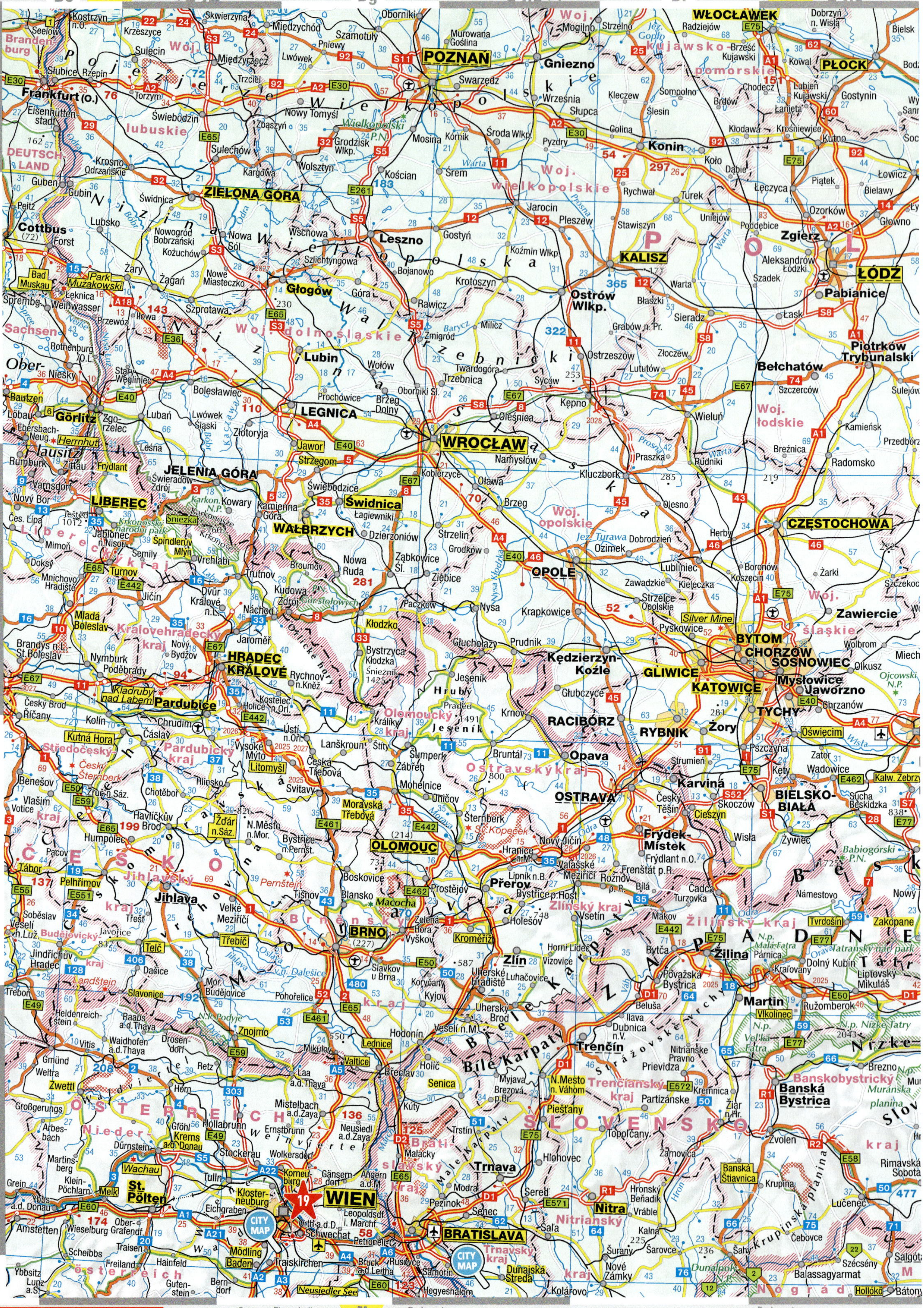
38
39
40
41
42
POZNAŃ
Gniezno
WŁOCŁAWEK
PŁOCK
Frankfurt (O.)
ZIELONA GÓRA
Konin
KALISZ
ŁÓDŹ
Pabianice
Cottbus
Leszno
Głogów
Lubin
LEGNICA
WROCŁAW
Piotrków Trybunalski
Bełchatów
JELENIA GÓRA
LIBEREC
Świdnica
WAŁBRZYCH
OPOLE
CZĘSTOCHOWA
HRADEC KRÁLOVÉ
Pardubice
BYTOM
CHORZÓW
SOSNOWIEC
GLIWICE
KATOWICE
TYCHY
RACIBÓRZ
RYBNIK
Opava
OSTRAVA
Karviná
BIELSKO-BIAŁA
OLOMOUC
Přerov
Zlín
Jihlava
BRNO
Žilina
Trenčín
Banská Bystrica
Nitra
Trnava
WIEN
BRATISLAVA
St. Pölten
CITY MAP

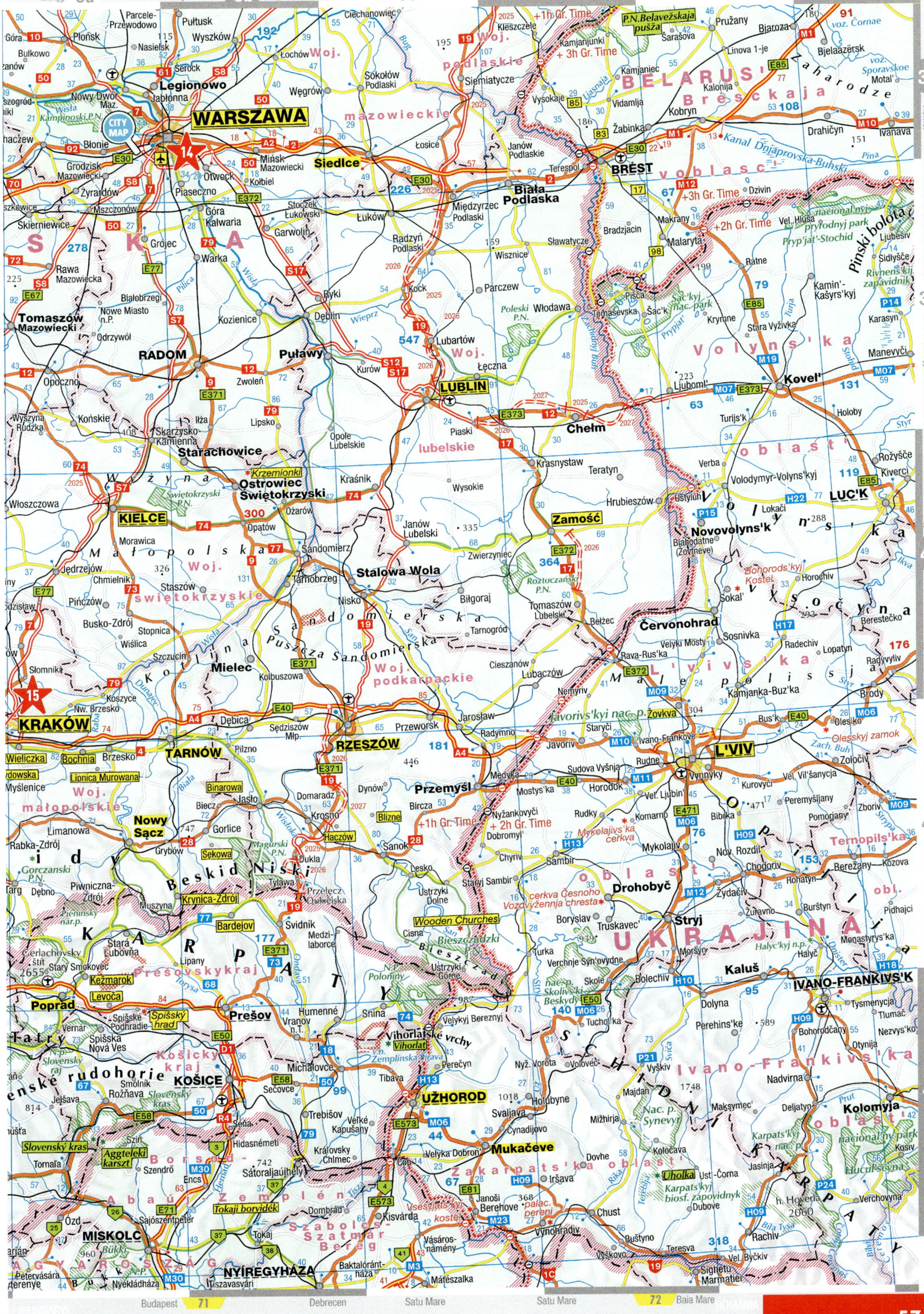

38
39
40
41
42
Homel'
Kyjiv
Černivci
WARSZAWA
CITY MAP
14
Legionowo
Jabłonna
Nowy Dwór Maz.
Płońsk
Pułtusk
Wyszków
Serock
Nasielsk
Łochów
Węgrów
Siedlce
Mińsk Mazowiecki
Otwock
Piaseczno
Błonie
Grodzisk Mazowiecki
Żyrardów
Mszczonów
Skierniewice
Góra Kalwaria
Grójec
Warka
Garwolin
Stoczek Łukowski
Łuków
Radzyń Podlaski
Międzyrzec Podlaski
Biała Podlaska
Terespol
BREST
Kobryn
Žabinka
Pružany
Kamjaneс
Vysokaje
Siemiatycze
Sokołów Podlaski
Ciechanowiec
Kleszczele
Kamjanjunki
+1h Gr. Time
+ 3h Gr. Time
+3h Gr. Time
+2h Gr. Time
+1h Gr. Time
+ 2h Gr. Time
P.N. Belavežskaja pušča
BELARUS'
Brestskaja voblasc'
Kanal Dnjaprovska-Buhski
Drahičyn
Ivanava
Pinsk
Pinski bolota
Zaharodze
Pryp'jat'-Stochid nacional'nyj pryrodnyj park
Šac'kyj nac. park
Šac'k
Malaryta
Ratne
Kamin'-Kašyrs'kyj
Kovel'
Ljuboml'
Volyns'ka oblast'
Volodymyr-Volyns'kyj
Novovolyns'k
Luc'k
Kiverci
Rožyšče
Horochiv
Sokal'
Červonohrad
Radechiv
Brody
Zoločiv
L'VIV
Žovkva
Javoriv
Rava-Rus'ka
Mostys'ka
Horodok
Stryj
Drohobyč
Sambir
Boryslav
Truskavec'
Mykolajiv
Rohatyn
Kaluš
IVANO-FRANKIVS'K
Halyč
Dolyna
Bolechiv
Nadvirna
Kolomyja
Ivano-Frankivs'ka oblast'
Ternopils'ka obl.
UKRAJINA
SCHIDNI KARPATY
Zakarpats'ka oblast'
UŽHOROD
Mukačeve
Berehove
Vynohradiv
Chust
Svaljava
Hoverla 2060
Rachiv
Synevyr
Karpats'kyj biosf. zapovidnyk
Tjačiv
Ust'-Čorna
Sighetu Marmatiei
Mateszalka
NYÍREGYHÁZA
Kisvárda
Vásárosnamény
Sátoraljaújhely
MISKOLC
Szabolcs-Szatmár-Bereg
Borsod-Abaúj-Zemplén
Tokaji borvidék
Aggteleki karszt
Slovenský kras
KOŠICE
Košický kraj
Prešov
Prešovský kraj
Michalovce
Humenné
Vranov n.T.
Snina
Svidník
Bardejov
Poprad
Kežmarok
Levoča
Spišský hrad
Tatry
Vihorlat
Slovenské rudohorie
Rožňava
Trebišov
Sobrance
KRAKÓW
15
Wieliczka
Bochnia
Myślenice
Limanowa
Nowy Sącz
Gorlice
Rabka-Zdrój
Krynica-Zdrój
Muszyna
Gorczański P.N.
Beskid Niski
Magurski P.N.
Lipnica Murowana
Binarowa
Woj. małopolskie
TARNÓW
Dębica
Brzesko
Pilzno
Jasło
Krosno
Dukla
Sanok
Lesko
Ustrzyki Dolne
Ustrzyki Górne
Bieszczady
Bieszczadzki
Wooden Churches
Haczów
Blizne
RZESZÓW
Łańcut
Przeworsk
Jarosław
Radymno
Przemyśl
Medyka
Dynów
Birecza
Lubaczów
Cieszanów
Tarnogród
Biłgoraj
Tomaszów Lubelski
Bełżec
Zamość
Roztoczański P.N.
Hrubieszów
Zwierzyniec
Janów Lubelski
Nisko
Stalowa Wola
Tarnobrzeg
Sandomierz
Woj. podkarpackie
Sandomierska Puszcza
Kotlina Sandomierska
Mielec
Kolbuszowa
Sędziszów Młp.
Szczucin
Dąbrowa Tarnowska
Busko-Zdrój
Pińczów
Jędrzejów
Chmielnik
Staszów
Woj. świętokrzyskie
Małopolska
Wyżyna
KIELCE
Włoszczowa
Ostrowiec Świętokrzyski
Starachowice
Skarżysko-Kamienna
Świętokrzyski P.N.
Krzemionki
Opatów
Ożarów
Końskie
Opoczno
Tomaszów Mazowiecki
RADOM
Zwoleń
Kozienice
Puławy
Dęblin
Ryki
Lipsko
Opole Lubelskie
Kraśnik
LUBLIN
lubelskie
Lubartów
Łęczna
Kurów
Woj. lubelskie
Chełm
Krasnystaw
Włodawa
Parczew
Poleski P.N.
Kock
Wisznice
Sławatycze
Woj. mazowieckie
podlaskie
Woj. podlaskie
Rawa Mazowiecka
Białobrzegi
Nowe Miasto n.P.
Odrzywół
Wisła
Bug
Wieprz
Pilica
Dunajec
Wisłoka
San
Prut
Dnister
Styr
Turija
Stochid
Strypa

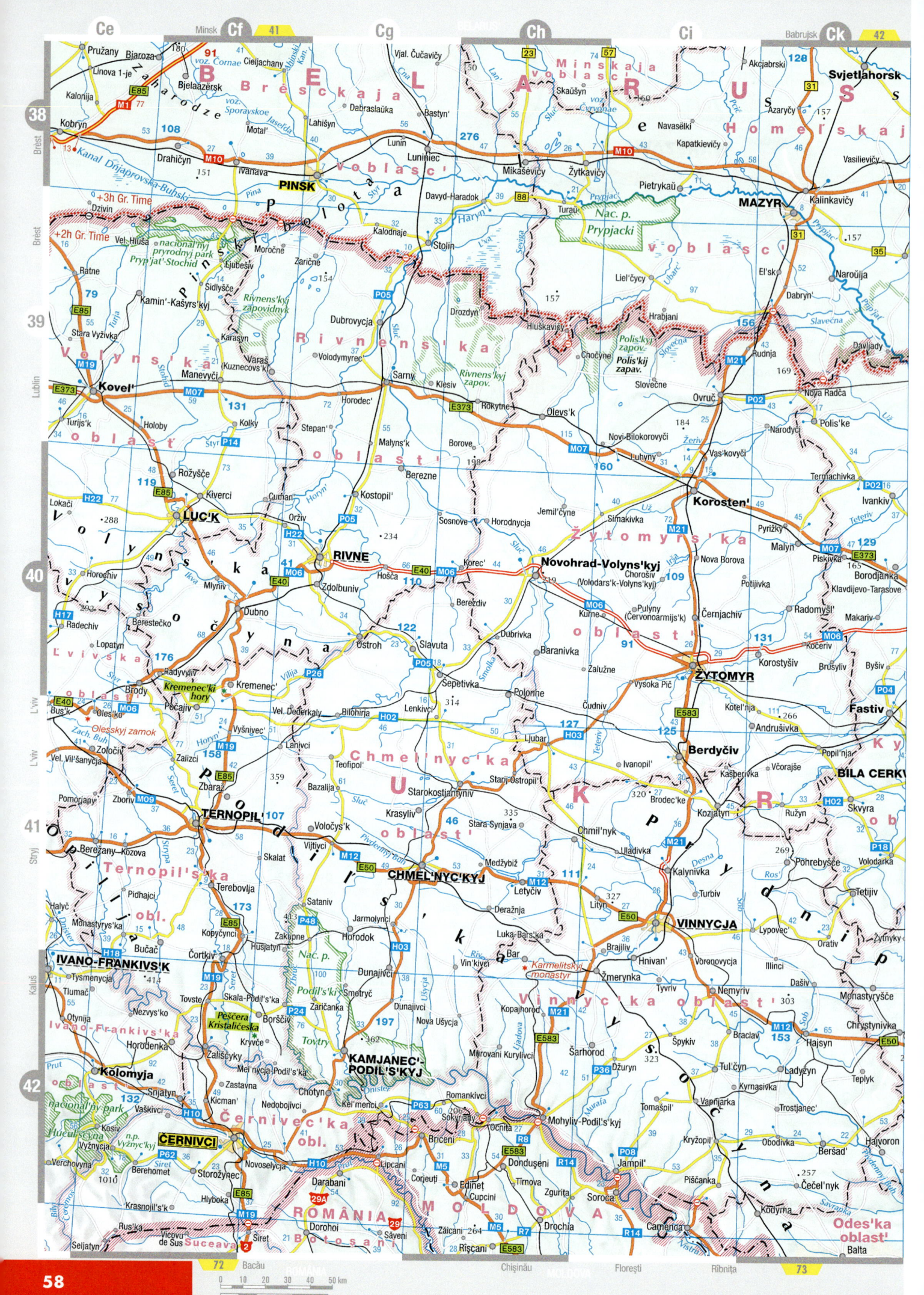

Ce
Minsk
Cf
41
Cg
Ch
Ci
Babrujsk
Ck
42
38
39
40
41
42
Brest
Lublin
L'viv
Stryj
Kaluš
BELARUS'
Brėsckaja voblasc'
Minskaja voblasc'
Homel'skaja voblasc'
Pružany
Bjaroza
Linova 1-je
Kalonija
Bjelaazërsk
Zaharodze
Kobryn
Drahičyn
Ivanava
PINSK
Lahišyn
Dabraslaŭka
Lunin
Luninec
Mikaševičy
Žytkavičy
Skaŭšyn
Vjal. Čučavičy
Bastyn'
Davyd-Haradok
Stolin
Kalodnaje
Turaŭ
Nac. p. Prypjacki
Akcjabrski
Svjetlahorsk
Azaryčy
Navasëlki
Kapatkievičy
Vasilievičy
Pietrykaŭ
MAZYR
Kalinkavičy
Naroŭlja
El'sk
Liel'čycy
Hrabjani
Dabryn'
Rudnja
Davljady
Kanal Dnjaprovska-Bubski
Pina
Prypjac'
+3h Gr. Time
+2h Gr. Time
Dzivin
Vel. Hluša
nacional'nyj pryrodnyj park Pryp'jat'-Stochid
Polissja
Ratne
Kamin'-Kašyrs'kyj
Stara Vyžïvka
Moročne
Ljubešiv
Zarične
Sidlyšče
Rivnens'kyj zapovidnyk
Karasyn
Varaš (Kuznecovs'k)
Manevyči
Volodymyrec'
Dubrovycja
Drozdyn'
Hluškavyčy
Čhočyne
Polis'kyj zapov.
Polis'kij zapav.
Slovečne
Ovruč
Nova Radča
Polis'ke
Narodyči
Rivnens'ka oblast'
Rivnens'kyj zapov.
Sarny
Klesiv
Rokytne
Olevs'k
Kovel'
Turijs'k
Holoby
Kolky
Horodec'
Stepan'
Malyns'k
Borove
Berezne
Novi-Bilokorovyči
Luhyny
Vas'kovyči
Volyns'ka oblast'
Rožyšče
Kiverci
Lokači
LUC'K
Cuman'
Orživ
Kostopil'
RIVNE
Sosnove
Horodnycja
Jemil'čyne
Symakivka
Korosten'
Termachivka
Ivankiv
Pyrižky
Malyn
Piskivka
Borodjanka
Klavdijevo-Tarasove
Horochiv
Mlyniv
Zdolbuniv
Hošča
Korec'
Novohrad-Volyns'kyj
Chorošiv (Volodars'k-Volyns'kyj)
Nova Borova
Potijivka
Žytomyrs'ka oblast'
Radechiv
Berestečko
Dubno
Ostroh
Slavuta
Berezdiv
Dubrivka
Baranivka
Pulyny (Červonoarmijs'k)
Kurne
Černjachiv
Radomyšl'
Makariv
Lopatyn
L'vivs'ka oblast'
Radyvyliv
Brody
Kremenec'ki hory
Kremenec'
Šepetivka
Polonne
Zalužne
Vysoka Pič
ŽYTOMYR
Korostyšiv
Kočeriv
Brusyliv
Byšiv
Bus'k
Olesko
Olesskyj zamok
Počajiv
Vel. Dederkaly
Bilohirja
Lenkivci
Čudniv
Kotel'nja
Andrušivka
Fastiv
Zoločiv
Vel. Vil'šanycja
Zalizci
Vyšnivec'
Lanivci
Teofipol'
Chmel'nyc'ka oblast'
Ljubar
Berdyčiv
Ivanopil'
Popil'nja
BILA CERKVA
Zbaraž
Bazalija
Starokostjantyniv
Staryj Ostropil'
Kašperivka
Včoraješe
Pomorjany
Zboriv
TERNOPIL'
Krasyliv
Stara Synjava
Brodec'ke
Kozjatyn
Ružyn
Skvyra
Berežany
Kozova
Skalat
Vojločys'k
Vijtivci
Chmil'nyk
Uladivka
Pohrebyšče
Volodarka
Ternopil's'ka
CHMEL'NYC'KYJ
Medžybiž
Letyčiv
Kalynivka
Pidhajci
Terebovlja
Sataniv
Deražnja
Lityn
Turbiv
Tetijiv
Halyč
Monastyrys'ka
Kopyčynci
Jarmolynci
Horodok
Luka-Bars'ka
VINNYCJA
Lypovec'
Orativ
Žytnyky
Bučač
Čortkiv
Husjatyn
Zakupne
Nac. p. Podil's'ki Tovtry
Bar
Vin'kivci
Brajiliv
Hnivan'
Voronovycja
Illinci
IVANO-FRANKIVS'K
Tysmenycja
Tlumač
Tovste
Skala-Podil's'ka
Dunajivci
Karmelits'kyj monastyr
Žmerynka
Tyvriv
Nemyriv
Dašiv
Monastyryšče
Otynija
Nezvys'ko
Ivano-Frankivs'ka
Horodenka
Peščera Kristaličeska
Borščiv
Zaričanka
Smotryč
Nova Ušycja
Kopajhorod
Vinnyc'ka oblast'
Špykiv
Braclav
Chrystynivka
Hajsyn
Kolomyja
Zališčyky
Kryvče
Mel'nyca-Podil's'ka
KAMJANEC'-PODIL'S'KYJ
Murovani Kurylivci
Šarhorod
Džuryn
Tul'čyn
Ladyžyn
Teplyk
Kyrnasivka
Zastavna
Kicman'
Chotyn
Nedobojivci
Kel'menci
Romankivci
Sokyrjany
Mohyliv-Podil's'kyj
Tomašpil'
Vapnjarka
Trostjanec'
nacional'nyj park Hucul'ščyna
Snjatyn
Vaškivci
Kosiv
Vyžnycja
ČERNIVCI
Černivec'ka obl.
Briceni
Ocniţa
Kryžopil'
Obodivka
Beršad'
Hajvoron
Verchovyna
Berehomet
Novoselycja
Storožynec'
Lipcani
Darabani
Edineţ
Cupcini
Donduşeni
Jampil'
Piščanka
Čečel'nyk
Krasnojil's'k
Hlyboka
ROMÂNIA
MOLDOVA
Drochia
Soroca
Camenca
Kodyma
Odes'ka oblast'
Balta
Rus'ka
Vicovu de Sus
Seljatyn
Siret
Dorohoi
Săveni
Zăicani
Rîşcani
Botoşani
Suceava
Corjeuţi
Tîrnova
Zguriţa
72
Bacău
Chişinău
Floreşti
Rîbniţa
73

0 10 20 30 40 50 km

0 10 20 30 miles

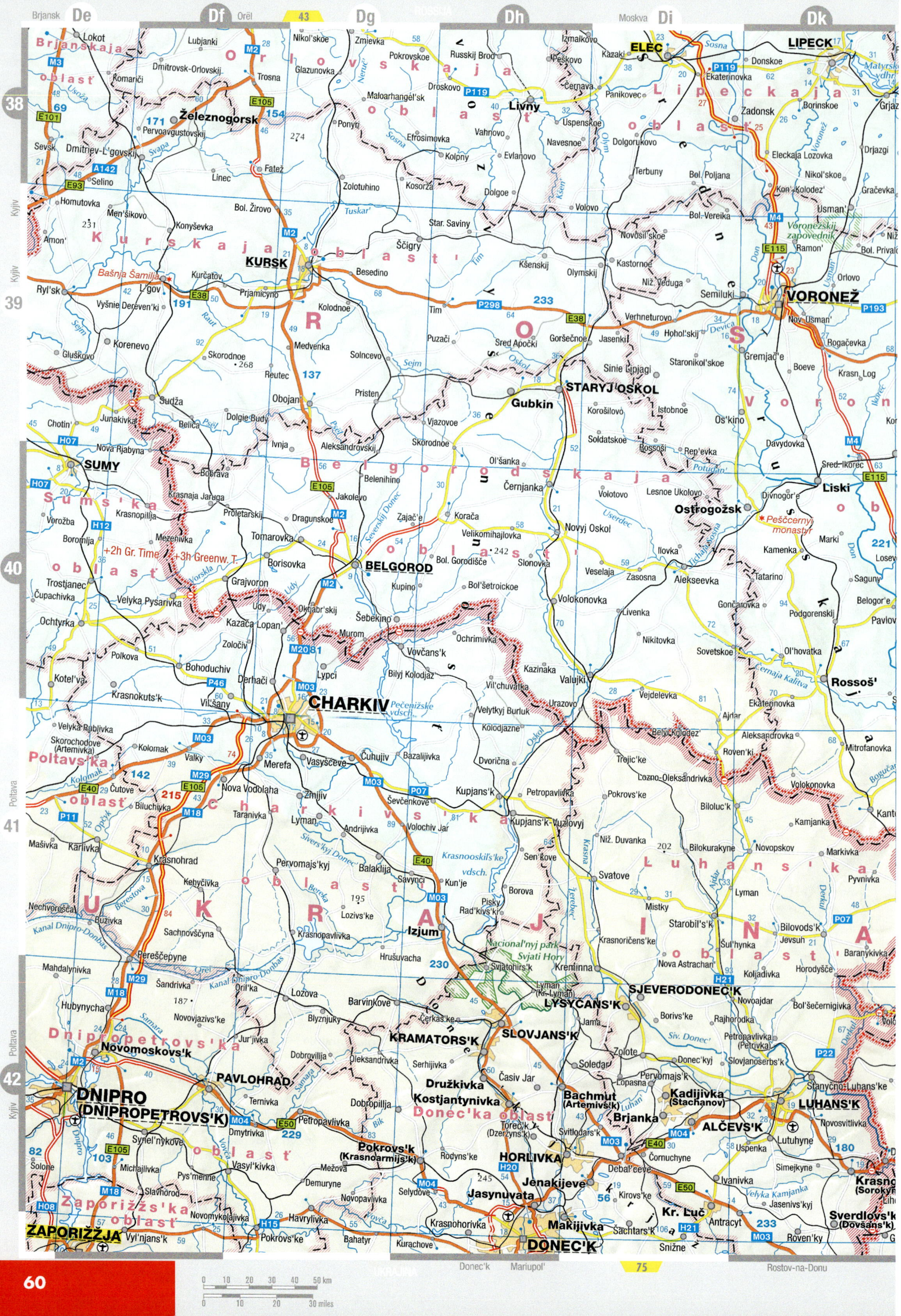

Brjansk
De
Df
Orël
43
Dg
ROSSIJA
Dh
Moskva
Di
Dk
38
39
40
41
42
Kyjiv
Poltava
Brjanskaja oblast'
Lokot
Lubjanki
Nikol'skoe
Zmievka
Pokrovskoe
Russkij Brod
Izmalkovo
ELEC
LIPECK
Orlovskaja oblast'
Dmitrovsk-Orlovskij
Glazunovka
Komariči
Trosna
Maloarhangel'sk
Droskovo
Livny
Kazaki
Peškovo
Černava
Panikovec
Donskoe
Ekaterinovka
Lipeckaja oblast'
Železnogorsk
Pervoavgustovskij
Ponyri
Efrosimovka
Vahnovo
Uspenskoe
Navesnoe
Dolgorukovo
Zadonsk
Borinskoe
Sevsk
Dmitriev-L'govskij
Fatež
Kolpny
Evlanovo
Eleckaja Lozovka
Drjazgi
Selino
Linec
Zolotuhino
Kosorža
Dolgoe
Terbuny
Bol. Poljana
Nikol'skoe
Homutovka
Bol. Žirovo
Tuskar'
Volovo
Kon'-Kolodez'
Gračevka
Men'šikovo
Konyševka
Star. Saviny
Bol. Vereika
Usman'
Amon'
Kurskaja oblast'
KURSK
Ščigry
Novosil'skoe
Voronežskij zapovednik
Ramon'
Bol. Privalov
Bašnja Šamilja
Kurčatov
Besedino
Kšenskij
Olymskij
Kastornoe
Niž. Veduga
Orlovo
Ryl'sk
L'gov
Prjamicyno
Tim
Semiluki
VORONEŽ
Vyšnie Dereven'ki
Kolodnoe
P298
Verhneturovo
Hohol'skij
Nov. Usman'
Rogačevka
Glušk ovo
Korenevo
Medvenka
Solncevo
Puzači
Sred. Apočki
Gorščečnoe
Jasenki
Gremjač'e
Skorodnoe
Reutec
Sinie Lipjagi
Staronikol'skoe
Boeve
Krasn. Log
Sudža
Obojan'
Pristen'
Gubkin
STARYJ OSKOL
Korošilovo
Istobnoe
Junakivka
Chotin'
Belica
Dolgie Budy
Vjazovoe
Os'kino
Voronežskaja oblast'
Nova Rjabyna
Ivnja
Aleksandrovskij
Skorodnoe
Soldatskoe
Rossoši
Rep'evka
Davydovka
SUMY
Bobrava
Belenihino
Ol'šanka
Černjanka
Belgorodskaja oblast'
Sred. Ikorec
Liski
Krasnaja Jaruga
Jakovlevo
Volotovo
Lesnoe Ukolovo
Divnogor'e
Ostrogožsk
Pešcernyj monastyr
Sums'ka oblast'
Krasnopillja
Proletarskij
Dragunskoe
Zajač'e
Korača
Velikomihajlovka
Novyj Oskol
Vorožba
Boromlja
+2h Gr. Time
+3h Greenw. T.
Mezenivka
Tomarovka
Bol. Gorodišče
Slonovka
Ilovka
Kamenka
Marki
BELGOROD
Veselaja
Zasosna
Alekseevka
Tatarino
Trostjanec'
Čupachivka
Borisovka
Grajvoron
Kupino
Bol'šetroickoe
Saguny
Velyka Pysarivka
Udy
Oktjabr'skij
Šebekino
Volokonovka
Livenka
Gončarovka
Belogor'e
Podgorenskij
Ochtyrka
Kazača Lopan'
Zoločiv
Murom
Vovčans'k
Ochrimivka
Nikitovka
Pavlov
Polkova
Bohoduchiv
Lypci
Bilyj Kolodjaz'
Kazinaka
Valujki
Sovetskoe
Ol'hovatka
Kotel'va
Derhači
Vil'chuvatka
Černaja Kalitva
Rossoš'
Krasnokuts'k
Vil'šany
CHARKIV
Pečenižske vdsch.
Velytkyj Burluk
Urazovo
Vejdelevka
Ekaterinovka
Velyka Rublivka
Skorochodove (Artemivka)
Kolomak
Valky
Merefa
Vasyščeve
Čuhujiv
Bazalijivka
Kolodjazne
Dvorična
Trojic'ke
Ajdar
Aleksandrovka
Roven'ki
Mitrofanovka
Poltavs'ka oblast'
Čutove
Nova Vodolaha
Zmijiv
Ševčenkove
Kupjans'k
Petropavlivka
Pokrovs'ke
Lozno-Oleksandrivka
Volokonovka
Biluchivka
Taranivka
Charkivs'ka oblast'
Lyman
Andrijivka
Volochiv Jar
Kupjans'k-Vuzlovyj
Biloluc'k
Kamjanka
Kantemirovka
Mašivka
Karlivka
Krasnohrad
Sivers'kyj Donec'
Krasnooskil's'ke vdsch.
Sen'kove
Niž. Duvanka
Bilokurakyne
Novopskov
Markivka
Pervomajs'kyj
Balaklija
Savynci
Kun'je
Svatove
Luhans'ka oblast'
Pyvnivka
Kehyčivka
Borova
Pisky
Rad'kivs'ke
Mistky
Lyman
Nechvoroščа
Buzivka
Lozivs'ke
Izjum
Starobil's'k
Bilovods'k
Jevsuh
Kanal Dnipro-Donbas
Sachnovščyna
Krasnopavlivka
Nacional'nyj park Svjati Hory
Krasnoričens'ke
Šul'hynka
Baranykivka
Pereščepyne
Hrušuvacha
Svjatohirs'k
Kreminna
Nova Astrachan'
Koljadivka
Horodyšče
Mahdalynivka
Šandrivka
Oril'ka
Lozova
Barvinkove
Lyman (Kr. Lyman)
LYSYČANS'K
SJEVERODONEC'K
Novoajdar
Bol'šečernigivka
Hubynycha
Novovjazivs'ke
Blyznjuky
Čerkas'ke
Jama
Borivs'ke
Rajhorodka
Dnipropetrovs'ka oblast'
Jur'jivka
Dobrovillja
KRAMATORS'K
SLOVJANS'K
Siv. Donec'
Petropavlivka (Petrivka)
Slovjanoserbs'k
Novomoskovs'k
Oleksandrivka
Serhijivka
Zolote
Soledar
Donec'kyj
PAVLOHRAD
Družkivka
Časiv Jar
Pervomajs'k
Stanyčno-Luhans'ke
DNIPRO (DNIPROPETROVS'K)
Ternivka
Dobropillja
Kostjantynivka
Bachmut (Artemivs'k)
Lopasna
Kadijivka (Stachanov)
LUHANS'K
Petropavlivka
Donec'ka oblast'
Brjanka
ALČEVS'K
Novosvitlivka
Dmytrivka
Torec'k (Dzeržyns'k)
Svitlodars'k
Lutuhyne
Synel'nykove
Pokrovs'k (Krasnoarmijs'k)
Rodyns'ke
HORLIVKA
Uspenka
Solone
Michajlivka
Vasyl'kivka
Mežova
Čornuchyne
Debal'ceve
Simejkyne
Pys'menne
Slavhorod
Demuryne
Jenakijeve
Ivanivka
Krasnodon (Sorokyne)
Zaporižs'ka oblast'
Novopavlivka
Selydove
Jasynuvata
Kirovs'ke
Velyka Kamjanka
Jasenivs'kyj
Novomykolajivka
Havrylivka
Krasnohorivka
Makijivka
Kr. Luč
Antracyt
Sverdlovs'k (Dovžans'k)
ZAPORIŽŽJA
Vyl'njans'k
Pokrovs'ke
Bahatyr
Kurachove
Šachtars'k
DONEC'K
Snižne
Roven'ky
UKRAJINA
Donec'k
Mariupol'
75
Rostov-na-Donu
0 10 20 30 40 50 km
0 10 20 30 miles

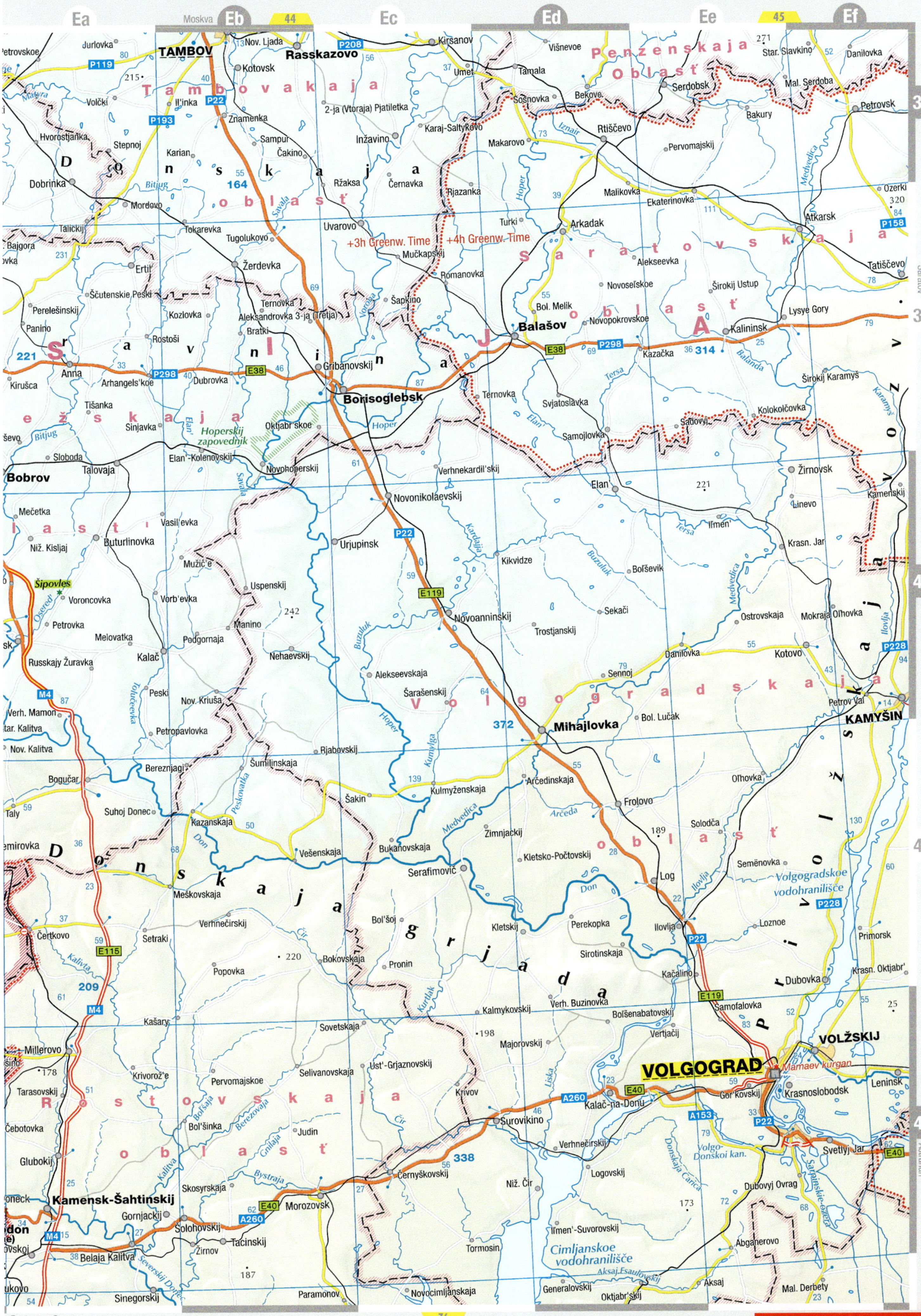
Ea
Eb
Ec
Ed
Ee
Ef
38
39
40
41
42
Saratov
Astrahan'
TAMBOV
Rasskazovo
Kotovsk
Nov. Ljada
Jurlovka
Petrovskoe
Kirsanov
Umet
Tamala
Višnevoe
Penzenskaja Oblast'
Star. Slavkino
Danilovka
Serdobsk
Mal. Serdoba
Bekovo
Sosnovka
Petrovsk
Bakury
Rtiščevo
Pervomajskij
Makarovo
Karaj-Saltykovo
2-ja (Vtoraja) Pjatiletka
Inžavino
Tambovskaja oblast'
Volčki
Il'inka
Znamenka
Sampur
Čakino
Karian
Hvorostjanka
Stepnoj
Dobrinka
Mordovo
Ržaksa
Černavka
Rjazanka
Turki
Arkadak
Malikovka
Ekaterinovka
Atkarsk
Ozerki
Uvarovo
Tokarevka
Tugolukovo
Talickij
Bajgora
+3h Greenw. Time
+4h Greenw. Time
Mučkapskij
Romanovka
Saratovskaja oblast'
Alekseevka
Tatiščevo
Novoselskoe
Širokij Ustup
Lysye Gory
Ertil'
Žerdevka
Ščutenskie Peski
Perelešinskij
Panino
Kozlovka
Ternovka
Aleksandrovka 3-ja (Tret'ja)
Bratki
Šapkino
Bol. Melik
Balašov
Novopokrovskoe
Kalininsk
Rostoši
Anna
Arhangel'skoe
Kirušca
Dubrovka
Gribanovskij
Borisoglebsk
Kazačka
Širokij Karamyš
Ternovka
Svjatoslavka
Kolokolčovka
Tišanka
Sinjavka
Oktjabr'skoe
Hoperskij zapovednik
Hoper
Samojlovka
Sadovyj
Sloboda
Talovaja
Elan'-Kolenovskij
Novohoperskij
Verhnekardil'skij
Elan'
Žirnovsk
Bobrov
Novonikolaevskij
Linevo
Kamenskij
Mečetka
Vasil'evka
Buturlinovka
Niž. Kisljaj
Urjupinsk
Ilmen'
Krasn. Jar
Mužiče
Kikvidze
Bol'ševik
Šipovles
Voroncovka
Uspenskij
Vorb'evka
Petrovka
Melovatka
Manino
Novoanninskij
Sekači
Trostjanskij
Ostrovskaja
Mokraja Ol'hovka
Kalač
Podgornaja
Russkajy Žuravka
Nehaevskij
Danilovka
Kotovo
Peski
Alekseevskaja
Sennoj
Šarašenskij
Nov. Kriuša
Verh. Mamon
Star. Kalitva
Volgogradskaja oblast'
Mihajlovka
Bol. Lučak
Petrov Val
KAMYŠIN
Petropavlovka
Nov. Kalitva
Rjabovskij
Šumilinskaja
Bereznjagi
Bogučar
Arčedinskaja
Ol'hovka
Kulmyženskaja
Šakin
Frolovo
Taly
Suhoj Donec
Kazanskaja
Solodča
Žimnjackij
Emirovka
Vešenskaja
Bukanovskaja
Kletsko-Počtovskij
Semënovka
Donskaja grjada
Serafimovič
Log
Volgogradskoe vodohranilišče
Meškovskaja
Verhnečirskij
Bol'šoj
Kletskij
Perekopka
Ilovlja
Loznoe
Primorsk
Čertkovo
Setraki
Sirotinskaja
Popovka
Bokovskaja
Pronin
Kačalino
Dubovka
Krasn. Oktjabr'
Kalmykovskij
Verh. Buzinovka
Bol'šenabatovskij
Samofalovka
Kašary
Sovetskaja
Vertjačij
Millerovo
Majorovskij
VOLŽSKIJ
Privolžskaja
Tarasovskij
Krivorož'e
Pervomajskoe
Selivanovskaja
Ust'-Grjaznovskij
VOLGOGRAD
Mamaev kurgan
Rostovskaja oblast'
Krivov
Kalač-na-Donu
Gor'kovskij
Krasnoslobodsk
Leninsk
Čebotovka
Bol'šinka
Judin
Surovikino
Verhnečirskij
Svetlyj Jar
Glubokij
Logovskij
Volgo-Donskoi kan.
Černyškovskij
Niž. Čir
Dubovyj Ovrag
Kamensk-Šahtinskij
Skosyrskaja
Morozovsk
Gornjackij
Solohovskij
Tacinskij
Žirnov
Ilmen'-Suvorovskij
Abganerovo
Belaja Kalitva
Tormosin
Cimljanskoe vodohranilišče
Aksaj
Sinegorskij
Paramonov
Novocimljanskaja
Generalovskij
Oktjabr'skij
Mal. Derbety
P22
E119
E38
P298
E40
A260
A153
P228
M4
E115
P208
P119
P193
P158

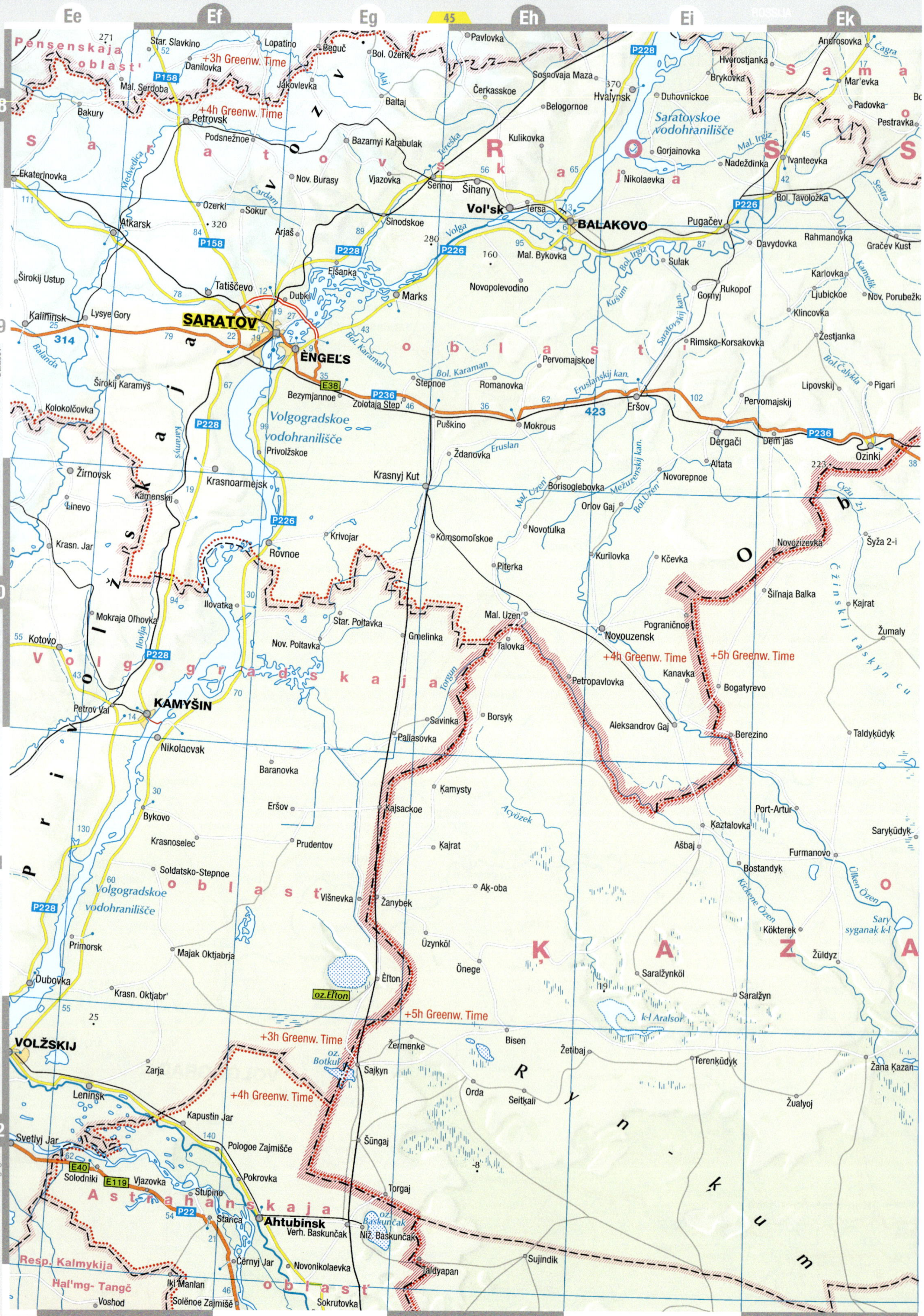

Ee
Ef
Eg
45
Eh
Ei
ROSSIJA
Ek
38
39
40
41
42
Balašov
Volgograd
Penzenskaja oblast'
Saratovskaja oblast'
Samarskaja oblast'
Volgogradskaja oblast'
Astrahanskaja oblast'
Resp. Kalmykija
Hal'mg- Tangč
Privolžskaja vozvyšennost'
Rynkum
+3h Greenw. Time
+4h Greenw. Time
+5h Greenw. Time
Star. Slavkino
Lopatino
Beguč
Bol. Ozerki
Pavlovka
Androsovka
Čagra
Danilovka
Mal. Serdoba
Jakovlevka
Baltaj
Sosnovaja Maza
Čerkasskoe
Hvalynsk
Hvorostjanka
Brykovka
Mar'evka
Duhovnickoe
Belogornoe
Padovka
Pestravka
Bakury
Petrovsk
Saratovskoe vodohranilišče
Podsnežnoe
Bazarnyi Karabulak
Kulikovka
Gorjainovka
Mal. Irgiz
Nadeždinka
Ivanteevka
Ekaterinovka
Nov. Burasy
Vjazovka
Sennoj
Šihany
Nikolaevka
Bol. Tavoložka
Medvedica
Čardym
Ozerki
Sokur
Vol'sk
Tersa
BALAKOVO
Pugačev
Atkarsk
Arjaš
Sinodskoe
Volga
Davydovka
Rahmanovka
Gračev Kust
Mal. Bykovka
Bol. Irgiz
Sulak
Karlovka
Kamelik
Širokij Ustup
Tatiščevo
Elšanka
Dubki
Marks
Novopolevodino
Kušum
Rukopol'
Gornyj
Ljubickoe
Nov. Porubežka
Klincovka
Kalininsk
Lysye Gory
SARATOV
Bol. Karaman
Rimsko-Korsakovka
Saratovskij kan.
Žestjanka
Balanda
ENGEL'S
Pervomajskoe
Bol. Čalykla
Širokij Karamyš
Stepnoe
Romanovka
Eruslanskij kan.
Lipovskij
Pigari
Bezymjannoe
Zolotaja Step'
Eršov
Pervomajskij
Kolokolčovka
Volgogradskoe vodohranilišče
Puškino
Mokrous
Dergači
Dem'jas
Ozinki
Privolžskoe
Ždanovka
Eruslan
Altata
Karamyš
Žirnovsk
Krasnoarmejsk
Krasnyj Kut
Mal. Uzen'
Borisoglebovka
Novorepnoe
Mežuzenskij kan.
Bol. Uzen'
Linevo
Kamenskij
Orlov Gaj
Čyžy 2-i
Krivojar
Komsomol'skoe
Novotulka
Krasn. Jar
Rovnoe
Piterka
Kurilovka
Kčevka
Novozizevka
Šyža 2-i
Čižinskij taskyn cu
Širnaja Balka
Kajrat
Ilovatka
Mokraja Ol'hovka
Star. Poltavka
Mal. Uzen'
Pograničnoe
Žumaly
Ilovlja
Gmelinka
Talovka
Novouzensk
Kotovo
Nov. Poltavka
Torgun
Kanavka
Petropavlovka
Bogatyrevo
KAMYŠIN
Savinka
Borsyk
Petrov Val
Aleksandrov Gaj
Berezino
Nikolaevsk
Pallasovka
Taldykudyk
Baranovka
Kamysty
Eršov
Kajsackoe
Acyozek
Port-Artur
Kaztalovka
Bykovo
Saryküdyk
Krasnoselec
Prudentov
Kajrat
Ašbaj
Furmanovo
Soldatsko-Stepnoe
Bostandyk
Višnevka
Ak-oba
Žanybek
Kiškene Özen
Ülken Özen
Sary syganak k-l
Primorsk
Uzynköl
Kökterek
Majak Oktjabrja
Žüldyz
Önege
Saralžynköl
Dubovka
Krasn. Oktjabr'
Elton
oz. Elton
Saralžyn
k-l Aralsor
VOLŽSKIJ
Žermenke
Bisen
Žetibaj
Terenküdyk
Žana Kazan
Zarja
oz. Botkul'
Sajkyn
Orda
Seitkali
Leninsk
Žualyoj
Kapustin Jar
Šungaj
Svetlyj Jar
Pologoe Zajmišče
Solodniki
Vjazovka
Pokrovka
Stupino
Torgaj
Starica
Ahtubinsk
Verh. Baskunčak
oz. Baskunčak
Niž. Baskunčak
Černyj Jar
Novonikolaevka
Sujindik
Taldyapan
Iki Manlan
Voshod
Solënoe Zajmišče
Sokrutovka
KAZ
P158
P228
P226
P236
E38
E40
E119
P22
314
423
77
Astrahan'

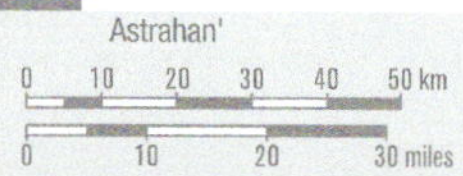

0 10 20 30 40 50 km
0 10 20 30 miles

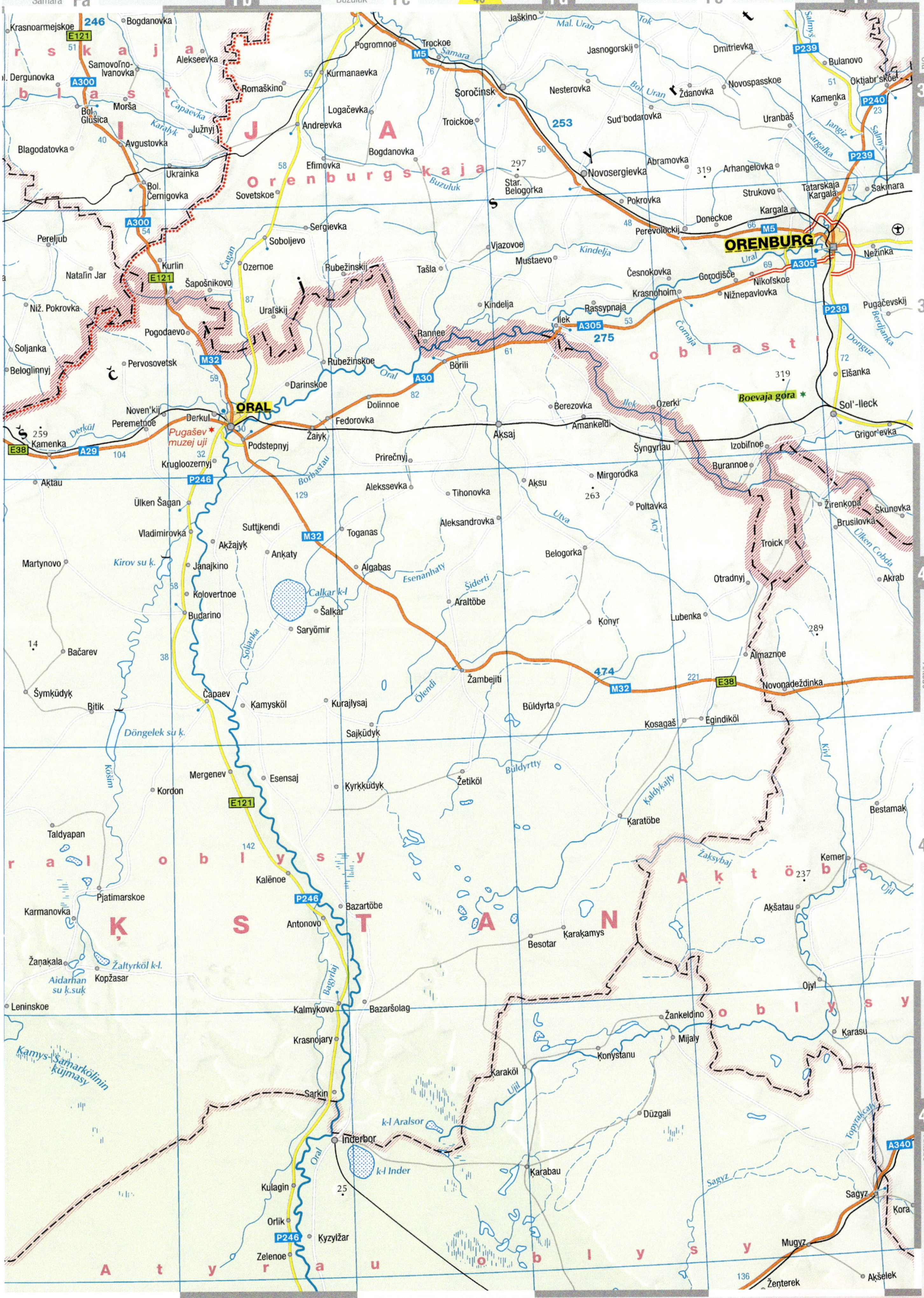
ORENBURG
ORAL
Orenburgskaja oblast
Aktöbe oblysy
Atyrau oblysy
KAZAKSTAN
Krasnoarmejskoe
Bogdanovka
Samovolno-Ivanovka
Dergunovka
Alekseevka
Romaškino
Bol. Glušica
Morša
Južnyj
Blagodatovka
Avgustovka
Ukrainka
Bol. Černigovka
Sovetskoe
Pereljub
Kurlin
Natalin Jar
Šapošnikovo
Niž. Pokrovka
Pogodaevo
Soljanka
Pervosovetsk
Beloglinnyj
Noven'kij
Peremetnoe
Derkul
Kamenka
Pugašev muzej uji
Krugloozernyj
Aktau
Ülken Šagan
Vladimirovka
Martynovo
Kirov su k.
Janajkino
Kolovertnoe
Budarino
Bačarev
Šymküdyk
Bitik
Döngelek su k.
Kordon
Mergenev
Taldyapan
Pjatimarskoe
Karmanovka
Žanakala
Žaltyrköl k-l.
Kopžasar
Aidarhan su k.suk
Leninskoe
Kamys-Samarkölinin kujmasy
Pogromnoe
Kurmanaevka
Logačevka
Andreevka
Efimovka
Sergievka
Soboljevo
Ozernoe
Uralskij
Rubežinskij
Rubežinskoe
Darinskoe
Žaiyk
Podstepnyj
Fedorovka
Dolinnoe
Suttikendi
Akžajyk
Ankaty
Toganas
Algabas
Calkar k-l
Šalkar
Saryömir
Čapaev
Kamysköl
Kurajlysaj
Sajküdyk
Esensaj
Kyrkküdyk
Kalënoe
Bazartöbe
Antonovo
Kalmykovo
Bazaršolag
Krasnojary
Sarkin
Inderbor
k-l Inder
k-l Aralsor
Kulagin
Orlik
Kyzyližar
Zelenoe
Trockoe
Soročinsk
Troickoe
Bogdanovka
Star. Belogorka
Tašla
Vjazovoe
Mustaevo
Kindelja
Rannee
Börili
Priречnyj
Alekssevka
Tihonovka
Aleksandrovka
Esenanhaty
Šiderti
Araltöbe
Žambejiti
Ölendi
Büldyrta
Žetiköl
Jaškino
Jasnogorskij
Nesterovka
Sud'bodarovka
Novosergievka
Abramovka
Pokrovka
Perevolockij
Česnokovka
Krasnoholm
Rassypnaja
Ilek
Berezovka
Amankeldi
Aksaj
Aksu
Mirgorodka
Poltavka
Belogorka
Konyr
Kosagaš
Karatöbe
Besotar
Karakamys
Karaköl
Konystanu
Karabau
Düzgali
Dmitrievka
Ždanovka
Novospasskoe
Arhangelovka
Strukovo
Doneckoe
Kargala
Gorodišče
Nikolskoe
Nižnepavlovka
Ozerki
Šyngyrlau
Buranное
Troick
Otradnyj
Lubenka
Almaznoe
Novonadeždinka
Egindiköl
Žankeldino
Mijaly
Bulanovo
Oktjabr'skoe
Kamenka
Uranbaš
Tatarskaja Kargala
Sakmara
Nežinka
Pugačevskij
Elšanka
Boevaja gora
Sol'-Ileck
Grigor'evka
Izobilnoe
Žirenkopa
Brusilovka
Škunovka
Akrab
Bestamak
Kemer
Akšatau
Ojyl
Karasu
Sagyz
Kora
Mugyz
Akšelek
Ženterek
Ural
Oral
Ilek
Utva
Samara
Buzuluk
Kindelja
Sagyz
Ujyl
Kiyl
Zaksybaj
Kaldykajty
Büldyrtty
Bagyrlaj
Derkül
Borbastau
Soljanka
Čagan
Capaevka
Karalyk
Mal. Uran
Bol. Uran
Tok
Salmyš
Kargalka
Jangiz
Berdjanka
Donguz
Ülken Cobda
Topyrakčan
E121
E38
M5
M32
A29
A30
A300
A305
A340
P239
P240
P246
Ufa
Aktöbe
38
39
40
41
42

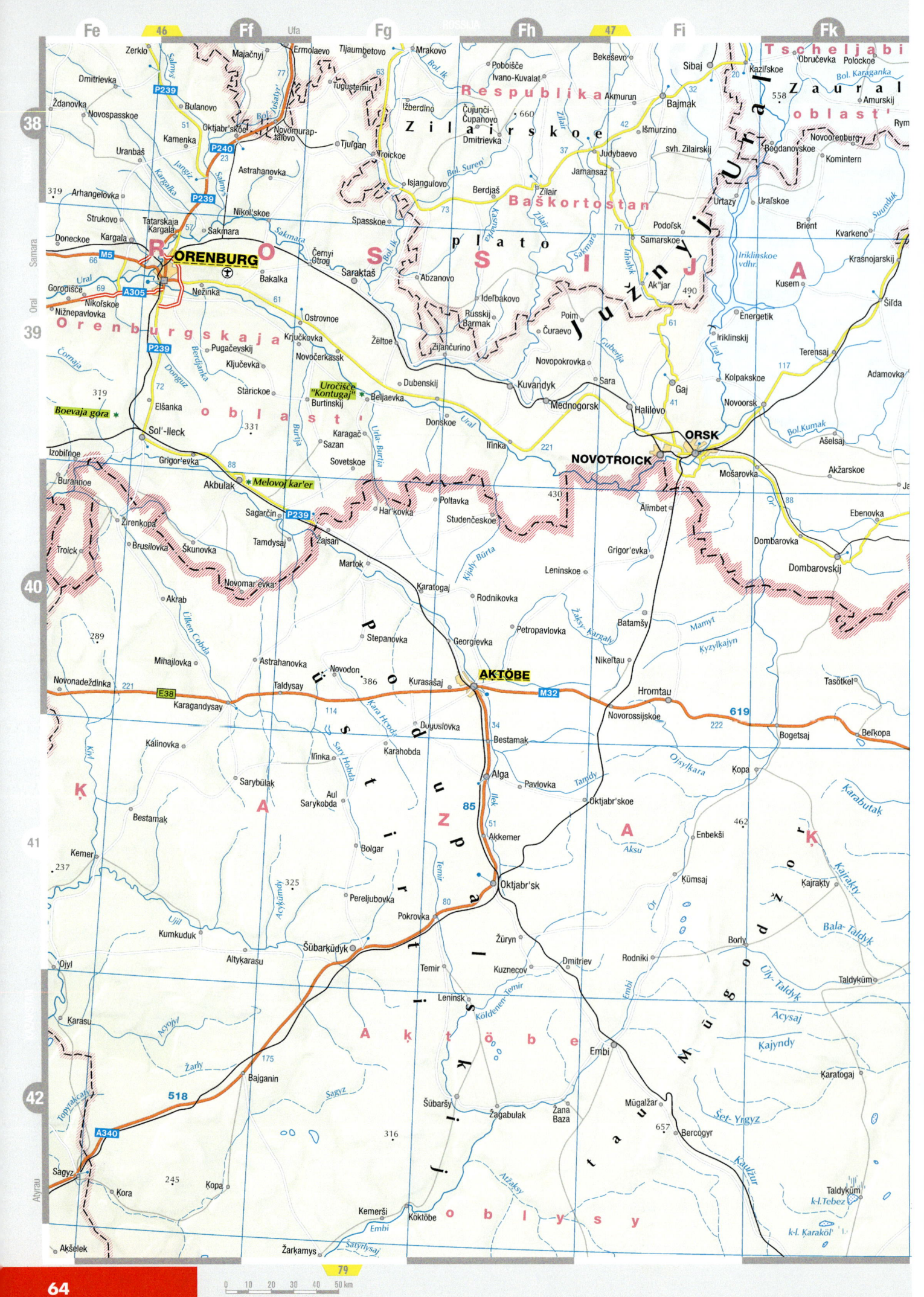
Fe
46
Ff
Ufa
Fg
ROSSIJA
Fh
47
Fi
Fk
38
39
40
41
42
Samara
Oral
Atyrau
Zerklo
Majačnyj
Ermolaevo
Tljaumbetovo
Mrakovo
Poboišče
Ivano-Kuvalat
Bekeševo
Sibaj
Kazil'skoe
Obručevka
Polockoe
Tscheljabi
Dmitrievka
Ždanovka
Novospasskoe
Bulanovo
Tugustemir
Izberdino
Čujunči-Čupanovo
Respublika
Akmurun
Bajmak
Zaural
oblast'
Amurskij
Oktjabr'skoe
Novomurap-talovo
Zilairskoe
Dmitrievka
Išmurzino
Novoorenburg
Rym
Kamenka
Tjul'gan
Troickoe
svh. Zilairskij
Bogdanovskoe
Komintern
Uranbaš
Astrahanovka
Judybaevo
Jamansaz
Arhangelovka
Isjangulovo
Berdjaš
Zilair
Baškortostan
Urtazy
Ural'skoe
Nikol'skoe
Strukovo
Tatarskaja Kargala
Sakmara
Spasskoe
Podol'sk
Brient
Kvarkeno
Doneckoe
Kargala
plato
Samarskoe
ORENBURG
Černyi Otrog
Saraktaš
Južnyj Ural
Iriklinskoe vdhr.
Krasnojarskij
Bakalka
Abzanovo
Ak''jar
Kusem
Gorodišče
Nežinka
Ideľbakovo
Šil'da
Nikol'skoe
Nižnepavlovka
Ostrovnoe
Russkij Barmak
Poim
Energetik
Orenburgskaja
Krjučkovka
Želtoe
Čuraevo
Iriklinskij
Pugačevskij
Novočerkassk
Zijančurino
Terensaj
Ključevka
Novopokrovka
Adamovka
Staričkoe
Uročišče "Kontugaj"
Dubenskij
Kuvandyk
Sara
Kolpakskoe
Beljaevka
Burtinskij
Gaj
Boevaja gora
Elšanka
oblast'
Mednogorsk
Halilovo
Novoorsk
Sol'-Ileck
Donskoe
ORSK
Karagač
Sazan
Il'inka
Bol.Kumak
Ašelsaj
Izobil'noe
Grigor'evka
NOVOTROICK
Sovetskoe
Akbulak
Melovoj kar'er
Mošarovka
Akžarskoe
Burannoe
Poltavka
Har'kovka
Studenčeskoe
Älimbet
Ebenovka
Žirenkopa
Sagarčin
Zajsan
Dombarovka
Troick
Brusilovka
Škunovka
Tamdysaj
Grigor'evka
Dombarovskij
Martok
Leninskoe
Novomar'evka
Karatogaj
Rodnikovka
Akrab
Batamšy
Stepanovka
Georgievka
Petropavlovka
Mamyt
Kyzylkajyn
Mihajlovka
Astrahanovka
Novodon
Nikel'tau
Novonadeždinka
Taldysay
Kurasašaj
AKTÖBE
Hromtau
Tasötkel
E38
M32
Karagandysay
Novorossijskoe
Bogetsaj
Bel'kopa
Kalinovka
Dujuslovka
Bestamak
Il'inka
Karahobda
Kopa
Sarybulak
Aul Sarykobda
Alga
Pavlovka
Oktjabr'skoe
Bestamak
Akkemer
Enbekši
Kemer
Bolgar
Kümsaj
Kajrakty
Pereljubovka
Oktjabr'sk
Pokrovka
Kumkuduk
Šubarkudyk
Žuryn
Borly
Altykarasu
Ojyl
Temir
Kuznecov
Dmitriev
Rodniki
Taldyküm
Leninsk
Karasu
Aktöbe
Embi
Mugodžary
Bajganin
Karatogaj
Šubaršy
Žagabulak
Žana Baza
Mügalžar
Bercogyr
Sagyz
Kora
Kopa
Kemerši
Köktöbe
oblysy
Taldyküm
k-l.Tebez
k-l. Karaköl'
Akšelek
Žarkamys
Emb
Satyrlysaj
A340
518
M5
A305
P239
P240
Ural
Sakmara
Ilek
Embi
Or'
Temir
Köldenen-Temir
Žarly
Acyojyl
Sagyz
Kajyndy
Šet-Yrgyz
Kaulzur
Karabutak
Kajrakty
Bala-Taldyk
Üly-Taldyk
Acysaj
Aksu
Ojsylkara
Tamdy
619
222
221
79
0 10 20 30 40 50 km
0 10 20 30 miles

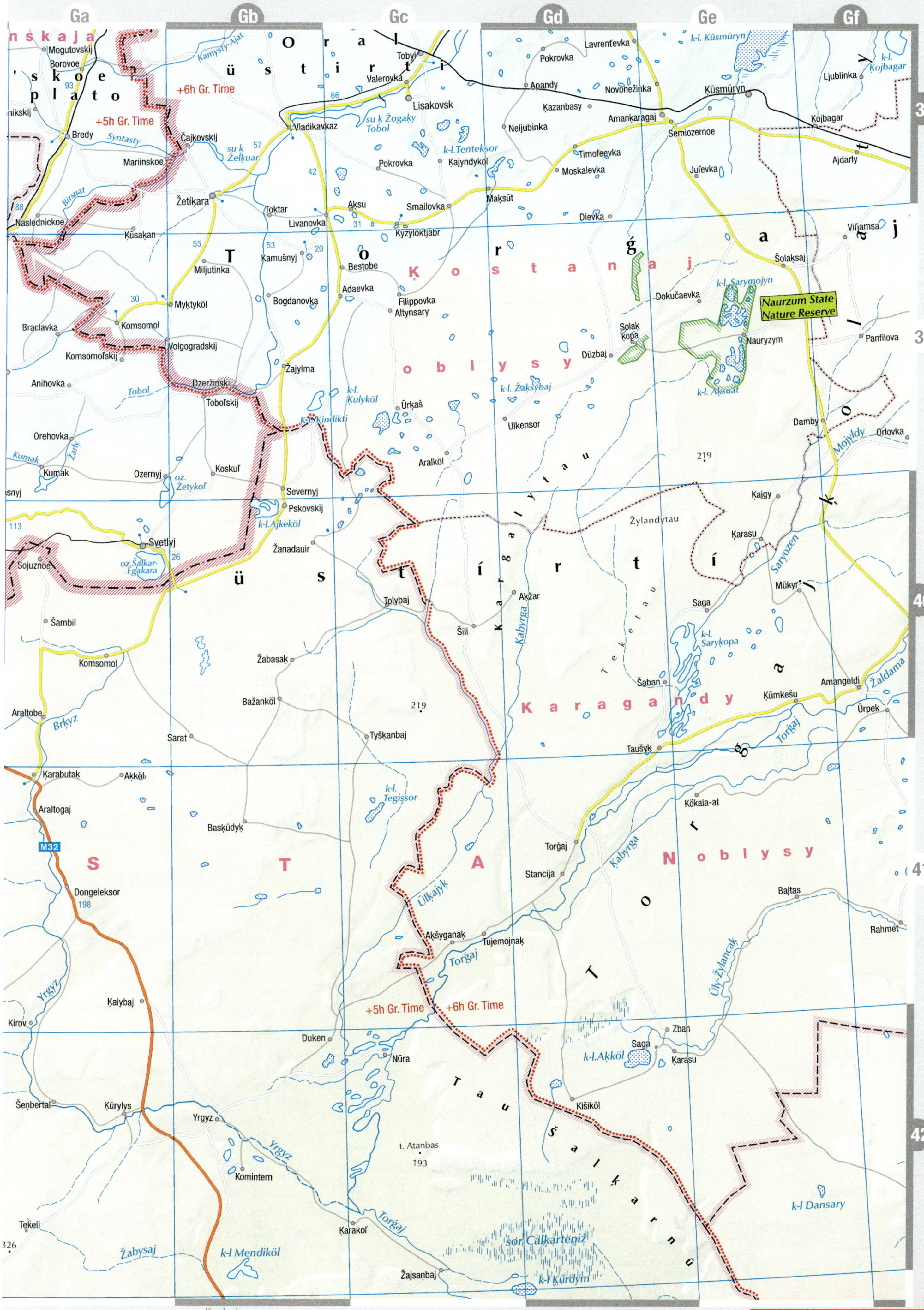

Ga
Gb
Gc
Gd
Ge
Gf
38
39
40
41
42
Mogutovskij
Borovoe
+5h Gr. Time
+6h Gr. Time
Bredy
Syntasty
Čajkovskij
Mariinskoe
Žetikara
Naslednickoe
Kusakan
Miljutinka
Myktykol
Braclavka
Komsomol
Komsomolskij
Volgogradskij
Anihovka
Tobol
Dzeržinskij
Tobolskij
Orehovka
Kumak
Ozernyj
Koskul
oz. Žetykol
Svetlyj
Sojuznoe
oz. Šalkar-Egakara
Šambil
Komsomol
Araltobe
Brkyz
Sarat
Karabutak
Akkol
Araltogaj
M32
Dongeleksor
Kalybaj
Kirov
Šenbertal
Kurlys
Yrgyz
Komintern
Tekeli
Žabysaj
k-l Mendikol
Vladikavkaz
Lisakovsk
Valerovka
Tobyl
su k Žogaky Tobol
su k Želkuar
Toktar
Livanovka
Aksu
Kamušnyj
Bestobe
Bogdanovka
Adaevka
Filippovka
Altynsary
Žajylma
k-l. Kulykol
k-l. Kindikti
Severnyj
Pskovskij
k-l. Ajkekol
Žanadauir
Pokrovka
Smailovka
Kyzyloktjabr
Urkaš
Aralkol
Tolybaj
Šili
Žabasak
Bažankol
Tyškanbaj
219
k-l. Tegissor
Baskudyk
Ulkajyk
Akšyganak
Tujemojnak
Torgaj
Duken
Nura
t. Atanbas
193
Karakol
Žajsanbaj
sor Čalkarteniz
k-l Kurdym
Lavrenťevka
Pokrovka
Apandy
Kazanbasy
Neljubinka
k-l. Tenteksor
Kajyndykol
Makšut
Timofeevka
Moskalevka
Dievka
Novonežinka
Amankaragaj
Semiozernoe
Kusmuryn
k-l. Kusmuryn
Jufevka
Ljublinka
k-l. Kojbagar
Kojbagar
Ajdarly
Viljamsa
Šolaksaj
k-l. Sarymojyn
Dokučaevka
Naurzum State Nature Reserve
Naurzym
Solak kopa
Duzbaj
Panfilova
k-l. Žaksybaj
Ulkensor
k-l. Aksuat
Damby
Orlovka
Mojyldy
Kajgy
Žylandytau
Karasu
Saryozen
Mukyr
Akžar
Saga
Kabyrga
k-l. Sarykopa
Teketau
Šaban
Amangeldi
Žaldama
Kumkešu
Urpek
Taušyk
Torgaj
Kokala-at
Torgaj
Stancija
Kabyrga
Bajtas
Rahmet
Uly-Žylančyk
Zhan
Saga
k-l. Akkol
Karasu
Kišikol
k-l Dansary
Oral üstirti
Tirgaj
Kostanaj oblysy
Karagalytau
Üstirt
Karagandy
Torgaj oblysy
Tauškarnü
Kyzylorda

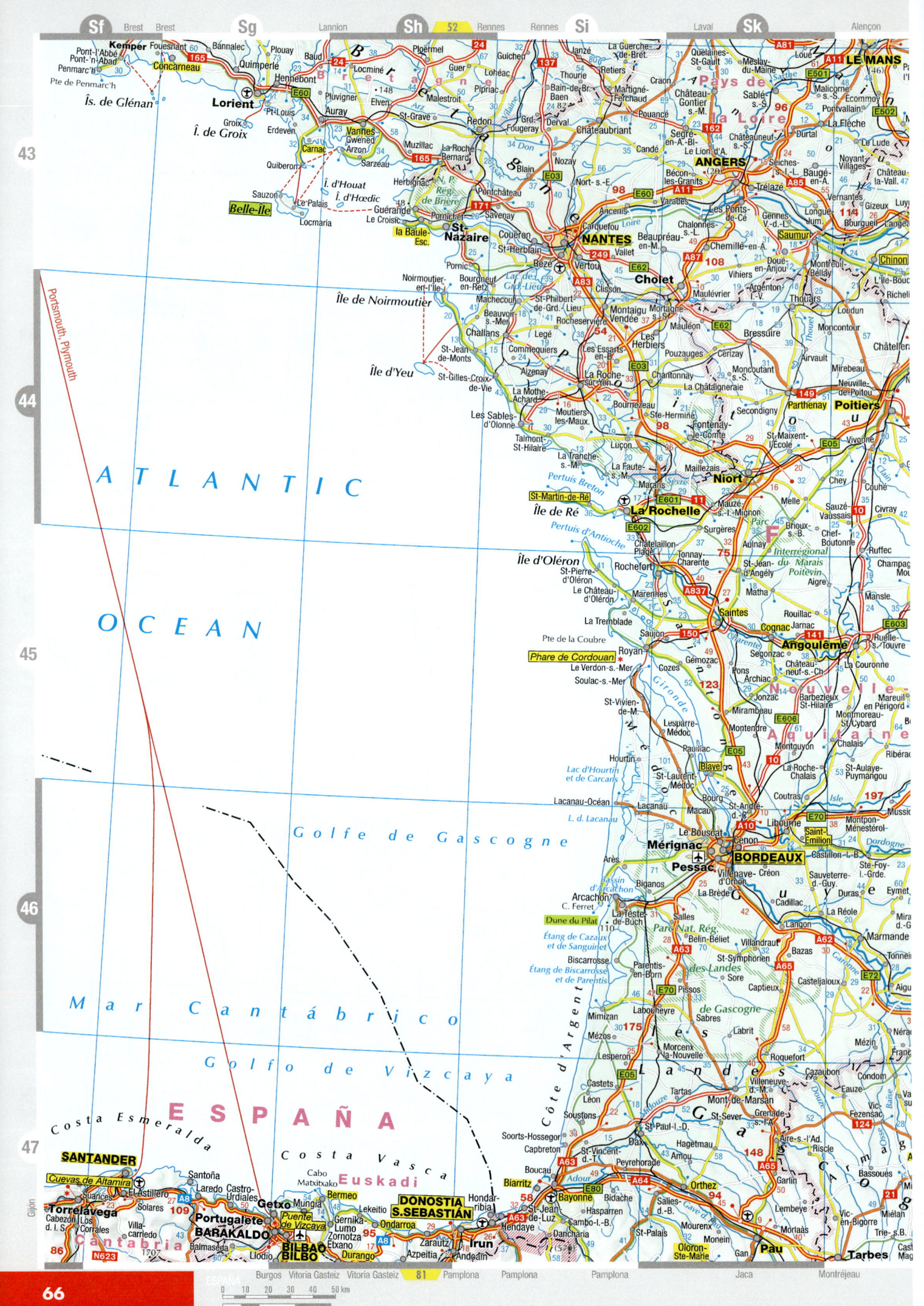
ATLANTIC OCEAN
Golfe de Gascogne
Mar Cantábrico
Golfo de Vizcaya
ESPAÑA
Costa Esmeralda
Costa Vasca
Euskadi
Cantabria
Bretagne
Pays de la Loire
Nouvelle-Aquitaine
Landes
Médoc
Côte d'Argent
Portsmouth, Plymouth
Kemper
Fouesnant
Concarneau
Pont-l'Abbé
Pont-'n-Abad
Penmarc'h
Pte de Penmarc'h
Îs. de Glénan
Quimperlé
Plouay
Lorient
Hennebont
Groix
Î. de Groix
Erdeven
Pt-Louis
Auray
Carnac
Quiberon
Vannes
Gwened
Arzon
Sarzeau
Sauzon
Le Palais
Belle-Île
Locmaria
Î. d'Houat
Î. d'Hœdic
Muzillac
Ploërmel
Locminé
Pluvigner
Elven
Malestroit
St-Gravé
Redon
Guer
Lohéac
Pipriac
Guichen
Janzé
La Guerche-de-Bret.
Retiers
Martigné-Ferchaud
Bain-de-Br.
Baen
Thourie
Derval
Grd.-Fougeray
Châteaubriant
Pouancé
Craon
Château-Gontier
Quelaines-St-Gault
Meslay-du-Maine
Sablé-s.-S.
Segré-en-A.-Bl-
Le Lion-d'A.
Châteauneuf-s.-S.
Durtal
La Flèche
Le Lude
Loué
LE MANS
Malicorne-s.-S.
Ecommoy
Pontvallain
Noyant-Villages
Château-la-Vall.
Candé
Nozay
Blain
Nort-s.-E.
Pontchâteau
Herbignac
Rég. de Brière
Guérande
Le Croisic
la Baule-Esc.
Pornichet
Savenay
St-Nazaire
Couëron
St-Herblain
NANTES
Carquefou
Ancenis
Varades
Bécon-les-Granits
ANGERS
Trélazé
Les Ponts-de-Cé
Chalonnes-s.-L.
Beaupréau-en-M.
Chemillé-en-A.
Vallet
Rezé
Vertou
Pornic
Noirmoutier-en-l'Île
Île de Noirmoutier
Bourgneuf-en-Retz
Lac de Grd-Lieu
Machecoul
St-Philbert-de-Grd.-Lieu
Beauvoir-s.-Mer
Challans
Legé
Rocheservière
Montaigu Vendée
Mortagne-s.-S.
Cholet
Clisson
Maulévrier
Vihiers
Doué-en-Anjou
Argenton-l.-V.
Thouars
Mauléon
Bressuire
Les Herbiers
Les Essarts-en-B.
Pouzauges
Cerizay
Moncoutant s.-S.
Chantonnay
La Châtaigneraie
Secondigny
Parthenay
St-Jean-de-Monts
Île d'Yeu
St-Gilles-Croix-de-Vie
Commequiers
Aizenay
La Roche-sur-Yon
La Mothe-Achard
Moutiers-les-Maux.
Les Sables-d'Olonne
Talmont-St-Hilaire
Bournezeau
Ste-Hermine
Fontenay-le-Comte
Luçon
La Tranche-s.-M.
La Faute-s.-M.
Marans
Maillezais
Niort
St-Maixent-l'École
Saumur
Montreuil-Bellay
Gennes-V.-d.-L.
Longué-Jum.
Bourgueil
Baugé-en-A.
Seiches-s.-l.-L.
Vernantes
Gizeux
Loudun
Moncontour
Mirebeau
Neuville-de-Poitou
Poitiers
Vivonne
Chinon
L'Île-Bouchard
Airvault
Pertuis Breton
St-Martin-de-Ré
Île de Ré
La Rochelle
Pertuis d'Antioche
Surgères
Mauzé-s.-l.-Mignon
Aulnay
Brioux-s.-B.
Chef-Boutonne
Melle
Sauzé-Vaussais
Chey
Couhé
Civray
Ruffec
Parc Interrégional du Marais Poitevin
Châtelaillon-Plage
Tonnay-Charente
Île d'Oléron
St-Pierre-d'Oléron
Le Château-d'Oléron
Rochefort
St-Jean-d'Angély
Matha
Aigre
Marennes
La Tremblade
Pte de la Coubre
Phare de Cordouan
Royan
Saujon
Saintes
Cognac
Jarnac
Rouillac
Mansle
Angoulême
Ruelle-s.-Touvre
La Couronne
Châteauneuf-s.-Ch.
Segonzac
Archiac
Barbezieux-St-Hilaire
Pons
Gémozac
Cozes
Jonzac
Le Verdon-s.-Mer
Soulac-s.-Mer
St-Vivien-de-M.
Gironde
Lesparre-Médoc
Mirambeau
Montendre
Montguyon
Chalais
La Roche-Chalais
Montmoreau-St-Cybard
Mareuil en Périgord
St-Aulaye-Puymangou
Ribérac
Hourtin
Lac d'Hourtin et de Carcans
Pauillac
Blaye
St-Laurent-Médoc
Lacanau-Océan
Lacanau
L. d. Lacanau
Bourg
St-André-d.-C.
Coutras
Libourne
Saint-Emilion
Montpon-Ménestérol
Dordogne
Macau
Le Bouscat
Cenon
Mérignac
BORDEAUX
Pessac
Castillon-l.-B.
Ste-Foy-l.-Grde.
Villenave-d'Ornon
Créon
Sauveterre-d.-Guy.
Duras
Eymet
Arès
Bassin d'Arcachon
Biganos
Arcachon
C. Ferret
La Teste-de-Buch
Dune du Pilat
La Brède
Cadillac
La Réole
Langon
Marmande
Salles
Parc Nat. Rég. des Landes de Gascogne
Belin-Béliet
Villandraut
Bazas
St-Symphorien
Sore
Étang de Cazaux et de Sanguinet
Biscarrosse
Étang de Biscarrosse et de Parentis
Parentis-en-Born
Pissos
Captieux
Casteljaloux
Tonneins
Aiguillon
Labouheyre
Sabres
Mimizan
Mézos
Labrit
Roquefort
Lesperon
Morcenx-la-Nouvelle
Castets
Léon
Tartas
Mont-de-Marsan
Villeneuve-de-M.
Cazaubon
Condom
Eauze
Vic-Fezensac
Soustons
St-Paul-l.-D.
St-Sever
Grenade-s.-l'A.
Aire-s.-l'Ad.
Riscle
Soorts-Hossegor
Capbreton
Dax
Hagetmau
Amou
St-Vincent-d.-T.
Peyrehorade
Bassoues
Boucau
Biarritz
Bayonne
Adour
Orthez
Garlin
Bidache
Hasparren
Salies-d.-B.
Lembeye
Vic-en-Bigorre
Miélan
Trie-s.-B.
St-Jean-de-Luz
Hendaye
Cambo-l.-B.
Dancharia
St-Palais
Mourenx
Monein
Oloron-Ste-Marie
Gan
Pau
Tarbes
Irun
Hondarribia
DONOSTIA S.SEBASTIÁN
Zarautz
Andoain
Azpeitia
Zumaia
Ondarroa
Lekeitio
Gernika-Lumo
Zornotza
Etxano
Durango
Bermeo
Mungia
Cabo Matxitxako
Getxo
Puente de Vizcaya
Portugalete
BARAKALDO
BILBAO BILBO
Llodio
Balmaseda
Castro-Urdiales
Laredo
Santoña
SANTANDER
El Astillero
Cuevas de Altamira
Suances
Torrelavega
Solares
Cabezón d. l. S.
Los Corrales
Villacarriedo
Gijón

0 10 20 30 40 50 km
0 10 20 30 miles

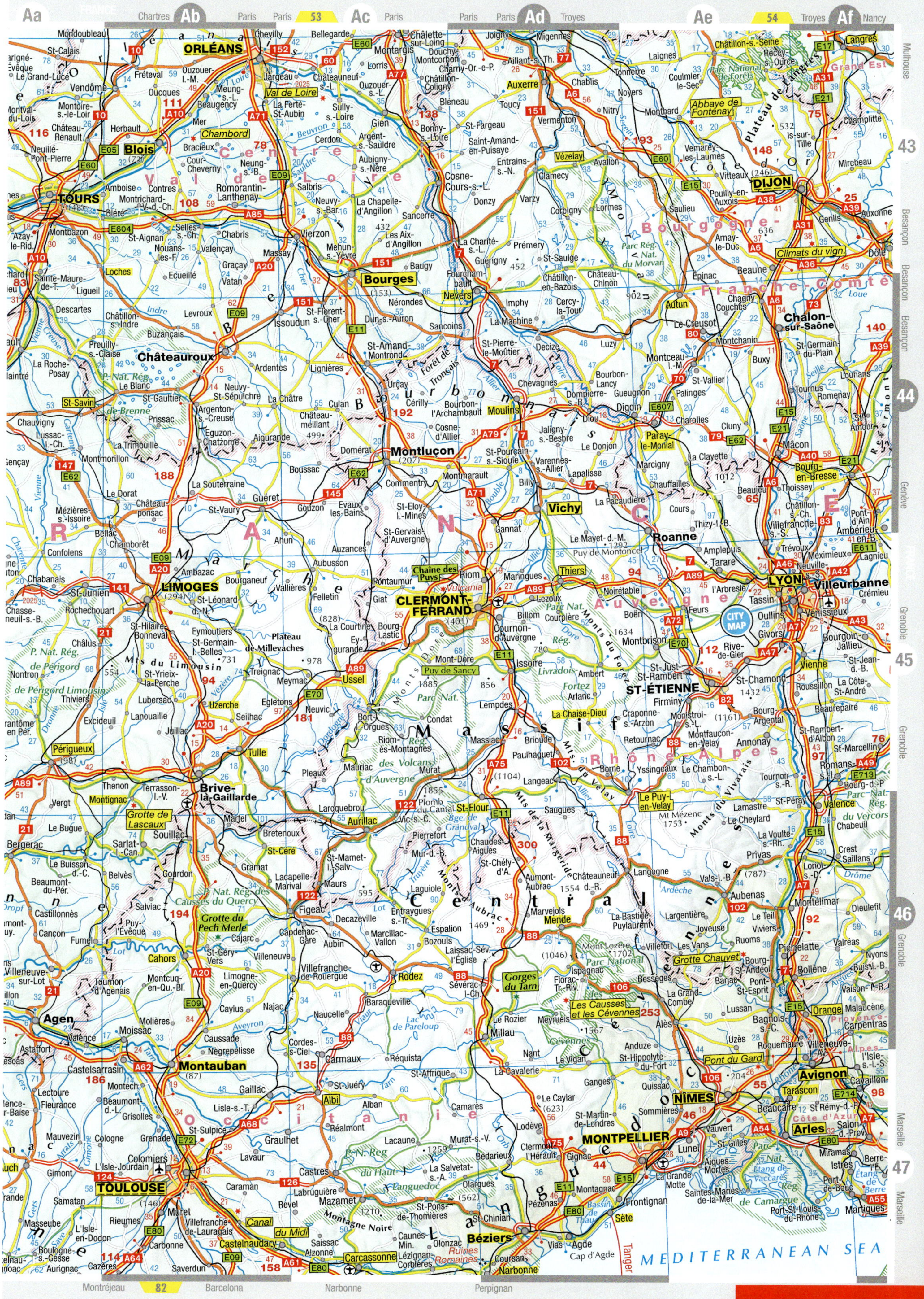
Aa
Chartres
Ab
Paris
Paris 53
Ac
Paris
Paris
Paris
Ad
Troyes
Ae
54
Troyes
Af
Nancy
Mulhouse
43
Besançon
Besançon
Besançon
44
Genève
Grenoble
45
Grenoble
46
Grenoble
Marseille
47
Marseille
Montréjeau
82
Barcelona
Narbonne
Perpignan
ORLÉANS
Blois
TOURS
Chambord
Val de Loire
Vendôme
Château-Renault
Amboise
Romorantin-Lanthenay
Vierzon
Bourges
Nevers
Auxerre
Montargis
Gien
Cosne-Cours-s.-L.
Clamecy
Avallon
Vézelay
Abbaye de Fontenay
Langres
Châtillon-s.-Seine
Plateau de Langres
DIJON
Beaune
Autun
Chalon-sur-Saône
Climats du vign.
Bourgogne-Franche-Comté
Châteauroux
Issoudun
Loches
Le Blanc
St-Savin
Montluçon
Moulins
Vichy
Mâcon
Bourg-en-Bresse
Roanne
LYON
Villeurbanne
CITY MAP
ST-ÉTIENNE
CLERMONT-FERRAND
Chaîne des Puys
Vulcania
Puy de Sancy
Thiers
Le Puy-en-Velay
LIMOGES
Guéret
Tulle
Ussel
Uzerche
Périgueux
Brive-la-Gaillarde
Grotte de Lascaux
Aurillac
St-Flour
Mende
Gorges du Tarn
Rodez
Millau
Les Causses et les Cévennes
Cahors
Grotte du Pech Merle
Montauban
Agen
Albi
TOULOUSE
Castelnaudary
Canal du Midi
Carcassonne
Béziers
MONTPELLIER
NÎMES
Pont du Gard
Avignon
Orange
Arles
Valence
Grotte Chauvet
Sète
MEDITERRANEAN SEA
Massif Central
Auvergne-Rhône-Alpes
Occitanie
Languedoc
Centre-Val de Loire
Nouvelle-Aquitaine
Cévennes
Tarascon
Narbonne

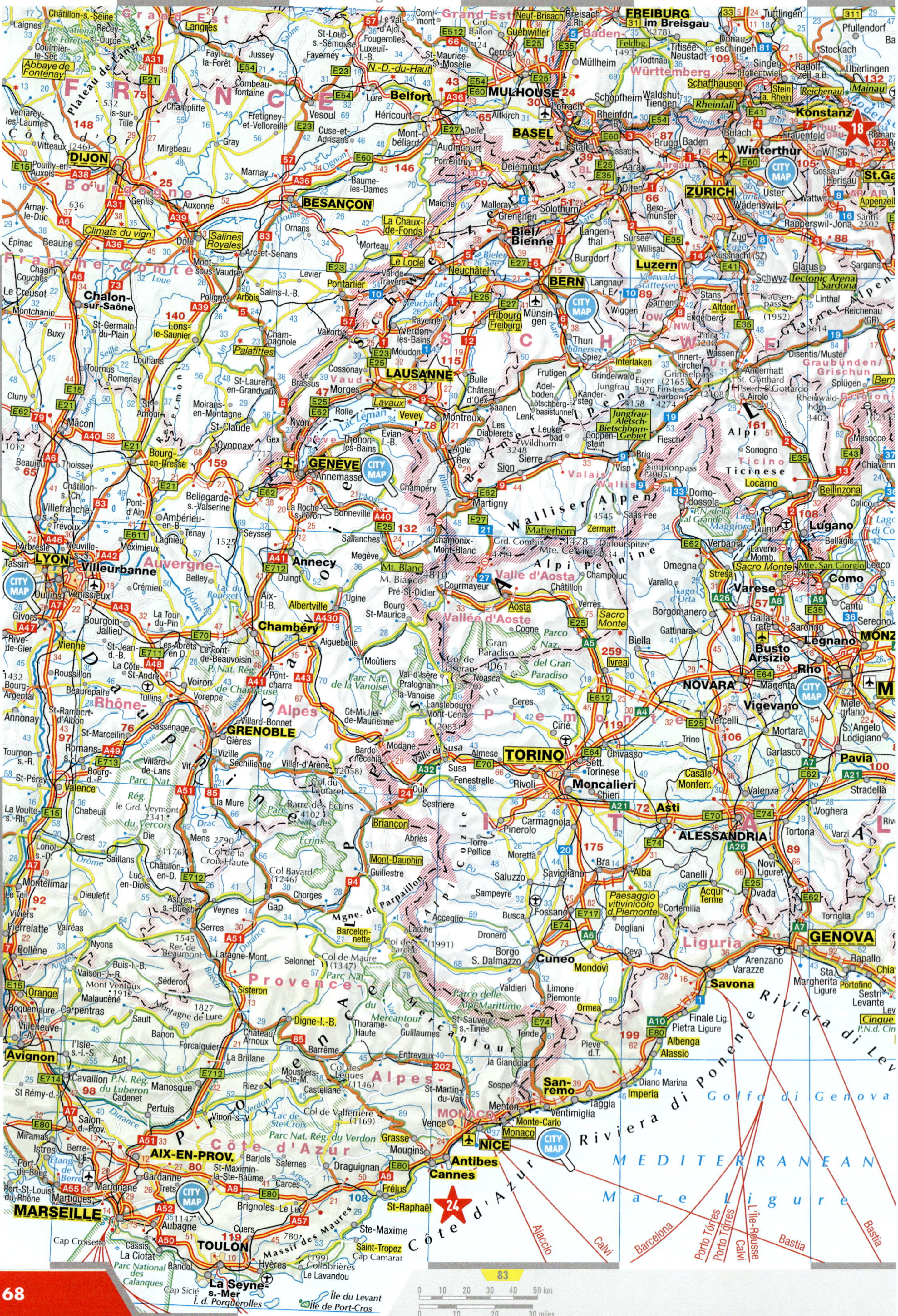
43
44
45
46
47
Auxerre
Autun
Moulins
Roanne
St-Étienne
Aubenas
Nîmes
FREIBURG im Breisgau
MULHOUSE
BASEL
Belfort
Konstanz
Winterthur
ZÜRICH
Luzern
BERN
Biel/Bienne
DIJON
BESANÇON
LAUSANNE
GENÈVE
Annecy
Chambéry
GRENOBLE
LYON
Villeurbanne
TORINO
Moncalieri
Asti
ALESSANDRIA
GENOVA
Savona
Novara
Vigevano
Lugano
Como
Varese
Busto Arsizio
Legnano
Cuneo
Sanremo
MONACO
NICE
Antibes
Cannes
AIX-EN-PROV.
MARSEILLE
TOULON
Avignon
Valence
F R A N C E
S C H W E I Z
I T A L I A
Alpi Pennine
Walliser Alpen
Berner Alpen
Côte d'Azur
Riviera di Ponente
Riviera di Levante
Golfo di Genova
MEDITERRANEAN
Mare Ligure
Ajaccio
Calvi
Barcelona
Porto Torres
L'Île-Rousse
Bastia
CITY MAP
0 10 20 30 40 50 km
0 10 20 30 miles

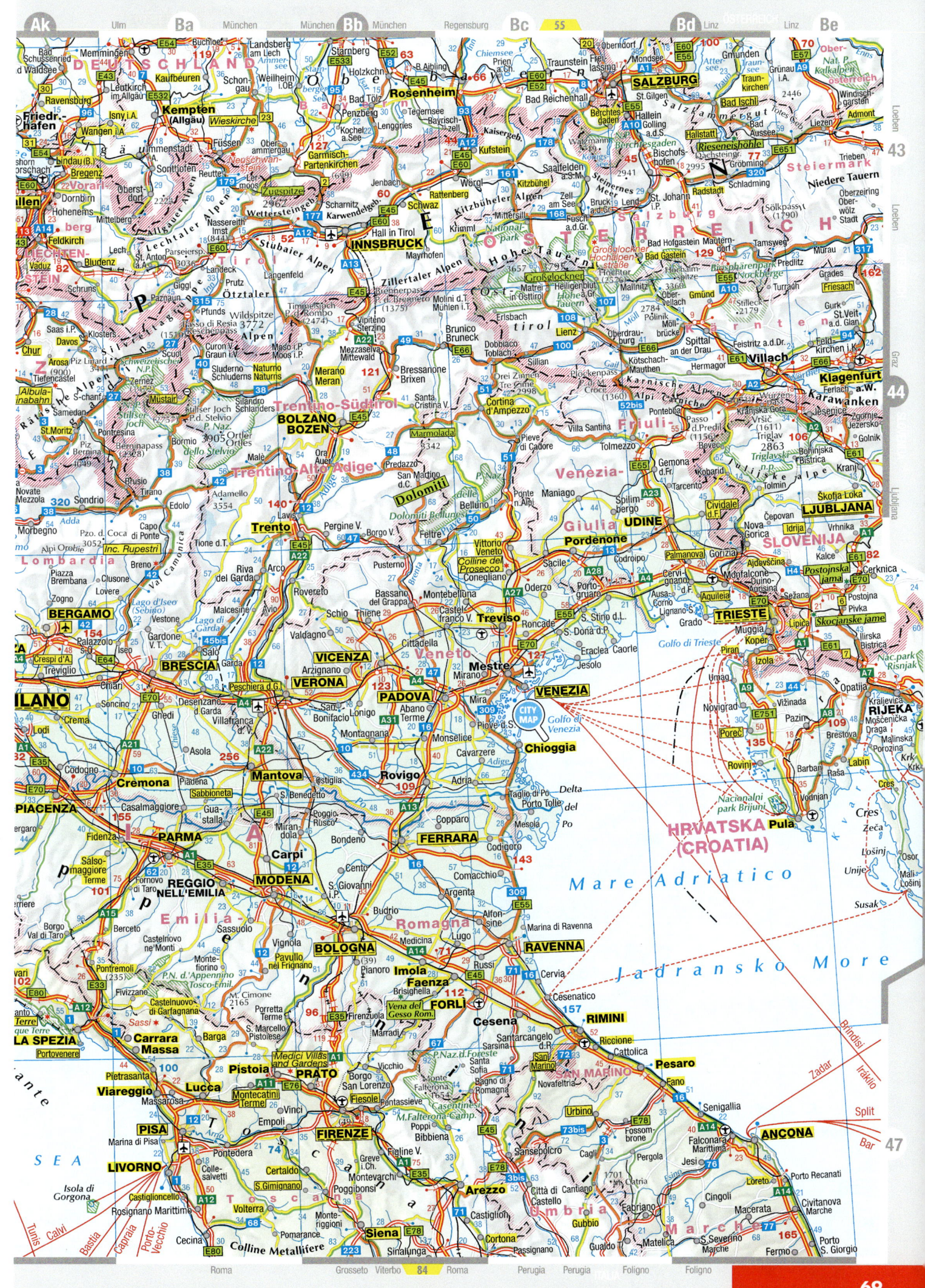
DEUTSCHLAND
Kempten (Allgäu)
Rosenheim
SALZBURG
INNSBRUCK
Garmisch-Partenkirchen
Steiermark
Niedere Tauern
ÖSTERREICH
Großglockner
Kärnten
Villach
Klagenfurt
Karawanken
LIECHTENSTEIN
Vaduz
Feldkirch
Davos
Chur
St.Moritz
Trentino-Südtirol
BOLZANO BOZEN
Merano Meran
Bressanone Brixen
Dolomiti
Cortina d'Ampezzo
Trentino-Alto Adige
Trento
Friuli-Venezia-Giulia
UDINE
Pordenone
SLOVENIJA
LJUBLJANA
TRIESTE
Lombardia
BERGAMO
BRESCIA
MILANO
VERONA
VICENZA
PADOVA
Treviso
Veneto
VENEZIA
Mestre
Chioggia
Mantova
Cremona
PIACENZA
PARMA
REGGIO NELL'EMILIA
MODENA
Carpi
Rovigo
FERRARA
BOLOGNA
Emilia-Romagna
RAVENNA
Imola
Faenza
FORLÌ
Cesena
RIMINI
SAN MARINO
Pesaro
ANCONA
Urbino
Golfo di Trieste
Golfo di Venezia
Mare Adriatico
Jadransko More
HRVATSKA (CROATIA)
Pula
RIJEKA
Opatija
Rovinj
Poreč
LA SPEZIA
Carrara
Massa
Lucca
Viareggio
Pistoia
PRATO
PISA
LIVORNO
FIRENZE
Toscana
Arezzo
Siena
Umbria
Marche
Colline Metallifere
Isola di Gorgona
SEA
CITY MAP

43 Leoben
44 Graz Ljubljana
47

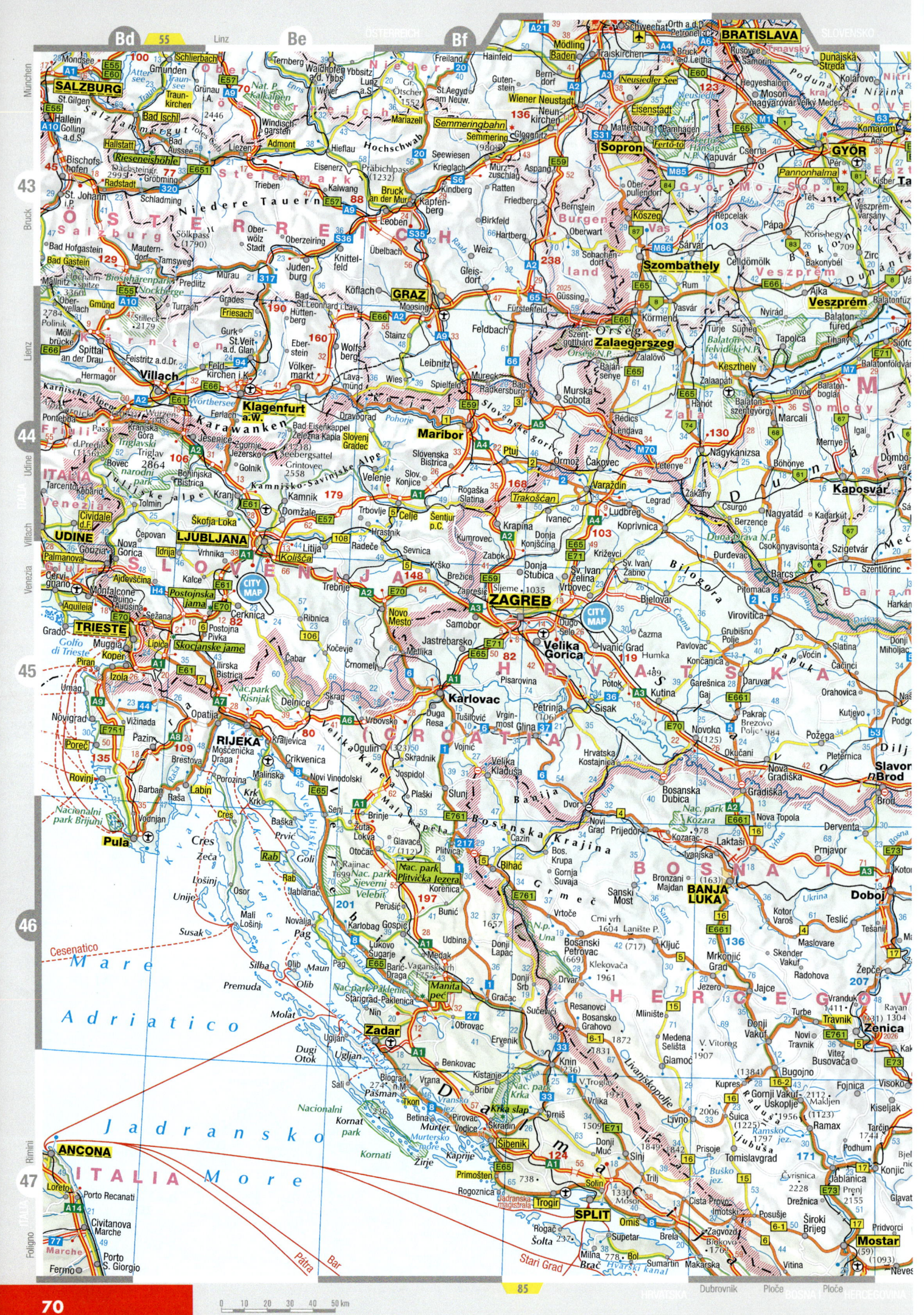
SALZBURG
Hallein
Bischofshofen
St. Johann i.P.
Bad Gastein
Spittal an der Drau
Villach
Klagenfurt a.W.
ÖSTERREICH
Leoben
GRAZ
Bruck an der Mur
Wiener Neustadt
BRATISLAVA
Sopron
GYŐR
Szombathely
Zalaegerszeg
Veszprém
Keszthely
Maribor
Ptuj
Celje
LJUBLJANA
Kranj
UDINE
Trieste
Koper
Piran
Izola
SLOVENIJA
ZAGREB
Velika Gorica
Karlovac
Varaždin
Nagykanizsa
Kaposvár
Sisak
Bjelovar
HRVATSKA (CROATIA)
RIJEKA
Opatija
Pula
Rovinj
Poreč
Zadar
Šibenik
Trogir
SPLIT
Omiš
Makarska
BOSNA I HERCEGOVINA
BANJA LUKA
Doboj
Zenica
Mostar
Bihać
Slavonski Brod
Mare Adriatico
Jadransko More
ANCONA
ITALIA
Porto Recanati
Civitanova Marche
Porto S. Giorgio
Fermo

0 10 20 30 40 50 km
0 10 20 30 miles

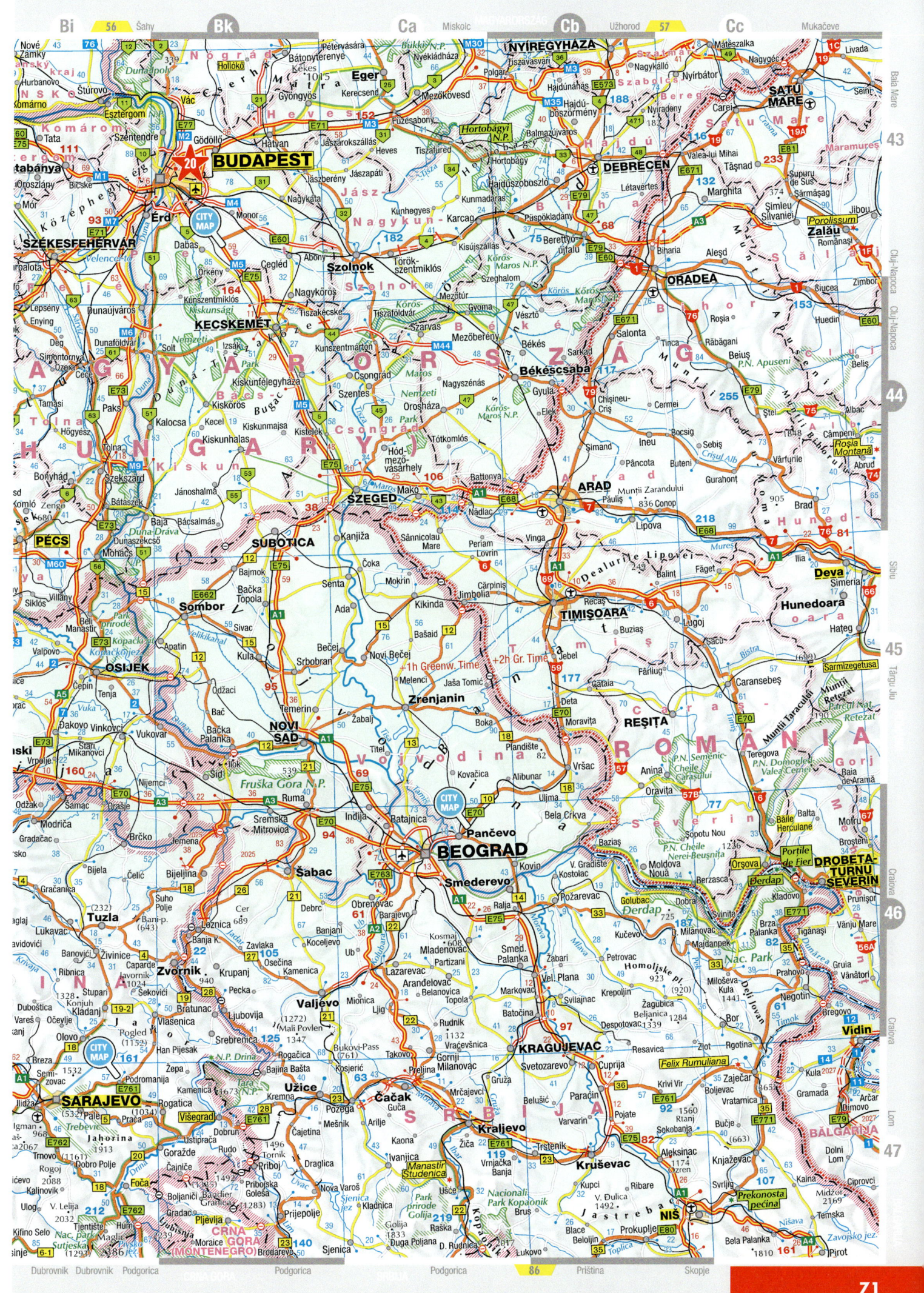
BUDAPEST
MAGYARORSZÁG
HUNGARY
ROMÂNIA
SRBIJA
Vojvodina
BEOGRAD
NOVI SAD
SZEGED
DEBRECEN
NYÍREGYHÁZA
KECSKEMÉT
SZÉKESFEHÉRVÁR
Szolnok
Békéscsaba
ORADEA
ARAD
TIMIŞOARA
REŞIŢA
SATU MARE
Zalău
Deva
Hunedoara
SUBOTICA
Sombor
OSIJEK
PÉCS
Zrenjanin
Pančevo
Smederevo
Šabac
Valjevo
KRAGUJEVAC
Kraljevo
Kruševac
Čačak
Užice
NIŠ
Tuzla
Zvornik
SARAJEVO
CRNA GORA (MONTENEGRO)
DROBETA-TURNU SEVERIN
Vidin
BĂLGARIA
Eger
Hatvan
Gödöllő
Cegléd
Kiskunfélegyháza
Hódmezővásárhely
Szentes
Baja
Mohács
Vinkovci
Vukovar
Vršac
Lugoj
Caransebeş
Ruma
Sremska Mitrovica
Bijeljina
Brčko
Jagodina
Požarevac
Negotin
Zaječar
Pirot
Tata
Esztergom
Érd
Dunaújváros
Kalocsa
Kiskunhalas
Makó
Kikinda
Senta
Bečej
Kula
Apatin
Đakovo
Gyula
Orosháza
Karcag
Hajdúszoboszló
Gyöngyös
Jászberény
Mezőkövesd
Carei
Marghita
Beiuş
Ineu
Lipova
Făget
Balint
Buziaş
Jimbolia
Kovin
Moldova Nouă
Orşova
Kladovo
Bor
Ćuprija
Paraćin
Aleksinac
Prokuplje
Vrnjačka Banja
Ivanjica
Loznica
Gornji Milanovac
+1h Greenw. Time
+2h Gr. Time
Hortobágyi N.P.
Kőrös-Maros N.P.
Fruška Gora N.P.
Nac. Park Đerdap
Nacionalni Park Kopaonik
P.N. Apuseni
Munţii Apuseni
Munţii Zarandului
Munţii Retezat
Munţii Ţarcului
Homoljske pl.
Jastrebac
Felix Rumuliana
Manastir Studenica
Prekonosta pećina
Roşia Montană
Porolissum
Sarmizegetusa
Băile Herculane
Portile de Fier
Zemplén
Jahorina

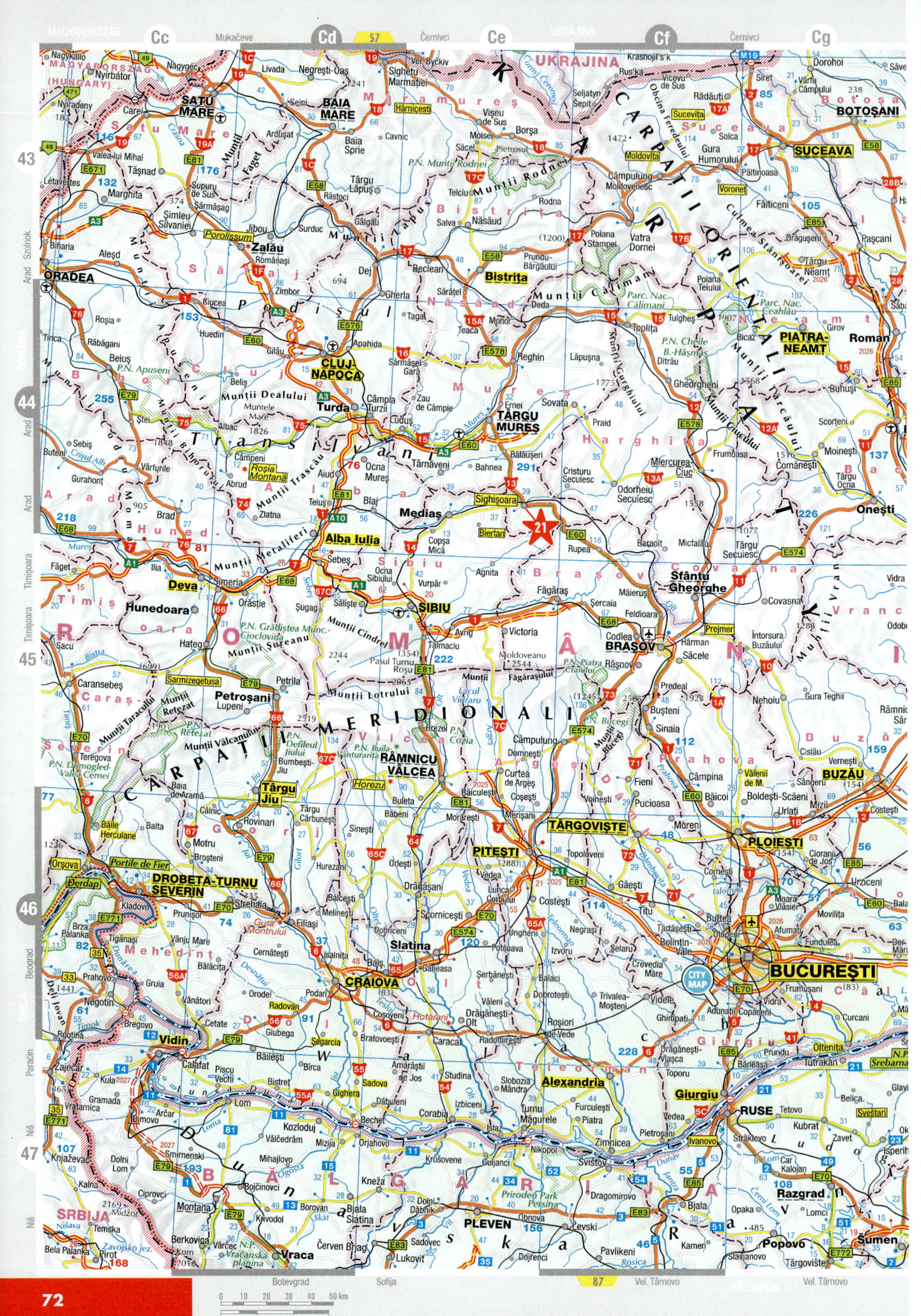
MAGYARORSZÁG
Cc
Mukačeve
Cd
57
Černivci
Ce
UKRAJINA
Cf
Cg
43
44
45
46
47
UKRAJINA
MAGYARORSZÁG (HUNGARY)
Satu Mare
SATU MARE
BAIA MARE
Maramureş
Sighetu Marmaţiei
Botoşani
BOTOŞANI
Suceava
SUCEAVA
Câmpulung Moldovenesc
Bistriţa
Bistriţa-Năsăud
Zalău
Sălaj
ORADEA
Bihor
CLUJ-NAPOCA
Cluj
Turda
Dej
Gherla
Reghin
TÂRGU MUREŞ
Mureş
Harghita
PIATRA-NEAMŢ
Neamţ
Roman
Bacău
Oneşti
Miercurea-Ciuc
Odorheiu Secuiesc
Sighişoara
Mediaş
Alba Iulia
Alba
Arad
Hunedoara
Deva
Timiş
SIBIU
Sibiu
Făgăraş
Braşov
BRAŞOV
Sfântu Gheorghe
Covasna
Vrancea
Buzău
BUZĂU
Caraş-Severin
Petroşani
Târgu Jiu
Gorj
RÂMNICU VÂLCEA
Vâlcea
PITEŞTI
Argeş
TÂRGOVIŞTE
Dâmboviţa
PLOIEŞTI
Prahova
BUCUREŞTI
DROBETA-TURNU SEVERIN
Mehedinţi
CRAIOVA
Dolj
Slatina
Olt
Teleorman
Alexandria
Giurgiu
Călăraşi
Vidin
Calafat
Pleven
PLEVEN
Ruse
RUSE
Razgrad
Šumen
Vraca
BĂLGARIJA
SRBIJA
CARPAŢII ORIENTALI
CARPAŢII MERIDIONALI
Transilvania
Podişul Transilvaniei
ROMÂNIA
Dunărea
CITY MAP
Botevgrad
Sofija
87
Vel. Tărnovo
0 10 20 30 40 50 km
0 10 20 30 miles

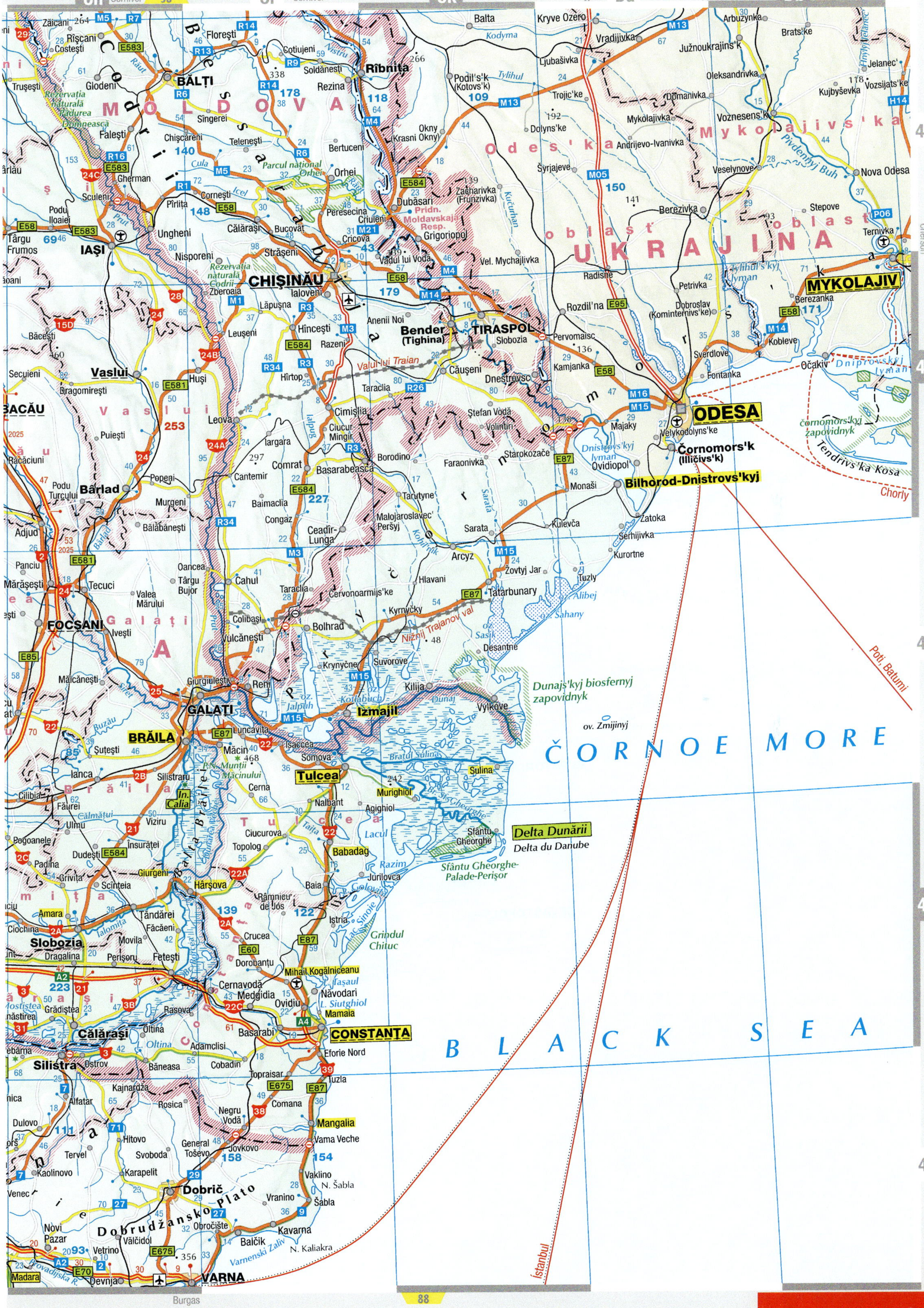
MOLDOVA
Codrii
Bessarabia
BĂLȚI
Rîbnița
Florești
Soldănești
Rezina
Fălești
Sîngerei
Telenești
Orhei
Dubăsari
Pridn. Moldavskaja Resp.
Grigoriopol
IAȘI
Ungheni
Nisporeni
Strășeni
CHIȘINĂU
Ialoveni
Hîncești
Anenii Noi
Bender (Tighina)
TIRASPOL
Slobozia
Căușeni
Valul lui Traian
Leova
Cimișlia
Comrat
Basarabeasca
Cantemir
Ceadir-Lunga
Cahul
Taraclia
Vulcănești
Giurgiulești
Vaslui
Huși
Bîrlad
Tecuci
FOCȘANI
Galați
GALAȚI
BRĂILA
Reni
Izmajil
Kilija
Vylkove
Bolhrad
Tatarbunary
Arcyz
Sarata
Balta
Kryve Ozero
Vradijivka
Podil's'k (Kotovs'k)
Odes'ka oblast'
UKRAJINA
Mykolajivs'ka oblast'
MYKOLAJIV
Voznesens'k
Berezivka
Rozdil'na
ODESA
Čornomors'k (Illičivs'k)
Bilhorod-Dnistrovs'kyj
Ovidiopol
Očakiv
Tendrivs'ka Kosa
Dunajs'kyj biosfernyj zapovidnyk
ov. Zmijinyj
ČORNOE MORE
Tulcea
Sulina
Delta Dunării
Delta du Danube
Babadag
Măcin
Hârșova
Slobozia
Călărași
Silistra
Cernavodă
Medgidia
CONSTANȚA
Mamaia
Eforie Nord
Mangalia
Vama Veche
BLACK SEA
Dobrič
Dobrudžansko Plato
Balčik
Kavarna
VARNA
Devnja
Novi Pazar
Poti, Batumi
İstanbul

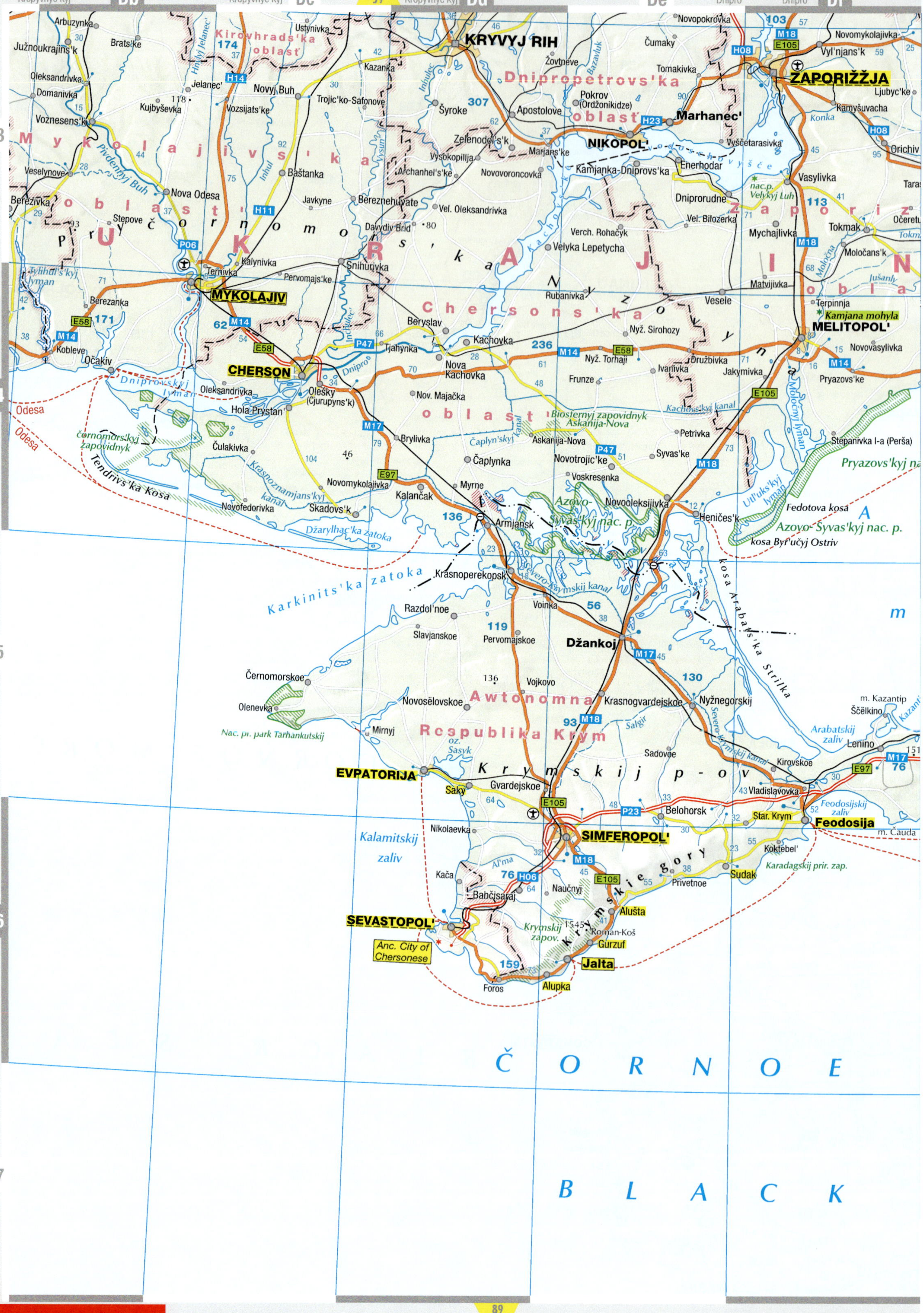
43
44
45
46
47
Odesa
KRYVYJ RIH
ZAPORIŽŽJA
MYKOLAJIV
CHERSON
NIKOPOL'
Marhanec'
MELITOPOL'
SIMFEROPOL'
SEVASTOPOL'
EVPATORIJA
Feodosija
Jalta
Alušta
Sudak
Džankoj
Krasnoperekopsk
Armjansk
Heničes'k
Nova Kachovka
Kachovka
Beryslav
Oleškу (Cjurupyns'k)
Hola Prystan
Očakiv
Nova Odesa
Voznesens'k
Bašanka
Snihurivka
Novyj Buh
Apostolove
Šyroke
Zelenodol's'k
Enerhodar
Kamjanka-Dniprovs'ka
Vasylivka
Tokmak
Dniprorudne
Velyka Lepetycha
Kalančak
Skadovs'k
Čaplynka
Askanija-Nova
Novotrojic'ke
Vesele
Jakymivka
Pryazovs'ke
Kirovskoe
Lenino
Belohorsk
Bachčysaraj
Gurzuf
Alupka
Foros
Saky
Černomorskoe
Razdol'noe
Pervomajskoe
Krasnogvardejskoe
Nyžnegorskij
Mykolajivs'ka oblast'
Kirovhrads'ka oblast'
Dnipropetrovs'ka oblast'
Chersons'ka oblast'
Zaporiz'ka oblast'
Avtonomna Respublika Krym
Krymskij p-ov
Krymskie gory
Karkinits'ka zatoka
Kalamitskij zaliv
Dniprovs'kyj lyman
Tendrivs'ka Kosa
Džarylhac'ka zatoka
Kosa Arabats'ka Strilka
Azovo-Syvas'kyj nac. p.
Biosfernyj zapovidnyk Askanija-Nova
Kamjana mohyla
Anc. City of Chersonese
Čornomors'kyj zapovidnyk
Nac. pr. park Tarhankutskij
Karadagskij prir. zap.
Krymskij zapov.
Pryazovs'kyj nac. p.
Fedotova kosa
Utl'uks'kyj lyman
Moločnyj lyman
ČORNOE
BLACK

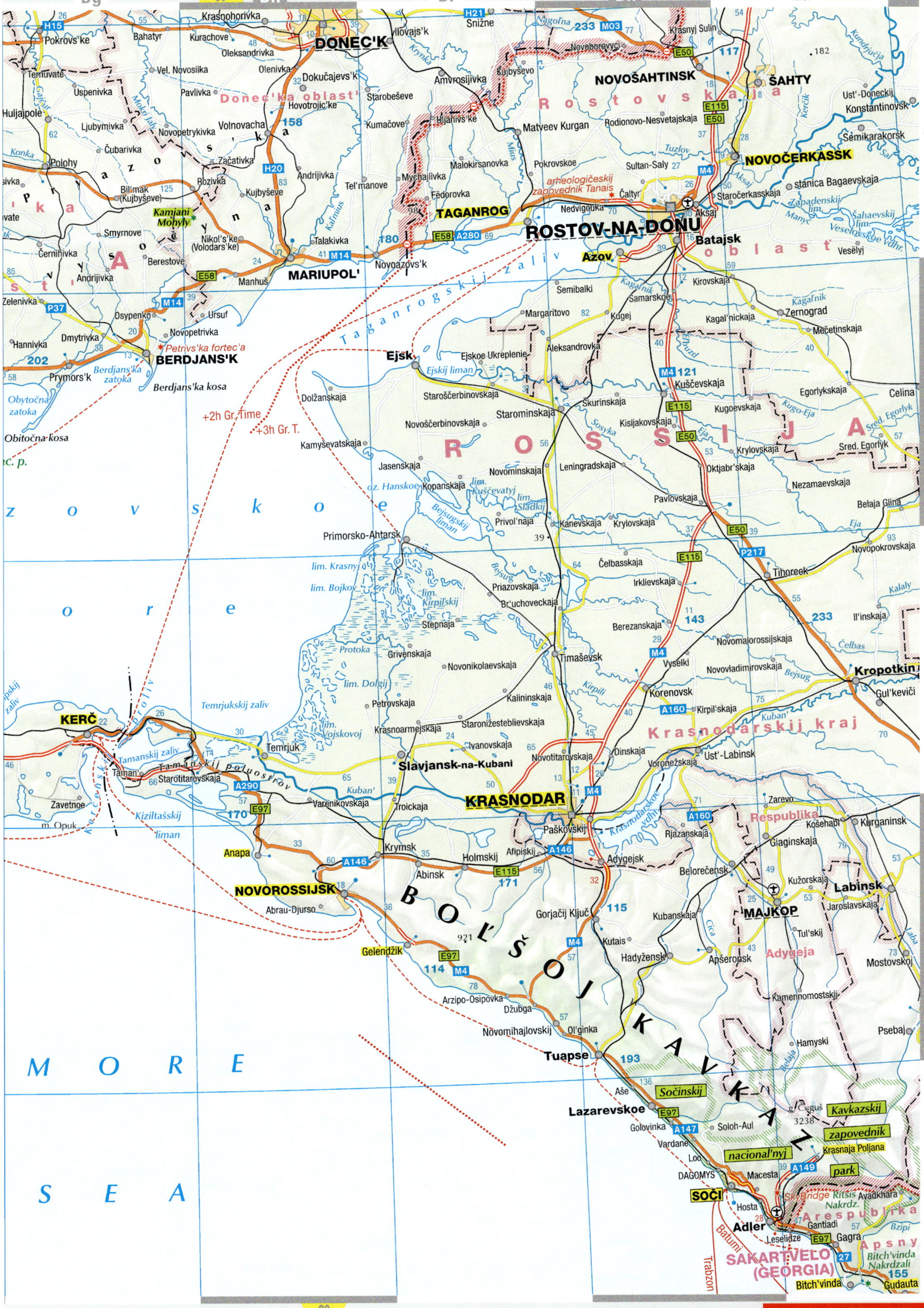

DONEC'K
Krasnohorivka
Kurachove
Oleksandrivka
Olenivka
Dokučajevs'k
Ilovajs'k
Snižne
Amvrosijivka
Kujbyševo
Novoborovyci
Krasnyj Sulin
NOVOŠAHTINSK
ŠAHTY
Ust'-Doneckij
Konstantinovsk
Semikarakorsk
NOVOČERKASSK
stanica Bagaevskaja
Staročerkasskaja
Aksaj
ROSTOV-NA-DONU
Batajsk
Azov
Nedvigovka
Čaltyr'
arheologičeskij zapovednik Tanais
Sultan-Saly
Rodionovo-Nesvetajskaja
Matveev Kurgan
Pokrovskoe
Malokirsanovka
Uljanivs'ke
Kumačove
Starobeševe
Hovotrojic'ke
Mychajlivka
Fedorovka
TAGANROG
Tel'manove
Novoazovs'k
Talakivka
MARIUPOL'
Manhuš
Nikol's'ke (Volodars'ke)
Kujbyševe
Rozivka
Začativka
Volnovacha
Andrijivka
Pavlivka
Vel. Novosilka
Bahatyr
Pokrovs'ke
Temruvate
Uspenivka
Huljajpole
Ljubymivka
Novopetrykivka
Čubarivka
Polohy
Bil'mak (Kujbyševe)
Kamjani Mohyly
Smyrnove
Černihivka
Berestove
Andrijivka
Zelenivka
Osypenko
Ursuf
Novopetrivka
Petrivs'ka fortec'a
Dmytrivka
Hannivka
BERDJANS'K
Prymors'k
Berdjans'ka zatoka
Berdjans'ka kosa
Obytočna zatoka
Obitočna kosa
Donec'ka oblast'
Rostovskaja oblast'
Taganrogskij zaliv
Ejsk
Ejskoe Ukreplenie
Ejskij liman
Dolžanskaja
Starošcerbinovskaja
Novoščerbinovskaja
Starominskaja
Kamyševatskaja
Jasenskaja
+2h Gr. Time
+3h Gr. T.
Semibalki
Margaritovo
Kugej
Samarskoe
Kirovskaja
Zernograd
Kagal'nickaja
Mečetinskaja
Aleksandrovka
Kuščevskaja
Skurinskaja
Kisljakovskaja
Egorlykskaja
Kugoevskaja
Celina
Sred. Egorlyk
Krylovskaja
Oktjabr'skaja
Leningradskaja
Novominskaja
Kopanskaja
Nezamaevskaja
Pavlovskaja
Belaja Glina
Kanevskaja
Krylovskaja
Privol'naja
Primorsko-Ahtarsk
Novopokrovskaja
Tihoreck
Čelbasskaja
Irklievskaja
Priazovskaja
Br'uchoveckaja
Stepnaja
Berezanskaja
Il'inskaja
Grivenskaja
Novonikolaevskaja
Timaševsk
Vyselki
Novomalorossijskaja
Novovladimirovskaja
Kropotkin
Gul'keviči
Korenovsk
Kirpil'skaja
Kalininskaja
Petrovskaja
Staronižesteblievskaja
Krasnoarmejskaja
Ivanovskaja
Novotitarovskaja
Dinskaja
Voronežskaja
Ust'-Labinsk
Krasnodarskij kraj
ROSSIJA
Azovskoe more
KERČ
Temrjukskij zaliv
Temrjuk
Slavjansk-na-Kubani
Taman'
Tamanskij zaliv
Tamanskij poluostrov
Starotitarovskaja
Zavetnoe
m. Opuk
Kiziltašskij liman
Varenikovskaja
Troickaja
KRASNODAR
Paškovskij
Anapa
Krymsk
Abinsk
Holmskij
Afipskij
Adygejsk
Rjazanskaja
Zarevo
Košehabl'
Kurganinsk
Giaginskaja
Belorečensk
Respublika Adygeja
Labinsk
Jaroslavskaja
Kuzorskaja
MAJKOP
Tul'skij
NOVOROSSIJSK
Abrau-Djurso
Gelendžik
Goračij Ključ
Kutais
Kubanskaja
Hadyženskj
Apšeronsk
Mostovskoj
Kamennomostskij
Psebaj
Hamyski
BOL'ŠOJ KAVKAZ
Arzipo-Osipovka
Džubga
Novomihajlovskij
Ol'ginka
Tuapse
Aše
Lazarevskoe
Golovinka
Soloh-Aul
Vardane
Loo
DAGOMYS
Macesta
SOČI
Hosta
Adler
Sočinskij nacional'nyj park
Kavkazskij zapovednik
Krasnaja Poljana
Čuguš
Leselidze
Gantiadi
Gagra
Ritsis Nakrdz.
Avadkhara
Abkhazeti Respublika
Apsny
Bitch'vinda Nakrdzali
Bitch'vinda
Gudauta
Bzipi
SAKARTVELO (GEORGIA)
Batumi
Trabzon
Armavir
Suhumi
MORE
SEA
Kuban'
Protoka
Tuzlov
Kalmius
Mius
Krynka
Sal
Manyč
Kagal'nik
Eja
Sosyka
Bejsug
Kirpili
Čelbas
Kalaly
Laba
Belaja
Pšiš
Cica

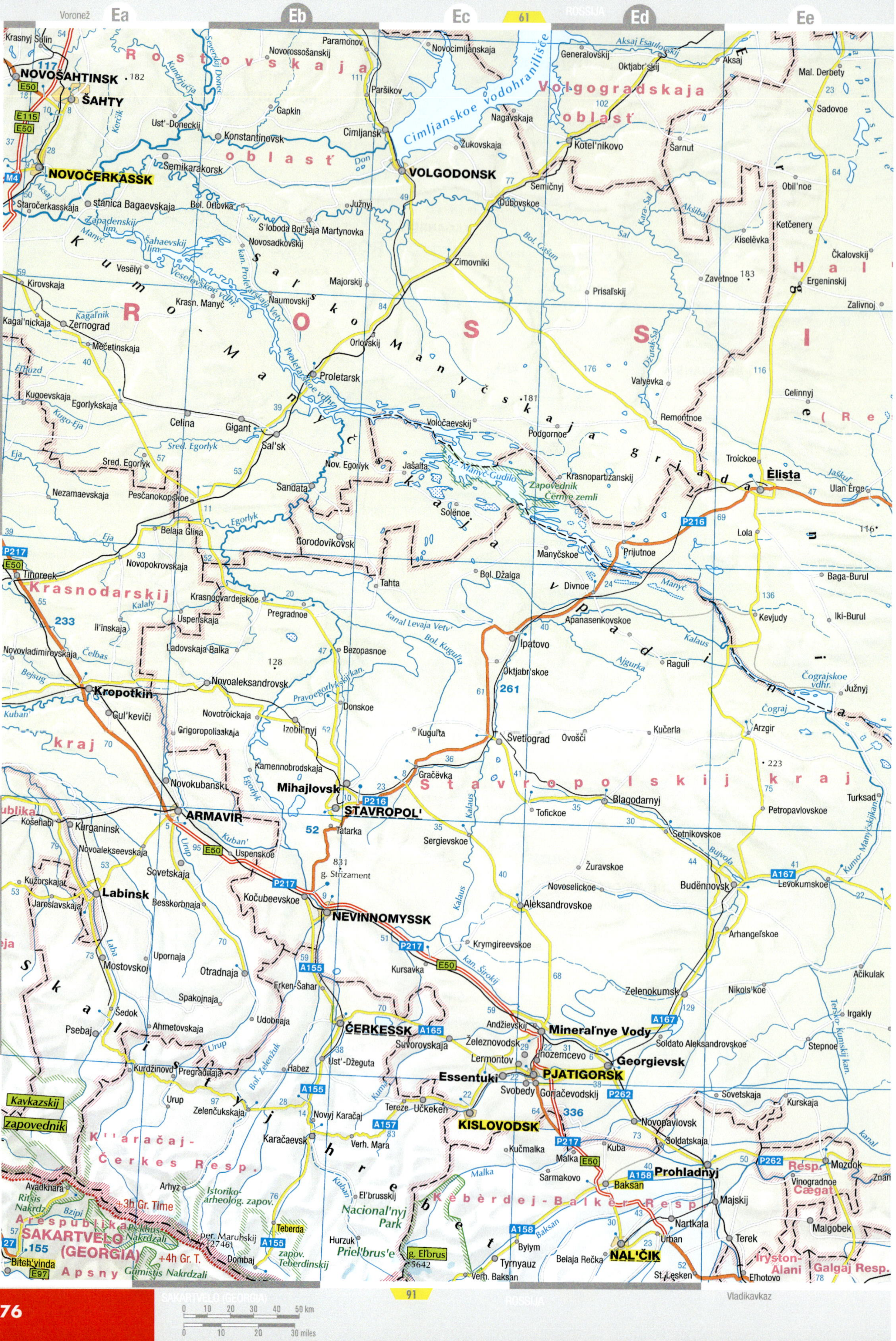
Voronež
Ea
Eb
Ec
61
ROSSIJA
Ed
Ee
Charkiv
Krasnodar
Krasnodar
Rostov-na-D.
Hosta
43
44
45
46
47
Krasnyj Sulin
NOVOŠAHTINSK
ŠAHTY
NOVOČERKASSK
Starocerkasskaja
stanica Bagaevskaja
Semikarakorsk
Konstantinovsk
Ust'-Doneckij
Gapkin
Novorossošanskij
Paramonov
Paršikov
Cimljansk
Novocimljanskaja
Cimljanskoe vodohranilišče
Žukovskaja
Nagavskaja
VOLGODONSK
Generalovskij
Oktjabr'skij
Aksaj
Mal. Derbety
Sadovoe
Volgogradskaja oblast'
Kotel'nikovo
Sarnut
Obil'noe
Semičnyj
Dubovskoe
Ketčenery
Kiselëvka
Čkalovskij
Ergeninskij
Zalivnoj
Zavetnoe
Prisal'skij
Zimovniki
Rostovskaja oblast'
Bol. Orlovka
S'loboda Bol'šaja Martynovka
Novosadkovskij
Južnyj
Majorskij
Naumovskij
Krasn. Manyč
Veselyj
Kirovskaja
Kagal'nickaja
Zernograd
Mečetinskaja
Kugoevskaja
Egorlykskaja
Celina
Gigant
Sal'sk
Proletarsk
Orlovskij
Sred. Egorlyk
Nezamaevskaja
Peščanokopskoe
Belaja Glina
Sandata
Nov. Egorlyk
Jašalta
Solënoe
Voločaevskij
Podgornoe
Krasnopartizanskij
Zapovednik Černye zemli
Remontnoe
Valyevka
Celinnyj
Troickoe
Èlista
Ulan Erge
Lola
Prijutnoe
Manyčskoe
Bol. Džalga
Divnoe
Gorodovikovsk
Tahta
Novopokrovskaja
Tihoreck
Krasnogvardejskoe
Pregradnoe
Uspenskaja
Il'inskaja
Ladovskaja Balka
Bezopasnoe
Novovladimirovskaja
Kropotkin
Gul'keviči
Novoaleksandrovsk
Novotroickaja
Grigoropolisskaja
Izobil'nyj
Donskoe
Kugul'ta
Kamennobrodskaja
Novokubansk
Mihajlovsk
STAVROPOL'
Tatarka
ARMAVIR
Koŝehabl'
Karganinsk
Novoalekseevskaja
Uspenskoe
Sovetskaja
Kuzorskaja
Jaroslavskaja
Labinsk
Besskorbnaja
Kočubeevskoe
NEVINNOMYSSK
g. Strizament
Mostovskoj
Upornaja
Otradnaja
Spakojnaja
Udobnaja
Erken-Šahar
Sedok
Psebaj
Ahmetovskaja
ČERKESSK
Ust'-Džeguta
Habez
Kurdžinovo
Pregradnaja
Urup
Zelenčukskaja
Karačaevsk
Novyj Karačaj
Verh. Mara
Tereze
Učkeken
KISLOVODSK
Kavkazskij zapovednik
Karačaj-Čerkes Resp.
Arhyz
Istoriko-arheolog. zapov.
Teberda
Teberdinskij zapov.
per. Maruhskij
Dombaj
Avadkhara
SAKARTVELO (GEORGIA)
Apsny
+3h Gr. Time
+4h Gr. T.
Gumistis Nakrdzali
Bitch'vinda
El'brusskij
Nacional'nyj Park
Priel'brus'e
g. El'brus 5642
Hurzuk
Verh. Baksan
Tyrnyauz
Bylym
Kabardej-Balkar Resp.
Belaja Rečka
NAL'ČIK
Urban
Nartkala
St. Lesken
Baksan
Sarmakovo
Malka
Kuba
Kučmalka
Prohladnyj
Soldatskaja
Novopavlovsk
Majskij
Terek
Efhotovo
Iryston-Alani
Galgaj Resp.
Malgobek
Mozdok
Vinogradnoe
Sovetskaja
Kurskaja
PJATIGORSK
Essentuki
Svobody
Goračevodskij
Lermontov
Inozemcevo
Železnovodsk
Suvorovskaja
Mineral'nye Vody
Andžievskij
Georgievsk
Soldato Aleksandrovskoe
Stepnoe
Irgakly
Zelenokumsk
Nikol'skoe
Ačikulak
Arhangel'skoe
Kursavka
Krymgireevskoe
Aleksandrovskoe
Novoselickoe
Žuravskoe
Budënnovsk
Levokumskoe
Sotnikovskoe
Blagodarnyj
Tofickoe
Petropavlovskoe
Turksad
Sergievskoe
Gračevka
Svetlograd
Ovošči
Kučerla
Arzgir
Čograjskoe vdhr.
Južnyj
Raguli
Oktjabr'skoe
Ipatovo
Apanasenkovskoe
Kevjudy
Iki-Burul
Baga-Burul
Stavropol'skij kraj
Krasnodarskij kraj
Kalmykija (Resp. Hal'mg Tangč)
P217
P216
P262
A155
A165
A167
A157
A158
E50
E115
E97
M4
Sakartvelo (Georgia)
91
Rossija
Vladikavkaz
0 10 20 30 40 50 km
0 10 20 30 miles

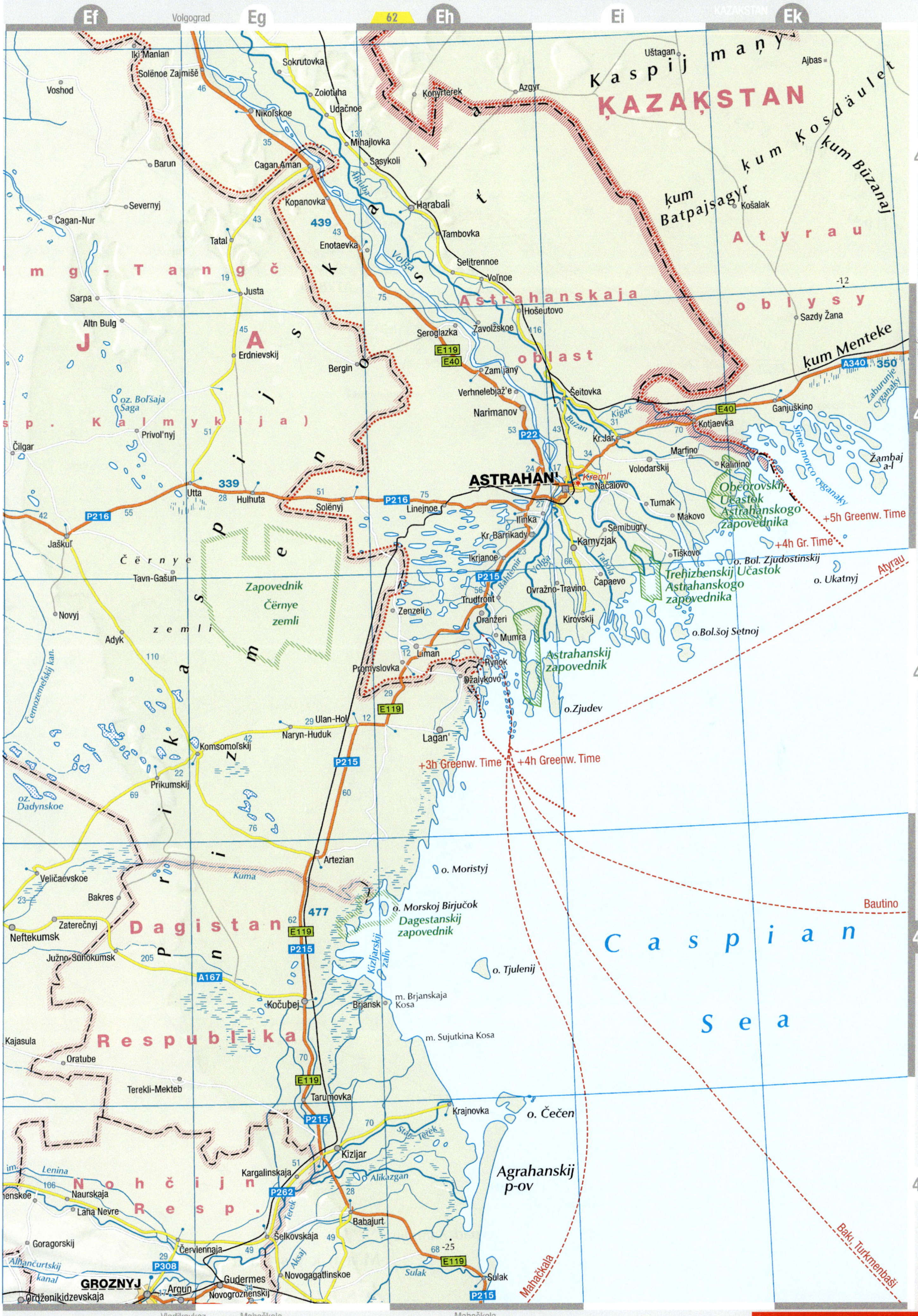

Ef
Volgograd
Eg
62
Eh
Ei
KAZAKSTAN
Ek
43
44
45
46
47
Atyrau
Kaspij maņy
ĶAZAĶSTAN
ķum Ķosdäulet
ķum Būzanaj
ķum Batpajsagyr
Atyrau
oblysy
ķum Menteke
Uštagan
Ajbas
Azgyr
Konyrterek
Košalak
Sazdy Žana
-12
Ganjuškino
Zaburunje cyganaky
Sinee morco cyganaky
Žambaj a-l
Iki Manlan
Solënoe Zajmišě
Voshod
Sokrutovka
Zolotuha
Udačnoe
Nikoľskoe
Mihajlovka
Sasykoli
Barun
Cagan Aman
Harabali
Kopanovka
Severnyj
Cagan-Nur
Tambovka
Enotaevka
Tatal
Selitrennoe
Volnoe
Justa
Sarpa
Hoševutovo
Astrahanskaja
oblast
Altn Bulg
Seroglazka
Zavolžskoe
Erdnievskij
Bergin
Zamjanу
Verhnelebjaž'e
Šeitovka
Narimanov
Kr.Jar
Kotjaevka
Marfino
Kalinino
Volodarskij
oz. Boľšaja Saga
Privol'nyj
Respublika Kalmykija
Čilgar
Utta
339
Hulhuta
Solënyj
P216
Linejnoe
ASTRAHAN'
Kreml'
Načalovo
Tumak
Makovo
Oběorovskij Učastok Astrahanskogo zapovednika
+5h Greenw. Time
+4h Gr. Time
Jaškuľ
Kr. Barrikady
Ilinka
Semibugry
Kamyzjak
Tiškovo
o. Bol. Zjudostinskij
o. Ukatnyj
Atyrau
Čërnye
Tavn-Gašun
Zapovednik Čërnye zemli
Ikrjanoe
P215
Ovražno-Travino
Čapaevo
Trehizbenskij Učastok Astrahanskogo zapovednika
Trudfront
Zenzeli
Novyj
Oranžeri
Kirovskij
zemli
Adyk
Mumra
o.Bol.šoj Setnoj
Liman
Astrahanskij zapovednik
Rynok
Promyslovka
Džalykovo
Černozemeľskij kan.
E119
o.Zjudev
Ulan-Hol
Naryn-Huduk
Lagan'
Komsomoľskij
+3h Greenw. Time
+4h Greenw. Time
Prikumskij
oz. Dadynskoe
Prikaspijskaja nizmennost'
Artezian
o. Moristyj
Kuma
Veličaevskoe
Bakres
477
o. Morskoj Birjučok
Dagestanskij zapovednik
Bautino
Neftekumsk
Zaterečnyj
Dagistan
Caspian Sea
Južno-Suhokumsk
A167
o. Tjulenij
Kizljarskij zaliv
Kočubej
Brjansk
m. Brjanskaja Kosa
Respublika
Kajasula
m. Sujutkina Kosa
Oratube
Terekli-Mekteb
Tarumovka
Krajnovka
o. Čečen
Staryj Terek
Kizljar
Lenina
Kargalinskaja
Nohčijn Resp.
Naurskaja
Laha Nevre
P262
Alikazgan
Agrahanskij p-ov
Babajurt
Goragorskij
Selkovskaja
Červlennaja
Terek
Aksaj
-25
Alhančurtskij kanal
P308
GROZNYJ
Gudermes
Novogagatlinskoe
Sulak
Ordžonikidzevskaja
Argun
Novogroznenskij
P215
Mahačkala
Bakı, Turkmenbaši
Vladikavkaz
Mahačkala
Mahačkala

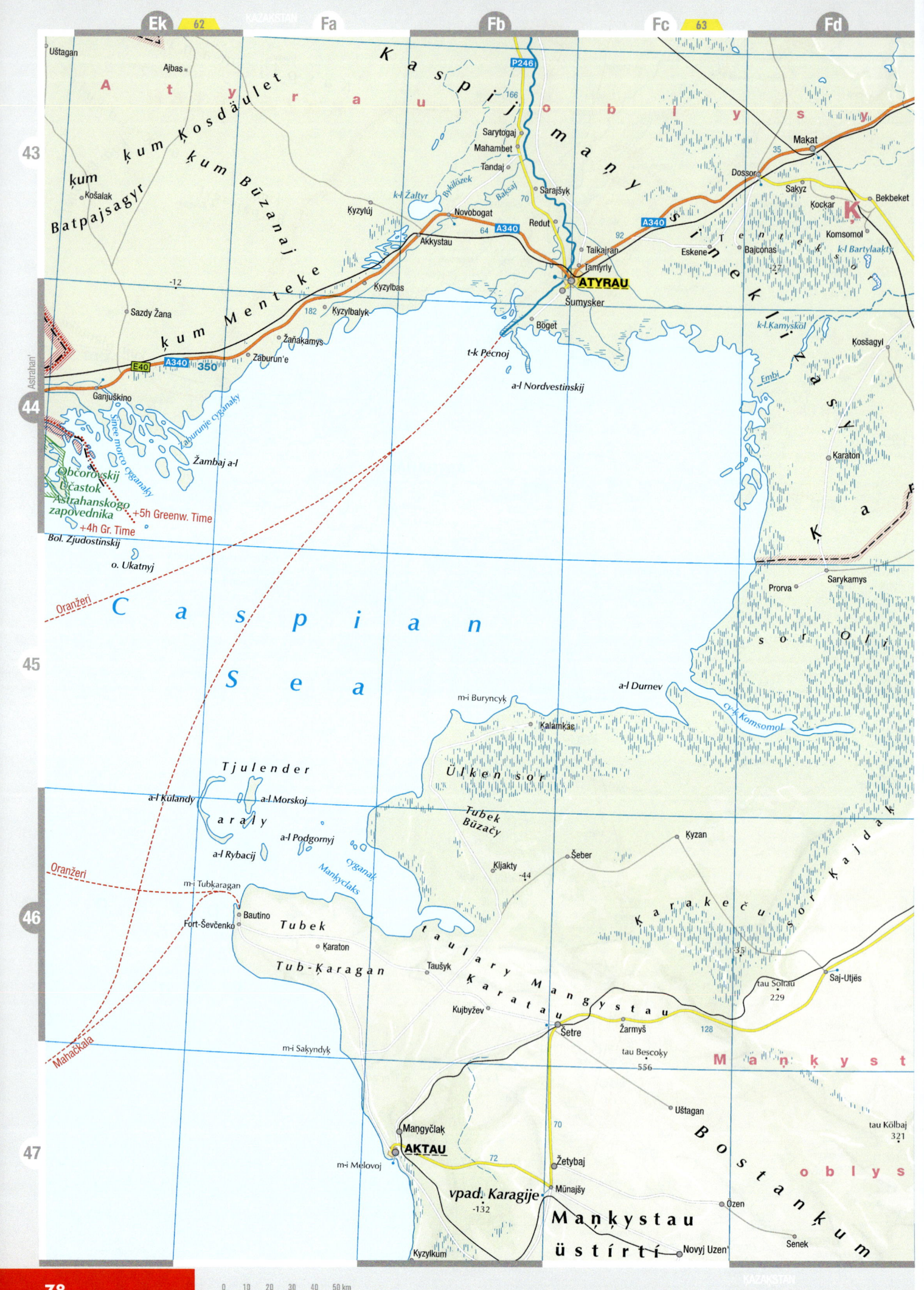

Ek
62
KAZAKSTAN
Fa
Fb
Fc
63
Fd
43
44
45
46
47
Uštagan
Ajbas
A t y r a u o b l y s y
Kaspij mańy ojpaty
kum Kosdäulet
kum Būzanaj
kum
Košalak
Batpajsagyr
Kyzylūj
Novobogat
Akkystau
k-l Žaltyr
Bykilözek
Baksaj
P246
166
Sarytogaj
Mahambet
Tandaj
Sarajšyk
70
Redut
64
A340
92
Taikajran
Tamyrly
ATYRAU
Šumysker
Böget
t-k Pecnoj
a-l Nordvestinskij
Makat
35
Dossor
Sakyz
Bekbeket
Kockar
Komsomol
k-l Bartylaakty
Bajconas
Eskene
-27
Tengiz kóli
Kamyskol
Kossagyl
Emba
Karaton
Sarykamys
Prorva
-12
Sazdy Žana
kum Menteke
182
Kyzylbas
Kyzylbalyk
Žanakamys
Zaburun'e
E40
A340
350
Astrahan'
Ganjuškino
Sinee morco cyganaky
Zaburunje cyganaky
Žambaj a-l
Obcorovskij Učastok Astrahanskogo zapovednika
+5h Greenw. Time
+4h Gr. Time
Bol. Zjudostinskij
o. Ukatnyj
Oranžeri
Caspian Sea
a-l Durnev
m-i Buryncyk
Kalamkas
cy-k Komsomol
sor Oli
Ülken sor
Tubek Būzačy
Tjulender araly
a-l Kulandy
a-l Morskoj
a-l Podgornyj
a-l Rybacij
Mankyclaks cyganak
Oranžeri
m-i Tubkaragan
Bautino
Fort-Ševčenko
Tubek
Karaton
Tub-Karagan
Taušyk
Kyzan
Šeber
Kijakty
-44
Karakecu sor
Kajdak
35
Saj-Utjës
tau Soltau
229
Mangystau
Karatau
Kujbyžev
Šetre
Žarmyš
128
tau Bescoky
556
Mańkystau oblysy
Mahačkala
m-i Sakyndyk
Uštagan
Mangyčlak
AKTAU
m-i Melovoj
70
72
Žetybaj
Mūnajšy
vpad. Karagije
-132
Özen
Bostankum
Senek
tau Kölbaj
321
Mańkystau üstírtí
Novyj Uzen'
Kyzylkum
KAZAKSTAN

0 10 20 30 40 50 km
0 10 20 30 miles

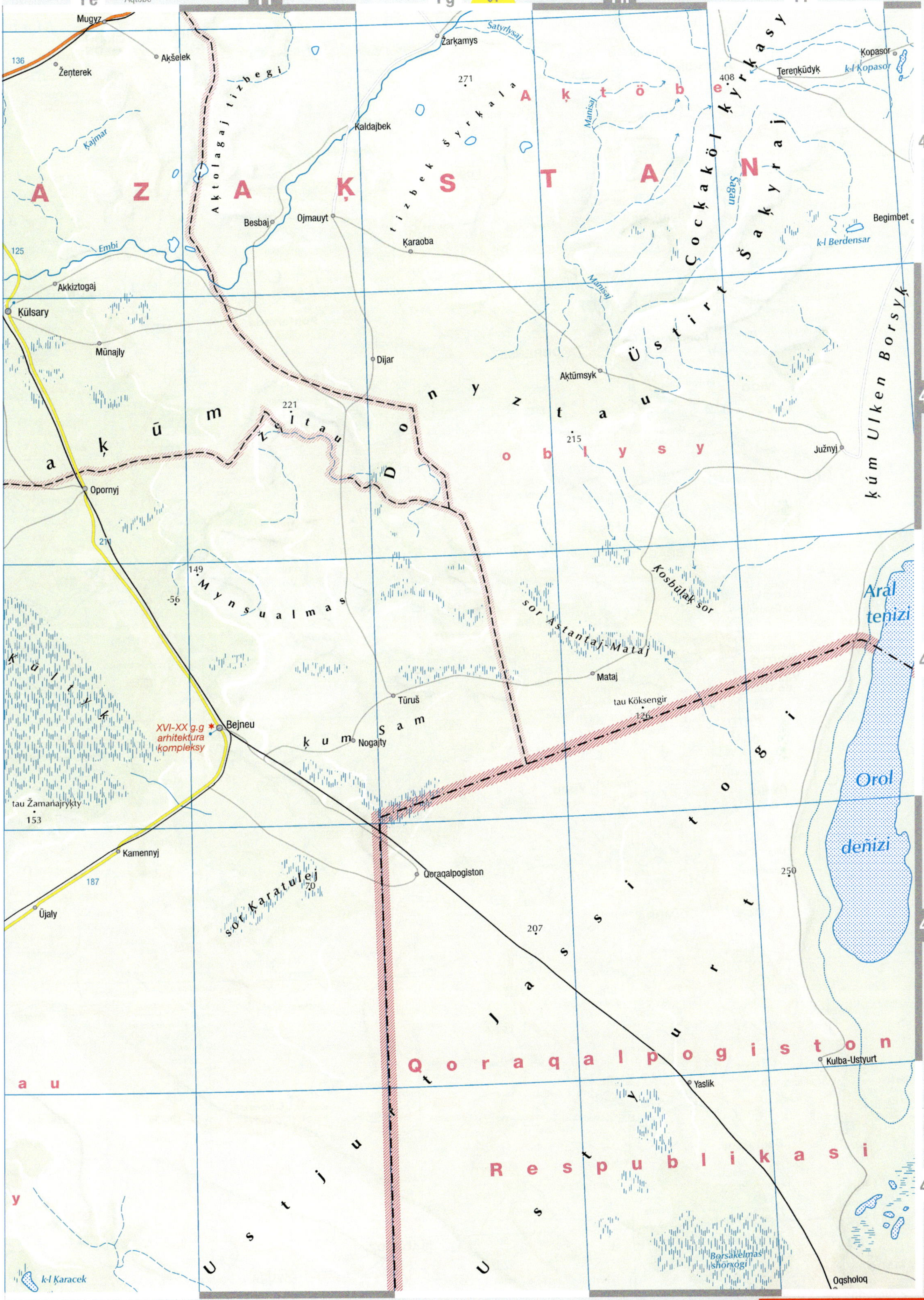
Mugyz
Akšelek
Ženterek
Kajmar
Aktolagaj tizbegi
Žarkamys
Satyrlysaj
271
Kaldajbek
Mūgalžar
Kopasor
Terenkūdyk
k-l Kopasor
408
Manisaj
Aktöbe
Cockaköl kyrkasy
Šagan
Šakyraj
A Z A K S T A N
Besbaj
Ojmauyt
Karaoba
Begimbet
k-l Berdensar
Embi
Akkiztogaj
Kūlsary
Mūnajly
Dijar
Aktūmsyk
Ūstirt
Ulken Borsyk kūm
Manisaj
Donyztau
221
Želtau
215
oblysy
Južnyj
kūm
Opornyj
149
-56
Mynsualmas
Kosbūlak sor
sor Astantaj-Mataj
Aral tenizi
Mataj
Kūltyk
Tūruš
tau Köksengir
126
XVI-XX g.g arhitektura kompleksy
Bejneu
kum Sam
Nogajty
tau Žamanajrykty
153
Orol deñizi
Kamennyj
Qoraqalpogiston
187
sor Karatulej
70
250
Ūjaly
207
Ustjurt
Ustyurt
Qoraqalpogiston
Kulba-Ustyurt
Yaslik
Respublikasi
Borsakelmas shoʻrxogi
k-l Karacek
Oqsholoq
O'ZBEKISTON

43
44
45
46
47

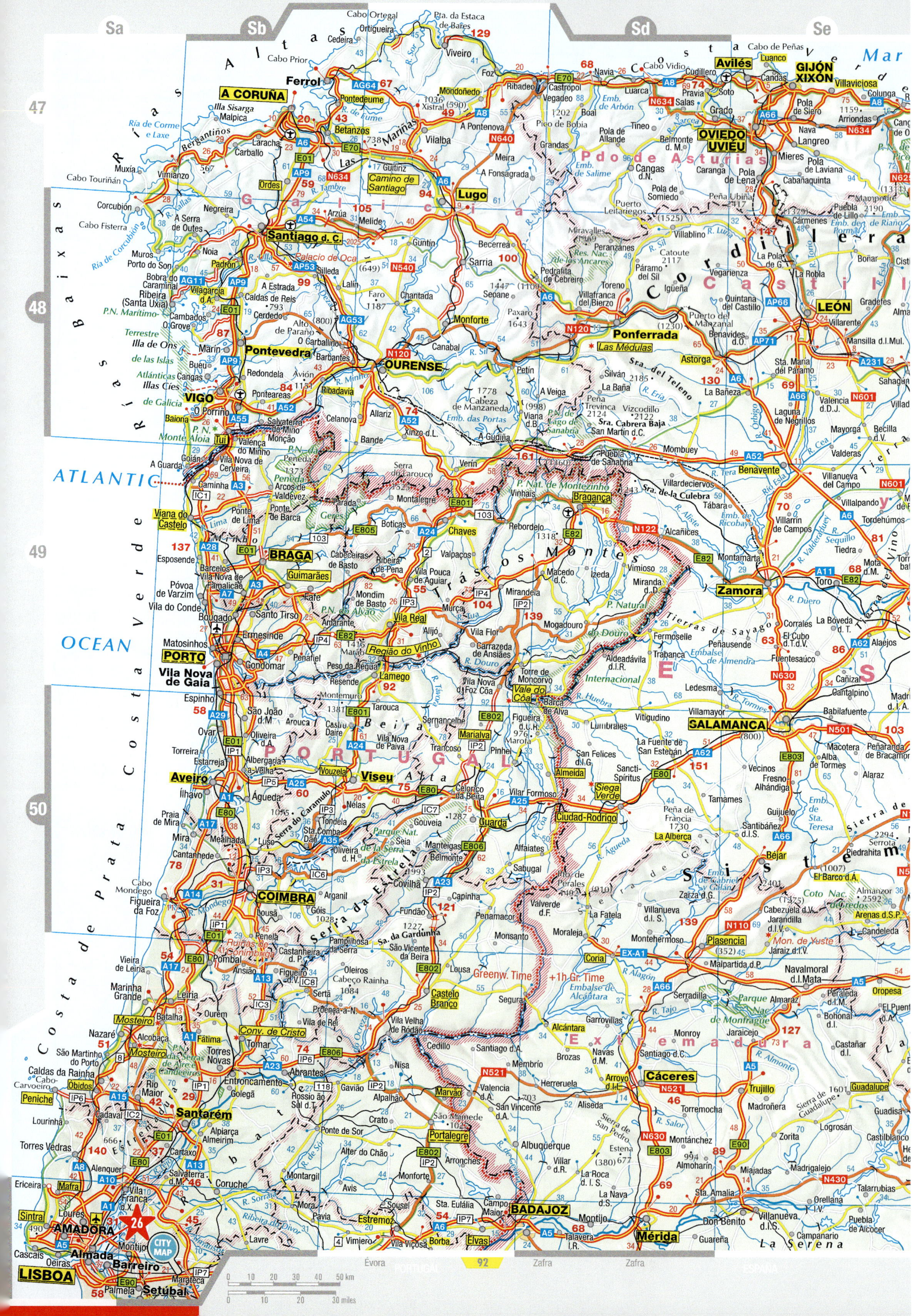

Sa
Sb
Sd
Se
47
48
49
50
ATLANTIC
OCEAN
Mar
Rías Altas
Rías Baixas
Costa Verde
Costa de Prata
Galicia
Cordillera Cantábrica
Castilla
Pdo. de Asturias
Trás-os-Montes
Beira Alta
PORTUGAL
ESPAÑA
Extremadura
Sierra de Gata
Serra da Estrela
A CORUÑA
Ferrol
Cabo Ortegal
Estaca de Bares
Viveiro
Ribadeo
Avilés
GIJÓN XIXÓN
OVIEDO UVIÉU
Lugo
Santiago d. C.
Camino de Santiago
Pontevedra
VIGO
OURENSE
Ponferrada
Astorga
LEÓN
Benavente
Zamora
SALAMANCA
Bragança
Chaves
Viana do Castelo
BRAGA
Guimarães
PORTO
Vila Nova de Gaia
Vila Real
Lamego
Aveiro
Viseu
Guarda
Ciudad-Rodrigo
COIMBRA
Figueira da Foz
Leiria
Castelo Branco
Plasencia
Cáceres
Trujillo
Santarém
Portalegre
Elvas
BADAJOZ
Mérida
LISBOA
Amadora
Almada
Barreiro
Setúbal
Cascais
Sintra
Greenw. Time
+1h Gr. Time
Évora
PORTUGAL
92
Zafra
ESPAÑA
0 10 20 30 40 50 km
0 10 20 30 miles

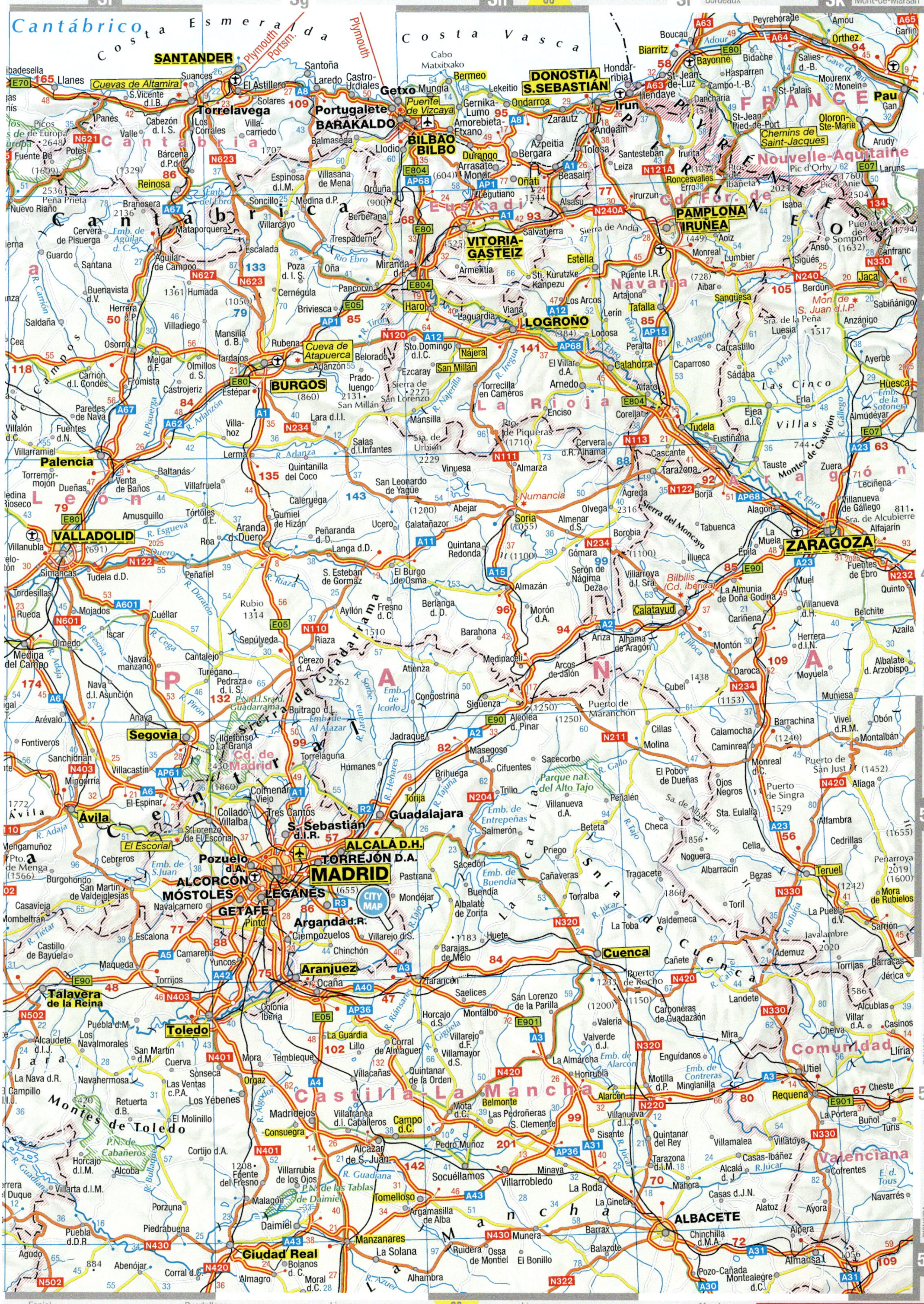
Cantábrico
Costa Esmeralda
Costa Vasca
SANTANDER
Torrelavega
Santoña
Laredo
Castro-Urdiales
Getxo
Portugalete
BARAKALDO
BILBAO
BILBO
Puente de Vizcaya
Gernika-Lumo
Bermeo
Ondarroa
DONOSTIA
S.SEBASTIÁN
Irun
Hendaye
Biarritz
Bayonne
Orthez
Pau
Oloron-Ste-Marie
FRANCE
Nouvelle-Aquitaine
Chemins de Saint-Jacques
Euskadi
VITORIA-GASTEIZ
Durango
Eibar
Oñati
Tolosa
Estella
PAMPLONA
IRUÑEA
Navarra
Cd. For. de Navarra
Jaca
Huesca
Sabiñánigo
Miranda de Ebro
Haro
LOGROÑO
Najera
La Rioja
Calahorra
Tudela
Tarazona
Soria
Numancia
BURGOS
Cueva de Atapuerca
Palencia
VALLADOLID
Cantabria
Reinosa
Aguilar de Campoo
León
Aranda de Duero
ZARAGOZA
Calatayud
Aragón
Segovia
Ávila
El Escorial
MADRID
ALCALÁ D.H.
TORREJÓN D.A.
Guadalajara
Pozuelo d.A.
ALCORCÓN
MÓSTOLES
GETAFE
LEGANÉS
Aranjuez
Toledo
Talavera de la Reina
Cuenca
Teruel
Castilla-La Mancha
Comunidad Valenciana
Ciudad Real
Albacete
Manzanares
Tomelloso
Valdepeñas
Montes de Toledo
Serranía de Cuenca
Requena
Sierra de Guadarrama
Parque nat. del Alto Tajo
Mancha

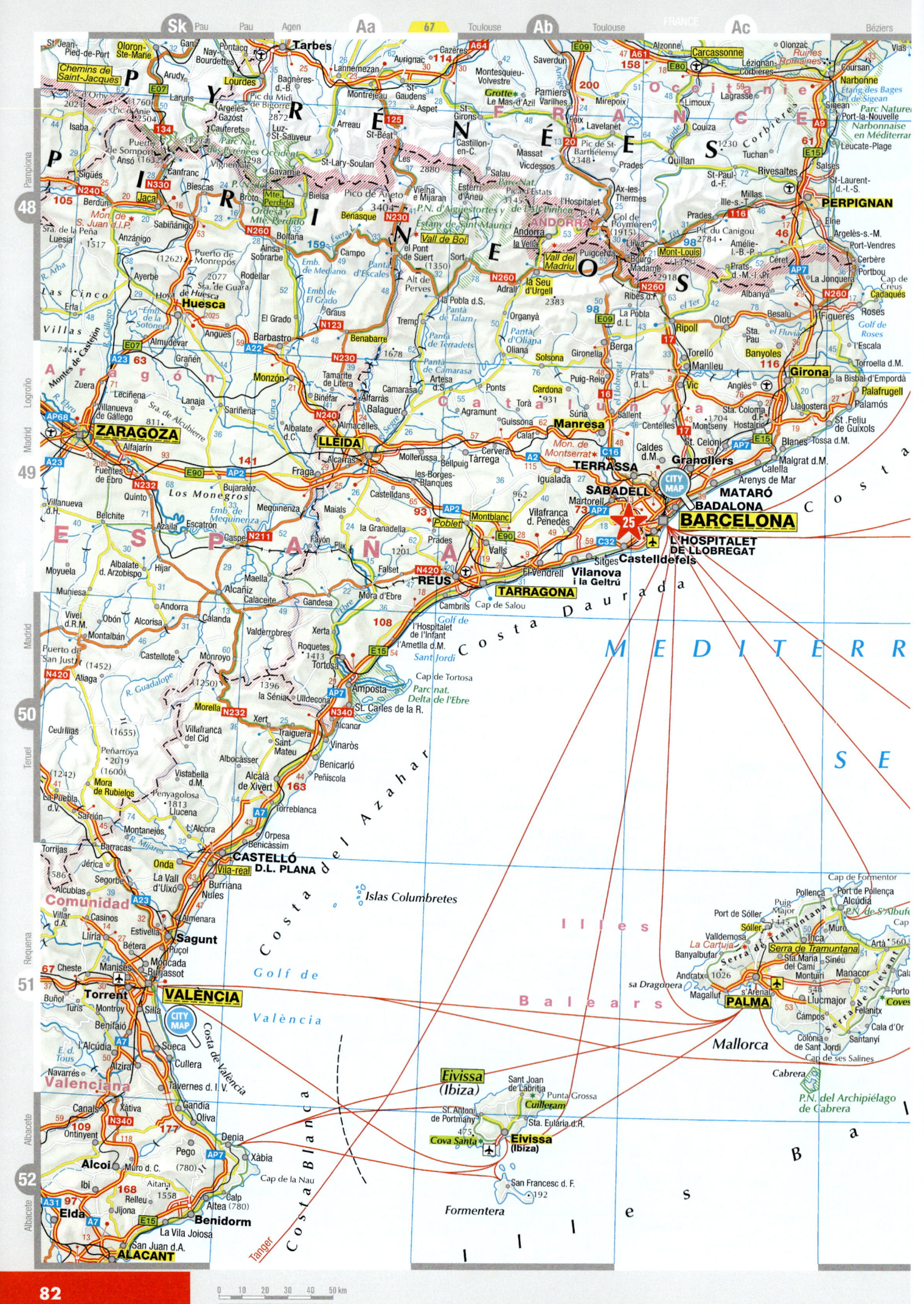

Tarbes
Lourdes
Oloron-Ste-Marie
St-Jean-Pied-de-Port
Chemins de Saint-Jacques
Jaca
Huesca
Bagnères-d.-B.
Pic du Midi de Bigorre
Lannemezan
Auch
Montréjeau
St-Gaudens
St-Girons
Foix
Pamiers
Carcassonne
Narbonne
Perpignan
PERPIGNAN
Quillan
Prades
Ax-les-Thermes
Andorra la Vella
ANDORRA
La Seu d'Urgell
Puigcerdà
Vall de Boí
P.N. d'Aigüestortes y de l'Estany de Sant Maurici
Pico de Aneto 3404
Benasque
Vielha e Mijaran
Barbastro
Monzón
Lleida
LLEIDA
Zaragoza
ZARAGOZA
Fraga
Balaguer
Tàrrega
Cervera
Manresa
Cardona
Solsona
Berga
Ripoll
Olot
Figueres
Girona
Banyoles
Palafrugell
Palamós
Cadaqués
Roses
Golf de Roses
Vic
Manlleu
Granollers
Terrassa
TERRASSA
Sabadell
SABADELL
Mataró
MATARÓ
Badalona
BADALONA
BARCELONA
L'HOSPITALET DE LLOBREGAT
Castelldefels
Sitges
Vilanova i la Geltrú
El Vendrell
Tarragona
TARRAGONA
Reus
REUS
Valls
Montblanc
Poblet
Mon. de Montserrat
Igualada
Vilafranca d. Penedès
Cambrils
Cap de Salou
Costa Daurada
Costa Brava
Caspe
Alcañiz
Mequinenza
Los Monegros
Gandesa
Móra d'Ebre
Tortosa
Amposta
Parc nat. Delta de l'Ebre
Cap de Tortosa
Sant Carles de la R.
Vinaròs
Benicarló
Peñíscola
Morella
Alcalà de Xivert
Torreblanca
Orpesa
Benicàssim
CASTELLÓ D.L. PLANA
Vila-real
Onda
Burriana
Nules
Islas Columbretes
Costa del Azahar
Sagunt
VALÈNCIA
Golf de València
Torrent
Manises
Alzira
Sueca
Cullera
Xàtiva
Gandia
Oliva
Denia
Xàbia
Cap de la Nau
Calp
Altea
Benidorm
La Vila Joiosa
San Juan d.A.
ALACANT
Elda
Alcoi
Costa Blanca
Costa de València
Comunidad Valenciana
Teruel
Aragón
España
Illes Balears
Mallorca
PALMA
Sóller
Valldemossa
Serra de Tramuntana
Pollença
Alcúdia
Inca
Manacor
Llucmajor
Campos
Santanyí
Cala d'Or
Cabrera
P.N. del Archipiélago de Cabrera
Eivissa (Ibiza)
Sant Antoni de Portmany
Santa Eulària d.R.
Formentera
San Francesc d. F.
Tanger
MEDITERR
Pyrénées
Occitanie
Catalunya

0 10 20 30 40 50 km
0 10 20 30 miles

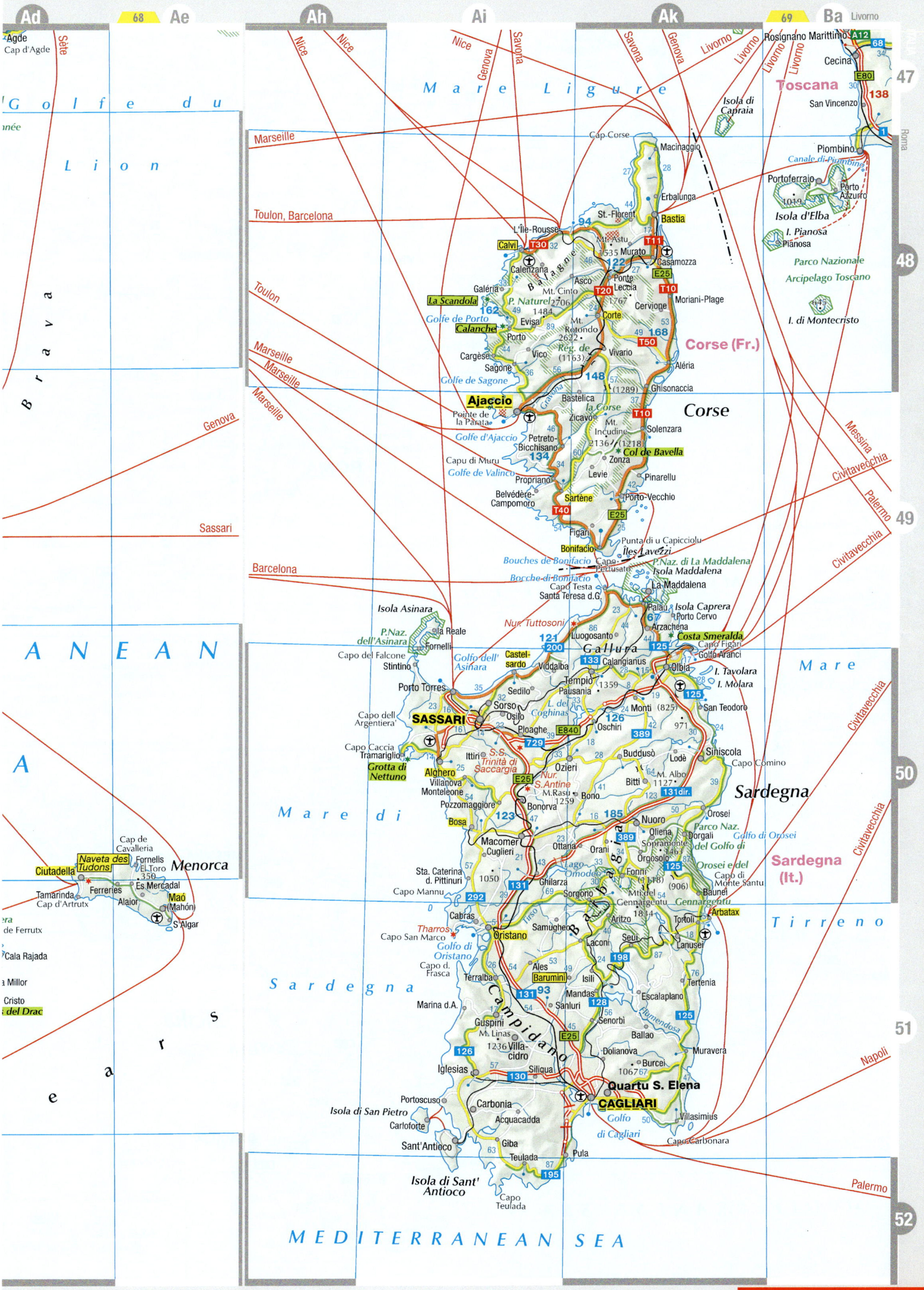

Ad
68
Ae
Ah
Ai
Ak
69
Ba
Livorno
Agde
Cap d'Agde
Sète
Golfe du Lion
Brava
Genova
Sassari
Marseille
Toulon, Barcelona
Toulon
Barcelona
Nice
Savona
Livorno
Mare Ligure
Rosignano Marittimo
Cecina
Toscana
San Vincenzo
Piombino
Canale di Piombino
Portoferraio
Porto Azzurro
Isola d'Elba
I. Pianosa
Pianosa
Parco Nazionale Arcipelago Toscano
I. di Montecristo
Isola di Capraia
Roma
47
48
49
50
51
52
Cap Corse
Macinaggio
Erbalunga
St.-Florent
Bastia
L'Île-Rousse
Calvi
Calenzana
Balagne
Mt. Astu
Murato
Casamozza
Ponte Leccia
Galéria
Mt. Cinto
2706
Asco
La Scandola
P. Naturel
Golfe de Porto
Calanche
Evisa
Porto
Corte
Cervione
Moriani-Plage
Mt. Rotondo
2622
Reg. de
Cargèse
Vico
Sagone
Golfe de Sagone
Vivario
Corse (Fr.)
Aléria
Ghisonaccia
Ajaccio
Pointe de la Parata
Bastelica
Zicavo
Corse
Golfe d'Ajaccio
Petreto-Bicchisano
Mt. Incudine
2136
Solenzara
Col de Bavella
Capu di Muru
Golfe de Valinco
Zonza
Levie
Propriano
Pinarellu
Belvédère-Campomoro
Sartène
Porto-Vecchio
Figari
Bonifacio
Punta di u Capicciolu
Iles Lavezzi
Bouches de Bonifacio
Capo Pertusato
Bocche di Bonifacio
P.Naz. di La Maddalena
Isola Maddalena
La Maddalena
Capo Testa
Santa Teresa d.G.
Palau
Isola Caprera
Porto Cervo
Arzachena
Costa Smeralda
Capo Figari
Golfo Aranci
Messina
Civitavecchia
Palermo
Isola Asinara
P.Naz. dell'Asinara
la Reale
Fornelli
Capo del Falcone
Stintino
Nur. Tuttosoni
Luogosanto
Gallura
Calangianus
Olbia
I. Tavolara
I. Molara
Golfo dell' Asinara
Castelsardo
Viddalba
Porto Torres
Sedilo
Tempio Pausania
Sorso
Osilo
L. del Coghinas
Monti
San Teodoro
Capo dell Argentiera
SASSARI
Ploaghe
Oschiri
Capo Caccia
Tramariglio
Grotta di Nettuno
Alghero
Ittiri
S.S. Trinità di Saccargia
Ozieri
Buddusò
Lodè
Siniscola
Capo Comino
Mare
Villanova Monteleone
Nur. S.Antine
M.Rasu
Bono
Bitti
M. Albo
Sardegna
Pozzomaggiore
Bonorva
Bosa
Nuoro
Orosei
Macomer
Cuglieri
Ottana
Orani
Oliena
Dorgali
Parco Naz. del Golfo di Orosei e del
Golfo di Orosei
Sopramonte
Orgosolo
Fonni
Capo di Monte Santu
Sardegna (It.)
Sta. Caterina d. Pittinuri
Ghilarza
Sorgono
Mt. del Gennargentu
Baunei
Gennargentu
Capo Mannu
Arbatax
Cabras
Aritzo
Tortolì
Tharros
Capo San Marco
Oristano
Samugheo
Seui
Lanusei
Tirreno
Golfo di Oristano
Laconi
Capo d. Frasca
Ales
Barumini
Isili
Tertenia
Terralba
Mandas
Escalaplano
Campidano
Sanluri
Marina d.A.
Senorbì
Flumendosa
Guspini
M. Linas
Villacidro
Ballao
Dolianova
Muravera
Iglesias
Siliqua
Burcei
Napoli
Quartu S. Elena
CAGLIARI
Portoscuso
Carbonia
Golfo di Cagliari
Villasimius
Isola di San Pietro
Acquacadda
Carloforte
Capo Carbonara
Sant'Antioco
Giba
Teulada
Pula
Isola di Sant' Antioco
Capo Teulada
MEDITERRANEAN SEA
Mare di Sardegna
Menorca
Cap de Cavalleria
Naveta des Tudons
Fornells
El Toro
Ciutadella
Es Mercadal
Tamarinda
Cap d'Artrutx
Ferreries
Alaior
Maó (Mahón)
S'Algar
de Ferrutx
Cala Rajada
Millor
Cristo
del Drac

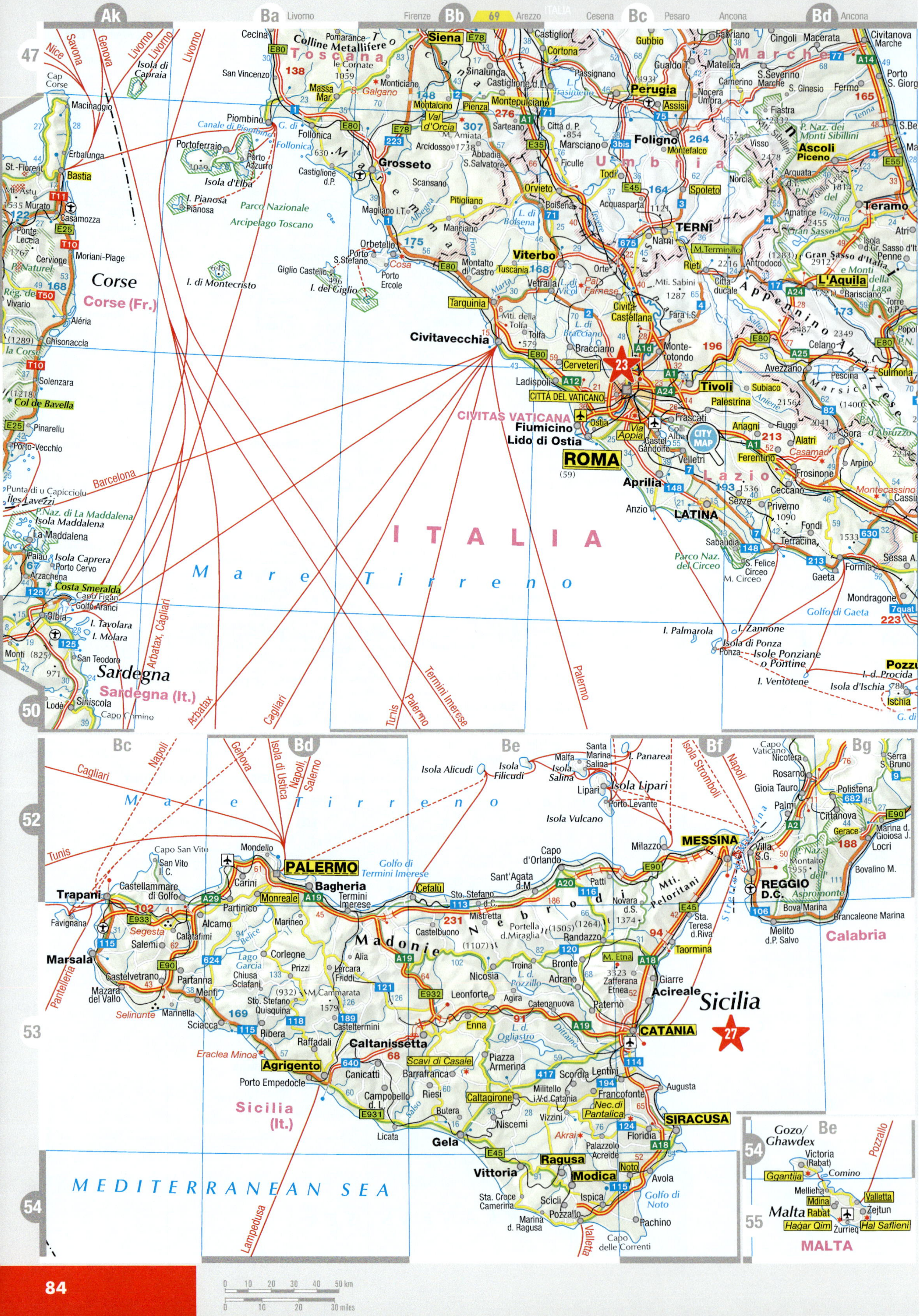

Ak
Ba
Bb
Bc
Bd
Livorno
Firenze
Arezzo
Cesena
Pesaro
Ancona
Toscana
Umbria
Marche
Lazio
Appennino Abruzzese
Corse
Corse (Fr.)
Sardegna
Sardegna (It.)
ITALIA
Mare Tirreno
Siena
Perugia
Grosseto
Viterbo
TERNI
L'Aquila
Civitavecchia
ROMA
CIVITAS VATICANA
CITTÀ DEL VATICANO
Fiumicino
Lido di Ostia
LATINA
Aprilia
Tivoli
Frosinone
Isola d'Elba
Piombino
Bastia
Olbia
Costa Smeralda
Isola di Ponza
Isole Ponziane o Pontine
Barcelona
Palermo
Cagliari
Tunis
Termini Imerese
Arbatax
CITY MAP
Bc
Bd
Be
Bf
Bg
Mare Tirreno
PALERMO
MESSINA
REGGIO D.C.
CATANIA
SIRACUSA
Agrigento
Caltanissetta
Trapani
Marsala
Ragusa
Modica
Gela
Enna
Madonie
Nebrodi
Sicilia
Sicilia (It.)
Calabria
Isola Lipari
Isola Vulcano
MEDITERRANEAN SEA
Lampedusa
Pantelleria
Valletta
Gozo/Ghawdex
Malta
MALTA
47
50
52
53
54
55
0 10 20 30 40 50 km
0 10 20 30 miles

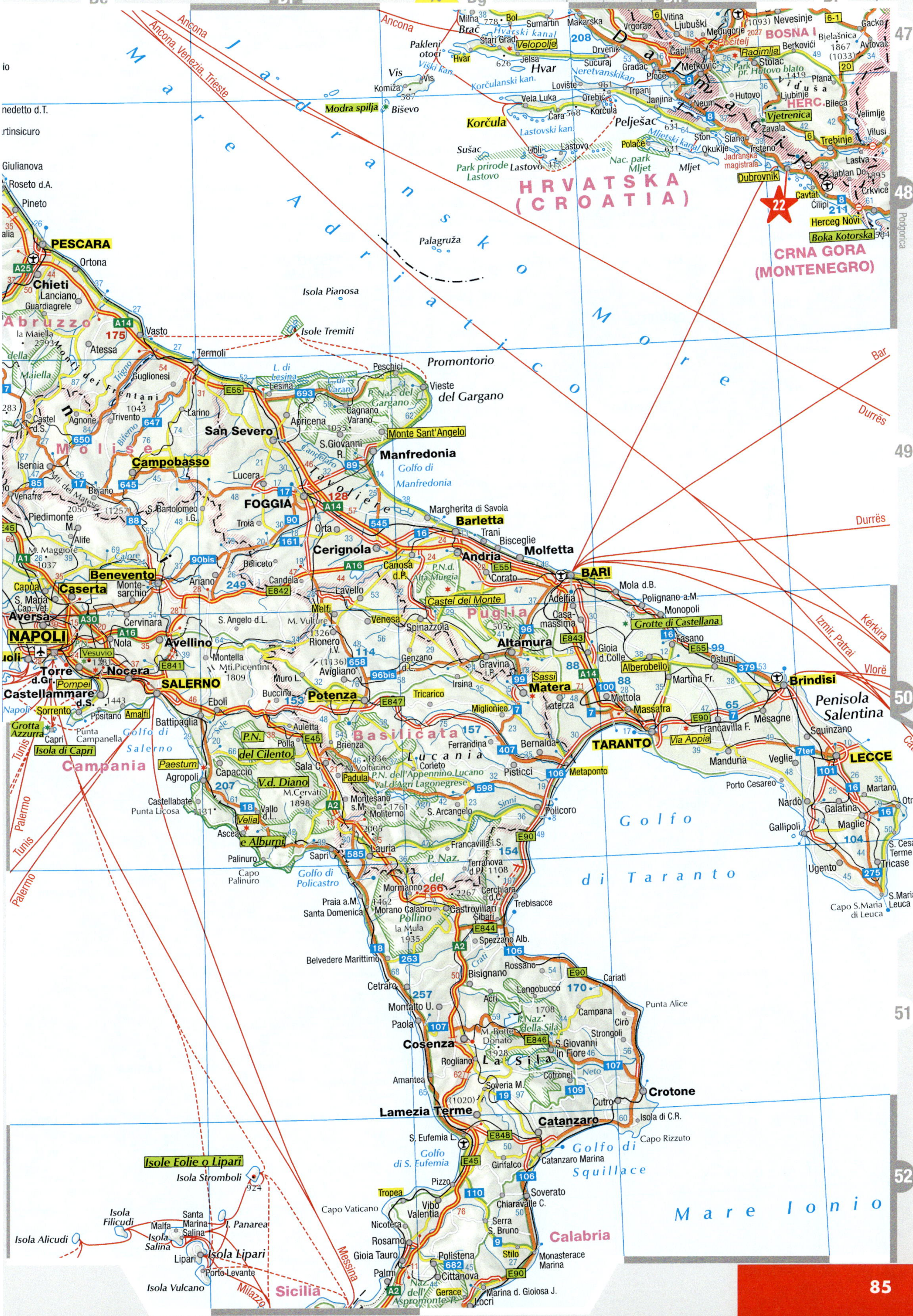
HRVATSKA (CROATIA)
BOSNA I HERCEGOVINA
CRNA GORA (MONTENEGRO)
Jadransko More
Mare Adriatico
Mare Ionio
Golfo di Taranto
Golfo di Manfredonia
Golfo di Squillace
Golfo di Salerno
Golfo di Policastro
Golfo di S. Eufemia
Dalmacija
Split
Sarajevo
Podgorica
Brač
Hvar
Vis
Korčula
Lastovo
Pelješac
Mljet
Dubrovnik
Cavtat
Trebinje
Herceg Novi
Boka Kotorska
Neum
Metković
Čapljina
Ljubuški
Međugorje
Mostar
Stolac
Nevesinje
Bileća
Ancona
Ancona, Venezia, Trieste
Bar
Durrës
Kérkira
Izmir, Patrai
Vlorë
Catania
Palermo
Tunis
Milazzo
Messina
Abruzzo
Molise
Campania
Puglia
Basilicata
Calabria
Sicilia
PESCARA
Chieti
Ortona
Lanciano
Vasto
Termoli
Isole Tremiti
Isola Pianosa
Palagruža
Campobasso
Isernia
Benevento
Caserta
NAPOLI
Aversa
Avellino
Salerno
Torre d.Gr.
Castellammare d.S.
Sorrento
Isola di Capri
Amalfi
Pompei
Vesuvio
Nocera
Battipaglia
Eboli
Paestum
Agropoli
Foggia
San Severo
Lucera
Manfredonia
Monte Sant'Angelo
Vieste
Promontorio del Gargano
Cerignola
Barletta
Trani
Bisceglie
Molfetta
Andria
Canosa
Castel del Monte
BARI
Altamura
Gravina i.P.
Matera
Sassi
Alberobello
Grotte di Castellana
Monopoli
Polignano a.M.
Mola d.B.
Fasano
Ostuni
Brindisi
Martina Fr.
Massafra
TARANTO
Manduria
LECCE
Penisola Salentina
Otranto
Gallipoli
Nardò
Maglie
Galatina
S. Maria di Leuca
Capo S.Maria di Leuca
Potenza
Melfi
Venosa
Metaponto
Policoro
Lucania
Sapri
Maratea
Praia a.M.
Castrovillari
Pollino
Sibari
Rossano
Corigliano
Cosenza
La Sila
Crotone
Lamezia Terme
Catanzaro
Catanzaro Marina
Tropea
Vibo Valentia
Capo Vaticano
Soverato
Gioia Tauro
Palmi
Polistena
Locri
Aspromonte
Isole Eolie o Lipari
Isola Stromboli
Isola Panarea
Isola Salina
Isola Filicudi
Isola Alicudi
Isola Lipari
Isola Vulcano
47
48
49
50
51
52

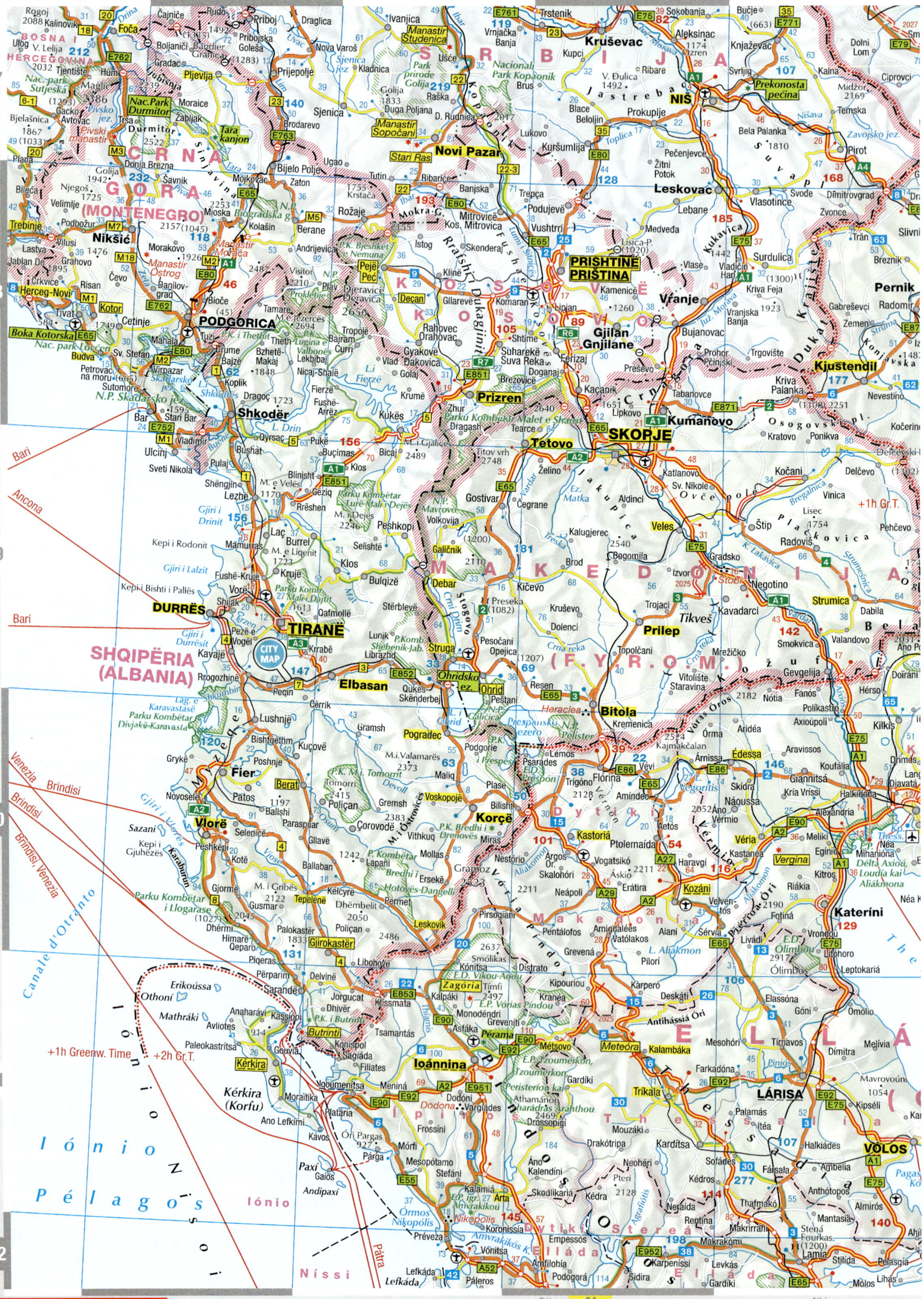

BOSNA I HERCEGOVINA
SRBIJA
CRNA GORA (MONTENEGRO)
KOSOVO
SHQIPËRIA (ALBANIA)
MAKEDONIJA (F.Y.R.O.M.)
ELLÁDA
Podgorica
Nikšić
Herceg-Novi
Budva
Bar
Ulcinj
Shkodër
Durrës
Tiranë
Elbasan
Fier
Vlorë
Sarandë
Korçë
Pogradec
Ohrid
Bitola
Prilep
Skopje
Tetovo
Kumanovo
Prizren
Priština
Prishtinë
Peć
Gjilan
Novi Pazar
Kruševac
Niš
Leskovac
Pirot
Vranje
Kjustendil
Pernik
Kozáni
Kateríni
Lárisa
Vólos
Ioánnina
Kérkira (Korfu)
Trikala
Kastoriá
Flórina
Édessa
Véria
Ióniο Pélagos
Canale d'Otranto
Bari
Ancona
Brindisi
Venezia
+1h Greenw. Time
+2h Gr.T.

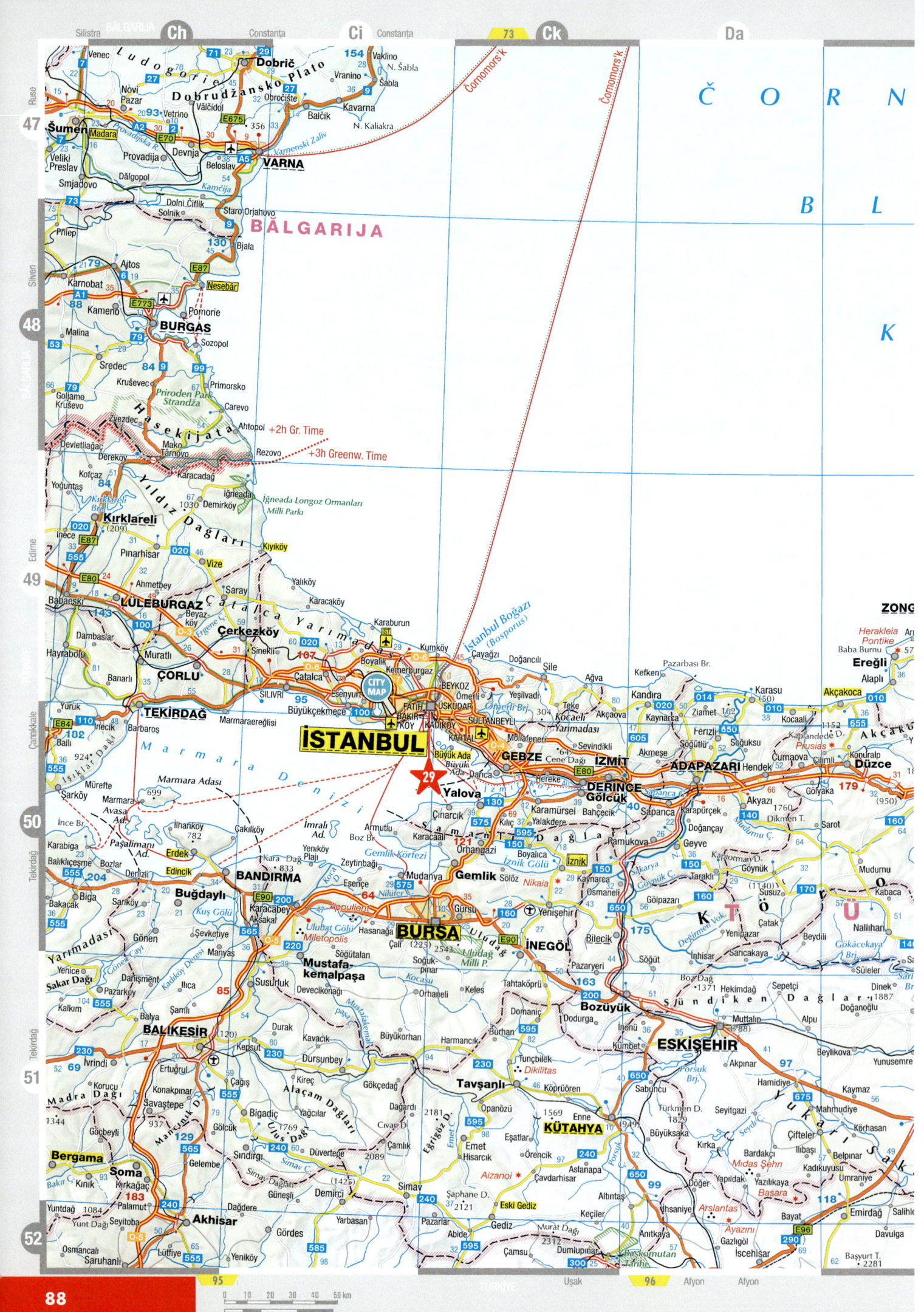

Ch
Ci
Ck
Da
Silistra
BĂLGARIJA
Constanța
73
Ruse
Sliven
Edirne
Çanakkale
Tekirdağ
47
48
49
50
51
52
Č O R N
B L
K
BĂLGARIJA
Ludogorie
Dobrudžansko Plato
Dobrič
Venec
Novi Pazar
Vălčidol
Vetrino
Šumen
Madara
Provadija
Devnja
Veliki Preslav
Smjadovo
Dălgopol
Beloslav
VARNA
Varnenski Zaliv
Balčik
Kavarna
Šabla
N. Šabla
Vaklino
Vranino
Obročište
N. Kaliakra
Čornomors'k
Kamčija
Dolni Čiflik
Solnik
Staro Orjahovo
Bjala
Prilep
Ajtos
Karnobat
Kameno
Nesebăr
Pomorie
BURGAS
Sozopol
Malina
Sredec
Kruševec
Primorsko
Priroden Park Strandža
Carevo
Goljamo Kruševo
Zvezdec
Strandža
Ahtopol
+2h Gr. Time
Rezovo
+3h Greenw. Time
Devletliağaç
Mako Tărnovo
Dereköy
Kofçaz
Karacadağ
İğneada
İğneada Longoz Ormanları Milli Parkı
Demirköy
Yoğuntaş
Yıldız Dağları
Kırklareli
İnece
Pınarhisar
Kıyıköy
Vize
Ahmetbey
Saray
Babaeski
LÜLEBURGAZ
Yalıköy
Karacaköy
Çatalca Yarımadası
Karaburun
Çerkezköy
Dambaslar
Hayrabolu
Muratlı
ÇORLU
Banarlı
Sinekli
Çatalca
Silivri
Boyalık
Kemerburgaz
Kumköy
İstanbul Boğazı (Bosporus)
Çayağzı
Doğancılı
Şile
Ağva
Kefken
Pazarbaşı Br.
Karasu
Akçakoca
Ereğli
Alaplı
Baba Burnu
Herakleia Pontike
ZONG
CITY MAP
Esenyurt
Büyükçekmece
FATİH
ÜSKÜDAR
BEYKOZ
Ömerli
Ömerli Brj.
Yeşilvadi
BAKIRKÖY
KADIKÖY
SULTANBEYLİ
KARTAL
Büyük Ada
Teke
Kocaeli Yarımadası
Akçaova
Kandıra
Kaynarca
Ferizli
Kocaali
Söğütlü
Soğuksu
Kaplandede D.
Prusias
Akçakoca
Konuralp
Düzce
Çumaova
Çilimli
Hendek
İSTANBUL
29
Tekirdağ
TEKİRDAĞ
Marmaraereğlisi
Yürük
İnecik
Barbaroş
Işıklar Dağı
Marmara Denizi
Marmara Adası
Mürefte
Şarköy
Marmara
Avşa Ad.
Paşalimanı Ad.
İmralı Ad.
Armutlu
Boz Br.
GEBZE
Mollafeneri
Sevindikli
Çene Dağı
İZMİT
Hereke
Darıca
DERİNCE
Gölcük
ADAPAZARI
Akmeşe
Sapanca
Sapanca G.
Karapürçek
Akyazı
Dikmen T.
Gölyaka
Sarot
Yalova
Çınarcık
Karamürsel
Bahçecik
Kılıç
Yalakdere
Samanlı Dağları
Karacaali
Orhangazi
Boyalıca
İznik Gölü
İznik
Nikaia
Pamukova
Geyve
Doğançay
Mudurnu
Taraklı
Göynük
Kaymas D.
Mudurnu Ç.
Ilhanköy
Çakılköy
Karabiga
Balıklıçeşme
Bozlar
Denizli
Edincik
Erdek
Kara Dağ
Yeniköy Plajı
Zeytinbağı
Gemlik Körfezi
Gemlik
Söğüt
Kaynarca
Osmaneli
Gölpazarı
Göynük Ç.
Sakarya
Beydili
Kabaca
Mudurnu
Nallıhan
Gökçekaya Brj.
Süleler
Çatak
Yenipazar
Sarıcakaya
İnhisar
Değirmen Yol.
Mudanya
Esence
Nilüfer Ç.
Apollonia
BANDIRMA
Biga
Bakacak
Sarıköy
Buğdaylı
Kuş Gölü
Karacabey
Aksakal
Ulubat Gölü
Miletopolis
Hasanağa
BURSA
Gürsu
Uludağ
Uludağ Milli P.
Yenişehir
İNEGÖL
Bilecik
Pazaryeri
Yarımadası
Yenice
Sakar Dağı
Gönen
Şevketiye
Manyas
Mustafakemalpaşa
Söğütalan
Çalı
Soğukpınar
Daruşmant
Pazarköy
Kalkım
İlıca
Kadıköy Deresi
Susurluk
Devecikonağı
Orhaneli
Keles
Tahtaköprü
Domaniç
Dodurga
Bozüyük
Söğüt
Boz Dağ
Sündiken Dağları
Hekimdağ
Sepetçi
Dinek
Doğanoğlu
Alpu
Mutalip
Kümbet
İnönü
ESKİŞEHİR
Beylikova
Yunusemre
Balya
Şamlı
BALIKESİR
Durak
Kavacık
Büyükorhan
Harmancık
Burhan
Tunçbilek
Dikilitaş
Tavşanlı
Köprüören
Sabuncu
Porsuk Brj.
Akpınar
Hamidiye
Kaymaz
Mahmudiye
Körhasan
Madra Dağı
İvrindi
Ertuğrul
Kepsut
Dursunbey
Kireç
Alaçam Dağları
Gökçedağ
Dağardı
Konakpınar
Savaştepe
Koruçu
Çağış
Bigadiç
Yağcılar
Ulus Dağı
Mancınık D.
Gölcük
Çamlık
Eğrigöz D.
Emet
Emet Hisarcık
Opanözü
Eşatlar
Örencik
KÜTAHYA
Enne
Türkmen D.
Seyitgazi
Büyükşaka
Kırka
Çifteler
İlbaşı
Bardakçı
Midas Şehri
Kadıkuyusu
Belpınar
Ümraniye
Yukarı Sakarya
Göcbeyli
Bergama
Soma
Kınık
Kırkağaç
Palamut
Gelembe
Sındırgı
Simav Dağları
Simav
Düvertepe
Demirci
Güneşli
Şaphane D.
Aizanoi
Çavdarhisar
Aslanapa
Altıntaş
Döğer
Yapıldak
Yazılıkaya
Basara
Arslantaş
İhsaniye
Bayat
Emirdağ
Davulga
Yuntdağ
Yunt Dağı
Seyitoba
Akhisar
Dağdere
Gördes
Yarbasan
Pazarlar
Gediz
Murat Dağı
Dumlupınar
Başkomutan Tarihi
Abide
Çamsu
Eski Gediz
Ayazını
Gazlıgöl
İscehisar
Başyurt T.
Osmancalı
Saruhanlı
Lütfiye
Yeniköy
95
96
Uşak
Afyon
TÜRKIYE

0 10 20 30 40 50 km

0 10 20 30 miles

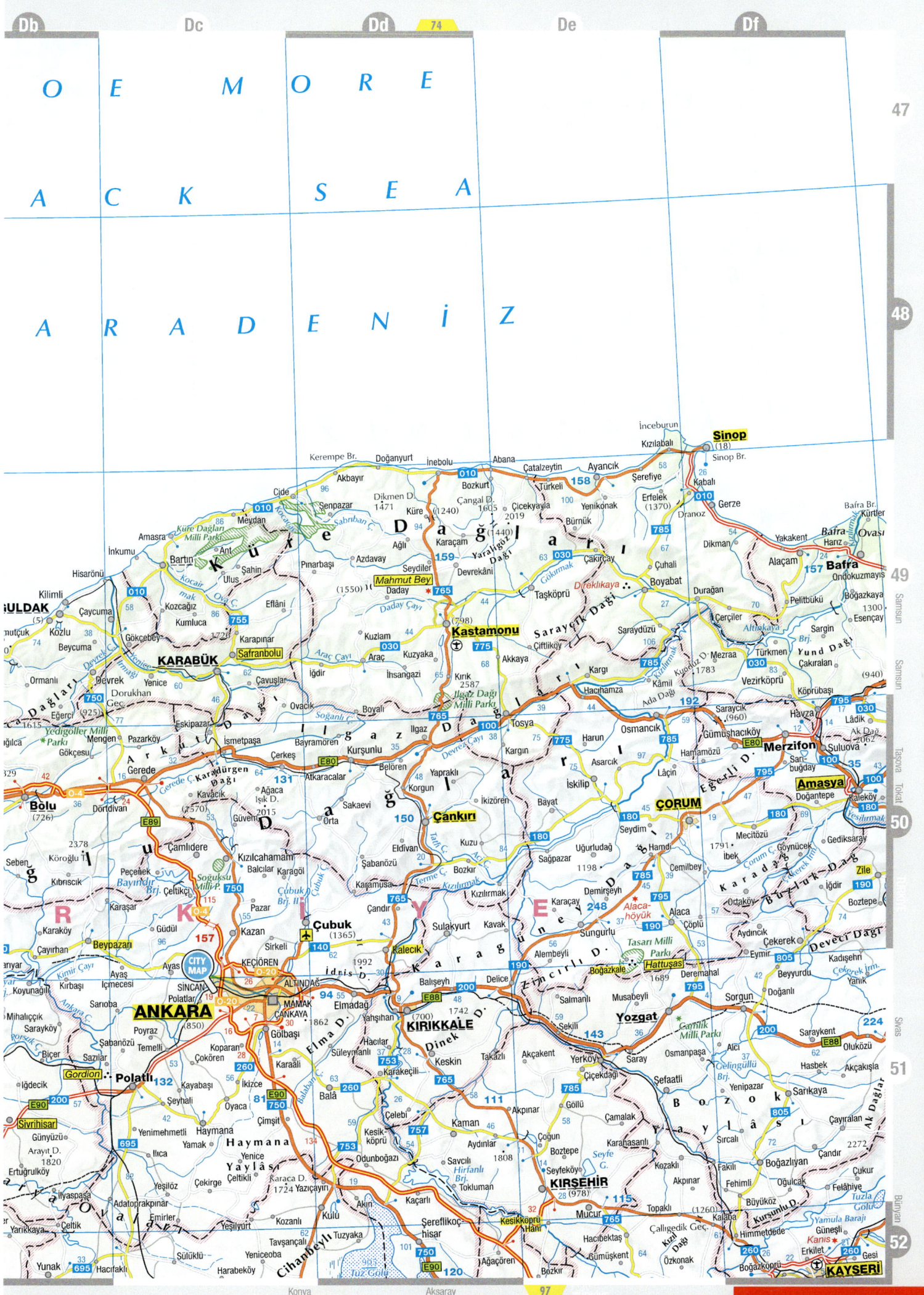
Db
Dc
Dd
74
De
Df
47
48
49
50
51
52
O E M O R E
A C K S E A
A R A D E N İ Z
İnceburun
Kızılabalı
Sinop
(18)
Sinop Br.
Kerempe Br.
Doğanyurt
İnebolu
Abana
Çatalzeytin
Ayancık
Şerefiye
Akbayır
Bozkurt
Türkeli
Kabalı
Gerze
Cide
Şenpazar
Dikmen D.
1471
Küre
(1240)
Çangal D.
1605
Çiçekyayla
2019
Yenikonak
Erfelek
(1370)
Dranoz
Bafra Br.
Kürtler
Meydan
Küre Dağları Milli Parkı
Amasra
Sabrıban Ç.
Ağlı
Karaçam
Yaralıgöz Dağı
(1440)
Bürnük
Dikman
Yakakent
Bafra Ovası
Harız
İnkumu
Ant
Bartın
Pınarbaşı
Azdavay
Seydiler
Devrekâni
Çakırçay
Çuhali
Alaçam
Bafra
Ondokuzmayıs
Hisarönü
Şahin
Ulus
Küre Dağları
Gökırmak
Boyabat
Mahmut Bey
(1550)
Daday
Direklikaya
Taşköprü
Durağan
Boğazkaya
Kilimli
ZONGULDAK
(5)
Çaycuma
Kozcağız
Kumluca
Eflâni
Daday Çayı
(798)
Pelitbükü
1300
Esençay
Kozlu
Beycuma
Gökçebey
Karapınar
Safranbolu
Kuzlam
Kastamonu
Saraycık Dağı
Çiftlikköy
Saraydüzü
Çerçiler
Altınkaya
Sargın
Brj.
Yund Dağı
Mezraa
Türkmen
1783
Çakıralan
Ormanlı
KARABÜK
Araç Çayı
Araç
Kuzyaka
Akkaya
Kargı
Kızılırmak
Vezirköprü
Devrek
Yenice
Çavuşlar
İğdir
İhsangazi
Kırık
2587
Ilgaz Dağı Milli Parkı
Kâmil
Hacıhamza
Ada Dağı
Köprübaşı
(940)
Dorukhan
Geç.
Ovacık
Boyalı
Saraycık
(960)
Havza
Lâdik
Ak Dağ
2062
Eğerci
(925)
Soğanlı Ç.
Ilgaz
Tosya
Osmancık
Gümüşhacıköy
Merzifon
Suluova
Yedigöller Milli Parkı
Mengen
Pazarköy
Eskipazar
İsmetpaşa
Bayramören
Ilgaz Dağları
Kargın
Harun
Hamamözü
Gökçesu
Gerede
Arkut Dağı
Çerkeş
Kurşunlu
Devrez Çayı
Asarcık
Lâçin
Sarıbuğday
Amasya
Doğantepe
Karadürgen Dağı
Atkaracalar
Beloren
Yapraklı
Korgun
İskilip
Eğerli D.
Kaleköy
Yeşilırmak
Bolu
(726)
Kavacık
Ağaca
Işık D.
2015
(1570)
Sakaevi
İkizören
Bayat
ÇORUM
Dörtdivan
Güveni
Orta
Çankırı
Seydim
Hamdi
Mecitözü
Gediksaray
Köroğlu Dağları
2378
Çamlıdere
Kızılcahamam
Balcılar
Karagöl
Eldivan
Tatlı Ç.
Kuzu
Uğurludağ
1198
1791
İbek
Göynücek
Seben
Kıbrıscık
Peçenek
Soğuksu Milli P.
Bayındır Brj.
Çeltikçi
Şabanözü
Bozkır
Kızılırmak
Terme Ç.
Çorum Ç.
Çekerek Irm.
Zile
İğdir
Karaşar
Pazar
Çubuk Brj. II
Karamusa
Çandır
Kızılırmak
Demirşeyh
Alaca-höyük
Alaca
Çöplü
Ortaköy
Boztepe
Karaköy
Güdül
Kazan
Çubuk
(1365)
Sulakyurt
Kavak
Karaçay
Sungurlu
Aydıncık
Çekerek
Deveci Dağı
Beypazarı
Sirkeli
Kalecik
Alembeyli
Tasarı Milli Parkı
Hattuşaş
Boğazkale
1689
Eymir
Kadışehri
Çayırhan
Ayaş
İçmecesi
Kirmir Çayı
KEÇİÖREN
1992
İdris D.
Zincirli D.
Deremahal
Beyyurdu
Yanık
Koyunağılı
Kırbaşı
SİNCAN
ALTINDAĞ
Balışeyh
Delice
Salmanlı
Musabeyli
Sorgun
Doğanlı
Sarıoba
Polatlar
ANKARA
MAMAK
ÇANKAYA
Elmadağ
1742
Yahşihan
(700)
KIRIKKALE
Dinek D.
Yozgat
Çamlık Milli Parkı
Mihalıççık
Sarayköy
Ankara Ç.
Poyraz
(850)
Gölbaşı
1862
Elma D.
Hacılar
Süleymanlı
Şekili
Saraykent
Oluközü
Porsuk Ç.
Şabanözü
Temelli
Koparan
Çökören
Karaali
Karakeçili
Keskin
Takazlı
Akçakent
Yerköy
Saray
Osmanpaşa
Alcı
Gelingüllü Brj.
Hasbek
Akçakışla
Biçer
Sazılar
Gordion
Polatlı
Kayabaşı
İkizce
Balaban Ç.
Balâ
Çiçekdağı
Şefaatli
Yenipazar
Sarıkaya
İğdecik
Şeyhali
Oyaca
Çimşit
Çelebi
Akpınar
Göllü
Çamalak
Bozok Yaylâsı
Ak Dağlar
Sivrihisar
Günyüzü
Yenimehmetli
Haymana
Haymana Yaylâsı
Yenice
Kesikköprü
Kaman
Aydınlar
Çoğun
Boztepe
Seyfe G.
Karahasanlı
Sırcalı
Çayıralan
2272
Arayıt D.
1820
Yamak
Ilıca
Çeltikli
Odunboğazı
Savcılı
Hirfanlı Brj.
1808
Seyfeköy
Kozaklı
Akpınar
Fakılı
Boğazlıyan
Çandır
Ertuğrulköy
Yeşilöz
Çekirge
Karaca D.
1724
Yazıçayırı
Tokluman
KIRŞEHİR
(978)
Fehimli
Oğulcak
Çukur
Felâhiye
Adatoprakpınar
İlyaspaşa
Emirler
Akın
Kaçarlı
Büyüköz
Tuzla Gölü
Kurşunlu D.
Yarıkkaya
Çeltik
Yeşilyurt
Kozanlı
Kulu
Şereflikoçhisar
Kesikköprü Hanı
Mucur
Topaklı
(1260)
Kalaba
Himmetdede
Yamula Barajı
Tavşançalı
Tuzyaka
Hacıbektaş
Çallıgedik Geç.
Kızıl Dağı
Güneşli
Kanis
Erkilet
Gesi
Yunak
Hacıfaklı
Sülüklü
Yeniceoba
Harabeköy
Cihanbeyli
Tuz Gölü
Ağaçören
Bozkır
Gümüşkent
Özkonak
Boğazköprü
KAYSERİ
Konya
Aksaray
97
TÜRKİYE
Samsun
Taşova
Tokat
Sivas
Bünyan

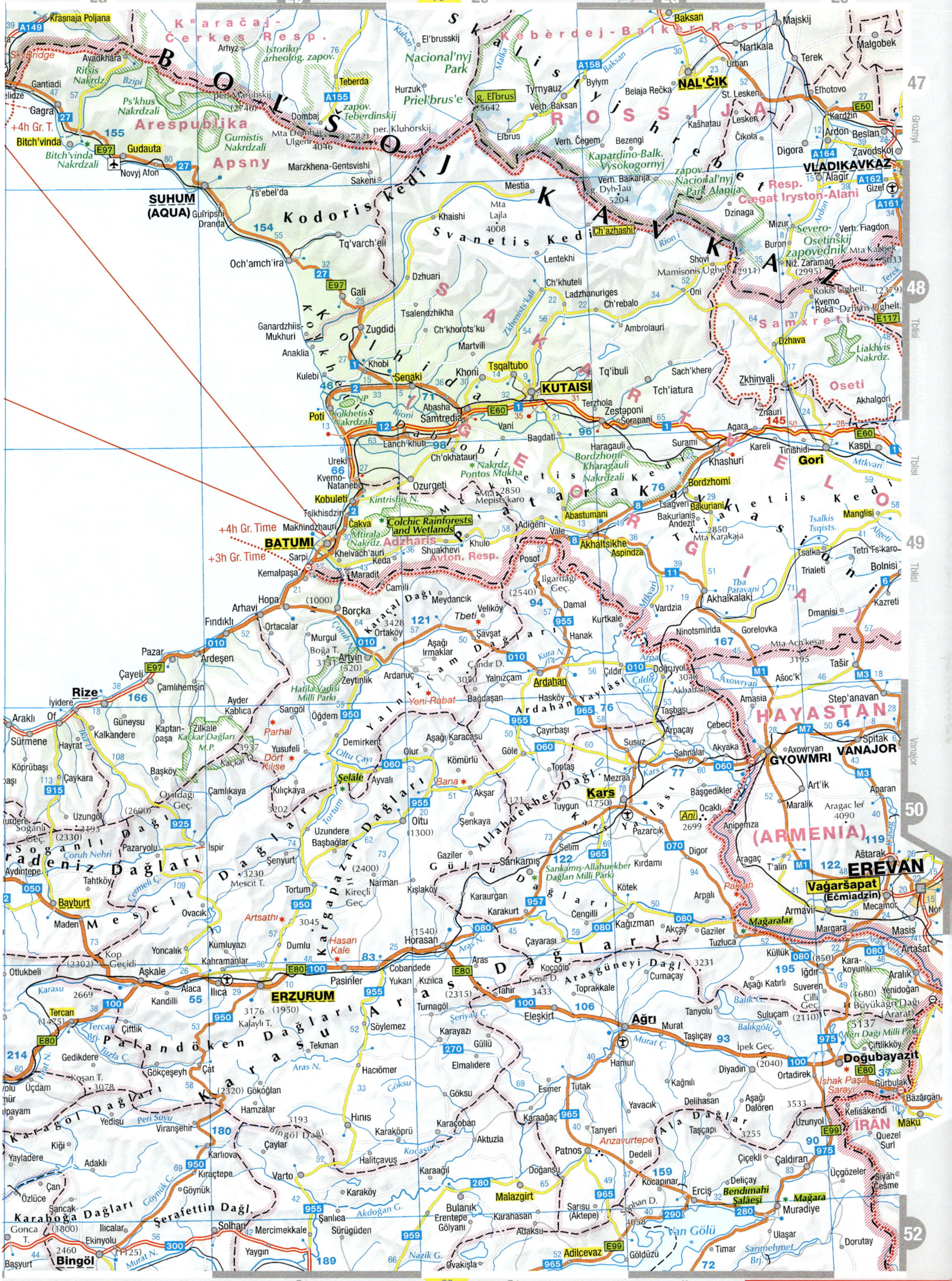

K'aračaj-Čerkes Resp.
Kebèrdej-Balker Resp.
ROSSIJA
BOL'ŠOJ KAVKAZ
Apsny Arespublika
SAKARTVELO
GEORGIA
HAYASTAN
(ARMENIA)
IRAN
Adžaris Avton. Resp.
Samxreti Oseti
Resp. Cægat Iryston-Alani
Kodoris Kedi
Svanetis Kedi
SUHUM (AQUA)
KUTAISI
BATUMI
NAL'ČIK
VLADIKAVKAZ
Gori
Poti
Zugdidi
Gagra
Gudauta
Rize
Artvin
Ardahan
Kars
GYOWMRI
VANAJOR
EREVAN
Vagaršapat (Ečmiadzin)
ERZURUM
Ağrı
Doğubayazıt
Bayburt
Bingöl
Malazgirt
Adilcevaz
Van Gölü
g. Èl'brus 5642
Palandöken Dağları
Karasu Aras Dağları
Mescit Dağları
Soğanlı Dağları
Yalnızçam Dağları
Allahuekber Dağl.
Aras Güneyi Dağl.
Ala Dağlar
Şerafettin Dağl.
Karagöl Dağları
Karaboğa Dağları
+4h Gr. Time
+3h Gr. Time

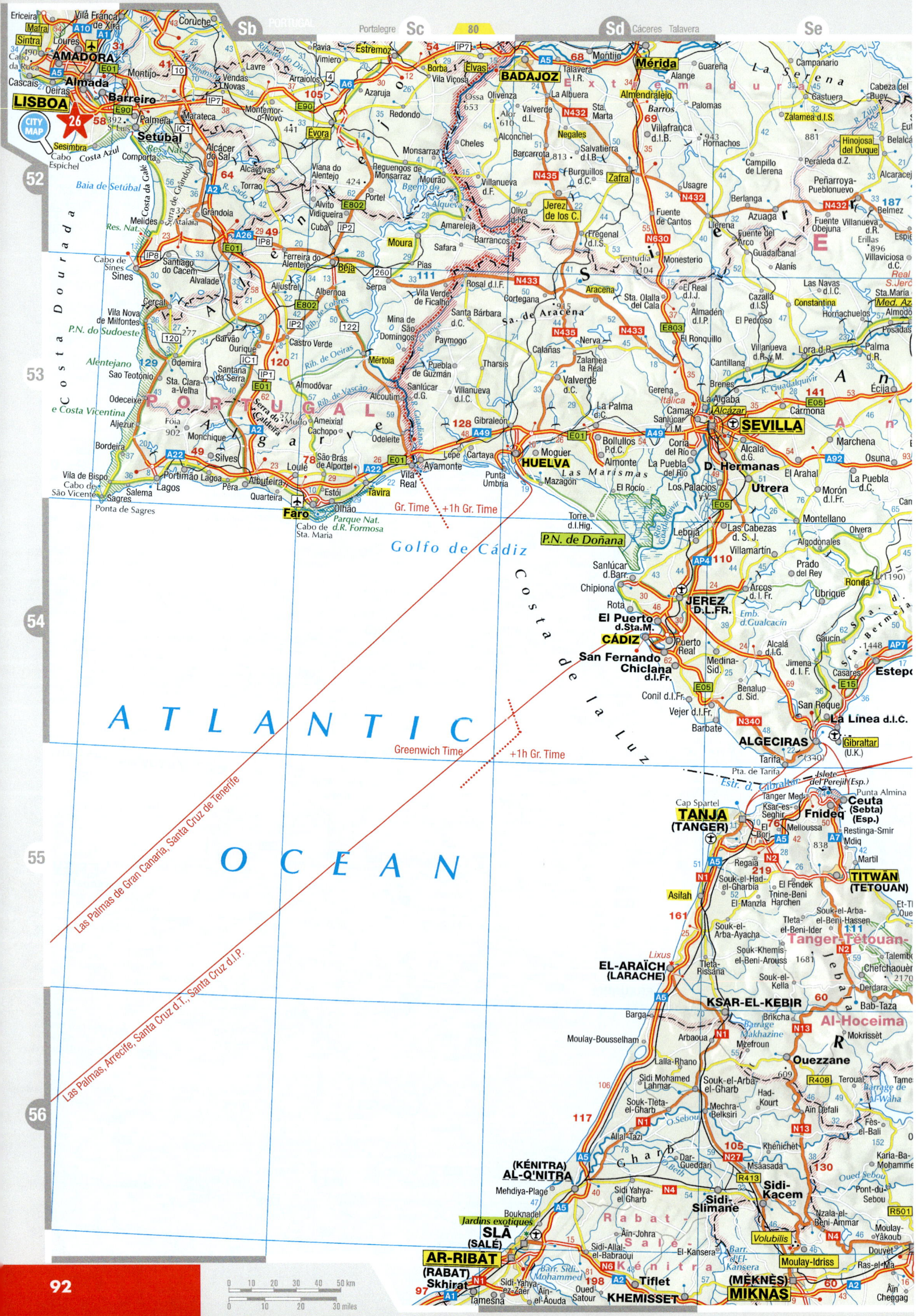

Sb
PORTUGAL
Portalegre
Sc
80
Sd
Cáceres
Talavera
Se
52
53
54
55
56
LISBOA
CITY MAP
AMADORA
Almada
Barreiro
Setúbal
Sintra
Cascais
Oeiras
Loures
Ericeira
Mafra
Vila Franca de Xira
Coruche
Montijo
Palmela
Sesimbra
Cabo Espichel
Costa Azul
Baía de Setúbal
Alcácer do Sal
Grândola
Santiago do Cacém
Sines
Odemira
Aljezur
Lagos
Sagres
Ponta de Sagres
Vila do Bispo
Cabo de São Vicente
Portimão
Lagoa
Silves
Monchique
Albufeira
Quarteira
Loulé
Faro
Olhão
Tavira
Vila Real
Ayamonte
Cabo de Sta. Maria
Parque Nat. d.R. Formosa
Costa Dourada
Costa Vicentina
P.N. do Sudoeste Alentejano
PORTUGAL
Algarve
Alentejo
Évora
Beja
Estremoz
Elvas
Borba
Vila Viçosa
Redondo
Monsarraz
Reguengos de Monsarraz
Moura
Serpa
Mértola
Castro Verde
Ourique
Almodôvar
Ferreira do Alentejo
Aljustrel
Vendas Novas
Montemor-o-Novo
Arraiolos
Pavia
Vimieiro
BADAJOZ
Mérida
Montijo
Almendralejo
Zafra
Jerez de los C.
Olivenza
Llerena
Extremadura
La Serena
Azuaga
Guadalcanal
Aracena
Sa. de Aracena
Sierra Morena
HUELVA
Moguer
Mazagón
Punta Umbría
Lepe
Cartaya
Almonte
El Rocío
Las Marismas
P.N. de Doñana
Torre d.l.Hig.
SEVILLA
Alcalá d.G.
D. Hermanas
Utrera
Carmona
Marchena
Osuna
Écija
Lebrija
Las Cabezas d. S. J.
Sanlúcar d.Barr.
Chipiona
Rota
El Puerto d.Sta.M.
JEREZ D.L.FR.
CÁDIZ
San Fernando
Chiclana d.l.Fr.
Puerto Real
Medina-Sid.
Conil d.l.Fr.
Vejer d.l.Fr.
Barbate
Tarifa
Pta. de Tarifa
ALGECIRAS
La Línea d.l.C.
Gibraltar (U.K.)
Estepona
Ronda
Arcos d. l. Fr.
Andalucía
Golfo de Cádiz
Costa de la Luz
Gr. Time
+1h Gr. Time
Greenwich Time
ATLANTIC OCEAN
Las Palmas de Gran Canaria, Santa Cruz de Tenerife
Las Palmas, Arrecife, Santa Cruz d.T., Santa Cruz d.l.P.
Estr. d. Gibraltar
Isloté del Perejil (Esp.)
Ceuta (Sebta) (Esp.)
Punta Almina
Fnideq
Cap Spartel
TANJA (TANGER)
Ksar-es-Seghir
Asilah
TITWAN (TETOUAN)
Tanger-Tétouan-
Chefchaouen
EL-ARAÏCH (LARACHE)
Lixus
KSAR-EL-KEBIR
Al-Hoceima
Ouezzane
Moulay-Bousselham
Souk-el-Arba-el-Gharb
(KÉNITRA) AL-Q'NITRA
Mehdiya-Plage
Sidi-Kacem
Sidi-Slimane
Jardins exotiques
SLÀ (SALÉ)
AR-RIBAT (RABAT)
Skhirat
Témara
Tiflet
KHEMISSET
(MEKNÈS) MIKNAS
Moulay-Idriss
Volubilis
Rabat-Salé-Kénitra
0 10 20 30 40 50 km
0 10 20 30 miles

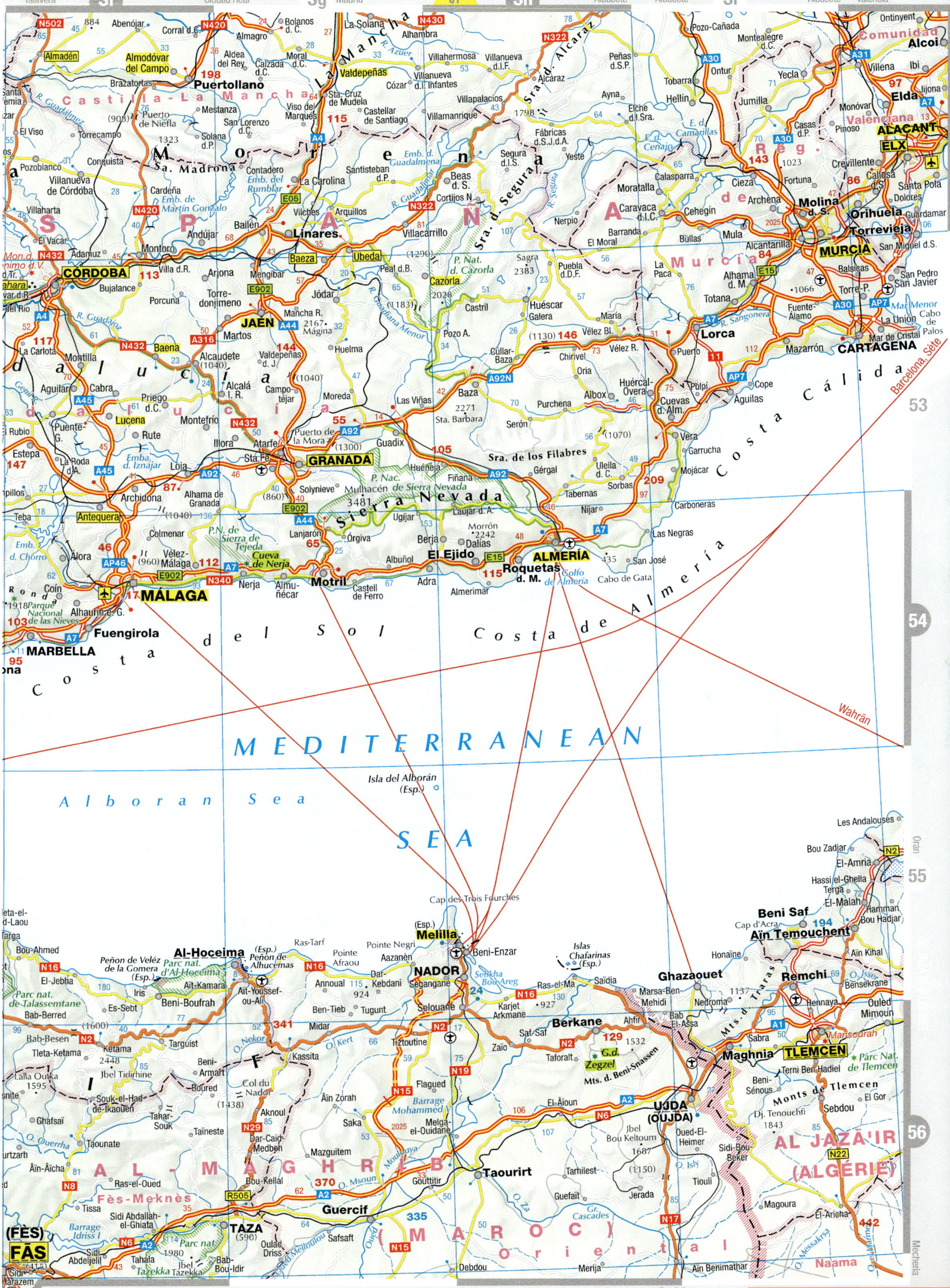
Castilla-La Mancha
Sierra Morena
ESPAÑA
Andalucía
Región de Murcia
Comunidad Valenciana
Almadén
Almodóvar del Campo
Puertollano
Abenójar
Corral d.C.
Almagro
Bolaños d.C.
La Solana
Alhambra
Valdepeñas
Villahermosa
Villanueva d.I.F.
Villanueva d.l. Infantes
Alcaraz
Peñas d.S.P.
Brazatortas
Mestanza
Puerto de Niefla
San Lorenzo d.C.
Solana d.P.
Viso del Marqués
Sta. Cruz de Mudela
Castellar de Santiago
Villamanrique
Villapalacios
Torrecampo
El Viso
Pozoblanco
Conquista
Villanueva de Córdoba
Cardeña
Sa. Madrona
Contadero
Emb. del Rumblar
La Carolina
Santisteban d.P.
Emb. d. Guadalmena
Beas d.S.
Cortijos N.
Segura d.l.S.
Sra. d. Segura
Sra. d. Alcaraz
Fábricas d.S.J.d.A.
Yeste
Nerpio
Villaharta
Emb. de Martín Gonzalo
Andújar
Bailén
Vilches
Arquillos
Linares
Villacarrillo
Baeza
Úbeda
El Vacar
Adamuz
Montoro
CÓRDOBA
Villa d.R.
Arjona
Mengíbar
Bujalance
Porcuna
Torredonjimeno
Jódar
Peal d.B.
Cazorla
P. Nat. d. Cazorla
JAÉN
Mancha R.
Mágina
Castril
Huéscar
Galera
Sagra
Puebla d.D.F.
María
Vélez Bl.
Vélez R.
Chirivel
Oria
Cúllar-Baza
Baza
Sta. Barbara
Martos
Alcaudete
Valdepeñas d.J.
Huelma
Pozo A.
La Carlota
Montilla
Baena
Aguilar
Cabra
Alcalá l.R.
Campotéjar
Moreda
Las Viñas
Priego d.C.
Lucena
Montefrío
Puente-G.
Rute
Illora
Atarfe
Puerto de la Mora
Guadix
Estepa
La Roda d.A.
Emba. d. Iznájar
Loja
Sta. Fe
GRANADA
Huéneja
Fiñana
Gérgal
Sra. de los Filabres
Serón
Purchena
Albox
Huércal-Overa
Cuevas d. Alm.
Vera
Garrucha
Mojácar
Uleila d.C.
Sorbas
Tabernas
Nijar
Carboneras
Las Negras
San José
Cabo de Gata
Archidona
Alhama de Granada
Solynieve
Mulhacén
P. Nac. de Sierra Nevada
Sierra Nevada
Laujar d.A.
Morrón
Dalías
Berja
El Ejido
ALMERÍA
Roquetas d. M.
Golfo de Almería
Almerimar
Adra
Albuñol
Castell de Ferro
Motril
Almuñécar
Nerja
Cueva de Nerja
P.N. de Sierra de Tejeda
Vélez-Málaga
Colmenar
Antequera
Teba
Emb. d. Chorro
Álora
MÁLAGA
Coín
Alhaurín e. G.
Parque Nacional de las Nieves
Ronda
Fuengirola
MARBELLA
Orgiva
Lanjarón
Ugíjar
Pozo-Cañada
Montealegre d.C.
Ontinyent
Alcoi
Villena
Ibi
Elda
Jijona
Yecla
Jumilla
Tobarra
Hellín
Ontur
Ayna
Elche d.l.Sra.
E. d. Camarillas
E. d. Cenajo
Calasparra
Moratalla
Caravaca d.l.C.
Cehegín
Bullas
Mula
Cieza
Archena
Molina d. S.
Fortuna
Crevillente
Callosa d.S.
Orihuela
Santa Pola
Dolores
Guardamar
Torrevieja
San Miguel d.S.
MURCIA
Alcantarilla
Alhama d. M.
Totana
Lorca
Puerto
Barranda
El Moral
La Paca
Balsicas
Torre-P.
San Pedro
San Javier
Mar Menor
Fuente-Álamo
La Unión
Cabo de Palos
Mar de Cristal
CARTAGENA
Mazarrón
Pulpí
Águilas
Cope
Costa Cálida
Costa de Almería
Costa del Sol
ALACANT
ELX
Monóvar
Pinoso
Casas d.P.
Barcelona, Sète
Wahrān
MEDITERRANEAN SEA
Alboran Sea
Isla del Alborán (Esp.)
Cap des Trois Fourches
Melilla (Esp.)
Beni-Enzar
NADOR
Sebkha Bou Areg
Segangane
Selouane
Dar-Kebdani
Aazanèn
Pointe Negri
Pointe Afraou
Ras-Tarf
Annoual
Ben-Tieb
Tugunt
Tiztoutine
Midar
Islas Chafarinas (Esp.)
Ras-el-Ma
Saïdia
Karjet Arkmane
Berkane
Saf-Saf
Zaïo
Taforalt
G.d. Zegzel
Mts. d. Beni-Snassen
Ahfir
Marsa-Ben-Mehidi
Ghazaouet
Nedroma
Bab El-Assa
Mts. d. Traras
Honaïne
Beni Saf
Cap d'Acra
Aïn Temouchent
Les Andalouses
Bou Zadjar
El-Amria
Hassi el-Ghella
Terga
El-Malah
Hamman Bou Hadjar
Aïn Kihal
Remchi
Bensekrane
Hennaya
Ouled Mimoun
Sabra
Maghnia
TLEMCEN
Mansourah
Parc Nat. de Tlemcen
Terni Ben Hadiel
Beni-Sénous
Monts de Tlemcen
Sebdou
El Gor
Dj. Tenouchfi
UJDA (OUJDA)
Oued-El-Heimer
Sidi-Bou-Beker
Jbel Bou Keltoum
Jerada
Tiouli
El-Aïoun
Taourirt
Tarhilest
Guefaït
Gr. Cascades
Magoura
El-Aricha
AL JAZĀ'IR (ALGÉRIE)
Naama
Aïn Benimathar
Merija
Debdou
AL-MAGHRIB (MAROC)
Oriental
Guercif
Gouttitir
Mazguitem
Melga-el-Ouidane
Barrage Mohammed V
Saka
Flagued
Aïn Zorah
Kassita
Dar-Caid-Medboh
Aknoul
Col du Nador
Taïneste
Tahar-Souk
Bou-Kellal
TAZA
Oulad Driss
Safsaft
Bab-Bou-Idir
Tazekka
Parc nat.
Tahala
Abdeljelil
Sidi Abdallah-el-Ghiata
Barrage Idriss I
Tissa
Fès-Meknès
Ras-el-Oued
Aïn-Aïcha
Taounate
Ghafsaï
Souk-el-Had-de-Ikaouen
Boured
Beni-Armaft
Targuist
Ketama
Jbel Tidirhine
Tleta-Ketama
Bab-Besen
Bab-Berred
Es-Sebt
Beni-Boufrah
Aït-Kamara
Aït-Youssef-ou-Ali
Al-Hoceima
Peñón de Alhucemas (Esp.)
Parc nat. d'Al-Hoceima
Peñón de Veléz de la Gomera (Esp.)
Iris
El-Jebha
Parc nat. de Talassemtane
Bou-Ahmed
Targa
(FÈS) FAS
Marrakech
AL-MAGHRIB (MAROC)
Bouârfa
Oran
Mecheria

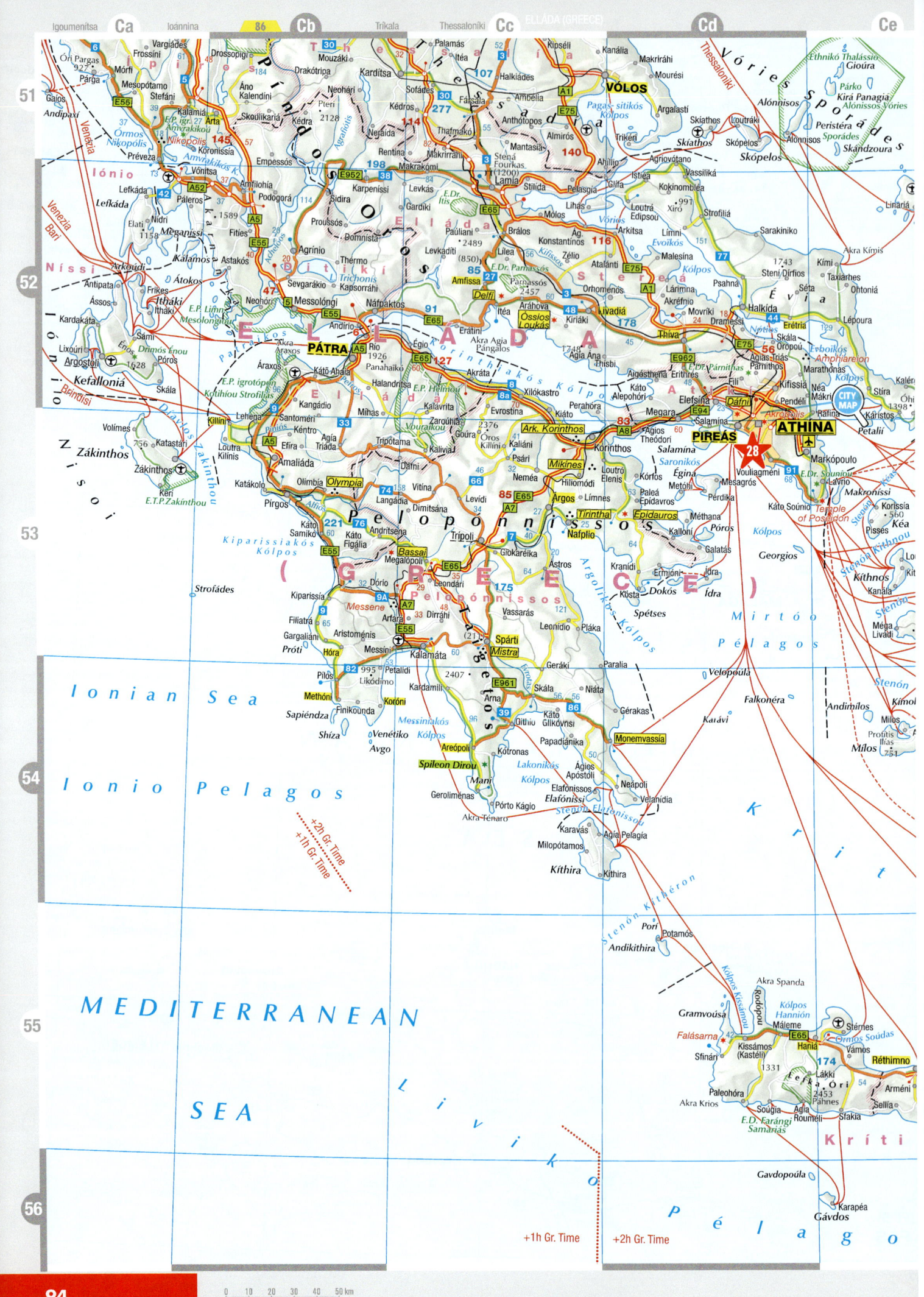

51
52
53
54
55
56
VÓLOS
Lamía
Ioánnina
Préveza
Lefkáda
Agrínio
Messolóngi
PÁTRA
Kefalloniá
Argostóli
Itháki
Zákinthos
Pírgos
Olimbía
Kalamáta
Spárti
Mistrá
Trípoli
Nafplio
Árgos
Kórinthos
Delfí
Livadiá
Thíva
Halkída
ATHÍNA
PIREÁS
Elefsína
Salamína
Égina
Póros
Ídra
Spétses
Monemvassía
Kíthira
Skíathos
Skópelos
Alónnisos
Évia
E L L Á D A
(G R E E C E)
Pelopónnissos
Stereá
Attikí
Kórinthiakós Kólpos
Patraikós Kólpos
Saronikós Kólpos
Argolikós Kólpos
Lakonikós Kólpos
Messiniakós Kólpos
Pagasitikós Kólpos
Vórios Evvoikós
Mirtóo Pélagos
Ionian Sea
Ionio Pelagos
MEDITERRANEAN SEA
Livikó Pélagos
Kríti
Haniá
Réthimno
Kissamos (Kastéli)
Paleohóra
Gávdos
+2h Gr. Time
+1h Gr. Time
CITY MAP

0 10 20 30 40 50 km
0 10 20 30 miles

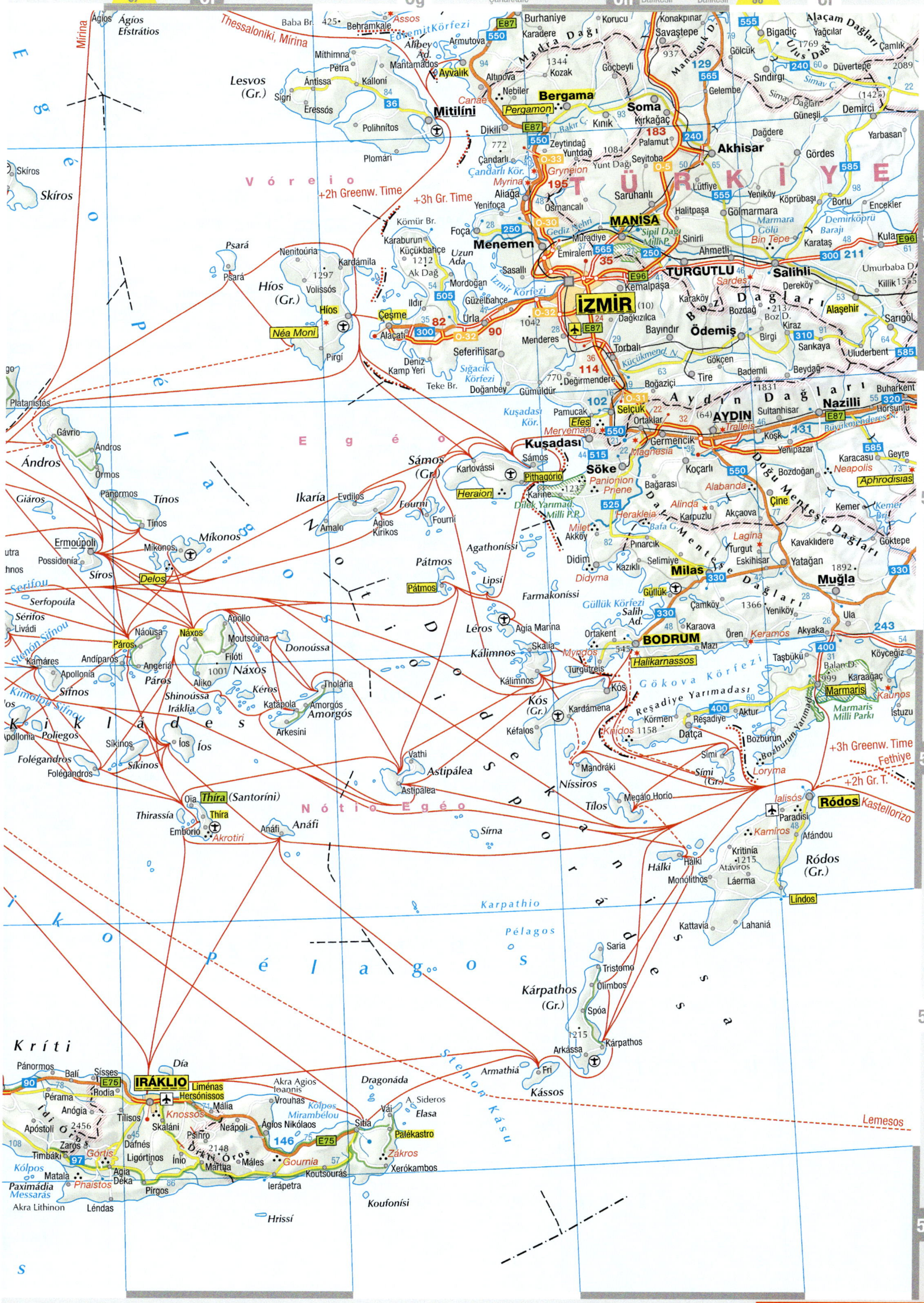

Ágios Efstrátios
Thessaloniki, Mírina
Mírina
Lesvos (Gr.)
Mitilíni
Ayvalık
Edremit Körfezi
Burhaniye
Bergama
Pergamon
Soma
Kırkağaç
Akhisar
Gördes
Demirci
Bigadiç
Sındırgı
Dikili
Çandarlı
Aliağa
Foça
Menemen
MANİSA
TURGUTLU
Salihli
Alaşehir
İZMİR
Çeşme
Urla
Seferihisar
Torbalı
Ödemiş
Bayındır
Tire
Selçuk
Efes
AYDIN
Nazilli
Kuşadası
Söke
Çine
Milas
Muğla
Yatağan
BODRUM
Halikarnassos
Marmaris
Datça
Fethiye
Rhódos
Lindos
Kos (Gr.)
Kálimnos
Léros
Pátmos
Lipsí
Sámos (Gr.)
Ikaría
Híos (Gr.)
Psará
Skíros
Ándros
Tínos
Míkonos
Delos
Síros
Náxos
Páros
Amorgós
Íos
Thíra (Santoríni)
Anáfi
Astipálea
Nísiros
Tílos
Sími
Hálki
Kárpathos (Gr.)
Kássos
Kríti
IRÁKLIO
Knossós
Sitía
Ierápetra
Zákros
Phaistos
Gortis
Dia
Koufonísi
Hrissí
Lemesos
Kastellorizo
Vóreio Egéo
Nótio Egéo
Dodekánisa
Kikládes
Karpathio Pélagos
Stenón Kásu
Aydın Dağları
Bozdağları
Menteşe Dağları
Gökova Körfezi
Reşadiye Yarımadası
TÜRKİYE
+2h Greenw. Time
+3h Gr. Time
+3h Greenw. Time
+2h Gr. T.
51
52
53
54
55
56
Afyon
Denizli
Antalya

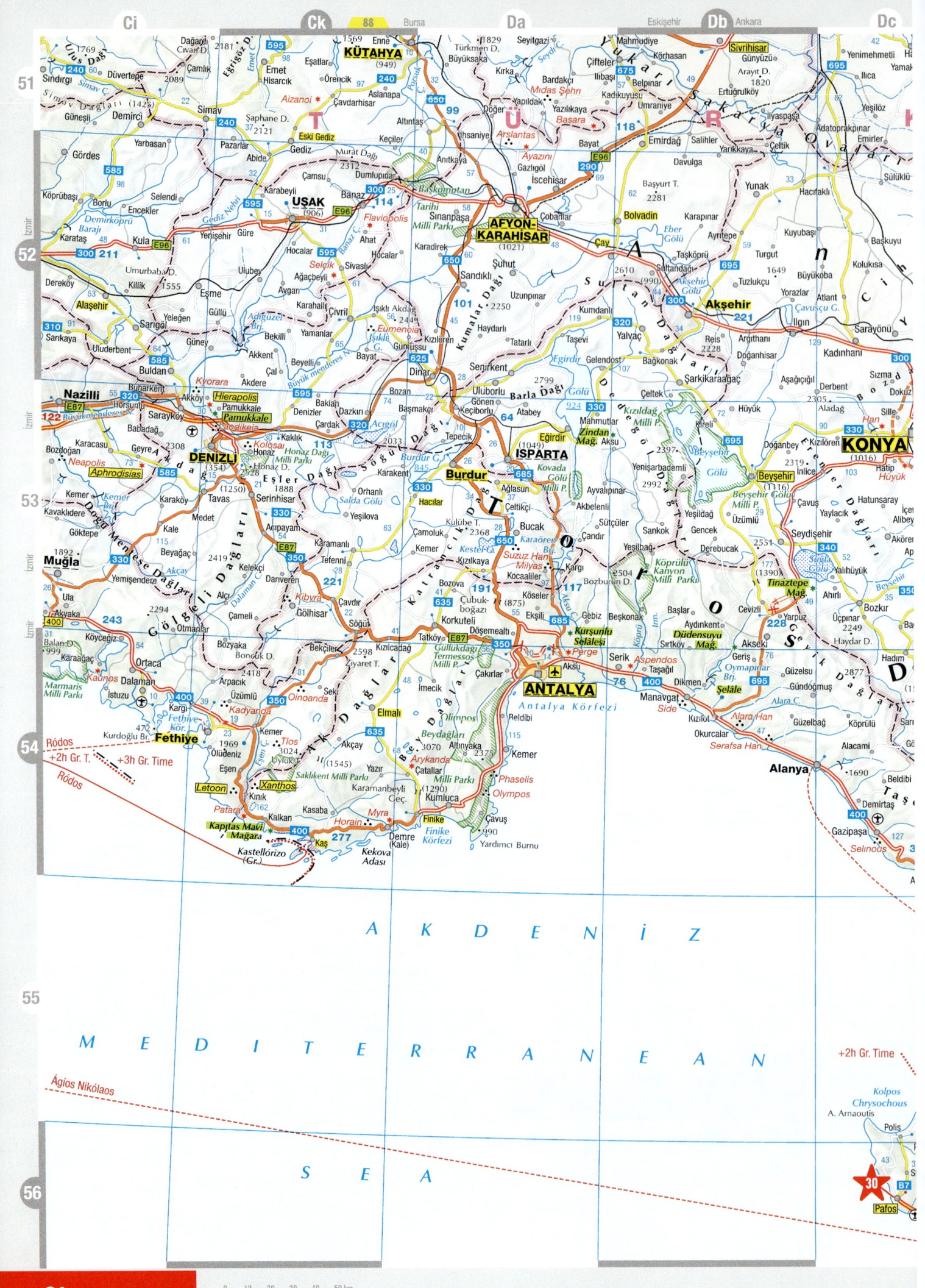
KÜTAHYA
UŞAK
AFYON-KARAHİSAR
DENIZLI
ISPARTA
Burdur
KONYA
Akşehir
Muğla
Nazilli
Fethiye
ANTALYA
Alanya
Manavgat
Side
Kaş
Kemer
Serik
Aspendos
Perge
Pamukkale
Hierapolis
Laodikeia
Aphrodisias
Kolosai
Xanthos
Letoon
Patara
Myra
Phaselis
Olympos
Termessos
Sagalassos
Kibyra
Eğirdir
Beyşehir
Sivrihisar
Bolvadin
Çay
Emirdağ
Ilgın
Simav
Gediz
Demirci
Gördes
Kula
Alaşehir
Sarıgöl
Buldan
Sarayköy
Acıpayam
Tavas
Çivril
Dinar
Elmalı
Korkuteli
Kumluca
Finike
Demre (Kale)
Kalkan
Dalaman
Ortaca
Köyceğiz
Akyaka
Ula
Yalvaç
Şarkikaraağaç
Seydişehir
Bozkır
Gazipaşa
Selinous
Pafos
Polis
Kolpos Chrysochous
A. Arnaoutis
Kastellórizo (Gr.)
Kekova Adası
Antalya Körfezi
Finike Körfezi
Yardımcı Burnu
Ródos
Ágios Nikólaos
+2h Gr. T.
+3h Gr. Time
+2h Gr. Time
T Ü R K İ Y E
T O R O S
S u l t a n D a ğ l a r ı
B e y D a ğ l a r ı
A K D E N I Z
M E D I T E R R A N E A N S E A
Murat Dağı 2312
Barla Dağı 2799
Kapıtaş Mavi Mağara
Kurşunlu Şelalesi
Düdensuyu Mağ.
Zindan Mağ.
Tınaztepe Mağ.
Köprülü Kanyon Milli Parkı
Saklıkent Milli Parkı
Kızıldağ Milli P.
Kovada Gölü Milli P.
Güllükdağı Termessos Milli P.
Beydağları Milli Parkı
Marmaris Milli Parkı
Salda Gölü
Burdur G.
Eğirdir Gölü
Beyşehir Gölü
Akşehir Gölü
Eber Gölü
Acıgöl
Suğla Gölü
E87 E96 300 330 350 400 650 685 695

0 10 20 30 40 50 km
0 10 20 30 miles

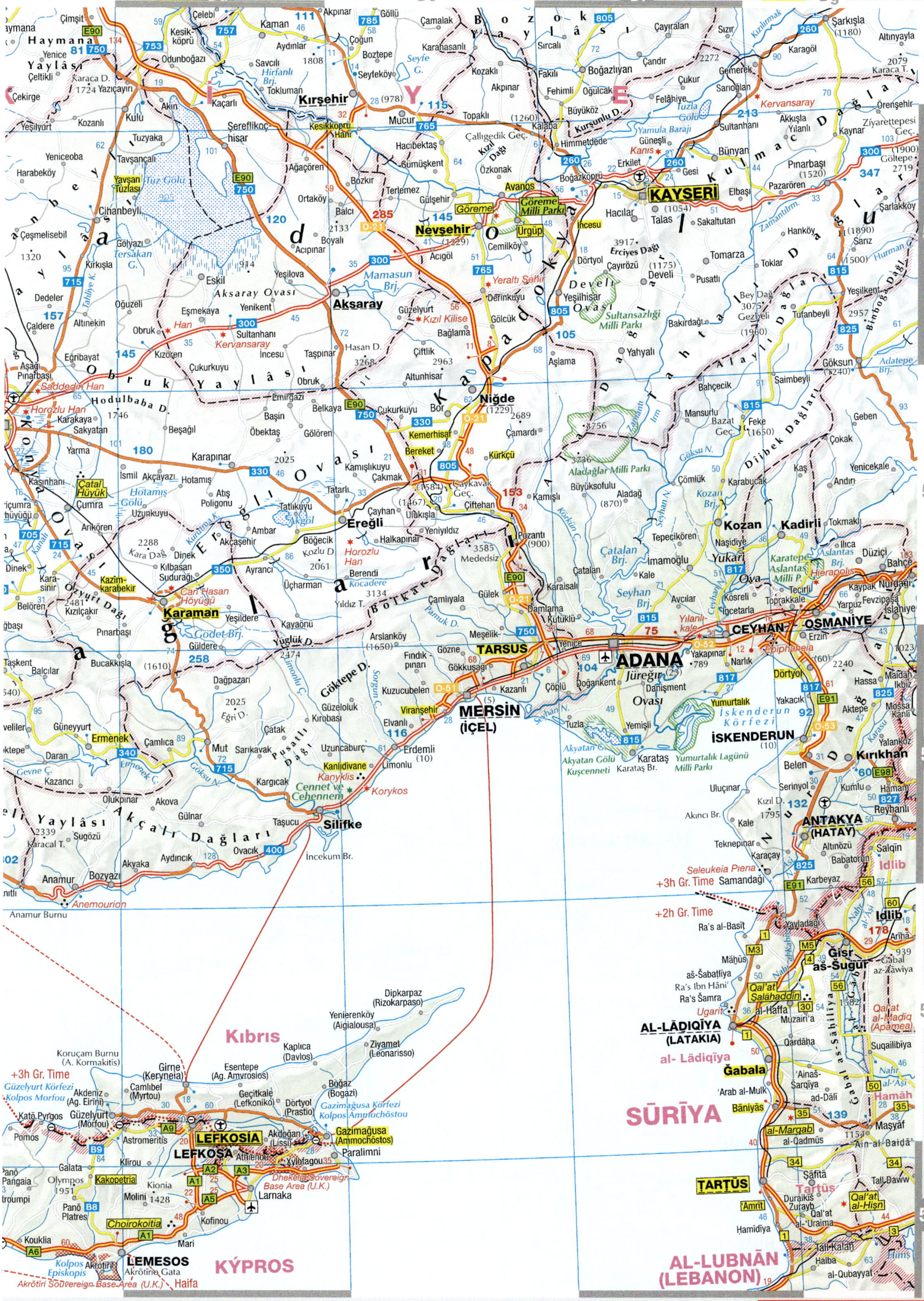
51
52
53
54
55
56
Haymana
Yaylâsı
Kaman
Kırşehir
Mucur
Hacıbektaş
Avanos
Göreme
Göreme Milli Parkı
Nevşehir
Ürgüp
Kayseri
Talas
Erciyes Dağı
Develi
Sultansazlığı Milli Parkı
Şarkışla
Pınarbaşı
Sarız
Tomarza
Tuz Gölü
Cihanbeyli
Aksaray
Aksaray Ovası
Sultanhanı
Obruk Yaylâsı
Niğde
Bor
Kemerhisar
Bereket
Kapadokya
Kırkgöz
Pozantı
Ereğli
Karapınar
Konya Ovası
Çumra
Çatal Hüyük
Karaman
Can Hasan Höyüğü
Bolkar Dağları
Aladağlar Milli Parkı
Feke
Saimbeyli
Göksun
Kozan
Kadirli
Karatepe Aslantaş Milli P.
Osmaniye
Ceyhan
Adana
Tarsus
Mersin (İçel)
Erdemli
Kanlıdivane
Cennet ve Cehennem
Korykos
Silifke
Taşucu
Mut
Ermenek
Gülnar
Anamur
Anamur Burnu
Anemourion
Akçalı Dağları
Yumurtalık
İskenderun Körfezi
İskenderun
Dörtyol
Kırıkhan
Reyhanlı
Antakya (Hatay)
Samandağı
Seleukeia Piera
+3h Gr. Time
+2h Gr. Time
Idlib
Ǧisr aš-Šuġūr
Qal'at Salāḥaddīn
Ugarit
Al-Lādiqīya (Latakia)
al- Lādiqīya
Ǧabala
Bāniyās
al-Marqab
Qal'at al-Madīq (Apamea)
Ḥamāh
Maṣyāf
Ṭarṭūs
Amrīt
Qal'at al-Ḥiṣn
Sūrīya
Al-Lubnān (Lebanon)
Kıbrıs
Kýpros
Dipkarpaz (Rizokarpaso)
Yenierenköy (Aigialousa)
Ziyamet (Leonarisso)
Kaplıca (Davlos)
Girne (Keryneia)
Esentepe (Ag. Amvrosios)
Koruçam Burnu (A. Kormakitis)
Güzelyurt Körfezi Kolpos Morfou
Güzelyurt (Morfou)
Gazimağusa Körfezi Kolpos Ammochōstou
Gazimağusa (Ammochōstos)
Paralimni
Lefkosia
Lefkoşa
Larnaka
Dhekelia Sovereign Base Area (U.K.)
Kakopetria
Olympos 1951
Choirokoitia
Lemesos
Kolpos Episkopis
Akrōtiri
Akrōtiri Sovereign Base Area (U.K.)
Haifa
Pafos
Pomos

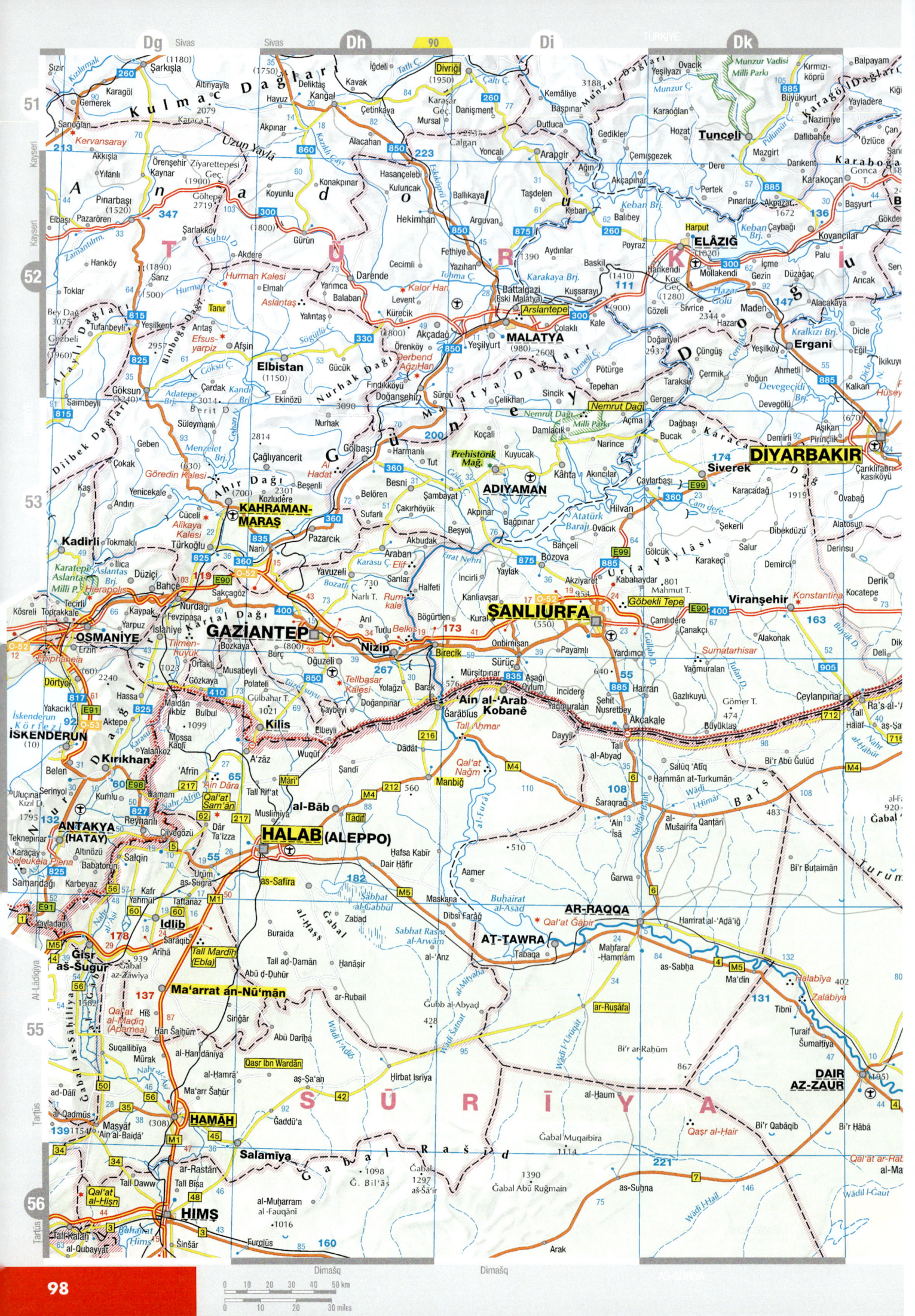

51
52
53
55
56
Kulmaç Dağları
Şarkışla
Kervansaray
Uzun Yayla
Divriği
Kangal
Tunceli
Munzur Vadisi Milli Parkı
Pınarbaşı
Arapgir
Keban
Harput
ELÂZIĞ
Hekimhan
Darende
Hurman Kalesi
Kalor Han
Battalgazi (Eski Malatya)
Arslantepe
MALATYA
Ergani
Elbistan
Afşin
Göksun
Nurhak Dağı
Malatya Dağları
Nemrut Dağı
Milli Parkı
Prehistorik Mağ.
ADIYAMAN
Kâhta
Siverek
DIYARBAKIR
KAHRAMANMARAŞ
Ahır Dağı
Atatürk Barajı
Kadirli
Karatepe-Aslantaş Milli P.
Hierapolis
OSMANIYE
Nurdağı
GAZIANTEP
Kartal Dağı
Nizip
Birecik
ŞANLIURFA
Göbekli Tepe
Viranşehir
Harran
Akçakale
Sürüç
'Ain al-'Arab Kobanê
Ğarābulus
Kilis
İSKENDERUN
Kırıkhan
ANTAKYA (HATAY)
Seleukeia Pieria
Tall Ahmar
Qal'at Nağm
Manbiğ
al-Bāb
HALAB (ALEPPO)
Qal'at Sam'ān
Idlib
Tall Mardīh (Ebla)
Ma'arrat an-Nu'mān
Qal'at al-Madīq (Apamea)
Qasr Ibn Wardān
HAMĀH
Salamīya
HIMŞ
Qal'at al-Hişn
AR-RAQQA
Qal'at Ğabir
AT-TAWRA
ar-Ruşāfa
Halabīya
Zalabīya
DAIR AZ-ZAUR
Qaşr al-Ḥair
SŪRĪYA
Ğabal Rašid
Sabhat al-Ğabbūl
Al-Lādiqīya
Tartūs
Dimašq

0 10 20 30 40 50 km
0 10 20 30 miles

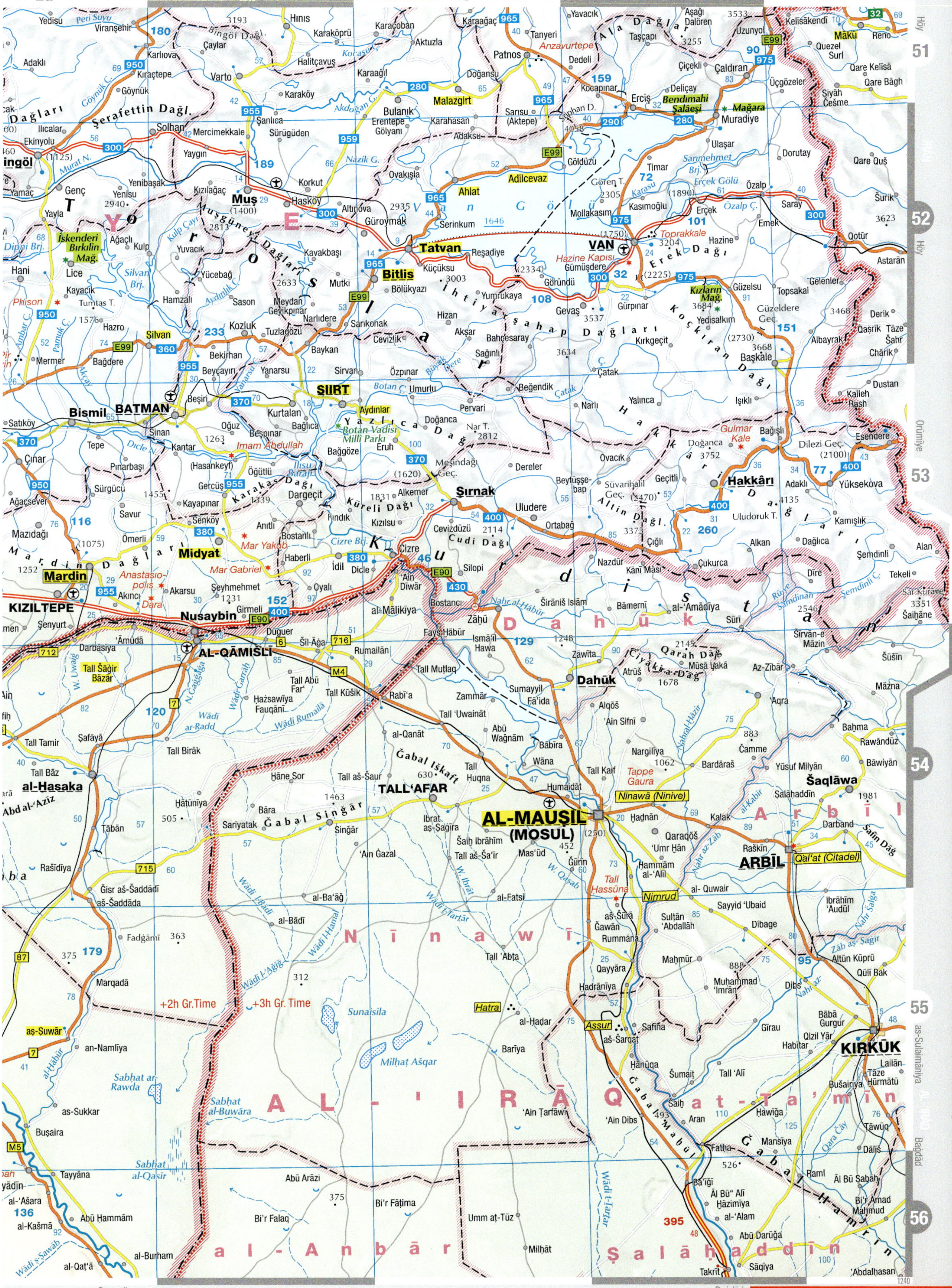
Bingöl Dağl.
Şerafettin Dağl.
Muş
Tatvan
Bitlis
Ahlat
Adilcevaz
Malazgirt
Patnos
Erciş
Muradiye
Bendimahi Şelâlesi
Mağara
VAN
Erek Dağı
Toprakkale
Hazine Kapısı
Gevaş
Gürpınar
Kızların Mag.
İskenderi Bırkılın Mag.
Lice
Kulp
Silvan
Hazro
Bismil
BATMAN
SİİRT
Baykan
Kozluk
Sason
Botan Vadisi Milli Parkı
Yazlıca Dağı
Eruh
Pervari
Şırnak
Uludere
Beytüşşebap
Hakkâri
Yüksekova
Esendere
Başkale
Gulmar Kale
Cudi Dağı
Cizre
Silopi
İdil
Midyat
Mar Yakob
Mar Gabriel
Anastasiopolis
Dara
Mardin
KIZILTEPE
Nusaybin
AL-QĀMIŠLĪ
Hasankeyf
Imam Abdullah
Kürdistan
Dahūk
Zāḫū
Tall Kūšik
Rabī'a
TALL 'AFAR
Ǧabal Sinǧār
Sinǧār
AL-MAUṢIL (MOSUL)
Nīnawā (Ninive)
Nimrud
Tall Ḥassūna
Tappe Gaura
Aššur
Hatra
al-Ḥaḍar
ARBĪL
Qal'at (Citadel)
Šaqlāwa
Rawāndūz
KIRKŪK
at-Ta'mīm
Ǧabal Ḥamrīn
Ǧabal Makḥūl
Bāba Gurgur
Bayǧī
Tikrīt
Ṣalāḥaddīn
al-Anbār
AL-'IRĀQ
Nīnawā
Arbīl
Milḥat Aš'ar
Sunaisila
al-Ḥasaka
Tall Tamir
+2h Gr.Time
+3h Gr. Time
Ḫöy
Urmīye
as-Sulaimānīya

1 : 20 000

BLATTÜBERSICHT	KEY MAP	CARTE D'ASSEMBLAGE	QUADRO D' UNIONE
MAPA ÍNDICE	ÍNDICE DE MAPA	KLAD MAPOVÝCH LISTŮ	SKOROWIDZ ARKUSZY
PREGLED LIST	PREGLED LISTOV	ÁTTEKINTŐTÉRKÉP	OVERSIGTSKORT

1 : 20 000

Zeichenerklärung / Vysvětlivky (D)	Legend / Objaśnienia znaków (UK)	Légende / Tumač znakova (F)			Segni convenzionali / Legenda (I)	Signos convencionales / Jelmagyarázat (E)	Sinais convencionais / Tegnforklaring (P)
Autobahn	Motorway	Autoroute			Autostrada	Autopista	Auto-estrada
Vierspurige Straße	Road with four lanes	Route à quatre voies			Strada a quattro corsie	Carretera de cuatro carriles	Estrada com quatro faixas
Durchgangsstraße	Thoroughfare	Route de transit			Strada di attraversamento	Carretera de tránsito	Estrada de trânsito
Hauptstraße	Main road	Route principale			Strada principale	Carretera principal	Estrada principal
Sonstige Straßen	Other roads	Autres routes			Altre strade	Otras carreteras	Outras estradas
Einbahnstaße - Fußgängerzone	One-way street - Pedestrian zone	Rue à sens unique - Zone piétonne			Via a senso unico - Zona pedonale	Calle de dirección única - Zona peatonal	Rua de sentido único - Zona de peões
Information - Parkplatz	Information - Parking place	Information - Parking			Informazioni - Parcheggio	Información - Aparcamiento	Informação - Parque de estacionamento
Hauptbahn mit Bahnhof	Main railway with station	Chemin de fer principal avec gare			Ferrovia principale con stazione	Ferrocarril principal con estación	Linha principal ferroviária com estação
Sonstige Bahn	Other railway	Autre ligne			Altra ferrovia	Otro ferrocarril	Linha ramal ferroviária
U-Bahn	Underground	Métro			Metropolitana	Metro	Metro
Straßenbahn	Tramway	Tramway			Tram	Tranvía	Eléctrico
Park+Ride	Park+Ride	Bus d'aéroport			Autobus per l'aeroporto	Autobús al aeropuerto	Autocarro c. serviço aeroporto
Polizeistation - Postamt	Police station - Post office	Poste de police - Bureau de poste			Posto di polizia - Ufficio postale	Comisaria de policia - Correos	Esquadra da polícia - Correios
Krankenhaus - Jugendherberge	Hospital - Youth hostel	Hôpital - Auberge de jeunesse			Ospedale - Ostello della gioventù	Hospital - Albergue juvenil	Hospital - Pousada da juventude
Kirche	Church	Église - Église remarquable			Chiesa - Chiesa interessante	Iglesia - Iglesia de interés	Igreja - Igreja interessante
Fernsehturm - Leuchtturm	TV tower - Lighthouse	Synagogue - Mosquée			Sinagoga - Moschea	Sinagoga - Mezquita	Sinagoga - Mesquita
Denkmal - Turm	Monument - Tower	Monument - Tour			Monumento - Torre	Monumento - Torre	Monumento - Torre
Bebaute Fläche, öffentliches Gebäude	Built-up area, public building	Zone bâtie, bâtiment public			Caseggiato, edificio pubblico	Zona edificada, edificio público	Área urbana, edifício público
Industriegelände	Industrial area	Zone industrielle			Zona industriale	Zona industrial	Zona industrial
Park, Wald	Park, forest	Parc, bois			Parco, bosco	Parque, bosque	Parque, floresta

(CZ)	(PL)	(HR)			(SLO)	(H)	(DK)
Dálnice	Autostrada	Autocesta			Avtocesta	Autópálya	Motorvej
Čtyřstopá silnice	Droga o czterech pasach ruchu	Cesta sa četiri traka			Stiripasovna cesta	Négysávos út	Firesporet vej
Průjezdní silnice	Droga przelotowa	Tranzitna cesta			Tranzitna cesta	Átmenő út	Genemmfartsvej
Hlavní silnice	Droga główna	Glavna cesta			Glavna cesta	Főút	Hovedvej
Ostatní silnice	Drogi inne	Ostale ceste			Druge ceste	Egyéb utak	Andre mindre vejen
Jednosměrná ulice - Pěší zóna	Ulica jednokierunkowa - Strefa ruchu pieszego	Jednosmjerna ulica - Pješačka zona			Enosmerna cesta - Površine za pešce	Egyirányú utca - Sétáló utca	Gade med ensrettet kørsel - Gågade
Informace - Parkoviště	Informacja - Parking	Informacije - Parkiralište			Informacije - Parkirišče	Információ - Parkolóhely	Information - Parkeringplads
Hlavní železnice s stanice	Kolej główna z dworcami	Glavna željeznička pruga sa kolodvorom			Glavna železniška proga z železniško postajo	Fővasútvonal állomással	Hovedjernbanelinie med station
Ostatní železnice	Kolej drugorzędna	Ostala željeznička traka			Druga železniška proga	Egyéb vasútvonal	Anden jernbanelinie
Metro	Metro	Podzemna željeznica			Podzemska železnica	Földalatti vasút	Underjordisk bane
Tramvaj	Linia tramwajowa	Tramvaj			Tramvaj	Villamos	Sporvej
Letištní autobus	Autobus dojazdowy na lotnisko	Autobus zračnog pristaništa			Letališki avtobus	Park+Ride	Park+Ride
Policie - Poštovní úřad	Komisariat - Poczta	Policijska postaja - Pošta			Policijska postaja - Pošta	Rendőrség - Postahivatal	Politistation - Posthus
Nemocnice - Ubytovna mládeže	Szpital - Schronisko młodzieżowe	Bolnica - Omladinski hotel			Bolnišnica - Mladinski hotel	Kórház - Ifjúsági szálló	Sygehus - Vandrerhjem
Kostel - Zajímavý kostel	Kościół - Kościół zabytkowy	Crkva - Znamenita crkva			Cerkev - Zanimiva cerkev	Templom	Kirke
Synagoga - Mešita	Synagoga - Meczet	Sinagoga - Džamija			Sinagoga - Džamija	Vagy tévétorony - Világítótorony	Telemast - Fyrtårn
Pomník - Věž	Pomnik - Wieża	Spomenik - Toranj			Spomenik - Stolp	Emlékmű - Torony	Mindesmærke - Tårn
Zastavěná plocha, veřejná budova	Obszar zabudowany, budynek użyteczności publicznej	Izgradnja, javna zgrada			Stanovanjske zgradbe, javna zgradba	Beépítés, középület	Bebyggelse, offentlig bygning
Průmyslová plocha	Obszar przemysłowy	Industrijska zona			Industrijske zgradbe	Iparvidék	Industriområde
Park, les	Park, las	Park, šuma			Park, gozd	Park, erdő	Park, skov

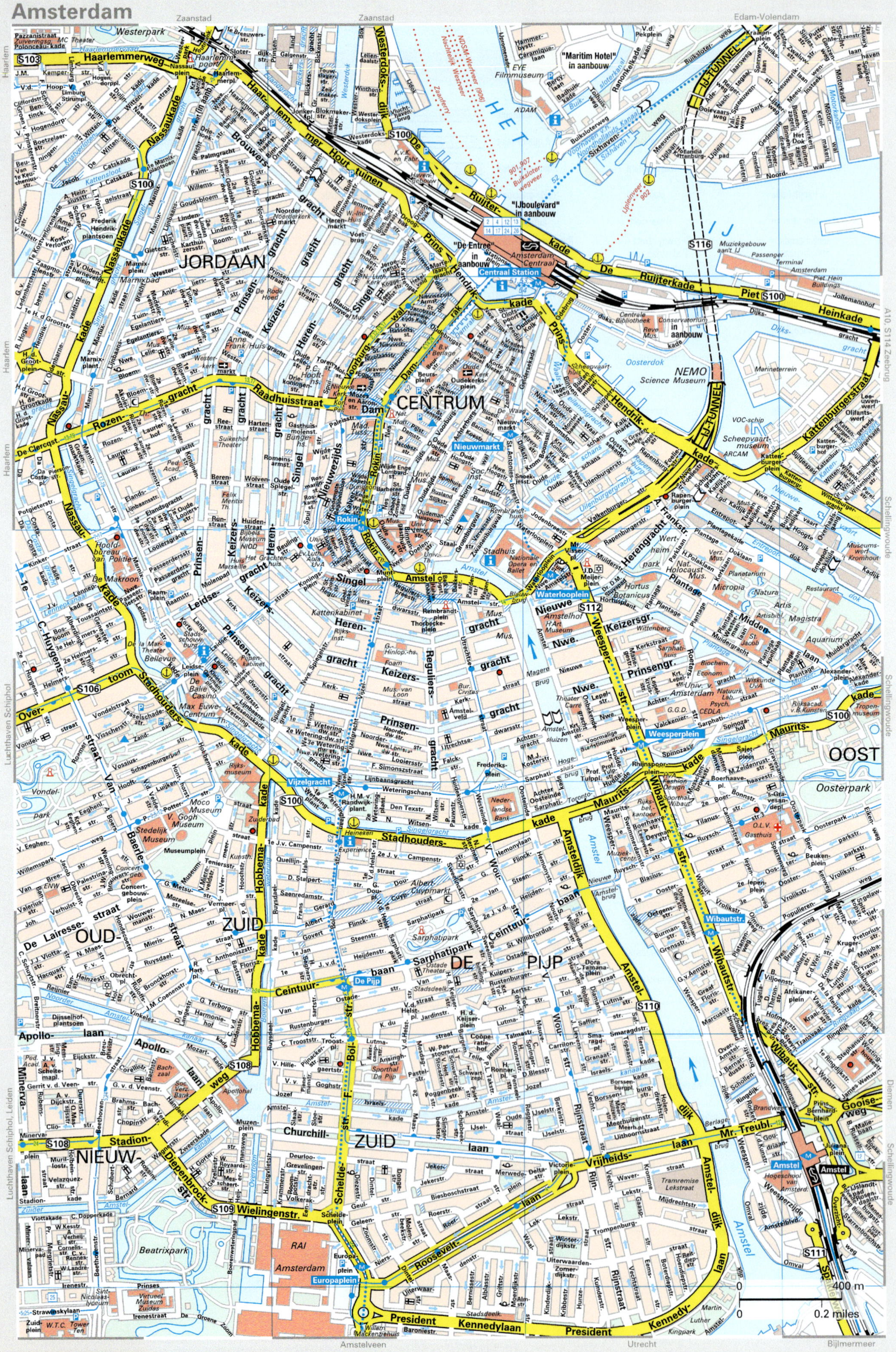
Zaanstad
Zaanstad
Edam-Volendam
Haarlem
Haarlem
Haarlem
Luchthaven Schiphol
Luchthaven Schiphol, Leiden
A10, S114 Zeeburg
Schellingwoude
Schellingwoude
Diemen
Schellingwoude
Amstelveen
Utrecht
Bijlmermeer
JORDAAN
CENTRUM
OOST
OUD-
ZUID
DE
PIJP
ZUID
NIEUW-
HET
IJ
Westerpark
Haarlemmerweg
Nassaukade
Raadhuisstraat
Rozengracht
Centraal Station
De Ruijterkade
Piet Heinkade
Prins Hendrikkade
IJ-TUNNEL
Dam
Nieuwmarkt
Rokin
Muntplein
Waterlooplein
Weesperplein
Vijzelgracht
Stadhouderskade
Heineken Experience
Vondelpark
Museumplein
Stedelijk Museum
Rijksmuseum
Van Gogh Museum
Leidseplein
Ceintuurbaan
De Pijp
Sarphatipark
Amstel
Amsteldijk
Wibautstraat
Wibautstr.
Oosterpark
Beatrixpark
RAI Amsterdam
Europaplein
President Kennedylaan
Stadionweg
Olympiaplein
Apollolaan
Churchill-laan
Rooseveltlaan
Scheepvaartmuseum
NEMO Science Museum
Oosterdok
Artis
Hortus Botanicus
Sarphatistr.
Mauritskade
Singelgracht
Herengracht
Keizersgracht
Prinsengracht
Singel
"Maritim Hotel" in aanbouw
"IJboulevard" in aanbouw
"De Entree" in aanbouw
EYE Filmmuseum
Muziekgebouw aan 't IJ
S100
S103
S106
S108
S109
S110
S111
S112
S116
0 400 m
0 0.2 miles

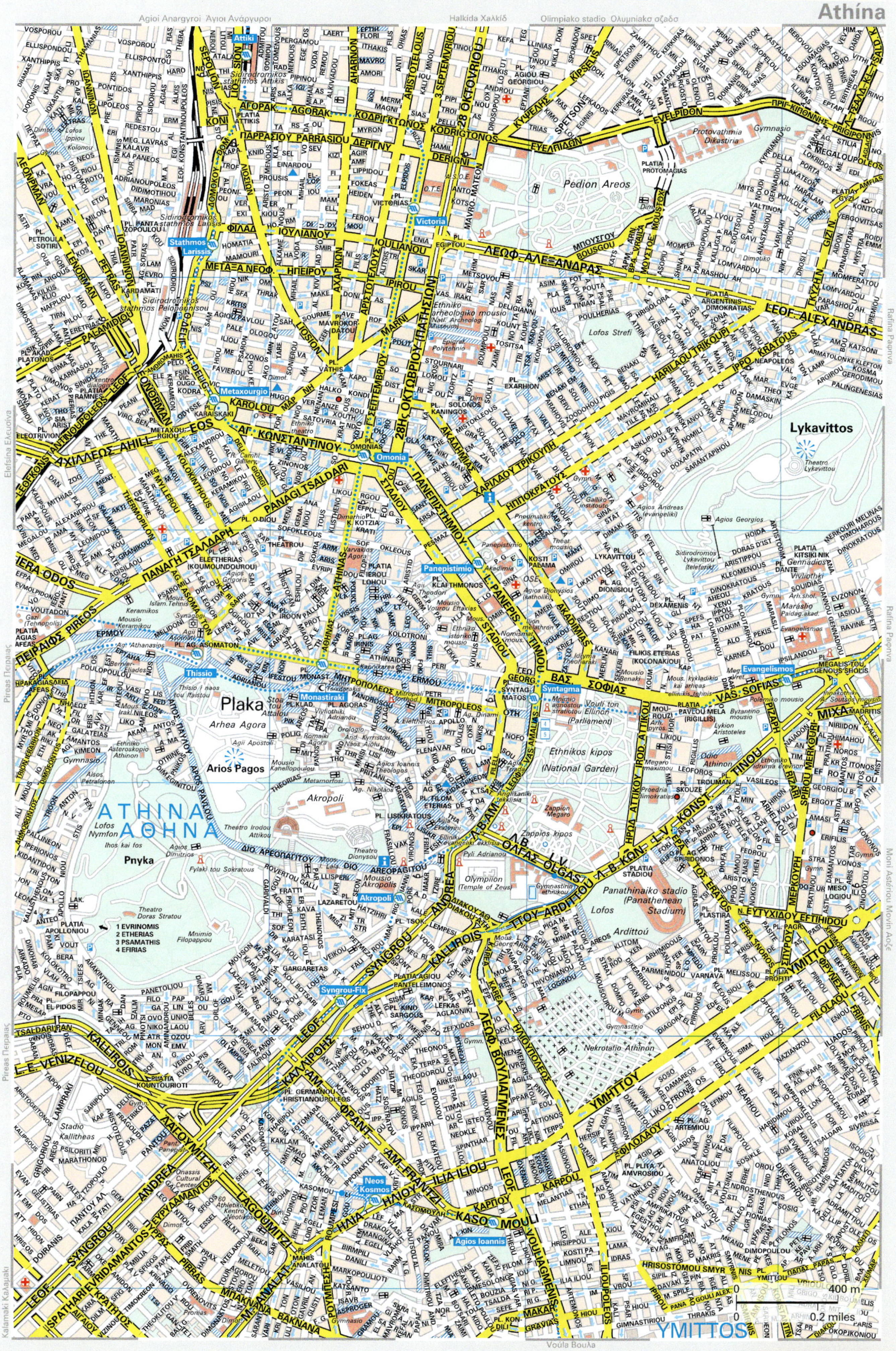
Agioi Anargyroi Άγιοι Ανάργυροι
Halkida Χαλκίδα
Olimpiako stadio Ολυμπιακό σταδιο
Rafina Ραφήνα
Moni Asteriou Μονή Αστερίου
Voula Βούλα
Kalamaki Καλαμάκι
Pireas Πειραιάς
Elefsina Ελευσίνα
Pedion Areos
Victoria
Stathmos Larissis
Omonia
Metaxourgio
Panepistimio
Thissio
Monastiraki
Syntagma
Evangelismos
Akropoli
Syngrou-Fix
Neos Kosmos
Agios Ioannis
Lykavittos
Plaka
Arhea Agora
Arios Pagos
Akropoli
ATHINA
ΑΘΗΝΑ
Pnyka
Ethnikos kipos (National Garden)
Zappion Megaro
Olympion (Temple of Zeus)
Panathinaiko stadio (Panathenean Stadium)
Lofos Arditou
Lofos Strefi
1. Nekrotafio Athinon
YMITTOS
1 EVRINOMIS
2 ETHERIAS
3 PSAMATHIS
4 EFIRIAS
400 m
0.2 miles

Ankara

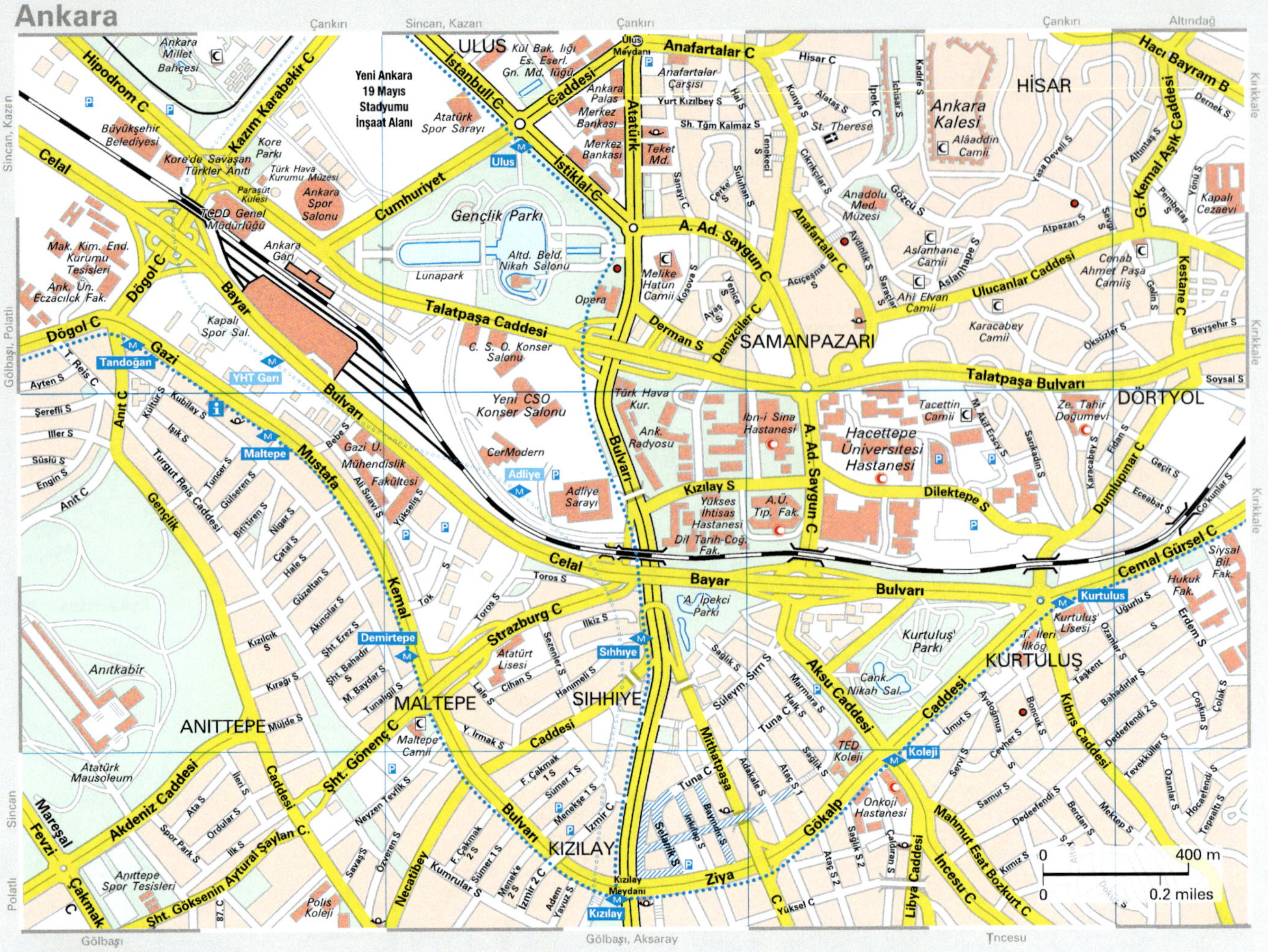
Çankırı
Sincan, Kazan
Altındağ
ULUS
HİSAR
Ankara Kalesi
Gençlik Parkı
Lunapark
SAMANPAZARI
DÖRTYOL
Hacettepe Üniversitesi Hastanesi
KURTULUŞ
Kurtuluş Parkı
SIHHIYE
MALTEPE
ANITTEPE
Anıtkabir
KIZILAY
Anafartalar C
Hipodrom C
Kazım Karabekir C
Cumhuriyet
Talatpaşa Caddesi
Talatpaşa Bulvarı
Celal
Bayar
Bulvarı
Gazi
Mustafa
Kemal
Dögol C
Akdeniz Caddesi
Mareşal Fevzi Çakmak
Şht. Gönenç C
Strazburg C
Atatürk Bulvarı
Ziya Gökalp
Cemal Gürsel C
Kıbrıs Caddesi
Mahmut Esat Bozkurt C
Necatibey
Ulucanlar Caddesi
Tandoğan
YHT Garı
Maltepe
Demirtepe
Sıhhiye
Kurtulus
Koleji
Kızılay
Adliye
Ulus
Gölbaşı
Gölbaşı, Aksaray
İncesu
Kırıkkale
Polatlı
Sincan
400 m
0.2 miles

Belfast

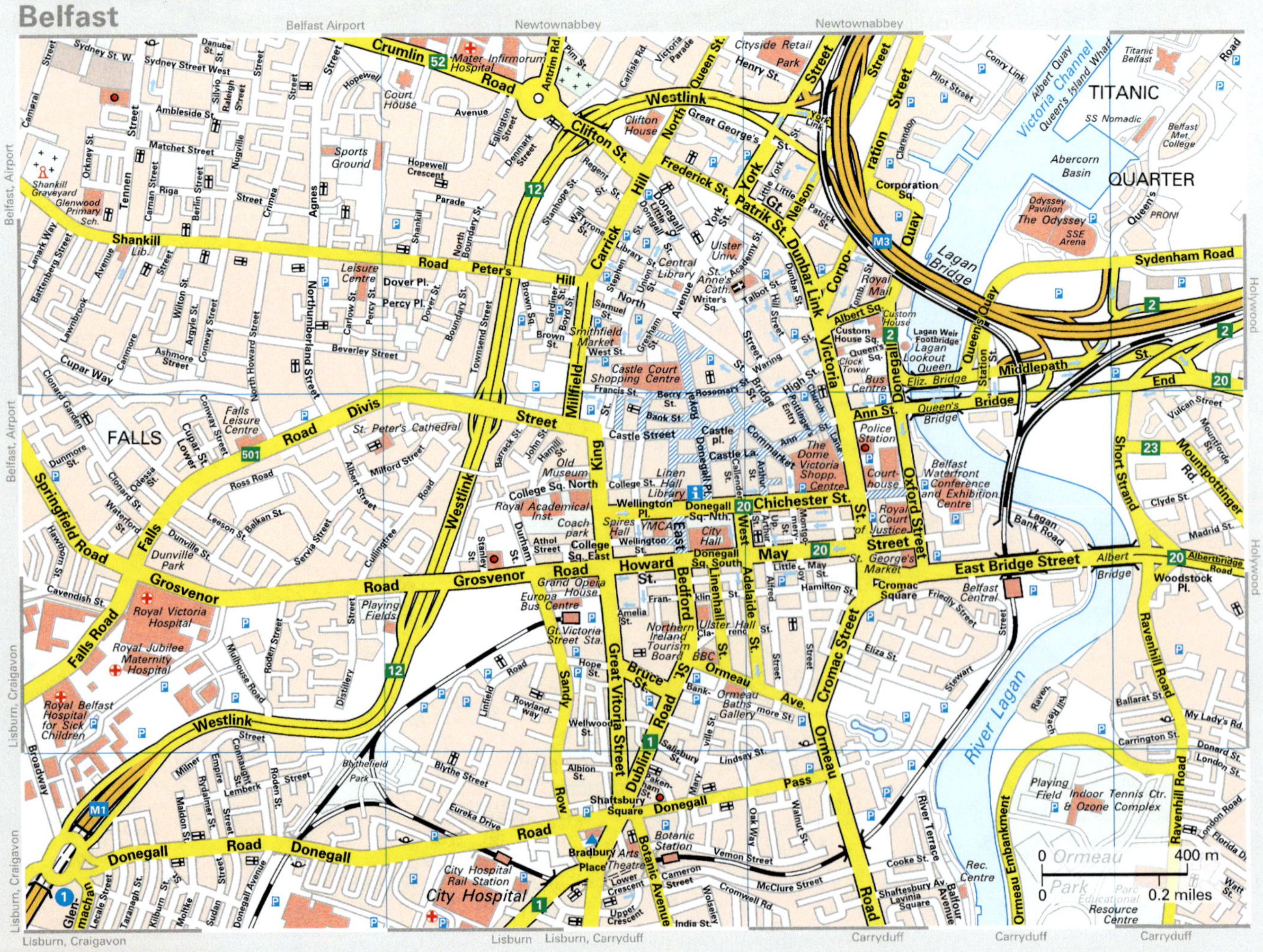
Belfast Airport
Newtownabbey
TITANIC QUARTER
Victoria Channel
Abercorn Basin
The Odyssey
SSE Arena
FALLS
Crumlin Road
Westlink
Shankill Road
Divis Street
Falls Road
Grosvenor Road
Springfield Road
Royal Victoria Hospital
Royal Belfast Hospital for Sick Children
City Hospital
Donegall Road
Great Victoria Street
Dublin Road
Bedford St.
Ormeau Ave.
Cromac Street
Ormeau Road
East Bridge Street
Albert Bridge
Queen's Bridge
Lagan Weir
River Lagan
Oxford Street
May St.
Chichester St.
Royal Avenue
Donegall Pl.
City Hall
Castle Court Shopping Centre
St. Anne's Cathedral
Belfast Waterfront Conference and Exhibition Centre
Belfast Central
Sydenham Road
Middlepath St.
Mountpottinger Rd.
Ravenhill Road
Ormeau Embankment
Ormeau Park
Short Strand
Hollywood
Lisburn, Craigavon
Lisburn, Carryduff
Carryduff
400 m
0.2 miles

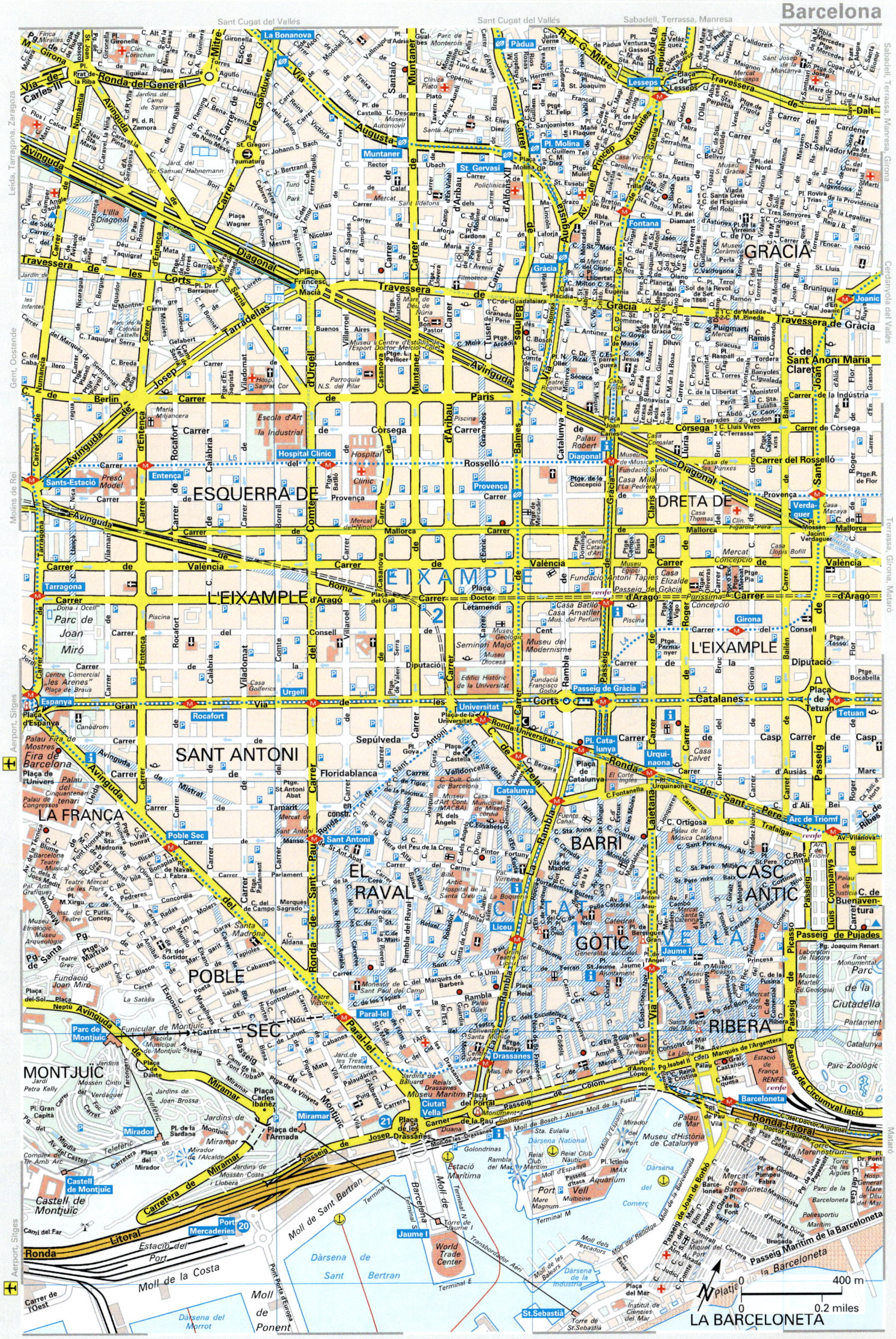
Sant Cugat del Vallès
Sant Cugat del Vallès
Sabadell, Terrassa, Manresa
Sabadell, Terrassa, Manresa, Girona
Cerdanyola del Vallès
Terrassa, Girona, Mataró
Mataró
Lleida, Tarragona, Zaragoza
Gent. Oostende
Molins de Rei
Aeroport, Sitges
GRÀCIA
ESQUERRA DE
L'EIXAMPLE
EIXAMPLE
DRETA DE
L'EIXAMPLE
SANT ANTONI
LA FRANÇA
EL RAVAL
BARRI
GÒTIC
CIUTAT VELLA
CASC ANTIC
RIBERA
POBLE SEC
MONTJUÏC
LA BARCELONETA
Ronda del General Mitre
Via Augusta
Travessera de les Corts
Avinguda Diagonal
Travessera de Gràcia
Carrer de Balmes
Carrer de Muntaner
Carrer d'Aragó
Carrer de València
Carrer de Mallorca
Carrer del Rosselló
Carrer de Provença
Carrer de Còrsega
Carrer de París
Carrer de Berlin
Gran Via de les Corts Catalanes
Passeig de Gràcia
Rambla de Catalunya
Passeig de Sant Joan
Ronda de Sant Pau
Avinguda del Paral·lel
Avinguda de Roma
Carrer de Sepúlveda
Carrer de Floridablanca
Ronda Universitat
Ronda de Sant Pere
Via Laietana
Passeig de Colom
Ronda Litoral
Passeig de Circumval·lació
Carretera de Miramar
Moll de la Costa
Moll de Sant Bertran
Moll de Barcelona
Moll d'Espanya
Dàrsena de Sant Bertran
Dàrsena Nacional
Dàrsena del Morrot
Moll de Ponent
Plaça de Catalunya
Plaça d'Espanya
Plaça de les Glòries
Parc de Joan Miró
Parc de la Ciutadella
Parc Zoològic
Hospital Clínic
Sagrada Família
Casa Milà (La Pedrera)
Casa Batlló
Palau de la Música Catalana
Museu d'Història de Catalunya
Museu Marítim
Aquàrium
World Trade Center
Estació de França
Fira de Barcelona
Castell de Montjuïc
Arc de Triomf
Lesseps
Fontana
Diagonal
Verdaguer
Girona
Passeig de Gràcia
Universitat
Urgell
Rocafort
Espanya
Tarragona
Sants-Estació
Entença
Hospital Clínic
Provença
Pl. Catalunya
Urquinaona
Catalunya
Liceu
Drassanes
Paral·lel
Poble Sec
Sant Antoni
Jaume I
Barceloneta
Tetuan
Arc de Triomf
Joanic
Pàdua
La Bonanova
Muntaner
St. Gervasi
Pl. Molina
Gràcia
Ciutat Vella
Miramar
Mirador
Parc de Montjuïc
Castell de Montjuïc
Port Mercaderies
Jaume I
St. Sebastià
400 m
0.2 miles

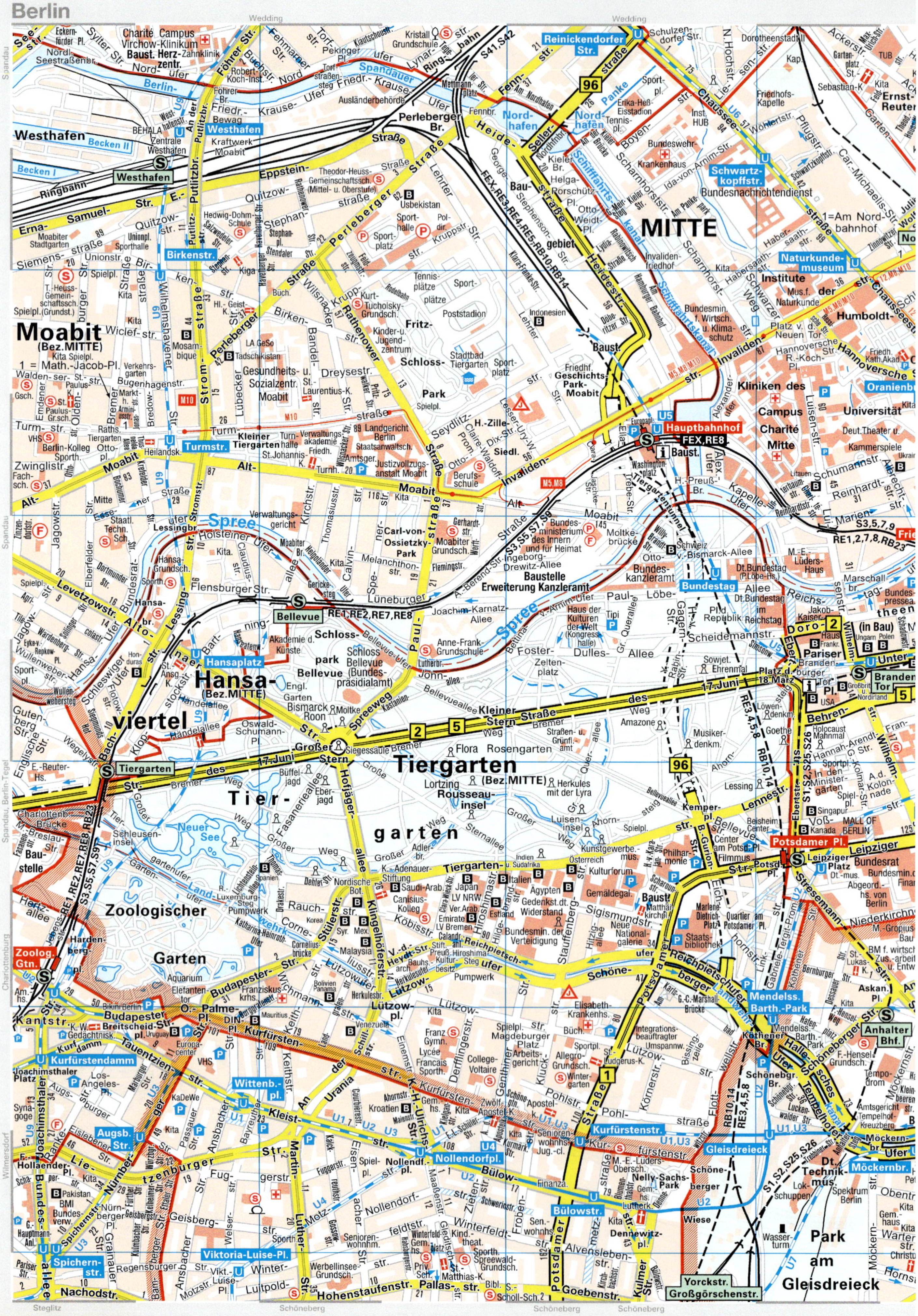
Wedding
Wedding
Spandau
Spandau
Spandau, Berlin-Tegel
Charlottenburg
Wilmersdorf
Steglitz
Schöneberg
Schöneberg
Schöneberg
Moabit
(Bez.MITTE)
MITTE
Hansa-
viertel
(Bez.MITTE)
Tiergarten
(Bez.MITTE)
Tier-
garten
Zoologischer
Garten
Park
am
Gleisdreieck
Westhafen
Birkenstr.
Turmstr.
Hansaplatz
Bellevue
Tiergarten
Zoolog. Gtn.
Kurfürstendamm
Wittenb.-pl.
Augsb. Str.
Spichern-str.
Viktoria-Luise-Pl.
Nollendorfpl.
Bülowstr.
Kurfürstenstr.
Gleisdreieck
Möckernbr.
Mendelss.-Barth.-Park
Anhalter Bhf.
Potsdamer Pl.
Brandenb. Tor
Bundestag
Hauptbahnhof
FEX,RE8
Oranienb.
Naturkunde-museum
Schwartz-kopffstr.
Reinickendorfer Str.
Nord-hafen
Yorckstr. Großgörschenstr.
Spree
Landwehrkanal
Neuer See
Schloss Bellevue
Schloss-Park
Carl-von-Ossietzky-Park
Kliniken des Campus Charité Mitte
Bundeskanzleramt
Straße des 17. Juni
Großer Stern
Alt-Moabit
Invalidenstr.
Heidestr.
Perleberger Str.
Stromstr.
Turmstr.
Lessingstr.
Kurfürstenstr.
Potsdamer Str.
Budapester Str.
Tauentzienstr.
Kleiststr.
Schöneberger Ufer
Reichpietschufer
Lützowufer
Leipziger Platz
Bundesrat
Tiergartentunnel
Ebertstr.
Kaiserin-Augusta-Allee
Kantstr.

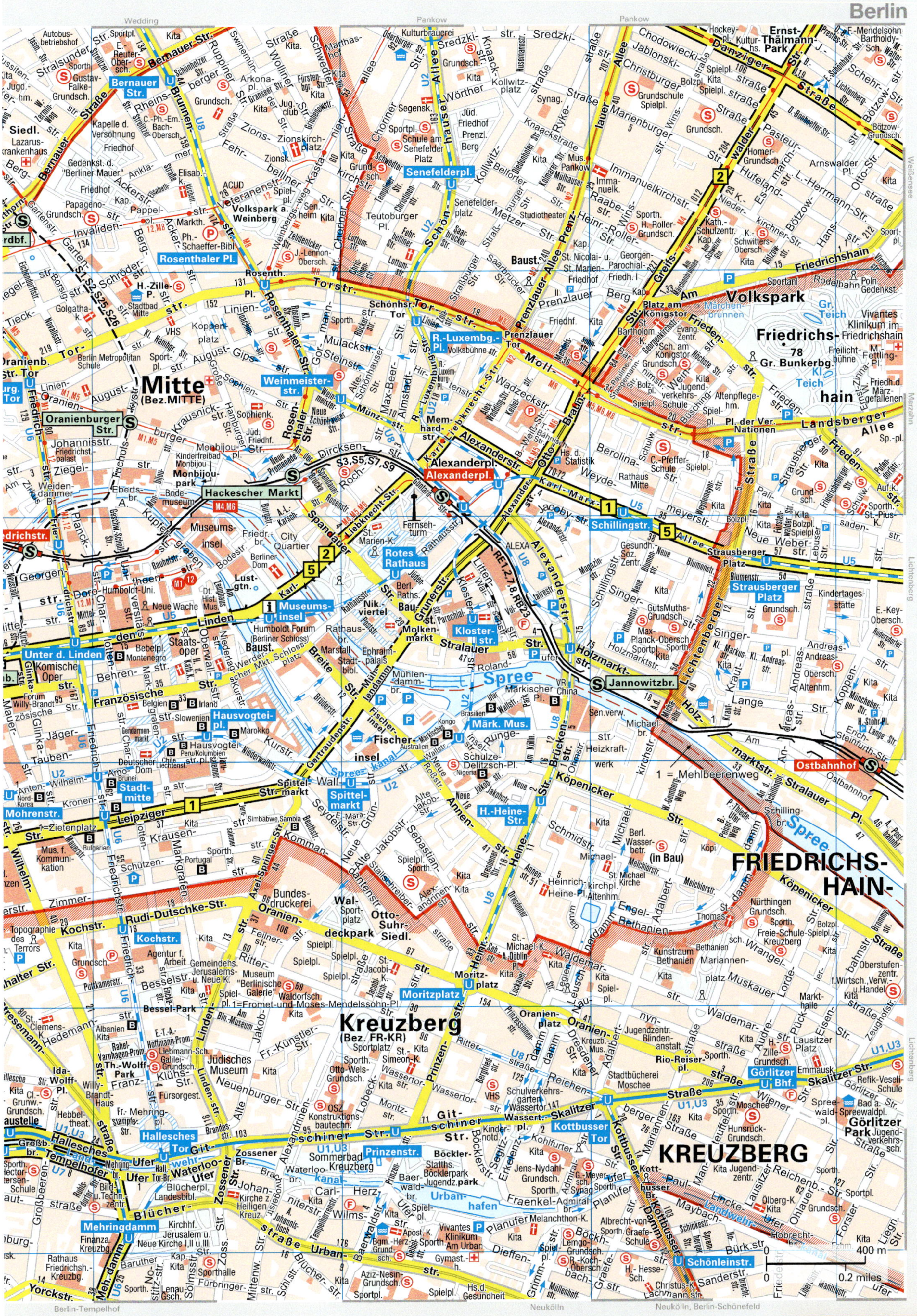
Wedding
Pankow
Pankow
Weißensee
Marzahn
Lichtenberg
Lichtenberg
Berlin-Tempelhof
Neukölln
Neukölln, Berlin-Schönefeld
Mitte
(Bez. MITTE)
Kreuzberg
(Bez. FR-KR)
KREUZBERG
FRIEDRICHS-
HAIN-
Friedrichs-
hain
Volkspark
Bernauer Str.
Rosenthaler Pl.
Senefelderpl.
Oranienburger Str.
Hackescher Markt
Weinmeister-str.
R.-Luxemb.-Pl.
Alexanderpl.
Schillingstr.
Strausberger Platz
Jannowitzbr.
Museums-insel
Unter d. Linden
Hausvogtei-pl.
Märk. Mus.
Spittel-markt
Stadt-mitte
Mohrenstr.
Kochstr.
Moritzplatz
Hallesches Tor
Prinzenstr.
Kottbusser Tor
Görlitzer Bhf.
Schönleinstr.
Mehringdamm
Heinrich-Heine-Str.
Kloster-str.
Rotes Rathaus
Ostbahnhof
Torstr.
Karl-Marx-Allee
Leipziger Str.
Spree
Landwehrkanal
Urbanhafen
Görlitzer Park
1 = Mehlbeerenweg
0 400 m
0 0.2 miles

Beograd

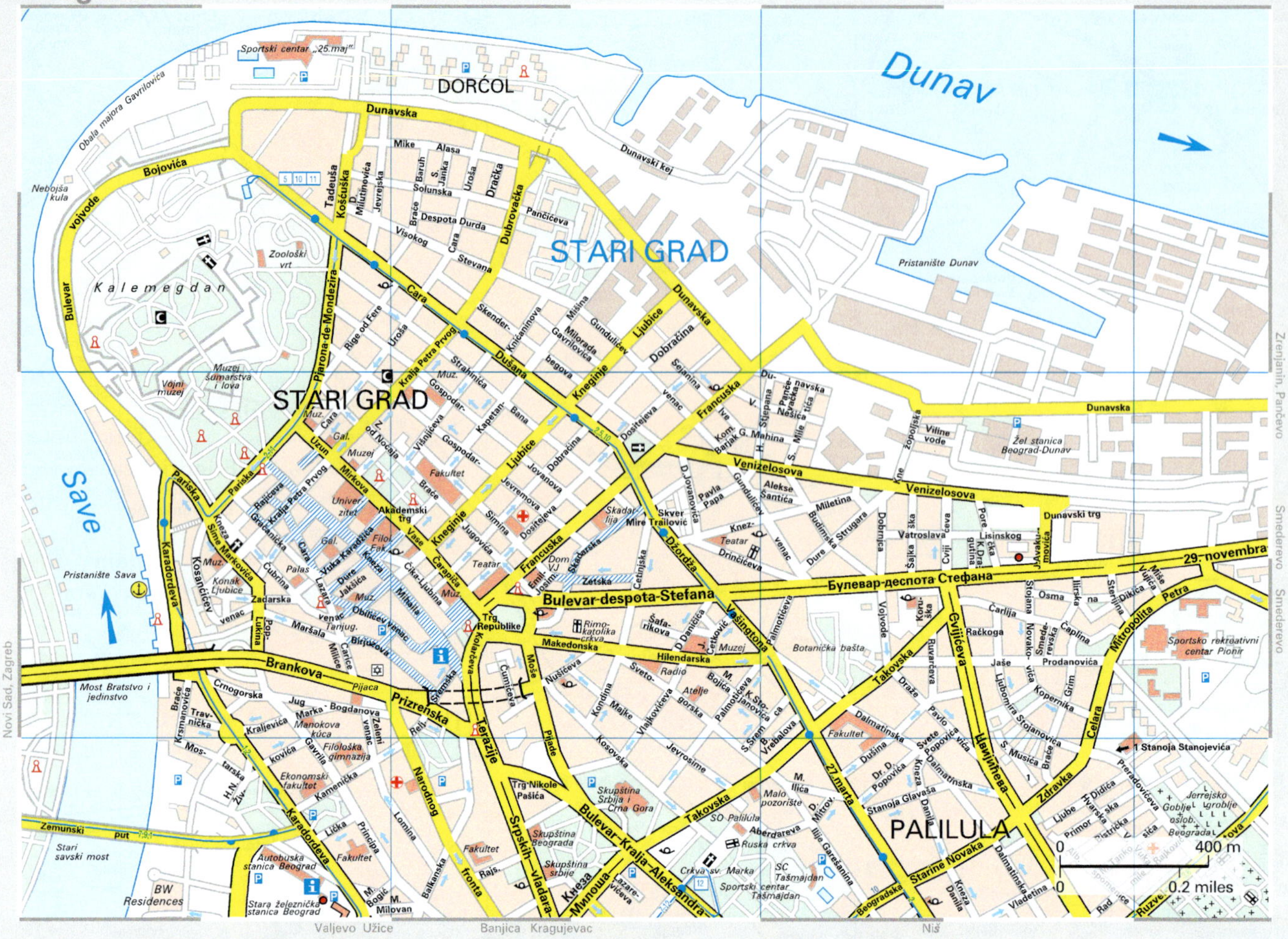

Dunav
DORĆOL
STARI GRAD
Kalemegdan
Save
PALILULA
Dunavska
Bulevar-despota-Stefana
Булевар деспота Стефана
Venizelosova
29. novembra
Brankova
Zemunski put
Karađorđeva
Pristanište Dunav
Pristanište Sava
Most Bratstvo i jedinstvo
Novi Sad, Zagreb
Zrenjanin, Pančevo
Smederevo
Valjevo Užice
Banjica Kragujevac
Niš
0 400 m
0 0.2 miles

Bern

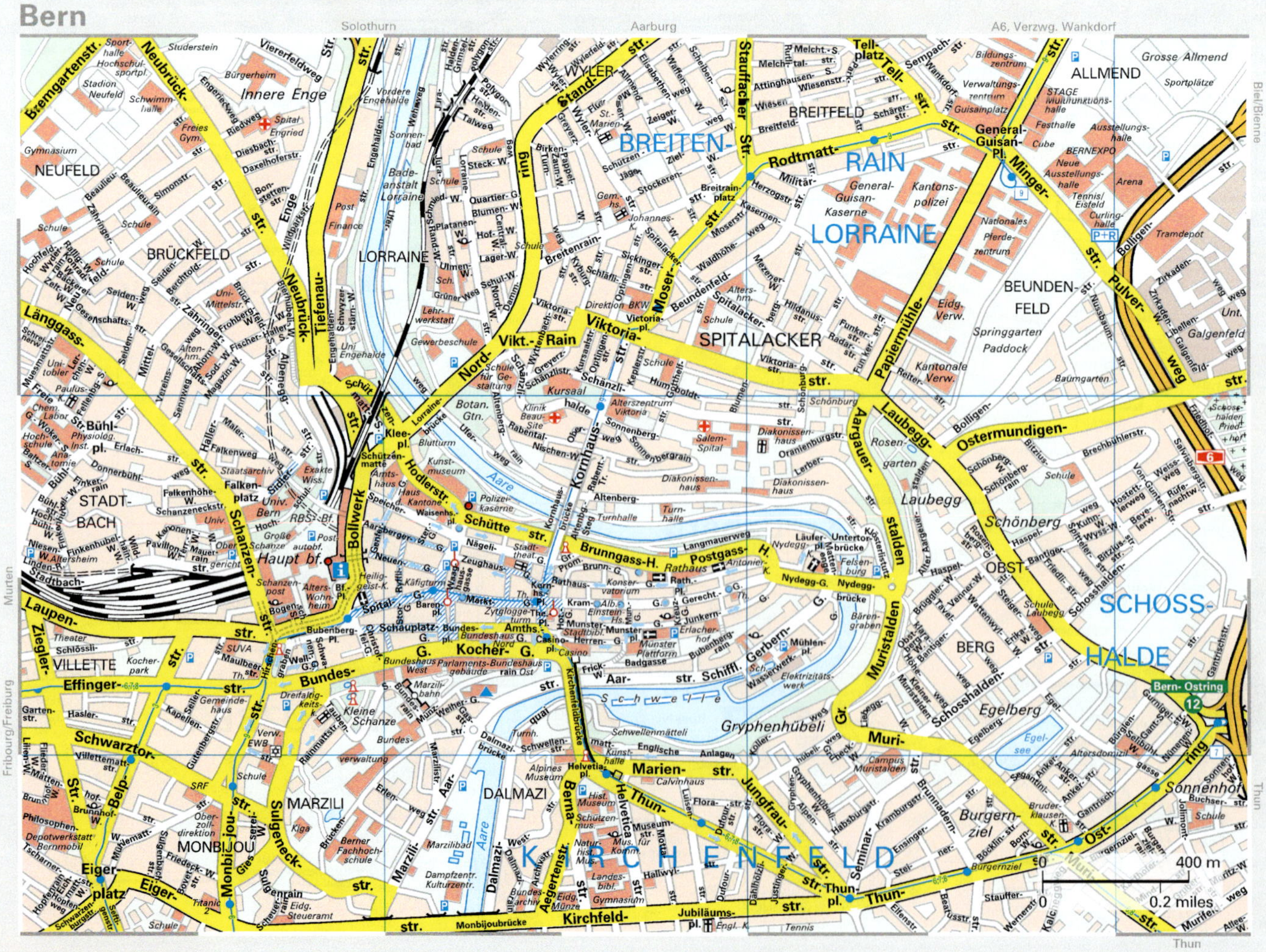

Solothurn
Aarburg
A6, Verzwg. Wankdorf
Biel/Bienne
Murten
Fribourg/Freiburg
Thun
NEUFELD
LORRAINE
BREITEN-RAIN
LORRAINE
SPITALACKER
ALLMEND
BEUNDEN-FELD
BRÜCKFELD
STADT-BACH
VILLETTE
MARZILI
MONBIJOU
DALMAZI
KIRCHENFELD
SCHOSS-HALDE
OBST
BERG
Laubegg
Schönberg
Egelberg
Burgernziel
Aare
Haupt bf.
Bern-Ostring
0 400 m
0 0.2 miles

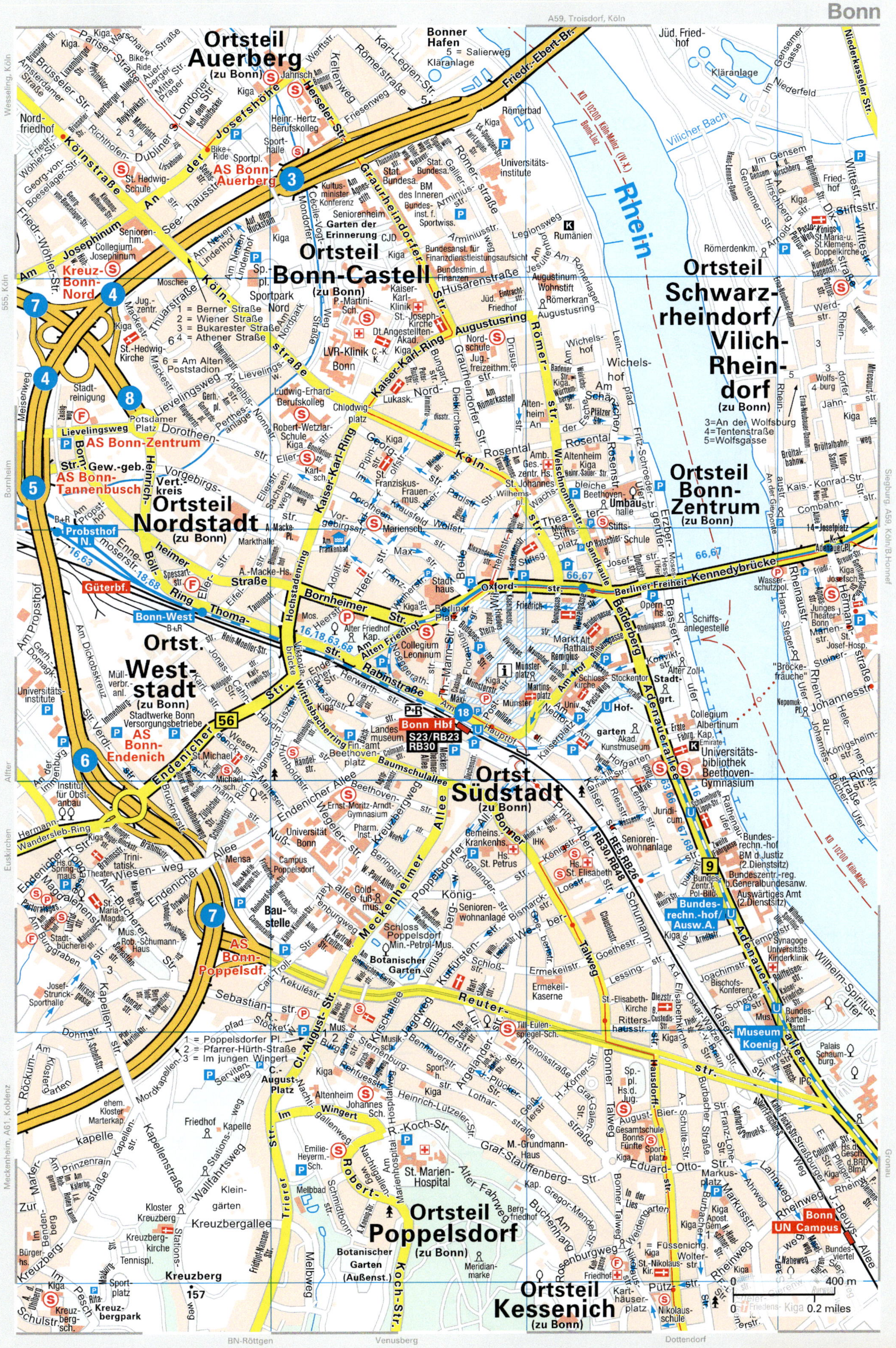
A59, Troisdorf, Köln
Ortsteil Auerberg (zu Bonn)
Bonner Hafen
Jüd. Friedhof
Rhein
Ortsteil Bonn-Castell (zu Bonn)
Ortsteil Schwarzrheindorf/Vilich-Rheindorf (zu Bonn)
Ortsteil Nordstadt (zu Bonn)
Ortsteil Bonn-Zentrum (zu Bonn)
Ortst. Weststadt (zu Bonn)
Ortst. Südstadt (zu Bonn)
Ortsteil Poppelsdorf (zu Bonn)
Ortsteil Kessenich (zu Bonn)
AS Bonn-Auerberg
AS Bonn-Zentrum
AS Bonn-Tannenbusch
AS Bonn-Endenich
AS Bonn-Poppelsdf.
Kreuz-Bonn-Nord
Bonn Hbf
S23/RB23
RB30
Bonn-West
Güterbf.
Probsthof N.
Kennedybrücke
Museum Koenig
Bundesrechn.-hof/ Ausw.A.
Bonn UN Campus
Botanischer Garten
Schloss Poppelsdorf
Kreuzberg
Universitätsbibliothek
Beethoven-Gymnasium
1 = Berner Straße
2 = Wiener Straße
3 = Bukarester Straße
4 = Athener Straße
6 = Am Alten Poststadion
3=An der Wolfsburg
4=Tentenstraße
5=Wolfsgasse
1 = Poppelsdorfer Pl.
2 = Pfarrer-Hürth-Straße
3 = Im jungen Wingert
1 = Fussenichg.
400 m
0.2 miles
Wesseling, Köln
Bornheim
Alfter
Euskirchen
Meckenheim, A61, Koblenz
Siegburg, A59, Köln/B.Hennef
Gronau
BN-Röttgen
Venusberg
Dottendorf

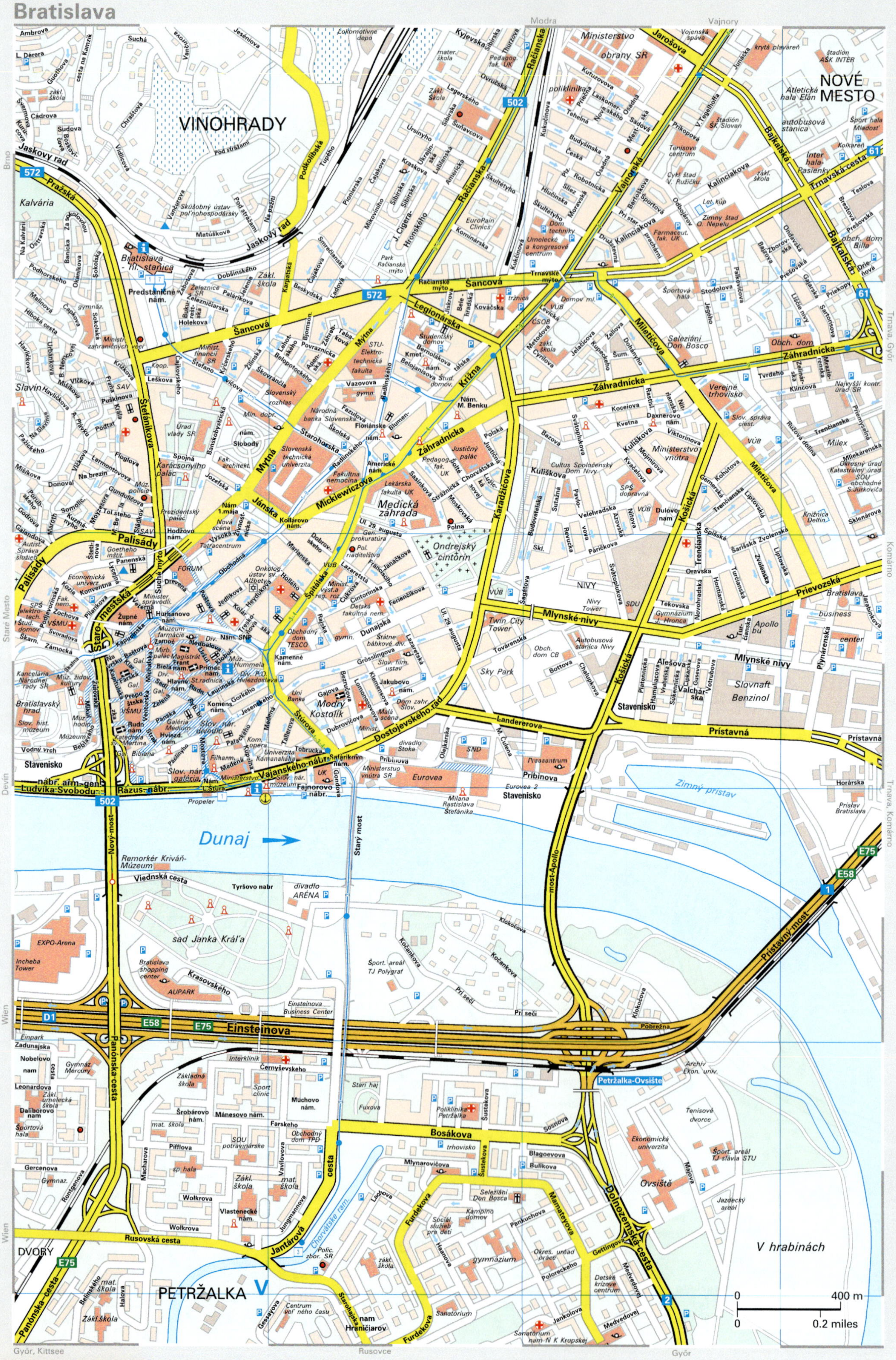

Modra
Vajnory
Brno
Trnava, Győr
Komárno
Trnava, Komárno
Staré Mesto
Devín
Wien
Győr, Kittsee
Rusovce
Győr
VINOHRADY
NOVÉ MESTO
NIVY
Stavenisko
Dunaj
Zimný prístav
sad Janka Kráľa
Ovsište
V hrabinách
DVORY
PETRŽALKA
Kalvária
Jaskový rad
Pražská
Šancová
Račianska
Vajnorská
Trnavská cesta
Bajkalská
Legionárska
Záhradnícka
Miletičova
Karadžičova
Mlynské nivy
Prievozská
Košická
Landererova
Prístavná
Dostojevského rad
Vajanského nábr.
Rázusovo nábr.
nábr. arm. gen. Ludvíka Svobodu
Palisády
Štefánikova
Mickiewiczova
Jánska
Námestie SNP
Hurbanovo nám.
Nový most
Starý most
most Apollo
Prístavný most
Viedenská cesta
Einsteinova
Panónska cesta
Bosákova
Dolnozemská cesta
Rusovská cesta
Jantárová cesta
Petržalka-Ovsište
Bratislava hl. stanica
Predstaničné nám.
Ministerstvo obrany SR
Medická záhrada
Ondrejský cintorín
Slovenská technická univerzita
Twin City Tower
Autobusová stanica Nivy
Sky Park
Slovnaft Benzinol
Apollo BC
Eurovea
Eurovea 2
Pribinova
SND
Slov. nár. galéria
Tyršovo nábr.
divadlo ARÉNA
EXPO-Arena
Incheba Tower
Bratislava shopping center
AUPARK
Einsteinova Business Center
Ekonomická univerzita
Tenisové dvorce
Centrum voľného času
Kamenné nám.
Bratislavský hrad
Slavín
Zimný štad. O. Nepelu
Atletická hala Elán
Štadión Slovan
Štadión ASK INTER
Inter hala-Pasienky
Tehelné pole
D1
E58
E75
E65
E571
502
572
61
2
1
0
400 m
0.2 miles

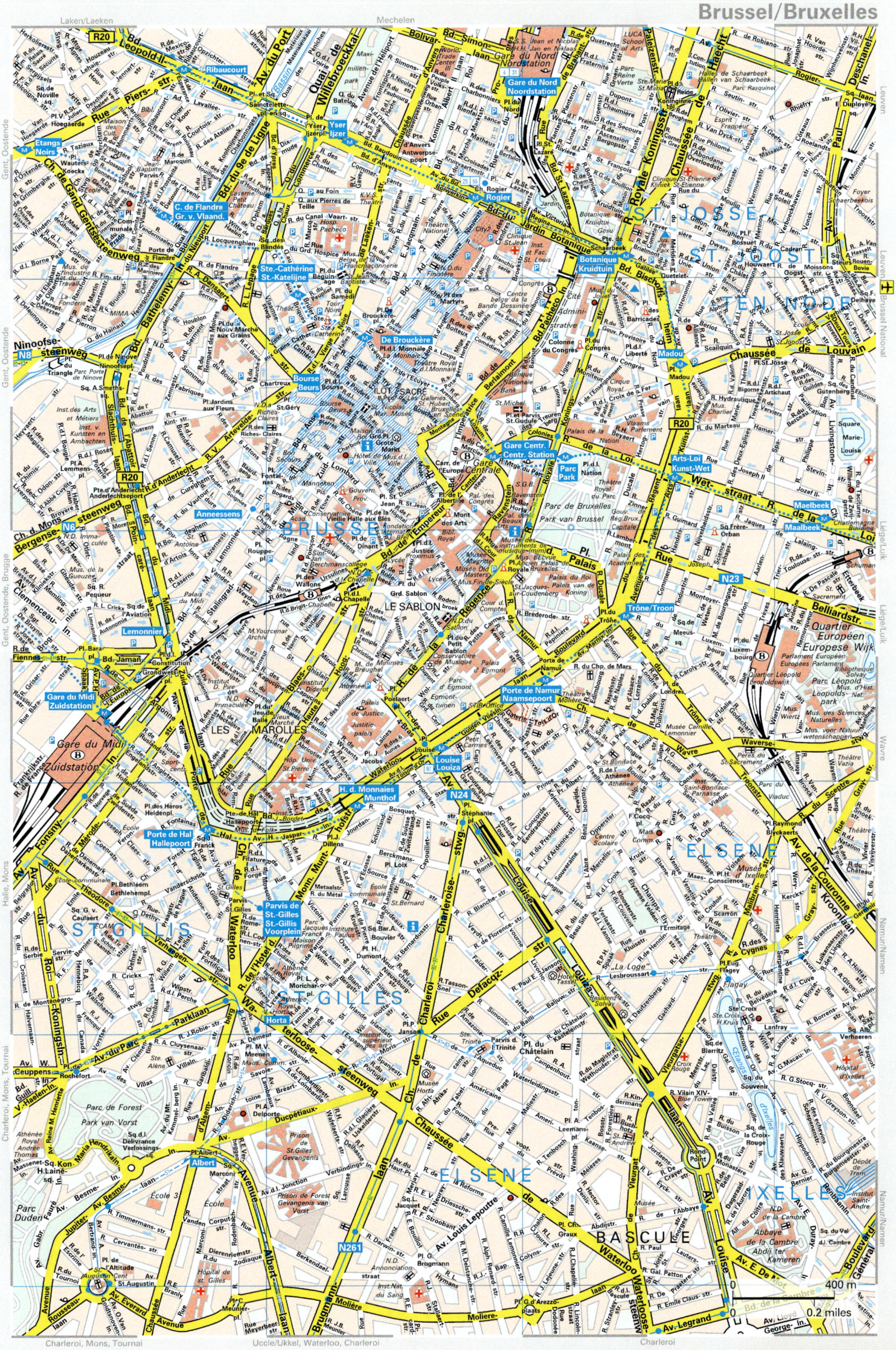
Laken/Laeken
Mechelen
Leuven
Louvain
Gent, Oostende
Gent, Oostende, Brugge
Halle, Mons
Charleroi, Mons, Tournai
Uccle/Ukkel, Waterloo, Charleroi
Charleroi
Namur/Namen
Wavre
Liège/Luik
Brussel National
ST.JOSSE
ST.JOOST
TEN NODE
BRUSSEL
ST.GILLIS
ST.GILLES
ELSENE
IXELLES
BASCULE
LES MAROLLES
LE SABLON
ILOT SACRE
Gare du Nord
Noordstation
Gare Centr.
Centr. Station
Gare du Midi
Zuidstation
Ribaucourt
Etangs Noirs
Yser
Ijzer
Rogier
Botanique
Kruidtuin
C. de Flandre
Gr. v. Vlaand.
Ste.-Cathérine
St.-Katelijne
De Brouckère
Bourse
Beurs
Madou
Parc
Park
Arts-Loi
Kunst-Wet
Maelbeek
Maalbeek
Trône/Troon
Anneessens
Lemonnier
Porte de Namur
Naamsepoort
Louise
Louiza
H. d. Monnaies
Munthof
Porte de Hal
Hallepoort
Parvis de St.-Gilles
St.-Gillis Voorplein
Horta
Albert
Parc de Bruxelles
Park van Brussel
Parc de Forest
Park van Vorst
Quartier Européen
Europese Wijk
Parc Léopold
Leopoldspark
R20
N8
N6
N23
N24
N261
0
400 m
0.2 miles

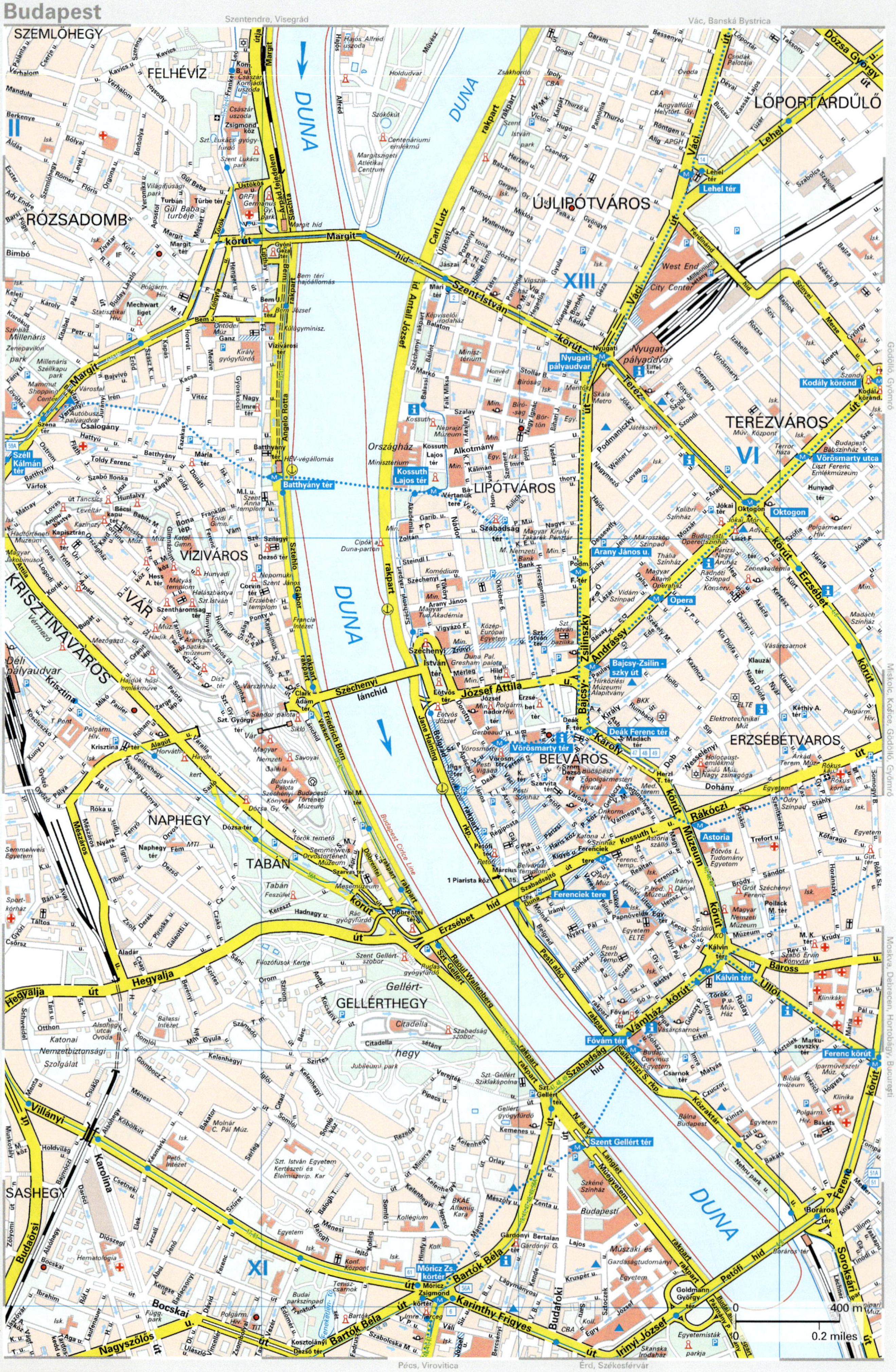
Szentendre, Visegrád
Vác, Banská Bystrica
SZEMLŐHEGY
FELHÉVÍZ
RÓZSADOMB
II
DUNA
ÚJLIPÓTVÁROS
LŐPORTÁRDŰLŐ
XIII
West End City Center
Nyugati pályaudvar
TERÉZVÁROS
VI
Oktogon
LIPÓTVÁROS
Országház
Kossuth Lajos tér
Batthyány tér
VÍZIVÁROS
VÁR
KRISZTINAVÁROS
Déli pályaudvar
Széll Kálmán tér
Széchenyi lánchíd
Deák Ferenc tér
Vörösmarty tér
BELVÁROS
ERZSÉBETVÁROS
Astoria
Arany János u.
Opera
Bajcsy-Zsilinszky út
NAPHEGY
TABÁN
Erzsébet híd
Ferenciek tere
Kálvin tér
GELLÉRTHEGY
Citadella
Fővám tér
Szabadság híd
Szent Gellért tér
Ferenc körút
SASHEGY
XI
Móricz Zs. körtér
Bartók Béla út
Karinthy Frigyes út
Petőfi híd
Boráros tér
Hegyalja út
Villányi út
Bocskai út
Nagyszőlős út
Irinyi József u.
Rákóczi út
Kossuth L. u.
Üllői út
Margit híd
Szent István körút
Váci út
Lehel tér
Kodály körönd
Vörösmarty utca
Dózsa György út
Budaörsi út
Pécs, Virovitica
Érd, Székesfehérvár
Győr, Bratislava, Wien Székesfehérvár, Balaton, Zagreb
Budakeszi, Bicske
Miskolc, Košice, Gödöllő, Gyömrő
Moskva, Debrecen, Hortobágy, Bucureşti
Gödöllő, Gyömrő
400 m
0.2 miles

București

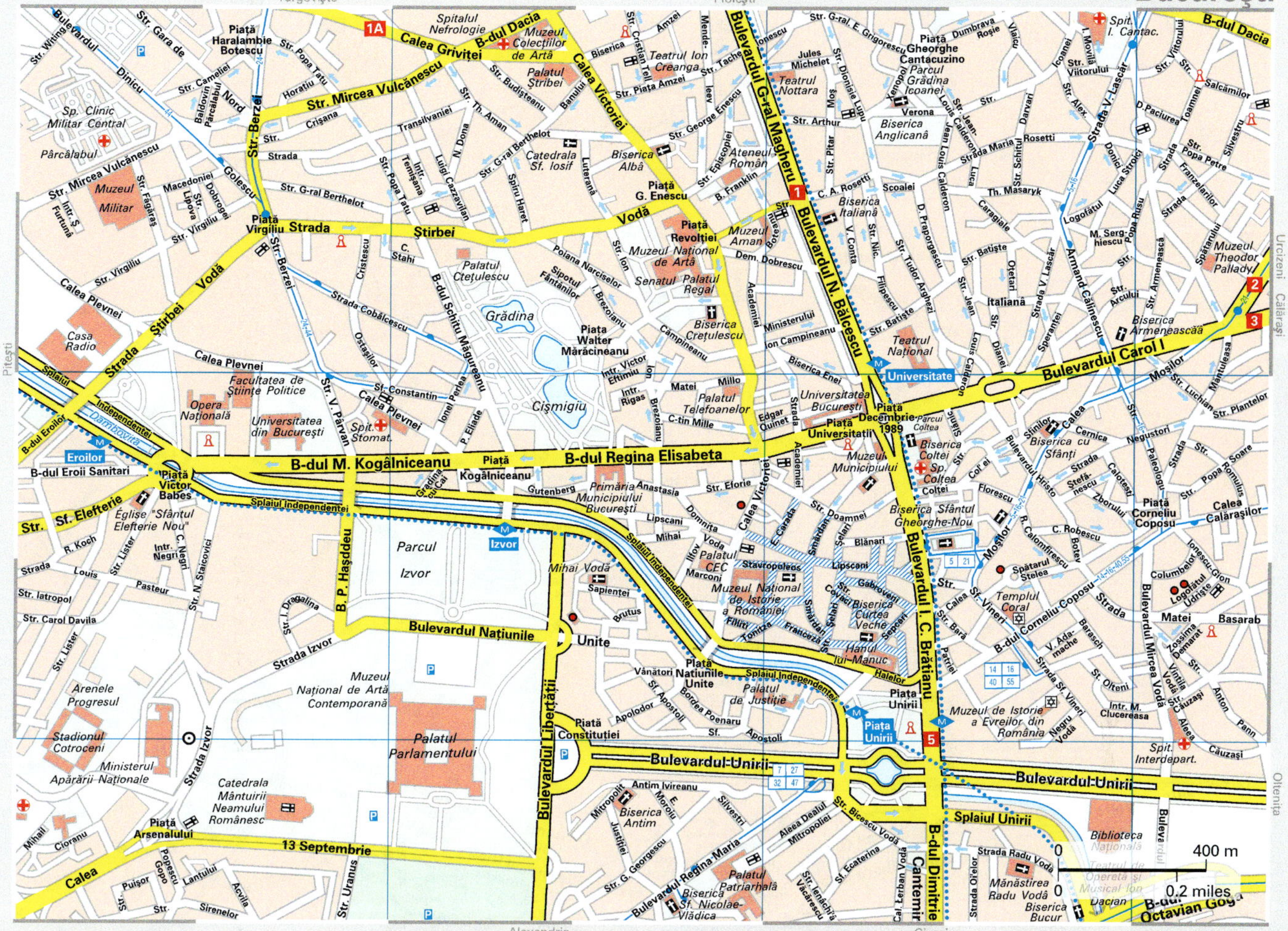
Târgoviște
Ploiești
Urziceni, Călărași
Oltenița
Giurgiu
Alexandria
Pitești
Calea Griviței
B-dul Dacia
Calea Victoriei
Str. Berzei
Strada Știrbei Vodă
Calea Plevnei
Bulevardul Gral Magheru
Bulevardul N. Bălcescu
Bulevardul Carol I
Universitate
B-dul M. Kogălniceanu
B-dul Regina Elisabeta
Piața Victor Babeș
Eroilor
Splaiul Independenței
Grădina Cișmigiu
Parcul Izvor
Izvor
Bulevardul Națiunile Unite
Bulevardul I. C. Brătianu
Bulevardul Unirii
Piața Unirii
Piața Universității
Palatul Parlamentului
Muzeul Național de Artă Contemporană
Bulevardul Libertății
Splaiul Unirii
B-dul Dimitrie Cantemir
13 Septembrie
Calea Rahovei
Octavian Goga
Muzeul Militar
Casa Radio
Opera Națională
Universitatea din București
Ateneul Român
Muzeul Național de Artă
Teatrul Național
Muzeul de Istorie a României
Muzeul Municipiului
Biblioteca Națională
Mânăstirea Radu Vodă
400 m
0.2 miles

Cardiff

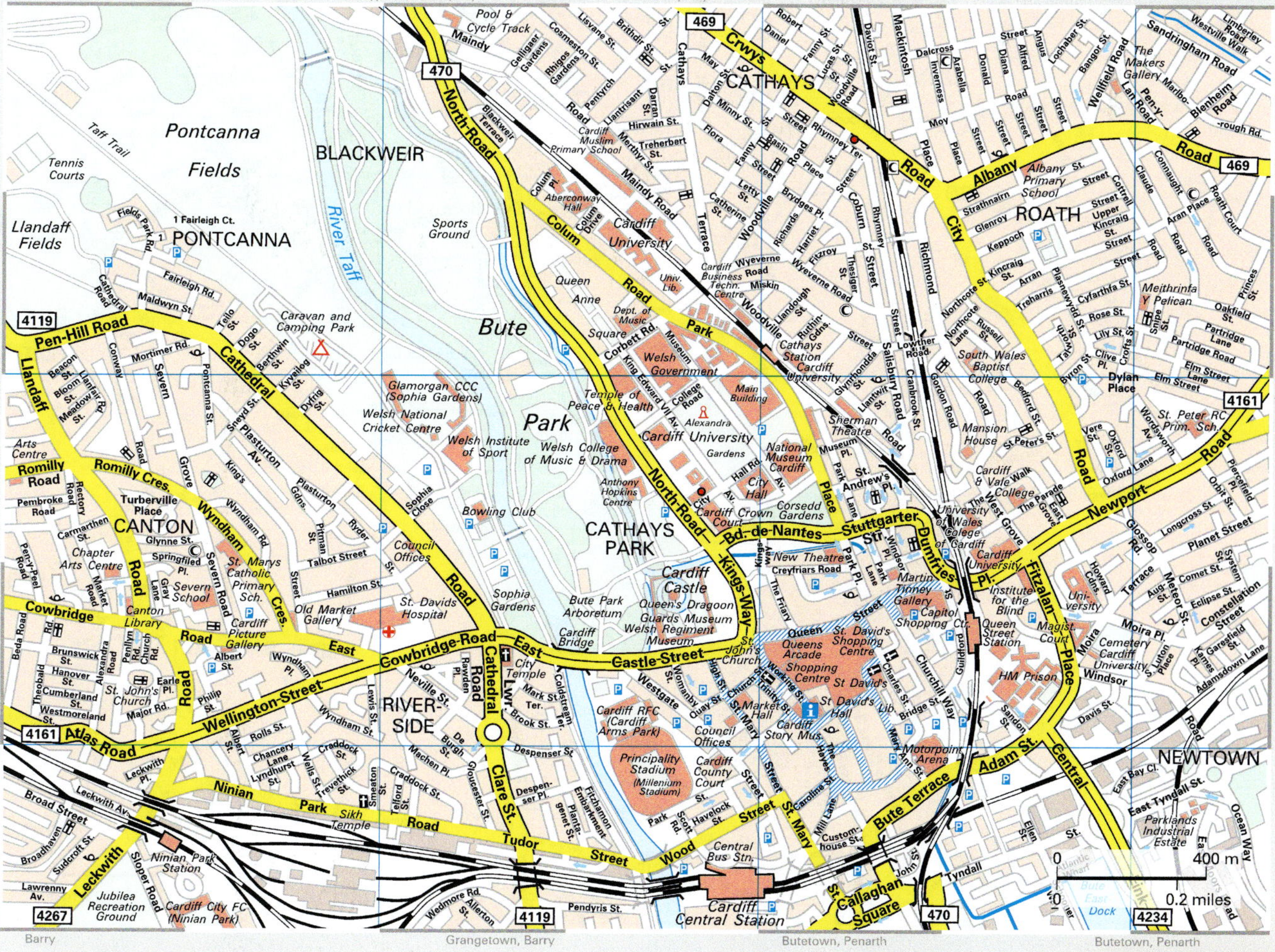
Pontypridd, Merthyr Tydfil
Caerphilly
Newport
Bridgend, Port Talbot
Barry
Grangetown, Barry
Butetown, Penarth
Pontcanna Fields
BLACKWEIR
PONTCANNA
River Taff
Bute Park
CATHAYS
ROATH
CANTON
CATHAYS PARK
RIVER-SIDE
NEWTOWN
North Road
Cathedral Road
Cowbridge Road East
Castle Street
Newport Road
City Road
Albany Road
Crwys Road
Ninian Park Road
Tudor Street
Wood Street
Bute Terrace
Adam St.
Central Station
Cardiff Castle
Cardiff University
Millennium Stadium
Queen Street Station
Sophia Gardens
Llandaff Fields
400 m
0.2 miles

Dublin • Baile Átha Cliath

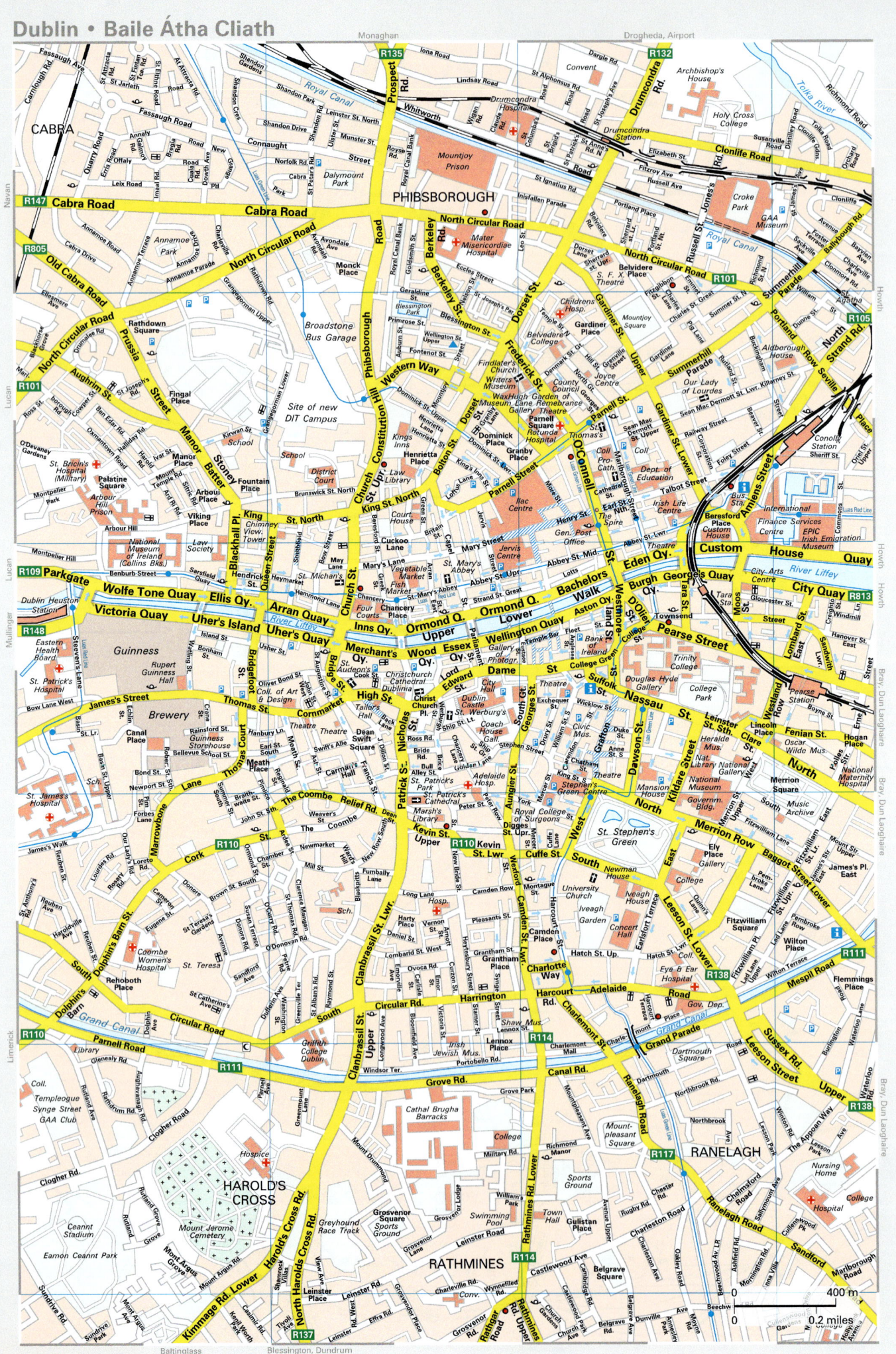

Monaghan
Drogheda, Airport
Navan
Lucan
Mullingar
Limerick
Howth
Bray, Dun Laoghaire
Baltinglass
Blessington, Dundrum
R135
R132
R147
R805
R101
R109
R148
R110
R111
R137
R114
R117
R138
R105
R813
CABRA
PHIBSBOROUGH
RANELAGH
RATHMINES
HAROLD'S CROSS
Cabra Road
North Circular Road
Old Cabra Road
Prussia Street
Manor Street
Stoney Batter
Constitution Hill
Phibsborough Road
Prospect Rd.
Drumcondra Rd.
Clonliffe Road
Mountjoy Prison
Croke Park
GAA Museum
Royal Canal
Tolka River
Holy Cross College
Archbishop's House
Mater Misericordiae Hospital
Broadstone Bus Garage
Site of new DIT Campus
Kings Inns
Parnell Square
Rotunda Hospital
O'Connell St.
Gardiner St.
Summerhill Parade
Seville Place
Amiens Street
Connolly Station
International Finance Services Centre
EPIC Irish Emigration Museum
Custom House
Custom House Quay
River Liffey
City Quay
Eden Qy.
Burgh Quay
George's Quay
Bachelors Walk
Ormond Q. Upper
Ormond Q. Lower
Wellington Quay
Arran Quay
Inns Qy.
Wolfe Tone Quay
Ellis Qy.
Parkgate
Victoria Quay
Uher's Island
Uher's Quay
Merchant's Qy.
Wood Qy.
Essex Qy.
Four Courts
Jervis Centre
Ilac Centre
Gen. Post Office
The Spire
National Museum of Ireland (Collins Bks.)
Guinness Brewery
Guinness Storehouse
Heuston Station
James's Street
Thomas St.
High St.
Christchurch Cathedral
Dublinia
Dublin Castle
Dame St
Trinity College
Pearse Street
Pearse Station
Nassau St.
Grafton St.
Dawson St.
Kildare Street
National Gallery
National Museum
Merrion Square
Merrion Row
Baggot Street Lower
St. Stephen's Green
Stephen's Green Centre
Royal College of Surgeons
Harcourt St.
Leeson St. Lower
Fitzwilliam Square
St. Patrick's Cathedral
Marsh's Library
Patrick St.
Clanbrassil St.
The Coombe
Cork St.
Dolphin's Barn St.
South Circular Road
Grand Canal
Harrington Street
Adelaide Road
Charlemont St.
Ranelagh Road
Rathmines Rd. Lower
Grove Rd.
Canal Rd.
Parnell Road
Harold's Cross Rd.
Kimmage Rd. Lower
Mount Jerome Cemetery
Greyhound Race Track
Cathal Brugha Barracks
Leinster Road
Grand Parade
Mespil Road
Sussex Rd.
Leeson Street Upper
Northbrook Rd.
Sandford
St. James's Hospital
Coombe Women's Hospital
Griffith College Dublin
Irish Jewish Mus.
Shaw Mus.
Iveagh Garden
Concert Hall
Newman House
Croke Park
Abbey Theatre
Gate Theatre
City Hall
Mansion House
Dublin Heuston Station
0 400 m
0 0.2 miles

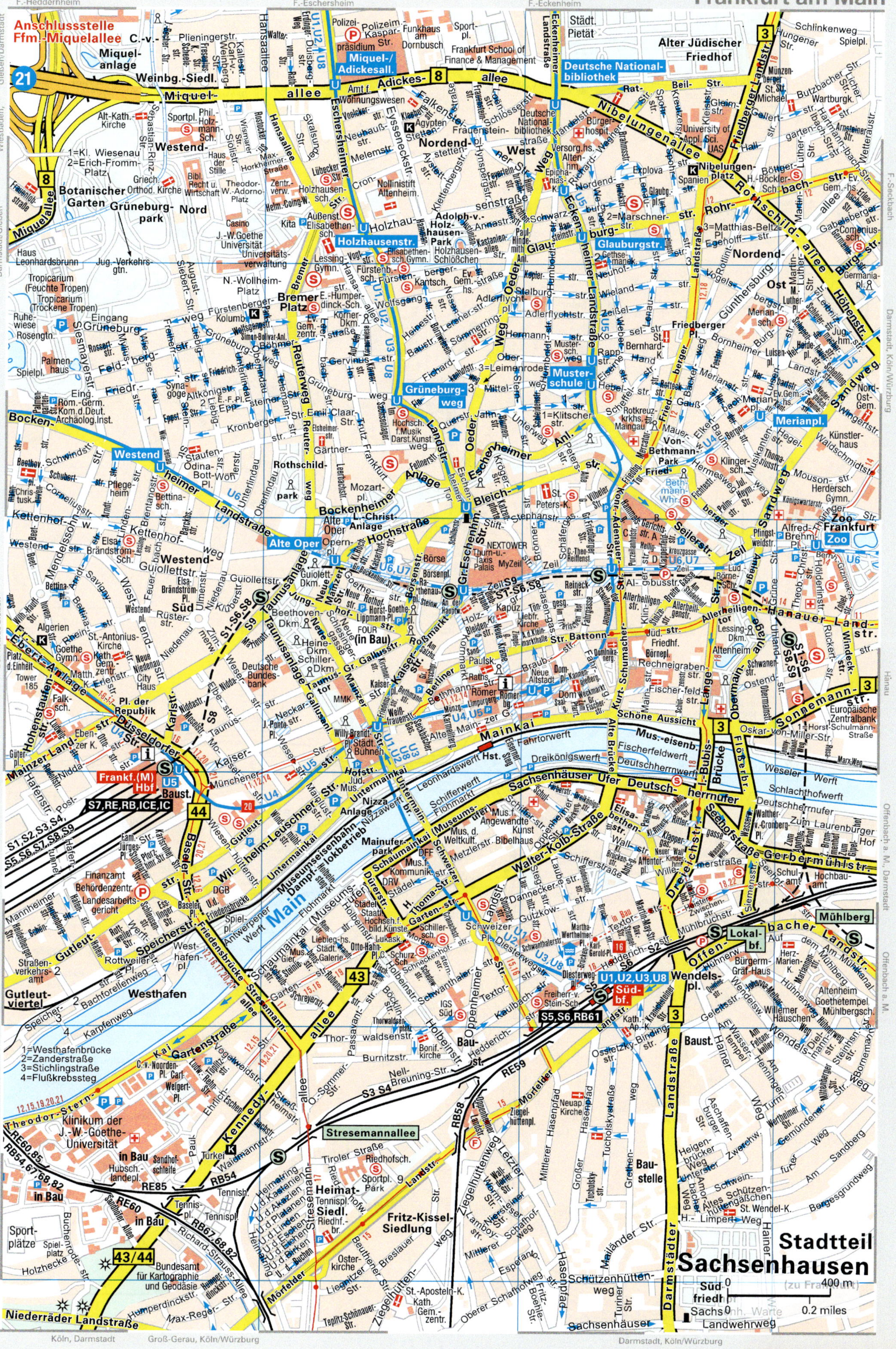

F.-Heddernheim
F.-Eschersheim
F.-Eckenheim
Anschlussstelle Ffm.-Miquelallee
Miquelallee
Adickesallee
Miquel-/Adickesall.
Deutsche Nationalbibliothek
Alter Jüdischer Friedhof
Nibelungenallee
Nibelungen-Platz
Rothschildallee
Botanischer Garten
Grüneburgpark
Westend
Nord
Nordend-West
Nordend-Ost
Holzhausenstr.
Glauburgstr.
Musterschule
Grüneburgweg
Merianpl.
Bockenheimer Landstraße
Westend
Alte Oper
Hochstraße
Zoo
Frankfurt Zoo
Hauptwache
Konstablerwache
Ostend
Westend-Süd
Gutleutviertel
Frankf. (M) Hbf
S7,RE,RB,ICE,IC
S1,S2,S3,S4,S5,S6,S7,S8,S9
Main
Mainkai
Untermainkai
Schaumainkai (Museumsufer)
Sachsenhäuser Ufer
Alte Brücke
Lokalbf.
Mühlberg
Südbf.
U1,U2,U3,U8
S5,S6,RB61
Westhafen
Stresemannallee
Klinikum der J.-W.-Goethe-Universität
Heimat-Siedl.
Fritz-Kissel-Siedlung
Niederräder Landstraße
Darmstädter Landstraße
Stadtteil Sachsenhausen
400 m
0.2 miles
Köln, Darmstadt
Groß-Gerau, Köln/Würzburg
Darmstadt, Köln/Würzburg
Offenbach a. M.
Hanau
F.-Seckbach
Wiesbaden, Gießen/Darmstadt
F.-Höchst
F.-Rödelheim

Genève

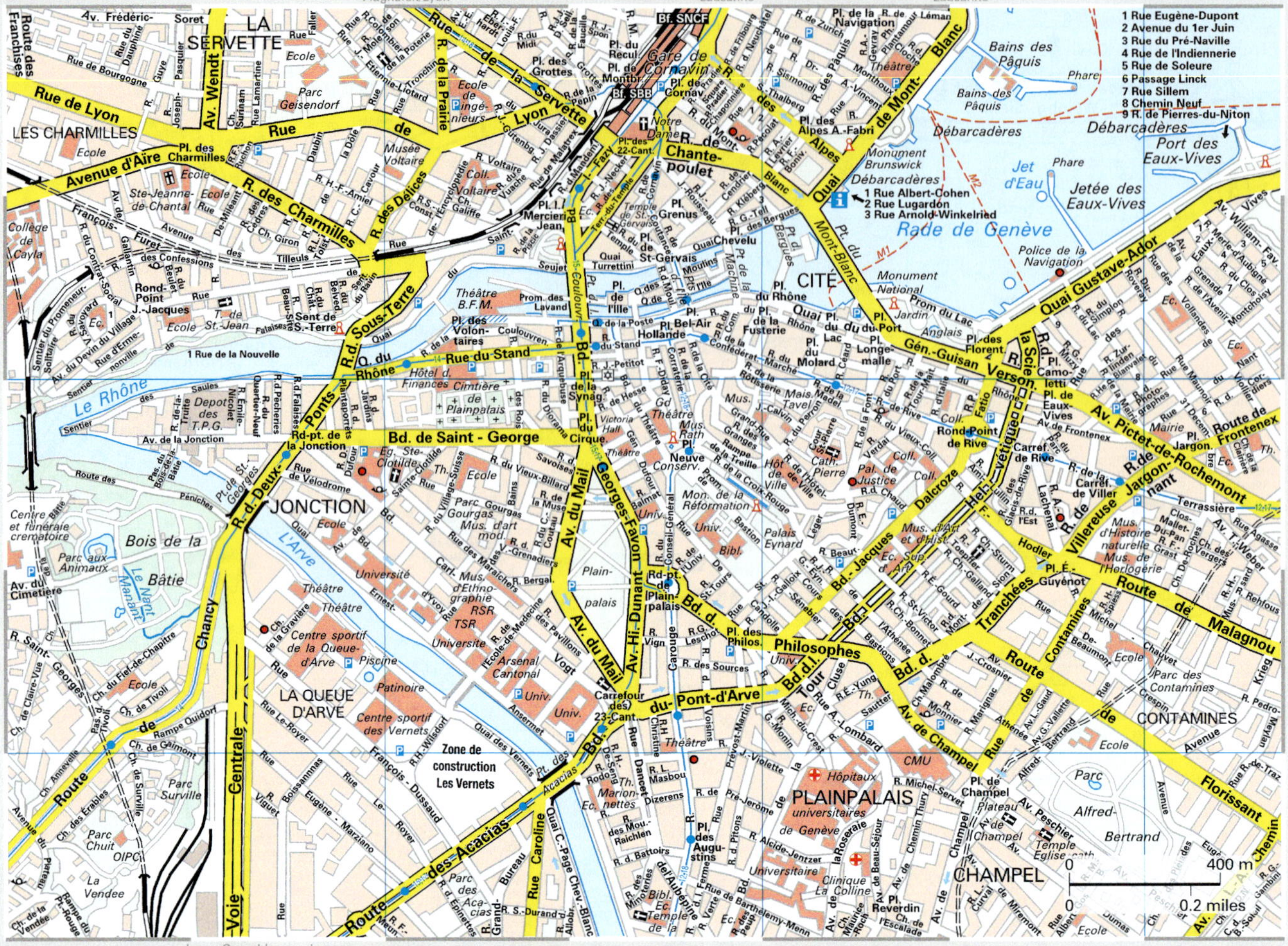

Flughafen/Lyon
Lausanne
Lausanne
Thonon-l.-Bains
Annemasse
Chamonix-Mt-Blanc
Vernier
Onex
Lyon, Grenoble
Lancy
1 Rue Eugène-Dupont
2 Avenue du 1er Juin
3 Rue du Pré-Naville
4 Rue de l'Indiennerie
5 Rue de Soleure
6 Passage Linck
7 Rue Sillem
8 Chemin Neuf
9 R. de Pierres-du-Niton
1 Rue Albert-Cohen
2 Rue Lugardon
3 Rue Arnold-Winkelried
LA SERVETTE
LES CHARMILLES
Rue de Lyon
Avenue d'Aire
R. des Charmilles
Rue de la Servette
Gare de Cornavin
Bf. SNCF
Bf. SBB
Chantepoulet
Quai du Mont-Blanc
Bains des Pâquis
Débarcadères
Jet d'Eau
Jetée des Eaux-Vives
Port des Eaux-Vives
Rade de Genève
CITE
Quai Gustave-Ador
Quai Général-Guisan
Rue du Stand
Le Rhône
Bd. de Saint-George
JONCTION
Bd. Georges-Favon
Av. du Mail
Plaine de Plainpalais
Bd. des Philosophes
Rue de Carouge
Route de Malagnou
Route de Florissant
CONTAMINES
PLAINPALAIS
Hôpitaux universitaires de Genève
CHAMPEL
LA QUEUE D'ARVE
L'Arve
Bois de la Bâtie
Route de Chancy
Voie Centrale
Route des Acacias
Zone de construction Les Vernets
Bd. du Pont-d'Arve
Av. Pictet-de-Rochemont
Route de Frontenex
400 m
0.2 miles

Glasgow

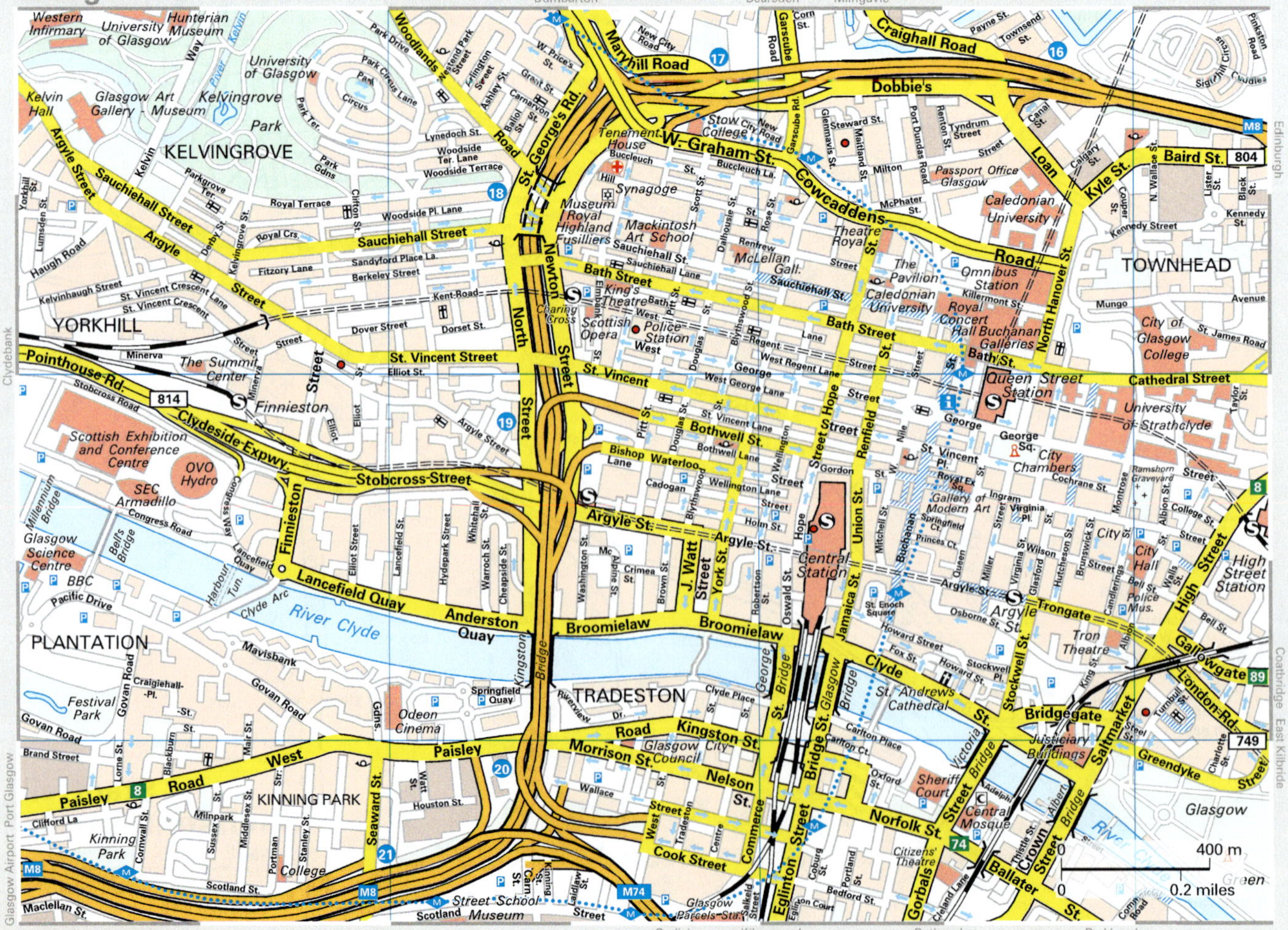

Dumbarton
Bearsden
Milngavie
Edinburgh
Coatbridge
East Kilbride
Clydebank
Glasgow Airport
Port Glasgow
Carlisle
Kilmarnock
Rutherglen
Parkhead
Western Infirmary
University of Glasgow
Hunterian Museum
KELVINGROVE
Kelvingrove Park
Glasgow Art Gallery - Museum
YORKHILL
Sauchiehall Street
Argyle Street
Woodlands Road
Maryhill Road
Craighall Road
Dobbie's Loan
W. Graham St.
Cowcaddens Road
St. George's Rd.
North Street
Bath Street
St. Vincent Street
West George Street
Bothwell St.
Waterloo St.
TOWNHEAD
Kyle St.
Baird St.
Cathedral Street
Queen Street Station
George Square
Buchanan Galleries
Royal Concert Hall
Caledonian University
Central Station
Argyle St.
Trongate
Gallowgate
London Rd.
High Street
Saltmarket
Clyde St.
Stobcross Road
Clydeside Expwy.
Finnieston
Scottish Exhibition and Conference Centre
SEC Armadillo
OVO Hydro
Glasgow Science Centre
Lancefield Quay
Anderston Quay
River Clyde
Broomielaw
PLANTATION
TRADESTON
Kingston Bridge
Paisley Road
Morrison St.
Kinning Park
Eglinton Street
Norfolk St.
Gorbals
Glasgow Green
Scotland Street School Museum
400 m
0.2 miles

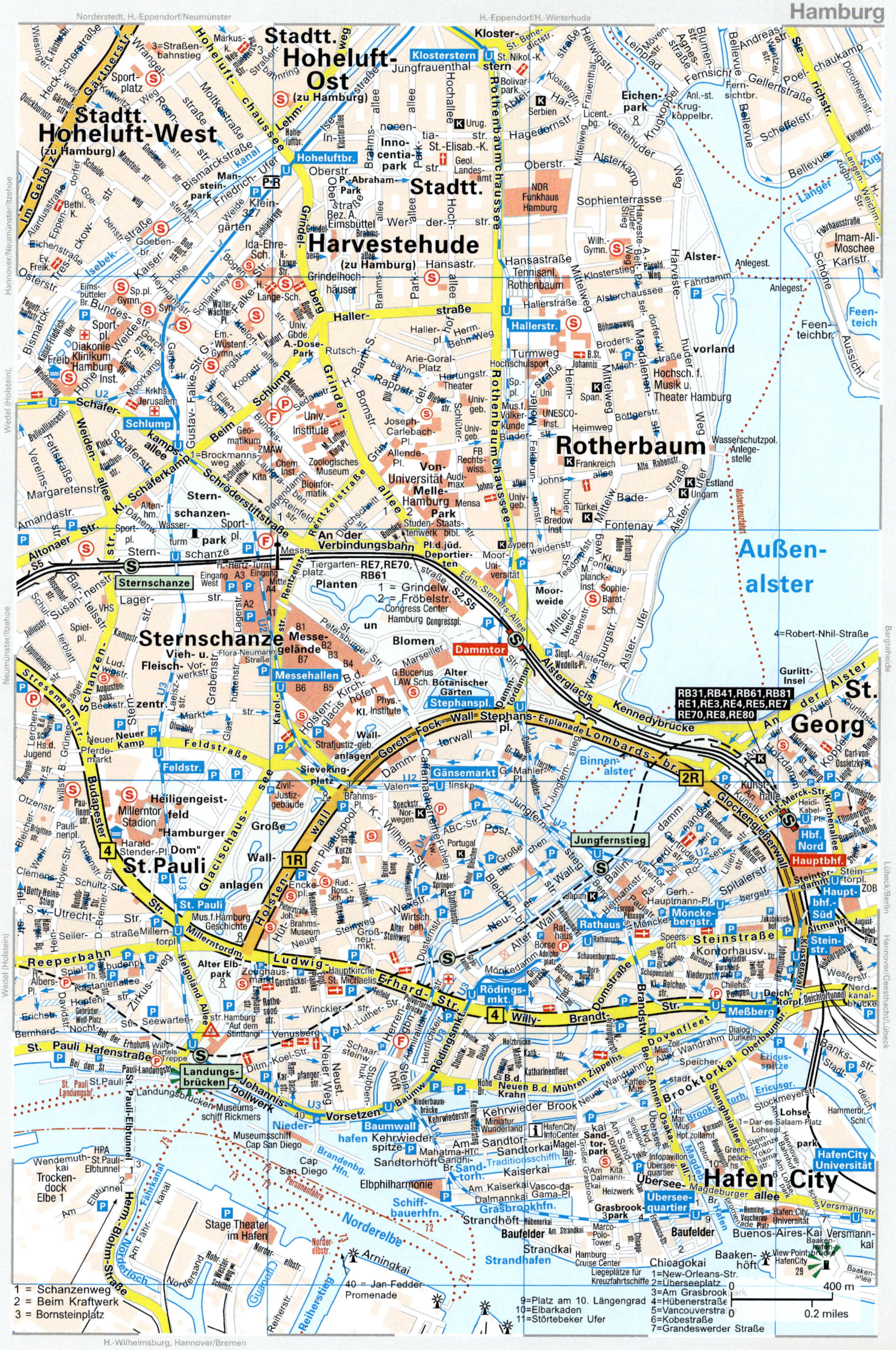
Norderstedt, H.-Eppendorf/Neumünster
H.-Eppendorf/H.-Winterhude
Stadtt. Hoheluft-West (zu Hamburg)
Stadtt. Hoheluft-Ost (zu Hamburg)
Stadtt. Harvestehude (zu Hamburg)
Rotherbaum
Sternschanze
St.Pauli
St. Georg
Hafen City
Außen-alster
Binnen-alster
Klosterstern
Hoheluftbr.
Hallerstr.
Schlump
Sternschanze
Messehallen
Dammtor
Stephanspl.
Feldstr.
Gänsemarkt
Jungfernstieg
Hbf. Nord
Hauptbhf.
Haupt-bhf.-Süd
Rathaus
Mönckebergstr.
Steinstr.
St. Pauli
Rödingsmkt.
Meßberg
Landungs-brücken
Baumwall
Überseequartier
HafenCity Universität
Elbphilharmonie
Norderelbe
Kennedybrücke
Lombardsbr.
Planten un Blomen
Alter Botanischer Garten
Heiligengeist-feld
"Hamburger Dom"
Kehrwieder
Speicherstadt
RB31,RB41,RB61,RB81
RE1,RE3,RE4,RE5,RE7
RE70,RE8,RE80
4=Robert-Nihl-Straße
1 = Grindelw.
2 = Fröbelstr.
1 = Schanzenweg
2 = Beim Kraftwerk
3 = Bornsteinplatz
40 = Jan-Fedder-Promenade
9=Platz am 10. Längengrad
10=Elbarkaden
11=Störtebeker Ufer
1=New-Orleans-Str.
2=Überseeplatz
3=Am Grasbrook
4=Hübenerstraße
5=Vancouverstraße
6=Kobestraße
7=Grandeswerder Straße
400 m
0.2 miles
H.-Wilhelmsburg, Hannover/Bremen
Hannover/Neumünster/Itzehoe
Wedel (Holstein)
Neumünster/Itzehoe
Bargteheide
Lübeck/Berlin
Hannover/Geesthacht/Lübeck

Helsinki

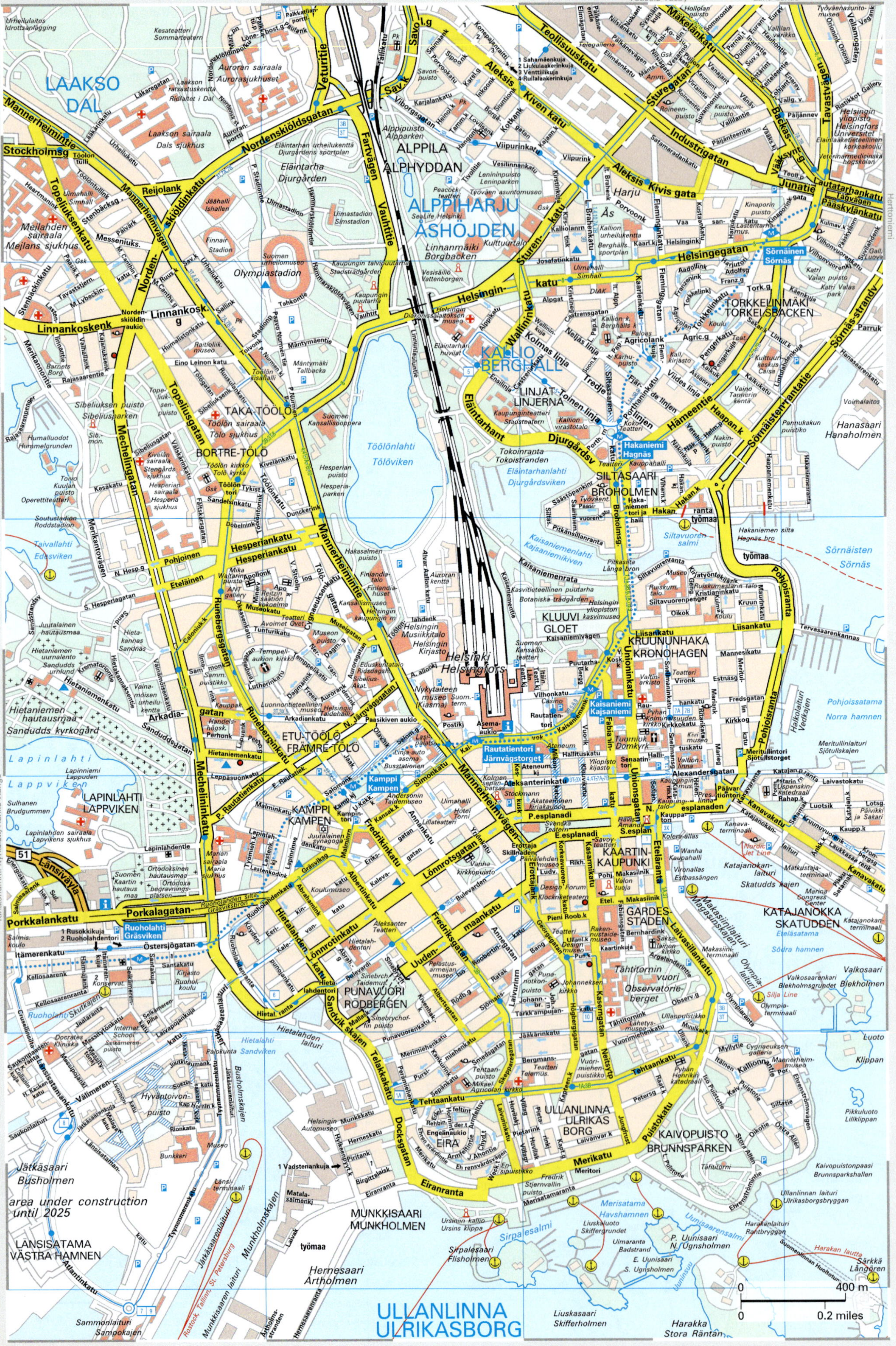

LAAKSO
DAL
ALPPILA
ALPHYDDAN
ALPPIHARJU
ÅSHÖJDEN
KALLIO
BERGHÄLL
LINJAT
LINJERNA
TORKKELINMÄKI
TORKELSBACKEN
SILTASAARI
BROHOLMEN
TAKA-TÖÖLÖ
BORTRE-TÖLÖ
ETU-TÖÖLÖ
FRÄMRE TÖLÖ
KLUUVI
GLOET
KRUUNUNHAKA
KRONOHAGEN
KAMPPI
KAMPEN
LAPINLAHTI
LAPPVIKEN
KAARTIN-
KAUPUNKI
GARDES-
STADEN
KATAJANOKKA
SKATUDDEN
PUNAVUORI
RODBERGEN
EIRA
ULLANLINNA
ULRIKAS
BORG
KAIVOPUISTO
BRUNNSPARKEN
MUNKKISAARI
MUNKHOLMEN
LANSISATAMA
VÄSTRA HAMNEN
Jätkäsaari
Busholmen
area under construction
until 2025
ULLANLINNA
ULRIKASBORG
Töölönlahti
Tölöviken
Olympiastadion
Helsinki
Helsingfors
Hakaniemi
Hagnäs
Sörnäinen
Sörnäs
Rautatientori
Järnvägstorget
Kaisaniemi
Kajsaniemi
Ruoholahti
Gräsviken
Mannerheimintie
Nordenskiöldinkatu
Helsinginkatu
Hämeentie
Pohjoisranta
Porkkalankatu
Länsiväylä
Tuusula-Tusby
Lahti-Lahtis
Hämeenlinna-Tavastehus
Turku-Åbo
Kirkkonummi-Kyrkslätt, Hanko-Hangö
Herttoniemi
0
400 m
0
0.2 miles

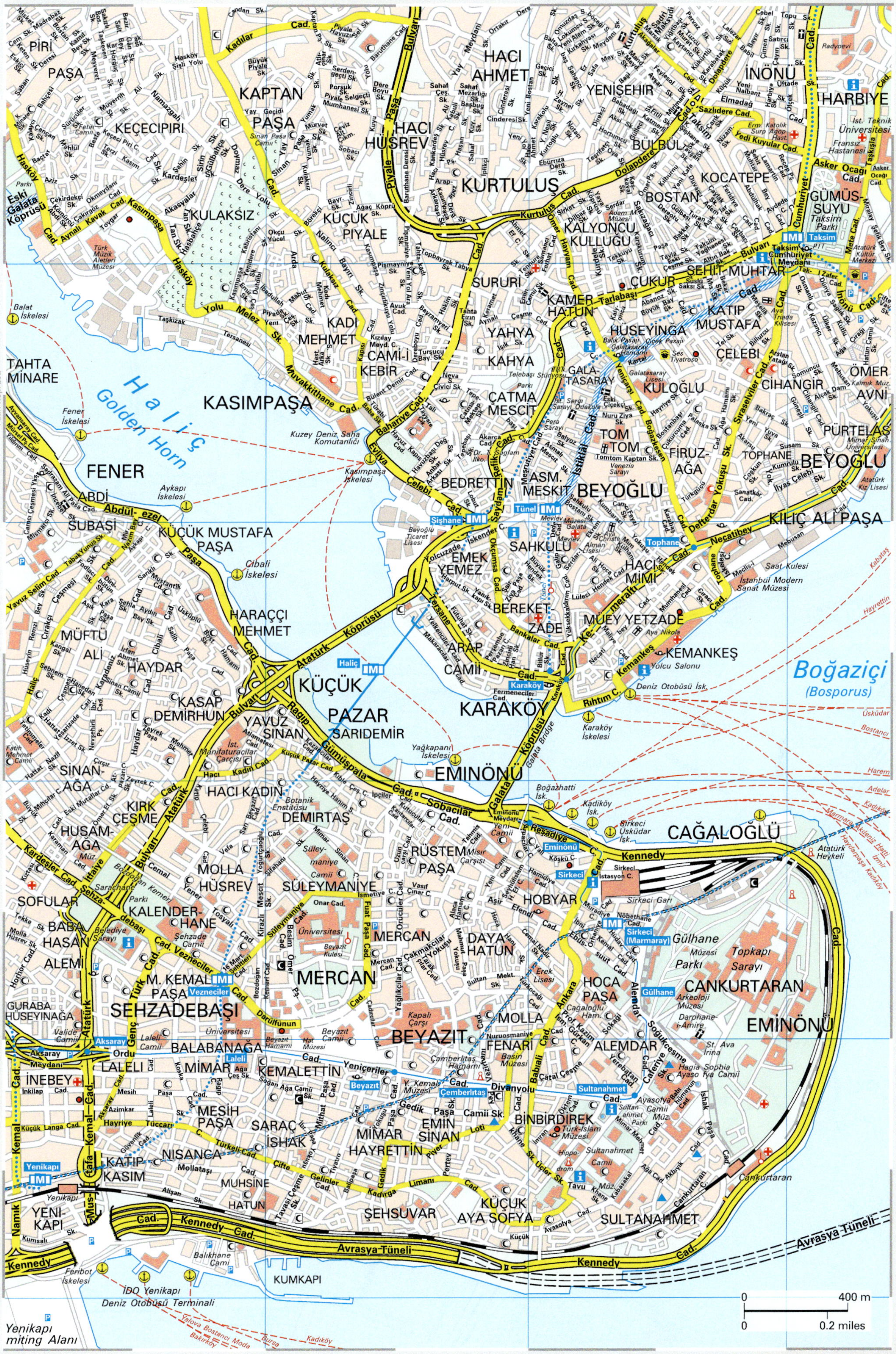
PİRİ PAŞA
KAPTAN PAŞA
KEÇECİPİRİ
HACI AHMET
HACI HÜSREV
KURTULUŞ
YENİŞEHİR
BÜLBÜL
İNÖNÜ
HARBİYE
KOCATEPE
BOSTAN
GÜMÜŞSUYU
KULAKSIZ
KÜÇÜK PİYALE
KALYONCU KULLUĞU
SURURİ
ÇUKUR
ŞEHİT MUHTAR
KAMER HATUN
KATİP MUSTAFA
HÜSEYİNAĞA
ÇELEBİ
KADI MEHMET
CAMİ-İ KEBİR
YAHYA KAHYA
GALATASARAY
ÇATMA MESCİT
KULOĞLU
CİHANGİR
ÖMER AVNİ
PÜRTELAŞ
TAHTA MİNARE
Haliç
Golden Horn
KASIMPAŞA
FENER
TOM TOM
FİRUZAĞA
TOPHANE
BEYOĞLU
ASM. MESKİT
BEDRETTİN
ABDİ SUBAŞİ
KÜÇÜK MUSTAFA PAŞA
SAHKULU
KILIÇ ALİ PAŞA
EMEK YEMEZ
HACI MİMİ
BEREKETZADE
MÜEY YETZADE
HARAÇÇI MEHMET
MÜFTÜ ALİ
HAYDAR
KEMANKEŞ
ARAP CAMİİ
KÜÇÜK PAZAR
KARAKÖY
Boğaziçi
(Bosporus)
KASAP DEMİRHUN
YAVUZ SİNAN
SARIDEMİR
EMİNÖNÜ
SİNAN AĞA
HACI KADIN
DEMİRTAŞ
KIRK ÇEŞME
HUSAMAĞA
RÜSTEM PAŞA
CAĞALOĞLU
MOLLA HÜSREV
SÜLEYMANİYE
SOFULAR
HOBYAR
BABA HASAN
KALENDERHANE
MERCAN
DAYA HATUN
Gülhane Parkı
Topkapı Sarayı
ALEMİ
M. KEMAL PAŞA
MERCAN
HOCA PAŞA
CANKURTARAN
EMİNÖNÜ
GURABA HÜSEYİNAĞA
SEHZADEBAŞI
BEYAZIT
MOLLA FENARİ
BALABANAĞA
ALEMDAR
LALELİ
MİMAR KEMALETTİN
İNEBEY
MESİH PAŞA
SARAÇ İSHAK
MİMAR HAYRETTİN
EMİN SİNAN
BİNBİRDİREK
NİSANCA
KATİP KASIM
MUHSİNE HATUN
ŞEHSUVAR
KÜÇÜK AYA SOFYA
SULTANAHMET
YENİKAPI
KUMKAPI
Kennedy Cad.
Avrasya Tüneli
İDO Yenikapı Deniz Otobüsü Terminali
Yenikapı miting Alanı
0 400 m
0 0.2 miles

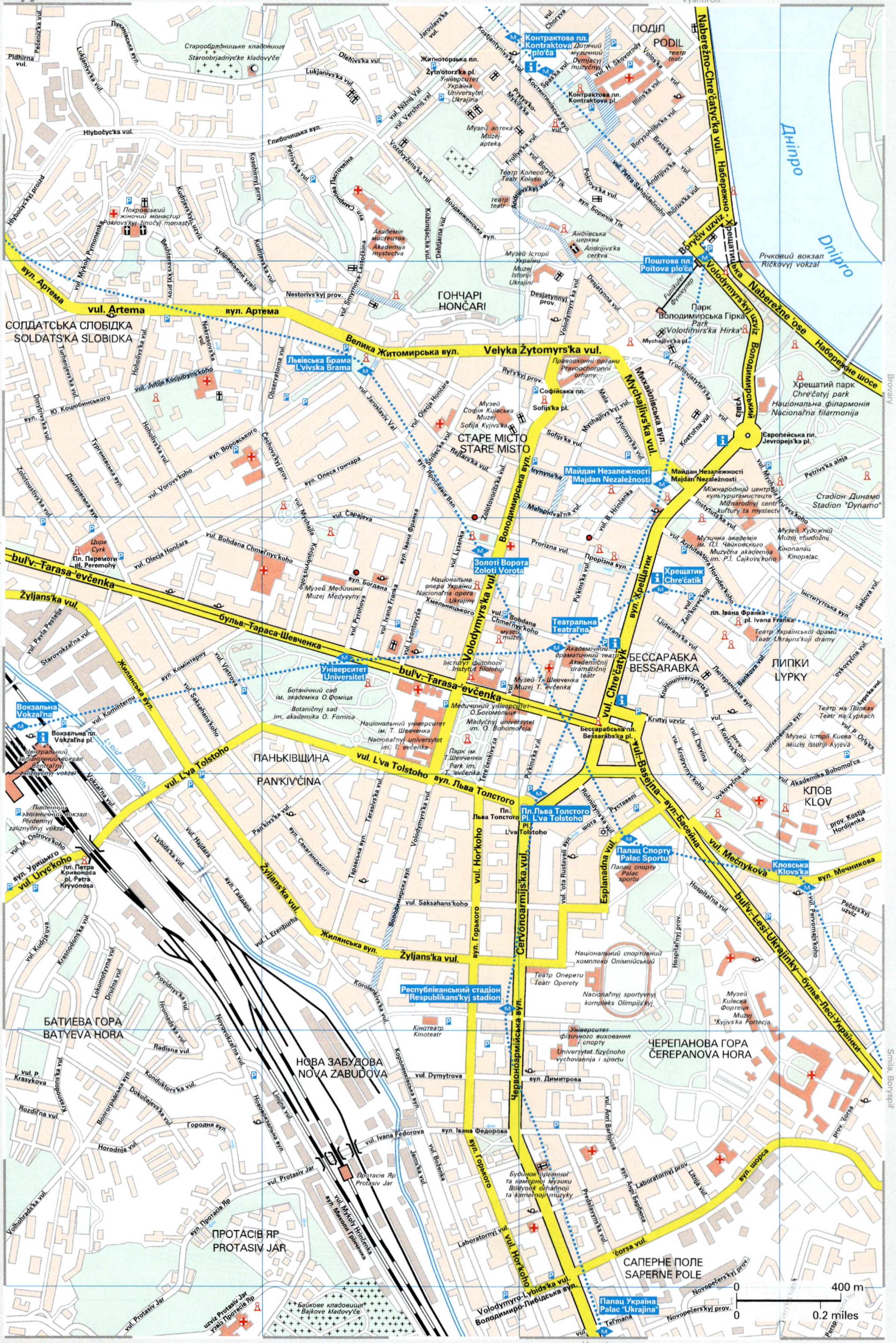
Vyshorod
Korosten'
Žytomyr
Brovary
Smila, Boryspil'
Uman'
ПОДІЛ
PODIL
Дніпро
Dnipro
ГОНЧАРІ
HONČARI
СОЛДАТСЬКА СЛОБІДКА
SOLDATS'KA SLOBIDKA
СТАРЕ МІСТО
STARE MISTO
Майдан Незалежності
Majdan Nezaležnosti
Хрещатик
Chreščatyk
Контрактова пл.
Kontraktova ploča
Поштова пл.
Poštova ploča
Львівська Брама
L'vivska Brama
Золоті Ворота
Zoloti Vorota
Театральна
Teatral'na
Університет
Universytet
Вокзальна
Vokzal'na
Пл. Льва Толстого
Pl. L'va Tolstoho
Палац Спорту
Palac Sportu
Кловська
Klovs'ka
Республіканський стадіон
Respublikans'kyj stadion
Палац Україна
Palac "Ukrajina"
БЕССАРАБКА
BESSARABKA
ЛИПКИ
LYPKY
КЛОВ
KLOV
ПАНЬКІВЩИНА
PAN'KIVŠČINA
БАТИЄВА ГОРА
BATYEVA HORA
НОВА ЗАБУДОВА
NOVA ZABUDOVA
ЧЕРЕПАНОВА ГОРА
ČEREPANOVA HORA
ПРОТАСІВ ЯР
PROTASIV JAR
САПЕРНЕ ПОЛЕ
SAPERNE POLE
vul. Artema
Velyka Žytomyrs'ka vul.
bul'v. Tarasa Ševčenka
vul. L'va Tolstoho
Žyljans'ka vul.
vul. Chreščatyk
Volodymyrs'ka vul.
Červonoarmijs'ka vul.
vul. Hor'koho
vul. Basejna
vul. Mečnykova
bul'v. Lesi Ukrajinky
Naberežno-Chreščatyc'ka vul.
Naberežne šose
0
400 m
0.2 miles

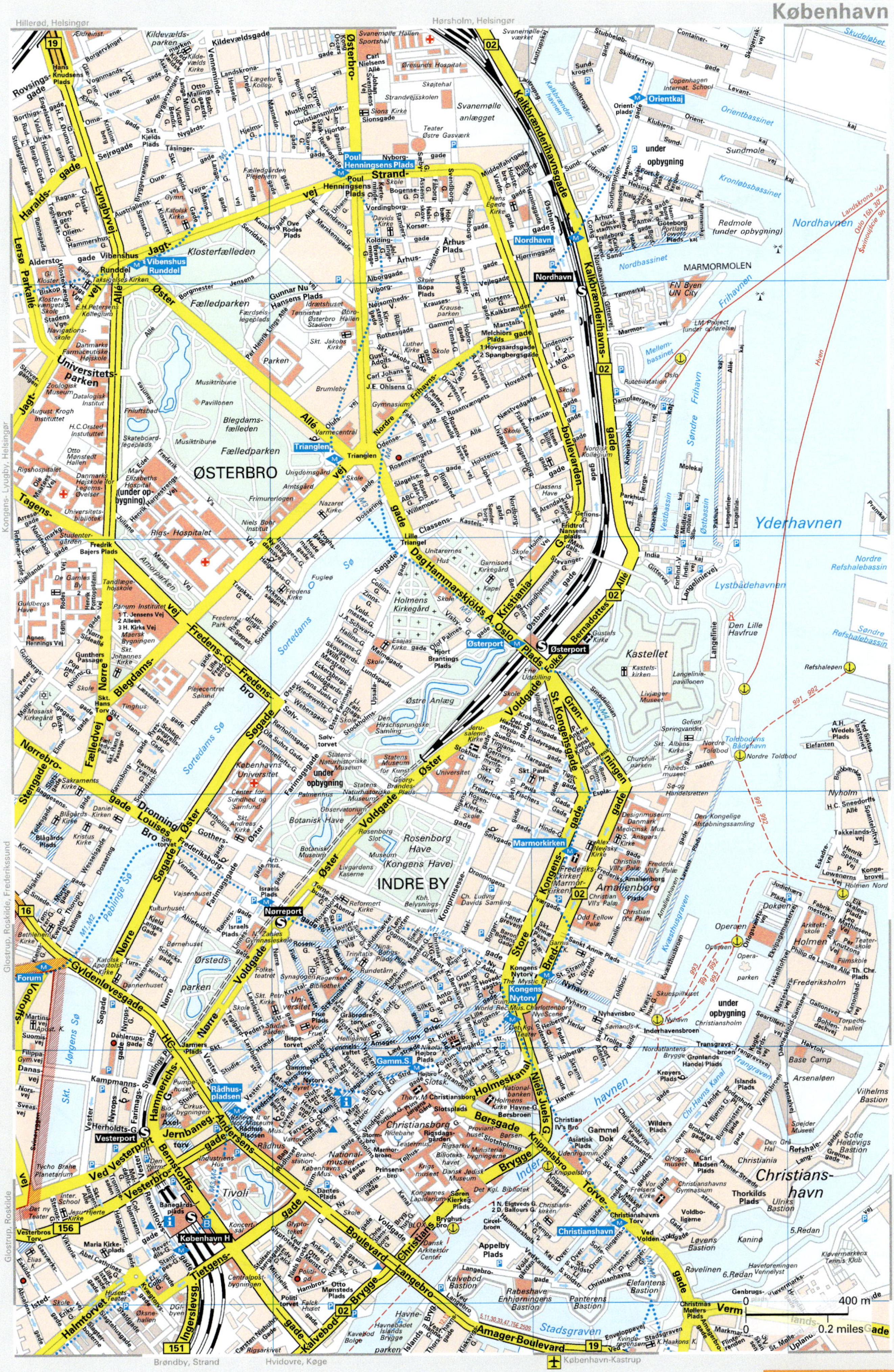

Hillerød, Helsingør
Hørsholm, Helsingør
ØSTERBRO
INDRE BY
Christianshavn
Fælledparken
Kastellet
Rosenborg Have
Tivoli
Ørsteds-parken
Yderhavnen
Nordhavnen
Sortedams Sø
Peblinge Sø
Sankt Jørgens Sø
Nordhavn
Østerport
Nørreport
Vesterport
København H
Kongens Nytorv
Marmorkirken
Amalienborg
Christiansborg
Nationalmuseet
Rigshospitalet
Universitetsparken
Trianglen
Vibenshus Runddel
Poul Henningsens Plads
Orientkaj
Forum
Rådhuspladsen
Gammel Strand
Christianshavn
Langelinie
Den Lille Havfrue
Holmen
Kalkbrænderihavnsgade
Østerbrogade
Strandboulevarden
Nørre Voldgade
Øster Voldgade
Vester Voldgade
H.C. Andersens Boulevard
Amager Boulevard
Gyldenløvesgade
Brøndby, Strand
Hvidovre, Køge
København-Kastrup
Kongens Lyngby, Helsingør
Glostrup, Roskilde, Frederikssund
Glostrup, Roskilde
400 m
0.2 miles

Kaliningrad

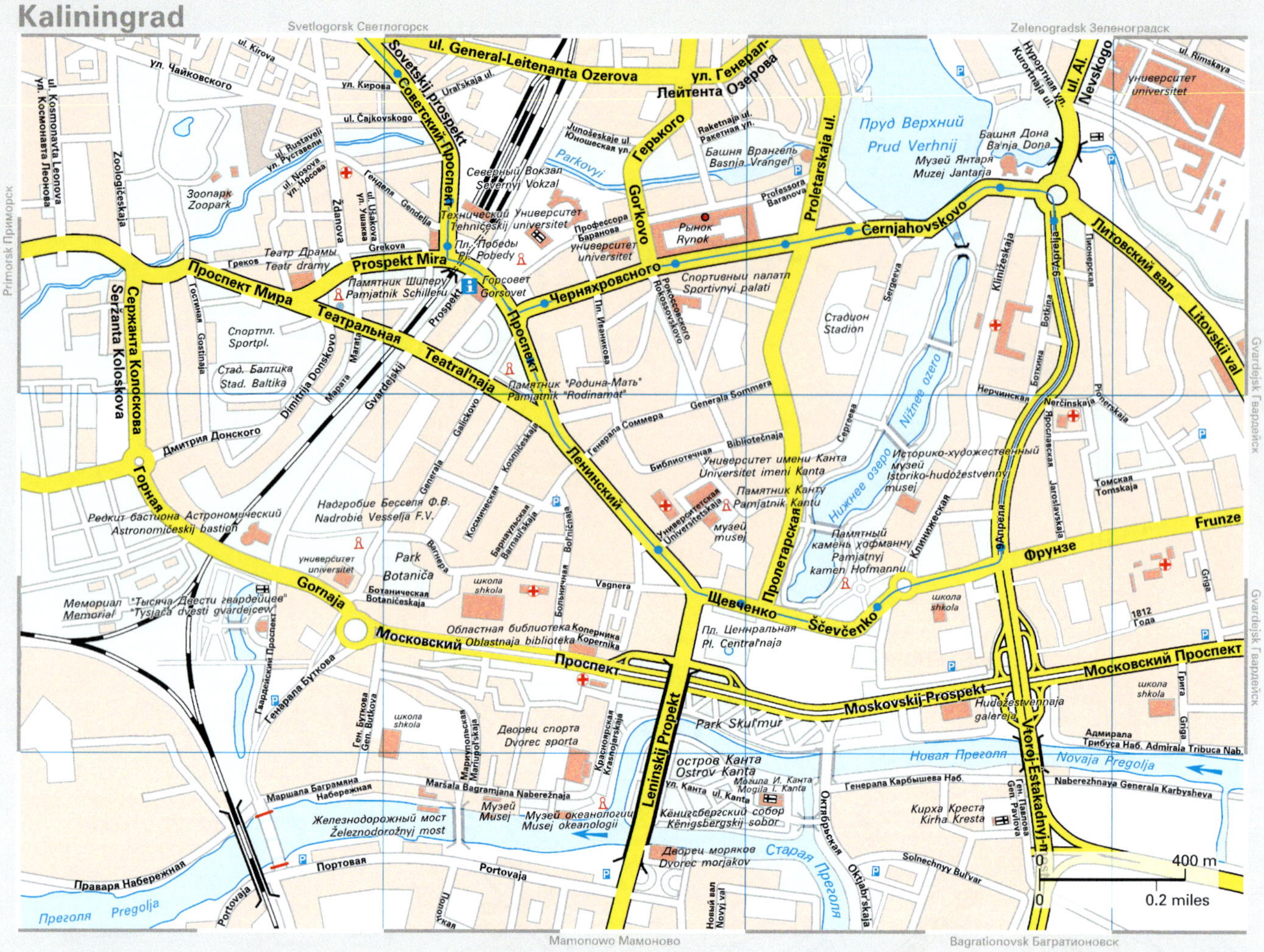
Svetlogorsk Светлогорск
Zelenogradsk Зеленоградск
Primorsk Приморск
Gvardejsk Гвардейск
Mamonowo Мамоново
Bagrationovsk Багратионовск
ul. General-Leitenanta Ozerova
Sovetskij prospekt
Prospekt Mira
Проспект Мира
Teatral'naja
Театральная
Černjahovskovo
Черняховского
Proletarskaja ul.
Leninskij Prospekt
Московский Проспект
Moskovskij-Prospekt
Frunze
Фрунзе
Ščevčenko
Щевченко
Gornaja
Горная
Литовский вал
Litovskij val
Nevskogo
ul. Al.
Пруд Верхний
Prud Verhnij
Нижнее озеро
Nižnee ozero
Стадион
Stadion
Park Skulmur
остров Канта
Ostrov Kanta
Новая Преголя
Novaja Pregolja
Старая Преголя
Преголя
Pregolja
Portovaja
Портовая
400 m
0.2 miles

Ljubljana

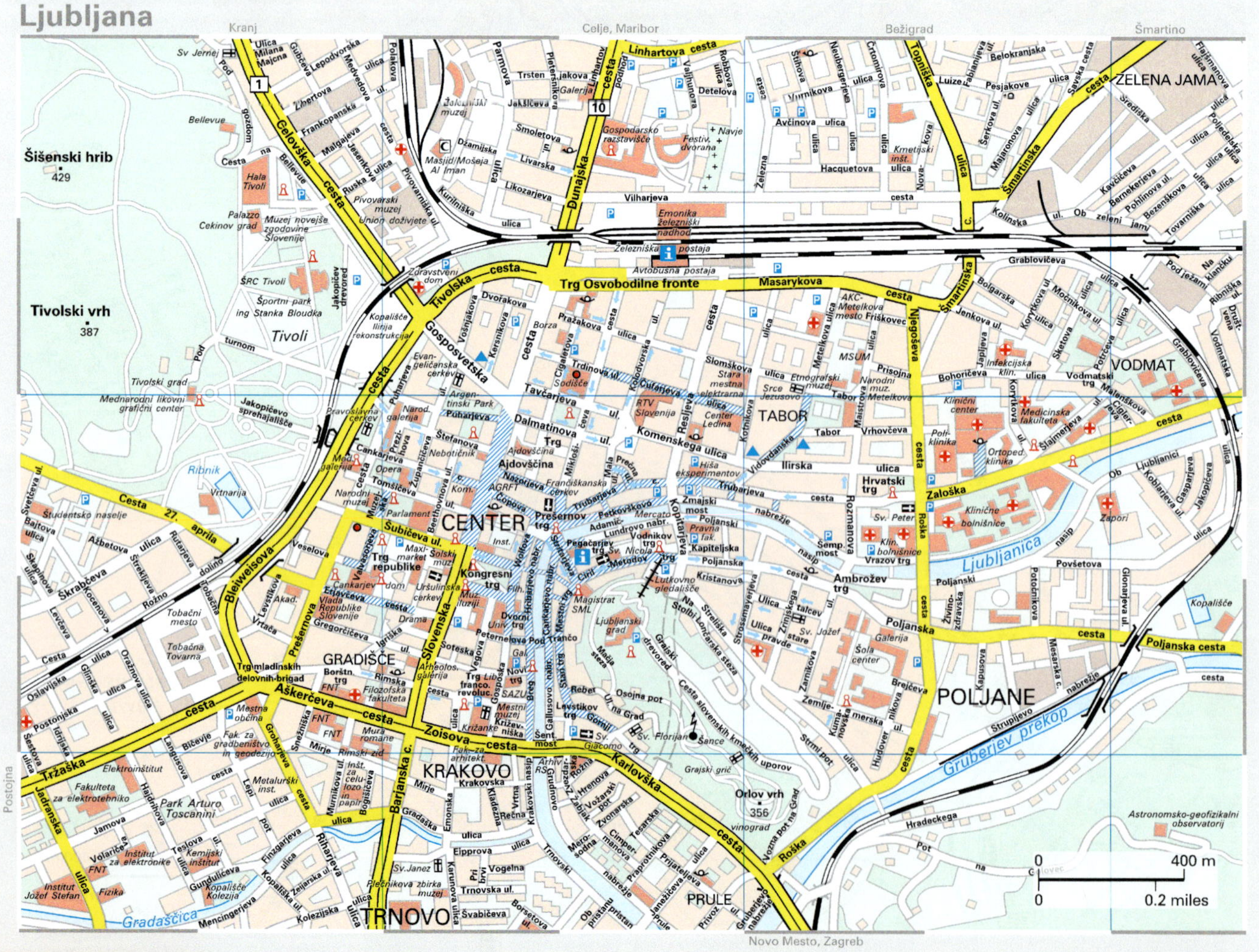
Kranj
Celje, Maribor
Bežigrad
Šmartino
Postojna
Novo Mesto, Zagreb
Šišenski hrib
429
Tivolski vrh
387
Tivoli
ZELENA JAMA
VODMAT
TABOR
CENTER
GRADIŠČE
KRAKOVO
TRNOVO
PRULE
POLJANE
Trg Osvobodilne fronte
Masarykova
Dunajska
Linhartova cesta
Celovška cesta
Tivolska cesta
Gosposvetska
Bleiweisova
Aškerčeva cesta
Zoisova cesta
Karlovška
Roška
Poljanska cesta
Zaloška
Ljubljanica
Gruberjev prekop
Gradaščica
Orlov vrh
356
400 m
0.2 miles

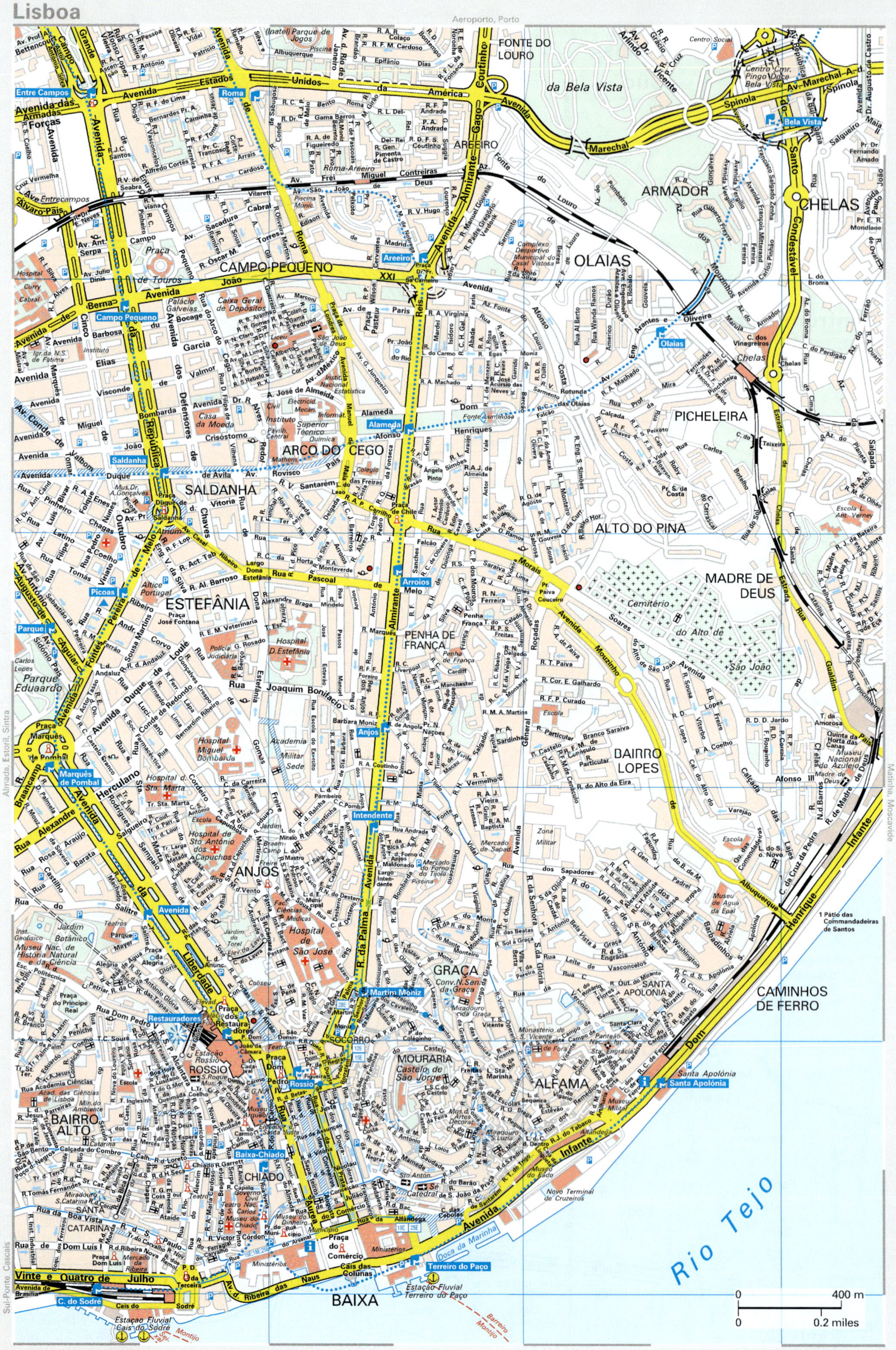
Aeroporto, Porto
Almada, Estoril, Sintra
Matinha, Moscavide
Sul-Ponte, Cascais
FONTE DO LOURO
da Bela Vista
AREEIRO
ARMADOR
CHELAS
OLAIAS
CAMPO PEQUENO
PICHELEIRA
ARCO DO CEGO
SALDANHA
ALTO DO PINA
MADRE DE DEUS
ESTEFÂNIA
PENHA DE FRANÇA
BAIRRO LOPES
ANJOS
GRAÇA
CAMINHOS DE FERRO
MOURARIA
ALFAMA
ROSSIO
BAIRRO ALTO
CHIADO
SANTA CATARINA
BAIXA
Rio Tejo
Entre Campos
Roma
Bela Vista
Areeiro
Olaias
Campo Pequeno
Alameda
Saldanha
Arroios
Picoas
Parque
Anjos
Marquês de Pombal
Intendente
Avenida
Martim Moniz
Restauradores
Rossio
Baixa-Chiado
Santa Apolónia
Terreiro do Paço
C. do Sodré
Parque Eduardo VII
Cemitério do Alto de São João
Castelo de São Jorge
Estação Fluvial Terreiro do Paço
Estação Fluvial Cais do Sodré
Novo Terminal de Cruzeiros
1 Pátio das Commandadeiras de Santos
0 400 m
0 0.2 miles

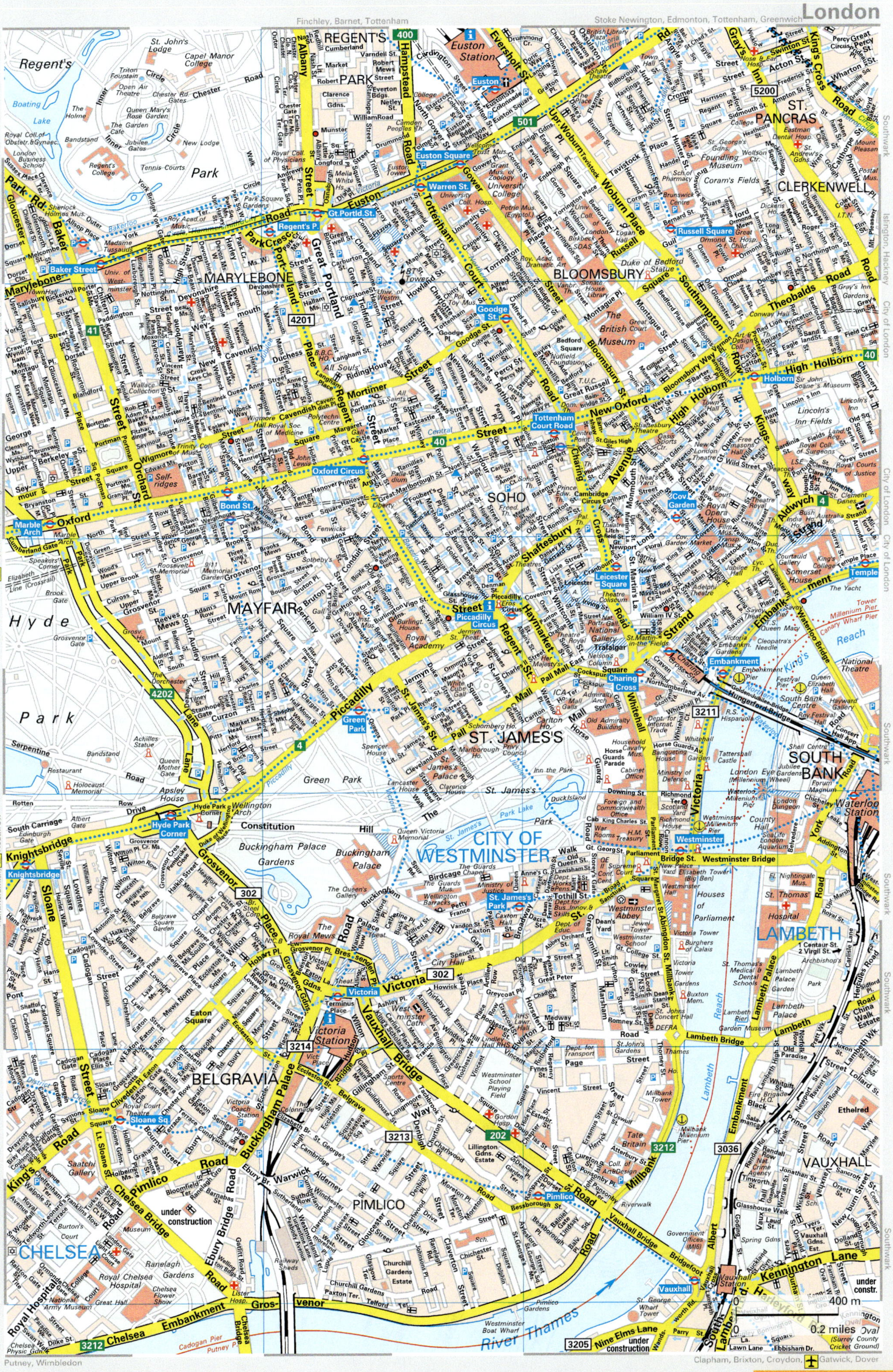
Finchley, Barnet, Tottenham
Stoke Newington, Edmonton, Tottenham, Greenwich
Regent's Park
REGENT'S PARK
Euston Station
ST. PANCRAS
CLERKENWELL
MARYLEBONE
BLOOMSBURY
The British Museum
Oxford Circus
Tottenham Court Road
SOHO
Lincoln's Inn Fields
MAYFAIR
Hyde Park
Piccadilly Circus
Leicester Square
Covent Garden
Trafalgar Square
Charing Cross
Green Park
ST. JAMES'S
SOUTH BANK
Waterloo Station
Buckingham Palace
CITY OF WESTMINSTER
Houses of Parliament
Westminster Abbey
LAMBETH
Victoria Station
BELGRAVIA
Knightsbridge
Hyde Park Corner
Sloane Sq.
CHELSEA
PIMLICO
VAUXHALL
River Thames
Vauxhall
Putney, Wimbledon
Clapham, Brixton, Croydon, Gatwick, Dover
400 m
0.2 miles

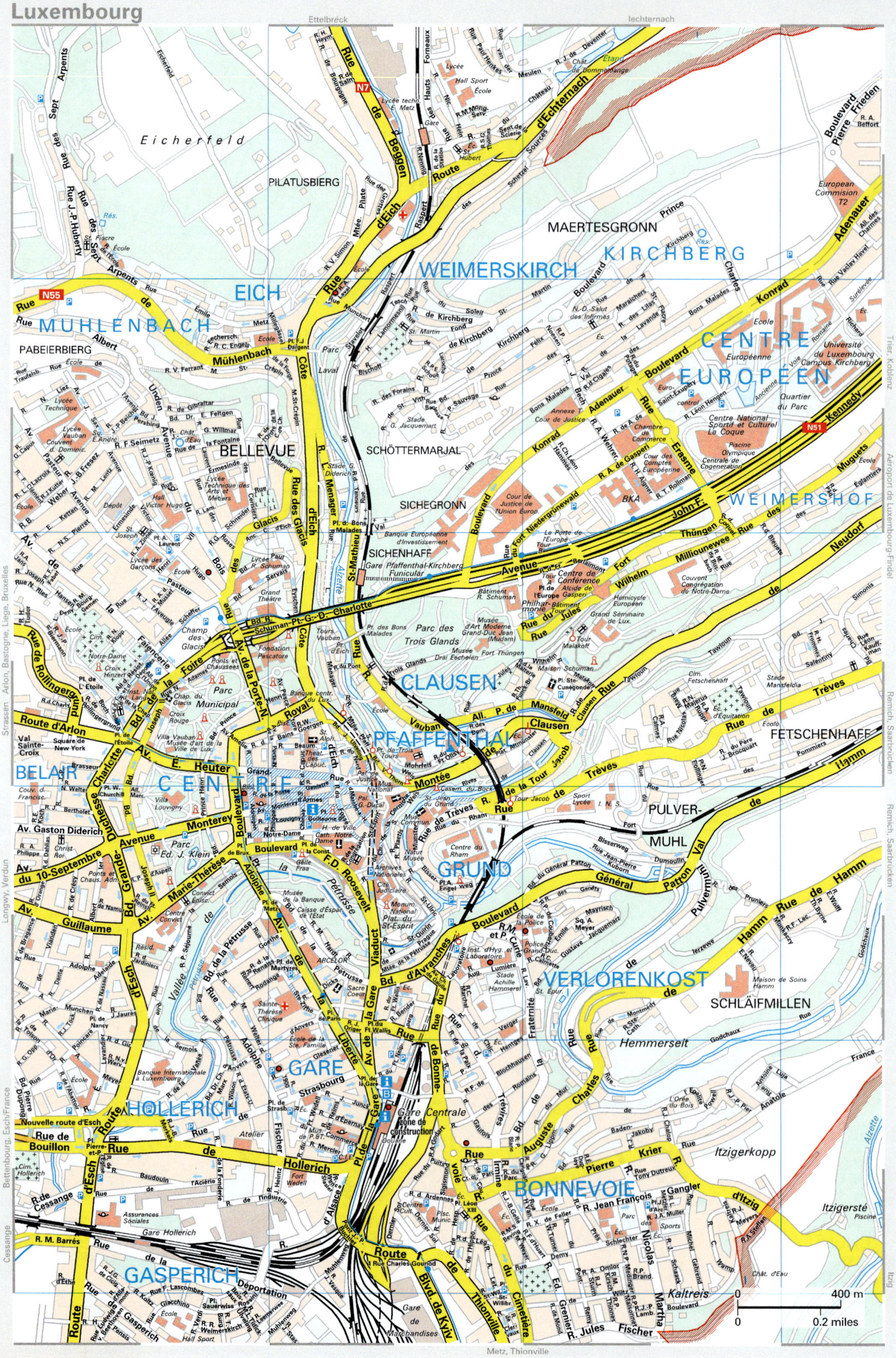
Ettelbréck
Iechternach
Eicherfeld
PILATUSBIERG
MAERTESGRONN
WEIMERSKIRCH
KIRCHBERG
EICH
MUHLENBACH
PABEIERBIERG
CENTRE EUROPEEN
European Commission T2
Université du Luxembourg Campus Kirchberg
Quartier du Parc
Centre National Sportif et Culturel La Coque
BELLEVUE
SCHÖTTERMARJAL
SICHEGRONN
SICHENHAFF
WEIMERSHOF
Cour de Justice de l'Union Europ.
Banque Européenne d'Investissement
BKA
Parc des Trois Glands
CLAUSEN
FETSCHENHAFF
PFAFFENTHAL
BELAIR
CENTRE
PULVERMUHL
GRUND
VERLORENKOST
SCHLÄIFMILLEN
Hemmerselt
GARE
HOLLERICH
Gare Centrale
Itzigerkopp
BONNEVOIE
Itzigersté
GASPERICH
Gare Hollerich
Route d'Arlon
Boulevard Royal
Avenue de la Porte-Neuve
Boulevard de la Pétrusse
Avenue de la Liberté
Boulevard John F. Kennedy
Rue de Hamm
Rue de Trèves
Route d'Esch
Route de Thionville
Rue de Bonnevoie
N7
N55
N51
Strassen, Arlon, Bastogne, Liège, Bruxelles
Longwy, Verdun
Bettembourg, Esch/France
Cessange
Trier, Koblenz
Aéroport de Luxembourg-Findel
Remich, Saarbrücken
Itzig
Metz, Thionville
400 m
0.2 miles

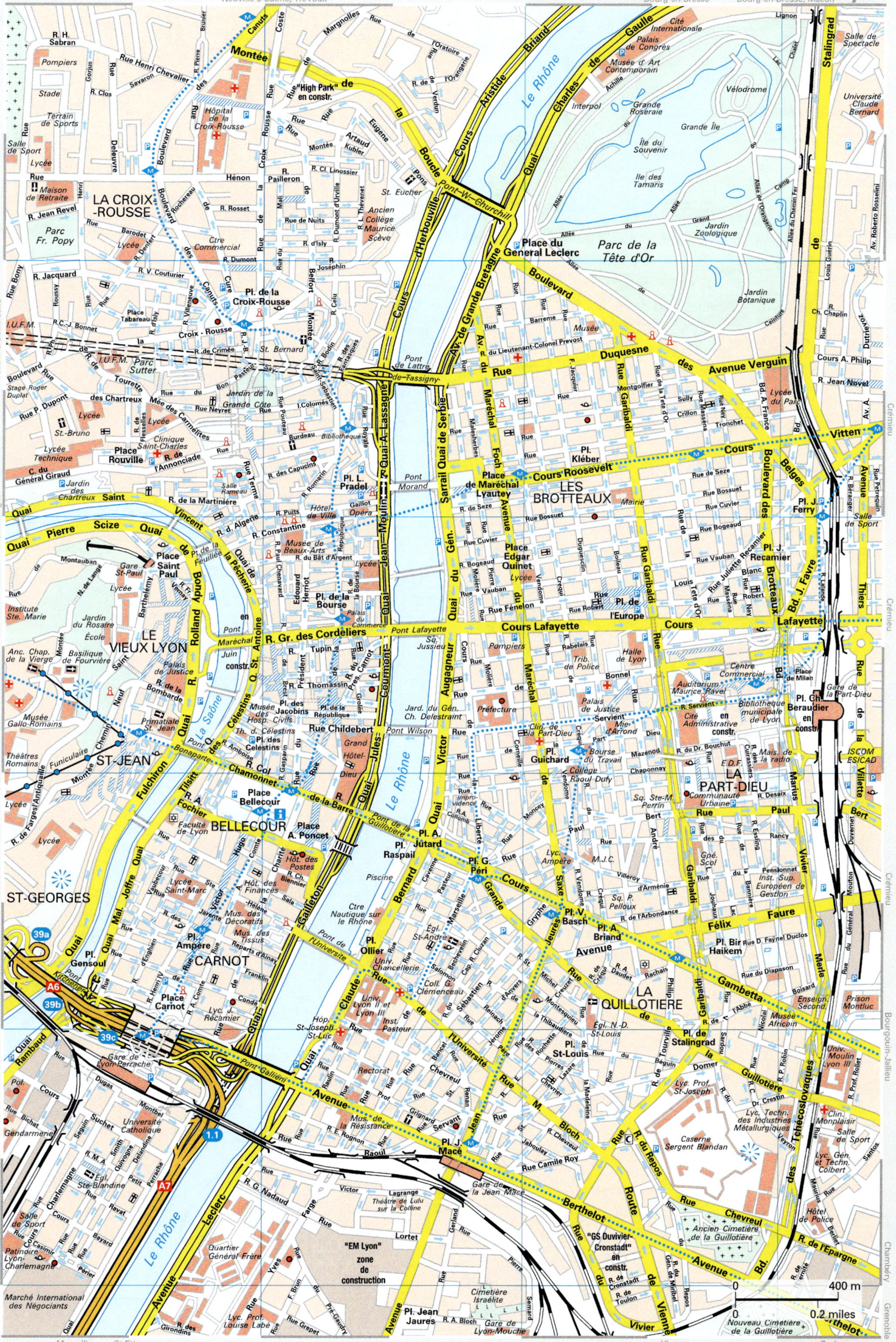
Neuville-s-Saône, Trévoux
Bourg-en-Bresse
Bourg-en-Bresse, Mâcon
Tassin-la-Demi-Lune
Trévoux, Collonges
Clermont-F., Paris
Givors, St-Etienne
Marseille
St-Etienne
Vienne
Corbas
Crémieu
Bourgoin-Jallieu
Chambéry
Grenoble
LA CROIX-ROUSSE
Pl. de la Croix-Rousse
Hôpital de la Croix-Rousse
Parc de la Tête d'Or
Jardin Zoologique
Jardin Botanique
Grande Île
Vélodrome
Cité Internationale
Palais de Congrès
Musée d'Art Contemporain
Place du General Leclerc
Le Rhône
La Saône
LES BROTTEAUX
Pl. Kléber
Place de Maréchal Lyautey
Cours Lafayette
Cours Roosevelt
Cours Vitton
Boulevard des Belges
Avenue Verguin
Boulevard Duquesne
Rue Garibaldi
LA PART-DIEU
Gare de la Part-Dieu
Centre Commercial
Auditorium Maurice Ravel
Bibliothèque municipale de Lyon
Hôtel de Ville
Musée des Beaux-Arts
Opéra
Pl. de la Bourse
Place Bellecour
BELLECOUR
Place A. Poncet
LE VIEUX LYON
Palais de Justice
Pl. St. Jean
ST-JEAN
Gare St-Paul
Basilique de Fourvière
Théâtres Romains
Musée Gallo-Romains
Funiculaire
ST-GEORGES
Pl. Gensoul
Place Carnot
CARNOT
Pl. Ampère
Gare de Lyon-Perrache
Pont Gallieni
Pont de l'Université
Pont de la Guillotière
Pont Wilson
Pont Lafayette
Pont Morand
Pont de Lattre de Tassigny
Pont W. Churchill
Pl. G. Péri
Cours Gambetta
Pl. J. Macé
Gare de la Jean Macé
LA QUILLOTIERE
Pl. de Stalingrad
Caserne Sergent Blandan
Ancien Cimetière de la Guillotière
Avenue Berthelot
Route de Vienne
Pl. Jean Jaurès
Cimetière Israélite
"EM Lyon" zone de construction
Quartier Général Frère
Marché International des Négociants
Avenue Leclerc
Univ. Lyon II et Lyon III
Musée Africain
Prison Montluc
Hôtel de Police
400 m
0.2 miles

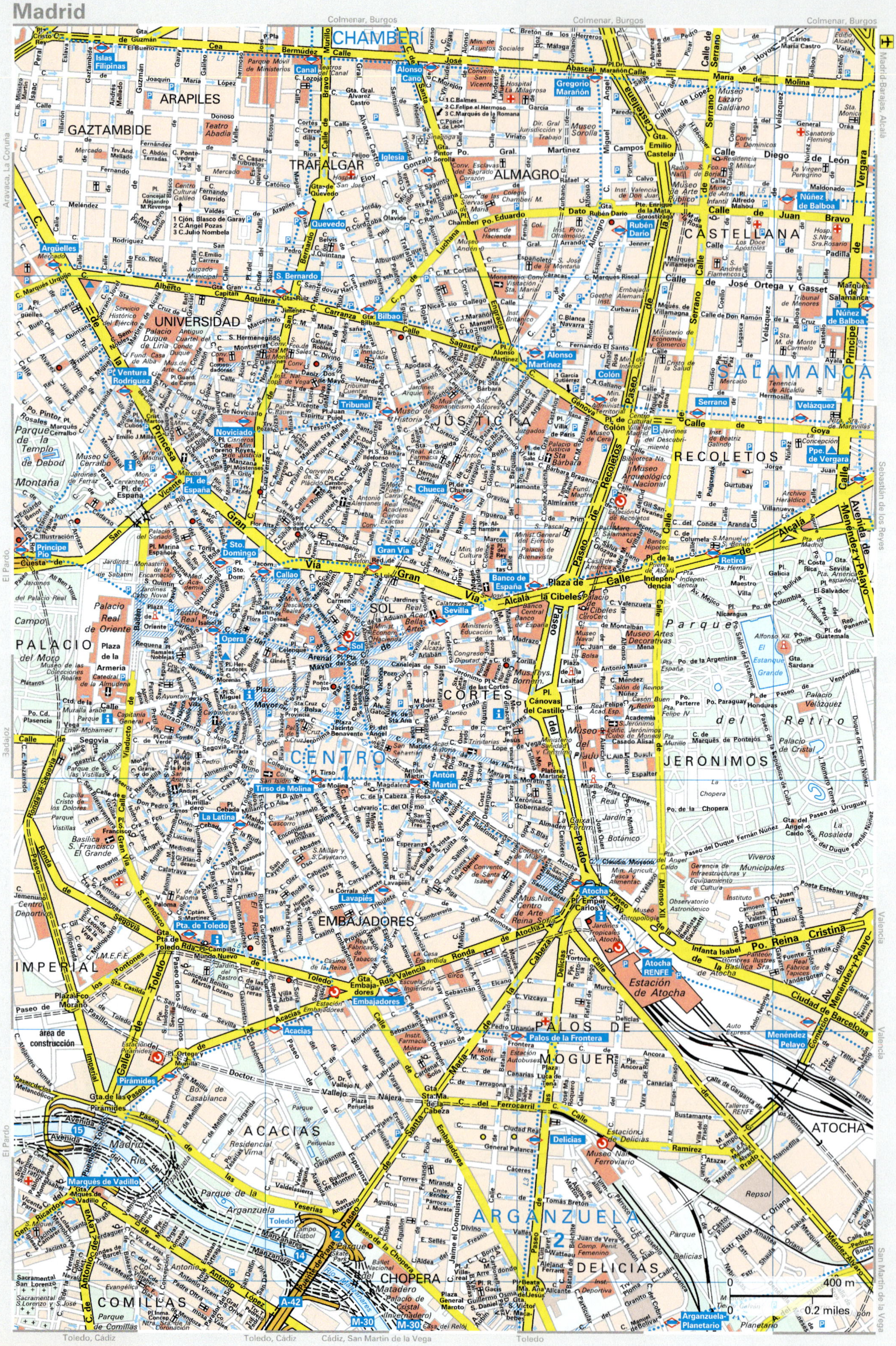
Colmenar, Burgos
Colmenar, Burgos
Colmenar, Burgos
CHAMBERÍ
ARAPILES
GAZTAMBIDE
TRAFALGAR
ALMAGRO
CASTELLANA
UNIVERSIDAD
SALAMANCA
JUSTICIA
RECOLETOS
SOL
PALACIO
CORTES
CENTRO
JERONIMOS
Parque del Retiro
EMBAJADORES
IMPERIAL
PALOS DE MOGUER
ACACIAS
ATOCHA
ARGANZUELA
DELICIAS
CHOPERA
COMILLAS
Estación de Atocha
Parque del Oeste
Madrid-Barajas, Alcalá
Sebastián de los Reyes
Valencia
San Martín de la Vega
Toledo, Cádiz
Toledo, Cádiz
Cádiz, San Martín de la Vega
Toledo
Aravaca, La Coruña
El Pardo
Badajoz
El Pardo
0 400 m
0 0.2 miles

Marseille

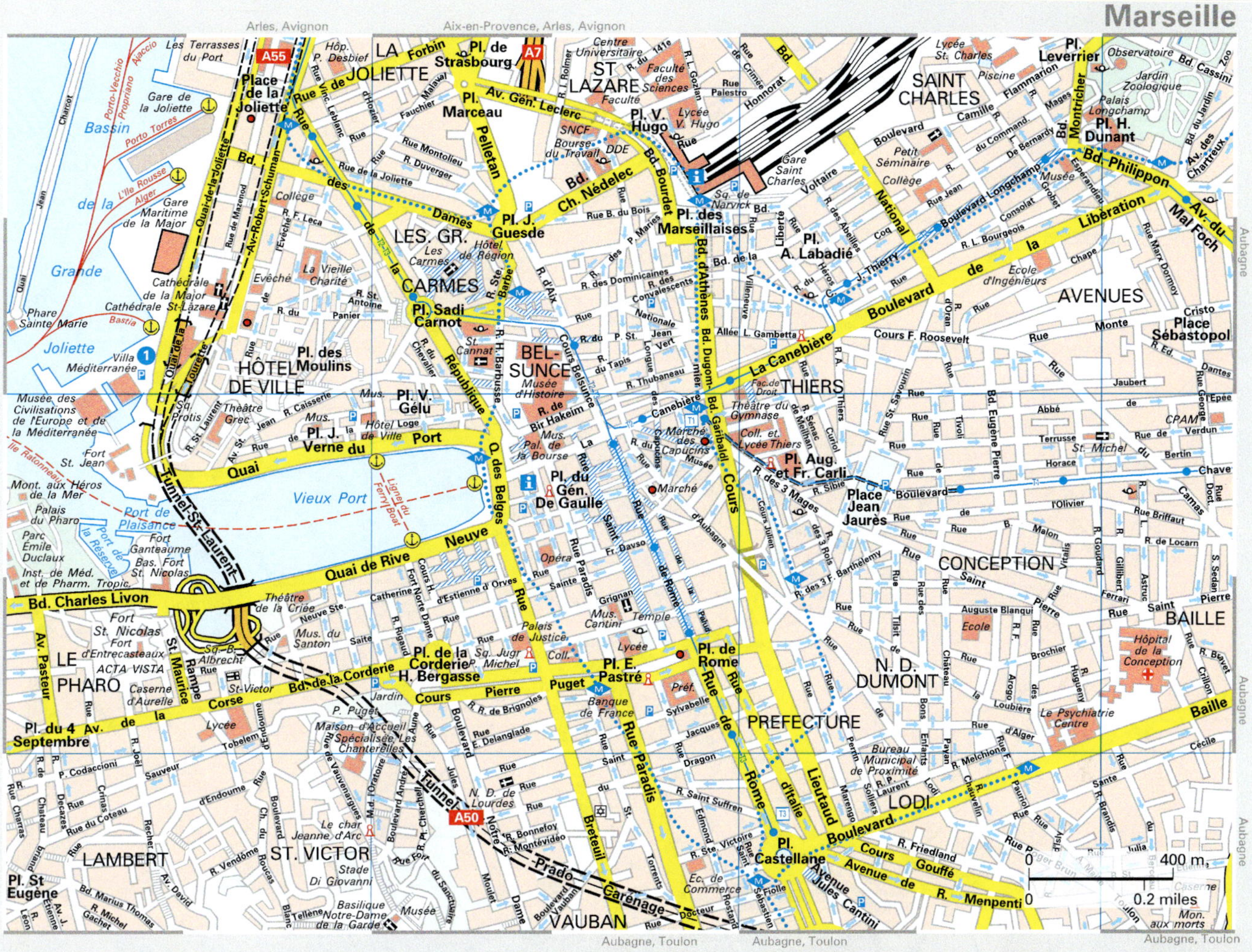
Arles, Avignon
Aix-en-Provence, Arles, Avignon
Aubagne
Les Goudes
Aubagne, Toulon
LA JOLIETTE
Pl. de Strasbourg
ST LAZARE
SAINT CHARLES
Pl. Leverrier
Pl. H. Dunant
Bassin de la Grande Joliette
Gare Maritime de la Major
Cathédrale de la Major
Pl. J. Guesde
LES. GR. CARMES
Pl. Sadi Carnot
Pl. des Marseillaises
Pl. A. Labadie
AVENUES
Place Sébastopol
HÔTEL DE VILLE
BELSUNCE
La Canebière
THIERS
Pl. V. Gélu
Quai du Port
Vieux Port
Pl. du Gén. De Gaulle
Pl. Aug. et Fr. Carli
Place Jean Jaurès
Quai de Rive Neuve
Bd. Charles Livon
LE PHARO
CONCEPTION
BAILLE
Hôpital de la Conception
Pl. de la Corderie
Pl. E. Pastré
Pl. de Rome
N. D. DUMONT
PREFECTURE
Pl. du 4 Septembre
Tunnel St. Laurent
Tunnel
A50
A55
A7
LAMBERT
ST. VICTOR
Pl. St Eugène
Pl. Castellane
LODI
VAUBAN
Prado Carénage
Rue Paradis
Boulevard Baille
Av. du Mal Foch
Boulevard de la Libération
Bd. Philippon
400 m
0.2 miles

Monte Carlo

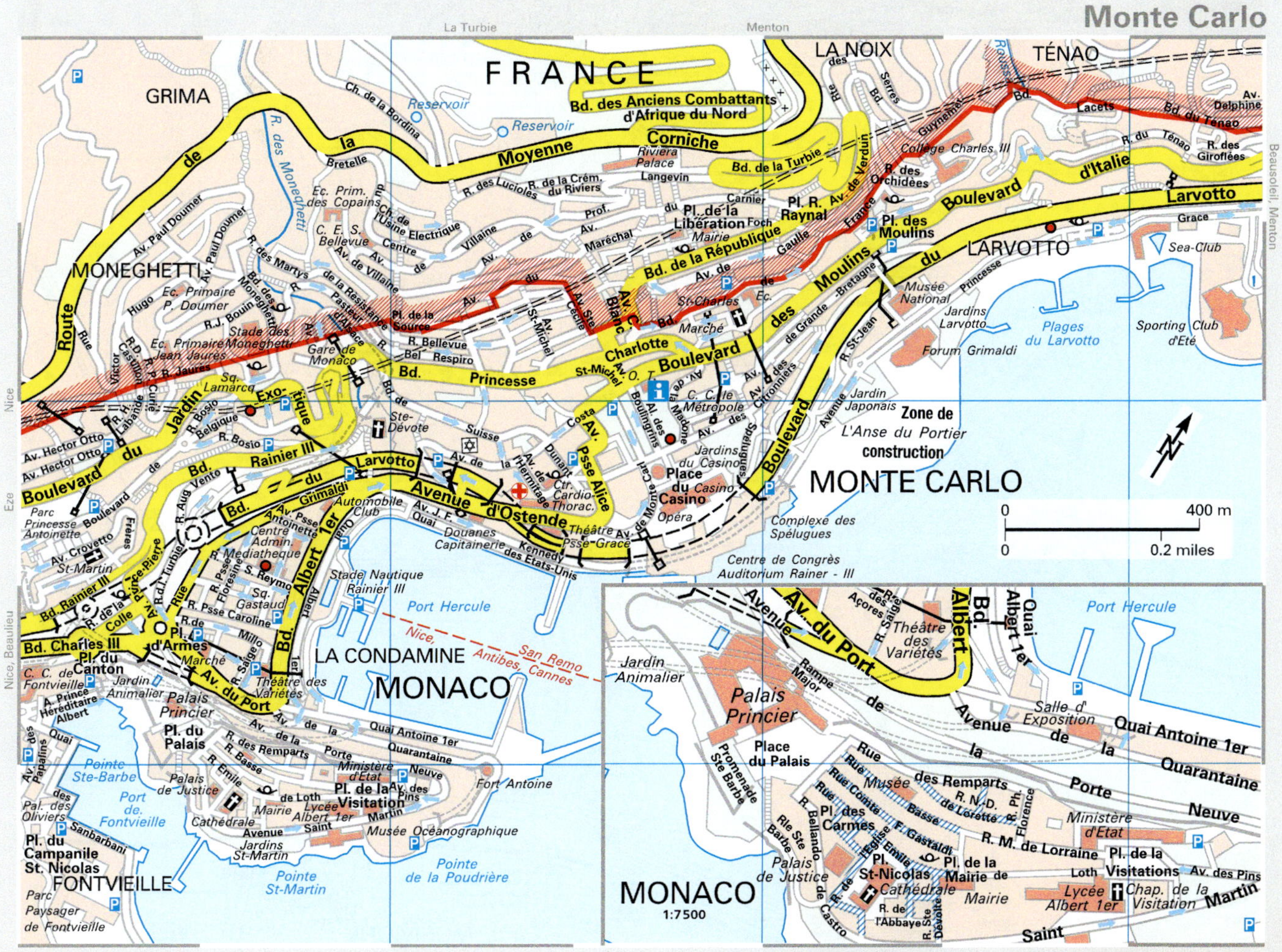
La Turbie
Menton
Nice
Eze
Nice, Beaulieu
Beausoleil, Menton
FRANCE
GRIMA
LA NOIX
TÉNAO
Bd. des Anciens Combattants d'Afrique du Nord
Moyenne Corniche
Route de la Bretelle
MONEGHETTI
Bd. de la République
Pl. de la Libération
Bd. d'Italie
Av. de Grande-Bretagne
LARVOTTO
Av. Princesse Grace
Plages du Larvotto
Sporting Club d'Eté
Boulevard des Moulins
Bd. Princesse Charlotte
Jardin Exotique
Bd. Rainier III
Av. de la Costa
Place du Casino
Casino
Opéra
Avenue d'Ostende
Zone de L'Anse du Portier construction
MONTE CARLO
Av. du Port
Bd. Albert 1er
Port Hercule
LA CONDAMINE
MONACO
Nice, Antibes, Cannes
San Remo
Place du Palais
Palais Princier
Jardin Animalier
Pl. d'Armes
Musée Océanographique
Pointe Ste-Barbe
Port de Fontvieille
FONTVIEILLE
Pointe St-Martin
Pointe de la Poudrière
Quai Antoine 1er
Avenue de la Quarantaine
Porte Neuve
Pl. de la Visitation
Cathédrale
MONACO 1:7500
400 m
0.2 miles

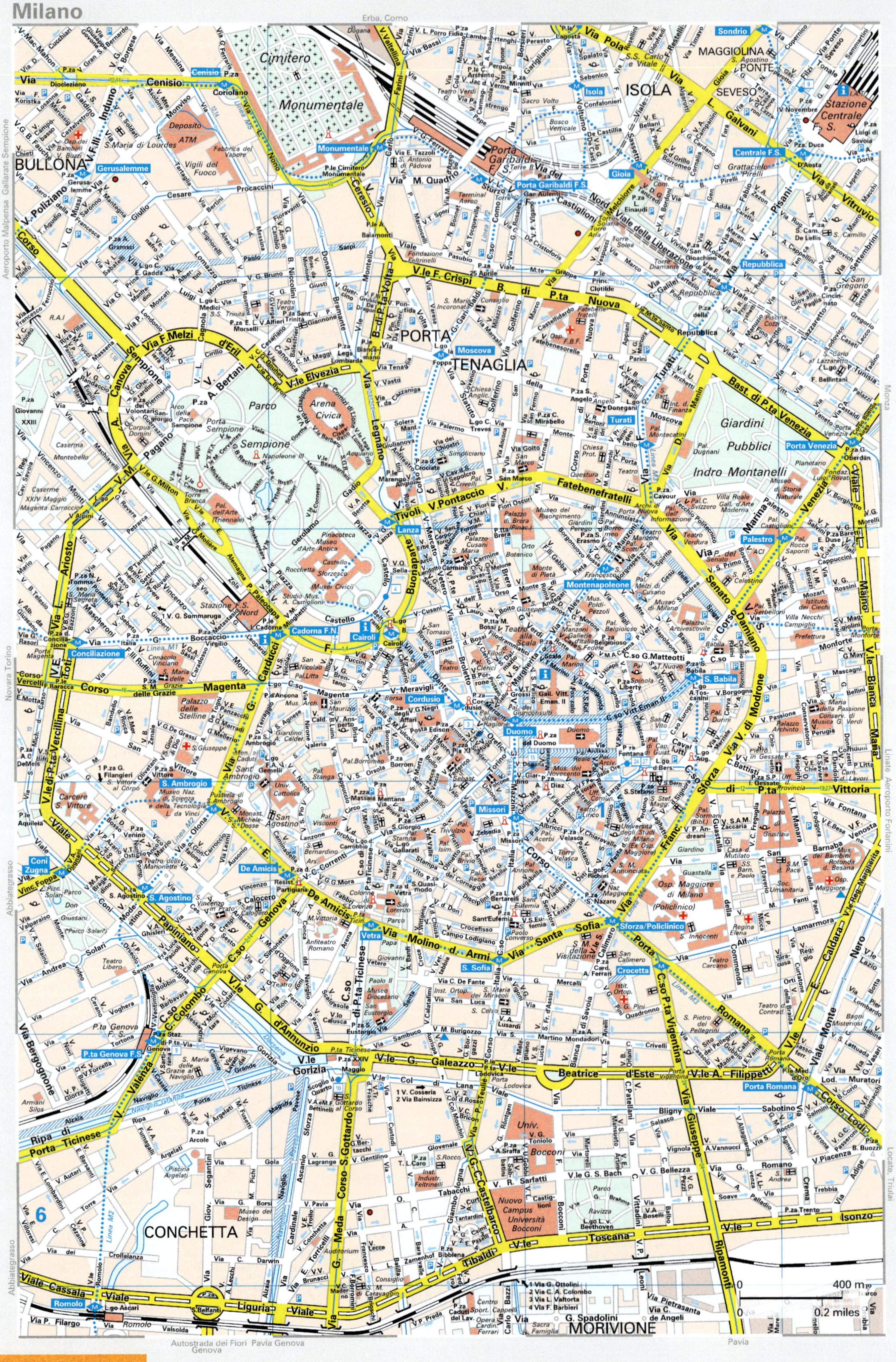
Erba, Como
Aeroporto Malpensa Gallarate Sempione
Monza
Novara Torino
Linate Aeroporto Forlanini
Abbiategrasso
Locate, Triulzi
Autostrada dei Fiori Genova
Pavia Genova
Pavia
Cimitero
Monumentale
ISOLA
MAGGIOLINA
PONTE
SEVESO
Stazione Centrale F.S.
BULLONA
Porta Garibaldi F.S.
PORTA
TENAGLIA
Parco
Sempione
Arena Civica
Castello Sforzesco
Giardini Pubblici
Indro Montanelli
Duomo
Cadorna F.N.
Univ. Bocconi
CONCHETTA
MORIVIONE
Sondrio
Isola
Gioia
Centrale F.S.
Repubblica
Garibaldi F.S.
Monumentale
Cenisio
Gerusalemme
Moscova
Turati
Porta Venezia
Lanza
Palestro
Montenapoleone
Cairoli
Conciliazione
Cordusio
S. Babila
S. Ambrogio
Missori
De Amicis
S. Agostino
Coni Zugna
Vetra
Sforza/Policlinico
Crocetta
S. Sofia
P.ta Genova F.S.
Porta Romana
Romolo
400 m
0.2 miles
6

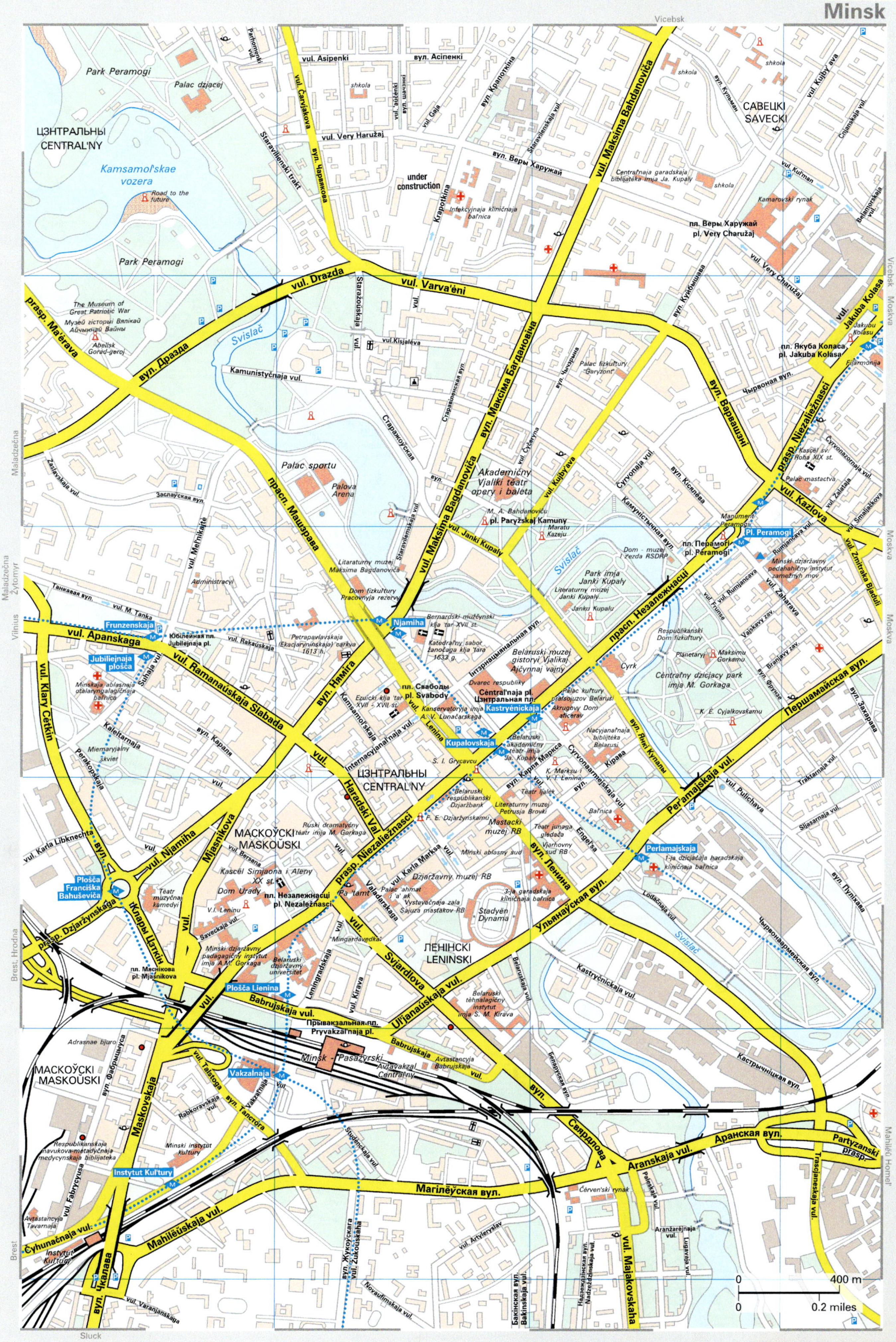

Vicebsk
Park Peramogi
Palac dziacej
ЦЭНТРАЛЬНЫ
CENTRAL'NY
Kamsamol'skae vozera
Road to the future
Park Peramogi
vul. Asipenki
вул. Асіпенкі
shkola
vul. Very Harużaj
вул. Веры Харужай
under construction
Infekcyjnaja kliničnaja bal'nica
vul. Maksima Bahdanoviča
САВЕЦКІ
SAVECKI
Kamaroŭski rynak
пл. Веры Харужай
pl. Very Charužaj
vul. Drazda
вул. Драздa
vul. Varva'eni
The Museum of Great Patriotic War
Музей гісторыі Вялікай Айчыннай Вайны
Abelisk Gorad-geroj
prasp. Ma'erava
Svislač
Kamunistyčnaja vul.
vul. Kisjaleva
Palac fizkul'tury "Garyzont"
вул. Максіма Багдановіча
пл. Якуба Коласа
pl. Jakuba Kolasa
Filarmonija
vul. Jakuba Kolasa
Palac sportu
Palova Arena
prasp. Mašerava
Akademičny Vjaliki teatr opery i baleta
M. A. Bahdanoviču
pl. Paryžskaj Kamuny
vul. Kazlova
prasp. Niezaležnasci
Pl. Peramogi
пл. Перамогі
pl. Peramogi
Dom - muzej I z'ezda RSDRP
Park imja Janki Kupaly
Literaturny muzej Maksima Bagdanoviča
Dom fizkul'tury Pracoŭnyja rezervy
Frunzenskaja
Njamiha
Юбілейная пл.
Jubilejnaja pl.
vul. Apanskaga
Jubilejnaja plošča
vul. Ramanaŭskaja Slabada
Belaruski muzej gistoryi Vjalikaj Ajčynnaj vajny
Cyrk
Centralny dziacjačy park imja M. Gorkaga
Planetaryj
vul. Klary Cetkin
пл. Свабоды
pl. Svabody
Kastryčnickaja
Centralnaja pl.
Цэнтральная пл.
Kupalovskaja
ЦЭНТРАЛЬНЫ
CENTRAL'NY
Peramajskaja vul.
Першамайская вул.
МАСКОЎСКІ
MASKOŬSKI
пл. Незалежнасці
pl. Nezaležnasci
Perlamajskaja
Plošča Franciška Bahuševiča
Stadyen Dynama
ЛЕНІНСКІ
LENINSKI
Plošča Lenina
Babrujskaja vul.
Прывакзальная пл.
Pryvakzal'naja pl.
Minsk - Pasažyrski
Vakzalnaja
МАСКОЎСКІ
MASKOŬSKI
vul. Sviardlova
Aranskaja vul.
Аранская вул.
Partyzanski prasp.
Instytut Kul'tury
Магілёўская вул.
Mahileŭskaja vul.
vul. Majakoŭskaha
Červen'ski rynak
Maladzečna
Moskva
Brest, Hrodna
Brest
Mahilëŭ, Homel'
Sluck
0
400 m
0
0.2 miles

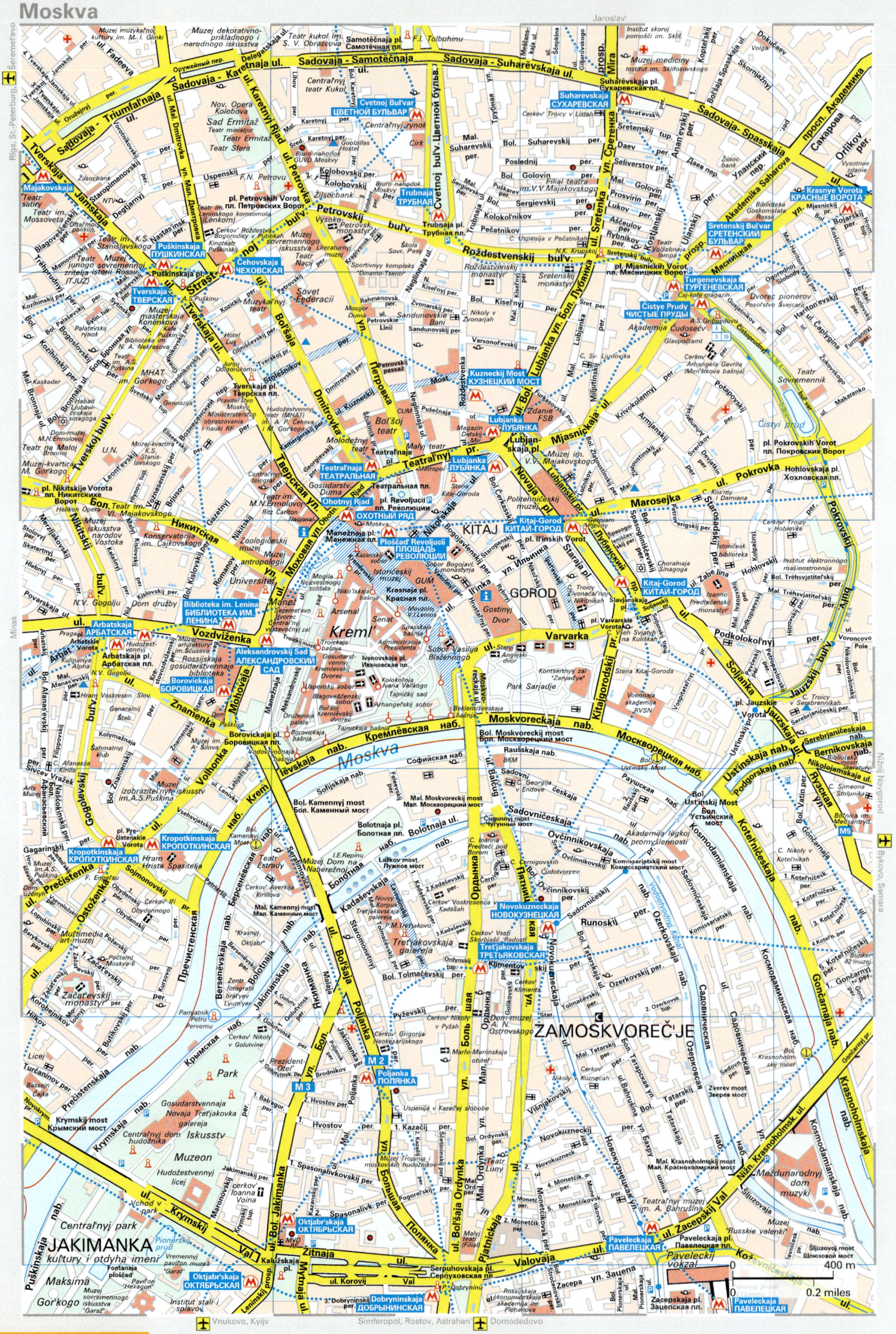
Jaroslav'
Riga, St-Peterburg, Šeremetevo
Minsk
Nižnij Novgorod
Bykovo, Samara
Vnukovo, Kyjiv
Simferopol, Rostov, Astrahan'
Domodedovo
Sadovaja - Samotëčnaja
Sadovaja - Suharëvskaja ul.
Sadovaja - Karetnaja ul.
Sadovaja - Triumfal'naja
Sadovaja- Spasskaja
Kremľ
Moskva
KITAJ GOROD
ZAMOSKVOREČJE
JAKIMANKA
Centraľnyj park kultury i otdyha imeni Maksima Gor'kogo
Park Sarjadie
Bol. Moskvoreckij most
Bol. Kamennyj most
Krymskij most
Varvarka
Marosejka
Pokrovka
Mjasnickaja
Vozdviženka
Znamenka
Moskvoreckaja nab.
Kremlëvskaja nab.
Sofijskaja nab.
Kosmodamianskaja nab.
Bol'šaja Ordynka
Bol'šaja Poljanka
Bol'šaja Jakimanka
Pjatnickaja
Valovaja
Paveleckij vokzal
Meždunarodnyj dom muzyki
Tret'jakovskaja galereja
Puškinskaja
Teatral'naja
Ohotnyj Rjad
Lubjanka
Kitaj-Gorod
Čistye Prudy
Kropotkinskaja
Park kultury
Oktjabr'skaja
Dobryninskaja
Paveleckaja
Novokuzneckaja
Poljanka
Borovickaja
Arbatskaja
Aleksandrovskij Sad
Biblioteka im. Lenina
Kuzneckij Most
Cvetnoj Bul'var
Suharevskaja
Sretenskij Bul'var
Turgenevskaja
Krasnye Vorota
Tverskaja
Čehovskaja
Majakovskaja
Trubnaja
400 m
0.2 miles

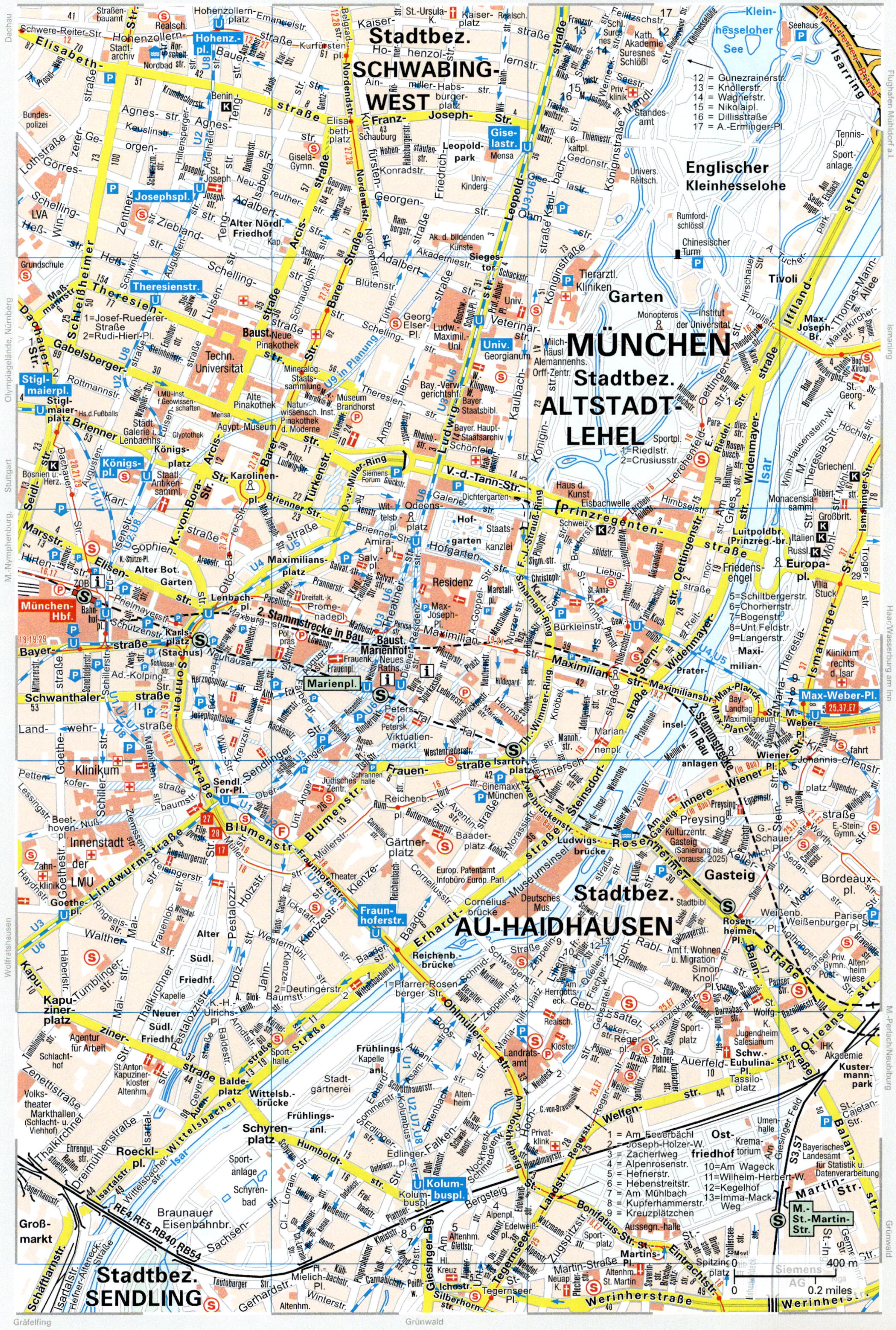
Stadtbez.
SCHWABING-
WEST
MÜNCHEN
Stadtbez.
ALTSTADT-
LEHEL
Stadtbez.
AU-HAIDHAUSEN
Stadtbez.
SENDLING
Englischer
Kleinhesselohe
Garten
Klein-
hesseloher
See
Isar
Isarring
12 = Gunezrainerstr.
13 = Knöllerstr.
14 = Wagnerstr.
15 = Nikolaipl.
16 = Dillisstraße
17 = A.-Erminger-Pl.
1=Josef-Rueederer-Straße
2=Rudi-Hierl-Pl.
1=Riedlstr.
2=Crusiusstr.
5=Schiltbergerstr.
6=Chorherrstr.
7=Bogenstr.
8=Unt.Feldstr.
9=Langerstr.
1=Pfarrer-Rosen-berger Str.
2=Deutingerstr.
1 = Am Feuerbächl
2 = Joseph-Holzer-W.
3 = Zacherlweg
4 = Alpenrosenstr.
5 = Hefnerstr.
6 = Hebenstreitstr.
7 = Am Mühlbach
8 = Kupferhammerstr.
9 = Kreuzplätzchen
10=Am Wageck
11=Wilhelm-Herbert-W.
12=Kegelhof
13=Imma-Mack-Weg
München-Hbf.
Marienpl.
Karlsplatz (Stachus)
Odeonspl.
Max-Weber-Pl.
Kolumbuspl.
Fraunhoferstr.
Theresienstr.
Königspl.
Stiglmaierpl.
Josephspl.
Hohenzollernpl.
Giselastr.
Univ.
Sendl. Tor-Pl.
M.-St.-Martin-Str.
Elisabethstraße
Leopoldstr.
Ludwigstr.
Prinzregentenstraße
Maximilianstr.
Rosenheimer Str.
Lindwurmstraße
Schwanthalerstr.
Sonnenstraße
Blumenstr.
Wittelsbacherstr.
Dachau
Olympiagelände, Nürnberg
Stuttgart
M.-Nymphenburg
Wolfratshausen
Gräfelfing
Grünwald
Flughafen Mühldorf a.I.
Ismaning
Haar, Wasserburg am Inn
M.-Perlach/Neubiberg
0
400 m
0
0.2 miles

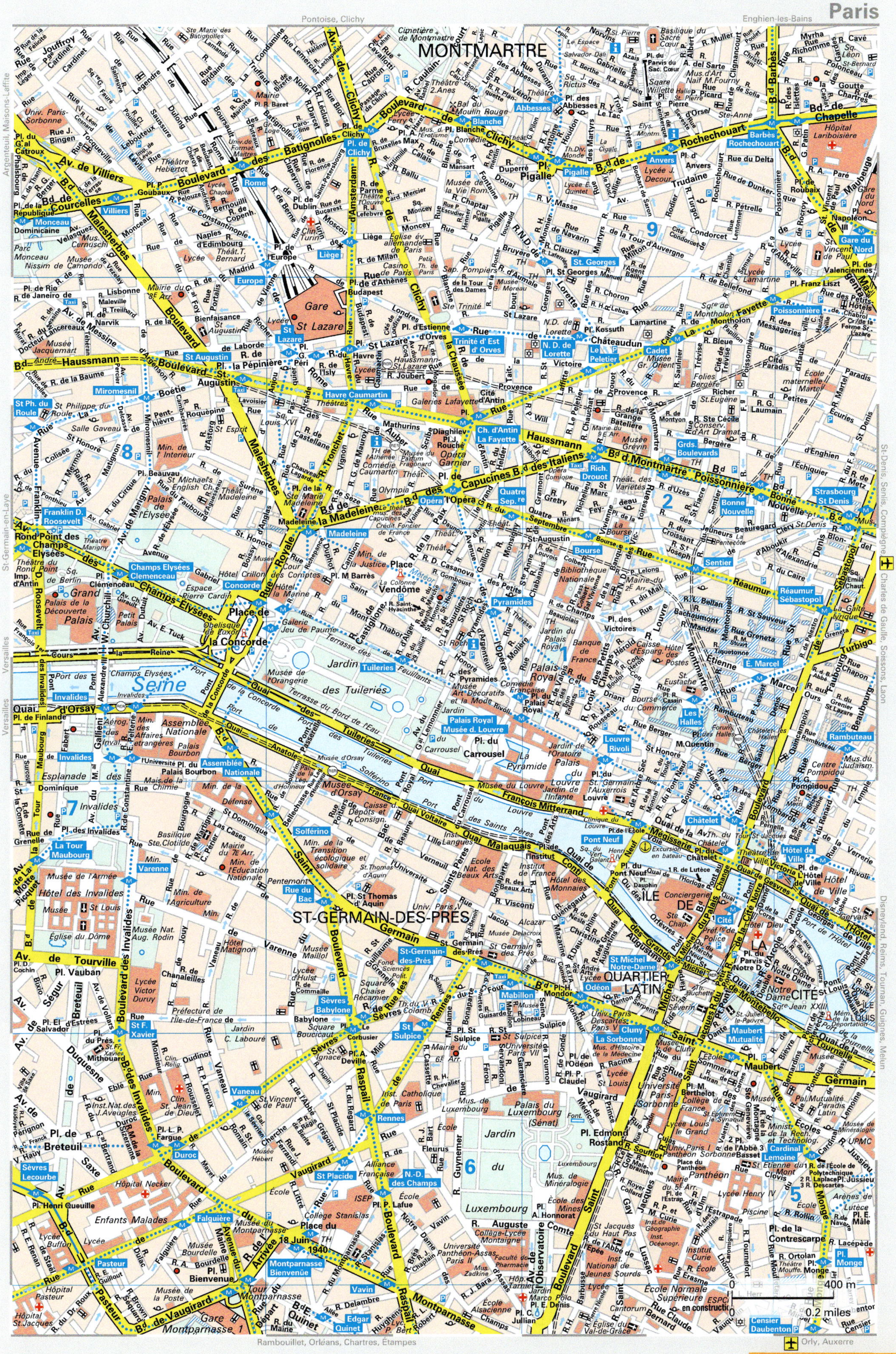

Pontoise, Clichy
Enghien-les-Bains
Argenteuil, Maisons-Laffitte
St-Germain-en-Laye
Versailles
St-Denis, Senlis, Compiègne
Charles de Gaulle, Soissons, Laon
Disneyland, Reims, Tournan, Guignes, Melun
Rambouillet, Orléans, Chartres, Étampes
Orly, Auxerre
MONTMARTRE
ST-GERMAIN-DES-PRÉS
QUARTIER LATIN
ÎLE DE LA CITÉ
Seine
Jardin des Tuileries
Jardin du Luxembourg
Gare St Lazare
Gare du Nord
Place de la Concorde
Champs Élysées
Bd. Haussmann
Boulevard St Germain
Boulevard Raspail
Boulevard Montparnasse
Bd. de Rochechouart
Bd. de Clichy
Quai François Mitterrand
400 m
0.2 miles

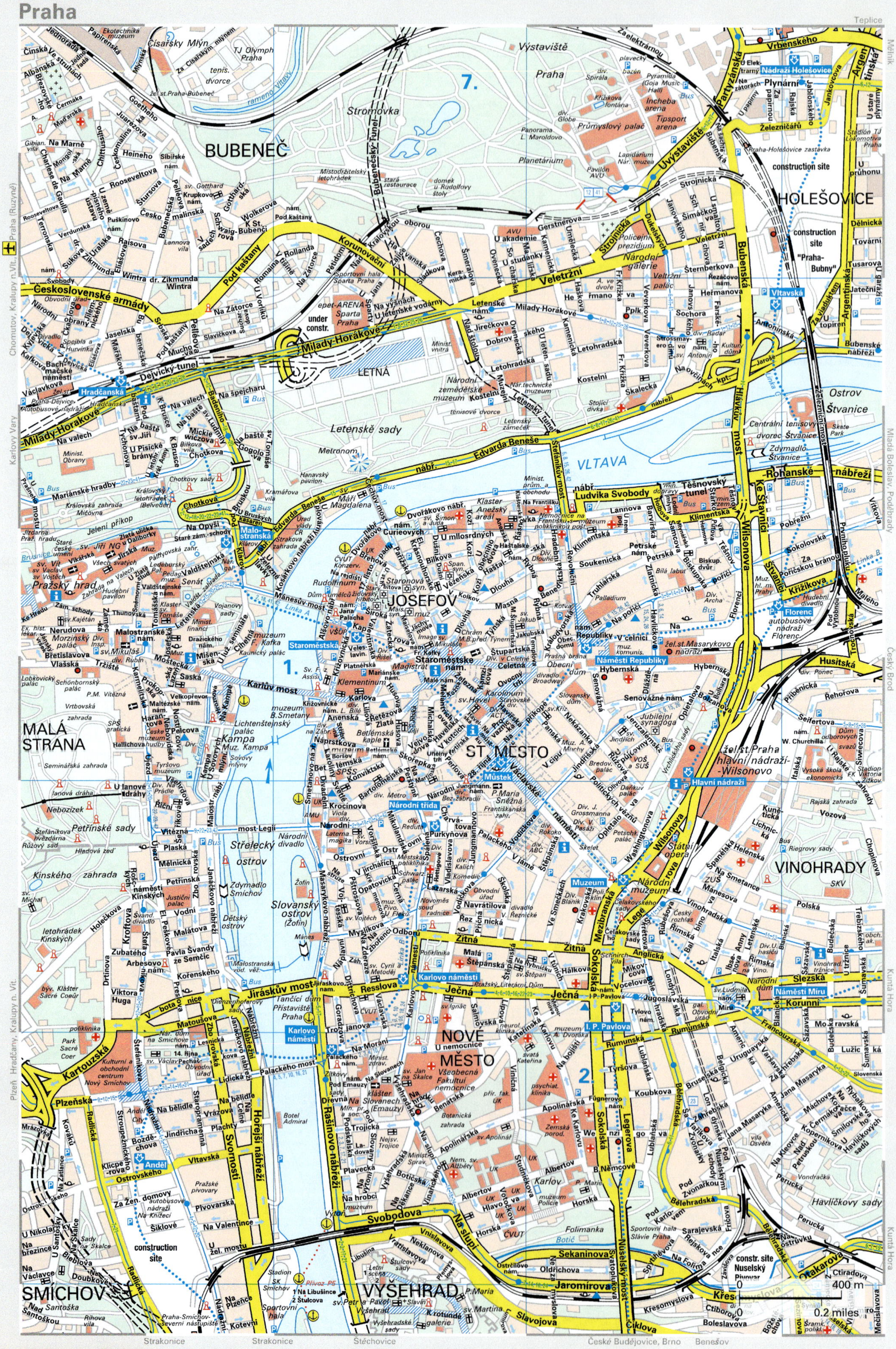
BUBENEČ
HOLEŠOVICE
JOSEFOV
ST. MĚSTO
MALÁ STRANA
NOVÉ MĚSTO
VINOHRADY
SMÍCHOV
VYŠEHRAD
VLTAVA
LETNÁ
Stromovka
Výstaviště
Letenské sady
Pražský hrad
Karlův most
Kampa
Střelecký ostrov
Slovanský ostrov
Ostrov Štvanice
Hlavní nádraží
Staroměstská
Můstek
Muzeum
Národní třída
Karlovo náměstí
Náměstí Republiky
Hradčanská
Malostranská
Anděl
Vltavská
Nádraží Holešovice
Florenc
I. P. Pavlova
Náměstí Míru
Teplice
Mělník
Karlovy Vary
Mladá Boleslav, Poděbrady
Český Brod
Kutná Hora
Strakonice
Štěchovice
České Budějovice, Brno
Benešov
400 m
0.2 miles

Reykjavik

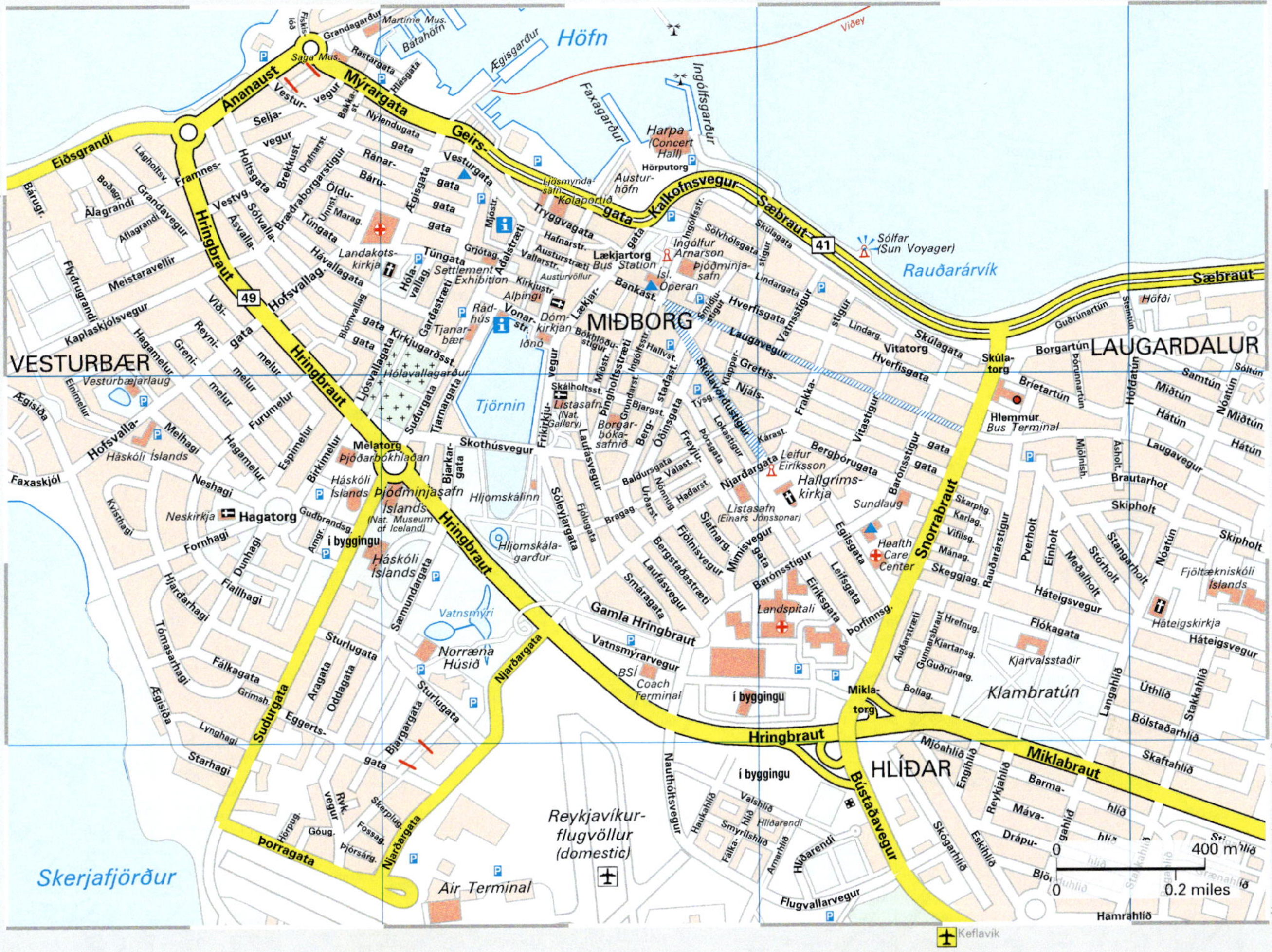
Höfn
Viðey
Ægisgarður
Faxagarður
Ingólfsgarður
Harpa (Concert Hall)
Hörputorg
Sólfar (Sun Voyager)
Rauðarárvík
Sæbraut
Kalkofnsvegur
Geirsgata
Mýrargata
Ánanaust
Eiðsgrandi
Hringbraut
Seltjarnarnes
VESTURBÆR
MIÐBORG
LAUGARDALUR
Tjörnin
Lækjartorg
Bankast.
Hlemmur Bus Terminal
Hallgríms-kirkja
Landspítali
Háskóli Íslands
Þjóðminjasafn Íslands (Nat. Museum of Iceland)
Norræna Húsið
Vatnsmýri
Hljómskálinn
BSÍ Coach Terminal
Snorrabraut
Miklabraut
Miklatorg
HLÍÐAR
Klambratún
Kringlumýrarbraut
Bústaðavegur
Suðurgata
Sturlugata
Njarðargata
Þorragata
Skerjafjörður
Reykjavíkurflugvöllur (domestic)
Air Terminal
Flugvallarvegur
Laugavegur
Hverfisgata
Skúlagata
Borgartún
í byggingu
Keflavík
Akranes, Borgarnes, Selfoss, Vestmannaeyjar
0 400 m
0 0.2 miles

Rīga

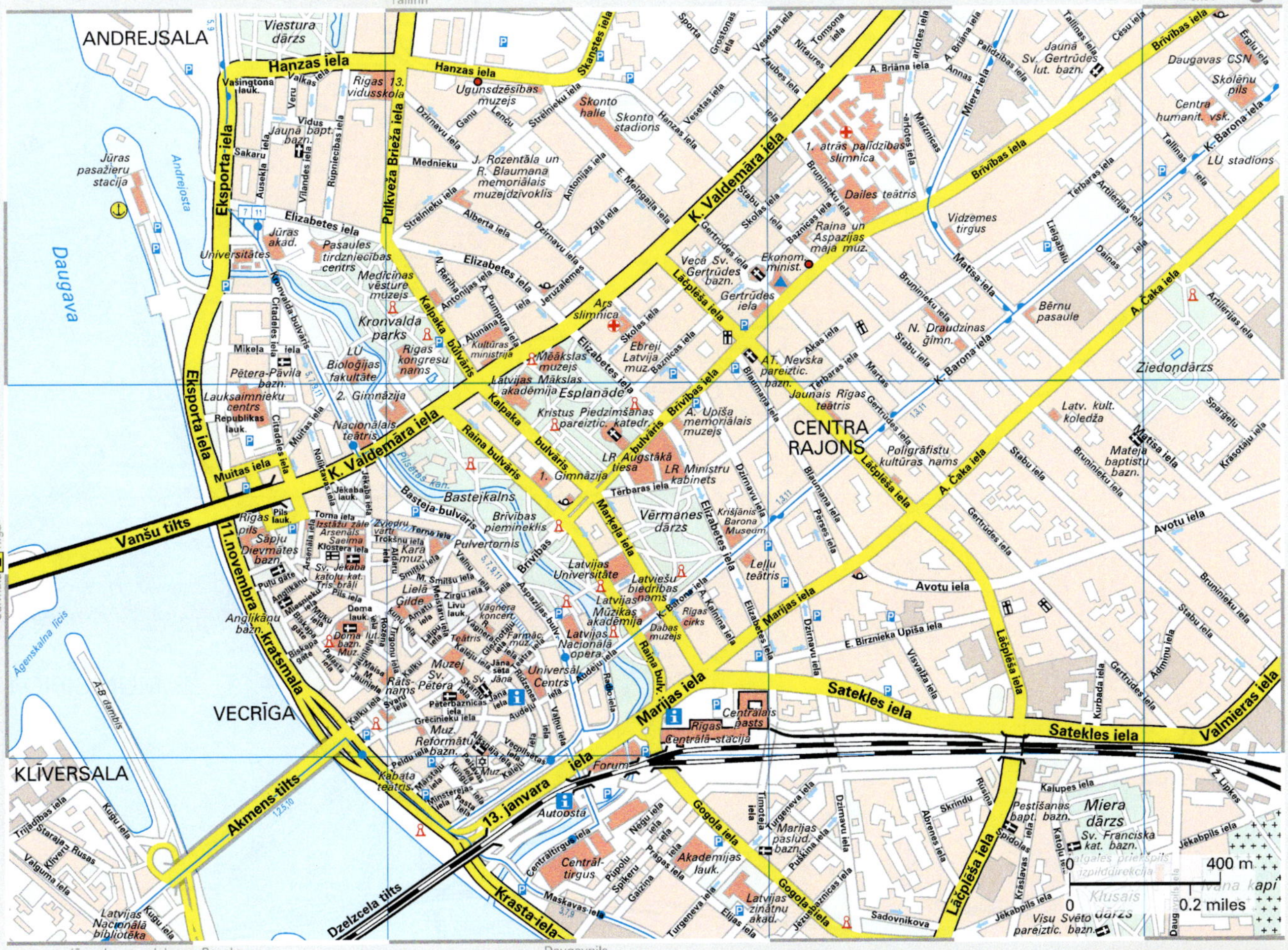
Tallinn
Pskov
ANDREJSALA
Daugava
Jūras pasažieru stacija
Hanzas iela
Eksporta iela
Pulkveža Brieža iela
K. Valdemāra iela
Brīvības iela
Elizabetes iela
Kronvalda parks
Esplanāde
Vērmanes dārzs
Bastejkalns
CENTRA RAJONS
Ziedondārzs
Vanšu tilts
11. novembra krastmala
VECRĪGA
Akmens tilts
KLĪVERSALA
Marijas iela
Satekles iela
Valmieras iela
Centrālā stacija
13. janvāra iela
Autoosta
Centrāltirgus
Krasta iela
Dzelzceļa tilts
Gogoļa iela
Lāčplēša iela
A. Čaka iela
Avotu iela
Miera dārzs
Jūrmala
Jelgava, Bauska
Daugavpils
0 400 m
0 0.2 miles

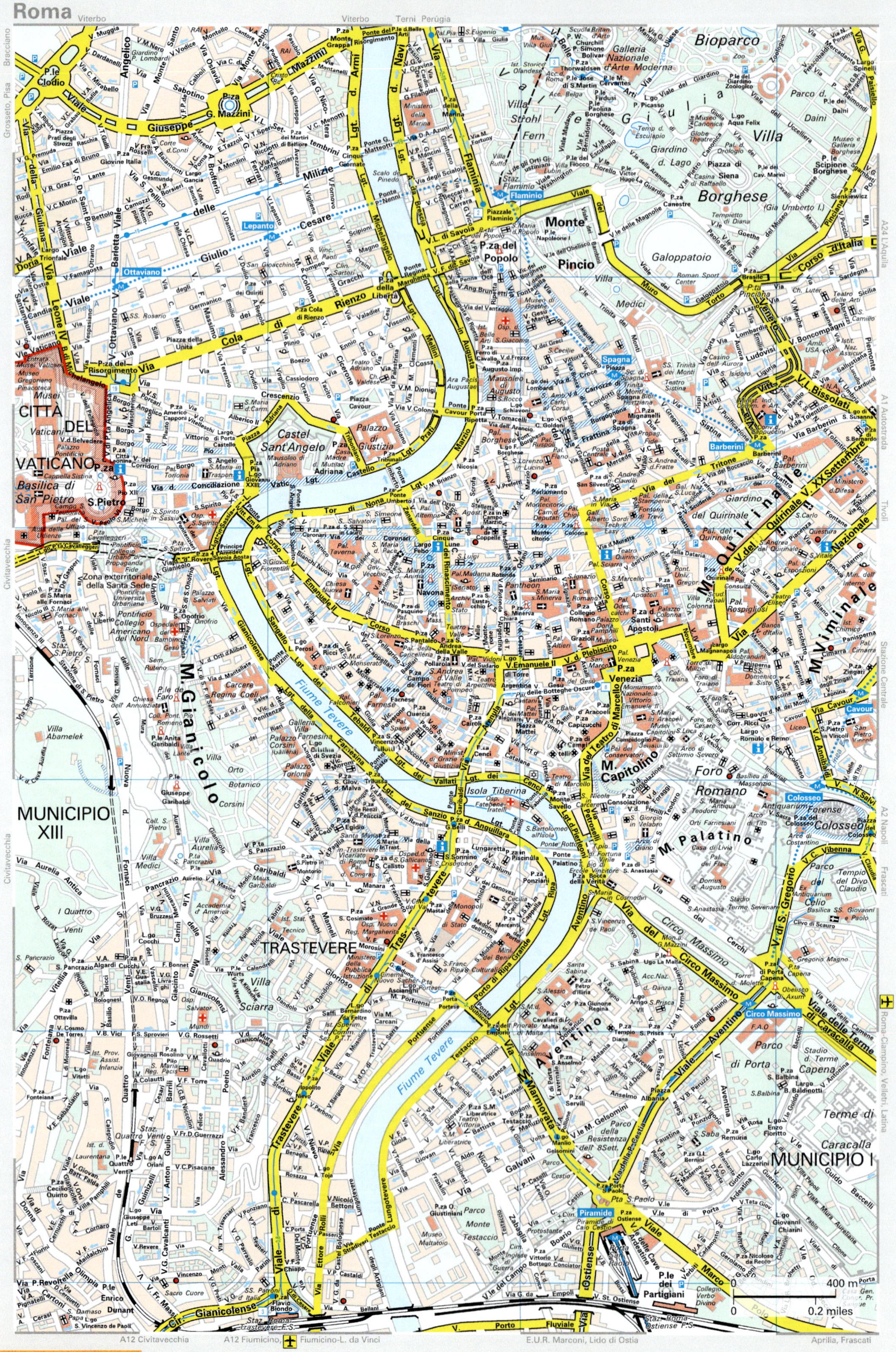
Viterbo
Terni Perugia
Bioparco
Villa Borghese
Monte Pincio
P.za del Popolo
Galoppatoio
Villa Medici
CITTÀ DEL VATICANO
Musei Vaticani
Basilica di San Pietro
S.Pietro
Castel Sant'Angelo
Palazzo di Giustizia
Ottaviano
Lepanto
Flaminio
Spagna
Barberini
Repubblica
Cavour
Colosseo
Circo Massimo
Piramide
Largo Argentina
Pantheon
Navona
Campo de' Fiori
P.za Venezia
M. Capitolino
Foro Romano
Colosseo
M. Palatino
Circo Massimo
M. Aventino
Isola Tiberina
TRASTEVERE
M. Gianicolo
Villa Sciarra
MUNICIPIO XIII
MUNICIPIO I
Fiume Tevere
Terme di Caracalla
Parco di Porta Capena
Parco Testaccio
Villa Abamelek
Orto Botanico
Quirinale
Viminale
Civitavecchia
A24 L'Aquila
A1 Autostrada
Tivoli
Stazione Centrale
A2 Napoli
Frascati
Roma-Ciampino, Velletri, Latina
A12 Civitavecchia
A12 Fiumicino
Fiumicino-L. da Vinci
E.U.R. Marconi, Lido di Ostia
Aprilia, Frascati
400 m
0.2 miles

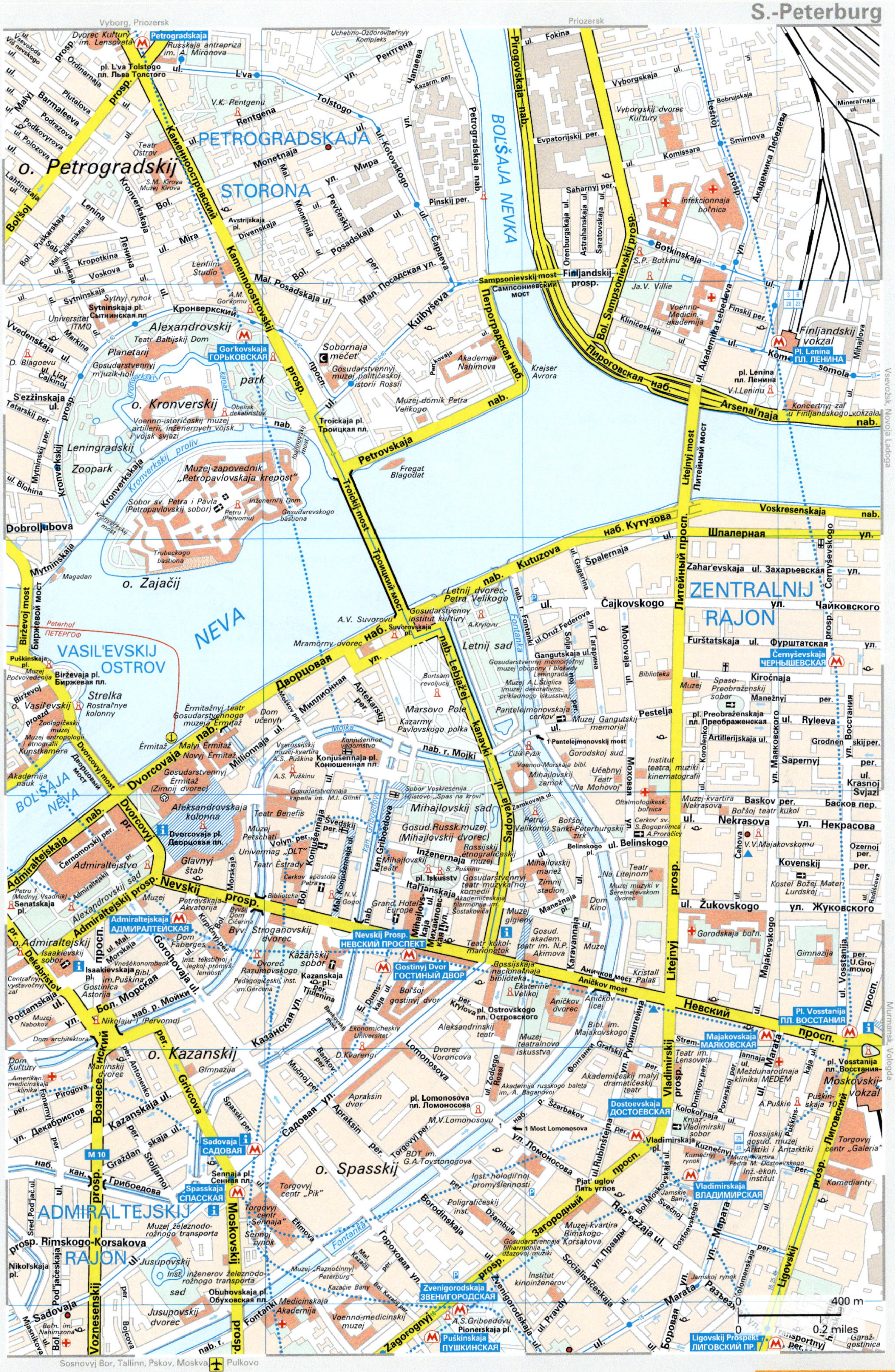
Vyborg, Priozersk
Priozersk
PETROGRADSKAJA
STORONA
o. Petrogradskij
BOL'ŠAJA NEVKA
Kamennoostrovskij prosp.
Petrogradskaja
Gor'kovskaja
ГОРЬКОВСКАЯ
o. Kronverskij
park
Leningradskij
Zoopark
Muzej-zapovednik „Petropavlovskaja krepost"
Sobor sv. Petra i Pavla (Petropavlovskij sobor)
o. Zajačij
NEVA
VASIL'EVSKIJ
OSTROV
Strelka
Rostral'nye kolonny
Birževoj most
Dvorcovyj most
BOL'ŠAJA NEVA
Troickij most
Krejser Avrora
Finljandskij vokzal
Pl. Lenina
ПЛ. ЛЕНИНА
Litejnyj most
Arsenal'naja nab.
Voskresenskaja nab.
nab. Kutuzova
ZENTRALNIJ
RAJON
Černyševskaja
ЧЕРНЫШЕВСКАЯ
Letnij sad
Marsovo Pole
Mihajlovskij sad
Dvorcovaja pl.
Gosudarstvennyj Ermitaž
Admiraltejstvo
Nevskij prosp.
Nevskij Prosp.
НЕВСКИЙ ПРОСПЕКТ
Gostinyj Dvor
ГОСТИНЫЙ ДВОР
Kazanskij sobor
Isaakievskij sobor
Admiraltejskaja
АДМИРАЛТЕЙСКАЯ
Litejnyj prosp.
Невский просп.
Pl. Vosstanija
ПЛ. ВОССТАНИЯ
Moskovskij vokzal
Majakovskaja
МАЯКОВСКАЯ
Dostoevskaja
ДОСТОЕВСКАЯ
Vladimirskaja
ВЛАДИМИРСКАЯ
o. Kazanskij
o. Spasskij
Sadovaja
САДОВАЯ
Spasskaja
СПАССКАЯ
Sennaja pl.
ADMIRALTEJSKIJ
RAJON
Zvenigorodskaja
ЗВЕНИГОРОДСКАЯ
Puškinskaja
ПУШКИНСКАЯ
Ligovskij Prospekt
ЛИГОВСКИЙ ПР.
Moskovskij prosp.
Zagorodnyj prosp.
Ligovskij prosp.
Fontanka
M 10
400 m
0.2 miles
Sosnovyj Bor, Tallinn, Pskov, Moskva
Pulkovo
Vsevolozsk, Novaja Ladoga
Murmansk, Vologda

Sarajevo

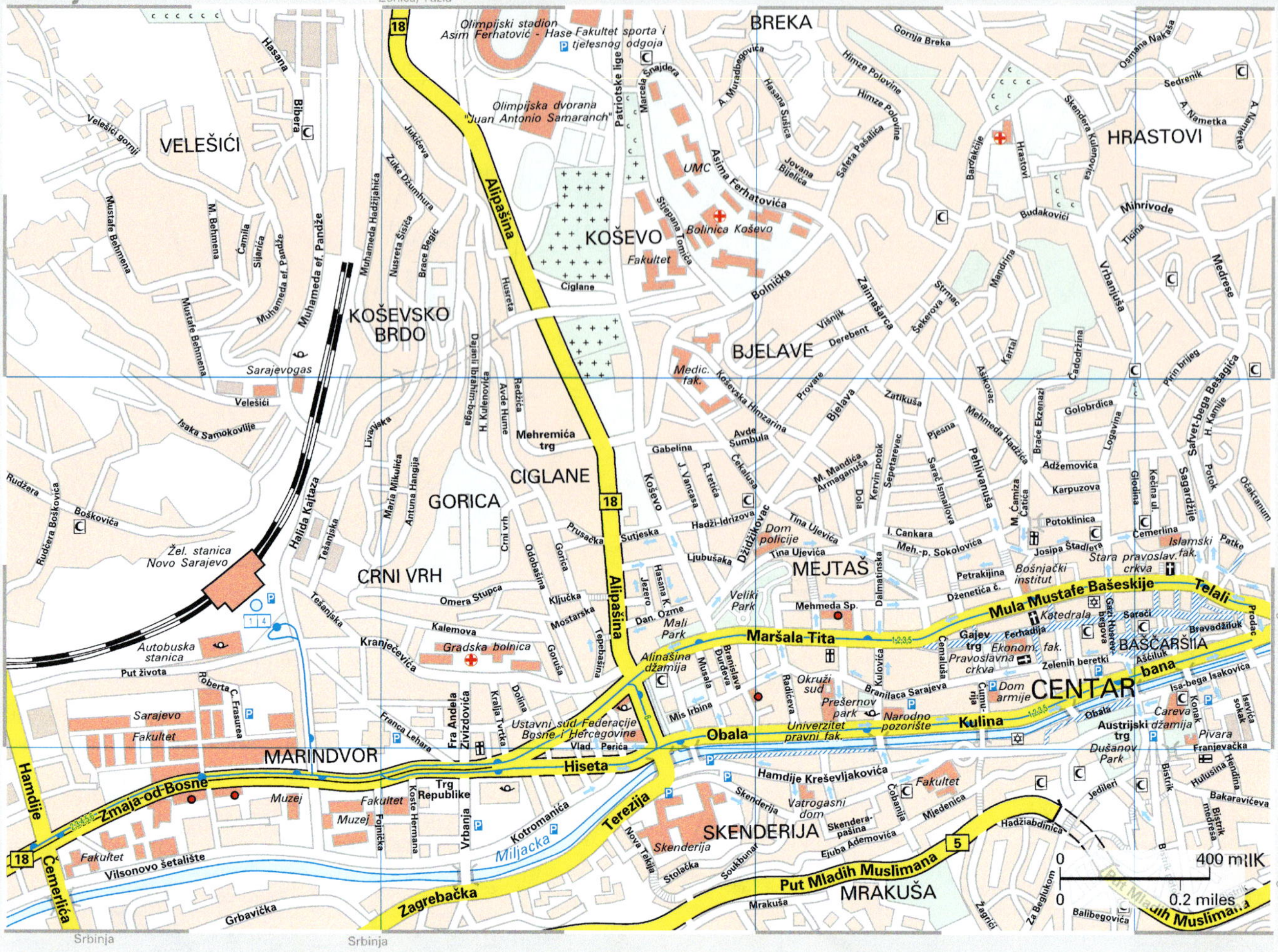

Zenica, Tuzla
BREKA
HRASTOVI
VELEŠIĆI
KOŠEVO
KOŠEVSKO BRDO
BJELAVE
CIGLANE
GORICA
CRNI VRH
MEJTAŠ
CENTAR
BAŠČARŠIJA
MARINDVOR
SKENDERIJA
MRAKUŠA
Alipašina
Zmaja od Bosne
Obala
Hiseta
Kulina bana
Mula Mustafe Bašeskije
Maršala Tita
Put Mladih Muslimana
Zagrebačka
Terezija
Miljacka
Hamdije Čemerlića
Vilsonovo šetalište
Grbavička
Žel. stanica Novo Sarajevo
Autobuska stanica
Olimpijski stadion Asim Ferhatović - Hase
Olimpijska dvorana "Juan Antonio Samaranch"
Rogatica
Jablanica
Srbinja
400 m
0.2 miles

Sofija

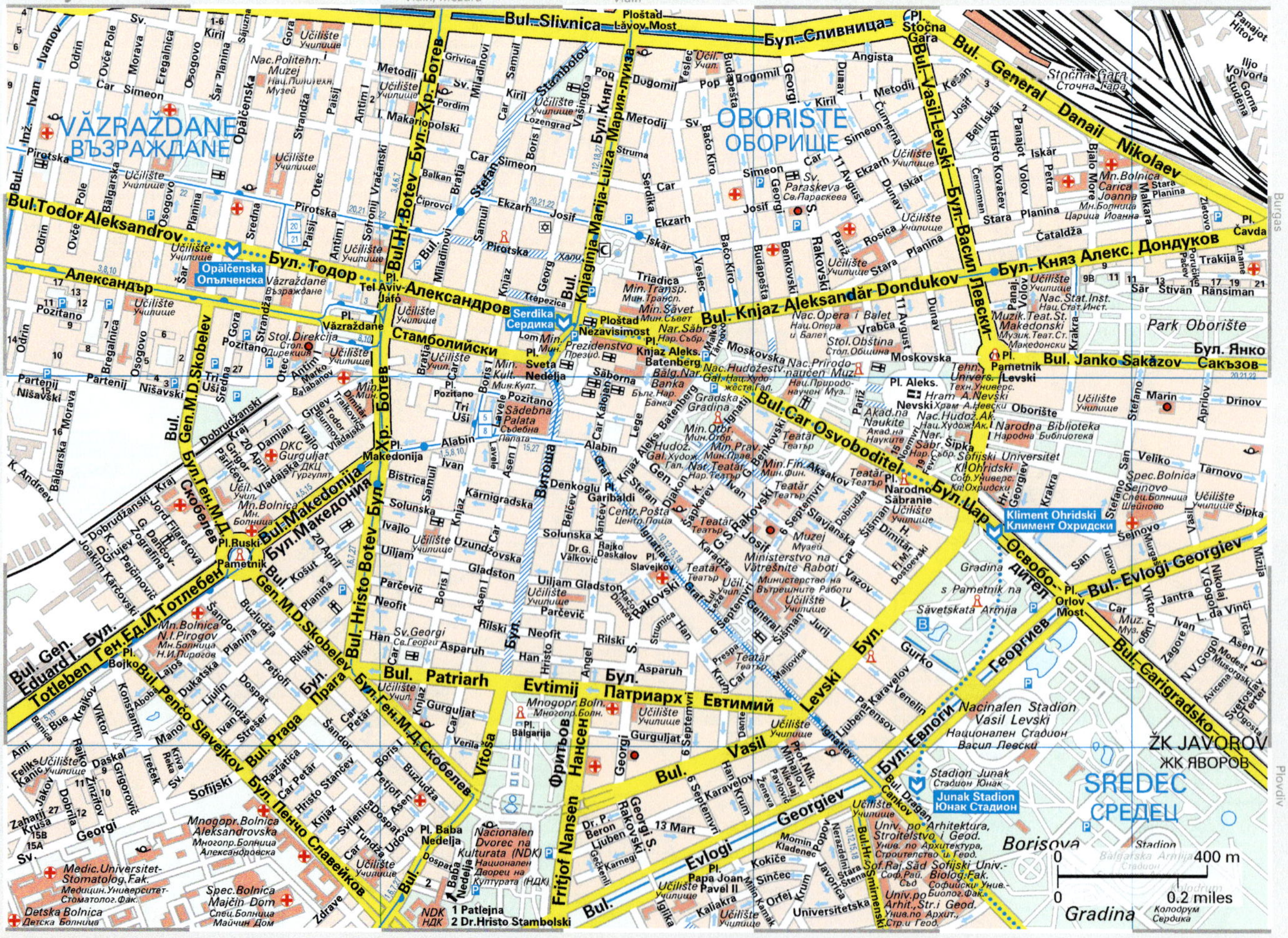

Vidin, Mezdra
Vidin
VĂZRAŽDANE
ВЪЗРАЖДАНЕ
OBORIŠTE
ОБОРИЩЕ
SREDEC
СРЕДЕЦ
ŽK JAVOROV
ЖК ЯВОРОВ
Bul. Slivnica
Бул. Сливница
Bul. General Danail Nikolaev
Bul. Todor Aleksandrov
Бул. Тодор Александров
Bul. Knjaz Aleksandăr Dondukov
Бул. Княз Алекс. Дондуков
Bul. Car Osvoboditel
Бул. Цар Освободител
Bul. Vasil Levski
Бул. Васил Левски
Bul. Hristo Botev
Бул. Христо Ботев
Bul. Makedonija
Бул. Македония
Bul. Patriarh Evtimij
Бул. Патриарх Евтимий
Bul. Vitoša
Bul. Evlogi Georgiev
Бул. Евлоги Георгиев
Bul. Janko Sakăzov
Бул. Янко Сакъзов
Bul. Gen. Eduard I. Totleben
Park Oborište
Nacionalen Stadion Vasil Levski
Национален Стадион Васил Левски
Stadion Junak
Стадион Юнак
Borisova Gradina
Pernik, Kjustendil
Burgas
Plovdiv
400 m
0.2 miles

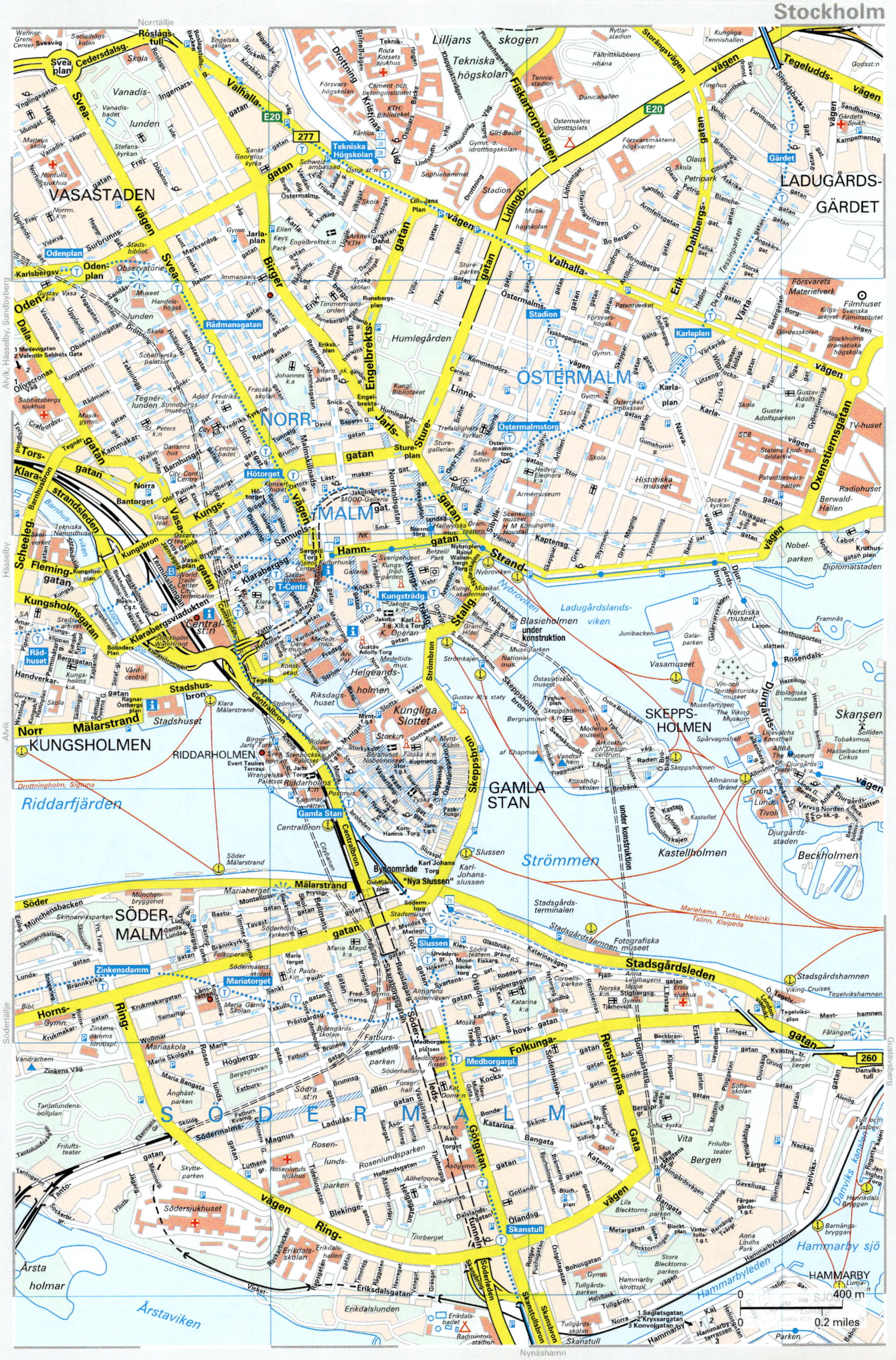
Norrtälje
VASASTADEN
NORR-
MALM
ÖSTERMALM
LADUGÅRDS-
GÄRDET
KUNGSHOLMEN
RIDDARHOLMEN
GAMLA
STAN
SKEPPS-
HOLMEN
SÖDER-
MALM
S Ö D E R M A L M
Riddarfjärden
Strömmen
Skansen
Beckholmen
Kastellholmen
HAMMARBY
Hammarby sjö
Årstaviken
Ladugårdslands-
viken
Nybroviken
Humlegården
Lilljans skogen
Odenplan
Rådmansgatan
Hötorget
T-Centr.
Kungsträdg.
Östermalmstorg
Stadion
Karlaplan
Gärdet
Tekniska Högskolan
Rådhuset
Gamla Stan
Slussen
Mariatorget
Zinkensdamm
Medborgarpl.
Skanstull
Fridhemsplan
Stadshuset
Kungliga Slottet
Riksdagshuset
Vasamuseet
Stockholm C
Valhallavägen
Strandvägen
Götgatan
Ringvägen
Stadsgårdsleden
Nynäshamn
Södertälje
Gustavsberg
Alvik
Hässelby
0
400 m
0.2 miles

Tallinn

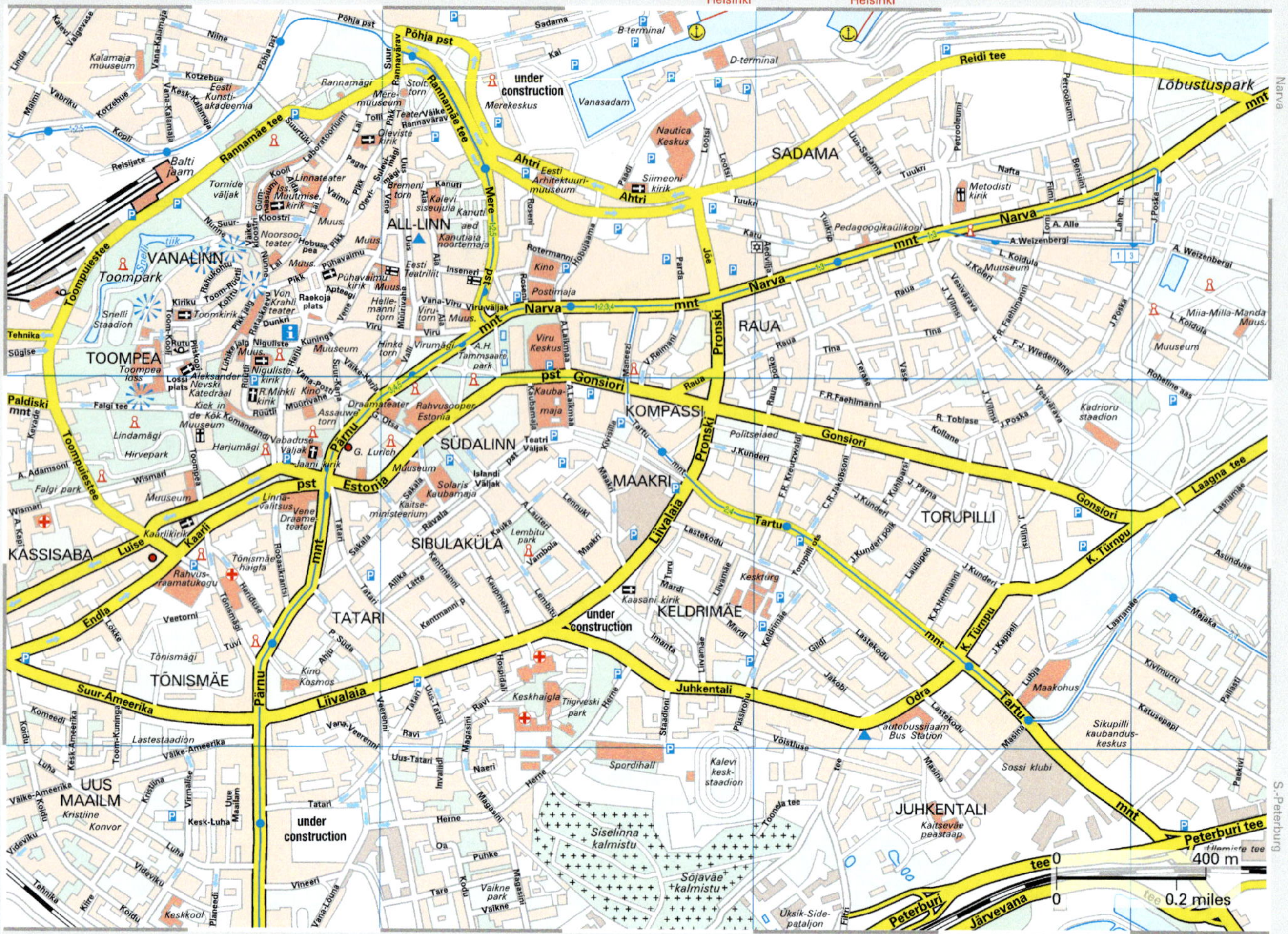
Helsinki
Helsinki
Narva
Pärnu
Pärnu
S.-Peterburg
Tartu, Ülemiste
SADAMA
ALL-LINN
VANALINN
Toompark
TOOMPEA
RAUA
KOMPASSI
SÜDALINN
MAAKRI
TORUPILLI
KASSISABA
SIBULAKÜLA
TATARI
KELDRIMÄE
TÕNISMÄE
UUS MAAILM
JUHKENTALI
Lõbustuspark
Vanasadam
B-terminal
D-terminal
under construction
Merekeskus
Nautica Keskus
Balti jaam
Kalamaja muuseum
Viru Keskus
Kadrioru staadion
Kalevi kesk-staadion
Siselinna kalmistu
Sojavae kalmistu
Sossi klubi
Bus Station
Keskhaigla
Tigreeski park
Reidi tee
Narva mnt
Gonsiori
Tartu mnt
Pärnu mnt
Estonia pst
Liivalaia
Suur-Ameerika
Juhkentali
Peterburi tee
Järvevana tee
Toompuiestee
Rannamäe tee
Põhja pst
Pronksi
Kaarli pst
Ahtri
Laagna tee
K. Türnpu
Odra
Endla
400 m
0.2 miles

Tiranë

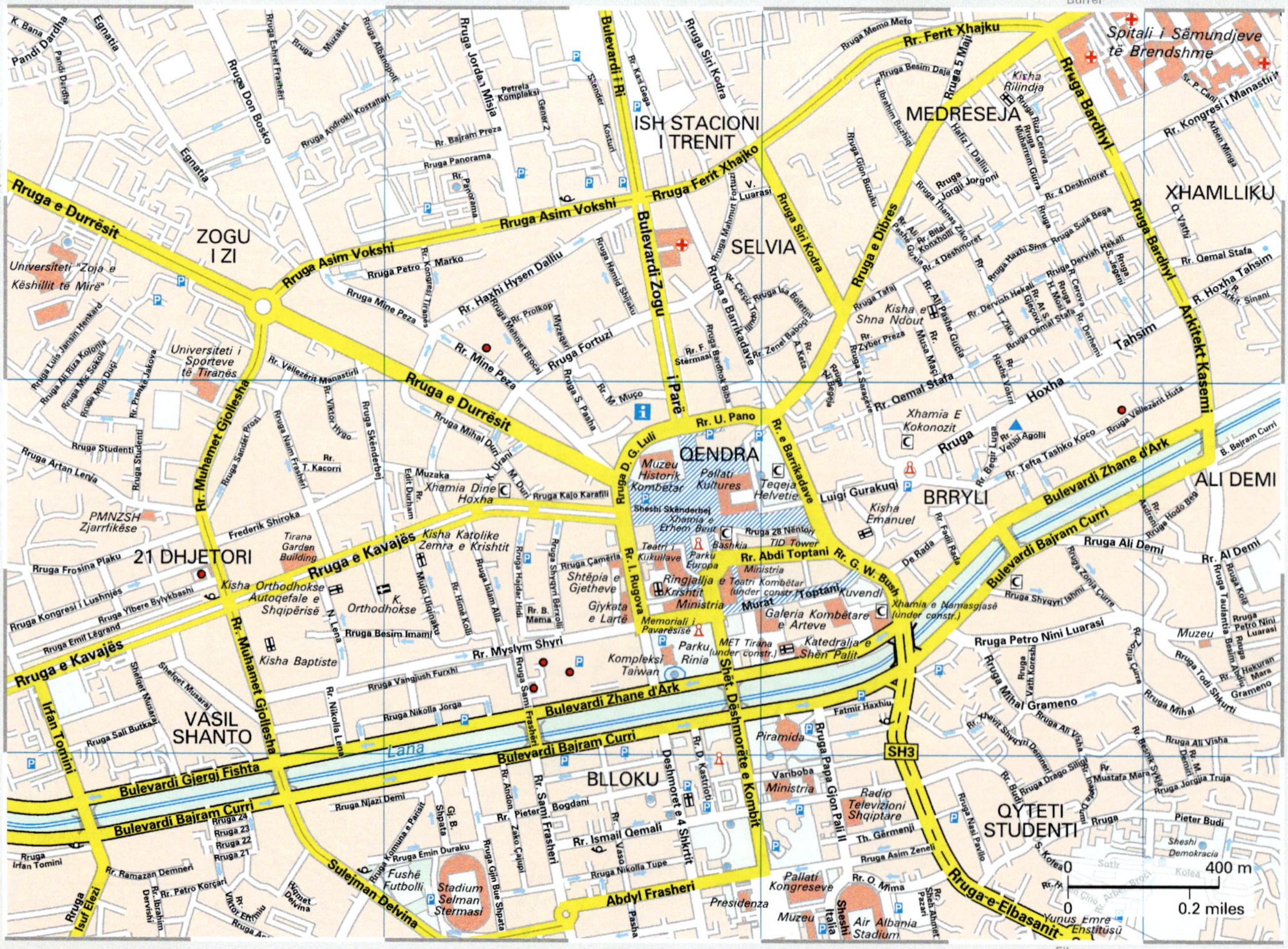
Burrel
Durrës, Shkodër
Durrës
Elbasan
ISH STACIONI I TRENIT
MEDRESEJA
XHAMLLIKU
ZOGU I ZI
SELVIA
QENDRA
BRRYLI
ALI DEMI
21 DHJETORI
VASIL SHANTO
BLLOKU
QYTETI STUDENTI
Spitali i Sëmundjeve të Brendshme
Universiteti i Sporteve të Tiranës
Muzeu Historik Kombëtar
Pallati i Kulturës
Teqeja Helvetie
Kisha Katolike Zemra e Krishtit
Kisha Orthodhokse Autoqefale e Shqipërisë
Kisha Baptiste
Xhamia Dine Hoxha
Kompleksi Taiwan
Stadium Selman Stërmasi
Fushë Futbolli
Air Albania Stadium
Pallati Kongreseve
Presidenza
Piramida
Radio Televizioni Shqiptare
Rruga e Durrësit
Rruga Asim Vokshi
Rruga Ferit Xhajko
Rr. Ferit Xhajku
Rruga Bardhyl
Arkitekt Kasemi
Rruga e Dibrës
Bulevardi Zogu I Parë
Bulevardi i Ri
Rruga e Kavajës
Rr. Muhamet Gjollesha
Bulevardi Zhane d'Ark
Bulevardi Bajram Curri
Bulevardi Gjergj Fishta
Rruga e Elbasanit
Abdyl Frashëri
Sulejman Delvina
Dëshmorët e 4 Shkurtit
Sheshi Skënderbej
Lana
Rr. Abdi Toptani
Rr. U. Pano
Ruga D. G. Luli
SH3
400 m
0.2 miles

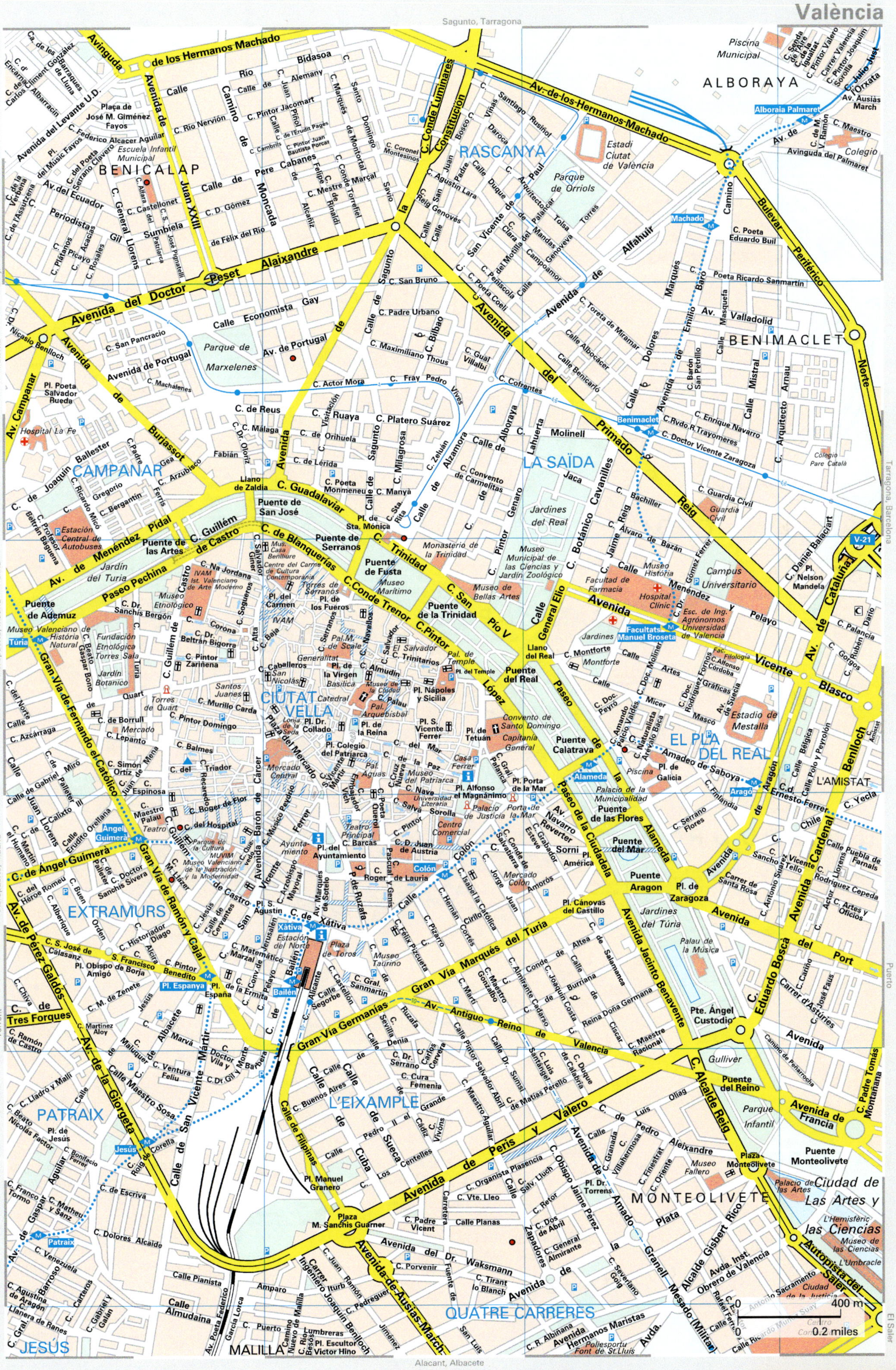
Sagunto, Tarragona
Alacant, Albacete
Burjassot
Paterna
Llíria
Aeropuerto, Madrid
Torrent
Tarragona, Barcelona
Puerto
El Saler
BENICALAP
ALBORAYA
RASCANYA
BENIMACLET
CAMPANAR
LA SAÏDA
CIUTAT VELLA
EL PLA DEL REAL
L'AMISTAT
EXTRAMURS
PATRAIX
L'EIXAMPLE
MONTEOLIVETE
QUATRE CARRERES
JESÚS
MALILLA
Avinguda de los Hermanos Machado
Av. de los Hermanos Machado
Avenida de Juan XXIII
Avenida del Doctor Peset Alaixandre
Avenida de Burjassot
Av. Campanar
Avenida de Portugal
Parque de Marxelenes
Estadi Ciutat de València
Parque de Orriols
Avenida de Primado Reig
Bulevar Periférico Norte
Avenida de Menéndez Pidal
Paseo Pechina
Puente de Ademuz
Puente de las Artes
Puente de San José
Puente de Serranos
Puente de Fusta
Puente de la Trinidad
Puente del Real
Puente Calatrava
Puente del Mar
Puente Aragon
Puente del Reino
Puente Monteolivete
Jardines del Real
Jardín del Turia
Jardines del Túria
Palau de la Música
Gulliver
Parque Infantil
Ciudad de Las Artes y las Ciencias
Museo de las Ciencias
L'Umbracle
L'Hemisfèric
Estadio de Mestalla
Hospital Clínic
Campus Universitario
Museo de Bellas Artes
Avenida Vicente Blasco Ibáñez
Avenida de Aragón
Av. de Cataluña
Avenida Cardenal Benlloch
Avenida Eduardo Boscá
Avenida del Port
Avenida de Francia
Alameda
Paseo de la Ciudadela
Gran Vía de Fernando el Católico
Gran Vía de Ramón y Cajal
Gran Via Marqués del Turia
Gran Via Germanías
Av. de Pérez Galdós
Av. de la Giorgeta
Avenida de Peris y Valero
Avenida de Ausias March
Autopista del Saler
Plaza del Ayuntamiento
Pl. de la Reina
Pl. de Zaragoza
Plaza de Toros
Estación del Norte
Xàtiva
Colón
Alameda
Facultats
Benimaclet
Machado
Alboraia Palmaret
Túria
Àngel Guimerà
Pl. Espanya
Jesús
Patraix
Bailén
Aragó
V-21
0 400 m
0 0.2 miles

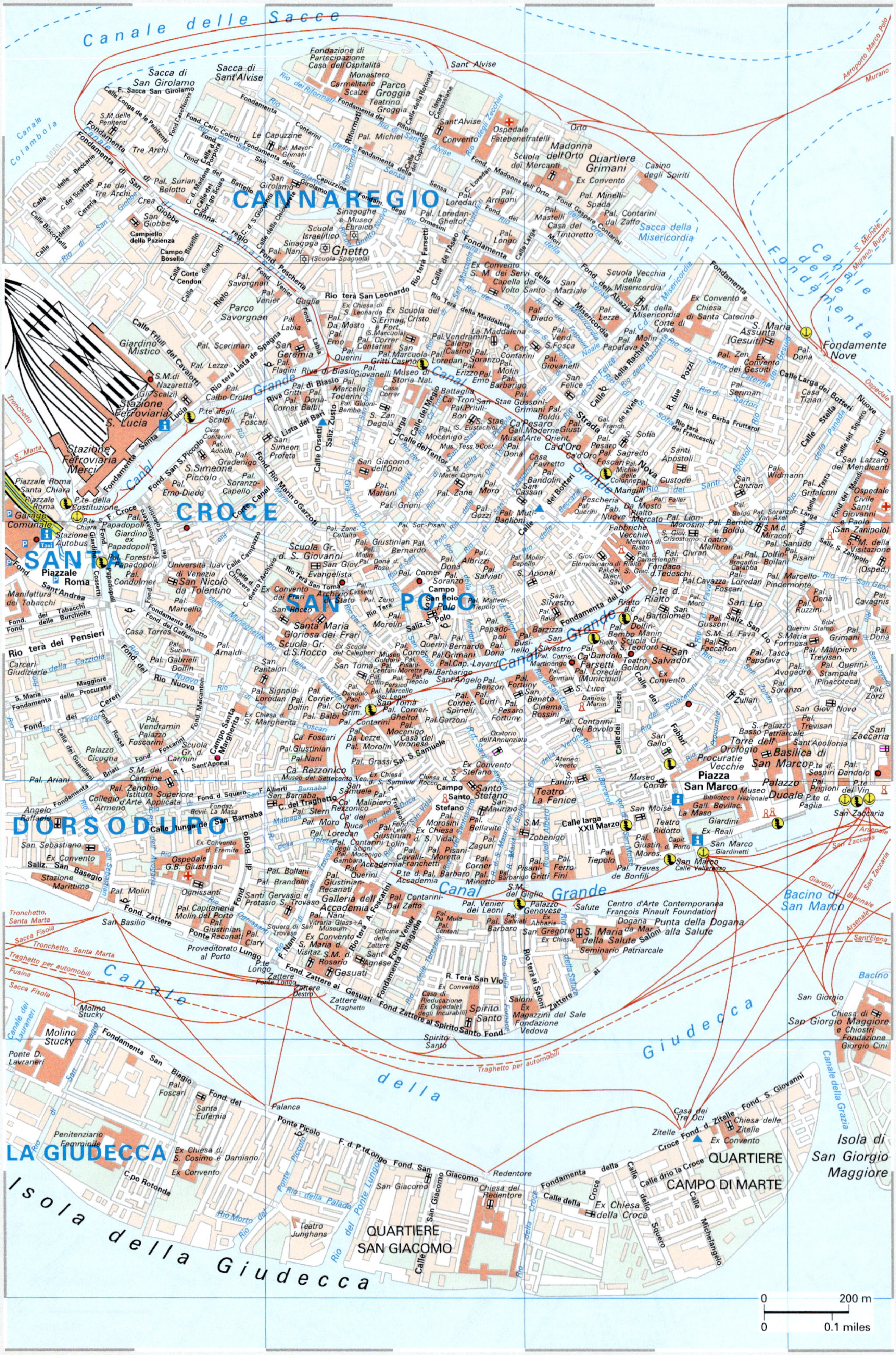
Canale delle Sacce
CANNAREGIO
CROCE
SANTA CROCE
SAN POLO
DORSODURO
LA GIUDECCA
Isola della Giudecca
Canale della Giudecca
Canal Grande
Canale delle Fondamenta Nove
Fondamente Nove
Bacino di San Marco
Isola di San Giorgio Maggiore
QUARTIERE CAMPO DI MARTE
QUARTIERE SAN GIACOMO
Stazione Ferroviaria S. Lucia
Piazzale Roma
Ghetto
Madonna dell'Orto
Quartiere Grimani
Piazza San Marco
Basilica di San Marco
Palazzo Ducale
Galleria dell'Accademia
S. Maria della Salute
Punta della Dogana
Ca' Rezzonico
Ca' Pesaro
Ca' d'Oro
Sacca della Misericordia
Sacca di San Girolamo
Sacca di Sant'Alvise
Canale Colombola
Canale di San Marco
Canale della Grazia
Centro d'Arte Contemporanea François Pinault Foundation
Traghetto per automobili
0
200 m
0
0.1 miles

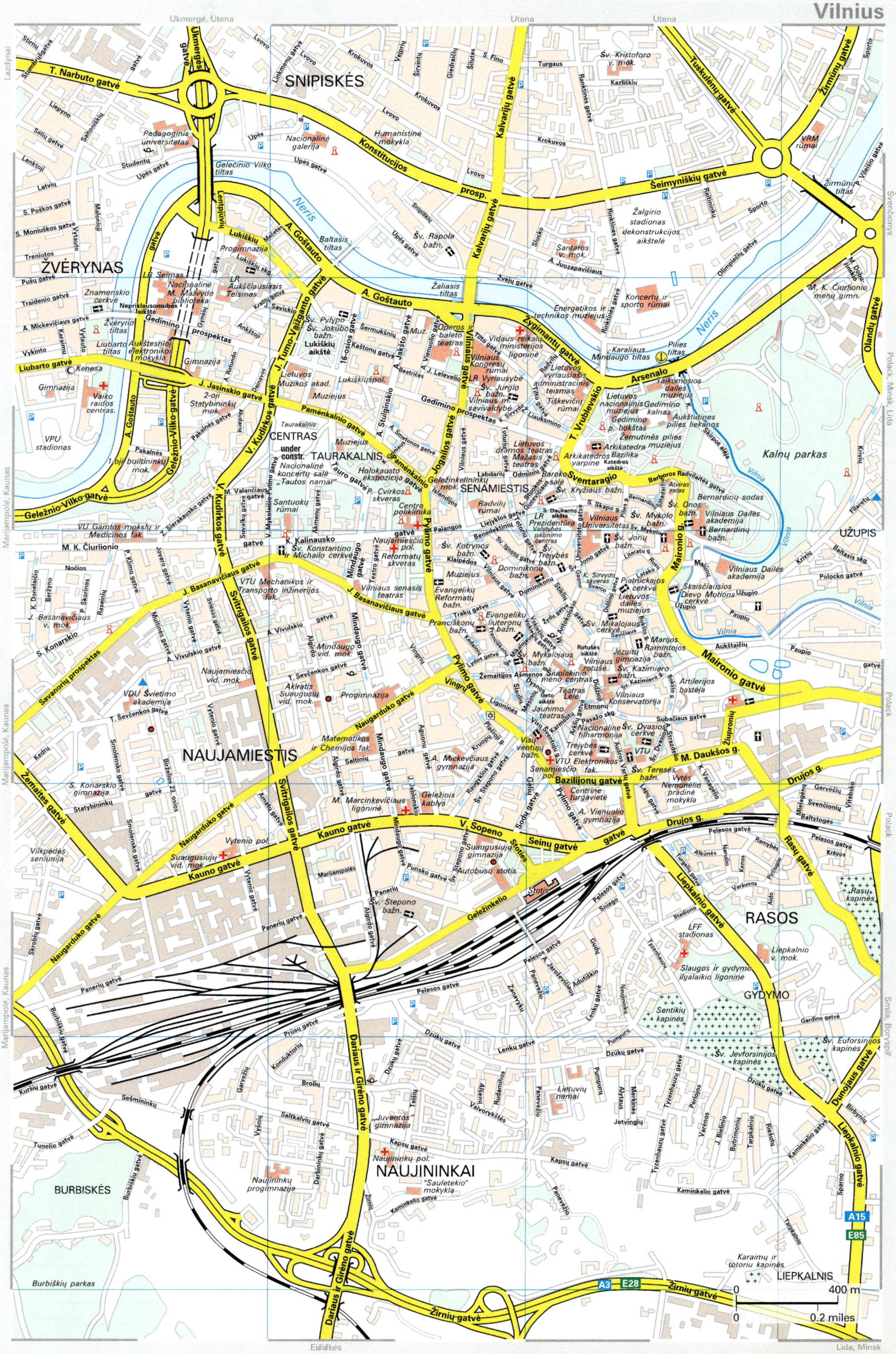
Ukmergė, Utena
Utena
Utena
SNIPIŠKĖS
ŽVĖRYNAS
CENTRAS
TAURAKALNIS
SENAMIESTIS
UŽUPIS
NAUJAMIESTIS
RASOS
GYDYMO
NAUJININKAI
BURBIŠKĖS
LIEPKALNIS
Neris
Vilnia
Kalnų parkas
T. Narbuto gatvė
Konstitucijos prosp.
Kalvarijų gatvė
Šeimyniškių gatvė
A. Goštauto
Gedimino prospektas
Liubarto gatvė
J. Basanavičiaus gatvė
Savanorių prospektas
Naugarduko gatvė
Kauno gatvė
Sodų gatvė
Pylimo gatvė
Maironio gatvė
Arsenalo
M. Daukšos g.
Drujos g.
Rasų gatvė
Liepkalnio gatvė
Geležinkelio
Dariaus ir Girėno gatvė
Žirnių gatvė
Geležinio Vilko gatvė
Žemaitės gatvė
Olandų gatvė
Tuskulėnų gatvė
Žirmūnų gatvė
A3
E28
A15
E85
0
400 m
0
0.2 miles
Eišiškės
Lida, Minsk

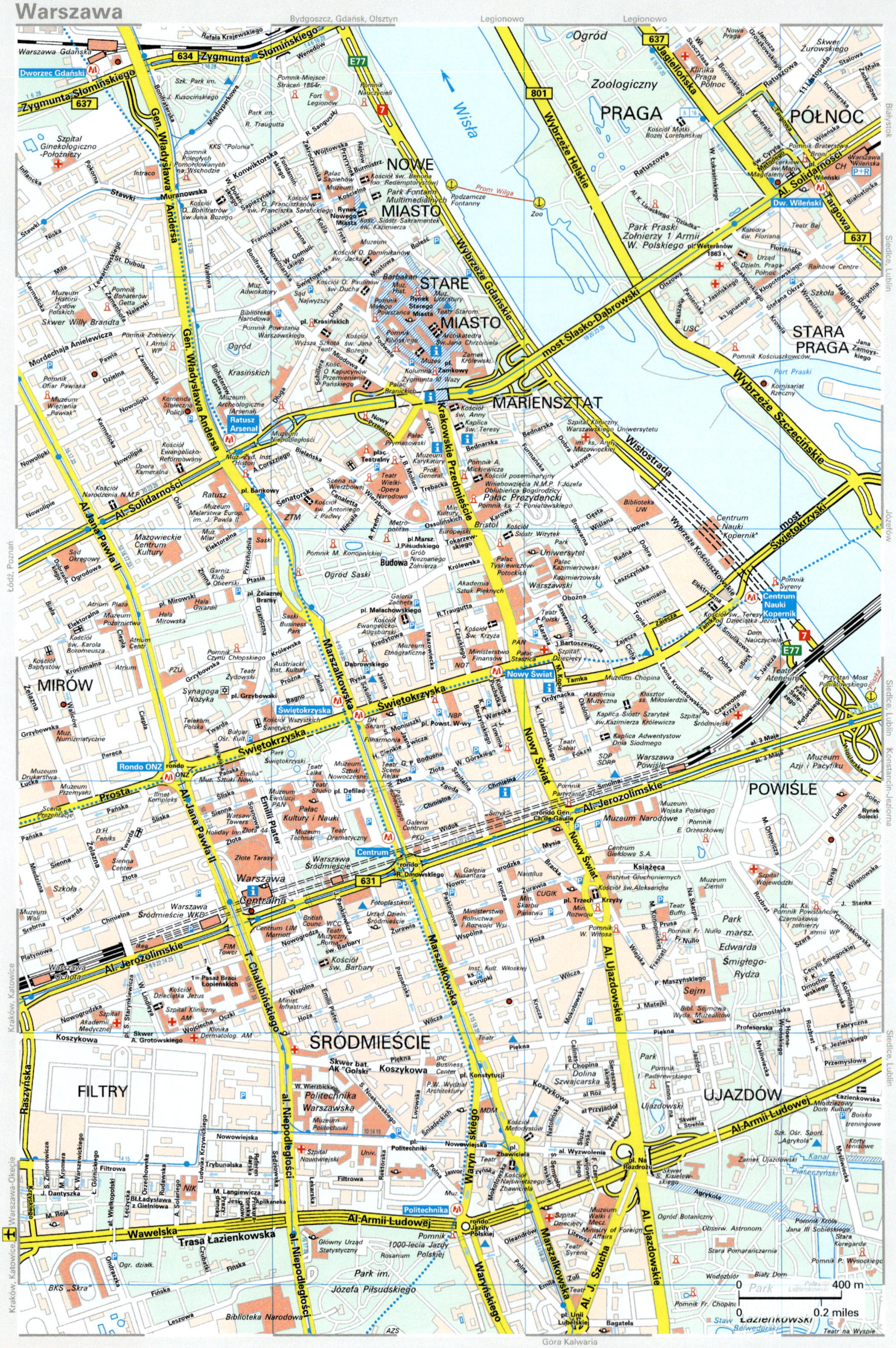

Bydgoszcz, Gdańsk, Olsztyn
Legionowo
Legionowo
Białystok
Siedlce, Lublin
Józefów
Siedlce, Lublin Konstancin-Jeziorna
Siedlce, Lublin
Łódź, Poznań
Kraków, Katowice
Kraków, Katowice, Warszawa-Okęcie
Góra Kalwaria
Wisła
PRAGA
PÓŁNOC
Ogród
Zoologiczny
NOWE
MIASTO
STARE
MIASTO
MARIENSZTAT
STARA
PRAGA
MIRÓW
POWIŚLE
ŚRÓDMIEŚCIE
FILTRY
UJAZDÓW
Dworzec Gdański
Dw. Wileński
Ratusz Arsenał
Centrum Nauki Kopernik
Nowy Świat
Świętokrzyska
Rondo ONZ
Centrum
Politechnika
Warszawa Centralna
Warszawa Ochota
Zygmunta Słomińskiego
Gen. Władysława Andersa
Al. Solidarności
Al. Jana Pawła II
Marszałkowska
Krakowskie Przedmieście
Nowy Świat
Al. Jerozolimskie
Al. Ujazdowskie
Al. Armii Ludowej
al. Niepodległości
Wawelska
Trasa Łazienkowska
Waryńskiego
most Śląsko-Dąbrowski
most Świętokrzyski
Wybrzeże Helskie
Wybrzeże Gdańskie
Wybrzeże Szczecińskie
Wybrzeże Kościuszkowskie
Wisłostrada
Jagiellońska
Targowa
Ogród Saski
Pałac Kultury i Nauki
Pałac Prezydencki
Zamek Królewski
Muzeum Narodowe
Sejm
Park Praski
Park Marsz. Edwarda Śmigłego-Rydza
Park im. Józefa Piłsudskiego
Ogród Botaniczny
0 400 m
0 0.2 miles

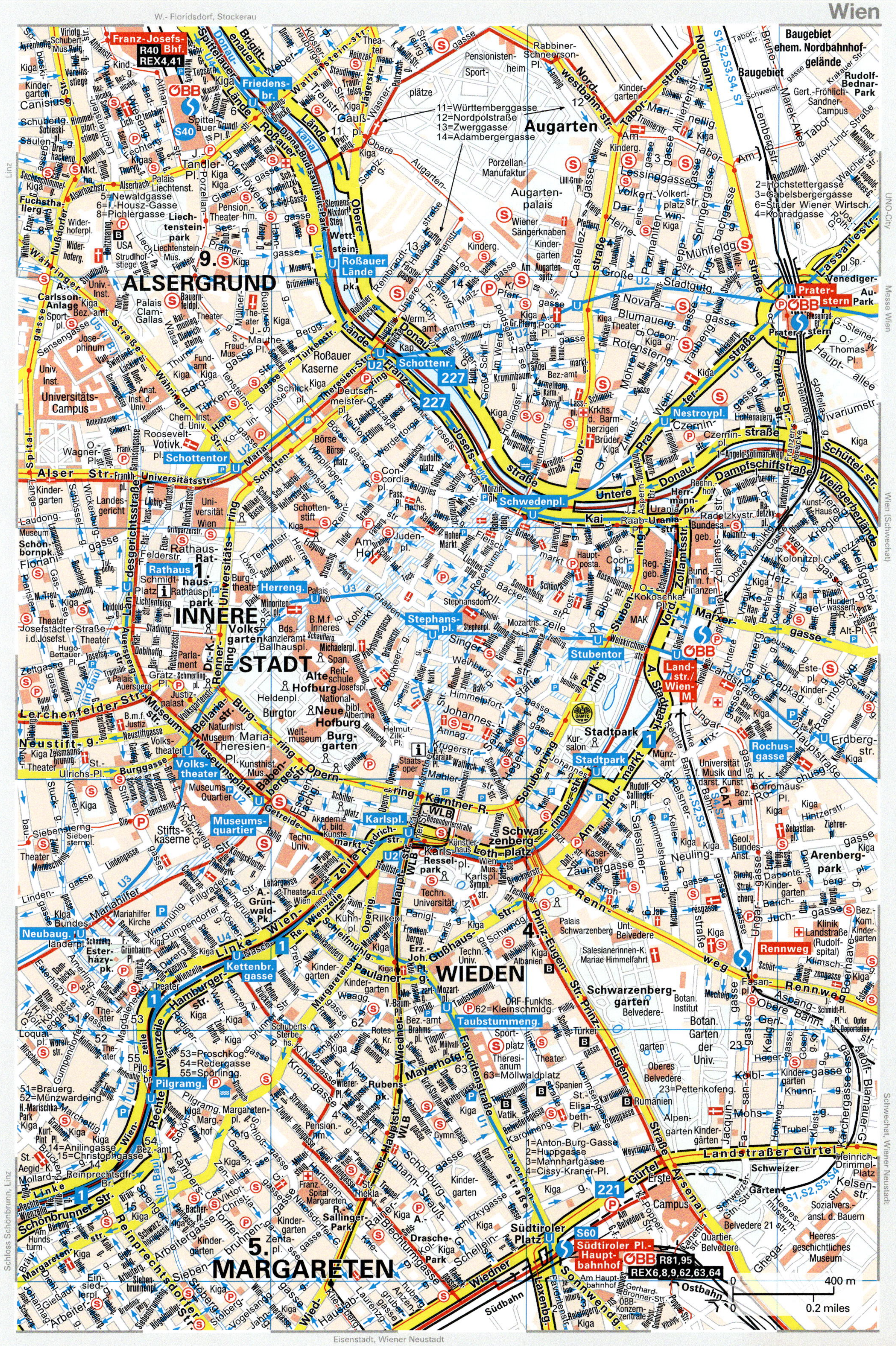
W.- Floridsdorf, Stockerau
Linz
UNO-City
Messe Wien
Wien (Schwechat)
Schwechat Wiener Neustadt
Eisenstadt, Wiener Neustadt
Schloss Schönbrunn, Linz
Franz-Josefs-Bhf.
R40
REX4,41
Friedens-br.
Augarten
11=Württembergplatz
12=Nordpolstraße
13=Zwerggasse
14=Adambergergasse
Porzellan-Manufaktur
Augarten-palais
Wiener Sängerknaben
Baugebiet ehem. Nordbahnhof-gelände
Rudolf-Bednar-Park
2=Hochstettergasse
3=Gabelsbergergasse
5=Stuwer Wiener Wirtsch.
4=Konradgasse
9. ALSERGRUND
5=Newaldgasse
6=F.-Housz-Gasse
8=Pichlergasse
Liechtenstein-park
Roßauer Lände
Praterstern
Nordbahnstr.
Lassallestr.
Schottenr.
227
Universitäts-Campus
Votivk.
Schottentor
Alser Str.
Universitätsstr.
Nestroypl.
Schwedenpl.
Untere Donaustr.
Dampfschiffstraße
Weißgerberlände
Rathaus
1. INNERE STADT
Herreng.
Stephanspl.
Stubentor
Hofburg
Neue Hofburg
Burggarten
Stadtpark
Landstr./Wien-M.
Lerchenfelder Str.
Neustift-g.
Volkstheater
Museumsquartier
Karlspl.
Rochusgasse
Erdberg-str.
Kettenbr.gasse
Neubaug.
4. WIEDEN
Rennweg
Schwarzenberg-garten
Taubstummeng.
Botan. Garten der Univ.
Oberes Belvedere
23=Pettenkofeng.
51=Brauerg.
52=Münzwardeing.
53=Proschkog.
54=Rebergasse
55=Sporlingg.
Pilgramg.
62=Kleinschmidg.
63=Möllwaldplatz
14=Anilingasse
15=Christophgasse
1=Anton-Burg-Gasse
2=Huppgasse
3=Mannhartgasse
4=Cissy-Kraner-Pl.
221
Landstraßer Gürtel
Schönbrunner Str.
Südtiroler Platz
S60
Südtiroler Pl.-Hauptbahnhof
R81,95
REX6,8,9,62,63,64
5. MARGARETEN
Südbahn
Ostbahn
Belvedere 21
Heeresgeschichtliches Museum
400 m
0.2 miles

Zagreb

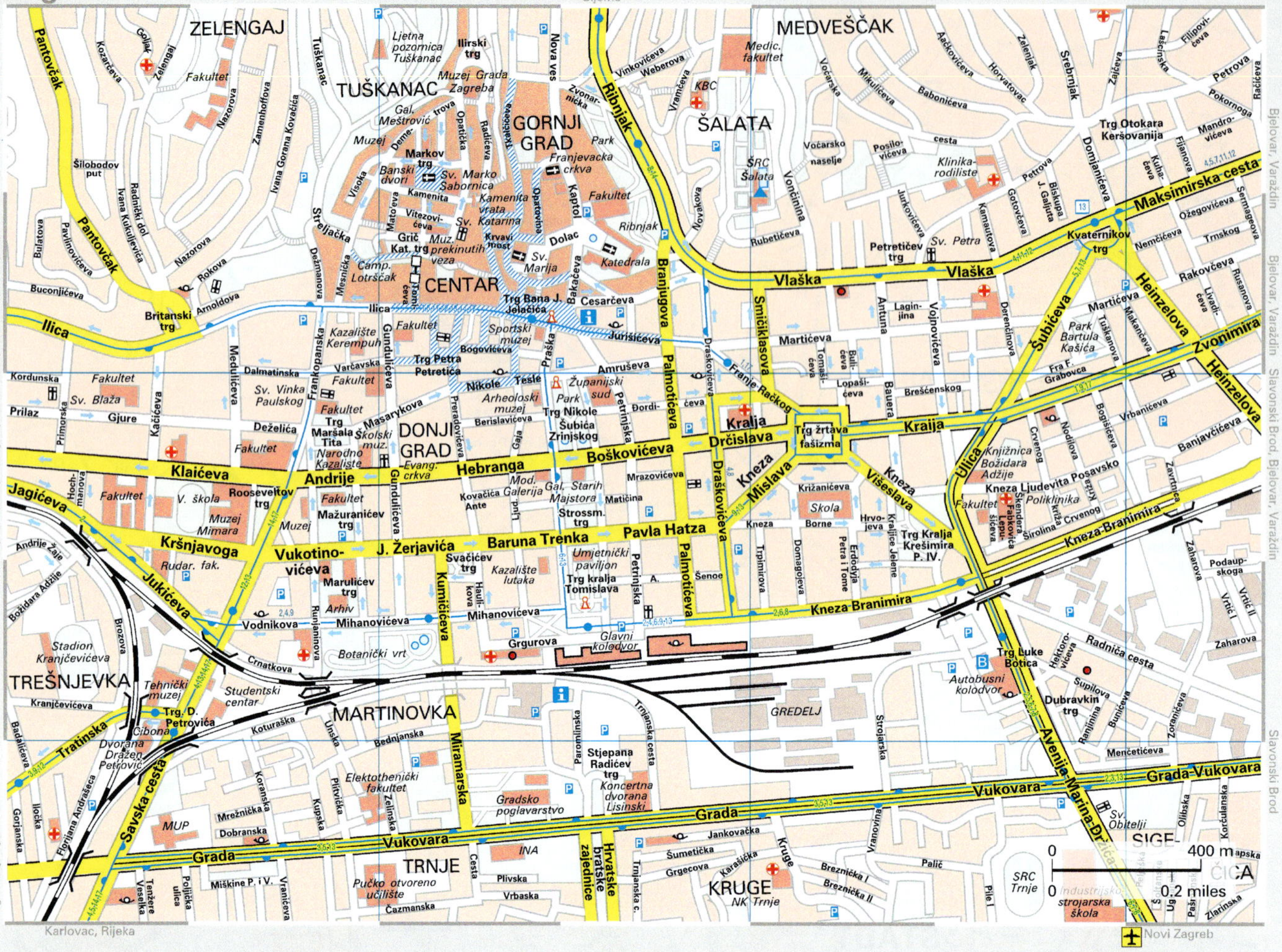
Sljeme
ZELENGAJ
TUŠKANAC
GORNJI GRAD
MEDVEŠČAK
ŠALATA
CENTAR
DONJI GRAD
TREŠNJEVKA
MARTINOVKA
TRNJE
KRUGE
Ilica
Vlaška
Maksimirska cesta
Heinzelova
Zvonimirova
Vukovarska
Avenija Marina Držića
Kneza Branimira
Savska cesta
Klaićeva
Hebranga
Boškovićeva
Baruna Trenka
Pavla Hatza
Draškovićeva
Palmotićeva
Branimirova
Držislava
Kralja
Jukićeva
Tratinska
Glavni kolodvor
Autobusni kolodvor
Trg Bana J. Jelačića
Botanički vrt
Novi Zagreb
Zaprešić, Krapina, Ljubljana
Bjelovar, Varaždin
Slavonski Brod
Karlovac, Rijeka
Bregana, Ljubljana
0
400 m
0
0.2 miles

Zürich

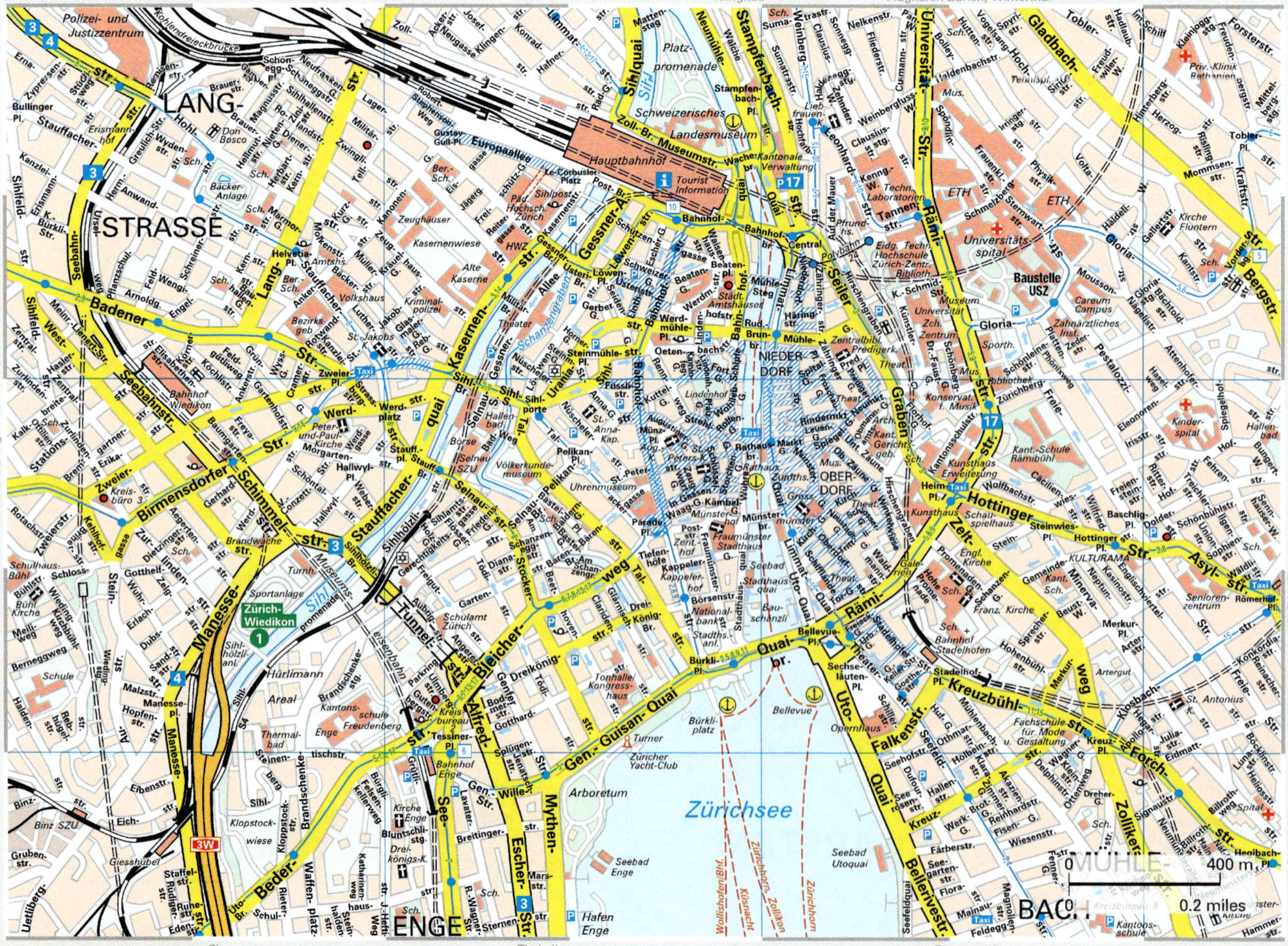
Klingnau
Flughafen Zürich, Winterthur
LANG-
STRASSE
NIEDERDORF
OBERDORF
ENGE
Hauptbahnhof
Schweizerisches Landesmuseum
Universitätsspital
ETH
Zürichsee
Arboretum
Bellevue
Badener Str.
Birmensdorfer Str.
Stampfenbachstr.
Universitätstr.
Rämistr.
Gen.-Guisan-Quai
Utoquai
Bellerivestr.
Seefeldstr.
Forchstr.
Kreuzbühlstr.
Hottingerstr.
Zürich-Wiedikon
Basel
Dietikon, Baden
Birmensdorf, Zug
Chur
Thalwil
Rapperswil
Z.-Witikon
Forch, Rüti
0
400 m
0
0.2 miles

(A) Österreich

■ 83 883 km² · 9 200 000 · Wien 2 005 800
+1h Gr. Time · GER · +43
1 Euro (EUR) = 100 Cent
Österreich Werbung Wien, +43 0800 40 02 00 00, www.austria.info

(BY) Belarus

■ 207 595 km² · 9 200 000 · Minsk 1 997 000
+3h Gr. Time · BLR, RUS · +375
1 Rubel (BYR) = 100 Kapejek
Nacional'noe agenstvo po turizmu NAT, +375 17 226 90 98, www.belarustourism.by

(DK) Danmark

■ 42 921 km² · 5 900 000 · København 653 700
+1h Gr. Time · DNK · +45
1 Krone (DKK) = 100 Øre
VisitDenmark, +43 32 88 99 00, www.visitdenmark.com

(AL) Shqipëria (Albania)

■ 28 748 km² · 2 400 000 · Tiranë 418 500
+1h Gr. Time · ALB · +355 · 1 Lel (ALL) = 100 Qindarka
National Tourism Agency, +355 4 27 37 7, www.albania.al

(CH) Schweiz · Suisse · Svizzera · Svizra

■ 41 291 km² · 9 000 000 · Bern 137 000
+1h Gr. Time · GER, FRA, ITA · +41
1 Franken (CHF) = 100 Rappen
Schweiz Tourismus, +41 800 10 02 00-29, www.myswitzerland.com

(E) España

■ 505 970 km² · 48 590 000 · Madrid 3 280 800 · +1h Gr. Time · ESP · +34
1 Euro (EUR) = 100 Cent
Instituto de Turismo de España – Turespaña, +34 91 3 43 35 00, www.tourspain.es

(AND) Andorra

■ 468 km² · 77 000 · Andorra la Vella 24 400
+1h Gr. Time · CAT · +376
1 Euro (EUR) = 100 Cent
Andorra Turisme SAU, +376 89 11 90, www.visitandorra.com

(CY) Kýpros

■ 5 896 km² · 1 200 000 · Lefkosia 118 000
+2h Gr. Time · GRC, TUR · +357
1 Euro (EUR) = 100 Cent
Deputy Ministry of Tourism, +357 22 69 11 00, www.visitcyprus.com

(EST) Eesti

■ 45 335 km² · 1 300 000 · Tallinn 437 800
+2h Gr. Time · EST · +372
1 Euro (EUR) = 100 Cent
Visit Estonia, +372 6 27 97 70, www.puhkaeestis.ee

(B) België · Belgique

■ 30 688 km² · 11 600 000 · Brussel (Bruxelles) 1 222 600 · +1h Gr. Time · NLD, FRA, GER · +32
1 Euro (EUR) = 100 Cent · Toerisme Vlaanderen, +32 2 5 04 03 00, www.visitflanders.com | Tourisme de Wallonie, +32 81 84 41 00, www.visitwallonia.be

Kuzey Kıbrıs

■ 3 355 km² · 382 200 · Lefkoşa 118 000
+3h Gr. Time · TUR · +90
1 Lira (TRY) = 100 Kurus
Nord Zypern Tourismus Zentrum, +49 30 889 294 84, www.nordzypern-touristik.de

(F) France

■ 543 965 km² · 68 400 000 · Paris 2 133 100
+1h Gr. Time · FRA · +33
1 Euro (EUR) = 100 Cent
ATOUT France, +33 1 42 96 70 00, www.atout-france.fr

(BG) Bălgarija

■ 110 994 km² · 6 400 000 · Sofija 1 190 300
+2h Gr. Time · BGR · +359
1 Lew (BGN) = 100 Stotinki
Ministry of Tourism of the Republic of Bulgaria, +359 883 339 332, www.bulgariatravel.org

(CZ) Česko

■ 78 866 km² · 10 500 000 · Praha 1 357 300
+1h Gr. Time · CSK · +420
1 Koruna (CZK) = 100 Haléřů
CzechTourism, +420 221 58 01 11, www.visitczechia.com

(FIN) Suomi · Finland

■ 338 472 km² · 5 500 000 · Helsinki Helsingfors 664 000 · +2h Gr. Time · FIN, SWE
+358 · 1 Euro (EUR) = 100 Cent
Visit Finland, +358 29 46 956 50, www.visitfinland.com

(BIH) Bosna i Hercegovina

■ 51 197 km² · 3 200 000 · Sarajevo 291 400
+1h Gr. Time · BIH, HRV, SRB · +387
1 Konvertibilna Marka (BAM) = 100 Feninga
Turistička zajednica Federacije B & H, +387 33 58 09 99, www.tourismbih.com

(D) Deutschland

■ 357 588 km² · 84 700 000 · Berlin 3 782 200
+1h Gr. Time · GER · +49
1 Euro (EUR) = 100 Cent
Deutsche Zentrale für Tourismus e. V. (DZT), +49 69 97 46 40, www.germany.travel

(FL) Liechtenstein

■ 160 km² · 39 700 · Vaduz 5 800
+1h Gr. Time · GER · +423
1 Franken (CHF) = 100 Rappen
Liechtenstein Marketing, +423 2 39 63 63, www.tourismus.li

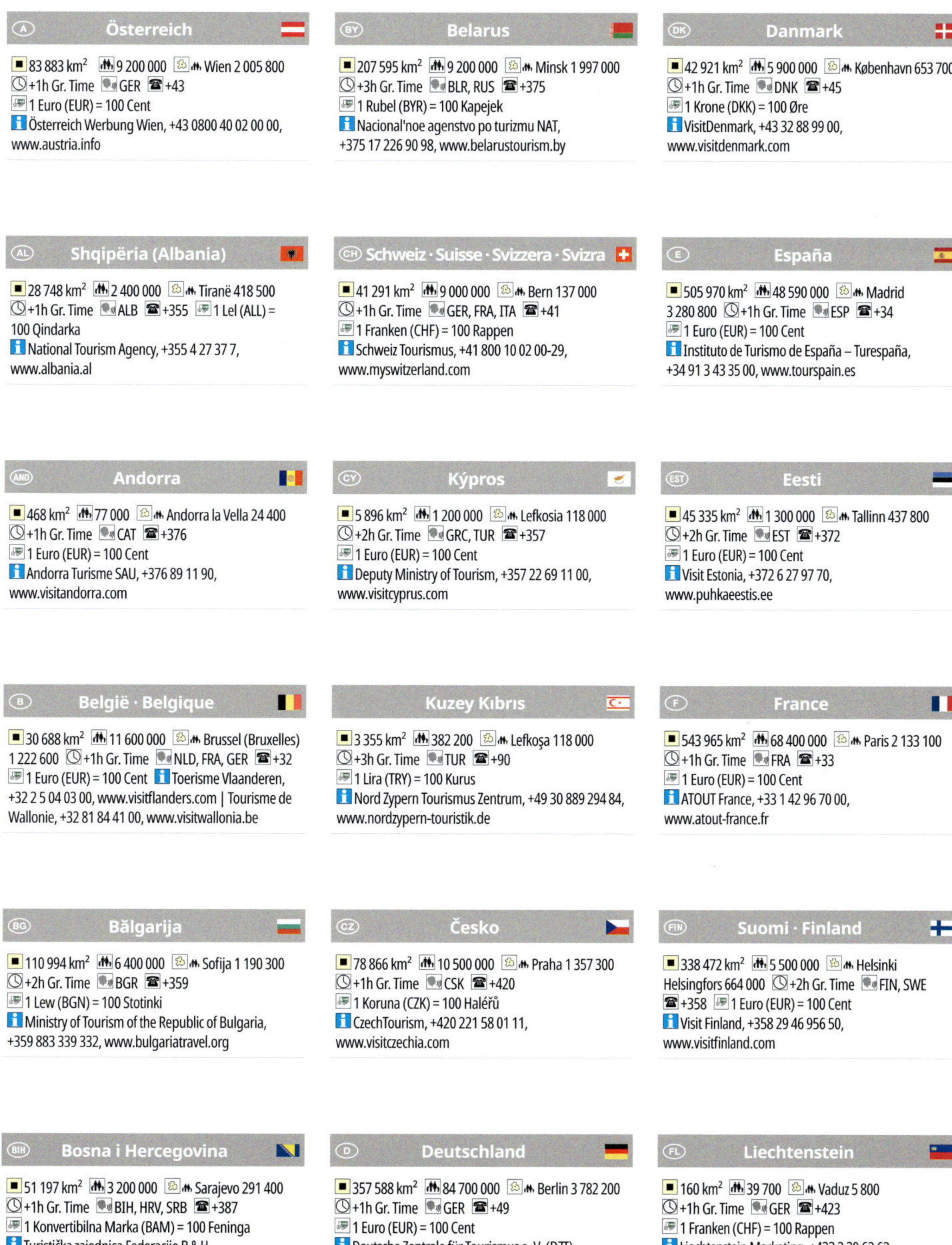

Elláda (Greece)
- 132 029 km² ▲ 10 500 000 ⚑ Athína 643 500
- +2h Gr. Time • GRC ☎ +30
- 1 Euro (EUR) = 100 Cent
- Greek National Tourism Organisation, +30 210 33 1 03 92, www.visitgreece.gr

Lëtzebuerg · Luxembourg
- 2 586 km² ▲ 661 000 ⚑ Luxembourg 132 800
- +1h Gr. Time • GER, FRA, LUX ☎ +352
- 1 Euro (EUR) = 100 Cent
- Office National du Tourisme, +352 42 82 82 1, www.visitluxembourg.com

Crna Gora (Montenegro)
- 13 812 km² ▲ 616 000 ⚑ Podgorica 180 100
- +1h Gr. Time • MNE ☎ +382
- 1 Euro (EUR) = 100 Cent
- Nacionalna turistička organizacija Crne Gore, +382 77 10 00 01, www.montenegro.travel

Magyarország (Hungary)
- 93 036 km² ▲ 9 600 000 ⚑ Budapest 1 671 000
- +1h Gr. Time • HUN ☎ +36
- 1 Forint (HUF) = 100 Fillér
- Magyar Turisztikai Ügynökség, +36 1 4 48 87 00, www.mtu.gov.hu

Lietuva (Lithuania)
- 65 301 km² ▲ 2 900 000 ⚑ Vilnius 569 900
- +2h Gr. Time • LTU ☎ +370
- 1 Euro (EUR) = 100 Cent
- Lithuania Travel, +370 52 62 96 60, www.lithuania.travel

Norge
- 323 759 km² ▲ 5 400 000 ⚑ Oslo 700 000
- +1h Gr. Time • NOR ☎ +47
- 1 Krone (NOK) = 100 Øre
- Innovasjon Norge, +47 22 00 25 00, www.visitnorway.com

Hrvatska (Croatia)
- 56 594 km² ▲ 3 800 000 ⚑ Zagreb 759 000
- +1h Gr. Time • HRV ☎ +385
- 1 Euro (EUR) = 100 Cent
- Hrvatska turistička zajednica, +385 1 46 99 333, www.croatia.hr

Latvija
- 64 594 km² ▲ 1 900 000 ⚑ Rīga 627 500
- +2h Gr. Time • LVA ☎ +371
- 1 Euro (EUR) = 100 Cent
- Tourism Department of Investment and Development Agency of Latvia, +371 67 22 99 45, www.latvia.travel

Nederland
- 41 526 km² ▲ 18 000 000 ⚑ Amsterdam 935 000
- +1h Gr. Time • NLD ☎ +31
- 1 Euro (EUR) = 100 Cent
- Nederlands Bureau voor Toerisme & Congressen, +31 (0)70 3705 705, www.holland.com

Italia
- 301 338 km² ▲ 58 900 000 ⚑ Roma 2 749 000
- +1h Gr. Time • ITA ☎ +39
- 1 Euro (EUR) = 100 Cent
- Agenzia nazionale italiana del turismo, +39 06 49 711, www.enit.it

Malta
- 316 km² ▲ 520 000 ⚑ Valetta 5 860
- +1h Gr. Time • GBR, MLT ☎ +356
- 1 Euro (EUR) = 100 Cent
- Malta Tourism Authority, +356 22 91 50 00, www.visitmalta.com

Severna Makedonija
- 25 713 km² ▲ 1 800 000 ⚑ Skopje 526 500
- +1h Gr. Time • MKD ☎ +389
- 1 Denar (MKD) = 100 Deni
- Exploring Macedonija, +389 2 30 80 111, www.exploringmacedonia.com

Éire · Ireland
- 70 273 km² ▲ 5 150 000 ⚑ Dublin · Baile Átha Cliath 592 700 Gr. Time • GBR, IRL ☎ +353
- 1 Euro (EUR) = 100 Cent
- Tourism Ireland, +353 1 476 3400, www.tourismireland.com

Monaco
- 2 km² ▲ 39 500 ⚑ Monaco 39 500
- +1h Gr. Time • FRA ☎ +377
- 1 Euro (EUR) = 100 Cent Direction du Tourisme et des Congres de la Principauté de Monaco, + 377 92 166 166, www.visitmonaco.com

Portugal
- 92 212 km² ▲ 10 400 000 ⚑ Lisboa 545 800
- Gr. Time • PRT ☎ +351
- 1 Euro (EUR) = 100 Cent
- Turismo de Portugal, +351 211 14 02 00, www.turismodeportugal.pt

Ísland
- 103 125 km² ▲ 397 000 ⚑ Reykjavik 139 900
- -1h Gr. Time • ISL ☎ +354
- 1 Euro (EUR) = 100 Cent
- Skrifstofur Ferðamálastofa Ísland, +354 5 35 55 00, www.ferdamalastofa.is

Moldova
- 33 843 km² ▲ 2 500 000 ⚑ Chișinău 532 500
- +2h Gr. Time • ROU ☎ +373
- 1 Leu (MDL) = 100 Bani
- MoldovaTravel, +373 22 27 36 54, moldova.travel

Polska
- 312 696 km² ▲ 36 800 000 ⚑ Warszawa 1 862 000 +1h Gr. Time • POL ☎ +48
- 1 Złoty (PLN) = 100 Groszy
- Polska Organizacja Turystyczna, +48 22 5 36 70 70, www.pot.gov.pl

Kosovë · Kosovo
■ 10 908 km² 👥 1 800 000 🏛 Prishtinë · Priština 199 000 🕐 +1h Gr. Time 🗣ALB, SRB ☎ +383
💶 1 Euro (EUR) = 100 Cent
ℹ Visit Kosovo, +383 (0) 38 36 532, www.visitkosovo.rks-gov.net

Sverige
■ 447 435 km² 👥 10 600 000 🏛 Stockholm 949 800 🕐 +1h Gr. Time 🗣SWE ☎ +46
💶 1 Krone (SEK) = 100 Øre
ℹ VisitSweden, +46 63 12 81 37, www.visitsweden.com

Türkiye
■ 783 562 km² 👥 85 400 000 🏛 Ankara 5 803 000 🕐 +2h Gr. Time 🗣TUR ☎ +90
💶 1 Euro (EUR) = 100 Cent
ℹ Türkiye Cumhuriyeti Kültür ve Turizm Bakanlığı, +90 (312) 4708000, www.ktb.gov.tr

România
■ 238 397 km² 👥 19 000 000 🏛 București 1 717 000 🕐 +2h Gr. Time 🗣ROU ☎ +40
💶 1 Leu (RON) = 100 Bani
ℹ Autoritatea Nationala pentru Turism, +40 372 570 602, www.turism.gov.ro

Slovensko
■ 49 034 km² 👥 5 500 000 🏛 Bratislava 476 900 🕐 +1h Gr. Time 🗣SVK ☎ +421
💶 1 Euro (EUR) = 100 Cent
ℹ SLOVAKIA TRAVEL, +421 948 990 609, www.slovakia.travel

Ukrajina
■ 603 700 km² 👥 36 700 000 🏛 Kyïv 2 952 300 🕐 +2h Gr. Time 🗣UKR, RUS ☎ +380
💶 1 Euro (EUR) = 100 Cent
ℹ „Ukraine-Rus'", +38 (044) 483-05-12, www.ukraine-rus.com.ua

San Marino
■ 61 km² 👥 33 900 🏛 San Marino 4 100 🕐 +1h Gr. Time 🗣ITA ☎ +378
💶 1 Euro (EUR) = 100 Cent
ℹ l'Ufficio del Turismo della Repubblica di San Marino, +378 549 88 29 14, www.visitsanmarino.com

Slovenija
■ 20 273 km² 👥 2 100 000 🏛 Ljubljana 288 400 🕐 +1h Gr. Time 🗣SVN ☎ +386
💶 1 Euro (EUR) = 100 Cent
ℹ Slovenska turistična organizacija, +386 1 589 85 50, www.slovenia.info

United Kingdom
■ 243 610 km² 👥 68 100 000 🏛 London 8 866 200 🕐 Gr. Time 🗣GBR ☎ +44
💶 1 Pound Sterling (GBP) = 100 Pence
ℹ Visit Britain, +44 020 7 57 810 00, www.visitbritain.com

Rossija
■ 17 074 636 km² 👥 143 500 000 🏛 Moskva 11 504 000 🕐 +2h, 3h, 4h Gr. Time 🗣RUS ☎ +7
💶 1 Rubl' (RUB) = 100 Kopeek
ℹ VisitRussia, www.visitrussia.com

Srbija
■ 77 474 km² 👥 6 900 000 🏛 Beograd 1 383 900 🕐 +1h Gr. Time 🗣SRB ☎ +381
💶 1 Dinar (RSD) = 100 Para
ℹ Turistička organizacija Srbije, +381 11 65 57 100, www.srbija.travel

Città del Vaticano · Civitas Vaticana
■ 0,44 km² 👥 764 🏛 Città del Vaticano 764 🕐 +1h Gr. Time 🗣ITA, LAT ☎ +39
💶 1 Euro (EUR) = 100 Cent
ℹ Ufficio Informazioni Pellegrini e Turisti, +39 06 69 88 23 50, www.vaticanstate.va

		🚓	✚	SOS	🛣️	🍷‰	🚗	🦺	🚗💥	📱🔧
A		133	144	112	✓ Vignette	0,5‰	✓	✓	✓	120 ÖAMTC
AL		129	127	112	✗	0,1‰	✗	✓	✓	+355 42 38 70 17 ACA
AND		110	116	112	✗	0,5‰	✓	✓	✓	+376 80 34 00 Automòbil Club d'Andorra
B		112	112	112	✗	0,5‰	✓	✓	✓	+32 78 178 178 Touring Club Belgium
BG		112	112	112	✓ Vignette	0,5‰	✓	✓	✓	+359 2 911 46 Union of Bulgarian Motorists
BIH		122	124	123	✓	0,3‰	✓	✓	✓	+387 12 82 BIHAMK
BY		102	103	101	✓	0,0‰	✓	✓	✓	116 BKA
CH		112/ 117	112/ 144	112/ 118	✓ Vignette	0,5‰	✓	✗	✓	0800 140 140 TCS
CY		112	112	112	✗	0,5‰	✗	✓	✓	+357 22 31 32 33 CAA
Kıbrıs		155	112	199	✗	0,0‰	✗	✗	✓	+357 22 31 32 33 CAA
CZ		112	112	112	✓ Vignette	0,0‰	✓	✓	✓	12 30 ÚAMK
D		110	112	112	✗	0,5‰	✗	✓	✓	089 20 20 4000 ADAC
DK		112	112	112	✗	0,5‰	✓	✓	✓	+45 70 27 91 12 FDM
E		112	112	112	✓	0,5‰	✗	✓	✓	+34 900 11 22 22 RACE
EST		110/ 112	112	112	✗	0,0‰	✓	✓	✓	+372 697 91 00 EAK
F		112/ 17	112/ 15	112/ 18	✓	0,5‰	✗	✓	✓	388 36 62 62 ACA
FIN		112	112	112	✗	0,5‰	✓	✗	✓	0200 80 80 AL
FL		117	144	144	✗	0,8‰	✓	✗	✓	239 94 98 ACFL
FO		112	1870	112	✗	0,5‰	✗	✓	✓	+45 70 13 30 40 FDM
GBZ		199	199	112	✗	0,5‰	✗	✗	✓	+34 900 11 22 22 RACE
GR		100	116	112	✓	0,5‰	✓	✓	✓	104 ELPA
H		112	112	112	✓ Vignette	0,0‰	✓	✓	✓	188 MAK
HR		112	112	112	✓	0,5‰	✓	✓	✓	1987 HAK
I		113	112	112	✓	0,5‰	✓	✓	✓	800 116 800 ACI
IRL		112/ 999	112/ 999	112/ 999	✓	0,5‰	✗	✗	✓	0818 227 228 AA

		🚓	➕	SOS	🛣️	🍷‰	🚗	🦺	🚗💥	📱
IS		112	112	112	✓ Vignette	0,5‰	✓	✗	✓	414 99 99 FIB
L		113	112	112	✗	0,5‰	✗	✓	✓	+352 260 00 ACL
LT		112	112	112	✗	0,4‰	✓	✓	✓	1888 LAS
LV		112	112	112	✗	0,5‰	✓	✓	✓	1888 LAMB
M		112	112	112	✗	0,8‰	✗	✓	✓	+356 2124 2222 RMF
MC		17	15	18	✗	0,5‰	✗	✓	✓	92 05 26 60 AIT
MD		902	903	901	✗	0,0‰	✓ XI-III	✓	✓	22 29 27 03 ACM
MNE		112	112	112	✗	0,3‰	✓	✓	✓	+382 198 07 AMSCG
N		112	113	112	✗	0,2‰	✓	✓	✓	08 505 NAF
NL		112	112	112	✗	0,5‰	✗	✗	✓	+31 88 269 28 88 ANWB
NMK		192	193	194	✓	0,5‰	✓	✓	✓	196 AMCM
P		112	112	112	✓	0,5‰	✗	✓	✓	215 915 915 ACP
PL		112	112	112	✓	0,2‰	✓	✓	✓	981 PZM
RKS		192	194	112	✗	0,5‰	✓	✗	✓	1955 KTA
RO		112	112	112	✓	0,0‰	✓	✓	✓	+40 21 222 22 22 ACR
RSM		113	118	112	✗	0,5‰	✓	✓	✓	800 116 800 ACI
RUS		112	112	112	✗	0,3‰	✓	✗	✓	8 800 505 08 66 AKAR
S		112	112	112	✗	0,2‰	✓	✓	✓	020-21 11 11 M
SK		112	112	112	✓	0,0‰	✓	✓	✓	18 112 ASA
SLO		113	112	112	✓ Vignette	0,5‰	✓	✓	✓	19 87 AMZS
SRB		192	194	193	✓	0,3‰	✓	✓	✓	1987 AMSS
TR		155	112	112	✓	0,5‰	✗	✗	✓	+90 212 282 81 40 TTOK
UA		102	103	101	✗	0,0‰	✓	✓	✓	+380 44 206 78 76/112 UA
UK		999	999	999	✗	0,5 (SCO) 0,8‰	✗	✓	✓	0330 102 9983 AA
V		112	118	115	✗	0,5‰	✓	✓	✓	800 116 800 ACI

km/h	🏍				🚗				🚗🚐			
	🌲	🛣	⚠️	🛤	🌲	🛣	⚠️	🛤	🌲	🛣	⚠️	🛤
Ⓐ	50	100	100	130	50	100	100	13	50	70/100	80/100	80/100
ⒶⓁ	40	80	90	110	40	80	90	110	35	70	70	80
ⒶⓃⒹ	40	90	-	-	40	90	-	-	40	90	-	-
Ⓑ	50	70/90	120	120	50	70/90	120	120	50	70/90	120	120
ⒷⒼ	50	80	-	100	50	90	-	130	50	70	-	100
ⒷⒾⒽ	50	80	100	130	50	80	100	130	50	80	80	80
ⒷⓎ	60	90	90	90	60	90	90	110	60	70	70	90
ⒸⒽ	50	80	100	120	50	80	100	120	50	80	80/100	80
ⒸⓎ	50	65	80	100	50	65	80	100	50	65	80	100
Kıbrıs	45	65	100	-	45	65	100	-	45	65	100	-
ⒸⓏ	50	90	110	130	50	90	110	130	50	80	80	80
Ⓓ	50	100	130	130	50	100	130	130	50	80	80	80/100
ⒹⓀ	50	80	80	130	50	80	80	130	50	80	80	80
Ⓔ	20/50	90	100	120	20/50	90	100	120	20/50	70	80	90
ⒺⓈⓉ	50	90	90/110	-	50	90	90/110	-	50	90	90	-
Ⓕ	50	80	110	130	50	80	110	130	50	80	110	130
ⒻⒾⓃ	50	80/100	80/100	100/120	50	80/100	80/100	100/120	50	80	80	80
ⒻⓁ	50	80	100	-	50	80	100	-	50	80	80	-
ⒻⓄ	50	80	-	-	50	80	-	-	50	80	-	-
ⒼⒷⓏ	50	-	-	-	50	-	-	-	50	-	-	-
ⒼⓇ	40	70	-	90	50	90/110	-	130	50	80	-	80
Ⓗ	50	90	110	130	50	90	110	130	50	70	70	80
ⒽⓇ	50	90	110	130	50	90	110	130	50	80	80	90
Ⓘ	50	90	110	130	50	90	110	130	50	70	70	80
ⒾⓇⓁ	50	80	100	120	50	80	100	120	50	80	80	80

🚐				🚌				🚚				
🏙️	🛣️	⚠️	🛤️	🏙️	🛣️	⚠️	🛤️	🏙️	🛣️	⚠️	🛤️	
50	70	80	80	50	80	100	100	50	70	80	80	A
35	70	70	80	35	70	90	90	35	70	70	80	AL
40	90	-	-	50	80	-	-	50	70	-	-	AND
50	70/90	90	90	50	70/75	90	100	50	80	80	80	B
50	70	-	100	50	80	-	90/100	50	80	-	100	BG
50	80	80	80	50	80	80	100	50	80	80	80	BIH
60	70	70	90	60	90	90	90	60	70	70	90	BY
50	80	100	100	50	80	100	100	50	80	80	80	CH
50	65	80	100	50	80	100	100	50	65	70	80	CY
45	65	100	-	45	65	100	-	45	65	70	-	Kıbrıs
50	80	80	80	50	90	110	130	50	80	80	80	CZ
50	80	100	100	50	80	80	80	50	60	80	80	D
50	80	80	80	50	80	80	80	50	70	70	80	DK
20/50	80	80	90	50	90	100	100	50	70	80	90	E
50	90	90	-	50	90	90	-	50	70	90	-	EST
50	80	100	110	50	80	100	100	50	80	80	90	F
50	80	80	80	50	80	80	100	50	60	80	80	FIN
50	80	100	-	50	80	90	-	50	80	80	-	FL
50	80	-	-	50	80	-	-	50	70	-	-	FO
50	-	-	-	50	-	-	-	50	-	-	-	GBZ
50	80	-	80	50	80	-	90/100	50	70	-	70	GR
50	70	70	80	50	70	80	80	50	70	70	80	H
50	80	80	90	50	80	100	100	50	70	70	80	HR
50	80	80	100	50	80	80	100	50	70	70	80	I
50	80	60/100	120	50	80	60/100	120	50	80	60/80	80	IRL

km/h	🏍 city	🏍 winding	🏍 road	🏍 motorway	🚗 city	🚗 winding	🚗 road	🚗 motorway	🚗🚐 city	🚗🚐 winding	🚗🚐 road	🚗🚐 motorway
IS	50	80/90	90	-	50	80/90	90	-	50	80	80	-
L	50	90	-	130	50	90	-	130	50	75	-	90
LT	50	90	110/130	110/130	50	90	100	110	50	80	80	90
LV	50	90	90	-	50	90	90	-	50	80	90	-
M	50	80	-	-	50	80	-	-	40	80	-	-
MC	50	-	-	-	50	-	-	-	50	-	-	-
MD	50	80	110	-	50	80	110	-	50	70	90	-
MNE	50	80	100	-	50	80	100	-	50	80	80	-
N	50	80	90/110	90/110	50	80	90/110	90/110	50	80	80	80
NL	50	80	100	100/120/130	50	80	100	100/120/130	50	80	90	90
NMK	50	80	110	130	50	80	110	130	50	80	80	80
P	50	90/100	100	120	50	90/100	100	120	50	70/80	80	100
PL	50	90	100/120	140	50	90	100/120	140	50	70	80	80
RKS	50	80	110	130	50	80	110	130	50	80	80	80
RO	50	90	100	130	50	90	100	130	50	80	90	120
RSM	50	90	-	-	50	90	-	-	50	70	-	-
RUS	60	90	-	110	60	90	-	110	60	70	-	90
S	40/50	60/100	-	90/120	40/50	60/100	-	90/120	40/50	60/80	-	80
SK	50	90	130	130	50	90	130	130	50	90	90	90
SLO	50	90	110	130	50	90	110	130	50	90	100	100
SRB	50	80	100	120	50	80	100	120	50	80	80	80
TR	50	70	70	80	50	90	90	130	40	80	80	110
UA	60	80	80	80	60	90	110	130	60	80	80	80
UK	48	96	112	112	48	96	112	112	48	80	96	96
V	30	-	-	-	30	-	-	-	30	-	-	-

	🚐				🚌				🚛			
🏙️	🛣️	🅰️	🛤️	🏙️	🛣️	🅰️	🛤️	🏙️	🛣️	🅰️	🛤️	
50	80/90	90	-	50	80	90	-	50	80	80	-	IS
50	75	-	90	50	75	-	90	50	75	-	90	L
50	90	90	90	50	70/80	90	100	50	70	70	90	LT
50	90	90	-	50	90	90	-	50	70	70	-	LV
50	80	-	-	40	80	-	-	40	80	-	-	M
50	-	-	-	50	-	-	-	50	-	-	-	MC
50	80	110	-	50	80	90	-	50	70	70	-	MD
50	80	80	-	50	80	80	-	50	80	80	-	MNE
50	80	80	80	50	80	80	80	50	80	80	80	N
50	80	80	80	50	80	80	100	50	80	80	80	NL
50	80	80	80	50	80	80	80	50	70	70	70	NMK
50	80/90	90	110	50	80	90	100	50	80	80	90	P
50	70	80	80	50	70	100	100	50	70	70	80	PL
50	80	110	130	50	80	80	80	50	70	70	80	RKS
50	80	90	110	50	80/90	110	110	50	70	80	90	RO
50	80	-	-	50	80	-	-	50	70	-	-	RSM
60	70	-	90	60	90	-	90	60	70	-	90	RUS
40/50	60/100	-	90/120	40/50	70	-	90	40/50	80	-	80	S
50	80	90	90	50	90	100	100	50	80	80	80	SK
50	80	80	80	50	80	100	100	50	70	70	80	SLO
50	80	80	80	50	80	100	100	50	70	70	80	SRB
50	80	80	90	50	80	80	80	50	70	70	70	TR
60	80	80	80	60	90	90	90	60	60	80	80	UA
48	80	96	112	48	80	96	112	48	64	80	96	UK
30	-	-	-	30	-	-	-	30	-	-	-	V

UNESCO World Heritage

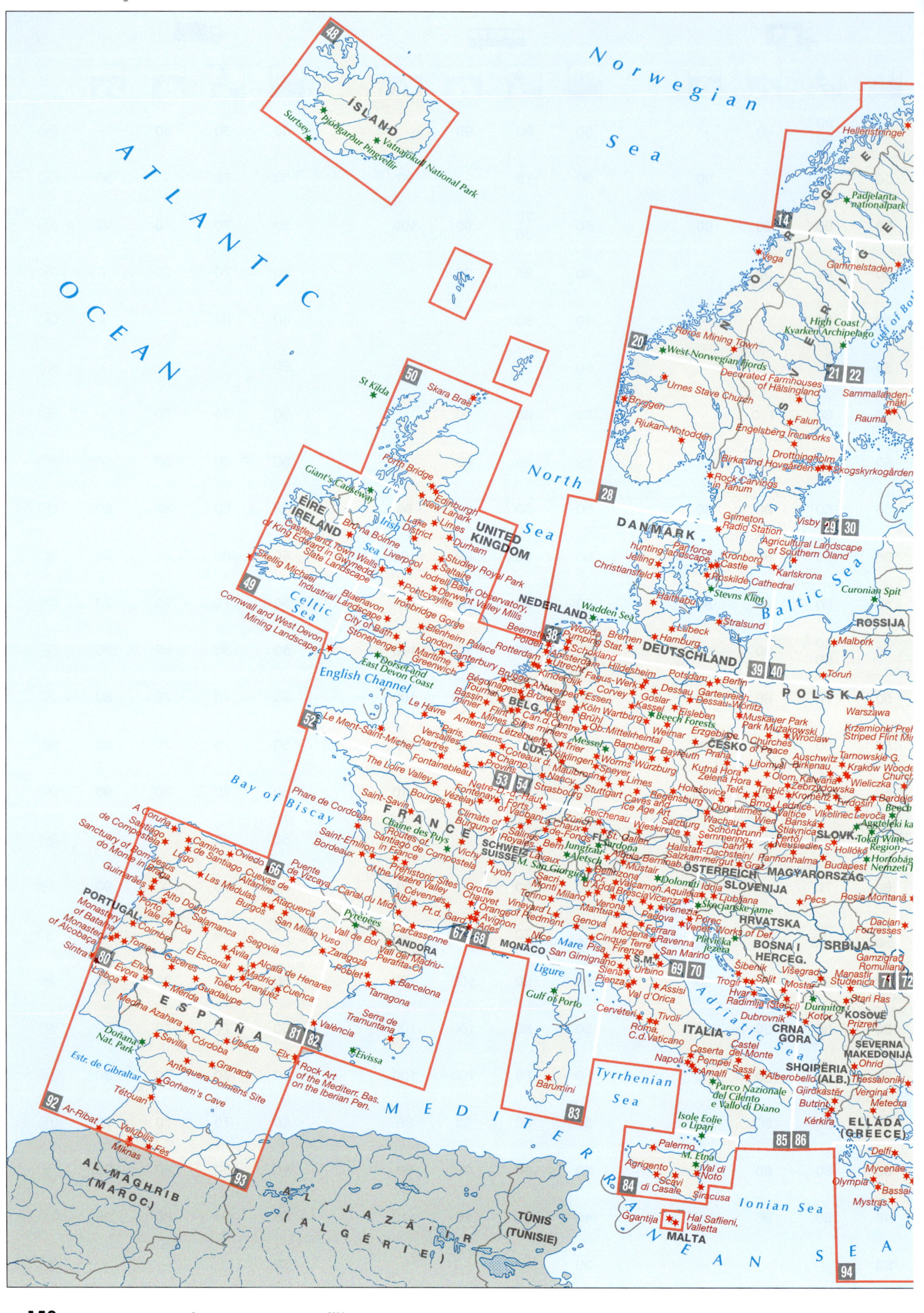

158

ATLANTIC OCEAN
Norwegian Sea
North Sea
Baltic Sea
Celtic Sea
Irish Sea
English Channel
Bay of Biscay
Mare Ligure
Tyrrhenian Sea
Adriatic Sea
Ionian Sea
MEDITERRANEAN SEA
ÍSLAND
Surtsey
Þingvellir
Vatnajökull National Park
St Kilda
Skara Brae
Giant's Causeway
ÉIRE IRELAND
UNITED KINGDOM
Forth Bridge
Edinburgh
New Lanark
Limes
Lake District
Durham
Brú na Bóinne
Castles and Town Walls of King Edward in Gwynedd
Slate Landscape
Skellig Michael
Liverpool
Studley Royal Park
Saltaire
Jodrell Bank Observatory
Derwent Valley Mills
Pontcysyllte
Blaenavon Industrial Landscape
Ironbridge Gorge
City of Bath
Cornwall and West Devon Mining Landscape
Stonehenge
Blenheim Palace
London
Canterbury
Maritime Greenwich
Dorset and East Devon Coast
NEDERLAND
Wadden Sea
Beemster Polder
Woudamafl Pumping Stat.
Schokland
Amsterdam
Rotterdam
Utrecht
Kinderdijk
DANMARK
Christiansfeld
Jelling
hunting landscape
Par force
Kronborg Castle
Roskilde Cathedral
Stevns Klint
Haithabu
DEUTSCHLAND
Lübeck
Hamburg
Bremen
Hildesheim
Fagus-Werk
Corvey
Essen
Potsdam
Berlin
Stralsund
Dessau
Gartenreich Dessau-Wörlitz
Goslar
Eisleben
Weimar
Wartburg
Kassel
Beech Forests
Brühl
Köln
Aachen
Ob. Mittelrheintal
Messel
Trier
Bamberg
Bayreuth
Erzgebirge
Völklingen
Speyer
Würzburg
Maulbronn
Limes
Stuttgart Caves and Ice Age Art
Regensburg
Reichenau
Wieskirche
BELG.
Brugge
Antwerpen
Bruxelles
Béguinages
Tournai
Bassin minier
Flint Mines
Can. d. Centre
Sites miniers
LUX.
Lëtzebuerg
FRANCE
Le Havre
Amiens
Le Mont-Saint-Michel
Paris
Versailles
Chartres
Reims
Coteaux d. Champ.
Provins
Fontainebleau
The Loire Valley
Nancy
Strasbourg
Bourges
Vézelay
Fontenay
Notre-D.-d.-Haut
Forts of Vauban
Saint-Savin
Phare de Cordouan
Climats of Burgundy
Chaîne des Puys
Routes of Santiago de Compostela in France
Saint-Émilion
Bordeaux
Vichy
Lyon
Prehistoric Sites of the Vézère Valley
Albi
Cévennes
Pt.d. Gard
Grotte Chauvet
Orange
Avignon
Arles
Canal du Midi
Carcassonne
Pyrénées
Vall de Boí
ANDORRA
Vall del Madriu-Perafita-Cl.
Nice
MONACO
SCHWEIZ SUISSE
Salines Royales
Chaux-de-Fonds
Bern
Lavaux
Jungfrau-Aletsch
Zürich
St. Gallen
Sardona
Albula-Bernina
Müstair
M. San Giorgio
Bellinzona
Vineyard L.
Piedmont
Sacri Monti
Torino
Milano
Adda
Crespi d'Adda
Brescia
Vicenza
Verona
Mantua
Venezia
Padova
Dolomiti
Aquileia
Genova
Cinque Terre
Modena
Ferrara
Ravenna
Pisa
Firenze
San Gimignano
Siena
Pienza
Urbino
San Marino
S.M.
Assisi
Val d'Orcia
Cerveteri
Tivoli
Roma, C.d.Vaticano
ITALIA
Caserta
Castel del Monte
Napoli
Pompei
Amalfi
Sassi
Alberobello
Parco Nazionale del Cilento e Vallo di Diano
Barumini
Gulf of Porto
Isole Eolie o Lipari
Palermo
M. Etna
Agrigento
Val di Noto
Scavi di Casale
Siracusa
Ġgantija
Hal Saflieni, Valletta
MALTA
ÖSTERREICH
Salzburg
Hallstatt-Dachstein/ Salzkammergut
Semmering-bahn
Wachau
Schönbrunn
Wien
Graz
Neusiedler S.
SLOVENIJA
Idrija
Škocjanske jame
Ljubljana
HRVATSKA
Poreč
Plitvička Jezera
Šibenik
Trogir
Split
Hvar
Dubrovnik
BOSNA I HERCEG.
Višegrad
Mostar
Stećci
Radimlja
CRNA GORA
Kotor
Durmitor
SRBIJA
Stari Ras
Gamzigrad Romuliana
Studenica
KOSOVË
Prizren
SEVERNA MAKEDONIJA
Ohrid
SHQIPËRIA (ALB.)
Gjirokastër
Butrint
ELLÁDA (GREECE)
Thessaloniki
Vergina
Meteora
Kérkira
Delfi
Mycenae
Olympia
Bassai
Mystras
MAGYARORSZÁG
Budapest
Pannonhalma
Hollókő
Tokaj Wine Region
Hortobágy Nemzeti P.
Pécs
Aggteleki karst
SLOVK.
Banská Štiavnica
Vlkolínec
Levoča
Bardejov
Spišský Hrad
ČESKO
Praha
Kutná Hora
Litomyšl
Zelená Hora
Holašovice
Český Krumlov
Telč
Třebíč
Brno
Lednice-Valtice
Kroměříž
Olomouc
Kalwaria Zebrzydowska
POLSKA
Toruń
Malbork
Warszawa
Muskauer Park
Park Mużakowski
Wrocław
Churches of Peace
Auschwitz Birkenau
Kraków
Wieliczka
Krzemionki Prehistoric Striped Flint Mining
Tarnowskie G.
Wooden Churches
ROSSIJA
Curonian Spit
NORGE
SVERIGE
Vega
Røros Mining Town
West Norwegian Fjords
Urnes Stave Church
Bryggen
Rjukan-Notodden
Hellerismnger
Padjelanta nationalpark
Gammelstaden
High Coast / Kvarken Archipelago
Decorated Farmhouses of Hälsingland
Falun
Engelsberg Ironworks
Drottningholm
Birka and Hovgården
Skogskyrkogården
Rock Carvings in Tanum
Grimeton Radio Station
Visby
Agricultural Landscape of Southern Öland
Karlskrona
Sammallahdenmäki
Rauma
Gulf of Bothnia
ESPAÑA
PORTUGAL
A Coruña
Santiago de Compostela
Sanctuary of Bom Jesus do Monte in Braga
Lugo
Camino de Santiago
Oviedo
Cuevas de Altamira
Las Médulas
Burgos
Atapuerca
Puente de Vizcaya
San Millán Yuso
Guimarães
Porto
Alto Douro
Vale de Côa
Salamanca
Segovia
Ávila
El Escorial
Alcalá de Henares
Madrid
Aranjuez
Toledo
Cuenca
Monastery of Batalha
Monastery of Alcobaça
Coimbra
Tomar
Sintra
Lisboa
Évora
Elvas
Cáceres
Mérida
Guadalupe
Medina Azahara
Poblet
Zaragoza
Barcelona
Tarragona
Serra de Tramuntana
València
Eivissa
Elx
Rock Art of the Mediterr. Bas. on the Iberian Pen.
Doñana Nat. Park
Sevilla
Córdoba
Úbeda
Granada
Antequera Dolmens Site
Gorham's Cave
Estr. de Gibraltar
Tétouan
Ar-Ribat
Volubilis
Mikinas
Fès
AL-MAGHRIB (MAROC)
AL JAZĀ'IR (ALGÉRIE)
TŪNIS (TUNISIE)
0 500 km
0 200 miles

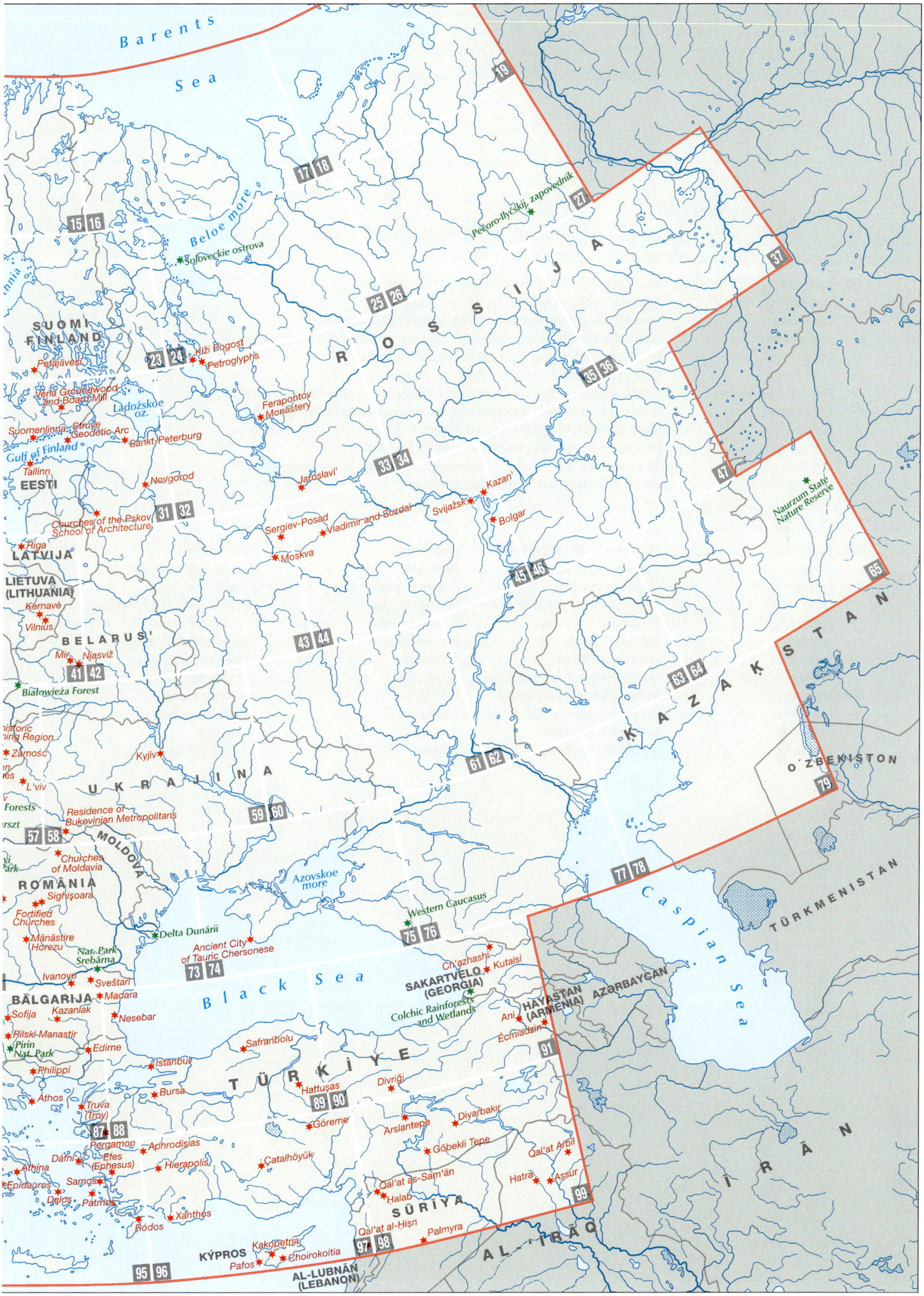
Barents Sea
Beloe more
Soloveckie ostrova
SUOMI FINLAND
Petäjävesi
Verla Groundwood and Board Mill
Kiži Pogost
Petroglyphs
Ladožskoe oz.
Ferapontov Monastery
Suomenlinna
Struve Geodetic Arc
Sankt-Peterburg
Gulf of Finland
Tallinn
EESTI
Novgorod
Jaroslavl'
Kazan'
Svijažsk
Bolgar
Churches of the Pskov School of Architecture
Sergiev-Posad
Vladimir and Suzdal
Moskva
Riga
LATVIJA
LIETUVA (LITHUANIA)
Kernavė
Vilnius
BELARUS'
Mir
Njasviž
Białowieża Forest
Pečoro-Ilyčskij zapovednik
ROSSIJA
Naurzum State Nature Reserve
KAZAKSTAN
O'ZBEKISTON
TÜRKMENISTAN
Kyjiv
UKRAJINA
Zamość
L'viv
Residence of Bukovinian Metropolitans
MOLDOVA
Churches of Moldavia
ROMÂNIA
Sighişoara
Fortified Churches
Mănăstire Horezu
Delta Dunării
Azovskoe more
Western Caucasus
Ancient City of Tauric Chersonese
Nar. Park Srebărna
Ivanovo
Sveštari
Madara
BĂLGARIJA
Sofija
Kazanlak
Nesebar
Rilski Manastir
Pirin Nat. Park
Edirne
Philippi
Black Sea
Ch'azhashi
Kutaisi
SAKARTVELO (GEORGIA)
Colchic Rainforests and Wetlands
HAYASTAN (ARMENIA)
AZƏRBAYCAN
Ani
Ečmiadzin
Caspian Sea
Safranbolu
İstanbul
TÜRKİYE
Hattuşaş
Divriği
Bursa
Áthos
Truva (Troy)
Göreme
Arslantepe
Diyarbakır
Pergamon
Aphrodisias
Göbekli Tepe
Qal'at Arbil
Dafni
Efes (Ephesus)
Hierapolis
Çatalhöyük
Athína
Samos
Epidauros
Delos
Pátmos
Qal'at as-Sam'ān
Halab
Hatra
Assur
SŪRIYA
Ródos
Xanthos
Palmyra
Qal'at al-Ḥiṣn
KÝPROS
Kakopetria
Choirokoitia
Pafos
AL-LUBNĀN (LEBANON)
AL-'IRĀQ
ĪRĀN
15 16
17 18
19
23 24
25 26
27
31 32
33 34
35 36
37
41 42
43 44
45 46
47
57 58
59 60
61 62
63 64
65
73 74
75 76
77 78
79
87 88
89 90
91
95 96
97 98
99

**Index of place names · Ortsnamenverzeichnis · Index des localités · Elenco dei nomi di località
Índice dos toponímicos · Índice de topónimos · Register van plaatsnamen · Skorowidz miejscowości
Rejstřík sídel · Register sídiel · Kazalo naselij · Kazalo imena**

①	②	③	④	⑤
75000*	Paris	(F)	53	Ac 42
KT17	Epsom	(UK)	52	Sk 39
84-300*	Lębork	(PL)	40	Bh 36

①
- (UK) Postal code — Lowest postcode number for places having several postcodes
- (D) Postleitzahl — Niedrigste Postleitzahl bei Orten mit mehreren Postleitzahlen
- (F) Code postal — Code postal le plus bas pour les localités à plusieurs codes posteaux
- (I) Codice postale — Codice di avviamento postale riferito a città comprendenti più codici di avviamento postale
- (E) Código postal — Código postal más bajo en lugares con varios códigos postales
- (P) Código postal — Código postal menor em caso de cidades com vários códigos postais
- (CZ) Poštovní směrovací číslo — Nejnižší poštovní směrovací číslo v městech s vícenásobnými poštovními směrovacími čísly
- (PL) Kod pocztowy — Najniższy kod pocztowy w przypadku miejscowości z wieloma kodami pocztowymi
- (HR) Poštanski broj — Najniži poštanski broj u mjestima sa više poštanskih brojeva
- (SLO) Poštna številka — Najmanjša poštna številka v mestih z več poštnimi številkami
- (H) Irányítószám — Több irányítószámmal rendelkező helységeknél a legalacsonyabb irányítószám
- (DK) Postnummer — Laveste postnummer ved byer med flere postnumre

②	③	④	⑤
(UK) Place name	Motor vehicle nationality letters	Page number	Grid reference
(D) Ortsname	Internationale Autokennzeichen	Seitenzahl	Suchfeldangabe
(F) Localité	Plaques de nationalité	Numéro de page	Coordonnées
(I) Località	Targhe automobilistiche internazionali	Numero di pagina	Riquadro nel quale si trova il nome
(E) Topónimo	Matrículas internacionales	Número de página	Coordenadas de la casilla de localización
(P) Topónimo	Matrículas internacionais	Número da página	Coordenadas de localização
(CZ) Jméno obcí	Poznávací značky aut	Číslo strany	Údaje hledacího čtverce
(PL) Nazwa miejscowości	Międzynarodowe znaki rejestracyjne	Numer strony	Współrzędne skorowidzowe
(HR) Ime naselje	Međunarodne registarske oznake	Broj stranica	Koordinatna podjela
(SLO) Ime naselja	Mednarodne registrske tablice	Številka strani	Položajna koordinata
(H) Helységnév	Nemzetközi autójelzések	Oldalszám	Keresőadat
(DK) Stednavn	Nationalitetsbetegnelser	Sidetal	Kvadratangivelse

|
- (UK) Inset map
- (D) Nebenkarte
- (F) Carton intérieur
- (I) Inserto cartografico
- (E) Cartela
- (P) Inserto
- (CZ) Vedlejší mapa
- (PL) Mapa boczna
- (HR) Dodatnu karticu
- (SLO) Priožena karta
- (H) Melléktérkép
- (DK) Bikort

A – B – C – D – E – F – G – H – I – J – K – L – M – N – O – P – Q – R – S – T – U – V – W – X – Y – Z

**Motor vehicle nationality letters · Internationale Autokennzeichen · Plaques de nationalité · Targhe automobilistiche internazionali
Matrículas internacionales · Matrícules internacionals · Poznávací značky aut · Międzynarodowe znaki rejestracyjne
Međunarodne registarkske oznake · Mednarodne registrske tablice · Nemzetközi autójelzesek · Nationalitetsbetegnelser**

(A)
Österreich
Austria

(AL)
Shqipëria
Albania

(AND)
Andorra

(AX)
Åland / Ahvenanmaa
Åland Islands

(B)
Belgique / België
Belgium

(BG)
Bălgarija
Bulgaria

(BIH)
Bosna i Hercegovina
Bosnia and Herzegovina

(BY)
Belarus'

(CH)
Schweiz / Suisse / Svizzera / Svizra
Switzerland

(CY)
Kypros / Kıbrıs
Cyprus

(CZ)
Česko
Czechia

(D)
Deutschland
Germany

(DK)
Danmark
Denmark

(E)
España
Spain

(EST)
Eesti
Estonia

(F)
France

(FIN)
Suomi / Finland

(FL)
Liechtenstein

(FO)
Føroyar
Faroe Islands

(GBA)
Alderney

(GBG)
Guernsey

(GBJ)
Jersey

(GBM)
Isle of Man

(GBZ)
Gibraltar

(GR)
Elláda
Greece

(H)
Magyarország
Hungary

(HR)
Hrvatska
Croatia

(I)
Italia
Italy

(IRL)
Éire / Ireland

(IS)
Ísland
Iceland

(L)
Lëtzebuerg / Luxembourg
Luxemburg

(LT)
Lietuva
Lithuania

(LV)
Latvija
Latvia

(M)
Malta

(MC)
Monaco

(MD)
Moldova

(MNE)
Crna Gora
Montenegro

(N)
Norge
Norway

(NL)
Nederland
Netherlands

(NMK)
Severna Makedonija
North Macedonia

(P)
Portugal

(PL)
Polska
Poland

(RKS)
Kosovë / Kosovo

(RO)
România
Romania

(RSM)
San Marino

(RUS)
Rossija
Russia

(S)
Sverige
Sweden

(SK)
Slovensko
Slovakia

(SLO)
Slovenija
Slovenia

(SRB)
Srbija
Serbia

(TR)
Türkiye
Turkey

(UA)
Ukrajina
Ukraine

(UK)
United Kingdom

(V)
Civitas Vaticana / Città del Vaticano
Vatican City

161

A

6200	Aabenraa (DK) 38 Ak 35	02000*	Adıyaman (TR) 98 Di 53		Ahtme, Jõhvi- (EST) 31 Ch 31	33700	Akören (TR) 96 Dc 53	72458*	Albstadt (D) 54 Ak 42

15100 Alessandria (I) 68 Ai 46
6002* Ålesund (N) 20 Ag 28
59300 Alexándria (GR) 86 Cc 50
000140* Alexandria (RO) 72 Cf 47
68100 Alexandroúpoli (GR) 87 Cf 50
6320-081 Alfaiates (P) 80 Sd 50
50172 Alfajarín (E) 82 Sk 49
25120 Alfarràs (E) 82 Aa 49
7570 Alfatar (BG) 73 Ch 47
31061 Alfeld (Leine) (D) 54 Ak 39
48011 Alfonsine (I) 69 Bc 46
AB33 Alford (GB) 50 Sh 33
DE55 Alfreton (GB) 51 Si 37
82201 Alfta (S) 29 Bg 29
41980 Algaba, La (E) 92 Sd 53
07713 Algar, S' (E) 83 Ae 51
4330 Ålgård-Figgjo (N) 28 Af 32
11101* Algeciras (E) 92 Se 54
07041 Alghero (I) 83 Ai 50
36075 Älghult (S) 39 Bf 33
11680 Algodonales (E) 92 Se 54
48930 Algorta (E) 66 Sg 47
30840 Alhama de Murcia (E) 93 Si 53
13248 Alhambra (E) 93 Sg 52
29120 Alhaurín el Grande (E) 93 Sf 54
6826 Ålhus (N) 28 Ag 29
44150 Aliaga (E) 82 Sk 50
33400 Aliağa (TR) 95 Cg 52
32001 Alíartos (GR) 94 Cd 52
42520 Alibeyhüyüğü (TR) 96 Dc 53
26310 Alibunar (SRB) 71 Ca 45
03001 Alicante = Alacant (E) 93 Sk 52
05300 Alicık (TR) 89 Df 50
81011 Alife (I) 85 Be 49
5070-471 Alijó (P) 80 Sc 49
Aliko (GR) 95 Cf 54
Alikovo (RUS) 45 Eg 35
44100* Alingsås (S) 29 Bc 33
37400 Alisaray (TR) 89 De 49
10550 Aliseda (E) 80 Sd 51
8670-001* Aljezur (P) 92 Sb 53
7600-010* Aljustrel (P) 92 Sb 53
Alkan (TR) 99 Ed 53
Alkemer (TR) 99 Ec 53
1800* Alkmaar (NL) 38 Ae 38
32660 Allariz (E) 80 Sc 48
Alleen (N) 28 Ah 32
90584 Allersberg (D) 55 Bb 41
3770 Allinge (DK) 39 Be 35
Ålloluokta kapell (S) 14 Bk 23
25100 Almacelles (E) 82 Aa 49
2800-001* Almada (P) 92 Sa 52
13400 Almadén (E) 93 Sf 52
41240 Almadén de la Plata (E) 92 Sd 53
13270 Almagro (E) 93 Sg 52
02640 Almansa (E) 93 Si 52
24170 Almanza (E) 80 Se 48
10350 Almaraz (E) 80 Se 51
36023 Älmeboda (S) 39 Bf 34
6355-201 Almeida (P) 80 Sd 50
2080-001* Almeirim (P) 80 Sb 51
7600* Almelo (NL) 54 Ag 38
12590 Almenara (E) 82 Sk 51
06200 Almendralejo (E) 92 Sd 52
1300* Almere (NL) 54 Af 38
04001 Almería (E) 93 Sh 54
04711 Almerimar (E) 93 Sh 54
10040 Almese (I) 68 Ah 45
Al'met'evsk (RUS) 46 Fc 36
Al'mež (RUS) 34 Ei 30
34301 Älmhult (S) 39 Be 34
37100 Almirós (GR) 86 Cc 51
7700-011* Almodôvar (P) 92 Sb 53
13580 Almodóvar del Campo (E) 93 Sf 52
14720 Almodóvar del Río (E) 92 Se 53
10132 Almoharín (E) 80 Sd 51
21730 Almonte (E) 92 Sd 53
Älmsta (S) 29 Bi 31
22270 Almudévar (E) 82 Sk 48
Almundsryd (S) 39 Be 34
74010 Almunge (S) 29 Bi 31
13760 Almuradiel (E) 93 Sg 52
60900* Almus (TR) 90 Dg 50
Almvik (S) 29 Bg 33
Alnaši (RUS) 46 Fc 34
Alnes (N) 20 Af 28
IV17 Alness (GB) 50 Sf 33
NE66 Alnwick (GB) 51 Si 35
4064 Aloja (LV) 30 Ce 33
37005 Alónnissos (GR) 87 Cd 51
29500 Álora (E) 93 Sf 54
9300 Alost = Aalst (B) 53 Ae 40
6050-011* Alpalhão (P) 80 Sc 51
02690 Alpera (E) 93 Si 52
2400* Alphen aan de Rijn (NL) 53 Ae 38
2090-019* Alpiarça (P) 80 Sb 51
Alpköy (TR) 90 Dk 51
26850 Alpu (TR) 88 Da 51
39200 Alpullu (TR) 88 Ch 49
Als (DK) 39 Ba 34
36304 Alsfeld (D) 54 Ak 40
Ålstad (N) 14 Bf 23
38044 Alsterbro (S) 39 Bf 34
CA9 Alston (GB) 51 Sh 36
3306 Alsunga (LV) 40 Cb 34
9509 Alta (N) 15 Cd 21
70022 Altamura (I) 85 Bg 50
Altata (RUS) 62 Ei 39
6460 Altdorf (UR) (CH) 68 Ai 44
90518 Altdorf bei Nürnberg (D) 55 Bb 41
03590 Altea (E) 82 Sk 52
Alteidet (N) 15 Cc 20
01773 Altenberg (D) 55 Bd 40
04600 Altenburg (D) 55 Bc 40
57610 Altenkirchen (Westerwald) (D) 54 Ah 40
83352 Altenmarkt an der Alz (D) 55 Bc 43
17087 Altentreptow (D) 39 Bd 37
7440-011* Alter do Chão (P) 80 Sc 51
Altindağ (TR) 89 Dc 51
Altındere (TR) 90 Dk 50
42450 Altınekin (TR) 96 Dc 52
58510 Altınoluk (TR) 87 Cg 51
10280 Altınova (TR) 87 Cg 51
10280 Altınova (TR) 99 Eb 52
31750 Altınözü (TR) 97 Dg 54
24860 Altıntaş (TR) 88 Da 51
07350 Altınyaka (TR) 96 Da 54
58470 Altınyayla (TR) 90 Dg 51
68130 Altkirch (F) 68 Ah 43
IV27 Altnaharra (GB) 50 Sf 32
Altn Bulg (RUS) 77 Ef 44
85250 Altomünster (D) 55 Bb 42
GU34 Alton (GB) 52 Sk 39
22763* Altona (D) 38 Ak 37
84503 Altötting (D) 55 Bc 42
WA14 Altrincham (GB) 51 Sh 37
Altuhovo (RUS) 43 De 38
Altunhisar (TR) 97 De 52
Altynaj (RUS) 47 Gb 33
Altynnoe (RUS) 47 Fh 34
Altynsary (RUS) 65 Gc 39
28700 Alucra (TR) 90 Di 50
4301 Alūksne (LV) 31 Ch 33
74700 Alunda (S) 29 Bi 30
Ålundsby (S) 22 Cb 25
Alupka (KRIM) 74 De 46
Alušta (KRIM) 74 De 46
7565-011* Alvalade (P) 92 Sb 53
44600 Älvängen (S) 29 Bc 33
Alvastra (S) 29 Be 32
2560 Alvdal (N) 20 Ba 28
79601 Älvdalen (S) 29 Be 29
34200 Alvesta (S) 39 Be 34
Alvik (N) 20 Ag 28
7940-001 Alvito (P) 92 Sc 52
81425 Älvkarleby (S) 29 Bh 30
84201 Älvros (S) 29 Bc 29
Älvsbacka (S) 29 Bd 31
94201 Älvsbyn (S) 22 Cb 25
31063 Älvsered (S) 29 Bc 33
62001* Alytus (LT) 41 Ce 36
55232 Alzey (D) 54 Ai 41
46600 Alzira (E) 82 Sk 51
11170 Alzonne (F) 67 Ac 47
Åmådalen (S) 29 Be 29
2610-001* Amadora (P) 80 Sa 52
66200 Åmål (S) 29 Bc 31
84011 Amalfi (I) 85 Be 50
27200 Amaliáda (GR) 94 Cb 53
87032 Amantea (I) 85 Bg 51
927020 Amara (RO) 73 Ch 46
4600-001* Amarante (P) 80 Sb 49
207020 Amărăştii de Jos (RO) 72 Ce 47
7885-011* Amareleja (P) 92 Sc 52
4720-011* Amares (P) 80 Sb 49
Amasya (TR) 89 Df 50
02012 Amatrice (I) 84 Bd 48
Amaxādes (GR) 87 Cf 49
38125 Ambar (TR) 97 Dd 53
Ambarnyj (RUS) 23 Dd 25
87240 Ambazac (F) 67 Ab 45
Ambeliá (GR) 86 Ca 51
92224 Amberg (D) 55 Bb 41
01500 Ambérieu-en-Bugey (F) 68 Af 45
63600 Ambert (F) 67 Ad 45
NE65 Amble (GB) 51 Si 35
LA22 Ambleside (GB) 51 Sh 36
37400* Amboise (F) 66 Aa 43
Amderma (RUS) 19 Gb 21
8100-050 Ameixial (P) 92 Sc 53
66110* Amélie-les-Bains-Palalda (F) 82 Ac 48
21385 Amelinghausen (D) 39 Ba 37
3800* Amersfoort (NL) 54 Af 38
HP7 Amersham (GB) 52 Sk 39
30500 Amfilohía (GR) 94 Cb 52
33100 Amfissa (GR) 94 Cc 52
80000* Amiens (F) 53 Ac 41
51100 Amigdalées (GR) 86 Cb 50
53200 Amíndeo (GR) 86 Cb 50
Åmli (N) 28 Ai 32
LL68 Amlwch (GB) 51 Sf 37
SA18 Ammanford (GB) 52 Sg 39
89999 Ämmänsaari (FIN) 23 Ci 26
92075 Ammarnäs (S) 21 Bg 25
Ammochostos = Gazimagusa 97 Dd 55
Amon' (RUS) 59 De 39
Amorebieta = Zornotza (E) 66 Sh 47
84008 Amorgós (GR) 95 Cf 54
3340 Åmot (N) 28 Ba 30
Åmot (S) 29 Bg 30
Åmotfors (S) 29 Bc 31
3360 Åmot-Geithus (N) 28 Ai 31
40330 Amou (F) 66 Sk 47
69550 Amplepuis (F) 67 Ae 45
43870 Amposta (E) 82 Aa 50
92275 Åmsele (S) 22 Bk 26
1000* Amsterdam (NL) 53 Ae 38
3300* Amstetten (A) 55 Be 42
Amurskij (RUS) 64 Fk 38
47177 Amusquillo (E) 81 Sf 49
Amvrosijivka (UA) 75 Di 43
Amzja (RUS) 46 Fe 34
84009 Anáfi (GR) 95 Cf 54
03012 Anagni (I) 84 Bd 49
Anaharávi (GR) 86 Bk 51
Anaköy (TR) 99 Ec 52
33630* Anamur (TR) 96 Dc 54
Anapa (RUS) 75 Dh 46
99871 Ânâr = Inari (FIN) 15 Ch 22
91534 Ånäset (S) 22 Cb 26
An Bóthar Bui (IRL) 49 Sd 37
An Cabhán = Cavan (IRL) 49 Sc 37
An Caisleán Nua = Newcastle West (IRL) 49 Sa 38
An Caisleán Riabhach (IRL) 49 Sb 37
An Caladh (IRL) 49 Rk 39
An Caol = Keel (IRL) 49 Rk 37
44150 Ancenis (F) 66 Si 43
An Charraig (IRL) 49 Sb 36
An Chathair = Caher (IRL) 49 Sc 38
Anciferovskij Bor (RUS) 24 Dk 27
An Clochán (IRL) 49 Sc 37
An Clochán = Clifden (IRL) 49 Rk 37
An Clochan Liath (IRL) 49 Sb 36
An Cóbh = Cobh (IRL) 49 Sb 39
An Coireán = Waterville (IRL) 49 Rk 39
60100* Ancona (I) 69 Bd 47
An Daingean = Dingle (IRL) 49 Rk 38
6300 Åndalsnes (N) 20 Ah 28
Andeg (RUS) 18 Fd 23
27700 Andelys, les (F) 53 Ab 41
8480 Andenes (N) 14 Bg 21
6490 Andermatt (CH) 68 Ai 44
56626 Andernach (D) 54 Ah 40
33401 Anderstorp (S) 29 Bd 33
Andiçen (TR) 99 Ed 53
84400 Andíparos (GR) 95 Cf 53
46400 Andırın (TR) 98 Dg 53
30020 Andírio (GR) 94 Cb 52
20140 Andoain (E) 66 Sh 47
Andomskij Pogost (RUS) 32 Dg 29
44500 Andorra (E) 82 Sk 50
AD500 Andorra La Vella (AND) 82 Ab 48
SP10 Andover (GB) 52 Si 39
07150 Andratx (E) 82 Ac 51
Andreapol' (RUS) 42 Dc 34
Andreevka (RUS) 63 Fb 38
Andreevskoe (RUS) 43 Dg 36
70031 Andria (I) 85 Bg 49
Andrianoviči (RUS) 36 Ga 31
Andrijašivka (UA) 59 Dd 40
84 320 Andrijevica (MNE) 86 Bk 48
Andrijivka (UA) 60 Dg 41
Andrijivka (UA) 75 Dg 43
Andrijivka (UA) 75 Dh 43
27061 Andrítsena (GR) 94 Cb 53
Andropov = Rybinsk (RUS) 32 Di 32
84500 Ándros (GR) 94 Ce 53
Androsovka (RUS) 62 Ek 38
Andrušivka (UA) 58 Ck 40
9325 Andselv (N) 14 Bi 21
23740 Andújar (E) 93 Sf 52
30140 Anduze (F) 67 Ad 46
Andžiewskij (RUS) 76 Ed 46
6500 Anenii Noi (MD) 73 Ck 44
An Fál Carrach (IRL) 49 Sb 35
An Fearann Fuar (IRL) 49 Sa 38
Angasjak (RUS) 46 Fe 35
84100 Ånge (S) 21 Bf 28
26200* Ängelholm (S) 39 Bc 34
99871 Angeli (FIN) 15 Cf 22
73790 Ängelsberg (S) 29 Bg 31
Angeriá (GR) 95 Cf 54
16278 Angermünde (D) 39 Be 37
49000* Angers (F) 66 Sk 43
91670 Angerville (F) 53 Ab 42
An Ghrainseach (IRL) 49 Sb 36
An Glean Garbh (IRL) 49 Sa 39
17160 Anglès (E) 82 Ac 49
51260 Anglure (F) 53 Ad 42
An Gort = Gort (IRL) 49 Sb 37
16000* Angoulême (F) 66 Aa 45
Angüés (E) 82 Sk 48
59580 Aniche (F) 53 Ad 40
Anihovka (RUS) 65 Ga 39
325100 Anina (RO) 71 Cb 45
Anisimovo (RUS) 33 Ee 33
03050 Anıtkaya (TR) 96 Da 52
33630 Anıtlı (TR) 96 Dc 54
33630 Anıtlı (TR) 99 Eb 53
83005 Anjans fjällstation (S) 21 Bc 27
Anjuša (RUS) 26 Fa 28
06105* Ankara (TR) 89 Dc 51
17389 Anklam (D) 39 Bd 37
An Láithreach = Laragh (IRL) 49 Sd 37
An Longfort = Longford (IRL) 49 Sc 37
An Móta = Moate (IRL) 49 Sc 37
An Muileann-gCearr = Mullingar (IRL) 49 Sc 37
Anna (RUS) 61 Ea 39
09456 Annaberg-Buchholz (D) 55 Bd 40
An Nás = Naas (IRL) 49 Sd 37
Anndalsvågen (N) 21 Bc 25
74000 Annecy (F) 68 Ag 45
99871 Annel = Angeli (FIN) 15 Cf 22
Annelund (S) 29 Bd 33
74100 Annemasse (F) 68 Ag 44
Annenskij Most (RUS) 32 Dh 30
Annino (RUS) 32 Dh 31
Annivka (UA) 75 Dg 44
07100 Annonay (F) 67 Ae 45
76855 Annweiler am Trifels (D) 54 Ah 41
23054 Anógia (GR) 94 Ce 55
47044 Áno Kalendíni (GR) 86 Cb 51
BT79 An Ómaigh = Omagh (GB) 49 Sc 36
62053 Áno Poróïa (GR) 87 Cd 49
88650 Anould (F) 54 Ag 42
6823 Ansager (DK) 38 Ai 35
91522 Ansbach (D) 55 Ba 41
An Scairbh (IRL) 49 Sb 38
An Sciobairin (IRL) 49 Sa 39
An Scoil (IRL) 49 Sa 39
3240-101* Ansião (P) 80 Sb 51
An Snaidhm (IRL) 49 Rl 39
Ansó (E) 82 Sk 48
An Spideal (IRL) 49 Sa 37
KY10 Anstruther (GB) 50 Sh 34
Ânsurăţei (RO) 73 Ch 46
Ant (TR) 89 Dc 49
An tAbhallort (IRL) 49 Sd 38
07000* Antalya (TR) 96 Da 54
An tAonach = Nenagh (IRL) 49 Sb 38
An Teach Doite (IRL) 49 Sa 37
An Teampall Mór (IRL) 49 Sc 38
29200 Antequera (E) 93 Sf 53
50100 Anthótopos (GR) 86 Cc 51
06160* Antibes (F) 68 Ah 47
Antipino (RUS) 35 Ff 31
Antipino (RUS) 43 Dd 35
81103 Ántissa (GR) 87 Cf 51
BT34 An tIúr = Newry (GB) 49 Sd 36
Antnäs (S) 22 Cb 25
Antonovka (RUS) 45 Ek 36
7970 Antonovo (BG) 87 Cg 47
Antonovskaja (RUS) 32 Di 29
525300 Ântorsura Buzăului (RO) 72 Cg 45
Antracyt (UA) 60 Dk 42
35560 Antrain (F) 52 Si 42
BT41 Antrim (GB) 49 Sd 36
02013 Antrodoco (I) 84 Bd 48
Antropy (RUS) 34 Fb 33
66403* Antsla (EST) 30 Cg 33
Anttis (S) 15 Cc 23
52100 Anttola (FIN) 31 Ch 29
An Tulach (IRL) 49 Sd 38
2000* Antwerpen (B) 53 Ae 39
An Uaimh = Navan (IRL) 49 Sd 37
Anufrievo (RUS) 32 Di 31
2000 Anvers = Antwerpen (B) 53 Ae 39
Anyb (RUS) 26 Fd 29
29001 Anykščiai (LT) 41 Cf 35
Anzánigo (E) 82 Sk 48
00042 Anzio (I) 84 Bc 49
11100 Aosta (I) 68 Ah 45
Apa (TR) 96 Dc 53
407035 Apahida (RO) 72 Cd 44
Apanasenkovskoe (RUS) 76 Ed 45
Apastovo (RUS) 45 Ei 35
25260 Apatin (SRB) 71 Bi 45
Apatity (RUS) 16 Dd 23
4337 Ape (LV) 30 Cg 33
9561 Apel, Ter (NL) 38 Ah 38
7300* Apeldoorn (NL) 54 Af 38
85108 Apolakkiá (GR) 95 Ch 54
99510 Apolda (D) 55 Bb 39
84301 Apóllo (GR) 95 Cf 53
84003 Apollonía (GR) 94 Ce 54
74061 Apóstoli (GR) 94 Ce 55
Apostolove (UA) 74 Dd 43
9050 Appenzell (CH) 69 Ak 43
9900* Appingedam (NL) 38 Ag 37
CA16 Appleby-in-Westmorland (GB) 51 Sh 36
Apraksin Bor (RUS) 31 Db 31
Aprelevka (RUS) 43 Dh 35
71011 Apricena (I) 85 Bf 49
04011 Aprilia (I) 84 Bc 49
Apšeronsk (RUS) 75 Dk 46
84400 Apt (F) 68 Af 47
27550 Araban (TR) 98 Dh 53
37800 Araç (TR) 89 Dd 49
21200 Aracena (E) 92 Sd 53
000310* Arad (RO) 71 Cb 44
41600 Arahal, El (E) 92 Se 53
32004 Aráhova (GR) 94 Cc 52
61700 Araklı (TR) 91 Ea 50
76500 Aralık (TR) 91 Ee 51
Aramil' (RUS) 47 Ga 34
09400 Aranda de Duero (E) 81 Sg 49
34300* Aranđelovac (SRB) 71 Ca 46
28300 Aranjuez (E) 81 Sg 50
Arapkir (TR) 90 Di 51
25810 Aras (TR) 91 Ec 51
Araslanovo, Tjater- (RUS) 46 Fe 37
73501 Aravete (EST) 30 Cf 31
Aravissos (GR) 86 Cc 50
25200 Áraxos (GR) 94 Cb 52
08041 Arbatax (I) 83 Ak 51
Arbaž (RUS) 34 Ei 33
3925* Arbesbach (A) 55 Be 42
73201* Arboga (S) 29 Bf 31
39600 Arbois (F) 68 Af 44
82010 Arbrå (S) 29 Bg 29
69210 Arbresle, l' (F) 67 Ae 45
DD11 Arbroath (GB) 50 Sh 34
Arbuzynka (UA) 74 Db 43
33120* Arcachon (F) 66 Si 46
Arčedinskaja (RUS) 61 Ed 41
25610 Arc-et-Senans (F) 68 Af 43
60011 Arcevia (I) 69 Bc 47
Archangels'koe (RUS) 43 Dh 37
Archanhel's'ke (UA) 74 Dd 43
30600 Archena (E) 93 Si 52
17520 Archiac (F) 66 Sk 45
29300 Archidona (E) 93 Sf 53
58031 Arcidosso (I) 84 Bb 48
10700 Arcis-sur-Aube (F) 53 Ae 42
38062 Arco (I) 69 Ba 45
4860-041* Arco de Baúlhe (P) 80 Sc 49
11630 Arcos de la Frontera (E) 92 Se 54
4970-230* Arcos de Valdevez (P) 80 Sb 49
Arcyz (UA) 73 Ck 45
75000 Ardahan (TR) 91 Ec 49
6826 Årdal (N) 28 Ah 32
6885 Årdalstangen (N) 28 Ah 29
Ard an Ratha (IRL) 49 Sb 36
08300 Ardanuç (TR) 91 Ec 49
Ardara = Ard an Ratha (IRL) 49 Sb 36
Ardatov (RUS) 44 Ed 35
Ardatov (RUS) 45 Eg 36
Ardee = Baile Átha Fhirdhia (IRL) 49 Sd 37
36120 Ardentes (F) 67 Ab 44
53400 Ardeşen (TR) 91 Eb 49
HS3 Ardhasaig (GB) 50 Sd 33
6750 Ardino (BG) 87 Cf 49
PA60 Ardlussa (GB) 50 Se 34
BT61 Ard Mhacha = Armagh (GB) 49 Sd 36
Ardon (RUS) 91 Ee 47
KA22 Ardrossan (GB) 51 Sf 35
437005 Arduşat (RO) 72 Cd 43
IV44 Ardvasar (GB) 50 Se 33
HS3 Ardvourlie (GB) 50 Sd 33
83013 Åre (S) 21 Bd 27
Arèchavsk (BY) 42 Da 36
07600 Arenal, S' (E) 82 Ac 51
05400 Arenas de San Pedro (E) 80 Se 50
4825* Arendal (N) 28 Ai 32
2370 Arendonk (B) 54 Af 39
29416* Arendsee (Altmark) (D) 39 Bb 38
08350 Arenys de Mar (E) 82 Ac 49
16011 Arenzano (I) 68 Ai 46
23062 Areópoli (GR) 94 Cc 54
33740 Arès (F) 66 Si 46
05200 Arévalo (E) 81 Sf 49
52100 Arezzo (I) 69 Bb 47
24007 Arfará (GR) 94 Cc 53
Argajas (RUS) 47 Ga 35
37006 Argalastí (GR) 87 Cd 51
13710 Argamasilla de Alba (E) 81 Sg 51
28500 Arganda (E) 81 Sg 50
6120-211 Arganil (P) 80 Sb 50
65400 Argelès-Gazost (F) 82 Sk 47
66700 Argelès-sur-Mer (F) 82 Ad 48
44011 Argenta (I) 69 Bb 46
61200 Argentan (F) 52 Sk 42
79150 Argenton-Château (F) 66 Sk 44
36200 Argenton-sur-Creuse (F) 67 Ab 44
18410 Argent-sur-Sauldre (F) 67 Ac 43
Argıthanı (TR) 96 Db 52
21201 Árgos (GR) 94 Cc 53

Árgos | 163

52200 Árgos Orestikó (GR) 86 Cb 50
28100 Argostóli (GR) 94 Ca 52
Argun (RUS) 77 Ef 47
Arhangelovka (RUS) 63 Fe 38
Arhangel'sk (RUS) 24 Ea 26
Arhangel'skoe (RUS) 43 Dh 37
Arhangel'skoe (RUS) 47 Fg 36
Arhangels'koe (RUS) 61 Ea 39
Arhangel'skoe (RUS) 76 Ee 46
08200 Arhavi (TR) 91 Eb 49
Arhipo-Osipovka (RUS) 75 Di 46
Arhipovka (RUS) 42 Db 36
8000* Århus = Aarhus (DK) 39 Ba 34
Arhyz (RUS) 76 Eb 47
83031 Ariano Irpino (I) 85 Bf 49
23510 Arıcak (TR) 99 Ea 52
58400 Aridéa (GR) 86 Cc 50
Arıkören (TR) 96 Dc 53
Arıl (TR) 98 Dh 53
31230 Arilje (SRB) 71 Ca 47
PA78 Arinagour (GB) 50 Sd 34
60019 Ariogala (LT) 41 Cd 35
24015 Aristoménis (GR) 94 Cb 53
46540 Arıtaş (TR) 98 Dg 52
08031 Aritzo (I) 83 Ak 51
67201 Årjäng (S) 29 Bc 31
Arjaš (RUS) 62 Eg 39
93087 Arjeplog (S) 21 Bh 24
23760 Arjona (E) 93 Sf 53
Arkadak (RUS) 61 Ed 39
85700 Arkássa (GR) 95 Ch 55
Arkesíni (GR) 95 Cf 54
Arkul' (RUS) 34 Fa 33
63220 Arlanc (F) 67 Ad 45
Arlanzón (E) 81 Sg 48
13200* Arles (F) 67 Ae 47
6700 Arlon (B) 54 Af 41
BT60 Armagh (GB) 49 Sd 36
Armavir (RUS) 76 Eb 45
Armavir (RUS) 76 Eb 46
37500 Arméni (GR) 94 Ce 55
09215 Armentia (E) 81 Sh 48
59116 Armentières (F) 53 Ac 40
Armjans'k (KRIM) 74 Dd 44
Armutçuk (TR) 88 Db 49
Armutlu (TR) 88 Ci 50
Armutlu (TR) 98 Dh 53
10700 Armutova (TR) 87 Cg 51
23054 Arna (GR) 94 Cc 54
89155 Arnäsvall (S) 21 Bi 27
21230 Arnay-le-Duc (F) 67 Ae 43
63074 Arnéa (GR) 87 Cd 50
39596 Arneburg (D) 39 Bc 38
Årnes (N) 28 Bb 30
6800* Arnhem (NL) 54 Af 38
58002 Árnissa (GR) 86 Cb 50
85110 Arnsberg (D) 54 Ai 39
99310 Arnstadt (D) 55 Ba 40
97450 Arnstein (D) 54 Ak 41
34454 Arolsen (D) 54 Ak 39
7050 Arosa (CH) 69 Ak 44
4540-098* Arouca (P) 80 Sb 50
Årøysund (N) 28 Ba 31
36730 Arpaçay (TR) 91 Ed 50
Arpacık (TR) 96 Ck 54
91290 Arpajon (F) 53 Ac 42
Arpalı (TR) 91 Ed 50
95590 Arpela (FIN) 22 Ce 24
03033 Arpino (I) 84 Bd 49
63043 Arquata del Tronto (I) 84 Bd 48
23230 Arquillos (E) 93 Sg 52
7040-010* Arraiolos (P) 92 Sc 52
62000* Arras (F) 53 Ac 40
Arrasate-Mondragón (E) 81 Sh 47
65240 Arreau (F) 82 Aa 48
69300 Arrianá (GR) 87 Cf 49
33540 Arriondas (E) 80 Se 47
G83 Arrochar (GB) 50 Sf 34
7340-001* Arronches (P) 80 Sc 51
10900 Arroyo de la Luz (E) 80 Sd 51
Års (DK) 38 Ak 34
Arsamaki (RUS) 44 Ea 35
Arsen'evo (RUS) 43 Dg 37
61900 Arsin (TR) 90 Dk 50
Arsk (RUS) 45 Ek 34
Árskogssandur (IS) 48 Rb 25
33000 Arslanköy (TR) 97 De 53
Arslanovo (RUS) 46 Ff 36
81022 Årsunda (S) 29 Bg 30
07570 Artà (E) 82 Ad 51
47101 Árta (GR) 86 Ca 51
Artemivka (UA) 60 Df 41
Artemivs'k = Bachmut (UA) 60 Di 42
Artëmovskij (RUS) 36 Gb 33
45410 Artenay (F) 53 Ab 42
25730 Artesa de Segre (E) 82 Ab 49
Artezian (RUS) 77 Eg 46
Arthurstown (IRL) 49 Sd 38
Arti (RUS) 47 Fi 34
60670* Artova (TR) 90 Dg 50
08000 Artvin (TR) 91 Eb 49
64260 Arudy (F) 82 Sk 47
93301 Arvidsjaur (S) 22 Bk 25
67101* Arvika (S) 29 Bc 31
9195 Årviksand (N) 14 Ca 20
92101 Arvträsk (S) 22 Bk 26
07021 Arzachena (I) 83 Ak 49
Arzamas (RUS) 44 Ed 35
Arzgir (RUS) 76 Ee 45
36071 Arzignano (I) 69 Bb 45
Arzipo Osipovka (RUS) 75 Di 46
56640 Arzon (F) 66 Sh 43
15810 Arzúa (E) 80 Sb 48
Arzubiha (RUS) 33 Ea 30
3665 As (B) 54 Af 39
352 01 Aš (CZ) 55 Bc 40
Aša (RUS) 47 Fh 35
Aså = Asaa (DK) 28 Ba 33
Asaa = Aså (DK) 28 Ba 33
Aşağıasarcık (TR) 90 Dh 50
42620 Aşağıçiğil (TR) 96 Db 52
Aşağı Dalören (TR) 91 Ed 51
Aşağı İrmaklar (TR) 91 Ec 49
Aşağı Karacasu (TR) 91 Ec 50
Aşağı Katırlı (TR) 91 Ed 51
Aşağıköy (TR) 98 Di 52
Aşağı Oylum (TR) 98 Di 54
Aşağı Pınarbaşı (TR) 96 Dc 52
19400 Asarcık (TR) 89 De 50
19400 Asarcık (TR) 90 Dg 49
84031 Åsarna (S) 21 Be 28
Asbest (RUS) 47 Gb 33
Asbestovskij (RUS) 36 Gb 33
84046 Ascea (I) 85 Bf 50
63739* Aschaffenburg (D) 54 Ak 41
06449 Aschersleben (D) 55 Bb 39
20276 Asco (F) 83 Ak 48
63100 Ascoli Piceno (I) 84 Bd 48
Åse (N) 14 Bf 21
Aše (RUS) 75 Dk 47
36070 Åseda (S) 29 Bf 33
Asekeevo (RUS) 46 Fc 37
91060 Åsele (S) 21 Bh 26
Ašelsaj (RUS) 64 Fk 39
Åsen (S) 29 Bd 29
4230* Asenovgrad (BG) 87 Ce 48
4540 Åseral (N) 28 Ah 32
Aševo (RUS) 31 Ck 33
45500 Asfáka (GR) 86 Ca 51
3179 Åsgårdstrand (N) 28 Ba 31
DE6 Ashbourne (GB) 51 Si 37
LE65 Ashby-de-la-Zouch (GB) 51 Si 38
TN23 Ashford (GB) 53 Aa 39
Aşıkan (TR) 98 Dk 53
Asintorf (BY) 42 Da 36
Asipovičy (BY) 42 Ci 37
5307 Ask (N) 28 Af 30
99550 Aska (FIN) 15 Cg 23
Aşkale (TR) 91 Ea 51
Askanija-Nova (UA) 74 Dd 44
Askarovo (RUS) 47 Fi 37
Askeaton = Eas Geitine (IRL) 49 Sb 38
1383* Asker (N) 28 Ba 31
69601 Askersund (S) 29 Be 32
92195 Åskilje (S) 21 Bh 26
1807* Askim (N) 28 Bb 31
Askino (RUS) 47 Fg 34
Asköping (S) 29 Bg 31
57016 Askós (GR) 87 Cd 50
Askøy (N) 28 Af 30
Aşlama (TR) 97 Df 52
43210 Aslanapa (TR) 88 Ck 51
Ašlyk (RUS) 37 Gi 33
Ašlyk, Polino- (RUS) 37 Gk 33
Asman-Kasaeva (BY) 42 Ck 37
Asmjany (BY) 41 Cf 36
93190 Asmunti (FIN) 22 Cg 25
46041 Asola (I) 69 Ba 45
Asovo (RUS) 35 Fh 33
Aspa (RUS) 47 Fg 34
CA15 Aspatria (GB) 51 Sg 36
89597 Aspeå (S) 21 Bh 27
31160 Aspet (F) 82 Aa 47
Aspres-sur-Buëch (F) 68 Af 46
9400* Assen (NL) 38 Ag 37
9550 Assens (DK) 38 Ak 35
9550 Assens (DK) 39 Ba 34
06081 Assisi (I) 84 Bc 47
Ássos (GR) 94 Ca 52
Assy (RUS) 47 Fh 36
47220 Astaffort (F) 66 Aa 46
30006 Astakós (GR) 94 Cb 52
5720 Asten (NL) 54 Af 39
14100 Asti (I) 68 Ai 46
39610 Astillero,El (E) 66 Sg 47
85900 Astipálea (GR) 95 Cg 54
24700 Astorga (E) 80 Sd 48
26501 Åstorp (S) 39 Bc 34
Astradamovka (RUS) 45 Eh 36
Astrahan' (RUS) 77 Eh 44
Astrahanovka (RUS) 64 Ff 38
93061 Åsträsk (S) 22 Bk 26
Astravec (BY) 41 Cf 36
2722 Astromeritis (CY) 97 Dd 55
22001 Ástros (GR) 94 Cc 53
Astrovna (BY) 42 Ck 35
Astryna (BY) 41 Ce 37
Asveja (BY) 42 Ci 34
Atabaevo (RUS) 45 Ek 35
32670 Atabey (TR) 96 Da 53
35200 Atalánti (GR) 94 Cc 52
18230 Atarfe (E) 93 Sg 53
Atça (TR) 96 Ci 53
66041 Atessa (I) 85 Be 48
7800 Ath (B) 53 Ad 40
Áth Cinn (IRL) 49 Sa 37
10678* Athína (GR) 94 Cd 52
Athlone = Baile Átha Luain (IRL) 49 Sc 37
Áth na nUrlainn (IRL) 49 Sc 38
Athy = Baile Átha Í (IRL) 49 Sd 38
19270 Atienza (E) 81 Sh 49
Atig (RUS) 47 Fk 34
Atış Poligonu (TR) 97 Dd 53
Atjaševo (RUS) 45 Eg 36
Atjur'evo (RUS) 44 Ed 36
18310 Atkaracalar (TR) 89 Dd 50
Atlant (TR) 96 Dc 52
Atnary (RUS) 45 Eg 35
2580 Atnbrua (N) 20 Ba 29
Atnjaš (RUS) 47 Fh 35
31061 Åtran (S) 29 Bc 33
64032 Atri (I) 84 Bd 48
08130 Attigny (F) 53 Ae 41
59700 Åtvidaberg (S) 29 Bg 32
13400* Aubagne (F) 68 Af 47
07200 Aubenas (F) 67 Ae 46
18700 Aubigny-sur-Nère (F) 67 Ac 43
12110 Aubin (F) 67 Ac 46
23200 Aubusson (F) 67 Ac 45
3708 Auce (LV) 41 Cc 34
32000* Auch (F) 66 Aa 47
29770 Audierne (F) 52 Sf 42
25400 Audincourt (F) 68 Ag 43
88301 Audru (EST) 30 Ce 32
57319 Aue (D) 55 Bc 40
39040 Auer = Ora (I) 69 Bb 44
08209 Auerbach (Vogtland) (D) 55 Bc 40
91275 Auerbach in der Oberpfalz (D) 55 Bb 41
Aughrim = Eachroim (IRL) 49 Sd 38
86150* Augsburg (D) 55 Ba 42
96011 Augusta (I) 84 Bf 53
16-300* Augustów (PL) 41 Cc 37
21034 Aukštadvaris (LT) 41 Ce 36
Auktsjaure (S) 22 Bk 25
84031 Auletta (I) 85 Bf 50
17470 Aulnay (F) 66 Sk 44
80460 Ault (F) 53 Ab 40
76390 Aumale (F) 53 Ab 41
48130 Aumont-Aubrac (F) 67 Ad 46
14260 Aunay-sur-Odon (F) 52 Sk 41
28700 Auneau (F) 53 Ab 42
8963 Auning (DK) 39 Ba 34
21381 Aura (FIN) 30 Cc 30
56400* Auray (F) 66 Sh 43
2910 Aurdal (N) 28 Ak 30
6690 Aure (N) 20 Ai 27
26603* Aurich (Ostfriesland) (D) 38 Ah 37
31420 Aurignac (F) 82 Aa 47
15000 Aurillac (F) 67 Ac 46
5743 Aurlandsvangen (N) 28 Ah 30
2000 Aursmoen (N) 28 Bb 31
33058 Ausa-Corno (I) 69 Bd 45
2224 Austmarka (N) 29 Bc 30
6293 Austnes (N) 20 Ag 28
5943 Austrheim (N) 28 Ae 30
71400* Autun (F) 67 Ae 44
89000* Auxerre (F) 67 Ad 43
62390 Auxi-le-Château (F) 53 Ac 40
10130 Auxon (F) 53 Ad 42
21130 Auxonne (F) 68 Af 43
23700 Auzances (F) 67 Ac 44
4262 Avaldsnes (N) 28 Af 31
89200* Avallon (F) 67 Ad 43
93010 Avan (S) 22 Cb 25
50500 Avanos (TR) 97 De 52
91701 Avaträsk (S) 21 Bg 26
Avaviken (S) 21 Bi 25
Avcılar (TR) 97 Df 53
Avdiivka (UA) 59 Dc 39
3800-002* Aveiro (P) 80 Sb 50
83100 Avellino (I) 85 Be 50
81031 Aversa (I) 85 Be 50
59440 Avesnes-sur-Helpe (F) 53 Ad 40
77401* Avesta (S) 29 Bg 30
67051 Avezzano (I) 84 Bd 48
64910 Avgan (TR) 96 Ck 52
Avgustovka (RUS) 63 Fa 38
PH22 Aviemore (GB) 50 Sg 33
85021 Avigliano (I) 85 Bf 50
84000* Avignon (F) 67 Ae 47
Ávila de los Caballeros (E) 81 Sf 50
33400 Avilés (E) 80 Se 47
42101 Avinurme (EST) 30 Cg 32
Avio (I) 69 Ba 45
7480-101* Avis (P) 80 Sc 51
Avliotes (GR) 86 Bk 51
Avlum (DK) 38 Ai 34
Avneporog (RUS) 23 Dd 25
Avnjugskij (RUS) 34 Ef 29
96012 Avola (I) 84 Bf 54
Avradsberg (S) 29 Bd 30
50300* Avranches (F) 52 Si 42
9135 Avren (BG) 87 Cf 49
555200 Avrig (RO) 72 Ce 45
Avtovac (BIH) 85 Bi 47
99801 Avvil = Ivalo (FIN) 15 Ch 22
61400 Axioúpoli (GR) 86 Cc 50
09110 Ax-les-Thermes (F) 82 Ab 48
Axmar bruk (S) 29 Bh 29
63700 Ayaklı (TR) 98 Dk 53
21400 Ayamonte (E) 92 Sc 53
33730 Ayas (TR) 89 Dc 50
06710 Ayaş (TR) 89 Dc 50
06840 Ayaş İçmecesi (TR) 89 Dc 50
52500 Aybastı (TR) 90 Dh 50
53400 Ayder Kablıca (TR) 91 Eb 50
Aydın (TR) 95 Ch 53
05040 Aydınca (TR) 90 Dg 50
33840 Aydıncık (TR) 89 Df 50
33840 Aydıncık (TR) 97 Dd 54
42280 Aydınkent (TR) 96 Db 53
Aydınlar (TR) 89 Dd 51
Aydınlar (TR) 98 Di 52
Aydınlar (TR) 99 Ec 53
69500 Aydıntepe (TR) 91 Ea 50
22800 Ayerbe (E) 82 Sk 48
HP19 Aylesbury (GB) 52 Sk 39
40520 Ayllón (E) 81 Sg 49
NR11 Aylsham (GB) 51 Ab 38
KA7 Ayr (GB) 51 Sf 35
Ayrancı (TR) 97 Dd 53
Ayrıtepe (TR) 96 Db 52
55550 Ayvacık (TR) 87 Cg 51
55550 Ayvacık (TR) 90 Dg 50
60700 Ayvalı (TR) 91 Eb 50
Ayvalık (TR) 87 Cg 51
32960 Ayvalıpınar (TR) 96 Db 53
44590 Azaila (E) 82 Sk 49
Azanka (RUS) 37 Ge 32
Azapol'e (RUS) 25 Ef 25
7005-100* Azaruja (P) 92 Sc 52
Azaryčy (BY) 58 Ck 38
37190 Azay-le-Rideau (F) 66 Aa 43
Azëry (BY) 41 Ce 37
Azigulovo (RUS) 47 Fi 34
Azinozero (RUS) 25 Eb 28
Aznaevo (RUS) 46 Fe 37
Aznakaevo (RUS) 46 Fd 36
Azov (RUS) 75 Dk 43
20730 Azpeitia (E) 66 Sh 47
06920 Azuaga (E) 92 Se 52

B

27371 Baamonde (E) 80 Sc 47
2387 Baarle-Nassau (B) 53 Ae 39
825100 Babadag (RO) 73 Ci 46
20480 Babadağ (TR) 96 Ci 53
39200 Babaeski (TR) 88 Ch 49
Babaevo (RUS) 32 Df 31
31000 Babatorun (TR) 97 Dg 54
87727 Babenhausen (D) 55 Ba 42
457020 Băbeni (RO) 72 Ce 46
11-710 Babięta (PL) 40 Cb 37
37330 Babilafuente (E) 80 Se 50
Babinavičy (BY) 42 Da 36
Babincevo (RUS) 46 Fc 37
Babrujsk (BY) 42 Ck 37
54059 Babtai (LT) 41 Cd 35
18330 Babušnica (SRB) 71 Cc 47
Babynino (RUS) 43 Df 34
Babynino (RUS) 43 Df 36
HS2 Bac (GB) 50 Sd 32
21420 Bač (SRB) 71 Bk 45
000600* Bacău (RO) 72 Cg 44
54120 Baccarat (F) 54 Ag 42
Bačėjkava (BY) 42 Ck 35
Bačelino (RUS) 33 Gh 33
737050 Băceşti (RO) 73 Ch 44
Bachčysaraj (KRIM) 74 Dd 46
Bachmač (UA) 59 Dc 39
Bachmut (UA) 60 Di 42
KW17 Backaland (GB) 50 Sh 31
21400* Bačka Palanka (SRB) 71 Bk 45
24300* Bačka Topola (SRB) 71 Bk 45
88050 Backe (S) 21 Bg 27
66840 Bäckefors (S) 29 Bc 32
Bäckhammar (S) 29 Be 31
Backino (RUS) 43 Dd 37
71522 Backnang (D) 54 Ak 42
6430 Bácsalmás (H) 71 Bk 44
83043 Bad Aibling (D) 69 Bc 43
06001* Badajoz (E) 92 Sd 52
08910* Badalona (E) 82 Ac 49
8990* Bad Aussee (A) 69 Bd 43
27624 Bad Bederkesa (D) 38 Ai 37
48455 Bad Bentheim (D) 54 Ah 38
76887 Bad Bergzabern (D) 54 Ah 41
99438 Bad Berka (D) 55 Bb 40
57319 Bad Berleburg (D) 54 Ai 39
29549 Bad Bevensen (D) 39 Ba 37
07422 Bad Blankenburg (D) 55 Bb 39
24576 Bad Bramstedt (D) 38 Ak 37
18209 Bad Doberan (D) 39 Bb 36
04849 Bad Düben (D) 55 Bc 39
06231 Bad Dürrenberg (D) 55 Bc 39
Bademli (TR) 87 Cf 50
Bademli (TR) 95 Ci 52
56130 Bad Ems (D) 54 Ah 40
2500* Baden (A) 70 Bg 43
5400* Baden (CH) 68 Ai 43
76530* Baden-Baden (D) 54 Ai 42
29683 Bad Fallingbostel (D) 38 Ak 38
06567 Bad Frankenhausen (Kyffhäuser) (D) 55 Bb 39
16259 Bad Freienwalde (Oder) (D) 39 Be 38
74177 Bad Friedrichshall (D) 54 Ak 41
5640* Bad Gastein (A) 69 Bd 43
94086 Bad Griesbach im Rottal (D) 55 Bd 42
38667 Bad Harzburg (D) 55 Ba 39
36251 Bad Hersfeld (D) 54 Ak 40
5630* Bad Hofgastein (A) 69 Bd 43
61348* Bad Homburg vor der Höhe (D) 54 Ai 40
53604 Bad Honnef (D) 54 Ah 40
4820* Bad Ischl (A) 69 Bd 43
97688 Bad Kissingen (D) 55 Ba 40
23996 Bad Kleinen (D) 39 Bb 37
97631 Bad Königshofen im Grabfeld (D) 55 Ba 40
06628 Bad Kösen (D) 55 Bb 39
93444 Bad Kötzting (D) 55 Bc 41
55543* Bad Kreuznach (D) 54 Ah 41
57334 Bad Laasphe (D) 54 Ai 40
37431 Bad Lauterberg im Harz (D) 55 Ba 39
04924 Bad Liebenwerda (D) 55 Bd 39
07356 Bad Lobenstein (D) 55 Bb 40
32805 Bad Meinberg, Horn- (D) 54 Ai 39
97980 Bad Mergentheim (D) 54 Ak 41
53474 Bad Neuenahr-Ahrweiler (D) 54 Ah 40
97616 Bad Neustadt an der Saale (D) 55 Ba 40
32545* Bad Oeynhausen (D) 54 Ai 38
23843 Bad Oldesloe (D) 39 Ba 37
63619 Bad Orb (D) 54 Ak 40
31812 Bad Pyrmont (D) 54 Ak 39
8490 Bad Radkersburg (A) 70 Bf 44
83435 Bad Reichenhall (D) 69 Bc 43
49214 Bad Rothenfelde (D) 54 Ai 38
31162 Bad Salzdetfurth (D) 55 Ba 38
32105* Bad Salzuflen (D) 54 Ai 38
36433 Bad Salzungen (D) 55 Ba 40
9462 Bad Sankt Leonhard im Lavanttal (A) 70 Be 44
01814 Bad Schandau (D) 55 Be 40
06905 Bad Schmiedeberg (D) 55 Bc 39
88427 Bad Schussenried (D) 54 Ak 42
23611 Bad Schwartau (D) 39 Ba 37
23795 Bad Segeberg (D) 39 Ba 37
55566 Bad Sobernheim (D) 54 Ah 41
18334 Bad Sülze (D) 39 Bc 36
83646 Bad Tölz (D) 69 Bb 43
88339 Bad Waldsee (D) 69 Ak 43
34537 Bad Wildungen (D) 54 Ak 39
19336 Bad Wilsnack (D) 39 Bb 38
26160 Bad Zwischenahn (D) 38 Ai 37
LL29 Bae Colwyn = Colwyn Bay (GB) 51 Sg 37
14850 Baena (E) 93 Sf 53
23440 Baeza (E) 93 Sg 53
Baga-Burul (RUS) 76 Ee 45
Bagaevskij = stanica
Bagaevskaja (RUS) 76 Ea 43
35690 Bağarası (TR) 95 Ch 53
Bagarjak (RUS) 47 Gb 34
Bagarjak, Ust'- (RUS) 47 Gb 34
Bağbaşı (TR) 96 Dc 53
Bağdaşan (TR) 91 Ec 49
21560 Bağdere (TR) 99 Ea 52
5935 Bagenkop (DK) 39 Ba 36
Bağgöze (TR) 99 Eb 53
30100 Bağışlı (TR) 99 Ee 53
32410 Bağkonak (TR) 96 Db 52
Bağlama (TR) 97 De 52
73600 Bağlıca (TR) 99 Eb 53
73600 Bağlıca (TR) 99 Ec 53
06840 Bağlıum (TR) 89 Dc 50
2930 Bagn (N) 28 Ak 30
65200* Bagnères-de-Bigorre (F) 82 Aa 47
47021 Bagno di Romagna (I) 69 Bb 47
30200 Bagnols-sur-Cèze (F) 67 Ae 46
Bağpınar (TR) 98 Di 53

Bagrationovsk (RUS) 40 Ca 36
35204 Bagrdan (SRB) 71 Cb 46
Bahatyr (UA) 75 Dg 43
Bahçe (TR) 98 Dg 53
Bahçecik (TR) 88 Ck 50
Bahçecik (TR) 97 Df 52
Bahçeli (TR) 98 Di 53
65710 Bahçesaray (TR) 99 Ec 52
Bahmutovo (RUS) 43 De 34
547055 Bahnea (RO) 72 Ce 44
317381 Baia (RO) 73 Ci 46
225100 Baia de Aramă (RO) 71 Cc 46
000430* Baia Mare (RO) 72 Cd 43
435100 Baia Sprie (RO) 72 Cd 43
105200 Băicoi (RO) 72 Cf 45
117065 Băiculeşti (RO) 72 Ce 45
Baile an Bhuinneánaight (IRL) 49 Sa 38
Baile an Chaisil (IRL) 49 Sa 36
BT54 Baile an Chaistil = Ballycastle (GB) 49 Sd 35
Baile an Ghearlánaigh (IRL) 49 Sd 37
Báile an Róba (IRL) 49 Sa 37
Baile Átha Cliath = Dublin (IRL) 49 Sd 37
Baile Átha Fhirdhia = Ardee (IRL) 49 Sd 37
Baile Átha Í (IRL) 49 Sd 38
Baile Átha Liagh (IRL) 49 Sc 37
Baile Átha Luain = Athlone (IRL) 49 Sc 37
Baile Átha Troim = Trim (IRL) 49 Sd 37
Baile Brigín = Balbriggan (IRL) 49 Sd 37
Baile Chaisleáin Bhéarra = Castletown Bearhaven (IRL) 49 Rl 39
Baile Chathail = Charlestown (IRL) 49 Sb 37
Baile Easa Dara = Ballycadare (IRL) 49 Sb 36
325200 Baile Herculane (RO) 71 Cc 46
Baile Locha Riach = Loughrea (IRL) 49 Sb 37
Baile Mhic Andáin (IRL) 49 Sc 38
Baile Mhistéala = Mitchelstown (IRL) 49 Sb 38
23710 Bailén (E) 93 Sg 52
Baile na gCros (IRL) 49 Sc 37
Baile na nGallóglach (IRL) 49 Sc 35
205100 Băileşti (RO) 72 Cd 46
Baile uí Mhatháin (IRL) 49 Sc 37
59270 Bailleul (F) 53 Ac 40
7313 Baimaclia (MD) 73 Ci 44
35470 Bain-de-Bretagne (F) 66 Si 43
Baingear (IRL) 49 Sa 36
Baio Grande (E) 80 Sb 47
36300 Baiona (E) 80 Sb 48
53160 Bais (F) 52 Sk 42
82025 Baisogala (LT) 41 Cd 35
6500* Baja (H) 71 Bi 44
9944 Bajánsenye (H) 70 Bg 44
Bajgazino (RUS) 47 Fh 37
31250 Bajina Bašta (SRB) 71 Bk 47
Bajkalovo (RUS) 37 Gh 33
Bajki (RUS) 47 Fg 35
Bajmak (RUS) 64 Fi 38
Bajmok (SRB) 71 Bk 45
81 432 Bajovo Polje (MNE) 86 Bi 47
Bajram Curri (AL) 86 Ca 48
Bajramgulovo (RUS) 47 Ga 35
Bajsa (RUS) 45 Ek 33
Bajsakalovo (RUS) 47 Fk 36
Bakacak (TR) 88 Ch 50
Bakal (RUS) 47 Fi 36
Bakalka (RUS) 64 Ff 39
Bakaly (RUS) 46 Fd 35
Bakeevo (RUS) 47 Fh 37
Bakırdağı (TR) 97 Df 52
Bakirköy (TR) 88 Ci 49
685 Bakkafjörður (IS) 48 Rf 24
Bakkejord (N) 14 Bi 21
Bakko (N) 28 Ai 31
20770* Baklan (TR) 96 Ck 52
Baklanka (RUS) 33 Ea 32
8427 Bakonybél (H) 70 Bh 43
Bakres (RUS) 77 Ef 46
Baksan (RUS) 76 Ed 47
4561 Baktalórántháza (H) 57 Cc 43
Bakury (RUS) 61 Ee 38
LL23 Bala (GB) 51 Sg 38
06720 Balâ (TR) 89 Dd 51
61450 Balaban (TR) 98 Dh 52
807010 Bălăbăneşti (RO) 73 Ch 44
Balabanovo (RUS) 43 Dg 35
Bala-Četyrman (RUS) 46 Ff 37
Balachivka (UA) 59 Dd 42
147005 Balaci (RO) 72 Ce 46
227040 Bălăciţa (RO) 72 Cd 46
927040 Balaciu (RO) 72 Cg 46
25600 Balaguer (E) 82 Aa 49
Balahna (RUS) 44 Ed 34
Balaklija (UA) 60 Dg 41
Balakovo (RUS) 62 Eh 38
HS2 Balallan (GB) 50 Sd 32
Balandino (RUS) 46 Fc 37
Balašiha (RUS) 43 Dh 35
Balašov (RUS) 61 Ed 39
Balassagyarmat (H) 56 Bk 42
Balatonboglár (H) 70 Bh 44
Balatonföldvár (H) 70 Bh 44
Balatonfüred (H) 70 Bh 44
8175 Balatonfűzfő (H) 71 Bi 43
8710 Balatonszentgyörgy (H) 70 Bh 44
547100 Bălăuşeri (RO) 72 Ce 44
02320 Balazote (E) 81 Sh 52
Balbriggan = Baile Brigín (IRL) 49 Sd 37
245400 Bălceşti (RO) 72 Cd 46
18320 Balcı (TR) 97 De 52
9600 Balčik (BG) 73 Ci 47
06890 Balcılar (TR) 87 Cg 50
06890 Balcılar (TR) 89 Dc 50
06890 Balcılar (TR) 96 Dc 54
2125 Baldone (LV) 41 Ce 34
4000* Bâle = Basel (CH) 68 Ah 43
6899 Balestrand (N) 28 Ag 29
Balezino (RUS) 35 Fd 33
KW17 Balfour (GB) 50 Sh 31
8110 Bălgarovo (BG) 88 Ch 48
Bălgarska Poljana (BG) 87 Cg 48
Balí (GR) 94 Ce 55
Balıbey (TR) 98 Di 52
10000* Balıkesir (TR) 88 Ch 51
17270 Balıklıçeşme (TR) 88 Ch 50
72336 Balingen (D) 54 Ai 42
307005 Balinţ (RO) 71 Cb 45
71520 Balışeyh (TR) 89 Dd 51
Ballaban (AL) 86 Ca 50
8540 Ballangen (N) 14 Bg 22
KA26 Ballantrae (GB) 51 Se 35
09040 Ballao (I) 83 Ak 51
370 Ballará (IS) 48 Qh 25
Ballasviken (S) 14 Bg 24
AB35 Ballater (GB) 50 Sg 33
14490 Balleroy (F) 52 Sk 41
59800 Ballı (TR) 88 Ch 50
73600 Ballıca (TR) 90 Di 50
Ballık (TR) 96 Ck 54
73600 Ballıkaya (TR) 98 Di 52
Ballina = Béal an Atha (IRL) 49 Sa 36
Ballinasloe = Béal Átha na Sluaighe (IRL) 49 Sb 37
Ballinrobe = Báile an Róba (IRL) 49 Sa 37
Ballsh (AL) 86 Bk 50
8373 Ballstad (N) 14 Bd 22
Ballum (DK) 38 Ai 35
Ballybofey = Bealach Feich (IRL) 49 Sc 36
Ballybunnion = Baile an Bhuinneáight (IRL) 49 Sa 38
Ballycadare (IRL) 49 Sb 36
BT54 Ballycastle (GB) 49 Sd 35
Ballycastle = Baile an Chaisil (IRL) 49 Sa 36
BT70 Ballygawley (GB) 49 Sc 36
Ballyhaunis = Béal Átha hAmhnais (IRL) 49 Sb 37
Ballymahon = Baile uí Mhathaín (IRL) 49 Sc 37
BT42 Ballymena (GB) 49 Sd 36
BT53 Ballymoney (GB) 49 Sd 35
BT24 Ballynahinch (GB) 49 Se 36
Ballyshannon = Béal Átha Seanaidh (IRL) 49 Sb 36
48800 Balmaseda (E) 66 Sg 47
4060 Balmazújváros (H) 71 Cb 43
97240 Bálojávri = Palojärvi (FIN) 15 Cd 22
Balpayam (TR) 91 Ea 51
235100 Balş (RO) 72 Ce 46
Bal'šavik (BY) 59 Da 38
227030 Balta (RO) 71 Cc 46
Balta (UA) 73 Ck 43
Baltaj (RUS) 62 Eg 38
Baltalin (TR) 89 Dc 51
34240 Baltanás (E) 81 Sf 49
Baltasi (RUS) 46 Fa 34
3100 Bălţi (MD) 73 Ch 43
Baltijsk (RUS) 40 Bk 36
Baltimore = Dún na Séad (IRL) 49 Sa 39
4594 Baltinava (LV) 42 Ch 34
4501 Balvi (LV) 31 Ch 33
10840 Balya (TR) 88 Ch 51
Balynagall (IRL) 49 Rk 38
96047* Bamberg (D) 55 Ba 41
NE69 Bamburgh (GB) 51 Si 35
24746 Baña, La (E) 80 Sd 48
59010 Banarlı (TR) 88 Ch 49
64500 Banaz (TR) 96 Ck 52
BT32 Banbridge (GB) 49 Sd 36
OX16 Banbury (GB) 52 Si 38
AB31 Banchory (GB) 50 Sh 33
32840 Bande (E) 80 Sc 48
4941 Bandholm (DK) 39 Bb 36
10200* Bandırma (TR) 88 Ch 50
83150 Bandol (F) 68 Af 47
Bandon = Droichead na Bandan (IRL) 49 Sb 39
087010 Băneasa (RO) 72 Cg 46
087010 Băneasa (RO) 73 Ch 46
24750 Bañeza, La (E) 80 Se 48
AB45 Banff (GB) 50 Sh 33
BT3 Bangor (GB) 49 Se 36
BT3 Bangor (GB) 51 Sf 37
Bangor = Baingear (IRL) 49 Sa 36
7822 Bangsund (N) 20 Bb 26
74-100 Banie (PL) 39 Be 37
19-520 Banie Mazurskie (PL) 41 Cc 36
8239 Banja (BG) 87 Ce 48
8239 Banja (BG) 88 Ch 48
Banjajag (RUS) 34 Ek 30
15316 Banja Koviljača (SRB) 71 Bk 46
78000* Banja Luka (BIH) 70 Bh 46
14214 Banjani (SRB) 71 Bk 46
Banjska (RKS) 86 Ca 48
56420 Bankeryd (S) 29 Be 33
29380 Bannalec (F) 66 Sg 43
04150 Banon (F) 68 Af 46
Banovići (BIH) 71 Bi 46
17429 Bansin (D) 39 Be 37
947 01 Banská Bystrica (SK) 56 Bk 42
969 01 Banská Štiavnica (SK) 56 Bi 42
2770 Bansko (BG) 87 Cd 49
Banteer (IRL) 49 Sb 38
Bantry = Beanntraí (IRL) 49 Sa 39
07191 Banyalbufar (E) 82 Ac 51
17820 Banyoles (E) 82 Ac 48
62450* Bapaume (F) 53 Ac 40
85 000 Bar (MNE) 86 Bk 48
Bar (UA) 58 Ch 41
16460 Barajas de Melo (E) 81 Sh 50
11460 Barajevo (SRB) 71 Ca 46
Barak (TR) 98 Dh 54
Barakaldo (E) 66 Sh 47
Baraklı (TR) 96 Ck 52
Baranavičy (BY) 41 Cg 37
Barančinskij (RUS) 36 Fk 32
Baranivka (UA) 58 Ch 40
Baranoviči = Baranavičy (BY) 41 Cg 37
Baranovka (RUS) 34 Fb 31
Baranovka (RUS) 62 Eg 41
Baranykivka (UA) 60 Dk 41
525100 Baraolt (RO) 72 Cf 44
Baraševo (RUS) 44 Ec 36
Baraški (RUS) 26 Fc 25
Barban (HR) 69 Bd 45
Barbantes (E) 80 Sb 48
59020 Barbaros (TR) 88 Ch 50
22300 Barbastro (E) 82 Aa 48
Barbate de Franco (E) 92 Se 54
3905 Bărbele (LV) 41 Ce 34
16300 Barbezieux-Saint-Hilaire (F) 66 Sk 45
207331 Bârca (RO) 72 Cd 47
6440-071 Barca de Alva (P) 80 Sd 49
06160 Barcarrota (E) 92 Sd 52
08001* Barcelona (E) 82 Ac 49
04400 Barcelonnette (F) 68 Ag 46
4750-100* Barcelos (P) 80 Sb 49
Bárcena de Pie de Concha (E) 66 Sf 47
11-410 Barciany (PL) 40 Cb 36
88-190 Barcin (PL) 40 Bh 38
88-190 Barcino (PL) 40 Bg 36
05600 Barco de Ávila, El (E) 80 Se 50
7570 Barcs (H) 70 Bh 45
11-010 Barczewo (PL) 40 Ca 37
Barda (RUS) 46 Ff 34
25500 Bardakçı (TR) 88 Da 51
085 01 Bardejov (SK) 57 Cb 41
10052 Bardonecchia (I) 68 Ag 45
76360 Barentin (F) 53 Aa 41
9178 Barentsburg (N) 14 I Svalbard
55051 Barga (I) 69 Ba 46
Bârgăului, Mureşenii (RO) 72 Ce 43
CF82 Bargoed (GB) 52 Sg 39
70100* Bari (I) 85 Bg 49
Barić-Draga (HR) 70 Bf 46
67021 Barisciano (I) 84 Bd 48
48000 Barjac (F) 67 Ae 46
Barjatino (RUS) 43 De 36
83670 Barjols (F) 68 Ag 47
2560 Barkald (N) 20 Ba 29
4834 Barkava (LV) 41 Cg 34
32530 Barla (TR) 96 Da 52
000731* Bârlad (RO) 73 Ch 44
55000* Bar-le-Duc (F) 54 Af 42
70051 Barletta (I) 85 Bg 49
74-320 Barlinek (PL) 39 Bf 38
LL42 Barmouth (GB) 51 Sf 38
DL12 Barnard Castle (GB) 51 Si 36
3770* Barneveld (NL) 54 Af 38
50270 Barneville-Carteret (F) 52 Si 41
S70 Barnsley (GB) 51 Si 37
EX31 Barnstaple (GB) 52 Sf 39
67140 Barr (F) 54 Ah 42
12420 Barracas (E) 82 Sk 50
94012 Barrafranca (I) 84 Be 53
7875-051 Barrancos (P) 92 Sd 52
30412 Barranda (E) 93 Si 52
2830-445 Barreiro (P) 92 Sa 52
04330 Barrême (F) 68 Ag 47
CF62 Barri = Barry (GB) 52 Sg 39
LA14 Barrow-in-Furness (GB) 51 Sg 36
CF62 Barry (GB) 52 Sg 39
Barsaniha (RUS) 32 Df 32
30890 Barsinghausen (D) 54 Ak 38
10200 Bar-sur-Aube (F) 53 Ae 42
10110 Bar-sur-Seine (F) 53 Ae 42
3482 Bārta (LV) 40 Cb 34
18356 Barth (D) 39 Bc 36
DN18 Barton-upon-Humber (GB) 51 Sk 37
11-200 Bartoszyce (PL) 40 Ca 36
Bartym (RUS) 47 Fg 34
09021 Barumini (I) 83 Ak 51
Barun (RUS) 77 Ef 43
15837 Baruth (D) 55 Bd 38
HS2 Barvas (GB) 50 Sd 32
76450 Barville, Cany- (F) 53 Aa 41
Barvinkove (UA) 60 Dg 42
78-460 Barwice (PL) 40 Bg 37
Barybino (RUS) 43 Dh 35
Baryš (RUS) 45 Eh 37
Barysav (BY) 42 Ci 36
Baryšivka (UA) 59 Db 40
23316 Bašaid (SRB) 71 Ca 45
905100 Basarabi (RO) 73 Ci 46
25530 Başbağlar (TR) 91 Eb 50
4000* Basel (CH) 68 Ah 43
Başgedikler (TR) 91 Ed 50
Başharman (TR) 97 Dd 53
SS16 Basildon (GB) 53 Aa 39
Başin (TR) 97 Dd 53
RG23 Basingstoke (GB) 52 Si 39
Bas'janovskij (RUS) 36 Ga 32
Baška (HR) 70 Be 46
25530 Başkale (TR) 99 Ee 52
23800 Baskil (TR) 98 Di 52
Başköy (TR) 90 Dk 51
Başköy (TR) 91 Ea 50
Başköy (TR) 91 Ea 51
Başköy (TR) 99 Ec 53
42820 Başkuyu (TR) 96 Dc 52
Başlar (TR) 96 Db 53
Başmakçı (TR) 96 Da 53
Basmakovo (RUS) 44 Ed 37
Başpınar (TR) 90 Di 51
Başpınar (TR) 96 Da 53
36061 Bassano del Grappa (I) 69 Bb 45
Bassella (E) 82 Ab 48
Bassevuovdde (N) 15 Cf 22
32320 Bassoues (F) 66 Aa 47
27211 Bassum (D) 38 Ai 38
26901 Båstad (S) 39 Bc 34
Baštanka (UA) 74 Dc 43
20119 Bastelica (F) 83 Ak 48
6600 Bastenaken = Bastogne (B) 54 Af 40
20200 Bastia (F) 83 Ak 48
48250 Bastide-Puylaurent, la (F) 67 Ad 46
6600 Bastogne (B) 54 Af 40
93061 Bastuträsk (S) 22 Ca 26
Bastyn' (BY) 58 Cg 38
23610 Başyurt (TR) 98 Dk 52
Batajnica (SRB) 71 Ca 46
Batajsk (RUS) 75 Dk 43
5228 Batak (BG) 87 Ce 49
7140 Bátaszék (H) 71 Bi 44
Bateckij (RUS) 31 Da 32
BA1 Bath (GB) 52 Sh 39
72000* Batman (TR) 99 Eb 53
34220 Batočina (SRB) 71 Cb 46
9990 Båtsfjord (N) 15 Ck 20
Båtsjaur (S) 21 Bh 24
Battalgazi = Eskimalatya (TR) 98 Di 52
Battipaglia (I) 85 Be 50
5830 Battonya (H) 71 Cb 44
Baturino (RUS) 42 Dc 35
Baturyn (UA) 59 Dc 39
Batyrevo (RUS) 45 Eh 35
56150 Baud (F) 66 Sg 43
49150 Baugé (F) 66 Sk 43
71110 Baugy (F) 67 Ac 43
Baule-Escoublac, la (F) 66 Sh 43
25110* Baume-les-Dames (F) 68 Ag 43
08040 Baunei (I) 83 Ak 50
3901 Bauska (LV) 41 Ce 34
02625 Bautzen (D) 55 Be 39
Bavly (RUS) 46 Fd 36
57600 Bayat (TR) 88 Da 51
57600 Bayat (TR) 89 De 50
57600 Bayat (TR) 96 Ck 52
69000 Bayburt (TR) 91 Ea 50
14400* Bayeux (F) 52 Sk 41
16860 Bayındır (TR) 95 Ch 52
Bayırköy (TR) 96 Ci 54
56460 Baykan (TR) 99 Eb 52
17700 Bayramiç (TR) 87 Cg 51
18320 Bayramören (TR) 89 Dd 50
95444* Bayreuth (D) 55 Bb 41
83735 Bayrischzell (D) 69 Bc 43
Baz (AL) 86 Bk 49
18800 Baza (E) 93 Sh 53
Bazalija (UA) 58 Cg 41
Bazalijvka (UA) 60 Dg 41
Bazančatovo (RUS) 47 Fg 34
Bazarnaja Ken'ša (RUS) 45 Eg 37
Bazarnye Mataki (RUS) 45 Ek 36
Bazarnyi Karabulak (RUS) 62 Eg 38
Bazarnyj Syzgan (RUS) 45 Eg 37
Bazarskij (RUS) 47 Fk 37
33430 Bazas (F) 66 Sk 46
Baženiha (RUS) 46 Fb 35
Baženovo (RUS) 46 Ff 35
327366 Baziaş (RO) 71 Cb 46
HP10 Beaconsfield (GB) 52 Sk 39
Béal an Atha = Ballina (IRL) 49 Sa 36
Béal an Mhuirthead = Belmullet (IRL) 49 Rl 36
Béal Átha hAmhnais (IRL) 49 Sb 37
Béal Átha na Sluaighe = Ballinasloe (IRL) 49 Sb 37
Béal Átha Seanaidh = Ballyshannon (IRL) 49 Sb 36
Béal Easa (IRL) 49 Sa 37
Beal Tairbirt (IRL) 49 Sc 36
Beanntraí = Bantry (IRL) 49 Sa 39
20200 Beasain (E) 81 Sh 47
23280 Beas de Segura (E) 93 Sh 52
30300 Beaucaire (F) 67 Ae 47
45190 Beaugency (F) 67 Ab 43
69430 Beaujeu (F) 67 Ae 44
IV4 Beauly (GB) 50 Sf 33
LL58 Beaumaris (GB) 51 Sf 37
6500 Beaumont (B) 53 Ae 40
24440 Beaumont (F) 52 Si 41
24440 Beaumont (F) 66 Aa 46
82500 Beaumont-de-Lomagne (F) 66 Aa 47
95260 Beaumont-sur-Oise (F) 53 Ac 41
72170 Beaumont-sur-Sarthe (F) 53 Aa 42
21200* Beaune (F) 67 Ae 43
49600 Beaupréau (F) 66 Sk 43
85500 Beaurepaire (F) 68 Af 45
60000* Beauvais (F) 53 Ac 41
85230 Beauvoir-sur-Mer (F) 66 Sh 44
36179 Bebra (D) 54 Ak 40
5439 Bebrene (LV) 41 Cg 34
NR34 Beccles (GB) 53 Ab 38
05610 Becedas (E) 80 Se 50
21220* Bečej (SRB) 71 Ca 45
27640 Becerreá (E) 80 Sc 48
Bečevinka (RUS) 32 Dh 31
207060 Bechet (RO) 72 Cd 47
47670 Becilla de Valderaduey (E) 80 Se 48
59269 Beckum (D) 54 Ai 39
507010 Beclean (RO) 72 Ce 43
49370 Bécon-les-Granits (F) 66 Sk 43
DL8 Bedale (GB) 51 Si 36
34600 Bédarieux (F) 67 Ad 47
Bedeeva-Poljana (RUS) 47 Fg 35
27624 Bederkesa, Bad (D) 38 Ai 37
MK41 Bedford (GB) 52 Sk 38
58180 Bedirli (TR) 90 Dg 51
Bednodem'janovsk (RUS) 44 Ed 37
9780 Bedum (NL) 38 Ag 37
6190 Beek (NL) 54 Af 40
15848 Beeskow (D) 55 Be 38
22140 Bégard (F) 52 Sg 42
Beğendik (TR) 99 Ec 53
Begičevskij (RUS) 43 Di 37
2930 Begndal (N) 28 Ak 30
27373 Begonte (E) 80 Sc 47
Beguč (RUS) 62 Eg 38
Begunicy (RUS) 31 Ck 31
17860 Behramkale (TR) 87 Cg 51
9410* Beilen (NL) 38 Ag 38
8522 Beisfjord (N) 14 Bh 22
415200 Beiuş (RO) 71 Cc 44
7800-001* Beja (P) 92 Sc 52
37700 Béjar (E) 80 Se 50
Bejarn (N) 14 Be 23
Bekçiler (TR) 96 Ck 54
5630 Békés (H) 71 Cb 44
5600 Békéscsaba (H) 71 Cb 44
Bekeševo (RUS) 64 Fi 38
20930* Bekilli (TR) 96 Ck 52
72410 Bekirhan (TR) 99 Eb 52
Beklemiševo (RUS) 45 Eh 37
Bekovo (RUS) 61 Ed 38
66410 Bektaşlı (TR) 98 Dg 54
Belaazërsk (BY) 58 Cf 38
26340 Bela Crkva (SRB) 71 Cb 46
Belaja Berëzka (RUS) 59 Dd 38
Belaja Cerkov' = Bila Cerkva (UA) 59 Da 41
Belaja Glina (RUS) 76 Ea 44
Belaja Holunica (RUS) 34 Fa 33
Belaja Kalitva (RUS) 61 Ea 42
Belaja Rečka (RUS) 76 Ed 47
14280 Belalcázar (E) 92 Se 52

Belanovica (SRB) 71 Ca 46
18310 Bela Palanka (SRB) 71 Cc 47
Belasovka (RUS) 45 Ee 34
3100 Bèl'c' = Bălţi (MD) 73 Ch 43
Belceğiz (TR) 96 Db 52
97-400 Bełchatów (PL) 56 Bk 39
50130 Belchite (E) 82 Sk 49
58540 Belcik (TR) 90 Dg 51
Belcoo (IRL) 49 Sc 36
3100 Bel'cy = Bălţi (MD) 73 Ch 43
07985 Beldibi (TR) 96 Da 54
07985 Beldibi (TR) 96 Dc 54
Belebej (RUS) 46 Fe 36
Belebelka (RUS) 31 Da 33
31351 Belen (TR) 97 Dg 54
Belenihino (RUS) 60 Dg 40
Beleño (Ponga) (E) 80 Se 47
Belev (RUS) 43 Dg 37
BT18 Belfast (GB) 49 Se 36
NE70 Belford (GB) 51 Si 35
90000* Belfort (F) 68 Ag 43
04874 Belgern-Schildau (D) 55 Bd 39
Belgorod (RUS) 60 Dg 40
Belgorod-Dnestrovskij (UA) 73 Da 44
11133* Belgrad = Beograd (SRB) 71 Ca 46
5363 Belica (BG) 72 Cg 47
Belica (BY) 41 Cf 37
Belica (RUS) 60 Df 39
Beličaevskoe (RUS) 77 Ef 46
Belik (RUS) 42 Dc 36
Beli Manastir (HR) 71 Bi 45
3462 Belimel (BG) 71 Cc 47
33830 Belin-Béliet (F) 66 Sk 46
Belinskij (RUS) 44 Ed 38
407075 Beliş (RO) 72 Cd 44
Beljaevka (RUS) 35 Ff 33
Beljaevka (RUS) 64 Fg 39
Beljanka (RUS) 47 Fk 34
42355 Belkaya (TR) 97 Dd 53
Bel'kovo (RUS) 43 Dd 37
87300 Bellac (F) 67 Ab 44
22021 Bellagio (I) 69 Ak 45
Belleek (IRL) 49 Sb 36
45270 Bellegarde (F) 67 Ac 43
01200 Bellegarde-sur-Valserine (F) 68 Af 44
22810 Belle-Isle-en-Terre (F) 52 Sg 42
61130 Bellême (F) 53 Aa 42
01300 Belley (F) 68 Af 45
6500* Bellinzona (CH) 69 Ak 44
25250 Bellpuig (E) 82 Ab 49
32100 Belluno (I) 69 Bc 44
14240 Bélmez (E) 92 Se 52
ZE2 Belmont (GB) 50 Sk 30
16640 Belmonte (E) 80 Sd 47
16640 Belmonte (E) 81 Sh 51
6250-020* Belmonte (P) 80 Sc 50
33830 Belmonte de Miranda = Belmonte (E) 80 Sd 47
Belmullet = Béal an Mhuirthead (IRL) 49 Rl 36
Beloe (RUS) 33 Dk 32
Beloe More (RUS) 16 Dc 23
Beloe Ozero (RUS) 47 Fg 37
Beloevo (RUS) 35 Fe 31
Beloger'e (RUS) 60 Dk 40
Belogornoe (RUS) 62 Eh 38
Belogorskoe (RUS) 45 Ei 37
Belogradcik (BG) 71 Cc 47
3900 Belogradčik (BG) 71 Cc 47
Belojarka (RUS) 37 Ge 32
Belojarskij (RUS) 47 Gb 34
18424 Beloljin (SRB) 71 Cb 47
Belomorsk (RUS) 24 De 26
Beloomut (RUS) 44 Dk 36
09250 Belorado (E) 81 Sg 48
Belorečensk (RUS) 35 Fc 32
Belorečensk (RUS) 75 Dk 46
Beloreck (RUS) 47 Fi 37
Belören (TR) 89 Dd 50
Belören (TR) 96 Dc 53
Belören (TR) 98 Dh 53
9178 Beloslav (BG) 88 Ch 47
4470 Belovo (BG) 87 Cd 48
4470 Belovo (BG) 87 Ce 48
Belovod'e (RUS) 45 Eg 36
Belozersk (RUS) 32 Dh 30
DE56 Belper (GB) 51 Si 37
Belpınar (TR) 88 Db 51
Bel'skoe (RUS) 44 Ea 36
Belturbet = Beal Tairbirt (IRL) 49 Sc 36
018 61 Beluša (SK) 56 Bi 41
Beluš'e (RUS) 18 Eh 24
35263 Belušić (SRB) 71 Cb 47
20110 Belvédère-Campomoro (F) 83 Ai 49
87021 Belvedere Marittimo (I) 85 Bf 51
24170 Belvès (F) 67 Ab 46
Belye Berega (RUS) 43 De 37
Belyi Kolodez' (RUS) 60 Di 40
Belyj (RUS) 42 Dc 35
Belyj Gorodok (RUS) 43 Dh 34
Belyševo (RUS) 34 Ef 33
22-670 Bełżec (PL) 57 Cd 40
Bemyž (RUS) 46 Fb 34
22580 Benabarre (E) 82 Aa 48
11150 Benalup de Sidonia (E) 92 Se 54
22440 Benasque (E) 82 Aa 48
49600 Benavente (E) 80 Se 48
24280 Benavides de Órbigo (E) 80 Se 48
3200 Bender = Tighina (MD) 73 Ck 44
3200 Bendery = Tighina (MD) 73 Ck 44
83671 Benediktbeuern (D) 69 Bb 43
549 83 Benešov (CZ) 55 Be 41
82100 Benevento (I) 85 Be 49
67230 Benfeld (F) 54 Ah 42
66600 Bengtsfors (S) 29 Bc 31
12580 Benicarló (E) 82 Aa 50
12560 Benicasim = Benicàssim (E) 82 Aa 50
12560 Benicàssim (E) 82 Aa 50
03501* Benidorm (E) 82 Sk 52
46450 Benifaió (E) 82 Sk 51
Benkovac (HR) 70 Bf 46
Bensbyn (S) 22 Cc 25
48455 Bentheim, Bad (D) 54 Ah 38
11133* Beograd (SRB) 71 Ca 46
Berane (SRB) 86 Bk 48
Berat (AL) 86 Bk 50
Berazino (BY) 42 Ci 36
Berazino (BY) 42 Ci 37
09511 Berberana (E) 81 Sg 48
83471 Berchtesgaden (D) 69 Bc 43
62600 Berck-Plage (F) 53 Ab 40
Berdičev = Berdyčiv (UA) 58 Ci 41
Berdil (TR) 98 Dk 53
Berdjans'k (UA) 75 Dg 44
Berdjansk = Berdjans'k (UA) 75 Dg 44
Berdjaš (RUS) 64 Fh 38
Berdjauš (RUS) 47 Fk 35
Berdún (E) 82 Sk 48
Berdyčiv (UA) 58 Ci 41
Bereg (RUS) 32 Dh 30
Beregove = Berehove (UA) 57 Cc 42
Berehomet (UA) 58 Cf 42
Berehove (UA) 57 Cc 42
Bereket (TR) 91 Ed 51
Bereket (TR) 97 De 53
Bereketli (TR) 90 Dh 50
Berendeevo (RUS) 44 Dk 34
42280 Berendi (TR) 97 De 53
Berestečko (UA) 58 Cf 40
Berestove (UA) 75 Dg 43
Berettyóújfalu (H) 71 Cb 43
Berez' (RUS) 32 Dg 32
Berezan' (UA) 59 Db 40
Berezanka (UA) 74 Db 44
Berezanskaja (RUS) 75 Dk 45
Berežany (UA) 57 Ce 41
Berezdiv (UA) 58 Ch 40
Berezine (UA) 58 Cg 40
Berezivka (UA) 73 Da 43
Berezna (UA) 59 Db 39
Berežnaja (RUS) 33 Ed 29
Berezn'aky (UA) 59 Dc 41
Bereznehuvate (UA) 74 Dc 43
Bereznik (RUS) 25 Ec 28
Bereznik (RUS) 25 Ed 26
Berezniki (RUS) 35 Fg 31
Bereznjagi (RUS) 61 Eb 41
Berezova (RUS) 23 Dc 26
Berezovec, Nikolo- (RUS) 33 Ec 32
Berezovka (RUS) 34 Ef 29
Berezovka (RUS) 35 Fh 33
Berezovka (RUS) 44 Di 37
Berezovka (RUS) 47 Fi 34
Berezovo (RUS) 32 Di 30
Berëzovskij (RUS) 47 Ga 34
Berezy (RUS) 25 Eb 26
Berg (N) 14 Bh 21
08600 Berga (E) 82 Ab 48
35700 Bergama (TR) 87 Ch 51
24100* Bergamo (I) 69 Ak 45
20570 Bergara (E) 81 Sh 47
08239 Bergen (D) 38 Ak 38
5003* Bergen (N) 28 Af 30
08239 Bergen (NL) 38 Ae 38
18528 Bergen (Rügen) (D) 39 Bd 36
4600* Bergen op Zoom (NL) 53 Ae 39
24100* Bergerac (F) 66 Aa 46
Bergin (RUS) 77 Eh 44
51427* Bergisch Gladbach (D) 54 Ah 40
38502 Bergkvara (S) 40 Bg 34
Berglia (N) 21 Bd 26
08300 Bergnicourt (F) 53 Ae 41
66220 Bergö (FIN) 22 Cb 28
Bergshamra (S) 29 Bi 31
Bergsjö (S) 21 Bh 29
59380 Bergues (F) 53 Ac 40
76887 Bergzabern, Bad (D) 54 Ah 41
3580 Beringen (B) 54 Af 39
99438 Berka, Bad (D) 55 Bb 40
Berkåk (N) 20 Ba 28
3500 Berkovica (BG) 72 Cd 47
Berkovići (BIH) 85 Bi 47
06930 Berlanga (E) 92 Se 52
42360 Berlanga de Duero (E) 81 Sh 49
57319 Berleburg, Bad (D) 54 Ai 39
9980 Berlevåg (N) 15 Ck 20
10115* Berlin (D) 55 Bd 38
48370 Bermeo (E) 66 Sh 47
3000* Bern (CH) 68 Ah 44
75012 Bernalda (I) 85 Bg 50
16321 Bernau bei Berlin (D) 39 Bd 38
80370 Bernaville (F) 53 Ac 40
72240 Bernay (F) 53 Aa 41
06406 Bernburg (Saale) (D) 55 Bb 39
2560 Berndorf (A) 70 Bg 43
14990 Bernières-sur-Mer (F) 52 Sk 41
54470 Bernkastel-Kues (D) 54 Ah 41
7434 Bernstein (A) 70 Bg 43
6215 Beromünster (CH) 68 Ai 43
266 01 Beroun (CZ) 55 Be 41
2330 Berovo (MK) 86 Cc 49
13130 Berre-l'Étang (F) 68 Af 47
Beršad' (UA) 58 Ck 42
49593 Bersenbrück (D) 54 Ah 38
Bersut (RUS) 46 Fa 35
TD15 Berwick-upon-Tweed (GB) 51 Sh 35
Beryslav (UA) 74 Dd 44
Beşağıl (TR) 97 Dd 53
Besalú (E) 82 Ac 48
25000* Besançon (F) 68 Ag 43
Bešankovičy (BY) 42 Ck 35
Besarabca (MD) 73 Ci 44
Besarabjaska = Besarabca (MD) 73 Ci 44
Besedino (RUS) 46 Fd 37
Besedino (RUS) 60 Dg 39
46000 Beşenli (TR) 98 Dh 53
61800 Beşikdüzü (TR) 90 Dk 49
72200 Beşiri (TR) 99 Eb 53
Beşkonak (TR) 96 Db 53
Beslan (RUS) 91 Ee 47
Beslenej (RUS) 76 Eb 46
02300 Besni (TR) 98 Dh 53
Bešpagir (RUS) 76 Ec 45
69400 Beşpınar (TR) 99 Eb 53
6700 Bessarabka = Besarabca (MD) 73 Ci 44
Besskorbnaja (RUS) 76 Eb 46
5680* Best (NL) 54 Af 39
Bestobe (RUS) 65 Gc 39
Bestuževka (RUS) 45 Ei 37
36500 Beşyol (TR) 98 Di 53
15300 Betanzos (E) 80 Sb 47
46117 Bétera (E) 82 Sk 51
62400 Béthune (F) 53 Ac 40
Betina (HR) 70 Bf 47
Betlica (RUS) 43 Dd 36
64033 Bettna (S) 29 Bg 32
KW14 Bettyhill (GB) 50 Sf 32
LL24 Betws-y-Coed (GB) 51 Sg 37
27210 Beuzeville (F) 53 Aa 41
Bevelli (TR) 96 Ck 52
HU17 Beverley (GB) 51 Sk 37
27616 Beverstedt (D) 38 Ai 37
TN39 Bexhill (GB) 53 Aa 40
20590 Beyağaç (TR) 96 Ci 53
59600 Beyazköy (TR) 88 Ch 49
17800 Beyçayırı (TR) 87 Cg 50
17800 Beyçayırı (TR) 99 Eb 52
67980 Beycuma (TR) 88 Db 49
35790 Beydağ (TR) 95 Ci 52
Beydili (TR) 88 Da 50
34801* Beykoz (TR) 88 Ck 49
26750 Beylikova (TR) 88 Db 51
45240 Beyoba (TR) 95 Ch 52
06730 Beypazarı (TR) 88 Db 50
Beypınarı (TR) 90 Dh 51
Beypınarı (TR) 98 Dg 52
42700 Beyşehir (TR) 96 Db 53
73800 Beytüşşebap (TR) 99 Ed 53
Beyyurdu (TR) 89 Df 51
Bežanicy (RUS) 42 Ck 34
Bezbožnik (RUS) 34 Ei 31
Bežeck (RUS) 32 Dg 33
Bezenčuk (RUS) 45 Ek 38
Bezengi (RUS) 91 Ed 47
34500* Béziers (F) 67 Ad 47
Bezmenšur (RUS) 46 Fb 34
Bezopasnoe (RUS) 76 Eb 45
Bezymjannoe (RUS) 62 Eg 39
Biała, Bielsko- (PL) 56 Bk 41
12-230 Biała Piska (PL) 41 Cc 37
21-500 Biała Podlaska (PL) 57 Cd 38
78-200 Białogard (PL) 39 Bf 36
78-425 Biały Bór (PL) 40 Bg 37
15-900 Białystok (PL) 41 Cd 37
64200* Biarritz (F) 66 Si 47
52011 Bibbiena (I) 69 Bb 47
88400 Biberach an der Riß (D) 54 Ak 42
Bibirevo (RUS) 42 Dc 34
Bibrka (UA) 57 Ce 41
Bicaj (AL) 86 Ca 49
615100 Bicaz (RO) 72 Cg 44
Bicchisano, Petreto- (F) 83 Ai 49
Biçer (TR) 88 Db 51
OX26 Bicester (GB) 52 Si 39
2060* Bicske (H) 71 Bi 43
Bičurino (RUS) 46 Ff 34
64520 Bidache (F) 66 Si 47
EX39 Bideford (GB) 52 Sf 39
Bidjovagge (N) 15 Cc 21
38-340 Biecz (PL) 57 Cb 41
2500* Biel = Bienne (CH) 68 Ah 43
99-423 Bielawy (PL) 56 Bk 38
33602* Bielefeld (D) 54 Ai 38
13900 Biella (I) 68 Ai 45
22350 Bielsa (E) 82 Aa 48
09-230 Bielsk (PL) 56 Bk 38
43-300* Bielsko-Biała (PL) 56 Bk 41
17-100* Bielsk Podlaski (PL) 41 Cd 38
2500* Bienne = Biel (CH) 68 Ah 43
557045 Biertan (RO) 72 Ce 44
22630 Biescas (E) 82 Sk 48
74321 Bietigheim-Bissingen (D) 54 Ak 42
09-320 Bieżuń (PL) 40 Bk 38
17200 Biga (TR) 88 Ch 50
10440 Bigadiç (TR) 88 Ci 51
33380 Biganos (F) 66 Sk 46
ML12 Biggar (GB) 51 Sg 35
Bihać (BIH) 70 Bf 46
417050 Biharia (RO) 71 Cb 43
Bijavaš (RUS) 47 Fg 34
Bijela (BIH) 71 Bi 46
Bijeljina (BIH) 71 Bk 46
81 304 Bijelo Polje (MNE) 86 Bk 47
Bílá (SK) 56 Bi 41
Bila Cerkva (UA) 59 Da 41
48001* Bilbao = Bilbo (E) 66 Sh 47
48001 Bilbo = Bilbao (E) 66 Sh 47
465 Bíldudalur (IS) 48 Qg 25
Bileća (BIH) 85 Bi 48
Bilecik (TR) 88 Ck 50
23-400 Biłgoraj (PL) 57 Cc 40
Bilhorod-Dnistrovs'kyj (UA) 73 Da 44
Bilimbaj (RUS) 47 Fk 34
Bilisht (AL) 86 Ca 50
Biljarsk (RUS) 46 Fa 36
63160 Billom (F) 67 Ad 45
Billsta (S) 21 Bi 27
7190 Billund (DK) 38 Ak 35
41130 Billy (F) 67 Ad 44
Bil'mak (UA) 75 Dg 43
Bilohir'ja (UA) 58 Cg 40
Bilohors'k (KRIM) 74 De 45
Bilokurakyne (UA) 60 Di 41
Biloluc'k (UA) 60 Dk 41
Bilopil'l'a (UA) 59 De 39
Bilousivka (UA) 59 Dc 41
Bilovods'k (UA) 60 Dk 41
Bilto (N) 15 Cb 21
Biluchivka (UA) 60 Df 41
Bilyi Kolodjaz' (UA) 60 Dh 40
22500 Binéfar (E) 82 Aa 49
55411 Bingen am Rhein (D) 54 Ah 41
12000 Bingöl (TR) 99 Ea 52
18609 Binz (D) 39 Bd 36
Biograd na Moru (HR) 70 Bf 47
Biorra = Birr (IRL) 49 Sc 37
37-740 Bircza (PL) 57 Cc 41
Birecik (TR) 98 Dh 53
35775 Birgi (TR) 95 Ci 52
4760 Birkeland (N) 28 Ai 32
97834 Birkenfeld (D) 54 Ah 41
CH42 Birkenhead (GB) 51 Sg 37
3460 Birkerød (DK) 39 Bc 35
8190 Birkfeld (A) 70 Bf 43
B8 Birmingham (GB) 52 Si 38
Birr = Biorra (IRL) 49 Sc 37
Birsk (RUS) 46 Ff 35
59009 Birštonas (LT) 41 Ce 36
41001 Biržai (LT) 41 Ce 34
5214 Birži (LV) 41 Cf 34
17100 Bisbal d'Empordà, la (E) 82 Ad 49
40600* Biscarrosse (F) 66 Si 46
70052 Bisceglie (I) 85 Bg 49
5500* Bischofshofen (A) 69 Bd 43
01877 Bischofswerda (D) 55 Be 39
67240 Bischwiller (F) 54 Ah 42
Biser = Biserski (RUS) 36 Fi 32
Biserovo (RUS) 35 Fd 31
Biserski (RUS) 36 Fi 32
Bisert' (RUS) 47 Fk 34
DL14 Bishop Auckland (GB) 51 Si 36
SY9 Bishop's Castle (GB) 52 Sg 38
Bishtqethm (AL) 86 Bk 50
63040 Bisignano (I) 85 Bg 51
11-300 Biskupiec (PL) 40 Ca 37
39629 Bismark (Altmark) (D) 39 Bb 38
21500 Bismil (TR) 99 Ea 53
Bispgården (S) 21 Bg 27
207065 Bistreţ (RO) 72 Cd 47
000420* Bistriţa (RO) 72 Ce 43
427005 Bistriţa Bârgăului (RO) 72 Ce 43
11-230 Bisztynek (PL) 40 Ca 36
54634 Bitburg (D) 54 Ag 41
57230 Bitche (F) 54 Ah 41
13000 Bitlis (TR) 99 Ec 52
7000* Bitola (MK) 86 Cb 49
70032 Bitonto (I) 85 Bg 49
06749 Bitterfeld-Wolfen (D) 55 Bc 39
08021 Bitti (I) 83 Ak 50
Bižbuljak (RUS) 46 Fe 37
Bizjar (RUS) 35 Fg 33
Bjahoml' (BY) 42 Ci 36
7100 Bjala (BG) 72 Cf 47
7100 Bjala (BG) 87 Cg 48
7100 Bjala (BG) 88 Ch 48
3200 Bjala Slatina (BG) 72 Cd 47
Bjalyničy (BY) 42 Ck 37
9426 Bjarkøy (N) 14 Bg 22
Bjaroza (BY) 57 Ce 38
Bjarozavka (BY) 41 Cf 37
24601 Bjärred (S) 39 Bd 35
89300 Bjästa (S) 21 Bi 27
Bjelovar (HR) 70 Bg 45
8643 Bjerka (N) 14 Bd 24
8530 Bjerkvik (N) 14 Bh 22
8850 Bjerringbro (DK) 38 Ak 34
2676 Bjølstad (N) 28 Ak 29
78045 Björbo (S) 29 Be 30
Bjordal (N) 28 Af 29
Bjørkås (N) 14 Bk 22
1940 Bjørkelangen (N) 28 Bb 31
98193 Björkliden (S) 14 Bi 22
65870 Björköby (FIN) 22 Cb 27
Björköby (S) 29 Be 33
92041 Björksele (S) 21 Bi 26
84070 Björkvattnet (S) 21 Bd 26
2669 Bjorli (N) 20 Ai 28
Bjørn (N) 14 Bc 24
89050 Björna (S) 21 Bi 27
9910 Bjørnevatn (N) 15 Ck 21
64050 Björnlunda (S) 29 Bh 31
82700 Björsarv (S) 21 Bg 28
91601 Bjurholm (S) 22 Bk 27
79021 Bjursås (S) 29 Bf 30
26701 Bjuv (S) 39 Bc 34
18420 Blace (SRB) 71 Cb 47
AB2 Blackburn (GB) 51 Sh 37
FY1 Blackpool (GB) 51 Sg 37
59094 Blackstad (S) 29 Bg 33
Blagodarnij (RUS) 76 Ed 45
Blagodarnyj (RUS) 76 Ed 45
Blagodatovka (RUS) 63 Fa 38
2700* Blagoevgrad (BG) 87 Cd 48
Blagoevo (RUS) 25 Eh 27
Blagovar (RUS) 46 Fe 36
Blagoveščensk (RUS) 46 Ff 35
44130 Blain (F) 66 Si 43
PH10 Blairgowrie (GB) 50 Sg 34
515400 Blaj (RO) 72 Cd 44
Blakstad (N) 28 Ai 32
36300 Blanc, le (F) 67 Ab 44
DT11 Blandford Forum (GB) 52 Sh 40
17300 Blanes (E) 82 Ac 49
76340 Blangy-sur-Bresle (F) 53 Ab 41
8370 Blankenberge (B) 53 Ad 39
382 41 Blansko (CZ) 56 Bg 41
98-235 Błaszki (PL) 56 Bi 39
Blattnicksele (S) 21 Bh 25
89143 Blaubeuren (D) 54 Ak 42
33390 Blaye (F) 66 Sk 45
21354 Bleckede (D) 39 Ba 37
99752 Bleicherode (D) 55 Ba 39
8481 Bleik (N) 14 Bf 21
Bleikvassli (N) 21 Bd 25
89220 Bléneau (F) 67 Ac 43
37150 Bléré (F) 66 Aa 43
52024 Blidsberg (S) 29 Bd 33
Blinisht (AL) 86 Bk 49
41000* Blois (F) 67 Ab 43
540 Blönduós (IS) 48 Qk 25
55-330 Błonie (PL) 57 Ca 38
6700* Bludenz (A) 69 Ak 43
NE24 Blyth (GB) 51 Si 35
Blyznjuky (UA) 60 Dg 42
Bø (N) 28 Ak 31
33720 Boal (E) 80 Sd 47
PH24 Boat of Garten (GB) 50 Sg 33
71032* Böblingen (D) 54 Ak 42
76-020 Bobolice (PL) 40 Bg 37
Bobr (BY) 42 Ck 36
Bobrava (RUS) 60 Df 40
Bobrov (RUS) 60 Dk 39
Bobrovskoe (RUS) 37 Ge 33
Bobrovycja (UA) 59 Db 40
76-231 Bobrowniki (PL) 41 Cd 37
Bobrujsk = Babrujsk (BY) 42 Ck 37
Bobrynec' (UA) 59 Dc 42
Bočevo (RUS) 32 Dd 31
32-700 Bochnia (PL) 57 Ca 41
46395* Bocholt (D) 54 Ag 39
364 71 Bochov (CZ) 55 Bd 40
44787* Bochum (D) 54 Ah 39
57900 Bockara (S) 29 Bg 33
457045 Bocşa (RO) 71 Cb 45
317055 Bocsig (RO) 71 Cb 44
Boda (S) 29 Bf 29
38075 Böda (S) 29 Bh 33
96100* Boden (S) 22 Cb 25
Bod'ja, Jaškur- (RUS) 35 Fd 33
PL31 Bodmin (GB) 52 Sf 40
8003* Bodø (N) 14 Be 23
48400 Bodrum (TR) 95 Ch 53
Bodsjö (S) 21 Be 28
88051 Bodum (S) 21 Bg 27
48-340 Bodzanów (PL) 57 Ca 38

166 | Belanovica

42130 Boën (F) 67 Ae 45
Boeve (RUS) 60 Dk 39
Bogatiščevo (RUS) 43 Di 36
Bogatoe (RUS) 46 Fb 37
Bogatye Saby (RUS) 46 Fa 35
Bogatyr' (RUS) 46 Fa 37
Bogazi 97 Dd 55
35135 Boğaziçi (TR) 95 Ch 52
19310 Boğazkale (TR) 89 De 50
Boğazkaya (TR) 89 Df 49
Boğazköprü (TR) 97 Df 52
66400 Boğazlıyan (TR) 89 Df 51
Bogdanovka (RUS) 46 Fa 37
Bogdanovka (RUS) 63 Fa 38
Bogdanovka (RUS) 63 Fc 38
Bogdanovo (RUS) 43 Dg 37
Bogdanovo (RUS) 47 Fg 35
Bogdanovskoe (RUS) 64 Fk 38
49-200 Bogdanów (PL) 56 Bk 39
Boğecik (TR) 97 Dd 53
8533 Bogen (N) 14 Bg 22
5400 Bogense (DK) 39 Ba 35
PO21 Bognor Regis (GB) 52 Sk 40
Bogoljubovo (RUS) 44 Ea 34
1415 Bogomila (MK) 86 Cb 49
1482 Bogorodica (MK) 86 Cc 49
Bogorodick (RUS) 43 Di 37
Bogorodsk (RUS) 26 Fc 28
Bogorodsk (RUS) 44 Ed 34
Bogorodsk (RUS) 47 Fh 34
Bogorodskoe (RUS) 32 Dh 33
Bogorodskoe (RUS) 34 Fa 33
Bogorodskoe (RUS) 46 Ff 38
Bogovarovo (RUS) 34 Eh 32
Bogučar (RUS) 61 Ea 41
Boğürtlen (TR) 98 Di 53
Boguslav' (RUS) 32 Dg 32
02110 Bohain-en-Vermandois (F) 53 Ad 41
4264 Bohinjska Bistrica (SLO) 69 Bd 44
Bohoduchiv (UA) 60 Df 40
10320 Bohonal de Ibor (E) 80 Se 51
8719 Böhönye (H) 70 Bh 44
Bohorodčany (UA) 57 Ce 42
Bohuševsk (BY) 42 Da 36
Bohuslav (UA) 59 Da 41
19258 Boizenburg (Elbe) (D) 39 Ba 37
1226 Bojane (MK) 86 Cb 48
86021 Bojano (I) 85 Be 49
63-940 Bojanowo (PL) 56 Bg 39
Bojarkeros (RUS) 34 Fb 29
Bojaščina (RUS) 24 Df 28
3430 Bojčinovci (BG) 72 Cd 47
3840 Bojnica (BG) 71 Cc 47
16205 Bojnik (SRB) 71 Cb 47
23252 Boka (SRB) 71 Ca 45
Bokovskaja (RUS) 61 Eb 41
Boksitogorsk (RUS) 32 Dd 31
Bol (HR) 70 Bg 47
Bol'šaja Vereika (RUS) 60 Di 38
13260 Bolaños de Calatrava (E) 93 Sg 52
17350 Bolayır (TR) 87 Cg 50
76210 Bolbec (F) 53 Aa 41
217080 Bolboşi (RO) 72 Cd 46
105300 Boldeşti-Scăeni (RO) 72 Cg 45
Boldovo (RUS) 45 Ee 36
Bolechiv (UA) 57 Cd 41
59-700 Bolesławiec (PL) 56 Bf 39
Bolhov (RUS) 43 Dg 37
Bolhrad (UA) 73 Ci 45
93601 Boliden (S) 22 Ca 26
085100 Bolintin-Vale (RO) 72 Cf 46
Boljanići (MNE) 71 Bk 47
8720 Boljarovo (BG) 87 Cg 48
19370 Boljevac (SRB) 71 Cb 47
84500 Bollène (F) 67 Ae 46
82100* Bollnäs (S) 29 Bg 29
87320 Bollstabruk (S) 21 Bh 28
Bollullos Par del Condado (E) 92 Sd 53
Bolmsö (S) 39 Bd 33
40100* Bologna (I) 69 Bb 46
Bologoe (RUS) 32 De 33
Bologovo (RUS) 42 Db 34
Bološnevo (RUS) 44 Ea 36
Bolotovskoe (RUS) 36 Gc 32
Bol'šaja (RUS) 33 Dk 30
Bol'šaja Atnja (RUS) 45 Ek 34
Bol'šaja Budnica (RUS) 42 Da 35
Bol'šaja Černigovka (RUS) 63 Fa 38
Bol'šaja Dergunovka (RUS) 63 Fa 38
Bol'šaja Doroga (RUS) 44 Ea 37
Bol'šaja Džalga (RUS) 76 Ec 45
Bol'šaja Glušica (RUS) 63 Fa 38
Bol'šaja Gora (RUS) 25 Eb 27
Bol'šaja Kamenka (RUS) 46 Fa 37
Bol'šaja Kandala (RUS) 45 Ek 36
Bol'šaja Karpuniha (RUS) 34 Ef 33
Bol'šaja Kaskan (RUS) 34 Eh 31
Bol'šaja Kiselenka (RUS) 32 De 33
Bol'šaja Martynovka = S'loboda Bol'šaja Martynovka (RUS) 76 Eb 43
Bol'šaja Nisogora (RUS) 25 Ef 26
Bol'šaja Orlovka (RUS) 76 Eb 43
Bol'šaja Poljana (RUS) 60 Di 38
Bol'šaja Privalovka (RUS) 60 Dk 39
Bol'šaja Rečka (RUS) 34 Eg 31
Bol'šaja Sludka (RUS) 34 Eg 29
Bol'šaja Šonoma (RUS) 26 Ei 29
Bol'šaja Sosnovka (RUS) 35 Fe 33
Bol'šaja Tavoložka (RUS) 62 Ek 38
Bol'šaja Tovra (RUS) 25 Eb 26
Bol'šaja Usa (RUS) 46 Ff 34
Bol'šakovo (RUS) 40 Cb 36
Bol'šečernihivka (UA) 60 Dk 42
Bol'šekrepinskaja (RUS) 75 Dk 43
Bolšelug (RUS) 26 Fc 28
01023 Bolsena (I) 84 Bb 48
Bol'šenabatovskij (RUS) 61 Ed 42
Bol'šetroickoe (RUS) 60 Dh 40
Bol'šeustinskoe (RUS) 47 Fi 35
Bol'ševik (RUS) 61 Ed 40
Bol'šie Berezniki (RUS) 45 Ef 36
Bol'šie Kajbicy (RUS) 45 Ei 35
Bol'šie Ključi (RUS) 45 Ei 34
Bol'šie Ključišči (RUS) 45 Ei 36
Bol'šie Medveki (RUS) 43 Dh 37
Bol'šie Ozerki (RUS) 62 Eg 38
Bol'šie Suslovy (RUS) 34 Ei 32
Bol'šie Tarhany (RUS) 45 Ei 36
Bol'šinka (RUS) 61 Eb 42
Bol'šoe Boldino (RUS) 45 Ef 36
Bol'šoe Gorodišče (RUS) 60 Dh 40
Bol'šoe Ignatovo (RUS) 45 Ef 35
Bol'šoe Muraškino (RUS) 45 Ee 35
Bol'šoe Nagatkino (RUS) 45 Ei 36
Bol'šoe Pole (RUS) 31 Ci 30
Bol'šoe Pole (RUS) 45 Ef 34
Bol'šoe Selo (RUS) 32 Di 33
Bol'šoe Šemjakino (RUS) 45 Ei 35
Bol'šoe Šeremetovo (RUS) 44 Ec 37
Bol'šoe Tokarevo (RUS) 33 Ec 31
Bol'šoe Zaborov'e (RUS) 32 Dd 32
Bol'šoe Žirovo (RUS) 60 Df 39
Bol'šoj (RUS) 61 Ec 41
Bol'šoj Čurki (RUS) 25 Eh 27
Bol'šoj Dvor (RUS) 32 De 31
Bol'šoj Lučak (RUS) 61 Ed 40
Bol'šoj Melik (RUS) 61 Ed 39
Bol'šoj Ramen' (RUS) 45 Eh 34
Bol'šoj Sabsk (RUS) 31 Ck 31
Bol'šoj Ut (RUS) 47 Fi 33
Bol'šoj V'jas (RUS) 45 Ef 37
Bol'šoj V''jas (RUS) 45 Ef 37
Bolsward (NL) 38 Af 37
22340 Boltaña (E) 82 Aa 48
BL1 Bolton (GB) 51 Sh 37
Bolturino (RUS) 42 Dc 36
14000* Bolu (TR) 88 Db 50
Bölükyazı (TR) 99 Ec 52
415 Bolungarvík (IS) 48 Qg 24
03300 Bolvadin (TR) 96 Db 52
39100 Bolzano = Bozen (I) 69 Bb 44
01020 Bomarzo (I) 84 Bc 48
24850 Boñar (E) 80 Se 48
IV24 Bonar Bridge (GB) 50 Sf 33
Bondari (RUS) 44 Ec 38
46023 Bondeno (I) 69 Bb 46
Bondjug (RUS) 35 Fg 30
Bonga (RUS) 32 Dh 30
20169 Bonifacio (F) 83 Ak 49
02610 Bonillo, El (E) 81 Sh 52
53111* Bonn (D) 54 Ah 40
72110 Bonnétable (F) 53 Aa 42
28800 Bonneval (F) 53 Ab 42
74130 Bonneville (F) 68 Ag 44
45420 Bonny-sur-Loire (F) 67 Ac 43
07011 Bono (I) 83 Ak 50
07012 Bonorva (I) 83 Ai 50
7150 Bonyhád (H) 71 Bi 44
56154 Boppard (D) 54 Ah 40
348 02 Bor (CZ) 55 Bc 41
Bor (RUS) 32 De 32
Bor (RUS) 37 Gh 33
Bor (RUS) 45 Ee 34
19210* Bor (SRB) 71 Cc 46
51700 Bor (TR) 97 De 53
50110* Borås (S) 29 Bc 33
7150-101* Borba (P) 92 Sc 52
08400 Borçka (TR) 91 Eb 49
33000* Bordeaux (F) 66 Sk 46
8005-423* Bordeira (P) 92 Sb 53
370 Borðeyri (IS) 48 Qi 25
59030 Borensberg (S) 29 Bf 32
06500* Borgå = Porvoo (FIN) 30 Cf 30
H Borgarfjörður (IS) 48 Rg 25
310 Borgarnes (IS) 48 Qi 26
9530 Borger (NL) 38 Ag 38
25400 Borges Blanques, les (E) 82 Aa 49
38701 Borgholm (S) 40 Bg 34
28021 Borgomanero (I) 68 Ai 45
12011 Borgo San Dalmazzo (I) 68 Ah 46
50032 Borgo San Lorenzo (I) 69 Bb 47
43043 Borgo Val di Taro (I) 69 Ak 46
38051 Borgo Valsugana (I) 69 Bb 44
51370 Borgstena (S) 29 Bd 33
6854 Borgund (N) 28 Ah 29
4824 Borino (BG) 87 Ce 49
Borinskoe (RUS) 60 Dk 38
Borisogleb (RUS) 44 Ec 35
Borisoglebovka (RUS) 62 Eh 39
Borisoglebsk (RUS) 61 Ec 39
Borisoglebskij (RUS) 33 Dk 33
Borisov = Barysav (BY) 42 Ci 36
Borisovka (RUS) 60 Dg 40
Borisovo (RUS) 33 Dk 31
Borisovo (RUS) 33 Ee 31
Borisovo-Sudskoe (RUS) 32 Dg 31
Borivs'ke (UA) 60 Di 42
Börjelsbyn (S) 22 Cc 25
Borkavičy (BY) 42 Ci 35
04916 Borken (D) 54 Ag 39
9475 Borkenes (N) 14 Bg 22
78100* Borlänge (S) 29 Bf 30
6854 Borlaug (N) 28 Ah 29
45940 Borlu (TR) 96 Ci 52
23032 Bormio (I) 69 Ba 44
04552 Borna (D) 55 Bc 39
43350 Borne (F) 67 Ad 45
Borodinskoe (RUS) 31 Ck 29
Borodjanka (UA) 58 Ck 40
Borodki (RUS) 45 Ee 34
Borodulino (RUS) 35 Fe 33
Borodyno (UA) 73 Ck 44
Borok (RUS) 31 Da 32
Borok (RUS) 31 Dc 32
Borok (RUS) 32 Dg 30
Borok (RUS) 32 Dh 32
Borok-Suležskij (RUS) 32 Dg 33
Boromlja (UA) 60 Df 40
42-283 Boronów (PL) 56 Bi 40
Borova (UA) 60 Dh 41
3240 Borovan (BG) 72 Cd 47
Borove (UA) 58 Ch 39
2626 Borovec (BG) 87 Cd 48
Borovenka (RUS) 32 Dd 32
Boroviči (RUS) 31 Ck 33
Boroviči (RUS) 32 Dd 32
Borovina (RUS) 25 Ee 28
2904 Borovo (BG) 72 Cf 47
Borovo (RUS) 26 Ek 27
Borovoe (RUS) 65 Ga 38
Borovoj (RUS) 23 Dc 26
Borovsk (RUS) 43 Dg 35
Borovskij (RUS) 37 Gf 33
27621 Borrby (S) 39 Be 35
Borre (DK) 39 Bc 36
12530 Borriana (E) 82 Sk 51
Borrisokane = Buiríos Uí Chéin (IRL) 49 Sb 38
Börrum (S) 29 Bg 32
707592 Borşa (RO) 72 Ce 43
Borščiv (UA) 58 Cg 42
9716 Børselv (N) 15 Cf 20
Borskoe (RUS) 46 Fb 38
19110 Bort-les-Orgues (F) 67 Ac 45
84035 Börtnan (S) 21 Bd 28
IV51 Borve (GB) 50 Sd 33
Boryslav (UA) 57 Cd 41
Boryspil' (UA) 59 Da 40
Borzna (UA) 59 Dc 39
08013 Bosa (I) 83 Ai 50
Bosanska Gradiška (BIH) 70 Bh 45
Bosanska Krupa (BIH) 70 Bg 46
Bosanski Brod = Brod (BIH) 70 Bi 45
Bosanski Novi (BIH) 70 Bg 45
Bosanski Petrovac (BIH) 70 Bg 46
Bosanski Šamac (BIH) 71 Bi 45
Bosansko Grahovo (BIH) 70 Bg 46
PL35 Boscastle (GB) 52 Sf 40
Bosinska Dubica (BIH) 70 Bg 45
680 01 Boskovice (CZ) 56 Bg 41
10680 Bostancı (TR) 99 Ec 53
Bostanlı (TR) 99 Eb 53
PE21 Boston (GB) 51 Sk 38
88195 Boteå (S) 21 Bh 27
2140 Botevgrad (BG) 87 Cd 48
5460-502 Boticas (P) 80 Sc 49
7140 Botngård (N) 20 Ak 27
000710* Botoşani (RO) 72 Cg 43
92276 Botsmark (S) 22 Ca 26
64340 Boucau (F) 66 Si 47
Bougado (P) 80 Sb 49
6830 Bouillon (B) 54 Af 41
57220 Boulay-Moselle (F) 54 Ag 41
92100* Boulogne-Billancourt (F) 53 Ac 42
31350 Boulogne-sur-Gesse (F) 66 Aa 47
62200* Boulogne-sur-Mer (F) 53 Ab 40
71140 Bourbon-Lancy (F) 67 Ad 44
03160 Bourbon-l'Archambault (F) 67 Ad 44
59630 Bourbourg (F) 53 Ac 40
33710 Bourg (F) 66 Sk 45
23400 Bourganeuf (F) 67 Ab 45
42220 Bourg-Argental (F) 67 Ae 45
26300 Bourg-de-Péage (F) 68 Af 45
01000* Bourg-en-Bresse (F) 68 Af 44
18000* Bourges (F) 67 Ac 43
63760 Bourg-Lastic (F) 67 Ac 45
66760 Bourg-Madame (F) 82 Ab 48
44580 Bourgneuf-en-Retz (F) 66 Si 43
38300 Bourgoin-Jallieu (F) 68 Af 45
07700 Bourg-Saint-Andéol (F) 67 Ae 46
73700 Bourg-Saint-Maurice (F) 68 Ag 45
37140 Bourgueil (F) 66 Aa 43
BH1 Bournemouth (GB) 52 Si 40
85480 Bournezeau (F) 66 Si 44
33110 Bouscat, le (F) 66 Sk 46
23600 Boussac (F) 67 Ac 44
7300 Boussu (B) 53 Ad 40
57320 Bouzonville (F) 54 Ag 41
89034 Bovalino Marina (I) 84 Bg 52
45047 Bovallstrand (S) 28 Bb 32
89035 Bova Marina (I) 84 Bf 53
5230 Bovec (SLO) 69 Bd 44
49155 Bóveda de Toro, La (E) 80 Se 49
2690 Bøverdal (N) 28 Ai 29
PA44 Bowmore (GB) 49 Sd 35
59010 Boxholm (S) 29 Bf 32
5830 Boxmeer (NL) 54 Af 39
5280* Boxtel (NL) 54 Af 39
57200 Boyabat (TR) 89 De 49
Boyalı (TR) 89 Dd 49
Boyalı (TR) 97 Dd 52
16870 Boyalıca (TR) 88 Ck 50
34232 Boyalık (TR) 88 Ci 49
Boyle = Mainistir na Búille (IRL) 49 Sb 37
Bozan (TR) 96 Ck 52
48710 Bozburun (TR) 96 Ci 54
17680 Bozcaada (TR) 87 Cg 51
Bozd g (TR) 96 Ci 52
09760 Bozdoğan (TR) 96 Ci 53
39100 Bozen = Bolzano (I) 69 Bb 44
Bozkaya (TR) 98 Dg 53
Bozkır (TR) 89 Dd 50
Bozkır (TR) 96 Dc 53
Bozkır (TR) 97 Dc 52
37660 Bozkurt (TR) 96 Ck 53
17200 Bozlar (TR) 88 Ch 50
Bozoğlak (TR) 90 Di 51
12340 Bozouls (F) 67 Ac 46
63850 Bozova (TR) 96 Da 53
63850 Bozova (TR) 98 Di 53
Boztepe (TR) 89 Df 50
11300 Bozüyük (TR) 88 Da 51
Bozyaka (TR) 96 Ck 54
33830* Bozyazı (TR) 97 Dd 54
12042 Bra (I) 68 Ah 46
00062 Bracciano (I) 84 Bc 48
41250 Bracieux (F) 67 Ab 43
84060 Bräcke (S) 21 Bf 28
NN13 Brackley (GB) 52 Si 38
RG12 Bracknell (GB) 52 Sk 39
Braclav (UA) 58 Ci 42
Braclavka (RUS) 65 Ga 39
335200 Brad (RO) 71 Cc 44
BD9 Bradford (GB) 51 Si 37
7568 Bradvari (BG) 73 Ch 47
Bradzjacin (BY) 57 Cd 39
8740 Brædstrup (DK) 38 Ak 35
AB35 Braemar (GB) 50 Sg 33
4700-001* Braga (P) 80 Sb 49
5300-001* Bragança (P) 80 Sd 49
92100* Brahestad (FIN) 22 Ce 26
Brahin (BY) 59 Da 39
000810* Brăila (RO) 73 Ch 45
CM7 Braintree (GB) 53 Aa 39
Brajiliv (UA) 58 Ci 41
26919 Brake (Unterweser) (D) 38 Ai 37
33034 Brakel (D) 54 Ak 39
37010 Bräkne-Hoby (S) 39 Bf 34
46065 Brålanda (S) 29 Bc 32
33057 Brálos (GR) 94 Cc 52
6740 Bramming (DK) 38 Ai 35
NR34 Brampton (GB) 51 Sh 36
49565 Bramsche (D) 54 Ah 38
Brånaberg (S) 21 Bg 25
89036 Brancaleone Marina (I) 84 Bg 53
Brandbu (N) 28 Ba 30
7330 Brande (DK) 38 Ak 35
14770* Brandenburg an der Havel (D) 55 Bc 38
IP27 Brandon (GB) 53 Aa 38
250 01 Brandýs nad Labem-Stará Boleslav (CZ) 55 Be 40
14-500 Braniewo (PL) 40 Bk 36
Br'anka (UA) 60 Di 42
34829 Brañosera (E) 81 Sf 48
17-120 Brańsk (PL) 41 Cc 38
24310 Brantôme (F) 66 Aa 45
Braslav (BY) 42 Ch 35
000500* Braşov (RO) 72 Cf 45
2930 Brasschaat (B) 53 Ae 39
1348 Brassus, Le (CH) 68 Ag 44
45420 Brastad (S) 28 Bb 32
810 00* Bratislava (SK) 56 Bh 42
6250 Bratja Daskalovi (BG) 87 Cf 48
Bratki (RUS) 61 Eb 39
207095 Bratovoeşti (RO) 72 Cd 46
Brats'ke (UA) 74 Db 43
6270 Brattvåg (N) 20 Ag 28
Bratunac (BIH) 71 Bk 46
5280* Braunau am Inn (A) 55 Bd 42
38700 Braunlage (D) 55 Ba 39
38100* Braunschweig (D) 55 Ba 38
Bray = Bré (IRL) 49 Sd 37
77480 Bray-sur-Seine (F) 53 Ad 42
13450 Brazatortas (E) 93 Sf 52
Brčko (BIH) 71 Bi 46
62-620 Brdów (PL) 56 Bi 38
Bré = Bray (IRL) 49 Sd 37
50370 Brécey (F) 52 Si 42
DD9 Brechin (GB) 50 Sh 34
2960 Brecht (B) 53 Ae 39
690 02* Břeclav (CZ) 56 Bg 42
LD3 Brecon (GB) 52 Sg 39
4800* Breda (NL) 53 Ae 39
33010 Bredaryd (S) 29 Bd 33
83100 Bredbyn (S) 21 Bi 27
33650 Brède, la (F) 66 Sk 46
Bredsel (S) 22 Ca 25
25821 Bredstedt (D) 38 Ai 36
Bredy (RUS) 65 Ga 38
53150 Bree (B) 54 Af 39
Bregadnaja (RUS) 76 Eb 47
6900* Bregenz (A) 69 Ak 43
6878 Bregovo (BG) 71 Cc 46
50290 Bréhal (F) 52 Si 42
Breiðavík (IS) 48 Qf 25
760 Breiðdalsvík (IS) 48 Rg 26
79206 Breisach am Rhein (D) 54 Ah 42
9593 Breivikbotn (N) 15 Cc 20
Brejtovo (RUS) 32 Dh 32
Brekken (N) 20 Bb 28
Brekkestø (N) 28 Ai 32
Brekksillan (N) 20 Bb 26
7130 Brekstad (N) 20 Ak 27
Bremangerpollen (N) 20 Ae 29
28195* Bremen (D) 38 Ai 37
27568* Bremerhaven (D) 38 Ai 37
27432 Bremervörde (D) 38 Ak 37
41310 Brenes (E) 92 Se 53
HS2 Brenish (GB) 50 Sc 32
25043 Breno (I) 69 Ba 45
CM13 Brentwood (GB) 53 Aa 39
Brescia (I) 69 Ba 45
4510 Breskens (NL) 53 Ad 39
39042 Bressanone = Brixen (I) 69 Bb 44
79300* Bressuire (F) 66 Sk 44
Brèst (BY) 57 Cd 38
29200* Brest (F) 52 Sf 42
Brest = Brèst (BY) 57 Cd 38
46130 Bretenoux (F) 67 Ab 46
60120 Breteuil (F) 53 Aa 42
60120 Breteuil (F) 53 Ac 41
75015 Bretten (D) 54 Ai 41
Brevik (N) 28 Ak 31
Breza (BIH) 71 Bi 46
8250 Brežice (SLO) 70 Bf 45
Brežnev = Naberežnye Čelny (RUS) 46 Fc 35
2972 Breznica (BG) 87 Cd 49
Breźnica (PL) 56 Bk 39
2360 Breznik (BG) 86 Cc 48
977 01 Brezno (SK) 56 Bk 42
245500 Brezoi (RO) 72 Ce 45
28270 Brezolles (F) 53 Ab 42
906 13 Brezová pod Bradlom (SK) 56 Bh 42
5083 Brezovo (BG) 87 Cf 48
05100* Briançon (F) 68 Ag 46
Bribir (HR) 70 Bf 47

5114 Bričany = Briceni (MD) 58 Ch 42
5154 Bričen' = Briceni (MD) 58 Ch 42
5114 Briceni (MD) 58 Ch 42
50260 Bricquebec (F) 52 Si 41
CF31 Bridgend (GB) 52 Sg 39
WV15 Bridgnorth (GB) 52 Sh 38
TA6 Bridgwater (GB) 52 Sg 39
YO15 Bridlington (GB) 51 Sk 36
DT6 Bridport (GB) 52 Sh 40
29510 Briec (F) 52 Sf 42
Brient (RUS) 64 Fk 38
85050 Brienza (I) 85 Bf 50
54150 Briey (F) 54 Af 41
3900* Brig (CH) 68 Ah 44
BN2 Brighton (GB) 52 Sk 40
83170 Brignoles (F) 68 Ag 47
19400 Brihuega (E) 81 Sh 50
Briljakovo (RUS) 44 Ed 34
Brillane, la (F) 68 Af 47
59929 Brilon (D) 54 Ai 39
Brimnes (N) 28 Ag 30
72100 Brindisi (I) 85 Bh 50
KW17 Brinian (GB) 50 Sh 31
Brinje (HR) 70 Bf 46
Brin-Navolok (RUS) 25 Eb 27
27800 Brionne (F) 53 Aa 41
43100 Brioude (F) 67 Ad 45
79170 Brioux-sur-Boutonne (F) 66 Sk 44
61220 Briouze (F) 52 Sk 42
48013 Brisighella (I) 69 Bb 46
BS4 Bristol (GB) 52 Sh 39
19100 Brive-la-Gaillarde (F) 67 Ab 45
09240 Briviesca (E) 81 Sg 48
39042 Brixen = Bressanone (I) 69 Bb 44
TQ5 Brixham (GB) 52 Sg 40
55250 Brizeaux (F) 54 Af 41
Brjadino (RUS) 45 Ek 36
Brjanka = Br'anka (UA) 60 Di 42
Brjansk (RUS) 43 De 37
Brjansk (RUS) 77 Eg 46
Brjuhovo (RUS) 46 Fe 34
60010* Brno (CZ) 56 Bg 41
IV49 Broadford (GB) 50 Se 33
28060 Broby (S) 39 Be 34
3851 Brocēni (LV) 41 Cc 34
Brod (BIH) 70 Bi 45
6259 Brod (MK) 86 Cb 49
31305 Brodarevo (SRB) 86 Bk 47
59700 Broddebo (S) 29 Bg 32
Brodec'ke (UA) 58 Ci 41
KA27 Brodick (GB) 51 Se 35
87-300 Brodnica (PL) 40 Bk 37
Brody (UA) 58 Cf 40
27270 Broglie (F) 53 Aa 41
10570 Bromarv (FIN) 30 Cd 31
38465 Brome (D) 55 Ba 38
29500 Bromölla (S) 39 Be 34
37045 Brömsebro (S) 39 Bf 34
Bromsgrove (GB) 52 Sh 38
9700 Brønderslev (DK) 28 Ak 33
Bronnicy (RUS) 43 Di 35
8900 Brønnøysund (N) 21 Bc 25
95034 Bronte (I) 84 Be 53
22250 Broons (F) 52 Sh 42
KW9 Brora (GB) 50 Sg 32
9311 Brøstadbotn (N) 14 Bh 21
217346 Broşteni (RO) 71 Cc 46
22370 Broto (E) 82 Sk 48
28160 Brou (F) 53 Ab 42
CA17 Brough (GB) 51 Sh 36
550 01 Broumov (CZ) 56 Bg 40
Brovary (UA) 59 Da 40
9460 Brovst (DK) 38 Ak 33
10950 Brozas (E) 80 Sd 51
Bru (IS) 48 Re 25
4158 Bru (N) 28 Af 29
Bruay-en-Artois (F) 53 Ac 40
Br'uchoveckaja (RUS) 75 Di 45
76646 Bruchsal (D) 54 Ai 41
5671* Bruck an der Großglocknerstraße (A) 69 Bc 43
2460 Bruck an der Leitha (A) 70 Bg 43
8600* Bruck an der Mur (A) 70 Bf 43
19412 Brüel (D) 39 Bb 37
8000 Bruges = Brugge (B) 53 Ad 39
5200* Brugg (CH) 68 Ai 43
8000 Brugge (B) 53 Ad 39
Bruheim (N) 28 Ah 29
68782 Brühl (D) 54 Ag 40
67170 Brumath (F) 54 Ah 42
2380 Brumunddal (N) 28 Ba 30
39031 Bruneck = Brunico (I) 69 Bb 44
83401 Brunflo (S) 21 Be 27
39031 Brunico = Bruneck (I) 69 Bb 44
25541 Brunsbüttel (D) 38 Ak 37
792 01 Bruntál (CZ) 56 Bh 41
37220 Brus (SRB) 71 Cb 47
Brusenica (RUS) 24 Ea 26
7743 Brusio (CH) 69 Ba 44
1000* Brussel = Bruxelles (B) 53 Ae 40
89-632 Brusy (PL) 40 Bh 37
Brusyliv (UA) 58 Ck 40
1000 Bruxelles = Brussel (B) 53 Ae 40
88600 Bruyères (F) 54 Ag 42
35170 Bruz (F) 52 Si 42
Brykalansk (RUS) 26 Fe 25
Brykovka (RUS) 62 Ei 38
Brylivka (UA) 74 Dd 44
4340 Bryne (N) 28 Af 32
Brza Palavka (SRB) 71 Cc 46
49-300 Brzeg (PL) 56 Bh 40
56-120 Brzeg Dolny (PL) 56 Bg 39
87-880 Brześć Kujawski (PL) 56 Bi 38
74-200 Brzesko (PL) 57 Ca 41
86-061 Brzoza (PL) 40 Bi 37
80016 Bubiai (LT) 41 Cd 35
Buča (UA) 59 Da 40
Bučač (UA) 58 Cf 41
33590 Bucak (TR) 96 Da 53
33590 Bucak (TR) 98 Dk 53
70000 Bucakkışla (TR) 97 Dd 54
Buchenwald (D) 55 Bb 39
21244 Buchholz in der Nordheide (D) 38 Ak 37
86807 Buchloe (D) 55 Ba 42
Buçimas (Shënmëri) (AL) 86 Ca 49
Bučje (SRB) 71 Cc 47
31675 Bückeburg (D) 54 Ak 38
27333 Bücken (D) 38 Ak 38
KY8 Buckhafen (GB) 50 Sg 34
AB56 Buckie (GB) 50 Sh 33
3711 Bucovăț (MD) 73 Ci 43
000040* Bucureşti (RO) 72 Cg 46
6430 Bud (N) 20 Ag 27
Buda-Kašalëva (BY) 42 Da 38
1011* Budapest (H) 71 Bk 43
370* Búðardalur (IS) 48 Qi 25
07020 Buddusò (I) 83 Ak 50
EX23 Bude (GB) 52 Sf 40
24782 Büdelsdorf (D) 38 Ak 36
Budennovsk (RUS) 76 Ee 46
Budënnovsk (RUS) 76 Ee 46
63654 Büdingen (D) 54 Ak 40
356 Buðir (IS) 48 Qg 26
26-330 Budków (PL) 40 Ca 38
26-330 Budków (PL) 56 Bk 39
Budogošč' (RUS) 31 Dc 31
85 310* Budva (MNE) 86 Bi 48
34470 Buenavista de Valdavia (E) 81 Sf 48
Buendía (E) 81 Sh 50
36930 Bueu (E) 80 Sb 48
070000 Buftea (RO) 72 Cf 46
73400 Buğdaylı (TR) 88 Ch 50
26860 Büğdüz (TR) 88 Db 51
Bugojno (BIH) 70 Bh 46
9934 Bugøyfjord (N) 15 Ck 21
9935 Bugøynes (N) 15 Ck 21
Bugrino (RUS) 18 Ek 22
24260 Bugue, le (F) 66 Aa 46
Bugul'ma (RUS) 46 Fc 36
Buguruslan (RUS) 46 Fc 37
Buhalovo (RUS) 33 Ea 33
09670 Buharkent (TR) 96 Ci 53
77815 Bühl (D) 54 Ai 42
605100 Buhuşi (RO) 72 Cg 44
LD2 Builth Wells (GB) 52 Sg 38
Buinsk (RUS) 45 Eh 35
Buinsk (RUS) 45 Ei 36
Buiríos Uí Chéin (IRL) 49 Sb 38
26170 Buis-les-Baronnies (F) 68 Af 46
24480 Buisson-de-Cadouin, le (F) 66 Aa 46
Buitrago del Lozoya (E) 81 Sg 50
Buj (RUS) 33 Eb 32
14650 Bujalance (E) 93 Sf 53
17520 Bujanovac (SRB) 86 Cb 48
50177 Bujaraloz (E) 82 Sk 49
Bujskoe (RUS) 45 Ek 33
Bukanovskaja (RUS) 61 Ec 41
3711 Bukovèc = Bucovăț (MD) 73 Ci 43
Buky (UA) 59 Da 41
8180 Bülach (CH) 68 Ai 43
Bulanaš (RUS) 36 Gb 33
28300 Bulancak (TR) 90 Di 50
46000 Bulanık (TR) 91 Ec 51
Bulanovo (RUS) 64 Ff 38
Bulatovskaja (RUS) 26 Ei 29
20400* Buldan (TR) 96 Ci 52
247378 Buleta (RO) 72 Ce 45
Bulgakovo (RUS) 46 Ff 36
88140 Bulgnéville (F) 54 Af 42
09-454 Bulkowo (PL) 57 Ca 38
30180 Bullas (E) 93 Si 52
1630 Bulle (CH) 68 Ah 44
Bulqizë (AL) 86 Ca 49
Bulucan (TR) 90 Dh 51
215100 Bumbeşti-Jui (RO) 72 Cd 45
Buncrana = Bun Cranncha (IRL) 49 Sc 35
Bun Cranncha (IRL) 49 Sc 35
32257 Bünde (D) 54 Ai 38
Bunić (HR) 70 Bf 46
46360 Buñol (E) 82 Sk 51
38600 Bünyan (TR) 97 Df 52
53022 Buonconvento (I) 69 Bb 47
Buraevo (RUS) 46 Ff 35
Burangulovo (RUS) 47 Fi 37
Burannoe (RUS) 63 Fe 40
Burannyj (RUS) 47 Fk 37
27380 Burç (TR) 98 Dh 53
09040 Burcei (I) 83 Ak 51
15000* Burdur (TR) 96 Da 53
93015 Bureå (S) 22 Cb 26
33142 Büren (D) 54 Ai 39
810 Búrfell (IS) 48 Ql 26
9161 Burfjord (N) 15 Cc 21
1791 Burg, Den (NL) 38 Ae 37
8000* Burgas (BG) 88 Ch 48
89331 Burgau (D) 55 Ba 42
39288 Burg bei Magdeburg (D) 55 Bb 38
38272 Burgdorf (CH) 68 Ah 43
38272 Burgdorf (D) 55 Ba 38
84489 Burghausen (D) 55 Bc 42
IV30 Burghead (GB) 50 Sg 33
93133 Burglengenfeld (D) 55 Bc 41
42300 Burgo de Osma, El (E) 81 Sg 49
05113 Burgohondo (E) 81 Sf 50
09001* Burgos (E) 81 Sg 48
62010 Burgsvik (S) 29 Bi 33
55900 Burgu (TR) 89 Df 49
06370 Burguillos del Cerro (E) 92 Sd 52
9250 Burgum (NL) 38 Af 37
Burhan (TR) 88 Ck 51
38600 Burhaniye (TR) 87 Cg 51
46100 Burjassot (E) 82 Sk 51
Burly (RUS) 47 Fg 36
Burmakino (RUS) 34 Ek 32
Burmantovo (RUS) 36 Ga 29
CM0 Burnham-on-Crouch (GB) 53 Aa 39
TA8 Burnham-On-Sea (GB) 52 Sg 39
BB10 Burnley (GB) 51 Sh 37
Buron (RUS) 91 Ee 48
Burrel (AL) 86 Ca 49
12530 Burriana = Borriana (E) 82 Sk 51
SA16 Burry Port (GB) 52 Sf 39
16000* Bursa (TR) 88 Ck 50
Burštyn (UA) 57 Ce 41
Burtinskij (RUS) 64 Fg 39
Burtonport = Ailt an Corráin (IRL) 49 Sb 36
Burton upon Trent (GB) 51 Si 38
93701 Burträsk (S) 22 Ca 26
Burul, Baga- (RUS) 76 Ee 45
Burul, Iki- (RUS) 76 Ee 45
Burunduki (RUS) 45 Ei 35
93015 Burvik (S) 22 Cb 26
KW17 Burwick (GB) 50 Sh 32
BL9 Bury (GB) 51 Sh 37
Buryn' (UA) 59 Dd 39
IP31 Bury Saint Edmunds (GB) 53 Aa 38
12022 Busca (I) 68 Ah 46
Bushat (AL) 86 Bk 49
Bus'k (UA) 57 Ce 41
Bušnevo (RUS) 33 Ec 32
Busovača (BIH) 70 Bh 46
105500 Buşteni (RO) 72 Cf 45
21052 Busto Arsizio (I) 68 Ai 45
Buštyna (UA) 57 Cd 42
25761 Büsum (D) 38 Ai 36
3326 Butan (BG) 72 Cd 47
317065 Buteni (RO) 71 Cc 44
93011 Butera (I) 84 Be 53
Butkan (RUS) 26 Ek 27
Buton (RUS) 36 Fi 32
Butrint (AL) 86 Ca 51
Buturlino (RUS) 45 Ee 35
Buturlinovka (RUS) 61 Ea 40
35510 Butzbach (D) 54 Ai 40
18246 Bützow (D) 39 Bb 37
21614 Buxtehude (D) 38 Ak 37
SK17 Buxton (GB) 51 Si 37
71390 Buxy (F) 67 Ae 44
Büyük Ada (TR) 88 Ck 50
Büyükarmutlu (TR) 90 Di 51
34500 Büyükçekmece (TR) 88 Ci 49
31351 Büyükdere (TR) 91 Ec 50
Büyükoba (TR) 96 Dc 52
Büyükorhan (TR) 88 Ci 51
Büyüköz (TR) 89 Df 51
Büyüksaka (TR) 88 Da 51
Büyüksofulu (TR) 97 Df 53
Büyüktaş (TR) 98 Dk 54
46300 Büyük Yapalak (TR) 98 Dh 52
Büyükyurt (TR) 90 Dk 51
36500 Buzançais (F) 67 Ab 44
08240 Buzancy (F) 53 Ae 41
000120* Buzău (RO) 72 Cg 45
Buzdjak (RUS) 46 Fe 36
147050 Buzescu (RO) 72 Cf 46
Buzivka (UA) 60 Df 41
Buz'ka, Kamjanka (UA) 57 Ce 40
Buzov'jazy (RUS) 46 Ff 36
Buzuluk (RUS) 46 Fc 38
Byč'e (RUS) 25 Ef 25
Bychov (BY) 42 Da 37
85-900 Bydgoszcz (PL) 40 Bi 37
91597 Bygdeå (S) 22 Ca 26
93733 Bygdsiljum (S) 22 Ca 26
4745 Bygland (N) 28 Ah 32
4741 Byglandsfjord (N) 28 Ah 32
6977 Bygstad (N) 28 Af 29
4754 Bykle (N) 28 Ah 31
3711 Bykovec = Bucovăț (MD) 73 Ci 43
Bykovo (RUS) 43 Di 35
Bykovo (RUS) 47 Fh 34
Bykovo (RUS) 62 Ef 41
Bylym (RUS) 76 Ed 47
Byšiv (UA) 58 Ck 40
93047 Byske (S) 22 Cb 26
593 01 Bystřice nad Pernštejnem (CZ) 56 Bg 41
768 61 Bystřice pod Hostýnem (CZ) 56 Bh 41
57-500 Bystrzyca Kłodzka (PL) 56 Bg 40
014 01 Bytča (SK) 56 Bi 41
41-902 Bytom (PL) 56 Bi 40
Bytoš' (RUS) 43 De 37
77-100 Bytów (PL) 40 Bh 36
38075 Byxelkrok (S) 29 Bh 33
Bzhetë-Makaj (AL) 86 Bk 48

C

Čaadaevka (RUS) 45 Ef 37
Cabañaquinta (Aller) (E) 80 Se 47
Čabar (SLO) 70 Be 45
4860-041 Cabeceiras de Basto (P) 80 Sc 49
06600 Cabeza del Buey (E) 92 Se 52
41730 Cabezas de San Juan, Las (E) 92 Se 54
39500 Cabezón de la Sal (E) 66 Sf 47
10610 Cabezuela del Valle (E) 80 Se 50
14940 Cabra (E) 93 Sf 53
09072 Cabras (I) 83 Ai 51
27834 Cabreiros (E) 80 Sc 47
32101* Čačak (SRB) 71 Ca 47
10001 Cáceres (E) 80 Sd 51
Čačërsk (BY) 42 Da 38
Čačėvičy (BY) 42 Ck 37
8800-213 Cachopo (P) 92 Sc 53
Čačinci (HR) 70 Bh 45
17488 Cadaqués (E) 82 Ad 48
2550-005* Cadaval (P) 80 Sa 51
022 01* Čadca (SK) 56 Bi 41
84160 Cadenet (F) 68 Af 47
33410 Cadillac (F) 66 Sk 46
47800 Çadırlı (TR) 98 Dk 53
11001 Cádiz (E) 92 Sd 54
14000* Caen (F) 52 Sk 41
CF24 Caerdydd = Cardiff (GB) 52 Sg 39
SA31 Caerfyrddin = Carmarthen (GB) 52 Sf 39
LL65 Caergybi = Holyhead (GB) 51 Sf 37
LL55 Caernarfon (GB) 51 Sf 37
CF83 Caerphilly (GB) 52 Sg 39
Čaevo (RUS) 32 Dh 32
Cagan Aman (RUS) 77 Eg 43
Cagan-Nur (RUS) 77 Ef 43
20555 Çağırgan (TR) 96 Ck 53
Çağış (TR) 88 Ci 51
61180 Çağlayan (TR) 90 Dk 51
61043 Cagli (I) 69 Bc 47
09100* Cagliari (I) 83 Ak 51
Çağlıyancerit (TR) 98 Dh 53
71010 Cagnano Varano (I) 85 Bf 49
Čagoda (RUS) 32 Df 31
Caher = An Chathair (IRL) 49 Sc 38
Cahersiveen = Catheir Saidhbhín (IRL) 49 Rk 39
46000* Cahors (F) 67 Ab 46
3901 Cahul (MD) 73 Ci 45
DG9 Cairnryan (GB) 51 Se 36
Caiseal = Cashel (IRL) 49 Sc 38
Caisleán an Bharraigh = Castlebar (IRL) 49 Sa 37
NR30 Caister-on-Sea (GB) 53 Ab 38
46160 Cajarc (F) 67 Ab 46
31310 Čajetina (SRB) 71 Bk 47
Čajkovskaja (RUS) 35 Ff 32
Čajkovskij (RUS) 46 Fe 34
Čajniče (BIH) 71 Bk 47
Çakılköy (TR) 88 Ci 50
Čakino (RUS) 61 Eb 38
55900 Çakıralan (TR) 89 Df 49
09080 Çakırbeyli (TR) 95 Ch 53
Çakırhöyük (TR) 98 Dh 53
Çakırlar (TR) 96 Da 54
Čakjan (RUS) 46 Fd 36
Çakmak (TR) 97 De 53
Čakola (RUS) 25 Ee 26
Čakovec (HR) 70 Bg 44
20700* Çal (TR) 96 Ck 52
44610 Calaceite (E) 82 Aa 49
07660 Cala d'Or (E) 82 Ad 51
08280 Calaf (E) 82 Ab 49
205200 Calafat (RO) 71 Cc 47
62100* Calais (F) 53 Ab 40
32042 Calalzo di Cadore (I) 69 Bc 44
07560 Cala Millor (E) 82 Ad 51
21300 Calañas (E) 92 Sd 53
44570 Calanda (E) 82 Sk 50
07023 Calangianus (I) 83 Ak 50
07590 Cala Rajada (E) 82 Ad 51
4401 Călăraşi (MD) 73 Ci 43
000910* Călăraşi (RO) 73 Ch 46
30420* Calasparra (E) 93 Si 52
91013 Calatafimi (I) 84 Bc 53
42193 Calatañazor (E) 81 Sh 49
03205 Calau (D) 55 Bd 39
2500-067* Caldas da Rainha (P) 80 Sa 51
36650 Caldas de Reis (E) 80 Sb 48
Çaldere (TR) 96 Dc 52
08140 Caldes de Montbui (E) 82 Ac 49
08140 Caldes de Montbúy = Caldes de Montbui (E) 82 Ac 49
Çaldıran (TR) 91 Ed 51
08370 Calella (E) 82 Ac 49
20214 Calenzana (F) 83 Ai 48
09451 Caleruega (E) 81 Sg 49
Çalış (TR) 89 Dc 51
61500 Çalköy (TR) 96 Da 52
56420 Callac (F) 52 Sg 42
Callain (IRL) 49 Sc 38
Callan = Callain (IRL) 49 Sc 38
FK17 Callander (GB) 50 Sf 34
HS2 Callanish (GB) 50 Sd 32
Çallı (TR) 90 Dg 51
03360 Callosa de Segura (E) 93 Sk 52
Čalna (RUS) 24 De 29
217145 Câlnic (RO) 72 Cd 46
Čalpy (RUS) 46 Fd 35
95041 Caltagirone (I) 84 Be 53
93100 Caltanissetta (I) 84 Be 53
Çaltı (TR) 96 Ck 53
Čaltyr' (RUS) 75 Dk 43
087040 Călugăreni (RO) 72 Cf 46
20260 Calvi (F) 83 Ai 48
39359 Calvörde (D) 55 Bb 38
75365 Calw (D) 54 Ai 42
13370 Calzada de Calatrava (E) 93 Sg 52
Çamalak (TR) 89 De 51
25613 Camarasa (E) 82 Aa 49
51660 Çamardı (TR) 97 De 53
45180 Camarena (E) 81 Sf 50
12360 Camarès (F) 67 Ac 47
29570 Camaret-sur-Mer (F) 52 Sf 42
15123 Camariñas (E) 80 Sa 47
41900 Camas (E) 92 Sd 53
52430 Çamaş (TR) 90 Dh 50
36630 Cambados (E) 80 Sb 48
Çambaşi Yayla (TR) 90 Dh 50
GU15 Camberley (GB) 52 Sk 39
64250 Cambo-les-Bains (F) 66 Si 47
Camborne (GB) 52 Se 40
59400 Cambrai (F) 53 Ad 40
CB1 Cambridge (GB) 53 Aa 38
43850 Cambrils (E) 82 Ab 49
20980 Çameli (TR) 96 Ck 53
4915 Camenca (MD) 58 Ci 42
62032 Camerino (I) 84 Bd 47
Çamiçi (TR) 90 Dg 50
Çamili (TR) 91 Eb 49
4910-101* Caminha (P) 80 Sb 49
Çamköy (TR) 95 Ch 53
25530 Çamlıbel (TR) 90 Dg 50
Çamlıca (TR) 97 Dd 54
63190 Çamlıdere (TR) 89 Dc 50
63190 Çamlıdere (TR) 98 Dk 53
53750 Çamlıhemşin (TR) 91 Eb 49
Çamlık (TR) 88 Ci 51
Çamlık (TR) 96 Db 53
25900 Çamlıkaya (TR) 91 Eb 50
Čamlynskaja (RUS) 76 Ea 46
15310 Çamoluk (TR) 90 Di 50
15310 Çamoluk (TR) 96 Da 53
Čamovo (RUS) 25 Ed 28
87061 Campana (I) 85 Bg 51
06460 Campanario (E) 92 Se 52
PA28 Campbeltown (GB) 51 Se 35
515500 Câmpeni (RO) 72 Cd 44
Campiglia Marittima (I) 84 Ba 47
45578 Campillo de la Jara, El (E) 80 Se 51
06443 Campillo de Llerena (E) 92 Se 52
105600 Câmpina (RO) 72 Cf 45
Campo (E) 82 Aa 48
86100 Campobasso (I) 85 Be 49
92023 Campobello di Licata (I) 84 Bd 53
13610 Campo de Criptana (E) 81 Sg 51
7370-010* Campo Maior (P) 80 Sc 51
44158 Campos (E) 82 Ad 51
18565 Campotéjar (E) 93 Sg 53
115100 Câmpulung (RO) 72 Cf 45
725100 Câmpulung Moldovenesc (RO) 72 Cf 43

168 | Bričany = Briceni

Çamsu (TR) 96 Ck 52
01365 Çamuzcu (TR) 97 Df 54
Čamzihka (RUS) 45 Ef 36
Čamzinka (RUS) 45 Ef 36
17400 Çan (TR) 87 Ch 50
17400 Çan (TR) 91 Ea 51
27440 Cañabal (E) 80 Sc 48
28810 Çanakçı (TR) 90 Di 50
28810 Çanakçı (TR) 98 Dk 53
17000* Çanakkale (TR) 87 Cg 50
46650 Canals (E) 82 Sk 52
35260 Cancale (F) 52 Si 42
47290 Cancon (F) 66 Aa 46
Çandarlı (TR) 88 Ck 50
35986 Çandarlı (TR) 95 Cg 52
33430 Candás (Carreño) (E) 80 Se 47
49440 Candé (F) 66 Si 43
71024 Candela (I) 85 Bf 49
05480 Candeleda (E) 80 Se 50
66620 Çandır (TR) 89 Dd 50
66620 Çandır (TR) 89 Df 51
66620 Çandır (TR) 96 Da 53
14053 Canelli (I) 68 Ai 46
22880* Canfranc (E) 82 Sk 48
Cangas (E) 80 Sb 48
33800 Cangas del Narcea (E) 80 Sd 47
33550 Cangas de Onís (Cangues d'Onís) (E) 80 Se 47
92024 Canicattì (I) 84 Bd 53
49440 Cañizal (E) 80 Se 49
Çankaya (TR) 89 Dc 51
18000 Çankırı (TR) 89 Dd 50
06400* Cannes (F) 68 Ah 47
IV4 Cannich (GB) 50 Sf 33
WS11 Cannock (GB) 51 Sh 38
70053 Canosa di Puglia (I) 85 Bg 49
40320 Cantalejo (E) 81 Sg 49
37405 Cantalpino (E) 80 Se 49
3060-121* Cantanhede (P) 80 Sb 50
7300 Cantemir (MD) 73 Ci 44
CT1 Canterbury (GB) 53 Ab 39
61044 Cantiano (I) 69 Bc 47
41320 Cantillana (E) 92 Se 53
22063 Cantù (I) 69 Ak 45
76450 Cany-Barville (F) 53 Aa 41
30021 Caorle (I) 69 Bc 45
84047 Capaccio (I) 85 Bf 50
Čapaevo (RUS) 77 Ei 45
Čapaevskj (RUS) 45 Ek 38
Caparde (BIH) 71 Bi 46
40130 Capbreton (F) 66 Si 47
12700 Capdenac-Gare (F) 67 Ac 46
Cape Gata (CY) 96 Dc 56
Capel'ka (RUS) 31 Ci 32
02260 Capelle, la (F) 53 Ad 41
Čapljina (BIH) 85 Bh 47
Čaplygin (RUS) 44 Dk 37
Čaplynka (UA) 74 Dd 44
25044 Capo di Ponte (I) 69 Ba 44
98071 Capo d'Orlando (I) 84 Be 52
88841 Capo Rizzuto (I) 85 Bh 52
Cappoquin = Ceapach Choinn (IRL) 49 Sc 38
Capranica (I) 84 Bc 48
217125 Căpreni (RO) 72 Cd 46
80073 Capri (I) 85 Be 50
33840 Captieux (F) 66 Sk 46
Capua (I) 85 Be 49
Čara (HR) 85 Bg 48
235200 Caracal (RO) 72 Ce 46
31460 Caraman (F) 67 Ab 47
33114 Caranga (E) 80 Sd 47
325400 Caransebeş (RO) 71 Cc 45
827061 Caraorman (RO) 73 Ck 45
32500 Carballino, O (E) 80 Sb 48
15186 Carballo (E) 80 Sb 47
09013 Carbonia (I) 83 Ai 51
31390 Carbonne (F) 67 Ab 47
17043 Carcare (I) 68 Ai 46
11000* Carcassonne (F) 82 Ac 47
83570 Carces (F) 68 Ag 47
66320* Çardak (TR) 96 Ck 53
66320* Çardak (TR) 98 Dg 52
14445 Cardeña (E) 93 Sf 52
CF24 Cardiff (GB) 52 Sg 39
SA43 Cardigan (GB) 52 Sf 38
08261 Cardona (E) 82 Ab 49
445100 Carei (RO) 71 Cc 43
50500 Carentan (F) 52 Si 41
8260 Carevo (BG) 88 Ch 48
20130 Cargèse (F) 83 Ai 48
29270* Carhaix-Plouguer (F) 52 Sg 42
87062 Cariati (I) 85 Bg 51
33750 Caridad, La (E) 80 Sd 47
08110 Carignan (F) 54 Af 41
Çarıklıfabrıkasıköyü (TR) 99 Ea 53
Carini (I) 84 Bd 52
7280 Car Kalojan (BG) 72 Cg 47
727110 Cârlibaba (RO) 72 Cf 43
CA2 Carlisle (GB) 51 Sh 36
09014 Carloforte (I) 83 Ai 51
14100 Carlota, La (E) 93 Sf 53
Carlow = Ceatharlach (IRL) 49 Sd 38
HS2 Carloway (GB) 50 Sd 32
10022 Carmagnola (I) 68 Ah 46
SA31 Carmarthen (GB) 52 Sf 39
81400 Carmaux (F) 67 Ac 46
Cármenes (E) 80 Se 48
39558 Carmona (E) 92 Se 53
56340* Carnac (F) 66 Sg 43
Carn Domhnach (IRL) 49 Sc 35
Carndonagh = Carn Domhnach (IRL) 49 Sc 35
LA5 Carnforth (GB) 51 Sh 36
2163 Carnikava (LV) 30 Ce 33
DD7 Carnoustie (GB) 50 Sh 34
23200 Carolina, La (E) 93 Sg 52
26409 Carolinensiel (D) 38 Ah 37
Čarozero (RUS) 32 Di 30
84200 Carpentras (F) 68 Af 46
41012 Carpi (I) 69 Ba 46
307090 Cărpiniş (RO) 71 Ca 45
44470 Carquefou (F) 66 Si 43
PA28 Carradale (GB) 49 Se 35
Carraig Air (IRL) 49 Sc 35
Carraig an Chabhalfaigh (IRL) 49 Sa 38
Carraig Mhachaire Rois (IRL) 49 Sd 37
Carraig na Siúire (IRL) 49 Sc 38
Carral (E) 80 Sb 47
54033 Carrara (I) 69 Ba 46
5140-053* Carrazeda de Ansiães (P) 80 Sc 49
PH23 Carrbridge (GB) 50 Sg 33
Carrick = An Charraig (IRL) 49 Sb 36
Carrickart = Carraig Air (IRL) 49 Sc 35
BT38 Carrickfergus (GB) 49 Se 36
Carrickmacross = Carraig Mhachaire Rois (IRL) 49 Sd 37
Carrick on Shannon = Cora Droma Rúisc (IRL) 49 Sb 37
Carrick on Suir = Carraig na Siúire (IRL) 49 Sc 38
Carrigaholt = Carraig an Chabhalfaigh (IRL) 49 Sa 38
13150 Carrión de Calatrava (E) 81 Sg 51
34120 Carrión de los Condes (E) 81 Sf 48
Çarşamba (TR) 90 Dg 49
61420 Çarşıbaşı (TR) 90 Dk 49
DG7 Carsphairn (GB) 51 Sf 35
30201* Cartagena (E) 93 Sk 53
2070-003* Cartaxo (P) 80 Sb 51
21450 Cartea (E) 92 Sc 53
50270 Carteret, Barneville- (F) 52 Si 41
62220 Carvin (F) 53 Ac 40
Caryčanka (UA) 59 De 42
Casa del Puerto (E) 93 Si 52
15033 Casale Monferrato (I) 68 Ai 45
70010 Casamassima (I) 85 Bg 50
20290 Casamozza (F) 83 Ak 48
29690 Casares (E) 92 Se 54
05450 Casavieja (E) 81 Sf 50
2750-001* Cascais (P) 92 Sa 52
81100 Caserta (I) 85 Be 49
Cashel = Caiseal (IRL) 49 Sc 38
46171 Casinos (E) 82 Sk 51
Časiv Jar (UA) 60 Dh 42
286 01 Čáslav (CZ) 56 Bf 41
NP19 Casnewydd = Newport (GB) 52 Sh 39
Čašniki (BY) 42 Ck 36
Casoli (I) 85 Be 48
Časovenskoe (RUS) 32 Dd 30
Časovo (RUS) 26 Fa 28
50700 Caspe (E) 82 Sk 49
59670 Cassel (F) 53 Ac 40
03043 Cassino (I) 84 Bd 49
13260 Cassis (F) 68 Af 47
10340 Castañar de Ibor (E) 80 Se 51
3280-007* Castanheira de Pêra (P) 80 Sb 50
90013 Castelbuono (I) 84 Be 53
67031 Castel di Sangro (I) 85 Be 49
Castelfranco Veneto (I) 69 Bb 45
00040 Castel Gandolfo (I) 84 Bc 49
47700 Casteljaloux (F) 66 Aa 46
84048 Castellabate (I) 85 Be 50
Castellammare del Golfo (I) 84 Bc 52
80053 Castellammare di Stabia (I) 85 Be 50
04120 Castellane (F) 68 Ag 47
13750 Castellar de Santiago (E) 93 Sg 52
23260 Castellar de Santisteban (E) 93 Sg 52
25154 Castelldans (E) 82 Aa 49
08860 Castelldefels (E) 82 Ab 49
18740 Castell de Ferro (E) 93 Sg 54
SA11 Castell-nedd = Neath (GB) 52 Sg 39
12001 Castelló de la Plana (E) 82 Sk 51
12001 Castellón de la Plana = Castelló de la Plana (E) 82 Sk 51
44560 Castellote (E) 82 Sk 50
11400* Castelnaudary (F) 67 Ab 47
65230 Castelnau-Magnoac (F) 66 Aa 47
42035 Castelnovo ne'Monti (I) 69 Ba 46
53019 Castelnuovo Berardenga (I) 69 Bb 47
55032 Castelnuovo di Garfagnana (I) 69 Ba 46
6005-001 Castelo Branco (P) 80 Sc 51
82100* Castelsarrasin (F) 67 Ab 46
92025 Casteltermini (I) 84 Bd 53
91022 Castelvetrano (I) 84 Bc 53
40300 Castets (F) 66 Si 47
57012 Castiglioncello (I) 69 Ba 47
06061 Castiglione del Lago (I) 84 Bc 47
Castiglione della Pescaia (I) 84 Ba 48
52043 Castiglion Fiorentino (I) 69 Bb 47
06680 Castilblanco (E) 80 Se 51
41230 Castilblanco de los Arroyos (E) 92 Se 53
Castillo, O (Salvaterra de Miño) (E) 80 Sb 48
45641 Castillo de Bayuela (E) 81 Sf 50
09800 Castillon-en-Couserans (F) 82 Ab 48
33350 Castillon-la-Bataille (F) 66 Sk 46
47330 Castillonnès (F) 66 Aa 46
Castlebar = Caisleán an Bharraigh (IRL) 49 Sa 37
HS9 Castlebay (GB) 50 Sc 34
Castlebellingham = Baile an Ghearlánaigh (IRL) 49 Sd 37
Castleblayney (IRL) 49 Sd 36
BT81 Castlederg (GB) 49 Sc 36
Castleisland = Oileán Ciarraí (IRL) 49 Sa 38
Castlepollard = Baile na gCros (IRL) 49 Sc 37
Castlerea = An Caisleán Riabhach (IRL) 49 Sb 37
IM9 Castletown (GBM) 51 Sf 36
Castletown Bearhaven = Baile Chaisleáin Bhéarra (IRL) 49 Rl 39
81100* Castres (F) 67 Ac 47
1900 Castricum (NL) 53 Ae 38
18816 Castril (E) 93 Sh 53
3600-069* Castro Daire (P) 80 Sc 50
09110 Castrojeriz (E) 81 Sf 48
33760 Castropol (E) 80 Sc 47
39700 Castro-Urdiales (E) 66 Sg 47
7780-090* Castro Verde (P) 92 Sb 53
87012 Castrovillari (I) 85 Bg 51
06420 Castuera (E) 92 Se 52
Častye (RUS) 35 Ff 33
Çat (TR) 91 Ea 51
Çatak (TR) 88 Da 50
Çatak (TR) 97 Dd 54
Çatak (TR) 99 Ed 52
01790 Çatalan (TR) 97 Df 53
Çatalarmut (TR) 90 Dk 51
34540* Çatalca (TR) 88 Ci 49
Çatalçam (TR) 90 Di 51
Çatallar (TR) 96 Da 54
827076 Cataloi (RO) 73 Ci 45
95100 Catania (I) 84 Bf 53
88100 Catanzaro (I) 85 Bg 52
Catanzaro Lido (I) 85 Bg 52
59360 Cateau-Cambrésis, le (F) 53 Ad 40
94010 Catenanuova (I) 84 Be 53
Cathair na Mairt = Westport (IRL) 49 Sa 37
Catheir Saidhbhin (IRL) 49 Rk 39
Çatköy (TR) 98 Dg 54
Cattolica (I) 69 Bc 47
59540 Caudry (F) 53 Ad 40
22350 Caulnes (F) 52 Sh 42
11160 Caunes-Minervois (F) 67 Ac 47
4300 Căuşeni (MD) 73 Ck 44
82300 Caussade (F) 67 Ab 46
65110 Cauterets (F) 82 Sk 48
84300 Cavaillon (F) 68 Af 47
12230 Cavalerie, la (F) 67 Ad 46
Cavan = An Cabhán (IRL) 49 Sc 37
Čavan'ga (RUS) 24 Dh 24
30014 Cavarzere (I) 69 Bc 45
Çavdar (TR) 95 Ch 53
43710 Çavdarhisar (TR) 88 Ck 51
15900 Çavdır (TR) 96 Ck 53
Cavtat (HR) 85 Bi 48
55420 Çavuş (TR) 96 Db 53
Çavuşçugöl (TR) 96 Db 52
Çavuşköy (TR) 96 Da 54
Çavuşlar (TR) 89 Dc 49
Čavusy (BY) 42 Da 37
37270 Çay (TR) 96 Db 52
34886 Çayağzı (TR) 88 Ck 49
36500 Çayarası (TR) 91 Ec 50
Çaybağı (TR) 98 Dk 52
05300 Çaybaşı (TR) 90 Dh 49
27700 Çaybeyi (TR) 98 Dh 54
67900 Çaycuma (TR) 89 Dc 49
53200 Çayeli (TR) 91 Ea 49
80410 Cayeux-sur-Mer (F) 53 Ab 40
42335 Çayhan (TR) 97 De 53
55700 Çayır (TR) 89 Df 49
66600 Çayıralan (TR) 89 Df 51
36000 Çayırbaşı (TR) 91 Ec 50
06922 Çayırhan (TR) 88 Db 50
55300 Çayırkent (TR) 90 Dg 49
47510 Çayırlı (TR) 91 Ea 51
25900 Çayırözü (TR) 97 Df 52
Çaykara (TR) 91 Ea 50
49610 Çaylar (TR) 91 Eb 51
34520 Caylar, le (F) 67 Ad 47
Çaylarbaşı (TR) 98 Dk 53
82160 Caylus (F) 67 Ab 46
Çayönü (TR) 90 Dh 50
21560 Çaytepe (TR) 99 Ea 52
41370 Cazalla de la Sierra (E) 92 Se 53
64700 Cazaubon (F) 66 Sk 47
31220 Cazères (F) 82 Ab 47
Čazin (BIH) 70 Bf 46
Čazma (HR) 70 Bg 45
23470 Cazorla (E) 93 Sg 53
24174 Cea (E) 80 Se 48
6101 Ceadîr-Lunga (MD) 73 Ci 44
Ceanánnas (IRL) 49 Sd 37
Ceann Toirc (IRL) 49 Sb 38
Ceapach Choinn (IRL) 49 Sc 38
Ceatharlach = Carlow (IRL) 49 Sd 38
Čebarkul' (RUS) 47 Ga 35
37400 Çebeci (TR) 91 Ed 50
Čeboksary (RUS) 45 Eh 34
Čebotovka (RUS) 60 Dk 42
991 25 Čebovce (SK) 56 Bk 42
05260 Cebreros (E) 81 Sf 50
Čebsara (RUS) 32 Di 31
Čeburga (RUS) 37 Gi 33
03023 Ceccano (I) 84 Bd 49
7013 Cece (H) 71 Bi 44
Čečel'nyk (UA) 58 Ck 42
Cecimli (TR) 98 Dh 52
Cecina (I) 69 Ba 47
15350 Cedeira (E) 80 Sb 47
10513 Cedillo (E) 80 Sc 51
44147 Cedrillas (E) 82 Sk 50
90015 Cefalù (I) 84 Be 52
Čegem Pervyj (RUS) 76 Ed 47
Cegi (LV) 30 Cc 33
2700 Cegléd (H) 71 Bk 43
Ceglie Messapico (I) 85 Bh 50
1237 Čegrane (MK) 86 Ca 49
30430 Cehegín (E) 93 Si 52
Čehov (RUS) 43 Dh 35
SA45 Ceinewydd = New Quay (GB) 52 Sf 38
Čekalin (RUS) 43 Dg 36
66500 Çekerek (TR) 89 Df 50
Çekirge (TR) 89 Dc 51
Čekmaguš (RUS) 46 Fe 35
Čekšino (RUS) 33 Ea 31
Celâli (TR) 90 Dh 51
67043 Celano (I) 84 Bd 48
32800 Celanova (E) 80 Sc 48
Čelbasskaja (RUS) 75 Dk 45
Celbridge = Cill Droichid (IRL) 49 Sd 37
71810 Çelebi (TR) 89 Dd 51
Čelić (BIH) 71 Bi 46
02600 Çelikhan (TR) 98 Di 52
Čelina (RUS) 76 Eb 44
Čelinnyj (RUS) 47 Fi 37
Čelinnyj (RUS) 76 Ee 44
Čeljabinsk (RUS) 47 Gb 35
Čeljachany (BY) 58 Cf 38
3000* Celje (SLO) 70 Bf 44
9500 Celldömölk (H) 70 Bh 43
29221* Celle (D) 55 Ba 38
Čelno-Veršiny (RUS) 46 Fb 36
6360-287* Celorico da Beira (P) 80 Sc 50
Çeltek (TR) 96 Db 52
Çeltik (TR) 88 Db 51
Çeltikçi (TR) 89 Dc 50
Çeltikçi (TR) 96 Da 53
Çeltikli (TR) 89 Dc 51
19050 Çemilbey (TR) 89 Df 50
50420 Çemilköy (TR) 97 De 52
62600 Çemişgezek (TR) 90 Di 51
Cé na Cille Móire (IRL) 49 Sd 38
Cengerli (TR) 90 Di 51
36500 Cengilli (TR) 91 Ec 50
33150 Cenon (F) 66 Sk 46
08540 Centelles (E) 82 Ac 49
44042 Cento (I) 69 Bb 46
Central'no-Kospašskij (RUS) 35 Fh 31
Central'nyj (RUS) 34 Fa 31
Čepeck, Kirovo- (RUS) 34 Fa 32
Čepeckij (RUS) 34 Fb 32
4850 Čepelare (BG) 87 Ce 49
Čepin (HR) 71 Bi 45
Çepni (TR) 88 Db 50
5253 Čepovan (SLO) 69 Bd 44
Čerachavka (BY) 59 Db 38
66290 Cerbère (F) 82 Ad 48
7555-101 Cercal (P) 92 Sb 53
87070 Cerchiara di Calabria (I) 85 Bg 51
Çerçiler (TR) 89 Df 49
58340 Cercy-la-Tour (F) 67 Ad 44
Čerdakly (RUS) 45 Ei 36
36130 Cerdedo (E) 80 Sb 48
45620 Cerdon (F) 67 Ac 43
Čerdyn' (RUS) 35 Fg 30
Čerelennye Buruny (RUS) 77 Ef 46
Čeremošnica (RUS) 34 Eg 31
Čeremšan (RUS) 46 Fb 36
Čeremšanka (RUS) 47 Ga 34
Čeremuhovo (RUS) 36 Ga 30
Čerencovo (RUS) 31 Dc 31
Čerenskoe (RUS) 32 Df 32
Čerepovec (RUS) 32 Dh 31
10070 Ceres (I) 68 Ah 45
66400 Céret (F) 82 Ac 48
Čerevkovo (RUS) 25 Ef 29
40591 Cerezo de Abajo (E) 81 Sg 49
71042 Cerignola (I) 85 Bf 49
03350 Cérilly (F) 67 Ac 44
79140 Cerizay (F) 66 Sk 44
Čerkas'ke (UA) 60 Dh 42
Čerkasskoe (RUS) 62 Eh 38
Čerkassy = Čerkasy (UA) 59 Dc 41
Čerkasy (UA) 59 Dc 41
18600 Çerkeş (TR) 89 Dc 50
Čerkessk (RUS) 76 Ec 46
59500 Çerkezköy (TR) 88 Ci 49
1380 Cerknica (SLO) 70 Be 45
5959 Čerkovica (BG) 72 Ce 47
Čerkutino (RUS) 44 Dk 34
317075 Cermei (RO) 71 Cb 44
Čermenino (RUS) 33 Ed 31
21600 Çermik (TR) 98 Dk 52
Čermoz (RUS) 35 Fg 32
Čern' (RUS) 43 Dg 37
827045 Cerna (RO) 73 Ci 45
Černaja, Ust'- (RUS) 35 Fc 30
Černaja Holunica (RUS) 34 Fb 32
207185 Cernăteşti (RO) 72 Cd 46
Černava (RUS) 44 Dk 37
Černavka (RUS) 61 Ec 38
905200 Cernavodă (RO) 73 Ci 46
68700 Cernay (F) 68 Ah 43
Cernégula (E) 81 Sg 48
Černevo (RUS) 31 Ci 32
Černigov = Černihiv (UA) 59 Db 39
Černigovskaja (RUS) 75 Dk 46
Černihiv (UA) 59 Db 39
Černivci (UA) 58 Cf 42
Černjachiv (UA) 58 Ci 40
Černjahovsk (RUS) 40 Cb 36
Černjanka (RUS) 60 Dh 40
Černoborskaja (RUS) 26 Fd 25
Černoe (RUS) 34 Eg 33
Černoe (RUS) 37 Gk 33
Černogolovka (RUS) 43 Di 34
Černoistočinsk (RUS) 36 Fk 33
Černoreč'e (RUS) 47 Ga 36
Černorečenskij (RUS) 35 Fc 30
Černovcy = Černivci (UA) 58 Cf 42
Černovskoe (RUS) 34 Eh 32
Černovskoe (RUS) 35 Fe 33
Černovskoe (RUS) 45 Ef 35
Černozer'e (RUS) 45 Ee 34
Černuška (RUS) 47 Fg 34
Černut'evo (RUS) 26 Ei 27
Černyhivka (UA) 75 Dg 43
Černyj Jar (RUS) 62 Eg 42
Černyj Otrog (RUS) 64 Fg 39
Černyškovskij (RUS) 61 Ec 42
Çërrik (AL) 86 Bk 49
50052 Certaldo (I) 69 Bb 47
Čertkovo (RUS) 44 Ec 35
Čertkovo (RUS) 61 Ea 41
Čerusti (RUS) 44 Ea 35
Červa (RUS) 26 Ei 28
Čèrven' (BY) 42 Ci 37
5980 Červen Brjag (BG) 72 Ce 47
25200 Cervera (E) 82 Ab 49
34840 Cervera de Pisuerga (E) 81 Sf 48
00052 Cerveteri (I) 84 Bc 49
48015 Cervia (I) 69 Bc 46
33052 Cervignano del Friuli (I) 69 Bd 45
83012 Cervinara (I) 85 Be 49
20221 Cervione (F) 83 Ak 48
Cervo (E) 80 Sc 47
Červone (UA) 59 De 39
Červonoarmijs'k (UA) 58 Cf 40
Červonoarmijs'k (UA) 58 Ci 40
Červonoarmijs'ke (UA) 73 Ci 45

Červonograd = Červonohrad (UA) 57 Ce 40
Červonohrad (UA) 57 Ce 40
Červonozavods'ke (UA) 59 Dd 40
Červonoznam'janka (UA) 73 Da 43
Čèrykav (BY) 42 Db 37
47023 Cesena (I) 69 Bc 46
Cesenatico (I) 69 Bc 46
4101 Cēsis (LV) 30 Cf 33
407 21 Česká Kamenice (CZ) 55 Be 40
470 01* Česká Lípa (CZ) 55 Be 40
560 02* Česká Třebová (CZ) 56 Bg 41
370 01* České Budějovice (CZ) 55 Be 42
282 01 Český Brod (CZ) 55 Be 40
381 01 Český Krumlov (CZ) 55 Be 42
735 61* Český Těšín (CZ) 56 Bi 41
Česma (RUS) 47 Ga 37
35930 Çeşme (TR) 95 Cg 52
42445 Çeşmelisebil (TR) 96 Dc 52
31210 Čestobrodica (SRB) 71 Ca 47
4871 Cesvaine (LV) 41 Cg 34
207190 Cetate (RO) 72 Cd 46
81 250 Cetinje (MNE) 86 Bi 48
58920 Çetinkaya (TR) 90 Dh 51
87022 Cetraro (I) 85 Bf 51
Četyrman, Bala- (RUS) 46 Ff 37
Ceuta (Sebta) (E) 92 Se 55
12073 Ceva (I) 68 Ai 46
73400 Cevizdüzü (TR) 99 Ec 53
Cevizli (TR) 96 Db 53
Cevizlik (TR) 90 Dg 49
Çevizlik (TR) 99 Ec 52
81 258 Čevo (MNE) 86 Bi 48
01920* Ceyhan (TR) 97 Df 53
63570 Ceylanpınar (TR) 99 Ea 54
16150 Chabanais (F) 66 Aa 45
26120 Chabeuil (F) 68 Af 46
89800 Chablis (F) 67 Ad 43
36210 Chabris (F) 67 Ab 43
71150 Chagny (F) 67 Ae 44
43160 Chaise-Dieu, la (F) 67 Ad 45
36370 Chalais (F) 66 Aa 45
45120 Châlette-sur-Loing (F) 53 Ac 42
85300 Challans (F) 66 Si 44
49290 Chalonnes-sur-Loire (F) 66 Sk 43
51000 Châlons-en-Chamapagne (F) 53 Ae 42
Châlons-sur-Marne = Châlons-en-Chamapagne (F) 53 Ae 42
71100* Chalon-sur-Saône (F) 67 Ae 44
Chalopeničy (BY) 42 Ci 36
87230 Châlus (F) 66 Aa 45
93413 Cham (D) 55 Bc 41
73000* Chambéry (F) 68 Af 45
43400 Chambon-sur-Lignon, le (F) 67 Ae 45
41250 Chambord (F) 67 Ab 43
87140 Chamborêt (F) 67 Ab 44
74400* Chamonix-Mont-Blanc (F) 68 Ag 45
16350 Champagne-Mouton (F) 66 Aa 45
39300* Champagnole (F) 68 Af 44
51270 Champaubert (F) 53 Ad 42
1874 Champéry (CH) 68 Ag 44
70600 Champlitte (F) 68 Af 43
11020 Champoluc (I) 68 Ah 45
27500 Chantada (E) 80 Sc 48
60500 Chantilly (F) 53 Ac 41
Chantôme, Eguzon- (F) 67 Ab 44
85110 Chantonnay (F) 66 Si 44
18380 Chapelle-d'Angillon, la (F) 67 Ac 43
TA20 Chard (GB) 52 Sh 40
58400* Charité-sur-Loire, la (F) 67 Ad 43
Charkiv (UA) 60 Dg 41
Charkow = Charkiv (UA) 60 Dg 41
6000 Charleroi (B) 53 Ae 40
Charlestown = Baile Chathail (IRL) 49 Sb 37
08000* Charleville-Mézières (F) 53 Ae 41
67301 Charlottenberg (S) 29 Bc 31
88130 Charmes (F) 54 Ag 42
89120 Charny (F) 67 Ad 43
71120 Charolles (F) 67 Ae 44
28000* Chartres (F) 53 Ab 42
16260 Chasseneuil-sur-Bonnieure (F) 66 Aa 45
85130 Châtaigneraie, la (F) 66 Sk 44
04160 Château-Arnoux (F) 68 Ag 46
56500 Châteaubriant (F) 66 Si 43
58120 Château-Chinon (F) 67 Ad 43
1837 Château-d'Oex (CH) 68 Ah 44
17480 Château-d'Oléron, Le (F) 66 Si 45
72500 Château-du-Loir (F) 66 Aa 43
28200 Châteaudun (F) 53 Ab 42
53200* Château-Gontier (F) 66 Sk 43
77570 Château-Landon (F) 53 Ac 42
37330 Château-la-Vallière (F) 66 Aa 43
29150 Châteaulin (F) 52 Sf 42
18370 Châteaumeillant (F) 67 Ac 44
48170 Châteauneuf-de-Randon (F) 67 Ad 46
29520 Châteauneuf-du-Faou (F) 52 Sg 42
28170 Châteauneuf-en-Thymerais (F) 53 Ab 42
16120 Châteauneuf-sur-Charente (F) 66 Sk 45
45110 Châteauneuf-sur-Loire (F) 67 Ac 43
49330 Châteauneuf-sur-Sarthe (F) 66 Sk 43
87290 Châteauponsac (F) 67 Ab 44
37110 Château-Renault (F) 66 Aa 43
36000* Châteauroux (F) 67 Ab 44
57170 Château-Salins (F) 54 Ag 42
02400* Château-Thierry (F) 53 Ad 41
52120 Châteauvillain (F) 53 Ae 42
17340 Châtelaillon-Plage (F) 66 Si 44
6200 Châtelet (B) 53 Ae 40
86100 Châtellerault (F) 66 Aa 44
11024 Châtillon (I) 68 Ah 45
45230 Châtillon-Coligny (F) 67 Ac 43
58110 Châtillon-en-Bazois (F) 67 Ad 43
26410 Châtillon-en-Diois (F) 68 Af 46
01400 Châtillon-sur-Chalaronne (F) 67 Ae 44
36700 Châtillon-sur-Indre (F) 67 Ab 44
21400* Châtillon-sur-Seine (F) 67 Ae 43
86390 Châtre, la (F) 67 Ab 44
15110 Chaudes-Aigues (F) 67 Ad 46
71170 Chauffailles (F) 67 Ae 44
52000* Chaumont (F) 54 Af 42
52000* Chaumont (F) 67 Ab 44
02300* Chauny (F) 53 Ad 41
86300 Chauvigny (F) 66 Aa 44
2300* Chaux-de-Fonds, La (CH) 68 Ag 43
5000-215 Chaves (P) 80 Sc 49
350 02 Cheb (CZ) 55 Bc 40
79110 Chef-Boutonne (F) 66 Sk 44
06105 Cheles (E) 92 Sc 52
22-100 Chełm (PL) 57 Cd 39
62-660 Chełmno (PL) 40 Bi 37
CM2 Chelmsford (GB) 53 Aa 39
87-140 Chełmża (PL) 40 Bi 37
GL50 Cheltenham (GB) 52 Sh 39
46176 Chelva (E) 82 Sk 51
49120 Chemillé (F) 66 Sk 43
09111* Chemnitz (D) 55 Bc 40
NP16 Chepstow (GB) 52 Sh 39
50100 Cherbourg-Octeville (F) 52 Si 41
Cherman (MD) 73 Ch 43
89690 Chéroy (F) 53 Ad 42
Cherson (UA) 74 Dc 44
KT15 Chertsey (GB) 52 Sk 39
46380 Cheste (E) 82 Sk 51
CH1 Chester (GB) 51 Sh 37
CT5 Chesterfield (GB) 51 Si 37
03230 Chevagnes (F) 67 Ad 44
52170 Chevillon (F) 54 Af 42
45520 Chevilly (F) 53 Ab 42
79120 Chey (F) 66 Sk 44
07160 Cheylard, le (F) 67 Ae 46
60033 Chiaravalle (I) 69 Bd 47
88064 Chiaravalle Centrale (I) 85 Bg 52
25032 Chiari (I) 69 Ak 45
16043 Chiavari (I) 69 Ak 46
23022 Chiavenna (I) 69 Ak 44
PO19 Chichester (GB) 52 Sk 40
11130 Chiclana de la Frontera (E) 92 Sd 54
10023 Chieri (I) 68 Ah 45
66100 Chieti (I) 85 Be 48
6460 Chimay (B) 53 Ae 40
02520 Chinchilla de Monte Aragón (E) 93 Si 52
28370 Chinchón (E) 81 Sg 50
37500 Chinon (F) 66 Aa 43
30015 Chioggia (I) 69 Bc 45
Chiperceni (MD) 73 Ci 43
11550 Chipiona (E) 92 Sd 54
SN15 Chippenham (GB) 52 Sh 39
BS37 Chipping Sodbury (GB) 52 Sh 39
04825 Chirivel (E) 93 Sh 53
2000 Chişinău (MD) 73 Ci 43
315100 Chişineu-Criş (RO) 71 Cb 44
53043 Chiusi (I) 69 Bb 47
10034 Chivasso (I) 68 Ah 45
Chlystunivka (UA) 59 Db 41
Chmeliv (UA) 59 Dd 40
Chmel'nyc'kyj (UA) 58 Cg 41
Chmel'nyc'kyj, Perejaslav- (UA) 59 Db 40
36-016 Chmielnik (PL) 57 Ca 40
Chmil'nyk (UA) 58 Ch 41
565 01 Choceň (CZ) 56 Bg 41
Chocimsk (BY) 42 Dc 37
73-120 Chociwel (PL) 39 Bf 37
Chočyne (UA) 58 Ch 39
87-860 Chodecz (PL) 56 Bk 38
Chodoriv (UA) 57 Ce 41
64-800 Chodzież (PL) 40 Bg 38
74-500 Chojna (PL) 39 Be 38
89-600 Chojnice (PL) 40 Bh 37
Chojniki (BY) 58 Ck 39
49300* Cholet (F) 66 Sk 43
Cholmeč (BY) 59 Da 38
Cholmy (UA) 59 Dc 39
430 01* Chomutov (CZ) 55 Bd 40
05230 Chorges (F) 68 Ag 46
Chorol (UA) 59 Dd 41
06-330 Chorzele (PL) 40 Ca 37
41-500 Chorzów (PL) 56 Bi 40
73-200 Choszczno (PL) 39 Bf 37
583 01 Chotěboř (CZ) 56 Bf 41
Chotin' (UA) 59 De 39
Chotyn (UA) 58 Cg 42
Chovmy (UA) 59 Dc 39
Chrinivka (BY) 59 Db 38
Chrinivka (UA) 59 Db 38
BH23 Christchurch (GB) 52 Si 40
6070 Christiansfeld (DK) 38 Ak 35
537 01* Chrudim (CZ) 56 Bf 41
Chrysochou Bay (CY) 96 Dc 55
Chrystynivka (UA) 58 Ck 42
28-133 Chrzanów (PL) 56 Bk 40
7000* Chur (CH) 69 Ak 44
Chust (UA) 57 Cd 42
Chyriv (UA) 57 Cc 41
6101 Ciadîr-Lunga = Ceadîr-Lunga (MD) 73 Ci 44
Čiblega (RUS) 34 Fa 29
Çiçekdağı (TR) 89 De 51
Çiçekli (TR) 88 Ci 51
Çiçekli (TR) 91 Eb 51
Çiçekli (TR) 91 Ed 51
Çiçekli (TR) 97 Df 53
37400 Çicekyayla (TR) 89 De 49
06-400 Ciechanów (PL) 40 Ca 38
18-230 Ciechanowiec (PL) 41 Cc 38
28350 Ciempozuelos (E) 81 Sg 50
37-611 Cieszanów (PL) 57 Cd 40
63-435 Cieszyn (PL) 56 Bi 41
30530 Cieza (E) 93 Si 52
51910 Çiftehan (TR) 97 De 53
26700 Çifteler (TR) 88 Db 51
48700 Çiftlik (TR) 91 Ea 51
48700 Çiftlik (TR) 97 De 52
Çiftlikköy (TR) 89 De 49
Çiftlikköy (TR) 91 Ee 51
05000 Çiğdemlik (TR) 89 Df 50
30720 Çiğlı (TR) 99 Ed 53
Čihačevo (RUS) 31 Ck 33
Cihadiye (TR) 97 Df 53
42850 Çihanbeyli (TR) 96 Dc 52
Čikman (RUS) 36 Fi 31
Čikola (RUS) 91 Ed 47
75400 Çıldır (TR) 91 Ed 49
Čilgar (RUS) 77 Ef 44
Çilhane (TR) 90 Dh 50
127180 Cilibia (RO) 73 Ch 45
237075 Cilieni (RO) 72 Ce 47
14360 Çilimli (TR) 88 Db 50
Čilipi (HR) 85 Bi 48
Cill Airne = Killarney (IRL) 49 Sa 38
Cill Bheagáin = Kilbeggan (IRL) 49 Sc 37
Cill Chainnigh = Kilkenny (IRL) 49 Sc 38
Cill Chaoi = Kilkee (IRL) 49 Sa 38
Cill Chuillin (IRL) 49 Sd 37
Cill Dalua (IRL) 49 Sb 38
Cill Dara = Kildare (IRL) 49 Sd 37
Cill Droichid (IRL) 49 Sd 37
Cillín Chaoimhín (IRL) 49 Sd 37
Cill Mhantáin = Wicklow (IRL) 49 Sd 38
Cill Náile (IRL) 49 Sc 38
Cill Orglan = Killorglin (IRL) 49 Sa 38
Cill Rois = Kilrush (IRL) 49 Sa 38
Cill Rónáin (IRL) 49 Sa 37
Cil'na (RUS) 45 Ei 36
Cilvegözü (TR) 98 Dg 54
4101 Cimişlia (MD) 73 Ci 44
Cimljansk (RUS) 76 Ec 43
Çimşit (TR) 89 Dc 51
Çınar (TR) 99 Ea 53
Çınarcık (TR) 88 Ck 50
09500 Çine (TR) 95 Ci 53
5590 Ciney (B) 54 Af 40
Cingaly (RUS) 37 Gk 30
62011 Cingoli (I) 69 Bd 47
Čin'javoryk (RUS) 26 Fc 27
Cinn Átha Gad (IRL) 49 Sc 37
Cinn Mhara (IRL) 49 Sb 37
927075 Ciochina (RO) 73 Ch 46
Cionn Sáile (IRL) 49 Sb 39
107160 Cioranii de Jos (RO) 72 Cg 46
13600 Ciotat, la (F) 68 Af 47
Cip'ja (RUS) 46 Fa 34
Čiprovci (BG) 71 Cc 47
3460 Čiprovci (BG) 71 Cc 47
58510 Çırçır (TR) 90 Dg 50
GL7 Cirencester (GB) 52 Si 39
54480 Cirey-sur-Vezouze (F) 54 Ag 42
10073 Ciriè (I) 68 Ah 45
Čirikovo (RUS) 43 Dh 35
88813 Cirò (I) 85 Bh 51
6200 Čirpan (BG) 87 Cf 48
Çırpı (TR) 95 Ch 52
127185 Cislău (RO) 72 Cg 45
Čišmy (RUS) 46 Ff 36
38-607 Cisna (PL) 57 Cc 41
Cista Provo (HR) 70 Bg 47
24800 Cistierna (E) 80 Se 48
Čistoe (RUS) 44 Ed 34
Čistopol' (RUS) 46 Fa 35
35013 Cittadella (I) 69 Bb 45
06062 Città della Pieve (I) 84 Bc 48
Città del Vaticano (V) 84 Bc 49
06012 Città di Castello (I) 69 Bc 47
Cittaducale (I) 84 Bc 48
89022 Cittanova (I) 85 Bg 52
407225 Ciucea (RO) 71 Cc 44
4114 Ciucur Mingir (MD) 73 Ci 44
827055 Ciucurova (RO) 73 Ci 46
13001* Ciudad Real (E) 81 Sg 52
37500 Ciudad-Rodrigo (E) 80 Sd 50
07760 Ciutadella (E) 82 Ad 51
33043 Cividale del Friuli (I) 69 Bd 44
Civil'sk (RUS) 45 Eh 35
01033 Civita Castellana (I) 84 Bc 48
62012 Civitanova Marche (I) 69 Bd 47
00053 Civitavecchia (I) 84 Bb 48
86400 Civray (F) 66 Aa 44
20600* Çivril (TR) 96 Ck 52
Čiža (RUS) 17 Ee 23
73200 Cizre (TR) 99 Ec 53
Cjurupyns'k = Oleškу (UA) 74 Dc 44
Čkalovsk (RUS) 44 Ed 34
Čkalovskij (RUS) 76 Ee 43
CO15 Clacton-on-Sea (GB) 53 Ab 39
58500* Clamecy (F) 67 Ad 43
Clár Clainne Mhuiris (IRL) 49 Sb 37
Claremorris = Clár Chlainne Mhuiris (IRL) 49 Sb 37
IV27 Clashnessie (GB) 50 Se 32
71800 Clayette, la (F) 67 Ae 44
HD9 Cleethorpes (GB) 51 Sk 37
087045 Clejani (RO) 72 Cf 46
09420 Clermont (F) 53 Ac 41
55120 Clermont-en-Argonne (F) 54 Af 41
63000* Clermont-Ferrand (F) 67 Ad 45
34800 Clermont-l'Hérault (F) 67 Ad 47
BS21 Clevedon (GB) 52 Sh 39
Clifden = An Clochán (IRL) 49 Rk 37
44190 Clisson (F) 66 Si 43
BB7 Clitheroe (GB) 51 Sh 37
Cloghan = An Clochán (IRL) 49 Sc 37
Cloich na Coillte (IRL) 49 Sb 39
Clonakilty = Cloich na Coillte (IRL) 49 Sb 39
Clones = Cluain Eois (IRL) 49 Sc 36
Clonmel = Cluain Meala (IRL) 49 Sc 38
49661 Cloppenburg (D) 38 Ai 38
BT24 Clough (GB) 49 Se 36
EX39 Clovelly (GB) 52 Sf 39
Cluain Cearbán (IRL) 49 Sa 37
Cluain Eois (IRL) 49 Sc 36
Cluainin (IRL) 49 Sb 36
Cluain Meala = Clonmel (IRL) 49 Sc 38
000400* Cluj-Napoca (RO) 72 Cd 44
71250 Cluny (F) 67 Ae 44
24023 Clusone (I) 69 Ak 45
G81 Clydebank (GB) 51 Sf 35
ML6 Coatbridge (GB) 51 Sf 35
907065 Cobadin (RO) 73 Ci 46
Cobandede (TR) 91 Eb 51
Çobanlar (TR) 96 Da 52
Čobh = An Cóbh (IRL) 49 Sb 39
96450 Coburg (D) 55 Ba 40
56812 Cochem (D) 54 Ah 40
CA13 Cockermouth (GB) 51 Sg 36
44021 Codigoro (I) 69 Bc 46
507100 Codlea (RO) 72 Cf 45
26845 Codogno (I) 69 Ak 45
33033 Codroipo (I) 69 Bc 45
48653 Coesfeld (D) 54 Ah 39
7740 Coevorden (NL) 54 Ag 38
16100* Cognac (F) 66 Sk 45
11012 Cogne (I) 68 Ah 45
Çoğun (TR) 89 De 51
3000-001* Coimbra (P) 80 Sb 50
29100 Coín (E) 93 Sf 54
23320 Čoka (SRB) 71 Ca 45
33590 Çokak (TR) 98 Dg 53
Çokören (TR) 89 Dc 51
Çolaklı (TR) 98 Di 52
CO3 Colchester (GB) 53 Aa 39
04680 Colditz (D) 55 Bc 39
TD12 Coldstream (GB) 51 Sh 35
BT51 Coleraine (GB) 49 Sd 35
5313 Colibaşi (MD) 73 Ci 45
Colico (I) 69 Ak 44
28400 Collado-Villalba (E) 81 Sg 50
53034 Colle di Val d'Elsa (I) 69 Bb 47
00034 Colleferro (I) 84 Bd 49
57014 Collesalvetti (I) 69 Ba 47
Collobrières (F) 68 Ag 47
68000* Colmar (F) 54 Ah 42
29170 Colmenar (E) 93 Sf 54
28770 Colmenar Viejo (E) 81 Sg 50
32430 Cologne (F) 66 Aa 47
52330 Colombey-les-deux-Églises (F) 53 Ae 42
31770 Colomiers (F) 67 Ab 47
07638 Colònia de Sant Jordi (E) 82 Ac 51
45313 Colonia Iberia (E) 81 Sg 51
Čolovo (RUS) 31 Da 32
33320 Colunga (E) 80 Se 47
LL29 Colwyn Bay = Bae Colwyn (GB) 51 Sg 37
44022 Comacchio (I) 69 Bc 46
087055 Comana (RO) 72 Cg 46
087055 Comana (RO) 73 Ci 47
605200 Comăneşti (RO) 72 Cg 44
18400 Çomar (TR) 89 Dd 49
70120 Combeaufontaine (F) 68 Af 43
BT23 Comber (GB) 49 Se 36
4170 Comblain-au-Pont (B) 54 Af 40
35270 Combourg (F) 52 Si 42
28120 Combray, Illiers- (F) 53 Ab 42
33600 Çömelek (TR) 97 Dd 54
Çömlük (TR) 97 Df 53
03600 Commentry (F) 67 Ac 44
85220 Commequiers (F) 66 Si 44
55200* Commercy (F) 54 Af 42
22100 Como (I) 69 Ak 45
60200* Compiègne (F) 53 Ac 41
7570-469* Comporta (P) 92 Sb 52
3801 Comrat (MD) 73 Ci 44
29900* Concarneau (F) 66 Sg 43
27190 Conches-en-Ouche (F) 53 Aa 42
15190 Condat (F) 67 Ac 45
14110 Condé-sur-Noireau (F) 52 Sk 42
32100 Condom (F) 66 Aa 47
31015 Conegliano (I) 69 Bc 45
9261 Conevo (BG) 72 Cf 47
16500 Confolens (F) 66 Aa 44
3819 Congaz (MD) 73 Ci 44
CW12 Congleton (GB) 51 Sh 37
19243 Congostrina (E) 81 Sh 49
11140 Conil de la Frontera (E) 92 Sd 54
72240 Conlie (F) 52 Sk 42
CH7 Connah's Quay (GB) 51 Sg 37
317085 Conop (RO) 71 Cb 44
29217 Conquet, le (F) 52 Sf 42
14448 Conquista (E) 93 Sf 52
DH8 Consett (GB) 51 Si 36
000900* Constanţa (RO) 73 Ci 46
41450 Constantina (E) 92 Se 53
45700 Consuegra (E) 81 Sg 51
41700 Contres (F) 67 Ab 43
88140* Contrexéville (F) 54 Af 42
80160 Conty (F) 53 Ac 41
LL32 Conwy (GB) 51 Sg 37
BT80 Cookstown (GB) 49 Sd 36
Cootehill (IRL) 49 Sc 36
Čop (UA) 57 Cc 42
087005 Copăceni, Adunaţii- (RO) 72 Cg 46
30889 Cope (E) 93 Si 53
22200 Çöpköy (TR) 87 Cg 49
33810 Çöplü (TR) 89 Df 50
33810 Çöplü (TR) 97 Df 54
44034 Copparo (I) 69 Bb 46
555400 Copşa Mică (RO) 72 Ce 44
235300 Corabia (RO) 72 Ce 47
Cora Droma Rúisc (IRL) 49 Sb 37
70033 Corato (I) 85 Bg 49
91250 Corbeil-Essonnes (F) 53 Ac 42
45490 Corbeilles (F) 53 Ac 42
80800 Corbie (F) 53 Ac 41
58800 Corbigny (F) 67 Ad 43

170 | Červonograd = Červonohrad

14340 Corbon (F) 52 Sk 41
NN18 Corby (GB) 52 Sk 38
Corcaigh = Cork (IRL) 49 Sb 39
15130 Corcubión (E) 80 Sa 48
14001 Córdoba (E) 93 Sf 53
10800 Coria (E) 80 Sd 51
41100 Coria del Río (E) 92 Sd 53
4720 Corjeuţi (MD) 58 Ch 42
Cork (IRL) 49 Sb 39
90034 Corleone (I) 84 Bd 53
85012 Corleto Perticara (I) 85 Bg 50
59850* Çorlu (TR) 88 Ch 49
34071 Cormons (I) 69 Bd 45
Čornaja (RUS) 19 Fg 22
137150 Corneşti (RO) 72 Cf 46
88310 Cornimont (F) 68 Ag 43
Čornobaj (UA) 59 Dc 41
Čornobyl' (UA) 59 Da 39
Čornomors'k (UA) 73 Da 44
Čornomors'ke (KRIM) 74 Dc 45
Čornuchy (UA) 59 Dc 40
Čornuchyne (UA) 60 Di 42
Čorovodë (AL) 86 Ca 50
45880 Corral de Almaguer (E) 81 Sg 51
13190 Corral de Calatrava (E) 93 Sf 52
Corrales (E) 80 Se 49
Corrales, Los (Los Corralles de Buelna) (E) 66 Sf 47
20250 Corte (F) 83 Ak 48
21230 Cortegana (E) 92 Sd 53
12074 Cortemilia (I) 68 Ai 46
Cortijo de Arriba (E) 81 Sf 51
Cortijos Nuevos (E) 93 Sh 52
32043 Cortina d'Ampezzo (I) 69 Bc 44
Čortkiv (UA) 58 Cf 41
52044 Cortona (I) 69 Bb 47
2100-057* Coruche (P) 80 Sb 52
19000* Çorum (TR) 89 De 50
15001* Coruña, A (E) 80 Sb 47
LL21 Corwen (GB) 51 Sg 38
87100 Cosenza (I) 85 Bg 51
117295 Coşeşti (RO) 72 Ce 45
58200* Cosne-Cours-sur-Loire (F) 67 Ac 43
03430 Cosne-d'Allier (F) 67 Ac 44
207205 Coşoveni (RO) 72 Cd 46
1304 Cossonay (CH) 68 Ag 44
6813 Costeşti (MD) 73 Ch 43
337327 Costeşti (RO) 72 Ce 46
337327 Costeşti (RO) 72 Cf 45
01640 Coswig (D) 55 Bd 39
06869 Coswig (Anhalt) (D) 55 Bc 39
237095 Coteana (RO) 72 Ce 46
38260 Côte-Saint-André, la (F) 68 Af 45
Cotiujeni (MD) 73 Ci 43
88836 Cotronei (I) 85 Bg 51
03042* Cottbus (D) 55 Be 39
Cottehill = Muincheille (IRL) 49 Sc 36
71490 Couches (F) 67 Ae 44
44220 Couëron (F) 66 Si 43
86700 Couhé (F) 66 Aa 44
11190 Couiza (F) 82 Ac 48
21400 Coulmier-le-Sec (F) 67 Ae 43
77120 Coulommiers (F) 53 Ad 42
41700 Cour-Cheverny (F) 67 Ab 43
11013 Courmayeur (I) 68 Ag 45
63800 Cournon-d'Auvergne (F) 67 Ad 45
16400 Couronne, la (F) 66 Aa 45
63120 Courpière (F) 67 Ad 45
Cours, Cours-sur-Loire- (F) 67 Ac 43
11110 Coursan (F) 67 Ad 47
69470 Cours-la-Ville (F) 67 Ae 44
28290 Courtalain (F) 53 Ab 42
45320 Courtenay (F) 53 Ad 42
23100 Courtine, la (F) 67 Ac 45
50230 Coutainville, Agon- (F) 52 Si 41
50200* Coutances (F) 52 Si 41
33230 Coutras (F) 66 Sk 45
5660 Couvin (B) 53 Ae 40
Covadonga (E) 80 Se 47
525200 Covasna (RO) 72 Cg 45
CV6 Coventry (GB) 52 Si 38
6200-589 Covilhã (P) 80 Sc 50
KY4 Cowdenbeath (GB) 50 Sg 34
PO31 Cowes (GB) 52 Si 40
13345 Cózar (E) 93 Sg 52
17120 Cozes (F) 66 Sk 45
AB38 Craigellachie (GB) 50 Sg 33
PA34 Craignure (GB) 50 Se 34
74564 Crailsheim (D) 55 Ba 41
000200* Craiova (RO) 72 Cd 46
86110 Craon (F) 66 Sk 43
43500 Craponne-sur-Arzon (F) 67 Ad 45
7430-111* Crato (P) 80 Sc 51
ML12 Crawford (GB) 51 Sg 35
RH11 Crawley (GB) 52 Sk 39
HS7 Creagorry (GB) 50 Sc 33
77580 Crécy-la-Chapelle (F) 53 Ac 42
EX17 Crediton (GB) 52 Sg 40
Creeslough (IRL) 49 Sc 35
60550 Creil (F) 53 Ac 41
26013 Crema (I) 69 Ak 45
38460 Crémieu (F) 68 Af 45
26100 Cremona (I) 69 Ba 45
33670 Créon (F) 66 Sk 46
60800 Crépy-en-Valois (F) 53 Ac 41
Cres (HR) 70 Be 46
26400 Crest (F) 68 Af 46
94380 Créteil (F) 53 Ac 42
71200* Creusot, le (F) 67 Ae 44
60360 Crèvecœur-le-Grand (F) 53 Ac 41
087060 Crevedia Mare (RO) 72 Cf 46
03330 Crevillente (E) 93 Sk 52
CW1 Crewe (GB) 51 Sh 37
TA18 Crewkerne (GB) 52 Sh 40
FK20 Crianlarich (GB) 50 Sf 34
2084 Cricova (MD) 73 Ci 43
PH7 Crieff (GB) 50 Sg 34
Crikvenica (HR) 70 Be 45
08451 Crimmitschau (D) 55 Bc 40
315100 Criş, Chişineu- (RO) 71 Cb 44
Criuleni (MD) 73 Ck 43
19089 Crivitz (D) 39 Bb 37
85 337 Crkvice (MNE) 85 Bi 48
8340 Črnomelj (SLO) 70 Bf 45
44490 Croisic, le (F) 66 Sh 43
62128 Croisilles (F) 53 Ac 40
85800 Croix-de-Vie, Saint-Gilles- (F) 66 Si 44
IV19 Cromarty (GB) 50 Sf 33
NR27 Cromer (GB) 51 Ab 38
Croom (IRL) 49 Sb 38
L20 Crosby (GB) 51 Sg 37
88900 Crotone (I) 85 Bh 51
CR0 Croydon (GB) 52 Sk 39
29160 Crozon (F) 52 Sf 42
907095 Crucea (RO) 73 Ci 46
7555 Csokonyavisonta (H) 70 Bh 44
6640 Csongrád (H) 71 Ca 44
9300 Csorna (H) 70 Bh 43
8840 Csurgó (H) 70 Bh 44
7940-001* Cuba (P) 92 Sc 52
Čubarivka (UA) 75 Dg 43
Čublas (RUS) 25 Ef 26
Cubo de Tierra del Vino, El (E) 80 Se 49
06760 Çubuk (TR) 89 Dd 50
38800 Çubuklu (TR) 98 Dg 53
Çüceli (TR) 98 Dg 53
Čučkovo (RUS) 33 Eb 31
Čučkovo (RUS) 44 Eb 36
33150 Cudillero (Cuideiru) (E) 80 Sd 47
Čudniv (UA) 58 Ci 40
Čudovo (RUS) 31 Db 31
Čudzin (BY) 41 Cg 38
40200 Cuéllar (E) 81 Sf 49
83390 Cuers (F) 68 Ag 47
45126 Cuerva (E) 81 Sf 51
04610 Cuevas del Almanzora (E) 93 Si 53
Čuhloma (RUS) 33 Ec 32
Čuhujiv (UA) 60 Dg 41
Čujunči (RUS) 46 Ff 36
Čujunči-Čupanovo (RUS) 64 Fh 38
01770 Çukur (TR) 89 Df 51
Çukurca (TR) 99 Ed 53
51720 Çukurkuyu (TR) 97 Dd 52
51720 Çukurkuyu (TR) 97 De 53
Çukurören (TR) 88 Ck 51
Čulachivka (UA) 74 Dc 44
18270 Culan (F) 67 Ac 44
Čulasa (RUS) 25 Eg 26
4100* Culemborg (NL) 54 Af 39
Çulha (TR) 97 Df 52
Čulkovo (RUS) 43 Dg 37
18850 Cúllar-Baza (E) 93 Sh 53
Çumaçay (TR) 91 Ed 51
Čumaky (UA) 74 De 43
Cuman' (UA) 58 Cf 40
Cumaova (TR) 88 Da 50
35470 Cumaovası = Menderes (TR) 95 Ch 52
G67 Cumbernauld (GB) 51 Sg 35
KA18 Cumnock (GB) 51 Sf 35
42500 Çumra (TR) 96 Dc 53
12100 Cuneo (I) 68 Ah 46
21870 Çüngüş (TR) 98 Dk 52
Čupa (RUS) 16 Dd 24
Čupakivka (UA) 59 De 40
Čupalejka (RUS) 44 Ec 35
Čupanovo, Čujunči- (RUS) 64 Fh 38
KY15 Cupar (GB) 50 Sg 34
4626 Cupcini (MD) 58 Ch 42
35230* Ćuprija (SRB) 71 Cb 47
Čuprovo (RUS) 25 Eg 26
Čur (RUS) 35 Fd 33
Čuraevo (RUS) 46 Ff 35
Čuraevo (RUS) 64 Fh 39
Čuraki (RUS) 35 Ff 31
917040 Curcani (RO) 72 Cg 46
Čurilovo (RUS) 42 Da 35
39027 Curon Venosta = Graun im Vinschgau (I) 69 Ba 44
Čurov (RUS) 34 Eg 31
Čurozgora (RUS) 25 Eb 27
Čurtan (RUS) 35 Fe 30
115300 Curtea de Argeş (RO) 72 Ce 45
Čus (RUS) 35 Fd 31
25680 Cuse-et-Adrisans (F) 68 Ag 43
Čusovoe (RUS) 36 Fk 33
Čusovoj (RUS) 35 Fh 32
Čusovskoe (RUS) 35 Fg 29
Čuteevo (RUS) 45 Eh 35
Čutove (UA) 60 Df 41
88842 Cutro (I) 85 Bg 51
Čutyr' (RUS) 35 Fd 33
27472* Cuxhaven (D) 38 Ai 37
Čyhyryn (UA) 59 Dc 41
Čym (RUS) 19 Gc 24
Čynadieve (UA) 57 Cc 42
Cyt'kovo (RUS) 43 De 34
78-550 Czaplinek (PL) 40 Bg 37
83-100 Czarlin (PL) 40 Bi 36
64-700 Czarnków (PL) 40 Bg 38
89-650 Czersk (PL) 40 Bh 37
66-016 Czerwieńsk (PL) 56 Bf 38
42-200* Częstochowa (PL) 56 Bk 40
78-630 Człopa (PL) 40 Bg 37
77-300 Człuchów (PL) 40 Bh 37
18-220 Czyżew-Osada (PL) 41 Cc 38

D

66-615 Dąbie (PL) 56 Bi 38
2431 Dabila (MK) 86 Cc 49
Dabraslavka (BY) 58 Cg 38
16-200 Dąbrowa Białostocka (PL) 41 Cd 37
Dabryn' (BY) 58 Ck 39
207220 Dăbuleni (RO) 72 Ce 47
85221 Dachau (D) 55 Bb 42
380 01 Dačice (CZ) 56 Bf 41
37860 Daday (TR) 89 Dd 49
68400 Dadiá (GR) 87 Cg 49
Dafnés (GR) 95 Cf 55
25004 Dáfni (GR) 94 Cc 53
Dagali (N) 28 Ai 30
38610 Dağardı (TR) 88 Ck 51
61720 Dağbaşı (TR) 90 Dk 50
61720 Dağbaşı (TR) 98 Dk 53
5674 Dagda (LV) 42 Ch 34
46300 Dağdere (TR) 95 Ci 52
25899 Dagebüll (D) 38 Ai 36
Dağkızılca (TR) 95 Ch 52
30340 Dağlıca (TR) 99 Ee 53
Dagomys (RUS) 75 Dk 47
61950 Dağpazarı (TR) 97 Dd 54
Dağyolu (TR) 90 Dk 51
21368 Dahlenburg (D) 39 Ba 37
15936 Dahme (D) 39 Bb 36
15936 Dahme (D) 55 Bd 39
13250 Daimiel (E) 81 Sg 51
Đakovica = Gyakovë (RKS) 86 Ca 48
Đakovo (HR) 71 Bi 45
78051 Dala-Järna (S) 29 Be 30
48770 Dalaman (TR) 96 Ci 54
Dalavardo (S) 14 Bf 24
DG5 Dalbeattie (GB) 51 Sg 36
4280 Dălbok Izvor (BG) 87 Cf 48
Dâlbok Izvor (BG) 87 Cf 48
Dalby (S) 39 Bd 35
Dale (N) 28 Af 29
Dale (N) 28 Af 30
Dale (N) 28 Ai 32
Dalen (N) 28 Ai 31
Dalfors (S) 29 Bf 29
9250 Dălgopol (BG) 73 Ch 47
04750 Dalías (E) 93 Sh 54
Dallıbahçe (TR) 90 Dk 51
Dal'nee Konstantinovo (RUS) 45 Ee 35
Dal'nij (RUS) 26 Ek 28
Dal'nij (RUS) 26 Ff 28
Dal'nij (RUS) 46 Fc 37
Dal'nije Zelency (RUS) 16 Dg 21
KA24 Dalry (GB) 51 Sf 35
25860 Dalsbruk (FIN) 30 Cc 30
370 Dalsmynni (IS) 48 Qi 26
620* Dalvík (IS) 48 Rb 25
PH19 Dalwhinnie (GB) 50 Sf 34
48840 Dalyan (TR) 96 Ci 54
Damal (TR) 91 Ec 49
Damaskino (RUS) 46 Fb 34
59400 Dambaslar (TR) 88 Ch 49
02430 Damlacık (TR) 98 Di 53
33590 Damlama (TR) 97 De 53
Danasjö (S) 21 Bg 25
64310 Dancharia (F) 81 Si 47
Danilkovo (RUS) 32 Dh 31
Danilov (RUS) 33 Ea 32
81 410 Danilovgrad (MNE) 86 Bk 48
Danilovka (RUS) 61 Ee 40
Danilovka (RUS) 62 Ef 38
10845 Danışment (TR) 88 Ch 51
69000 Danişment (TR) 90 Di 51
69000 Danişment (TR) 97 Df 54
Dankov (RUS) 44 Dk 37
29451 Dannenberg (Elbe) (D) 39 Bb 37
715100 Darabani (RO) 58 Cg 42
Daran (TR) 96 Dc 54
44700 Darende (TR) 98 Dh 52
47530 Dargeçit (TR) 99 Eb 53
17159 Dargun (D) 39 Bc 37
61345 Darıca (TR) 88 Ck 50
62820 Darıkent (TR) 98 Dk 52
20830 Darıveren (TR) 96 Ck 53
DL1 Darlington (GB) 51 Si 36
76-150 Darłowo (PL) 40 Bg 36
137185 Dărmăneşti (RO) 72 Cf 46
64283* Darmstadt (D) 54 Ai 41
76160 Darnétal (F) 53 Ab 41
Darovskoe (RUS) 34 Eh 32
DA1 Dartford (GB) 53 Aa 39
TQ6 Dartmouth (GB) 52 Sg 40
Darú (IRL) 49 Sc 38
Daruvar (HR) 70 Bh 45
BB3 Darwen (GB) 51 Sh 37
Dašiv (UA) 58 Ck 41
8561 Dăskotna (BG) 88 Ch 48
23942 Dassow (D) 39 Ba 37
48900 Datça (TR) 95 Ch 54
64009 Daugai (LT) 41 Ce 36
5401* Daugavpils (LV) 41 Cg 35
54550 Daun (D) 54 Ag 40
NN11 Daventry (GB) 52 Si 38
Davhinava (BY) 42 Ch 36
Davlekanovo (RUS) 46 Fe 36
Davljady (BY) 58 Ck 39
Davlos 97 Dd 55
7270 Davos (CH) 69 Ak 44
Davulga (TR) 88 Db 51
Davyd-Haradok (BY) 58 Ch 38
Davydiv Brid (UA) 74 Dd 43
Davydovka (RUS) 60 Dk 39
Davydovka (RUS) 62 Ek 39
Davydovo (RUS) 35 Fd 30
40100* Dax (F) 66 Si 47
03950 Dazkırı (TR) 96 Ck 53
CT14 Deal (GB) 53 Ab 39
14800 Deauville (F) 53 Aa 41
Debal'ceve (UA) 60 Di 42
1250 Debar (MK) 86 Ca 49
Debesy (RUS) 35 Fd 33
39-200 Dębica (PL) 57 Cb 40
08-530 Dęblin (PL) 57 Cb 39
74-400 Dębno (PL) 39 Be 38
15214 Debrc (SRB) 71 Bk 46
4000* Debrecen (H) 71 Cb 43
7537 Debrešte (MK) 86 Cb 49
77-310 Debrzno (PL) 40 Bh 37
51000 Deçan = Dečani (RKS) 86 Ca 48
51000 Dečani = Deçan (RKS) 86 Ca 48
12300 Decazeville (F) 67 Ac 46
405 01* Děčín (CZ) 55 Be 40
58300 Decize (F) 67 Ad 44
547205 Deda (RO) 72 Ce 44
Dedeler (TR) 96 Dc 52
66840 Dedeli (TR) 91 Ed 51
Dedenevo (RUS) 43 Dh 34
Dedoviči (RUS) 31 Ck 33
Dedovsk (RUS) 43 Dh 35
8135 Dég (H) 71 Bi 44
29701 Degeberga (S) 39 Be 35
69301 Degerfors (S) 29 Be 31
94469 Deggendorf (D) 55 Bc 42
Değirmendere (TR) 95 Ch 52
83022 Degučiai (LT) 41 Cg 35
405200 Dej (RO) 72 Cd 43
66920 Deje (S) 29 Bd 31
Dektjarsk (RUS) 47 Ga 34
2320 Delčevo (MK) 86 Cc 49
2800* Delémont (CH) 68 Ah 43
2600* Delft (NL) 53 Ae 38
9930 Delfzijl (NL) 38 Ag 37
47800 Deli (TR) 99 Ea 53
Deliçay (TR) 91 Ed 51
Delice (TR) 89 De 51
71026 Deliceto (I) 85 Bf 49
Delihasan (TR) 91 Ed 51
58930 Deliktaş (TR) 90 Dh 51
04509 Delitzsch (D) 55 Bc 39
90100 Delle (F) 68 Ag 43
27749* Delmenhorst (D) 38 Ai 37
Delnice (HR) 70 Be 45
2800* Delsberg = Delémont (CH) 68 Ah 43
82060 Delsbo (S) 21 Bg 29
Delvinë (AL) 86 Ca 51
Dema (RUS) 35 Fe 30
Demensk, Spas- (RUS) 43 De 36
Demidov (RUS) 42 Db 35
Demirci (TR) 88 Ci 51
Demirci (TR) 97 De 52
Demirci (TR) 98 Dk 52
Demirci (TR) 98 Dk 53
08830 Demirkent (TR) 91 Eb 50
11800 Demirköy (TR) 88 Ch 49
Demirli (TR) 98 Dk 53
69400 Demirözü (TR) 90 Dk 50
19600 Demirşeyh (TR) 89 De 50
16245 Demirtaş (TR) 88 Ck 50
16245 Demirtaş (TR) 96 Dc 54
Dem'janovo (RUS) 34 Eh 30
Demjansk (RUS) 31 Dc 33
Dem'janskoe (RUS) 37 Gk 31
Dem'jas (RUS) 62 Ek 39
17109 Demmin (D) 39 Bd 37
Demuryne (UA) 60 Dg 42
59220 Denain (F) 53 Ad 40
LL16 Denbigh (GB) 51 Sg 37
1790 Den Burg (NL) 38 Ae 37
2500 Den Haag = 's-Gravenhage (NL) 53 Ae 38
1780 Den Helder (NL) 38 Ae 38
Denislav'e (RUS) 24 Ea 28
Denisovska (RUS) 19 Ff 24
Deniz Kamp Yeri (TR) 95 Cg 52
20740 Denizler (TR) 96 Ck 53
17200 Denizli (TR) 88 Ch 50
17200 Denizli (TR) 96 Ck 53
FK6 Denny (GB) 50 Sg 34
1779 Den Oever (NL) 38 Af 38
8660 De Panne (B) 53 Ac 39
Deražnja (UA) 58 Ch 41
Derbent (TR) 96 Dc 52
DE23 Derby (GB) 51 Si 38
Dere (TR) 98 Dk 52
33700 Derebaşı (TR) 95 Ch 52
42480 Derebucak (TR) 96 Db 53
Dereköy (TR) 88 Ch 49
Dereköy (TR) 88 Ck 51
Dereler (TR) 99 Ec 53
Dereli (TR) 90 Di 50
Deremahal (TR) 89 De 51
53900 Derepaza (TR) 91 Ea 49
53900 Derepazarı (TR) 91 Ea 49
Dereven'ka (RUS) 34 Eg 29
Derevjanka (RUS) 32 De 29
Derevjannoe (RUS) 32 De 29
Derevjansk (RUS) 26 Fd 29
Dergači (RUS) 62 Ei 39
Derhačy (UA) 60 Dg 40
Derijivka (UA) 59 Dd 42
47800 Derik (TR) 99 Ea 53
Derinkuyu (TR) 97 De 52
47800 Derinsu (TR) 99 Ea 53
5780 Dermanci (BG) 87 Ce 47
61950 Dernekpazarı (TR) 91 Ea 50
BT48 Derry (GB) 49 Sc 36
Derry Doire = Londonderry (GB) 49 Sc 36
44590 Derval (F) 66 Si 43
Derventa (BIH) 70 Bh 46
Deržavino (RUS) 46 Fc 37
Desantne (UA) 73 Ck 45
37160 Descartes (F) 66 Aa 44
25015 Desenzano del Garda (I) 69 Ba 45
51200 Deskáti (GR) 86 Cb 51
35213 Despotovac (SRB) 71 Cb 46
06844 Dessau-Roßlau (D) 55 Bc 39
05830 Destek (TR) 90 Dg 50
62240 Desvres (F) 53 Ab 40
305200 Deta (RO) 71 Cb 45
32756* Detmold (D) 54 Ai 39
5750 Deurne (NL) 54 Af 39
000330* Deva (RO) 71 Cc 45
16520 Devecikonağı (TR) 88 Ci 51
Devegölü (TR) 98 Dk 52
Develi (TR) 97 Df 52
7400* Deventer (NL) 54 Ag 38
4800 Devin (BG) 87 Ce 49
SN10 Devizes (GB) 52 Si 39
Devjatiny (RUS) 32 Dg 30
39000 Devletliağaç (TR) 88 Ch 49
9160 Devnja (BG) 73 Ch 47
67800 Devrek (TR) 88 Db 49
Dhekelia Sovereign Base Area (GB) (CY) 97 Dd 56
Dhërmi (AL) 86 Bk 50
Dhivër (AL) 86 Ca 51
1865 Diablerets, Les (CH) 68 Ah 44
85700 Diafáni (GR) 95 Ch 55
18013 Diano Marina (I) 68 Ai 47
57008 Diavatá (GR) 86 Cc 50
Dibekdüzü (TR) 98 Dk 53
Dibrivka (UA) 58 Ch 40
73200 Dicle (TR) 99 Ea 52
73200 Dicle (TR) 99 Ec 53
OX11 Didcot (GB) 52 Si 39
68300 Didimóticho (GR) 87 Cg 49
26150 Die (F) 68 Af 46
64807 Dieburg (D) 54 Ai 41
9205* Diekirch (L) 54 Ag 41
49356 Diepholz (D) 54 Ai 38
76200 Dieppe (F) 53 Ab 41
6950 Dieren (NL) 54 Ag 38
26220 Dieulefit (F) 68 Af 46
57260 Dieuze (F) 54 Ag 42
17008 Dieveniškės (LT) 41 Cf 36
8324 Digermulen (N) 14 Bf 22
04000* Digne-les-Bains (F) 68 Ag 46
71160 Digoin (F) 67 Ae 44
36670 Digor (TR) 91 Ed 50
Digora (RUS) 91 Ee 47
Dij (RUS) 36 Fi 29
Dijaševo (RUS) 46 Fd 35
21000* Dijon (F) 68 Af 43
Dijur (RUS) 26 Fd 25
91094 Dikanäs (S) 21 Bf 25
55510 Dikbıyık (TR) 90 Dg 49
Dikili (TR) 87 Cg 51
61500 Dikkaya (TR) 90 Dk 50
57660 Dikmen (TR) 96 Db 54
57660 Dikmen (TR) 99 Ea 53
8600 Diksmuide (B) 53 Ac 39
29600 Dikyolu (TR) 90 Db 50
32009 Dílesi (GR) 94 Cd 52
Diljatyn (UA) 57 Ce 42
35683* Dillenburg (D) 54 Ai 40

Dillenburg | 171

89407 Dillingen an der Donau (D) 55 Ba 42
40003 Dímitra (GR) 86 Cc 51
Dimitrievka (RUS) 44 Ea 38
6400* Dimitrovgrad (BG) 87 Cf 48
Dimitrovgrad (RUS) 45 Ek 36
18320 Dimitrovgrad (SRB) 86 Cc 47
22007 Dimitsána (GR) 94 Cc 53
4757 Dimovo (BG) 71 Cc 47
22100* Dinan (F) 52 Sh 42
5500 Dinant (B) 53 Ae 40
03400 Dinar (TR) 96 Da 52
35800* Dinard (F) 52 Sh 42
LL16 Dinbych = Denbigh (GB) 51 Sg 37
SA70 Dinbych-y-pysgodm = Tenby (GB) 52 Sf 39
Dinek (TR) 88 Db 51
Dinek (TR) 96 Dc 53
Dinek (TR) 97 Dd 53
37351 Dingelstädt (D) 55 Ba 39
Dingle = An Daingean (IRL) 49 Rk 38
84130 Dingolfing (D) 55 Bc 42
IV15 Dingwall (GB) 50 Sf 33
91550 Dinkelsbühl (D) 55 Ba 41
Dinskaja (RUS) 75 Dk 45
46535* Dinslaken (D) 54 Ag 39
03290 Diou (F) 67 Ad 44
Dipkarpaz = Rizokarpaso 97 De 55
64009 Dipótamos (GR) 87 Ce 49
Direkli (TR) 90 Dg 51
22023 Dirráhi (GR) 94 Cc 53
7180 Disentis/Mustér (CH) 68 Ai 44
IP22 Diss (GB) 53 Ab 38
44019 Dístrato (GR) 86 Cb 50
537090 Ditrău (RO) 72 Cf 44
Diveevo (RUS) 44 Ed 35
14160* Dives-sur-Mer (F) 52 Sk 41
Div'ja (RUS) 35 Fg 32
Divnoe (RUS) 76 Ed 45
Divnogor'e (RUS) 60 Dk 40
Divo (RUS) 42 Db 35
58300 Divriği (TR) 90 Di 51
04900 Diyadin (TR) 91 Ed 51
21000* Diyarbakır (TR) 99 Ea 53
D'jakonovo (RUS) 33 Ea 31
D'jakovo, Verhovino- (RUS) 33 Ed 31
Djat'kovo (RUS) 43 De 37
Djukovo (RUS) 34 Ef 32
9108 Djulino (BG) 88 Ch 48
510 Djúpavík (IS) 48 Qi 25
765 Djúpivogur (IS) 48 Rf 26
Djupvik (N) 14 Ca 21
Djurås (S) 29 Bf 30
Djurtjuli (RUS) 46 Fe 35
Dmitrievka (RUS) 63 Fe 38
Dmitrievka (RUS) 64 Fh 38
Dmitriev-L'govskij (RUS) 60 Df 38
Dmitrievo (RUS) 44 Eb 35
Dmitrievščina (RUS) 61 Ec 38
Dmitrievskoe (RUS) 43 Di 33
Dmitrov (RUS) 43 Dh 34
Dmitrovskij Pogost (RUS) 44 Dk 35
Dmytrivka (UA) 59 Dc 40
Dmytrivka (UA) 60 Dg 42
Dmytrivka (UA) 75 Dg 44
Dneprovskoe (RUS) 43 Dd 35
3352 Dnestrovsc (MD) 73 Ck 44
Dnipro (UA) 60 Df 42
Dniprodzeržyns'k = Kamjans'ke (UA) 59 De 42
Dnipropetrovs'k = Dnipro (UA) 60 Df 42
Dniprorudne (UA) 74 De 43
Dno (RUS) 31 Ck 33
BT39 Doagh (GB) 49 Sd 36
39034 Dobbiaco = Toblach (I) 69 Bc 44
3701* Dobele (LV) 41 Cd 34
04720 Döbeln (D) 55 Bd 39
66-520 Dobiegniew (PL) 39 Bf 38
74000* Doboj (BIH) 71 Bi 46
37-530 Dobra (PL) 39 Bf 37
337215 Dobra (RO) 72 Cf 46
12224 Dobra (SRB) 71 Ch 46
11-040 Dobre Miasto (PL) 40 Ca 37
9300* Dobrič (BG) 73 Ch 47
247629 Dobriceni (RO) 72 Ce 46
Dobrinka (RUS) 61 Ea 38
Dobrino (RUS) 37 Ge 32
263 01 Dobříš (CZ) 55 Be 41
Dobrjanka (BY) 59 Db 38
Dobrjanka (RUS) 35 Fd 32
Dobrjatino (RUS) 44 Eb 35
46-380 Dobrodzień (PL) 56 Bi 40
Dobroe (RUS) 44 Dk 38
Dobromyl' (UA) 57 Cc 41
Dobron' (UA) 57 Cc 42
Dobropil'l'a (UA) 60 Dh 42
Dobro Polje (BIH) 71 Bi 47
Dobroslav (UA) 73 Da 44
147115 Dobroteşti (RO) 72 Ce 46
Dobrovelyčkivka (UA) 59 Db 42
Dobrovil'l'a (UA) 60 Dg 42
Dobrovol'sk (RUS) 41 Cc 36
Dobruči (RUS) 31 Ch 32
Dobrun (BIH) 71 Bk 47
Dobruš (BY) 59 Db 38
87-610 Dobrzyń nad Wisłą (PL) 56 Bk 38
87033 Docksta (S) 21 Bi 27
45500 Dodóni (GR) 86 Ca 51
19060 Dodurga (TR) 88 Ck 51
19060 Dodurga (TR) 89 De 50
7001* Doetinchem (NL) 54 Ag 39
42980 Doğanbey (TR) 95 Cg 52
42980 Doğanbey (TR) 96 Db 53
24450 Doğanbeyli (TR) 90 Dk 51
37800 Doğanca (TR) 99 Ec 53
37800 Doğanca (TR) 99 Ed 53
47510 Doğançay (TR) 88 Da 50
26960 Doğançayır (TR) 88 Da 51
42930 Doğanhisar (TR) 96 Db 52
66740 Doğankent (TR) 90 Di 50
66740 Doğankent (TR) 97 Df 54
14370 Doğanlı (TR) 89 Df 51
26860 Doğanoğlu (TR) 88 Db 51
27920 Doğanpınar (TR) 98 Dh 54
58780 Doğanşar (TR) 90 Dh 50
44500 Doğanşehir (TR) 98 Dh 52
04530 Doğansu (TR) 91 Ec 51
05070 Doğantepe (TR) 89 Df 50
44880 Doğanyol (TR) 98 Dk 52
Doğanyurt (TR) 90 Dg 50
Döğer (TR) 88 Da 51
12063 Dogliani (I) 68 Ah 46
Doğruyol (TR) 91 Ed 49
04400 Doğubayazıt (TR) 91 Ee 51
5550 Dojrenci (BG) 72 Ce 47
2870 Dokka (N) 28 Ba 30
9100 Dokkum (NL) 38 Af 37
60800 Dökmetepe (TR) 90 Dg 50
472 01 Doksy (CZ) 55 Be 40
Dokšycy (BY) 42 Ch 36
415600 Doktor Petru Groza = Ştei (RO) 71 Cc 44
Dokučaevs'k (UA) 75 Dh 43
Dokukino (RUS) 45 Ef 34
11130 Dokuz (TR) 96 Dc 52
Dokuzyol (TR) 97 Dd 53
35120 Dol-de-Bretagne (F) 52 Si 42
39100* Dole (F) 68 Af 43
7244 Dolenci (MK) 86 Cb 49
LL40 Dolgellau (GB) 51 Sg 38
Dolgie Budy (RUS) 60 Df 39
Dolgoderevenskoe (RUS) 47 Gb 35
Dolgoe (RUS) 60 Dh 38
Dolgorukovo (RUS) 40 Ca 36
Dolgorukovo (RUS) 60 Di 38
Dolgoščel'e (RUS) 25 Ed 24
09041 Dolianova (I) 83 Ak 51
Dolina Karzanov (RUS) 76 Ec 47
Dolina Narzanov (RUS) 76 Ec 47
Doljevac (SRB) 71 Cb 47
2420 Dolna Dikanja (BG) 87 Cd 48
5855 Dolna Mitropolia (BG) 72 Ce 47
9120 Dolni Čiflik (BG) 88 Ch 48
5870 Dolni Dăbnik (BG) 72 Ce 47
3958 Dolni Lom (BG) 71 Cc 47
026 01 Dolný Kubín (SK) 56 Bk 41
Dolores (E) 93 Sk 52
Doluca (TR) 98 Dg 53
Dolyna (UA) 57 Ce 42
Dolyns'ka (UA) 59 Dc 42
Dolyns'ke (UA) 73 Ck 43
Dolžanskaja (RUS) 75 Dh 44
43850 Domaniç (TR) 88 Ck 51
Domanivka (UA) 74 Db 43
36-230 Domaradz (PL) 57 Cb 41
Domaška (RUS) 46 Fa 38
344 01 Domažlice (CZ) 55 Bc 41
Dombaj (RUS) 76 Eb 47
Dombarovka (RUS) 64 Fi 40
Dombarovskij (RUS) 64 Fk 40
2660 Dombås (N) 20 Ak 28
54110 Dombasle-sur-Meurthe (F) 54 Ag 42
7200 Dombóvár (H) 71 Bi 44
4492 Dombrad (H) 57 Cb 42
03410 Domérat (F) 67 Ac 44
61700 Domfront (F) 52 Sk 42
19303 Dömitz (D) 39 Bb 37
077090 Domneşti (RO) 72 Ce 45
Domnísta (GR) 94 Cb 52
Domodedovo (RUS) 43 Dh 35
28845 Domodossola (I) 68 Ai 44
88270 Dompaire (F) 54 Ag 42
03290 Dompierre-sur-Besbre (F) 67 Ad 44
1230 Domžale (SLO) 70 Be 44
Don (RUS) 35 Fd 29
78166 Donaueschingen (D) 68 Ai 43
86609 Donauwörth (D) 55 Ba 42
06400 Don Benito (E) 80 Se 52
DN1 Doncaster (GB) 51 Si 37
5106 Dondjušany = Donduşeni (MD) 58 Ch 42
5106 Donduşeni (MD) 58 Ch 42
Doneck (RUS) 60 Dk 42
Donec'k (UA) 75 Dh 43
Doneck = Donec'k (UA) 75 Dh 43
Doneckij, Ust'- (RUS) 76 Ea 43
Doneckoe (RUS) 63 Fe 39
Donec'kyj (UA) 60 Di 42
Donegal = Dún na nGall (IRL) 49 Sb 36
Dönemeç (TR) 99 Ed 52
Donja Brela (HR) 70 Bg 47
Donja Konjšćina (HR) 70 Bg 44
Donja Rudnica (SRB) 71 Ca 47
Donja Stupnica (HR) 70 Bg 45
Donji Lapac (HR) 70 Bf 46
Donji Miholjac (HR) 71 Bi 45
19220 Donji Milanovac (SRB) 71 Cc 46
Donji Muć (HR) 70 Bg 47
Donji Srb (HR) 70 Bg 46
Donji Vakuf (BIH) 70 Bh 46
03130 Donjon, le (F) 67 Ad 44
20001 Donostia-San Sebastián (E) 66 Si 47
Donskoe (RUS) 60 Di 38
Donskoe (RUS) 64 Fh 39
Donskoe (RUS) 76 Eb 45
Donskoj (RUS) 43 Di 37
26290 Donzère (F) 67 Ae 46
58220 Donzy (F) 67 Ad 43
7500 Doornik = Tournai (B) 53 Ad 40
Dor (RUS) 33 Eb 32
87210 Dorat, le (F) 67 Ab 44
OX10 Dorchester (GB) 52 Sh 40
3300* Dordrecht (NL) 53 Ae 39
84405 Dorfen (D) 55 Bc 42
2115 Dörfles (A) 56 Bg 42
08022 Dorgali (I) 83 Ak 50
24011 Dório (GR) 94 Cb 53
68500 Dorísko (GR) 87 Cg 50
RH4 Dorking (GB) 52 Sk 39
41539* Dormagen (D) 54 Ag 39
51700 Dormans (F) 53 Ad 41
917055 Dor Mărunt (RO) 72 Cg 46
6850* Dornbirn (A) 69 Ak 43
IV25 Dornoch (GB) 50 Sf 33
827070 Dorobanţu (RO) 73 Ci 46
Dorobino (RUS) 43 Dh 37
Dorofeevo (RUS) 44 Dk 35
Dorogobuž (RUS) 43 Dd 36
Dorogorskoe (RUS) 25 Ee 25
715200 Dorohoi (RO) 72 Cg 43
Dorohovo (RUS) 43 Dg 35
Dorošata (RUS) 34 Fb 33
91701 Dorotea (S) 21 Bg 26
46282* Dorsten (D) 54 Ag 39
Dörtdivan (TR) 89 Dc 50
44135* Dortmund (D) 54 Ah 39
05800 Dörtyol (TR) 97 Df 52
05800 Dörtyol (TR) 97 Dg 54
27632 Dorum (D) 38 Ai 37
Dorutay (TR) 99 Ee 52
Dosčatoe (RUS) 44 Ec 35
Döşemealtı (TR) 96 Da 53
41700 Dos Hermanas (E) 92 Se 53
4831 Dospat (BG) 87 Ce 49
59500 Douai (F) 53 Ad 40
29100 Douarnenez (F) 52 Sf 42
45220 Douchy (F) 67 Ad 43
76560 Doudeville (F) 53 Aa 41
49700 Doué-la-Fontaine (F) 66 Sk 43
ML12 Douglas (GB) 51 Sg 35
IM1 Douglas (GBM) 51 Sf 36
80600 Doullens (F) 53 Ac 40
KW14 Dounreay (GB) 50 Sg 32
91410 Dourdan (F) 53 Ac 42
CT16 Dover (GB) 53 Ab 39
Dovhe (UA) 57 Cd 42
2662 Dovre (N) 20 Ak 29
Dovšans'k = Sverdlovs'k (UA) 60 Dk 42
Dovsk (BY) 42 Da 37
PE38 Downham Market (GB) 53 Aa 38
BT30 Downpatrick (GB) 49 Se 36
Doxáto (GR) 87 Ce 49
Drabiv (UA) 59 Dc 41
9200* Drachten (NL) 38 Ag 37
917080 Dragalina (RO) 73 Ch 46
235400 Drăgăneşti-Olt (RO) 72 Ce 46
147135 Drăgăneşti-Vlaşca (RO) 72 Cf 46
9349 Draganovo (BG) 72 Cf 47
22000 Dragaš = Dragash (RKS) 86 Ca 48
22000 Dragash = Dragaš (RKS) 86 Ca 48
245700 Drăgăşani (RO) 72 Ce 46
31317 Draglica (SRB) 71 Bk 47
Dragoç (AL) 86 Bk 48
2210 Dragoman (BG) 86 Cc 48
617165 Dragomireşti (RO) 73 Ch 44
5285 Dragomirovo (BG) 72 Cf 47
25870 Dragsfjärd (FIN) 30 Cc 30
83300* Draguignan (F) 68 Ag 47
Dragunskoe (RUS) 60 Dg 40
807115 Drăguşeni (RO) 72 Cg 43
Drahičyn (BY) 58 Cf 38
43060 Drakótripa (GR) 86 Cb 51
66100 Dráma (GR) 87 Ce 49
3004* Drammen (N) 28 Ba 31
3750 Drangedal (N) 28 Ak 31
510 Drangsnes (IS) 48 Qi 25
78-500 Drawsko Pomorskie (PL) 39 Bf 37
06-214 Drążdżewo (PL) 40 Cb 37
3920 Drenovec (BG) 71 Cc 47
01067* Dresden (D) 55 Bd 39
Drètun' (BY) 42 Ck 35
28100* Dreux (F) 53 Ab 42
2443 Drevsjø (N) 21 Bc 29
66-530 Drezdenko (PL) 39 Bf 38
Drežnica (BIH) 69 Bd 44
YO25 Driffield (GB) 51 Sk 36
Drimó (GR) 94 Cc 54
57200 Drimós (GR) 86 Cc 50
6493 Drjanovo (BG) 87 Cf 48
Drjazgi (RUS) 60 Dk 38
Drniš (HR) 70 Bg 47
1440 Drøbak (N) 28 Ba 31
000220* Drobeta-Turnu Severin (RO) 71 Cc 46
5200 Drochia (MD) 58 Ch 42
Drogheda = Droichead Átha (IRL) 49 Sd 37
Drogobyč = Drohobyč (UA) 57 Cd 41
Drohobyč (UA) 57 Cd 41
Droichead Átha = Drogheda (IRL) 49 Sd 37
Droichead na Bandan = Bandan (IRL) 49 Sb 39
Droim Seanbho (IRL) 49 Sb 36
Dromad (IRL) 49 Sc 37
Dromod = Dromad (IRL) 49 Sc 37
BT78 Dromore (GB) 49 Sc 36
Dromore West (IRL) 49 Sb 36
12025 Dronero (I) 68 Ah 46
8250* Dronten (NL) 54 Af 38
2095 Drosendorf Stadt-Zissersdorf (A) 56 Bf 42
Droskovo (RUS) 60 Dg 38
47043 Drossopigí (GR) 86 Cb 51
Drozdyn' (UA) 58 Ch 39
Drume (SRB) 86 Bk 48
Drumshanbo = Droim Seanbho (IRL) 49 Sb 36
66001 Druskininkai (LT) 41 Cd 36
Družba (UA) 59 Dd 38
Družbivka (UA) 74 De 44
Družinino (RUS) 47 Fk 34
Družkivka (UA) 60 Dh 42
Družkovka = Družkivka (UA) 60 Dh 42
Družnyj (RUS) 47 Gb 35
Drvenik (HR) 85 Bh 47
3560-048* Duas Igrejas (P) 80 Sd 49
4500 Dubăsari (MD) 73 Ck 43
Dubec (RUS) 32 Di 32
04849 Düben, Bad (D) 55 Bc 39
Dubenki (RUS) 45 Eg 36
Dubenskij (RUS) 64 Fg 39
4500 Dubèsar' = Dubăsari (MD) 73 Ck 43
"Dub""jazy" (RUS) 45 Ek 34
Dubki (RUS) 62 Eg 39
Dublin = Baile Átha Cliath (IRL) 49 Sd 37
Dubna (RUS) 43 Dg 36
Dubna (RUS) 43 Dh 34
Dubno (UA) 58 Cf 40
4500 Dubossary = Dubăsari (MD) 73 Ck 43
Duboštica (BIH) 71 Bi 46
26224 Dubovac (SRB) 71 Cb 46
Dubovaja Gora (RUS) 46 Ff 34
Dubovaja Rošča (RUS) 43 Dg 37
Dubove (UA) 57 Cd 42
Dubovjazivka (UA) 59 Dd 39
Dubovka (RUS) 61 Ee 41
Dubovo (RUS) 35 Ff 33
Dubovskoe (RUS) 76 Ec 43
Dubovyj Ovrag (RUS) 61 Ee 42
Dubovyj Umet (RUS) 46 Fa 38
Dubrovino (RUS) 36 Gc 32
Dubrovka (RUS) 34 Fb 31
Dubrovka (RUS) 42 Ci 34
Dubrovka (RUS) 43 Dd 37
Dubrovka (RUS) 61 Eb 39
Dubrovki (RUS) 44 Ed 37
Dubrovna (BY) 42 Da 36
Dubrovnik (HR) 85 Bi 48
Dubrovnoe (RUS) 37 Gk 33
Dubrovo (RUS) 32 Dh 31
Dubrovo (RUS) 46 Fe 34
Dubrovycja (UA) 58 Cg 39
50220 Ducey (F) 52 Si 42
Duchanivka (UA) 59 Dd 39
419 01 Duchcov (CZ) 55 Bd 40
3401 Dudelange (L) 54 Ag 41
37115 Duderstadt (D) 55 Ba 39
817040 Dudeşti (RO) 73 Ch 46
DY3 Dudley (GB) 52 Sh 38
Dudorovskij (RUS) 43 Df 37
34210 Dueñas (E) 81 Sf 49
AB55 Dufftown (GB) 50 Sg 33
36312 Duga Poljana (SRB) 71 Ca 47
Duga Resa (HR) 70 Bf 45
Dugna (RUS) 43 Dg 36
Dugo Selo (HR) 70 Bg 45
Duhovnickoe (RUS) 62 Ei 38
Duhovščina (RUS) 42 Dc 35
74410 Duingt (F) 68 Ag 45
34013 Duino-Aurisina (I) 69 Bd 45
47051* Duisburg (D) 54 Ag 39
Dukëz (AL) 86 Bk 50
38-450 Dukla (PL) 57 Cb 41
Dukora (BY) 42 Ch 37
30042 Dūkštas (LT) 41 Cg 35
Duljapino (RUS) 33 Ea 33
48249 Dülmen (D) 54 Ah 39
7650 Dulovo (BG) 73 Ch 47
G82 Dumbarton (GB) 51 Sf 35
DG1 Dumfries (GB) 51 Sg 35
Duminiči (RUS) 43 Df 37
Dumlu (TR) 91 Eb 50
26600 Dumluca (TR) 88 Db 51
43820 Dumlupınar (TR) 96 Ck 52
7020 Dunaföldvár (H) 71 Bi 44
Dunajivci (UA) 58 Cg 41
Dunajivci (UA) 58 Cg 42
929 01 Dunajská Streda (SK) 70 Bh 43
Dunaszekcső (H) 71 Bi 44
2400 Dunaújváros (H) 71 Bi 44
6145 Dunavci (BG) 71 Cc 47
EH42 Dunbar (GB) 51 Sh 35
FK15 Dunblane (GB) 50 Sg 34
3270 Dundaga (LV) 30 Cc 33
Dundalk = Dún Dealgan (IRL) 49 Sd 36
Dún Dealgan = Dundalk (IRL) 49 Sd 36
DD3 Dundee (GB) 50 Sh 34
KY11 Dunfermline (GB) 50 Sg 34
BT71 Dungannon (GB) 49 Sd 36
Dún Gar (IRL) 49 Sb 37
Dún Garbhán = Dungarvan (IRL) 49 Sc 38
Dungarvan = Dún Garbhán (IRL) 49 Sc 38
BT47 Dungiven (GB) 49 Sd 36
Dunglow = An Clochán Liath (IRL) 49 Sb 36
7506 Dunje (MK) 86 Cb 49
Dunkeld (GB) 50 Sg 34
59140* Dunkerque (F) 53 Ac 39
Dún Laoghaire (IRL) 49 Sd 37
Dunleary = Dún Laoghaire (IRL) 49 Sd 37
Dún Mánmhaí (IRL) 49 Sa 39
Dunmanway = DúnMńmhaí (IRL) 49 Sa 39
Dún Mor (IRL) 49 Sb 37
Dunmore = Dún Mor (IRL) 49 Sb 37
Dún na nGall (IRL) 49 Sb 36
Dún na Séad = Baltimore (IRL) 49 Sa 39
PA23 Dunoon (GB) 51 Sf 35
Dún Selachainn (IRL) 49 Sd 37
Dunshaughlin = Dún Selachainn (IRL) 49 Sd 37
18130 Dun-sur-Auron (F) 67 Ac 44
55110 Dun-sur-Meuse (F) 54 Af 41
IV55 Dunvegan (GB) 50 Sd 33
2600 Dupnica (BG) 87 Cd 48
57700 Durağan (TR) 89 Df 49
01470 Durak (TR) 88 Ci 51
48200 Durango (E) 66 Sh 47
47120 Duras (F) 66 Aa 46
3440 Durbe (LV) 40 Cb 34
Đurđenovac (HR) 71 Bi 45
Đurđevac (HR) 70 Bh 44
52349* Düren (D) 54 Ag 40
DH1 Durham (GB) 51 Si 36
Durhasan (TR) 96 Ci 52
Durlas = Thurles (IRL) 49 Sc 38
IV27 Durness (GB) 50 Sf 32
3601 Dürnstein (A) 56 Bf 42
06231 Dürrenberg, Bad (D) 55 Bc 39
Durrës (AL) 86 Bk 49
Durrow = Darú (IRL) 49 Sc 38
10800 Dursunbey (TR) 88 Ci 51
49430 Durtal (F) 66 Sk 43
34557 Durusu (TR) 88 Ci 49
32029 Dusetos (LT) 41 Cf 35
Dusina (BIH) 70 Bh 47
40210* Düsseldorf (D) 54 Ag 39
Dutluca (TR) 90 Di 51
Dutovo (RUS) 27 Fg 27
Duvan (RUS) 47 Fh 35
Duvanej, Udel'no- (RUS) 46 Ff 35
Düvertepe (TR) 88 Ci 51
Duvno (BIH) 70 Bh 47
Düzağaç (TR) 98 Dk 52
46000 Düzbağ (TR) 98 Dh 53
Düzce (TR) 88 Db 50
Düzgeçit (TR) 91 Ed 50
01970 Düziçi (TR) 98 Dg 53
61390 Düzköy (TR) 90 Dk 50
7150 Dve Mogili (BG) 72 Cf 47
Dvinskoj (RUS) 25 Ef 28
Dvojni (RUS) 44 Dk 35
Dvor (HR) 70 Bg 45
Dvorična (UA) 60 Dh 41
Dvoriki (RUS) 43 Di 34

172 | Dillingen an der Donau

Dvorišči (RUS) 32 Df 32
Dvurečensk (RUS) 47 Gb 34
544 01* Dvůr Králové nad Labem (CZ) 56 Bf 40
AB21 Dyce (GB) 50 Sh 33
Dykan'ka (UA) 59 De 41
Dymer (UA) 59 Da 40
Dymnica (RUS) 33 Ec 33
Dymytrove (UA) 59 Dc 42
36-065 Dynów (PL) 57 Cc 41
Dyrnes (N) 20 Ah 27
Džabyk (RUS) 47 Ga 37
Džalil' (RUS) 46 Fc 35
Džalykovo (RUS) 77 Eh 45
Džankoj (KRIM) 74 De 45
Dzeržinsk (RUS) 44 Ed 34
Dzeržyns'k = Torec'k (UA) 60 Dh 42
13-200 Działdowo (PL) 40 Ca 37
82-440 Dzierzgoń (PL) 40 Bk 37
58-200 Dzierżoniów (PL) 56 Bg 40
Dzinaga (RUS) 91 Ed 48
Dzisna (BY) 42 Ci 35
Dzivin (BY) 57 Ce 39
Dzjarečyn (BY) 41 Ce 37
Dzjaržynsk (BY) 42 Ch 37
Dzjatlava (BY) 41 Cf 37
Džubga (RUS) 75 Di 46
Džuryn (UA) 58 Ci 42
12-120 Dźwierzuty (PL) 40 Ca 37

E

Ėachroim (IRL) 49 Sd 38
Éadan Doire = Edenderry (IRL) 49 Sc 37
99401 Eanodat = Enontekiö (FIN) 15 Cd 22
Eas Geitine (IRL) 49 Sb 38
BN20 Eastbourne (GB) 53 Aa 40
East Dereham (GB) 53 Aa 38
G74 East Kilbride (GB) 51 Sf 35
32800 Eauze (F) 66 Aa 47
Ebecik (TR) 96 Ci 53
8400 Ebeltoft (DK) 39 Ba 34
69412 Eberbach (D) 54 Ai 41
04643 Ebersbach-Neugersdorf (D) 55 Be 39
9372 Eberstein (A) 70 Be 44
16225 Eberswalde (D) 39 Bd 38
84025 Eboli (I) 85 Bf 50
29574 Ebstorf (D) 39 Ba 37
17900 Eceabat (TR) 87 Cg 50
AB32 Echt (GB) 50 Sh 33
6408* Echternach (L) 54 Ag 41
41400 Écija (E) 92 Se 53
24340 Eckernförde (D) 38 Ak 36
22271 Eckerö (AX) 30 Bk 30
Ecommoy (F) 66 Aa 43
36240 Ecueillé (F) 67 Ab 43
Ed (S) 28 Bb 32
6710 Ede (NL) 54 Af 38
83070 Edefors (S) 22 Ca 24
Edenderry = Éadan Doire (IRL) 49 Sc 37
58200 Édessa (GR) 86 Cc 50
Edgeworthstown = Meathas Troim (IRL) 49 Sc 37
KY11 Edinburgh (GB) 51 Sg 35
10640 Edincik (TR) 88 Ch 50
4600 Edincy = Edineţ (MD) 58 Ch 42
4600 Edinec = Edineţ (MD) 58 Ch 42
4600 Edineţ (MD) 58 Ch 42
22000* Edirne (TR) 87 Cg 49
25048 Edolo (I) 69 Ba 44
65170 Edremit (TR) 87 Ch 51
76031 Edsbro (S) 29 Bi 31
59098 Edsbruk (S) 29 Bg 32
82801 Edsbyn (S) 29 Bf 29
88041 Edsele (S) 23 Bh 27
66052 Edsvalla (S) 29 Bd 31
Ėdy (BY) 42 Ch 35
9900 Eeklo (B) 53 Ad 39
Efeköy (TR) 96 Da 52
4070 Eferding (A) 55 Be 42
Efimovka (RUS) 63 Fc 38
Efimovskij (RUS) 32 De 31
27069 Efíra (GR) 94 Cb 53
67180 Eflâni (TR) 89 Dc 49
905350 Eforie Nord (RO) 73 Ci 46
Efremov (RUS) 43 Di 37
Efremo-Zykovo (RUS) 46 Fd 37
Efrosimovka (RUS) 60 Dg 38
38701 Egby (S) 40 Bg 34
Eger (H) 71 Ca 43
67840 Eğerci (TR) 88 Db 49
4370 Egersund (N) 28 Ag 32
3359 Eggedal (N) 28 Ak 30
84307 Eggenfelden (D) 55 Bc 42
5310 Eghezée (B) 53 Ae 40
83-314 Egiertowo (PL) 40 Bi 36
21360 Eğil (TR) 99 Ea 52
700* Egilsstaðir (IS) 48 Rf 25
59032 Egínio (GR) 86 Cc 50
25100 Egio (GR) 94 Cc 52
32500 Eğirdir (TR) 96 Da 53
19300 Egletons (F) 67 Ac 45
1930 Egmond aan Zee (NL) 38 Ae 38
Egor'e (RUS) 43 Dg 35
Egor'evsk (RUS) 44 Dk 35
Egorlykskaja (RUS) 76 Ea 44
Egorovo (RUS) 18 Eh 24
Egošinskaja (RUS) 34 Ei 30
Eğribayat (TR) 96 Dc 52
6040 Egtved (DK) 38 Ak 35
Eguzon-Chatôme (F) 67 Ab 44
Egva (RUS) 35 Fe 31
89584 Ehingen (Donau) (D) 54 Ak 42
Ehînos (GR) 87 Ce 49
Ehodak (N) 15 Cd 22
3032 Eichgraben (A) 56 Bf 42
85072 Eichstätt (D) 55 Bb 42
6409 Eide (N) 20 Ah 28
5783 Eidfjord (N) 28 Ah 30
470 Eiði (FO) 50 Sc 28
6215 Eidsdal (N) 20 Ah 28
Eidskog (N) 29 Bc 30
6636 Eidsvåg (N) 20 Ai 28
2080 Eidsvoll (N) 28 Bb 30
6940 Eikefjord (N) 28 Af 29
04838 Eilenburg (D) 55 Bc 39
2843 Eina (N) 28 Ba 30
37547 Einbeck (D) 54 Ak 39
5600* Eindhoven (NL) 54 Af 39
310 Einholt (IS) 48 Qh 26
99817 Eisenach (D) 55 Ba 40
8790 Eisenerz (A) 70 Be 43
15890 Eisenhüttenstadt (D) 55 Be 38
9135 Eisenkappel (A) 70 Be 44
7000* Eisenstadt (A) 70 Bg 43
98673 Eisfeld (D) 55 Ba 40
17017 Eišiškės (LT) 41 Cf 36
06295 Eisleben, Lutherstadt (D) 55 Bb 39
5966 Eivindvik (N) 28 Af 30
07800 Eivissa (E) 82 Ab 52
470 Ejde = Eiði (FO) 50 Sc 28
Ėjna (RUS) 16 Dc 21
Ėjsk (RUS) 75 Di 44
Ėjskoe Ukreplenie (RUS) 75 Di 44
Ekaterinburg (RUS) 47 Ga 34
Ekaterinovka (RUS) 60 Di 38
Ekaterinovka (RUS) 60 Dk 40
Ekaterinovka (RUS) 61 Ee 38
10600* Ekenäs (FIN) 30 Cd 31
Ekenäs (S) 29 Bd 32
2180 Ekeren (B) 53 Ae 39
Ekimoviči (RUS) 43 Dd 36
46360 Ekinözü (TR) 98 Dh 52
Ekinyolu (TR) 99 Ea 52
68050 Ekshärad (S) 29 Bd 30
07145 Ekşili (TR) 96 Da 53
57501* Eksjö (S) 29 Be 33
Elabuga (RUS) 46 Fc 35
23053 Elafónissos (GR) 94 Cc 54
Elan' (RUS) 36 Gd 33
Elan' (RUS) 61 Ed 40
Elan'-Kolenovskij (RUS) 61 Eb 39
40200 Elassóna (GR) 86 Cc 51
Elat'ma (RUS) 44 Eb 36
Elaur (RUS) 45 Ei 37
23000* Elâzığ (TR) 98 Dk 52
Elbasan (AL) 86 Ca 49
38610 Elbaşı (TR) 97 Df 52
76500 Elbeuf (F) 53 Aa 41
Elbeyli (TR) 98 Dh 54
46300 Elbistan (TR) 98 Dh 52
82-300 Elbląg (PL) 40 Bk 36
Ėl'brus (RUS) 76 Ec 47
Ėl'brus (RUS) 91 Ec 47
Ėl'brusskij (RUS) 76 Ec 47
03201 Elche = Elx (E) 93 Sk 52
El'cy (RUS) 43 Dd 34
03600 Elda (E) 82 Sk 52
Eldivan (TR) 89 Dd 50
540 Eldjarnsstaðir (IS) 48 Ql 25
Elec (RUS) 60 Di 38
Eleckaja Lozovka (RUS) 60 Dk 38
19201 Elefsína (GR) 94 Cd 52
Eleftheroupoli (GR) 87 Ce 50
Elegino (RUS) 33 Eb 32
3023 Eleja (LV) 41 Cd 34
04711 El Ejido (E) 93 Sh 54
5742 Elek (H) 71 Cb 44
26001 Elektrėnai (LT) 41 Ce 36
Ėlektrostal' (RUS) 43 Di 35
Ėlektrougli (RUS) 43 Di 35
5070 Elena (BG) 87 Cf 48
Elenovka (RUS) 64 Fk 40
Elenskij (RUS) 43 Df 37
04600 Eleşkirt (TR) 91 Ec 51
Elgå (N) 20 Bb 28
IV30 Elgin (GB) 50 Sg 33
El'hotovo (RUS) 76 Ee 47
El'hotovo (RUS) 91 Ee 47
Elhovka (RUS) 46 Fa 37
6064 Elhovo (BG) 87 Cg 48
KY9 Elie (GB) 50 Sh 34
47201 Elimäki (FIN) 30 Cg 30
Elionka (RUS) 59 Dc 38
Ėlista (RUS) 76 Ee 44
Elistranda (N) 20 Ba 27
Elizavetopol'skoe (RUS) 65 Ga 38
19-300 Ełk (PL) 41 Cc 37
El'kib (RUS) 26 Ei 27
AB41 Ellon (GB) 50 Sh 33
47401 Ellös (S) 28 Bb 32
73479 Ellwangen (Jagst) (D) 55 Ba 42
06780 Elmadağ (TR) 89 Dd 51
Elmalı (TR) 87 Cg 50
Elmalı (TR) 91 Ea 51
Elmalı (TR) 96 Ck 54
Elmalı (TR) 97 Df 52
Elmalı (TR) 98 Dh 52
Elmalıdere (TR) 91 Ec 51
25335* Elmshorn (D) 38 Ak 37
66200* Elne (F) 82 Ac 48
6409 Elnesvågen (N) 20 Ah 28
El'niki (RUS) 44 Ed 36
El'nja (RUS) 43 Dd 36
Eloga (RUS) 35 Fd 31
Elovo (RUS) 46 Fe 33
Elšanka (RUS) 62 Eg 39
Elšanka (RUS) 64 Ff 39
Elšanka Pervaja (RUS) 46 Fb 38
8672 Elsfjord (N) 21 Bd 24
El'sk (BY) 58 Ck 39
Elstad (N) 28 Ba 29
04910 Elsterwerda (D) 55 Bd 39
97483 Eltmann (D) 55 Ba 41
61503* Elva (EST) 30 Cg 32
33730 Elvanlı (TR) 97 De 54
7350-001* Elvas (P) 92 Sc 52
56250 Elven (F) 66 Sh 43
2406* Elverum (N) 28 Bb 30
Elx = Elche (E) 93 Sk 52
CB6 Ely (GB) 53 Aa 38
31008 Elze (D) 54 Ak 38
Emådalen (S) 29 Be 29
Emanželinsk (RUS) 47 Gb 36
85200 Embório (GR) 95 Cf 54
3436 Embūte (LV) 40 Cb 34
Emca (RUS) 24 Ea 27
26721* Emden (D) 38 Ah 37
Emeck (RUS) 25 Eb 27
Emek (TR) 99 Ed 52
Emel'janovka (RUS) 23 Da 27
Emel'janovskaja (RUS) 25 Eb 26
43700 Emet (TR) 88 Ck 51
35670 Emiralem (TR) 95 Ch 52
03600 Emirdağ (TR) 88 Db 51
42910 Emirgazi (TR) 97 Dd 53
Emirler (TR) 89 Dc 51
Emirler (TR) 98 Dg 53
Emiryusuf (TR) 90 Dg 49
49824 Emlichheim (D) 54 Ag 38
36101 Emmaboda (S) 39 Bf 34
92001 Emmaste (EST) 30 Cc 32
8300* Emmeloord (NL) 38 Af 38
7722 Emmen (NL) 38 Ag 38
79312 Emmendingen (D) 54 Ah 42
46446 Emmerich am Rhein (D) 54 Ag 39
8252 Emona (BG) 88 Ch 48
30017 Empessós (GR) 86 Cb 51
50053 Empoli (I) 69 Ba 47
56130 Ems, Bad (D) 54 Ah 40
48282 Emsdetten (D) 54 Ah 38
Emva (RUS) 26 Fa 28
Ėna (RUS) 16 Db 23
Enakievo = Jenakijeve (UA) 60 Di 42
82519 Enånger (S) 29 Bh 29
Encekler (TR) 96 Ci 52
Endrespless (N) 21 Bd 25
Ėnergetik (RUS) 64 Fi 39
22700 Enez (TR) 87 Cg 50
Enfield = An Bóthar Bui (IRL) 49 Sd 37
6390 Engelberg (CH) 68 Ai 44
4090* Engelhartszell (A) 55 Bd 42
Ėngel's (RUS) 62 Eg 39
Engjan (N) 20 Ai 27
Engozero (RUS) 23 Dd 25
3113 Engure (LV) 30 Cd 33
Enjukovo (RUS) 32 Dh 31
1600 Enkhuizen (NL) 38 Af 38
74500* Enköping (S) 29 Bh 31
94100 Enna (I) 84 Be 53
Enne (TR) 88 Ck 51
Ennis = Inis (IRL) 49 Sb 38
Enniscorthy = Inis Córthaidh (IRL) 49 Sd 38
Ennis Díomáin (IRL) 49 Sa 38
BT74 Enniskillen (GB) 49 Sc 36
Ennistymon = Ennis Díomáin (IRL) 49 Sa 38
4470* Enns (A) 55 Be 42
81201 Eno (FIN) 23 Da 28
Enodden (N) 20 Ba 28
58175 Enonkoski (FIN) 23 Ci 28
99401 Enontekiö (FIN) 15 Cd 22
Enotaevka (RUS) 77 Eg 43
7500* Enschede (NL) 54 Ag 38
58410 Entrains-sur-Nohain (F) 67 Ad 43
12140 Entraygues-sur-Truyère (F) 67 Ac 46
04320 Entrevaux (F) 68 Ag 47
2330-001* Entroncamento (P) 80 Sb 51
8130 Enying (H) 71 Bi 44
Eochaill = Youghal (IRL) 49 Sc 39
57500 Epanomí (GR) 86 Cc 50
48599 Epe (NL) 54 Af 38
51200* Épernay (F) 53 Ad 41
Epifan' (RUS) 43 Di 37
71360 Épinac (F) 67 Ae 44
88000* Épinal (F) 54 Ag 42
Episkopi Bay (CY) 96 Dc 56
75031 Eppingen (D) 54 Ai 41
KT19 Epsom (GB) 52 Sk 39
30020 Eraclea (I) 69 Bc 45
Ėrahtur (RUS) 44 Eb 36
05000 Erarslan (TR) 89 Df 50
33058 Erátini (GR) 94 Cc 52
50003 Erátira (GR) 86 Cb 50
60500* Erbaa (TR) 90 Dg 50
20222 Erbalunga (F) 83 Ak 48
65210 Erçek (TR) 99 Ed 52
65400 Erciş (TR) 91 Ed 51
2030 Érd (H) 71 Bi 43
10500 Erdek (TR) 88 Ch 50
33730* Erdemli (TR) 97 De 54
56410 Erdeven (F) 66 Sg 43
85435 Erding (D) 55 Bb 42
Erdnievskij (RUS) 77 Eg 44
42310* Ereğli (TR) 88 Db 49
42310* Ereğli (TR) 97 De 53
49510 Erentepe (TR) 91 Ec 51
81105 Eressós (GR) 87 Cf 51
37400 Erétria (GR) 94 Cd 52
Erfjord (N) 28 Ag 31
99084* Erfurt (D) 55 Bb 40
Ergani (TR) 98 Dk 52
Ergeninskij (RUS) 76 Ee 43
4840 Ērgli (LV) 41 Cf 34
2655-001* Ericeira (P) 80 Sa 52
57800 Erikli (TR) 87 Cg 50
84196 Erikslund (S) 21 Bf 28
36194 Eriksmåla (S) 39 Bf 34
37017 Eringsboda (S) 39 Bf 34
19008 Erithrés (GR) 94 Cd 52
Erken-Šahar (RUS) 76 Eb 46
38170 Erkilet (TR) 97 Df 52
50611 Erla (E) 82 Sk 48
91052* Erlangen (D) 55 Bb 41
9963 Erlsbach (A) 69 Bc 44
Ermakovo (RUS) 33 Dk 32
Ermeneevo (RUS) 46 Fd 36
70400 Ermenek (TR) 96 Dc 54
4445-274* Ermesinde (P) 80 Sb 49
Ėrmica (RUS) 18 Fc 24
21051 Ermióni (GR) 94 Cd 53
Ermiš' (RUS) 44 Ec 36
Ermolaevo (RUS) 64 Ff 38
Ermolino (RUS) 43 Dh 34
Ermolkino (RUS) 46 Fd 36
84100 Ermoúpoli (GR) 94 Ce 53
Ėrna (RUS) 35 Ff 31
53500 Ernée (F) 52 Sk 42
547215 Ernei (RO) 72 Ce 44
22430 Erquy (F) 52 Sh 42
Ersekë (AL) 86 Ca 50
Erši (RUS) 43 De 36
Eršov (RUS) 62 Eg 41
Eršov (RUS) 62 Ei 39
Eršovo (RUS) 32 Di 31
67150 Erstein (F) 54 Ah 42
Ertil' (RUS) 61 Ea 39
Ėrtoma (RUS) 25 Eh 27
Ertuğrul (TR) 88 Ch 51
Ertuğrulköy (TR) 88 Db 51
Eruh (TR) 99 Ec 53
Ervenik (HR) 70 Bf 46
Erzin (Yeşilkent) (TR) 97 Dg 54
25000* Erzurum (TR) 91 Eb 51
74021 Eržvilkas (LT) 41 Cc 35
Eşatlar (TR) 88 Ck 51
6700* Esbjerg (DK) 38 Ai 35
02002* Esbo = Espoo (FIN) 30 Ce 30
17130 Escala, l' (E) 82 Ad 48
Escalada (E) 81 Sg 48
08043 Escalaplano (I) 83 Ak 51
22363 Escalona (E) 81 Sf 50
50790 Escatrón (E) 82 Sk 49
29348 Eschede (D) 39 Ba 38
9635 Esch-sur-Sûre (L) 54 Af 41
37269 Eschwege (D) 55 Ba 39
28280 Escorial, El (E) 81 Sf 50
Eşen (TR) 96 Ck 54
05810 Esençay (TR) 89 Df 49
05810 Esençay (TR) 90 Dg 50
Esence (TR) 88 Ci 50
11640 Esenköy (TR) 96 Ci 53
Esenlik (TR) 91 Ed 51
Esenoviči (RUS) 32 De 33
26427 Esens (D) 38 Ah 37
Esenyurt (TR) 88 Ci 49
Esenyurt (TR) 90 Dg 51
Esinskaja (RUS) 33 Eb 30
735 Eskifjörður (IS) 48 Rf 25
Eski Gediz (TR) 88 Ck 51
Eskihisar (TR) 95 Ci 53
68800 Eskil (TR) 97 Dd 52
63003* Eskilstuna (S) 29 Bg 31
44210 Eski Malatya (TR) 98 Di 52
Eskino (RUS) 32 Df 32
67200 Eskipazar (TR) 89 Dc 50
26000* Eskişehir (TR) 88 Da 51
24110* Eslöv (S) 39 Bd 35
Eşme (TR) 96 Ci 52
68150 Eşmekaya (TR) 97 Dd 52
Esmer (TR) 91 Ec 51
12500 Espalion (F) 67 Ac 46
32339 Espelkamp (D) 54 Ai 38
14220 Espiel (E) 92 Se 52
40400 Espinar, El (E) 81 Sf 50
3885-201* Espinho (P) 80 Sb 49
09560 Espinosa de los Monteros (E) 81 Sg 47
28600 Espiye (TR) 90 Di 50
02002* Espoo (FIN) 30 Ce 30
4740-001* Esposende (P) 80 Sb 49
Esrange (S) 15 Cb 23
85140 Essarts, les (F) 66 Si 44
45127* Essen (B) 53 Ae 39
45127* Essen (D) 54 Ah 39
Essentuki (RUS) 76 Ec 46
68100 Essími (GR) 87 Cf 49
73728* Esslingen am Neckar (D) 54 Ak 42
Ėssojla (RUS) 23 Dd 29
Essones, Corbeil- (F) 53 Ac 42
Estapovo (RUS) 34 Fa 31
3860-201* Estarreja (P) 80 Sb 50
Estépar (E) 81 Sg 48
29680 Estepona (E) 92 Se 54
51310 Esternay (F) 53 Ad 42
Esterri d'Àneu (E) 82 Ab 48
Esterri de Aneu = Esterri d'Aneu (E) 82 Ab 48
10190 Estissac (F) 53 Ad 42
46590 Estivella (E) 82 Sk 51
8005-449* Estói (P) 92 Sc 53
36680 Estrada, A (E) 80 Sb 48
7100-100* Estremoz (P) 80 Sc 52
Esztergom (H) 71 Bi 43
55400 Étain (F) 54 Af 41
91150* Étampes (F) 53 Ac 42
17420 Etili (TR) 87 Cg 51
Ėtkul' (RUS) 47 Gb 36
5590 Etne (N) 28 Af 31
27150 Étrépagny (F) 53 Ab 41
76790 Étretat (F) 53 Aa 41
2180 Etropole (BG) 87 Ce 48
76260 Eu (F) 53 Ab 40
4700 Eupen (B) 54 Ag 40
27511 Eura (FIN) 30 Cc 29
27101 Eurajoki (FIN) 30 Cb 29
53879* Euskirchen (D) 54 Ag 40
23701 Eutin (D) 39 Ba 36
5707 Evanger (N) 28 Ag 30
23110 Évaux-les-Bains (F) 67 Ac 44
Evbujak (RUS) 47 Fg 35
Evcaniči (RUS) 32 Dd 32
33630 Evciler (TR) 87 Cg 51
33630 Evciler (TR) 89 Dd 51
33630 Evciler (TR) 96 Ck 52
Evdakimavičy (BY) 42 Da 36
Evdilos (GR) 95 Cg 53
Evdino (RUS) 26 Fa 27
9940 Evergem (B) 53 Ad 39
Evertsberg (S) 29 Bd 29
WR11 Evesham (GB) 52 Si 38
Evgora (RUS) 23 Dd 27
74500 Évian-les-Bains (F) 68 Ag 44
62501 Evijärvi (FIN) 22 Cd 27
20126 Evisa (F) 83 Ai 48
4735 Evje (N) 28 Ah 32
Evlanovo (RUS) 60 Dh 38
7100-300 Évora (P) 92 Sc 52
Evpatorija = Jevpatorija (KRIM) 74 Dd 45
17350 Evrese (TR) 87 Cg 50
27000* Évreux (F) 53 Ab 41
53600* Evron (F) 52 Sk 42
20009 Evrostína (GR) 94 Cc 52
91000 Évry (F) 53 Ac 42
Evsinskaja (RUS) 32 Dh 29
Evsjutino (RUS) 33 Eb 31
Evsuh (UA) 60 Dk 41
EX4 Exeter (GB) 52 Sg 40
Exideuil (F) 66 Aa 45
EX8 Exmouth (GB) 52 Sg 40
Eydehamn (N) 28 Ai 32
TD14 Eyemouth (GB) 51 Sh 35
19340 Eygurande (F) 67 Ac 45
24500 Eymet (F) 66 Aa 46
87120 Eymoutiers (F) 67 Ab 45
28850 Eynesil (TR) 90 Dk 49
26280 Ezcaray (E) 81 Sg 48
3891 Ezere (LV) 41 Cc 34
5692 Ezernieki (LV) 42 Ch 34
Eževo (RUS) 35 Fc 32
Ežiha (RUS) 34 Eh 32
17600 Ezine (TR) 87 Cg 51
Ezjaryšča (BY) 42 Ck 35
Ežva (RUS) 34 Fa 29

F

5600 Faaborg = Fåborg (DK) 39 Ba 35
2625 Fåberg (N) 28 Ba 29
5600 Fåborg = Faaborg (DK) 39 Ba 35
60044 Fabriano (I) 69 Bc 47
927110 Făcăeni (RO) 73 Ch 46
48018 Faenza (I) 69 Bb 46
4820-002* Fafe (P) 80 Sb 49
505200 Făgăraş (RO) 72 Ce 45
83086 Fågelberget (S) 21 Be 26
Fågelsjö (S) 21 Be 29
2900 Fagernes (N) 28 Ak 30
2900 Fagernes (N) 14 Bk 21

Fagernes | 173

73701* Fagersta (S) 29 Bf 30
607207 Făget (RO) 71 Cc 45
880 Fagurhólsmýri (IS) 48 Rd 27
Faing (IRL) 49 Sa 38
Fakel (RUS) 35 Fd 33
NR21 Fakenham (GB) 51 Aa 38
Fakılı (TR) 89 Df 51
Fakovići (BIH) 71 Bk 46
4640 Fakse (DK) 39 Bc 35
14700 Falaise (F) 52 Sk 42
Falcarragh = An Fál Carrach (IRL) 49 Sb 35
Falconara Marittima (I) 69 Bd 47
Falenki (RUS) 34 Fb 32
5901 Fălești (MD) 73 Ch 43
5901 Falešty = Fălešti (MD) 73 Ch 43
31101* Falkenberg (S) 39 Bc 34
04895 Falkenberg (Elster) (D) 55 Bd 39
14612 Falkensee (D) 55 Bd 38
52101* Falköping (S) 29 Bd 32
91501 Fällfors (S) 22 Ca 25
29683 Fallingbostel, Bad (D) 38 Ak 38
TR11 Falmouth (GB) 52 Se 40
43730 Falset (E) 82 Aa 49
725200 Fălticeni (RO) 72 Cg 43
79101* Falun (S) 29 Bf 30
Fanahammaren (N) 28 Af 30
7320 Fannrem (N) 20 Ak 27
61032 Fano (I) 69 Bd 47
Fanrem (N) 20 Ak 27
56320 Faouët, le (F) 52 Sg 42
02032 Fara in Sabina (I) 84 Bc 48
45801 Färgelanda (S) 28 Bb 32
Färila (S) 21 Bf 29
SN7 Faringdon (GB) 52 Si 39
38601 Färjestaden (S) 40 Bg 34
42031 Farkadóna (GR) 86 Cc 51
327200 Fârliug (RO) 71 Cb 45
8700-152* Faro (P) 92 Sc 53
62035 Fårösund (S) 29 Bk 33
Farrenfore = An Fearann Fuar (IRL) 49 Sa 38
40300 Fársala (GR) 86 Cc 51
4550 Farsund (N) 28 Ag 32
72015 Fasano (I) 85 Bh 50
750 Fáskrúðsfjörður (IS) 48 Rg 26
Fastiv (UA) 58 Ck 40
Fastov = Fastiv (UA) 58 Ck 40
Fatela, La (E) 80 Sd 50
Fatež (RUS) 60 Df 38
34080* Fatih (TR) 88 Ci 49
2495-551* Fátima (P) 80 Sb 51
52400 Fatsa (TR) 90 Dh 49
57380 Faulquemont (F) 54 Ag 41
815100 Făurei (RO) 73 Ch 45
8200 Fauske (N) 14 Bf 23
85460 Faute-sur-Mer, la (F) 66 Si 44
2634 Fåvang (N) 28 Ba 29
70160 Faverney (F) 68 Ag 43
ME13 Faversham (GB) 53 Aa 39
91023 Favignana (I) 84 Bc 53
SO45 Fawley (GB) 52 Si 40
52500 Fayl-la-Forêt (F) 68 Af 43
50795 Fayón (E) 82 Aa 49
Fearna (IRL) 49 Sd 38
76400 Fécamp (F) 53 Aa 41
5947 Fedje (N) 28 Ae 30
Fedjukovo (RUS) 43 Df 36
Fedorovka (RUS) 45 Ek 37
Fedorovka (RUS) 46 Ff 37
Fëdorovka (RUS) 75 Di 43
Fedorovskoe (RUS) 44 Dk 34
Fedotovo (RUS) 33 Ec 30
Fedovo (RUS) 24 Dk 28
Fehimli (TR) 89 Df 51
23769 Fehmarn (D) 39 Bb 36
16833 Fehrbellin (D) 39 Bc 38
9710 Feistritz an der Drau (A) 69 Bd 44
01660 Feke (TR) 97 Df 53
38750* Felâhiye (TR) 89 Df 51
07200 Felanitx (E) 82 Ad 51
8330 Feldbach (A) 70 Bf 44
17258 Feldberg (D) 39 Bd 37
507065 Feldioara (RO) 72 Cf 45
6800* Feldkirch (A) 69 Ak 43
9560 Feldkirchen in Kärnten (A) 70 Be 44
Fèlèst' = Falešti (MD) 73 Ch 43
IP11 Felixstowe (GB) 53 Ab 39
23500 Felletin (F) 67 Ac 45
32032 Feltre (I) 69 Bb 44
10060 Fenestrelle (I) 68 Ah 45
Fenevyči (UA) 59 Da 40
Feodosija (KRIM) 74 Df 45
Ferapontovo (RUS) 32 Di 31
02800 Fère, la (F) 53 Ad 41
51230 Fère-Champenoise (F) 53 Ad 42
02130 Fère-en-Tardenois (F) 53 Ad 41
03013 Ferentino (I) 84 Bd 49
70000* Ferizaj = Uroševac (RKS) 86 Cb 48
54110 Ferizli (TR) 88 Da 50
9170* Ferlach (A) 70 Be 44
25001 Ferma (LT) 41 Ce 35
63023 Fermo (I) 69 Bd 47
49220 Fermoselle (E) 80 Sd 49
Fermoy = Mainistir Fhear Maí (IRL) 49 Sb 38
Ferns = Fearna (IRL) 49 Sd 38
75013 Ferrandina (I) 85 Bg 50
44100 Ferrara (I) 69 Bb 46
7900-195* Ferreira do Alentejo (P) 92 Sb 52
07750 Ferreries (E) 83 Ae 51
29024 Ferriere (I) 69 Ak 46
15510 Ferrol (E) 80 Sb 47
Feršampenuaz (RUS) 47 Fk 37
72400 Ferté-Bernard, la (F) 53 Aa 42
61600 Ferté-Macé, la (F) 52 Sk 42
45240 Ferté-Saint-Aubin, la (F) 67 Ab 43
77260 Ferté-sous-Jouarre, la (F) 53 Ad 42
Festvåg (N) 14 Be 23
925100 Fetești (RO) 73 Ch 46
48300 Fethiye (TR) 96 Ck 54
48300 Fethiye (TR) 98 Di 52
1900 Fetsund (N) 28 Bb 31
91555 Feuchtwangen (D) 55 Ba 41
42110 Feurs (F) 67 Ae 45
4870 Fevik (N) 28 Ai 32
27830 Fevzipaşa (TR) 98 Dg 53
LL41 Ffestiniog (GB) 51 Sg 38
62035 Fiastra (I) 84 Bd 47
05016 Ficulle (I) 84 Bc 48
43036 Fidenza (I) 69 Ba 46
137100 Fieni (RO) 72 Cf 45
Fier (AL) 86 Bk 50
Fierzë (AL) 86 Ca 48
3984 Fiesch (CH) 68 Ai 44
50014 Fiesole (I) 69 Bb 47
20114 Figari (F) 83 Ak 49
46100* Figeac (F) 67 Ac 46
57205 Figeholm (S) 29 Bg 33
Figgjo, Ålgård- (N) 28 Af 32
59100 Figline (I) 69 Bb 47
3080-011* Figueira da Foz (P) 80 Sb 50
6440-100* Figueira de Castelo Rodrigo (P) 80 Sd 50
3260-305* Figueiró dos Vinhos (P) 80 Sb 51
17600 Figueres (E) 82 Ac 48
Fil'čenki (RUS) 42 Dc 35
Filevo (BG) 87 Cf 48
YO14 Filey (GB) 51 Sk 36
13601 Filí (GR) 94 Cd 52
205300 Filiaşi (RO) 72 Cd 46
24300 Filiatrá (GR) 94 Cb 53
Filimonovo (RUS) 47 Ga 36
Filinskoe (RUS) 44 Ec 35
Filippovka (RUS) 45 Ek 36
Filippovka (RUS) 65 Gc 39
68201 Filipstad (S) 29 Be 31
7240 Fillan (N) 20 Ai 27
17024 Finale Ligure (I) 68 Ai 46
04500 Fiñana (E) 93 Sh 53
22530 Finby (AX) 30 Ca 30
Fındık (TR) 99 Eb 53
Fındıkköyü (TR) 98 Dg 52
05000 Fındıklı (TR) 87 Cg 50
05000 Fındıklı (TR) 91 Eb 49
33730 Fındıkpınarı (TR) 97 De 54
07740 Finike (TR) 96 Da 54
24006 Finikounda (GR) 94 Cb 54
57413 Finnentrop (D) 54 Ah 39
Finnskog (N) 29 Bc 30
9300 Finnsnes (N) 14 Bh 21
61201* Finspång (S) 29 Bf 32
03238 Finsterwalde (D) 55 Bd 39
Fintown (IRL) 49 Sb 36
PA76 Fionnphort (GB) 50 Sd 34
50100* Firenze (I) 69 Bb 47
50033 Firenzuola (I) 69 Bb 46
42700 Firminy (F) 67 Ae 45
Firovo (RUS) 32 Dd 33
SA65 Fishguard (GB) 52 Sf 39
4122 Fiskå (N) 20 Af 28
Fiskebøl (N) 14 Be 22
51170 Fismes (F) 53 Ad 41
30009 Fitíes (GR) 94 Cb 52
03014 Fiuggi (I) 84 Bd 49
54013 Fivizzano (I) 69 Ba 46
6848 Fjærland (N) 28 Ag 29
45071 Fjällbacka (S) 28 Bb 32
84098 Fjällnes (S) 21 Bc 28
5856 Fjellerup (DK) 39 Ba 34
9690 Fjerritslev (DK) 38 Ak 33
Fjordgård (N) 14 Bh 21
3539 Flå (N) 28 Ak 30
Flakstad (N) 14 Bd 22
5743 Flåm (N) 28 Ah 30
425 Flateyri (IS) 48 Qg 24
Flatval (N) 20 Ai 27
72200* Flèche, la (F) 66 Sk 43
FY7 Fleetwood (GB) 51 Sg 37
4400 Flekkefjord (N) 28 Ag 32
Flen (S) 29 Bg 31
24937* Flensburg / Flensborg (D) 38 Ak 36
61100 Flers (F) 52 Sk 42
3620 Flesberg (N) 28 Ak 31
32500 Fleurance (F) 66 Aa 47
CH6 Flint (GB) 51 Sg 37
2270 Flisa (N) 29 Bc 30
43750 Flix (E) 82 Aa 49
52040 Floby (S) 29 Bd 32
Floda (S) 29 Bc 33
09557 Flöha (D) 55 Bd 40
48400 Florac (F) 67 Ad 46
50100 Florenz = Firenze (I) 69 Bb 47
Floreşt' = Floreşti (MD) 73 Ci 43
5000 Floreşti (MD) 73 Ci 43
5000 Florešty = Floreşti (MD) 73 Ci 43
96014 Floridia (I) 84 Bf 53
53100 Flórina (GR) 86 Cb 50
7525 Flornes (N) 20 Bb 27
6900 Florø (N) 28 Af 29
Foča (BIH) 71 Bi 47
35680 Foça (TR) 95 Cg 52
IV32 Fochabers (GB) 50 Sg 33
000620* Focşani (RO) 73 Ch 45
71100 Foggia (I) 85 Bf 49
09000* Foix (F) 82 Ab 48
Fojnica (BIH) 70 Bh 47
Foki (RUS) 46 Fe 34
Fokino (RUS) 43 De 37
7985 Foldereid (N) 21 Bc 26
84011 Folégandros (GR) 94 Ce 54
06034 Foligno (I) 84 Bc 48
CT18 Folkestone (GB) 53 Ab 39
7796 Follafoss (N) 20 Bb 27
2580 Folldal (N) 20 Ak 28
2656 Follebu (N) 28 Ba 29
83060 Föllinge (S) 21 Be 27
Follonica (I) 84 Ba 48
Fominki (RUS) 44 Ec 35
Fomino (RUS) 43 De 36
Fominskij (RUS) 47 Fk 36
Fominskoe (RUS) 33 Eb 32
Fominskoe (RUS) 33 Ec 31
36012 Fondi (I) 84 Bd 49
08023 Fonni (I) 83 Ak 50
27100 Fonsagrada, A (E) 80 Sc 47
77300* Fontainebleau (F) 53 Ac 42
Fontanka (UA) 73 Da 44
85200 Fontenay-le-Comte (F) 66 Sk 44
05310 Fontiveros (E) 81 Sf 50
Fontur (IS) 48 Rf 24
8640 Fonyód (H) 70 Bh 44
76596 Forbach (F) 54 Ag 41
04300 Forcalquier (F) 68 Af 47
91301 Forchheim (D) 55 Bb 41
6826 Førde (N) 28 Af 29
6826 Førde (N) 28 Af 31
85-900 Fordon (PL) 40 Bi 37
09083 Fordongianus (I) 83 Ai 51
DD8 Forfar (GB) 50 Sh 34
76440 Forges-les-Eaux (F) 53 Ab 41
Forli (I) 69 Bc 46
L37 Formby (GB) 51 Sg 37
04023 Formia (I) 84 Bd 49
Forminskij (RUS) 34 Ei 29
Fornells (E) 83 Ae 50
43045 Fornovo di Taro (I) 69 Ak 46
Foros (KRIM) 74 Dd 46
IV36 Forres (GB) 50 Sg 33
66701 Forshaga (S) 29 Bd 31
Forshällan (S) 14 Bk 24
88101 Forsmo (S) 21 Bh 27
7246 Forsnes (N) 20 Ai 27
32003 Forssa (FIN) 30 Cd 30
03149 Forst (Lausitz) (D) 55 Be 39
PH32 Fort Augustus (GB) 50 Sf 33
IV1 Fort George (GB) 50 Sf 33
30620 Fortuna (E) 93 Si 52
PH33 Fort William (GB) 50 Se 34
Forvik (N) 21 Bc 25
6090 Fosnavåg (N) 20 Af 28
12045 Fossano (I) 68 Ah 46
9350 Fossbakken (N) 14 Bh 22
61034 Fossombrone (I) 69 Bc 47
60100 Fotiná (GR) 86 Cc 50
29170 Fouesnant (F) 66 Sf 43
35300* Fougères (F) 52 Si 42
70220 Fougerolles (F) 68 Ag 43
58600 Fourchambault (F) 67 Ad 43
59610 Fourmies (F) 53 Ae 40
Fourni (GR) 95 Cg 53
Foxford = Béal Easa (IRL) 49 Sa 37
Foynes = Faing (IRL) 49 Sa 38
27780 Foz (E) 80 Sc 47
22520 Fraga (E) 82 Aa 49
Fragísta (GR) 94 Cb 52
6690 Fraiture (B) 54 Af 40
72021 Francavilla Fontana (I) 85 Bh 50
85034 Francavilla in Sinni (I) 85 Bg 50
47600 Francescas (F) 66 Aa 46
96015 Francofonte (I) 84 Be 53
Franeker = Frjentsjer (NL) 38 Af 37
35066 Frankenberg (Eder) (D) 54 Ai 39
67227 Frankenthal (Pfalz) (D) 54 Ai 41
15230* Frankfurt (Oder) (D) 55 Be 38
60311* Frankfurt am Main (D) 54 Ai 40
83051 Frankrike (S) 21 Bd 27
84012 Fränsta (S) 21 Bg 28
18461 Franzburg (D) 39 Bc 36
00044 Frascati (I) 84 Bc 49
AB43 Fraserburgh (GB) 50 Sh 33
8500* Frauenfeld (CH) 68 Ai 43
7000 Fredericia (DK) 38 Ak 35
9900 Frederikshavn (DK) 28 Ba 33
3600 Frederikssund (DK) 39 Bc 35
3300 Frederiksværk (DK) 39 Bc 35
91050 Fredrika (S) 21 Bi 26
77010 Fredriksberg (S) 29 Be 30
1604* Fredrikstad-Sarpsborg (N) 28 Ba 31
06340 Fregenal de la Sierra (E) 92 Sd 52
09599 Freiberg (D) 55 Bd 40
1700* Freiburg = Fribourg (CH) 68 Ah 44
79098* Freiburg im Breisgau (D) 68 Ah 43
16259 Freienwalde, Bad (D) 39 Be 38
3183 Freiland (A) 70 Bf 43
83395 Freilassing (D) 69 Bc 43
85354* Freising (D) 55 Bb 42
4240* Freistadt (A) 55 Be 42
01705 Freital (D) 55 Bd 40
83600* Fréjus (F) 68 Ag 47
Frenchpark = Dún Gar (IRL) 49 Sb 37
744 01 Frenštát pod Radhoštěm (CZ) 56 Bi 41
Fresno-Alhándiga (E) 80 Se 50
42311 Fresno de Caracena (E) 81 Sg 49
6896 Fresvik (N) 28 Ag 29
41160 Fréteval (F) 67 Ab 43
70130 Fretigney-et-Velloreille (F) 68 Af 43
72250 Freudenstadt (D) 54 Ai 42
62270 Frévent (F) 53 Ac 40
94078 Freyung (D) 55 Bd 42
85800 Frí (GR) 95 Cg 55
1700* Fribourg = Freiburg (CH) 68 Ah 44
86316 Friedberg (A) 70 Bg 43
61169 Friedberg (Hessen) (D) 54 Ai 40
37133 Friedland (D) 39 Bd 37
88045* Friedrichshafen (D) 69 Ak 43
74177 Friedrichshall, Bad (D) 54 Ak 41
25840 Friedrichstadt (D) 38 Ak 36
9360 Friesach (A) 70 Be 44
26169 Friesoythe (D) 38 Ah 37
82700 Friggesund (S) 21 Bg 29
Frikes (GR) 94 Ca 52
51300 Fristad (S) 29 Bd 33
51110 Fritsla (S) 29 Bc 33
34560 Fritzlar (D) 54 Ak 39
Frjanovo (RUS) 43 Di 34
Frjentsjer = Franeker (NL) 38 Af 37
Frolišči (RUS) 44 Ec 34
Frolovo (RUS) 32 Dh 31
Frolovo (RUS) 61 Ed 41
BA11 Frome (GB) 52 Sh 39
34440 Frómista (E) 81 Sf 48
34110* Frontignan (F) 67 Ad 47
03100 Frosinone (I) 84 Bd 49
Frösö (S) 21 Be 27
86095 Frosolone (I) 85 Be 49
Frossíni (GR) 86 Ca 51
7633 Frosta (N) 20 Ba 27
Frostviksbränna (S) 21 Bd 26
147140 Frumoasa (RO) 72 Cf 44
917100 Frumuşani (RO) 72 Cg 46
Frunze (UA) 74 De 44
Frunzivka = Zacharivka (UA) 73 Ck 43
3714 Frutigen (CH) 68 Ah 44
738 01* Frýdek-Místek (CZ) 56 Bi 41
464 01 Frýdlant (CZ) 56 Bf 40
29640 Fuengirola (E) 93 Sf 54
02651 Fuente-Álamo (E) 93 Si 53
39588 Fuente Dé (E) 66 Sf 47
06240 Fuente de Cantos (E) 92 Sd 52
06980 Fuente del Arco (E) 92 Se 52
29315 Fuente del Fresno (E) 81 Sg 51
Fuente de San Estebán, La (E) 80 Sd 50
14290 Fuente Obejuna (E) 92 Se 52
49400 Fuentesaúco (E) 80 Se 49
50740 Fuentes de Ebro (E) 82 Sk 49
34337 Fuentes de Nava (E) 81 Sf 48
4250 Fuglebjerg (DK) 39 Bb 35
36037* Fulda (D) 54 Ak 40
Fulunäs (S) 29 Bd 29
47500 Fumel (F) 66 Aa 46
84095 Funäsdalen (S) 21 Bc 28
6100-820* Fundão (P) 80 Sc 50
915200 Fundulea (RO) 72 Cg 46
147145 Furculeşti (RO) 72 Cf 47
Furmanov (RUS) 33 Eb 33
8630 Furnes = Veurne (B) 53 Ac 39
49584 Fürstenau (D) 54 Ah 38
16798 Fürstenberg (Havel) (D) 39 Bd 37
8280 Fürstenfeld (A) 70 Bf 43
82256 Fürstenfeldbruck (D) 55 Bb 42
15517 Fürstenwalde (Spree) (D) 55 Be 38
64658 Fürth (D) 55 Ba 41
93437 Furth im Wald (D) 55 Bc 41
78120 Furtwangen im Schwarzwald (D) 54 Ai 42
79070 Furudal (S) 29 Bf 29
9062 Furuflaten (N) 14 Ca 21
81491 Furuvik (S) 29 Bh 30
5641 Fusa (N) 28 Af 30
5672 Fusch an der Großglocknerstraße (A) 69 Bc 43
Fushë-Arrëz (AL) 86 Ca 48
Fushë-Krujë (AL) 86 Bk 49
87629 Füssen (D) 69 Ba 43
6440 Fynshav (DK) 38 Ak 36
3870 Fyresdal (N) 28 Ai 31

G

3265 Gabare (BG) 72 Cd 47
Gabovo (RUS) 35 Fd 30
2557 Gabreševci (BG) 86 Cc 48
Gabrica (RKS) 86 Cb 48
5300* Gabrovo (BG) 87 Cf 48
61230 Gacé (F) 53 Aa 42
Gacko (BIH) 85 Bi 47
83090 Gäddede (S) 21 Be 26
19205 Gadebusch (D) 39 Bb 37
Gadja (RUS) 35 Fh 29
Gadjač = Hadjač (UA) 59 Dd 40
135200 Găeşti (RO) 72 Cf 46
04024 Gaeta (I) 84 Bd 49
Gagarin (RUS) 43 De 35
Gagino (RUS) 45 Ef 35
Gagrino (RUS) 32 De 31
Gagšor (RUS) 34 Fa 30
3872 Gaiķi (LV) 41 Cc 34
74405 Gaildorf (D) 54 Ak 41
81600* Gaillac (F) 67 Ab 47
Gaillimh = Galway (IRL) 49 Sa 37
DN21 Gainsborough (GB) 51 Sk 37
Gaïou (GR) 86 Ca 51
IV21 Gairloch (GB) 50 Se 33
Gaj (HR) 70 Bh 45
Gaj (RUS) 64 Fi 39
Gajny (RUS) 35 Fe 30
Gajutino (RUS) 32 Di 32
Gakugsa (RUS) 32 Dg 29
2784 Gâlâbovo (BG) 87 Cf 48
Galanovo (RUS) 46 Fe 34
TD1 Galashiels (GB) 51 Sh 35
2827 Galata (CY) 96 Dc 55
Galatās (GR) 94 Cd 53
000800* Galaţi (RO) 73 Ci 45
73013 Galatina (I) 85 Bi 50
63073 Galátista (GR) 87 Cd 50
18840 Galera (E) 93 Sh 53
Galeria (F) 83 Ai 48
457140 Gâlgău (RO) 72 Cd 43
Galiakberovo (RUS) 47 Fh 37
Galič (RUS) 33 Ec 32
247205 Galicea (RO) 72 Ce 46
1256 Galičnik (MK) 86 Ca 49
Galkino (RUS) 37 Ge 32
21013 Gallarate (I) 68 Ai 45
73014 Gallipoli (I) 85 Bh 50
98201 Gällivare (S) 14 Ca 23
84050 Gällö (S) 21 Bf 28
Galway = Gaillimh (IRL) 49 Sa 37
Gam (RUS) 26 Ek 28
80220 Gamaches (F) 53 Ab 41
59401 Gamleby (S) 29 Bg 33
97100 Gammelstaden (S) 22 Cc 25
9775 Gamvik (N) 15 Ci 19
64290 Gan (F) 66 Sk 47
9000 Gand = Gent (B) 53 Ad 39
27777 Ganderkesee (D) 38 Ai 37
37581 Gandersheim, Bad (D) 55 Ba 39
43780 Gandesa (E) 82 Aa 49
46700 Gandía (E) 82 Sk 52
237185 Găneasa (RO) 72 Ce 46
34190 Ganges (F) 67 Ad 47
03800 Gannat (F) 67 Ad 44
2230 Gänserndorf (A) 56 Bg 42
Gapkin (RUS) 76 Eb 43
Gar' (RUS) 34 Ei 30
9780 Gara Hitrino (BG) 72 Cg 47
30823* Garbsen (D) 54 Ak 38
37016 Garda (I) 69 Ba 45
13120 Gardanne (F) 68 Af 47
38701 Gardby (S) 40 Bg 34
39638 Gardelegen (D) 55 Bb 38
46200 Gardíki (GR) 86 Cb 51
46200 Gardíki (GR) 94 Cb 52

174 | Fagersta

83086 Gärdnäs (S) 21 Bf 26
Gardone Val Trompia (I) 69 Ba 45
Gärdsjö (S) 29 Bf 30
Garešnica (HR) 70 Bg 45
24400 Gargaliáni (GR) 94 Cb 53
92073 Gargnäs (S) 21 Bh 25
96001 Gargždai (LT) 40 Cb 35
Gari (RUS) 36 Gc 31
Gar'inskij (RUS) 34 Fa 29
27026 Garlasco (I) 68 Ai 45
53030 Garliava (LT) 41 Cd 36
64330 Garlin (F) 66 Sk 47
82467 Garmisch-Partenkirchen (D) 69 Bb 43
2685 Garmo (N) 20 Ai 29
10940 Garrovillas (E) 80 Sd 51
04630 Garrucha (E) 93 Si 53
27203 Gärsnäs (S) 39 Be 35
16307 Gartz (Oder) (D) 39 Be 37
Garusovo (RUS) 32 Df 33
Gårva (N) 15 Cf 21
7670-121* Garvão (P) 92 Sb 53
08-400 Garwolin (PL) 57 Cb 39
17419 Garz (D) 39 Bd 36
Gaškovo (RUS) 36 Fi 31
307185 Gătaia (RO) 71 Cb 45
Gatčina (RUS) 31 Da 31
DG7 Gatehouse of Fleet (GB) 51 Sf 36
NE11 Gateshead (GB) 51 Si 36
13045 Gattinara (I) 68 Ai 45
29480 Gaucín (E) 92 Se 54
6868 Gaupne (N) 28 Ah 29
65120 Gavarnie (F) 82 Sk 48
6050-201 Gavião (P) 80 Sc 51
80002* Gävle (S) 29 Bh 30
50450 Gavray (F) 52 Si 42
Gavrilkovo (RUS) 33 Ea 31
Gavrilov-Jam (RUS) 33 Dk 33
Gavrilov Posad (RUS) 44 Ea 34
84501 Gávrio (GR) 94 Ce 53
91060 Gavsele (S) 21 Bh 26
Gävunda (S) 29 Be 30
Gazi Antep (TR) 98 Dh 53
Gaziler (TR) 91 Ec 50
Gaziler (TR) 91 Ed 50
Gazimagusa = Ammochostos 97 Dd 55
Gazipaşa (TR) 96 Dc 54
Gazlıgöl (TR) 96 Da 52
Gazlıkuyu (TR) 98 Dk 54
80-009* Gdańsk (PL) 40 Bi 36
Gdov (RUS) 31 Ch 32
81-004* Gdynia (PL) 40 Bi 36
46420 Geben (TR) 98 Dg 53
07540 Gebiz (TR) 96 Da 53
41400* Gebze (TR) 88 Ck 50
Geçitli (TR) 99 Ed 53
Gedikbaşı (TR) 90 Di 51
24860 Gedikdere (TR) 91 Ea 51
62630 Gedikler (TR) 90 Di 51
Gedikli (TR) 97 Df 52
05910 Gediksaray (TR) 89 Df 50
5575 Gedinne (B) 53 Ae 41
43600 Gediz (TR) 96 Ck 52
4874 Gedser (DK) 39 Bb 36
2440 Geel (B) 54 Af 39
52511 Geilenkirchen (D) 54 Ag 40
3580 Geilo (N) 28 Ai 30
85290 Geisenfeld (D) 55 Bb 42
73312 Geislingen an der Steige (D) 54 Ak 42
Geiterygghytta (N) 28 Ah 30
3360 Geithus, Åmot- (N) 28 Ai 31
93012 Gela (I) 84 Be 53
47608 Geldern (D) 54 Ag 39
Gelembe (TR) 88 Ch 51
32900 Gelendost (TR) 96 Db 52
Gelendžik (RUS) 75 Di 46
Gelenler (TR) 99 Ee 52
48700 Gelibolu (TR) 87 Cg 50
63571 Gelnhausen (D) 54 Ak 40
45879* Gelsenkirchen (D) 54 Ah 39
24395 Gelting (D) 38 Ak 36
5030 Gembloux (B) 53 Ae 40
58840 Gemerek (TR) 90 Dg 51
16600 Gemlik (TR) 88 Ck 50
33013 Gemona del Friuli (I) 69 Bd 44
17260 Gémozac (F) 66 Sk 45
97737 Gemünden am Main (D) 54 Ak 40
12500 Genç (TR) 99 Ea 52
42482 Gencek (TR) 96 Db 53
Generalovskij (RUS) 76 Ed 43
9500 General Toševo (BG) 73 Ci 47
1200* Genève (CH) 68 Ag 44
1200* Genf = Genève (CH) 68 Ag 44
3600 Genk (B) 54 Af 40
21110 Genlis (F) 68 Af 43
6590 Gennep (NL) 54 Ag 39
49350 Gennes (F) 66 Sk 43
16100 Genova (I) 68 Ai 46
9000 Gent (B) 53 Ad 39
39307 Genthin (D) 55 Bc 38
Genua = Genova (I) 68 Ai 46
85013 Genzano di Lucania (I) 85 Bg 50
Georgievka (RUS) 46 Fa 37
Georgievsk (RUS) 76 Ed 46
Georgievskoe (RUS) 32 Dg 31
Georgievskoe (RUS) 34 Ef 32
Georgiu-Dež = Liski (RUS) 60 Dk 40
07545* Gera (D) 55 Bc 40
9500 Geraardsbergen (B) 53 Ad 40
89040 Gerace (I) 85 Bg 52
23070 Gérakas (GR) 94 Cd 54
23058 Geráki (GR) 94 Cc 54
88400* Gérardmer (F) 54 Ag 42
Gerasimovka (RUS) 37 Gf 32
72300 Gercüş (TR) 99 Eb 53
14900 Gerede (TR) 89 Dc 50
41860 Gerena (E) 92 Sd 53
04550 Gérgal (E) 93 Sh 53
Gerger (TR) 98 Dk 52
07635 Geriş (TR) 96 Db 54
09700 Germencik (TR) 95 Ch 53
76726 Germersheim (D) 54 Ai 41
48300 Gernika-Lumo (E) 66 Sh 47
23071 Geroliménas (GR) 94 Cc 54
17001 Gerona = Girona (E) 82 Ac 49
59590 Geseke (D) 54 Ai 39
Gesunda (S) 29 Be 30
22340 Geta (AX) 30 Bk 30
28901* Getafe (E) 81 Sg 50
31044 Getinge (S) 39 Bc 34
65700 Gevaş (TR) 99 Ed 52
1480* Gevgelija (MK) 86 Cc 49
01170 Gex (F) 68 Ag 44
61500 Geyikli (TR) 87 Cg 51
Geyikpınar (TR) 99 Eb 52
09385 Geyre (TR) 96 Ci 53
54700 Geyve (TR) 88 Da 50
38180 Gezi (TR) 97 Df 52
Gezin (TR) 98 Dk 52
Geziq (AL) 86 Bk 49
3542* Gföhl (A) 56 Bf 42
25016 Ghedi (I) 69 Ba 45
000601* Gheorghe Gheorghiu-Dej = Onești (RO) 72 Cg 44
535500 Gheorgheni (RO) 72 Cf 44
405300 Gherla (RO) 72 Cd 43
09074 Ghilarza (I) 83 Ai 50
087095 Ghimpaţi (RO) 72 Cf 46
20240 Ghisonaccia (F) 83 Ak 48
Giaginskaja (RUS) 75 Ea 46
06540 Giandola, la (F) 68 Ah 47
58100 Giannitsá (GR) 86 Cc 50
95014 Giarre (I) 84 Bf 53
63620 Giat (F) 67 Ac 45
09010 Giba (I) 83 Ai 51
9372 Gibostad (N) 14 Bi 21
21500 Gibraleón (E) 92 Sd 53
Gibraltar (GBZ) 92 Se 54
89037 Gideå (S) 22 Bk 27
45500* Gien (F) 67 Ac 43
38610 Gières (F) 68 Af 45
35390* Gießen (D) 54 Ai 40
9460 Gieten (NL) 38 Ag 37
8355 Giethoorn (NL) 38 Ag 38
38518 Gifhorn (D) 55 Ba 38
Gigant (RUS) 76 Eb 44
6553 Giggl (A) 69 Ba 43
207285 Gighera (RO) 72 Cd 47
Giglio Castello (I) 84 Ba 48
34150 Gignac (F) 67 Ad 47
03200* Gijón = Xixón (E) 80 Se 47
407310 Gilău (RO) 72 Cd 44
99460 Gilbbesjavri = Kilpisjärvi (FIN) 14 Ca 21
3250 Gilleleje (DK) 39 Bc 34
Gillesnuole (S) 21 Bg 25
SP8 Gillingham (GB) 53 Aa 39
74702 Gimo (S) 29 Bi 30
Gimoly (RUS) 23 Dc 28
32200 Gimont (F) 66 Aa 47
70023 Gioia del Colle (I) 85 Bg 50
89013 Gioia Tauro (I) 84 Bf 52
Giokaréika (GR) 94 Cc 53
Gir, Saraj- (RUS) 46 Fd 37
28000* Giresun (TR) 90 Di 50
88024 Girifalco (I) 85 Bg 52
47330 Girmeli (TR) 99 Eb 53
Girne = Keryneia 97 Dd 55
17001 Girona (E) 82 Ac 49
08680 Gironella (E) 82 Ab 48
617210 Girov (RO) 72 Cg 44
KA26 Girvan (GB) 51 Sf 35
Girvas (RUS) 23 Dd 28
Girvas (RUS) 16 Da 23
33201 Gislaved (S) 29 Bd 33
27140 Gisors (F) 53 Ab 41
23200 Githio (GR) 94 Cc 54
Gittun (S) 14 Bi 24
207290 Giubega (RO) 72 Cd 46
64021 Giulianova (I) 84 Bd 48
927135 Giurgeni (RO) 73 Ch 46
000080* Giurgiu (RO) 72 Cf 47
5318 Giurgiuleşti (MD) 73 Ci 45
7323 Give (DK) 38 Ak 35
08600 Givet (F) 53 Ae 40
69700 Givors (F) 67 Ae 45
Gizel' (RUS) 91 Ee 48
37340 Gizeux (F) 66 Aa 43
11-500* Giżycko (PL) 40 Cb 36
4980 Gjerstad (N) 28 Ak 32
Gjersvik (N) 21 Bd 26
9765 Gjesvær (N) 15 Cf 19
60000* Gjilan = Gnjilane (RKS) 86 Cb 48
Gjirokastër (AL) 86 Ca 50
476 Gjógv (FO) 50 Sd 28
Gjormë (AL) 86 Bk 50
476 Gjøv = Gjógv (FO) 50 Sd 28
Gjøvik (N) 28 Ba 30
Glad' (RUS) 31 Dc 31
Gladstad (N) 20 Bb 25
Glamoć (BIH) 70 Bg 46
7372 Glåmos (N) 20 Bb 28
5620 Glamsbjerg (DK) 39 Ba 35
8750 Glarus (CH) 69 Ak 43
G40 Glasgow (GB) 51 Sf 35
BA16 Glastonbury (GB) 52 Sh 39
08371 Glauchau (D) 55 Bc 40
Glaumbær (IS) 48 Ql 25
Glavace (HR) 70 Bf 46
Glavatićevo (BIH) 71 Bi 47
4409 Glavinica (BG) 72 Cg 47
Glazanicha (RUS) 24 Di 27
Glazov (RUS) 35 Fc 32
Glazunovka (RUS) 60 Dg 38
Gleann Beithe (IRL) 49 Rl 38
8200* Gleisdorf (A) 70 Bf 43
Glenamoy (IRL) 49 Sa 36
BT44 Glenariff (GB) 49 Sd 35
BT44 Glenarm (GB) 49 Se 36
BT29 Glenavy (GB) 49 Sd 36
Glenbeigh = Gleann Beithe (IRL) 49 Rl 38
Glengarriff = An Glean Garbh (IRL) 49 Sa 39
DG8 Glenluce (GB) 51 Sf 36
KY6 Glenrothes (GB) 50 Sg 34
Glenties = Na Gleannta (IRL) 49 Sb 36
35013 Glífa (GR) 94 Cc 52
28064 Glimåkra (S) 39 Be 34
Glina (HR) 70 Bg 45
Glinka (RUS) 42 Dc 36
06-450 Glinojeck (PL) 40 Ca 38
44-100* Gliwice (PL) 56 Bi 40
Gllavë (AL) 86 Bk 50
4900 Glodeni (MD) 73 Ch 43
2640* Gloggnitz (A) 70 Bf 43
67-200* Głogów (PL) 56 Bg 39
8160 Glomfjord (N) 14 Bd 24
93081 Glommersträsk (S) 22 Bk 25
SK13 Glossop (GB) 51 Si 37
Glotovka (RUS) 45 Eg 37
Glotovo (RUS) 26 Ek 27
GL2 Gloucester (GB) 52 Sh 39
76-220 Główczyce (PL) 40 Bh 36
11-040 Głowno (PL) 56 Bk 39
48-100 Głubczyce (PL) 56 Bh 40
Glubokij (RUS) 61 Ea 42
48-340 Głuchołazy (PL) 56 Bh 40
25348 Glückstadt (D) 38 Ak 37
Gluhovo (RUS) 44 Ed 35
Gluša (BY) 42 Ci 37
Gluškovo (RUS) 59 De 39
Gmelinka (RUS) 62 Eg 40
9853 Gmünd (A) 55 Be 42
9853 Gmünd (A) 69 Bd 44
4810* Gmunden (A) 55 Bd 43
82077 Gnarp (S) 21 Bh 28
27442 Gnarrenburg (D) 38 Ak 37
83-140 Gniew (PL) 40 Bi 37
88-140 Gniewkowo (PL) 40 Bi 38
62-200* Gniezno (PL) 56 Bh 38
60000* Gnjilane = Gjilan (RKS) 86 Cb 48
17179 Gnoien (D) 39 Bc 37
35700 Göçbeyli (TR) 88 Ch 51
2900 Goce Delčev (BG) 87 Cd 49
47574 Goch (D) 54 Ag 39
560 Goðdalir (IS) 48 Ql 25
2240 Godeč (BG) 87 Cd 47
76110 Goderville (F) 53 Aa 41
84-218 Godętowo (PL) 40 Bh 36
Gödöllő (H) 71 Bk 43
83-209 Godziszewo (PL) 40 Bi 36
Goes (NL) 53 Ad 39
Gofickoe (RUS) 76 Ed 45
18586 Göhren (D) 39 Bd 36
36750 Goián (E) 80 Sb 49
3330-209* Góis (P) 80 Sb 50
Gojani i Sipërm (AL) 86 Bk 49
67670 Gökçebey (TR) 89 Dc 49
Gökçedağ (TR) 88 Ci 51
Gökçekent (TR) 90 Di 50
27700 Gökçeli (TR) 90 Dg 50
Gökçen (TR) 95 Ch 52
18800 Gökçeören (TR) 96 Ci 52
25500 Gökçeşeyh (TR) 91 Ea 51
Gökçesu (TR) 88 Db 50
60030 Gökdere (TR) 90 Dg 50
Gökdere (TR) 99 Ea 52
33321 Gökkuşağı (TR) 97 De 54
25000 Gökoğlan (TR) 91 Eb 51
Gökova (TR) 95 Ci 53
Göksu (TR) 91 Ec 51
46600 Göksun (TR) 98 Dg 52
Göktepe (TR) 96 Ci 53
Göktepe (TR) 96 Dc 54
Gökyurt (TR) 96 Dc 53
3570 Gol (N) 28 Ai 30
Golaj (AL) 86 Ca 48
13800 Gölbaşı (TR) 89 Dc 51
13800 Gölbaşı (TR) 98 Dh 53
07350 Gölcük (TR) 88 Ch 51
07350 Gölcük (TR) 88 Ck 50
07350 Gölcük (TR) 97 De 52
07350 Gölcük (TR) 98 Dh 53
72-410 Golczewo (PL) 39 Be 37
19-500* Gołdap (PL) 41 Cc 36
19399 Goldberg (D) 39 Bc 37
Göldüzü (TR) 99 Ed 52
Goldyrevskij (RUS) 35 Fh 33
75700 Göle (TR) 91 Ec 50
2150-120* Golegã (P) 80 Sb 51
72-100* Goleniów (PL) 39 Be 37
97-320 Golesze (PL) 56 Bk 39
07020 Golfo Aranci (I) 83 Ak 50
15400 Gölhisar (TR) 96 Ck 53
Golicino (RUS) 45 Ee 37
Golicyno (RUS) 43 Dg 35
62-590 Golina (PL) 56 Bi 38
5726 Goliševa (LV) 42 Ch 34
Golitcino (RUS) 16 Df 21
5670 Goljama Željazna (BG) 87 Ce 48
8624 Goljam Manastir (BG) 87 Cg 48
8729 Goljamo Kruševo (BG) 87 Cg 48
Gölköy (TR) 90 Dh 50
5440 Golling an der Salzach (A) 69 Bd 43
Göllü (TR) 89 De 51
45580 Gölmarmara (TR) 95 Ch 52
4204 Golnik (SLO) 70 Be 44
Gölören (TR) 97 Dd 53
07350 Gölova (TR) 90 Di 50
07350 Gölova (TR) 96 Da 54
Golovcevo (RUS) 45 Eg 37
Golovinka (RUS) 75 Dk 47
11130 Gölpazarı (TR) 88 Da 50
KW10 Golspie (GB) 50 Sg 33
12223 Golubac (SRB) 71 Cb 46
14380 Gölyaka (TR) 88 Da 50
49510 Gölyanı (TR) 99 Ec 52
Gölyazı (TR) 97 Dd 52
Golynki (RUS) 42 Db 36
14778 Golzow (D) 55 Bc 38
10700 Gömeç (TR) 87 Cg 51
Gomel' = Homel' (BY) 59 Db 38
Gomorovići (RUS) 32 De 30
Gončarovka (RUS) 60 Dk 40
3550-125* Gondomar (P) 80 Sb 49
10900 Gönen (TR) 88 Ch 50
10900 Gönen (TR) 96 Da 53
40004 Góni (GR) 86 Cc 51
DN14 Goole (GB) 51 Sk 37
7470 Goor (NL) 54 Ag 38
73033* Göppingen (D) 54 Ak 42
95-047 Góra (PL) 56 Bg 39
95-047 Góra (PL) 57 Ca 38
Gora (RUS) 33 Dk 29
Goragorskij (RUS) 77 Ef 47
05-530 Góra Kalwaria (PL) 57 Cb 39
73000* Goražde (BIH) 71 Bi 47
Gorbunovskij (RUS) 47 Fk 37
Gorčuha (RUS) 33 Ed 33
79091 Gördalen (S) 29 Bc 29
45750 Gördes (TR) 96 Ci 52
Gordino (RUS) 35 Fd 32
28800 Görele (TR) 90 Dk 49
Gorelki (RUS) 43 Dh 36
50000 Göreme (TR) 97 De 52
Gorevaja (RUS) 34 Ef 31
Gorey = Guaire (IRL) 49 Sd 38
Goricy (RUS) 32 Dg 33
Goricy (RUS) 44 Eb 33
4200* Gorinchem (NL) 53 Ae 39
34170 Gorizia (I) 69 Bd 45
Gorjačevodskij (RUS) 76 Ed 46
Gorjačij Ključ (RUS) 75 Dk 46
Gorjainovka (RUS) 62 Ei 38
Gorka (RUS) 32 Dd 33
Gor'kij = Nižnij Novgorod (RUS) 44 Ed 34
Gor'kovskij (RUS) 61 Ee 42
4281 Gørlev (DK) 39 Bb 35
38-300* Gorlice (PL) 57 Cb 41
02826* Görlitz (D) 55 Be 39
Gorlovka = Horlivka (UA) 60 Di 42
Gorlovo (RUS) 44 Dk 37
5100 Gorna Orjahovica (BG) 87 Cf 47
5294 Gorna Studena (BG) 72 Cf 47
Gorneckoe (RUS) 31 Dc 32
Gornjackij (RUS) 61 Ea 42
Gornjak (RUS) 44 Dk 37
32300* Gornji Milanovac (SRB) 71 Ca 46
Gornji Vakuf-Uskoplje (BIH) 70 Bh 47
Gornoslinkino (RUS) 37 Gi 32
Gornozavodsk (RUS) 36 Fi 32
Gornručej (RUS) 32 Df 30
Gornyj (RUS) 62 Ei 39
Gorodec (RUS) 44 Ed 34
Gorodeck (RUS) 25 Ef 27
Gorodišče (RUS) 31 Ck 32
Gorodišče (RUS) 45 Ef 37
Gorodišče (RUS) 45 Eh 36
Gorodišče (RUS) 63 Fe 39
Gorodišče, Krestovo- (RUS) 45 Ei 36
Gorodnja (RUS) 43 Dg 34
Gorodovikovsk (RUS) 76 Eb 44
Gorohovec (RUS) 44 Ec 34
Górowo Iławieckie (PL) 40 Ca 36
53120 Gorron (F) 52 Sk 42
Goršečnoe (RUS) 60 Di 39
6865 Gorski Izvor (BG) 87 Cf 48
Goršok (RUS) 25 Ec 25
Gort = An Gort (IRL) 49 Sb 37
Göründü (TR) 99 Ec 52
Görvik (S) 21 Bf 27
66-400* Gorzów Wielkopolski (PL) 39 Bf 38
38640* Goslar (D) 55 Ba 39
Gospić (HR) 70 Bf 46
9202 Gossau (SG) (CH) 69 Ak 43
1230* Gostivar (MK) 86 Ca 49
72-405 Gostyń (PL) 56 Bh 39
09-500 Gostynin (PL) 56 Bk 38
40010* Göteborg (S) 28 Bb 33
53301 Götene (S) 29 Bd 32
99867 Gotha (D) 55 Ba 40
62030 Gothem (S) 29 Bi 33
37073* Göttingen (D) 54 Ak 39
Gottskär (S) 29 Bc 33
Gotval'd = Zmijiv (UA) 60 Dg 41
2801* Gouda (NL) 53 Ae 38
20014 Goúra (GR) 94 Cc 53
46300 Gourdon (F) 67 Ab 46
56110 Gourin (F) 52 Sg 42
76220 Gournay-en-Bray (F) 53 Ab 41
2705-409* Gouveia (P) 80 Sc 50
Gouvia (GR) 86 Bk 51
23230 Gouzon (F) 67 Ac 44
05900 Göynücek (TR) 89 Df 50
50500 Göynük (TR) 88 Da 50
50500 Göynük (TR) 91 Ea 51
50500 Göynük (TR) 96 Da 52
Gözeli (TR) 98 Dk 52
27800 Gözkaya (TR) 98 Dg 54
33400 Gözne (TR) 97 De 54
Gråbo (S) 29 Bc 33
19300 Grabow (D) 39 Bb 37
63-520 Grabów nad Prosną (PL) 56 Bi 39
Gračac (HR) 70 Bf 46
Gračanica (BIH) 71 Bi 46
18310 Graçay (F) 67 Ab 43
Gračevka (RUS) 46 Fc 38
Gračevka (RUS) 61 Ea 38
Gračëvka (RUS) 76 Ec 45
Gračev Kust (RUS) 62 Ek 39
Gradac (HR) 85 Bh 47
84 215 Gradac (MNE) 71 Bk 47
Gradačac (BIH) 71 Bi 46
8990 Gradec (BG) 71 Cc 46
8990 Gradec (BG) 87 Cg 48
24160 Gradefes (E) 80 Se 48
9362 Grades (A) 70 Be 44
237205 Grădinari (RO) 72 Ce 46
077110 Grădiştea (RO) 73 Ch 46
9498 Gradnica (BG) 87 Ce 48
34073 Grado (I) 69 Bd 45
Grado, El (E) 82 Aa 48
33820 Grado (E) 80 Sd 47
1420 Gradsko (MK) 86 Cb 49
82166 Gräfelfing (D) 55 Bb 42
94481 Grafenau (D) 55 Bd 42
06773 Gräfenhainichen (D) 55 Bc 39
4198 Graf Ignatievo (BG) 87 Ce 48
85567 Grafing bei München (D) 55 Bb 42
Grahovo (RUS) 46 Fc 34
81 420 Grahovo (MNE) 86 Bi 48
Graig na Managh (IRL) 49 Sd 38
Graiguenamanagh = Graig na Managh (IRL) 49 Sd 38
19-200 Grajewo (PL) 41 Cc 37
Grajvoron (RUS) 60 Df 40
6510 Gram (DK) 38 Ak 35
3830 Gramada (BG) 71 Cc 47
46500 Gramat (F) 67 Ab 46
9500 Grammont = Geraardsbergen (B) 53 Ad 40
Gramsh (AL) 86 Ca 50
17291 Gramzow (D) 39 Be 37
2750 Gran (N) 28 Ba 30
18001* Granada (E) 93 Sg 53
03738 Granadella, la (E) 82 Aa 49
Gránard (IRL) 49 Sc 37
33730 Grandas (Grandas de Salime) (E) 80 Sd 47
30110 Grand-Combe, la (F) 67 Ae 46
34280 Grande-Motte, la (F) 67 Ae 47
35390 Grand-Fougeray (F) 66 Si 43
72150 Grand-Lucé, le (F) 66 Aa 43
7570-112* Grândola (P) 92 Sb 52
60210 Grandvilliers (F) 53 Ab 41
22260 Grañén (E) 82 Sk 49
Grange = An Ghrainseach (IRL) 49 Sb 36
77201 Grängesberg (S) 29 Bf 30
88295 Graninge (S) 21 Bg 27

06910 Granja de Torrehermosa (E) 92 Se 52
38075 Grankullavik (S) 29 Bh 33
56301 Gränna (S) 29 Be 32
92397 Grannäs (S) 21 Bg 25
92295 Granö (S) 22 Bk 26
08400* Granollers (E) 82 Ac 49
16775 Gransee (D) 39 Bd 37
Gränssjö (S) 21 Be 25
NG31 Grantham (GB) 51 Sk 38
PH26 Grantown-on-Spey (GB) 50 Sg 33
50400* Granville (F) 52 Si 42
5736 Granvin (N) 28 Ag 30
06130* Grasse (F) 68 Ag 47
6300 Gråsten (DK) 38 Ak 36
46701 Grästorp (S) 29 Bc 32
81300* Graulhet (F) 67 Ab 47
22430 Graus (E) 82 Aa 48
5360 Grave (NL) 54 Af 39
59820 Gravelines (F) 53 Ac 40
2554* Gravenhage, 's- = Den Haag (NL) 53 Ae 38
70022 Gravina di Puglia (I) 85 Bg 50
70100* Gray (F) 68 Af 43
8010* Graz (A) 70 Bf 43
16220 Grdelica (SRB) 86 Cc 48
TS9 Great Ayton (GB) 51 Si 36
WR14 Great Malvern (GB) 52 Sh 38
NR30 Great Yarmouth (GB) 53 Ab 38
45702 Grebbestad (S) 28 Bb 32
Grebinka = Hrebinka (UA) 59 Dc 40
Grebnevo (RUS) 44 Dk 36
PA16 Greenock (GB) 51 Sf 35
SE10 Greenwich (GB) 53 Aa 39
17489* Greifswald (D) 39 Bd 36
4360* Grein (A) 55 Be 42
07973 Greiz (D) 55 Bc 40
Gremiha (RUS) 17 Dk 22
Gremjač'e (RUS) 60 Dk 39
Gremjačevo (RUS) 44 Ed 35
Gremjačinsk (RUS) 35 Fh 32
8500 Grenå = Grenaa (DK) 39 Ba 34
8500 Grenaa = Grenå (DK) 39 Ba 34
31330 Grenade (F) 67 Ab 47
40270 Grenade-sur-l'Adour (F) 66 Sk 47
2540 Grenchen (CH) 68 Ah 43
610 Grenivík (IS) 48 Rb 25
38000* Grenoble (F) 68 Af 45
Grense Jakobselv (N) 16 Da 21
Gressåmoen (N) 21 Bd 26
DG16 Gretna (GB) 51 Sg 36
88630 Greux (F) 54 Af 42
50022 Greve in Chianti (I) 69 Bb 47
48268 Greven (D) 54 Ah 38
51100 Grevená (GR) 86 Cb 50
41515* Grevenbroich (D) 54 Ag 39
44014 Greveníti (GR) 86 Cb 51
Greystones = Na Clocha Liatha (IRL) 49 Sd 37
Gribanovskij (RUS) 61 Eb 39
Gridino (RUS) 24 De 25
94086 Griesbach im Rottal, Bad (D) 55 Bd 42
Grigor'evka (RUS) 64 Ff 39
Grigor'evskaja (RUS) 35 Ff 32
Grigor'evskoe (RUS) 33 Ed 33
4500 Grigoriopol (MD) 73 Ck 43
Grigoropolisskaja (RUS) 76 Eb 45
04668 Grimma (D) 55 Bc 39
18507 Grimmen (D) 39 Bd 36
L3 Grimsby (GB) 51 Sk 37
660 Grímsstaðir (IS) 48 Rd 25
4876 Grimstad (N) 28 Ai 32
4700 Grimstrup (DK) 38 Ai 35
531 Grimstunga (IS) 48 Qk 25
240 Grindavík (IS) 48 Qh 27
3818 Grindelwald (CH) 68 Ai 44
7200 Grindsted (DK) 38 Ai 35
57300 Gripenberg (S) 29 Be 33
71041 Griškabūdis (LT) 41 Cd 36
Griškino (RUS) 45 Eh 34
82170 Grisolles (F) 67 Ab 47
76045 Grisslehamn (S) 29 Bi 30
Griva (RUS) 34 Fa 30
Grivenskaja (RUS) 75 Di 45
927145 Grivița (RO) 73 Ch 46
Grjadcy (RUS) 42 Db 34
Grjady (RUS) 31 Db 32
Grjazi (RUS) 60 Dk 38
Grjaznovskij, Ust'- (RUS) 61 Ec 42
Grjazovec (RUS) 33 Ea 32
6612 Grøa (N) 20 Ai 28
3430 Grobiņa (LV) 40 Cb 34
8962 Gröbming (A) 69 Bd 43
11306 Grocka (SRB) 71 Ca 46
6763 Grodås (N) 20 Ag 29
49-200 Grodków (PL) 56 Bh 40
Grodno = Hrodna (BY) 41 Cd 37
08-825 Grodzisk Mazowiecki (PL) 57 Ca 38
62-065 Grodzisk Wielkopolski (PL) 56 Bg 38
7140 Groenlo (NL) 54 Ag 38
56590 Groix (F) 66 Sg 43
05-600 Grójec (PL) 57 Ca 39
23743 Grömitz (D) 39 Ba 36
Gromovo (RUS) 40 Cb 36
7870 Grong (N) 21 Bc 26
9700* Groningen (NL) 38 Ag 37
57993 Grönskåra (S) 29 Bf 33
27624 Großenhain (D) 55 Bd 39
58100 Grosseto (I) 84 Bb 48
3920 Großgerungs (A) 55 Be 42
9423 Grøtavær (N) 14 Bg 22
2625 Grov (N) 14 Bh 22
36980 Grove, O (E) 80 Sb 48
Groznyj (RUS) 77 Ef 47
2742 Grua (N) 28 Ba 30
Grubišno Polje (HR) 70 Bh 45
8300 Grudovo = Sredec (BG) 88 Ch 48
06-460 Grudusk (PL) 40 Ca 37
86-300 Grudziądz (PL) 40 Bi 37
227240 Gruia (RO) 71 Cc 46
Grumantbyen (N) 14 I Svalbard
66401 Grums (S) 29 Bd 31
4645* Grünau im Almtal (A) 69 Bd 43
35305 Grünberg (D) 54 Ai 40
350 Grundarfjörður (IS) 48 Qg 26
82201 Gruvberget (S) 29 Bg 29
34230 Gruža (SRB) 71 Ca 47
81024 Gruzdžiai (LT) 41 Cd 34
33-330 Grybów (PL) 57 Ca 41
72-300 Gryfice (PL) 39 Bf 37
74-100 Gryfino (PL) 39 Be 37
59-620 Gryfów Śląski (PL) 56 Bf 39
Grykë (AL) 86 Bk 50
9380 Gryllefjord (N) 14 Bh 21
1882 Gryon (CH) 68 Ah 44
61042 Gryt (S) 29 Bg 32
19001* Guadalajara (E) 81 Sg 50
41390 Guadalcanal (E) 92 Se 52
10140 Guadalupe (E) 80 Se 51
Guadisa (E) 80 Se 51
Guaire (IRL) 49 Sd 38
06023 Gualdo Tadino (I) 69 Bc 47
3240-671* Guarda (P) 80 Sc 50
36780 Guarda, A (E) 80 Sb 49
03140 Guardamar del Segura (E) 93 Sk 52
45760 Guardia, La (E) 81 Sg 51
66016 Guardiagrele (I) 85 Be 48
82034 Guardia Sanframondi (I) 85 Be 49
34880 Guardo (E) 81 Sf 48
05540 Guareña (E) 92 Sd 52
42016 Guastalla (I) 69 Ba 46
Guba Dolgaja (RUS) 19 Fi 20
Gubaha (RUS) 35 Fh 32
06024 Gubbio (I) 69 Bc 47
92070 Gubbträsk (S) 21 Bh 25
03172 Guben (D) 55 Be 39
66-620 Gubin (PL) 55 Be 39
03172 Gubin = Guben (D) 55 Be 39
Gubkin (RUS) 60 Dh 39
32230 Guča (SRB) 71 Ca 47
46300 Gücük (TR) 98 Dh 52
Gudbor (RUS) 35 Fg 30
3760 Gudhjem (DK) 39 Be 35
32540 Gudiña, A (E) 80 Sc 48
29650 Güdül (TR) 89 Dc 50
5747 Gudvangen (N) 28 Ag 30
68500* Guebwiller (F) 68 Ah 43
56160 Guémené-sur-Scorff (F) 52 Sg 42
56380 Guer (F) 66 Sh 43
44350 Guérande (F) 66 Sh 43
35130 Guerche-de-Bretagne, la (F) 66 Si 43
23000* Guéret (F) 67 Ab 44
58130 Guérigny (F) 67 Ad 43
71130 Gueugnon (F) 67 Ae 44
86034 Guglionesi (I) 85 Be 49
35580 Guichen (F) 66 Si 43
37770 Guijuelo (E) 80 Se 50
06470 Guillaumes (F) 68 Ag 46
05600 Guillestre (F) 68 Ag 46
4800-001* Guimarães (P) 80 Sb 49
22200* Guingamp (F) 52 Sg 42
02120 Guise (F) 53 Ad 41
25210 Guissona (E) 82 Ab 49
27300 Guitiriz (E) 80 Sc 47
4401 Gulbene (LV) 30 Cg 33
Güldere (TR) 97 Dd 53
33590 Gülek (TR) 97 De 53
5960 Guljanci (BG) 72 Ce 47
Gul'keviči (RUS) 76 Ea 45
8400 Gullesfjordbotn (N) 14 Bf 22
54700 Gullspång (S) 29 Be 32
Güllü (TR) 91 Ec 51
Güllü (TR) 96 Ck 52
48200 Güllük (TR) 95 Ch 53
33700 Gülnar (TR) 97 Dd 54
17600 Gülpınar (TR) 87 Cg 51
50900 Gülşehir (TR) 97 De 52
Gumarino (RUS) 23 Dd 28
09370 Gumiel de Hizán (E) 81 Sg 49
51643* Gummersbach (D) 54 Ah 39
Gümüşakar (TR) 90 Di 51
Gümüşdere (TR) 99 Ed 52
05700 Gümüşhacıköy (TR) 89 Df 50
29000 Gümüşhane (TR) 90 Dk 50
50900 Gümüşkent (TR) 97 De 52
Gümüşsu (TR) 95 Ch 52
Gümüşsu (TR) 96 Da 52
29800 Gündoğdu (TR) 88 Ch 50
Gündoğmuş (TR) 96 Dc 54
73200 Güneşli (TR) 88 Ci 51
73200 Güneşli (TR) 97 Df 52
Güney (TR) 96 Ck 52
53350 Güneysu (TR) 91 Ea 50
Güneyyurt (TR) 96 Dc 54
92051 Gunnarn (S) 21 Bh 25
96197 Gunnarsbyn (S) 22 Cb 24
Gunnilbo (S) 29 Bf 31
Günyüzü (TR) 88 Db 51
89312 Günzburg (D) 55 Ba 42
91710 Gunzenhausen (D) 55 Ba 41
317145 Gurahonț (RO) 71 Cc 44
725300 Gura Humorului (RO) 72 Cf 43
127280 Gura Teghii (RO) 72 Cg 45
Gürbulak (TR) 91 Ee 51
10305 Güre (TR) 96 Ck 52
Gur'evka (RUS) 46 Fb 34
52610 Gürgentepe (TR) 90 Dh 50
9342* Gurk (A) 70 Be 44
9644 Gurkovo (BG) 87 Cf 48
13800 Güroymak (TR) 99 Ec 52
65900 Gürpınar (TR) 99 Ed 52
Gürsu (TR) 88 Ck 50
58800 Gürün (TR) 98 Dh 52
Gusev (RUS) 41 Cc 36
Gusevo (RUS) 43 Dd 34
Gus'-Hrustal'nyj (RUS) 44 Ea 35
Gusino (RUS) 42 Db 36
Gusmar (AL) 86 Bk 50
09036 Guspini (I) 83 Ai 51
7540* Güssing (A) 70 Bg 43
13400 Gustavsberg (S) 29 Bi 31
66693 Gustavsfors (S) 29 Bd 30
18273 Güstrow (D) 39 Bc 37
Gus'-Železnyj (RUS) 44 Eb 35
ZE2 Gutcher (GB) 50 Si 30
2770* Gutenstein (A) 70 Bf 43
33330* Gütersloh (D) 54 Ai 39
Guvåg (N) 14 Be 22
06890 Güvem (TR) 89 Dc 50
07645 Güzelbağ (TR) 96 Db 54
35311 Güzelbahçe (TR) 95 Cg 52
33730 Güzeloluk (TR) 97 De 54
13800 Güzelsu (TR) 96 Db 54
13800 Güzelsu (TR) 99 Ed 52
25000 Güzelyurt (TR) 97 De 52
Gvardejsk (RUS) 40 Cb 36
3810 Gvarv (N) 28 Ak 31
Gyakovë = Đakovica (RKS) 86 Ca 48
Gybdan (RUS) 46 Fb 34
Gyljen (S) 15 Cc 24
5500 Gyoma (H) 71 Ca 44
3200 Gyöngyös (H) 71 Bk 43
9010* Győr (H) 70 Bh 43
81021 Gysinge (S) 29 Bg 30
5700 Gyula (H) 71 Cb 44

H

86001 Häädemeeste (EST) 30 Ce 32
2554* Haag, Den = 's-Gravenhage (NL) 53 Ae 38
83527 Haag in Oberbayern (D) 55 Bc 42
7480 Haaksbergen (NL) 54 Ag 38
54270 Haapajärvi (FIN) 22 Cf 27
86601 Haapavesi (FIN) 22 Cf 26
90502* Haapsalu (EST) 30 Cd 32
2011* Haarlem (NL) 53 Ae 38
Habariha (RUS) 26 Fc 25
73300 Haberli (TR) 99 Eb 53
Habez (RUS) 76 Eb 46
56601 Habo (S) 29 Be 33
50800 Hacıbektaş (TR) 97 De 52
39000 Hacıfakılı (TR) 96 Db 52
19910 Hacıhamza (TR) 89 De 49
71480 Hacılar (TR) 89 Dd 51
71480 Hacılar (TR) 96 Da 53
71480 Hacılar (TR) 97 Df 52
Hacıömer (TR) 91 Eb 51
83023 Hackås (S) 21 Be 28
6100 Haderslev (DK) 38 Ak 35
42830 Hadım (TR) 96 Dc 53
34232 Hadımköy (TR) 88 Ci 49
Hadjač (UA) 59 Dd 40
8370 Hadsten (DK) 39 Ba 34
9560 Hadsund (DK) 39 Ba 34
Hadyžensk (RUS) 75 Dk 46
4720 Hægeland (N) 28 Ah 32
58760 Hafik (TR) 90 Dh 51
220* Hafnarfjörður (IS) 48 Qi 26
230 Hafnir (IS) 48 Qh 27
58089* Hagen (D) 54 Ah 39
19230 Hagenow (D) 39 Bb 37
40700 Hagetmau (F) 66 Sk 47
68301 Hagfors (S) 29 Bd 30
83030 Häggenås (S) 21 Be 27
83090 Häggnäset (S) 21 Be 26
Häggsjöbränna (S) 21 Bc 27
801 Hagi (IS) 48 Qg 25
67500* Haguenau (F) 54 Ah 42
Hahaly (RUS) 45 Ee 34
8771 Hahót (H) 70 Bg 44
90480 Hailuoto (FIN) 22 Ce 25
3170 Hainfeld (A) 56 Bf 42
09661 Hainichen (D) 55 Bd 40
4220 Hajdúböszörmény (H) 71 Cb 43
4080 Hajdúnánás (H) 71 Cb 43
4200 Hajdúszoboszló (H) 71 Cb 43
17-200 Hajnówka (PL) 41 Cd 38
Hajsyn (UA) 58 Ck 42
30000 Hakkâri (TR) 99 Ed 53
98041 Hakkas (S) 15 Cb 24
9532 Hakkstabben (N) 15 Cd 20
25008 Halandrítsa (GR) 94 Cb 52
38820* Halberstadt (D) 55 Bb 39
1763* Halden (N) 28 Bb 31
39340 Haldensleben (D) 55 Bb 38
IP19 Halesworth (GB) 53 Ab 38
63950 Halfeti (TR) 98 Dh 53
HX2 Halifax (GB) 51 Si 37
25900 Halilkaya (TR) 91 Ea 50
Halilovo (RUS) 47 Fi 37
Halilovo (RUS) 64 Fi 39
Halitçavuş (TR) 91 Eb 51
45850 Halitpaşa (TR) 95 Ch 52
45301 Haljala (EST) 30 Cg 31
42280 Halkapınar (TR) 97 De 53
40009 Hálki (GR) 95 Ch 54
Halkiádes (GR) 86 Cc 51
34100 Halkída (GR) 94 Cd 52
Halkidó (GR) 86 Cc 50
91060 Hälla (S) 21 Bh 27
37620 Halle (B) 53 Ae 40
06108* Halle (Saale) (D) 55 Bb 39
33790 Halle (Westfalen) (D) 54 Ai 38
71201 Hällefors (S) 29 Be 31
5400* Hallein (A) 69 Bd 43
53304 Hällekis (S) 29 Bd 32
83001 Hallen (S) 21 Be 27
Hällestad (S) 29 Bf 32
6060 Hall in Tirol (A) 69 Bb 43
Hällnäs (S) 22 Bk 26
Hallormsstaður (IS) 48 Rf 25
69401 Hallsberg (S) 29 Bf 31
76300 Hallstavik (S) 29 Bi 30
30004* Halmstad (S) 39 Bc 34
9370 Hals (DK) 39 Ba 33
8178 Halsa (N) 20 Ai 27
Hal'šany (BY) 41 Cg 36
69510 Halsua (FIN) 22 Ce 27
45721 Haltern am See (D) 54 Ah 39
Halturin (RUS) 34 Ei 32
NE49 Haltwhistle (GB) 51 Sh 36
Halyč (UA) 57 Ce 41
80400 Ham (F) 53 Ad 41
Hamam (TR) 98 Dg 54
05700 Hamamözü (TR) 89 Df 50
2315* Hamar (N) 28 Bb 30
20099* Hamburg (D) 39 Ba 37
45070 Hamburgsund (S) 28 Bb 32
19600 Hamdi (TR) 89 De 50
39101 Hämeenkyrö (FIN) 30 Cd 29
13100* Hämeenlinna (FIN) 30 Ce 29
31785* Hameln (D) 54 Ak 38
Hamidiye (TR) 87 Cg 49
Hamidiye (TR) 88 Da 51
Hamilton (GB) 51 Sf 35
49461 Hamina (FIN) 31 Ch 30
59063* Hamm (D) 54 Ah 39
84070 Hammarstrand (S) 21 Bg 27
82200* Hammaslahti = Pyhäselkä (FIN) 23 Ck 28
8450 Hammel (DK) 38 Ak 34
97762 Hammelburg (D) 54 Ak 40
83070 Hammerdal (S) 21 Bf 27
9600 Hammerfest (N) 15 Cd 20
9460 Hammershøj (DK) 38 Ak 34
9181 Hamneidet (N) 14 Ca 21
3930 Hamont-Achel (B) 54 Af 39
82051 Hamra (S) 29 Be 29
Hamrånge (S) 29 Bh 30
04850 Hamur (TR) 91 Ec 51
Hamyski (RUS) 75 Ea 46
Hamzalar (TR) 91 Eb 51
50900 Hamzalı (TR) 99 Eb 52
75900 Hanak (TR) 91 Ec 49
63450* Hanau (D) 54 Ai 40
Hancavičy (BY) 41 Cg 38
Handen (S) 29 Bi 31
83019 Handöl (S) 21 Bc 27
2478 Hanestad (N) 20 Ba 29
10900* Hangö (FIN) 30 Cc 31
21800 Hani (TR) 99 Ea 52
73101 Haniá (GR) 94 Ce 55
Hanino (RUS) 43 Dg 36
41521 Hankasalmen asema (FIN) 22 Cg 28
23130 Hankendi (TR) 98 Dk 52
10900* Hanko = Hangö (FIN) 30 Cc 31
Hanköy (TR) 97 Dg 52
34346 Hann. Münden (D) 54 Ak 39
30159* Hannover (D) 54 Ak 38
Han Pijesak (BIH) 71 Bi 46
Hanskaja (RUS) 75 Dk 46
7730 Hanstholm (DK) 38 Ai 33
Hanty-Mansijsk (RUS) 37 Gk 29
094 31 Hanušovce nad Topl'ou (SK) 57 Cb 41
95301 Haparanda (S) 22 Ce 25
Håra (N) 28 Ag 31
Harabali (RUS) 77 Eh 43
Harabeköy (TR) 96 Dc 52
Harabekri = Knidos Harabekri (TR) 95 Ch 54
48980 Harabeleri (TR) 95 Ch 54
Haradok (BY) 42 Ck 35
Haradok, Davyd- (BY) 58 Ch 38
Haradzeja (BY) 41 Cg 37
Haradzišča (BY) 41 Cg 37
50200 Haravgí (GR) 86 Cb 50
Harborø (DK) 38 Ai 34
21073* Harburg (D) 38 Ak 37
86655 Harburg (Schwaben) (D) 55 Ba 42
6924 Hardbakke (N) 28 Ae 29
7770 Hardenberg (NL) 54 Ag 38
3840* Harderwijk (NL) 54 Af 38
6060 Hareid (N) 20 Ag 28
49733 Haren (Ems) (D) 38 Ah 38
2743 Harestua (N) 28 Ba 30
Harino (RUS) 33 Ed 31
Haritonovo (RUS) 34 Eh 29
7815 Harkány (H) 71 Bi 45
Har'kov = Charkiv (UA) 60 Dg 41
Har'kovka (RUS) 64 Fg 40
Harlamovskaja (RUS) 32 Dh 32
705100 Hârlău (RO) 72 Cg 43
IP20 Harleston (GB) 53 Ab 38
4652 Hårlev (DK) 39 Bc 35
Harlingen = Harns (NL) 38 Af 37
Harlovka (RUS) 16 Dh 22
Harlovskoe (RUS) 36 Gd 33
CM17 Harlow (GB) 53 Aa 39
507085 Hărman (RO) 72 Cf 45
Harmancık (TR) 88 Ck 51
Harmancık (TR) 90 Dh 51
82075 Harmånger (S) 21 Bh 29
Härmänkylä (FIN) 23 Ck 26
6450 Harmanli (BG) 87 Cf 49
Harmanlı (TR) 98 Dh 53
87101* Härnösand (S) 21 Bh 28
Harns = Harlingen (NL) 38 Af 37
26200 Haro (E) 81 Sh 48
ZE2 Haroldswick (GB) 50 Sk 30
Harovsk (RUS) 33 Ea 31
27243 Harpstedt (D) 38 Ai 38
23140 Harput (TR) 98 Dk 52
7873 Harran (N) 21 Bc 26
Harran (TR) 98 Dk 54
HG3 Harrogate (GB) 51 Si 37
21698 Harsefeld (D) 38 Ak 37
Hârşova (RO) 73 Ch 46
9402* Harstad (N) 14 Bg 22
Harstvik (N) 20 Ba 26
8230* Hartberg (A) 70 Bf 43
TS24 Hartlepool (GB) 51 Si 36
19601 Hartola (FIN) 30 Cg 29
Harun (TR) 89 De 50
CO12 Harwich (GB) 53 Ab 39
38667 Harzburg, Bad (D) 55 Ba 39
06493 Harzgerode (D) 55 Bb 39
Hasanağa (TR) 88 Ci 50
44420 Hasançelebi (TR) 98 Dh 52
72350 Hasankeyf (TR) 99 Eb 53
06850 Hasanoğlan (TR) 89 Dd 50
66670 Hasbek (TR) 89 Df 51
49740 Haselünne (D) 38 Ah 38
6300* Haskovo (BG) 87 Cf 49
22500 Hasköy (TR) 87 Cg 49
22500 Hasköy (TR) 91 Ec 50
GU27 Haslemere (GB) 52 Sk 39
4690 Haslev (DK) 39 Bb 35
64240 Hasparren (F) 66 Si 47
31700 Hassa (TR) 98 Dg 54
82078 Hassela (S) 21 Bg 28
3500 Hasselt (B) 54 Af 40
97437 Haßfurt (D) 55 Ba 40
08112 Haßlau, Wilkau- (D) 55 Bc 40
28101* Hässleholm (S) 39 Bd 34
TN34 Hastings (GB) 53 Aa 40
28023 Hästveda (S) 39 Bd 34
9590 Hasvik (N) 15 Cc 20
Hatay (Antakya) (TR) 97 Dg 54
335500 Hațeg (RO) 71 Cc 45
AL9 Hatfield (GB) 52 Sk 39
42215 Hatip (TR) 96 Dc 53
Hatlestrand (N) 28 Af 30
8690 Hattfjelldal (N) 21 Bd 25
81950 Hattuselkonen (FIN) 23 Da 27
81650 Hattuvaara (FIN) 23 Db 28
42220 Hatunsaray (TR) 96 Dc 53
3000* Hatvan (H) 71 Bk 43
5514* Haugesund (N) 28 Af 31
Haugland (N) 28 Ae 30
14700 Hauho (FIN) 30 Ce 29
810 Haukadalur (IS) 48 Qk 26

176 | Granja de Torrehermosa

Haukeligrend (N) 28 Ah 31
90840 Haukipudas (FIN) 22 Cf 25
51601 Haukivuori (FIN) 23 Ch 28
57874 Haurida (S) 29 Be 33
12520 Hausjärvi (FIN) 30 Ce 30
98995 Hautajärvi (FIN) 15 Ck 24
Hautavaara (RUS) 23 Dc 28
94051 Hauzenberg (D) 55 Bd 42
Havaalanı (TR) 90 Dg 51
PO9 Havant (GB) 52 Sk 40
39539 Havelberg (D) 39 Bc 38
SA61 Haverfordwest (GB) 52 Sf 39
CB9 Haverhill (GB) 53 Aa 38
580 01 Havlíčkův Brod (CZ) 56 Bf 41
9690 Havøysund (N) 15 Ce 19
10560 Havran (TR) 88 Ch 51
76600 Havre, Le (F) 53 Aa 41
Havrylivka (UA) 60 Dg 42
22500 Havsa (TR) 87 Cg 49
83081 Havsnäs (S) 21 Bf 26
58940 Havuz (TR) 90 Dh 51
55700 Havza (TR) 89 Df 50
DL8 Hawes (GB) 51 Sh 36
TD9 Hawick (GB) 51 Sh 35
57700 Hayange (F) 54 Ag 41
03480 Haydarlı (TR) 96 Da 52
Haydere (TR) 96 Ci 53
50250 Haye-du-Puits, La (F) 52 Si 41
06860 Haymana (TR) 89 Dc 51
59400 Hayrabolu (TR) 88 Ch 49
61450 Hayrat (TR) 91 Ea 50
TR21 Haywards Heath (GB) 52 Sk 39
Hazar (TR) 98 Dk 52
59190 Hazebrouck (F) 53 Ac 40
Hazine (TR) 99 Ed 52
21560 Hazro (TR) 99 Ea 52
Headfort = Áth Cinn (IRL) 49 Sa 37
8411* Hearrenfean, It = Heerenveen (NL) 38 Af 38
74401 Heby (S) 29 Bg 31
72379 Hechingen (D) 54 Ai 42
2930 Hedal (N) 28 Ak 30
Hede (S) 21 Bd 28
77601 Hedemora (S) 29 Bf 30
95795 Hedenäset (S) 22 Cd 24
8722 Hedensted (DK) 38 Ak 35
81040 Hedesunda (S) 29 Bg 30
84092 Hedeviken (S) 21 Bd 28
HU12 Hedon (GB) 51 Sk 37
8411* Heerenveen = It Hearrenfean (NL) 38 Af 38
6400* Heerlen (NL) 54 Af 40
9222 Hegyeshalom (H) 70 Bh 43
25746 Heide (D) 38 Ak 36
69115* Heidelberg (D) 54 Ai 41
89518* Heidenheim an der Brenz (D) 55 Ba 42
3860* Heidenreichstein (A) 56 Bf 42
27511 Heikkilä (FIN) 23 Ck 25
IV27 Heilam (GB) 50 Sf 32
37308 Heilbad Heiligenstadt (D) 55 Ba 39
74072* Heilbronn (D) 54 Ak 41
9844* Heiligenblut am Großglockner (A) 69 Bc 43
23774 Heiligenhafen (D) 39 Ba 36
37308 Heiligenstadt, Heilbad (D) 55 Ba 39
1850 Heiloo (NL) 38 Ae 38
7072 Heimdal (N) 20 Ba 27
79701 Heinävesi (FIN) 23 Ci 28
18200 Heinola (FIN) 30 Cg 29
8300 Heist, Knokke- (B) 53 Ad 39
2220 Heist-op-den-Berg (B) 53 Ae 39
54770 Heituinlahti (FIN) 31 Ch 29
62020 Hejde (S) 29 Bi 33
Hekimdağ (TR) 88 Da 51
44400 Hekimhan (TR) 98 Dh 52
84-150 Hel (PL) 40 Bi 36
84035 Helagsstugorna (S) 21 Bc 28
1783 Helder, Den (NL) 38 Ae 38
G84 Helensburgh (GB) 50 Sf 34
88293 Helgum (S) 21 Bg 27
850 Hella (IS) 48 Qk 27
Helle, Vadfoss- (N) 28 Ak 32
4376 Helleland (N) 28 Ag 32
Hellemobotn (N) 14 Bg 23
Hellesvik (N) 20 Ai 27
6218 Hellesylt (N) 20 Ag 28
3220* Hellevoetsluis (NL) 53 Ae 39
02400 Hellín (E) 93 Si 52
360 Hellisandur (IS) 48 Qg 26
Hellnessund (N) 14 Be 23
5700* Helmond (NL) 54 Af 39
KW8 Helmsdale (GB) 50 Sg 32
YO62 Helmsley (GB) 51 Si 36
38350 Helmstedt (D) 55 Ba 38
25002* Helsingborg (S) 39 Bc 34
00002* Helsingfors = Helsinki (FIN) 30 Ce 30
3000 Helsingør (DK) 39 Bc 34
23311 Helsinki (FIN) 30 Ce 30
TR13 Helston (GB) 52 Se 40
Hemavan (S) 21 Bf 25
HP1 Hemel Hempstead (GB) 52 Sk 39
57830 Heming (F) 54 Ag 42
89051 Hemling (S) 21 Bi 27
94493 Hemmingsmark (S) 22 Cb 25
1970 Hemnes (N) 28 Bb 31
8640 Hemnesberget (N) 14 Bd 24
62012 Hemse (S) 29 Bi 33
3560 Hemsedal (N) 28 Ai 30
87010 Hemsö (S) 21 Bi 28
47301 Henån (S) 28 Bb 32
64700* Hendaye (F) 66 Si 47
54300 Hendek (TR) 88 Da 50
7255* Hengelo (NL) 54 Ag 38
Heničes'k (UA) 74 De 44
RG9 Henley-on-Thames (GB) 52 Sk 39
56700 Hennebont (F) 66 Sg 43
16761 Hennigsdorf (D) 55 Bd 38
Henningsvær (N) 14 Be 22
2415 Heradsbygd (N) 28 Bb 30
41190 Herbault (F) 67 Ab 43
85500 Herbiers, les (F) 66 Si 44
44410 Herbignac (F) 66 Sh 43
42-284 Herby (PL) 56 Bi 40
85 340 Herceg-Novi (MNE) 85 Bi 48
Hercegovačka Goleša = Pribojska Goleša (SRB) 71 Bk 47
4766 Herefoss (N) 28 Ai 32
41800 Hereke (TR) 88 Ck 50
Herfell (IS) 48 Rf 25
32049* Herford (D) 54 Ai 38
70400 Héricourt (F) 68 Ag 43
9100* Herisau (CH) 69 Ak 43
37293 Herleshausen (D) 55 Ba 39
9620 Hermagor-Pressegger See (A) 69 Bd 44
29320 Hermannsburg (D) 39 Ba 38
6863 Hermansverk (N) 28 Ag 29
7400 Herning (DK) 38 Ai 34
Herøy (N) 21 Bc 25
3965 Herre (N) 28 Ak 31
71083 Herrenberg (D) 54 Ai 42
06670 Herrera del Duque (E) 80 Se 51
34400 Herrera de Pisuerga (E) 81 Sf 48
10560 Herreruela (E) 80 Sd 51
Herringbotn (N) 21 Bd 25
52401 Herrljunga (S) 29 Bd 32
91217 Hersbruck (D) 55 Bb 41
36251 Hersfeld, Bad (D) 54 Ak 40
Herson = Cherson (UA) 74 Dc 44
5248 Hertogenbosch, 's- (NL) 54 Af 39
04916 Herzberg (Elster) (D) 55 Bd 39
37412 Herzberg am Harz (D) 55 Ba 39
62140 Hesdin (F) 53 Ac 40
Hessfjord (N) 14 Bk 21
37235 Hessisch Lichtenau (D) 54 Ak 39
400 Hesteyri (IS) 48 Qh 24
91300 Hetekylä (FIN) 22 Cg 25
Hetolambina (RUS) 16 Dd 24
Hetovo (RUS) 25 Ec 27
3360 Heves (H) 71 Ca 43
671 69 Hevlín (CZ) 56 Bg 42
NE46 Hexham (GB) 51 Sh 36
LA3 Heysham (GB) 51 Sh 36
Hibiny (RUS) 16 Dd 23
3876 Hidasnémeti (H) 57 Cb 42
18565 Hiddensee (D) 39 Bd 36
8920* Hieflau (A) 70 Be 43
88901 Hietapera (FIN) 23 Ck 26
HP12 High Wycombe (GB) 52 Sk 39
51520 Hiirola (FIN) 23 Ch 29
44530 Híjar (E) 82 Sk 49
98646 Hildburghausen (D) 55 Ba 40
31134* Hildesheim (D) 54 Ak 38
20008 Hiliomódi (GR) 94 Cc 53
2180 Hillegom (NL) 53 Ae 38
3400 Hillerød (DK) 39 Bc 35
33033 Hillerstorp (S) 29 Bd 33
ZE2 Hillswick (GB) 50 Si 30
63900 Hilvan (TR) 98 Di 53
1200* Hilversum (NL) 54 Af 38
68100 Himanka (FIN) 22 Cd 26
Himarë (AL) 86 Bk 50
Himki (RUS) 43 Dh 35
38420 Himmetdede (TR) 97 Df 52
3400 Hînceşti (MD) 73 Ci 44
LE10 Hinckley (GB) 52 Si 38
43063 Hindås (S) 29 Bc 33
25600 Hınıs (TR) 91 Eb 51
27600 Hinnerjoki (FIN) 30 Cb 30
14270 Hinojosa del Duque (E) 92 Se 52
82100 Híos (GR) 95 Cg 52
59581 Hirschberg (D) 55 Bb 40
35320 Hirsilä (FIN) 30 Ce 29
02500 Hirson (F) 53 Ae 41
Hîrtop (MD) 73 Ci 44
9850 Hirtshals (DK) 28 Ak 33
97130 Hirvas (FIN) 15 Cf 24
73400 Hisar (TR) 89 Dd 51
43780 Hisarcık (TR) 88 Ck 51
4180 Hisarja (BG) 87 Ce 48
Hislaviči (RUS) 42 Dc 36
9433 Hitovo (BG) 73 Ch 47
13600 Hizan (TR) 99 Ec 52
9320 Hjallerup (DK) 28 Ba 33
5259 Hjellestad (N) 28 Af 30
Hjellset (N) 20 Ai 28
Hjelmeland (N) 28 Ag 31
2661 Hjerkinn (N) 20 Ak 28
54401 Hjo (S) 29 Be 32
9800 Hjørring (DK) 28 Ba 33
69793 Hjortkvarn (S) 29 Bf 32
Hlavani (UA) 73 Ck 45
7280 Hlebarovo = Car Kalojan (BG) 72 Cg 47
Hlepen' (RUS) 43 De 35
Hlevacha (UA) 59 Da 40
370 01 Hlinsko (CZ) 56 Bf 41
Hlobyne (UA) 59 Dd 41
920 01 Hlohovec (SK) 56 Bh 42
Hluchiv (UA) 59 Dd 39
Hluša (BY) 42 Ci 37
Hlusk (BY) 42 Ci 38
Hluškavičy (BY) 58 Ch 39
Hlyboka (UA) 58 Cf 42
Hlybokae (BY) 42 Ch 35
Hlyns'k (UA) 59 Dc 42
Hlystalovo (RUS) 34 Ek 31
Hmelevka (RUS) 34 Eg 32
Hmelita (RUS) 43 Dd 35
Hmel'nickij = Chmel'nyc'kyj (UA) 58 Cg 41
Hnivan' (UA) 58 Ci 41
981 01 Hnúšt'a (SK) 56 Bk 42
9500 Hobro (DK) 38 Ak 34
Hocabey (TR) 90 Dg 51
03530 Hocalar (TR) 96 Ck 52
91315 Höchstadt an der Aisch (D) 55 Ba 41
Hódmezővásárhely (H) 71 Ca 44
695 01 Hodonín (CZ) 56 Bh 42
Hodovariha (RUS) 18 Fd 22
3150 Hoek van Holland (NL) 53 Ae 39
04758 Hof (D) 55 Bb 40
Höfðakaupstaður = Skagaströnd (IS) 48 Qk 25
34369 Hofgeismar (D) 54 Ak 39
780 Höfn (IS) 48 Re 26
81301 Hofors (S) 29 Bg 30
565* Hofsós (IS) 48 Ql 25
7470* Hof van Twente (NL) 54 Ag 38
26300* Höganäs (S) 39 Bc 34
38075 Högby (S) 29 Bh 33
83081 Högbynäs (S) 21 Bf 26
91494 Högland (S) 21 Bf 26
83001 Höglekardalen (S) 21 Bd 27
Högsäter (S) 29 Bc 32
57900 Högsby (S) 29 Bg 33
Høgstadgård (N) 14 Bk 22
Hőgyész (H) 71 Bi 44
6845* Hohenems (A) 69 Ak 43
24594 Hohenwestedt (D) 38 Ak 36
Hoholiv (UA) 59 Db 40
Hohol'skij (RUS) 60 Di 39
6280 Højer (DK) 38 Ai 36
3300 Hokksund (N) 28 Ak 31
3576 Hol (N) 28 Ai 30
Hol, Ulan- (RUS) 77 Eg 45
Hola Prystan' (UA) 74 Dc 44
551 Hólar (IS) 48 Ql 25
8950 Holbæk (DK) 39 Bb 35
769 01 Holešov (CZ) 56 Bh 41
783 71 Holice (CZ) 56 Bf 40
68065 Höljes (S) 29 Bc 30
2020* Hollabrunn (A) 56 Bg 42
Hollandstrom (GB) 50 Sh 31
Høllen (N) 28 Ah 32
3176 Hollókő (H) 71 Bk 43
23601 Höllviken (S) 39 Bc 35
Hollywood = Cillín Chaoimhín (IRL) 49 Sd 37
25488 Holm (FIN) 22 Cc 27
25488 Holm (RUS) 31 Db 33
30279 Holm (S) 21 Bg 28
Holmajärvi (S) 14 Bk 23
510* Hólmavík (IS) 48 Qi 25
Holmeči (RUS) 59 De 38
6982 Holmedal (N) 28 Af 29
0010* Holmenkollen (N) 28 Ba 31
3080 Holmestrand (N) 28 Ba 31
Holmogorskaja (RUS) 24 Ea 27
Holmogory (RUS) 25 Eb 26
Holmskij (RUS) 75 Di 46
91301 Holmsund (S) 22 Ca 27
82392 Holmsveden (S) 29 Bg 29
Holm-Žirkovskij (RUS) 43 Dd 35
Holoby (UA) 58 Cf 39
Holovkivka (UA) 59 Dc 41
2540 Holøydal (N) 20 Bb 28
7500 Holstebro (DK) 38 Ai 34
6670 Holsted (DK) 38 Ai 35
EX22 Holsworthy (GB) 52 Sf 40
Holtobino (RUS) 43 Di 36
Holwerd (NL) 38 Af 37
LL65 Holyhead (GB) 51 Sf 37
TD15 Holy Island (GB) 51 Si 35
83607 Holzkirchen (D) 69 Bb 43
37603 Holzminden (D) 54 Ak 39
35315 Homberg (Ohm) (D) 54 Ak 40
66424 Homburg (D) 54 Ah 41
61348* Homburg vor der Höhe, Bad (D) 54 Ai 40
Homel' (BY) 59 Db 38
8960 Hommelstø (N) 21 Bc 25
7550 Hommelvik (N) 20 Ba 27
Homutovka (RUS) 59 De 39
Homutovo (RUS) 43 Dh 38
20330* Honaz (TR) 96 Ck 53
20280 Hondarribia (E) 66 Si 47
3510* Hønefoss (N) 28 Ba 30
14600 Honfleur (F) 53 Aa 41
EX14 Honiton (GB) 52 Sg 40
38951 Honkajoki (FIN) 22 Cc 29
53557 Hönningen, Bad (D) 54 Ah 40
9750 Honningsvåg (N) 15 Cf 20
7900* Hoogeveen (NL) 38 Ag 38
9615 Hoogezand-Sappemeer (NL) 38 Ag 37
24301 Höör (S) 39 Bd 35
1620* Hoorn (NL) 38 Af 38
08600 Hopa (TR) 91 Eb 49
Hopen (N) 20 Ai 27
Hopen Radio (N) 14 I Svalbard
Hopseidet (N) 15 Ch 20
24600 Hóra (GR) 94 Cb 53
25800 Horasan (TR) 91 Ec 50
341 01 Horažďovice (CZ) 55 Bd 41
24201 Hörby (S) 39 Bd 35
13110 Horcajo de los Montes (E) 81 Sf 51
16410 Horcajo de Santiago (E) 81 Sh 51
Hordyšče (UA) 60 Dk 41
Horej-Ver (RUS) 19 Fh 23
Horki (BY) 42 Da 36
Horlivka (UA) 60 Di 42
3580* Horn (A) 56 Bf 42
Horn (N) 21 Bc 25
59042 Horn (S) 29 Bf 33
06228 Hornachos (E) 92 Sd 52
14740 Hornachuelos (E) 92 Se 53
32805 Horn-Bad Meinberg (D) 54 Ai 39
LN9 Horncastle (GB) 51 Sk 37
77404 Horndal (S) 29 Bg 30
21640 Horneburg (D) 38 Ak 37
91020 Hörnefors (S) 22 Bk 27
756 12 Horní Lideč (CZ) 56 Bi 41
8900 Hørning (DK) 39 Ba 34
HU18 Hornsea (GB) 51 Sk 37
91495 Hörnsjö (S) 22 Bk 27
8543 Hornslet (DK) 39 Ba 34
Hornum (DK) 38 Ak 34
25997 Hörnum (Sylt) (D) 38 Ai 36
Horochiv (UA) 57 Ce 40
Horodec (UA) 58 Cg 39
Horodenka (UA) 58 Cf 42
Horodnja (UA) 59 Db 39
Horodnycja (UA) 58 Ch 40
Horodok (UA) 57 Cd 41
Horodok (UA) 58 Cg 41
Horodyšče (UA) 59 Db 41
51900 Horred (S) 29 Bc 33
8700 Horsens (DK) 38 Ak 35
RH13 Horsham (GB) 52 Sk 39
2970 Hørsholm (DK) 39 Bc 35
Horslunde (DK) 39 Bb 36
346 01 Horšovský Týn (CZ) 55 Bc 41
09950 Horsunlu (TR) 96 Ci 53
3181* Horten (N) 28 Ba 31
Hortica (RUS) 32 Dd 31
4071 Hortobágy (H) 71 Cb 43
Hory (BY) 42 Db 36
Hošča (UA) 58 Cg 40
Hošeutovo (RUS) 77 Eh 44
84050 Hosjö (S) 29 Bf 30
43890 Hospitalet de l'Infant, l' (E) 82 Aa 50
08901 Hospitalet de Llobregat, l' (E) 82 Ac 49
09390 Hospitalet-près-l'Andorre, l' (F) 82 Ab 48
89999 Hossa (FIN) 23 Ck 25
40510 Hossegor, Soorts- (F) 66 Si 47
Hosta (RUS) 75 Dk 47
17450 Hostalric (E) 82 Ac 49
Hostomel' (UA) 59 Da 40
42405 Hotamış (TR) 97 Dd 53
087125 Hotarele (RO) 72 Cg 46
83080 Hoting (S) 21 Bg 26
Hotynec (RUS) 43 Df 37
ZE2 Houbie (GB) 50 Sk 30
33990 Hourtin (F) 66 Si 45
21770 Houtskär (FIN) 30 Cb 30
7700 Hov (DK) 39 Ba 35
2862 Hov (N) 28 Ba 30
54800 Hova (S) 29 Be 32
Hovden (N) 28 Ah 31
36051 Hovmantorp (S) 39 Bf 34
Hovotrojic'ke (UA) 75 Dh 43
6993 Høyanger (N) 28 Ag 29
02977 Hoyerswerda (D) 55 Be 39
7977 Høylandet (N) 21 Bc 26
62400 Hozat (TR) 90 Dk 51
Hrabjani (BY) 58 Ci 39
500 02* Hradec Králové (CZ) 56 Bf 40
Hradyz'k (UA) 59 Dd 41
Hradzjanka (BY) 42 Ci 37
351 24 Hranice (CZ) 56 Bh 41
1430 Hrastnik (SLO) 70 Bf 44
545 Hraun (IS) 48 Qk 24
Hrebinka (UA) 59 Dc 40
Hrebinky (UA) 59 Da 41
Hresivs'ke (KRIM) 74 De 45
630 Hrísey (IS) 48 Rb 25
64200 Hrissoúpoli (GR) 87 Ce 50
Hrjaščevka (RUS) 45 Ek 37
Hrodna (BY) 41 Cd 37
966 53 Hronský Beňadik (SK) 56 Bi 42
22-500 Hrubieszów (PL) 57 Cd 40
Hrušuvacha (UA) 60 Dg 41
Hryhorivka (UA) 59 Db 41
Hubynycha (UA) 60 Df 42
41836 Hückelhoven (D) 54 Ag 39
HD2 Huddersfield (GB) 51 Si 37
82400* Hudiksvall (S) 21 Bh 29
Huduk, Naryn- (RUS) 77 Eg 45
405400 Huedin (RO) 72 Cd 44
29690 Huelgoat (F) 52 Sg 42
23560 Huelma (E) 93 Sg 53
21001* Huelva (E) 92 Sd 53
04600 Huércal-Overa (E) 93 Si 53
22001* Huesca (E) 82 Sk 48
18830 Huéscar (E) 93 Sh 53
16500 Huete (E) 81 Sh 50
32701 Huittinen (FIN) 30 Cc 29
Hukovo (UA) 60 Dk 42
Hul'ajpole (UA) 75 Dg 43
Hulhuta (RUS) 77 Eg 44
4560 Hulst (NL) 53 Ae 39
57498 Hultanäs (S) 29 Bf 33
57701 Hultsfred (S) 29 Bf 33
Hum (BIH) 86 Bi 47
09124 Humada (E) 81 Sf 48
19220 Humanes (E) 81 Sg 50
066 01 Humenné (SK) 57 Cb 42
396 01 Humpolec (CZ) 56 Bf 41
31641 Humppila (FIN) 30 Cd 30
3390 Hundested (DK) 39 Bb 35
000331* Hunedoara (RO) 71 Cc 45
36088 Hünfeld (D) 54 Ak 40
35410 Hungen (D) 54 Ai 40
45046 Hunnebostrand (S) 28 Bb 32
PE36 Hunstanton (GB) 51 Aa 38
PE29 Huntingdon (GB) 52 Sk 38
AB54 Huntly (GB) 50 Sh 33
14520 Huppain, Port-en-Bessin- (F) 52 Sk 41
2090 Hurdal (N) 28 Bb 30
217260 Hurezani (RO) 72 Cd 46
Hurivka (UA) 59 Dd 42
Hurki (BY) 42 Da 35
7760 Hurup (DK) 38 Ai 34
Hurzuf (KRIM) 74 De 46
Hurzuk (RUS) 76 Ec 47
311 Húsafell (IS) 48 Qk 26
720 Húsavík (IS) 48 Rc 24
Husby (S) 29 Bg 30
7113 Husbysjøen (N) 20 Ba 27
HS3 Hushinish (GB) 50 Sc 33
735100 Huşi (RO) 73 Ci 44
Husjatyn (UA) 58 Cg 41
56101* Huskvarna (S) 29 Be 33
5460 Husnes (N) 28 Af 31
Hustad (N) 20 Ah 28
31632 Husum (D) 38 Ak 36
89035 Husum (S) 22 Bk 27
Husvallgölen (S) 29 Bd 29
8883 Husvika (N) 21 Bc 25
Hutovo (BIH) 85 Bh 48
35625 Hüttenberg (A) 70 Be 44
99950 Hutuniemi (FIN) 15 Cg 21
4500 Huy (B) 54 Af 40
Hüyük (TR) 96 Db 53
Hvalovo (RUS) 31 Dc 31
Hvalpsund (DK) 38 Ak 34
Hvalynsk (RUS) 62 Ei 38
531 Hvammstangi (IS) 48 Qk 25
Hvar (HR) 85 Bg 47
Hvardijs'ke (KRIM) 74 De 45
Hvastoviči (RUS) 43 Df 37
810 Hveragerði (IS) 48 Ql 26
640 Hveravellir (IS) 48 Ql 26
6960 Hvide Sande (DK) 38 Ai 34
3647 Hvittingfoss (N) 28 Ba 31
Hvojnaja (RUS) 32 De 32
850 Hvolsvöllur (IS) 48 Qk 27
Hvorostjanka (RUS) 61 Ea 38
Hvorostjanka (RUS) 62 Ei 38
SA61 Hwlffordd = Haverfordwest (GB) 52 Sf 39
59042 Hycklinge (S) 29 Bf 33
6829 Hyen (N) 20 Af 29
83400* Hyères (F) 68 Ag 47
31401 Hyltebruk (S) 39 Bd 33
3400 Hynčešt' = Hînceşti (MD) 73 Ci 44
89401 Hyrynsalmi (FIN) 23 Ci 26
44220 Hytölä (FIN) 22 Cg 28
05950 Hyvinkää (FIN) 30 Ce 30

Hyvinkää | 177

I

727315 Iacobeni (RO) 72 Cf 43
Ialissos (GR) 96 Ci 54
6801 Ialoveni (MD) 73 Ci 44
815200 Ianca (RO) 73 Ch 45
6321 Iargara (MD) 73 Ci 44
000700* Iaşi (RO) 73 Ch 43
Ib (RUS) 34 Fa 29
Iba (RUS) 25 Eh 27
Ibakibka = Ivanivka (UA) 57 Cc 42
49477* Ibbenbüren (D) 54 Ah 38
İbek (TR) 89 Df 50
9419 Ibestad (N) 14 Bh 22
03440 Ibi (E) 93 Sk 52
07800 Ibiza = Eivissa (E) 82 Ab 52
Ibragimovo (RUS) 46 Ff 36
Ibresi (RUS) 45 Eh 35
22410 İbriktepe (TR) 87 Cg 49
Ibrjaevo (RUS) 46 Fc 36
İçel (Mersin) (TR) 97 De 54
42970 İçeriçumra (TR) 96 Dc 53
23150 İçme (TR) 98 Dk 52
Ičnja (UA) 59 Dc 40
6060-100* Idanha-a-Nova (P) 80 Sc 51
55743 Idar-Oberstein (D) 54 Ah 41
Idel' (RUS) 24 De 26
Idel'bakovo (RUS) 64 Fh 39
73300 İdil (TR) 99 Eb 53
Idivuoma (S) 15 Cc 22
15351 Ídra (GR) 94 Cd 53
79091 Idre (S) 21 Bc 29
5280 Idrija (SLO) 69 Bd 45
65510 Idstein (D) 54 Ai 40
3913 Iecava (LV) 41 Ce 34
8900 Ieper (B) 53 Ac 40
72200 Ierápetra (GR) 95 Cf 55
545100 Iernut (RO) 72 Ce 44
Ievlevo (RUS) 37 Gh 33
9742 Ifjord (N) 15 Ch 20
7275 Igal (H) 70 Bh 44
38655 Iğdecik (TR) 88 Db 51
Iğdeli (TR) 90 Dh 51
76000 Iğdir (TR) 89 Dd 49
76000 Iğdir (TR) 89 Df 50
76000 Iğdır (TR) 91 Ee 51
82500 Iggesund (S) 29 Bh 29
09016 Iglesias (I) 83 Ai 51
Iglino (RUS) 47 Fg 36
30001 Ignalina (LT) 41 Cg 35
Ignatovo (RUS) 32 Dh 30
39650 İğneada (TR) 88 Ch 49
Igodovo (RUS) 33 Ec 32
46100 Igoumenítsa (GR) 86 Ca 51
Igra (RUS) 35 Fd 33
08700 Igualada (E) 82 Ab 49
Igüeña (E) 80 Sd 48
Igumhovskaja (RUS) 25 Ee 28
Igumnovskaja (RUS) 33 Ed 30
68570 Ihlara (TR) 97 De 52
37200 İhsangazi (TR) 89 Dd 49
41650 İhsaniye (TR) 88 Da 51
2050 Ihtiman (BG) 87 Cd 48
41101 Iisaku (EST) 31 Ch 31
74130 Iisalmi (FIN) 23 Ch 27
1970* IJmuiden (NL) 53 Ae 38
39510 Ikaalinen (FIN) 30 Cd 29
7430 Ikast (DK) 38 Ak 34
Iki-Burul (RUS) 76 Ee 45
İkikuyu (TR) 99 Ea 52
Iki Manlan (RUS) 77 Ef 43
İkizce (TR) 89 Dc 51
İkizdere (TR) 91 Ea 50
18900 İkizören (TR) 89 Dd 50
Ikrjanoe (RUS) 77 Eh 44
Ikša (RUS) 43 Dh 34
Ikškile (LV) 41 Ce 34
019 01 Ilava (SK) 56 Bi 42
Ildır (TR) 95 Cg 52
Ileck, Sol'- (RUS) 63 Fe 39
Ilek (RUS) 63 Fd 39
Ileksinskaja (RUS) 32 Dh 29
20220 Île-Rousse, L' (F) 83 Ai 48
EX34 Ilfracombe (GB) 52 Sf 39
18400 Ilgaz (TR) 89 Dd 50
42600 Ilgın (TR) 96 Db 52
İlhanköy (TR) 88 Ch 50
3830-024* Ílhavo (P) 80 Sb 50
337270 Ilia (RO) 71 Cc 45
Ilıbaşı (TR) 88 Da 51
Iliç (TR) 90 Di 51
Il'iča (RUS) 35 Fg 33
37620 Ilıca (TR) 88 Ch 51
Ilıca (TR) 88 Ci 51
37620 Ilıca (TR) 89 Dc 51
37620 Ilıca (TR) 91 Eb 51
37620 Ilıca (TR) 95 Cg 52
37620 Ilıca (TR) 96 Dc 54
37620 Ilıca (TR) 98 Dg 53
Ilıcalar (TR) 99 Ea 52
Ilidža (BIH) 71 Bi 47
Ilim (RUS) 36 Fi 33
Il'inka (RUS) 61 Eb 38
Il'inka (RUS) 64 Fh 39
Il'inka (RUS) 77 Eh 44
Il'ino (RUS) 42 Db 35
Il'inskaja (RUS) 76 Ea 45
Il'inskij (RUS) 31 Dc 29
Il'inskij (RUS) 35 Fe 32
Il'inskoe (RUS) 32 Di 33
Il'inskoe (RUS) 43 Dh 34
Il'inskoe (RUS) 46 Fc 34
Il'inskoe- Hovanskoe (RUS) 44 Dk 34
Il'insko-Podomskoe (RUS) 34 Eh 29
Il'insko-Zaborskoe (RUS) 33 Ee 33
6250 Ilirska Bistrica (SLO) 70 Be 45
Il'ja (BY) 42 Ch 36
Iljuhinskaja (RUS) 33 Eb 30
Il'kino (RUS) 44 Eb 35
LS29 Ilkley (GB) 51 Si 37
66130 Ille-sur-Têt (F) 82 Ac 48
Illičivs'k = Čornomors'k (UA) 73 Da 44
28120 Illiers-Combray (F) 53 Ab 42
Illinci (UA) 58 Ck 41
60801 Ilmajoki (FIN) 22 Cc 28
Il'men' (RUS) 61 Ee 40
98693 Ilmenau (D) 55 Ba 40
Il'men'-Suvorovskij (RUS) 61 Ed 42
82901 Ilomantsi (FIN) 23 Da 28
Ilovajs'k (UA) 75 Di 43
Ilovatka (RUS) 62 Ef 40
Ilovka (RUS) 60 Di 40
Ilovlja (RUS) 61 Ee 41
68-120 Iłowa (PL) 56 Bf 39
5447 Ilūkste (LV) 41 Cg 35
İlyaspaşa (TR) 88 Db 51
27-100 Iłża (PL) 57 Cb 39
37400 İmamoğlu (TR) 97 Df 53
Imandra (RUS) 16 Dd 23
55100* Imatra (FIN) 31 Ci 29
07350 İmecik (TR) 96 Da 54
Imena Babuškina (RUS) 33 Ed 31
Imeni Michaila Ivanoviča Kalinina (RUS) 34 Ef 33
Imjanlikuevo (RUS) 46 Fe 35
87509 Immenstadt im Allgäu (D) 69 Ba 43
DN40 Immingham (GB) 51 Sk 37
40026 Imola (I) 69 Bb 46
Imotski (HR) 70 Bh 47
18100 Imperia (I) 68 Ai 47
58160 Imphy (F) 67 Ad 44
58980 İmranlı (TR) 90 Di 51
İmroz (TR) 87 Cf 50
6460* Imst (A) 69 Ba 43
99871 Inari (FIN) 15 Ch 22
07300 Inca (E) 82 Ac 51
İncesu (TR) 97 Dd 52
İncesu (TR) 97 Df 52
İncetarla (TR) 97 Df 53
İncidere (TR) 98 Di 54
İncirli (TR) 98 Di 53
01340 İncirlik (TR) 97 Df 53
09600 İncirliova (TR) 95 Ch 53
Incy (RUS) 24 Ea 25
86040 Indal (S) 21 Bh 28
827150 Independa (RO) 73 Ck 45
Indiga (RUS) 18 Ek 23
22319* Inđija (SRB) 71 Ca 45
9710 Indre Billefjord (N) 15 Cf 20
39050 İnece (TR) 88 Ch 49
İnecik (TR) 88 Ch 50
16400 İnegöl (TR) 88 Ck 50
315300 Ineu (RO) 71 Cb 44
33530 Infiesto (E) 80 Se 47
10160 Ingå (FIN) 30 Ce 30
57031 Ingatorp (S) 29 Bf 33
8770 Ingelmunster (B) 53 Ad 40
85049* Ingolstadt (D) 55 Bb 42
11640 İnhisar (TR) 88 Da 50
Ínio (GR) 95 Cf 55
Inis = Ennis (IRL) 49 Sb 38
BT74 Inis Ceithleann = Enniskillen (GB) 49 Sc 36
Inis Córthaidh = Enniscorthy (IRL) 49 Sd 38
10160 Inkoo = Ingå (FIN) 30 Ce 30
İnlice (TR) 96 Dc 53
Innbygda (N) 29 Bc 29
8140 Inndyr (N) 14 Be 23
EH44 Innerleithen (GB) 51 Sg 35
3862 Innertkirchen (CH) 68 Ai 44
6020* Innsbruck (A) 69 Bb 43
Innset (N) 14 Bi 22
Innset (N) 20 Ba 28
İnönü (TR) 88 Da 51
88-100 Inowrocław (PL) 40 Bi 38
Inozemcevo (RUS) 76 Ed 46
Insar (RUS) 45 Ee 37
79304 Insjön (S) 29 Bf 30
Inta (RUS) 27 Ga 24
17060 İntepe (TR) 87 Cg 50
3800* Interlaken (CH) 68 Ah 44
PA32 Inveraray (GB) 50 Se 34
AB30 Inverbervie (GB) 50 Sh 34
PH35 Invergarry (GB) 50 Sf 33
IV3 Inverness (GB) 50 Sf 33
AB51 Inverurie (GB) 50 Sh 33
Inza (RUS) 45 Eg 37
Inžavino (RUS) 61 Ec 38
Inzer (RUS) 47 Fh 36
45001* Ioánnina (GR) 86 Ca 51
Ionava (LT) 41 Ce 35
Íos (GR) 95 Cf 54
Ipatovo (RUS) 76 Ec 45
22400 İpsala (TR) 87 Cg 50
IP4 Ipswich (GB) 53 Ab 38
Ira (RUS) 46 Ff 38
Iraël' (RUS) 26 Ff 26
62400 Iráklia (GR) 87 Cd 49
71001* Iráklio (GR) 95 Cf 55
Irbit (RUS) 36 Gd 33
Irgakly (RUS) 76 Ee 46
Irgizly (RUS) 47 Fh 38
Iriklinskij (RUS) 64 Fi 39
Irklievskaja (RUS) 75 Dk 45
Irklijiv (UA) 59 Dc 41
Iron-Bridge (GB) 52 Sh 38
Iršava (UA) 57 Cd 42
75022 Irsina (I) 85 Bg 50
Irta (RUS) 26 Ei 28
20301 Irún (E) 66 Si 47
31730 Irurita (E) 81 Si 47
KA12 Irvine (GB) 51 Sf 35
BT94 Irvinestown (GB) 49 Sc 36
31417 Isaba (E) 82 Sk 48
825200 Isaccea (RO) 73 Ci 45
415 Ísafjörður (IS) 48 Qg 24
Isajeve (UA) 73 Da 43
Isakly (RUS) 46 Fb 36
Isakovo (RUS) 43 De 35
207340 Isalnița (RO) 72 Cd 46
ZE2 Isbister (GB) 50 Si 30
47420 Íscar (E) 81 Sf 49
03750 İscehisar (TR) 96 Da 52
Ischia (I) 69 Bb 44
80077 Ischia (I) 84 Bd 50
Išeevka (RUS) 45 Ei 36
25049 Iseo (I) 69 Ba 45
Isergapovo (RUS) 46 Fd 36
58636* Iserlohn (D) 54 Ah 39
86170 Isernia (I) 85 Be 49
6320 Isfjorden (N) 20 Ah 28
Isfjord Radio (N) 14 | Svalbard
14230 Isigny-sur-Mer (F) 52 Si 41
31330 Işıklı (TR) 96 Ck 52
31330 Işıklı (TR) 99 Ed 53
08033 Isili (I) 83 Ak 51
Išimbaj (RUS) 47 Fg 37
Isjangulovo (RUS) 64 Fg 38
Iska (RUS) 37 Gf 33
Iškeevo (RUS) 46 Fb 35
09290 İskele (TR) 96 Ci 53
31200* İskenderun (TR) 98 Dg 54
İske-Rjazap (RUS) 45 Ek 36
19400 İskilip (TR) 89 De 50
7580 Iskra (BG) 87 Cf 49
Iskušta (RUS) 47 Fh 36
53350 İslahiye (TR) 98 Dg 53
147160 Islaz (RO) 72 Ce 47
31230 Isle-en-Dodon, l' (F) 66 Aa 47
86150 Isle-Jourdain, l' (F) 67 Ab 44
84800 Isle-sur-la-Sorgue, l' (F) 68 Af 47
Išlja (RUS) 47 Fh 37
Išly (RUS) 46 Ff 36
Išma (RUS) 24 Ea 26
85737 Ismaning (D) 55 Bb 42
İsmetpaşa (TR) 89 Dc 50
İsmil (TR) 97 Dd 53
Išmurzino (RUS) 64 Fi 38
88316 Isny im Allgäu (D) 69 Ba 43
64901 Isojoki (FIN) 22 Cb 28
76940 Isokylä (FIN) 15 Ch 24
61501 Isokyrö (FIN) 22 Cc 27
64045 Isola del Gran Sasso d'Italia (I) 84 Bd 48
48320 Ispagnac (F) 67 Ad 46
32000 Isparta (TR) 96 Da 53
7400 Isperih (BG) 72 Cg 47
25900 İspir (TR) 91 Ea 50
Issa (RUS) 45 Ee 37
63500 Issoire (F) 67 Ad 45
36100 Issoudun (F) 67 Ab 44
21120 Is-sur-Tille (F) 68 Af 43
34000* İstanbul (TR) 88 Ci 49
34200 Istiéa (GR) 94 Cd 52
Istobnoe (RUS) 60 Di 39
31000 Istog = Istok (RKS) 86 Ca 48
31000 Istok = Istog (RKS) 86 Ca 48
Istra (RUS) 43 Dg 35
13800 Istres (F) 67 Ae 47
907155 Istria (RO) 73 Ci 46
44220 Istunmäki (FIN) 22 Cg 28
İstuzu (TR) 96 Ci 54
95370 Itäkoski (FIN) 22 Ce 25
33200 Itéa (GR) 86 Cc 51
33200 Itéa (GR) 94 Cc 52
28300 Itháki (GR) 94 Ca 52
07044 Ittiri (I) 83 Ai 50
25524 Itzehoe (D) 38 Ak 37
Ivacèvičy (BY) 41 Cf 38
6570 Ivajlovgrad (BG) 87 Cg 49
99801 Ivalo (FIN) 15 Ch 22
Ivanava (BY) 58 Cf 38
664 91 Ivančice (CZ) 56 Bg 41
Ivanec (HR) 70 Bg 44
Ivangorod (RUS) 31 Ci 31
84 300 Ivangrad = Berane (MNE) 86 Bk 48
Ivanhorod (UA) 59 Dc 39
Ivanič Grad (HR) 70 Bg 45
Ivanišči (RUS) 44 Ea 35
Ivaniši (RUS) 43 Df 34
Ivanivka (UA) 57 Cc 42
Ivanivka (UA) 60 Di 42
Ivanivka (UA) 74 De 44
32250 Ivanjica (SRB) 71 Ca 47
Ivanjska (BIH) 70 Bh 46
Ivankiv (UA) 58 Ck 40
Ivan'kovo (RUS) 43 Dh 36
Ivano-Frankivs'k (UA) 57 Ce 42
Ivano-Frankove (UA) 57 Cd 41
Ivano-Frankovsk = Ivano-Frankivs'k (UA) 57 Ce 42
Ivano-Kuvalat (RUS) 64 Fh 38
Ivanopil' (UA) 58 Ci 41
Ivanovka (RUS) 46 Fd 38
Ivanovka (RUS) 46 Fe 36
6465 Ivanovo (BG) 72 Cf 47
Ivanovo (RUS) 42 Da 34
Ivanovo (RUS) 44 Ea 34
Ivanovsk, Katav- (RUS) 47 Fi 36
Ivanovskaja (RUS) 75 Di 45
Ivanovskoe (RUS) 33 Ee 32
Ivanovskoe (RUS) 35 Ff 32
Ivanovskoe, Usen'- (RUS) 46 Fe 36
9810 Ivanski (BG) 73 Ch 47
Ivanteevka (RUS) 62 Ek 38
Ivanteevo (RUS) 32 Dd 33
Ivaševo (RUS) 33 Ec 33
Iv'e (BY) 41 Cf 37
737320 Ivești (RO) 73 Ch 45
Ivjanec (BY) 41 Cg 37
Ivlevskaja (RUS) 25 Ec 28
Ivnja (RUS) 60 Dg 39
Ivot Star' (RUS) 43 De 37
10015 Ivrea (I) 68 Ah 45
10770 İvrindi (TR) 88 Ch 51
53600 İyidere (TR) 91 Ea 49
Ižberdino (RUS) 64 Fg 38
87-865 Izbica Kujawska (PL) 56 Bi 38
237230 Izbiceni (RO) 72 Ce 47
Izborsk (RUS) 31 Ch 33
Izdeškovo (RUS) 43 Dd 35
5300-591* Izeda (P) 80 Sd 49
Iževsk (RUS) 46 Fd 34
Iževskoe (RUS) 44 Ea 36
Izi-Kugunur (RUS) 45 Ei 34
Izjum (UA) 60 Dh 41
Ižma (RUS) 26 Fd 25
Izmail = Izmajil (UA) 73 Ci 45
Izmajil (UA) 73 Ci 45
Izmajlovo 2-e(Vtoroe) (RUS) 32 Di 32
Izmalkovo (RUS) 60 Dh 38
35000* İzmir (TR) 95 Ch 52
İzmit = Kocaeli (TR) 88 Ck 50
16860 İznik (TR) 88 Ck 50
Iznoski (RUS) 43 De 35
Izobil'noe (RUS) 63 Fe 39
Izobil'nyj (RUS) 76 Eb 45
6310 Izola (SLO) 69 Bd 45
6070 Izsák (H) 71 Bk 44
Izumrud (RUS) 36 Gb 33
8153 Izvor (BG) 86 Cc 48
1414 Izvor (MK) 86 Cb 49
117405 Izvoru (RO) 72 Cf 46

J

81430 Jaakonvaara (FIN) 23 Da 27
47710 Jaala (FIN) 30 Cg 29
Jablan Do (BIH) 85 Bi 48
5750 Jablanica (BG) 87 Ce 47
Jablanica (BIH) 70 Bh 47
466 01* Jablonec nad Nisou (CZ) 56 Bf 40
62-067 Jabłonna (PL) 57 Ca 38
87-330 Jabłonowo Pomorskie (PL) 40 Bk 37
19304 Jabukovac (SRB) 71 Cc 46
22700 Jaca (E) 82 Sk 48
362 51 Jáchymov (CZ) 55 Bc 40
19240* Jadraque (E) 81 Sh 50
Jadrin (RUS) 45 Eg 35
23001 Jaén (E) 93 Sg 53
6167 Jagoda (BG) 87 Cf 48
35000* Jagodina (SRB) 71 Cb 47
Jagodnoe (RUS) 45 Ek 37
Jagubovka (RUS) 45 Ee 35
Jahotyn (UA) 59 Db 40
Jahren'ga (RUS) 34 Eg 30
38300 Jailleu, Bourgoin- (F) 68 Af 45
Jajce (BIH) 70 Bh 46
Jajva (RUS) 35 Fh 31
Jäkkvik (S) 14 Bg 24
68600* Jakobstad (FIN) 22 Cc 27
Jakolevo (RUS) 60 Dg 40
2790 Jakoruda (BG) 87 Cd 48
Jakovlevka (RUS) 62 Eg 38
Jakovlevo (RUS) 43 Dh 36
Jakovlevskaja (RUS) 25 Ed 28
Jakovlevskij (RUS) 43 Dh 36
Jakovo (RUS) 35 Fd 29
Jakša (RUS) 27 Fg 29
Jakšino (RUS) 26 Fc 24
Jakšino (RUS) 32 Dh 30
Jakun'ël' (RUS) 34 Ek 31
Jakunvara (RUS) 23 Db 28
Jakymivka (UA) 74 Df 44
61601 Jalasjärvi (FIN) 22 Cc 28
Jal'čiki (RUS) 45 Ei 35
Jalguba (RUS) 24 De 29
03220 Jaligny-sur-Besbre (F) 67 Ad 44
Jalta (KRIM) 74 De 46
Jama (UA) 60 Di 42
Jamansaz (RUS) 64 Fi 38
Jambirno (RUS) 44 Ec 36
8600* Jambol (BG) 87 Cg 48
Jamena (SRB) 71 Bk 46
38800 Jämijärvi (FIN) 22 Cc 29
37300 Jämjö (S) 39 Bf 34
Jamkino (RUS) 31 Ck 33
Jamnovo (RUS) 45 Ee 34
Jampil' (UA) 58 Cg 41
Jampil' (UA) 59 Dd 39
42120 Jämsä (FIN) 22 Cf 29
Janaul (RUS) 46 Fe 34
Janavičy (BY) 42 Da 35
Jandovka (RUS) 43 Di 37
Jangiskain (RUS) 47 Fg 37
Janiševo (RUS) 32 Dh 29
Janiskoski (RUS) 15 Ci 22
Janjina (HR) 85 Bh 48
Jänkisjärvi (S) 15 Cd 24
6440 Jánoshalma (H) 71 Bk 44
23-300 Janów Lubelski (PL) 57 Cc 40
21-505 Janów Podlaski (PL) 57 Cd 38
83051 Jänsmässholmen (S) 21 Bd 27
Jantarnyi (RUS) 40 Bk 36
Jantikovo (RUS) 45 Eh 35
35150 Janzé (F) 66 Si 43
Jar (RUS) 35 Fc 32
Jar (RUS) 37 Gf 33
10380 Jaraicejo (E) 80 Se 51
10400 Jaraiz de la Vera (E) 80 Se 50
10450 Jarandilla de la Vera (E) 80 Se 50
Jaransk (RUS) 34 Eh 33
Järbo (S) 29 Bg 30
Jarcevo (RUS) 42 Dc 35
Jarega (RUS) 26 Fd 27
Jarenga (RUS) 26 Ek 28
Jarensk (RUS) 26 Ek 28
45150 Jargeau (F) 67 Ac 43
Jarhois (S) 15 Cd 24
Jarkovo (RUS) 37 Gg 33
17126 Jarmen (D) 39 Bd 37
Jarmolynci (UA) 58 Cg 41
15300 Järna (S) 29 Bh 31
Järna, Dala- (S) 29 Be 30
16200 Jarnac (F) 66 Sk 45
91401 Järnäsklubb (S) 22 Bk 27
Jarnema (RUS) 24 Dk 28
57081 Järnforsen (S) 29 Bf 33
54800 Jarny (F) 54 Af 41
63-200 Jarocin (PL) 56 Bh 39
Jarok (RUS) 44 Ea 38
551 01 Jaroměř (CZ) 56 Bf 40
Jaroslaviči (RUS) 32 De 30
Jaroslavka (RUS) 47 Fh 35
Jaroslavl' (RUS) 33 Dk 33
Jaroslavskaja (RUS) 76 Ea 46
37-500 Jarosław (PL) 57 Cc 40
53104 Järpås (S) 29 Bc 32
83005 Järpen (S) 21 Bd 27
73301 Järva-Jaani (EST) 30 Cf 31
79101 Järvakandi (EST) 30 Ce 32
73901 Järvenpää (FIN) 22 Cb 28
73901 Järvenpää (FIN) 30 Cf 30
82040 Järvsö (S) 29 Bg 29
Jašalta (RUS) 76 Ec 44
23230 Jaša Tomić (SRB) 71 Ca 45
Jasenivs'kyj (UA) 60 Dk 42
Jasenki (RUS) 60 Di 39
Jasenskaja (RUS) 75 Di 44
Jasinja (UA) 57 Ce 42
17038 Jašiūnai (LT) 41 Cf 36
Jaškino (RUS) 46 Fd 38
Jaškul' (RUS) 77 Ef 44
Jaškur-Bod'ja (RUS) 35 Fd 33
38-200 Jasło (PL) 57 Cb 41
Jasnaja Poljana (RUS) 43 Dh 36
Jasnogorsk (RUS) 43 Dh 36
Jasnogorskij (RUS) 63 Fd 38
Jasnoje (RUS) 40 Cb 35
Jasnyj (RUS) 64 Fk 40
84-140 Jastarnia (PL) 40 Bi 36
Jastrebarsko (HR) 70 Bf 45
64-915 Jastrowie (PL) 40 Bg 37
Jasunt (RUS) 27 Ga 26
Jasynuvata (UA) 60 Dh 42
5130 Jászapáti (H) 71 Ca 43
5123 Jászárokszállás (H) 71 Bk 43
5100 Jászberény (H) 71 Bk 43
4420 Jaungulbene (LV) 30 Cg 33
5134 Jaunjelgava (LV) 41 Cf 34
4125 Jaunpiebalga (LV) 41 Cg 33
3145 Jaunpils (LV) 41 Cd 34
Javgil'dino (RUS) 47 Fg 35
Javkyne (UA) 74 Dc 43
Javoriv (UA) 57 Cd 41
94401 Jävre (S) 22 Cb 25
53250 Javron-les-Chapelles (F) 52 Sk 42
Javzora (RUS) 25 Ef 27
56-330 Jawor (PL) 56 Bg 39
43-600 Jaworzno (PL) 56 Bk 40
Jažėlbicy (RUS) 31 Dc 32

178 | Iacobeni

Jazevec RUS 25 Eg 25
Jažma RUS 17 Ee 24
Jazykovo RUS 43 Dh 38
Jazykovo RUS 45 Eh 36
Jazykovo RUS 46 Fe 36
TD8 Jedburgh GB 51 Sh 35
18-420 Jedwabne PL 41 Cc 37
5201* Jēkabpils LV 41 Cf 34
Jekaterinburg = Ekaterinburg RUS 47 Ga 34
Jektvika N 14 Bd 24
Jelanec' UA 74 Db 43
58-500 Jelenia Góra PL 56 Bf 40
3001* Jelgava LV 41 Cd 34
7300 Jelling DK 38 Ak 35
6630 Jels DK 38 Ak 35
Jelsa HR 85 Bg 47
049 16 Jelšava SK 57 Ca 42
Jelyzavethradka UA 59 Dc 42
Jemil'čyne UA 58 Ch 40
07743* Jena D 55 Bb 40
Jenakijeve UA 60 Di 42
6200* Jenbach A 69 Bb 43
Jenerhodar UA 74 De 43
66850 Jeppo FIN 22 Cc 27
66850 Jepua = Jeppo FIN 22 Cc 27
11401* Jerez de la Frontera E 92 Sd 54
06380 Jerez de los Caballeros E 92 Sd 52
12450 Jérica E 82 Sk 51
39319 Jerichow D 55 Bc 38
5315 Jersika LV 41 Cg 34
4270 Jesenice SLO 70 Be 44
790 01 Jeseník CZ 56 Bh 40
980 02 Jesenské SK 57 Ca 42
60035 Jesi I 69 Bd 47
30016 Jesolo I 69 Bc 45
06917 Jessen (Elster) D 55 Bc 39
2050* Jessheim N 28 Bb 30
59460 Jeumont F 53 Ae 40
26441 Jever D 38 Ah 37
3520 Jevnaker N 28 Ba 30
Jevpatorija (KRIM) 74 Dd 45
Jezerane HR 70 Bf 45
Jezero BIH 70 Bh 46
11-320 Jeziorany PL 40 Ca 37
455200 Jibou RO 72 Cd 43
506 01* Jičín CZ 56 Bf 40
59058 Jieznas LT 41 Ce 36
586 01 Jihlava CZ 56 Bf 41
03100 Jijona = Xixona E 82 Sk 52
514 01 Jilemnice CZ 56 Bf 40
Jiltjer S 21 Bg 25
305400 Jimbolia RO 71 Ca 45
11330* Jimena de la Frontera E 92 Se 54
377 01 Jindřichův Hradec CZ 56 Bf 41
431 11* Jirkov CZ 55 Bd 40
16247 Joachimsthal D 39 Bd 38
Jócar E 93 Sg 53
Jock S 15 Cc 24
80100* Joensuu FIN 23 Ck 28
Joesjö S 21 Be 25
48303* Jõgeva EST 30 Cg 32
08349 Johanngeorgenstadt D 55 Bc 40
KW1 John o'Groats GB 50 Sg 32
41541 Jõhvi-Ahtme EST 31 Ch 31
89300* Joigny F 53 Ad 43
52300* Joinville F 54 Af 42
96201 Jokkmokk S 14 Bk 24
22151 Jomala AX 30 Bk 30
5627 Jondal N 28 Ag 30
39027 Joniškėlis LT 41 Ce 34
84001 Joniškis LT 41 Cd 34
55001* Jönköping S 29 Be 33
7450 Jonkova BG 72 Cg 47
17700 Jonquera, La E 82 Ac 48
17500 Jonzac F 66 Sk 45
2430 Jordet N 29 Bc 29
Jorgastak N 15 Cf 21
Jorgucat AL 86 Ca 51
Jormlien S 21 Bd 26
93055 Jörn S 22 Ca 25
79601 Joroinen FIN 23 Ch 28
4100 Jørpeland N 28 Ag 31
Joškar-Ola RUS 45 Eh 34
Jospidol HR 70 Bf 45
Jössefors S 29 Bc 31
7746 Jøssund N 20 Ba 26
89320 Joukokylä FIN 23 Ch 25
19651 Joutsa FIN 30 Cg 29
54101 Joutseno FIN 31 Ci 29
98710 Joutsijärvi FIN 15 Ch 24
Jovik N 14 Bk 21
9531 Jovkovo BG 73 Ci 47
07260 Joyeuse F 67 Ae 46
73501 Juankoski FIN 23 Ci 27
8750* Judenburg A 70 Be 43
Judin RUS 61 Eb 42
Judinki RUS 43 Dh 36
Judybaevo RUS 64 Fh 38
7130 Juelsminde DK 39 Ba 35
Jug RUS 35 Fg 33
Jugo-Kamskij RUS 35 Ff 33
Jugydtydor RUS 26 Fd 28
Juhnevo RUS 33 Ec 29
Juhnov RUS 43 Df 36
Juhoviči RUS 42 Ci 34
Juhovo RUS 42 Da 34
215100 Jui, Bumbeşti- RO 72 Cd 45
19350 Juillac F 67 Ab 45
Jukamenskoe RUS 35 Fc 33
98191 Jukkasjärvi S 14 Ca 23
Jukseevo RUS 35 Fe 31
92070 Juktfors S 21 Bh 25
Jule N 21 Bd 26
52428 Jülich D 54 Ag 40
Jum RUS 35 Fe 31
Juma RUS 23 Dd 25
Jumaguzino RUS 47 Fg 38
49160 Jumelles, Longué- F 66 Sk 43
30520 Jumilla E 93 Si 52
73230 Juminen FIN 23 Ch 27
97870 Jumisko FIN 15 Ci 24
Junakivka UA 60 Df 39
98062 Junosuando S 15 Cc 23
17700 Junquera, La = La Jonquera E 82 Ac 48
88037 Junsele S 21 Bg 27
89770 Juntusranta FIN 23 Ck 25
Juodrantė LT 40 Cb 35
42063 Juodupė LT 41 Cf 34
95723 Juoksengi S 15 Cd 24
95640 Juoksenki FIN 15 Cd 24
91630 Juorkuna FIN 22 Cg 26
Juratiški BY 41 Cf 36
74001 Jurbarkas LT 41 Cc 35
Jur'evec RUS 33 Ed 33
Jur'evo RUS 34 Ei 32
Jur'ev-Pol'skij RUS 44 Dk 34
827115 Jurilovca RO 73 Ci 46
Jurino RUS 45 Eg 34
Jur'ja RUS 34 Ek 31
Jurjivka UA 60 Dg 42
Jurjuzan' RUS 47 Fi 36
Jurkino RUS 33 Dk 33
Jurkovka RUS 77 Eg 46
Jurla RUS 35 Fe 31
Jurlovka RUS 61 Ea 38
3015 Jūrmala LV 41 Cd 34
Juroma RUS 25 Ef 25
Jurovo RUS 33 Ed 33
Jurovo RUS 43 Dd 38
66301 Jurva FIN 22 Cb 28
Jury RUS 42 Dc 36
Jušala RUS 37 Ge 33
Jušino RUS 18 Fe 22
Juškozero RUS 23 Dc 26
70500 Jussey F 68 Af 43
Justa RUS 77 Eg 43
Justozero RUS 23 Dd 28
Jus'va RUS 35 Ff 32
14913 Jüterbog D 55 Bd 39
Jutuz, Ust'- RUS 47 Fh 34
83901 Juuka FIN 23 Ck 27
93850 Juuma FIN 15 Ck 24
23101 Juva FIN 23 Ch 29
53380 Juvigné F 52 Si 42
91200 Juvisy-sur-Orge F 53 Ac 42
Juža RUS 44 Ec 34
Južakovo RUS 36 Gb 33
Južno Suhokumsk RUS 77 Ef 46
Južno-Suhokumsk RUS 77 Ef 46
Južnoukrains'k UA 74 Db 43
Južnoural'sk RUS 47 Gb 36
Južnyj RUS 47 Ga 37
Južnyj RUS 63 Fb 38
Južnyj RUS 76 Eb 43
Južnyj RUS 76 Ee 45
4560 Jyderup DK 39 Bb 35
74380 Jyrkkä FIN 23 Ch 27
40100* Jyväskylä FIN 22 Cf 28

K

99910 Kaamanen FIN 15 Ch 21
99950 Kaamasmukka FIN 15 Cg 21
99460 Kaaresuvanto FIN 15 Cc 22
20781 Kaarina FIN 30 Cc 30
73601 Kaavi FIN 23 Ci 28
Kabaca TR 88 Db 50
Kabadüz TR 90 Dh 50
Kabahaydar TR 98 Dk 53
Kabanne UA 60 Di 41
96205 Kåbdalis S 22 Bk 24
Kabeliaj pervyj BY 41 Ce 37
9488 Kableškovo BG 88 Ch 48
Kača (KRIM) 74 Dd 46
Kačalino RUS 61 Ee 41
71000 Kaçanik = Kačanik RKS 86 Cb 48
71000 Kačanik = Kaçanik RKS 86 Cb 48
Kačanovo RUS 31 Ch 33
06956 Kaçarlı TR 89 Dd 51
Kacbahskij RUS 47 Fk 38
Kachovka UA 74 Dd 44
Kačkanar RUS 36 Fk 32
3900 Kačul = Cahul MD 73 Ci 45
432 01 Kadaň CZ 55 Bd 40
7530 Kadarkút H 70 Bh 44
Kadijivka UA 60 Di 42
17350 Kadiköy = Evrese TR 87 Cg 50
Kadıkuyusu TR 88 Db 51
42800 Kadınhanı TR 96 Dc 52
80750* Kadirli TR 97 Dg 53
66540 Kadışehri TR 89 Df 50
Kadnikov RUS 33 Ea 31
Kadnikovskij RUS 33 Ea 30
Kadom RUS 44 Ec 36
Kadoškino RUS 45 Ee 36
Kaduj RUS 32 Dh 31
Kadyj RUS 33 Ed 33
Kadžerom RUS 26 Ff 26
Kåfjord N 15 Cf 20
Kåfjordbotn N 14 Ca 21
Kagal'nickaja RUS 76 Ea 44
93401 Kåge S 22 Ca 26
36700 Kağızman TR 91 Ed 50
Kağnılı TR 91 Ed 51
Kaharlyk UA 59 Da 41
25000 Kahramanlar TR 91 Eb 51
46000* Kahramanmaraş TR 98 Dg 53
02400 Kâhta TR 98 Di 53
3900 Kahul = Cahul MD 73 Ci 45
92101 Käina EST 30 Cc 32
98065 Kainulasjärvi S 15 Cc 22
Kairovo RUS 47 Fh 35
67655* Kaiserslautern D 54 Ah 41
56001 Kaišiadorys LT 41 Ce 36
Kaitum S 14 Ca 23
87100* Kajaani FIN 23 Ch 26
Kajasula RUS 77 Ef 46
7550 Kajnardža BG 73 Ch 47
Kajsackoe RUS 62 Eg 41
Kajuki RUS 45 Ek 35
Kajvaksa RUS 32 Dd 31
Kakanj BIH 71 Bi 46
20340 Kaklık TR 96 Ck 53
06121 Kalaba TR 97 De 52
Kalač RUS 61 Eb 40
Kalač-na-Donu RUS 61 Ed 42
85101 Kalajoki FIN 22 Cd 26
Kalak N 15 Ch 20
61650 Kalakoski FIN 22 Cd 28
55101* Kalamariá GR 86 Cc 50
24100 Kalamáta GR 94 Cc 53
42200 Kalambáka GR 86 Cb 51
Kalamiá GR 86 Ca 51
63081 Kalamítsi GR 87 Cd 51
Kalamos GR 95 Cf 53
92212 Kalana EST 30 Cc 32
Kalančak UA 74 Dd 44
63077 Kalándra GR 87 Cd 51
4400 Kalaraš = Călăraşi MD 73 Ci 43
Kälarne S 21 Bg 28
Kalašnikov RUS 32 Df 33
25001 Kalávrita GR 94 Cc 52
1370 Kalce SLO 70 Be 45
9395 Kaldfarnes N 14 Bg 21
Kale TR 90 Dk 50
Kale TR 96 Ci 53
Kale TR 96 Da 54
Kale TR 97 Df 53
Kale TR 97 Df 54
Kale TR 98 Di 52
Kalecik TR 89 Dd 50
Kaleköy TR 89 Df 50
Kalepiiha RUS 34 Ef 31
Kaleste EST 30 Cc 32
Kalevala RUS 23 Db 25
880 Kálfafell IS 48 Rc 27
780 Kálfafellsstaður IS 48 Re 26
Kal'i RUS 25 Ec 27
20016 Kaliáni GR 94 Cc 53
Kalikino RUS 46 Fe 38
85200 Kálimnos GR 95 Cg 54
Kalinin = Tver' RUS 43 Df 34
Kaliningrad RUS 40 Ca 36
Kalinino RUS 45 Eg 35
Kalinino RUS 75 Di 45
Kalininsk RUS 61 Ee 39
Kalininskaja RUS 75 Di 45
Kalinkavičy BY 58 Ck 38
Kalinniki RUS 46 Ff 35
Kalino RUS 35 Fg 33
Kalino RUS 35 Fh 32
Kalinovik BIH 71 Bi 47
Kalinovka RUS 46 Fa 37
62-800 Kalisz PL 56 Bi 39
78-540 Kalisz Pomorski PL 39 Bf 37
64004 Kalíves GR 87 Ce 50
Kalivia GR 94 Cc 53
95200 Kalix S 22 Cd 25
Kalixforsbron S 14 Ca 23
Kal'ja RUS 36 Ga 30
Kaljazin RUS 32 Dh 33
Kalkan TR 96 Ck 54
Kalkan TR 99 Ea 52
53500 Kalkandere TR 91 Ea 50
47546 Kalkar D 54 Ag 39
Kalkım TR 88 Ch 51
83005 Kall S 21 Bd 27
60103* Kallaste EST 31 Ch 32
88403 Kalli EST 30 Ce 32
58810 Kallislahti FIN 23 Ci 29
84200 Kalloní GR 86 Cb 50
84200 Kalloní GR 87 Cg 51
99430 Kalmankaltio FIN 15 Ce 22
Kalmar S 40 Bg 34
Kalmaš RUS 47 Fh 35
Kalmykovskij RUS 61 Ec 42
19353 Kalna SRB 71 Cc 47
935 32 Kalná nad Hronom SK 56 Bi 42
Kalnciems LV 41 Cd 34
6300 Kalocsa H 71 Bi 44
Kalodna BY 58 Cg 39
8881 Kalojanovo BG 87 Ce 48
Kalonija BY 57 Ce 38
44004 Kalpáki GR 86 Ca 51
18028 Kaltanėnai LT 41 Cf 35
Kaltasy RUS 46 Fe 34
24568 Kaltenkirchen D 38 Ak 37
36452 Kaltennordheim D 55 Ba 40
75044 Kaltinėnai LT 41 Cc 35
Kaluga RUS 43 Dg 36
4400 Kalundborg DK 39 Bb 35
Kaluš UA 57 Ce 41
6729 Kalvåg N 20 Ae 29
69030 Kalvarija LT 41 Cd 36
68301 Kälviä FIN 22 Cd 27
14530 Kalvola FIN 30 Ce 29
93027 Kalvträsk S 22 Bk 26
8775 Kalwang A 70 Be 43
Kalynivka UA 58 Ci 41
Kalynivka UA 59 Da 40
Kalynivka UA 74 Dc 43
Kalyta UA 59 Db 40
40300 Kaman TR 89 Dd 51
70002 Kamáres GR 94 Ce 54
Kambarka RUS 46 Fe 34
85500 Kámbos GR 95 Cg 53
Kamčuga RUS 33 Ed 30
Kameevo RUS 47 Fg 35
59174 Kamen BG 72 Cf 47
Kamen' BY 42 Ci 35
Kamen' RUS 36 Fi 31
Kamenec-Podol'skij = Kam'janec'-Podil's'kyj UA 58 Cg 42
Kamenica BIH 71 Bk 47
Kamenka RUS 37 Gf 33
Kamenka RUS 42 Dc 35
Kamenka RUS 45 Ee 37
Kamenka RUS 60 Dk 40
Kamenka RUS 64 Ff 38
Kamenka RUS 18 Fa 23
Kamenki RUS 43 Dh 34
Kamennnyj Perebor RUS 34 Fb 33
Kamennobrodskaja RUS 76 Eb 45
Kamennoe RUS 25 Ee 29
Kamennoe RUS 34 Ef 33
Kamennogorsk RUS 31 Ck 30
Kamennomostskij RUS 75 Ea 46
8120 Kameno BG 88 Ch 48
Kamenskij RUS 62 Ef 40
Kamenskoe RUS 43 Dg 35
Kamensk-Šahtinskij RUS 61 Ea 42
Kamensk-Ural'skij RUS 47 Gb 34
01917 Kamenz D 55 Be 39
Kameškovo RUS 44 Eb 34
Kamešnaja RUS 33 Dk 30
26-100 Kamienna, Skarżysko- PL 57 Ca 39
58-400 Kamienna Góra PL 56 Bg 40
72-400 Kamień Pomorski PL 39 Be 37
97-360 Kamieńsk PL 56 Bk 39
19500 Kâmil TR 89 De 49
Kamin'-Kašyrs'kyj UA 57 Ce 39
Kaminskij RUS 33 Eb 33
Kamışlı TR 97 De 53
Kamışlık TR 99 Ee 53
Kamışlıkuyu TR 97 De 53
Kamjanec BY 57 Cd 38
Kam'janec'-Podil's'kyj UA 58 Cg 42
Kamjanka UA 59 Dc 41
Kam'janka UA 60 Dk 41
Kam'janka UA 73 Da 44
Kamjanka-Buz'ka UA 57 Ce 40
Kamjans'ka Sloboda UA 59 Dd 38
Kamjans'ke UA 59 De 42
Kam'janske UA 57 Cc 42
1241 Kamnik SLO 70 Be 44
8260* Kampen NL 54 Af 38
Kamskij RUS 35 Fd 31
Kamskoe Ust'e RUS 45 Ek 35
Kamyševatskaja RUS 75 Dh 44
Kamyšin RUS 62 Ef 40
Kamyšla RUS 46 Fc 36
Kamyšuvacha UA 74 Df 43
Kamyzjak RUS 77 Ei 44
Kanabeki RUS 35 Fh 33
Kanadej RUS 45 Eh 37
84006 Kanála GR 94 Ce 53
38500 Kanália GR 86 Cc 51
Kananikol'skij RUS 47 Fh 38
Kanaš RUS 45 Eh 35
Kanavka RUS 62 Ei 40
Kandalakša RUS 16 Dc 23
3120 Kandava LV 41 Cc 33
76870 Kandel D 54 Ai 41
25680 Kandilli TR 91 Ea 51
41600 Kandıra TR 88 Da 49
Kandry RUS 46 Fe 36
63101 Kanepi EST 30 Cg 33
Kanevka RUS 17 Dk 23
Kanevskaja RUS 75 Di 44
25200 Kangádio GR 94 Cb 52
58900 Kangal TR 90 Dh 51
79480 Kangaslampi FIN 23 Ci 28
51201 Kangasniemi FIN 22 Cg 29
98063 Kangos S 15 Cc 23
99360 Kangosjärvi FIN 15 Cd 23
Kanin Nos RUS 17 Ed 22
Kaniv UA 59 Db 41
24420 Kanjiža SRB 71 Ca 44
38701 Kankaanpää FIN 22 Cc 29
41410 Kankainen FIN 22 Cg 28
Kanlıavşar TR 98 Di 53
33730 Kanlıdivane TR 97 De 54
43300 Kannonkoski FIN 22 Cf 28
43340 Kannonsaha FIN 22 Cf 28
69101 Kannus FIN 22 Cd 27
77380 Kantala FIN 23 Ch 28
Kantar TR 99 Eb 53
Kantarma TR 98 Dh 52
Kantemirovka RUS 60 Dk 41
Kantornes N 14 Bk 21
Kanturk = Ceann Toirc IRL 49 Sb 38
9960 Kaolinovo BG 73 Ch 47
32234 Kaona SRB 71 Ca 47
37256 Kaonik SRB 71 Cb 47
Kapatkevičy BY 58 Ci 38
67039 Kapčiamiestis LT 41 Cd 36
47608 Kapellen B 53 Ae 39
8605* Kapfenberg A 70 Bf 43
Kapini LV 42 Ch 34
382 41* Kaplice CZ 55 Be 42
7400 Kaposvár H 70 Bh 44
2849 Kapp N 28 Ba 30
55483 Kappel D 54 Ah 40
Kappellskär S 29 Bk 31
24376 Kappeln D 38 Ak 36
Kappelshamn S 29 Bi 33
30015 Kapsorráhi GR 94 Cb 52
53350 Kaptanpaşa TR 91 Ea 50
Kapustin Jar RUS 62 Ef 42
Kapustino RUS 46 Fc 34
Kapustnoe RUS 16 De 23
Kapustynci UA 59 De 40
9330 Kapuvár H 70 Bh 43
Kapyl' BY 41 Ch 37
Kara RUS 47 Fh 37
42950 Karaağa TR 96 Dc 54
Karaağaç TR 91 Ec 51
Karaağaç TR 96 Ci 54
49550 Karaağıl TR 91 Ec 51
Karabanovka RUS 46 Fb 37
Karabanovo RUS 43 Di 34
Karabaš RUS 46 Fc 36
Karabaš RUS 47 Ga 35
Karabaška RUS 37 Gf 32
Karabeyli TR 96 Ck 52
17950 Karabiga TR 88 Ch 50
Karabucak TR 97 Df 53
07350 Karabük TR 89 Dc 49
Karabulak RUS 76 Ee 47
34558 Karaburun TR 88 Ci 49
34558 Karaburun TR 95 Cg 52
16670 Karacaali TR 88 Ck 50
16700 Karacabey TR 88 Ci 50
Karacadağ TR 88 Ch 49
Karacadağ TR 98 Dk 53
Karačaevsk RUS 76 Eb 47
Karacagür TR 87 Cg 49
Karacahisar TR 96 Db 53
Karačaj Tereze RUS 76 Ec 47
48700 Karacaköy TR 88 Ci 49
Karacaören TR 90 Di 51
14020 Karacasu TR 96 Ci 53
19300 Karaçay TR 89 De 50
Karaçayır TR 90 Dg 51
Karačev RUS 43 Df 37
25620 Karaçoban TR 91 Ec 51
10700 Karadere TR 88 Ch 51
10700 Karadere TR 88 Da 50
03550 Karadirek TR 96 Da 52
Karagač RUS 64 Fg 39
Karagaj RUS 35 Ff 32
31825 Karagöl TR 89 Dc 50
31825 Karagöl TR 90 Dg 51
64700 Karahallı TR 96 Ck 52
52700 Karahasan TR 91 Ec 51
50610 Karahasanlı TR 89 De 51
Karaidel' RUS 47 Fg 35
Karaidel'skij RUS 47 Fh 35
33830 Karaisalı TR 97 Df 53
Karaja Masel'ga RUS 24 De 27
Karaj-Saltykovo RUS 61 Ec 38
Karakale TR 91 Ed 49
Karakaya TR 88 Db 50
Karakaya TR 96 Dc 53
63620 Karakeçi TR 98 Dk 53
71500 Karakeçili TR 89 Dd 51
Karakent TR 96 Da 53
Karakoç TR 99 Ed 52
23600 Karakoçan TR 99 Ea 52
05000 Karaköprü TR 91 Eb 51
Karaköy TR 88 Db 50

Karaköy (TR) 91 Eb 51
Karaköy (TR) 95 Ch 52
Karaköy (TR) 96 Ci 53
Karakoyunlu (TR) 91 Ee 51
Karakša (RUS) 45 Eh 33
24860 Karakulak (TR) 91 Ea 51
Karakulino (RUS) 46 Fd 34
Karakurt (TR) 91 Ec 50
66320 Karamağara = Saraykent (TR) 89 Df 51
70000* Karaman (TR) 97 Dd 53
46000 Karamanlı (TR) 96 Ck 53
41500 Karamürsel (TR) 88 Ck 50
Karamusa (TR) 89 Dd 50
Karamyševo (RUS) 31 Ci 33
Karaoğlan (TR) 90 Dk 51
48200 Karaova (TR) 95 Ch 53
Karapazar (TR) 89 Dc 50
9390 Karapelit (BG) 73 Ch 47
Karapınar (TR) 96 Db 52
Karapınar (TR) 97 Dd 53
Karapürçek (TR) 88 Da 50
Karaš (RUS) 44 Dk 34
18600 Karaşar (TR) 89 Dc 50
99460 Karasavvon = Kaaresuvanto (FIN) 15 Cc 22
Karasinir (TR) 96 Dc 53
9730 Karasjok (N) 15 Cf 21
54500 Karasu (TR) 88 Da 49
Karasyn (UA) 58 Cf 39
Karatajka (RUS) 19 Gb 22
Karataş (TR) 96 Ci 52
Karataş (TR) 97 Df 54
48960 Karatoprak = Turgutreis (TR) 95 Ch 54
Karats (S) 14 Bi 24
Karaul'skoe (RUS) 36 Ga 31
36520 Karaurgan (TR) 91 Ec 50
Karavacičy (BY) 59 Da 38
Karavās (GR) 94 Cc 54
4350 Karavelovo (BG) 87 Cg 48
60540 Karayaka (TR) 90 Dg 50
25830 Karayazı (TR) 91 Ec 51
Karayün (TR) 90 Dh 51
Karbany (RUS) 37 Gg 33
31000 Karbeyaz (TR) 97 Dg 54
82043 Kårböle (S) 21 Bf 29
7960 Karby (DK) 38 Ai 34
5300 Karcag (H) 71 Ca 43
Kardakāta (GR) 94 Ca 52
85300 Kardámena (GR) 95 Ch 54
82300 Kardámila (GR) 95 Cg 52
Kardamili (GR) 94 Cc 54
Kardeljevo = Ploče (HR) 85 Bh 47
43101 Kardítsa (GR) 86 Cb 51
92411* Kärdla (EST) 30 Cc 32
Kardymovo (RUS) 42 Dc 36
6600* Kărdžali (BG) 87 Cf 49
Kărdžali (BG) 87 Cf 49
Kardžin (RUS) 91 Ee 47
Karelakša (RUS) 23 Dc 25
Karèličy (BY) 41 Cg 37
Karelina (RUS) 37 Gi 33
Karelino (RUS) 36 Ga 32
Karelino (RUS) 46 Fa 34
Karel'skaja Masel'ga (RUS) 23 Dd 27
Karepol'e (RUS) 25 Ed 25
98016 Karesuando (S) 15 Cc 22
Kargala (RUS) 63 Fe 39
Kargali (RUS) 46 Fa 35
19900 Kargı (TR) 89 De 49
19900 Kargı (TR) 96 Ck 54
19900 Kargı (TR) 96 Da 53
48200 Kargıcak (TR) 97 Dd 54
58510 Kargın (TR) 89 De 50
58510 Kargın (TR) 96 Da 53
Kargino (RUS) 45 Eh 37
Kargopol' (RUS) 32 Di 29
66-120 Kargowa (PL) 56 Bf 38
86480 Karhukangas (FIN) 22 Cf 26
48810 Karhula (FIN) 30 Cg 30
Karian (RUS) 61 Eb 38
23067 Kariés (GR) 87 Ce 50
99950 Karigasniemi (FIN) 15 Cf 21
63501 Karilatsi (EST) 30 Cg 32
21840 Karinainen (FIN) 30 Cc 30
Karine (TR) 95 Ch 53
Karinka (RUS) 34 Fa 32
34001 Káristos (GR) 94 Ce 52
10300* Karjaa = Karis (FIN) 30 Cd 30
97890 Karjalaisenniemi (FIN) 15 Ci 24
Karjalan kirkonkylä (FIN) 30 Cc 30
Karkinágri (GR) 95 Cg 53
03620 Karkkila (FIN) 30 Ce 30
16610 Kärkölä (FIN) 30 Cd 30
69104 Karksi-Nuia (EST) 30 Cf 32
67100* Karleby = Kokkola (FIN) 22 Cd 27
78-230 Karlino (PL) 39 Bf 36
12900 Karlıova (TR) 91 Eb 51
Karlivka (UA) 60 Df 41
Karlobag (HR) 70 Bf 46
Karlo-Libknehtovsk = Soledar (UA) 60 Di 42
Karlovac (HR) 70 Bf 45
83200 Karlovássi (GR) 95 Cg 53
Karlovka (RUS) 62 Ek 39
4300 Karlovo (BG) 87 Ce 48
360 01* Karlovy Vary (CZ) 55 Bc 40
Karlsborg (S) 22 Cd 25
Karlsborg (S) 29 Be 32
37400* Karlshamn (S) 39 Be 34
69101* Karlskoga (S) 29 Be 31
37100* Karlskrona (S) 39 Bf 34
76131* Karlsruhe (D) 54 Ai 41
65001* Karlstad (S) 29 Bd 31
97753 Karlstadt (D) 54 Ak 41
Karlyhanovo (RUS) 47 Fi 35
Karma (BY) 42 Da 37
Karmanovo (RUS) 43 De 35
Karmaskaly (RUS) 47 Fg 36
4337 Kărnare (BG) 87 Ce 48
8400 Karnobat (BG) 87 Cg 48
58-540 Karpacz (PL) 56 Bf 40
93990 Kärpänkylä (FIN) 23 Ck 25
85700 Kárpathos (GR) 95 Ch 55
36100 Karpeníssi (GR) 94 Cb 52
42200 Karperó (GR) 86 Cb 51
Karpinsk (RUS) 36 Ga 31
Karpogory (RUS) 25 Ee 26
Karpuninskij (RUS) 36 Gb 32
Karpušiha (RUS) 36 Fk 33
Karpuzlu (TR) 87 Cg 50
Karpuzlu (TR) 95 Ch 53
36000* Kars (TR) 91 Ed 50
86710 Kärsämäki (FIN) 22 Cf 27
5717 Kārsava (LV) 42 Ch 34
Karsovaj (RUS) 35 Fd 32
43501 Karstula (FIN) 22 Ce 28
Karsun (RUS) 45 Eg 36
Karsy (RUS) 47 Gb 36
Kartaël' (RUS) 26 Fd 26
Kartaly (RUS) 47 Ga 37
72101 Karttula (FIN) 22 Cg 28
83-300 Kartuzy (PL) 40 Bi 36
95393 Karungi (S) 22 Cd 24
95530 Karunki (FIN) 22 Ce 24
7470 Karup (DK) 38 Ak 34
44910 Kärväskylä (FIN) 22 Cf 27
39930 Karvia (FIN) 22 Cc 28
733 01* Karviná (CZ) 56 Bi 41
Karvio (FIN) 23 Ci 28
Karžimant (RUS) 45 Ef 38
Kaş (TR) 96 Ck 54
Kaş (TR) 97 Dg 53
07580 Kasaba (TR) 96 Ck 54
29901 Kasaböle = Kasala (FIN) 22 Cb 29
29901 Kasala (FIN) 22 Cb 29
Kašalëvo, Buda- (BY) 42 Da 38
Kašary (RUS) 61 Ea 41
Kascjanevičy (BY) 42 Ch 36
Kascjukovičy (BY) 42 Dc 37
Kascjukovka (BY) 59 Da 38
Kåseberga (S) 39 Be 35
Kašhatau (RUS) 76 Ed 47
Kasımoğlu (TR) 99 Ed 52
Kasimov (RUS) 44 Eb 36
Kašin (RUS) 32 Dh 33
42206 Kaşınhanı (TR) 96 Dc 53
Kašira (RUS) 43 Di 36
Kaskara (RUS) 37 Gf 33
Kaškarancy (RUS) 16 Dg 24
64260 Kaskinen (FIN) 22 Cb 28
Kaškino (RUS) 47 Fh 34
64260 Kaskö = Kaskinen (FIN) 22 Cb 28
Kasli (RUS) 47 Ga 35
Kašperivka (UA) 58 Ci 41
Kaspijskij = Lagan' (RUS) 77 Eh 45
63077 Kassándria (GR) 87 Cd 50
Kassandrinó (GR) 87 Cd 50
63599 Kassel (D) 54 Ak 39
49100 Kassiópi (GR) 86 Bk 51
37000* Kastamonu (TR) 89 Dd 49
60100 Kastanía (GR) 86 Cc 50
Kastéli (GR) 94 Cd 55
52100 Kastoriá (GR) 86 Cb 50
Kastornoe (RUS) 60 Di 39
Kašyrs'kyj, Kamin'- (UA) 57 Ce 39
27100 Katákolo (GR) 94 Cb 53
29090 Katastári (GR) 94 Ca 53
Katav, Ust'- (RUS) 47 Fi 36
Katav-Ivanovsk (RUS) 47 Fi 36
60100 Kateríni (GR) 86 Cc 50
Katerynopil' (UA) 59 Da 42
1044 Katlanovo (MK) 86 Cb 49
Kátō Ahaïa (GR) 94 Cb 52
19012 Káto Alepohóri (GR) 94 Cd 52
27054 Káto Figália (GR) 94 Cb 53
Káto Glikóvrisi (GR) 94 Cc 54
Káto Kateliós (GR) 94 Ca 52
66033 Káto Nevrokópi (GR) 87 Cd 49
Kato Pyrgos (CY) 96 Dc 55
Káto Samikó (GR) 94 Cb 53
19500 Káto Soúnio (GR) 94 Ce 53
40-001 Katowice (PL) 56 Bi 40
64101* Katrineholm (S) 29 Bg 32
85019 Kattavía (GR) 95 Ch 55
Katterjåkk (S) 14 Bi 22
Katthammarsvik (S) 29 Bi 33
Kattilasaari (S) 22 Cd 25
92195 Kattisavan (S) 21 Bi 26
2830 Katunci (BG) 87 Cd 49
Katunino (RUS) 34 Ef 32
2225 Katwijk aan Zee (NL) 53 Ae 38
87600 Kaufbeuren (D) 69 Ba 43
61801 Kauhajoki (FIN) 22 Cc 28
62201 Kauhava (FIN) 22 Cd 27
99110 Kaukonen (FIN) 15 Ce 23
41001 Kauksi (EST) 31 Ch 32
44001* Kaunas (LT) 41 Cd 36
6854 Kaupanger (N) 28 Ah 29
4300 Kaušany = Căuşeni (MD) 73 Ck 44
69601 Kaustinen (FIN) 22 Cd 27
Kautokeino (N) 15 Cd 21
Kavacık (TR) 88 Ci 51
Kavacık (TR) 89 Dc 50
1430* Kavadarci (MK) 86 Cc 49
Kavajë (AL) 86 Bk 49
Kavak (TR) 87 Cg 50
Kavak (TR) 89 De 50
Kavak (TR) 90 Dg 49
Kavak (TR) 90 Dh 51
13730 Kavakbaşı (TR) 99 Eb 52
48570 Kavaklıdere (TR) 96 Ci 53
65000 Kavála (GR) 87 Ce 50
9650 Kavarna (BG) 73 Ci 47
29021 Kavarskas (LT) 41 Ce 35
Kaverino (RUS) 44 Eb 36
24401 Kävlinge (S) 39 Bd 35
49080 Kávos (GR) 86 Ca 51
Kavra (RUS) 25 Ed 27
83051 Kaxås (S) 21 Bd 27
Kayabaşı (TR) 89 Dc 51
Kayacık (TR) 99 Ea 52
37400 Kayadibi (TR) 90 Dg 51
Kayaönü (TR) 97 Dd 53
Kayapınar (TR) 99 Eb 53
93850 Käylä (FIN) 15 Ck 24
Käymäjärvi (S) 15 Cc 23
26640 Kaymaz (TR) 88 Da 50
26640 Kaymaz (TR) 88 Db 51
38710 Kaynar (TR) 98 Dg 52
16900 Kaynarca (TR) 88 Cc 50
16900 Kaynarca (TR) 88 Da 49
01970 Kaypak (TR) 98 Dg 53
37620 Kayrak (TR) 97 Dd 54
38000* Kayseri (TR) 97 Df 52
Kazača Lopan' (UA) 60 Dg 40
Kazačka (RUS) 61 Ed 39
Kazaki (RUS) 60 Di 38
Kazakkulovo (RUS) 47 Fi 37
Kazan' (RUS) 45 Ek 35
Kazan (TR) 89 Dc 50
18400 Kazancı (TR) 96 Dc 54
18400 Kazancı (TR) 99 Ea 53
Kazanka (UA) 74 Dc 43
6100* Kazanlăk (BG) 87 Cf 48
37600 Kazanlı (TR) 97 De 54
Kazanskaja (RUS) 61 Eb 41
Kazarka (RUS) 45 Ef 37
Kazenščina (RUS) 25 Eb 27
48400 Kazıklı (TR) 95 Ch 53
Kazil'skoe (RUS) 64 Fi 38
Kâzımkarabekir (TR) 96 Dc 53
Kazinaka (RUS) 60 Dh 40
Kaz'jany (BY) 41 Cg 35
Kaz'jany (BY) 42 Ck 35
Kazlų Rūda (LT) 41 Cd 36
Kažma (RUS) 24 De 28
Kažukas = Marijampole (LT) 41 Cd 36
Kažym (RUS) 34 Fb 30
Kčevka (RUS) 62 Ei 40
89-240 Kcynia (PL) 40 Bh 38
23700 Keban (TR) 98 Di 52
Kebnekaise fjällstation (S) 14 Bi 23
6237 Kecel (H) 71 Bk 44
32700 Keçiborlu (TR) 96 Da 53
Keçiler (TR) 96 Ck 52
55810 Keçiören (TR) 89 Dc 50
6000 Kecskemét (H) 71 Bk 44
57001* Kėdainiai (LT) 41 Cd 35
36072 Kédra (GR) 86 Cb 51
43300 Kédros (GR) 86 Cc 51
Kedrozero (RUS) 24 De 28
47-200 Kędzierzyn (PL) 56 Bi 40
47-200 Kędzierzyn-Koźle (PL) 56 Bi 40
Keel = An Caol (IRL) 49 Rk 37
85301 Kéfalos (GR) 95 Cg 54
41610 Kefken (TR) 88 Da 49
415 Keflavík (IS) 48 Qh 26
77694 Kehl (D) 54 Ah 42
74305* Kehra (EST) 30 Cf 31
Kehyčivka (UA) 60 Df 41
BD21 Keighley (GB) 51 Si 37
32730 Keikyä (FIN) 30 Cc 29
76605* Keila (EST) 30 Ce 31
5062 Keipene (LV) 41 Cf 34
72601 Keitele (FIN) 22 Cg 27
AB55 Keith (GB) 50 Sh 33
97785 Kelankylä (FIN) 23 Ch 25
Kelcyrë (AL) 86 Ca 50
20870 Kelekçi (TR) 96 Ck 53
Kèlèraš' = Călăraşi (MD) 73 Ci 43
16740 Keles (TR) 88 Ck 51
93309 Kelheim (D) 55 Bb 42
29600 Kelkit (TR) 90 Dk 50
25548 Kellinghusen (D) 38 Ak 37
98920 Kelloselkä (FIN) 15 Ci 24
86001 Kelmė (LT) 41 Cc 35
Kel'menci (UA) 58 Cg 42
TD5 Kelso (GB) 51 Sh 35
Kem' (RUS) 24 De 26
24400 Kemah (TR) 90 Dk 51
Kemâliye (TR) 90 Di 51
08610 Kemalpaşa (TR) 91 Eb 49
08610 Kemalpaşa (TR) 95 Ch 52
17220 Kemer (TR) 88 Ch 50
17220 Kemer (TR) 96 Ci 53
17220 Kemer (TR) 96 Ck 54
17220 Kemer (TR) 96 Da 53
17220 Kemer (TR) 96 Da 54
17220 Kemer (TR) 97 Dd 52
34075 Kemerburgaz (TR) 88 Ci 49
51730 Kemerhisar (TR) 97 De 53
94900 Kemi (FIN) 22 Ce 25
98840 Kemihaara (FIN) 15 Ci 23
98999 Kemijärvi (FIN) 15 Ch 24
94450 Keminmaa (FIN) 22 Ce 25
25701 Kemiö (FIN) 30 Cc 30
Kemlja (RUS) 45 Ef 36
95478 Kemnath (D) 55 Bb 41
90451 Kempele (FIN) 22 Cf 26
47906 Kempen (D) 54 Ag 39
87435* Kempten (Allgäu) (D) 69 Ba 43
LA9 Kendal (GB) 51 Sh 36
Kenica (RUS) 25 Eb 26
Kenmare = Neidín (IRL) 49 Sa 39
Kento (RUS) 23 Db 25
27200 Kéntro (GR) 94 Cb 53
Kenttan (N) 15 Cf 21
Kepa (RUS) 23 Dc 25
Kepino (RUS) 25 Eb 25
63-600 Kępno (PL) 56 Bh 39
10660 Kepsut (TR) 88 Ci 51
64011* Keramotí (GR) 87 Ce 50
Keräntöjärvi (S) 15 Cc 23
Kerč (KRIM) 75 Dg 45
Kerčëm'ja (RUS) 35 Fd 29
Kerčevskij (RUS) 35 Fg 31
Kërçukaj (AL) 86 Bk 49
3396 Kerecsend (H) 71 Ca 43
Keret' (RUS) 16 Dd 24
29092 Kerí (GR) 94 Ca 53
58201 Kerimäki (FIN) 23 Ck 29
49100 Kérkira (GR) 86 Bk 51
8870 Kermen (BG) 87 Cg 48
Keros (RUS) 35 Fc 30
50169* Kerpen (D) 54 Ag 40
Kerstinbo (S) 29 Bg 30
5300 Kerteminde (DK) 39 Ba 35
25011 Kértezi (GR) 94 Cb 53
Keryneia = Girne 97 Dd 55
59801 Kesälahti (FIN) 23 Ck 29
22800* Keşan (TR) 87 Cg 50
28900 Keşap (TR) 90 Di 50
Kesikköprü (TR) 89 Dd 51
Kesikköprü Hani (TR) 89 De 51
61680 Keskikylä (FIN) 22 Ce 26
71800 Keskin (TR) 89 Dd 51
Kesova Gora (RUS) 32 Dh 33
Kesten'ga (RUS) 23 Db 25
92700 Kestilä (FIN) 22 Cg 26
NR12 Keswick (GB) 51 Sg 36
8360 Keszthely (H) 70 Bh 44
Ketčenery (RUS) 76 Ee 43
11-401 Kętrzyn (PL) 40 Cb 36
NN15 Kettering (GB) 52 Sk 38
KW17 Kettletoft (GB) 50 Sh 31
32-650 Kęty (PL) 56 Bk 41
14669 Ketzin/Havel (D) 55 Bc 38
42721 Keuruu (FIN) 22 Ce 28
4300 Kèušen' = Căuşeni (MD) 73 Ck 44
47623* Kevelaer (D) 54 Ag 39
Kevjudy (RUS) 76 Ee 45
Kez (RUS) 35 Fd 33
Kežmarok (SK) 57 Ca 41
20200 Kiáto (GR) 94 Cc 52
14610 Kıbrıscık (TR) 88 Db 50
6250* Kičevo (MK) 86 Ca 49
Kičižno (RUS) 25 Eb 26
Kicman' (UA) 58 Cf 42
Kičmengskij Gorodok (RUS) 34 Ef 31
DY10 Kidderminster (GB) 52 Sh 38
Kidekša (RUS) 44 Ea 34
SA17 Kidwelly (GB) 52 Sf 39
Kidyš (RUS) 47 Ga 36
88901 Kiekinkoski (FIN) 23 Da 26
24103* Kiel (D) 39 Ba 36
25-001 Kielce (PL) 57 Ca 40
44-187 Kieleczka (PL) 56 Bi 40
Kifino Selo (BIH) 71 Bi 47
14501 Kifissiá (GR) 94 Cd 52
12800 Kiğı (TR) 91 Ea 51
Kihelkona (EST) 30 Cc 32
95950 Kihlanki (FIN) 15 Cd 23
39820 Kihniö (FIN) 22 Cd 28
25390 Kiikala (FIN) 30 Cd 30
38360 Kiikoinen (FIN) 30 Cc 29
90901 Kiiminki (FIN) 22 Cf 25
99250 Kiistala (FIN) 15 Cf 23
Kija (RUS) 17 Ee 23
Kijasovo (RUS) 46 Fd 34
24060 Kijevo = Rixhevë (RKS) 86 Ca 48
Kikerino (RUS) 31 Ck 31
23300* Kikinda (SRB) 71 Ca 45
Kiknur (RUS) 34 Eh 33
Kikvidze (RUS) 61 Ed 40
Kil (S) 29 Bd 31
Kila (S) 29 Bg 32
82301 Kilafors (S) 29 Bg 29
70120 Kılbasan (TR) 97 Dd 53
Kilbeggan = Cill Bheagáin (IRL) 49 Sc 37
Kilboghamn (N) 14 Bd 24
9402 Kilbotn (N) 14 Bg 22
Kil'čenga (RUS) 34 Eg 30
Kilcullen = Cill Chuilin (IRL) 49 Sd 37
Kildare = Cill Dara (IRL) 49 Sd 37
Kil'dinstroj (RUS) 16 Dd 22
Kilemary (RUS) 45 Eg 34
77020 Kılıç (TR) 88 Ck 50
08820 Kılıçkaya (TR) 91 Eb 50
5050 Kilifarevo (BG) 87 Cf 48
Kilija (UA) 73 Ck 45
Kilimli (TR) 88 Db 49
Kilingi-Nõmme (EST) 30 Ce 32
27068 Kilíni (GR) 94 Cb 53
Kilis (TR) 98 Dh 54
Kilkee = Cill Chaoi (IRL) 49 Sa 38
BT34 Kilkeel (GB) 49 Sd 36
Kilkenny = Cill Chainnigh (IRL) 49 Sc 38
61100 Kilkís (GR) 86 Cc 50
Killaloe = Cill Dalua (IRL) 49 Sb 38
Killarney = Cill Airne (IRL) 49 Sa 38
Killenaule = Cill Náile (IRL) 49 Sc 38
57200 Killik (TR) 96 Ci 52
Killinge (S) 14 Ca 23
34980 Killinkoski (FIN) 22 Cd 28
Killorglin = Cill Orglan (IRL) 49 Sa 38
Killybegs = Na Ceala Beaga (IRL) 49 Sb 36
KA3 Kilmarnock (GB) 51 Sf 35
PA34 Kilmelfort (GB) 50 Se 34
Kil'mez' (RUS) 46 Fb 33
Kil'mez' (RUS) 46 Fb 34
Kil'mez', Ust'- (RUS) 46 Fa 34
99460 Kilpisjärvi (FIN) 14 Ca 21
Kilp'javr (RUS) 16 Dc 21
BT51 Kilrea (GB) 49 Sd 36
Kilronan = Cill Rónáin (IRL) 49 Sa 37
Kilrush = Cill Rois (IRL) 49 Sa 38
Kilvik (N) 14 Bd 24
34003 Kími (GR) 94 Ce 52
25700* Kimito = Kemiö (FIN) 30 Cc 30
Kimovaara (RUS) 23 Db 27
Kimovsk (RUS) 43 Di 37
Kimry (RUS) 43 Dh 34
Kimža (RUS) 25 Ee 25
KW11 Kinbrace (GB) 50 Sg 32
8650* Kindberg (A) 70 Bf 43
Kindelja (RUS) 63 Fd 39
Kinel' (RUS) 46 Fa 37
Kinelahti (RUS) 31 Dc 29
Kinel'-Čerkasy (RUS) 46 Fb 37
Kinešma (RUS) 33 Ec 33
Kingisepp (RUS) 31 Ci 31
PE30 King's Lynn (GB) 51 Aa 38
HU1 Kingston upon Hull (GB) 51 Sk 37
PH21 Kingussie (GB) 50 Sf 33
Kınık (TR) 88 Ch 51
Kınık (TR) 96 Ck 54
PH16 Kinloch Rannoch (GB) 50 Sf 34
51100* Kinna (S) 29 Bc 33
52103 Kinnarp (S) 29 Bd 32
Kinnegad = Cionn Átha Gad (IRL) 49 Sc 37
43901 Kinnula (FIN) 22 Ce 27
Kinsale = Cionn Sáile (IRL) 49 Sb 39
5780 Kinsarvik (N) 28 Ag 30
Kinvarra = Cinn Mhara (IRL) 49 Sb 37
Kionia (CY) 97 Dd 56
24500 Kiparissía (GR) 94 Cb 53
Kipelovo (RUS) 33 Dk 31
Kipen' (RUS) 31 Ck 31
Kipievo (RUS) 26 Fe 25
93140 Kipinä (FIN) 22 Cg 25
51031 Kipouríou (GR) 86 Cb 51
40009 Kipséli (GR) 86 Cc 51
Kipti (UA) 59 Db 39
Kıraçtepe (TR) 91 Ea 51
Kirav (BY) 59 Da 39
Kiravsk (BY) 42 Ck 37
35890 Kiraz (TR) 95 Ci 52
Kirazlı (TR) 87 Cg 50
06733 Kırbaşı (TR) 88 Db 50
22260 Kırcasalih (TR) 87 Cg 49
91281 Kirchenthumbach (D) 55 Bb 41
35274 Kirchhain (D) 54 Ai 40
73230 Kirchheim unter Teck (D) 54 Ak 42
Kırdamı (TR) 91 Ed 50
Kirdasovo (RUS) 47 Fi 37
Kireç (TR) 88 Ci 51
Kireevsk (RUS) 43 Dh 37
42696 Kireli (TR) 96 Db 53
Kirgišany (RUS) 47 Fk 34
Kirgiz-Mijaki (RUS) 46 Fe 37

180 | Karaköy

32006 Kiriáki (GR) 94 Cc 52
39750 Kırık (TR) 89 Dd 49
39750 Kırık (TR) 91 Ea 50
31440 Kırıkhan (TR) 97 Dg 54
71000* Kırıkkale (TR) 89 Dd 51
Kirillov (RUS) 32 Di 31
Kiriši (RUS) 31 Dc 31
Kırızlı (TR) 97 Df 53
Kirja (RUS) 45 Eg 35
Kirjabinskoe (RUS) 47 Fk 36
Kir'jamo (RUS) 31 Ci 31
Kirka (TR) 88 Da 51
45700 Kırkağaç (TR) 88 Ch 51
LA6 Kirkby Lonsdale (GB) 51 Sh 36
CA17 Kirkby Stephen (GB) 51 Sh 36
KY1 Kirkcaldy (GB) 50 Sg 34
DG6 Kirkcudbright (GB) 51 Sf 36
4330 Kirke Hvalsø (DK) 39 Bb 35
2260 Kirkenær (N) 29 Bc 30
9900 Kirkenes (N) 16 Da 21
65930 Kirkgeçit (TR) 99 Ed 52
Kırkışla (TR) 96 Dc 52
880 Kirkjubæjarklaustur (IS) 48 Rb 27
39000* Kırklareli (TR) 88 Ch 49
KW15 Kirkwall (GB) 50 Sh 32
Kırmızıköprü (TR) 90 Dk 51
Kiroba (RUS) 75 Dk 47
33975 Kırobası (TR) 97 Dd 54
Kirov (RUS) 34 Ek 32
Kirov (RUS) 43 De 36
Kirovgrad (RUS) 36 Ga 33
Kirovhrad (RUS) 36 Ga 33
Kirovo-Čepeck (RUS) 34 Fa 32
Kirovohrad = Kropyvnyc'kyj (UA) 59 Dc 42
Kirovsk (RUS) 31 Db 31
Kirovsk (RUS) 16 Dd 23
Kirovskaja (RUS) 76 Ea 44
Kirovs'ke (UA) 60 Di 42
Kirovs'ke (KRIM) 74 Df 45
Kirovskij (RUS) 77 Ei 45
Kirovskoe (RUS) 36 Gc 32
Kirpil'skaja (RUS) 75 Dk 45
DD8 Kirriemuir (GB) 50 Sg 34
Kirs (RUS) 35 Fc 31
Kirsa (RUS) 47 Fk 37
Kirsanov (RUS) 61 Ec 38
40000* Kırşehir (TR) 89 De 51
Kirteli (RUS) 45 Ei 36
98101* Kiruna (S) 14 Ca 23
Kirušca (RUS) 61 Ea 39
Kiržač (RUS) 43 Di 34
59040 Kisa (S) 29 Bf 33
Kısas (TR) 98 Di 53
2870 Kisbér (H) 71 Bi 43
Kiselëvka (RUS) 76 Ee 43
Kiseljak (BIH) 71 Bi 47
Kišert', Ust'- (RUS) 35 Fh 33
18-421 Kisielnica (PL) 41 Cc 37
2000 Kišinev = Chişinău (MD) 73 Ci 43
25470 Kisko (FIN) 30 Cd 30
Kiskőrös (H) 71 Bk 44
6100 Kiskunfélegyháza (H) 71 Bk 44
6400 Kiskunhalas (H) 71 Bk 44
6120 Kiskunmajsa (H) 71 Bk 44
Kışlaköy (TR) 91 Ec 50
Kisljakovskaja (RUS) 75 Dk 44
Kislovodsk (RUS) 76 Ec 47
Kissámou Kasteli (GR) 94 Cd 55
97688 Kissingen, Bad (D) 55 Ba 40
Kistanje (HR) 70 Bf 47
6760 Kistelek (H) 71 Bk 44
660 Kistufell (IS) 48 Rf 26
5310 Kisújszállás (H) 71 Ca 43
Kisvárda (H) 57 Cc 42
82501 Kitee (FIN) 23 Da 28
80100 Kíthira (GR) 94 Cc 54
84006 Kíthnos (GR) 94 Ce 53
Kitkiöjoki (S) 15 Cd 23
Kitlilä (FIN) 15 Ce 23
Kitsi (FIN) 23 Da 27
Kittelfjäll (S) 21 Bf 25
49570 Kitula (FIN) 30 Cd 30
6370 Kitzbühel (A) 69 Bc 43
97318 Kitzingen (D) 55 Ba 41
74701 Kiuruvesi (FIN) 22 Cg 27
Kiverci (UA) 58 Cf 40
Kiveriči (RUS) 32 Dg 33
88350 Kivesjärvi (FIN) 23 Ch 26
43800 Kivijärvi (FIN) 22 Cf 27
27701 Kivik (S) 39 Be 35
Kiviöli (EST) 30 Cg 31
Kıyıköy (TR) 88 Ci 49
Kizel (RUS) 35 Fh 31
Kizema (RUS) 33 Ee 29
Kızılabalı (TR) 89 De 48
Kızılağaç (TR) 99 Eb 52
Kızılburç (TR) 98 Di 53
Kızılcabölük (TR) 96 Ck 53
07820 Kızılcadağ (TR) 96 Ck 53
06890 Kızılcahamam (TR) 89 Dc 50
Kızılçakır (TR) 96 Dc 53
37400 Kızılcaören (TR) 88 Da 51
18280 Kızılırmak (TR) 89 Dd 50
Kızılkaya (TR) 96 Da 53
Kızılören (TR) 96 Da 52
Kızılören (TR) 96 Dc 53
07610 Kızılot (TR) 96 Db 54
73200 Kızılsu (TR) 99 Ec 53
Kızıltepe (TR) 99 Ea 53
Kizner (RUS) 46 Fb 34
Kızören (TR) 97 Dd 52
Kiz'va (RUS) 35 Fe 32
Kjanda (RUS) 24 Di 26
8543 Kjeldebotn (N) 14 Bg 22
8620 Kjellerup (DK) 38 Ak 34
Kjellmyra (N) 29 Bc 30
9790 Kjøllefjord (N) 15 Ch 20
8590 Kjøpsvik (N) 14 Bg 22
2500* Kjustendil (BG) 86 Cc 48
Kladanj (BIH) 71 Bi 46
Kladnica (SRB) 71 Ca 47
272 01 Kladno (CZ) 55 Be 40
19320 Kladovo (SRB) 71 Cc 46
7540 Klæbu (N) 20 Ba 27
9020* Klagenfurt am Wörthersee (A) 70 Be 44
91001* Klaipėda (LT) 40 Cb 35
700 Klaksvík (FO) 50 Sd 28
339 01 Klatovy (CZ) 55 Bd 41
Klavdijevo-Tarasove (UA) 59 Da 40
Kleck (BY) 41 Cg 37
62-540 Kleczew (PL) 56 Bi 38
23996 Kleinen, Bad (D) 39 Bb 37
3660* Klein-Pöchlarn (A) 56 Bf 42
6453 Kleive (N) 20 Ah 28
Klement'evo (RUS) 32 Di 33
Klemušino (RUS) 25 Ec 28
Klenovaja (RUS) 34 Eg 31
Klënovo (RUS) 35 Fe 33
Klenovskoe (RUS) 47 Fi 34
4352 Kleppe-Verdalen (N) 28 Af 32
Klesiv (UA) 58 Cg 39
Kletnja (RUS) 43 Dd 37
Kletskij (RUS) 61 Ed 41
Kletsko-Počtovskij (RUS) 61 Ed 41
Klevakinskoe (RUS) 47 Gb 34
47533 Kleve (D) 54 Ag 39
Kličav (BY) 42 Ck 37
Klimatino (RUS) 32 Dh 33
Klimavičy (BY) 42 Db 37
9150 Klimentovo (BG) 73 Ch 47
Klimkovka (RUS) 34 Fb 32
Klimovsk (RUS) 43 Dh 35
91298 Klimpfjäll (S) 21 Be 25
Klin (RUS) 43 Dg 34
32000 Klina (SRB) 71 Ca 47
Klincovka (RUS) 62 Ek 39
Klincy (RUS) 42 Dc 38
08248 Klingenthal (Sachsen) (D) 55 Bc 40
Klinskoe (RUS) 43 De 38
62020 Klintehamn (S) 29 Bi 33
26401 Klippan (S) 39 Bd 34
2600 Klirou (CY) 97 Dd 55
4341 Klisura (BG) 87 Cd 48
4341 Klisura (BG) 87 Ce 48
Kljavino (RUS) 46 Fc 36
Ključ (BIH) 70 Bg 46
Ključevka (RUS) 64 Ff 39
Ključevsk (RUS) 36 Ga 33
Ključi (RUS) 36 Gc 33
Ključi (RUS) 46 Fa 34
Ključišči (RUS) 44 Ed 35
Kljukino (RUS) 34 Eg 32
66-415 Kłodawa (PL) 56 Bi 38
57-300 Kłodzko (PL) 56 Bg 40
Kløfta (N) 28 Bb 30
5378 Klokkarvik (N) 28 Af 30
Klos (AL) 86 Ca 49
3400* Klosterneuburg (A) 56 Bg 42
7250 Klosters (CH) 69 Ak 44
38486 Klötze (D) 55 Bb 38
Klöverträsk (S) 22 Cb 25
84032 Klövsjö (S) 21 Be 28
46-200 Kluczbork (PL) 56 Bi 40
23948 Klütz (D) 39 Bb 37
Klymovo (RUS) 59 Dc 38
Knaben (N) 28 Ah 32
Knaften (S) 21 Bi 26
31020 Knäred (S) 39 Bd 34
HG5 Knaresborough (GB) 51 Si 36
5911 Knarvik (N) 28 Af 30
5835 Kneža (BG) 72 Ce 47
34240 Knić (SRB) 71 Ca 47
48980 Knidos (TR) 95 Cg 54
LD7 Knighton (GB) 52 Sg 38
Knin (HR) 70 Bg 46
8720 Knittelfeld (A) 70 Be 43
Knjaginino (RUS) 45 Ef 35
19350 Knjaževac (SRB) 71 Cc 47
6566 Knjaževo (BG) 87 Cg 48
Knjaževo (RUS) 33 Ed 31
Knjaževo (RUS) 33 Ee 32
Knjazevo (RUS) 42 Ci 34
Knjažiha (RUS) 32 Dg 33
Knjažiha (RUS) 45 Eg 35
Knocklong (IRL) 49 Sb 38
8300 Knokke-Heist (B) 53 Ad 39
19-120 Knyszyn (PL) 41 Cd 37
5222 Kobarid (SLO) 69 Bd 44
Kobel'aky (UA) 59 De 41
1000* København (DK) 39 Bc 35
55-040 Kobierzyce (PL) 56 Bg 40
56068* Koblenz (D) 54 Ah 40
Kobleve (UA) 74 Db 44
Kobona (RUS) 31 Db 30
Koboža (RUS) 32 De 32
Koboža (RUS) 32 Df 32
Kobra (RUS) 34 Fa 30
Kobryn (BY) 57 Ce 38
54800 Kocaali (TR) 88 Da 49
15325 Kocaaliler (TR) 96 Da 53
Kocaeli (TR) 88 Ck 50
Kocakoç (TR) 90 Dk 51
Koçali (TR) 98 Di 53
2300* Kočani (MK) 86 Cc 49
33940 Kocapınar (TR) 91 Ed 51
09970 Koçarlı (TR) 95 Ch 53
Koçaş (TR) 97 Dd 52
Kocatepe (TR) 99 Ea 53
Koceljeva (SRB) 71 Bk 46
2640 Kočerinovo (BG) 87 Cd 48
Kočeriv (UA) 58 Ck 40
Kočetovka (RUS) 44 Ea 38
1330 Kočevje (SLO) 70 Be 45
Kočevo (RUS) 35 Fe 31
Kocjubyns'ke (UA) 59 Da 40
21-150 Kock (PL) 57 Cc 39
Kočkarlej (RUS) 45 Eh 37
Kočkoma (RUS) 24 De 26
Kočkurovo (RUS) 45 Ef 36
Koçoğlu (TR) 91 Ec 51
Kočubeevskoe (RUS) 76 Eb 46
Kočubej (RUS) 77 Eg 46
Kočunovo (RUS) 45 Ee 35
Kočury (RUS) 44 Dk 37
Kodino (RUS) 24 Dk 27
Kodyma (UA) 58 Ck 42
39700 Kofçaz (TR) 88 Ch 49
7735 Kofinou (CY) 97 Dd 56
8580* Köflach (A) 70 Bf 43
4600 Køge (DK) 39 Bc 35
Koğukçınar (TR) 98 Dg 53
79801 Kohila (EST) 30 Ce 31
Kohma (RUS) 44 Eb 34
30321* Kohtla-Järve (EST) 31 Ch 31
74301 Koirakosk (FIN) 23 Ch 27
95355 Koivu (FIN) 22 Cf 24
Kojanovo (RUS) 35 Fg 33
Kojda (RUS) 17 Ec 24
752 01 Kojetín (CZ) 56 Bh 41
Kojgorodok (RUS) 34 Fb 30
Kojnas (RUS) 25 Eh 26
22730 Kökar (AX) 30 Ca 31
Kokino (RUS) 34 Ek 32
34200 Kokinombléa (GR) 94 Cd 52
67100* Kokkola (FIN) 22 Cd 27
5113 Koknese (LV) 41 Cf 34
Kokornaja (RUS) 25 Ee 26
Kokovka (RUS) 24 Dk 28
Kokšajsk (RUS) 45 Eh 34
Kola (RUS) 16 Dd 22
95901 Kolari (FIN) 15 Cd 23
946 03 Kolárovo (SK) 70 Bh 43
83005 Kolåsen (S) 21 Bc 27
81 210 Kolašin (MNE) 86 Bk 48
Kolatsel'ga (RUS) 23 Dc 29
73040 Kolbäck (S) 29 Bg 31
356 Kolbeinsstaðir (IS) 48 Qh 26
05-340 Kołbiel (PL) 57 Cb 38
36-100 Kolbuszowa (PL) 57 Cb 40
Kol'covo (RUS) 47 Ga 34
Kol'čugino (RUS) 44 Dk 34
6000 Kolding (DK) 38 Ak 35
Kolenovskij, Elan'- (RUS) 61 Eb 39
94203 Kolerträsk (S) 22 Ca 25
Koležma (RUS) 24 Df 26
70301 Kolga-Jaani (EST) 30 Cf 32
5313 Kolibaš = Colibaşi (MD) 73 Ci 45
280 02 Kolín (CZ) 56 Bf 40
Kolisne (UA) 73 Ck 44
Koljadivka (UA) 60 Dk 41
3275 Kolka (LV) 30 Cc 33
Kolkač (RUS) 32 Di 31
Kolky (UA) 58 Cf 39
99625 Kölleda (D) 55 Bb 39
780 Kollumulí (IS) 48 Rf 25
50667* Köln (D) 54 Ag 40
18-500 Kolno (PL) 40 Cb 37
97-320 Koło (PL) 56 Bi 38
97-320 Koło (PL) 56 Bk 39
Kolobovo (RUS) 44 Eb 34
78-100 Kołobrzeg (PL) 39 Bf 36
Koločava (UA) 57 Cd 42
Kolodez', Kon'- (RUS) 60 Dk 38
Kolodezne (UA) 60 Dh 41
Kolodino (RUS) 33 Dk 32
Kolodnoe (RUS) 60 Dg 39
Kologriv (RUS) 33 Ee 32
Kolokolčovka (RUS) 61 Ee 39
Kolomak (UA) 60 Df 41
Kolomna (RUS) 43 Di 35
Kolomyja (UA) 58 Cf 42
Kolpakskoe (RUS) 64 Fi 39
Kolpino (RUS) 31 Da 31
Kolpny (RUS) 60 Dh 38
Kolševo (RUS) 33 Eb 33
Kölsillre (S) 21 Bf 28
73030 Kolsva (S) 29 Bf 31
Koltubanovskij (RUS) 46 Fb 38
42805 Kolukısa (TR) 96 Dc 52
7970 Kolvereid (N) 20 Bb 26
Kolvica (RUS) 16 Dd 23
Kolyčivka (UA) 59 Db 39
Kolyšlej (RUS) 45 Ee 38
13050 Komaran = Komorane (RKS) 86 Ca 48
Komariči (RUS) 59 De 38
Komariha (RUS) 34 Eg 32
Komariha (RUS) 35 Fg 32
Komarne (UA) 57 Cd 41
945 01 Komárno (SK) 71 Bi 43
2900 Komárom (H) 71 Bi 43
Komintern (RUS) 64 Fk 38
Kominternivs'ke = Dobroslav (UA) 73 Da 44
Komiža (HR) 85 Bg 47
7300 Komló (H) 71 Bi 44
Kommuna (RUS) 26 Fc 27
Kommunar (RUS) 35 Fe 32
Kommunarsk = Alčevs'k (UA) 60 Di 42
13050 Komorane = Komaran (RKS) 86 Ca 48
Komorevo (RUS) 43 Dg 37
69101 Komotiní (GR) 87 Cf 49
Kompanijivka (UA) 59 Dc 42
3800 Komrat = Comrat (MD) 73 Ci 44
Komsomol'sk (RUS) 44 Ea 33
Komsomol'skij (RUS) 23 Dd 25
Komsomol'skij (RUS) 36 Gd 29
Komsomol'skij (RUS) 45 Ef 36
Komsomol'skij (RUS) 65 Ga 39
Komsomol'skij (RUS) 19 Gd 23
Komsomol'skij (RUS) 77 Eg 45
Komsomol'sk-na-Pečore (RUS) 27 Fg 28
Komsomol'skoe (RUS) 31 Ci 30
Komsomol'skoe (RUS) 62 Eh 40
Kömürlimanı (TR) 87 Cf 50
Kömürlü (TR) 91 Ec 50
Komyši (UA) 59 De 40
Komyšna (UA) 59 Dd 40
Konakovo (RUS) 43 Dg 34
Konakpınar (TR) 88 Ch 51
Konakpınar (TR) 98 Dh 52
Končanica (HR) 70 Bh 45
81400 Kondiás (GR) 87 Cf 51
Kondol' (RUS) 45 Ef 38
Kondopoga (RUS) 24 De 28
Kondratovskaja (RUS) 25 Ed 28
Kondrovo (RUS) 43 Df 36
Konecbor (RUS) 27 Fh 26
Konecgor'e (RUS) 25 Ed 28
Konevo (RUS) 24 Dk 28
99950 Köngäs (FIN) 15 Cf 21
9293 Kongerslev (DK) 39 Ba 34
44401 Kongínkangas (FIN) 22 Cf 28
3610* Kongsberg (N) 28 Ak 31
Kongselva (N) 14 Bf 22
7976 Kongsmoen (N) 21 Bc 26
2208* Kongsvinger (N) 29 Bc 30
01936 Königsbrück (D) 55 Bd 39
97631 Königshofen im Grabfeld, Bad (D) 55 Ba 40
15711 Königs Wusterhausen (D) 55 Bd 38
62-500 Konin (PL) 56 Bi 38
Konispol (AL) 86 Ca 51
44100 Kónitsa (GR) 86 Ca 50
Konjic (BIH) 70 Bh 47
Kon'-Kolodez' (RUS) 60 Dk 38
06420 Könnern (D) 55 Bb 39
Konobeevo (RUS) 43 Di 35
Konoša (RUS) 33 Ea 30
Konotop (UA) 59 Dd 39
Konša (RUS) 34 Fb 29
26-200 Końskie (PL) 57 Ca 39
Konstantinovka (RUS) 46 Fa 34
Konstantinovka = Južnoukrains'k (UA) 74 Db 43
Konstantinovo (RUS) 43 Di 34
Konstantinovsk (RUS) 76 Eb 43
Konstantinovskij (RUS) 33 Dk 33
78462* Konstanz (D) 69 Ak 43
81101 Kontiolahti (FIN) 23 Ck 28
76150 Kontiomäki (FIN) 23 Ci 26
95760 Konttajärvi (FIN) 15 Ce 24
14450 Konuralp (TR) 88 Db 50
42000* Konya (TR) 96 Dc 53
Konyševka (RUS) 60 Df 39
Kopačevo (RUS) 25 Eb 27
Kopajhorod (UA) 58 Ch 42
Kopanovka (RUS) 77 Eg 43
Kopanskaja (RUS) 75 Di 44
671 Kópasker (IS) 48 Rd 24
200* Kópavogur (IS) 48 Qi 26
Kopejsk (RUS) 47 Gb 35
6000* Koper (SLO) 69 Bd 45
4250 Kopervik (N) 28 Af 31
73101* Köping (S) 29 Bf 31
Koplik (AL) 86 Bk 48
89302 Köpmanholmen (S) 21 Bi 27
Kopor'e (RUS) 31 Ck 31
2480 Koppang (N) 28 Bb 29
71401 Kopparberg (S) 29 Be 31
Kopparnäs (S) 22 Cb 25
99801 Koppelo (FIN) 15 Ch 22
7533 Kopperå (N) 20 Bb 27
Koprivnica (HR) 70 Bg 44
2077 Koprivštica (BG) 87 Ce 48
Köprübaşı (TR) 89 Df 49
Köprübaşı (TR) 91 Ea 50
Köprübaşı (TR) 96 Ci 52
Köprülü (TR) 96 Dc 54
Köprüören (TR) 88 Ck 51
Kopsa (RUS) 34 Ek 29
Koptevo (RUS) 43 De 35
Kopyčynci (UA) 58 Cf 41
Korablino (RUS) 44 Ea 37
Korača (RUS) 60 Dh 40
Koraj (BIH) 71 Bi 46
34497 Korbach (D) 54 Ai 39
Korbeniči (RUS) 32 De 30
Korçë (AL) 86 Ca 50
Korčula (HR) 85 Bh 48
Kordon (RUS) 35 Fh 33
Kordon (RUS) 37 Gk 33
Korec' (UA) 58 Ch 40
Korenevo (RUS) 59 De 39
Korenica (HR) 70 Bf 46
Korenovsk (RUS) 75 Dk 45
Korepino (RUS) 35 Fh 29
20004 Kórfos (GR) 94 Cd 53
52700 Korgan (TR) 90 Dh 50
8646 Korgen (N) 21 Bd 24
18260 Korgun (TR) 89 Dd 50
Körhasan (TR) 88 Db 51
Korino (RUS) 33 Ea 31
20100 Kórinthos (GR) 94 Cc 53
84002 Korissía (GR) 94 Ce 53
Korjažma (RUS) 34 Eh 29
Korjukivka (UA) 59 Dc 39
Korkino (RUS) 47 Gb 36
49740 Korkut (TR) 99 Eb 52
07800 Korkuteli (TR) 96 Da 53
48900 Körmen (TR) 95 Ch 54
9900 Körmend (H) 70 Bg 43
Kormovišče (RUS) 36 Fi 33
2100* Korneuburg (A) 56 Bg 42
62-035 Kórnik (PL) 56 Bh 38
Kornouhovo (RUS) 45 Ek 35
1796 Kornsjø (N) 28 Bb 32
Korolevskaja (RUS) 33 Ee 30
24004 Koróni (GR) 94 Cb 54
Koronissía (GR) 86 Ca 51
86-010 Koronowo (PL) 40 Bh 37
Korop (UA) 59 Dc 39
Korošilovo (RUS) 60 Di 39
Korosten' (UA) 58 Ci 40
Korostyn' (RUS) 31 Da 32
Korostyšiv (UA) 58 Ck 40
Koroteckaja (RUS) 32 Di 30
Koroviha (RUS) 33 Ee 33
Korpikå (S) 22 Cd 25
41801 Korpilahti (FIN) 22 Cf 28
98060 Korpilombolo (S) 15 Cd 24
21720 Korpo (FIN) 30 Cb 30
21720 Korppoo = Korpo (FIN) 30 Cb 30
Korsberga (S) 29 Bf 33
Korševo (RUS) 61 Ea 39
Koršik (RUS) 34 Ek 32
82042 Korskrogen (S) 21 Bf 29
66201 Korsnäs (FIN) 22 Cb 28
4220 Korsør (DK) 39 Bb 35
Korsun'-Ševčenkivskyj (UA) 59 Db 41
62421 Kortesjärvi (FIN) 22 Cd 27
Kortkeros (RUS) 34 Fb 29
8500 Kortrijk (B) 53 Ad 40
57200 Korucu (TR) 88 Ch 51
Kõruse (EST) 30 Cb 32
768 05 Koryčany (CZ) 56 Bh 41
16-140 Korycin (PL) 41 Cd 37
Korževka (RUS) 45 Eg 36
85300 Kós (GR) 95 Ch 54
Kosa (RUS) 35 Ff 31
Kosaja Gora (RUS) 43 Dh 36
Kosava (BY) 41 Cf 38
64-000 Kościan (PL) 56 Bg 38
83-400 Kościerzyna (PL) 40 Bh 36
75101 Kose (EST) 30 Cf 31
29650 Köse (TR) 90 Dk 50
Köseali (TR) 96 Ci 52
Kösehasan (TR) 91 Ec 51
25500 Köseler (TR) 87 Cg 51
25500 Köseler (TR) 96 Da 53
06628 Kösen, Bad (D) 55 Bb 39
42280 Kösere (TR) 97 De 53
Košezabl' (RUS) 76 Ea 46
040 01* Košice (SK) 57 Cb 42
Kosino (RUS) 32 Di 31
Kosino (RUS) 34 Fb 32
Kosiv (UA) 58 Cf 42
31260 Kosjerić (SRB) 71 Bk 46
Köşk (TR) 96 Ci 53
07700 Koskenkylä = Forsby (FIN) 30 Cf 30
41901 Koskenpää (FIN) 22 Cf 28
16710 Koski (FIN) 30 Cd 30
Koški (RUS) 26 Fa 28
Koški (RUS) 46 Fa 36
Koškino (RUS) 46 Fa 34
Koskolovo (RUS) 31 Ci 31
Kos'kovo (RUS) 32 Dd 30
61720 Koskue (FIN) 22 Cc 28
Koskul' (RUS) 65 Gb 39
98303 Koskullskulle (S) 14 Ca 23
Koslan (RUS) 26 Ei 27
Košmaki (RUS) 36 Gc 31
Kosolapovo (RUS) 45 Ek 34

Kosolapovo | 181

Kosorža RUS 60 Dg 38
Kosovska Mitrovica = Mitrovicë RKS 86 Ca 48
Kospašskij, Central'no- RUS 35 Fh 31
Kospašskij, Severo- RUS 35 Fh 31
Kösreli TR 97 Df 53
21061 Kósta GR 94 Cd 53
Kostajnica HR 70 Bg 45
Kost'antynivka = Južnoukrains'k UA 74 Db 43
517 41 Kostelec nad Orlicí CZ 56 Bg 40
2030 Kostenec BG 87 Cd 48
2230 Kostinbrod BG 87 Cd 48
Kostino RUS 36 Gc 33
Kostjantynivka UA 60 Dh 42
Kostjušino RUS 33 Ea 33
Kostobobriv UA 59 Dc 38
12208 Kostolac SRB 71 Cb 46
Kostomukša RUS 23 Da 26
Kostopil' UA 58 Cg 40
Kostroma RUS 33 Ea 33
66-470 Kostrzyn nad Odrą PL 55 Be 38
Kostyri RUS 43 Dd 36
Košuki RUS 37 Gf 33
75-900 Koszalin PL 40 Bg 36
42-286 Koszęcin PL 56 Bi 40
Kőszeg H 70 Bg 43
32-130 Koszyce PL 57 Ca 40
Kotë AL 86 Bk 50
Kötek TR 91 Ed 50
8970 Kotel BG 87 Cg 48
Kotel'nič RUS 34 Ei 32
Kotel'nikovo RUS 76 Ed 43
Kotel'nja UA 58 Ck 40
Kotel'va UA 59 De 40
06366 Köthen (Anhalt) D 55 Bb 39
89140 Kotila FIN 23 Ch 26
48100* Kotka FIN 30 Cg 30
Kotkino RUS 18 Fb 23
Kotlas RUS 34 Eg 29
Kotly RUS 31 Ci 31
85 330 Kotor MNE 86 Bi 48
Kotorsko BIH 71 Bi 46
Kotor Varoš BIH 70 Bh 46
Kotovo RUS 47 Fk 35
Kotovo RUS 61 Ee 40
Kotovsk RUS 61 Eb 38
Kotovs'k = Podil's'k UA 73 Ck 43
Kotovsk = Hînceşti MD 73 Ci 44
23066 Kótronas GR 94 Cc 54
9640* Kötschach-Mauthen A 69 Bc 44
93444 Kötzting, Bad D 55 Bc 41
57100 Koufália GR 86 Cc 50
8500 Kouklia CY 96 Dc 56
84005 Koutalás GR 94 Ce 53
72200 Koutsourás GR 95 Cf 55
45201 Kouvola FIN 30 Cg 30
26210 Kovačica SRB 71 Ca 45
Kovalëvo RUS 42 Dc 34
23850 Kovancılar TR 98 Dk 52
28310 Kovanlık TR 90 Di 50
Kovarzino RUS 32 Di 30
Kovda RUS 16 Dc 24
Kovdor RUS 16 Da 23
Kovel' = Kovil' UA 57 Ce 39
Kovera RUS 32 Dd 29
Kovernino RUS 33 Ed 33
82710 Kovero FIN 23 Da 28
Kovilovo SRB 71 Cc 46
26220 Kovin SRB 71 Ca 46
Kovkula RUS 24 Dk 27
Kovrigino RUS 33 Ed 33
Kovrov RUS 44 Eb 34
Kovylkino RUS 44 Ed 36
87-410 Kowalewo Pomorskie PL 40 Bi 37
58-530 Kowary PL 56 Bf 40
Köyceğiz TR 96 Ci 54
58660 Koyulhisar TR 90 Dh 50
Koyunağılı TR 88 Db 51
66540 Koyunculu TR 89 Df 50
Koyunlu TR 98 Dh 52
Koza RUS 33 Dk 32
29700 Kozağaç TR 90 Dk 50
35710 Kozak TR 87 Ch 51
50600 Kozaklı TR 89 De 51
54910* Kozan TR 97 Df 53
50100 Kozáni GR 86 Cb 50
42790 Kozanlı TR 89 Dc 51
Kozarac BIH 70 Bg 46
Kozcağa TR 89 Dc 49
Kozdinga RUS 25 Eh 27
Kozelec' UA 59 Db 40
Kozel'sk RUS 43 Df 36
26-900 Kozienice PL 57 Cb 39
Kozjatyn UA 58 Ci 41
47-200 Koźle, Kędzierzyn- PL 56 Bi 40
Kozlina RUS 33 Ea 30
3320 Kozloduj BG 72 Cd 47
Kozlovka RUS 45 Ei 35
Kozlovka RUS 61 Eb 39
Kozlovo RUS 33 Dk 30
67600 Kozlu TR 88 Db 49
67600 Kozlu TR 90 Dg 50
46000 Kozludere TR 98 Dh 53
Kozluk TR 99 Eb 52
Kozly RUS 24 Dk 25
63-720 Koźmin Wielkopolski PL 56 Bh 39
Koz'modem'jansk RUS 45 Eg 34
Kozova UA 58 Cf 41
67-120 Kożuchów PL 56 Bf 39
Kožva RUS 27 Fg 25
Kožym RUS 27 Fk 25
Kräckelbäcken S 29 Be 29
3770 Kragerø N 28 Ak 32
34000* Kragujevac SRB 71 Ca 46
Kraj Bor RUS 33 Ec 31
Kraj Gorbatka RUS 44 Eb 35
74-500 Krajnik Dolny PL 39 Be 37
Kraj Oktjabr' RUS 44 Eb 34
Krakovec' UA 57 Cd 41
Krakovo RUS 46 Fa 37
30-023 Kraków PL 56 Bk 40
561 69 Králíky CZ 56 Bg 40
Kraljevica HR 70 Be 45
36000* Kraljevo SRB 71 Ca 47
027 51 Kral'ovany SK 56 Bk 41
331 41 Kralovice CZ 55 Bd 41
077 01 Král'ovsky Chlmec SK 57 Cb 42
278 01 Kralupy nad Vltavou CZ 55 Be 40
Kramators'k UA 60 Dh 42
Kramatorsk = Kramators'k UA 60 Dh 42
87200 Kramfors S 21 Bh 28
Kranéa GR 86 Cb 51
21300 Kranídi GR 94 Cd 53
4000* Kranj SLO 70 Be 44
4280 Kranjska Gora SLO 69 Bd 44
Krapina HR 70 Bf 44
Krapivenskaja RUS 42 Dc 36
Krapivna RUS 43 Dh 37
Krapivnovo RUS 44 Ea 34
47-300 Krapkowice PL 56 Bh 40
Krasavino RUS 34 Eg 30
Krasino RUS 18 Fe 20
Krasivoe RUS 44 Ea 37
5601 Krāslava LV 42 Ch 35
Krasnae BY 42 Ch 36
Krasnaja RUS 25 Eg 28
Krasnaja Gora BY 42 Db 37
Krasnaja Gorka RUS 47 Fg 35
Krasnaja Jaruga RUS 60 Df 40
Krasnaja Poljana RUS 46 Fb 34
Krasnaja Poljana RUS 75 Ea 47
Krasnaja Rečka RUS 34 Fb 31
Krasnapolle BY 42 Db 37
Krasnij Log RUS 60 Dk 39
Krasnij Luč = Krasnyj Luč UA 60 Di 42
23-200 Kraśnik PL 57 Cc 40
Krasninskij RUS 47 Fk 37
Krasni Okny UA 73 Ck 43
Krasnoarmejsk RUS 43 Di 35
Krasnoarmejsk RUS 62 Ef 39
Krasnoarmejskaja RUS 75 Di 45
Krasnoarmejskoe RUS 63 Fa 38
Krasnoarmijs'k = Pokrovs'k UA 60 Dh 42
Krasnobarskij RUS 32 Df 31
Krasnoborsk RUS 34 Ef 29
Krasnodar RUS 75 Di 45
Krasnodon UA 60 Dk 42
Krasnoe RUS 34 Eh 31
Krasnoe RUS 42 Db 36
Krasnoe RUS 44 Di 38
Krasnoe-na-Volge RUS 33 Eb 33
Krasnoe Selo RUS 31 Da 31
Krasnogorodskoe RUS 42 Ci 34
Krasnogorsk RUS 43 Dh 35
Krasnogorskij RUS 45 Ei 34
Krasnogorskij RUS 47 Gb 36
Krasnogorskoe RUS 35 Fc 33
Krasnogvardejskij RUS 36 Gc 33
Krasnogvardejskoe RUS 76 Eb 45
Krasnoholm RUS 63 Fe 39
Krasnoholmskij RUS 46 Ff 35
Krasnohorivka UA 60 Dh 42
Krasnohrad UA 60 Df 41
Krasnohvardijs'ke (KRIM) 74 De 45
Krasnojarka RUS 36 Ga 31
Krasnojarskij RUS 64 Fk 39
Krasnojil's'k UA 58 Cf 42
Krasnokamsk RUS 35 Ff 32
Krasnokuts'k UA 60 Df 40
Krasnomajskij RUS 32 De 33
Krasnopartizanskij RUS 76 Ed 44
Krasnopavlivka UA 60 Dg 41
Krasnoperekops'k (KRIM) 74 Dd 45
Krasnopil'l'a UA 60 Df 40
Krasnoščel'e RUS 16 Dh 23
Krasnoselec RUS 62 Ef 41
Krasnoslobodsk RUS 44 Ed 36
Krasnoslobodsk RUS 61 Ee 42
Krasnotur'insk RUS 36 Ga 31
Krasnoufimsk RUS 47 Fh 34
Krasnoural'sk RUS 36 Ga 32
Krasnousol'skij RUS 47 Fg 37
Krasnovišersk RUS 35 Fh 30
Krasnozatoskij RUS 34 Fa 29
Krasnoznamensk RUS 41 Cc 36
Krasnye Baki RUS 34 Ef 33
Krasnye Barrikady RUS 77 Eh 44
Krasnye Tkači RUS 33 Dk 33
Krasnyj RUS 42 Db 36
Krasnyj Bor RUS 46 Fd 35
Krasnyj Holm RUS 32 Dh 32
Krasnyj Jar RUS 46 Fa 37
Krasnyj Jar RUS 61 Ee 40
Krasnyj Jar RUS 77 Ei 44
Krasnyj Ključ RUS 47 Fg 35
Krasnyj Kut RUS 62 Eh 40
Krasnyj Luč RUS 31 Da 33
Krasnyj Luč UA 60 Di 42
Krasnyj Lyman UA 60 Dh 42
Krasnyj Manyč RUS 76 Eb 44
Krasnyj Oktjabr' RUS 62 Ef 41
Krasnyj Ostrov RUS 45 Eg 35
Krasnyj Steklovat RUS 45 Ei 34
Krasnyj Sulin RUS 76 Ea 43
Krasnyj Zarja RUS 43 Dh 38
22-300 Krasnystaw PL 57 Cd 40
Krasuha RUS 32 Dd 33
Krasuha RUS 32 Df 32
Krasyliv UA 58 Cg 41
1360 Kratovo MK 86 Cc 48
33700 Kravga TR 97 Dd 54
Krečetovo RUS 32 Di 30
47798* Krefeld D 54 Ag 39
Kremenčug = Kremenčuk UA 59 Dd 41
Kremenčuk UA 59 Dd 41
Kremenec' UA 58 Cf 40
7224 Kremenica MK 86 Cb 50
Kreminci UA 57 Ce 42
Kreminna UA 60 Di 41
31242 Kremna SRB 71 Bk 47
967 01 Kremnica SK 56 Bi 42
3500* Krems an der Donau A 56 Bf 42
12316 Krepoljin SRB 71 Cb 46
2840 Kresna BG 87 Cd 49
Krestcy RUS 31 Dc 32
Krestcy RUS 32 Di 32
Krestovka RUS 18 Fc 24
Krestovo-Gorodišče RUS 45 Ei 36
Kresty RUS 34 Eg 33
Kresty RUS 43 Dh 35
Kresty RUS 43 Di 37
97001 Kretinga LT 40 Cb 35
55543* Kreuznach, Bad D 54 Ah 41
Krèva BY 41 Cg 36
58300 Kría Vrísi GR 86 Cc 50
4220 Kričim BG 87 Ce 48
8670* Krieglach A 70 Bf 43
5743 Krimml A 69 Bc 43
57091 Kristdala S 29 Bg 33
4601* Kristiansand N 28 Ah 32
29100* Kristianstad S 39 Be 34
6507 Kristiansund N 20 Ah 27
64100 Kristiinankaupunki = Kristinestad FIN 22 Cb 28
92037 Kristineberg S 21 Bi 25
68101* Kristinehamn S 29 Be 31
64100 Kristinestad FIN 22 Cc 28
85108 Kritinía GR 95 Ch 54
Kriuša RUS 34 Ei 33
Kriuša RUS 44 Dk 36
Kriuša RUS 44 Ed 35
Krivača BIH 85 Bi 48
17543 Kriva Feja SRB 86 Cc 48
1330 Kriva Palanka MK 86 Cc 48
Krivcy RUS 24 Dh 29
3060 Krivodol BG 72 Cd 47
Krivoe RUS 25 Eh 27
Krivojar RUS 62 Eg 40
Krivoj Rog = Krivyj Rih UA 74 Dd 43
Krivoles RUS 42 Dc 37
Krivorož'e RUS 61 Ea 42
Krivov RUS 61 Ec 42
Krivuševo RUS 26 Ek 27
Krivyj Rih UA 74 Dd 43
Križevci HR 70 Bg 44
Krjučkovka RUS 64 Ff 39
Krjukovo RUS 35 Ff 33
Krk HR 70 Be 45
Krnov CZ 56 Bh 40
3535 Krøderen N 28 Ak 30
Krohalevo RUS 35 Ff 32
60002 Krokek S 29 Bg 32
6877 Kroken N 21 Be 25
83501 Krokom S 21 Be 27
84-110 Krokowa PL 40 Bi 36
380 Króksfjarðarnes IS 48 Qi 25
92276 Kroksjö S 21 Bh 26
Krolevec' UA 59 Dd 39
767 01* Kroměříž CZ 56 Bh 41
Kromy RUS 43 Df 38
96317 Kronach D 55 Bb 40
68500* Kronoby FIN 22 Cd 27
Kronštadt RUS 31 Ck 31
Kronstadt = Kronštadt RUS 31 Ck 31
Kropačevo RUS 47 Fh 35
Kropotkin RUS 76 Ea 45
Kropyvnyc'kyj UA 59 Dc 42
99-340 Krośniewice PL 56 Bk 38
38-400 Krosno PL 57 Cb 41
66-600 Krosno Odrzańskie PL 56 Bf 38
63-700 Krotoszyn PL 56 Bh 39
Krrabë AL 86 Bk 49
8270 Krško SLO 70 Bf 45
Kruglyži RUS 34 Eh 32
Kruhlae BY 42 Ck 36
Krujë AL 86 Bk 49
86381 Krumbach (Schwaben) D 55 Ba 42
Krumë AL 86 Ca 48
6900 Krumovgrad BG 87 Cf 49
15314 Krupanj SRB 71 Bk 46
963 01 Krupina SK 56 Bk 42
Krupki BY 42 Ck 36
2740 Krupnik BG 87 Cd 49
8877 Krušare BG 87 Cg 48
9410 Krušari BG 73 Ch 47
37000* Kruševac SRB 71 Cb 47
8148 Kruševec BG 88 Ch 48
7550 Kruševo MK 86 Cb 49
5860 Krušovene BG 72 Ce 47
Krutec RUS 32 De 32
68500* Kruunupyy = Kronoby FIN 22 Cd 27
Kryčav BY 42 Db 37
77525* Krylbo S 29 Bg 30
Krylovka, Radica- RUS 43 De 37
Krylovo RUS 40 Cb 36
Krylovskaja RUS 75 Dk 44
Krylovskaja RUS 76 Ea 44
(KRIM)gireevskoe RUS 76 Ec 46
(KRIM)ne UA 57 Ce 39
(KRIM)sk RUS 75 Dh 46
27-230 Krynica-Zdrój PL 57 Ca 41
Krynki PL 41 Cd 37
Krynyčne UA 73 Ci 45
Kryvče UA 58 Cg 42
Kryve Ozero UA 73 Da 43
Kryvsk BY 59 Da 38
Kryžopil' UA 58 Ci 42
66-435 Krzeszyce PL 56 Bf 38
06-316 Krzynowłoga Mała PL 40 Ca 37
89-650 Krzyż PL 40 Bg 38
Kšenskij RUS 60 Dh 39
Kstovo RUS 45 Ee 34
44002 Ktísmata GR 86 Ca 51
Kuba RUS 76 Ed 47
Kubenskoe RUS 33 Dk 31
Kubovo RUS 24 Dh 29
7300 Kubrat BG 72 Cg 47
Kubrinsk RUS 43 Di 34
Kučema RUS 25 Ec 25
Kučerla RUS 76 Ed 45
12240* Kučevo SRB 71 Cb 46
Kučmalka RUS 76 Ec 47
Kuçovë AL 86 Bk 50
Küçükbahçe TR 95 Cg 52
17700 Küçükkuyu TR 87 Cg 51
37270 Küçüksu TR 99 Ec 52
Kučurhan UA 73 Ck 44
Kudeevskij RUS 47 Fg 36
Kudever' RUS 42 Ck 34
71049 Kudirkos Naumiestis LT 41 Cc 36
Kudowa-Zdrój PL 56 Bg 40
Kudrino RUS 34 Ef 31
Kudymkar RUS 35 Fe 31
Kueda RUS 46 Ff 34
54470 Kues, Bernkastel- D 54 Ah 41
6330* Kufstein A 69 Bc 43
Kuganavolok RUS 24 Dg 28
Kugej RUS 75 Dk 44
Kugesi RUS 45 Eh 34
Kugoevskaja RUS 76 Ea 44
Kugul'ta RUS 76 Ec 45
Kugunur, Izi- RUS 45 Ei 34
Kugušerga RUS 34 Eh 33
97701 Kuha FIN 22 Cg 25
18225 Kühlungsborn D 39 Bb 36
36880 Kuhmalahti FIN 30 Ce 29
88901 Kuhmo FIN 23 Ck 26
17801 Kuhmoinen FIN 30 Cf 29
Kuhtinka RUS 43 Di 36
99831 Kuhtur = Kuttura FIN 15 Cg 22
19510 Kuivajärvi FIN 23 Da 26
95100 Kuivaniemi FIN 22 Cf 25
94702 Kuivastu EST 30 Cd 32
Kuja RUS 18 Fd 23
Kujbyschew = Samara RUS 46 Fa 37
Kujbyšev = Bulgar RUS 45 Ek 36
Kujbyšev = Samara RUS 46 Fa 37
Kujbyševe = Bil'mak UA 75 Dg 43
Kujbyševe UA 75 Dh 43
Kujbyševka UA 74 Db 43
Kujbyševo RUS 75 Di 43
Kujbyševskij Zaton RUS 45 Ek 35
Kujman' RUS 44 Dk 38
Kukës AL 86 Ca 48
Kukmor RUS 46 Fa 34
Kukolivka UA 59 Dd 42
Kukuj RUS 31 Dc 31
Kukuštan RUS 35 Fg 33
3800* Kula BG 71 Cc 47
25230* Kula SRB 71 Bk 45
45170 Kula TR 96 Ci 52
Kulak TR 97 De 54
9361 Kulata BG 87 Cd 49
3301 Kuldīga LV 40 Cb 34
Kulebaki RUS 44 Ec 35
Kuleši RUS 43 Dh 38
Kulevči RUS 47 Gb 37
Kulgunino RUS 47 Fg 37
90024 Kuliai LT 40 Cb 35
Kuliga RUS 35 Fd 32
Kulikovka RUS 62 Eh 38
29340 Kullaa FIN 30 Cc 29
Küllük TR 91 Ed 51
95326 Kulmbach D 55 Bb 40
Kulmuksa RUS 24 De 28
Kulmyženskaja RUS 61 Ec 41
97960 Kuloharju FIN 23 Ci 25
Kuloj RUS 25 Ed 26
Kuloj RUS 33 Ec 29
Kulotino RUS 32 Dd 32
Kulozera RUS 25 Ef 27
21900 Kulp TR 99 Eb 52
Kul'šit RUS 45 Ek 34
42770 Kulu TR 89 Dd 51
Kuluevo RUS 47 Ga 35
44760 Kuluncak TR 98 Dh 52
Kulykivka UA 59 Db 39
Kumačove UA 75 Di 43
Kumak RUS 65 Ga 39
1300* Kumanovo MK 86 Cb 48
Kümbet TR 88 Da 51
Kümbetli TR 91 Ed 50
32440 Kumdanlı TR 96 Da 52
Kumeny RUS 34 Ek 32
Kumertau RUS 46 Ff 38
Kuminskij RUS 37 Gf 32
17600 Kumkale TR 87 Cg 51
17900 Kumköy TR 88 Ck 49
Kumla S 29 Bf 31
22820 Kumlinge AX 30 Ca 30
31520 Kumlu TR 97 Dg 54
Kumluca TR 96 Da 54
25770 Kumluyazı TR 91 Eb 50
Kummavuopio S 14 Ca 22
Kumrovec HR 70 Bf 44
52800 Kumru TR 90 Dh 50
Kumskoj RUS 77 Eg 46
Kumyrsa RUS 46 Fd 34
Kuna RUS 35 Fe 31
Kunakbaevo RUS 47 Fk 36
Kunašak RUS 47 Gb 35
44106* Kunda EST 30 Cg 31
Kundravy RUS 47 Ga 36
19800 Kunduzlu TR 88 Da 51
Kun'e UA 60 Dh 41
44200 Kungälv S 28 Bb 33
43400* Kungsbacka S 29 Bc 33
81203 Kungsgården S 29 Bg 29
45601 Kungshamn S 28 Bb 32
73601 Kungsör S 29 Bg 31
Kungur RUS 35 Fh 33
5340 Kunhegyes H 71 Ca 43
Kun'ja RUS 35 Fg 32
Kun'ja RUS 42 Da 34
5321 Kunmadaras H 71 Ca 43
5440 Kunszentmárton H 71 Ca 44
6090 Kunszentmiklós H 71 Bk 43
74653 Künzelsau D 54 Ak 41
Kuolajarvi RUS 15 Ck 24
93999 Kuolio FIN 23 Ci 25
Kuollejaur S 22 Bk 24
70100* Kuopio FIN 23 Ch 28
63101 Kuortane FIN 22 Cd 28
52730 Kuortti FIN 30 Cg 29
Kuouka S 14 Ca 24
Kup'ans'k UA 60 Dh 41
Kupanskoe RUS 43 Di 34
37222 Kupci SRB 71 Cb 47
Kupčik RUS 35 Fg 30
Kupino RUS 60 Dh 40
40001 Kupiškis LT 41 Ce 35
Kup'jans'k-Vuzlovyi UA 60 Dh 41
11000 Küplü TR 87 Cg 49
4582 Kuprava LV 31 Ch 33
Kupreevo RUS 44 Eb 35
Kupres BIH 70 Bh 47

182 | Kosorža

Kupurinskaja (RUS) 25 Ec 29
Kurachove (UA) 75 Dh 43
Kural (TR) 98 Di 53
Kurašim (RUS) 35 Fg 33
Kuratovo (RUS) 34 Ek 30
Kurba (RUS) 33 Dk 33
Kurčatovo (RUS) 60 Df 39
Kurdzinovo (RUS) 76 Ea 47
Kürecik (TR) 98 Dh 52
93101 Kurenalus = Pudasjärvi (FIN) 23 Ch 25
93811* Kuressaare (EST) 30 Cc 32
Kurganinsk (RUS) 76 Ea 46
Kurgenicy (RUS) 24 Df 28
Kurgolovo (RUS) 31 Ci 31
61301 Kurikka (FIN) 22 Cc 28
Kurilovka (RUS) 62 Ei 40
Kur'ja (RUS) 35 Fh 29
Kürkçü (TR) 97 De 53
Kurkiëki (RUS) 31 Ck 29
Kurkino (RUS) 43 Di 37
Kurlin (RUS) 63 Fa 39
Kurlovskij (RUS) 44 Ea 35
Kurmanaevka (RUS) 63 Fb 38
Kurmanava (BY) 42 Db 36
Kurmyš (RUS) 45 Eg 35
Kurne (UA) 58 Ci 40
Kurortne (UA) 73 Ck 45
Kurort Schmalkalden (D) 55 Ba 40
Kurovskoe (RUS) 43 Di 35
Kurovskoj (RUS) 43 Dg 36
Kurovyči (UA) 57 Ce 41
21-404 Kurów (PL) 57 Cc 39
Kurravaara (S) 14 Ca 23
Kursavka (RUS) 76 Ec 46
81001 Kuršėnai (LT) 41 Cc 34
Kursk (RUS) 60 Dg 39
Kurskaja (RUS) 76 Ee 47
98600 Kursu (FIN) 15 Ce 30
18430* Kuršumlija (SRB) 86 Cb 47
16900 Kurşunlu (TR) 88 Ci 50
16900 Kurşunlu (TR) 89 Dd 50
16900 Kurşunlu (TR) 98 Dh 52
95990 Kurtakko (FIN) 15 Ce 23
29600 Kurtalan (TR) 99 Eb 53
42815 Kurthasanlı (TR) 96 Dc 52
Kurtkale (TR) 91 Ed 49
33600 Kurtuluş (TR) 97 De 54
Kürtün (TR) 90 Dk 50
34301 Kuru (FIN) 22 Cd 29
06760 Kuruçay (TR) 90 Di 51
Kurumoč (RUS) 46 Fa 37
Kuša (RUS) 24 Dg 27
Kusa (RUS) 47 Fk 35
09400 Kuşadası (TR) 95 Ch 53
Kušalino (RUS) 32 Dg 33
Kuščevskaja (RUS) 75 Dk 44
Kus'e-Aleksandrovskij (RUS) 36 Fi 32
66869 Kusel (D) 54 Ah 41
Kusem (RUS) 64 Fk 39
33710 Kuskan (TR) 97 Dd 54
Kuškopola (RUS) 25 Ee 27
Kuskurgul' (RUS) 37 Gg 32
Kušnarenkovo (RUS) 46 Ff 35
Kuşsarayı (TR) 98 Di 52
6403 Küssnacht (SZ) (CH) 68 Ai 43
Kušva (RUS) 36 Fk 32
43000 Kütahya (TR) 88 Ck 51
Kutais (RUS) 75 Dk 46
Kutanovo (RUS) 47 Fh 37
Kutina (HR) 70 Bg 45
Kutjevo (HR) 70 Bh 45
Kutlu-Bukaš (RUS) 46 Fa 35
284 01* Kutná Hora (CZ) 56 Bf 41
99-300 Kutno (PL) 56 Bk 38
Kuttainen (S) 15 Cc 22
99831 Kuttura (FIN) 15 Cg 22
6800 Kutuzov = Ialoveni (MD) 73 Ci 44
Kúty (SK) 56 Bh 42
74601 Kuusalu (EST) 30 Cf 31
93999 Kuusamo (FIN) 23 Ck 25
45740 Kuusankoski (FIN) 30 Cg 30
83630 Kuusjärvi (FIN) 23 Ci 28
25330 Kuusjoki (FIN) 30 Cd 30
Kuvakino (RUS) 45 Eg 36
Kuvalat, Ivano- (RUS) 64 Fh 38
Kuvandyk (RUS) 64 Fh 39
Kuvšinovo (RUS) 32 De 33
Kuyubaşı (TR) 96 Dc 52
Kuyucak (TR) 96 Ci 53
Kuyucak (TR) 98 Di 53
80028 Kužai (LT) 41 Cd 34
"Kuz""elga" (RUS) 47 Fh 36
Kuzema (RUS) 24 De 25
Kuzemino (RUS) 33 Ec 31
Kuzem'jarovo (RUS) 46 Ff 33
Kužener (RUS) 45 Ei 34
Kuženkino (RUS) 32 De 33
Kuzino (RUS) 47 Fk 33
Kuzjanovo (RUS) 47 Fg 37
37800 Kuzlam (TR) 89 Dd 49
Kuz'mijar (RUS) 45 Ef 34
Kuz'minka (RUS) 32 Dg 31
Kuz'minskaja (RUS) 32 Dh 30
Kuz'minskaja (RUS) 33 Ec 30
Kuz'minskoe (RUS) 44 Dk 36
Kuznečiha (RUS) 45 Ek 36
Kuznecivsk (UA) 58 Cf 39
Kuzneck (RUS) 45 Eg 37
Kuzneckoe (RUS) 47 Ga 35
Kuznečnoe (RUS) 31 Ck 29
Kuznecova (RUS) 36 Gc 31
Kuznecovo (RUS) 33 Ea 30
Kuzomen (RUS) 25 Ec 26
Kuzomen' (RUS) 16 Dg 24
Kužorskaja (RUS) 76 Ea 46
Kuzovatovo (RUS) 45 Eh 37
Kuzreka (RUS) 16 De 24
18000 Kuzu (TR) 89 Dd 50
33730 Kuzucubelen (TR) 97 De 54
37000 Kuzyaka (TR) 89 Dd 49
Kvænangsbotn (N) 15 Cc 21
5772 Kværndrup (DK) 39 Ba 35
9100 Kvaløysletta (N) 14 Bi 21
9620 Kvalsund (N) 15 Cd 20
6090 Kvalsvik (N) 20 Af 28
Kvarkeno (RUS) 64 Fk 38
Kvarnberg (S) 29 Be 29
Kvašinskoe (RUS) 36 Gc 33
Kvelia (N) 21 Bd 26
7243 Kvenvær (N) 20 Ai 27
96202 Kvikkjokk (S) 14 Bh 24
4480 Kvinesdal (N) 28 Ag 32
3850 Kviteseid (N) 28 Ai 31
82-500 Kwidzyn (PL) 40 Bi 37
18025 Kybartai (LT) 41 Cc 36
Kydz'vidz' (RUS) 34 Ek 30
Kyjiv (UA) 59 Da 40
696 55* Kyjov (CZ) 56 Bh 41
Kylasovo (RUS) 35 Fg 33
IV40 Kyle of Lochalsh (GB) 50 Se 33
54655 Kyllburg (D) 54 Ag 40
Kyn (RUS) 36 Fi 33
Kyrčany (RUS) 34 Fa 33
16866 Kyritz (D) 39 Bc 38
7200 Kyrksæterøra (N) 20 Ak 27
02400* Kyrkslätt = Kirkkonummi (FIN) 30 Ce 30
Kyrnasivka (UA) 58 Ci 42
Kyrnyčky (UA) 73 Ck 45
Kyrta (RUS) 27 Fh 26
Kyštym (RUS) 47 Ga 35
Kytlym (RUS) 36 Fk 31
43701 Kyyjärvi (FIN) 22 Ce 27
Kyzburun Tretij (RUS) 76 Ed 47

L

2136 Laa an der Thaya (A) 56 Bg 42
18299 Laage (D) 39 Bc 37
57334 Laasphe, Bad (D) 54 Ai 40
Labin (HR) 70 Be 45
Labinsk (RUS) 76 Ea 46
Labinsk, Ust'- (RUS) 75 Dk 45
89-210 Łabiszyn (PL) 40 Bh 38
40210 Labouheyre (F) 66 Sk 46
Labožskoe (RUS) 18 Fc 23
40420 Labrit (F) 66 Sk 46
81290 Labruguière (F) 67 Ac 47
Laç (AL) 86 Bk 49
33680 Lacanau (F) 66 Si 46
33680 Lacanau-Océan (F) 66 Si 45
46120 Lacapelle-Marival (F) 67 Ab 46
81230 Lacaune (F) 67 Ac 47
19020 Lâçin (TR) 89 De 50
Läckeby (S) 40 Bg 34
Läckö (S) 29 Bd 32
Lackoe (RUS) 32 Di 32
08034 Laconi (I) 83 Ak 51
68300 Ládi (GR) 87 Cg 49
55760 Lâdik (TR) 89 Df 50
00055 Ladispoli (I) 84 Bc 49
Ladovskaja Balka (RUS) 76 Eb 45
Ladožskoe (RUS) 32 Dg 32
Ladožskoe Ozero (RUS) 31 Db 30
Laduškin (RUS) 40 Ca 36
Ladva (RUS) 32 De 29
Ladyžyn (UA) 58 Ck 42
6854 Lærdalsøyri (N) 28 Ah 29
85107 Láerma (GR) 95 Ch 54
Lævvajokgiedde (N) 15 Cg 21
Lagan' (RUS) 77 Eh 45
Lagarfljót (IS) 48 Rf 25
63-740 Łagiewniki (PL) 56 Bg 40
73170 Lagnieu (F) 68 Af 45
77400 Lagny-sur-Marne (F) 53 Ac 42
8365-092 Lagoa (P) 92 Sb 53
67063 Lágos (GR) 87 Cf 49
8005-496 Lagos (P) 92 Sb 53
11220 Lagrasse (F) 82 Ac 47
12210 Laguiole (F) 67 Ac 46
24234 Laguna de Negrillos (E) 80 Se 48
Lahania (GR) 95 Ch 55
Lahdenpoh'ja (RUS) 31 Da 29
Lahišyn (BY) 58 Cf 38
Lahnajärvi (S) 15 Cc 24
Lahojsk (BY) 42 Ch 36
31200 Laholm (S) 39 Bd 34
Lahoma (RUS) 25 Ef 29
77933 Lahr/Schwarzwald (D) 54 Ah 42
Lahta (RUS) 23 Dd 29
23601 Lahti (FIN) 30 Cf 30
89150 Laichingen (D) 54 Ak 42
IV22 Laide (GB) 50 Se 32
21330 Laignes (F) 67 Ae 43
66401 Laihia (FIN) 22 Cc 28
Laimoluokta (S) 14 Bk 22
Lainio (S) 15 Cc 23
IV27 Lairg (GB) 50 Sf 32
12310 Laissac (F) 67 Ac 46
93093 Laisvall (S) 21 Bh 24
23801 Laitila (FIN) 30 Cb 30
Lajmy (RUS) 37 Gi 33
Lakaträsk (S) 15 Cb 24
4241 Lăki (BG) 87 Ce 49
Lâki (BG) 87 Ce 49
Lakí (GR) 95 Cg 53
Lakinsk (RUS) 44 Dk 34
73005 Lákki (GR) 94 Cd 55
68002 Lákkoma (GR) 87 Cf 50
Lakly (RUS) 47 Fi 35
9700 Lakselv (N) 15 Ce 20
Laktaši (BIH) 70 Bh 46
22950 Lalapaşa (TR) 87 Cg 49
36500 Lalín (E) 80 Sb 48
Lal'sk (RUS) 34 Eh 30
07270 Lamastre (F) 67 Ae 46
4650 Lambach (A) 55 Bd 42
22400* Lamballe (F) 52 Sh 42
Lambas (RUS) 25 Ef 28
Lambisel'ga (RUS) 23 Dc 29
Lamborn (S) 29 Bf 30
5100-387 Lamego (P) 80 Sc 49
35101 Lamía (GR) 94 Cc 52
16901 Lammi (FIN) 30 Cf 29
92010 Lampedusa (I) 84 Bc 55
3623 Lampeland (N) 28 Ak 31
SA48 Lampeter (GB) 52 Sf 38
Lampožnja (RUS) 25 Ee 25
22250 Lanaja (E) 82 Sk 49
ML11 Lanark (GB) 51 Sg 35
LA1 Lancaster (GB) 51 Sh 36
66034 Lanciano (I) 85 Be 48
58066 Lančiūnava (LT) 41 Ce 35
94405 Landau an der Isar (D) 55 Bc 42
76829 Landau in der Pfalz (D) 54 Ai 41
6500* Landeck (A) 69 Ba 43
29800 Landerneau (F) 52 Sf 42
29400* Landivisiau (F) 52 Sf 42
83100 Landön (S) 21 Be 27
86899 Landsberg am Lech (D) 55 Ba 42
84028* Landshut (D) 55 Bc 42
26100* Landskrona (S) 39 Bc 35
66849 Landstuhl (D) 54 Ah 41
Lanesborough = Baile Átha Liagh (IRL) 49 Sc 37
84093 Långå (S) 21 Bd 28
57200 Langadás (GR) 87 Cd 50
42320 Langa de Duero (E) 81 Sg 49
22003 Langádia (GR) 94 Cc 53
43300 Langeac (F) 67 Ad 45
37130 Langeais (F) 66 Aa 43
35480 Längelmäki (FIN) 30 Ce 29
49838 Langen (D) 38 Ai 37
6444 Längenfeld (A) 69 Ba 43
30851* Langenhagen (D) 54 Ak 38
99947 Langensalza, Bad (D) 55 Ba 39
4900* Langenthal (CH) 68 Ah 43
5550 Langeskov (DK) 39 Ba 35
3970 Langesund (N) 28 Ak 31
Langevåg (N) 20 Ag 28
880 Langholt (IS) 48 Rb 27
3550 Langnau im Emmental (CH) 68 Ah 44
9840 Langnes (N) 15 Ci 20
48300 Langogne (F) 67 Ad 46
41320 Langon (F) 66 Sk 46
33900 Langreo = Llangréu (E) 80 Se 47
52200* Langres (F) 68 Af 43
88220 Långsele (S) 21 Bh 27
Langstrand (N) 15 Cd 20
Långträsk (S) 22 Ca 25
89054 Långvattnet (S) 21 Bg 25
99-306 Łanięta (PL) 56 Bk 38
Lanivci (UA) 58 Cg 41
Länkipohja = Längelmäki (FIN) 30 Ce 29
98013 Lannavaara (S) 15 Cb 22
65300* Lannemezan (F) 82 Aa 47
29870 Lannilis (F) 52 Sf 42
22300* Lannion (F) 52 Sg 42
24270 Lanouaille (F) 67 Ab 45
95698 Lansjärv (S) 15 Cc 24
563 01 Lanškroun (CZ) 56 Bg 41
73480 Lanslebourg-Mont-Cenis (F) 68 Ag 45
41200* Lanthenay, Romorantin- (F) 67 Ab 43
08045 Lanusei (I) 83 Ak 51
02000* Laon (F) 53 Ad 41
03120 Lapalisse (F) 67 Ad 44
73101 Lapinlahti (FIN) 23 Ch 27
62601 Lappajärvi (FIN) 22 Cd 27
Läppe (S) 29 Bf 31
53006* Lappeenranta (FIN) 31 Ci 29
64320 Lappfjärd (FIN) 22 Cb 28
27260 Lappi (FIN) 30 Cb 29
10820 Lappohja (FIN) 30 Cd 31
Lappoluobbal (N) 15 Cd 21
10820 Lappvik = Lappohja (FIN) 30 Cd 31
Lapseki (TR) 87 Cg 50
Lapševo (RUS) 45 Ek 35
Laptevo (RUS) 42 Ci 34
62101 Lapua (FIN) 22 Cc 28
3431 Lăpușna (MD) 73 Ci 44
547331 Lăpușna (RO) 72 Cf 44
64320 Lapväärtti = Lappfjärd (FIN) 22 Cb 28
67100 L'Aquila (I) 84 Bd 48
15188 Laracha (E) 80 Sb 47
09651 Lara de los Infantes (E) 81 Sg 48
Laragh = An Láithreach (IRL) 49 Sd 37
05300 Laragne-Montéglin (F) 68 Af 46
62034 Lärbro (S) 29 Bi 33
19600 Larche (F) 68 Ag 46
39770 Laredo (E) 66 Sg 47
07110 Largentière (F) 67 Ae 46
KA30 Largs (GB) 51 Sf 35
35012 Lárimna (GR) 94 Cd 52
86035 Larino (I) 85 Be 49
Larino (RUS) 47 Fk 36
Larionovo (RUS) 33 Dk 32
41001* Lárissa (GR) 86 Cc 51
1560 Larkollen (N) 28 Ba 31
6010* Larnaka (CY) 97 Dd 56
BT40 Larne (GB) 49 Se 36
15150 Laroquebrou (F) 67 Ac 46
6084 Larsnes (N) 20 Af 28
64440 Laruns (F) 82 Sk 48
3256* Larvik (N) 28 Ba 31
86-320 Łasin (PL) 40 Bk 37
98-100 Łask (PL) 56 Bk 39
Lašma (RUS) 44 Eb 36
19100* La Spezia (I) 69 Ak 46
17440 Lassan (D) 39 Bd 37
Lastovo (HR) 85 Bg 48
Lastva (BIH) 85 Bi 48
74014 Laterza (I) 85 Bg 50
33260 La Teste-de-Buch (F) 66 Si 46
49762 Lathen (D) 38 Ah 38
KW5 Latheron (GB) 50 Sg 32
91294 Latikberg (S) 21 Bh 26
04100 Latina (I) 84 Bc 49
Lat'juga (RUS) 26 Ei 26
610 Látrar (IS) 48 Qh 24
01979 Lauchhammer (D) 55 Bd 39
Laudal (N) 28 Ah 32
TD2 Lauder (GB) 51 Sh 35
01400 Laudio = Llodio (E) 81 Sh 47
4862 Ļaudona (LV) 41 Cg 34
21481 Lauenburg/Elbe (D) 39 Ba 37
91207 Lauf an der Pegnitz (D) 55 Bb 41
810 Laugarvatn (IS) 48 Qk 26
04470 Laujar de Andarax (E) 93 Sh 54
Lauker (S) 22 Bk 25
9194 Lauksletta (N) 14 Ca 20
Laumes, les (F) 67 Ae 43
PL15 Launceston (GB) 52 Sf 40
88471 Laupheim (D) 54 Ak 42
AB30 Laurencekirk (GB) 50 Sh 34
85044 Lauria (I) 85 Bf 50
56330 Lauritsala (FIN) 31 Ci 29
1000* Lausanne (CH) 68 Ag 44
36341 Lauterbach (Hessen) (D) 54 Ak 40
37431 Lauterberg im Harz, Bad (D) 55 Ba 39
67742 Lauterecken (D) 54 Ah 41
53000* Laval (F) 52 Sk 42
83980 Lavandou, le (F) 68 Ag 47
68004 Lávara (GR) 87 Cg 49
81500 Lavaur (F) 67 Ab 47
09300 Lavelanet (F) 82 Ab 48
85024 Lavello (I) 85 Bf 49
21014 Laveno Mombello (I) 68 Ai 45
38601 Lavia (FIN) 30 Cc 29
6947 Lavik (N) 28 Af 29
38015 Lavis (I) 69 Bb 44
7050-467 Lavre (P) 92 Sb 52
Lavrio (GR) 94 Ce 53
Lavrovo (RUS) 32 Dh 31
Lavrovo (RUS) 32 Dh 33
Lavsja (RUS) 44 Eb 35
69501 Laxå (S) 29 Be 32
91201 Laxbäcken (S) 21 Bg 26
IM4 Laxey (GBM) 51 Sf 36
IV27 Laxford Bridge (GB) 50 Se 32
ZE2 Laxo (GB) 50 Si 30
Laž (RUS) 34 Ek 33
11550* Lazarevac (SRB) 71 Ca 46
Lazarevo (RUS) 46 Fa 34
Lazarevskaja (RUS) 33 Dk 29
Lazarevskoe (RUS) 75 Dk 47
67001 Lazdijai (LT) 41 Cd 36
4222 Lazo (MD) 73 Ci 43
6200 Lazovsk = Sîngerei (MD) 73 Ci 43
84-360 Łeba (PL) 40 Bh 36
16230 Lebane (SRB) 86 Cb 48
9280 Lebbeke (B) 53 Ae 39
Lebedino (RUS) 45 Ek 35
Lebedjan' (RUS) 44 Dk 37
Lebedyn (UA) 59 De 40
Lebjaž'e (RUS) 34 Ek 33
Lebjažsk (RUS) 35 Fe 29
84-300* Lębork (PL) 40 Bh 36
41740 Lebrija (E) 92 Sd 54
Lebskoe (RUS) 26 Ei 26
73100 Lecce (I) 85 Bi 50
23900 Lecco (I) 69 Ak 45
6764* Lech (A) 69 Ba 43
3622 Lēči (LV) 30 Cb 33
50160 Leciñena (E) 82 Sk 49
25917 Leck (D) 38 Ai 36
32700 Lectoure (F) 66 Aa 47
21-010 Łęczna (PL) 57 Cc 39
99-100 Łęczyca (PL) 56 Bk 38
37100 Ledesma (E) 80 Se 49
IV27 Ledmore Junction (GB) 50 Sf 32
Ledmozero (RUS) 23 Dc 26
Led'ozero (RUS) 25 Eb 28
LS7 Leeds (GB) 51 Si 37
ST13 Leek (GB) 51 Sh 37
26789 Leer (Ostfriesland) (D) 38 Ah 37
4140 Leerdam (NL) 54 Af 39
Leesi (EST) 30 Cf 31
8900* Leeuwarden = Ljouwert (NL) 38 Af 37
31082 Lefkáda (GR) 94 Ca 52
62100 Lefkónas (GR) 87 Cd 49
Lefkoniko 97 Dd 55
Lefkoşa = Lefkosia 97 Dd 55
1010* Lefkosia (CY) 97 Dd 55
28911 Leganés (E) 81 Sg 50
44650 Legé (F) 66 Si 44
05-118* Legionowo (PL) 57 Ca 38
Legkovo (RUS) 32 Di 32
20025 Legnano (I) 68 Ai 45
59-200 Legnica (PL) 56 Bg 39
Legrad (HR) 70 Bg 44
76600* Le Havre (F) 53 Aa 41
27053 Lehena (GR) 94 Cb 53
31275 Lehrte (D) 54 Ak 38
Lehta (RUS) 23 Dd 26
Lëhta (RUS) 34 Ei 30
63501 Lehtimäki (FIN) 22 Cd 28
8430* Leibnitz (A) 70 Bf 44
LE5 Leicester (GB) 52 Si 38
2300* Leiden (NL) 53 Ae 38
Leighlinbridge = Leithghlinn an Droichid (IRL) 49 Sd 38
LU7 Leighton Buzzard (GB) 52 Sk 39
6863 Leikanger (N) 28 Ag 29
6863 Leikanger (N) 20 Af 28
Leipojärvi (S) 15 Cb 23
04103* Leipzig (D) 55 Bc 39
7112 Leira (N) 28 Ak 30
7112 Leira (N) 20 Ai 27
Leiråmoen (N) 14 Be 24
2400-013* Leiria (P) 80 Sb 51
520 Leirvík (FO) 50 Sd 28
5411 Leirvik (N) 28 Af 29
5411 Leirvik (N) 28 Af 31
94501 Leisi (EST) 30 Cc 32
IP16 Leiston (GB) 53 Ab 38
Leithghlinn an Droichid (IRL) 49 Sd 38
Leitir Creanainn = Letterkenny (IRL) 49 Sc 36
41770 Leivonmäki (FIN) 22 Cg 29
31880 Leiza (E) 81 Si 47
64009 Lekáni (GR) 87 Ce 49
Lekbibaj (AL) 86 Bk 48
48280 Lekeitio (E) 66 Sh 47
Lekma (RUS) 34 Ek 31
8370 Leknes (N) 14 Bd 22
79301 Leksand (S) 29 Bf 30
7120 Leksvik (N) 20 Ba 27
Leland (N) 14 Bc 24
Lel'čycy (BY) 58 Ci 39
Lel'ma (RUS) 26 Ea 28
8200* Lelystad (NL) 54 Af 38
72000* Le Mans (F) 66 Aa 43
64350 Lembeye (F) 66 Sk 47
3010* Lemesos = Limassol (CY) 97 Dc 56
Lemeza (RUS) 47 Fh 36
32657 Lemgo (D) 54 Ai 38
Lem'ju (RUS) 26 Fe 26
99885 Lemmenjoki (FIN) 15 Cg 22
Lemmer (NL) 38 Af 38
53077 Lémos (GR) 86 Cb 50
37560 Lempäälä (FIN) 30 Cd 29
43410 Lempdes (F) 67 Ad 45
Lemptybož (RUS) 27 Fg 27
7620 Lemvig (DK) 38 Ai 34
Lenavož (RUS) 26 Ff 27
5651 Lend (A) 69 Bd 43
70400 Léndas (GR) 94 Ce 56
9220 Lendava (SLO) 70 Bg 44
Lendery (RUS) 23 Db 27
49838 Lengerich (D) 54 Ah 38
83661 Lenggries (D) 69 Bb 43
36073 Lenhovda (S) 39 Bf 34
Lenina (BY) 59 Db 38
Lenine (KRIM) 74 Df 45
190000* Leningrad = Sankt-Peterburg (RUS) 31 Da 31

Leningrad = Sankt-Peterburg | 183

Leningradskaja (RUS) 75 Dk 44
Leninogorsk (RUS) 46 Fc 36
Leninsk (RUS) 35 Fe 32
Leninsk (RUS) 47 Fk 36
Leninsk (RUS) 62 Ef 42
Leninskij (RUS) 43 Dh 36
Leninskoe (RUS) 34 Eh 32
3775 Lenk (CH) 68 Ah 44
Lenkivci (UA) 58 Ch 40
62300 Lens (F) 53 Ac 40
Lent'evo (RUS) 32 Dg 32
88930 Lentiira (FIN) 23 Ck 26
96016 Lentini (I) 84 Be 53
25001 Lentvaris (LT) 41 Cf 36
8700* Leoben (A) 70 Bf 43
HR6 Leominster (GB) 52 Sh 38
24001* León (E) 80 Se 48
40550 Léon (F) 66 Si 47
Leonarisso 97 De 55
22021 Leondári (GR) 94 Cc 53
94013 Leonforte (I) 84 Be 53
22300 Leonídio (GR) 94 Cc 53
3970 Leopoldsburg (B) 54 Af 39
2285 Leopoldsdorf im Marchfelde (A) 56 Bg 42
6300 Leova (MD) 73 Ci 44
6300 Leovo = Leova (MD) 73 Ci 44
21440 Lepe (E) 92 Sc 53
Lepel' (BY) 42 Ci 36
43500 Leposavić (SRB) 71 Ca 47
34500 Lépoura (GR) 94 Ce 52
79101 Leppävirta (FIN) 23 Ch 28
8132 Lepsény (H) 71 Bi 44
68100 Leptokariá (GR) 86 Cc 50
90025 Lercara Friddi (I) 84 Bd 53
19032 Lerici (I) 69 Ak 46
25001 Lérida = Lleida (E) 82 Aa 49
09340 Lerma (E) 81 Sg 48
Lermontov (RUS) 76 Ed 46
Lermontovo (RUS) 44 Ed 38
6631 Lermoos (A) 69 Ba 43
44300* Lerum (S) 29 Bc 33
Lervik (N) 28 Ba 31
ZE1 Lerwick (GB) 50 Si 30
25540 Les (E) 82 Aa 48
29770 Lescoff (F) 52 Sf 42
Leshoz (RUS) 46 Fa 34
71010 Lesina (I) 85 Bf 49
2665 Lesja (N) 20 Ai 28
2668 Lesjaskog (N) 20 Ai 28
68096 Lesjöfors (S) 29 Be 31
Lesken (RUS) 91 Ed 47
38-600 Lesko (PL) 57 Cc 41
Leskovac (SRB) 86 Cb 48
Leskovik (AL) 86 Ca 50
59-820 Leśna (PL) 56 Bf 39
29260 Lesneven (F) 52 Sf 42
Lesnikovo (RUS) 44 Eb 35
Lesnoe (RUS) 32 Df 32
Lesnoe Ukolovo (RUS) 60 Di 40
Lesnoj (RUS) 35 Fc 31
Lesnoj (RUS) 44 Ea 36
Lesnoj (RUS) 47 Ga 36
Lesogorsk (RUS) 44 Ed 35
33340 Lesparre-Médoc (F) 66 Sk 45
40260 Lesperon (F) 66 Si 47
50430 Lessay (F) 52 Si 41
69440 Lestijärvi (FIN) 22 Ce 27
Lešukonskoe (RUS) 25 Ef 26
05-084 Leszno (PL) 56 Bg 39
4281 Létavértes (H) 71 Cb 43
8868 Letenye (H) 70 Bg 44
Letka (RUS) 34 Ek 31
31380 Letku (FIN) 30 Cd 30
Letneozerskij (RUS) 24 Ea 27
Letnerečenskij (RUS) 24 De 26
5570 Letnica (BG) 72 Cf 47
Letnij Navolok (RUS) 24 Dh 25
Letnjaja Zolotica (RUS) 24 Dg 26
Letterkenny = Leitir Ceanainn (IRL) 49 Sc 36
Letyčiv (UA) 58 Ch 41
11370 Leucate-Plage (F) 82 Ad 48
3954 Leukerbad (CH) 68 Ah 44
Leunova (RUS) 25 Ec 26
3432 Leuşeni (MD) 73 Ci 44
88299 Leutkirch im Allgäu (D) 69 Ba 43
3000 Leuven (B) 53 Ae 40
Leuza (RUS) 47 Fi 35
7900 Leuze-en-Hainaut (B) 53 Ad 40
51310 Levä (FIN) 23 Ch 28
7600 Levanger (N) 20 Bb 27
19015 Levanto (I) 69 Ak 46
KY8 Leven (GB) 50 Sh 34
Levent (TR) 98 Dh 52
51371* Leverkusen (D) 54 Ag 39
22002 Levídi (GR) 94 Cc 53
20170 Levie (F) 83 Ak 49
25270 Levier (F) 68 Ag 44
Levino (RUS) 33 Dk 33
6540 Levka (BG) 87 Cg 49
33053 Levkadíti (GR) 94 Cc 52
35003 Levkás (GR) 94 Cb 52
Levkinskaja (RUS) 26 Fb 26
054 01 Levoča (SK) 57 Ca 41
Levokumskoe (RUS) 76 Ee 46
36110 Levroux (F) 67 Ab 44
9171 Levski (BG) 72 Cf 47
Lev Tolstoj (RUS) 44 Dk 37
2817 Levunovo (BG) 87 Cd 49
SO45 Lewes (GB) 53 Aa 40
PR25 Leyland (GB) 51 Sh 37
Leždug (RUS) 18 Fc 23
Lezhë (AL) 86 Bk 49
11200 Lézignan-Corbières (F) 67 Ac 47
Lëzna (BY) 42 Da 35
Ležnevo (RUS) 44 Ea 34
63190 Lezoux (F) 67 Ad 45
L'gov (RUS) 60 Df 39
L'govski, Dmitriev (RUS) 60 Df 38
6230 Liabygd (N) 20 Ah 28
34374 Liatorp (S) 39 Be 34
460 01* Liberec (CZ) 56 Bf 40
Libohovë (AL) 86 Ca 50
33500* Libourne (F) 66 Sk 46
Librazhd (AL) 86 Ca 49
92027 Licata (I) 84 Bd 53
21700 Lice (TR) 99 Ea 52
WS13 Lichfield (GB) 51 Si 38
35104 Lichtenfels (D) 55 Bb 40
Lida (BY) 41 Cf 37
91094 Liden (S) 21 Bg 28
34010 Lidhult (S) 39 Bd 34
53101* Lidköping (S) 29 Bd 32
00121 Lido di Ostia (I) 84 Bc 49
13-230 Lidzbark (PL) 40 Bk 37
11-100* Lidzbark Warmiński (PL) 40 Ca 36
16559 Liebenwalde (D) 39 Bd 38
04924 Liebenwerda, Bad (D) 55 Bd 39
15868 Lieberose (D) 55 Be 39
4000* Liège (B) 54 Af 40
81720 Lieksa (FIN) 23 Da 27
5070* Lielvārde (LV) 41 Ce 34
9900* Lienz (A) 69 Bc 44
3401* Liepāja (LV) 40 Cb 34
2500 Lier (B) 53 Ae 39
2500 Lierre = Lier (B) 53 Ae 39
4410 Liestal (CH) 68 Ah 43
Lietekkåbba (S) 14 Bk 23
21421 Lieto (FIN) 30 Cc 30
41401 Lievestuore (FIN) 22 Cg 28
62143 Liévin (F) 53 Ac 40
8940* Liezen (A) 70 Be 43
88350 Liffol-le-Grand (F) 54 Af 42
BT78 Lifford (GB) 49 Sc 36
Lifford (IRL) 49 Sc 36
35340 Liffré (F) 52 Si 42
33054 Lignano Sabbiadoro (I) 69 Bd 45
18160 Lignières (F) 67 Ac 44
55500 Ligny-en-Barrois (F) 54 Af 42
Ligórtinos (GR) 95 Cf 55
37240 Ligueil (F) 66 Aa 43
Lihačevo (RUS) 32 Dh 32
34300 Lihás (GR) 94 Cc 52
Lihoslavl' (RUS) 32 Df 33
Lihovskoj (RUS) 61 Ea 42
90302* Lihula (EST) 30 Cd 32
Lílea (GR) 94 Cc 52
28865 Lilienthal (D) 38 Ai 37
46301 Lilla Edet (S) 29 Bc 32
59000* Lille (F) 53 Ad 40
76170 Lillebonne (F) 53 Aa 41
2608* Lillehammer (N) 28 Ba 29
62190 Lillers (F) 53 Ac 40
4790 Lillesand (N) 28 Ai 32
2000 Lillestrøm (N) 28 Bb 31
84080 Lillhärdal (S) 21 Be 29
45870 Lillo (E) 81 Sg 51
91050 Lillögda (S) 21 Bh 26
78064 Lima (S) 29 Bd 30
Liman (RUS) 77 Eh 45
Liman (UA) 60 Dg 41
Limannvika (N) 21 Bd 26
34-600* Limanowa (PL) 57 Ca 41
3010* Limassol = Lemesos (CY) 97 Dc 56
BT49 Limavady (GB) 49 Sd 35
4001 Limbaži (LV) 30 Ce 33
65549* Limburg an der Lahn (D) 54 Ai 40
Limedsforsen (S) 29 Bd 30
Liménas Hersónissos (GR) 95 Cf 55
Limerick = Luimneach (IRL) 49 Sb 38
91901 Liminka (FIN) 22 Cf 26
51404 Limmared (S) 29 Bd 33
21055 Límnes (GR) 94 Cc 53
34005 Límni (GR) 94 Cd 52
87000* Limoges (F) 67 Ab 45
46260 Limogne-en-Quercy (F) 67 Ab 46
12015 Limone Piemonte (I) 68 Ah 46
33770 Limonlu (TR) 97 De 54
11300 Limoux (F) 82 Ac 47
Linahamari (RUS) 16 Db 21
39580 Linares (E) 93 Sg 52
34007 Linariá (GR) 94 Ce 52
Linava (BY) 57 Ce 38
LN4 Lincoln (GB) 51 Sk 37
88131 Lindau (Bodensee) (D) 69 Ak 43
71101 Lindesberg (S) 29 Bf 31
85107 Líndos (GR) 96 Ci 54
Lindozero (RUS) 23 Dd 28
11300 Línea de la Concepción, La (E) 92 Se 54
Linec (RUS) 60 Df 38
Linejnoe (RUS) 77 Eh 44
Linevo (RUS) 61 Ee 40
49808* Lingen (Ems) (D) 54 Ah 38
58002* Linköping (S) 29 Bf 32
83046 Linkuva (LT) 41 Cd 34
EH49 Linlithgow (GB) 51 Sg 35
Linovo (RUS) 31 Ch 33
84201 Linsell (S) 21 Bd 28
8783 Linthal (CH) 69 Ak 44
53545 Linz (A) 55 Be 42
49220 Lion-d'Angers, le (F) 66 Sk 43
Lios Duin Bhearn (IRL) 49 Sa 37
Lios Mór = Lismore (IRL) 49 Sc 38
Lios Tuathail = Listowel (IRL) 49 Sa 38
082 71 Lipany (SK) 57 Ca 41
98055 Lipari (I) 84 Be 52
4706 Lipcani (MD) 58 Cg 42
Lipeck (RUS) 60 Dk 38
83101 Liperi (FIN) 23 Ck 28
6210 Lipica (SLO) 69 Bd 45
Lipicy-Zybino (RUS) 43 Dh 37
Lipin Bor (RUS) 32 Di 30
14000 Lipjan = Lipljan (RKS) 86 Cb 48
77-420 Lipka (PL) 40 Bh 37
4706 Lipkany = Lipcani (MD) 58 Cg 42
Lipki (RUS) 43 Dh 37
1307 Lipkovo (MK) 86 Cb 48
14000 Lipljan = Lipjan (RKS) 86 Cb 48
Lipnaja Gorka (RUS) 32 Dd 31
751 31 Lipník nad Bečvou (CZ) 56 Bh 41
64-111 Lipno (PL) 40 Bk 38
607275 Lipova (RO) 71 Cb 44
Lipovik (RUS) 25 Ec 27
Lipovskij (RUS) 62 Ek 39
Lipovskoe (RUS) 36 Gb 33
Lipovskoe (RUS) 36 Gd 33
59555* Lippstadt (D) 54 Ai 39
16-315 Lipsk (PL) 41 Cd 37
27-300 Lipsko (PL) 57 Cb 39
031 01 Liptovský Mikuláš (SK) 56 Bk 41
1000-001* Lisboa (P) 92 Sa 52
BT27 Lisburn (GB) 49 Sd 36
Lisdoonvarna = Lios Duin Bhearn (IRL) 49 Sa 37
Lisičansk = Lysyčans'k (UA) 60 Di 42
14100* Lisieux (F) 53 Aa 41
Lisij Nos (RUS) 31 Ck 31
Lis'ja (RUS) 35 Fe 33
PL14 Liskeard (GB) 52 Sf 40
Liski (RUS) 60 Dk 40
81310 Lisle-sur-Tarn (F) 67 Ab 47
99195 Lisma (FIN) 15 Cf 22
Lismore (IRL) 49 Sc 38
BT92 Lisnaskea (GB) 49 Sc 36
Lisskogsbrändan (S) 29 Bd 30
25992 List auf Sylt (D) 38 Ai 35
Lištica = Široki Brijeg (BIH) 70 Bh 47
Listowel = Lios Tuathail (IRL) 49 Sa 38
83030 Lit (S) 21 Be 27
Lithío (GR) 95 Cg 52
1270 Litija (SLO) 70 Be 44
60200 Litóhoro (GR) 86 Cc 50
412 01 Litoměřice (CZ) 55 Be 40
570 01 Litomyšl (CZ) 56 Bg 41
784 01 Litovel (CZ) 56 Bh 41
435 14* Litvínov (CZ) 55 Bd 40
Litvinovo (RUS) 34 Ei 29
Lityn (UA) 58 Ci 41
447180 Livada (RO) 72 Cd 43
66100 Livaderó (GR) 87 Ce 49
40002 Livádi (GR) 86 Cc 50
40002 Livádi (GR) 94 Ce 53
Livadiá (GR) 94 Cc 52
Livani (LV) 41 Cg 34
Livenka (RUS) 60 Di 40
L19 Liverpool (GB) 51 Sh 37
EH54 Livingston (GB) 51 Sg 35
Livno (BIH) 70 Bh 47
Livny (RUS) 60 Dh 38
93220 Livo (FIN) 22 Cg 25
57100* Livorno (I) 69 Ba 47
28200 Lixoúri (GR) 94 Ca 52
4425 Lizums (LV) 30 Cg 33
74020 Lizzano (I) 85 Bh 50
Ljachavičy (BY) 41 Cg 37
Ljady (RUS) 31 Ci 32
Ljali (RUS) 26 Fa 28
Ljalja-Titova (RUS) 36 Gb 31
Ljambir' (RUS) 45 Ef 36
Ljamca (RUS) 24 Dh 26
Ljamino (RUS) 35 Fh 32
Ljangasovo (RUS) 34 Ek 32
Ljaskelja (RUS) 23 Db 29
Ljasnaja (BY) 41 Cf 38
Ljavki (BY) 42 Ci 37
14240 Ljig (SRB) 71 Ca 46
Ljørdal (N) 29 Bc 29
Ljuban' (BY) 42 Ci 38
Ljuban' (RUS) 31 Db 31
Ljubar (UA) 58 Ch 41
Ljubašivka (UA) 73 Da 43
Ljubeč (UA) 59 Da 39
7534 Ljuben (BG) 87 Ce 48
Ljubercy (RUS) 43 Dh 35
Ljubešiv (UA) 58 Cf 39
Ljubickoe (RUS) 62 Ek 39
Ljubim (RUS) 33 Ea 32
6550 Ljubimec (BG) 87 Cg 49
Ljubinje (BIH) 85 Bi 48
1000* Ljubljana (SLO) 70 Be 44
Ljuboml' (UA) 57 Ce 39
15320 Ljubovija (SRB) 71 Bk 46
Ljubuški (BIH) 85 Bh 47
Ljubyc'ke (UA) 74 Df 43
Ljubymivka (UA) 59 Da 40
Ljubymivka (UA) 75 Dg 43
Ljubytino (RUS) 32 Dd 32
Ljudinovo (RUS) 43 De 37
Ljudkovo (RUS) 43 De 36
62016 Ljugarn (S) 29 Bi 33
Ljugoviči (RUS) 32 Dd 30
9525 Ljuljakovo (BG) 88 Ch 48
34101* Ljungby (S) 39 Bd 34
84035 Ljungdalen (S) 21 Bc 28
45901 Ljungskile (S) 28 Bb 32
82700 Ljusdal (S) 21 Bg 29
82020 Ljusne (S) 29 Bh 29
86040 Ljustorp (S) 21 Bh 28
17240 Llagostera (E) 82 Ac 49
SA48 Llanbedr Pont Steffan = Lampeter (GB) 52 Sf 38
SA19 Llandeilo (GB) 52 Sg 39
SA20 Llandovery (GB) 52 Sg 39
LD1 Llandrindod Wells (GB) 52 Sg 38
LL30 Llandudno (GB) 51 Sg 37
SA15 Llanelli (GB) 52 Sf 39
33500 Llanes (E) 66 Sf 47
SY21 Llanfair Caereinion (GB) 51 Sg 38
LD2 Llanfair-ym-Muallt = Buith Wells (GB) 52 Sg 38
LL77 Llangefni (GB) 51 Sf 37
LL20 Llangollen (GB) 51 Sg 38
33930 Llangréu = Langreo (E) 80 Se 47
SY18 Llangurig (GB) 52 Sg 38
SY18 Llanidloes (GB) 52 Sg 38
LD5 Llanwrtyd Wells (GB) 52 Sg 38
SA20 Llanymddyfri = Llandovery (GB) 52 Sg 39
25001* Lleida (E) 82 Aa 49
06900 Llerena (E) 92 Sd 52
46160 Llíria (E) 82 Sk 51
17527 Llívia (E) 82 Ab 48
Llodio = Laudio (E) 81 Sh 47
Lluanco = Luanco (E) 80 Se 47
Loban (RUS) 25 Ef 25
Lobanovo (RUS) 35 Fg 33
02708 Löbau (D) 55 Be 39
Lobcovo (RUS) 44 Ea 34
07356 Lobenstein, Bad (D) 55 Bb 40
24033 Löberöd (S) 39 Bd 35
73-150 Łobez (PL) 39 Bf 37
Lobnja (RUS) 43 Dh 34
Lobskoe (RUS) 24 Df 28
39279 Loburg (D) 55 Bc 38
Lobva (RUS) 36 Ga 31
6600* Locarno (CH) 68 Ai 44
31547 Loccum, Rehburg- (D) 54 Ak 38
PA34 Lochaline (GB) 50 Se 34
HS8 Lochboisdale (GB) 50 Sc 33
FK19 Lochearnhead (GB) 50 Sf 34
7240 Lochem (NL) 54 Ag 38
37600 Loches (F) 66 Aa 43
Loch Garman = Wexford (IRL) 49 Sd 38
PA31 Lochgilphead (GB) 50 Se 34
IV27 Lochinver (GB) 50 Se 32
DG11 Lochmaben (GB) 51 Sg 35
Lochmaddy (GB) 50 Sc 33
07-130 Łochów (PL) 57 Cb 38
KA27 Lochranza (GB) 51 Se 35
Lochvycja (UA) 59 Dd 40
DG11 Lockerbie (GB) 51 Sg 35
17321 Löcknitz (D) 39 Be 37
2400* Locle, Le (CH) 68 Ag 43
56240 Locmaria (F) 66 Sg 43
56500 Locminé (F) 66 Sh 43
89044 Locri (I) 85 Bg 52
08020 Lodè (I) 83 Ak 50
Lodejka (RUS) 34 Ef 30
Lodejnoe Pole (RUS) 32 Dd 30
34700 Lodève (F) 67 Ad 47
26900 Lodi (I) 69 Ak 45
8200 Løding (N) 14 Be 23
8550 Lødingen (N) 14 Bf 22
46371 Lödöse (S) 29 Bc 32
90-001* Łódź (PL) 56 Bk 39
Loev (BY) 59 Da 39
84085 Lofsdalen (S) 21 Bd 28
59095 Loftahammar (S) 29 Bg 33
5781 Lofthus (N) 28 Ag 30
Log (RUS) 61 Ed 41
4400 Loga (N) 28 Ag 32
Logačevka (RUS) 63 Fc 38
Loginovo (RUS) 47 Gb 34
Logovskij (RUS) 61 Ed 42
10120 Logrosán (E) 80 Se 51
9670 Løgstør (DK) 38 Ak 34
6240 Løgumkloster (DK) 38 Ai 35
5953 Lohals (DK) 39 Ba 35
35550 Lohéac (F) 66 Si 43
Lohguba (RUS) 23 Dc 25
58620 Lohilahti (FIN) 31 Ci 29
97420 Lohiniva (FIN) 15 Ce 23
08201 Lohja (FIN) 30 Ce 30
97816 Lohr am Main (D) 54 Ak 41
32210 Loimaa (FIN) 30 Cd 30
17121 Loitz (D) 39 Bd 37
Lojga (RUS) 33 Ee 29
Lojmola (RUS) 23 Db 29
Lojno (RUS) 35 Fc 31
Lokači (UA) 57 Ce 40
23450 Lokalahti (FIN) 30 Cb 30
1960 Løken (N) 28 Bb 31
9160 Lokeren (B) 53 Ad 39
99645 Lokka (FIN) 15 Ch 23
9480 Løkken (DK) 28 Ak 33
7327 Løkken (N) 20 Ak 27
Loknja (RUS) 42 Da 34
Lokot (RUS) 59 De 38
Lola (RUS) 76 Ee 44
3600 Lom (BG) 72 Cd 47
2686 Lom (N) 20 Ai 29
7838 Lomci (BG) 72 Cg 47
Lomejkovo (RUS) 42 Dc 36
2967 Lomen (N) 28 Ai 29
23401 Lomma (S) 39 Bd 35
3920 Lommel (B) 54 Af 39
Lomonosov (RUS) 31 Ck 31
Lomovka (RUS) 47 Fi 37
Lomovoe (RUS) 24 Ea 26
18-400 Łomża (PL) 41 Cc 37
BT93 London (GB) 52 Sk 39
Longford = An Longfort (IRL) 49 Sc 37
87066 Longobucco (I) 85 Bg 51
CA6 Longtown (GB) 51 Sh 35
80330 Longueau (F) 53 Ac 41
49160 Longué-Jumelles (F) 66 Sk 43
54260 Longuyon (F) 54 Af 41
54400* Longwy (F) 54 Af 41
9170 Longyearbyen (N) 14 I Svalbard
36045 Lonigo (I) 69 Bb 45
49624 Löningen (D) 38 Ah 38
28070 Lönsboda (S) 39 Be 34
39570 Lons-le-Saunier (F) 68 Af 44
Loo (RUS) 75 Dk 47
Lopasna (UA) 60 Di 42
Lopatino (RUS) 31 Dc 33
Lopatino (RUS) 62 Ef 38
Lopatovo (RUS) 31 Ci 33
Lopatyn (UA) 57 Ce 40
Lop'juvad (RUS) 35 Ff 29
12701 Loppi (FIN) 30 Ce 30
Lopšen'ga (RUS) 24 Dh 26
Loptjuga (RUS) 25 Eh 27
Lopydino (RUS) 35 Fc 29
2666 Lora (N) 20 Ai 28
41440 Lora del Río (E) 92 Se 53
31292 Lorca (E) 93 Si 53
65391 Lorch (D) 54 Ak 42
60025 Loreto (I) 69 Bd 47
65014 Loreto Aprutino (I) 84 Bd 48
56100* Lorient (F) 66 Sg 43
26270 Loriol-sur-Drôme (F) 67 Ae 46
58140 Lormes (F) 67 Ad 43
79539* Lörrach (D) 68 Ah 43
45260 Lorris (F) 67 Ac 43
64653 Lorsch (D) 54 Ai 41
82050 Los (S) 29 Bf 29
10460 Losar de la Vera (E) 80 Se 50
Losevo (RUS) 61 Ea 40
08-200 Łosice (PL) 57 Cd 38
76-251 Łosino (PL) 40 Bh 36
Los'mino (RUS) 43 De 35
IV31 Lossiemouth (GB) 50 Sg 33
2340 Løten (N) 28 Bb 30
Lotošino (RUS) 43 Df 34
22600* Loudéac (F) 52 Sh 42
86200 Loudun (F) 66 Aa 43
72540 Loué (F) 66 Sk 43
LE11 Loughborough (GB) 51 Si 38
Loughrea = Baile Locha Riach (IRL) 49 Sb 37
93920 Louhala (FIN) 23 Ck 24
71500* Louhans (F) 68 Af 44
Louhi (RUS) 23 Dd 24
Louisburgh = Cluain Cearbán (IRL) 49 Sa 37
8100-221* Loulé (P) 92 Sb 53
28240 Loupe, la (F) 53 Ab 42
65100* Lourdes (F) 82 Sk 47
2670-012* Loures (P) 80 Sa 52
2530-089* Lourinhã (P) 80 Sa 51
3020-578 Lousã (P) 80 Sb 50
2670-742* Lousa (P) 80 Sc 51
HU9 Louth (GB) 51 Sk 37
Loutrá (GR) 94 Ce 53
34300 Loutrá Edipsoú (GR) 94 Cd 52

184 | Leningradskaja

Loutrá Eleftheró (GR) 87 Ce 50
Loutra Kilínis (GR) 94 Cb 53
Loutró (GR) 94 Cc 53
20100 Loutró Elénis (GR) 94 Cc 53
3000 Louvain = Leuven (B) 53 Ae 40
7100 Louvière, La (B) 53 Ae 40
27400 Louviers (F) 53 Ab 41
35420 Louvigné-du-Désert (F) 52 Si 42
93010 Lövånger (S) 22 Cb 26
88041 Lövåsen (S) 21 Bg 27
83301 Lövberga (S) 21 Bf 27
5500* Loveč (BG) 87 Ce 47
24065 Lovere (I) 69 Ba 45
27370 Lövestad (S) 39 Bd 35
07900* Loviisa = Lovisa (FIN) 30 Cg 30
07900* Lovisa (FIN) 30 Cg 30
Lovište (HR) 85 Bh 47
Lovlja (RUS) 34 Ek 31
Lövlund (S) 21 Bf 25
Lövnäs (S) 29 Bd 29
Lövnäs (S) 14 Bh 24
84080 Lövnäsvallen (S) 21 Bd 29
410 02 Lovosice (CZ) 55 Be 40
Lovozero (RUS) 16 Df 22
307250 Lovrin (RO) 71 Ca 45
Lövstabruk (S) 29 Bh 30
16775 Löwenberg (Mark) (D) 39 Bd 38
NR32 Lowestoft (GB) 53 Ab 38
99-400 Łowicz (PL) 56 Bk 38
6552 Lozen (BG) 87 Cd 48
32101* Loznica (SRB) 71 Bk 46
Loznoe (RUS) 61 Ee 41
Lozno-Oleksandrivka (UA) 60 Di 41
Lozova (UA) 60 Dg 42
Lozoven'ka (UA) 60 Dg 41
Lozuvatka (UA) 59 Dd 42
Luanco = Lluanco (E) 80 Se 47
33700 Luarca (E) 80 Sd 47
37-600 Lubaczów (PL) 57 Cd 40
59-800* Lubań (PL) 56 Bf 39
4830 Lubāna (LV) 41 Cg 34
21-100* Lubartów (PL) 57 Cc 39
14-260 Lubawa (PL) 40 Bk 37
32312 Lübbecke (D) 54 Ai 38
15907 Lübben (Spreewald) (D) 55 Bd 39
03222 Lübbenau (Spreewald) (D) 55 Bd 39
23552* Lübeck (D) 39 Ba 37
Lubegošči (RUS) 32 Dg 32
439 83 Lubenec (CZ) 55 Bd 40
19210 Lubersac (F) 67 Ab 45
87-840 Lubień Kujawski (PL) 56 Bk 38
59-300 Lubin (PL) 56 Bg 39
Lubjaniki (RUS) 44 Ea 36
Lubjanki (RUS) 60 Df 38
Lubjany (RUS) 46 Fb 34
20-001* Lublin (PL) 57 Cc 39
42-700 Lubliniec (PL) 56 Bi 40
Lubnica (RUS) 31 Dc 33
Lubny (UA) 59 Dc 41
Lubonos (RUS) 44 Eb 36
68-300 Lubsko (PL) 55 Be 39
19249 Lübtheen (D) 39 Bb 37
19386 Lübz (D) 39 Bc 37
83340 Luc, le (F) 68 Ag 47
55100 Lucca (I) 69 Ba 47
Lucena del Cid (E) 82 Sk 50
26310 Luc-en-Diois (F) 68 Af 46
984 01* Lučenec (SK) 56 Bk 42
71036 Lucera (I) 85 Bf 49
6000* Lucerne = Luzern (CH) 68 Ai 43
29439 Lüchow (D) 39 Bb 38
Luc'k (UA) 58 Cf 40
Luck = Luc'k (UA) 58 Cf 40
15926 Luckau (D) 55 Bd 39
14943 Luckenwalde (D) 55 Bd 38
85400 Luçon (F) 66 Si 44
Ludbreg (HR) 70 Bg 44
72800 Lude, le (F) 66 Aa 43
58507* Lüdenscheid (D) 54 Ah 39
59348 Lüdinghausen (D) 54 Ah 39
SY8 Ludlow (GB) 52 Sh 38
545200 Luduş (RO) 72 Ce 44
77101* Ludvika (S) 29 Bf 30
71634* Ludwigsburg (D) 54 Ak 42
67059* Ludwigshafen am Rhein (D) 54 Ai 41
19288 Ludwigslust (D) 39 Bb 37
5701 Ludza (LV) 42 Ch 34
Luga (RUS) 31 Ck 32
6900* Lugano (CH) 68 Ai 44
Lugansk = Luhans'k (UA) 60 Dk 42
87275 Lugnvik (S) 21 Bh 28
27001* Lugo (E) 80 Sc 47
48022 Lugo (I) 69 Bb 46
305500 Lugoj (RO) 71 Cb 45
Luh (RUS) 44 Ec 33
763 26 Luhačovice (CZ) 56 Bh 41
Luhans'k (UA) 60 Dk 42
Luhans'ke (UA) 60 Di 42
Luhans'ke, Stanyčno- (UA) 60 Dk 42
Luhmanskij Majdan (RUS) 45 Ee 37
Luhovicy (RUS) 44 Dk 36
Luhyny (UA) 58 Ci 39
4000 Luik = Liège (B) 54 Af 40
73670 Luikonlahti (FIN) 23 Ci 28
Luimneach = Limerick (IRL) 49 Sb 38
21016 Luino (I) 68 Ai 45
19234 Luka (SRB) 71 Cc 46
Luka (UA) 59 Da 41
Luka-Bars'ka (UA) 58 Ch 41
75300* Lukavac (BIH) 71 Bi 46
Lukojanov (RUS) 45 Ee 35
5770 Lukovit (BG) 72 Ce 47
Lukovnikovo (RUS) 43 De 34
19371 Lukovo (SRB) 71 Cb 47
Lukovo Šugarje (HR) 70 Bf 46
21-400 Łuków (PL) 57 Cc 39
14-105 Łukta (PL) 40 Ca 37
97100* Luleå (S) 22 Cc 25
39750 Lüleburgaz (TR) 88 Ch 49
Lumbovka (RUS) 17 Ea 23
37240 Lumbrales (E) 80 Sd 50
22630 Lumparland (AX) 30 Ca 30
117435 Lunca Corbului (RO) 72 Ce 46
827120 Luncaviţa (RO) 73 Ci 45
22002* Lund (S) 39 Bd 35
Lunda (S) 29 Bi 31
Lunde (N) 28 Ak 31
Lunde (S) 21 Bh 28
Lunderseter (N) 29 Bc 30
21335* Lüneburg (D) 39 Ba 37
34400 Lunel (F) 67 Ae 47
54300* Lunéville (F) 54 Ag 42
Lunik (AL) 86 Ca 49
Lunin (BY) 58 Cg 38
Luninec (BY) 58 Cg 38
Lunino (RUS) 41 Cc 36
Lunino (RUS) 45 Ef 37
3293* Lunz am See (A) 70 Bf 43
07020 Luogosanto (I) 83 Ak 49
Luostari (RUS) 16 Db 21
537165 Lupeni (RO) 72 Cd 45
70200 Lure (F) 68 Ag 43
BT67 Lurgan (GB) 49 Sd 36
Lushnjë (AL) 86 Bk 50
3050-221* Luso (P) 80 Sb 50
86320 Lussac-les-Châteaux (F) 66 Aa 44
32270 Lussan (F) 67 Ae 46
Lustad (N) 21 Bc 26
6872 Luster (N) 28 Ah 29
41650 Lütfiye (TR) 95 Ch 52
06295 Lutherstadt Eisleben (D) 55 Bb 39
06886 Lutherstadt Wittenberg (D) 55 Bc 39
24321 Lütjenburg (D) 39 Ba 36
Lutnes (N) 29 Bc 29
LU2 Luton (GB) 52 Sk 39
Lutovino, Spasskoe- (RUS) 43 Dg 37
4000 Lüttich = Liège (B) 54 Af 40
Lutuhyne (UA) 60 Dk 42
98-360 Lututów (PL) 56 Bi 39
54530 Luumäki (FIN) 31 Ch 30
Luusalma (RUS) 23 Db 25
98230 Luusua (FIN) 15 Ch 24
Luvozero (RUS) 23 Db 26
1009* Luxembourg (L) 54 Ag 41
70300* Luxeuil-les-Bains (F) 68 Ag 43
37230 Luynes (F) 66 Aa 43
Luza (RUS) 34 Eh 30
6000* Luzern (CH) 68 Ai 43
Lužica (RUS) 31 Ci 32
Lužki (BY) 42 Ch 35
65120 Luz-Saint-Sauveur (F) 82 Aa 48
58170 Luzy (F) 67 Ad 44
L'viv (UA) 57 Ce 41
L'vov = L'viv (UA) 57 Ce 41
64-310 Lwówek (PL) 56 Bg 38
59-600* Lwówek Śląski (PL) 56 Bf 39
Lychačiv (UA) 59 Db 39
17279 Lychen (D) 39 Bd 37
Lychivka (UA) 59 Dd 42
Lyci (CY) 97 Dd 55
Lyckeby (S) 39 Bf 34
Lyčkovo (RUS) 31 Dc 33
92101* Lycksele (S) 21 Bi 26
TN29 Lydd (GB) 53 Aa 40
GL15 Lydney (GB) 52 Sh 39
Lye (S) 29 Bi 33
Lyman (UA) 60 Di 41
DT7 Lyme Regis (GB) 53 Sh 40
SO41 Lymington (GB) 52 Si 40
KW16 Lyness (GB) 50 Sg 32
9060 Lyngseidet (N) 14 Ca 21
Lynovycja (UA) 59 Dc 40
EX35 Lynton (GB) 52 Sg 39
Lyntupy (BY) 41 Cg 35
69001* Lyon (F) 67 Ae 45
27480 Lyons-la-Forêt (F) 53 Ab 41
Lypci (UA) 60 Dg 40
Lypova Dolyna (UA) 59 Dd 40
Lypovec' (UA) 58 Ck 41
Lyrma (RUS) 35 Fg 33
45300 Lysekil (S) 28 Bb 32
Lysjanka (UA) 59 Da 41
Lyskovo (RUS) 45 Ef 34
Lysøysund (N) 20 Ak 27
Lys'va (RUS) 35 Fh 32
68697 Lysvik (S) 29 Bd 30
Lysyčans'k (UA) 60 Di 42
Lysye Gory (RUS) 61 Ee 39
99-420 Łyszkowice (PL) 56 Bk 39
FY8 Lytham Saint Anne's (GB) 51 Sg 37
Lytkarino (RUS) 43 Dh 35
Lyža, Ust'- (RUS) 27 Fg 25

M

66100* Maalahti = Malax (FIN) 22 Cb 28
Maam Cross = An Teach Doite (IRL) 49 Sa 37
71750 Maaninka (FIN) 23 Ch 27
98780 Maaninkavaara (FIN) 15 Ci 24
88670 Maanselkä (FIN) 23 Ci 27
74111* Maardu (EST) 30 Cf 31
22100* Maarianhamina = Mariehamn (AX) 30 Bk 30
3680 Maaseik (B) 54 Af 39
6200* Maastricht (NL) 54 Af 40
Mablethorpe (GB) 51 Aa 37
33460 Macau (F) 66 Sk 45
AB44 Macduff (GB) 50 Sh 33
5340-193* Macedo de Cavaleiros (P) 80 Sd 49
Maceevičy (BY) 42 Ck 37
62100 Macerata (I) 69 Bd 47
Macesta (RUS) 75 Dk 47
44270 Machecoul (F) 66 Si 44
58260 Machine, la (F) 67 Ad 44
SY20 Machynlleth (GB) 52 Sg 38
825300 Măcin (RO) 73 Ci 45
20248 Macinaggio (F) 83 Ak 48
61750 Maçka (TR) 90 Dk 50
08015 Macomer (I) 83 Ai 50
71000* Mâcon (F) 67 Ae 44
Macroom = Maigh Chromtha (IRL) 49 Sb 39
Madaevo (RUS) 45 Ee 36
4900 Madan (BG) 87 Ce 49
9971 Madara (BG) 73 Ch 47
07024 Maddalena, la (I) 83 Ak 49
63570 Maden (TR) 91 Ea 50
63570 Maden (TR) 97 De 53
63570 Maden (TR) 98 Dk 52
4801 Madona (LV) 41 Cg 34
6674 Mădrec (BG) 87 Cg 48
6292 Mâdrec (BG) 87 Cg 48
28001* Madrid (E) 81 Sg 50
45710 Madridejos (E) 81 Sg 51
05220 Madrigal de las Altas Torres (E) 80 Se 49
10110 Madrigalejo (E) 80 Se 51
10210 Madroñera (E) 80 Se 51
Madža (RUS) 26 Fb 29
6480 Madžarovo (BG) 87 Cf 49
Mæl (N) 28 Ai 31
50710 Maella (E) 82 Aa 49
Maevo (RUS) 42 Ck 34
2640-389* Mafra (P) 80 Sa 52
07181 Magalluf (E) 82 Ac 51
39104* Magdeburg (D) 55 Bb 38
20013 Magenta (I) 68 Ai 45
BT46 Maghera (GB) 49 Sd 36
Maglaj (BIH) 71 Bi 46
58051 Magliano in Toscana (I) 84 Bb 48
73024 Maglie (I) 85 Bi 50
6180 Măgliž (BG) 87 Cf 48
Magnetity (RUS) 16 Dd 22
Magnitka (RUS) 47 Fk 35
Magnitogorsk (RUS) 47 Fk 37
2240 Magnor (N) 29 Bc 31
95420 Magny-en-Vexin (F) 53 Ab 41
077125 Măgurele (RO) 72 Cg 45
Mahala (MK) 86 Bk 48
Mahdalynivka (UA) 59 De 42
Mahilëv (BY) 42 Da 37
26800 Mahmudiye (TR) 88 Db 51
Mahmud Mekteb (RUS) 77 Ef 46
Mahmutlar (TR) 96 Da 53
Mahmutlar (TR) 96 Dc 54
Mahnevo (RUS) 36 Gb 32
25179 Maials (E) 82 Aa 49
627190 Măicăneşti (RO) 73 Ch 45
25120 Maîche (F) 68 Ag 43
ME16 Maidstone (GB) 53 Aa 39
507120 Măieruş (RO) 72 Cf 45
Maigh Chromtha = Macroom (IRL) 49 Sb 39
Maighean Rátha (IRL) 49 Sc 37
Maigh Nuad = Maynooth (IRL) 49 Sd 37
20100 Mailand = Milano (I) 69 Ak 45
85420 Maillezais (F) 66 Sk 44
Mailly-Champagne (F) 53 Ae 41
10230 Mailly-le-Camp (F) 53 Ae 42
84048 Mainburg (D) 55 Bb 42
Mainistir an Corann (IRL) 49 Sb 39
Mainistir Eimhin (IRL) 49 Sc 37
Mainistir Fhear Maí = Fermoy (IRL) 49 Sb 38
Mainistir Laoise (IRL) 49 Sc 38
Mainistir na Búille = Boyle (IRL) 49 Sb 37
Mainistir na Féile = Abbeyfeale (IRL) 49 Sa 38
28130 Maintenon (F) 53 Ab 42
88201 Mainua (FIN) 23 Ch 26
55116* Mainz (D) 54 Ai 41
14025 Maišiagala (LT) 41 Cf 36
Majačnyj (RUS) 64 Ff 38
Majak Oktjabrja (RUS) 62 Ef 41
Majaky (UA) 73 Da 44
Majda (RUS) 17 Eb 24
Majdan (RUS) 45 Ei 35
Majdan (UA) 57 Cd 42
19250 Majdanpek (SRB) 71 Cb 46
Majkop (RUS) 75 Ea 46
Majkor (RUS) 35 Ff 31
Majna (RUS) 45 Eh 36
Majorovskij (RUS) 61 Ed 42
Majorskij (RUS) 76 Ec 43
Majseevščyna (BY) 42 Ci 36
Majskij (RUS) 76 Ee 47
Makar'e (RUS) 34 Ei 32
Makar'ev (RUS) 33 Ed 33
Makar'evo (RUS) 45 Ef 34
Makar'evskaja (RUS) 32 Df 30
Makariv (UA) 58 Ck 40
Makarov Dvor (RUS) 33 Ea 29
Makarovo (RUS) 61 Ed 38
Makarska (HR) 70 Bh 47
Makeevka = Makijivka (UA) 60 Di 42
Makijivka (UA) 59 Db 40
Makijivka (UA) 60 Di 42
51201 Makkola (FIN) 23 Ci 29
Maklaki (RUS) 43 De 36
6900 Makó (H) 71 Ca 44
023 56 Makov (SK) 56 Bi 41
Makovo (RUS) 77 Ei 44
06-200 Maków Mazowiecki (PL) 40 Cb 38
35011 Makrakómi (GR) 94 Cc 52
Makrany (BY) 57 Ce 39
37001 Makriráhi (GR) 87 Cd 51
37001 Makrirráhi (GR) 86 Cc 51
66640 Maksamaa = Maxmo (FIN) 22 Cc 27
Maksatiha (RUS) 32 Df 33
Maksymec' (UA) 57 Ce 42
93070 Malå (S) 21 Bi 25
Mala = Mallow (IRL) 49 Sb 38
901 01 Malacky (SK) 56 Bh 42
Maladzečna (BY) 41 Cg 36
29001 Málaga (E) 93 Sf 54
13420 Malagón (E) 81 Sg 51
Malahide = Mullach Íde (IRL) 49 Sd 37
Malaja Azjas' (RUS) 44 Ed 36
Malaja Bykovka (RUS) 62 Eh 39
Malaja Dubna (RUS) 43 Di 35
Malaja Malyševka (RUS) 46 Fa 37
Malaja Purga (RUS) 46 Fd 34
Malaja Serdoba (RUS) 61 Ee 38
Malaja Višera (RUS) 31 Dc 32
Malaja Žokovo (RUS) 43 Di 36
6394 Malăk Izvor (BG) 87 Cf 49
Malaryta (BY) 57 Ce 39
44000* Malatya (TR) 98 Di 52
84340 Malaucène (F) 68 Af 46
Mala Vovča (UA) 60 Dh 40
Mala Vyska (UA) 59 Db 42
66100* Malax (FIN) 22 Cb 28
49400 Malazgirt (TR) 91 Ec 51
82-200* Malbork (PL) 40 Bk 36
37018 Malcesine (I) 69 Ba 45
Mal'cevo (RUS) 37 Ge 33
17139 Malchin (D) 39 Bc 37
17213 Malchow (D) 39 Bc 37
9990 Maldegem (B) 53 Ad 39
CM9 Maldon (GB) 53 Aa 39
38027 Malè (I) 69 Ba 44
Malebka (RUS) 35 Fh 33
73006 Máleme (GR) 94 Cd 55
Malen'ga (RUS) 24 Dg 27
23714 Malente (D) 39 Ba 36
38042 Målerås (S) 39 Bf 34
72056 Máles (GR) 95 Cf 55
45330 Malesherbes (F) 53 Ac 42
35001 Malesína (GR) 94 Cd 52
56140 Malestroit (F) 66 Sh 43
6392 Malevo (BG) 87 Cf 49
98050 Malfa (I) 84 Be 52
Malgobek (RUS) 76 Ee 47
08380 Malgrat de Mar (E) 82 Ac 49
70007 Mália (GR) 95 Cf 55
72200 Malicorne-sur-Sarthe (F) 66 Sk 43
Malikovka (RUS) 61 Ed 38
57082 Målilla (S) 29 Bf 33
Mali Lošinj (HR) 70 Be 46
9559 Malina (BG) 88 Ch 48
2800 Malines = Mechelen (B) 53 Ae 39
Malingsbo (S) 29 Bf 31
Malino (RUS) 43 Di 35
Malinovka (RUS) 24 Ea 27
Malinovka (RUS) 37 Gi 33
Malinovka (RUS) 44 Eb 37
Malinska (HR) 70 Be 45
Maliq (AL) 86 Ca 50
Malka (RUS) 76 Ed 47
59300 Malkara (TR) 87 Cg 50
6558 Malko Gradište (BG) 87 Cf 49
Malko Tărnovo (BG) 88 Ch 49
8162 Malko Târnovo (BG) 88 Ch 49
PH41 Mallaig (GB) 50 Se 33
Mallaranny (IRL) 49 Sa 37
2735 Malleray (CH) 68 Ah 43
84066 Mallersdorf-Pfaffenberg (D) 55 Bc 42
Mallow = Mala (IRL) 49 Sb 38
7790 Malm (N) 20 Bb 26
57021 Malmbäck (S) 29 Be 33
98320* Malmberget (S) 14 Ca 23
4960 Malmédy (B) 54 Ag 40
64032 Malmköping (S) 29 Bg 31
20001* Malmö (S) 39 Bc 35
Malmyž (RUS) 46 Fa 34
Maloarhangel'sk (RUS) 60 Dg 38
Maloe Čuraševo (RUS) 45 Eg 35
Malojaroslavec (RUS) 43 Dg 35
Malojaroslavec' Peršyj (UA) 73 Ck 44
Malojaz (RUS) 47 Fi 35
Malokirsanovka (RUS) 75 Di 43
6700 Måløy (N) 20 Af 29
Maložujka (RUS) 24 Dh 27
10680 Malpartida de Plasencia (E) 80 Sd 51
15113 Malpica (E) 80 Sb 47
34845* Maltepe (TR) 95 Cg 52
YO17 Malton (GB) 51 Sk 36
78201 Malung (S) 29 Bd 30
82078 Malungen (S) 21 Bg 28
7563 Malvik (N) 20 Ba 27
Malye Derbety (RUS) 76 Ee 43
Malyj Uzen' (RUS) 62 Eh 40
Malyn (UA) 58 Ck 40
Malyns'k (UA) 58 Cg 39
Malyševa (RUS) 36 Gb 33
Malyševo (RUS) 44 Eb 35
Mamadyš (RUS) 46 Fb 35
900001 Mamaia (RO) 73 Ci 46
06261 Mamak (TR) 89 Dc 51
72600 Mamers (F) 53 Aa 42
Mamonovo (RUS) 44 Dk 37
Mamurras (AL) 86 Bk 49
Mamykovo (RUS) 46 Fa 36
07500 Manacor (E) 82 Ad 51
88340 Manamansalo (FIN) 23 Ch 26
917170 Mânăstirea (RO) 72 Cg 46
07600 Manavgat (TR) 96 Db 54
Manćaž (RUS) 47 Fi 34
M5 Manchester (GB) 51 Sh 37
58014 Manciano (I) 84 Bb 48
Mandač (RUS) 34 Fa 29
4513 Mandal (N) 28 Ah 32
09040 Mandas (I) 83 Ak 51
19600 Mándra (GR) 87 Ce 50
85303 Mandrakí (GR) 95 Ch 54
74024 Manduria (I) 85 Bh 50
Manevyči (UA) 58 Cf 39
71043 Manfredonia (I) 85 Bf 49
905500 Mangalia (RO) 73 Ci 47
Mångsbodarna (S) 29 Bd 29
3530-092* Mangualde (P) 80 Sc 50
33085 Maniago (I) 69 Bc 44
Manino (RUS) 61 Eb 40
45000* Manisa (TR) 95 Ch 52
46940 Manises (E) 82 Sk 51
HS3 Manish (GB) 50 Sd 33
Man'kivka (UA) 59 Da 42
Manlan, Iki (RUS) 77 Ef 43
08560 Manlleu (E) 82 Ac 48
68159* Mannheim (D) 54 Ai 41
Manorhamilton = Cluainin (IRL) 49 Sb 36
04100 Manosque (F) 68 Af 47
08241* Manresa (E) 82 Ab 49
06343 Mansfeld (D) 55 Bb 39
NG18 Mansfield (GB) 51 Si 37
40591 Mansilla (E) 81 Sh 48
Mansilla de Burgos (E) 81 Sg 48
24210 Mansilla de las Mulas (E) 80 Se 48
16230 Mansle (F) 66 Aa 45
Mansurlu (TR) 97 Df 53
Mantamádos (GR) 87 Cg 51
Mantarlı (TR) 98 Dk 53
Mantasiá (GR) 86 Cc 51
6260-014* Manteigas (P) 80 Sc 50
78520 Mantes-la-Jolie (F) 53 Ab 42
46100 Mantova (I) 69 Ba 45

Mantova | 185

04601 Mäntsälä (FIN) 30 Cf 30
35820 Mänttä (FIN) 22 Ce 28
Manturovo (RUS) 33 Ee 32
52701 Mäntyharju (FIN) 30 Cg 29
97901 Mantyjärvi (FIN) 15 Ch 24
10470 Manyas (TR) 88 Ch 50
Manyčskoe (RUS) 76 Ed 44
13200 Manzanares (E) 93 Sg 52
07701 Maó (E) 83 Ae 51
45515 Maqueda (E) 81 Sf 50
Maradit (TR) 91 Eb 49
49500 Marans (F) 66 Si 44
625200 Mărăşeşti (RO) 73 Ch 45
2900-001 Marateca (P) 92 Sb 52
19007 Marathónas (GR) 94 Cd 52
54820 Marbache (F) 54 Ag 42
14880 Marbella (E) 93 Sf 54
35037* Marburg (Lahn) (D) 54 Ai 40
8700 Marcali (H) 70 Bh 44
Marčata (RUS) 34 Fa 33
PE15 March (GB) 53 Aa 38
6900 Marche-en-Famenne (B) 54 Af 40
41620 Marchena (E) 92 Se 53
71110 Marcigny (F) 67 Ae 44
12330 Marcillac-Vallon (F) 67 Ac 46
65027 Marcinkonys (LT) 41 Ce 36
30384 Mar de Cristal (E) 93 Sk 53
47000* Mardin (TR) 99 Ea 53
17320 Marennes (F) 66 Si 45
24340 Mareuil (F) 66 Aa 45
Mar'evka (RUS) 62 Ek 38
Marevo (RUS) 31 Dc 33
Marfino (RUS) 77 Ei 44
Marganec = Marhanec' (UA) 74 De 43
Margaritovo (RUS) 75 Di 44
CT9 Margate (GB) 53 Ab 39
71044 Margherita di Savoia (I) 85 Bg 49
415300 Marghita (RO) 71 Cc 43
Marhanec' (UA) 74 De 43
7736 Mari (CY) 97 Dd 56
04838 María (E) 93 Sh 53
9550 Mariager (DK) 38 Ak 34
6430-081* Marialva (P) 80 Sc 50
57030 Mariannelund (S) 29 Bf 33
353 01 Mariánské Lázně (CZ) 55 Bc 41
8630 Mariazell (A) 70 Bf 43
4930 Maribo (DK) 39 Bb 36
2000* Maribor (SLO) 70 Bf 44
2044 Marica (BG) 87 Cf 48
Mariec (RUS) 45 Ek 34
64701 Mariefred (S) 29 Bh 31
22100* Mariehamn (AX) 30 Bk 30
54201* Mariestad (S) 29 Bd 32
13700 Marignane (F) 68 Af 47
Mariinsk (RUS) 47 Fk 34
Mariinskoe (RUS) 65 Gb 38
68001* Marijampolė (LT) 41 Cd 36
36900 Marín (E) 80 Sb 48
57034 Marina di Campo (I) 84 Ba 48
Marina di Gioiosa Jonica (I) 85 Bg 52
73040 Marina di Leuca (I) 85 Bi 51
56013 Marina di Pisa (I) 69 Ba 47
97010 Marina di Ragusa (I) 84 Be 54
48023 Marina di Ravenna (I) 69 Bc 46
Mar'ina Horka (BY) 42 Ci 37
Marinella (I) 84 Bc 53
90035 Marineo (I) 84 Bd 52
95640 Marines (F) 53 Ab 41
63350 Maringues (F) 67 Ad 45
2430-034* Marinha Grande (P) 80 Sb 51
Mar'insko (RUS) 31 Ci 32
Mari-Turek (RUS) 45 Ek 34
Mariupol' = Maryupol' (UA) 75 Dh 43
78301 Märjamaa (EST) 30 Ce 32
Marjans'ke (UA) 74 Dd 43
28501 Markaryd (S) 39 Bd 34
TF9 Market Drayton (GB) 51 Sh 38
LE16 Market Harborough (GB) 52 Sk 38
LN8 Market Rasen (GB) 51 Sk 37
Marki (RUS) 60 Dk 40
15748 Märkisch Buchholz (D) 55 Bd 38
Markivka (UA) 60 Dk 41
04416 Markkleeberg (D) 55 Bc 39
19003 Markópoulo (GR) 94 Cd 53
25130 Markovac (SRB) 71 Cb 46
4108 Markovo (BG) 73 Ch 47
Markovo (RUS) 32 Dg 30
Marks (RUS) 62 Eg 39
97828 Marktheidenfeld (D) 54 Ak 41
95615 Marktredwitz (D) 55 Bc 40
SN8 Marlborough (GB) 52 Si 39
02250 Marle (F) 53 Ad 41
47200* Marmande (F) 66 Aa 46
10360 Marmara (TR) 88 Ch 50
59000 Marmara Ereğlisi (TR) 88 Ch 50
59000 Marmaraereğlisi (TR) 88 Ch 50
48700 Marmaris (TR) 96 Ci 54
82300 Mármaro (GR) 95 Cg 52
Marmaskogen (S) 29 Bh 30
86160 Marnay (F) 68 Af 43
25709 Marne (D) 38 Ak 37
62250 Marquise (F) 53 Ab 40
50034 Marradi (I) 69 Bb 46
91025 Marsala (I) 84 Bc 53
Maršavicy (RUS) 31 Ci 33
06055 Marsciano (I) 84 Bc 48
13001* Marseille (F) 68 Af 47
60690 Marseille-en-Beauvaisis (F) 53 Ab 41
54800 Mars-la-Tour (F) 54 Af 41
19500* Märsta (S) 29 Bh 31
5960 Marstal (DK) 39 Ba 36
6310 Marstein (N) 20 Ah 28
Mart (TR) 89 Dd 50
73025 Martano (I) 85 Bi 50
46600 Martel (F) 67 Ab 46
70015 Mártha (GR) 95 Cf 55
35640 Martigné-Ferchaud (F) 66 Si 43
1920 Martigny (CH) 68 Ah 44
13500 Martigues (F) 68 Af 47
036 01 Martin (SK) 56 Bi 41
74015 Martina Franca (I) 85 Bh 50
3664* Martinsberg (A) 56 Bf 42
64014 Martinsicuro (I) 84 Bd 48
Mart'janovo (RUS) 42 Da 34
5390 Martofte (DK) 39 Ba 35
08760 Martorell (E) 82 Ab 49
23600 Martos (E) 93 Sg 53
98830 Martti (FIN) 15 Ci 23
21490 Marttila (FIN) 30 Cc 30
7330-339 Marvão (P) 80 Sc 51
48100 Marvejols (F) 67 Ad 46
CA15 Maryport (GB) 51 Sg 36
Maryupol' (UA) 75 Dh 43
09290 Mas-d'Azil, le (F) 82 Ab 47
19490 Masegoso de Tajuña (E) 81 Sh 50
Masel'gskaja (RUS) 24 De 27
Maševe (UA) 59 Dc 38
5994 Masfjorden (N) 28 Af 30
Masi (N) 15 Cd 21
Mašivka (UA) 59 De 41
Maškino (RUS) 43 Dg 36
21251 Masku (FIN) 30 Cc 30
Maslova (RUS) 36 Gb 31
Maslovare (BIH) 70 Bh 46
54100 Massa (I) 69 Ba 46
74016 Massafra (I) 85 Bh 50
Massa Marittima (I) 84 Ba 47
55054 Massarosa (I) 69 Ba 47
09320 Massat (F) 82 Ab 48
18120 Massay (F) 67 Ab 43
32140 Masseube (F) 66 Aa 47
15500 Massiac (F) 67 Ad 45
Masty (BY) 41 Ce 37
Masugnsbyn (S) 15 Cc 23
Måsvik (N) 14 Bi 21
72-130 Maszewo (PL) 39 Bf 37
84-315 Maszewo Lęborskie (PL) 40 Bh 36
70200 Matala (GR) 94 Ce 56
39410 Mataporquera (E) 81 Sf 48
08301 Mataró (E) 82 Ac 49
81850 Mätäsvaara (FIN) 23 Ck 27
Matčerka (RUS) 44 Ec 37
62024 Matelica (I) 69 Bd 47
75100 Matera (I) 85 Bg 50
4700 Mátészalka (H) 71 Cc 43
86401 Matfors (S) 21 Bh 28
17160 Matha (F) 66 Sk 45
22550 Matignon (F) 52 Sh 42
4210 Matīši (LV) 30 Cf 33
Matiši (LV) 41 Cg 35
DE4 Matlock (GB) 51 Si 37
Matoksa (RUS) 31 Da 30
4450-001* Matosinhos (P) 80 Sb 49
9971* Matrei in Osttirol (A) 69 Bc 44
Matrosy (RUS) 23 Dd 29
7210* Mattersburg (A) 70 Bg 43
5230 Mattighofen (A) 55 Bd 42
83002 Mattmar (S) 21 Bd 27
82050 Mattsmyra (S) 29 Bf 29
Matveeevskaja (RUS) 33 Ee 30
Matveevka (RUS) 45 Ek 36
Matveevka (RUS) 46 Fd 37
Matveev Kurgan (RUS) 75 Di 43
Matveevskoe (RUS) 33 Dk 31
Matvijivka (UA) 74 Df 43
59600 Maubeuge (F) 53 Ad 40
75433 Maulbronn (D) 54 Ai 41
79700 Mauléon (F) 66 Sk 44
49360 Maulévrier (F) 66 Sk 43
Maunu (S) 15 Cc 22
15200 Mauriac (F) 67 Ac 45
56430 Mauron (F) 52 Sh 42
15600 Maurs (F) 67 Ac 46
5570 Mauterndorf (A) 69 Bd 43
65130 Mauvezin (F) 66 Aa 47
79210 Mauzé-sur-le-Mignon (F) 66 Sk 44
Mavčadz' (BY) 41 Cf 37
62049 Mavrothálassa (GR) 87 Cd 50
66640 Maxmo (FIN) 22 Cc 27
KA19 Maybole (GB) 51 Sf 35
56727 Mayen (D) 54 Ah 40
53100* Mayenne (F) 52 Sk 42
03250 Mayet-de-Montagne, le (F) 67 Ad 44
Maynooth = Maigh Nuad (IRL) 49 Sd 37
47680 Mayorga (E) 80 Se 48
6290* Mayrhofen (A) 69 Bb 43
Mazagón (E) 92 Sd 53
81200 Mazamet (F) 67 Ac 47
91026 Mazara del Vallo (I) 84 Bc 53
30870 Mazarrón (E) 93 Si 53
89001* Mažeikiai (LT) 41 Cc 34
62800 Mazgirt (TR) 90 Dk 51
48200 Mazı (TR) 95 Ch 53
47700 Mazıdağı (TR) 99 Ea 53
3273 Mazirbe (LV) 30 Cc 33
4215 Mazsalaca (LV) 30 Cf 33
Mazyr (BY) 58 Ck 38
Mcensk (RUS) 43 Dg 37
Mdina (M) 84 Be 55
3050-006* Mealhada (P) 80 Sb 50
Meathas Troim (IRL) 49 Sc 37
77100 Meaux (F) 53 Ac 42
Mečetinskaja (RUS) 76 Ea 44
Mečetka (RUS) 61 Ea 40
Mečetlino (RUS) 47 Fh 35
2800 Mechelen (B) 53 Ae 39
19700 Mecitözü (TR) 89 Df 50
5843 Mečka (BG) 72 Ce 47
Medank (HR) 70 Bf 46
1670 Medemblik (NL) 38 Af 38
Medena Selišta (BIH) 70 Bg 46
Medet (TR) 96 Ck 53
Medevi (S) 29 Be 32
905600 Medgidia (RO) 73 Ci 46
000551* Mediaş (RO) 72 Ce 44
40059 Medicina (I) 69 Bb 46
47400 Medina del Campo (E) 81 Sf 49
09500 Medina de Pomar (E) 81 Sg 48
47800 Medina de Ríoseco (E) 80 Se 49
11170 Medina-Sidonia (E) 92 Se 54
13019 Medininkai (LT) 41 Cf 36
Medjanka (RUS) 35 Fh 33
93100 Medle (S) 22 Ca 26
Mednoe (RUS) 43 Df 34
Mednogorsk (RUS) 64 Fh 39
Međugorje (BIH) 85 Bh 47
16240 Medveđa (SRB) 86 Cb 48
Medvedka (RUS) 36 Fk 32
Medvedok (RUS) 34 Fa 33
Medvenka (RUS) 60 Dg 39
Medvež'egorsk (RUS) 24 De 28
Medvežka (RUS) 18 Fc 24
Medvežskaja (RUS) 27 Fh 26
37-732 Medyka (PL) 57 Cc 41
Medyn' (RUS) 43 Df 36
3461 Medze (LV) 40 Cb 34
068 01 Medzilaborce (SK) 57 Cb 41
Medžybiž (UA) 58 Ch 41
65302 Meeksi (EST) 31 Ch 32
Megalí Panagía (GR) 87 Cd 50
84005 Méga Livádi (GR) 94 Ce 53
Megálo Horío (GR) 95 Ch 54
22200 Megalópoli (GR) 94 Cc 53
Megara (GR) 94 Cd 53
7760 Megard (N) 21 Bc 26
74120 Megève (F) 68 Ag 45
Megorskij Pogost (RUS) 32 Df 30
Megra (RUS) 25 Eb 24
Megrozero (RUS) 32 Dd 29
9770 Mehamn (N) 15 Ch 19
01970 Mehmetli (TR) 98 Dg 53
Mehun-sur-Yèvre (F) 67 Ac 43
32805 Meinberg, Horn-Bad (D) 54 Ai 39
98617 Meiningen (D) 55 Ba 40
27240 Meira (E) 80 Sc 47
01662 Meißen (D) 55 Bd 39
8445 Melbu (N) 14 Be 22
ZE2 Melby Ho (GB) 50 Si 30
7336 Meldal (N) 20 Ak 27
25704 Meldorf (D) 38 Ak 36
20077 Melegnano (I) 69 Ak 45
Melehina (RUS) 35 Ff 31
Melehovo (RUS) 44 Eb 34
23269* Melenci (SRB) 71 Ca 45
Melenki (RUS) 44 Eb 35
Melent'evo (RUS) 26 Ei 27
Meleuz (RUS) 46 Ff 38
85025 Melfi (I) 85 Bf 50
8182 Melfjordbotn (N) 14 Bd 24
4960-578* Melgaço (P) 80 Sb 48
09100 Melgar de Fernamental (E) 81 Sf 48
Melgraseyri (IS) 48 Qh 24
7224 Melhus (N) 20 Ba 27
15800 Melide (E) 80 Sb 48
7570-600* Melides (P) 92 Sb 52
59031 Melíki (GR) 86 Cc 50
Melîlia = Melilla (E) 93 Sh 55
52001 Melilla (E) 93 Sh 55
207385 Melineşti (RO) 72 Cd 46
89063 Melito di Porto Salvo (I) 84 Bf 53
Melitopol' (UA) 74 Df 44
40003 Melívia (GR) 86 Cc 51
3390 Melk (A) 56 Bf 42
95690 Mellakoski (FIN) 15 Ce 24
89042 Mellansel (S) 21 Bi 27
93092 Mellanström (S) 21 Bi 25
49324* Melle (D) 54 Ai 38
49324* Melle (F) 66 Sk 44
46401 Mellerud (S) 29 Bc 32
Melliera (M) 84 Be 55
32300 Mellilä (FIN) 30 Cc 30
97638 Mellrichstadt (D) 55 Ba 40
276 01 Mělník (CZ) 55 Be 40
Mel'nycja-Podil's'ka (UA) 58 Cg 42
Melovatka (RUS) 61 Ea 40
97340 Meltaus (FIN) 15 Cf 24
LE14 Melton Mowbray (GB) 51 Sk 38
95675 Meltosjärvi (FIN) 15 Ce 24
77000 Melun (F) 53 Ac 42
Membrío (E) 80 Sc 51
87700 Memmingen (D) 69 Ba 43
Mena (UA) 59 Dc 39
48000 Mende (F) 67 Ad 46
Mendeleevo (RUS) 37 Gi 32
Mendeleevsk (RUS) 46 Fc 35
35470 Menderes (TR) 95 Ch 52
35660 Menemen (TR) 95 Ch 52
8930 Menen (B) 53 Ad 40
99880 Menesjärvi (FIN) 15 Cg 22
24700 Ménestérol, Montpon- (F) 66 Aa 45
92013 Menfi (I) 84 Bc 53
05131 Mengamuñoz (E) 81 Sf 50
14840 Mengen (TR) 89 Dc 50
23620 Mengíbar (E) 93 Sg 53
30016 Menídi (GR) 86 Cb 51
99880 Menisjärvi = Menesjärvi (FIN) 15 Cg 22
38710 Mens (F) 68 Af 46
Men'šikovo (RUS) 59 De 39
06500* Menton (F) 68 Ah 47
Menzelinsk (RUS) 46 Fd 35
7940 Meppel (NL) 38 Ag 38
49716 Meppen (D) 38 Ah 38
50170 Mequinenza (E) 82 Aa 49
41500 Mer (F) 67 Ab 43
7530 Meråker (N) 20 Bb 27
39012 Meran = Merano (I) 69 Bb 44
39012 Merano = Meran (I) 69 Bb 44
07740 Mercadal, Es (E) 83 Ae 51
49090 Mercimekkale (TR) 99 Eb 52
22230 Merdrignac (F) 52 Sh 42
Merefa (UA) 60 Dg 41
9820 Merelbeke (B) 53 Ad 40
97980 Mergentheim, Bad (D) 54 Ak 41
22600 Meriç (TR) 87 Cg 49
6430 Meričleri (BG) 87 Cf 48
06800 Mérida (E) 92 Sd 52
33700 Mérignac (F) 66 Sk 46
86220 Merijärvi (FIN) 22 Ce 26
29901 Merikarvia (FIN) 22 Cb 29
21160 Merimasku (FIN) 30 Cb 30
117455 Merişani (RO) 72 Ce 46
65035 Merkinė (LT) 41 Ce 36
61240 Merlerault, le (F) 53 Aa 42
Mermer (TR) 99 Ea 52
7453 Mernye (H) 70 Bh 44
7409* Mersch (L) 54 Ag 41
06217 Merseburg (D) 55 Bb 39
Mersin = İçel (TR) 97 De 54
3284 Mērsrags (LV) 30 Cd 33
CF47 Merthyr Tydfil (GB) 52 Sg 39
7750-320* Mértola (P) 92 Sc 53
60110 Méru (F) 53 Ac 41
Mēry (BY) 42 Ch 35
05300 Merzifon (TR) 89 Df 50
66663 Merzig (D) 54 Ag 41
72023 Mesagne (I) 85 Bh 50
19005 Mesagrós (GR) 94 Cd 53
59872 Meschede (D) 54 Ai 39
Meščovsk (RUS) 43 Df 36
Meseda (RUS) 47 Fi 36
91060 Meselefors (S) 21 Bg 26
33590 Meşelik (TR) 97 De 53
Mesjagutovo (RUS) 47 Fi 35
Meškovskaja (RUS) 61 Eb 41
53170 Meslay-du-Maine (F) 66 Sk 43
Meşndiye (TR) 90 Dh 50
Mešnik (SRB) 71 Bk 47
6563 Mesocco (CH) 69 Ak 44
8280 Mesogi (CY) 96 Dc 56
Mesohóri (GR) 86 Cc 51
44026 Mesola (I) 69 Bc 46
48062 Mesopótamo (GR) 86 Ca 51
98100* Messina (I) 84 Bf 52
24200 Messíni (GR) 94 Cc 53
84035 Messlingen (S) 21 Bc 28
30200 Messolóngi (GR) 94 Cb 52
82102 Mestá (GR) 95 Cf 52
13592 Mestanza (E) 93 Sf 52
68100 Mésti (GR) 87 Cf 50
30175* Mestre (I) 69 Bc 45
Mešura (RUS) 26 Fa 27
75010 Metaponto (I) 85 Bg 50
18030 Méthana (GR) 94 Cd 53
60066 Methóni (GR) 94 Cb 54
Metković (HR) 85 Bh 47
8330 Metlika (SLO) 70 Bf 45
Metóhi (GR) 94 Cd 53
56730 Metsäkylä (FIN) 23 Ci 25
64440 Metsälä = Ömossa (FIN) 22 Cb 28
32270 Metsämaa (FIN) 30 Cd 30
44200 Métsovo (GR) 86 Cb 51
5640 Mettet (B) 53 Ae 40
57000* Metz (F) 54 Ag 41
45130 Meung-sur-Loire (F) 67 Ab 43
01800 Meximieux (F) 68 Af 45
Meydan (TR) 99 Eb 52
Meydancık (TR) 91 Ec 49
16945 Meyenburg (D) 39 Bc 37
19250 Meymac (F) 67 Ac 45
48150 Meyrueis (F) 67 Ad 46
Mežador (RUS) 34 Fa 29
3100 Mezdra (BG) 87 Cd 47
Meždurečensk (RUS) 45 Ek 37
Mezen' (RUS) 25 Ee 25
Mezenivka (UA) 60 Df 40
Meževoj (RUS) 47 Fi 35
Mezga (RUS) 32 Dg 32
Mézier, Charleville- (F) 53 Ae 41
87330 Mézières-sur-Issoire (F) 66 Aa 44
47170 Mézin (F) 66 Aa 46
Mežog (RUS) 26 Ek 28
Mezőkövesd (H) 71 Ca 43
40170 Mézos (F) 66 Si 46
Mezőtúr (H) 71 Ca 43
Mežova (UA) 60 Dg 42
Mežozernyj (RUS) 47 Fk 36
55900 Mezraa (TR) 89 Df 49
55900 Mezraa (TR) 91 Ed 50
Mezzaselva = Mittewald (I) 69 Bb 44
Mga (RUS) 31 Db 31
Mglin (RUS) 42 Dc 37
10100 Miajadas (E) 80 Se 51
76-231 Mianowice (PL) 40 Bh 36
Miass (RUS) 47 Ga 35
Miasskoe (RUS) 47 Gb 35
77-200* Miastko (PL) 40 Bg 36
527115 Micfalău (RO) 72 Cf 44
071 01 Michalovce (SK) 57 Cb 42
64720 Michelstadt (D) 54 Ak 41
Mičurinsk (RUS) 44 Ea 38
Mičurinskoe (RUS) 31 Ck 30
4330* Middelburg (NL) 53 Ad 39
5500 Middelfart (DK) 38 Ak 35
3240 Middelharnis (NL) 53 Ae 39
8430 Middelkerke (B) 53 Ac 39
TS5 Middlesbrough (GB) 51 Si 36
GU29 Midhurst (GB) 52 Sk 40
Midleton = Mainistir an Corann (IRL) 49 Sb 39
340 Miðsandur (IS) 48 Qi 26
6475 Midsund (N) 20 Ag 28
47510 Midyat (TR) 99 Eb 53
32-200 Miechów (PL) 57 Ca 40
64-400 Międzychód (PL) 56 Bf 38
21-560* Międzyrzec Podlaski (PL) 57 Cc 39
66-300 Międzyrzecz (PL) 56 Bf 38
72-500 Międzyzdroje (PL) 39 Be 37
32170 Miélan (F) 66 Aa 47
39-300 Mielec (PL) 57 Cb 40
000530* Miercurea-Ciuc (RO) 72 Cf 44
33600 Mieres (E) 80 Se 47
Mieron (N) 15 Cd 21
74-505 Mieszkowice (PL) 39 Be 38
61301 Mietaa (FIN) 22 Cc 28
23120 Mietoinen (FIN) 30 Cb 30
89400 Migennes (F) 67 Ad 43
75010 Miglionico (I) 85 Bg 50
Migološči (RUS) 32 De 32
085200 Mihăileşti (RO) 72 Cf 46
085200 Mihăileşti (RO) 72 Cg 46
927165 Mihail Kogălniceanu (RO) 73 Ci 46
Mihajlov (RUS) 44 Dk 36
3400* Mihajlovgrad = Montana (BG) 72 Cd 47
Mihajlovka (RUS) 33 Ed 30
Mihajlovka (RUS) 42 Dc 36
Mihajlovka (RUS) 46 Fc 36
Mihajlovka (RUS) 47 Fh 36
Mihajlovka (RUS) 61 Ed 40
Mihajlovka (RUS) 77 Eh 43
Mihajlovka, Podyem- (RUS) 63 Fa 38
3355 Mihajlovo (BG) 72 Cd 47
Mihajlovsk (RUS) 47 Fk 34
Mihajlovskoe (RUS) 32 Dd 32
Mihajlovskoe (RUS) 45 Ef 34
26880 Mihalgazi (Gümele) (TR) 88 Da 50
Mihali (RUS) 43 De 35
26900 Mihalıççık (TR) 88 Db 51
Míhas (GR) 94 Cb 52
Miheevo (RUS) 33 Eb 31
Mihnevo (RUS) 43 Dh 35
Mihninskaja (RUS) 34 Eg 30

Mijaki, Kirgiz- RUS 46 Fe 37
Mikaševičy BY 58 Ch 38
50100* Mikkeli FIN 31 Ch 29
Mikkelvik N 14 Bk 20
Mikolajivka UA 73 Da 43
84600 Míkonos GR 95 Cf 53
2826 Mikrevo BG 87 Cd 49
Mikró Dério GR 87 Cg 49
Mikšino RUS 32 Df 33
Mikulino RUS 43 Df 34
692 01 Mikulov CZ 56 Bg 42
Mikun' RUS 26 Fa 28
Mila RUS 25 Ef 28
14-310 Miłakowo PL 40 Ca 36
20100* Milano I 69 Ak 45
48200 Milas TR 95 Ch 53
98057 Milazzo I 84 Bf 52
Milestone IRL 49 Sb 38
NE61 Milford GB 52 Sk 39
SA73 Milford Haven GB 52 Se 39
56-300 Milicz PL 56 Bh 39
66170 Millas F 82 Ac 48
12100* Millau F 67 Ad 46
Millerovo RUS 61 Ea 42
Millford = Baile na nGal-lóglach IRL 49 Sc 35
LA18 Millom GB 51 Sg 36
Milltown Malbay = Sraid na Cathrach IRL 49 Sa 38
Milna HR 70 Bg 47
80100 Milopótamos GR 94 Cc 54
84800 Mílos GR 94 Ce 54
Miloševa Kula SRB 71 Cc 46
Milot AL 86 Bk 49
63897 Miltenberg D 54 Ak 41
MK6 Milton Keynes GB 52 Sk 38
40200 Mimizan F 66 Si 46
471 24 Mimoň CZ 55 Be 40
7750-120* Mina de São Domingos P 92 Sc 53
87719 Mindelheim D 55 Ba 42
32423* Minden D 54 Ai 38
Mindjak RUS 47 Fi 36
TA24 Minehead GB 52 Sg 39
Mineral'nye Vody RUS 76 Ed 46
Mingorría E 81 Sf 50
19340 Minićevo SRB 71 Cc 47
Min'jar RUS 47 Fh 35
Min'kino RUS 33 Dk 32
Minnibaevo RUS 46 Fc 36
Minsk BY 42 Ch 37
05-300* Mińsk Mazowiecki PL 57 Cb 38
AB42 Mintlaw GB 50 Si 33
14242 Mionica SRB 71 Ca 46
81 214 Mioska MNE 86 Bk 48
30034 Mira I 69 Bc 45
3070-301* Mira P 80 Sb 50
13140 Miramas F 68 Af 47
17270 Mirambeau F 66 Sk 45
47800 Miramont-de-Guyenne F 66 Aa 46
09200 Miranda de Ebro E 81 Sh 48
5210-001* Miranda do Douro P 80 Sd 49
32300 Mirande F 66 Aa 47
5370-200* Mirandela P 80 Sc 49
41037 Mirandola I 69 Bb 46
30035 Mirano I 69 Bc 45
Miras AL 86 Ca 50
86110 Mirebeau F 66 Aa 44
86110 Mirebeau F 68 Af 43
88500 Mirecourt F 54 Ag 42
09500 Mirepoix F 82 Ab 47
81400 Mírina GR 87 Cf 51
Mirnyj RUS 24 Ea 28
Mirnyj RUS 33 Ee 29
Mirnyj RUS 34 Ei 32
16204 Miroševce SRB 86 Cb 48
78-650 Mirosławiec PL 40 Bg 37
17252 Mirow D 39 Bc 37
Mišeronskij RUS 44 Dk 35
97580 Misi FIN 15 Cg 24
Mišino RUS 43 De 35
Miškino RUS 46 Ff 35
Miskolc H 57 Ca 42
2130 Mistelbach an der Zaya A 56 Bg 42
Mistky UA 60 Di 41
98073 Mistretta I 84 Be 53
8100 Misvær N 14 Bf 23
Mitchelstown = Baile Mhistéala IRL 49 Sb 38
81108 Míthimna GR 87 Cg 51
81100 Mitilíni GR 87 Cg 51
Mitino RUS 32 Dg 30
Mitjušino RUS 45 Ee 34
Mitrofanovka RUS 60 Dk 41
Mitrofanovo RUS 27 Fg 27
Mitrovicë = Kosovska Mitrovica RKS 86 Ca 48
6993* Mittelberg A 69 Ba 43
5730* Mittersill A 69 Bc 43
39045 Mittewald = Mezzaselva I 69 Bb 44
Mižhir'a UA 57 Cd 42
3330 Mizija BG 72 Cd 47
105800 Mizil RO 72 Cg 45
Mizur RUS 91 Ee 48
Mjadzel BY 41 Cg 36
Mjaksa RUS 32 Di 32
Mjakur'e RUS 25 Eb 27
87031 Mjällom S 21 Bi 28
Mjasnaja RUS 35 Fh 30
Mjatlevo RUS 43 Df 36
Mjöback S 29 Bc 33
59501* Mjölby S 29 Bf 32
5700 Mjølfjell N 28 Ag 30
3050 Mjøndalen N 28 Ba 31
293 01 Mladá Boleslav CZ 55 Be 40
11400* Mladenovac SRB 71 Ca 46
06-500 Mława PL 40 Ca 37
Mlebnikovo RUS 46 Fa 34
Mlinište BIH 70 Bg 46
Mlyniv UA 58 Cf 40
295 01 Mnichovo Hradiště CZ 55 Be 40
6210 Mo N 28 Bb 30
077130 Moara Vlăsiei RO 72 Cg 46
Moate = An Móta IRL 49 Sc 37
73500 Modane F 68 Ag 45
41100 Modena I 69 Ba 46
97015 Modica I 84 Be 54
2340 Mödling A 56 Bg 42
900 01* Modra SK 56 Bh 42
Modriča BIH 71 Bi 46
Modrište MK 86 Cb 49
2390 Moelv N 28 Ba 30
9321 Moen N 14 Bi 21
47441* Moers D 54 Ag 39
DG10 Moffat GB 51 Sg 35
5200-010 Mogadouro P 80 Sd 49
Mogilev = Mahilëv BY 42 Da 37
88-300 Mogilno PL 56 Bh 38
09095 Mogoro I 83 Ai 51
21800 Moguer E 92 Sd 53
Mogutovskij RUS 65 Ga 38
7700 Mohács H 71 Bi 44
34036 Moheda S 39 Be 33
789 85 Mohelnice CZ 56 Bg 41
56490 Mohon F 52 Sh 42
Mohyliv-Podil's'kyj UA 58 Ch 42
4460 Moi N 28 Ag 32
3620-300* Moimenta da Beira P 80 Sc 50
605400 Moinești RO 72 Cg 44
Móinteach Mílic IRL 49 Sc 37
8610* Mo i Rana N 14 Be 24
39260 Moirans-en-Montagne F 68 Af 44
69302* Mõisaküla EST 30 Cf 32
Moiseevskaja RUS 33 Eb 30
437195 Moisei RO 72 Ce 43
89540 Moisiovaara FIN 23 Ck 26
82200 Moissac F 67 Ab 46
04638 Mojácar E 93 Si 53
47250 Mojados E 81 Sf 49
84 205 Mojkovac MNE 86 Bk 48
Mokraja Ol'hovka RUS 62 Ef 40
Mokra Kalihyrka UA 59 Db 42
8994 Mokren BG 87 Cg 48
23305 Mokrin SRB 71 Ca 45
Mokroe RUS 44 Eb 36
Mokrous RUS 62 Eh 39
Mokšan RUS 45 Ee 37
Mokvin UA 75 Dh 43
2400 Mol B 54 Af 39
70042 Mola di Bari I 85 Bh 49
6444* Molde N 20 Ah 28
33001 Molėtai LT 41 Cf 35
70056 Molfetta I 85 Bg 49
82220 Molières F 67 Ab 46
30500 Molina de Segura E 93 Si 52
Molini CY 97 Dd 56
Molini di Tures = Mühlen in Taufers I 69 Bb 44
18183 Molinillo, El E 81 Sf 51
85047 Moliterno I 85 Bf 50
66060 Molkom S 29 Bd 31
41800 Mollafeneri TR 88 Ck 50
Mollakasım TR 99 Ed 52
23250 Mollakendi TR 98 Dk 52
Mollas AL 86 Ca 50
9813 Möllbrücke A 69 Bd 44
26042 Mölle S 39 Bc 34
25230 Mollerusa = Mollerussa E 82 Aa 49
25230 Mollerussa E 82 Aa 49
23879 Mölln D 39 Ba 37
47402 Mollösund S 28 Bb 32
54672 Mölltorp S 29 Be 32
43100* Mölndal S 29 Bc 33
43500 Mölnlycke S 29 Bc 33
Moločans'k UA 74 Df 43
Moločnoe RUS 33 Dk 31
Molodečno = Maladzečna BY 41 Cg 36
Molokovo RUS 32 Dg 32
35009 Mólos GR 94 Cc 52
Moloskovicy RUS 31 Ck 31
67120 Molsheim F 54 Ah 42
Molvoticy RUS 31 Dc 33
05410 Mombeltrán E 80 Se 50
49310 Mombuey E 80 Sd 48
6800 Momčilgrad BG 87 Cf 49
6470 Mommark DK 39 Ba 36
Monaco MC 68 Ah 47
Monaghan = Muineachán IRL 49 Sd 36
Monaši UA 73 Da 44
89040 Monasterace Marina I 85 Bg 52
Monasterevin = Mainistir Eimhin IRL 49 Sc 37
Monastyr' RUS 25 Eg 28
Monastyrščina RUS 42 Db 36
Monastyryšče UA 58 Ck 42
Monastyryšče UA 59 Dc 40
Monastyrys'ka UA 58 Cf 41
46113 Moncada E 82 Sk 51
10024 Moncalieri I 68 Ah 45
4925-577* Monção P 80 Sb 48
Mončegorsk RUS 16 Dc 23
41061* Mönchengladbach D 54 Ag 39
8550-421* Monchique P 92 Sb 53
86330 Moncontour F 52 Sh 42
79320 Moncoutant F 66 Sk 44
19110 Mondéjar E 81 Sg 50
90151 Mondello I 84 Bd 52
4880-231* Mondim de Basto P 80 Sc 49
27740 Mondoñedo E 80 Sc 47
41170 Mondoubleau F 66 Aa 43
12084 Mondovì I 68 Ah 46
81034 Mondragone I 84 Bd 49
5310 Mondsee A 69 Bd 43
64360 Monein F 66 Sk 47
23070 Monemvassía GR 94 Cd 54
06260 Monesterio E 92 Sd 52
Monetnyj RUS 47 Ga 33
BT45 Moneymore GB 49 Sd 36
34074 Monfalcone I 69 Bd 45
7450-101* Monforte P 80 Sc 51
Monforte (Monforte de Lemos) E 80 Sc 48
43120 Monistrol-sur-Loire F 67 Ae 45
19-100 Mońki PL 41 Cc 37
NP25 Monmouth GB 52 Sh 39
44007 Monodéndri GR 86 Ca 51
85108 Monólithos GR 95 Ch 54
70043 Monopoli I 85 Bh 50
2200 Monor H 71 Bk 43
427175 Monor RO 72 Ce 44
03640 Monóvar E 93 Sk 52
90046 Monreale I 84 Bd 52
10194 Monroy E 80 Sd 51
44652 Monroyo E 82 Sk 50
7000 Mons B 53 Ad 40
6060-085* Monsanto P 80 Sc 50
Monsaraz P 92 Sc 52
52156 Monschau D 54 Ag 40
35043 Monselice I 69 Bb 45
56410 Montabaur D 54 Ah 40
34530 Montagnac F 67 Ad 47
35047 Montagnana I 69 Bb 45
85600 Montaigu F 66 Si 44
44700 Montalbán E 82 Sk 50
16440 Montalbo E 81 Sh 51
53024 Montalcino I 84 Bb 47
5470-471 Montalegre P 80 Sc 49
01014 Montalto di Castro I 84 Bb 48
87046 Montalto Uffugo I 85 Bg 51
49149 Montamarta E 80 Se 49
3400* Montana BG 72 Cd 47
10170 Montánchez E 80 Sd 51
12448 Montanejos E 82 Sk 50
7400-201 Montargil P 80 Sb 51
19700 Montargis F 67 Ac 43
60160 Montataire F 53 Ac 41
82000* Montauban F 52 Sh 42
82000* Montauban F 67 Ab 46
21500* Montbard F 67 Ae 43
37250 Montbazon F 66 Aa 43
25200* Montbéliard F 68 Ag 43
43400 Montblanc E 82 Ab 49
42600* Montbrison F 67 Ae 45
71300 Montceau-les-Mines F 67 Ae 44
71210 Montchanin F 67 Ae 44
46800 Montcuq F 67 Ab 46
40000* Mont-de-Marsan F 66 Sk 47
80500 Montdidier F 53 Ac 41
Mont-Dore, le F 67 Ac 45
02650 Montealegre del Castillo E 93 Si 52
31044 Montebelluna I 69 Bc 45
Monte-Carlo MC 68 Ah 47
51016 Montecatini Terme I 69 Ba 47
82700 Montech F 67 Ab 47
06036 Montefalco I 84 Bc 48
Montefalcone nel Sannio I 85 Be 49
41045 Montefiorino I 69 Ba 46
18270 Montefrío E 93 Sf 53
05300 Montéglin, Laragne- F 68 Af 46
10810 Montehermoso E 80 Sd 50
26200* Montélimar F 67 Ae 46
83048 Montella I 85 Bf 50
41770 Montellano E 92 Se 54
7050-001* Montemor-o-Novo P 92 Sb 52
17130 Montendre F 66 Sk 45
53045 Montepulciano I 84 Bb 47
Montereau-faut-Yonne F 53 Ac 42
53035 Monteriggioni I 69 Bb 47
00015 Monterotondo I 84 Bc 48
06427 Monterrubio de la Serena E 92 Se 52
84033 Montesano sulla Marcellana I 85 Bf 50
71037 Monte Sant'Angelo I 85 Bf 49
82016 Montesarchio I 85 Be 49
31310 Montesquieu-Volvestre F 82 Ab 47
52025 Montevarchi I 69 Bb 47
43290 Montfaucon-en-Velay F 67 Ae 45
64190 Montfort F 52 Si 42
Montfort-le-Rotrou F 53 Aa 42
17270 Montguyon F 66 Sk 45
07020 Monti I 83 Ak 50
53015 Monticiano I 84 Bb 47
52220 Montier-en-Der F 53 Ae 42
24320 Montignac F 67 Ab 45
52140 Montigny-le-Roi F 54 Af 43
06480 Montijo E 92 Sd 52
2870-001* Montijo P 92 Sb 52
14550 Montilla E 93 Sf 53
76290 Montivilliers F 53 Aa 41
66210 Mont-Louis F 82 Ac 48
03100* Montluçon F 67 Ac 44
03390 Montmarault F 67 Ac 44
72320 Montmirail F 53 Ad 42
16190 Montmoreau-Saint-Cybard F 66 Aa 45
86500 Montmorillon F 66 Aa 44
41800 Montoire-sur-le-Loir F 66 Aa 43
14600 Montoro E 93 Sf 52
34000* Montpellier F 67 Ad 47
24700 Montpon-Ménestérol F 66 Aa 45
31210 Montréjeau F 82 Aa 47
62170 Montreuil F 53 Ab 40
49260 Montreuil-Bellay F 66 Sk 43
1820* Montreux CH 68 Ag 44
41400 Montrichard F 67 Ab 43
DD10 Montrose GB 50 Sh 34
46193 Montroy E 82 Sk 51
Mont-Saint-Michel, le F 52 Si 42
Montseny E 82 Ac 49
39380 Mont-sous-Vaudrey F 68 Af 44
53150 Montsûrs F 52 Sk 42
07230 Montuïri E 82 Ac 51
76710 Montville F 53 Ab 41
20052 Monza I 69 Ak 45
22400 Monzón E 82 Aa 49
26802 Moormerland D 38 Ah 37
85368 Moosburg an der Isar D 55 Bb 42
39013 Moos in Passeier = Moso in Passiria I 69 Bb 44
8562 Mooskirchen A 70 Bf 44
8060 Mór H 71 Bi 43
45400 Mora E 81 Sg 51
7490-420 Mora P 80 Sb 52
79201* Mora S 29 Be 29
43740 Móra d'Ebre E 82 Aa 49
44400* Mora de Rubielos E 82 Sk 50
14-300* Morąg PL 40 Bk 37
84 210 Moraice MNE 71 Bk 47
Moraïtika GR 86 Bk 51
81 400 Morakovo MNE 86 Bk 48
30413 Moral, El E 93 Sh 53
13350 Moral de Calatrava E 93 Sg 52
10840 Moraleja E 80 Sd 50
87016 Morano Calabro I 85 Bg 51
117495 Morărești RO 72 Ce 45
14749 Moratalla E 93 Si 52
307280 Moravița RO 71 Cb 45
569 21* Moravská Třebová CZ 56 Bg 41
676 02 Moravské Budějovice CZ 56 Bf 41
26-026 Morawica PL 57 Ca 40
54497 Morbach D 54 Ah 41
23017 Morbegno I 69 Ak 44
38062 Mörbylånga S 40 Bg 34
40110 Morcenx F 66 Sk 46
35970 Mordoğan TR 95 Cg 52
Mordovo RUS 61 Ea 38
Mor'e RUS 31 Db 30
LA3 Morecambe GB 51 Sh 36
33684 Moreda E 93 Sg 53
12300 Morella E 82 Sk 50
135300 Moreni RO 72 Cf 46
12033 Moretta I 68 Ah 46
80110 Moreuil F 53 Ac 41
46200 Mórfi GR 86 Ca 51
Morfou 96 Dc 55
Morfou Bay CY 96 Dc 55
1110 Morges CH 68 Ag 44
20230 Moriani-Plage F 83 Ak 48
Morino RUS 31 Da 33
95042 Morjärv S 22 Cc 24
Morkabygd N 20 Bb 27
Morki RUS 34 Ek 34
Morkiny Gory RUS 32 Dg 33
768 33 Morkovice-Slížany CZ 56 Bh 41
79091 Mörkret S 29 Bc 29
64160 Morlaàs F 66 Sk 47
29600* Morlaix F 52 Sg 42
87026 Mormanno I 85 Bf 51
Moročne UA 58 Cf 39
41530 Morón de la Frontera E 92 Se 53
Morozkovo RUS 36 Gb 31
Morozovsk RUS 61 Eb 42
NE61 Morpeth GB 51 Si 35
Morša RUS 63 Fa 38
Moršank RUS 44 Eb 37
07600* Mörskom = Myrskylä FIN 30 Cf 30
Morsø DK 38 Ai 34
Morsovo RUS 44 Ec 37
8266 Mørsvikbotn N 14 Bf 23
Moršyn UA 57 Cd 41
61400 Mortagne-au-Perche F 53 Aa 42
85130 Mortagne-sur-Sèvre F 66 Sk 44
27036 Mortara I 68 Ai 45
25500 Morteau F 68 Ag 43
61570 Mortrée F 53 Aa 42
Morty RUS 46 Fb 35
Morygino RUS 42 Dc 36
Mosal'sk RUS 43 De 36
74821 Mosbach D 54 Ak 41
4619 Mosby N 28 Ah 32
Mošćenička Draga HR 70 Be 45
Moseevo RUS 25 Eg 25
Moseevo RUS 33 Ec 30
62-050 Mosina PL 56 Bg 38
Mosino RUS 47 Fh 34
8655* Mosjøen N 21 Bd 25
Moskakasy RUS 45 Eg 34
Moški RUS 43 Df 34
93086 Moskosel S 22 Bk 25
Moskovo RUS 46 Ff 35
Moskva RUS 43 Dh 35
Mošnikovskaja RUS 32 Dg 30
Mošny UA 59 Db 41
39013 Moso in Passiria = Moos in Passeier I 69 Bb 44
Mošok RUS 44 Eb 35
Mosonmagyaróvár H 70 Bh 43
1511* Moss N 28 Ba 31
434 01* Most CZ 55 Bd 40
Most RUS 24 Dk 28
88000* Mostar BIH 70 Bh 47
147410 Moșteni, Trivalea- RO 72 Cf 46
28931 Móstoles E 81 Sg 50
Mostovaja RUS 35 Fe 33
Mostovskoj RUS 76 Ea 46
Mostys'ka UA 57 Cd 41
16630 Mota del Cuervo E 81 Sh 51
47120 Mota del Marqués E 80 Se 49
Motal' BY 58 Cf 38
59100* Motala S 29 Bf 32
85150 Mothe-Achard, la F 66 Si 44
ML1 Motherwell GB 51 Sg 35
18600 Motril E 93 Sg 54
215200 Motru RO 71 Cc 46
74017 Mottola I 85 Bh 50
1510 Moudon CH 68 Ag 44
Moúdros GR 87 Cf 51
06250 Mougins F 68 Ag 47
38460 Mouhijärvi FIN 30 Cc 29
35680 Moulins F 67 Ad 44
Mount Bellew Bridge = An Creagán IRL 49 Sb 37
Mountmellick = Móinteach Mílic IRL 49 Sc 37
Mountrath = Maighean Rátha IRL 49 Sc 37
7860-001* Moura P 92 Sc 52
7885-011 Mourão P 92 Sc 52
64150 Mourenx F 66 Sk 47
37001 Mourési GR 87 Cd 51
04360 Moustiers-Sainte-Marie F 68 Ag 47
73600 Moûtiers F 68 Ag 45
85540 Moutiers-les-Mauxfaits F 66 Si 44
84302 Moutsoúna GR 95 Cf 53
60250 Mouy F 53 Ac 41
43060 Mouzáki GR 86 Cb 51
927175 Movila RO 73 Ch 46
817100 Movila Miresii RO 73 Ch 45
927180 Movilița RO 72 Cg 46
Moville IRL 49 Sc 35
32200 Movríki GR 94 Cd 52
57250 Moyeuvre-Grande F 54 Ag 41
50143 Moyuela E 82 Sk 49
Možaisk RUS 43 Dg 35
Mozdok RUS 76 Ee 47
Možga RUS 46 Fc 34

Možga | 187

Mozyr' = Mazyr BY 58 Ck 38
11-700* Mrągowo PL 40 Cb 37
Mrakovo RUS 64 Fg 38
32210 Mrčajevci SRB 71 Ca 47
7508 Mrežičko MK 86 Cb 49
Mrjasimovo RUS 47 Fg 35
Mrkalji BIH 71 Bi 46
Mrkonjić Grad BIH 70 Bh 46
72-330 Mrzeżyno PL 39 Bf 36
Mscislav BY 42 Db 36
Msciž BY 42 Ci 36
Mšinskaja RUS 31 Ck 31
Msta RUS 32 De 33
Mstera RUS 44 Eb 34
96-320 Mszczonów PL 57 Ca 39
Mučkapskij RUS 61 Ec 39
Mučkas RUS 26 Ei 26
40500 Mucur TR 89 De 51
16940 Mudanya TR 88 Ci 50
Mud'juga RUS 24 Dk 27
14800 Mudurnu TR 88 Db 50
Muezerskij RUS 23 Dc 27
Muftjuga RUS 25 Eg 26
Muggia I 69 Bd 45
48000 Muğla TR 96 Ci 53
Mugreevskij RUS 44 Ec 34
75417 Mühlacker D 54 Ai 42
84453 Mühldorf am Inn D 55 Bc 42
Mühlen in Taufers = Molini di Tures I 69 Bb 44
99974 Mühlhausen/Thüringen D 55 Ba 39
91501 Muhos FIN 22 Cg 26
Muhtolovo RUS 44 Ed 35
Muinchille IRL 49 Sc 36
Muineachán = Monaghan IRL 49 Sd 36
IV6 Muir of Ord GB 50 Sf 33
Mukačeve UA 57 Cc 42
Mukačevo = Mukačeve UA 57 Cc 42
30170 Mula E 93 Si 52
68050* Mulhouse F 68 Ah 43
Mullach Íde IRL 49 Sd 37
79379 Müllheim D 68 Ah 43
Mullingar = An Muileann-gCearr IRL 49 Sc 37
Mullovka RUS 45 Ek 36
56501 Mullsjö S 29 Bd 33
42601 Multia FIN 22 Ce 28
Mumra RUS 77 Eh 45
95213 Münchberg D 55 Bb 40
15374 Müncheberg D 55 Be 38
80331* München D 55 Bb 42
34346 Münden = Hann Münden D 54 Ak 39
NR11 Mundesley GB 51 Ab 38
Mungía E 66 Sh 47
44780 Muniesa E 82 Sk 49
26620 Munka-Ljungby S 39 Bc 34
45501 Munkedal S 28 Bb 32
68401 Munkfors S 29 Bd 31
72525 Münsingen D 68 Ah 44
29633 Munster D 39 Ba 38
48143* Münster D 54 Ah 39
29633 Munster F 54 Ah 42
7537 Münster = Müstair CH 69 Ba 44
83090 Munsvattnet S 21 Be 26
547505 Munți, Rușii- RO 72 Ce 44
98495 Muodoslompolo S 15 Cd 23
99301 Muonio FIN 15 Cd 23
65500 Muradiye TR 95 Ch 52
65500 Muradiye TR 99 Ed 52
Muraši RUS 34 Ei 31
15300 Murat F 67 Ac 45
Murat TR 91 Ed 51
63570 Muratlı TR 88 Ch 49
20239 Murato F 83 Ak 48
81320 Murat-sur-Vèbre F 67 Ac 47
8850 Murau A 70 Be 43
09043 Muravera I 83 Ak 51
5090-101* Murça P 80 Sc 49
30001* Murcia E 93 Si 53
12600 Mur-de-Barrez F 67 Ac 46
Mur-de-Bretagne F 52 Sh 42
38350 Mure, la F 68 Af 46
8480* Mureck A 70 Bf 44
59800 Mürefte TR 88 Ch 50
Mureșenii Bârgăului RO 72 Ce 43
31600* Muret F 67 Ab 47
737370 Murgeni RO 73 Ci 44
Murgul TR 91 Eb 49
Murino RUS 47 Gb 34
96033 Murjek S 14 Ca 24
Murmansk RUS 16 Dd 22
Murmaši RUS 16 Dc 22
Murmino RUS 44 Ea 36
07440 Muro E 82 Ad 51
Muro del Acoy = Muro del Comtat E 82 Sk 52
34410 Murole FIN 22 Cd 29
85054 Muro Lucano I 85 Bf 50
Murom RUS 44 Ec 35
Murom RUS 60 Dg 40
33138 Muros E 80 Sa 48
Murovani Kurylivci UA 58 Ch 42
62-095* Murowana Goślina PL 56 Bh 38
71540 Murrhardt D 54 Ak 42
Mursal TR 90 Dh 51
Mursalimkino RUS 47 Fi 35
Mürşitpınar TR 98 Di 54
9000* Murska Sobota SLO 70 Bg 44
81810 Murtovaara FIN 23 Ck 25
Murygino RUS 34 Ek 32
8680* Mürzzuschlag A 70 Bf 43
49000* Muş TR 99 Eb 52
Muša RUS 34 Ei 33
Musabeyli TR 89 De 51
Musabeyli TR 98 Dg 54
Musljumkino RUS 46 Fa 35
Musljumovo RUS 46 Fd 35
Musljumovo RUS 47 Gb 35
Musorka RUS 45 Ek 37
EH15 Musselburgh GB 51 Sg 35
24400 Mussidan F 66 Aa 45
Mustaevo RUS 63 Fd 39
Mustafakemalpaşa TR 88 Ci 50
7537 Müstair = Münster CH 69 Ba 44
7180 Mustér, Disentis/ CH 68 Ai 44
93601 Mustjala EST 30 Cc 32
69701 Mustla EST 30 Cf 32
49603* Mustvee EST 30 Cg 32
33-370 Muszyna PL 57 Ca 41
33600 Mut TR 97 Dd 54
13700 Mutki TR 99 Eb 52
Mutnyj Materik RUS 26 Ff 25
26555 Muttalıp TR 88 Da 51
Mutyn UA 59 Dd 39
44880 Muurasjärvi FIN 22 Cf 27
49760 Muurola FIN 15 Cf 24
73460 Muuruvesi FIN 23 Ci 27
15124 Muxía E 80 Sa 47
Mužič'e RUS 61 Eb 40
56190 Muzillac F 66 Sh 43
Muzyvalen RUS 45 Eg 34
Mychajlivka UA 60 Df 42
Mychajlivka UA 74 Df 43
Mychajlivka UA 75 Di 43
37034 Myckelgensjö S 21 Bh 27
Myeldino RUS 26 Fe 29
907 01 Myjava SK 56 Bh 42
Mykland N 28 Ai 32
Mykolajiv UA 57 Cd 41
Mykolajiv UA 74 Db 44
Mykolajivka UA 59 De 42
Mykolajivka (KRIM) 74 Dd 46
Myla RUS 26 Fa 25
23101 Mynämäki FIN 30 Cb 30
5718 Myrdal N 28 Ah 30
8430 Myre N 14 Bf 22
Myrheden S 22 Ca 25
Myrhorod UA 59 Dd 41
660 Mýri IS 48 Rc 25
Myrne UA 74 Dd 44
Myronivka UA 59 Da 41
07601 Myrskylä FIN 30 Cf 30
Myrtou 96 Dc 55
Myrviken S 21 Be 28
Mys RUS 35 Fe 30
1850 Mysen N 28 Bb 31
Myškin RUS 32 Di 33
Myškino = Myškin RUS 32 Di 33
32-400 Myślenice PL 56 Bk 41
74-300 Myślibórz PL 39 Be 38
41-400* Mysłowice PL 56 Bk 40
07-430 Myszyniec PL 40 Cb 37
Myt RUS 44 Ec 34
Mytišči RUS 43 Dh 35
Mytišino RUS 43 De 36

N

21110 Naantali FIN 30 Cc 30
76851 Naarajärvi FIN 23 Ch 28
1410 Naarden NL 54 Af 38
81470 Naarva FIN 23 Db 27
Naas = An Nás IRL 49 Sd 37
99940 Näätämö FIN 15 Ck 21
92507 Nabburg D 55 Bc 41
Naberežnye Čelny RUS 46 Fc 35
Načalovo RUS 77 Ei 44
Na Ceala Beaga IRL 49 Sb 36
390 01 Náchod CZ 56 Bg 40
Na Clocha Liatha IRL 49 Sd 37
Nadeždinka RUS 62 Ei 38
315500 Nădlac RO 71 Ca 44
Nadporož'e RUS 32 Di 31
Nadvirna UA 57 Ce 42
Nadvojcy RUS 24 De 27
4365 Nærbø N 28 Af 32
4700 Næstved DK 39 Bb 35
30300 Náfpaktos GR 94 Cb 52
21100 Náfplio GR 94 Cc 53
Nagaevo RUS 47 Fg 36
Nagajbakovo RUS 46 Fd 35
Nagavskaja RUS 76 Ec 43
84013 Naggen S 21 Bf 28
72202 Nagold D 54 Ai 42
Nagor'e RUS 43 Di 34
Nagornskij RUS 35 Fh 32
Nagorsk RUS 34 Fa 31
Nagutskoe RUS 76 Ec 46
7500 Nagyatád H 70 Bh 44
Nagygéc H 71 Cc 43
4320 Nagykálló H 71 Cb 43
8800 Nagykanizsa H 70 Bg 44
2760 Nagykáta H 71 Bk 43
Nagykőrös H 71 Bk 43
5931 Nagyszénás H 71 Ca 44
95119 Naila D 55 Bb 40
86530 Naintré F 66 Aa 44
IV12 Nairn GB 50 Sg 33
12270 Najac F 67 Ab 46
26300 Nájera E 81 Sh 48
Najstenjarvi RUS 23 Dc 28
89-100* Nakło nad Notecią PL 40 Bh 37
4900 Nakskov DK 39 Bb 36
827160 Nalbant RO 73 Ci 45
Nal'čik RUS 76 Ed 47
Nalibaki BY 41 Cg 37
89670 Näljänkä FIN 23 Ci 25
06920 Nallıhan TR 88 Db 50
5000 Namen = Namur B 53 Ae 40
029 01 Námestovo SK 56 Bk 41
7800 Namsos N 20 Bb 26
7890 Namsskogan N 21 Bd 26
Namsvassgardan N 21 Bd 26
5000 Namur B 53 Ae 40
46-100 Namysłów PL 56 Bh 39
54000* Nancy F 54 Ag 42
77370 Nangis F 53 Ad 42
Nannestad N 28 Bb 30
12230 Nant F 67 Ad 46
92000 Nanterre F 53 Ac 42
44000* Nantes F 66 Si 43
60440 Nanteuil-le-Haudouin F 53 Ac 41
CW5 Nantwich GB 51 Sh 37
84401 Náousa GR 95 Cf 53
59200 Náoussa GR 86 Cc 50
000400* Napoca, Cluj- RO 72 Cd 44
80100* Napoli I 85 Be 50
Narač BY 41 Cg 36
Naratasty RUS 46 Fd 36
Naratasty RUS 46 Fe 36
SA67 Narberth GB 52 Sf 39
11100* Narbonne F 82 Ac 47
2540 Narbuvoll N 20 Bb 28
73048 Nardo I 85 Bi 50
4239 Narečenski Bani BG 87 Ce 49
Narezka RUS 31 Dc 33
Narimanov RUS 77 Eh 44
02440 Narince TR 98 Di 53
Nar'jan-Mar RUS 18 Fc 23
10510 Narlı TR 98 Dh 53
10510 Narlı TR 99 Ec 53
13040 Narlıdere TR 99 Eb 52
19600 Narlık TR 97 Df 54
25530 Narman TR 91 Eb 50
05035 Narni I 84 Bc 48
Narodyči UA 58 Ck 39
Naro-Fominsk RUS 43 Dg 35
Narovčat RUS 44 Ed 37
Narovlja BY 58 Ck 39
64260 Närpes FIN 22 Cb 28
64260 Närpiö = Närpes FIN 22 Cb 28
Nartkala RUS 76 Ed 47
Naruksovo RUS 45 Ee 36
20103* Narva EST 31 Ci 31
37370 Narva FIN 30 Cd 29
29021* Narva-Jõesuu EST 31 Ci 31
8514* Narvik N 14 Bh 22
Naryn-Huduk RUS 77 Eg 45
Naryškino RUS 43 Df 38
Nasafjäll S 14 Bf 24
88030 Näsåker S 21 Bg 27
425200 Năsăud RO 72 Ce 43
Na Sceiri IRL 49 Sd 37
Našice HR 71 Bi 45
Naşidiye TR 97 Df 53
05-190 Nasielsk PL 57 Ca 38
Naslednickoe RUS 65 Ga 38
6465 Nassereith A 69 Ba 43
88041 Nässjö S 29 Be 33
91201 Nastansjö S 21 Bg 26
15561 Nastola FIN 30 Cf 30
Nasva RUS 42 Da 34
Natal'in Jar RUS 63 Fa 39
Natal'ino RUS 45 Ek 38
98206 Nattavaara S 14 Ca 24
39025 Naturno = Naturns I 69 Ba 44
39025 Naturns = Naturno I 69 Ba 44
12800 Naucelle F 67 Ac 46
Naučnyj (KRIM) 74 De 46
14641 Nauen D 55 Bc 38
85001 Naujoji Akmenė LT 41 Cc 34
06618 Naumburg (Saale) D 55 Bb 39
Naumovskaja RUS 33 Ed 30
Naumovskij RUS 76 Eb 43
Nausta S 14 Bk 24
6817 Naustdal N 28 Af 29
Nautijaur S 14 Bk 24
Nautsi RUS 15 Ck 21
33520 Nava E 80 Se 47
Navacëlki BY 58 Ci 38
40450 Nava de la Asunción E 81 Sf 49
47500 Nava del Rey E 80 Se 49
45670 Nava de Ricomalillo, La E 81 Sf 51
06486 Nava de Santiago, La E 80 Sd 51
Navael'nja BY 41 Cf 37
45150 Navahermosa E 81 Sf 51
Navahrudak BY 41 Cf 37
28600 Navalcarnero E 81 Sf 50
40280 Navalmanzano E 81 Sf 49
10300 Navalmoral de la Mata E 80 Se 51
45140 Navalmorales, Los E 81 Sf 51
06760 Navalvillar de Pela E 80 Se 51
Navan = An Uaimh IRL 49 Sd 37
Navapolack BY 42 Ci 35
46823 Navarrés E 82 Sk 51
41460 Navas de la Concepción, Las E 92 Se 53
10930 Navas del Madroño E 80 Sd 51
Navasëlki BY 41 Cg 38
Navašino RUS 44 Ec 35
Navesnoe RUS 60 Dh 38
33710 Navia E 80 Sd 47
Navlja RUS 43 De 38
905700 Năvodari RO 73 Ci 46
Navoloki RUS 33 Eb 33
84300 Náxos GR 95 Cf 53
64800 Nay-Bourdettes F 82 Sk 47
2450-100* Nazaré P 80 Sa 51
Nazija RUS 31 Db 31
09800* Nazilli TR 96 Ci 53
62950 Nazimiye TR 90 Dk 51
Néa Apolonía GR 87 Cd 50
63080 Néa Kalikrátia GR 87 Cd 50
19005 Néa Mákri GR 94 Cd 52
57004 Néa Mihanióna GR 86 Cc 50
Néa Moudania GR 87 Cd 50
000610* Neamț, Piatra- RO 72 Cg 44
Neapel = Napoli I 85 Be 50
23053 Neápoli GR 86 Cb 50
23053 Neápoli GR 94 Cd 54
23053 Neápoli GR 95 Cf 55
Néa Potídea GR 87 Cd 50
SA11 Neath GB 52 Sg 39
62042 Néa Zíhni GR 87 Cd 49
35980 Nebiler TR 87 Cg 51
Nebolči RUS 32 Dd 31
Nečaevka RUS 45 Ee 37
Nechvoroša UA 59 De 41
69151 Neckargemünd D 54 Ai 41
15510 Neda E 80 Sb 47
4990 Nedelino BG 87 Cf 49
Nedel'noe RUS 43 Dg 36
Nedobojivci UA 58 Cg 42
Nedryhajliv UA 59 Dd 40
5560 Nedstrand N 28 Af 31
Nedvigouka RUS 75 Dk 43
Neftegorsk RUS 46 Fb 38
Neftegorsk RUS 75 Dk 46
Neftekamsk RUS 46 Fe 34
Neftekumsk RUS 76 Ee 46
Neftekumsk RUS 77 Ef 46
Negonovo RUS 43 De 34
19300* Negotin SRB 71 Cc 46
1235 Negotino MK 86 Cc 49
117535 Negrași RO 72 Cf 46
15830 Negreira E 80 Sb 48
82800 Nègrepelisse F 67 Ab 46
445200 Negrești-Oaș RO 72 Cd 43
905800 Negru Vodă RO 73 Ci 47
Nehaevskij RUS 61 Eb 40
125100 Nehoiu RO 72 Cg 45
9930 Neiden N 15 Ck 21
Neidín = Kenmare IRL 49 Sa 39
Neja RUS 33 Ed 32
Nejvinskij, Verh- RUS 36 Ga 33
Nejvo-Rudjanka RUS 36 Ga 33
Nekljudovo RUS 32 Dh 33
Nekljudovo RUS 44 Ed 34
Nekrasovo RUS 47 Gb 34
Nekrasovskoe RUS 33 Ea 33
Neksø DK 39 Bf 35
3505-172* Nelas P 80 Sc 50
Nelidovo RUS 42 Dc 34
99860 Nellim FIN 15 Ci 22
Nema RUS 34 Fa 33
Neman RUS 41 Cc 35
20500 Neméa GR 94 Cc 53
15019 Nemenčinė LT 41 Cf 36
Nemnjuga RUS 25 Ee 27
77140* Nemours F 53 Ac 42
Nemyriv UA 57 Cd 40
Nemyriv UA 58 Ci 42
Nenagh = An tAonach IRL 49 Sb 38
82103 Nenitoúria GR 95 Cf 52
Nenoksa RUS 24 Dk 26
68200 Neohóri GR 86 Ca 51
68200 Neohóri GR 86 Cb 51
68200 Neohóri GR 94 Cb 52
62043 Néo Petrítsi GR 87 Cd 49
Néos Marmarás GR 87 Cd 50
Nepljuevo RUS 43 Dg 38
335 01 Nepomuk CZ 55 Bd 41
47600 Nérac F 66 Aa 46
43100 Neraída GR 86 Cb 51
277 11 Neratovice CZ 55 Be 40
Nerdva RUS 35 Ff 32
Nerehta RUS 33 Ea 33
12242 Neresnica SRB 71 Cb 46
5118 Nereta LV 41 Cf 34
Nerl' RUS 43 Dh 33
Nerl' RUS 44 Ea 34
18350 Nérondes F 67 Ac 44
21670 Nerva E 92 Sd 53
7630 Nes N 28 Ak 30
Nes' RUS 17 Ee 24
3540 Nesbyen N 28 Ak 30
8230 Nesebăr BG 88 Ch 48
4244 Nesflaten N 28 Ag 31
740 Neskaupstaður IS 48 Rg 25
8700 Nesna N 14 Bd 24
1450 Nesoddtangen N 28 Ba 31
5131 Nesseby N 15 Ci 20
Nesterov RUS 41 Cc 36
Nesterov = Žovkva UA 57 Cd 40
Nesterovka RUS 63 Fd 38
Nestiary RUS 45 Ef 34
52051 Nestório GR 86 Cb 50
Nesvetajskaja, Rodionovo- RUS 75 Dk 43
17033* Neubrandenburg D 39 Bd 37
18233 Neubukow D 39 Bb 36
86633 Neuburg an der Donau D 55 Bb 42
2000* Neuchâtel CH 68 Ag 43
53474 Neuenahr-Ahrweiler, Bad D 54 Ah 40
2000* Neuenburg = Neuchâtel CH 68 Ag 43
15366 Neuenhagen bei Berlin D 55 Bd 38
49828 Neuenhaus D 54 Ag 38
68600 Neuf-Brisach F 54 Ah 42
6840 Neufchâteau B 54 Af 41
88300 Neufchâteau F 54 Af 42
76270 Neufchâtel-en-Bray F 53 Ab 41
02190 Neufchâtel-sur-Aisne F 53 Ae 41
98724 Neuhaus am Rennweg D 55 Bb 40
37360 Neuillé-Pont-Pierre F 66 Aa 43
23992 Neukloster D 39 Bb 37
Neum BIH 85 Bh 48
4720 Neumarkt im Hausruckkreis A 55 Bd 42
92318 Neumarkt in der Oberpfalz D 55 Bb 41
24534* Neumünster D 38 Ak 36
41210 Neung-sur-Beuvron F 67 Ab 43
66538* Neunkirchen A 70 Bg 43
66538* Neunkirchen D 54 Ah 41
16816 Neuruppin D 39 Bc 38
2183 Neusiedl an der Zaya A 56 Bg 42
41460* Neuss D 54 Ag 39
16845 Neustadt (Dosse) D 39 Bc 38
07806 Neustadt (Orla) D 55 Bb 40
79822 Neustadt, Titisee- D 68 Ai 43
31535 Neustadt am Rübenberge D 54 Ak 38
91413 Neustadt an der Aisch D 55 Ba 41
93333 Neustadt an der Donau D 55 Bb 41
67433* Neustadt an der Weinstraße D 54 Ai 41
23730 Neustadt in Holstein D 39 Ba 36
17235 Neustrelitz D 39 Bd 37
89231* Neu-Ulm D 55 Ba 42
27330 Neuve-Lyre, la F 53 Aa 42
24190 Neuvic F 67 Ac 45
86170 Neuville-de-Poitou F 66 Aa 44
69250 Neuville-sur-Saône F 67 Ae 45
36230 Neuvy-Saint-Sépulchre F 67 Ab 44
18330 Neuvy-sur-Barangeon F 67 Ac 43
56564* Neuwied D 54 Ah 40
Nevel' RUS 42 Ck 34
58000* Nevers F 67 Ad 44
Nevesinje BIH 71 Bi 47
2595 Nevestino BG 86 Cc 48

188 | Mozyr' = Mazyr

Nevinnomyssk RUS 76 Eb 46
Nev'jansk RUS 36 Ga 33
50000* Nevşehir TR 97 De 52
Nevskij, Aleksandro RUS 44 Ea 37
NG24 Newark on Trent GB 51 Sk 37
NE64 Newbiggin-by-the-Sea GB 51 Si 35
BT22 Newcastle GB 49 Se 36
NE2 Newcastle upon Tyne GB 51 Si 36
Newcastle West = An Caisleán Nua IRL 49 Sa 38
DG7 New Galloway GB 51 Sf 35
CT11 Newhaven GB 53 Aa 40
CB8 Newmarket GB 53 Aa 38
CB11 Newport GB 51 Sh 38
CB11 Newport GB 52 Sh 39
CB11 Newport GB 52 Si 40
TR7 Newquay GB 52 Se 40
SA45 New Quay GB 52 Sf 38
TN28 New Romney GB 53 Aa 40
New Ross = Ros Mhic Thriúin IRL 49 Sd 38
BT34 Newry GB 49 Sd 36
HS2 New Tolsta GB 50 Sd 32
IV27 Newton GB 50 Sc 33
TQ12 Newton Abbot GB 52 Sg 40
DG8 Newton Stewart GB 51 Sf 36
SY16 Newtown GB 52 Sg 38
BT37 Newtownabbey GB 49 Se 36
BT23 Newtownards GB 49 Se 36
BT78 Newtownsteward GB 49 Sc 36
87800 Nexon F 67 Ab 45
Nezamaevskaja RUS 76 Ea 44
Nežin = Nižyn UA 59 Db 39
Nežinka RUS 64 Ff 39
Neznanovo RUS 44 Ea 36
Nežnurskij RUS 45 Eg 34
Nezvys'ko UA 58 Cf 42
23060 Niáta GR 94 Cc 54
9240 Nibe DK 38 Ak 34
Nicaj-Shalë AL 86 Bk 48
88046 Nicastro I 85 Bg 52
06000* Nice F 68 Ah 47
Nicinskoe, Ust'- RUS 37 Ge 33
Nicolo-Berezovec RUS 33 Ec 32
94014 Nicosia I 84 Be 53
1010* Nicosia = Lefkosia CY 97 Dd 55
89844 Nicotera I 84 Bf 52
93012 Nida LT 40 Cb 35
12-220 Nida, Ruciane- PL 40 Cb 37
31084 Nídri GR 94 Ca 52
13-100 Nidzica PL 40 Ca 37
25899 Niebüll D 38 Ai 36
72-350 Niechorze PL 39 Bf 36
67110 Niederbronn-les-Bains F 54 Ah 42
14823 Niemegk D 55 Bc 38
95595 Niemisel S 22 Cc 24
31582 Nienburg (Weser) D 54 Ak 38
02906 Niesky D 55 Be 39
8620 Nieuwpoort B 53 Ac 39
51000* Niğde TR 97 De 52
62200 Nigríta GR 87 Cd 50
04100 Níjar E 93 Sh 54
Nijemci HR 71 Bk 45
3860 Nijkerk NL 54 Af 38
6500* Nijmegen NL 54 Af 39
7440 Nijverdal NL 54 Ag 38
Nikel' RUS 16 Da 21
Nikifarovo RUS 46 Fe 37
Nikiforovo RUS 32 Di 29
Nikitino RUS 33 Ee 33
Nikitovka RUS 60 Di 40
Nikkaluokta S 14 Bi 23
Nikolaev = Mykolajiv UA 74 Db 44
Nikolaevka RUS 42 Dc 37
Nikolaevka RUS 45 Eh 37
Nikolaevka RUS 46 Ff 37
Nikolaevka RUS 62 Ei 38
Nikolaevo RUS 31 Ck 32
Nikolaevsk RUS 62 Ef 40
Nikoliskoe RUS 33 Ee 32
Nikologry RUS 44 Ec 34
Nikolo-Pavlovskoe RUS 36 Ga 33
Nikolo-Šanga RUS 34 Ef 32
Nikol'sk RUS 34 Ef 31
Nikol'sk RUS 45 Eg 37
Nikol'skaja RUS 46 Fd 37
Nikol's'ke UA 75 Dh 43
Nikol'skij Toržok RUS 32 Di 31
Nikol'skoe RUS 33 Ec 31
Nikol'skoe RUS 33 Ee 31
Nikol'skoe RUS 45 Ee 38
Nikol'skoe RUS 60 Dg 38
Nikol'skoe RUS 60 Dk 38
Nikol'skoe RUS 63 Fe 39
Nikol'skoe RUS 64 Ff 38
Nikols'koe RUS 76 Ee 46
Nikol'skoe RUS 77 Eg 43
Nikol'skoe-na-Čeremšane RUS 45 Ek 36
5940 Nikopol BG 72 Ce 47
Nikopol' UA 74 De 43
60600* Niksar TR 90 Dg 50
81 400* Nikšič MNE 86 Bi 48
Nikulino RUS 33 Ee 32
Nikuljata RUS 34 Ei 33
Nikul'skoe RUS 33 Dk 33
Nilivaara S 15 Cb 23
Nil'maguba RUS 23 Dc 25
73301 Nilsiä FIN 23 Ci 27
Nimen'ga RUS 24 Dh 27
30000* Nîmes F 67 Ae 47
Nin HR 70 Bf 46
79000* Niort F 66 Sk 44
18101* Niš SRB 71 Cb 47
6050-302* Nisa P 80 Sc 51
93015 Niscemi I 84 Be 53
37-400 Nisko PL 57 Cc 40
6400 Nisporen' = Nisporeni MD 73 Ci 43
6400 Nisporeni MD 73 Ci 43
6400 Nisporeny = Nisporeni MD 73 Ci 43
3854 Nissedal N 28 Ai 31
74250 Nissilä FIN 22 Cg 27
Nitaure LV 41 Cf 33
031 01* Nitra SK 56 Bi 42
972 13 Nitrianske Pravno SK 56 Bi 42
89310 Nitry F 67 Ad 43
Nittedal N 28 Ba 30
85540 Nivala FIN 22 Ce 27
Nivenskoe RUS 40 Ca 36
Nivšera RUS 26 Fc 28
Nivskij RUS 16 Dc 23
Niz RUS 25 Eb 28
Niz RUS 32 Df 31
Niža RUS 17 Ed 24
27700 Nizip TR 98 Dh 53
Nižmozero RUS 24 Dh 26
Nižnee Al'keevo RUS 46 Fa 36
Nižnee Ust'e RUS 24 Di 28
Nižneirginskoe RUS 47 Fh 34
Nižneivkino RUS 34 Ek 32
Nižnekamsk RUS 46 Fb 35
Nižnepavlovka RUS 63 Fe 39
Nižnetroickij RUS 46 Fd 36
Nižnie Kigi RUS 47 Fi 35
Nižnie Sergi RUS 47 Fk 34
Nižnie Vjazovye RUS 45 Ei 35
Nižnij Bajgora RUS 60 Dk 39
Nižnij Baskunčak RUS 62 Eg 42
Nižnij Čir RUS 61 Ec 42
Nižnij Duvanka UA 60 Di 41
Nižnij Enagsk RUS 34 Eg 31
Nižnij Kisljaú RUS 61 Ea 40
Nižnij Lomov RUS 44 Ed 37
Nižnij Luh RUS 35 Fg 32
Nižnij Novgorod RUS 44 Ed 34
Nižnij Odes RUS 26 Fe 27
Nižnij Tagil RUS 36 Fk 33
Nižnij Takanyš RUS 46 Fb 35
Nižnij Ufalej RUS 47 Fk 35
Nižnij Veduga RUS 60 Di 39
Nižnij Voč' RUS 35 Fe 29
Nižnij Zaramag RUS 91 Ee 48
Nižnjaja RUS 25 Eg 26
Nižnjaja Maktama RUS 46 Fc 36
Nižnjaja Mgla RUS 17 Ee 24
Nižnjaja Mondoma RUS 32 Dh 30
Nižnjaja Omra RUS 26 Ff 28
Nižnjaja Peša RUS 18 Eh 24
Nižnjaja Pokrovka RUS 63 Fa 39
Nižnjaja Salda RUS 36 Ga 32
Nižnjaja Sanarka RUS 47 Gb 36
Nižnjaja Stanovaja RUS 33 Ec 31
Nižnjaja Tavda RUS 37 Gg 33
Nižnjaja Tura RUS 36 Fk 32
Nižnjaja Zolotica RUS 24 Ea 25
Nižyn UA 59 Db 39
Njalinskoe RUS 37 Gk 29
Njandoma RUS 33 Ea 29
230 Njarðvik IS 48 Qh 27
Njašabož RUS 26 Fd 25
Njasviž BY 41 Cg 37
Njazepetrovsk RUS 47 Fk 34
99860 Njellim = Nellim FIN 15 Ci 22
Njučpas RUS 34 Fb 30
Njuhča RUS 24 Dg 27
Njuhča RUS 25 Eg 27
Njuksenica RUS 33 Ee 30
99430 Njunnas = Nunnanen FIN 15 Ce 22
99990 Njuorggam = Nuorgam FIN 15 Ch 20
86202 Njurunda S 21 Bh 28
Njuvčim RUS 34 Fa 29
10080 Noasca I 68 Ah 45
84014 Nocera Inferiore I 85 Be 50
06025 Nocera Umbra I 69 Bc 47
4645 Nodeland N 28 Ah 32
06173 Nogales E 92 Sd 52
Nogaylar TR 98 Dg 53
52800 Nogent F 54 Af 42
28210 Nogent-le-Roi F 53 Ab 42
28400* Nogent-le-Rotrou F 53 Aa 42
10400* Nogent-sur-Seine F 53 Ad 42
Nogersund S 39 Be 34
Noginsk RUS 43 Di 35
15200 Noia E 80 Sb 48
42440 Noirétable F 67 Ad 45
85330 Noirmoutier-en-l'Île F 66 Sh 43
37150 Nokia FIN 30 Cd 29
44911 Nol S 29 Bc 33
80035 Nola I 85 Be 50
Nolinsk RUS 34 Fa 33
Nolvik S 21 Bf 25
27320 Nonancourt F 53 Ab 42
Nonburg RUS 26 Fa 25
24300 Nontron F 66 Aa 45
2202 Noordwijk aan Zee NL 53 Ae 38
29601 Noormarkku FIN 30 Cb 29
86040 Nora S 29 Bf 31
Norberg N 20 Ai 29
73801 Norberg S 29 Bf 30
06046 Norcia I 84 Bd 48
6430 Nordborg DK 38 Ak 35
6720 Nordby DK 39 Ba 35
6214 Norddal N 28 Af 29
26506 Norden D 38 Ah 37
26954 Nordenham D 38 Ai 37
Norderhov N 28 Ba 30
26548 Norderney D 38 Ah 37
Norderö S 21 Be 27
22844* Norderstedt D 38 Ak 37
Nordfjord N 16 Da 20
6770 Nordfjordeid N 20 Af 29
8286 Nordfold N 14 Bf 23
99734 Nordhausen D 55 Ba 39
48527* Nordhorn D 54 Ah 38
9040 Nordkjosbotn N 14 Bk 21
7882 Nordli N 21 Bd 26
86720 Nördlingen D 55 Ba 42
91401 Nordmaling S 22 Bk 27
Nordmark S 29 Be 31
8489 Nordmela N 14 Bf 21
Nordneidet N 14 Bk 21
Nordovka RUS 46 Ff 37
Nordreisa N 15 Cb 21
82011 Nordsjö S 29 Bg 29
510 Norðurflörður IS 48 Qi 24
Nord-Vågsøy N 20 Af 29
3629 Nore N 28 Ak 30
3536 Noresund N 28 Ak 30
5600 Norheimsund N 28 Ag 30
Norra Fjällnäs S 21 Bf 25
56201* Norrahammar S 29 Be 33
83081 Norråker S 21 Bf 26
Norra Ny S 29 Bd 30
Norrby S 21 Bi 26
4840 Nørre Alslev DK 39 Bb 36
6830 Nørre Nebel DK 38 Ai 35
9400 Nørresundby DK 38 Ak 33
7700 Nørre Vorupør DK 38 Ai 34
91493 Norrfors S 21 Bi 27
36042 Norrhult-Klavreström S 29 Bf 33
60002* Norrköping S 29 Bg 32
64530 Norrnäs FIN 22 Cb 28
76100* Norrtälje S 29 Bi 31
61021 Norsholm S 29 Bf 32
93501 Norsjö S 22 Bk 26
DL6 Northallerton GB 51 Si 36
NN1 Northampton GB 52 Sk 38
KY11 North Berwick GB 50 Sh 34
37154 Northeim D 54 Ak 39
NE68 North Sunderland GB 51 Si 35
NR28 North Walsham GB 51 Ab 38
CW9 Northwich GB 51 Sh 37
24589 Nortorf D 38 Ak 36
44390 Nort-sur-Erdre F 66 Si 43
NR4 Norwich GB 53 Ab 38
Nosivka UA 59 Db 40
Nosly RUS 46 Fa 34
Nosovaja RUS 34 Ef 33
Nosovaja RUS 18 Fe 22
Nosovskaja RUS 25 Ed 29
46501 Nossebro S 29 Bc 32
Nošul' RUS 34 Ek 30
96017 Noto I 84 Bf 54
3674 Notodden N 28 Ak 31
NG1 Nottingham GB 51 Si 38
37460 Nouans-les-Fontaines F 67 Ab 43
Nova Astrachan UA 60 Di 41
Nova Basan' UA 59 Db 40
Nova Borova UA 58 Ci 40
2147 Novačene BG 87 Cd 48
7211 Novaci MK 86 Cb 49
Novafeltria I 69 Bc 47
Nova Gradiška HR 70 Bh 45
Nova Haleščyna UA 59 Dd 41
Novaja RUS 25 Eb 29
Novaja Kahovka = Nova Kachovka UA 74 Dd 44
Novaja Kalitva RUS 61 Ea 40
Novaja Kriuša RUS 61 Eb 40
Novaja Ladoga RUS 31 Dc 30
Novaja Lavela RUS 25 Ef 27
Novaja Ljada RUS 61 Eb 38
Novaja Ljalja RUS 36 Ga 31
Novaja Majna RUS 45 Ek 36
Novaja Poltavka RUS 62 Eg 40
Novaja Porubežka RUS 62 Ek 39
Novaja Usman' RUS 60 Dk 39
Nova Kachovka UA 74 Dd 44
Novalukoml' BY 42 Ck 36
Nova Majačka UA 74 Dd 44
Nova Odesa UA 74 Db 43
28100 Novara I 68 Ai 45
Nova Radča UA 58 Ck 39
98058 Novara di Sicilia I 84 Bf 52
Nova Rjabyna UA 60 Df 40
Nova Sloboda UA 59 De 39
23025 Novate Mezzola I 69 Ak 44
Nova Topola BIH 70 Bh 45
Nova Ušycja UA 58 Ch 42
31320 Nova Varoš SRB 71 Bk 47
Nova Vodolaha UA 60 Df 41
Nova Zagora BG 87 Cg 48
592 31 Nové Město nad Moravě CZ 56 Bg 41
915 01 Nové Mesto nad Váhom SK 56 Bh 42
940 51* Nové Zámky SK 71 Bi 43
Novgorod RUS 31 Db 32
Novgorodka RUS 42 Ci 33
Novhorodka UA 59 Dc 42
Novhorod-Siver'skyj UA 59 Dd 38
Novhorods'ke, Znob'- UA 59 Dd 38
23272 Novi Bečej SRB 71 Ca 45
Novi Belokorovyči UA 58 Ci 39
Novigrad HR 69 Bd 45
1280 Novi Iskăr BG 87 Cd 48
Novi Jarylovyči BY 59 Db 38
Novi Jarylovyči UA 59 Db 38
Novikbož RUS 27 Fg 24
15067 Novi Ligure I 68 Ai 46
6710 Novi Pazar BG 73 Ch 47
36300* Novi Pazar SRB 86 Ca 47
21101* Novi Sad SRB 71 Bk 45
Novi Sanžary UA 59 De 41
Novi Vinodolski HR 70 Be 45
Novlenskoe RUS 33 Dk 31
Novoadjar UA 60 Dk 42
Novoaleksandrovka RUS 63 Fc 38
Novoaleksandrovsk RUS 76 Eb 45
Novoalekseevskaja RUS 76 Ea 46
Novoanninskij RUS 61 Ec 40
Novoaptula RUS 37 Gi 33
Novoarchanhel's'k UA 59 Da 42
Novoarhangelovka RUS 46 Ff 38
Novoazovs'k UA 75 Di 43
Novobaltačevo RUS 46 Fe 35
Novobelokataj RUS 47 Fi 35
Novoborovyci UA 75 Dk 43
Novočeboksarsk RUS 45 Eh 34
Novočeremšansk RUS 46 Fa 36
Novočerkassk RUS 64 Fg 39
Novočerkassk RUS 76 Ea 43
Novocimljanskaja RUS 76 Ec 43
Novodevič'e RUS 45 Ei 37
Novodugino RUS 43 De 35
Novodvinsk RUS 24 Ea 26
Novoe Bajbatyrevo RUS 45 Eh 35
Novoe Ermakovo RUS 46 Fb 36
Novoe Mansurkino RUS 46 Fb 37
Novoe Mašozero RUS 23 Dd 26
Novofedorivka UA 74 Dc 44
Novogornyj RUS 47 Ga 35
Novograd-Volynskij = Novohrad-Volyns'kyj UA 58 Ch 40
Novohoperskij RUS 61 Eb 39
Novohrad-Volyns'kyj UA 58 Ch 40
Novoil'inskij RUS 35 Ff 33
Novojantuzovo RUS 46 Ff 35
Novokašpirskij RUS 45 Ei 37
Novokubansk RUS 76 Eb 45
Novokujbyševsk RUS 45 Ek 37
Novol'vovsk RUS 43 Di 37
Novomalorossijskaja RUS 75 Dk 45
Novomar'evka RUS 64 Ff 40
8000* Novo Mesto SLO 70 Bf 45
Novomičurinsk RUS 44 Dk 36
Novomihajlovskij RUS 75 Di 46
Novominskaja RUS 75 Di 44
Novomoskovsk RUS 43 Di 36
Novomoskovs'k UA 60 Df 42
Novomoskovsk = Novomoskovs'k UA 60 Df 42
Novomuraptalovo RUS 64 Ff 38
Novomusino RUS 46 Fe 38
Novomykolajivka UA 74 Dc 44
Novomykolajivka UA 74 Df 43
Novomyrhorod UA 59 Dc 42
Novonikolaevka RUS 62 Eg 42
Novonikolaevskaja RUS 75 Di 45
Novonikolaevskij RUS 61 Ec 40
Novooleksijivka UA 74 De 44
Novoorenburg RUS 64 Fk 38
Novoorsk RUS 64 Fk 39
Novopavlivka UA 60 Dg 42
Novopavlovsk RUS 76 Ed 47
Novopetrivka UA 75 Dg 44
Novopetrovo RUS 37 Gk 33
Novopetrovskoe RUS 43 Dg 35
Novopetrykivka UA 75 Dg 43
Novopokrovka RUS 64 Fh 39
Novopokrovka UA 59 De 42
Novopokrovskaja RUS 76 Ea 45
Novopokrovskoe RUS 61 Ed 39
Novopolevodino RUS 62 Eh 39
Novopoljan'e RUS 44 Dk 37
Novopolock = Navapolack BY 42 Ci 35
Novopskov UA 60 Dk 41
Novorepnoe RUS 62 Ei 39
Novorossijsk RUS 75 Dh 46
Novorossošanskij RUS 76 Eb 43
Novoržev RUS 42 Ck 33
Novosadkovskij RUS 76 Eb 43
Novošahtinsk RUS 75 Dk 43
Novoščerbinovskaja RUS 75 Di 44
Novosel'cy RUS 31 Db 32
Novoselë AL 86 Bk 50
Novosel'e RUS 31 Ci 32
8958 Novoselec BG 87 Cg 48
Novoselickoe RUS 76 Ed 46
Novoselivs'ke (KRIM) 74 Dd 45
Novoselka RUS 46 Ff 38
2434* Novo Selo MK 86 Cc 49
Novosel'skoe RUS 61 Ed 39
Novoselycja UA 58 Cg 42
Novosemejkino RUS 46 Fa 37
Novosergievka RUS 63 Fd 38
Novošešminsk RUS 46 Fb 35
Novosil' RUS 43 Dh 38
Novosil'skoe RUS 60 Di 39
Novosineglazovskij RUS 47 Gb 35
Novosokol'niki RUS 42 Da 34
Novospasskoe RUS 45 Eh 37
Novospasskoe RUS 63 Fe 38
Novosvitlivka UA 60 Dk 42
Novotaimasovo RUS 46 Ff 38
Novotitarovskaja RUS 75 Di 45
Novot'jalovo RUS 37 Gg 33
Novotroick RUS 64 Fi 39
Novotroickaja RUS 76 Eb 45
Novotroickoe RUS 34 Eh 32
Novotroickoe RUS 45 Ee 36
Novotroji'cke UA 74 De 44
Novotulka RUS 62 Eh 40
Novoukrajinka UA 59 Db 42
Novoul'janovsk RUS 45 Ei 36

Novoul'janovsk | 189

Novouspenskoe (RUS) 34 Eg 33
Novoutkinsk (RUS) 47 Fk 34
Novouzensk (RUS) 62 Ei 40
Novovasylivka (UA) 74 Df 44
Novov'azivs'ke (UA) 60 Df 42
Novovil'venskij (RUS) 36 Fi 32
Novovjatsk (RUS) 34 Ek 32
Novovladimirovskaja (RUS) 76 Ea 45
Novovolyns'k (UA) 57 Ce 40
Novovolynsk = Novovolyns'k (UA) 57 Ce 40
Novovoroncovka (UA) 74 Dd 43
Novozavidovskij (RUS) 43 Dg 34
Novožedrino (RUS) 46 Fd 37
Novozizevka (RUS) 62 Ei 40
Novozybkov (BY) 59 Db 38
Novska (HR) 70 Bg 45
473 01 Nový Bor (CZ) 55 Be 40
504 01 Nový Bydžov (CZ) 56 Bf 40
6500 Novye Aneny = Anenii Noi (MD) 73 Ck 44
Novye Burasy (RUS) 62 Eg 38
Novye Ljady (RUS) 35 Fg 32
Novye Selo (RUS) 32 Dd 31
Novye Zjatcy (RUS) 35 Fc 33
Novyi Oskol (RUS) 60 Dh 40
Novyj (RUS) 77 Ef 45
Novyj Bor (RUS) 18 Fc 24
Novyj Buh (UA) 74 Dc 43
Novyj Bujan (RUS) 46 Fa 37
Novyj Byt (RUS) 44 Eb 35
Novyj Egorlyk (RUS) 76 Eb 44
741 01* Nový Jičín (CZ) 56 Bi 41
Novyj Karačaj (RUS) 76 Eb 47
Novyj Kiner (RUS) 45 Fa 34
Novyj Multan (RUS) 35 Fc 33
Novyj Nekouz (RUS) 32 Di 33
Novyj Rozdol (UA) 57 Ce 41
Novyj Sinec (RUS) 43 Dg 37
Novyj Skrebel' (RUS) 32 Dd 33
Novyj Subaj (RUS) 47 Fh 35
Novyj Tap (RUS) 37 Gh 33
Novyj Tor''jal (RUS) 34 Ei 33
Novy Pahost (BY) 42 Ch 35
83-404 Nowa Karczma (PL) 40 Bi 36
57-400* Nowa Ruda (PL) 56 Bg 40
67-100* Nowa Sól (PL) 56 Bf 39
86-170 Nowe (PL) 40 Bi 37
32-120 Nowe Brzesko (PL) 57 Ca 40
67-124 Nowe Miasteczko (PL) 56 Bf 39
13-300 Nowe Miasto Lubawskie (PL) 40 Bk 37
26-420 Nowe Miasto nad Pilicą (PL) 57 Ca 39
72-022 Nowe Warpno (PL) 39 Be 37
72-200 Nowogard (PL) 39 Bf 37
66-010 Nowogród Bobrzański (PL) 56 Bf 39
82-100 Nowy Dwór Gdański (PL) 40 Bk 36
05-100* Nowy Dwór Mazowiecki (PL) 57 Ca 38
33-300 Nowy Sącz (PL) 57 Ca 41
34-400* Nowy Targ (PL) 57 Ca 41
64-300 Nowy Tomyśl (PL) 56 Bg 38
49490 Noyant (F) 66 Aa 43
89310 Noyers (F) 67 Ad 43
60400 Noyon (F) 53 Ad 41
44170 Nozay (F) 66 Si 43
Nudol' (RUS) 43 Dg 34
24900 Nuevo Riaño (E) 81 Sf 48
Nuguš (RUS) 47 Fg 37
21700 Nuits-Saint-Georges (F) 67 Ae 43
12520 Nules (E) 82 Sk 51
CV10 Nuneaton (GB) 52 Si 38
99430 Nunnanen (FIN) 15 Ce 22
8070 Nunspeet (NL) 54 Af 38
99990 Nuorgam (FIN) 15 Ch 20
08100 Nuoro (I) 83 Ak 50
531 Núpsdalstunga (IS) 48 Qk 25
Nur, Cagan- (RUS) 77 Ef 43
46370 Nurhak (TR) 98 Dh 53
Nurlat (RUS) 46 Fa 36
Nurlaty (RUS) 45 Ei 35
75531 Nurmes (FIN) 23 Ck 27
81950 Nurmijärvi (FIN) 23 Ck 27
81950 Nurmijärvi (FIN) 30 Ce 30
90402* Nürnberg (D) 55 Bb 41
72622 Nürtingen (D) 54 Ak 42
47300 Nusaybin (TR) 99 Eb 53
Nuvvus = Nuuvos (FIN) 15 Cg 21
91494 Nyåker (S) 22 Bk 27
9173 Ny Ålesund (N) 14 I Svalbard
2422 Nybergsund (N) 29 Bc 29
Nybor (RUS) 35 Fg 30
5800 Nyborg (DK) 39 Ba 35
95281 Nyborg (S) 22 Cd 25
38201* Nybro (S) 39 Bf 34
3433 Nyékládháza (H) 71 Ca 43
77014 Nyhammar (S) 29 Be 30
Nyírád (H) 70 Bh 43
4254 Nyíradony (H) 71 Cb 43
4300 Nyírbátor (H) 71 Cc 43
4400 Nyíregyháza (H) 71 Cb 43
66900 Nykarleby (FIN) 22 Cc 27
3180 Nykirke (N) 28 Ba 30
4800 Nykøbing Falster (DK) 39 Bb 36
7900 Nykøbing Mors (DK) 38 Ai 34
4500 Nykøbing Sjælland (DK) 39 Bb 35
61100* Nyköping (S) 29 Bh 32
68090 Nykroppa (S) 29 Be 31
87052 Nyland (S) 21 Bh 27
Nylga (RUS) 46 Fc 34
288 02 Nymburk (CZ) 56 Bf 40
Nymoen (N) 21 Be 25
14900* Nynäshamn (S) 29 Bh 32
7870 Nyneset (N) 21 Bc 26
1260 Nyon (CH) 68 Ag 44
26110 Nyons (F) 68 Af 46
Nyr (RUS) 34 Eh 33
Nyrud (RUS) 15 Ck 21
48-300* Nysa (PL) 56 Bh 40
Nyša (RUS) 46 Fb 34
Nysäter (S) 29 Bc 31
4880 Nysted (DK) 39 Bb 36
Nytva (RUS) 35 Ff 33
Nyvoll (N) 15 Cd 20
Nyžankovyči (UA) 57 Cc 41
Nyžni Sirohozy (UA) 74 De 44
Nyžni Torhaji (UA) 74 De 44
Nyžni Vorota (UA) 57 Cd 42
Nyžn'ohirs'kyj (KRIM) 74 De 45

O

LE15 Oakham (GB) 51 Sk 38
807235 Oancea (RO) 73 Ci 45
Obal' (BY) 42 Ck 35
PA34 Oban (GB) 50 Se 34
91341 Obbola (S) 22 Ca 27
29650 Öbektaş (TR) 97 Dd 53
42006 Obeliai (LT) 41 Cf 35
82487 Oberammergau (D) 69 Bb 43
9781 Oberdrauburg (A) 69 Bc 44
46045* Oberhausen (D) 54 Ag 39
77704 Oberkirch (D) 54 Ai 42
67210 Obernai (F) 54 Ah 42
5110 Oberndorf bei Salzburg (A) 55 Bc 43
7350 Oberpullendorf (A) 70 Bg 43
87561 Oberstdorf (D) 69 Ba 43
55743 Oberstein, Idar- (D) 54 Ah 41
9821 Obervellach (A) 69 Bd 44
7400* Oberwart (A) 70 Bg 43
8832 Oberwölz Stadt (A) 70 Be 43
8762 Oberzeiring (A) 70 Be 43
2510-001* Óbidos (P) 80 Sa 51
Obil'noe (RUS) 76 Ee 43
Ob''jačevo (RUS) 34 Ek 30
Oblastnaja (RUS) 46 Fc 34
Obninsk (RUS) 43 Dg 35
5922 Obnova (BG) 72 Ce 47
Obodivka (UA) 58 Ck 42
Obojan (RUS) 60 Dg 39
Obolensk (RUS) 43 Dh 36
Obolon' (UA) 59 Dc 41
Obón (E) 82 Sk 50
64-600* Oborniki (PL) 56 Bg 38
55-120 Oborniki Śląskie (PL) 56 Bg 39
Obozerskij (RUS) 24 Ea 27
11500* Obrenovac (SRB) 71 Ca 46
9630 Obročište (BG) 73 Ci 47
Obrovac (HR) 70 Bf 46
Obručevka (RUS) 64 Fk 38
Obruk (TR) 97 Dd 52
Obšarovka (RUS) 45 Ei 37
Obuchiv (UA) 59 Da 40
Obval (RUS) 44 Ed 38
Obvinsk (RUS) 35 Fe 32
Obža (RUS) 31 Dc 30
Obzon (BG) 88 Ch 48
Očakiv (UA) 74 Db 44
25500 Ocaklı (TR) 91 Ef 50
45300 Ocaña (E) 81 Sg 51
Očer (RUS) 35 Fe 33
Očeretuvate (UA) 74 Df 43
Očevlje (BIH) 71 Bi 46
97199 Ochsenfurt (D) 55 Ba 41
48607 Ochtrup (D) 54 Ah 38
Ochtyrka (UA) 59 De 40
81601 Ockelbo (S) 29 Bg 30
515700 Ocna Mureş (RO) 72 Cd 44
555600 Ocna Sibiului (RO) 72 Ce 45
Octeville, Cherbourg- (F) 52 Si 41
Octovcy (RUS) 43 Dd 34
5750 Odda (N) 28 Ag 30
8300 Odder (DK) 39 Ba 35
8670-320* Odeceixe (P) 92 Sb 53
8950-351* Odeleite (P) 92 Sc 53
7630-121* Odemira (P) 92 Sb 53
18000 Ödemiş (TR) 95 Ch 52
71501 Odensbacken (S) 29 Bf 31
5000* Odense (DK) 39 Ba 35
31046 Oderzo (I) 69 Bc 45
Odesa (UA) 73 Da 44
59901 Ödeshög (S) 29 Be 32
Odessa = Odesa (UA) 73 Da 44
Odincovo (RUS) 43 Dh 35
137345 Odobeşti (RO) 73 Ch 45
Odoev (RUS) 43 Dg 37
Odomlja (RUS) 32 Df 33
535600 Odorheiu Secuiesc (RO) 72 Cf 44
26-425 Odrzywół (PL) 57 Ca 39
Odunboğazı (TR) 89 Dd 51
25250 Odžaci (SRB) 71 Bk 45
Odžak (BIH) 71 Bi 45
39646 Oebisfelde-Weferlingen (D) 55 Ba 38
2780-001* Oeiras (P) 92 Sa 52
08606 Oelsnitz (D) 55 Bc 40
86732 Oettingen in Bayern (D) 55 Ba 42
1779 Oever, Den (NL) 38 Af 38
61830 Of (TR) 91 Ea 50
63065* Offenbach am Main (D) 54 Ai 40
77652* Offenburg (D) 54 Ah 42
76550 Offranville (F) 53 Ab 41
Ogarkovo (RUS) 32 Di 32
Öğdem (TR) 91 Eb 50
Ogorelyši (RUS) 24 Df 27
5001* Ogre (LV) 41 Ce 34
Oğulcak (TR) 89 Df 51
Ogulin (HR) 70 Bf 45
420 Ögur (IS) 48 Qh 24
Öğütlü (TR) 99 Eb 53
Oğuz (TR) 90 Di 51
Oğuz (TR) 99 Eb 53
Ohansk (RUS) 35 Ff 33
Ohlebinino (RUS) 47 Fg 36
Ohotino (RUS) 32 Di 33
6000* Ohrid (MK) 86 Ca 49
Ohtoma (RUS) 33 Eb 29
99981 Ohtsejohka = Utsjoki (FIN) 15 Ch 21
95160 Oijärvi (FIN) 22 Cf 25
97610 Oikarainen (FIN) 15 Cg 24
Oileán Ciarraí (IRL) 49 Sa 38
76350 Oissel (F) 53 Ab 41
68550 Öja (FIN) 22 Cc 27
78061 Öje (S) 29 Bd 30
82801 Öjung (S) 29 Bf 29
EX20 Okehampton (GB) 52 Sf 40
Okladnevo (RUS) 32 Dd 32
7680 Okorš (BG) 73 Ch 47
Oksajärvi (S) 15 Cc 23
6430 Oksbøl (DK) 38 Ai 35
6857 Oksby (DK) 38 Ai 35
9550 Øksfjord (N) 15 Cc 20
Oksino (RUS) 18 Fc 23
Oksovskij (RUS) 24 Dk 28
Oktarbr'skij (RUS) 60 Dg 40
Oktjabr'sk (RUS) 45 Ei 37
Oktjabr'skaja (RUS) 24 Dg 28
Oktjabr'skaja (RUS) 75 Dk 44
Oktjabr'skij (RUS) 32 Dg 29
Oktjabr'skij (RUS) 33 Ed 29
Oktjabr'skij (RUS) 43 Di 36
Oktjabr'skij (RUS) 44 Dk 37
Oktjabr'skij (RUS) 45 Ei 34
Oktjabr'skij (RUS) 45 Ei 36
Oktjabr'skij (RUS) 46 Fd 36
Oktjabr'skij (RUS) 47 Fh 34
Oktjabr'skij (RUS) 16 De 23
Oktjabr'skij (RUS) 76 Ed 43
Oktjabr'skoe (RUS) 61 Eb 39
Oktjabr'skoe (RUS) 64 Ff 38
Oktjabr'skoe (RUS) 76 Ec 45
Okučani (HR) 70 Bh 45
Okuklje (HR) 85 Bh 48
Okulovka (RUS) 32 Dd 32
Okulovo (RUS) 25 Ee 24
Okulovo (RUS) 47 Gb 34
Okulovskaja (RUS) 33 Ed 30
Okunev Nos (RUS) 18 Fc 24
07415 Okurcalar (TR) 96 Db 54
Ola, Joškar- (RUS) 45 Eh 34
H Ólafsfjörður (IS) 48 Rb 24
355 Ólafsvík (IS) 48 Qg 26
2114 Olaine (LV) 41 Cd 34
34390 Olargues (F) 67 Ac 47
55-200 Oława (PL) 56 Bh 40
09526 Olbernhau (D) 55 Bd 40
07026 Olbia (I) 83 Ak 50
6788 Olden (N) 20 Ag 29
26121* Oldenburg (D) 38 Ai 37
23758 Oldenburg (Holstein) (D) 39 Ba 36
9146 Olderdalen (N) 14 Ca 21
Olderfjord (N) 15 Cf 20
9034 Oldervik (N) 14 Bk 21
OL1 Oldham (GB) 51 Sh 37
AB51 Oldmeldrum (GB) 50 Sh 33
19-400 Olecko (PL) 41 Cc 36
Oleiros (E) 80 Sb 47
6160-011 Oleiros (P) 80 Sc 51
Oleksandrivka, Lozno- (UA) 60 Di 41
Oleksandrivka (UA) 59 Db 42
Oleksandrivka (UA) 59 Dc 42
Oleksandrivka (UA) 59 Dd 42
Oleksandrivka (UA) 60 Dg 42
Oleksandrivka (UA) 74 Db 43
Oleksandrivka (UA) 74 Dc 44
Oleksandrivka (UA) 75 Dh 43
Olema (RUS) 25 Eg 26
5580 Ølen (N) 28 Af 31
Olenica (RUS) 16 Df 24
Olenino (RUS) 43 Dd 34
Olenivka (UA) 74 Dc 45
Olenivka (UA) 75 Dh 43
Olenogorsk (RUS) 16 Dd 22
Oles'ko (UA) 57 Ce 41
Olešky (UA) 74 Dc 44
28-220* Oleśnica (PL) 56 Bh 39
33-210 Olesno (PL) 56 Bi 40
Olevs'k (UA) 58 Ch 39
Ol'ginka (RUS) 75 Di 46
Ol'gino (RUS) 44 Ea 36
6870 Ølgod (DK) 38 Ai 35
8700-152* Olhão (P) 92 Sc 53
91140 Olhava (FIN) 22 Cf 25
Ol'hi (RUS) 44 Eb 37
Ol'hovatka (RUS) 60 Dk 40
Ol'hovatka (UA) 60 Dh 40
Ol'hovka (RUS) 61 Ee 41
Olib (HR) 70 Be 46
08025 Oliena (I) 83 Ak 50
27065 Olimbía (GR) 94 Cb 53
85700 Ólimbos (GR) 95 Ch 55
Olingskog (S) 29 Be 29
46780 Oliva (E) 82 Sk 52
06120 Oliva de la Frontera (E) 92 Sd 52
3720-001* Oliveira de Azeméis (P) 80 Sb 50
3400-056* Oliveira do Hospital (P) 80 Sc 50
06100 Olivenza (E) 92 Sc 52
32-300 Olkusz (PL) 56 Bk 40
NG22 Ollerton (GB) 51 Sk 37
47410 Olmedo (E) 81 Sf 49
Olmillos de Sasamón (E) 81 Sf 48
29300 Olofström (S) 39 Be 34
771 00* Olomouc (CZ) 56 Bh 41
Olonec (RUS) 31 Dc 30
34210 Olonzac (F) 67 Ac 47
64400* Oloron-Sainte-Marie (F) 82 Sk 47
17800 Olot (E) 82 Ac 48
Olovo (BIH) 71 Bi 46
57462 Olpe (D) 54 Ah 39
Ol'ša (RUS) 42 Db 36
Ol'šanka (RUS) 60 Dh 40
10-900 Olsztyn (PL) 40 Ca 37
11-015 Olsztynek (PL) 40 Ca 37
Olt, Drăgăneşti (RO) 72 Ce 46
4333 Oltedal (N) 28 Ag 32
4600* Olten (CH) 68 Ah 43
915400 Olteniţa (RO) 72 Cg 46
907215 Oltina (RO) 73 Ch 46
25400 Oltu (TR) 91 Ec 50
Olüdeniz (TR) 96 Ck 54
66300 Oluközü (TR) 89 Df 51
Olukpınar (TR) 96 Dc 54
25650 Olur (TR) 91 Ec 50
Olymskij (RUS) 60 Di 39
Oma (RUS) 18 Eg 24
BT79 Omagh (GB) 49 Sc 36
28887 Omegna (I) 68 Ai 45
Omel'nyk (UA) 59 Dd 41
Ömerli (TR) 88 Ck 49
Ömerli (TR) 99 Ea 53
Omiš (HR) 70 Bg 47
Omitrovsk-Orlovskij (RUS) 60 Df 38
7730 Ommen (NL) 54 Ag 38
40007 Omólio (GR) 86 Cc 51
26230 Omoljica (SRB) 71 Ca 46
64930 Ömossa (FIN) 22 Cb 28
7900 Omurtag (BG) 87 Cg 47
Omutninsk (RUS) 35 Fc 32
09530 Oña (E) 81 Sg 48
20560 Oñati (E) 81 Sh 47
Onbirnisan (TR) 98 Di 53
12200 Onda (E) 82 Sk 51
48700 Ondarroa (E) 66 Sh 47
55420 Ondokuzmayıs (TR) 90 Dg 49
Ondozero (RUS) 23 Dd 27
Onega (RUS) 24 Di 27
000601* Oneşti (RO) 72 Cg 44
Onež'e (RUS) 26 Fa 28
82360 Onkamo (FIN) 23 Da 28
Onolva, Ust'- (RUS) 35 Fe 31
46870 Ontinyent (E) 82 Sk 52
88640 Ontojoki (FIN) 23 Ci 26
02652 Ontur (E) 93 Si 52
8400 Oostende (B) 53 Ac 39
4900* Oosterhout (NL) 53 Ae 39
7840 Opaka (BG) 72 Cg 47
Opanözü (TR) 88 Ck 51
Oparino (RUS) 34 Ei 31
Opatija (HR) 70 Be 45
42-152 Opatów (PL) 57 Cb 40
Opava (CZ) 56 Bh 41
Opečenskij Posad (RUS) 32 De 32
Opejica (MK) 86 Ca 49
Opišn'a (UA) 59 De 41
Opočka (RUS) 42 Ci 34
26-300 Opoczno (PL) 57 Ca 39
45-076 Opole (PL) 56 Bh 40
24-300 Opole Lubelskie (PL) 57 Cb 39
7340 Oppdal (N) 20 Ak 28
55276 Oppenheim (D) 54 Ai 41
Oppstryn (N) 20 Ah 29
Opsa (BY) 41 Cg 35
39040 Ora = Auer (I) 69 Bb 44
000410* Oradea (RO) 71 Cb 43
21000* Orahovac = Rahovec (RKS) 86 Ca 48
Orahov Do (BIH) 85 Bh 48
Orahovica (HR) 70 Bh 45
84100* Orange (F) 67 Ae 46
08026 Orani (I) 83 Ak 50
16515 Oranienburg (D) 39 Bd 38
Oran Mór (IRL) 49 Sb 37
Oranmore = Oran Mór (IRL) 49 Sb 37
Oranžeri (RUS) 77 Eh 45
Orašje (BIH) 71 Bi 45
335700 Orăştie (RO) 72 Cd 45
Orativ (UA) 58 Ck 41
66800 Oravainen = Oravais (FIN) 22 Cc 27
66800 Oravais (FIN) 22 Cc 27
325600 Oraviţa (RO) 71 Cb 45
63619 Orb, Bad (D) 54 Ak 40
5853 Ørbæk (DK) 39 Ba 35
147237 Orbeasca de Jos (RO) 72 Cf 46
14290 Orbec (F) 53 Aa 41
58015 Orbetello (I) 84 Bb 48
59310 Orchies (F) 53 Ad 40
Orda (RUS) 35 Fg 33
Ördekçi (TR) 96 Db 52
15680 Ordes (E) 80 Sb 47
52000* Ordu (TR) 90 Dh 50
48460 Orduña (E) 81 Sg 48
Ordžonikidze = Pokrov (UA) 74 De 43
Ordžonikidze = Vladikavkaz (RUS) 91 Ee 48
Ordžonikidzevskij (RUS) 76 Eb 47
Orebić (HR) 85 Bh 48
70002* Örebro (S) 29 Bf 31
Oredež (RUS) 31 Da 32
74071 Öregrund (S) 29 Bi 30
Orehovka (RUS) 65 Ga 39
Orehovo-Zuevo (RUS) 43 Di 35
Orel (RUS) 35 Fg 31
Orel (RUS) 43 Dg 38
06740 Orellana la Vieja (E) 80 Se 51
28850 Ören (TR) 95 Ch 53
Orenburg (RUS) 64 Ff 39
Örencik (TR) 88 Ck 51
Örenköy (TR) 98 Dh 52
32001 Orense = Ourense (E) 80 Sc 48
Örenşehir (TR) 98 Dg 51
68200 Orestiáda (GR) 87 Cg 49
64008 Orfáni (GR) 87 Cd 50
IP12 Orford (GB) 53 Ab 38
69500 Orgáni (GR) 87 Cf 49
Organyà (E) 82 Ab 48
45450 Orgaz (E) 81 Sg 51
3500 Orgeev = Orhei (MD) 73 Ci 43
08027 Orgosolo (I) 83 Ak 50
Örgütlü (TR) 98 Di 53
16980 Orhaneli (TR) 88 Ci 51
16800 Orhangazi (TR) 88 Ck 50
Orhanlı (TR) 96 Ck 53
3500 Orhei (MD) 73 Ci 43
3500 Orhej = Orhei (MD) 73 Ci 43
22002 Orhomenós (GR) 94 Cc 52
04810 Oria (E) 93 Sh 53
Orichiv (UA) 74 Df 43
Oriči (RUS) 34 Ek 32
03300 Orihuela (E) 93 Sk 52
Oril'ka (UA) 60 Dg 42
16301 Orimattila (FIN) 30 Cf 30
32500 Oripää (FIN) 30 Cc 30
94601 Orissaare (EST) 30 Cd 32
09170 Oristano (I) 83 Ai 51
35301 Orivesi (FIN) 30 Ce 29
6555 Orjahovo (BG) 72 Cd 47
1870 Ørje (N) 28 Bb 31
18400 Órjiva (E) 93 Sg 54
7300 Orkanger (N) 20 Ak 27
28601 Örkelljunga (S) 39 Bd 34
2377 Örkény (H) 71 Bk 43
45000* Orléans (F) 67 Ab 43
Orlecy (RUS) 34 Fb 31
247450 Orleşti (RO) 72 Ce 46
Orlivka (UA) 73 Ci 45
Orlov Gaj (RUS) 62 Ei 40
Orlovo (RUS) 60 Dk 39
Orlovskij (RUS) 76 Ec 44
Orlovskij, Omitrovsk- (RUS) 60 Df 38
58400 Órma (GR) 86 Cb 50
Ormanlı (TR) 88 Db 49
05000 Ormanözü (TR) 89 Df 50
12078 Ormea (I) 68 Ah 46
Órmos (GR) 94 Ce 53
Órmos Panórmou (GR) 95 Cf 53
2270 Ormož (SLO) 70 Bg 44
25290 Ornans (F) 68 Ag 43
8150 Ørnes (N) 14 Bd 24
11-130 Orneta (PL) 40 Ca 36
89101* Örnsköldsvik (S) 21 Bi 27
207435 Orodel (RO) 72 Cd 46
45560 Oropesa (E) 81 Se 51
08028 Orosei (I) 83 Ak 50
5900 Orosháza (H) 71 Ca 44
2840 Oroszlány (H) 71 Bi 43
12594 Orpesa (E) 82 Aa 50

Orša (BY) 42 Da 36
79401 Orsa (S) 29 Be 29
Oršanka (RUS) 45 Eh 34
38290 Örsjö (S) 39 Bf 34
Orsk (RUS) 64 Fi 39
225200 Orşova (RO) 71 Cc 46
6150 Ørsta (N) 20 Ag 28
5620 Ørsted (DK) 39 Ba 34
74082 Örsundsbro (S) 29 Bh 31
Orta (TR) 89 Dd 50
07580 Ortabağ (TR) 99 Ec 53
47510 Ortaca (TR) 96 Ci 54
08200 Ortacalar (TR) 91 Eb 49
Ortadirek (TR) 91 Ed 51
58670 Ortakent (TR) 90 Di 50
58670 Ortakent (TR) 95 Ch 53
Ortaklar (TR) 95 Ch 53
27800 Ortaklı (TR) 98 Dg 54
58400 Ortaköy (TR) 89 Df 50
58400 Ortaköy (TR) 90 Dg 51
58400 Ortaköy (TR) 91 Eb 49
58400 Ortaköy (TR) 97 De 52
71045 Orta Nova (I) 85 Bf 49
Ortatjube (RUS) 77 Ef 46
01028 Orte (I) 84 Bc 48
2304 Orth an der Donau (A) 56 Bg 42
64300* Orthez (F) 66 Sk 47
15330 Ortigueira (E) 80 Sc 47
6894 Ortnevik (N) 28 Ag 29
66026 Ortona (I) 85 Be 48
93055 Örträsk (S) 22 Bk 26
Orusjarvi (RUS) 31 Dc 29
05018 Orvieto (I) 84 Bc 48
25034 Orzinuovi (I) 69 Ak 45
Orživ (UA) 58 Cg 40
12-250 Orzysz (PL) 40 Cb 37
5200 Os (N) 20 Bb 28
Osa (RUS) 35 Ff 33
18-220 Osada, Czyżew- (PL) 41 Cc 38
28301 Osby (S) 39 Bd 34
04758 Oschatz (D) 55 Bd 39
39387 Oschersleben (Bode) (D) 55 Bb 38
07027 Oschiri (I) 83 Ak 50
Osečina (SRB) 71 Bk 46
Osica de Sus (RO) 72 Ce 46
86-150 Osie (PL) 40 Bi 37
Osija (RUS) 31 Db 32
Osijek (HR) 71 Bi 45
07033 Osilo (I) 83 Ai 50
Osincevo (RUS) 35 Fh 33
Osinki (RUS) 45 Ek 38
Osinovo (RUS) 25 Ec 28
Oš'ja (RUS) 46 Fe 34
Osjatkino (RUS) 25 Eg 28
57200* Oskarshamn (S) 29 Bg 33
31301 Oskarström (S) 39 Bc 34
Os'kino (RUS) 60 Di 39
0010 Oslo (N) 28 Ba 31
Osmancalı (TR) 95 Ch 52
39000 Osmancık (TR) 89 De 50
11500 Osmaneli (TR) 88 Da 50
80010* Osmaniye (TR) 97 Dg 53
Osmankalfalar (TR) 96 Ck 53
66140 Osmanpaşa (TR) 89 De 51
Os'mino (RUS) 31 Ck 31
Ošminskoe (RUS) 34 Eh 33
14800 Ösmo (S) 29 Bh 32
49074* Osnabrück (D) 54 Ai 38
34460 Osorno (E) 81 Sf 48
Osovik (RUS) 43 Dd 37
5003 Osøyro (N) 28 Af 30
5340* Oss (NL) 54 Af 39
02611 Ossa de Montiel (E) 81 Sh 52
Oššepkovo (RUS) 35 Fg 31
82519 Östansjö (S) 21 Bi 25
Ostaševo (RUS) 43 Df 35
Ostaškov (RUS) 32 Dd 33
84103 Östavall (S) 21 Bf 28
2423 Østby (N) 29 Bc 29
2423 Østby (N) 20 Bb 27
Oster (UA) 59 Da 40
39606 Osterburg (Altmark) (D) 39 Bb 38
74801 Österbybruk (S) 29 Bh 30
57060 Österbymo (S) 29 Bf 33
81020 Österfärnebo (S) 29 Bg 30
27711 Osterholz-Scharmbeck (D) 38 Ai 37
37520 Osterode am Harz (D) 55 Ba 39
83100* Östersund (S) 21 Be 27
01151 Östersundom (FIN) 30 Cf 30
9750 Øster Vrå (DK) 28 Ba 33
38835 Osterwieck (D) 55 Ba 39
74200 Östhammar (S) 29 Bi 30
67574 Osthofen (D) 54 Ai 41
00119 Ostia (I) 84 Bc 49
46035 Ostiglia (I) 69 Bb 45
Oštinskij Pogost (RUS) 32 Df 30
Østnes (N) 21 Bd 26
Ostoženka (RUS) 35 Ff 33
Östra Ed (S) 29 Bg 32
51263 Östra Frölunda (S) 29 Bd 33
703 00* Ostrava (CZ) 56 Bi 41
14-100* Ostróda (PL) 40 Bk 37
Ostrogožsk (RUS) 60 Dk 40
Ostroh (UA) 58 Cg 40
26-650 Ostrołęka (PL) 40 Cb 37
Ostrolenskij (RUS) 47 Fk 37
827175 Ostrov (RO) 73 Ch 46
827175 Ostrov (RO) 73 Ci 46
Ostrov (RUS) 31 Ci 33
Ostrov (RUS) 32 Dg 29
Ostrov (RUS) 32 Dh 30
Ostrovnoe (RUS) 64 Fg 39
Ostrovskaja (RUS) 61 Ec 40
Ostrovskoe (RUS) 33 Ec 33
27-400* Ostrowiec Świętokrzyski (PL) 57 Cb 40
07-300 Ostrów Mazowiecka (PL) 40 Cb 38
63-400* Ostrów Wielkopolski (PL) 56 Bh 39
63-500 Ostrzeszów (PL) 56 Bh 39
Ostseebad Kühlungsborn (D) 39 Bb 36
Ostseebad Wustrow (D) 39 Bc 36
Ostseebad Zingst am Darß (D) 39 Bc 36
Ostseebad Zinnowitz (D) 39 Bd 36
72017 Ostuni (I) 85 Bh 50
Osujskoe (RUS) 43 De 34
41640 Osuna (E) 92 Se 53
SY11 Oswestry (GB) 51 Sg 38
63-505 Oświęcim (PL) 56 Bk 40
Osypenko (UA) 75 Dg 44
88201 Otanmäki (FIN) 23 Ch 26
"Ot""assy" (RUS) 44 Eb 37
9046 Oteren (N) 14 Bk 21
Otmanlar (TR) 96 Ci 53
6680 Otnes (N) 28 Bb 29
Otočac (HR) 70 Bf 46
Otok (HR) 71 Bi 45
075100 Otopeni (RO) 72 Cg 46
Otradinskij (RUS) 43 Dg 37
Otradnaja (RUS) 43 Dd 34
Otradnaja (RUS) 76 Eb 46
Otradnovo (RUS) 36 Gc 32
Otradnyj (RUS) 46 Fh 37
73028 Otranto (I) 85 Bi 50
2670 Otta (N) 28 Ak 29
08020 Ottana (I) 83 Ak 50
38062 Ottenby (S) 40 Bg 34
21762 Otterndorf (D) 38 Ai 37
5450 Otterup (DK) 39 Ba 35
83010 Ottsjö (S) 21 Bd 27
05-400 Otwock (PL) 57 Cb 38
Otynja (UA) 57 Ce 42
Oughterard = Uachtar Ard (IRL) 49 Sa 37
Ouillins (F) 67 Ae 45
14150 Ouistreham (F) 52 Sk 41
86301 Oulainen (FIN) 22 Ce 26
Oulart = An tAbhallort (IRL) 49 Sd 38
90006* Oulu (FIN) 22 Cf 25
10056 Oulx (I) 68 Ag 45
Ouranópoli (GR) 87 Cd 50
32054 Ourense (Orense) (E) 80 Sc 48
7670-216* Ourique (P) 92 Sb 53
99970 Outakoski (FIN) 15 Cg 21
Outeiro de Rei (E) 80 Sc 47
15230 Outes (E) 80 Sb 48
83501 Outokumpu (FIN) 23 Ck 28
41240 Ouzouer-le-Marché (F) 67 Ab 43
45570 Ouzouer-sur-Loire (F) 67 Ac 43
Ovabağ (TR) 98 Dk 53
Ovacık (TR) 89 Dc 49
Ovacık (TR) 90 Dk 51
Ovacık (TR) 91 Eb 50
Ovacık (TR) 97 Dd 54
Ovacık (TR) 98 Di 53
Ovacık (TR) 99 Ed 53
15076 Ovada (I) 68 Ai 46
13430 Ovakışla (TR) 99 Ec 52
3880-001* Ovar (P) 80 Sb 50
Ovečkino (RUS) 44 Ea 35
51491 Overath (D) 54 Ah 40
Øvergård (N) 14 Bk 21
Overjata (RUS) 35 Ff 32
95601 Överkalix (S) 15 Cc 24
64610* Övermark (FIN) 22 Cb 28
95701 Övertorneå (S) 15 Cd 24
84024 Överturingen (S) 21 Be 28
59096 Överum (S) 29 Bg 33
Ovidiopol' (UA) 73 Da 44
905900 Ovidiu (RO) 73 Ci 46
33001* Oviedo = Uviéu (E) 80 Se 47
Ovino (RUS) 32 Dd 31
Ovišu (LV) 30 Cb 33
Ovošči (RUS) 76 Ed 45
Ovražno-Travino (RUS) 77 Eh 45
6884 Øvre Årdal (N) 28 Ah 29
2480 Øvre Rendal (N) 20 Bb 29
98014 Övre Soppero (S) 15 Cb 22
Ovruč (UA) 58 Ci 39
61300* Oxelösund (S) 29 Bh 32
Oxford (GB) 52 Si 39
19410 Oyaca (TR) 89 Dc 51
73300 Oyalı (TR) 99 Eb 53
2977 Øye (N) 28 Ai 29
01100 Oyonnax (F) 68 Af 44
65800 Özalp (TR) 99 Ed 52
27-530 Ożarów (PL) 57 Cb 40
Özbaşı (TR) 95 Ch 53
3600 Ózd (H) 57 Ca 42
Ožerel'e (RUS) 43 Di 36
Ozerki (RUS) 45 Eg 34
Ozerki (RUS) 45 Eg 37
Ozerki (RUS) 62 Ef 38
Ozerki (RUS) 63 Fe 39
Ozernoe (RUS) 63 Fb 39
Ozërnyj (RUS) 36 Gb 33
Ozërnyj (RUS) 42 Dc 35
Ozernyj (RUS) 65 Ga 39
Ozersk (RUS) 41 Cc 36
Ozery (RUS) 43 Di 36
07014 Ozieri (I) 83 Ak 50
46-040 Ozimek (PL) 56 Bi 40
Ozinki (RUS) 62 Ek 39
50500 Özkonak (TR) 97 De 52
37270 Özlüce (TR) 91 Ea 51
Ožmegovo (RUS) 35 Fc 31
7086 Ozora (H) 71 Bi 44
95-035* Ozorków (PL) 56 Bk 39
Özpınar (TR) 99 Ec 52

P

92430 Paavola (FIN) 22 Cf 26
95-200 Pabianice (PL) 56 Bk 39
18017 Pabradė (LT) 41 Cf 36
30812 Paca, La (E) 93 Si 53
42310 Pacaudière, la (F) 67 Ad 44
Pačelma (RUS) 44 Ed 37
96018 Pachino (I) 84 Bf 54
Pačiha (RUS) 25 Ee 27
395 01 Pacov (CZ) 56 Bf 41
48-370 Paczków (PL) 56 Bh 40
Padany (RUS) 23 Dd 27
Padarosk (BY) 41 Ce 38
17501 Padasjoki (FIN) 30 Cf 29
6330 Padborg (DK) 38 Ak 36
33098* Paderborn (D) 54 Ai 39
BB12 Padiham (GB) 51 Sh 37
127410 Padina (RO) 73 Ch 46
35100* Padova (I) 69 Bb 45
Padovka (RUS) 62 Ek 38
15900 Padrón (E) 80 Sb 48
Padsville (BY) 42 Ch 35
84034 Padula (I) 85 Bf 50
8010* Pafos (CY) 96 Dc 56
Pag (HR) 70 Bf 46
99032 Pagėgiai (LT) 40 Cb 35
Pahomovo (RUS) 43 Dh 36
Pahraničny (BY) 41 Ce 37
72711* Paide (EST) 30 Cf 32
49640 Paijärvi (FIN) 31 Ch 30
21531 Paimio (FIN) 30 Cc 30
22500 Paimpol (F) 52 Sg 42
PA1 Paisley (GB) 51 Sf 35
Paittasjärvi (S) 15 Cc 22
Paj (RUS) 32 De 29
98401 Pajala (S) 15 Cd 23
Pajares (E) 80 Se 47
Pajgiševo (RUS) 34 Ei 33
Pakali (RUS) 34 Eg 33
14-520 Pakosze (PL) 40 Ca 36
Pakrac (HR) 70 Bh 45
83001 Pakruojis (LT) 41 Cd 35
7030 Paks (H) 71 Bi 44
Palace House (GB) 52 Si 40
41720 Palacios y Villafranca, Los (E) 92 Se 53
17200 Palafrugell (E) 82 Ad 49
56360 Palais, le (F) 66 Sg 43
Palamās (GR) 86 Cc 51
17230 Palamós (E) 82 Ad 49
59800 Palamut (TR) 95 Ch 52
Palamut = Zeytinliova (TR) 95 Ch 52
00001* Palanga (LT) 40 Cb 35
07020 Palau (I) 83 Ak 49
96010 Palazzolo Acreide (I) 84 Be 53
25036 Palazzolo sull'Oglio (I) 69 Ak 45
76805* Paldiski (EST) 30 Ce 31
Pale (BIH) 71 Bi 47
21059 Paleá Epídavros (GR) 94 Cd 53
Paleh (RUS) 44 Eb 34
72300 Palékastro (GR) 95 Cg 55
34001* Palencia (E) 81 Sf 48
73004 Paleohóra (GR) 94 Cd 55
49083 Paleokastrítsa (GR) 86 Bk 51
68002 Paleópoli (GR) 87 Cf 50
90100* Palermo (I) 84 Bd 52
30012 Páleros (GR) 94 Ca 52
Palesse (BY) 42 Db 37
00036 Palestrina (I) 84 Bc 49
Paleva (RUS) 35 Fh 30
Paliki (RUS) 43 De 37
71430 Palinges (F) 67 Ae 44
84064 Palinuro (I) 85 Bf 50
63085 Palioúri (GR) 87 Cd 51
37860 Pälkäne (FIN) 30 Ce 29
Palkino (RUS) 31 Ci 33
Palkino (RUS) 33 Ec 32
Palkino (RUS) 33 Ee 32
Pallasovka (RUS) 62 Eg 40
07001* Palma (E) 82 Ac 51
21700 Palma del Condado, La (E) 92 Sd 53
14700 Palma del Río (E) 92 Se 53
07001* Palma de Mallorca = Palma (E) 82 Ac 51
2950-007* Palmela (P) 92 Sb 52
89015 Palmi (I) 84 Bf 52
89091 Palnosiai (LT) 41 Cc 34
97240 Palojärvi (FIN) 15 Cd 22
99450 Palojoensuu (FIN) 15 Cd 22
Palokastër (AL) 86 Ca 50
06476 Palomas (E) 92 Sd 52
Paloščel'e (RUS) 25 Eh 26
Palova (RUS) 25 Eg 28
88300 Paltamo (FIN) 23 Ch 26
87850 Paltaniemi (FIN) 23 Ch 26
727415 Păltinoasa (RO) 72 Cf 43
23500 Palu (TR) 98 Dk 52
Paluga (RUS) 25 Ef 25
7152 Pamhagen (A) 70 Bg 43
09100 Pamiers (F) 82 Ab 47
3320-200* Pampilhosa da Serra (P) 80 Sc 50
Pamucak (TR) 95 Ch 53
20280 Pamukkale (TR) 96 Ck 53
54900 Pamukova (TR) 88 Da 50
4500 Panagjurište (BG) 87 Ce 48
26101* Pančevo (SRB) 71 Ca 46
625400 Panciu (RO) 73 Ch 45
Pancorvo (E) 81 Sg 48
315600 Pâncota (RO) 71 Cb 44
42041 Pandėlys (LT) 41 Cf 34
Pan'ël' (RUS) 34 Fa 29
Panes (E) 81 Sf 47
35001* Panevėžys (LT) 41 Ce 35
6172 Paničerevo (BG) 87 Cf 48
Panikovec (RUS) 60 Di 38
Panino (RUS) 61 Ea 39
81751 Pankakoski (FIN) 23 Da 27
Pankratovo (RUS) 33 Ed 31
8660 Panne, De (B) 53 Ac 39
Pano Panagia (CY) 96 Dc 56
Pano Platres (CY) 96 Dc 56
84201 Pánormos (GR) 94 Ce 55
84201 Pánormos (GR) 95 Cf 53
Panozero (RUS) 23 Dc 26
Pan'šino (RUS) 45 Ei 38
61980 Päntäne (FIN) 22 Cc 28
91017 Pantelleria (I) 84 Bb 54
Pantyj (RUS) 26 Ei 28
87027 Paola (I) 85 Bg 51
8500 Pápa (H) 70 Bh 43
23056 Papadiánika (GR) 94 Cc 54
86-212 Paparzyn (PL) 40 Bi 37
26871 Papenburg (D) 38 Ah 37
Papey (IS) 48 Rf 26
41012 Papilys (LT) 41 Cf 34
Paporotno (RUS) 31 Db 32
Papuševo (RUS) 44 Ea 36
35250* Paraćin (SRB) 71 Cb 47
3430-721* Parada (P) 80 Sc 49
3430-721* Parada (P) 80 Sd 49
Paradísi (GR) 96 Ci 54
Parafijivka (UA) 59 Dc 40
21601 Parainen (FIN) 30 Cc 30
81107 Parákila (GR) 87 Cg 51
Parakka (S) 15 Cb 23
Paralia (GR) 94 Cc 54
Paralimni (TR) 97 Dd 56
24470 Páramo del Sil (E) 80 Sd 48
Paramonov (RUS) 76 Eb 43
Paramonove (RUS) 43 Dh 37
66035 Paranésti (GR) 87 Ce 49
Paran'ga (RUS) 45 Ek 34
Paraspuar (AL) 86 Ca 50
71600* Paray-le-Monial (F) 67 Ae 44
06-126 Parcele-Przewodowo (PL) 40 Ca 38
19370 Parchim (D) 39 Bb 37
63-405 Parczew (PL) 57 Cc 39
530 02* Pardubice (CZ) 56 Bf 40
34300 Paredes de Nava (E) 81 Sf 48
40160 Parentis-en-Born (F) 66 Si 46
Parfen'evo (RUS) 33 Ed 32
Parfino (RUS) 31 Db 33
48060 Párga (GR) 86 Ca 51
21601 Pargas = Parainen (FIN) 30 Cc 30
Pargolovo (RUS) 31 Da 30
72250 Parigné-l'Évêque (F) 66 Aa 43
59101 Parikkala (FIN) 31 Ck 29
75001* Paris (F) 53 Ac 42
Pärispea (EST) 30 Cf 31
Parkalompolo (S) 15 Cc 23
39701 Parkano (FIN) 22 Cd 28
43100 Parma (I) 69 Ba 46
Parma (RUS) 35 Fh 32
027 52 Párnica (SK) 56 Bk 41
80010* Pärnu (EST) 30 Ce 32
87201 Pärnu-Jaagupi (EST) 30 Ce 32
84400 Páros (GR) 95 Cf 53
92331 Parsberg (D) 55 Bb 41
Paršikov (RUS) 76 Eb 43
Parskij Ugol (RUS) 44 Eb 37
99910 Partakko (FIN) 15 Ch 21
82467 Partenkirchen, Garmisch- (D) 69 Bb 43
79200* Parthenay (F) 66 Sk 44
85400 Parthéni (GR) 95 Cg 53
43300 Partille (S) 29 Bc 33
90047 Partinico (I) 84 Bd 52
Partizani (SRB) 71 Ca 46
958 01 Partizánske (SK) 56 Bi 42
4270 Părvomaj (BG) 87 Cf 48
Paryčy (BY) 42 Ck 38
38850 Påryd (S) 39 Bf 34
Paša (RUS) 32 Dd 30
705200 Paşcani (RO) 72 Cg 43
17309 Pasewalk (D) 39 Bd 37
5732 Pasiene (LV) 42 Ci 34
Pašija (RUS) 36 Fi 32
25300 Pasinler (TR) 91 Eb 51
57090 Påskallavik (S) 29 Bg 33
Paškovo (RUS) 44 Ec 37
Paškovskij (RUS) 75 Dk 45
14-400 Pasłęk (PL) 40 Bk 36
94032* Passau (D) 55 Bd 42
06065 Passignano sul Trasimeno (I) 69 Bc 47
Pastavy (BY) 41 Cg 35
30876 Pastrana (E) 81 Sh 50
Pas'va (RUS) 33 Ec 29
39001 Pasvalys (LT) 41 Ce 34
45310 Patay (F) 53 Ab 42
Paterno (I) 84 Be 53
85500 Pátmos (GR) 95 Cg 53
04500 Patnos (TR) 91 Ec 51
99981 Patoniva (FIN) 15 Ch 21
Patos (AL) 86 Bk 50
26001* Pátra (GR) 94 Cb 52
Patrakeevka (RUS) 24 Ea 26
450* Patreksfjörður (IS) 48 Qg 25
98066 Patti (I) 84 Be 52
227350 Pătulele (RO) 71 Cc 46
64000* Pau (F) 66 Sk 47
33250 Pauillac (F) 66 Sk 45
43230 Paulhaguet (F) 67 Ad 45
Paúliani (GR) 94 Cc 52
317230 Păuliş (RO) 71 Cb 44
92195 Pauträsk (S) 21 Bh 26
Pavda (RUS) 36 Fk 31
27100 Pavia (I) 69 Ak 45
7490-420* Pavia (P) 80 Sb 52
3466 Pāvilosta (LV) 40 Cb 34
Pavino (RUS) 34 Eg 31
Pavinskoe, Unže- (RUS) 36 Gd 32
5200 Pavlikeni (BG) 72 Cf 47
Pavlivka (UA) 75 Dh 43
Pavlograd = Pavlohrad (UA) 60 Df 42
Pavlohrad (UA) 60 Df 42
Pavlovac (HR) 70 Bh 45
Pavlov Huter (RUS) 43 Di 37
Pavlovka (RUS) 47 Fg 35
Pavlovka (RUS) 62 Eh 38
Pavlovo (RUS) 44 Ed 35
Pavlovsk (RUS) 31 Da 31
Pavlovsk (RUS) 61 Ea 40
Pavlovskaja (RUS) 75 Dk 44
Pavlovskij Posad (RUS) 43 Di 35
Pavlovskoe (RUS) 44 Eb 34
Pavlovskoe, Nikolo- (RUS) 36 Ga 33
Pavlyš (UA) 59 Dd 42
41026 Pavullo nel Frignano (I) 69 Ba 46
Payamlı (TR) 98 Di 53
1530 Payerne (CH) 68 Ag 44
21560 Paymogo (E) 92 Sc 53
06893 Pazar (TR) 89 Dc 50
06893 Pazar (TR) 90 Dg 50
06893 Pazar (TR) 91 Ea 49
Pazarcık (TR) 90 Dg 51
Pazarcık (TR) 91 Ed 50
Pazarcık (TR) 98 Dh 53
Pazardzik (BG) 87 Ce 48
4400* Pazardžik (BG) 87 Ce 48
Pazarköy (TR) 89 Dc 50
43350 Pazarlar (TR) 88 Ck 51
Pazarören (TR) 97 Dg 52
11800 Pazaryeri (TR) 88 Ck 50
25900 Pazaryolu (TR) 91 Ea 50
52000 Pazin (HR) 69 Bd 45
6561 Paznaun (A) 69 Ba 43
23460 Peal de Becerro (E) 93 Sg 53
30000* Peć = Pejë (RKS) 86 Ca 48
06742 Peçenek (TR) 89 Dc 50
Pečenga (RUS) 16 Db 21
Pečengskoe, Ust'- (RUS) 33 Ec 31
Pečeničino (RUS) 42 Dc 35
16251 Pečenjevce (SRB) 86 Cb 47
Pečerniki (RUS) 44 Dk 36
14207 Pecka (SRB) 71 Bk 46
Pečmen' (RUS) 47 Fg 34
Pečora (RUS) 27 Fh 25
Pečory (RUS) 31 Ch 33
7600* Pécs (H) 71 Bi 44
27670 Pedrafita do Cebreiro (E) 80 Sc 48
40172 Pedraza de la Sierra (E) 81 Sg 49
10630 Pedro Muñoz (E) 81 Sh 51
16660 Pedroñeras, Las (E) 81 Sh 51
41360 Pedroso, El (E) 92 Se 53
EH45 Peebles (GB) 51 Sg 35
IM5 Peel (GBM) 51 Sf 36
17449 Peenemünde (D) 39 Bd 36
Peganovo (RUS) 34 Eg 30
04523 Pegau (D) 55 Bc 39
91257 Pegnitz (D) 55 Bb 41
03780 Pego (E) 82 Sk 52

Pegyš (RUS) 26 Fa 27
2326 Pehčevo (MK) 86 Cc 49
39210 Pehlivanköy (TR) 87 Cg 49
31224* Peine (D) 55 Ba 38
32810 Peipohja (FIN) 30 Cc 29
03185 Peitz (D) 55 Be 39
30000* Pejë = Peć (RKS) 86 Ca 48
Peklino (RUS) 43 Dd 37
Pektubaevo (RUS) 45 Ei 33
35013 Pelasgía (GR) 94 Cc 52
350 02 Pelhřimov (CZ) 56 Bf 41
55700 Pelitbükü (TR) 89 Df 49
98500 Pelkosenniemi (FIN) 15 Ch 23
95701 Pello (FIN) 15 Cd 24
5870 Pelovo (BG) 72 Ce 47
99420 Peltovuoma (FIN) 15 Ce 22
Pelym (RUS) 35 Fe 31
33700 Pembecik (TR) 97 Dd 54
SA71 Pembroke (GB) 52 Sf 39
47300 Peñafiel (E) 81 Sf 49
4560-450* Penafiel (P) 80 Sb 49
33829 Peñaflor (E) 92 Se 53
6090-508* Penamacor (P) 80 Sc 50
37300 Peñaranda de Bracamonte (E) 80 Se 50
09410 Peñaranda de Duero (E) 81 Sg 49
14200 Peñarroya-Pueblonueva (E) 92 Se 52
CF64 Penarth (GB) 52 Sg 39
02120 Peñas de San Pedro (E) 93 Si 52
49178 Peñausende (E) 80 Se 49
15236 Pendéli (GR) 94 Cd 52
3230-249* Penela (P) 80 Sb 50
SA71 Penfro = Pembroke (GB) 52 Sf 39
2520-200* Peniche (P) 80 Sa 51
09322 Penig (D) 55 Bc 40
Peninga (RUS) 23 Dc 27
Penkino (RUS) 44 Ea 34
29760 Penmarc'h (F) 66 Sf 43
65017 Penne (I) 84 Bd 48
Peno (RUS) 42 Dc 34
CA11 Penrith (GB) 51 Sh 36
TR10 Penryn (GB) 52 Se 40
50007 Pentálofos (GR) 86 Cb 50
Penza (RUS) 45 Ef 37
TR18 Penzance (GB) 52 Se 40
82377 Penzberg (D) 69 Bb 43
Peqin (AL) 86 Bk 49
9099 Pér (H) 70 Bh 43
Pêra (P) 92 Sb 53
20300 Perahóra (GR) 94 Cc 52
10335 Peraleda de la Mata (E) 80 Se 51
06919 Peraleda de Zaucejo (E) 92 Se 52
74052 Pérama (GR) 94 Ce 55
89770 Peranka (FIN) 23 Ci 25
24429 Peranzanes (E) 80 Sd 48
97820 Perä-Posio (FIN) 15 Ch 24
61101 Peräseinäjoki (FIN) 22 Cd 28
46100 Pérdika (GR) 86 Ca 51
46100 Pérdika (GR) 94 Cd 53
Perečyn (UA) 57 Cc 42
Perehins'ke (UA) 57 Ce 42
Perejaslav-Chmel'nyc'kyj (UA) 59 Db 40
Perejaslovskaja (RUS) 75 Dk 45
Perekopka (RUS) 61 Ed 41
Perelešinskij (RUS) 61 Ea 39
Pereljub (RUS) 63 Fa 39
Peremoha (UA) 59 Db 40
Peremyšl' (RUS) 43 Dg 36
Peremyšljany (UA) 57 Ce 41
Pereščepyne (UA) 60 Df 41
3541 Peresecina (MD) 73 Ci 43
Pereslavl'-Zalesskij (RUS) 43 Di 34
Peresypkino Pervoe (RUS) 44 Ec 38
Per'evo (RUS) 33 Dk 31
Perevolockij (RUS) 63 Fe 39
Perevoz (RUS) 45 Ee 35
38057 Pergine Valsugana (I) 69 Bb 44
Pergola (I) 69 Bc 47
31140 Perho (FIN) 22 Ce 27
307315 Periam (RO) 71 Ca 44
50190 Périers (F) 52 Si 41
927190 Perieţi (RO) 73 Ch 46
24000* Périgueux (F) 66 Aa 45
917195 Perişoru (RO) 73 Ch 46
19348 Perleberg (D) 39 Bb 37
Perlevka (RUS) 60 Di 39
Perm' (RUS) 35 Fg 32
Permas (RUS) 34 Ef 31
Përmet (AL) 86 Ca 50
2300* Pernik (BG) 87 Cd 48
25501 Perniö (FIN) 30 Cd 30
80200 Péronne (F) 53 Ac 41
Përparim (AL) 86 Bk 51
66000* Perpignan (F) 82 Ac 48
22700 Perros-Guirec (F) 52 Sg 42
Persåsen (S) 21 Be 28
52750 Perşembe (TR) 90 Dh 49
Peršinskaja (RUS) 25 Ea 30
Peršotravneve = Mokvin (UA) 75 Dh 43
Peršotravnevoe = Mokvin (UA) 75 Dh 43
28401 Perstorp (S) 39 Bd 34
Pertek (TR) 98 Dk 52
PH1 Perth (GB) 50 Sg 34
Pertjugskij (RUS) 34 Eg 31
Pertominsk (RUS) 24 Di 26
84120 Pertuis (F) 68 Af 47
52730 Pertunmaa (FIN) 30 Cg 29
06100 Perugia (I) 84 Bc 47
Perušić (HR) 70 Bf 46
56700 Pervari (TR) 99 Ec 53
Pervoavgustovskij (RUS) 60 Df 38
Pervomaiskyj (UA) 60 Dg 41
Pervomajsk (RUS) 44 Ed 36
Pervomajs'k (UA) 59 Da 42
Pervomajs'k (UA) 60 Di 42
Pervomajsk = Pervomajs'k (UA) 59 Da 42
Pervomajs'ke (UA) 74 Dc 43
Pervomajs'ke (KRIM) 74 Dd 45
Pervomajskij (RUS) 33 Ee 29
Pervomajskij (RUS) 44 Ea 37
Pervomajskij (RUS) 46 Fb 37
Pervomajskij (RUS) 47 Gb 36
Pervomajskij (RUS) 61 Ee 38
Pervomajskij (RUS) 62 Ei 39
Pervomajskij (RUS) 63 Fb 39
Pervomajskoe (RUS) 31 Ck 30
Pervomajskoe (RUS) 61 Eb 42
Pervomajskoe (RUS) 62 Eh 39
Pervoural'sk (RUS) 47 Fk 34
61100 Pesaro (I) 69 Bc 47
Pesčanoe (RUS) 24 Df 28
Pesčanokopskoe (RUS) 76 Eb 44
65100* Pescara (I) 85 Be 48
Peščera (RUS) 35 Fc 31
71010 Peschici (I) 85 Bg 49
37019 Peschiera del Garda (I) 69 Ba 45
67057 Pescina (I) 84 Bd 48
Pescočnja (RUS) 43 Dd 37
Pesenec (RUS) 25 Ec 28
Peshkëpi (AL) 86 Bk 50
Peshkopi (AL) 86 Ca 49
89640 Pesiökylä (FIN) 23 Ci 26
Peski (RUS) 43 Di 35
Peski (RUS) 61 Ea 40
Peskovka (RUS) 35 Fc 31
Peškovo (RUS) 60 Dh 38
6342 Pesočani (MK) 86 Ca 49
Pesočnja (RUS) 44 Ea 36
Pesocnoe (RUS) 31 Ck 30
5050-208* Peso da Régua (P) 80 Sc 49
33600 Pessac (F) 66 Sk 46
6323 Peštani (MK) 86 Ca 49
4754 Peštera (BG) 87 Ce 48
Pestjaki (RUS) 44 Ec 34
Pestovo (RUS) 32 Df 32
Pestravka (RUS) 62 Ek 38
75930 Petäiskylä (FIN) 23 Ck 27
41901 Petäjävesi (FIN) 22 Cf 28
66240 Petalax (FIN) 22 Cb 28
24005 Petalidi (GR) 94 Cb 54
PE3 Peterborough (GB) 52 Sk 38
Peterculter (GB) 50 Sh 33
AB42 Peterhead (GB) 50 Si 33
SR8 Peterlee (GB) 51 Si 36
GU32 Petersfield (GB) 52 Sk 39
3250 Pétervására (H) 57 Ca 42
Petín (E) 80 Sc 48
76140 Petit-Quevilly, le (F) 53 Ab 41
99670 Petkula (FIN) 15 Cg 23
66240 Petolahti = Petalax (FIN) 22 Cb 28
60100 Pétra (GR) 87 Cg 51
20140 Petreto-Bicchisano (F) 83 Ai 49
2850 Petrič (BG) 87 Cd 49
335800 Petrila (RO) 72 Cd 45
Petrinja (HR) 70 Bg 45
Petriščevo (RUS) 42 Dc 35
Petrivka (UA) 59 Db 44
Petrivka (UA) 60 Dk 42
Petrivka (UA) 73 Da 44
Petrivka (UA) 74 De 44
Petrjaevskij (RUS) 34 Ef 31
Petrodvorec (RUS) 31 Ck 31
Petrokamenskoe (RUS) 36 Ga 33
Petrokrepost' = Šlis-sel'burg (RUS) 31 Db 31
2404 Petronell-Carnuntum (A) 56 Bg 42
Petropavlika (UA) 60 Dh 41
Petropavlivka (UA) 60 Dg 42
Petropavlovka (RUS) 47 Fk 35
Petropavlovka (RUS) 61 Ea 40
Petropavlovka (RUS) 62 Eh 40
Petropavlovsk (RUS) 35 Fe 33
Petropavlovsk (RUS) 47 Fh 34
Petropavlovskij (RUS) 47 Fk 36
Petropavlovskoe (RUS) 76 Ee 45
000332* Petroşani (RO) 72 Cd 45
Petrova (RUS) 25 Ed 26
Petrova Buda (BY) 42 Db 38
12300 Petrovac (SRB) 71 Cb 46
85 300 Petrovac na moru (MNE) 86 Bi 48
Petrovcy (RUS) 35 Fd 32
Petrove (UA) 59 Dd 42
Petroviči (RUS) 42 Dc 37
Petrovka (RUS) 46 Fb 37
Petrovka (RUS) 61 Ea 40
Petrovo (RUS) 32 Df 32
Petrovsk (RUS) 62 Ef 38
Petrovskaja (RUS) 75 Dh 45
Petrovskij (RUS) 44 Ea 34
Petrovskoe (RUS) 44 Dk 33
Petrovskoe (RUS) 47 Fg 37
Petrovskoe (RUS) 61 Ea 38
Petrov Val (RUS) 62 Ef 40
Petrozavodsk (RUS) 24 De 29
Petrušino (RUS) 46 Dk 35
Petrykav (BY) 58 Ci 38
Petrykivka (UA) 59 De 42
Petuški (RUS) 44 Dk 35
4722 Peuerbach (A) 55 Bd 42
40300 Peyrehorade (F) 66 Si 47
Pezë e Vogël (AL) 86 Bk 49
34120 Pézenas (F) 67 Ad 47
Pezinok (SK) 56 Bh 42
Pezmog (RUS) 26 Fb 29
84066 Pfaffenberg, Mallersdorf- (D) 55 Bc 42
84347 Pfarrkirchen (D) 55 Bc 42
75172* Pforzheim (D) 54 Ai 42
88630 Pfullendorf (D) 69 Ak 43
6542 Pfunds (A) 69 Ba 44
57370* Phalsbourg (F) 54 Ah 42
5600 Philippeville (B) 53 Ae 40
29100 Piacenza (I) 69 Ak 45
26034 Piadena (I) 69 Ba 45
40065 Pianoro (I) 69 Bb 46
57036 Pianosa (I) 84 Ba 48
7860-001 Pias (P) 92 Sc 52
74-110 Piaseczno (PL) 57 Cb 38
63-820 Piaski (PL) 57 Cc 39
99-120 Piątek (PL) 56 Bk 38
907197 Piatra (RO) 72 Cf 47
000610* Piatra-Neamţ (RO) 72 Cg 44
94015 Piazza Armerina (I) 84 Be 53
24014 Piazza Brembana (I) 69 Ak 45
Pičaevo (RUS) 44 Ec 37
Pičiha (RUS) 33 Dk 30
YO18 Pickering (GB) 51 Sk 36
Pičkirjaevo (RUS) 44 Ec 36
03185 Picnjo = Peitz (D) 55 Be 39
80310 Picquigny (F) 53 Ac 41
Pidhajci (UA) 58 Cf 41
Pid'ma (RUS) 32 De 30
81016 Piedimonte Matese (I) 85 Be 49
13100 Piedrabuena (E) 81 Sf 51
Piedrahita (E) 80 Se 50
76150 Pieksämäki (FIN) 23 Ch 28
72430 Pielavesi (FIN) 22 Cg 27
14-520 Pieniężno (PL) 40 Ca 36
59-930 Pieńsk (PL) 56 Bf 39
53026 Pienza (I) 84 Bb 47
KW17 Pierowall (GB) 50 Sh 31
15230 Pierrefort (F) 67 Ac 46
26700 Pierrelatte (F) 67 Ae 46
Piešťany (SK) 56 Bh 42
68600* Pietarsaari = Jakobstad (FIN) 22 Cc 27
Pietra Ligure (I) 68 Ai 46
55045 Pietrasanta (I) 69 Ba 47
147250 Pietroşani (RO) 72 Cf 47
18026 Pieve di Teco (I) 68 Ah 46
Pigari (RUS) 62 Ek 39
42910 Pihlajavesi (FIN) 22 Ce 28
44801 Pihtipudas (FIN) 22 Cf 27
92620 Piippola (FIN) 22 Cf 26
97630 Piittisjärvi (FIN) 15 Cg 24
Pikalevo (RUS) 32 De 31
Pikasilla (EST) 30 Cg 32
64-920 Piła (PL) 40 Bg 37
Pil'na (RUS) 45 Ef 35
51100 Pilorí (GR) 86 Cb 50
24001 Pílos (GR) 94 Cb 54
3620 Piltene (LV) 30 Cb 33
39-220 Pilzno (PL) 57 Cb 41
Pınarbaşı (TR) 97 Dd 53
Pınarbaşı (TR) 98 Dg 52
Pınarbaşı (TR) 99 Ea 53
Pınarcık (TR) 95 Ch 53
20144 Pinarellu (F) 83 Ak 49
39300 Pınarhisar (TR) 88 Ch 49
Pınarlar (TR) 98 Dk 52
28-400 Pińczów (PL) 57 Ca 40
Pinduši (RUS) 24 De 28
Pinega (RUS) 25 Ed 26
10064 Pinerolo (I) 68 Ah 46
64025 Pineto (I) 85 Be 48
10220 Piney (F) 53 Ae 42
4485-431 Pinhel (P) 80 Sc 50
Pinjug (RUS) 34 Eh 30
25421 Pinneberg (D) 38 Ak 37
03650 Pinoso (E) 93 Si 52
Pinsk (BY) 58 Cg 38
93290 Pintamo (FIN) 23 Ch 25
28320 Pinto (E) 81 Sg 50
57025 Piombino (I) 84 Ba 48
Pionerskij (RUS) 40 Ca 36
97-300 Piotrków Trybunalski (PL) 56 Bk 39
35028 Piove di Sacco (I) 69 Bc 45
35550 Pipriac (F) 66 Si 43
Piqeras (AL) 86 Bk 50
28340 Piraziz (TR) 90 Di 50
18547 Pireás (GR) 94 Cd 53
82102 Pirgí (GR) 95 Cf 52
70010 Pírgos (GR) 94 Cb 53
70010 Pírgos (GR) 95 Cf 55
53400 Pirinçlik (TR) 99 Ea 53
Pirinem (RUS) 25 Ee 26
Pirki (UA) 59 Da 39
95470 Pirkkiö (FIN) 22 Ce 25
3641 Pîrliţa (MD) 73 Ch 43
66953* Pirmasens (D) 54 Ah 41
01796 Pirna (D) 55 Bd 40
18300* Pirot (SRB) 71 Cc 47
Pirovac (HR) 70 Bf 47
44015 Pirsógiani (GR) 86 Ca 50
14450 Pirttikoski (FIN) 15 Ch 24
56100* Pisa (I) 69 Ba 47
Pisarovina (HR) 70 Bf 45
Pišča (UA) 57 Cd 39
Piščane (UA) 59 Db 41
Piščanka (UA) 58 Ci 42
Piščanyj Brid (UA) 59 Db 42
Piscovo (RUS) 33 Ea 33
207455 Piscu Vechi (RO) 72 Cd 47
397 01 Písek (CZ) 55 Be 41
Piski-Rad'kivs'ki (UA) 60 Dh 41
Piskivka (UA) 58 Ck 40
Pišnur (RUS) 34 Eh 33
Pisses (GR) 94 Ce 53
40410 Pissos (F) 66 Sk 46
75015 Pisticci (I) 85 Bg 50
Pistoia (I) 69 Ba 47
12-200 Pisz (PL) 40 Cb 37
94101* Piteå (S) 22 Cb 25
Pitelino (RUS) 44 Eb 36
Piterka (RUS) 62 Eh 40
110323 Piteşti (RO) 72 Ce 46
83103 Pithagório (GR) 95 Cg 53
45300 Pithiviers (F) 53 Ac 42
58017 Pitigliano (I) 84 Bb 48
Pitítsa (GR) 94 Cb 52
Pitkjaranta (RUS) 31 Db 29
Pitkul' (RUS) 16 Dd 23
PH16 Pitlochry (GB) 50 Sg 34
Pitomača (HR) 70 Bh 45
6257 Pivka (SLO) 70 Be 45
Piwniczna-Zdrój (PL) 57 Ca 41
Pižanka (RUS) 34 Ei 33
Pižma (RUS) 34 Eh 33
89812 Pizzo (I) 85 Bg 52
Pjalica (RUS) 24 Dk 24
Pjalka (RUS) 17 Ea 24
Pjal'ma (RUS) 24 Df 28
Pjanda (RUS) 25 Ec 28
Pjanteg (RUS) 35 Fg 30
Pjaozerskij (RUS) 23 Db 25
Pjašnica (RUS) 32 Dg 31
Pjatigorsk (RUS) 76 Ed 46
Pjatychatky (UA) 59 Dd 42
Pjaželka (RUS) 32 Df 30
81401 Pláka (GR) 87 Cf 50
81401 Pláka (GR) 94 Cc 53
Plana (BIH) 85 Bi 48
22940 Plancoët (F) 52 Sh 42
26360 Plandište (SRB) 71 Cb 45
Planers'ke (KRIM) 74 Df 46
Plasë (AL) 86 Ca 50
10600 Plasencia (E) 80 Sd 50
Plaški (HR) 70 Bf 45
2427 Plassen (N) 29 Bc 29
Plast (RUS) 47 Ga 36
Plastmass (RUS) 43 Dh 36
34001 Platanistós (GR) 94 Ce 52
94447 Plattling (D) 55 Bc 42
19395 Plau am See (D) 39 Bc 37
08523* Plauen (D) 55 Bc 40
84 325 Plav (MNE) 86 Bk 48
Plavinas (LV) 41 Cf 34
Plavsk (RUS) 43 Dh 37
15700 Pleaux (F) 67 Ac 45
Ples (RUS) 33 Eb 33
Plešanovo (RUS) 46 Fd 38
Pleščanicy (BY) 42 Ch 36
Pleseck (RUS) 24 Ea 28
Pleški (RUS) 43 De 34
Plëso (RUS) 32 Df 31
63-300 Pleszew (PL) 56 Bh 39
Pleternica (HR) 70 Bh 45
5800* Pleven (BG) 72 Ce 47
29190 Pleyben (F) 52 Sg 42
Plisa (BY) 42 Ch 35
Plitvica (HR) 70 Bf 46
84 210* Pljevlja (MNE) 71 Bk 47
Pljussa (RUS) 31 Ck 32
Ploče (HR) 85 Bh 47
09-400 Płock (PL) 56 Bk 38
56800 Ploërmel (F) 66 Sh 43
000100* Ploieşti (RO) 72 Cg 46
81200 Plomári (GR) 95 Cg 52
24306 Plön (D) 39 Ba 36
09-100 Płońsk (PL) 57 Ca 38
Ploska (RUS) 33 Ee 33
Ploskoe (RUS) 47 Df 36
Ploskoš' (RUS) 42 Db 34
Plotniki (RUS) 32 Dg 33
72-310 Płoty (PL) 39 Bf 37
22420 Plouaret (F) 52 Sg 42
56240 Plouay (F) 66 Sg 43
29830 Ploudalmézeau (F) 52 Sf 42
22470 Plouëzec (F) 52 Sh 42
29270 Plouguer, Carhaix- (F) 52 Sg 42
22580 Plouha (F) 52 Sh 42
4000* Plovdiv (BG) 87 Ce 48
29710 Plozévet (F) 52 Sf 43
BT79 Plumbridge (GB) 49 Sc 36
90001 Plungė (LT) 40 Cb 35
56330 Pluvigner (F) 66 Sg 43
PL9 Plymouth (GB) 52 Sf 40
301 00* Plzeň (CZ) 55 Bd 41
62-045 Pniewy (PL) 56 Bg 38
8679 Pobeda (BG) 87 Cg 48
Pobeda (RUS) 44 Ec 34
Pobedino (RUS) 41 Cc 36
08696 Pobla de Lillet, la (E) 82 Ab 48
25500 Pobla de Segur, la (E) 82 Aa 48
Poboišče (RUS) 64 Fh 38
Pobuz'ke (UA) 59 Da 42
Poča (RUS) 24 Di 28
Počajiv (UA) 58 Cf 40
Počapynci (UA) 59 Da 41
Počep (RUS) 43 Dd 38
Počiniki (RUS) 45 Ee 36
Počinok (RUS) 32 De 33
Počinok (RUS) 42 Dc 36
Počitelj (BIH) 85 Bh 47
YO42 Pocklington (GB) 51 Sk 37
Počtovskij, Kletsko- (RUS) 61 Ed 41
207465 Podari (RO) 72 Cd 46
Podbel'sk (RUS) 46 Fb 37
Podberez'e (RUS) 31 Db 32
Podberez'e (RUS) 42 Da 34
Podbolot'e (RUS) 33 Ee 31
441 01 Podbořany (CZ) 55 Bd 40
Podborka (RUS) 24 Ea 26
Podborov'e (RUS) 31 Ci 33
Podbožur (MNE) 86 Bi 48
Podčer'e (RUS) 27 Fh 27
99-200 Poddębice (PL) 56 Bi 39
Poddor'e (RUS) 31 Db 33
290 01 Poděbrady (CZ) 56 Bf 40
Podgorac (HR) 71 Bi 45
Podgorenskij (RUS) 60 Dk 40
81 101* Podgorica (MNE) 86 Bk 48
Podgorje (AL) 86 Ca 50
Podgornaja (RUS) 61 Eb 40
Podgornoe (RUS) 76 Ed 44
Podhožee (RUS) 43 Di 36
Podhum (BIH) 70 Bh 47
Podil (UA) 59 Dd 41
Podil's'k (UA) 73 Ck 43
Podjuga (RUS) 33 Ea 29
6880 Podkova (BG) 87 Cf 49
30018 Podogorá (GR) 94 Cb 52
Podol'sk (RUS) 43 Dh 35
Podol'sk (RUS) 64 Fi 38
Podol'skaja (RUS) 25 Eg 28
Podomskoe, Il'insko- (RUS) 34 Eh 29
Podophaj (RUS) 43 Dd 36
Podora (RUS) 26 Fe 28
Podosinovec (RUS) 34 Eg 30
Podporož'e (RUS) 32 De 30
Podravska Slatina (HR) 70 Bh 45
Podrezčiha (RUS) 34 Fb 31
Podromanija (BIH) 71 Bi 47
Podsnežnoe (RUS) 62 Ef 38
707365 Podu Iloaiei (RO) 73 Ch 43
Podujevë = Podujevo (RKS) 86 Cb 48
Podujevo = Podujevë (RKS) 86 Cb 48
607450 Podu Turcului (RO) 73 Ch 44
Podvislovo (RUS) 44 Ea 37
Podvoloč'e (RUS) 24 Ea 28
Podyem-Mihajlovka (RUS) 46 Fa 38
Podymalovo (RUS) 46 Ff 36
Podyvot'e (RUS) 59 De 38
Podz' (RUS) 34 Fa 30
Pogar (RUS) 59 Dd 38
53036 Poggibonsi (I) 69 Bb 47
46025 Poggio Rusco (I) 69 Bb 46
125200 Pogoanele (RO) 72 Cg 46
Pogorelec (RUS) 25 Ef 25
Pogorelka (RUS) 32 Dh 31
Pogoreloe Gorodišče (RUS) 43 De 34
Pogost (RUS) 24 Di 29
Pogost (RUS) 25 Eb 27
Pogradec (AL) 86 Ca 50
Pograničnoe (RUS) 62 Ei 40
Pogromnoe (RUS) 63 Fc 38
Pogruznaja (RUS) 46 Fa 36
97630 Pohjaslahti (FIN) 22 Ce 28
Pohjois-li (FIN) 22 Cf 25
691 23 Pohořelice (CZ) 56 Bg 42
Pohrebyšče (UA) 58 Ck 41
Pohvistnevo (RUS) 46 Fc 37
207470 Poiana Mare (RO) 72 Cd 47
727430 Poiana Stampei (RO) 72 Cf 43
617340 Poiana Teiului (RO) 72 Cf 43
Poim (RUS) 64 Fh 39
Poisevo (RUS) 46 Fd 35
78300 Poissy (F) 53 Ac 42
86000* Poitiers (F) 66 Aa 44
80290 Poix-de-Picardie (F) 53 Ab 41
08430 Poix-Terron (F) 53 Ae 41
37214 Pojate (SRB) 71 Cb 47
99195 Pokka (FIN) 15 Cf 22

Pokoinoe (RUS) 76 Ee 46
Pokrov (RUS) 44 Dk 35
Pokrov (UA) 74 De 43
Pokrovka (RUS) 45 Ek 38
Pokrovka (RUS) 46 Fd 37
Pokrovka (RUS) 47 Fg 37
Pokrovka (RUS) 62 Eg 42
Pokrovka (RUS) 63 Fd 39
Pokrovskaja Arčada (RUS) 45 Ee 38
Pokrovs'k (UA) 60 Dh 42
Pokrovs'ke (UA) 60 Di 41
Pokrovs'ke (UA) 75 Dg 43
Pokrovskoe (RUS) 24 Di 26
Pokrovskoe (RUS) 37 Gg 33
Pokrovskoe (RUS) 43 Dg 35
Pokrovskoe (RUS) 47 Gb 34
Pokrovskoe (RUS) 60 Dg 38
Pokrovskoe (RUS) 75 Di 43
Pokrovsk-Ural'skij (RUS) 36 Fk 30
Pola (RUS) 31 Db 33
Polače (HR) 85 Bh 48
Polack (BY) 42 Ci 35
33880 Pola de Allande (E) 80 Sd 47
24600 Pola de Gordón, La (E) 80 Se 48
33980 Pola de Laviana (E) 80 Se 47
33630 Pola de Lena (E) 80 Se 47
33510 Pola de Siero (E) 80 Se 47
Pola de Somiedo (La Pola) (E) 80 Sd 47
76-010 Polanów (PL) 40 Bg 36
Polateli (TR) 98 Dh 54
Polatlar (TR) 89 Dc 51
06900 Polatlı (TR) 89 Dc 51
Polazna (RUS) 35 Fg 32
Polbino (RUS) 45 Eh 36
78-320 Połczyn Zdrój (PL) 40 Bg 37
Poldarsa (RUS) 34 Ef 30
Poldnevaja (RUS) 47 Ga 34
Polessk (RUS) 40 Cb 36
Polevskoj (RUS) 47 Ga 34
Polga (RUS) 24 De 27
4090 Polgár (H) 71 Cb 43
Poli (CY) 96 Dc 55
Poliçan (AL) 86 Ca 50
72-010 Police (PL) 39 Be 37
75025 Policoro (I) 85 Bg 50
63100 Polígiros (GR) 87 Cd 50
70044 Polignano a Mare (I) 85 Bh 50
39800 Poligny (F) 68 Af 44
Polihnítos (GR) 87 Cg 51
61200 Políkastro (GR) 86 Cc 50
Polino-Ašlyk (RUS) 37 Gk 33
Polis'ke (UA) 58 Ck 39
89024 Polistena (I) 85 Bg 52
Politovo (RUS) 26 Ei 26
Poljakovka (RUS) 47 Fk 36
Poljana, Bedeeva- (RUS) 47 Fg 35
Poljana, Jasnaja (RUS) 43 Dh 36
Poljany (RUS) 31 Ck 30
Poljarnye Zori (RUS) 16 Dc 23
Poljarnyj (RUS) 16 Dd 21
Poljico (BIH) 71 Bi 46
Polkova (UA) 60 Df 40
84035 Polla (I) 85 Bf 50
07460 Pollença (E) 82 Ad 51
9840 Polmak (N) 15 Ci 20
Polock = Polack (BY) 42 Ci 35
Polockoe (RUS) 64 Fk 38
Polohy (UA) 75 Dg 43
Polom (RUS) 34 Fa 31
Polom (RUS) 35 Fd 33
Polom (RUS) 35 Fe 32
Polonne (UA) 58 Ch 40
Polotnjanyj Zavod (RUS) 43 Df 36
Poloviščenskij (RUS) 34 Eg 30
Polovniki (RUS) 26 Fa 28
6276 Polski Gradec (BG) 87 Cg 48
5180 Polski Trămbeš (BG) 72 Cf 47
Poltava (UA) 59 De 41
48103* Põltsamaa (EST) 30 Cf 32
63303* Põlva (EST) 31 Ch 32
56045 Pomarance (I) 69 Ba 47
29631 Pomarkku (FIN) 30 Cb 29
3100-310* Pombal (P) 80 Sb 51
8200 Pomorie (BG) 88 Ch 48
Pomorjany (UA) 57 Ce 41
8870 Pomos (CY) 96 Dc 55
Ponazyrevo (RUS) 34 Eg 32
24400 Ponferrada (E) 80 Sd 48
Ponga (RUS) 24 Di 27
97-330 Poniatów (PL) 56 Bk 39
Ponikve (MK) 86 Cc 48
Ponino (RUS) 35 Fc 32
Ponizov'e (RUS) 42 Db 35
Ponoj (RUS) 17 Eb 23
Ponomarevka (RUS) 46 Fe 37
17800 Pons (F) 66 Sk 45
64530 Pontacq (F) 82 Sk 47
54700* Pont-à-Mousson (F) 54 Ag 42
25300* Pontarlier (F) 68 Ag 44
50065 Pontassieve (I) 69 Bb 47
27500 Pont-Audemer (F) 53 Aa 41
63380 Pontaumur (F) 67 Ac 45
38530 Pontcharra (F) 68 Ag 45
44160 Pontchâteau (F) 66 Sh 43
01160 Pont-d'Ain (F) 68 Af 44
38480 Pont-de-Beauvoisin, le (F) 68 Af 45
25520 Pont de Suert, el (E) 82 Aa 48
01290 Pont-de-Veyle (F) 67 Ae 44
36860 Ponteareas (E) 80 Sb 48
4980-610* Ponte da Barca (P) 80 Sb 49
4990-011* Ponte de Lima (P) 80 Sb 49
56025 Pontedera (I) 69 Ba 47
7400-201* Ponte de Sor (P) 80 Sb 51
15600 Pontedeume (E) 80 Sb 47
WF8 Pontefract (GB) 51 Si 37
NE20 Ponteland (GB) 51 Si 35
20218 Ponte Leccia (F) 83 Ak 48
32014 Ponte nelle Alpi (I) 69 Bc 44
27720 Pontenova, A (E) 80 Sc 47
15320 Pontes de García Rodríguez, As (E) 80 Sc 47
36001* Pontevedra (E) 80 Sb 48
56300 Pontivy (F) 52 Sh 42
50360 Pont-l'Abbé (F) 66 Sf 43
14130 Pont-l'Évêque (F) 53 Aa 41
04800 Pontoise (F) 53 Ac 41
Pontokerasía (GR) 87 Cd 49
50170 Pontorson (F) 52 Si 42
54027 Pontremoli (I) 69 Ak 46
7504 Pontresina (CH) 69 Ak 44
22260 Pontrieux (F) 52 Sg 42
25740 Ponts (E) 82 Ab 49
60700 Pont-Sainte-Maxence (F) 53 Ac 41
30130* Pont-Saint-Esprit (F) 67 Ae 46
49130 Ponts-de-Cé, Les (F) 66 Sk 43
89140 Pont-sur-Yonne (F) 53 Ad 42
72510 Pontvallain (F) 66 Aa 43
NP4 Pontypool (GB) 52 Sg 39
Pontypwl = Pontypool (GB) 52 Sg 39
Ponurovka (RUS) 59 Dc 38
Ponyri (RUS) 60 Dg 38
04027 Ponza (I) 84 Bc 50
BH15 Poole (GB) 52 Si 40
Popča (RUS) 26 Fc 27
3614 Pope (LV) 30 Cb 33
Popeni (RO) 73 Ch 44
8970 Poperinge (B) 53 Ac 40
Popil'nja (UA) 58 Ck 41
4528 Popinci (BG) 87 Ce 48
Poplevinskij (RUS) 44 Dk 37
65026 Popoli (I) 84 Bd 48
4127 Popovica (BG) 87 Cf 48
Popovka (RUS) 46 Fd 36
Popovka (RUS) 61 Eb 41
8735 Popovo (BG) 72 Cg 47
Popov Porog (RUS) 24 De 27
52014 Poppi (I) 69 Bb 47
058 01 Poprad (SK) 57 Ca 41
Poputnaja (RUS) 76 Eb 46
Porazava (BY) 41 Ce 38
23790 Porcuna (E) 93 Sf 53
33170 Pordenone (I) 69 Bc 45
5898 Pordim (BG) 72 Ce 47
Poreč (HR) 69 Bd 45
Poreč'e (RUS) 32 Dg 32
Poreč'e (RUS) 43 Df 35
Poreč'e-Rybnoe (RUS) 44 Dk 33
Poreckoe (RUS) 45 Eg 35
Porez (RUS) 34 Fb 33
Porhov (RUS) 31 Ck 33
28003* Pori (FIN) 30 Cb 29
Por'jaguba (RUS) 16 Dd 24
98260 Porjus (S) 14 Bk 24
02400* Porkala = Porkkala (FIN) 30 Ce 31
02400* Porkkala (FIN) 30 Ce 31
Porlakshöfn (IS) 48 Qi 27
44210 Pornic (F) 66 Sh 43
44380 Pornichet (F) 66 Sh 43
Porog (RUS) 24 Di 27
28086 Póros (GR) 94 Ca 52
Porosozero (RUS) 23 Dc 28
Porožsk (RUS) 26 Fd 27
2900* Porrentruy (CH) 68 Ah 43
40046 Porretta Terme (I) 69 Ba 46
36400 Porriño, O (E) 80 Sb 48
3910* Porsgrunn-Skien (N) 28 Ak 31
BT66 Portadown (GB) 49 Sd 36
BT22 Portaferry (GB) 49 Se 36
7300-002* Portalegre (P) 80 Sc 51
Port an Salainn (IRL) 49 Sc 35
PA46 Port Askaig (GB) 49 Sd 35
17497 Portbou (E) 82 Ad 48
13110 Port-de-Bouc (F) 67 Ae 47
07470 Port de Pollença (E) 82 Ad 51
7220-353* Portel (P) 92 Sc 52
PA42 Port Ellen (GB) 49 Sd 35
14520 Port-en-Bessin-Huppain (F) 52 Sk 41
IM9 Port Erin (GBM) 51 Sf 36
CF36 Porthcawl (GB) 52 Sg 39
LL49 Porthmadog (GB) 51 Sf 38
8500-069* Portimão (P) 92 Sb 53
97701 Portimo (FIN) 22 Cg 24
AB56 Portknockie (GB) 50 Sh 33
Port Láirge = Waterford (IRL) 49 Sc 38
11210 Port-la-Nouvelle (F) 82 Ad 47
Port Laoise (IRL) 49 Sc 37
56290 Port-Louis (F) 66 Sg 43
Portmagee = An Caladh (IRL) 49 Rk 39
20150 Porto (F) 83 Ai 48
4000-008* Porto (P) 80 Sb 49
57036 Porto Azzurro (I) 84 Ba 48
07026 Porto Cervo (I) 83 Ak 49
73010 Porto Cesareo (I) 85 Bh 50
Porto Cristo (E) 82 Ad 51
Porto d'Ascoli (I) 84 Bd 48
15970 Porto do Son (E) 80 Sa 48
92014 Porto Empedocle (I) 84 Bd 53
57037 Portoferraio (I) 84 Ba 48
16034 Portofino (I) 69 Ak 46
HS2 Port of Ness (GB) 50 Sd 32
30026 Portogruaro (I) 69 Bc 45
23071 Pórto Kágio (GR) 94 Cc 54
98055 Porto Levante (I) 84 Be 52
66270 Pörtom (FIN) 22 Cb 28
Port Omna = Portumna (IRL) 49 Sb 37
62017 Porto Recanati (I) 69 Bd 47
6320 Portorož (SLO) 69 Bd 45
63023 Porto San Giorgio (I) 69 Bd 47
58015 Porto Santo Stefano (I) 84 Bb 48
09010 Portoscuso (I) 83 Ai 51
45018 Porto Tolle (I) 69 Bc 46
07046 Porto Torres (I) 83 Ai 50
20137 Porto-Vecchio (F) 83 Ak 49
19025 Portovenere (I) 69 Ak 46
DG9 Portpatrick (GB) 51 Se 36
IV51 Portree (GB) 50 Sd 33
BT56 Portrush (GB) 49 Sd 35
13230 Port-Saint-Louis-du-Rhône (F) 67 Ae 47
Portsalon = Port an Salainn (IRL) 49 Sc 35
PO2 Portsmouth (GB) 52 Si 40
SA12 Port Talbot (GB) 52 Sg 39
SA16 Port Tywyn = Burry Port (GB) 52 Sf 39
48920 Portugalete (E) 66 Sg 47
Portumna = Port Omna (IRL) 49 Sb 37
66660 Port-Vendres (F) 82 Ad 48
Poryš, Ust'- (RUS) 35 Fd 30
Porzdni (RUS) 44 Ec 33
13120 Porzuna (E) 81 Sf 51
Posad (RUS) 24 Dk 27
26289 Posadas (E) 92 Se 53
Pošegda (RUS) 25 Ed 28
Pošehon'e (RUS) 33 Dk 32
Poshnje (AL) 86 Bk 50
97901 Posio (FIN) 15 Ci 24
84017 Positano (I) 85 Be 50
84100 Possidonía (GR) 94 Ce 53
07381 Pößneck (D) 55 Bb 40
Possoš' (RUS) 60 Dk 40
6230 Postojna (SLO) 70 Be 45
Posušje (BIH) 70 Bh 47
80200 Potamós (GR) 94 Cd 55
237355 Potcoava (RO) 72 Ce 46
85100 Potenza (I) 85 Bf 50
39570 Potes (E) 66 Sf 47
Potijivka (UA) 58 Ci 40
Potok (HR) 70 Bg 45
64002 Potós (GR) 87 Ce 50
14467* Potsdam (D) 55 Bd 38
Pötürge (TR) 98 Di 52
49420 Pouancé (F) 66 Si 43
21320 Pouilly-en-Auxois (F) 67 Ae 43
85700 Pouzauges (F) 66 Sk 44
4830-191* Póvoa de Lanhoso (P) 80 Sb 49
4490-001* Póvoa de Varzim (P) 80 Sb 49
Poyraz (TR) 89 Dc 51
Poyraz (TR) 98 Dk 52
21880 Pöytyä (FIN) 30 Cc 30
09246 Poza de la Sal (E) 81 Sg 48
01470 Pozantı (TR) 97 De 53
12000* Požarevac (SRB) 71 Cb 46
Požarišče (RUS) 32 Dh 31
Požeg (RUS) 26 Fe 28
31210 Požega (SRB) 71 Ca 47
60-700* Poznań (PL) 56 Bg 38
Požnja (RUS) 42 Db 34
23485 Pozo Alcón (E) 93 Sh 53
02510 Pozo-Cañada (E) 93 Si 52
28923 Pozuelo de Alarcón (E) 81 Sg 50
Požva (RUS) 35 Fg 31
Požva, Ust'- (RUS) 35 Fg 31
80078 Pozzuoli (I) 85 Be 50
82-550 Prabuty (PL) 40 Bk 37
Prača (BIH) 71 Bi 47
383 01 Prachatice (CZ) 55 Bd 41
43364 Prades (E) 82 Aa 49
81220 Prades (F) 82 Ac 48
11660 Prado del Rey (E) 92 Se 54
09260 Pradoluengo (E) 81 Sg 48
4720 Præstø (DK) 39 Bc 35
100 00 Praha (CZ) 55 Be 40
19330 Prahovo (SRB) 71 Cc 46
87028 Praia a Mare (I) 85 Bf 51
3070-301 Praia de Mira (P) 80 Sb 50
537240 Praid (RO) 72 Cf 44
73710 Pralognan-la-Vanoise (F) 68 Ag 45
44001 Prámanda (GR) 86 Cb 51
Praskoveja (RUS) 76 Ee 46
Prastio 97 Dd 55
46-320 Praszka (PL) 56 Bi 39
59100 Prato (I) 69 Bb 47
08513 Prats de Lluçanès (E) 82 Ac 48
08513 Prats de Llusanés = Prats de Lluçanès (E) 82 Ac 48
66230 Prats-de-Mollo-la-Preste (F) 82 Ac 48
Pravdinsk (RUS) 40 Cb 36
Pravdinsk (RUS) 44 Ec 34
Pravdzinski (BY) 42 Ch 37
2161 Pravec (BG) 87 Cd 48
33120 Pravia (E) 80 Sd 47
Prazaroki (BY) 42 Ci 35
Prečistoe (RUS) 33 Ea 32
Prečistoe (RUS) 42 Dc 35
38037 Predazzo (I) 69 Bb 44
505300 Predeal (RO) 72 Cf 45
8864 Predlitz-Turrach (A) 69 Bd 43
53140 Pré-en-Pail (F) 52 Sk 42
24211 Preetz (D) 39 Ba 36
4230* Pregarten (A) 55 Be 42
Pregradnaja (RUS) 76 Eb 47
Pregradnoe (RUS) 76 Eb 45
5301 Preiļi (LV) 41 Cg 34
32212 Preljina (SRB) 71 Ca 47
Prémery (F) 67 Ad 43
17291 Prenzlau (D) 39 Bd 37
750 02* Přerov (CZ) 56 Bh 41
11010 Pre-Saint-Didier (I) 68 Ag 45
9558 Preselenci (BG) 73 Ci 47
17523* Preševo (SRB) 86 Cb 48
9850 Preslav = Veliki Preslav (BG) 87 Cg 47
080 01* Prešov (SK) 57 Cb 42
Prestfoss (N) 28 Ak 30
334 01 Přeštice (CZ) 55 Bd 41
DT3 Preston (GB) 51 Sh 37
KA9 Prestwick (GB) 51 Sf 35
37290 Preuilly-sur-Claise (F) 66 Aa 44
48100 Préveza (GR) 94 Ca 52
Priazovskaja (RUS) 75 Di 45
Pribel'skij (RUS) 47 Fg 36
Priboj (SRB) 71 Bk 47
Pribojska Goleša (SRB) 71 Bk 47
664 87 Příbram (CZ) 55 Be 41
Pridvorci (BIH) 71 Bi 47
14800 Priego de Córdoba (E) 93 Sf 53
96047 Priekulė (LT) 40 Cb 35
3434 Priekule (LV) 40 Cb 34
59001 Prienai (LT) 41 Cd 36
83209 Prien am Chiemsee (D) 69 Bc 43
971 01 Prievidza (SK) 56 Bi 42
79000* Prijedor (BIH) 70 Bg 46
31300* Prijepolje (SRB) 71 Bk 47
Prijutnoe (RUS) 76 Ed 44
Prijutovo (RUS) 46 Fd 37
Prikumskij (RUS) 77 Ef 45
9352 Prilep (BG) 87 Cg 48
7500* Prilep (MK) 86 Cb 49
Priluki (RUS) 24 Dk 27
Priluki (RUS) 33 Ec 29
Priluki (RUS) 33 Ed 29
Priluki = Pryluky (UA) 59 Dc 40
Primorsk (RUS) 31 Ci 30
Primorsk (RUS) 40 Ca 36
Primorsk (RUS) 62 Ef 41
8180 Primorsko (BG) 88 Ch 48
Primorsko-Ahtarsk (RUS) 75 Di 44
8180 Primorsko Kiten (BG) 88 Ch 48
Primošten (HR) 70 Bf 47
Priozërsk (RUS) 31 Da 29
Prirečnyj (RUS) 16 Da 21
Prisal'skij (RUS) 76 Ed 43
9131 Priselci (BG) 73 Ch 47
10000* Prishtinë = Priština (RKS) 86 Cb 48
Prisoje (BIH) 70 Bh 47
36370 Prissac (F) 67 Ab 44
Pristan' (RUS) 47 Fi 34
Pristen (RUS) 60 Dg 39
10000* Priština = Prishtinë (RKS) 86 Cb 48
16928 Pritzwalk (D) 39 Bc 37
Priural'skoe (RUS) 27 Fh 26
07000* Privas (F) 67 Ae 46
04015 Priverno (I) 84 Bd 49
Privodino (RUS) 34 Eg 29
Privokzal'nyj (RUS) 36 Ga 32
Privol'naja (RUS) 75 Di 44
Privol'nyj (RUS) 77 Ef 44
Privolž'e (RUS) 45 Ei 38
Privolžsk (RUS) 33 Eb 33
Privolžskoe (RUS) 62 Ef 39
20000* Prizren (RKS) 86 Ca 48
90038 Prizzi (I) 84 Bd 53
Prjamicino (RUS) 60 Df 39
Prjaža (RUS) 32 Dd 29
Prnjavor (BIH) 70 Bh 46
07330 Probstzella (D) 55 Bb 40
59-230 Prochowice (PL) 56 Bg 39
6150-310* Proença-a-Nova (P) 80 Sc 51
Prohladnyj (RUS) 76 Ee 47
Prohladyj (RUS) 76 Ee 47
Prohor Pčinjski (SRB) 86 Cb 48
Prokop'evka (RUS) 26 Fa 29
Prokop'evka (RUS) 34 Ek 31
Prokop'evskaja Salda (RUS) 36 Gb 32
Prokoševo (RUS) 45 Ee 35
18400* Prokuplje (SRB) 71 Cb 47
Proletarij (RUS) 31 Db 32
Proletarka (RUS) 24 De 28
Proletarsk (RUS) 76 Eb 44
Proletarskij (RUS) 60 Df 40
Promysla (RUS) 36 Fk 32
Promyslovka (RUS) 77 Eg 45
Pronin (RUS) 61 Ec 41
Pronino (RUS) 33 Ec 32
Pronsk (RUS) 44 Dk 36
Propaštica (RKS) 86 Cb 48
20110 Propriano (F) 83 Ai 49
8548 Prosenik (BG) 88 Ch 48
Prosnica (RUS) 34 Fa 32
66200 Prossotsáni (GR) 87 Cd 49
796 01* Prostějov (CZ) 56 Bh 41
97-320 Proszenie (PL) 56 Bk 39
36074 Proussós (GR) 94 Cb 52
9200 Provadija (BG) 88 Ch 47
77160* Provins (F) 53 Ad 42
Prozor (BIH) 70 Bh 47
Prozorovo (RUS) 34 Ek 33
Prudentov (RUS) 62 Eg 41
Prudišči (RUS) 45 Ef 34
Prudki (RUS) 43 Dg 36
48-200 Prudnik (PL) 56 Bh 40
54595 Prüm (D) 54 Ag 40
087180 Prundu (RO) 72 Cg 46
227390 Prunişor (RO) 71 Cc 46
83-000* Pruszcz Gdański (PL) 40 Bi 36
6522* Prutz (A) 69 Ba 43
Pružany (BY) 57 Ce 38
Pružinki (RUS) 44 Dk 38
Pryazovs'ke (UA) 74 Df 44
Pryluky (UA) 59 Dc 40
Prymors'k (UA) 75 Dg 44
Prymors'ke (UA) 75 Dh 44
Pryp'jat' (UA) 59 Da 39
Pryvitne (KRIM) 74 De 46
06-300 Przasnysz (PL) 40 Ca 37
97-570 Przedbórz (PL) 56 Bk 39
37-700 Przemyśl (PL) 57 Cc 41
06-126 Przewodowo, Parcele- (PL) 40 Ca 38
37-200 Przeworsk (PL) 57 Cc 40
68-132 Przewóz (PL) 55 Be 39
34400 Psahná (GR) 94 Cd 52
82104 Psará (GR) 95 Cf 52
53077 Psarádes (GR) 86 Cb 50
20500 Psári (GR) 94 Cc 53
Psebaj (RUS) 76 Ea 46
72052 Psihro (GR) 95 Cf 55
Pskov (RUS) 31 Ci 33
43-200 Pszczyna (PL) 56 Bi 41
50200 Ptolemaïda (GR) 86 Cb 50
2250 Ptuj (SLO) 70 Bf 44
Pucarevo (BIH) 70 Bh 46
Pūceskrogs (LV) 41 Cc 34
Pučež (RUS) 44 Ed 34
107485 Puchenii Mari (RO) 72 Cg 46
Puchivka (UA) 59 Da 40
135400 Pucioasa (RO) 72 Cf 45
46530 Puçol (E) 82 Sk 51
93101 Pudasjärvi (FIN) 23 Ch 25
Pudem (RUS) 35 Fc 32
Pudož (RUS) 24 Dg 29
06630 Puebla de Alcocer (E) 80 Se 52
18820 Puebla de Don Fadrique (E) 93 Sh 53
13109 Puebla de Don Rodrigo (E) 81 Sf 51
21550 Puebla de Guzmán (E) 92 Sc 53
24855 Puebla de Lillo (E) 80 Se 47
41130 Puebla del Río, La (E) 92 Sd 53
Puebla de Montalbán (E) 81 Sf 51
49300 Puebla de Sanabria (E) 80 Sd 48
44450 Puebla de Valverde, La (E) 82 Sk 50
45570 Puente del Arzobispo, El (E) 80 Se 51
14500 Puente-Genil (E) 93 Sf 53
11500 Puerto de Santa María, El (E) 92 Sd 54

Puerto de Santa María, El | 193

13500 Puertollano (E) 93 Sf 52
30890 Puerto Lumbreras (E) 93 Si 53
11510 Puerto Real (E) 92 Sd 54
Pugačev (RUS) 62 Ei 38
Pugačevo (RUS) 46 Fd 34
Pugačevskij (RUS) 64 Ff 39
67406 Pühajärve (EST) 30 Cg 32
Puhnovo (RUS) 42 Db 35
93350 Puhos (FIN) 23 Ch 25
93350 Puhos (FIN) 23 Ck 28
Puiatu (EST) 30 Cf 32
737425 Puiești (RO) 73 Ch 44
17520 Puigcerdà (E) 82 Ab 48
08692 Puig-Reig (E) 82 Ab 49
08692 Puigreig = Puig-Reig (E) 82 Ab 49
37520 Pukavik (S) 39 Be 34
Pukë (AL) 86 Bk 48
Pukšen'ga (RUS) 25 Eb 27
Pula (HR) 69 Bd 46
09010 Pula (I) 83 Ai 51
Pulaj (AL) 86 Bk 49
24-100 Puławy (PL) 57 Cb 39
17320 Pulkkila (FIN) 22 Cf 26
Pulonga (RUS) 17 Dk 24
Pulozero (RUS) 16 Dd 22
04640 Pulpí (E) 93 Si 53
Pulsujärvi (S) 15 Cb 22
06-100 Pułtusk (PL) 40 Cb 38
Pülümür (TR) 90 Dk 51
Pummanki (RUS) 16 Db 21
39012 Pumpėnai (LT) 41 Ce 35
58501 Punkaharju (FIN) 31 Ck 29
31901 Punkalaidun (FIN) 30 Cd 29
58450* Punkasalmi = Punkaharju (FIN) 31 Ck 29
21100 Punta Umbría (E) 92 Sd 53
99981 Puoddopohki = Patoniva (FIN) 15 Ch 21
91750 Puokio (FIN) 23 Ch 26
89201 Puolanka (FIN) 23 Ch 26
Puoltikasvaara (S) 15 Cb 23
Puottaure (S) 22 Ca 24
04870 Purchena (E) 93 Sh 53
Purdoški (RUS) 44 Ed 36
Pureh (RUS) 44 Ed 34
1440* Purmerend (NL) 53 Ae 38
Purnema (RUS) 24 Dh 26
38950 Pusatlı (TR) 97 Df 52
Puščino (RUS) 43 Dh 36
Puškin (RUS) 31 Da 31
Puškino (RUS) 43 Df 34
Puškino (RUS) 43 Dh 34
Puškino (RUS) 62 Eh 39
Puškinskie Gory (RUS) 42 Ci 33
Pušlahta (RUS) 24 Dg 26
Pušnoj (RUS) 24 De 26
4150 Püspökladány (H) 71 Cb 43
Pustaja Guba (RUS) 16 Dd 23
Pusterno (I) 69 Bb 45
Pustoška (RUS) 42 Ck 34
18581 Putbus (D) 39 Bd 36
145200 Putineiu (RO) 72 Ce 47
Putjanino (RUS) 44 Eb 36
Putjaševo (RUS) 35 Fd 30
16949 Putlitz (D) 39 Bc 37
23769 Puttgarden (D) 39 Bb 36
Putyvl' (UA) 59 Dd 39
95255 Puukkokumpu (FIN) 22 Cf 25
52201 Puumala (FIN) 31 Ci 29
43000* Puy-en-Velay, le (F) 67 Ad 45
46700 Puy-L'Evêque (F) 67 Ab 46
Puzači (RUS) 60 Dh 39
LL53 Pwllheli (GB) 51 Sf 38
Pyčas (RUS) 46 Fc 34
98510 Pyhäjärvi (FIN) 22 Cf 27
98510 Pyhäjärvi (FIN) 15 Ch 23
27920 Pyhäjoki (FIN) 22 Ce 26
89770 Pyhäkylä (FIN) 23 Ci 25
92930 Pyhäntä (FIN) 22 Cg 26
23950 Pyhäranta (FIN) 30 Cb 30
82200* Pyhäselkä (FIN) 23 Ck 28
49270 Pyhtää (FIN) 30 Cg 30
Pylema (RUS) 25 Ef 26
Pylemec (RUS) 18 Fc 23
43440 Pylkönmäki (FIN) 22 Ce 28
9179 Pyramiden (N) 14 I Svalbard
Pyrižky (UA) 58 Ck 40
Pyrjatyn (UA) 59 Dc 40
31812 Pyrmont, Bad (D) 54 Ak 39
74-200 Pyrzyce (PL) 39 Be 37
Pyščug (RUS) 34 Ef 32
Pyš'ja, Ust'- (RUS) 35 Ff 31
44-120 Pyskowice (PL) 56 Bi 40
Pys'menne (UA) 60 Df 42
Pyšna (BY) 42 Ci 36
Pytalovo = Abrene (RUS) 41 Ch 33
Pytalovo = Abrene (RUS) 42 Ch 33
49270 Pyttis = Pyhtää (FIN) 30 Cg 30
62-310 Pyzdry (PL) 56 Bh 38

Q

Qaf-Mollë (AL) 86 Bk 49
Qeparo (AL) 86 Bk 50
49610 Quakenbrück (D) 38 Ah 38
8125-001* Quarteira (P) 92 Sb 53
09045 Quartu Sant'Elena (I) 83 Ak 51
06484 Quedlinburg (D) 55 Bb 39
EH30 Queensferry (GB) 51 Sg 35
53360 Quelaines-Saint-Gault (F) 66 Sk 43
06268 Querfurt (D) 55 Bb 39
50630 Quettehou (F) 52 Si 41
56170* Quiberon (F) 66 Sg 43
25451 Quickborn (D) 38 Ak 37
11500 Quillan (F) 82 Ac 48
29000* Quimper (F) 52 Sf 43
29300 Quimperlé (F) 66 Sg 43
24397 Quintana del Castillo (E) 80 Sd 48
45800 Quintanar de la Orden (E) 81 Sg 51
09348 Quintanilla del Coco (E) 81 Sg 49
22800 Quintin (F) 52 Sh 42
50770 Quinto (E) 82 Sk 49
30260 Quissac (F) 67 Ae 47
Qukës-Skënderbej (AL) 86 Ca 49
Qyrsaç (AL) 86 Bk 48
Qyteti Stalin = Kuçovë (AL) 86 Bk 50

R

3820 Raabs an der Thaya (A) 56 Bf 42
92150 Raahe (FIN) 22 Ce 26
82301 Rääkkylä (FIN) 23 Ck 28
8100 Raalte (NL) 54 Ag 38
97250 Raanujärvi (FIN) 15 Ce 24
99340 Raattama (FIN) 15 Ce 22
Rab (HR) 70 Be 46
417400 Răbăgani (RO) 71 Cc 44
Rabat (M) 84 Be 55
Rabat = Victoria (M) 84 Be 54
34-700 Rabka-Zdrój (PL) 56 Bk 41
Rabočeostrovsk (RUS) 24 De 26
12254 Rabrovo (SRB) 71 Cb 46
607480 Răcăciuni (RO) 72 Cg 44
327315 Răcășdia (RO) 71 Cb 46
Rachiv (UA) 57 Ce 42
09-140 Raciąż (PL) 40 Ca 38
47-400 Racibórz (PL) 56 Bi 40
Radaškovičy (BY) 42 Ch 36
725400 Rădăuți (RO) 72 Cf 43
01454 Radeberg (D) 55 Bd 39
1433 Radeče (SLO) 70 Bf 44
Radechiv (UA) 57 Ce 40
Radica-Krylovka (RUS) 43 De 37
Radiščevo (RUS) 45 Eg 37
Radiščevo (RUS) 45 Eh 38
Rad'kivis'ki, Piski- (UA) 60 Dh 41
6260 Radnevo (BG) 87 Cf 48
Radohova (BIH) 70 Bh 46
78315 Radolfzell am Bodensee (D) 68 Ai 43
26-600 Radom (PL) 57 Cb 39
2400 Radomir (BG) 86 Cc 48
237365 Radomirești (RO) 72 Ce 46
97-500 Radomsko (PL) 56 Bk 39
Radomyšl' (UA) 58 Ck 40
207485 Radovan (RO) 72 Cd 46
6564 Radovec (BG) 87 Cg 49
2420* Radoviš (MK) 86 Cc 49
5550 Radstadt (A) 69 Bd 43
82001 Radviliškis (LT) 41 Cd 35
37-550 Radymno (PL) 57 Cc 41
88-200 Radziejów (PL) 56 Bi 38
87-220 Radzyń Chełmiński (PL) 40 Bi 37
21-300 Radzyń Podlaski (PL) 57 Cc 39
46348 Raesfeld (D) 54 Ag 39
Raevskij (RUS) 46 Fe 36
92015 Raffadali (I) 84 Bd 53
19009 Rafína (GR) 94 Ce 52
2144 Ragana (LV) 30 Ce 33
Raglicy (RUS) 31 Da 32
Raguli (RUS) 76 Ed 45
97100 Ragusa (I) 84 Be 54
Rahačav (BY) 42 Da 37
32369 Rahden (D) 54 Ai 38
Rah'ja (RUS) 31 Da 30
Rahmanovka (RUS) 62 Ek 38
Rahmanovka (RUS) 62 Ek 39
2070 Råholt (N) 28 Bb 30
21000* Rahovec = Orahovac (RKS) 86 Ca 48
86641 Rain (D) 55 Ba 42
21280 Raisio (FIN) 30 Cc 30
39610 Raivala (FIN) 22 Cc 29
99801 Raja-Jooseppi (FIN) 15 Ci 22
99650 Rajala (FIN) 15 Cg 23
Rajhorodka (UA) 60 Di 42
Rakav (BY) 42 Ch 37
4640 Rakitovo (BG) 87 Ce 49
1890 Rakkestad (N) 28 Bb 31
3820 Rakovica (BG) 71 Cc 47
269 01* Rakovník (CZ) 55 Bd 40
Rakovskaja (RUS) 25 Eb 28
4150 Rakovski (BG) 87 Ce 48
44306* Rakvere (EST) 30 Cg 31
Rakytne (UA) 59 Da 41
11233 Ralja (SRB) 71 Ca 46
Ralppaluoto = Repolt (FIN) 22 Cb 27
39800 Ramales de la Victoria (E) 66 Sg 47
Ramasuha (RUS) 43 Dd 38
88700 Rambervillers (F) 54 Ag 42
78120* Rambouillet (F) 53 Ab 42
Ramen'e (RUS) 32 Df 33
Ramen'e (RUS) 33 Ea 32
Ramenskoe (RUS) 43 Di 35
3231 Rammersdorf (A) 56 Bf 42
73060 Ramnäs (S) 29 Bg 31
3175 Ramnes (N) 14 Bg 22
Ramni (BY) 42 Da 35
907073 Râmnicu de Jos (RO) 73 Ci 46
125300 Râmnicu Sărat (RO) 73 Ch 45
000240* Râmnicu Vâlcea (RO) 72 Ce 45
Ramon' (RUS) 60 Dk 39
71198 Ramsberg (S) 29 Bf 31
88037 Ramsele (S) 21 Bg 27
IM8 Ramsey (GB) 51 Sf 36
CT11 Ramsgate (GB) 53 Ab 39
82700 Ramsjö (S) 21 Bf 28
84097 Ramundberget (S) 21 Bc 28
Ramuševo (RUS) 31 Db 33
87016 Ramvik (S) 21 Bh 28
38031 Ramygala (LT) 41 Ce 35
Rancevo (RUS) 43 Dd 34
BT41 Randalstown (GB) 49 Sd 36
95036 Randazzo (I) 84 Be 53
84093 Rånddalen (S) 21 Bd 28
8900 Randers (DK) 39 Ba 34
Randijaur (S) 14 Bk 24
95501 Råneå (S) 22 Cc 25
Ranemsletta (N) 20 Bb 26
HS2 Ranish (GB) 50 Sd 32
Rannee (RUS) 63 Fc 39
Rånön (S) 22 Cc 25
Rantajärvi (S) 15 Cd 24
58901 Rantasalmi (FIN) 23 Ci 28
92501 Rantsila (FIN) 22 Cf 26
97701 Ranua (FIN) 22 Cg 25
16035 Rapallo (I) 69 Ak 46
64503* Räpina (EST) 31 Ch 32
79512* Rapla (EST) 30 Ce 31
8640 Rapperswil-Jona (CH) 68 Ai 43
Raša (HR) 70 Be 45
60001 Raseiniai (LT) 41 Cd 35
36350* Raška (SRB) 71 Ca 47
Rasna (BY) 42 Db 37
505400 Râșnov (RO) 72 Cf 45
Rasony (BY) 42 Ci 35
907250 Rasova (RO) 73 Ch 46
Rasskazovo (RUS) 61 Eb 38
Rassypnaja (RUS) 63 Fd 39
76437 Rastatt (D) 54 Ai 42
26180 Rastede (D) 38 Ai 37
457202 Răstoci (RO) 72 Cd 43
84030 Rätansbyn (S) 21 Be 28
Ratčino (RUS) 44 Dk 37
Ráth Caola (IRL) 49 Sb 38
Ráth Droma (IRL) 49 Sd 38
Rathdrum = Ráth Droma (IRL) 49 Sd 38
14712 Rathenow (D) 55 Bc 38
BT34 Rathfriland (GB) 49 Sd 36
Rathkeale = Ráth Caola (IRL) 49 Sb 38
Rath Luirc (IRL) 49 Sb 38
40878* Ratingen (D) 54 Ag 39
Ratne (UA) 57 Ce 39
8673* Ratten (A) 70 Bf 43
6240* Rattenberg (A) 69 Bb 43
79501 Rättvik (S) 29 Bf 30
23909 Ratzeburg (D) 39 Ba 37
74057 Raudonė (LT) 41 Cd 35
675 Raufarhöfn (IS) 48 Re 24
2830 Raufoss (N) 28 Ba 30
3864 Rauland (N) 28 Ai 31
27003 Rauma (FIN) 30 Cb 29
77701 Rautalampi (FIN) 22 Cg 28
73901 Rautavaara (FIN) 23 Ci 27
Rautjärvi (FIN) 31 Ck 29
Rava-Rus'ka (UA) 57 Cd 40
36023 Rävemåla (S) 39 Bf 34
48100 Ravenna (I) 69 Bc 46
88212* Ravensburg (D) 69 Ak 43
96-200 Rawa Mazowiecka (PL) 57 Ca 39
63-900 Rawicz (PL) 56 Bg 39
7727 Razeni (MD) 73 Ci 44
Razgort (RUS) 26 Ei 27
7200* Razgrad (BG) 72 Cg 47
2760 Razlog (BG) 87 Cd 49
RG2 Reading (GB) 52 Sk 39
07042 Reale, la (I) 83 Ai 49
81120 Réalmont (F) 67 Ac 47
Reboly (RUS) 23 Da 27
5320-164 Rebordelo (P) 80 Sc 49
2294 Rebrovo (BG) 87 Cd 48
Rečane (RUS) 42 Db 34
307340 Recaș (RO) 71 Cb 45
21290 Recey-sur-Ource (F) 67 Ae 43
Rečica = Rèčyca (BY) 59 Da 38
49509 Recke (D) 54 Ah 38
45657* Recklinghausen (D) 54 Ah 39
6800 Recogne (B) 54 Af 41
Rèčyca (BY) 59 Da 38
73-210 Recz (PL) 39 Bf 37
84-240 Reda (PL) 40 Bi 36
TS10 Redcar (GB) 51 Si 36
B97 Redditch (GB) 52 Si 38
8978 Rédics (H) 70 Bg 44
Redkino (RUS) 43 Dg 34
Red'kino (RUS) 46 Fe 35
35600* Redon (F) 66 Sh 43
Redondela (E) 80 Sb 48
7005-760 Redondo (P) 92 Sc 52
TR15 Redruth (GB) 52 Se 40
24300 Refahiye (TR) 90 Di 51
33021 Reftele (S) 29 Bd 33
Reftinskij (RUS) 36 Gb 33
94209 Regen (D) 55 Bd 42
93047* Regensburg (D) 55 Bc 41
93128 Regenstauf (D) 55 Bc 41
89100 Reggio di Calabria (I) 84 Bf 52
42100 Reggio nell'Emilia (I) 69 Ba 46
545300 Reghin (RO) 72 Ce 44
Regna (S) 29 Bf 32
Reguby (FIN) 30 Cc 31
Reguengos de Monsaraz (P) 92 Sc 52
95111 Rehau (D) 55 Bc 40
31547 Rehburg-Loccum (D) 54 Ak 38
19217 Rehna (D) 39 Bb 37
RH2 Reigate (GB) 52 Sk 39
51100* Reims (F) 53 Ae 41
21465 Reinbek (D) 39 Ba 37
8390 Reine (N) 14 Bd 23
39200 Reinosa (E) 66 Sf 47
2840 Reinsvoll (N) 28 Ba 30
42580 Reis (TR) 96 Db 52
85900 Reisjärvi (FIN) 22 Ce 27
97-310 Rękoraj (PL) 56 Bk 39
35260 Rekovac (SRB) 71 Cb 47
03578 Relleu (E) 82 Sk 52
61110 Rémalard (F) 53 Aa 42
Remennikovo (RUS) 42 Ci 34
74940 Remeskylä (FIN) 22 Cg 27
88200* Remiremont (F) 54 Ag 42
Remontnoe (RUS) 76 Ed 44
42853* Remscheid (D) 54 Ah 39
2450 Rena (N) 28 Bb 29
9600 Renaix = Ronse (B) 53 Ad 40
82064 Renålandet (S) 21 Bf 26
4232 Renceni (LV) 30 Cf 33
3319 Renda (LV) 30 Cc 33
24768 Rendsburg (D) 38 Ak 36
Reni (UA) 73 Ci 45
7391 Rennebu (N) 20 Ak 28
35000* Rennes (F) 52 Si 42
88041 Rensjön (S) 14 Bk 22
43068 Rentína (GR) 86 Cb 51
43068 Rentína (GR) 87 Cd 50
33190* Réole, la (F) 66 Sk 46
9653 Répcelak (H) 70 Bh 43
Rep'evka (RUS) 60 Di 39
Repino (RUS) 31 Ck 30
65930 Replot (FIN) 22 Cb 27
Reppen (N) 14 Bd 24
9768 Repvåg (N) 15 Cf 20
12170 Réquista (F) 67 Ac 46
Reşadiye (TR) 90 Dh 50
Reşadiye (TR) 99 Ce 52
Resanovci (BIH) 70 Bg 46
35237 Resavica (SRB) 71 Cb 46
5060 Resen (BG) 72 Cf 47
7310 Resen (MK) 86 Cb 49
4660-211* Resende (P) 80 Sc 49
Rešetnikovo (RUS) 43 Dg 34
Rešetylivka (UA) 59 De 41
000320* Reşiţa (RO) 71 Cb 45
72-315 Resko (PL) 39 Bf 37
11-440 Reszel (PL) 40 Cb 36
08300* Rethel (F) 53 Ae 41
74100 Réthimno (GR) 94 Ce 55
35240 Retiers (F) 66 Si 43
43130 Retournac (F) 67 Ae 45
13194 Retuerta del Bullaque (E) 81 Sf 51
2070* Retz (A) 56 Bf 42
43201* Reus (E) 82 Ab 49
Reutec (RUS) 60 Df 39
17153 Reuterstadt Stavenhagen (D) 39 Bc 37
72760* Reutlingen (D) 54 Ak 42
Revda (RUS) 47 Fk 34
Revda (RUS) 16 De 23
31250 Revel (F) 67 Ac 47
55800 Revigny-sur-Ornain (F) 53 Ae 42
08170 Revin (F) 53 Ae 41
Reyðarfjörður (IS) 48 Rf 25
31500 Reyhanlı (TR) 98 Dg 54
380 Reykhólar (IS) 48 Qh 25
311 Reykholt (IS) 48 Qi 26
Reykjahlíð (IS) 48 Rd 25
150* Reykjavík (IS) 48 Qi 26
Rež (RUS) 36 Gb 33
44400 Rezé (F) 66 Si 43
4601* Rēzekne (LV) 42 Ch 34
5400 Rezina (MD) 73 Ci 43
8281 Rezovo (BG) 88 Ch 48
19214 Rgotina (SRB) 71 Cc 46
LD6 Rhayader (GB) 52 Sg 38
33378 Rheda-Wiedenbrück (D) 54 Ai 39
48429* Rheine (D) 54 Ah 38
79618 Rheinfelden (Baden) (D) 68 Ah 43
16831 Rheinsberg (D) 39 Bc 37
IV27 Rhiconich (GB) 50 Sf 32
14728 Rhinow (D) 39 Bc 38
20017 Rho (I) 69 Ak 45
CF41 Rhondda (GB) 52 Sg 39
SA18 Rhydaman = Ammanford (GB) 52 Sg 39
LL18 Rhyl (GB) 51 Sg 37
60100 Riákia (GR) 86 Cc 50
40500 Riaza (E) 81 Sg 49
32400 Ribadavia (E) 80 Sb 48
27700 Ribadeo (E) 80 Sc 47
33560 Ribadesella (E) 80 Se 47
37259 Ribare (SRB) 71 Cb 47
5720 Ribarica (BG) 87 Ce 48
36309 Ribariće (SRB) 86 Ca 48
6760 Ribe (DK) 38 Ai 35
68150* Ribeauvillé (F) 54 Ah 42
4870-150* Ribeira de Pena (P) 80 Sc 49
92016 Ribera (I) 84 Bd 53
24600 Ribérac (F) 66 Aa 45
17534 Ribes de Freser (E) 82 Ac 48
Ribnica (BIH) 71 Bi 46
6240 Ribnica (SLO) 70 Be 45
5500 Rîbnița (MD) 73 Ck 43
18311 Ribnitz-Damgarten (D) 39 Bc 36
2967 Ribnovo (BG) 87 Cd 49
Ricabo (E) 80 Se 47
664 82 Říčany (CZ) 55 Be 41
47838 Riccione (I) 69 Bc 46
10340 Riceys, les (F) 53 Ae 43
37120 Richelieu (F) 66 Aa 43
TW10 Richmond (GB) 51 Si 36
93339 Riedenburg (D) 55 Bb 42
4910* Ried im Innkreis (A) 55 Bd 42
88499 Riedlingen (D) 54 Ak 42
01587* Riesa (D) 55 Bd 39
93016 Riesi (I) 84 Be 53
90018 Rietavas (LT) 40 Cb 35
02100 Rieti (I) 84 Bc 48
31370 Rieumes (F) 67 Ab 47
04500 Riez (F) 68 Ag 47
1001* Rīga (LV) 41 Ce 34
Rigozero (RUS) 24 De 27
91202 Riguldi (EST) 30 Cd 31
11910 Riihimäki (FIN) 30 Ce 30
71161 Riistavesi (FIN) 23 Ci 28
Rijeka (HR) 70 Be 45
3972 Rijsenburg, Driebergen- (NL) 54 Af 38
2630 Rila (BG) 87 Cd 48
979 01 Rimavská Sobota (SK) 57 Ca 42
76200 Rimbo (S) 29 Bi 31
59041 Rimforsa (S) 29 Bf 32
47900 Rimini (I) 69 Bc 46
Rimsko-Korsakovka (RUS) 62 Ei 39
6657 Rindal (N) 20 Ak 27
61041 Ringarum (S) 29 Bg 32
5750 Ringe (DK) 39 Ba 35
6950 Ringkøbing (DK) 38 Ai 34
4100* Ringsted (DK) 39 Bb 35
BH24 Ringwood (GB) 52 Si 40
Rintala (RUS) 31 Ck 29
31737 Rinteln (D) 54 Ak 38
26504 Río (GR) 94 Cb 52
63200* Riom (F) 67 Ad 45
2040-092* Rio Maior (P) 80 Sb 51
15400 Riom-ès-Montagnes (F) 67 Ac 45
85028 Rionero in Vulture (I) 85 Bf 50
11232* Ripanj (SRB) 71 Ca 46
Ripky (UA) 59 Db 39
17500 Ripoll (E) 82 Ac 48
HG4 Ripon (GB) 51 Si 36
85 337 Risan (MNE) 86 Bi 48
91703 Risbäck (S) 21 Bf 26
5600 Rîșcani (MD) 73 Ch 43
32400 Riscle (F) 66 Sk 47
4950 Risør (N) 28 Ak 32
8484 Risøyhamn (N) 14 Bf 22
7100 Rissa (N) 20 Ba 27
83076 Rissna (S) 21 Bf 27
90901 Risti (EST) 30 Ce 32
50770 Ristiina (FIN) 31 Ch 29
88401 Ristijärvi (FIN) 23 Ci 26
38066 Riva del Garda (I) 69 Ba 45
42800 Rive-de-Gier (F) 67 Ae 45
29029 Rivergaro (I) 69 Ak 46
66600* Rivesaltes (F) 82 Ac 48
Rivne (UA) 58 Cg 40
Rivnoe (UA) 59 Db 42
10098 Rivoli (I) 68 Ah 45
24060 Rixhevë = Kijevo (RKS) 86 Ca 48
53000* Rize (TR) 91 Ea 49

194 | Puertollano

Rizokarpaso = Dipkarpaz 97 De 55
Rjabinino (RUS) 35 Fg 30
Rjabovo (RUS) 31 Db 31
Rjabovskij (RUS) 61 Eb 40
Rjapusovskij Pogost (RUS) 24 Di 28
Rjazan' (RUS) 44 Dk 36
Rjazancevo (RUS) 44 Dk 34
Rjazanka (RUS) 61 Ec 38
Rjazanovka (RUS) 46 Fd 37
Rjazanovskij (RUS) 44 Dk 35
Rjazanskaja (RUS) 75 Dk 46
Rjazap, Iske- (RUS) 45 Ek 36
Rjažsk (RUS) 44 Ea 37
3660 Rjukan (N) 28 Ai 31
09300 Roa (E) 81 Sg 49
6002 Roald (N) 20 Ag 28
42300* Roanne (F) 67 Ae 44
17207 Röbel/Müritz (D) 39 Bc 37
91501 Robertsfors (S) 22 Ca 26
YO22 Robin Hood's Bay (GB) 51 Sk 36
24640 Robla, La (E) 80 Se 48
06190 Roca de la Sierra, La (E) 80 Sd 51
OL11 Rochdale (GB) 51 Sh 37
56130 Roche-Bernard, la (F) 66 Sh 43
24490 Roche-Chalais, la (F) 66 Aa 45
87600 Rochechouart (F) 66 Aa 45
5580 Rochefort (B) 54 Af 40
17300* Rochefort (F) 66 Sk 45
17000* Rochelle, la (F) 66 Si 44
86270 Roche-Posay, la (F) 66 Aa 44
85620 Rocheservière (F) 66 Si 44
ME2 Rochester (GB) 53 Aa 39
74800* Roche-sur-Foron, la (F) 68 Ag 44
85000* Roche-sur-Yon, la (F) 66 Si 44
09306 Rochlitz (D) 55 Bc 39
Rocío, El (E) 92 Sd 53
08230 Rocroi (F) 53 Ae 41
3630 Rødberg (N) 28 Ai 30
4970 Rødby (DK) 39 Bb 36
4970 Rødbyhavn (DK) 39 Bb 36
6230 Rødekro (DK) 38 Ak 35
Rodel (GB) 50 Sd 33
22144 Rodellar (E) 82 Sk 48
9300 Roden (NL) 38 Ag 37
12000* Rodez (F) 67 Ac 46
93426 Roding (D) 55 Bc 41
Rodinka (RUS) 33 Ed 33
Rodionovo-Nesvetajskaja (RUS) 75 Dk 43
427245 Rodna (RO) 72 Ce 43
Rodniki (RUS) 33 Eb 33
Rodnja (BY) 42 Dc 37
Rodolívos (GR) 87 Cd 50
85100 Ródos (GR) 96 Ci 54
4673 Rødvig (DK) 39 Bc 35
Rodyns'ke (UA) 60 Dh 42
6040* Roermond (NL) 54 Ag 39
9550 Roeselare (B) 53 Ad 40
Rogač (HR) 70 Bg 47
Rogačevka (RUS) 60 Dk 39
62050 Rogačica (SRB) 71 Bk 46
3250 Rogaška Slatina (SLO) 70 Bf 44
Rogatica (BIH) 71 Bi 47
87054 Rogliano (I) 85 Bg 51
8250 Rognan (N) 14 Bf 23
2943 Rogne (N) 28 Ak 29
Rognedino (RUS) 43 Dd 37
Rognli (N) 14 Ca 21
Rogoznica (HR) 70 Bf 47
95-100 Rogoźno (PL) 40 Bg 38
Rogu (AL) 86 Ca 50
Rohatyn (UA) 57 Ce 41
4150 Rohrbach in Oberösterreich (A) 55 Bd 42
90531 Rohuküla (EST) 30 Cd 32
3264 Roja (LV) 30 Cc 33
42001 Rokiškis (LT) 41 Cf 35
94631 Roknäs (S) 22 Cb 25
337 01* Rokycany (CZ) 55 Bd 41
Rokytne (UA) 58 Ch 39
5760 Røldal (N) 28 Ag 31
3626 Rollag (N) 28 Ak 31
1180 Rolle (CH) 68 Ag 44
Rølvåg (N) 14 Bc 24
00100* Rom = Roma (I) 84 Bc 49
00100* Roma (I) 84 Bc 49
Roma (S) 29 Bi 33
3130 Roman (BG) 87 Cd 47
000611* Roman (RO) 72 Cg 44
Romănaşi (RO) 72 Cf 43
Romankivci (UA) 58 Ch 42
1322 Romanovce (MK) 86 Cb 48
Romanovka (RUS) 61 Ec 39
Romanovka (RUS) 62 Eh 39
Romanovo (RUS) 36 Gb 31
Romanovskoe (RUS) 32 Dh 32
8590 Romanshorn (CH) 69 Ak 43
26100 Romans-sur-Isère (F) 68 Af 45
Romaškino (RUS) 63 Fb 38
71470 Romenay (F) 68 Af 44
10100* Romilly-sur-Seine (F) 53 Ad 42
Romny (UA) 59 Dd 40
Romodan (UA) 59 Dd 40
Romodanovo (RUS) 45 Ef 36
41200* Romorantin-Lanthenay (F) 67 Ab 43
Rönas (S) 21 Be 25
31056 Roncade (I) 69 Bc 45
Roncesvalles (E) 81 Si 47
70250 Ronchamp (F) 68 Ag 43
29400 Ronda (E) 92 Se 54
8410 Rønde (DK) 39 Ba 34
Rõngu (EST) 30 Cg 32
3700 Rønne (DK) 39 Be 35
37200* Ronneby (S) 39 Bf 34
4683 Rønnede (DK) 39 Bc 35
83051 Rönnöfors (S) 21 Bd 27
41880 Ronquillo, El (E) 92 Sd 53
9600 Ronse (B) 53 Ad 40
4700* Roosendaal (NL) 53 Ae 39
Ropeid (N) 28 Ag 31
Ropelv (N) 16 Da 21
Ropša (RUS) 31 Ck 31
40120 Roquefort (F) 66 Sk 46
30150 Roquemaure (F) 67 Ae 46
04740* Roquetas de Mar (E) 93 Sh 54
43520 Roquetes (E) 82 Aa 50
7374 Røros (N) 20 Bb 28
9400* Rorschach (CH) 69 Ak 43
7900 Rørvik (N) 20 Bb 26
Ros' (BY) 41 Ce 37
Rošal' (RUS) 44 Dk 35
21250 Rosal de la Frontera (E) 92 Sc 53
89025 Rosarno (I) 84 Bf 52
Rošča (RUS) 36 Fi 33
Roščino (RUS) 31 Ck 30
29680* Roscoff (F) 52 Sg 42
Ros Comáin = Roscommon (IRL) 49 Sb 37
Roscommon = Ros Comáin (IRL) 49 Sb 37
Ros Cré = Roscrea (IRL) 49 Sc 38
Roscrea = Ros Cré (IRL) 49 Sc 38
92237 Rosenberg, Sulzbach- (D) 55 Bb 41
5470 Rosendal (N) 28 Ag 31
83022* Rosenheim (D) 69 Bc 43
17480 Roses (E) 82 Ad 48
917210 Roseţi (RO) 73 Ch 46
64026 Roseto degli Abruzzi (I) 85 Be 48
557210 Roşia (RO) 71 Cc 44
9540 Rosica (BG) 73 Ch 47
665 01 Rosice (CZ) 56 Bg 41
Rosignano Marittima (I) 69 Ba 47
145100 Roşiori de Vede (RO) 72 Ce 46
4000 Roskilde (DK) 39 Bc 35
Ros Láir = Rosslare (IRL) 49 Sd 38
Roslawl' (RUS) 42 Dc 37
Ros Mhic Thriúin = New Ross (IRL) 49 Sd 38
87067 Rossano (I) 85 Bg 51
Rossio ao Sul do Tejo (P) 80 Sb 51
Rosslare = Ros Láir (IRL) 49 Sd 38
06844 Roßlau, Dessau- (D) 55 Bc 39
Rossoha (RUS) 25 Ed 29
Rossolovo (RUS) 33 Eb 32
HR9 Ross-on-Wye (GB) 52 Sh 39
Rossoši (RUS) 60 Di 39
8064 Røst (N) 14 Bc 23
26024 Röstånga (S) 39 Bd 34
18055* Rostock (D) 39 Bc 36
Rostoši (RUS) 61 Ea 39
Rostov (RUS) 33 Dk 33
Rostov-na-Donu (RUS) 75 Dk 43
22110 Rostrenen (F) 52 Sg 42
8220 Røsvik (N) 14 Bf 23
94523 Rosvik (S) 22 Cb 25
11520 Rota (E) 92 Sd 54
27356 Rotenburg (Wümme) (D) 38 Ak 37
NE65 Rothbury (GB) 51 Si 35
02929 Rothenburg/Oberlausitz (D) 55 Be 39
91541 Rothenburg ob der Tauber (D) 55 Ba 41
S60 Rotherham (GB) 51 Si 37
PA20 Rothesay (GB) 51 Se 35
3000* Rotterdam (NL) 53 Ae 39
68694 Rottneros (S) 29 Bd 31
78628 Rottweil (D) 54 Ai 42
83100 Rötviken (S) 21 Be 27
92444 Rötz (D) 55 Bc 41
59100 Roubaix (F) 53 Ad 40
413 01 Roudnice nad Labem (CZ) 55 Be 40
76000* Rouen (F) 53 Ab 41
16170 Rouillac (F) 66 Sk 45
38150 Roussillon (F) 67 Ae 45
96100* Rovaniemi (FIN) 15 Cf 24
Rovdino (RUS) 33 Ec 29
Roven'ki (UA) 60 Di 41
Roven'ky (UA) 60 Dk 42
44015 Rovereto (I) 69 Bb 45
2216 Roverud (N) 29 Bc 30
45100 Rovigo (I) 69 Bb 45
215400 Rovinari (RO) 72 Cd 46
Rovinj (HR) 69 Bd 45
Rovno = Rivne (UA) 58 Cg 40
Rovnoe (RUS) 62 Eg 40
Royal Leamington Spa (GB) 52 Si 38
Royal Tunbrigde Wells (GB) 53 Aa 39
17200 Royan (F) 66 Si 45
80700 Roye (F) 53 Ac 41
3440 Røyken (N) 28 Ba 31
Røyrvik (N) 21 Bd 26
S71 Royston (GB) 52 Sk 38
84 310 Rožaje (MNE) 86 Ca 48
06-230 Różan (PL) 40 Cb 38
77540 Rozay-en-Brie (F) 53 Ac 42
Roždestveno (RUS) 43 Dg 34
Roždestveno (RUS) 46 Fa 37
Roždestvensk (RUS) 35 Ff 32
Roždestvenskoe (RUS) 34 Ef 32
Rozdol'ne (KRIM) 74 Dd 45
Rozdyl'na (UA) 73 Da 44
Rožencovo (RUS) 45 Eg 33
48150 Rozier, le (F) 67 Ad 46
Rozivka (UA) 75 Dh 43
Rožki (RUS) 46 Fa 34
262 42 Rožmitál pod Třemšínem (CZ) 55 Bd 41
048 01 Rožňava (SK) 57 Ca 42
756 61 Rožnov pod Radhoštěm (CZ) 56 Bi 41
12-114 Rozogi (PL) 40 Cb 37
Rožok (RUS) 44 Ed 35
4154 Rozovec (BG) 87 Cf 48
Rožyšče (UA) 58 Cf 40
Rrëshen (AL) 86 Bk 49
Rsaevo (RUS) 46 Fe 35
Rtiščevo (RUS) 61 Ed 38
Ruba (BY) 42 Da 35
Rubanivka (UA) 74 De 43
09199 Rubena (E) 81 Sg 48
Rubeži (SRB) 86 Bk 48
Rubežinskij (RUS) 63 Fc 39
41568 Rubio, El (E) 93 Sf 53
3477 Rucava (LV) 40 Cb 34
Ruč'i (RUS) 25 Eb 24
12-220 Ruciane-Nida (PL) 40 Cb 37
57076 Ruda (S) 29 Bg 33
15562 Rüdersdorf bei Berlin (D) 55 Bd 38
65385 Rüdesheim am Rhein (D) 54 Ah 41
21016 Rūdiškės (LT) 41 Ce 36
Rudjanka, Nejvo- (RUS) 36 Ga 33
5900 Rudkøbing (DK) 39 Ba 36
Rudky (UA) 57 Cd 41
Rudne (UA) 57 Cd 41
Rudničnyj (RUS) 35 Fc 31
Rudničnyj (RUS) 36 Ga 31
Rudnik (SRB) 71 Ca 46
Rudnja (RUS) 42 Db 36
Rudnja (UA) 58 Ci 39
Rudo (BIH) 71 Bk 47
07407 Rudolstadt (D) 55 Bb 40
4960 Rudozem (BG) 87 Ce 49
5328 Rudzāti (LV) 41 Cg 34
Rudzensk (BY) 42 Ch 37
47490 Rueda (E) 81 Sf 49
16600 Ruelle-sur-Touvre (F) 66 Aa 45
36300 Ruffec (F) 66 Aa 44
4570 Rugāji (LV) 31 Ch 33
CV22 Rugby (GB) 52 Si 38
1304 Rugince (MK) 86 Cb 48
Ruguj (RUS) 31 Dc 31
Ruhan' (RUS) 42 Dc 37
01945 Ruhland (D) 55 Bd 39
13249 Ruidera (E) 81 Sh 52
4240 Rūjiena (LV) 30 Cf 33
93850 Ruka (FIN) 15 Ck 24
Rukopol' (RUS) 62 Ei 39
9766 Rum (H) 70 Bg 43
22400* Ruma (SRB) 71 Bk 45
408 01 Rumburk (CZ) 55 Be 40
WA7 Runcorn (GB) 51 Sh 37
95850 Ruokojärvi (FIN) 15 Ce 23
56101 Ruokolahti (FIN) 31 Ci 29
Ruokto (S) 14 Bk 23
07120 Ruoms (F) 67 Ae 46
34601 Ruovesi (FIN) 30 Ce 29
505500 Rupea (RO) 72 Cf 44
Rusanovo (RUS) 19 Fg 20
7000* Ruse (BG) 72 Cf 47
92195 Rusele (S) 21 Bi 26
NN10 Rushden (GB) 52 Sk 38
547505 Ruşii-Munţi (RO) 72 Ce 44
Rus'ka (UA) 72 Cf 43
Rus'ka, Rava- (UA) 57 Cd 40
Ruskeala (RUS) 23 Da 29
92194 Ruksele (S) 21 Bi 26
92101 Ruskträsk (S) 21 Bi 26
99047 Rusnė (LT) 40 Cb 35
Rusoma (RUS) 25 Ef 26
850 09 Rusovce (SK) 56 Bh 42
65428 Rüsselsheim am Main (D) 54 Ai 40
Russelv (N) 14 Ca 21
48026 Russi (I) 69 Bc 46
Russkaja Tavra (RUS) 47 Fh 34
Russkajy Žuravka (RUS) 61 Ea 40
Russkij Aktaš (RUS) 46 Fc 35
Russkij Barmak (RUS) 64 Fh 39
Russkij Brod (RUS) 60 Dh 38
Russkij Kameškir (RUS) 45 Eg 38
9840 Rustefjelbma (N) 15 Ci 20
59-950 Ruszów (PL) 56 Bf 39
92401 Ruukki (FIN) 22 Cf 26
98840 Ruuvaoja (FIN) 15 Ci 23
Ruza (RUS) 43 Dg 35
Ruzaevka (RUS) 45 Ee 36
Ružany (BY) 41 Ce 38
3930 Ružinci (BG) 71 Cc 47
034 01 Ružomberok (SK) 56 Bk 41
Ružyn (UA) 58 Ck 41
8680 Ry (DK) 38 Ak 34
Rybačij (RUS) 40 Ca 35
Rybinsk (RUS) 32 Di 32
Rybnaja Sloboda (RUS) 46 Fa 35
5500 Rybnica = Rîbniţa (MD) 73 Ck 43
44-200 Rybnik (PL) 56 Bi 40
Rybnoe (RUS) 44 Dk 36
Rybreka (RUS) 32 Df 29
516 01 Rychnov nad Kněžnou (CZ) 56 Bg 40
62-570 Rychwał (PL) 56 Bi 38
Ryčkovo (RUS) 36 Gb 32
33017 Rydaholm (S) 39 Be 34
PO33 Ryde (GB) 52 Si 40
Rygge (N) 28 Ba 31
4821 Rykene (N) 28 Ai 32
08-500 Ryki (PL) 57 Cb 39
Ryl'sk (RUS) 59 De 39
795 01 Rýmařov (CZ) 56 Bh 41
21140 Rymättylä (FIN) 30 Cb 30
Rymnikskij (RUS) 65 Ga 38
Rynda (RUS) 16 Dg 22
Rynok (RUS) 77 Eh 45
9610 Rypefjord (N) 15 Cd 20
87-500 Rypin (PL) 40 Bk 37
38402 Ryssby (S) 39 Be 34
93240 Rytinki (FIN) 23 Ch 25
Ryžanivka (UA) 59 Da 41
Ryzyne (UA) 59 Da 41
Ržaksa (RUS) 61 Ec 38
77-304 Rzeczenica (PL) 40 Bh 37
69-110 Rzepin (PL) 55 Be 38
35-000 Rzeszów (PL) 57 Cc 40
Ržev (RUS) 43 De 34
Ržyščiv (UA) 59 Db 41

S

62800 Sääksjärvi (FIN) 22 Cd 27
07318 Saalfeld (D) 55 Bb 40
3792 Saanen (CH) 68 Ah 44
66111* Saarbrücken (D) 54 Ah 41
54439 Saarburg (D) 54 Ag 41
93101 Sääre (EST) 30 Cc 33
29340 Saarijärvi (FIN) 22 Cf 28
99831 Saariselkä (FIN) 15 Ch 22
66740 Saarlouis (D) 54 Ag 41
3906 Saas Fee (CH) 68 Ah 44
7247 Saas im Prättigau (CH) 69 Ak 44
15000* Šabac (SRB) 71 Bk 46
08201* Sabadell (E) 82 Ac 49
Šabanovskoe (RUS) 75 Di 46
Sabanözü (TR) 89 Dc 51
Şabanözü (TR) 89 Dc 51
Şabanözü (TR) 89 Dd 50
617400 Săbăoani (RO) 72 Cg 43
04016 Sabaudia (I) 84 Bd 49
46018 Sabbioneta (I) 69 Ba 45
Sabiles (LV) 30 Cc 33
22600 Sabiñánigo (E) 82 Sk 48
9680 Šabla (BG) 73 Ci 47
85100* Sables-d'Olonne, les (F) 66 Si 44
72300 Sablé-sur-Sarthe (F) 66 Sk 43
Šablinskoe (RUS) 76 Ed 46
Šablykino (RUS) 43 Df 38
40630 Sabres (F) 66 Sk 46
Šabrovskij (RUS) 47 Ga 34
6320-261 Sabugal (P) 80 Sc 50
Sabuncu (TR) 88 Da 51
19120 Sacedón (E) 81 Sh 50
537255 Săcel (RO) 72 Ce 43
505600 Săcele (RO) 72 Cf 45
Šachnovščyna (UA) 60 Df 41
Šachtars'k (UA) 60 Di 42
33077 Sacile (I) 69 Bc 45
Šack (BY) 42 Ch 37
Šack (RUS) 44 Eb 36
Šac'k (UA) 57 Cd 39
327325 Sacu (RO) 71 Cc 45
727470 Sadova (RO) 72 Cd 47
Sadove (KRIM) 74 De 45
5896 Sadovec (BG) 72 Ce 47
4122 Sadovo (BG) 87 Ce 48
Sadovoe (RUS) 76 Ee 43
Sadovyj (RUS) 61 Ee 39
Šadriči (RUS) 34 Ei 32
Šadrino (RUS) 34 Eh 31
Sæbø (N) 20 Ag 28
400 Sæból (IS) 48 Qg 24
4070 Sæby (DK) 28 Ba 33
4190 Săedinenie (BG) 87 Ce 48
7779 Săedinenie (BG) 87 Ce 48
16430 Saelices (E) 81 Sh 51
3475 Sætre (N) 28 Ba 31
7875-051* Safara (P) 92 Sc 52
66100* Säffle (S) 29 Bc 31
CB10 Saffron Walden (GB) 53 Aa 38
Safonove, Trojic'ko- (UA) 74 Dc 43
Safonovo (RUS) 25 Eh 25
Safonovo (RUS) 43 Dd 35
67700 Safranbolu (TR) 89 Dc 49
Sagarčin (RUS) 64 Ff 40
Sågen (S) 29 Be 30
46300 Sagiáda (GR) 86 Ca 51
13620 Sağınlı (TR) 99 Ec 52
01990 Sağkaya (TR) 97 Df 53
20118 Sagone (F) 83 Ai 48
19410 Sağpazar (TR) 89 De 50
8650-317* Sagres (P) 92 Sb 53
46500 Sagunt (E) 82 Sk 51
46500 Sagunto = Sagunt (E) 82 Sk 51
Saguny (RUS) 60 Dk 40
24320 Sahagún (E) 80 Se 48
Šahar, Erken- (RUS) 76 Eb 46
Şahin (TR) 87 Cg 49
36790 Şahnalar (TR) 91 Ed 50
Šahovskaja (RUS) 43 Df 34
Šahta (RUS) 35 Fh 31
Šahtinskij, Kamensk- (RUS) 61 Ea 42
Šahtnyj (RUS) 35 Fh 32
Šahty (RUS) 76 Ea 43
Šahun'ja (RUS) 34 Eg 33
936 01 Šahy (SK) 56 Bi 42
98950 Saija (FIN) 15 Ci 23
26340 Saillans (F) 68 Af 46
01740 Saimbeyli (TR) 97 Dg 52
12400 Saint-Affrique (F) 67 Ac 47
41110 Saint-Aignan (F) 67 Ab 43
AL3 Saint Albans (GB) 52 Sk 39
58310 Saint-Amand-en-Puisaye (F) 67 Ad 43
59230* Saint-Amand-les-Eaux (F) 53 Ad 40
18200* Saint-Amand-Montrond (F) 67 Ac 44
39160 Saint-Amour (F) 68 Af 44
33240 Saint-André-de-Cubzac (F) 66 Sk 46
KY16 Saint Andrews (GB) 50 Sh 34
35140 Saint-Aubin-du-Cormier (F) 52 Si 42
24410 Saint-Aulaye (F) 66 Aa 45
PL25 Saint Austell (GB) 52 Sf 40
57500 Saint-Avold (F) 54 Ag 41
31440 Saint-Béat (F) 82 Aa 48
22000* Saint-Brieuc (F) 52 Sh 42
72120 Saint-Calais (F) 66 Aa 43
46400 Saint-Céré (F) 67 Ab 46
42400 Saint-Chamond (F) 67 Ae 45
48200 Saint-Chély-d'Apcher (F) 67 Ad 46
34360 Saint-Chinian (F) 67 Ac 47
42670 Saint-Claude (F) 68 Af 44
16190 Saint-Cybard, Montmoreau- (F) 66 Aa 45
SA62 Saint David's (GB) 52 Se 39
93200* Saint-Denis (F) 53 Ac 42
88100* Saint-Dié (F) 54 Ag 42
52100* Saint-Dizier (F) 53 Ae 42
33220 Sainte-Foy-la-Grande (F) 66 Aa 46
85210 Sainte-Hermine (F) 66 Si 44
63700 Saint-Eloy-les-Mines (F) 67 Ac 44
37800 Sainte-Maure-de-Touraine (F) 66 Aa 43
83120 Sainte-Maxime (F) 68 Ag 47
51800* Sainte-Menehould (F) 53 Ae 41
17100* Saintes (F) 66 Sk 45
13460 Saintes-Maries-de-la-Mer (F) 67 Ae 47
42100 Saint-Étienne (F) 67 Ae 45
89170 Saint-Fargeau (F) 67 Ad 43
BT24 Saintfield (GB) 49 Se 36
45600 Saint-Florent (F) 83 Ak 48
89570 Saint-Florentin (F) 67 Ad 43
18400 Saint-Florent-sur-Cher (F) 67 Ac 44
15100* Saint-Flour (F) 67 Ad 45
31800* Saint-Gaudens (F) 82 Aa 47
36800 Saint-Gaultier (F) 67 Ab 44
71330 Saint-Germain-du-Bois (F) 68 Af 44
87380 Saint-Germain-les-Belles (F) 67 Ab 45
63390 Saint-Gervais-d'Auvergne (F) 67 Ac 44
46330 Saint-Géry (F) 67 Ab 46
35590 Saint-Gilles (F) 67 Ae 47
85800 Saint-Gilles-Croix-de-Vie (F) 66 Si 44
1898 Saint-Gingolph (CH) 68 Ag 44

74500 Saint-Gingolph (F) 68 Ag 44
09200 Saint-Girons (F) 82 Ab 48
56220 Saint-Gravé (F) 66 Sh 43
WA10 Saint Helens (GB) 51 Sh 37
JE1 Saint-Helier (GBJ) 52 Sh 41
44800 Saint-Herblain (F) 66 Si 43
85440 Saint-Hilaire, Talmont- (F) 66 Si 44
87260 Saint-Hilaire-Bonneval (F) 67 Ab 45
50600 Saint-Hilaire-du-Harcouët (F) 52 Si 42
30170 Saint-Hippolyte-du-Fort (F) 67 Ad 47
6870 Saint-Hubert (B) 54 Af 40
PE17 Saint Ives (GB) 52 Se 40
PE17 Saint Ives (GB) 52 Sk 38
17400 Saint-Jean-d'Angély (F) 66 Sk 45
38440 Saint-Jean-de-Bournay (F) 68 Af 45
21170 Saint-Jean-de-Losne (F) 68 Af 43
64500 Saint-Jean-de-Luz (F) 66 Si 47
85160 Saint-Jean-de-Monts (F) 66 Sh 44
64220 Saint-Jean-Pied-de-Port (F) 81 Si 47
DL13 Saint John's Chapel (GB) 51 Sh 36
81990 Saint-Juéry (F) 67 Ac 47
87200 Saint-Junien (F) 66 Aa 45
60130 Saint-Just-en-Chaussée (F) 53 Ac 41
42170 Saint-Just-Saint-Rambert (F) 67 Ae 45
65170 Saint-Lary-Soulan (F) 82 Aa 48
66250 Saint-Laurent-de-la-Salanque (F) 82 Ac 48
39150 Saint-Laurent-en-Grandvaux (F) 68 Af 44
33112 Saint-Laurent-Médoc (F) 66 Sk 45
87400 Saint-Léonard-de-Noblat (F) 67 Ab 45
50000* Saint-Lô (F) 52 Si 41
70800 Saint-Loup-sur-Semouse (F) 68 Ag 43
79400 Saint-Maixent-l'École (F) 66 Sk 44
35400* Saint-Malo (F) 52 Sh 42
15220 Saint-Mamet-la-Salvetat (F) 67 Ac 46
38160 Saint-Marcellin (F) 68 Af 45
34380 Saint-Martin-de-Londres (F) 67 Ad 47
17410 Saint-Martin-de-Ré (F) 66 Si 44
06670 Saint-Martin-du-Var (F) 68 Ah 47
88560 Saint-Maurice-sur-Moselle (F) 68 Ag 43
83470 Saint-Maximin-la-Sainte-Baume (F) 68 Af 47
35290 Saint-Méen-le-Grand (F) 52 Sh 42
73450 Saint-Michel-de-Maurienne (F) 68 Ag 45
55300 Saint-Mihiel (F) 54 Af 42
44600* Saint-Nazaire (F) 66 Sh 43
Saint Neots (GB) 52 Sk 38
54210 Saint-Nicolas-de-Port (F) 54 Ag 42
62500* Saint-Omer (F) 53 Ac 40
64120 Saint-Palais (F) 66 Si 47
66220 Saint-Paul-de-Fenouillet (F) 82 Ac 48
40990 Saint-Paul-lès-Dax (F) 66 Si 47
07130 Saint-Péray (F) 67 Ae 46
GY1 Saint Peter Port (GBG) 52 Sh 41
44310 Saint-Philbert-de-Grand-Lieu (F) 66 Si 43
17310 Saint-Pierre-d'Oléron (F) 66 Si 45
58240 Saint-Pierre-le-Moûtier (F) 67 Ad 44
14170 Saint-Pierre-sur-Dives (F) 52 Sk 41
29250 Saint-Pol-de-Léon (F) 52 Sg 42
62130 Saint-Pol-sur-Ternoise (F) 53 Ac 40
34220 Saint-Pons-de-Thomières (F) 67 Ac 47
03500 Saint-Pourçain-sur-Sioule (F) 67 Ad 44
02100* Saint-Quentin (F) 53 Ad 41
26140 Saint-Rambert-d'Albon (F) 67 Ae 45
83700* Saint-Raphaël (F) 68 Ag 47
13210* Saint-Rémy-de-Provence (F) 67 Ae 47
58330 Saint-Saulge (F) 67 Ad 43
Saint-Saveur-sur-Tinée (F) 68 Ah 46
33920 Saint-Savin (F) 66 Aa 44
40500* Saint-Sever (F) 66 Sk 47
81370 Saint-Sulpice (F) 67 Ab 47
33113 Saint-Symphorien (F) 66 Sk 46
3800 Saint-Trond = Sint-Truiden (B) 54 Af 40
83990* Saint-Tropez (F) 68 Ag 47
50550 Saint-Vaast-la-Hougue (F) 52 Si 41
Saint-Valéry-en-Caux (F) 53 Aa 41
80230 Saint-Valery-sur-Somme (F) 53 Ab 40
26240 Saint-Vallier (F) 67 Ae 44
26240 Saint-Vallier (F) 67 Ae 45
23320 Saint-Vaury (F) 67 Ab 44
40230 Saint-Vincent-de-Tyrosse (F) 66 Si 47
4780 Saint-Vith (B) 54 Ag 40
33590 Saint-Vivien-de-Médoc (F) 66 Si 45
87500 Saint-Yrieix-la-Perche (F) 67 Ab 45
11310 Saissac (F) 67 Ac 47
Saitbaba (RUS) 47 Fg 36
Saittarova (S) 15 Cc 23
Šaja (RUS) 35 Fh 33
Šajduriha (RUS) 36 Ga 33
Šajgino (RUS) 34 Eg 33
Šajince (SRB) 86 Cc 48
3770 Sajószentpéter (H) 57 Ca 42
18800 Sakaevi (TR) 89 Dd 50
38610 Sakaltutan (TR) 97 Df 52
46090 Sakarya (TR) 88 Da 50
Şakçagöz (TR) 98 Dg 53
71001 Šakiai (LT) 41 Cd 36
Šakin (RUS) 61 Ec 41
57200 Sakız (TR) 88 Ch 49
Sakmara (RUS) 64 Ff 39
Sakony (RUS) 44 Ed 35
4990 Sakskøbing (DK) 39 Bb 36
Saky (KRIM) 74 Dd 45
Sakyatan (TR) 96 Dc 53
27920 Säkylä (FIN) 30 Cc 29
73301* Sala (S) 29 Bg 31
927 01* Šal'a (SK) 56 Bh 42
Salačgriva (LV) 30 Ce 33
84036 Sala Consilina (I) 85 Bf 50
85106 Sálakos (GR) 95 Ch 54
Šalakuša (RUS) 24 Ea 28
37001* Salamanca (E) 80 Se 50
Salamat (RUS) 47 Gb 37
18900 Salamína (GR) 94 Cd 53
97035 Salantai (LT) 40 Cb 34
33860 Salas (E) 80 Sd 47
09600 Salas de los Infantes (E) 81 Sg 48
09140 Salau (F) 82 Ab 48
Salavat (RUS) 46 Ff 37
01780 Salbaş (TR) 97 Df 53
41300 Salbris (F) 67 Ac 43
17001 Šalčininkai (LT) 41 Cf 36
34100 Saldaña (E) 81 Sf 48
Šaldež (RUS) 45 Ee 34
3801 Saldus (LV) 41 Cc 34
Salema (P) 92 Sb 53
91018 Salemi (I) 84 Bc 53
78067 Sälen (S) 29 Bd 29
83690 Salernes (F) 68 Ag 47
84100* Salerno (I) 85 Be 50
Salgan (RUS) 45 Ef 35
3100 Salgótarján (H) 56 Bk 42
Šalgovaara (RUS) 23 Dd 27
Šali (HR) 70 Bf 47
Šali (RUS) 45 Ek 35
64270 Salies-de-Béarn (F) 66 Sk 47
17600 Salihler (TR) 87 Cg 51
17600 Salihler (TR) 88 Db 51
Salihli (TR) 95 Ci 52
Salihorsk (BY) 42 Ch 38
Salino (RUS) 43 De 34
39110 Salins-les-Bains (F) 68 Af 44
55530 Salıpazarı (TR) 89 De 49
SP1 Salisbury (GB) 52 Si 39
557225 Şălişte (RO) 72 Cd 45
Šalja (RUS) 36 Fi 33
Sal'kove (UA) 58 Ck 42
98901 Salla (FIN) 15 Ci 24
74700 Sallanches (F) 68 Ag 45
08650 Sallent (E) 82 Ab 49
33770 Salles (F) 66 Sk 46
66910 Salmanlı (TR) 89 De 51
Salmi (RUS) 31 Db 29
25003 Salo (FIN) 30 Cd 30
25087 Salò (I) 69 Ba 45
13300 Salon-de-Provence (F) 68 Af 47
415500 Salonta (RO) 71 Cb 44
61670 Şalpazarı (TR) 90 Dk 50
7960 Salsbruket (N) 20 Bb 26
66600 Salses (F) 82 Ac 48
Šal'sk (RUS) 76 Eb 44
Šal'skij (RUS) 24 Dg 29
43039 Salsomaggiore Terme (I) 69 Ak 46
PL12 Saltash (GB) 52 Sf 40
Saltburn- by-the-Sea (GB) 51 Sk 36
LN11 Saltfleet (GB) 51 Aa 37
Saltoluoktafjällstation (S) 14 Bi 23
13300 Saltsjöbaden (S) 29 Bi 31
22430 Saltvik (AX) 30 Ca 30
Šalty (RUS) 46 Fd 36
Salty (RUS) 46 Fd 37
Saltyki (RUS) 44 Dk 37
Saltykovo, Karaja- (RUS) 61 Ec 38
Salur (TR) 98 Dk 53
12037 Saluzzo (I) 68 Ah 46
427255 Salva (RO) 72 Ce 43
2120-051* Salvaterra de Magos (P) 80 Sb 51
06175 Salvatierra de los Barros (E) 92 Sd 52
46340 Salviac (F) 67 Ab 46
Şaly, Sultan- (RUS) 75 Dk 43
Šalyhyne (UA) 59 De 39
5020* Salzburg (A) 69 Bd 43
38226* Salzgitter (D) 55 Ba 38
36433 Salzungen, Bad (D) 55 Ba 40
29410 Salzwedel (D) 39 Bb 38
Sama (Langreo) (E) 80 Se 47
Samachvalavičy (BY) 42 Ch 37
Samailli (TR) 96 Ci 52
31770 Samandağ (TR) 97 Df 54
Samandere (TR) 88 Db 50
Samara (RUS) 46 Fa 37
Samarkovo (RUS) 76 Ed 47
Samarskoe (RUS) 64 Fi 39
Šamarskoe (RUS) 75 Dk 44
Šamary (RUS) 36 Fi 33
32130 Samatan (F) 66 Aa 47
02340 Şambayat (TR) 98 Di 53
Sambir (UA) 57 Cd 41
Sambir (UA) 59 Dd 39
7503 Samedan (CH) 69 Ak 44
28080 Sámi (GR) 94 Ca 52
Samino (RUS) 34 Ei 29
10180 Şamlı (TR) 88 Ch 51
Samobor (HR) 70 Bf 45
Samoded (RUS) 24 Ea 27
Samofalovka (RUS) 61 Ee 42
Samojlovka (RUS) 61 Ed 39
2000 Šamokov (BG) 87 Cd 48
931 01 Šamorín (SK) 56 Bh 42
83100 Sámos (GR) 95 Cg 53
68002 Samothrakí (GR) 87 Cf 50
Samovol'no-Ivanovka (RUS) 63 Fa 38
12020 Sampeyre (I) 68 Ah 46
Sampur (RUS) 61 Eb 38
55000* Samsun (TR) 90 Dg 49
09086 Samugheo (I) 83 Ai 51
Samylovo (RUS) 33 Ee 32
21510 San Bartolomé de la Torre (E) 92 Sc 53
82028 San Bartolomeo in Galdo (I) 85 Bf 49
63039 San Benedetto del Tronto (I) 84 Bd 48
46027 San Benedetto Po (I) 69 Ba 45
37047 San Bonifacio (I) 69 Bb 45
12300 Sancak (TR) 91 Ea 51
18300 Sancerre (F) 67 Ac 43
05290 Sanchidrián (E) 81 Sf 50
18600 Sancoins (F) 67 Ac 44
Sancti-Spíritus (E) 80 Sd 50
Sančursk (RUS) 45 Eh 34
4230 Sand (N) 28 Ag 31
4230 Sand (N) 28 Bb 30
6823 Sandane (N) 20 Ag 29
2800 Sandanski (BG) 87 Cd 49
51820 Sandared (S) 29 Bc 33
Sandata (RUS) 76 Eb 44
Sandbukta (N) 15 Cb 21
26452 Sande (D) 38 Ai 37
Sande (N) 28 Af 29
Sande (N) 28 Ba 31
3208* Sandefjord (N) 28 Ba 31
245 Sandgerði (IS) 48 Qh 26
Sandhammaren (S) 39 Be 35
03500 Sandıklı (TR) 96 Da 52
84040 Sandnäset (S) 21 Bg 28
Sandnes (N) 28 Af 32
Sandneshamn (N) 14 Bi 21
8800 Sandnessjøen (N) 14 Bc 24
27-600* Sandomierz (PL) 57 Cb 40
30027 San Donà di Piave (I) 69 Bc 45
Sandovo (RUS) 32 Dg 32
Šandrivka (UA) 60 Df 42
91050 Sandsjö (S) 29 Be 29
Sandstad (N) 20 Ak 27
4735 Sandvig (DK) 39 Be 35
59010 Sandvik (S) 29 Bg 33
83015 Sandvika (S) 21 Bc 27
81100* Sandviken (S) 29 Bg 30
42330 San Esteban de Gormaz (E) 81 Sg 49
04017 San Felice Circeo (I) 84 Bd 49
37270 San Felices de los Gallegos (E) 80 Sd 50
37492 San Fernando (E) 92 Sd 54
Šanga, Nikola- (RUS) 34 Ef 32
06526 Sangerhausen (D) 55 Bb 39
Sângeru (RO) 72 Cg 45
53037 San Gimignano (I) 69 Bb 47
62026 San Ginesio (I) 84 Bd 47
91620 Sanginkylä (FIN) 22 Cg 26
74027 San Giorgio Ionico (I) 85 Bh 50
87055 San Giovanni in Fiore (I) 85 Bg 51
40017 San Giovanni in Persiceto (I) 69 Bb 46
71013 San Giovanni Rotondo (I) 85 Bf 49
95272 Sangis (S) 22 Cd 25
40100 San Ildefonso o La Granja (E) 81 Sf 50
San Janvier (E) 93 Sk 53
San José (E) 93 Sh 54
San Juan de Alacant (E) 93 Sk 52
San Juan de Alicante = San Juan de Alacant (E) 93 Sk 52
Sankok (TR) 96 Db 53
3193 Sankt Aegyd am Neuwalde (A) 70 Bf 43
8560 Sankt Anton am Arlberg (A) 69 Ba 43
9000* Sankt Gallen (CH) 69 Ak 43
5340 Sankt Gilgen (A) 69 Bd 43
56329 Sankt Goar (D) 54 Ah 40
5600* Sankt Johann im Pongau (A) 69 Bd 43
25693 Sankt Michaelisdonn (D) 38 Ak 37
7500* Sankt Moritz (CH) 69 Ak 44
190000* Sankt-Peterburg (RUS) 31 Da 31
25826 Sankt Peter-Ording (D) 38 Ai 36
3100* Sankt Pölten (A) 56 Bf 42
9300* Sankt Veit an der Glan (A) 70 Be 44
4780 Sankt-Vith = Saint-Vith (B) 54 Ag 40
66606 Sankt Wendel (D) 54 Ah 41
42140 San Leonardo de Yagüe (E) 81 Sg 49
Şanlıca (TR) 91 Eb 51
Şanlı Urfa (TR) 98 Di 53
28200 San Lorenzo (E) 81 Sf 50
13779 San Lorenzo de Calatrava (E) 93 Sg 52
11540 Sanlúcar de Barrameda (E) 92 Sd 54
21595 Sanlúcar de Guadiana (E) 92 Sc 53
41800 Sanlúcar la Mayor (E) 92 Sd 53
09025 Sanluri (I) 83 Ai 51
51028 San Marcello Pistoiese (I) 69 Ba 46
47890 San Marino (RSM) 69 Bc 47
San Martín de Castañeda (E) 80 Sd 48
45165 San Martín de Montalbán (E) 81 Sf 51
28680 San Martín de Valdeiglesias (E) 81 Sf 50
38058 San Martino di Castrozza (I) 69 Bb 44
03193 San Miguel de Salinas (E) 93 Sk 53
Sänna (S) 29 Be 32
305600 Sânnicolau Mare (RO) 71 Ca 44
09-540 Sanniki (PL) 56 Bk 38
38-500 Sanok (PL) 57 Cc 41
30740 San Pedro del Pinatar (E) 93 Sk 53
18038 Sanremo (I) 68 Ah 47
11360 San Roque (E) 92 Se 54
San Sadurniño = Avenida do Marqués de Figueroa (E) 80 Sb 47
20001 San Sebastián = Donostia (E) 66 Si 47
28700 San Sebastián de los Reyes (E) 81 Sg 50
52037 Sansepolcro (I) 69 Bc 47
62027 San Severino Marche (I) 69 Bd 47
71016 San Severo (I) 85 Bf 49
Šanskij Zavod (RUS) 43 Df 35
Sanski Most (BIH) 70 Bg 46
San Stino di Livenza (I) 69 Bc 45
06410 Santa Amalia (E) 80 Sd 51
21570 Santa Bárbara de Casa (E) 92 Sc 53
09078 Santa Caterina di Pittinuri (I) 83 Ai 50
73020 Santa Cesarea Terme (I) 85 Bi 50
7665-880* Santa Clara-a-Velha (P) 92 Sb 53
17430 Santa Coloma de Farners (E) 82 Ac 49
3440-313* Santa Comba Dão (P) 80 Sb 50
39047 Santa Cristina Valgardena = Sankt Christina in Gröden (I) 69 Bb 44
97017 Santa Croce Camerina (I) 84 Be 54
13730 Santa Cruz de Mudela (E) 93 Sg 52
87020 Santa Domenica Talao (I) 85 Bf 51
14491 Santa Eufemia (E) 93 Sf 52
Santa Eugenia (Ribeira) (E) 80 Sb 48
7450-101 Santa Eulália (P) 80 Sc 51
Santa Eulària del Riu (E) 82 Ab 52
18320 Santa Fé (E) 93 Sg 53
Sant'Agata di Militelo (I) 84 Be 52
16038 Santa Margherita Ligure (I) 69 Ak 46
81055 Santa Maria Capua Vetere (I) 85 Be 49
Santa Maria de Arzua (E) 80 Sb 48
07320 Santa Maria del Camí (E) 82 Ac 51
24240 Santa María del Páramo (E) 80 Se 48
Santa Marta (E) 92 Sd 52
Santana (E) 81 Sf 48
7670-613 Santana da Serra (P) 92 Sb 53
39001* Santander (E) 66 Sg 47
83054 Sant'Angelo dei Lombardi (I) 85 Bf 50
26866 Sant'Angelo Lodigiano (I) 69 Ak 45
09017 Sant'Antioco (I) 83 Ai 51
Sant Antoni (E) 82 Ab 52
21260 Santa Olalla del Cala (E) 92 Sd 53
17811 Santa Pau (E) 82 Ac 48
03130 Santa Pola (E) 93 Sk 52
85037 Sant'Arcangelo (I) 85 Bg 50
2000-005* Santarém (P) 80 Sb 51
47018 Santa Sofia (I) 69 Bb 47
07028 Santa Teresa di Gallura (I) 83 Ak 49
43540 Sant Carles de la Ràpita (E) 82 Aa 50
08470 Sant Celoni (E) 82 Ac 49
08020 San Teodoro (I) 83 Ak 50
31720 Santesteban (E) 81 Si 47
Sant'Eufemia Lamezia (I) 85 Bg 52
17220 Sant Feliu de Guíxols (E) 82 Ad 49
07860 Sant Francesc de Formentera (E) 82 Ab 52
10510 Santiago de Alcántara (E) 80 Sc 51
15701* Santiago de Compostela (E) 80 Sb 48
7540-100* Santiago do Cacém (P) 92 Sb 52
Santibáñez de la Sierra (E) 80 Se 50
12170 Sant Mateu (E) 82 Aa 50
26250 Santo Domingo de la Calzada (E) 81 Sh 48
Santoméri (GR) 94 Cb 53
39740 Santoña (E) 66 Sg 47
98077 Santo Stefano di Camastra (I) 84 Be 52
4640-273* Santo Tirso (P) 80 Sb 49
San Vincente de Alcántara (E) 80 Sc 51
57027 San Vincenzo (I) 84 Ba 47
91010 San Vito lo Capo (I) 84 Bc 52
8375-100* São Bartolomeu de Messines (P) 92 Sb 53
8150-101 São Brás de Alportel (P) 92 Sc 53
3700-011 São João da Madeira (P) 80 Sb 50
2460-083* São Martinho do Porto (P) 80 Sa 51
7630-611* São Teotónio (P) 92 Sb 53
6005-270 São Vicente da Beira (P) 80 Sc 50
17600 Sapanca (TR) 88 Da 50
Sapërnoe (RUS) 31 Ck 30
69300 Sápes (GR) 87 Cf 49
43950 Şaphane (TR) 88 Ck 51
Šapki (RUS) 31 Db 31
Šapkino (RUS) 61 Ec 39
Şapmaz (TR) 90 Di 50
Šapošnikovo (RUS) 63 Fb 39
Sapožok (RUS) 44 Ea 37
9615 Sappemeer, Hoogezand- (NL) 38 Ag 37
84073 Sapri (I) 85 Bf 50
39980 Sara (FIN) 22 Cc 28
Sara (RUS) 45 Eg 36
Sara (RUS) 64 Fh 39
Sarabikulovo (RUS) 46 Fb 36
Saraby (N) 15 Cd 20
Saraevo (RUS) 34 Ef 30
Saragulka (RUS) 37 Ge 32
Sarai (RUS) 44 Ea 37
91760 Säräisniemi (FIN) 22 Cg 26
907255 Saraiu (RO) 73 Ci 46
93250 Sarajärvi (FIN) 23 Ch 25
71000* Sarajevo (BIH) 71 Bi 47
Saraj-Gir (RUS) 46 Fd 37
Sarakiniko (GR) 94 Cd 52
Šaraktaš (RUS) 64 Fg 39
Šaran (RUS) 46 Fe 36

196 | Saint-Gingolph

Sarana (RUS) 47 Fh 34
2120 Saranci (BG) 87 Cd 48
Sarandë (AL) 86 Ca 51
Šaranga (RUS) 34 Eg 33
Saranpaul' (RUS) 27 Ga 26
Saransk (RUS) 45 Ef 36
8659 Saransko (BG) 87 Cg 48
Šarapovo (RUS) 45 Ee 35
Sarapul (RUS) 46 Fd 34
Sarašenskij (RUS) 61 Ec 40
Saraši (RUS) 46 Ff 34
Sarašova (BY) 57 Ce 38
Sarata (UA) 73 Ck 44
427301 Sărățel (RO) 72 Ce 43
Saratov (RUS) 62 Eg 39
22770 Saravakpınar = Sırpsındığı (TR) 87 Cg 49
65830 Saray (TR) 88 Ch 49
65830 Saray (TR) 89 De 51
65830 Saray (TR) 99 Ee 52
Saraycık (TR) 89 Df 50
Saraydüzü (TR) 89 De 49
20300 Sarayköy (TR) 88 Db 51
20300 Sarayköy (TR) 96 Ci 53
42430 Sarayönü (TR) 96 Dc 52
Šarbala (RUS) 33 Ed 30
Šardonem' (RUS) 25 Ee 27
7320 Sargans (CH) 69 Ak 43
55700 Sargin (TR) 89 Df 49
Šarhorod (UA) 58 Ci 42
Saria (GR) 95 Ch 55
10590 Sarıbeyler (TR) 88 Ch 51
Sarıbuğday (TR) 89 Df 50
26870 Sarıcakaya (TR) 88 Da 50
55810 Sarıgöl (TR) 91 Eb 50
55810 Sarıgöl (TR) 96 Ci 52
36500 Sarıkamış (TR) 91 Ec 50
Sarıkavak (TR) 97 Dd 54
Sarıkaya (TR) 89 Df 51
Sarıkaya (TR) 96 Ci 52
Sarıkaya (TR) 96 Dc 52
Sarıkonak (TR) 99 Eb 52
10680 Sarıköy (TR) 88 Ch 50
59850 Sarılar (TR) 98 Dh 53
01956 Sarımazı (TR) 97 Df 54
22200 Sariñena (E) 82 Sk 49
Sarıoba (TR) 89 Dc 51
38820* Sarıoğlan (TR) 97 Df 51
Šaripovo (RUS) 46 Ff 36
Sarısu = Aktepe (TR) 91 Ec 51
70800 Sarıveliler (TR) 96 Dc 54
34886 Sariyar (TR) 88 Ck 49
57710 Sarıyar (TR) 88 Db 50
38660* Sarız (TR) 98 Dg 52
Sar'ja (RUS) 31 Dc 31
Šar'ja (RUS) 34 Ef 32
5720 Sarkad (H) 71 Cb 44
Šarkan (RUS) 35 Fd 33
Šarkavščyna (BY) 42 Ch 35
Şarkikaraağaç (TR) 96 Db 52
59310 Särkisalmi (FIN) 31 Ck 29
58400 Şarkışla (TR) 90 Dg 51
Šarkovo (BG) 87 Cg 48
8753 Šarkovo (BG) 87 Cg 48
59800 Şarköy (TR) 88 Ch 50
Şarlakköy (TR) 98 Dg 52
24200 Sarlat-la-Canéda (F) 67 Ab 46
Šarlyk (RUS) 46 Fe 38
Sarmakovo (RUS) 76 Ed 47
Sarmanaj (RUS) 46 Fe 37
Sarmanovo (RUS) 46 Fc 35
547521 Sărmașel Gară (RO) 72 Ce 44
337415 Sarmizegetusa (RO) 71 Cc 45
79090 Särna (S) 29 Bd 29
6060* Sarnen (CH) 68 Ai 44
6361 Sărnica (BG) 87 Cd 49
4633 Sărnica (BG) 87 Ce 49
76296 Särnstugan (S) 29 Bd 29
Šarnut (RUS) 76 Ed 43
Sarny (UA) 58 Cg 39
20030 Saronno (I) 69 Ak 45
Sarot (TR) 88 Db 50
Šarova (RUS) 44 Ed 36
Šarovce (SK) 56 Bi 42
Sarpa (RUS) 77 Ef 43
1706* Sarpsborg, Fredrikstad- (N) 28 Bb 31
57400* Sarrebourg (F) 54 Ah 42
57200* Sarreguemines (F) 54 Ah 41
67260 Sarre-Union (F) 54 Ah 42
27600 Sarria (E) 80 Sc 48
44460 Sarrión (E) 82 Sk 50
09018 Sarroch (I) 83 Ak 51
Sarsina (I) 69 Bc 47
20100 Sartène (F) 83 Ai 49
63078 Sárti (GR) 87 Cd 50
50530 Sartilly (F) 52 Si 42
45800 Saruhanlı (TR) 95 Ch 52
Saruj (RUS) 45 Eh 35
9600 Sárvár (H) 70 Bg 43
39960 Sarvela (FIN) 22 Cc 28
84035 Särvsjön (S) 21 Bd 28
56370 Sarzeau (F) 66 Sh 43
Sasallı (TR) 95 Cg 52
7370 Sásd (H) 71 Bi 44
72500 Sason (TR) 99 Eb 52
Sasovo (RUS) 44 Eb 36
07100 Sassari (I) 83 Ai 50
38360 Sassenage (F) 68 Af 45
18546 Sassnitz (D) 39 Bd 36
18546 Saßnitz = Sassnitz (D) 39 Bd 36
41049 Sassuolo (I) 69 Ba 46
Sasykoli (RUS) 77 Eh 43
Sataniv (UA) 58 Cg 41
Såtenäs (S) 29 Bc 32
78301 Säter (S) 29 Bf 30
Satıköy (TR) 99 Ea 53
Satino (RUS) 35 Fd 32
Šatka (RUS) 47 Fk 35
Šatki (RUS) 45 Ee 35
3980 Sátoraljaújhely (H) 57 Cb 42
2950 Satovča (BG) 87 Cd 49
727480 Șatu Mare (RO) 71 Cc 43
Šatura (RUS) 44 Dk 35
4200 Sauda (N) 28 Ag 31
551 Sauðárkrókur (IS) 48 Ql 25
43170 Saugues (F) 67 Ad 46
17600 Saujon (F) 66 Sk 45
09430 Saukkola (FIN) 30 Cd 30
21210 Saulieu (F) 67 Ae 43
2160 Saulkrasti (LV) 30 Ce 33
84390 Sault (F) 68 Af 46
49400* Saumur (F) 66 Sk 43
88901 Saunajärvi (FIN) 23 Ck 27
33540 Sauveterre-de-Guyenne (F) 66 Sk 46
21571 Sauvo (FIN) 30 Cc 30
79190 Sauzé-Vaussais (F) 66 Aa 44
56360 Sauzon (F) 66 Sg 43
Sava (RUS) 42 Da 36
91801 Sävar (S) 22 Ca 27
Šavaržakovo (RUS) 34 Ei 33
10580 Savaştepe (TR) 88 Ch 51
40410 Savcılı (TR) 89 Dd 51
Savcyno (RUS) 32 Dh 33
44260 Savenay (F) 66 Si 43
715300 Săveni (RO) 72 Cg 43
09700 Saverdun (F) 67 Ab 47
67700* Saverne (F) 54 Ah 42
12038 Savigliano (I) 68 Ah 46
75650 Savikylä (FIN) 23 Ci 27
Savinka (RUS) 62 Eh 40
Savino (RUS) 32 Dg 30
Savino (RUS) 44 Eb 34
Savinobor (RUS) 27 Fg 27
Savinskij (RUS) 24 Ea 28
54801 Savitaipale (FIN) 31 Ch 29
81 450 Šavnik (MNE) 86 Bk 48
17100 Savona (I) 68 Ai 46
57810 Savonlinna (FIN) 23 Ci 29
58300 Savonranta (FIN) 23 Ck 28
Savran' (UA) 59 Da 42
08700 Şavşat (TR) 91 Ec 49
57601 Sävsjö (S) 29 Be 33
98800 Savukoski (FIN) 15 Ci 23
47860 Savur (TR) 99 Ea 53
Savynci (UA) 60 Dh 41
IP17 Saxmundham (GB) 53 Ab 38
Saxnäs (S) 21 Bf 26
73770 Säyneinen (FIN) 23 Ci 27
99910 Säytsjärvi (FIN) 15 Ch 21
Sazan (RUS) 64 Fg 39
Sazılar (TR) 89 Dc 51
Sažino (RUS) 47 Fi 34
Sazonovo (RUS) 32 Df 31
29390 Scaër (F) 52 Sg 42
PA61 Scalasaig (GB) 50 Sd 34
YO12 Scalby (GB) 51 Sk 36
ZE1 Scalloway (GB) 50 Si 30
58054 Scansano (I) 84 Bb 48
927210 Scânteia (RO) 73 Ch 46
YO11 Scarborough (GB) 51 Sk 36
PA77 Scarinish (GB) 50 Sd 34
Scarriff = An Scairbh (IRL) 49 Sb 38
Ščekino (RUS) 43 Dh 36
Ščel' (RUS) 26 Fd 26
Ščel'jabož (RUS) 19 Fg 24
Ščeljajur (RUS) 26 Fd 25
Ščelkovo (RUS) 43 Di 35
Ščerbinka (RUS) 43 Dh 35
7472* Schachendorf (A) 70 Bg 43
8200* Schaffhausen (CH) 68 Ai 43
1740 Schagen (NL) 38 Ae 38
7525 Schanf (CH) 69 Ak 44
4780 Schärding (A) 55 Bd 42
6108 Scharnitz (A) 69 Bb 43
3270* Scheibbs (A) 56 Bf 43
34414 Scherfede (D) 54 Ak 39
04874 Schildau, Belgern- (D) 55 Bd 39
36015 Schio (I) 69 Bb 45
04435 Schkeuditz (D) 55 Bc 39
8970* Schladming (A) 69 Bd 43
39028 Schlanders = Silandro (I) 69 Ba 44
53937 Schleiden (D) 54 Ag 40
07907 Schleiz (D) 55 Bb 40
24837 Schleswig (D) 38 Ak 36
98553 Schleusingen (D) 55 Ba 40
34599 Schlierbach (A) 55 Be 43
99994 Schlotheim (D) 55 Ba 39
36381 Schlüchtern (D) 54 Ak 40
39020 Schluderns = Sluderno (I) 69 Ba 44
98574 Schmalkalden (D) 55 Ba 40
06905 Schmiedeberg, Bad (D) 55 Bc 39
29493 Schnackenburg (D) 39 Bb 37
29640 Schneverdingen (D) 38 Ak 37
16866 Schönberg (D) 39 Ba 37
24217 Schönberg (Holstein) (D) 39 Ba 36
39218 Schönebeck (Elbe) (D) 55 Bb 38
86956 Schongau (D) 69 Ba 43
92539 Schönsee (D) 55 Bc 41
79650 Schopfheim (D) 68 Ah 43
78713 Schramberg (D) 54 Ai 42
86529 Schrobenhausen (D) 55 Bb 42
6780 Schruns (A) 69 Ak 43
7550 Schuls, Scuols/ (CH) 69 Ba 44
88427 Schussenried, Bad (D) 54 Ak 42
18258 Schwaan (D) 39 Bc 37
91126 Schwabach (D) 55 Bb 41
73525* Schwäbisch Gmünd (D) 54 Ak 42
74523 Schwäbisch Hall (D) 54 Ak 41
86830 Schwabmünchen (D) 55 Ba 42
92421 Schwandorf (D) 55 Bc 41
29690 Schwarmstedt (D) 54 Ak 38
21493 Schwarzenbek (D) 39 Ba 37
6130 Schwaz (A) 69 Bb 43
2320 Schwechat (A) 56 Bg 42
16303 Schwedt/Oder (D) 39 Be 37
97421* Schweinfurt (D) 55 Ba 40
78048* Schwenningen, Villingen- (D) 54 Ai 42
19053* Schwerin (D) 39 Bb 37
68723 Schwetzingen (D) 54 Ai 41
6430* Schwyz (CH) 68 Ai 43
92019 Sciacca (I) 84 Bd 53
Ščigry (RUS) 60 Dg 39
95048 Scordia (I) 84 Be 53
235600 Scornicești (RO) 72 Ce 46
Ščors (UA) 59 Db 39
107525 Scorțeni (RO) 72 Cg 44
IV27 Scourie (GB) 50 Se 32
Ščuč'e Ozero (RUS) 47 Fg 34
Ščučyn (BY) 41 Ce 37
DN16 Scunthorpe (GB) 51 Sk 37
7550 Scuol/Schuls (CH) 69 Ba 44
Ščurovo (RUS) 32 Di 33
Ščutenskie Peski (RUS) 61 Ea 39
Searcóck (IRL) 49 Sd 37
CA20 Seascale (GB) 51 Sg 36
Šebekino (RUS) 60 Dg 40
14750 Seben (TR) 88 Db 50
515800 Sebeș (RO) 72 Cd 45
Sebeusad (RUS) 45 Ei 34
Sebež (RUS) 42 Ci 34
28400 Şebinkarahisar (TR) 90 Di 50
315700 Sebiș (RO) 71 Cc 44
01855 Sebnitz (D) 55 Be 40
51000* Sebta = Ceuta (E) 92 Se 55
51000* Sebta = Ceuta (E) 93 Sf 55
Sečenovo (RUS) 45 Ef 35
79130 Secondigny (F) 66 Sk 44
078 01 Sečovce (SK) 57 Cb 42
617415 Secuieni (RO) 73 Ch 44
89051 Seda (LT) 41 Cc 34
08200 Sedan (F) 53 Ae 41
26560 Séderon (F) 68 Af 46
TS21 Sedgefield (GB) 51 Si 36
264 01 Sedlčany (CZ) 55 Be 41
Šedok (RUS) 76 Ea 46
Šedtydin (RUS) 26 Fe 29
82007 Šeduva (LT) 41 Cd 35
39-120 Sędziszów Małopolski (PL) 57 Cb 40
Seebad Ahlbeck (D) 39 Be 37
Seebad Bansin (D) 39 Be 37
39615 Seehausen (Altmark) (D) 39 Bb 38
15306 Seelow (D) 55 Be 38
61500 Sées (F) 53 Aa 42
38723 Seesen (D) 55 Ba 39
8636 Seewiesen (A) 70 Bf 43
66800 Şefaatli (TR) 89 De 51
35460 Seferihisar (TR) 95 Cg 52
2656 Segalstad (N) 28 Ba 29
205400 Segarcea (RO) 72 Cd 46
Segeža (RUS) 24 De 27
9182 Seglvik (N) 15 Cb 20
Šegmas (RUS) 26 Ek 26
19310 Segonzac (F) 66 Sk 45
12400 Segorbe (E) 82 Sk 51
40001* Segovia (E) 81 Sf 50
49500* Segré (F) 66 Sk 43
6060-521 Segura (P) 80 Sd 51
Şehit Nusretbey (TR) 98 Di 54
6270-374* Seia (P) 80 Sc 50
49140 Seiches-sur-le-Loir (F) 66 Sk 43
19700 Seilhac (F) 67 Ab 45
60100* Seinäjoki (FIN) 22 Cc 28
435400 Seini (RO) 72 Cd 43
67010 Šeirijai (LT) 41 Cd 36
Šeitovka (RUS) 77 Ei 44
16-500 Sejny (PL) 41 Cd 36
Sejtjakovo (RUS) 46 Ff 35
Sějva (RUS) 35 Fd 30
Sekači (RUS) 61 Ed 40
25530 Şekerli (TR) 98 Dk 53
48860 Şeki (TR) 96 Ck 54
66930 Sekili (TR) 89 De 51
Şekizli (TR) 97 Dd 53
Šekovići (BIH) 71 Bi 46
Šekšema (RUS) 34 Ef 32
Šeksna (RUS) 32 Di 31
137425 Șelaru (RO) 72 Cf 46
Selaša (RUS) 25 Ec 29
95100 Selb (D) 55 Bc 40
Selbekken (N) 20 Ak 27
7580 Selbu (N) 20 Bb 27
YO8 Selby (GB) 51 Si 37
Sel'co (RUS) 43 De 37
35920 Selçuk (TR) 95 Ch 53
Sel'cy (RUS) 32 Df 33
Selehovskaja (RUS) 24 Di 29
45970 Selendi (TR) 96 Ci 52
Selenicë (AL) 86 Bk 50
67100 Sélero (GR) 87 Ce 49
67600* Sélestat (F) 54 Ah 42
11407 Selevac (SRB) 71 Ca 46
801 Selfoss (IS) 48 Qi 27
Sel'gi (RUS) 23 Dd 27
Selib (RUS) 26 Ei 27
63500 Seligenstadt (D) 54 Ai 40
36900 Selim (TR) 91 Ec 50
48230 Selimiye (TR) 95 Ch 53
Selino (RUS) 59 De 38
Selišči (RUS) 45 Ef 36
Seliše (RUS) 25 Eg 26
Selishtë (AL) 86 Ca 49
Selitrennoe (RUS) 77 Eh 43
Selivanovskaja (RUS) 61 Eb 42
Seližarovo (RUS) 43 Dd 34
Seljatyn (UA) 72 Cf 43
6740 Selje (N) 20 Af 28
Seljelvnes (N) 14 Bk 21
3840 Seljord (N) 28 Ai 31
TD7 Selkirk (GB) 51 Sh 35
Selkopp (N) 15 Ce 20
41130 Selles-sur-Cher (F) 67 Ab 43
Sellía (GR) 94 Ce 55
Selo (RUS) 32 Di 29
04460 Selonnet (F) 68 Ag 46
Selsviken (S) 21 Bf 27
170* Seltjarnarnes (IS) 48 Qh 26
Selty (RUS) 35 Fc 33
67470 Seltz (F) 54 Ai 42
Selydove (UA) 60 Dh 42
Sem (N) 28 Ba 31
Šemaniha (RUS) 34 Ef 33
30800 Şemdinli (TR) 99 Ee 53
Semenivka (UA) 59 Dc 38
Semenivka (UA) 59 Dd 41
Semenov (RUS) 45 Ee 34
Semënovka (RUS) 61 Ee 41
Semenovskoe (RUS) 33 Dk 32
Šemenovskoe (RUS) 43 Df 35
Semetovo (RUS) 43 Di 36
Semibalki (RUS) 75 Dk 44
Semibratovo (RUS) 33 Dk 33
Semibugry (RUS) 77 Ei 44
Semičnyj (RUS) 76 Ec 43
Semigorodnjaja (RUS) 33 Ea 31
Semikarakorsk (RUS) 76 Ea 43
Semiluki (RUS) 60 Di 39
513 01 Semily (CZ) 56 Bf 40
Semizovac (BIH) 71 Bi 47
Semlevo (RUS) 43 Dd 35
2680 Semmering (A) 70 Bf 43
Šemordan (RUS) 46 Fa 34
Šemurša (RUS) 45 Eh 36
Semyduby (UA) 59 Da 42
Šemypolky (UA) 59 Da 40
Šemyšejka (RUS) 45 Ef 38
Sëmža (RUS) 17 Ee 24
48324 Sendenhorst (D) 54 Ah 39
01968 Senftenberg (D) 55 Be 39
43560 Sénia, la (E) 82 Aa 50
974 01 Senica (SK) 56 Bh 42
Senigallia (I) 69 Bd 47
Senirce (TR) 96 Da 53
32600 Senirkent (TR) 96 Da 52
Senj (HR) 70 Be 46
25360 Şenkaya (TR) 91 Ec 50
Sen'kove (UA) 60 Dh 41
47510 Şenköy (TR) 99 Eb 53
Šenkursk (RUS) 25 Ec 28
62310 Senlis (F) 53 Ac 41
TR19 Sennen (GB) 52 Se 40
Sennoj (RUS) 61 Ed 40
Sennoj (RUS) 62 Eg 38
2752 Senokos (BG) 73 Ci 47
09040 Senorbì (I) 83 Ak 51
89100* Sens (F) 53 Ad 42
24400* Senta (SRB) 71 Ca 45
Šentala (RUS) 46 Fb 36
60320 Şenyurt (TR) 91 Eb 50
60320 Şenyurt (TR) 99 Ea 53
Seoane (E) 80 Sc 48
Şepetçi (TR) 88 Da 51
Šepetivka (UA) 58 Ch 40
Šepit (UA) 72 Cf 43
89-400 Sępólno Krajeńskie (PL) 40 Bh 37
4490 Septemvri (BG) 87 Ce 48
40300 Sepúlveda (E) 81 Sg 49
Sepyč (RUS) 35 Fe 32
Serafimovič (RUS) 61 Ec 41
Serafimovskij (RUS) 46 Fd 36
4100 Seraing (B) 54 Af 40
237450 Șerbănești (RO) 72 Ce 46
507195 Șercaia (RO) 72 Cf 45
Serdobsk (RUS) 61 Ee 38
Serebrjanka (RUS) 36 Fk 33
Serebrjanskij (RUS) 31 Ck 32
Serebrjanye Prudy (RUS) 43 Di 36
926 01 Sereď (SK) 56 Bh 42
Sereda (RUS) 43 Df 35
Seredka (RUS) 31 Ci 32
Serednikovo (RUS) 44 Dk 35
Seredskaja (RUS) 33 Ec 30
Seredyna Buda (UA) 59 De 38
57400 Şerefiye (TR) 90 Dh 50
06950 Şereflikoçhisar (TR) 97 Dd 52
Šeregovo (RUS) 26 Fa 28
Šeremet'evka (RUS) 46 Fb 35
Séres (GR) 87 Cd 49
Serga (RUS) 35 Fg 33
Sergač (RUS) 45 Ef 35
Sergeevsk (RUS) 46 Fb 37
Sergeevskij (RUS) 35 Fe 30
63700 Sergen (TR) 88 Ch 49
63700 Sergen (TR) 98 Dk 53
Sergievka (RUS) 63 Fb 39
Sergievo (RUS) 24 Dg 28
Sergiev Posad (RUS) 43 Di 34
Sergievskoe (RUS) 76 Ec 46
Serhijivka (UA) 60 Dh 42
Serhijivka (UA) 73 Da 44
07500 Serik (TR) 96 Db 54
20430* Serinhisar (TR) 96 Ck 53
13200 Serinkum (TR) 99 Ec 52
31120 Şerinyol (TR) 97 Dg 54
Šer'jag (RUS) 35 Fe 29
Serkova (RUS) 36 Gc 33
Sermenevo (RUS) 47 Fi 37
3640-209* Sernancelhe (P) 80 Sc 50
Sernovodsk (RUS) 46 Fb 37
Sernur (RUS) 45 Ek 34
05-140 Serock (PL) 57 Cb 38
Seroglazka (RUS) 77 Eh 44
Serón (E) 93 Sh 53
Serov (RUS) 36 Ga 31
7830-320* Serpa (P) 92 Sc 53
Serpejsk (RUS) 43 De 36
Serpuhov (RUS) 43 Dh 36
Serra de Outes, A (Outes) (E) 80 Sb 48
10530 Serradilla (E) 80 Sd 51
89822 Serra San Bruno (I) 85 Bg 52
84200 Serres (F) 68 Af 46
6100-598* Sertã (P) 80 Sb 51
12510 Servi (TR) 99 Ea 52
50500 Sérvia (GR) 86 Cc 50
2970-041* Sesimbra (P) 92 Sa 52
95394 Seskarö (S) 22 Cd 25
81037 Sessa Aurunca (I) 84 Bd 49
Šestakovo (RUS) 34 Fa 32
Šestovoe (RUS) 37 Gi 33
10058 Sestriere (I) 68 Ag 46
16039 Sestri Levante (I) 69 Ak 46
Šestroreck (RUS) 31 Ck 30
Šešurga (RUS) 34 Eh 33
34600 Séta (GR) 94 Cd 52
58005 Šeta (LT) 41 Ce 35
34200* Sète (F) 67 Ad 47
Setermoen (N) 14 Bi 22
Setraki (RUS) 61 Ea 41
10036 Settimo Torinese (I) 68 Ah 45
BD24 Settle (GB) 51 Sh 36
2900-001* Setúbal (P) 92 Sb 52
25700 Seu d'Urgell, la (E) 82 Ab 48
08037 Seui (I) 83 Ak 51
Sevastopol' (KRIM) 74 Dd 46
Ševčenkivskyj, Korsun'- (UA) 59 Db 41
Ševčenkovo (UA) 60 Dh 41
Ševelevskaja (RUS) 33 Ee 30
TN13 Sevenoaks (GB) 53 Aa 39
Sever (RUS) 35 Fd 32
12150 Sévérac-le-Château (F) 67 Ad 46
Severka (RUS) 47 Ga 34
Severnoe (RUS) 46 Fc 36
Severnoe (RUS) 76 Ec 46
Severnyj (RUS) 23 Dc 26
Severnyj (RUS) 19 Gd 23
Severnyj (RUS) 77 Ef 43
Severnyj Kolčim (RUS) 35 Fh 30
Severodonec'k = Sjevjerodonec'k (UA) 60 Di 42
Severodvinsk (RUS) 24 Dk 26
Severo-Kospašskij (RUS) 35 Fh 31
Severomorsk (RUS) 16 Dd 21
Severoural'sk (RUS) 36 Ga 30
Severo-Zadonsk (RUS) 43 Di 36
99930 Sevettijärvi (FIN) 15 Ci 21
Sevgáraki (GR) 94 Cb 52
41001* Sevilla (E) 92 Se 53
41795 Sevindikli (TR) 88 Ck 50
Şevketiye (TR) 88 Ch 50
5400 Sevlievo (BG) 72 Cf 47

Sevlievo | 197

8290 Sevnica SLO 70 Bf 44
Sevrjukovo RUS 43 Dg 36
Sevsk RUS 59 De 38
7400 Sevštari BG 72 Cg 47
19110 Seydim TR 89 De 50
42360* Seydişehir TR 96 Db 53
Seyðisfjörður IS 48 Rf 25
Seyfeköy TR 89 De 51
Şeyhali TR 89 Dc 51
Şeyhli TR 90 Dg 50
47510 Şeyhmehmet TR 99 Eb 53
26950 Seyitgazi TR 88 Da 51
Seyitoba TR 95 Ch 52
83500* Seyne-sur-Mer, la F 68 Af 47
74910 Seyssel F 68 Af 45
6210 Sežana SLO 69 Bd 45
51120* Sézanne F 53 Ad 42
04018 Sezze I 84 Bd 49
Sfakia GR 94 Ce 55
000520* Sfântu Gheorghe RO 72 Cf 45
000520* Sfântu Gheorghe RO 73 Ck 46
73014 Sfinári GR 94 Cd 55
2491* 's-Gravenhage = Den Haag NL 53 Ae 38
HS2 Shader GB 50 Sd 32
SP7 Shaftesbury GB 52 Sh 39
Shannon = Sionainn IRL 49 Sb 38
ME12 Sheerness GB 53 Aa 39
S5 Sheffield GB 51 Si 37
IV27 Shegra GB 50 Se 32
Shëngjin AL 86 Bk 49
Shënmëri = Buçimas AL 86 Ca 49
DT9 Sherborne GB 52 Sh 40
NR26 Sheringham GB 51 Ab 38
5200* 's-Hertogenbosch NL 54 Af 39
Shijak AL 86 Bk 49
Shkodër AL 86 Bk 48
SY5 Shrewsbury GB 51 Sh 38
72000 Shtime = Štimlje RKS 86 Cb 48
76-004 Sianów PL 40 Bg 36
82043 Šiaulėnai LT 41 Cd 35
76001* Šiauliai LT 41 Cd 35
Sibaj RUS 64 Fi 38
87070 Sibari I 85 Bg 51
Šibenik HR 70 Bf 47
000550* Sibiu RO 72 Ce 45
Sičuga RUS 34 Eg 29
22239* Šid SRB 71 Bk 45
Sidaravičy BY 42 Da 37
07330 Side TR 96 Db 54
Sidel'kino RUS 46 Fh 36
3960 Siders = Sierre CH 68 Ah 44
Sidira GR 94 Cb 52
62300 Sidirókastro GR 87 Cd 49
Sidlyšče UA 58 Cf 39
EX10 Sidmouth GB 52 Sg 40
Sidorovo RUS 32 Di 33
Šidorovo RUS 34 Fa 30
Šidrovo RUS 25 Ce 28
08-100* Siedlce PL 57 Cc 38
53721 Siegburg D 54 Ah 40
57072* Siegen D 54 Ai 40
17-300 Siemiatycze PL 57 Cc 38
53100 Siena I 69 Bb 47
95800 Sieppijärvi FIN 15 Cd 23
98-200 Sieradz PL 56 Bi 39
42-790 Sieraków PL 56 Bg 38
09-200 Sierpc PL 40 Bk 38
3960 Sierre CH 68 Ah 44
85410 Sievi FIN 22 Ce 27
Sig RUS 24 De 25
Sigdal N 28 Ak 30
11130 Sigean F 82 Ac 47
8400 Sigerfjord N 14 Bf 22
435500 Sighetu Marmaţiei RO 72 Cd 43
545400 Sighişoara RO 72 Ce 44
Siglufjörður IS 48 Rb 24
72488 Sigmaringen D 54 Ak 42
Sigony RUS 45 Ei 37
81103 Sígri GR 87 Cf 51
19300 Sigtuna S 29 Bh 31
2150 Sigulda LV 30 Ce 33
Sihany RUS 62 Eh 38
Šihtovo RUS 42 Dc 35
29811 Siikainen FIN 22 Cb 29
71801 Siilinjärvi FIN 23 Ch 27
56000* Siirt TR 99 Eb 53
93350 Siivikko FIN 23 Ch 25
Sikfors S 22 Cb 25
Sikía GR 87 Cd 50
84010 Síkinos GR 95 Cf 54
7800 Siklós H 71 Bi 45
75001 Šilalė LT 41 Cc 35
Silandro = Schlanders I 69 Ba 44
Šil'da RUS 64 Fk 39
34981* Şile TR 88 Ck 49
Šilega RUS 25 Ee 26
Šilekša RUS 33 Ec 33
33940* Silifke TR 97 Dd 54
Silikatnyj RUS 45 Ei 37
09010 Siliqua I 83 Ai 51
907290 Siliştea RO 72 Cf 46
817177 Silistraru RO 73 Ch 45
34570* Silivri TR 88 Ci 49
3748 Siljan N 28 Ak 31
Silkeborg DK 38 Ak 34
46460 Silla E 82 Sk 51
40231* Sillamäe EST 31 Ch 31
42240 Sille TR 96 Dc 53
36540 Silleda E 80 Sb 48
72140 Sillé-le-Guillaume F 52 Sk 42
Silli GR 87 Ce 49
9920 Sillian A 69 Bc 44
73400 Silopi TR 99 Ec 53
Šilovo RUS 43 Di 37
Šilovo RUS 44 Ea 36
9303 Silsand N 14 Bh 21
99001 Šilutė LT 40 Cb 35
Silván E 80 Sd 48
21640* Silvan TR 99 Eb 52
8300-100* Silves P 92 Sb 53
Sim RUS 35 Fh 31
Sim RUS 47 Fh 35
Sima RUS 44 Dk 34
Simakivka UA 58 Ci 40
47130 Simancas E 81 Sf 49
317335 Şimand RO 71 Cb 44
43500 Simav TR 88 Ci 51
Simbirsk RUS 45 Ei 36
Simejkyne UA 60 Dk 42
335900 Simeria RO 72 Cd 45
Simferopol' (KRIM) 74 De 46
Simi GR 95 Ch 54
85600 Sími GR 95 Ch 54
2730 Simitli BG 87 Cd 49
Simkaičiai LT 41 Cc 35
455300 Şimleu Silvaniei RO 71 Cc 43
64037 Simnas LT 41 Cd 36
95201 Simo FIN 22 Cf 25
7081 Simontornya H 71 Bi 44
56610 Simpele = Rautjärvi FIN 31 Ck 29
27200 Simrishamn S 39 Be 35
Šimsk RUS 31 Da 32
46401 Simuna EST 30 Cg 31
53048 Sinalunga I 69 Bb 47
Sinan TR 99 Ea 53
03850 Sinanpaşa TR 96 Da 52
58365 Sincan TR 89 Dc 51
58365 Sincan TR 90 Dh 51
Sincik TR 98 Di 52
9870 Sindal DK 28 Ba 33
71063* Sindelfingen D 54 Ai 42
86703* Sindi EST 30 Ce 32
08018 Sindia I 83 Ai 50
10330 Sındırgı TR 88 Ci 51
Sindor RUS 26 Fb 28
Sinegor'e RUS 34 Fa 31
Sinegorskij RUS 36 Fk 33
Sinegorskij RUS 61 Ea 42
17260 Sinekçi TR 88 Ch 50
Sinekli TR 88 Ci 49
7520-001* Sines P 92 Sb 53
247595 Sineşti RO 72 Cd 46
97220 Sinettä FIN 15 Cf 24
07510 Sinéu E 82 Ad 51
Sinezerki RUS 43 De 37
78224 Singen (Hohentwiel) D 68 Ai 43
6200 Sîngerei MD 73 Ci 43
Singilej RUS 45 Ei 37
Singistugorna S 14 Bi 23
7387 Singsås N 20 Ba 28
Sinie Lipjagi RUS 60 Di 39
Sinirli TR 95 Ch 52
08029 Siniscola I 83 Ak 50
Sinj HR 70 Bg 47
Sinjavka BY 41 Cg 38
Sinjavka RUS 61 Ea 39
Sinodskoe RUS 62 Eg 39
57000 Sinop TR 89 Df 48
74889 Sinsheim D 54 Ai 41
9100 Sint-Niklaas B 53 Ae 39
2710-204* Sintra P 80 Sa 52
3800 Sint-Truiden B 54 Af 40
8600 Siófok H 71 Bi 44
1950* Sion CH 68 Ah 44
Sionainn = Shannon IRL 49 Sb 38
Šipicyno RUS 34 Eg 29
6150 Šipka BG 87 Cf 48
Šipunovskaja RUS 25 Ec 28
4438 Sira N 28 Ag 32
96100 Siracusa I 84 Bf 53
29700 Şiran TR 90 Dk 50
Sırcalı TR 89 Df 51
Širega RUS 33 Eb 30
725500 Siret RO 72 Cg 43
4364 Sirevåg N 28 Af 32
Širinguši RUS 44 Ec 37
Sirkeli TR 89 Dc 50
99131 Sirkka FIN 15 Ce 23
73000 Şırnak TR 99 Ec 53
Širocina BY 42 Ck 35
Široki Brijeg BIH 70 Bh 47
Širokij Karamyš RUS 62 Ef 39
Širokij Ustup RUS 61 Ee 39
Širokovskij RUS 35 Fh 32
Sirotinskaja RUS 61 Ed 41
22770 Sırpsındığı TR 87 Cg 49
Sırtköy TR 96 Db 53
Şirvan TR 99 Ec 52
19001 Širvintos LT 41 Ce 35
Sisak HR 70 Bg 45
Šiškeevo RUS 45 Ee 36
4450 Sissach CH 68 Ah 43
71001 Sísses GR 94 Ce 55
04200 Sisteron F 68 Af 46
08870 Sitges E 82 Ab 49
72300 Sitía GR 95 Cg 55
Sitojaurestugorna S 14 Bi 23
Šitovo RUS 34 Fa 32
6130* Sittard NL 54 Af 39
1950* Sitten = Sion CH 68 Ah 44
Siuč RUS 32 Dg 31
Siva RUS 35 Fe 32
25223 Sivac SRB 71 Bk 45
88901 Sivakka FIN 23 Ck 27
58000* Sivas TR 90 Dh 51
Sivaslı TR 96 Ck 52
63600 Siverek TR 98 Dk 53
Siverskij RUS 31 Da 31
Siver'skyj, Novhorod- UA 59 Dd 38
Sivomaskinskij RUS 19 Gc 24
23900 Sivrice TR 98 Dk 52
26600 Sivrihisar TR 88 Db 51
58880 Sızır TR 90 Df 51
Siz'ma RUS 32 Di 31
42208 Sızma TR 96 Dc 52
29450 Sizun F 52 Sf 42
Sjamža RUS 33 Eb 30
Sjanno BY 42 Ck 36
Sjas'stroj RUS 31 Dc 30
Sjava RUS 34 Eg 32
36310 Sjenica SRB 71 Ca 47
Sjevjerodonec'k UA 60 Di 42
27500 Sjöbo S 39 Bd 35
6260 Sjøholt N 20 Ag 28
Sjoneidet N 14 Bd 24
54066 Sjötorp S 29 Bd 32
Sjoutnäs S 21 Be 26
9350 Sjøvegan N 14 Bh 22
Sjumsi RUS 34 Fb 33
02580 Sjundeå = Siuntio FIN 30 Ce 30
Sjursvik N 14 Bg 21
Sjus'ma RUS 24 Dk 26
Sjuzva RUS 35 Fd 31
Skadovs'k UA 74 Dc 44
4230 Skælskør DK 39 Bb 35
7400 Skærbæk DK 38 Ai 35
880 Skaftafell IS 48 Rc 26
545 Skagaströnd IS 48 Qk 25
Skagaströnd = Höfðakaupstaður IS 48 Qk 25
9990 Skagen DK 28 Ba 33
89035 Skagshamn S 22 Bk 27
Skaidi N 15 Ce 20
KW17 Skaill GB 50 Sg 31
KW17 Skaill GB 50 Sh 32
84025 Skaistgirys LT 41 Cd 34
3924 Skaistkalne LV 41 Ce 34
23051 Skála GR 94 Ce 54
Skala Eressós GR 87 Cf 51
Skaláni GR 95 Cf 55
19017 Skála Oropoú GR 94 Cd 52
Skala-Podil'ska UA 58 Cg 42
220 Skálavík FO 50 Sd 29
Skålevik N 28 Ai 32
810 Skálholt IS 48 Qk 26
Skalía GR 95 Cg 53
Skaljap RUS 27 Fg 27
Skal'nyj RUS 36 Fi 32
52200 Skalohóri GR 86 Cb 50
Skaloti GR 87 Ce 49
8660 Skanderborg DK 38 Ak 34
Skånes-Fagerhult S 39 Bd 34
5593 Skånevik N 28 Af 31
59601 Skänninge S 29 Bf 32
Skanör med Falsterbo S 39 Bc 35
Skansnäs S 21 Bh 25
Skanvik N 16 Da 21
53201* Skara S 29 Bd 32
Skarberget N 14 Bg 22
5763 Skare N 28 Ag 31
Skåre S 29 Bd 31
2100 Skarnes N 28 Bb 30
81065 Skärplinge S 29 Bh 30
9763 Skarsvåg N 15 Cf 19
7742 Skårup DK 39 Ba 35
91201 Skarvsjöby S 21 Bh 26
26-100* Skarżysko-Kamienna PL 57 Ca 39
65671 Skattkärr S 29 Bd 31
7510 Skatval N 20 Ba 27
73028 Skaudvilė LT 41 Cc 35
Skaulo S 15 Cb 23
Skavšyn BY 58 Ch 38
Skebrobuk S 29 Bi 31
PE25 Skegness GB 51 Aa 37
7711 Skei N 28 Ag 29
6640 Skei-Surnadalsøra N 20 Ai 28
93100* Skellefteå S 22 Ca 26
93201 Skelleftehamn S 22 Cb 26
Skender Vakuf BIH 70 Bh 46
87-630 Skępe PL 40 Bk 38
Skerries = Na Sceiri IRL 49 Sd 37
1400* Ski N 28 Ba 31
37002 Skíathos GR 87 Cd 51
Skibbereen = An Sciobairin IRL 49 Sa 39
4050 Skibby DK 39 Bb 35
9143 Skibotn N 14 Ca 21
58500 Skídra GR 86 Cc 50
3701* Skien, Porsgrunn- N 28 Ak 31
96-100* Skierniewice PL 57 Ca 39
56820 Skillingaryd S 29 Be 33
27603 Skillinge S 39 Be 35
BD23 Skipton GB 51 Sh 37
1816 Skiptvet N 28 Bb 31
34007 Skíros GR 94 Ce 52
7800 Skive DK 38 Ak 34
9771 Skjånes N 15 Ci 20
6900 Skjern DK 38 Ai 35
Skjerstad N 14 Bf 23
9180 Skjervøy N 14 Ca 20
6876 Skjolden N 28 Ah 29
8514 Skjomen N 14 Bh 22
Šklo UA 57 Cd 41
Šklov BY 42 Da 36
43-430 Skoczów PL 56 Bi 41
4220 Škofja Loka SLO 70 Be 44
82392 Skog S 29 Bg 29
Skoganvarra N 15 Cf 21
861 Skógar IS 48 Ql 27
Skogfoss N 15 Ck 21
66301* Skoghall S 29 Bd 31
Skole UA 57 Cd 41
3618 Skollenborg N 28 Ak 31
69774 Sköllersta S 29 Bf 31
37003 Skópelos GR 87 Cd 51
Skopin RUS 44 Dk 37
1000* Skopje MK 86 Cb 48
64009 Skopos GR 87 Ce 49
240 Skopun FO 50 Sd 29
83-220 Skórcz PL 40 Bi 37
Skorlyvanovo RUS 33 Ec 33
Skorodnoe RUS 60 Df 39
Skorodnoe RUS 60 Dh 39
7893 Skorovatn N 21 Bd 26
89597 Skorped S 21 Bh 27
Skosyrskaja RUS 61 Eb 42
2230 Skotterud N 29 Bc 31
47044 Skoulikariá GR 86 Cb 51
54101* Skövde S 29 Bd 32
Skrad HR 70 Be 45
Skradin HR 70 Bf 47
Skradnik HR 70 Bf 45
93701 Skråmträsk S 22 Ca 26
2848 Skreia N 28 Ba 30
Skriveri LV 41 Cf 34
Skrúður IS 48 Rg 26
3326 Skrunda LV 41 Cc 34
Skrydleva BY 42 Da 35
4280 Skudeneshavn N 28 Af 31
Skulgam N 14 Bk 21
Skuljabiha RUS 34 Ef 33
Skull = An Scoil IRL 49 Sa 39
54101 Skultorp S 29 Bd 32
73050 Skultuna S 29 Bg 31
Škunovka RUS 64 Ff 40
98001 Skuodas LT 40 Cb 34
Škuratovskij RUS 43 Dh 36
Škurinskaja RUS 75 Dk 44
27401 Skurup S 39 Bd 35
8290 Skutvik N 14 Bf 22
Skvyra UA 58 Ck 41
66-440 Skwierzyna PL 56 Bf 38
83076 Skyttmon S 21 Bf 27
4200 Slagelse DK 39 Bb 35
93091 Slagnäs S 21 Bi 25
Šlancy RUS 31 Ci 31
Šlanga RUS 45 Eh 36
Slano HR 85 Bh 48
274 01 Slaný CZ 55 Be 40
117543 Slatina RO 72 Ce 46
1480 Slattum N 28 Ba 30
Slautino RUS 31 Dc 33
Slavharad BY 42 Da 37
Slavhorod UA 60 Df 42
Slavinja SRB 71 Cc 47
6473 Slavjanovo BG 72 Cg 47
Slavjansk = Slovjans'k UA 60 Dh 42
Slavjansk-na-Kubani RUS 75 Di 45
Slavkoviči RUS 31 Ck 33
684 01 Slavkov u Brna CZ 56 Bg 41
Slavnoe RUS 43 Dg 34
378 81 Slavonice CZ 56 Bf 42
Slavonska Požega HR 70 Bh 45
Slavonski Brod HR 71 Bi 45
Slavsk RUS 40 Cb 35
Slavuta UA 58 Cg 40
Slavutyč UA 59 Da 39
21-515 Sławatycze PL 57 Cd 39
78-450 Sławno PL 40 Bg 36
NG34 Sleaford GB 51 Sk 38
YO21 Sleights GB 51 Sk 36
62-561 Ślesin PL 56 Bi 38
Slevik N 28 Ba 31
Sligeach = Sligo IRL 49 Sb 36
Sligo = Sligeach IRL 49 Sb 36
Šlissel'burg RUS 31 Db 31
62030 Slite S 29 Bi 33
8800* Sliven BG 87 Cg 48
2844 Slivnica BG 87 Cd 48
7060 Slivo Pole BG 72 Cg 47
Slížany CZ 56 Bh 41
Sloboda RUS 61 Ea 39
Sloboda UA 59 Dd 38
Slobodskoj RUS 34 Fa 32
000920* Slobozia RO 73 Ch 46
147355 Slobozia Mândra RO 72 Ce 47
32-090 Słomniki PL 57 Ca 40
Slonim BY 41 Cf 37
Slonovka RUS 60 Dh 40
SL1 Slough GB 52 Sk 39
Slovečne UA 58 Ci 39
2380 Slovenj Gradec SLO 70 Bf 44
2310 Slovenska Bistrica SLO 70 Bf 44
3210 Slovenske Konjice SLO 70 Bf 44
Slovinka RUS 33 Ed 32
"Slov""janohirs'k" UA 60 Dh 41
Slovjanoserbs'k UA 60 Di 42
Slovjans'k UA 60 Dh 42
Slovjans'ke (KRIM) 74 Dd 45
09-533 Słubice PL 55 Be 38
Sluck BY 42 Ch 37
39020 Sluderno = Schluderns I 69 Ba 44
Sludka RUS 35 Fg 32
4524 Sluis NL 53 Ad 39
Slunj HR 70 Bf 45
62-400 Słupca PL 56 Bh 38
76-201* Słupsk PL 40 Bh 36
92397 Slussfors S 21 Bg 25
33301 Smålandsstenar S 29 Bd 33
74009 Smalininkai LT 41 Cc 35
Smaljany BY 42 Da 36
147360 Smârdioasa RO 72 Cf 47
Smarhon' BY 41 Cg 36
11300* Smederevo SRB 71 Ca 46
11420* Smederevska Palanka SRB 71 Ca 46
77701 Smedjebacken S 29 Bf 30
Smedsbyn S 22 Cc 25
Smela = Smila UA 59 Db 41
Smila UA 59 Db 41
Smilavičy BY 42 Ci 37
9422 Smilde NL 38 Ag 38
4729 Smiltene LV 30 Cf 33
7074 Smirnenski BG 72 Cg 47
Smirnovo RUS 45 Ee 35
9820 Smjadovo BG 87 Cg 47
Smokvica MK 86 Cc 49
Smolenec RUS 25 Ef 26
919 04 Smolenice SK 56 Bh 42
Smolensk RUS 42 Dc 36
Smoleviči BY 42 Ci 36
4700 Smoljan BG 87 Ce 49
055 66 Smolník SK 57 Ca 42
Smolyn UA 59 Da 39
Smolyno UA 59 Db 42
Smotryč UA 58 Cg 42
23105 Smygehamn S 39 Bd 35
Smyrnove UA 75 Dg 43
Smyšljaevsk RUS 46 Fa 37
7760 Snåsa N 21 Bc 26
Sneek = Snits NL 38 Af 37
Sneem = An Snaidhm IRL 49 Rl 39
Snihurivka UA 74 Dc 43
069 01 Snina SK 57 Cc 42
Snižne UA 60 Di 42
Snjatyn UA 58 Cf 42
Snøfjord N 15 Ce 20
Snopa RUS 18 Eh 24
55566 Sobernheim, Bad D 54 Ah 41
392 01 Soběslav CZ 55 Be 41
Sobinka RUS 44 Ea 35
Sobolevo RUS 43 Di 35
Sobolevo RUS 44 Ea 36
96-500* Sochaczew PL 57 Ca 38
Soči RUS 75 Dk 47
13630 Socuéllamos E 81 Sh 51
99601 Sodankylä FIN 15 Cg 23
82661 Söderala S 29 Bh 29
81504 Söderfors S 29 Bh 30
82601* Söderhamn S 29 Bh 29
61401 Söderköping S 29 Bg 32
15100* Södertälje S 29 Bh 31
Södra Möckleby S 40 Bg 34
65930 Södra Vallgrund FIN 22 Cb 27
59494 Soest D 54 Ai 39
Sofádes GR 86 Cc 51
1000* Sofija BG 87 Cd 48
Sofiïvka UA 59 Dd 42
Sofporog RUS 23 Db 25
55780 Soğanlı TR 96 Da 53
49751 Sögel D 38 Ah 38
Sogndal N 28 Ah 29
4640 Søgne N 28 Ah 32
Sogra RUS 25 Eg 28
Soğukpınar TR 88 Ck 50
41520 Soğuksu TR 88 Da 50
Söğüt TR 88 Da 50
Söğüt TR 96 Ck 53
Söğüt TR 96 Ck 54
Söğütalan TR 88 Ci 50
Söğütlü TR 88 Da 50

Söğütlü TR 99 Ea 52
57002 Sohós GR 87 Cd 50
7060 Soignies B 53 Ae 40
63801 Soini FIN 22 Ce 28
02200* Soissons F 53 Ad 41
Sojala RUS 25 Ed 26
Sojana RUS 25 Ed 25
Sojju RUS 27 Fg 27
Šojna RUS 17 Ee 23
Sokal' UA 57 Ce 40
09200 Söke TR 95 Ch 53
3534 Sokna N 28 Ak 30
7288 Soknedal N 20 Ba 28
18230 Soko Banja SRB 71 Cb 47
Sokol RUS 33 Ea 31
16-100 Sokółka PL 41 Cd 37
Sokolka RUS 46 Fb 35
Sokol'nikovo RUS 33 Dk 30
356 01* Sokolov CZ 55 Bc 40
08-300* Sokołów Podlaski PL 57 Cc 38
Sokol'skoe RUS 33 Ed 33
18-520 Sokoły PL 41 Cc 37
Sokrutovka RUS 77 Eg 43
Šokša RUS 32 Df 29
Sokur RUS 62 Ef 39
Sokyrjany UA 58 Ch 42
13593 Solana, La E 93 Sg 52
13593 Solana del Pino E 93 Sf 52
39710 Solares E 66 Sg 47
Solberg S 21 Bh 27
725600 Solca RO 72 Cf 43
Sol'cy RUS 31 Da 32
Soldato Aleksandrovskoe RUS 76 Ed 46
Soldatskaja RUS 76 Ed 47
Soldatskaja Tašla RUS 45 Ei 37
Soldatskoe RUS 60 Di 39
Soldatsko-Stepnoe RUS 62 Ef 41
Soledar UA 60 Di 42
Solem N 20 Bb 26
Solënoe RUS 76 Ec 44
Solënoe Zajmišče RUS 77 Eg 43
Solënyj RUS 77 Eg 44
20145 Solenzara F 83 Ak 49
59730 Solesmes F 53 Ad 40
4500* Soleure = Solothurn CH 68 Ah 43
Solginskij RUS 33 Eb 29
12700 Solhan TR 99 Eb 52
5353 Solheim N 28 Af 30
Solidars'k = Soledar UA 60 Di 42
Soligalič RUS 33 Ec 31
Soligorsk = Salihorsk BY 42 Ch 38
B91 Solihull GB 52 Si 38
Solikamsk RUS 35 Fg 31
Sol'-Ileck RUS 63 Fe 39
Solin HR 70 Bg 47
42651* Solingen D 54 Ah 39
Soljanka RUS 63 Fa 39
46601 Sollebrunn S 29 Bc 32
Sollefteå S 21 Bh 27
19100* Sollentuna S 29 Bh 31
07100 Sóller E 82 Ac 51
79205 Sollerön S 29 Be 30
5620 Søllested DK 39 Bb 36
Solncevo RUS 60 Dg 39
Solnečnogorsk RUS 43 Dg 34
9122 Solnik BG 88 Ch 48
Solodča RUS 61 Ee 41
Solodniki RUS 62 Ef 42
Solohaul RUS 75 Dk 47
Soloh-Aul RUS 75 Dk 47
Solohovskij RUS 61 Eh 42
Solone UA 59 De 42
Solotča RUS 44 Dk 36
4500* Solothurn CH 68 Ah 43
Solovatovo RUS 33 Ed 33
Soloveckie RUS 24 Df 25
Soloveckoe RUS 34 Eh 31
Soloveckoe RUS 34 Ei 32
Sölöz TR 88 Ck 50
Solozero RUS 24 Di 26
Solsem N 20 Bb 25
25280 Solsona E 82 Ab 49
Solsvik N 28 Ae 30
6320 Solt H 71 Bk 44
Soltanovo RUS 33 Ed 32
29614 Soltau D 38 Ak 38
29400 Sölvesborg S 39 Be 34
Sol'vyčegodsk RUS 34 Eg 29
Solynieve E 93 Sg 53
Solza RUS 24 Dk 26
45500 Soma TR 88 Ch 51
25101* Sombor SRB 71 Bk 45
Sombozero RUS 23 Dc 25
31401 Somero FIN 30 Cd 30
Somino RUS 32 Df 31
57302 Sommen S 29 Be 32
51600 Sommepy-Tahure F 53 Ae 41
99610 Sömmerda D 55 Bb 39
30250 Sommières F 67 Ae 47
827210 Somova RO 73 Ci 45
62-610 Sompolno PL 56 Bi 38
09572 Soncillo E 81 Sg 48
4990 Søndeled N 28 Ak 32
6400 Sønderborg DK 38 Ak 36
7260 Sønder Omme DK 38 Ai 35
99706 Sondershausen D 55 Ba 39
Søndersø DK 39 Ba 35
6950 Søndervig DK 38 Ai 34
23100 Sondrio I 69 Ak 44
Šonga RUS 34 Ef 31
4909 Songe N 28 Ak 32
74301 Sonkajärvi FIN 23 Ch 27
Sonkovo RUS 32 Dh 33
96515 Sonneberg D 55 Bb 40
6611 Sonogno CH 68 Ai 44
Šonoša, Ust'- RUS 33 Eb 29
Sonostrov RUS 24 De 24
45100 Sonseca E 81 Sg 51
87527 Sonthofen D 69 Ba 43
40150 Soorts-Hossegor F 66 Si 47
Sopki RUS 31 Da 33
Sopoha RUS 23 Dd 28
81-701* Sopot PL 40 Bi 36
9400 Sopron H 70 Bg 43
Šopša RUS 33 Dk 33
03039 Sora I 84 Bd 49
86035 Söråker S 21 Bh 28
04270 Sorbas E 93 Sh 53
Sørbøvåg N 28 Af 29
84067 Sörbygden S 21 Bg 28
40430 Sore F 66 Sk 46
5357 Sør-Flatanger N 20 Ba 26
91135 Sörfors S 22 Ca 27
08038 Sorgono I 83 Ak 50
06843 Sorgun TR 89 Df 51
06843 Sorgun TR 97 De 54
Sørgutvik N 20 Bb 25
01038 Soriano nel Cimino I 84 Bc 48
11-731 Sorkwity PL 40 Ca 37
7884 Sørli N 21 Bd 26
91020 Sörmjöle S 22 Bk 27
7663 Sørmoen N 21 Bc 27
4180 Sorø DK 39 Bb 35
3000 Soroca MD 58 Ci 42
Soroč'i Gory RUS 46 Fa 35
Soročinsk RUS 63 Fd 38
3000 Soroka = Soroca MD 58 Ci 42
3000 Soroki = Soroca MD 58 Ci 42
Sorokino RUS 31 Ck 33
Sorokovaja RUS 35 Ff 31
Sorokyne = Krasnodon UA 60 Dk 42
9310 Sørreisa N 14 Bi 21
80067 Sorrento I 85 Be 50
92070 Sorsele S 21 Bh 25
07037 Sorso I 83 Ai 50
9162 Sørstraumen N 15 Cb 21
25560 Sort E 82 Ab 48
Sortavala RUS 31 Da 29
8400 Sortland N 14 Bf 22
Sør Tverrfjord N 15 Cb 20
14802 Sorunda S 29 Bh 31
Sørværøy N 14 Bc 23
8392 Sørvågen N 14 Bd 23
380 Sørvágur FO 50 Sc 28
7374 Sørvika N 20 Bb 28
Sosedka RUS 44 Ec 37
Sosenskij RUS 43 Df 36
Soskovo RUS 43 Df 38
Sosnivka UA 57 Ce 40
Sosnogorsk RUS 26 Fd 27
Sosnovaja Maza RUS 45 Eh 38
Sosnove UA 58 Ch 40
Sosnovec RUS 24 De 26
Sosnovice PL 56 Bk 40
Sosnovka RUS 44 Eb 37
Sosnovka RUS 46 Fb 34
Sosnovka RUS 46 Fb 37
Sosnovka RUS 17 Ea 24
Sosnovka RUS 61 Ed 38
Sosnovoborsk RUS 45 Eg 37
Sosnovskoe RUS 44 Ed 35
Sosnovyj RUS 23 Dc 24
Sosnovyj Bor RUS 31 Ck 31
Sosnovyj Bor RUS 35 Ff 33
Sosnovyj Solonec RUS 45 Ek 37
Sosnycja UA 59 Dc 39
06380 Sospel F 68 Ah 47
Šostka UA 59 Dd 39
Sos'va RUS 36 Gb 31
88601 Sotkamo FIN 23 Ci 26
Sotnicyno RUS 44 Eb 36
Sotnikov Oskoe RUS 76 Ed 46
Sotnikovskoe RUS 76 Ed 45
Soto E 80 Sd 47
Soudozero RUS 23 Dd 28
Soufli GR 87 Cg 49
73004 Soúgia GR 94 Cd 55
17270 Souillac F 67 Ab 46
33780 Soulac-sur-Mer F 66 Si 45
7470-201* Sousel P 80 Sc 52
40140 Soustons F 66 Si 47
23300 Souterraine, la F 67 Ab 44
SO17 Southampton GB 52 Si 40
SS0 Southend-on-Sea GB 53 Aa 39
PR8 Southport GB 51 Sg 37
NE29 South Shields GB 51 Si 35
545500 Sovata RO 72 Cf 44
Sov'e RUS 34 Ek 32
88068 Soverato I 85 Bg 52
88049 Soveria Mannelli I 85 Bg 51
Sovetsk RUS 34 Ei 33
Sovetsk RUS 40 Cb 35
Sovetskaja RUS 61 Ec 42
Sovetskaja RUS 76 Eb 46
Sovetskaja RUS 76 Ee 47
Sovetskij RUS 31 Ci 30
Sovetskij RUS 36 Gd 29
Sovetskij RUS 45 Ei 34
Sovetskoe RUS 44 Eb 37
Sovetskoe RUS 46 Fc 37
Sovetskoe RUS 60 Di 40
Sovetskoe RUS 63 Fb 38
Sovetskoe RUS 64 Fg 39
Sovetskoe = Kašhatau RUS 91 Ed 47
Sovhoz Zilairskij RUS 64 Fi 38
Sovpol'le RUS 25 Ee 25
Söylemez TR 91 Eb 51
Sozga RUS 34 Ei 29
Sozonovo RUS 37 Gg 33
8130 Sozopol BG 88 Ch 48
4900 Spa B 54 Af 40
Spakojnaja RUS 76 Eb 46
Špakovskoe RUS 76 Ec 45
Spalding GB 51 Sk 38
91174 Spalt D 55 Ba 41
7710 Sparbu N 20 Bb 27
23101 Spárti GR 94 Cc 53
Spas RUS 33 Ea 33
Spas-Demensk RUS 43 De 36
Spas-Klepiki RUS 44 Ea 35
6249 Spasovo BG 73 Ci 47
Spasporub RUS 34 Ek 30
Spasskaja Guba RUS 23 Dd 28
Spasskij RUS 47 Fk 37
Spasskoe RUS 34 Eg 31
Spasskoe RUS 45 Ef 35
Spasskoe RUS 64 Fg 38
Spasskoe-Lutovino RUS 43 Dg 37
Spassk-Rjazanskij RUS 44 Ea 36
PH34 Spean Bridge GB 50 Sf 34
67346 Speyer D 54 Ai 41
87019 Spezzano Albanese I 85 Bg 51
Spiddal = An Spideal IRL 49 Sa 37
8471* Spielfeld A 70 Bf 44
3700* Spiez CH 68 Ah 44
Spilimbergo I 69 Bc 44
70058 Spinazzola I 85 Bg 50
543 51 Špindlerův Mlýn CZ 56 Bf 40
Spirovo RUS 32 De 33
052 01 Spišská Nová Ves SK 57 Ca 42
053 04 Spišské Podhradie SK 57 Ca 42
9800* Spittal an der Drau A 69 Bd 44
Splavnoj RUS 25 Ee 28
Split HR 70 Bg 47
7435 Splügen CH 69 Ak 44
Spóa GR 95 Ch 55
5900 Spodsbjerg DK 39 Ba 36
Špogi LV 42 Ch 34
Spola UA 59 Db 41
06049 Spoleto I 84 Bc 48
03130 Spremberg D 55 Be 39
31832 Springe D 54 Ak 38
7750 Sprova N 20 Bb 26
1820 Spydeberg N 28 Bb 31
Spykiv UA 58 Ci 42
73018 Squinzano I 85 Bi 50
Sraid na Cathrach IRL 49 Sa 38
Šramkivka UA 59 Dc 40
41000 Srbica RKS 86 Ca 48
21480 Srbobran SRB 71 Bk 45
Srebrenica BIH 71 Bk 46
Sred Apočki RUS 60 Dh 39
8300 Sredec BG 87 Cf 48
Sredneivkino RUS 34 Ek 32
Sredneural'sk RUS 47 Ga 33
Srednij Bugalyš RUS 47 Fh 34
Srednij Egorlyk RUS 76 Ea 44
Srednij Ikorec RUS 60 Dk 39
Srednjaja Tereška RUS 45 Eh 38
Srednjaja Us'va RUS 36 Fk 32
Srednogorie = Pirdop + Zlatica BG 87 Ce 48
63-100* Śrem PL 56 Bh 38
22000* Sremska Mitrovica SRB 71 Bk 46
Sretenskoe RUS 35 Ff 32
Sribne UA 59 Dc 40
63-000* Środa Wielkopolska PL 56 Bh 38
11-420 Srokowo PL 40 Cb 36
Stachanov = Kadijivka UA 60 Di 42
21680* Stade D 38 Ak 37
Stadskanaal NL 38 Ag 38
07646 Stadtroda D 55 Bb 40
24501 Staffanstorp S 39 Bd 35
ST16 Stafford GB 51 Sh 38
Stahanov = Kadijivka UA 60 Di 42
4043 Staicele LV 30 Ce 33
TW20 Staines GB 52 Sk 39
8510* Stainz A 70 Bf 44
067 61 Stakčín SK 57 Cc 42
4151 Stalbe LV 30 Cf 33
Staloluoktastugorna S 14 Bg 23
4210 Stambolijski BG 87 Ce 48
PE9 Stamford GB 52 Sk 38
5727 Stamnes N 28 Af 30
8340 Stamsund N 14 Bd 22
2335 Stange N 28 Bb 30
DL13 Stanhope GB 51 Sh 36
Stanilovo RUS 32 Dh 32
2600 Stanke Dimitrov = Dupnica BG 87 Cd 48
DH9 Stanley GB 51 Si 36
Stanovoe RUS 60 Di 38
Stanovoj Kolodez' RUS 43 Dg 38
6370* Stans CH 68 Ai 44
Stanyčno-Luhans'ke UA 60 Dk 42
NG9 Stapleford, Beeston and GB 51 Si 38
Staraja Belogorka RUS 63 Fd 38
Staraja Ivanovka RUS 46 Fa 36
Staraja Kalitva RUS 60 Dk 40
Staraja Kulatka RUS 45 Eh 38
Staraja Ljalja RUS 36 Fk 31
Staraja Majna RUS 45 Ek 36
Staraja Matveevka RUS 46 Fd 35
Staraja Poltavka RUS 62 Eg 40
Staraja Račejka RUS 45 Ei 37
Staraja Russa RUS 31 Db 33
Staraja Sahča RUS 46 Fa 36
Staraja Toropa RUS 42 Db 34
Staraja Vičuga RUS 33 Eb 33
064 01 Stará L'ubovňa SK 57 Ca 41
Stara Novalja HR 70 Be 46
Stara Oržyc'a UA 59 Dc 41
8841 Stara Reka BG 87 Cg 48
Stara Synjava UA 58 Ch 41
7214 Staravina MK 86 Cb 49
Stara Vyžyvka UA 57 Ce 39
6000* Stara Zagora BG 87 Cf 48
73-100* Stargard Szczeciński PL 39 Bf 37
6777 Stårheim N 20 Af 29
85 354 Stari Bar MNE 86 Bk 48
Starica RUS 43 De 34
Starica RUS 43 Df 37
Starica RUS 62 Ef 42
Starickoe RUS 64 Ff 39
Starie Saviny RUS 60 Dh 39
Starigrad HR 85 Bg 47
Starigrad-Paklenica HR 70 Bf 46
Stari Mikanovci HR 71 Bi 45
Starkovo RUS 44 Ea 35
82319 Starnberg D 55 Bb 42
Starobaltačevo RUS 46 Ff 34
Starobeševe UA 75 Di 43
Starobil's'k UA 60 Di 41
Starobin BY 42 Ch 38
Staročerkasskaja RUS 76 Ea 43
Starodub RUS 59 Dc 38
Staroe RUS 44 Dk 35
Staroe Bajsarovo RUS 46 Fd 35
Staroe Šajgovo RUS 45 Ee 36
Staroe Šajmyrzino RUS 45 Eh 36
Staroe Slavkino RUS 62 Ef 38
Staroe Soljakovo RUS 46 Fd 34
83-200* Starogard Gdański PL 40 Bi 37
Starogol'skoe RUS 43 Dh 37
Starojur'evo RUS 44 Ea 37
Starokostjantyniv UA 58 Ch 41
Starokozače UA 73 Ck 44
Starokučevo RUS 46 Fe 35
Starominskaja RUS 75 Dk 44
Staronikol'skoe RUS 60 Di 39
Staronižesteblievskaja RUS 75 Di 45
9110 Staro Orjahovo BG 88 Ch 47
Staroščerbinovskaja RUS 75 Di 44
Starosel'e RUS 43 Dg 37
Starošešminsk RUS 46 Fb 35
Starosubhangulovo RUS 47 Fh 37
Starotimoškino RUS 45 Eh 37
Starotitarovskaja RUS 75 Dh 45
Staroutkinsk RUS 36 Fk 33
Staroverčeskaja RUS 34 Ei 31
Starovo RUS 32 Dd 33
Starožilovo RUS 44 Dk 36
Staryca BY 42 Ch 37
Staryči UA 57 Cd 41
Starye Maklauši RUS 45 Eh 36
Starye Tukmakly RUS 46 Ff 36
Starye Zjatcy RUS 35 Fc 33
Staryj Oskol RUS 60 Dh 39
Staryja Darohi BY 42 Ci 37
Staryj Dvor RUS 44 Ea 34
Staryj (KRIM) (KRIM) 74 Df 45
Staryj Kurdym RUS 46 Ff 34
Staryj Lesken RUS 76 Ed 47
Staryj Ostropil' UA 58 Ch 41
Staryj Rjab RUS 32 De 32
Staryj Sambir UA 57 Cc 41
062 01 Starý Smokovec SK 57 Ca 41
59-940 Stary Węgliniec PL 56 Bf 39
39418 Staßfurt D 55 Bb 39
28-200 Staszów PL 57 Cb 40
3960 Stathelle N 28 Ak 31
4005* Stavanger N 28 Af 32
93052 Stavaträsk S 22 Ca 25
17153 Stavenhagen, Reuterstadt D 39 Bc 37
Staverci BG 72 Ce 47
3290 Stavern N 28 Ba 31
Stavkino RUS 45 Eh 38
Stavoren NL 38 Af 38
Stavropol' RUS 76 Eb 45
35101 Stavrós GR 87 Cd 50
67062 Stavroúpoli GR 87 Ce 49
Stavrovo RUS 44 Ea 34
Stavyšče UA 59 Da 41
18-520 Stawiski PL 41 Cc 37
62-820 Stawiszyn PL 56 Bi 39
4650 Steenbergen NL 53 Ae 39
59114 Steenvoorde F 53 Ac 40
8330 Steenwijk NL 38 Ag 38
48061 Stefáni GR 86 Ca 51
4200 Ştefan Vodă MD 73 Ck 44
4780 Stege DK 39 Bc 36
Stegrimovo RUS 42 Db 36
415600 Ştei RO 71 Cc 44
8260 Stein am Rhein CH 68 Ai 43
Steine N 14 Be 22
49439 Steinfeld (Oldenburg) D 54 Ai 38
48565 Steinfurt D 54 Ah 38
7711* Steinkjer N 20 Bb 26
6488 Steinshamn N 20 Ag 28
Steinsland N 14 Bg 22
Steklino RUS 42 Dc 34
39576 Stendal D 55 Bb 38
3257 Stende LV 30 Cc 33
Steneby S 29 Bc 32
34014 Stení Dírfios GR 94 Cd 52
92341 Stensele S 21 Bh 25
52050 Stenstorp S 29 Bd 32
Stenudden S 14 Bh 24
44400 Stenungsund S 28 Bb 32
Stepan' UA 58 Cg 39
Stepanivka I-a (Perša) UA 74 Df 44
Štepanščino RUS 43 Di 35
Štepivka UA 59 De 40
Stepnaja RUS 75 Di 45
Stepnoe RUS 45 Eh 37
Stepnoe RUS 46 Fb 36
Stepnoe RUS 47 Ga 36
Stepnoe RUS 62 Eg 39
Stepnoe RUS 76 Ee 46
Stepnoe, Soldatsko- RUS 62 Ef 41
Stepnoe Matjunico RUS 45 Eh 37
Stepnoj RUS 61 Ea 38
Stërbleve AL 86 Ca 49
Sterlibaševo RUS 46 Ff 37
Sterlitamak RUS 47 Ff 37
19406 Sternberg D 39 Bb 37
785 01 Šternberk CZ 56 Bh 41
73101 Stérnes GR 94 Ce 55
39049 Sterzing = Vipiteno I 69 Bb 44
Steševskaja RUS 24 Dh 29
SG2 Stevenage GB 52 Sk 39
4400* Steyr A 55 Be 42
35101 Stilida GR 94 Cc 52
89049 Stilo I 85 Bg 52
72000 Štimlje = Shtime RKS 86 Cb 48
07040 Stintino I 83 Ai 50
2000* Štip MK 86 Cc 49
34015 Stira GR 94 Ce 52
FK7 Stirling GB 50 Sg 34
789 91 Štíty CZ 56 Bg 41

7500 Stjørdalshalsen (N) 20 Ba 27
78333 Stockach (D) 69 Ak 43
2000* Stockerau (A) 56 Bg 42
10005* Stockholm (S) 29 Bi 31
SK1 Stockport (GB) 51 Sh 37
Stockton- on-Tees (GB) 51 Si 36
21-450 Stoczek Łukowski (PL) 57 Cb 39
333 01 Stod (CZ) 55 Bd 41
86013 Stöde (S) 21 Bg 28
ST4 Stoke-on-Trent (GB) 51 Sh 37
5462 Stokite (BG) 87 Cf 48
825 Stokkseyri (IS) 48 Qi 27
Stokksnes (IS) 48 Rf 26
6070 Stokksund (N) 20 Ba 26
8735 Stokkvågen (N) 14 Bd 24
8450 Stokmarknes (N) 14 Be 22
Stolac (BIH) 85 Bh 47
52222* Stolberg (Rheinland) (D) 54 Ag 40
Stolbišče (RUS) 45 Ek 35
Stolbovaja (RUS) 43 Dh 35
Stolin (BY) 58 Cg 39
09366 Stollberg (Erzgebirge) (D) 55 Bc 40
Ston (HR) 85 Bh 48
ST15 Stone (GB) 51 Sh 38
AB39 Stonehaven (GB) 50 Sh 34
Stoneybreck (GB) 50 Si 31
Stonglandet (N) 14 Bh 21
Stöpen (S) 29 Bd 32
28-130 Stopnica (PL) 57 Ca 40
83093 Stora Blåsjön (S) 21 Be 26
Stora Forsa (S) 29 Bd 32
Storbakken (N) 20 Ah 27
Storberg (S) 21 Bi 25
22271 Storby (AX) 30 Bk 30
6250 Stordal (N) 20 Ag 28
4660 Store Heddinge (DK) 39 Bc 35
7290 Støren (N) 20 Ba 27
Storerikvollen (N) 20 Bb 27
68821 Storfors (S) 29 Be 31
8630 Storforshei (N) 14 Be 24
Storjord (N) 14 Bf 24
Storjuktan (S) 21 Bh 25
83019 Storlien (S) 21 Bc 27
HS2 Stornoway (GB) 50 Sd 32
Storoževsk (RUS) 26 Fc 28
Storožynec' (UA) 58 Cf 42
79091 Storsätern (S) 21 Bc 28
89501 Storsjö (S) 21 Bd 28
92301 Storuman (S) 21 Bh 25
81201 Storvik (S) 29 Bg 30
7140 Stouby (DK) 38 Ak 35
Stovbcy (BY) 41 Cg 37
8900 Støvring (DK) 38 Ak 34
IP14 Stowmarket (GB) 53 Aa 38
BT82 Strabane (GB) 49 Sc 36
27049 Stradella (I) 69 Ak 45
Stråklevo (BG) 72 Cg 47
386 01 Strakonice (CZ) 55 Bd 41
8680 Straldža (BG) 87 Cg 48
Stralki (BY) 42 Ci 35
18435* Stralsund (D) 39 Bd 36
6230 Stranda (N) 20 Ag 28
BT30 Strangford (GB) 49 Se 36
64501* Strängnäs (S) 29 Bh 31
DG9 Stranraer (GB) 51 Se 36
67000* Strasbourg (F) 54 Ah 42
17335 Strasburg (D) 39 Bd 37
5204 Straßwalchen (A) 55 Bd 43
CV37 Stratford-upon-Avon (GB) 52 Si 38
ML10 Strathaven (GB) 51 Sf 35
63075 Stratóni (GR) 87 Cd 50
94315 Straubing (D) 55 Bc 42
9402 Straumen (N) 14 Bf 23
9402 Straumen (N) 14 Bi 21
9402 Straumen (N) 20 Bb 27
8475 Straumsjøen (N) 14 Be 22
15344 Strausberg (D) 39 Bd 38
Stravropol'-na-Volgi (RUS) 45 Ek 37
225300 Strehaia (RO) 72 Cd 46
4530 Strelča (BG) 87 Ce 48
Strel'na (RUS) 24 Di 24
4730 Strenči (LV) 30 Cf 33
28838 Stresa (I) 68 Ai 45
Strešin (BY) 42 Da 38
349 01 Stříbro (CZ) 55 Bd 41
Striži (RUS) 34 Ek 32
34004 Strofiliá (GR) 94 Cd 52
Strokestown = Tuilsce (IRL) 49 Sb 37
25650 Strömma (FIN) 30 Cc 30
KW16 Stromness (GB) 50 Sg 32
82072 Strömsbruk (S) 21 Bh 29
28721 Strömsnäsbruk (S) 39 Bd 34
45201 Strömstad (S) 28 Bb 32
91094 Strömsund (S) 21 Bf 27
91094 Strömsund (S) 21 Bg 25
88816 Strongoli (I) 85 Bh 51
GL5 Stroud (GB) 52 Sh 39
7600 Struer (DK) 38 Ai 34
6330 Struga (MK) 86 Ca 49
Strugi Krasnye (RUS) 31 Ck 32
Strukovo (RUS) 63 Fe 39
2400* Strumica (MK) 86 Cc 49
43-246 Strumień (PL) 56 Bi 41
92295 Strycksele (S) 22 Bk 26
Stryj (UA) 57 Cd 41
62-060 Strykowo (PL) 56 Bg 38
58-150 Strzegom (PL) 56 Bg 40
66-500 Strzelce Krajeńskie (PL) 39 Bf 38
47-100 Strzelce Opolskie (PL) 56 Bi 40
57-100 Strzelin (PL) 56 Bh 40
88-320 Strzelno (PL) 56 Bi 38
4850 Stubbekøbing (DK) 39 Bc 36
Studencovo (RUS) 33 Ec 30
Studenica (SRB) 71 Ca 47
Studenka (RUS) 45 Eh 34
237445 Studina (RO) 72 Ce 47
Stugudalen (N) 20 Bb 28
83076 Stugun (S) 21 Bf 27
Stupari (BIH) 71 Bi 46
Stupino (RUS) 43 Di 36
Stupino (RUS) 62 Ef 42
Stupinskaja (RUS) 24 Ea 28
943 01* Štúrovo (SK) 71 Bi 43
70173* Stuttgart (D) 54 Ak 42
Stykkishólmsbær (IS) 48 Qh 25
Styrksvik (N) 14 Bf 23
39340 Suances (E) 66 Sf 47
40033 Subačius (LT) 41 Ce 35
23000 Suharekë = Suva Reka (RKS) 86 Ca 48
Subaşı (TR) 90 Dg 51
5471 Subate (LV) 41 Cf 34
00028 Subiaco (I) 84 Bd 49
24000* Subotica (SRB) 71 Bk 44
Subutak (RUS) 47 Fk 37
000720* Suceava (RO) 72 Cg 43
Sucevița (RO) 72 Cf 43
34-200 Sucha Beskidzka (PL) 56 Bk 41
73-132 Suchań (PL) 39 Bf 37
Suchary (BY) 42 Da 37
77-235 Suchorze (PL) 40 Bh 36
22-442 Suchowola (PL) 41 Cd 37
Sućuraj (HR) 85 Bh 47
Suda (RUS) 32 Dh 31
Sudaj (RUS) 33 Ed 32
Sudak (KRIM) 74 De 46
420 Súðavík (IS) 48 Qh 24
Sud'bodarovka (RUS) 63 Fe 38
CO10 Sudbury (GB) 53 Aa 38
Suddesjaur (S) 22 Bk 25
24392 Süderbrarup (D) 38 Ak 36
Sudimir (RUS) 43 De 37
Sudislavl' (RUS) 33 Eb 33
Sudogda (RUS) 44 Ea 35
Sudok (S) 14 Ca 24
Sudova Vyšnja (UA) 57 Cd 41
Sudskoe, Borisovo- (RUS) 32 Dg 31
Sudurağı (TR) 97 Dd 53
430 Suðureyri (IS) 48 Qg 24
Suður-Múla (IS) 48 Rf 25
Sudža (RUS) 60 Df 39
46410 Sueca (E) 82 Sk 51
Suereckoe (RUS) 24 De 26
Sufarlı (TR) 98 Dh 53
517775 Şugag (RO) 72 Cd 45
Šugozero (RUS) 32 De 31
Şugözü (TR) 96 Dc 54
Šugurovo (RUS) 45 Eg 36
Šugurovo (RUS) 46 Fc 36
Suhaja (RUS) 35 Fh 31
Suhaja Atja (RUS) 47 Fh 36
5240 Suhindol (BG) 87 Cf 47
Suhiniči (RUS) 43 Df 36
98527* Suhl (D) 55 Ba 40
Suhodol (RUS) 45 Ek 36
Suhodol (RUS) 46 Fb 37
Suhoj Donec (RUS) 61 Ea 41
Suhoj Log (RUS) 47 Gb 34
Suhokumsk, Južno- (RUS) 77 Ef 46
Suhonkino (RUS) 47 Fg 36
Suho Polje (BIH) 71 Bk 46
Suhorečka (RUS) 46 Fc 38
Suhovarino (RUS) 42 Dc 35
Suhtelinskij (RUS) 47 Ga 37
03800 Şuhut (TR) 96 Da 52
Šuica (BIH) 70 Bh 47
51600 Suippes (F) 53 Ae 41
Šuja (RUS) 24 De 29
Šuja (RUS) 44 Eb 34
Šujga (RUS) 25 Ef 27
Šujskoe (RUS) 33 Eb 31
Sujutkino (RUS) 77 Eh 46
74340 Sukeva (FIN) 23 Ch 27
Sukkozero (RUS) 23 Dc 27
Suksun (RUS) 35 Fh 33
Sula (RUS) 18 Fb 23
Sulak (RUS) 62 Ei 39
Sulakyurt (TR) 89 Dd 50
Sulåmo (N) 20 Bb 27
Sul'ca (RUS) 25 Eg 27
66-100 Sulechów (PL) 56 Bf 38
69-200 Sulęcin (PL) 56 Bf 38
97-330 Sulejów (PL) 56 Bk 39
Süleler (TR) 88 Db 50
18000 Süleymanlı (TR) 89 Dd 51
18000 Süleymanlı (TR) 98 Dg 53
Šul'hinka (UA) 60 Di 41
825400 Sulina (RO) 73 Ck 45
27232 Sulingen (D) 38 Ai 38
8230 Sulitjelma (N) 14 Bg 23
74210 Sulkava (FIN) 23 Ci 29
45600 Sully-sur-Loire (F) 67 Ac 43
67039 Sulmona (I) 84 Bd 48
Süloğlu (TR) 87 Cg 49
03900 Sultandağı (TR) 96 Db 52
68190 Sultanhanı (TR) 97 Dd 52
68190 Sultanhanı (TR) 97 Df 52
09470 Sultanhisar (TR) 96 Ci 53
Sultan-Saly (RUS) 75 Dk 43
04420 Suluçam (TR) 91 Ed 51
Sülüklü (TR) 96 Dc 52
05500 Suluova (TR) 89 Df 50
60870* Sulusaray (TR) 90 Dg 50
92237 Sulzbach-Rosenberg (D) 55 Bb 41
18334 Sülze, Bad (D) 39 Bc 36
Sumartin (HR) 70 Bg 47
ZE3 Sumburgh (GB) 50 Si 31
8330 Sümeg (H) 70 Bh 44
9700* Šumen (BG) 72 Cg 47
Šumeriči (RUS) 24 De 27
Šumerlja (RUS) 45 Eg 35
Šumihinskij (RUS) 35 Fh 32
Šumilina (BY) 42 Ck 35
Šumilinskaja (RUS) 61 Eb 41
Šumkino (RUS) 37 Gi 32
787 01 Šumperk (CZ) 56 Bg 41
Sumskij Posad (RUS) 24 Df 26
Sumy (UA) 59 De 40
Suna (RUS) 34 Fa 33
Suna (RUS) 34 Fb 32
Sundby (DK) 38 Ai 34
Sunde (N) 28 Af 31
Sunde (N) 28 Ak 32
SR2 Sunderland (GB) 51 Si 36
Sundet (N) 20 Ba 26
Sundom (S) 22 Cc 25
62010 Sundre (S) 40 Bi 34
85003* Sundsvall (S) 21 Bh 28
Šun'ga (RUS) 24 De 28
8470 Sungurlare (BG) 87 Cg 48
Sungurlu (TR) 89 De 50
6600 Sunndalsøra (N) 20 Ai 28
Sunne (S) 29 Bd 31
Sunnersta (S) 29 Bh 31
Sunnhordland (N) 28 Af 31
5060 Suntaži (LV) 41 Ce 34
Suojarvi (RUS) 23 Dc 28
89999 Suomussalmi (FIN) 23 Ci 26
77601 Suonenjoki (FIN) 23 Ch 28
Suoperja (RUS) 23 Da 25
Šuošjavrre (N) 15 Ce 21
Šupariha (RUS) 33 Eb 29
Supetar (HR) 70 Bg 47
447300 Supuru de Jos (RO) 71 Cc 43
Supuru de Sus (RO) 71 Cc 43
942 01 Šurany (SK) 56 Bi 42
Suraž (BY) 42 Da 35
Suraž (RUS) 42 Dc 37
457315 Surduc (RO) 72 Cd 43
17530 Surdulica (SRB) 86 Cc 48
17700 Surgères (F) 66 Sk 44
Sürgü (TR) 98 Dh 52
Sürgücü (TR) 99 Ea 53
08260 Súria (E) 82 Ab 49
Šurkovo (RUS) 32 Di 32
Šurma (RUS) 46 Fa 34
61600 Sürmene (TR) 91 Ea 50
Surnadalsøra, Skei- (N) 20 Ai 28
Surok (RUS) 45 Ei 34
Surovikino (RUS) 61 Ec 42
6210 Sursee (CH) 68 Ai 43
Sursk (RUS) 45 Ef 37
Surskoe (RUS) 45 Eg 36
44502 Surte (S) 29 Bc 33
63800 Suruç (TR) 98 Di 54
Sürügüden (TR) 99 Eb 52
10059 Susa (I) 68 Ah 45
Susanino (RUS) 33 Eb 32
58600 Suşehri (TR) 90 Di 50
Šušer (RUS) 45 Eh 34
342 01 Sušice (CZ) 55 Bd 41
Šuškodom (RUS) 33 Eb 32
Suslonger (RUS) 45 Ei 34
6114 Susteren (NL) 54 Af 39
10600 Susurluk (TR) 88 Ci 51
Susuz (TR) 88 Da 50
14-240 Susz (PL) 40 Bk 37
Sütçüler (TR) 96 Da 53
817165 Şuțești (RO) 73 Ch 45
33940 Sütlüce (TR) 90 Dk 51
Sutme (S) 21 Be 26
85 355 Sutomore (MNE) 86 Bk 48
01015 Sutri (I) 84 Bc 48
79860 Suuraho (FIN) 23 Ci 28
71502* Suure-Jaani (EST) 30 Cf 32
23000 Suva Reka = Suharekë (RKS) 86 Ca 48
Šuvary (RUS) 45 Ee 36
Suveren (TR) 91 Ee 51
Suvodi (RUS) 34 Ei 32
Suvorov (RUS) 43 Dg 36
Suvorove (UA) 73 Ci 45
9170 Suvorovo (BG) 73 Ch 47
4201 Suvorovo = Ştefan Vodă (MD) 73 Ck 44
Suvorovskaja (RUS) 76 Ec 46
Suvorovskij, Il'men'- (RUS) 61 Ed 42
16-400 Suwałki (PL) 41 Cc 36
Suzdal' (RUS) 44 Ea 34
Suzemka (RUS) 59 De 38
82895 Svabensverk (S) 29 Bf 29
Svaipavalle (S) 14 Bg 24
Švakino (RUS) 24 Ea 27
Svaljava (UA) 57 Cc 42
26801 Svalöv (S) 39 Bd 35
91060 Svanabyn (S) 21 Bg 26
3740 Svaneke (DK) 39 Bf 35
91201 Svannäs (S) 21 Bi 24
98020 Svappavaara (S) 15 Cb 23
Svapušča (RUS) 31 Dc 33
79023 Svärdsjö (S) 29 Bf 30
69303 Svartå (S) 29 Be 31
Svartevatn (N) 28 Ag 32
Svartisdalen (N) 14 Be 24
Svartlå (S) 22 Cb 24
Svartnäs (S) 29 Bg 30
Svatove (UA) 60 Di 41
9175 Sveagruva (N) 14 I Svalbard
Sveča (RUS) 34 Eh 32
23301 Svedala (S) 39 Bd 35
Svėdasai (LT) 41 Cf 35
84201 Sveg (S) 21 Be 28
99056 Švėkšna (LT) 40 Cb 35
6723 Svelgen (N) 20 Af 29
18022 Švenčionėliai (LT) 41 Cf 35
18001 Švenčionys (LT) 41 Cg 35
5700 Svendborg (DK) 39 Ba 35
Svenes (N) 28 Ai 32
51200 Svenljunga (S) 29 Bd 33
9064 Svensby (N) 14 Bk 21
84040 Svenstavik (S) 21 Be 28
00001* Šventoji (LT) 40 Cb 34
Sverdlove (UA) 73 Da 44
Sverdlovs'k (UA) 60 Dk 42
Sverdlovsk = Ekaterinburg (RUS) 47 Ga 34
Sverdlovsk = Sverdlovs'k (UA) 60 Dk 42
Sverdlovskoe (RUS) 47 Fi 34
7423 Sveštari (BG) 72 Cg 47
85 360 Sveti Nikola (MNE) 86 Bk 49
2220 Sveti Nikole (MK) 86 Cb 49
Sveti Stefan (SRB) 86 Bi 48
Svetlahorsk (BY) 58 Ck 38
Svetloe (RUS) 46 Fd 33
Svetlogorsk (RUS) 40 Ca 36
Svetlogorsk = Svetlahorsk (BY) 58 Ck 38
Svetlograd (RUS) 76 Ec 45
Svetlovodsk = Svitlovods'k (UA) 59 Dd 41
Svetlyj (RUS) 40 Ca 36
Svetlyj (RUS) 65 Ga 40
Svetlyj Jar (RUS) 61 Ee 42
Svetogorsk (RUS) 31 Ci 29
35000* Svetozarevo = Jagodina (SRB) 71 Cb 47
089 01 Svidník (SK) 57 Cb 41
Sviibi (EST) 30 Cd 32
35210 Svilajnac (SRB) 71 Cb 46
6500 Svilengrad (BG) 87 Cg 49
227440 Svinița (RO) 71 Cc 46
Svir (BY) 41 Cg 36
Svir'stroj (RUS) 32 Dd 30
Sviščevka (RUS) 44 Ed 38
Svislač (BY) 41 Ce 37
Svislač (BY) 42 Ci 37
5250 Svištov (BG) 72 Cf 47
568 02* Svitavy (CZ) 56 Bg 41
Svitlohirs'ke (UA) 59 De 42
Svitlovods'k (UA) 59 Dd 41
Svity (RUS) 42 Dc 35
Svjacilavičy (BY) 42 Db 38
Svjatoslavka (RUS) 61 Ed 39
Svobedy (RUS) 76 Ed 46
9398 Svoboda (BG) 73 Ch 47
16212 Svođe (SRB) 86 Cc 47
2260 Svoge (BG) 87 Cd 48
8300 Svolvær (N) 14 Be 22
18360 Svrljig (SRB) 71 Cc 47
Svullrya (N) 29 Bc 30
BH19 Swanage (GB) 52 Si 40
SA1 Swansea (GB) 52 Sg 39
62-020 Swarzędz (PL) 56 Bh 38
58-100* Świdnica (PL) 56 Bg 40
78-300 Świdwin (PL) 39 Bf 37
58-160* Świebodzice (PL) 56 Bg 40
66-200 Świebodzin (PL) 56 Bf 38
87-313 Świecie (PL) 40 Bi 37
59-850* Świeradów-Zdrój (PL) 56 Bf 40
SN4 Swindon (GB) 52 Si 39
72-600* Świnoujście (PL) 39 Be 37
Syčevka (RUS) 43 De 35
Syčevo (RUS) 37 Gk 33
Syčevo (RUS) 43 Dg 35
56-500 Syców (PL) 56 Bh 39
61150 Sydänmaa (FIN) 22 Cd 28
28857 Syke (D) 38 Ai 38
6230 Sykkylven (N) 20 Ag 28
Syktyvkar (RUS) 34 Fa 29
Sylarna Fjällstation (S) 21 Bc 27
Syloga (RUS) 25 Ed 27
ZE2 Symbister (GB) 50 Si 30
Synel'nykove (UA) 60 Df 42
Synivka (UA) 59 De 40
Synja (RUS) 27 Fh 25
6201 Synžerej = Sîngerei (MD) 73 Ci 43
93440 Syötekylä (FIN) 23 Ch 25
Šyrjajeve (UA) 73 Da 43
Šyroke (UA) 74 Dd 43
Šyrokolanivka (UA) 74 Db 43
Šyšaky (UA) 59 Dd 41
Šyščycy (BY) 42 Ch 37
Sysert' (RUS) 47 Ga 34
19701 Sysmä (FIN) 30 Cf 29
Sysoevo (RUS) 32 Dg 31
Sysoevo (RUS) 33 Dk 31
68060 Sysslebäck (S) 29 Bc 30
Syterstugan (S) 21 Bf 25
99740 Syväjärvi (FIN) 15 Cf 23
Syvas'ke (UA) 74 De 44
Syzran' (RUS) 45 Ei 37
98-240 Szadek (PL) 56 Bi 39
64-500 Szamotuły (PL) 56 Bg 38
5540 Szarvas (H) 71 Ca 44
70-950 Szczecin (PL) 39 Be 37
78-400 Szczecinek (PL) 40 Bg 37
42-445 Szczekociny (PL) 56 Bk 40
97-420 Szczerców (PL) 56 Bk 39
33-230 Szczucin (PL) 57 Cb 40
19-230 Szczuczyn (PL) 41 Cc 37
12-100 Szczytno (PL) 40 Ca 37
3170 Szécsény (H) 56 Bk 42
6700* Szeged (H) 71 Ca 44
5520 Szeghalom (H) 71 Cb 43
8000 Székesfehérvár (H) 71 Bi 43
7100 Szekszárd (H) 71 Bi 44
Szendrő (H) 57 Ca 42
Szentendre (H) 71 Bk 43
6600 Szentes (H) 71 Ca 44
9970 Szentgotthárd (H) 70 Bg 44
Szentlőrinc (H) 70 Bh 44
Szigetvár (H) 70 Bh 44
3761 Szin (H) 57 Ca 42
67-407 Szlichtyngowa (PL) 56 Bg 39
5000 Szolnok (H) 71 Ca 43
9700 Szombathely (H) 70 Bg 43
67-300 Szprotawa (PL) 56 Bf 39
16-310 Sztabin (PL) 41 Cd 37
82-400 Sztum (PL) 40 Bk 37
82-110 Sztutowo (PL) 40 Bk 36
89-200 Szubin (PL) 40 Bh 37

T

25860 Taalintehdas = Dalsbruk (FIN) 30 Cc 30
54500* Taavetti = Luumäki (FIN) 31 Ch 30
1308* Tabanovce (MK) 86 Cb 48
49140 Tábara (E) 80 Se 49
56202 Taberg (S) 29 Be 33
390 01 Tábor (CZ) 55 Be 41
Tabory (RUS) 37 Ge 32
18300* Täby (S) 29 Bi 31
Tabynskoe (RUS) 47 Fg 36
347 01 Tachov (CZ) 55 Bc 41
Tacinskij (RUS) 61 Eb 42
407565 Taga (RO) 72 Ce 44
Tagaj (RUS) 45 Eh 36
Taganrog (RUS) 75 Di 43
18018 Taggia (I) 68 Ah 47
45019 Taglio di Po (I) 69 Bc 45
Tahanča (UA) 59 Db 41
04620 Tahir (TR) 91 Ec 51
Tahta (RUS) 76 Ec 45
16900 Tahtaköprü (TR) 88 Ck 51
69000 Tahtköy (TR) 91 Ea 50
Taibeart = Tarbert (IRL) 49 Sa 38
KW14 Tain (GB) 50 Sf 33
Taiševo (RUS) 47 Fi 35
93401 Taivalkoski (FIN) 23 Ci 25
23311 Taivassalo (FIN) 30 Cb 30
Tajmeevo (RUS) 47 Fh 35
Takazlı (TR) 89 Dd 51
32304 Takovo (SRB) 71 Ca 46
Talačyn (BY) 42 Ck 36
Talakivka (UA) 75 Dh 43
Talalajivka (UA) 59 Dd 40
06640 Talarrubias (E) 80 Se 51
38280* Talas (TR) 97 Df 52
45600 Talavera de la Reina (E) 81 Sf 51
Taldom (RUS) 43 Dh 34
33400 Talence (F) 66 Sk 46
Talica (RUS) 34 Fb 32
Talica (RUS) 36 Gc 33
Talica (RUS) 36 Gd 33
Talickij (RUS) 61 Ea 38
10111* Tallinn (EST) 30 Ce 31
91050 Tallsjö (S) 21 Bi 26
71640 Talluskylä (FIN) 22 Cg 27
Tally (RUS) 46 Fd 37
555700 Tălmaciu (RO) 72 Ce 45
85440 Talmont-Saint-Hilaire (F) 66 Si 44
Tal'ne (UA) 59 Da 42
Talovaja (RUS) 61 Ea 39
3201 Talsi (LV) 30 Cc 33
Taly (RUS) 61 Ea 41
Tamala (RUS) 61 Ed 38
37600 Tamames (E) 80 Sd 50
Taman (RUS) 35 Fg 31
Taman' (RUS) 75 Dg 45
Tamarë (AL) 86 Bk 48
07769 Tamarinda (E) 82 Ad 51
22550 Tamarite de Litera (E) 82 Aa 49
7090 Tamási (H) 71 Bi 44
Tambicy (RUS) 24 Df 28
Tambov (RUS) 44 Eb 38

200 | Stjørdalshalsen

Tambovka (RUS) 77 Eh 43
Tamdysaj (RUS) 64 Ff 40
Tamica (RUS) 24 Di 26
10600* Tammisaari = Ekenäs (FIN) 30 Cd 31
33002* Tampere (FIN) 30 Cd 29
46106* Tamsalu (EST) 30 Cg 31
5580 Tamsweg (A) 69 Bd 43
B78 Tamworth (GB) 52 Si 38
9840 Tanabru (N) 15 Ci 20
925200 Țăndărei (RO) 73 Ch 46
Tandsjöborg (S) 29 Be 29
2337 Tangen (N) 28 Bb 30
39517 Tangerhütte (D) 55 Bb 38
39590 Tangermünde (D) 55 Bb 38
99640 Tanhua (FIN) 15 Ch 23
46560 Tanır (TR) 98 Dg 52
99695 Tankavaara (FIN) 15 Ch 22
36142 Tann (Rhön) (D) 55 Ba 40
84094 Tännäs (S) 21 Bc 28
84098 Tänndalen (S) 21 Bc 28
91240 Tannila (FIN) 22 Cf 25
217535 Țântăreni (RO) 72 Cd 46
45700 Tanumshede (S) 28 Bb 32
Tanyeri (TR) 90 Dk 51
Tanyeri (TR) 91 Ec 51
Tanyolu (TR) 91 Ed 51
98039 Taormina (I) 84 Bf 53
45106* Tapa (EST) 30 Cf 31
33740 Tapia de Casariego (E) 80 Sd 47
Tapiau = Gvardejsk (RUS) 40 Cb 36
Tápiószecső (H) 71 Bk 43
8300 Tapolca (H) 70 Bh 44
7400 Taraclia (MD) 73 Ck 44
54750 Taraklı (TR) 88 Da 50
Taraksu (TR) 98 Dk 52
16400 Tarancón (E) 81 Sg 50
Taranivka (UA) 60 Dg 41
74100 Taranto (I) 85 Bh 50
69170 Tarare (F) 67 Ae 45
Tarašča (UA) 59 Da 41
13150* Tarascon (F) 67 Ae 47
Tarasiha (RUS) 45 Ee 34
Tarasivka (UA) 75 Dg 43
Tarasove, Klavdijevo- (UA) 59 Da 40
Tarasovo (RUS) 18 Eg 24
Tarasovskij (RUS) 61 Ea 42
Taratuhino (RUS) 43 Dg 37
PA60 Tarbert (GB) 50 Sd 33
Tarbert (IRL) 49 Sa 38
65000* Tarbes (F) 66 Aa 47
33017 Tarcento (I) 69 Bd 44
Tarčin (BIH) 71 Bi 47
09130 Tardajos (E) 81 Sg 48
98061 Tärendö (S) 15 Cc 23
Tărgovište (BG) 72 Cg 47
000130* Târgoviște (RO) 72 Cf 46
805200 Târgu Bujor (RO) 73 Ch 45
215500 Târgu Cărbunești (RO) 72 Cd 46
705300 Târgu Frumos (RO) 73 Ch 43
000210* Târgu Jiu (RO) 72 Cd 45
435600 Târgu Lăpuș (RO) 72 Cd 43
000540* Târgu Mureș (RO) 72 Ce 44
615200 Târgu Neamț (RO) 72 Cg 43
525400 Târgu Secuiesc (RO) 72 Cg 44
Tarhany (RUS) 45 Eh 35
11380 Tarifa (E) 92 Se 54
Tarkazy (RUS) 46 Fd 37
Tarlakovo (RUS) 43 Dg 34
6880 Tarm (DK) 38 Ai 35
92064 Tärnaby (S) 21 Bf 25
545600 Târnăveni (RO) 72 Ce 44
39-400 Tarnobrzeg (PL) 57 Cb 40
23-420 Tarnogród (PL) 57 Cc 40
Tarnogskij Gorodok (RUS) 33 Ed 30
33-100 Tarnów (PL) 57 Ca 40
74045 Tärnsjö (S) 29 Bg 30
Tårnvik (N) 14 Bf 23
3610-001* Tarouca (P) 80 Sc 49
01016 Tarquinia (I) 84 Bb 48
43001* Tarragona (E) 82 Ab 49
Tårrajaur (S) 14 Bk 24
25300 Tàrrega (E) 82 Ab 49
9830 Tårs (DK) 39 Bb 36
33400* Tarsus (TR) 97 De 54
40400 Tartas (F) 66 Sk 47
137435 Tărtășești (RO) 72 Cf 46
50103* Tartu (EST) 30 Cg 32
Tarumovka (RUS) 77 Eg 46
Tarusa (RUS) 43 Dh 36
Tarutino (RUS) 47 Ga 37
Tarutyne (UA) 73 Ck 44
Tarxien (M) 84 Be 55
Taşağıl (TR) 96 Db 54
Taşağıl (TR) 97 Dd 53
Tašan' (UA) 59 Db 40
Taşbaşı (TR) 91 Ed 50
48700 Taşbükü (TR) 96 Ci 54
Taşburun (TR) 91 Ee 51
Taşçapı (TR) 91 Ed 51
Taşdelen (TR) 98 Di 52
Taşevi (TR) 96 Da 52
83081 Täsjö (S) 21 Bf 26
42960 Taşkent (TR) 96 Dc 54
37400 Taşköprü (TR) 96 Db 52
Tašla (RUS) 63 Fc 39
Taşlıçay (TR) 91 Ed 51
445300 Tășnad (RO) 71 Cc 43
25530 Taşoluk (TR) 90 Dg 50
25530 Taşoluk (TR) 96 Da 52
05800 Taşova (TR) 90 Dg 50
25900 Taşpınar (TR) 97 De 52
69005 Tassin-la-Demi-Lune (F) 67 Ae 45
Taštimerovo (RUS) 47 Fi 37
Tastuba (RUS) 47 Fh 35
33900 Taşucu (TR) 97 Dd 54
2890 Tata (H) 71 Bi 43
2800 Tatabánya (H) 71 Bi 43
Tatal (RUS) 77 Eg 43
Tatanovo (RUS) 44 Eb 38
Tatarbunary (UA) 73 Ck 45
Tatarinka (RUS) 43 Dd 35
Tatarino (RUS) 60 Dk 40
Tatarka (BY) 42 Ci 37
Tatarka (RUS) 76 Eb 46
Tatarlı (TR) 96 Da 52
Tatarlı (TR) 97 De 53
Tatarskaja Dymskaja (RUS) 46 Fc 36
Tatarskaja Karabolka (RUS) 47 Gb 35
Tatarskaja Kargala (RUS) 64 Ff 39
Tatarskij Sajman (RUS) 45 Eh 37
Tataurovo (RUS) 33 Ed 32
Tataurovo (RUS) 34 Ek 33
Tatiščevo (RUS) 47 Ga 37
Tatiščevo (RUS) 62 Ef 39
Tatköy (TR) 96 Da 53
Tatlıkuyu (TR) 97 Dd 53
13200 Tatvan (TR) 99 Ec 52
4120 Tau (N) 28 Af 31
97941 Tauberbischofsheim (D) 54 Ak 41
04425 Taucha (D) 55 Bc 39
TA1 Taunton (GB) 52 Sg 39
72001* Tauragė (LT) 41 Cc 35
60061 Tautušiai (LT) 41 Cd 35
17600 Tavaklı İskele (TR) 87 Cg 51
20500* Tavas (TR) 96 Ck 53
Tavda (RUS) 37 Gf 32
92261 Tavelsjö (S) 22 Ca 26
46760 Tavernes de la Valldigna (E) 82 Sk 51
8800-209* Tavira (P) 92 Sc 53
PL19 Tavistock (GB) 52 Sf 40
42780 Tavşançalı (TR) 97 Dd 52
Tavşanlı (TR) 88 Ck 51
34003 Taxiárhes (GR) 94 Ce 52
66700 Tayfur (TR) 87 Cg 50
83-100 Tczew (PL) 40 Bi 36
427345 Teaca (RO) 72 Ce 44
81057 Teano (I) 85 Be 49
1224 Tearce (MK) 86 Cb 48
29327 Teba (E) 93 Sf 54
Teberda (RUS) 76 Eb 47
01890 Tecirli (TR) 97 Dg 53
805300 Tecuci (RO) 73 Ch 45
15600 Tefenni (TR) 96 Ck 53
5930 Tegelen (NL) 54 Ag 39
89501 Tegelträsk (S) 21 Bh 27
83684 Tegernsee (D) 69 Bb 43
Tëgrozëro (RUS) 33 Eb 29
Tehumardi (EST) 30 Cc 32
42240 Teil, le (F) 67 Ae 46
34260 Teisko (FIN) 30 Cd 29
515900 Teiuș (RO) 72 Cd 44
Tejkovo (RUS) 44 Ea 34
Teke (TR) 88 Ck 49
Tekeli (TR) 99 Ee 53
59000* Tekirdağ (TR) 88 Ch 50
Tekke (TR) 90 Dg 50
55300 Tekkeköy (TR) 90 Dg 49
55300 Tekkeköy (TR) 90 Dh 51
52330 Tekkiraz (TR) 90 Dh 50
25560 Tekman (TR) 91 Eb 51
31825 Teknepınar (TR) 97 Df 54
Tekun (RUS) 33 Ed 33
Tekun (RUS) 45 Ef 34
588 56 Telč (CZ) 56 Bf 41
Tel'č'e (RUS) 43 Dg 37
427355 Telciu (RO) 72 Ce 43
5800 Teleneşt' = Teleneşti (MD) 73 Ci 43
5800 Teleneşti (MD) 73 Ci 43
5800 Telenešty = Teleneşti (MD) 73 Ci 43
TF3 Telford (GB) 51 Sh 38
48291 Telgte (D) 54 Ah 39
Teljak, Ulu- (RUS) 47 Fg 36
Tel'manove (UA) 75 Di 43
87001* Telšiai (LT) 41 Cc 35
14513 Teltow (D) 55 Bd 38
45780 Tembleque (E) 81 Sg 51
06909 Temelli (TR) 89 Dc 51
21235* Temerin (SRB) 71 Bk 45
Temjasovo (RUS) 47 Fi 38
91950 Temmes (FIN) 22 Cf 26
Temnikov (RUS) 44 Ed 36
07029 Tempio Pausania (I) 83 Ak 50
Templemore = An Teampall Mór (IRL) 49 Sc 38
17268 Templin (D) 39 Bd 37
Temrjuk (RUS) 75 Dh 45
9140 Temse (B) 53 Ae 39
18355 Temska (SRB) 71 Cc 47
01970 Tenay (F) 68 Af 44
SA70 Tenby (GB) 52 Sf 39
06430 Tende (F) 68 Ah 46
10520 Tenhola = Tenala (FIN) 30 Cd 30
56027 Tenhult (S) 29 Be 33
Tenja (HR) 71 Bi 45
Ten'ki (RUS) 45 Ek 35
Tennäng (S) 29 Bd 29
9465 Tennevoll (N) 14 Bh 22
TN30 Tenterden (GB) 53 Aa 39
Teofipol' (UA) 58 Cg 41
99150 Tepasto (FIN) 15 Ce 23
21520 Tepe (TR) 99 Ea 53
Tepecik (TR) 96 Da 53
Tepecikören (TR) 97 Df 53
44860 Tepehan (TR) 98 Di 52
Tepelenë (AL) 86 Ca 50
364 61 Teplá (CZ) 55 Bc 41
Teplaja Gora (RUS) 36 Fk 32
415 01* Teplice (CZ) 55 Bd 40
Tepljaki (RUS) 46 Ff 34
Teploe (RUS) 43 Dh 37
Teplyj Stan (RUS) 46 Fa 36
Teplyk (UA) 58 Ck 42
99280 Tepsa (FIN) 15 Cf 23
64100 Teramo (I) 84 Bd 48
9560 Ter Apel (NL) 38 Ah 38
22-510 Teratyn (PL) 57 Cd 40
Terbuny (RUS) 60 Di 38
24800 Tercan (TR) 91 Ea 51
Terebovlja (UA) 58 Cf 41
Terebuš (RUS) 43 Di 36
327390 Teregova (RO) 71 Cc 45
Terek (RUS) 91 Ee 47
Terekli-Mekteb (RUS) 77 Ef 46
Teren'ga (RUS) 45 Ei 37
Terensaj (RUS) 64 Fk 39
21-550 Terespol (PL) 57 Cd 38
Teresva (UA) 57 Cd 42
Tereze (RUS) 76 Ec 47
Teriberka (RUS) 16 Df 21
Terjaevo (RUS) 43 Dg 34
50230 Terlemez (TR) 97 De 52
Termachivka (UA) 58 Ck 39
55600 Terme (TR) 90 Dg 49
90018 Termini Imerese (I) 84 Bd 53
86039 Termoli (I) 85 Be 48
4452* Ternberg (A) 70 Be 43
4530* Terneuzen (NL) 53 Ad 39
05100 Terni (I) 84 Bc 48
Ternivka (UA) 60 Dg 42
Ternivka (UA) 74 Dc 43
Ternopil' (UA) 58 Cf 41
Ternopol' = Ternopil' (UA) 58 Cf 41
Ternovka (RUS) 61 Eb 39
Ternovka (RUS) 61 Ec 39
Ternuvate (UA) 75 Dg 43
Terny (UA) 59 Dd 39
Terpinn'a (UA) 74 Df 44
04019 Terracina (I) 84 Bd 49
7980 Terråk (N) 21 Bc 25
09098 Terralba (I) 83 Ai 51
85030 Terranova di Pollino (I) 85 Bg 51
08221* Terrassa (E) 82 Ac 49
24120 Terrasson-la-Villedieu (F) 67 Ab 45
Tersa (RUS) 62 Eh 38
Tersi (RUS) 46 Fc 34
08047 Tertenia (I) 83 Ak 51
9769 Tervel (BG) 73 Ch 47
3728 Tērvete (LV) 41 Cd 34
72211 Tervo (FIN) 22 Cg 28
95300 Tervola (FIN) 22 Ce 24
Tešanj (BIH) 71 Bi 46
Teslić (BIH) 70 Bh 46
Tesovo (RUS) 43 De 35
Tesovo-Netyl'skij (RUS) 31 Db 32
18195 Tessin (D) 39 Bc 36
33260 Teste-de-Buch, La (F) 66 Si 46
9100 Tét (H) 70 Bh 43
17166 Teterow (D) 39 Bc 37
5700 Teteven (BG) 87 Ce 48
Tetijiv (UA) 58 Ck 41
Tetjuši (RUS) 45 Ei 36
Tetjušskoe (RUS) 45 Ei 36
Tëtkino (RUS) 59 De 39
7044 Tetovo (BG) 72 Cg 47
1200* Tetovo (MK) 86 Ca 48
Tetrino (RUS) 24 Di 24
Teučežsk = Adygejsk (RUS) 75 Dk 46
09019 Teulada (I) 83 Ai 52
64701 Teuva (FIN) 22 Cb 28
GL20 Tewkesbury (GB) 52 Sh 39
35010 Thafmakó (GR) 86 Cc 51
06502 Thale (D) 55 Bb 39
OX9 Thame (GB) 52 Sk 39
88150 Thaon-les-Vosges (F) 54 Ag 42
21520 Tharsis (E) 92 Sc 53
64004 Thássos (GR) 87 Ce 50
24210 Thenon (F) 67 Ab 45
35001 Theológos (GR) 87 Ce 50
30008 Thérmo (GR) 94 Cb 52
62129 Thérouanne (F) 53 Ac 40
54625* Thessaloníki (GR) 86 Cc 50
IP24 Thetford (GB) 53 Aa 38
Theth (AL) 86 Bk 48
36016 Thiene (I) 69 Bb 45
470* Þingeyri (IS) 48 Qg 25
Þingvellir (IS) 48 Qi 26
57100* Thionville (F) 54 Ag 41
Thiorihia Milou (GR) 94 Ce 54
84700 Thíra (GR) 95 Cf 54
YO7 Thirsk (GB) 51 Si 36
Thísbi (GR) 94 Cc 52
7700 Thisted (DK) 38 Ai 34
32200 Thíva (GR) 94 Cd 52
24800 Thiviers (F) 66 Aa 45
69550 Thizy (F) 67 Ae 44
01140 Thoissey (F) 67 Ae 44
84008 Tholária (GR) 95 Cf 54
Thomastown = Baile Mhic Andáin (IRL) 49 Sc 38
74200* Thonon-les-Bains (F) 68 Ag 44
04170 Thorame-Haute (F) 68 Ag 46
DN8 Thorne (GB) 51 Sk 37
DG3 Thornhill (GB) 51 Sg 35
100 Thorshavn = Tórshavn (FO) 50 Sd 28
680* Þórshöfn (IS) 48 Re 24
79100 Thouars (F) 66 Sk 44
35134 Thourie (F) 66 Si 43
8820 Thourout = Torhout (B) 53 Ad 39
H Þrándarjökull (IS) 48 Rf 26
3600* Thun (CH) 68 Ah 44
Thurles = Durlas (IRL) 49 Sc 38
KW14 Thurso (GB) 50 Sg 32
14220 Thury-Harcourt (F) 52 Sk 42
7680 Thyborøn (DK) 38 Ai 34
880 Þykkvibær (IS) 48 Qk 27
97540 Tiainen (FIN) 15 Cg 24
073 01 Tibava (SK) 57 Cc 42
54301 Tibro (S) 29 Be 32
817170 Tichilești (RO) 73 Ch 45
52201 Tidaholm (S) 29 Bd 32
54920 Tidan (S) 29 Be 32
47870 Tiedra (E) 80 Se 49
7450 Tiefencastel (CH) 69 Ak 44
4000* Tiel (NL) 54 Af 39
3390 Tielt (B) 53 Ad 40
3300 Tienen (B) 53 Ae 40
79761 Tiengen, Waldshut- (D) 68 Ai 43
81500 Tierp (S) 29 Bh 30
HS6 Tigharry (GB) 50 Sc 33
3200 Tighina (MD) 73 Ck 44
Tignăși (RO) 71 Cc 46
8237 Tihany (H) 70 Bh 44
Tihoreck (RUS) 76 Ea 45
Tihvin (RUS) 32 Dd 31
Tihvin Bor (RUS) 24 Df 28
Tiinsk (RUS) 45 Ek 36
62165 Tiistenjoki (FIN) 22 Cd 28
Tikša (RUS) 23 Dc 26
5000* Tilburg (NL) 54 Af 39
RM18 Tilbury (GB) 53 Aa 39
71001 Tílisos (GR) 95 Cf 55
4572 Tilža (LV) 42 Ch 34
Tim (RUS) 60 Dh 39
Timar (TR) 99 Ed 52
Timaševsk (RUS) 75 Di 45
70200 Timbáki (GR) 94 Ce 55
000300* Timișoara (RO) 71 Cb 45
23669 Timmendorfer Strand (D) 39 Ba 37
Timohino (RUS) 32 Dg 31
Timonino (RUS) 33 Eb 29
Timošino (RUS) 32 Dg 30
Timošino (RUS) 33 Ee 33
Timrå (S) 21 Bh 28
HS2 Timsgarry (GB) 50 Sc 32
417595 Tinca (RO) 71 Cb 44
61800 Tinchebray (F) 52 Sk 42
Tineo = Tinéu (E) 80 Sd 47
6360 Tinglev (DK) 38 Ak 36
36200 Tingsryd (S) 39 Be 34
62033 Tingstäde (S) 29 Bi 33
6630 Tingvoll (N) 20 Ai 28
84200 Tínos (GR) 95 Cf 53
35190 Tinténiac (F) 52 Si 42
Tiobraid Árann = Tipperary (IRL) 49 Sb 38
38079 Tione di Trento (I) 69 Ba 44
Tipperary = Tiobraid Árann (IRL) 49 Sb 38
Tiranë (AL) 86 Bk 49
23037 Tirano (I) 69 Ba 44
3300 Tiraspol (MD) 73 Ck 44
35900 Tire (TR) 95 Ch 52
28500 Tirebolu (TR) 90 Di 49
Tirljanskij (RUS) 47 Fi 36
40100 Tírnavos (GR) 86 Cc 51
5140 Tirnova (MD) 58 Ch 42
99871 Tirro (FIN) 15 Cg 22
95643 Tirschenreuth (D) 55 Bc 41
8400 Tirstrup (DK) 39 Ba 34
Tiškanka (RUS) 61 Ea 39
Tiškovo (RUS) 77 Ei 44
666 01* Tišnov (CZ) 56 Bg 41
5430 Tiszaföldvár (H) 71 Ca 44
6060 Tiszakécske (H) 71 Ca 44
4440 Tiszavasvári (H) 71 Cb 43
Titaševo (RUS) 46 Fb 37
21240 Titel (SRB) 71 Ca 45
79822 Titisee-Neustadt (D) 68 Ai 43
Titograd = Podgorica (SRB) 86 Bk 48
Titova, Ljalja- (RUS) 36 Gb 31
40000* Titova Mitrovica = Kosovska Mitrovica = Mitrovicë (RKS) 86 Ca 48
Titov Drvar (BIH) 70 Bg 46
Titovo (RUS) 44 Ed 37
Titovo Užice = Užice (SRB) 71 Cb 47
Titov Veles = Veles (MK) 86 Cb 49
7268 Titran (N) 20 Ai 27
84529 Tittmoning (D) 55 Bc 42
135500 Titu (RO) 72 Cf 46
64250 Tiukka = Tjöck (FIN) 22 Cb 28
85 320 Tivat (MNE) 86 Bi 48
EX16 Tiverton (GB) 52 Sg 40
Tivoli (I) 84 Bc 49
Tjahynka (UA) 74 Dc 44
59030 Tjällmo (S) 29 Bf 32
Tjålme (S) 14 Ca 22
Tjåmotis (S) 14 Bi 24
Tjarnír (IS) 48 Rb 25
Tjater-Araslanovo (RUS) 46 Fe 37
Tjautjas (S) 14 Ca 23
Tjentište (BIH) 71 Bi 47
64250 Tjöck (FIN) 22 Cb 28
3145 Tjøme (N) 28 Ba 31
620 Tjörn (IS) 48 Qk 25
8860 Tjøtta (N) 21 Bc 25
83005 Tjourenstugorna (S) 21 Bd 27
Tjubuk (RUS) 47 Ga 34
Tjul'gan (RUS) 64 Fg 38
Tjuli (RUS) 37 Gk 30
Tjuljači (RUS) 46 Fa 35
Tjuljuk (RUS) 47 Fi 36
Tjul'kino (RUS) 35 Fg 31
Tjumen' (RUS) 37 Gf 33
Tjunevo (RUS) 37 Gf 33
Tjurjuševo (RUS) 46 Fe 36
Tkon (HR) 70 Bf 47
Tljaumbetovo (RUS) 64 Fg 38
Tlumač (UA) 58 Cf 42
Tobar an Choire (IRL) 49 Sb 36
02500 Tobarra (E) 93 Si 52
Tobercurry = Tobar an Choire (IRL) 49 Sb 36
PA75 Tobermory (GB) 50 Sd 34
39034 Toblach = Dobbiaco (I) 69 Bc 44
Tobol'sk (RUS) 37 Gi 32
Tobol'skij (RUS) 65 Gb 39
Toboltura (RUS) 37 Gi 33
Tobseda (RUS) 18 Fc 22
Tobys' (RUS) 26 Fc 27
67010 Töcksfors (S) 28 Bb 31
Todal (N) 20 Ai 28
06059 Todi (I) 84 Bc 48
79674 Todtnau (D) 68 Ah 43
Tofickoe (RUS) 76 Ed 45
ZE2 Toft (GB) 50 Si 30
Tofte (N) 28 Ba 31
Toftlia (N) 14 Be 24
6520 Toftlund (DK) 38 Ak 35
69301 Toholampi (FIN) 22 Ce 27
Tohumluk (TR) 90 Di 50
37801 Toijala (FIN) 30 Cd 29
97701 Toivakka (FIN) 22 Cg 28
70901 Toivala (FIN) 23 Ch 28
Tokaj (H) 57 Cb 42
Tokarevka (RUS) 61 Eb 38
Tokari (RUS) 32 De 29
Tokari (RUS) 35 Fe 33
60000* Tokat (TR) 90 Dg 50
38960 Toklar (TR) 97 Dg 52
Tokluman (TR) 89 Dd 51
Tokmak (UA) 74 Df 43
80750 Tokmaklı (TR) 98 Dg 53
Toksovo (RUS) 31 Da 30
Tolbazy (RUS) 46 Ff 36
9300* Tolbuhin = Dobrič (BG) 73 Ch 47
45001* Toledo (E) 81 Sf 51
00059 Tolfa (I) 84 Bb 48
Tol'jatti = Stavropol'-na-Volgi (RUS) 45 Ek 37
82-340 Tolkmicko (PL) 40 Bk 36
29010 Tollarp (S) 39 Bd 35
Tolmači (RUS) 32 Df 33
Tolmačovo (RUS) 31 Ck 32
33028 Tolmezzo (I) 69 Bc 44
5220 Tolmin (SLO) 69 Bd 44
7130 Tolna (H) 71 Bi 44
20400 Tolosa (E) 81 Sh 47
97925 Tolva (FIN) 15 Ci 23
Tolvojarvi (RUS) 23 Db 28
Tolvuja (RUS) 24 Df 28
83646 Tölz, Bad (D) 69 Bb 43
Tomakivka (UA) 74 De 43
2300-303* Tomar (P) 80 Sb 51
Tomarovka (RUS) 60 Dg 40
38900* Tomarza (TR) 97 Df 52
Tomaševka (BY) 57 Cd 39
Tomašpil' (UA) 58 Ci 42
22-600 Tomaszów Lubelski (PL) 57 Cd 40
97-201* Tomaszów Mazowiecki (PL) 56 Bk 39
27301 Tomelilla (S) 39 Bd 35
13700 Tomelloso (E) 81 Sg 51

Tomelloso | 201

AB35 Tomintoul (GB) 50 Sg 33
6590 Tømmervåg (N) 20 Ah 27
TN11 Tonbridge (GB) 53 Aa 39
3460-519* Tondela (P) 80 Sb 50
6270 Tønder (DK) 38 Ai 36
3700 Tongeren (B) 54 Af 40
IV27 Tongue (GB) 50 Sf 32
Tonkino (RUS) 34 Eg 33
98710 Tonkopura (FIN) 15 Ci 24
17430 Tonnay-Charente (F) 66 Sk 45
47400 Tonneins (F) 66 Aa 46
89700 Tonnerre (F) 67 Ad 43
25832 Tönning (D) 38 Ai 36
Tonšaevo (RUS) 34 Eg 33
3101* Tønsberg (N) 28 Ba 31
4440 Tonstad (N) 28 Ag 32
61500 Tonya (TR) 90 Dk 50
Tõostamaa (EST) 30 Cd 32
50880 Topaklı (TR) 89 De 51
Topalki (RUS) 32 Dg 32
52910 Topçam (TR) 90 Dh 50
535700 Toplița (RO) 72 Cf 44
34310 Topola (SRB) 71 Ca 46
7512 Topolčani (MK) 86 Cb 49
955 01* Topoľčany (SK) 56 Bi 42
827220 Topolog (RO) 73 Ci 46
115500 Topoloveni (RO) 72 Cf 46
6560 Topolovgrad (BG) 87 Cg 48
4260 Topolovo (BG) 87 Cf 49
087225 Toporu (RO) 72 Cf 46
907285 Topraisar (RO) 73 Ci 46
Toprakkale (TR) 91 Ec 51
Toprakkale (TR) 97 Dg 53
Topsakal (TR) 99 Ee 52
36000 Toptaş (TR) 91 Ec 50
Torà (E) 82 Ab 49
Torbalı (TR) 95 Ch 52
TQ2 Torbay (GB) 52 Sg 40
Torbeevo (RUS) 44 Ed 36
2429 Tørberget (N) 29 Bc 29
47830 Tordehumos (E) 80 Se 49
47100 Tordesillas (E) 80 Se 49
95040 Töre (S) 22 Cc 25
54501 Töreboda (S) 29 Be 32
Torec'k (UA) 60 Dh 42
26093 Torekov (S) 39 Bc 34
08570 Torelló (E) 82 Ac 48
24450 Toreno (E) 80 Sd 48
04860 Torgau (D) 55 Bc 39
17358 Torgelow (D) 39 Be 37
37042 Torhamn (S) 39 Bf 34
8820 Torhout (B) 53 Ad 39
50160 Torigni-sur-Vire (F) 52 Sk 41
19190 Torija (E) 81 Sg 50
10100* Torino (I) 68 Ah 45
93101 Törmänen (FIN) 15 Ch 22
Tormosin (RUS) 61 Ec 42
982 01 Tornal'a (SK) 57 Ca 42
Torneträsk (S) 14 Bk 22
95450 Tornio (FIN) 22 Ce 25
32621 Toro (E) 80 Se 49
5200 Törökszentmiklós (H) 71 Ca 43
Toropec (RUS) 42 Db 34
Torošino (RUS) 31 Ci 33
3579 Torpo (N) 28 Ai 30
84013 Torpshammar (S) 21 Bg 28
7580-001 Torrão (P) 92 Sb 52
25746 Torreblanca (E) 82 Aa 50
14410 Torrecampo (E) 93 Sf 52
Torre de la Higuera (E) 92 Sd 53
80059 Torre del Greco (I) 85 Be 50
5160-003* Torre de Moncorvo (P) 80 Sc 49
23650 Torredonjimeno (E) 93 Sg 53
3870-301* Torreira (P) 80 Sb 50
28850 Torrejón de Ardoz (E) 81 Sg 50
28180 Torrelaguna (E) 81 Sg 50
39300 Torrelavega (E) 66 Sf 47
47134 Torrelobatón (E) 80 Se 49
10184 Torremocha (E) 80 Sd 51
29620 Torremolinos (E) 93 Sf 54
34305 Torremormojón (E) 81 Sf 49
46900 Torrent (E) 82 Sk 51
30700 Torre-Pacheco (E) 93 Sk 53
10066 Torre Pellice (I) 68 Ah 46
2350-409* Torres Novas (P) 80 Sb 51
2560-230* Torres Vedras (P) 80 Sa 51
03180 Torrevieja (E) 93 Sk 53
IV22 Torridon (GB) 50 Se 33
16029 Torriglia (I) 69 Ak 46
44421 Torrijas (E) 82 Sk 50
45500 Torrijos (E) 81 Sf 51
Tørring (DK) 38 Ak 35
17257 Torroella de Montgrí (E) 82 Ad 48
38501 Torsås (S) 40 Bg 34
Torsby (S) 29 Bd 30
100 Tórshavn (FO) 50 Sd 28
09312 Tórtoles de Esgueva (E) 81 Sf 49
08048 Tortolì (I) 83 Ak 51
15057 Tortona (I) 68 Ai 46
43500 Tortosa (E) 82 Aa 50
25430 Tortum (TR) 91 Eb 50
29800 Torul (TR) 90 Dk 50
87-100 Toruń (PL) 40 Bi 37
31403 Torup (S) 39 Bd 34
68604* Tõrva (EST) 30 Cf 32
Toržok (RUS) 43 De 33
66-235 Torzym (PL) 56 Bf 38
Tosbotn (N) 21 Bc 25
Toškurovo (RUS) 47 Fg 34
Tosno (RUS) 31 Da 31
17320 Tossa de Mar (E) 82 Ac 49
21255 Tostedt (D) 38 Ak 37
Tošviska (RUS) 18 Fc 23
37300 Tosya (TR) 89 De 49
30850 Totana (E) 93 Si 53
76890 Tôtes (F) 53 Ab 41
5940 Tótkomlós (H) 71 Ca 44
Tot'ma (RUS) 33 Ec 31
TQ9 Totnes (GB) 52 Sg 40
89130 Toucy (F) 67 Ad 43
54200* Toul (F) 54 Af 42
83000* Toulon (F) 68 Af 47
31000* Toulouse (F) 67 Ab 47
62520 Touquet-Paris-Plage, le (F) 53 Ab 40
59200 Tourcoing (F) 53 Ad 40
38110 Tour-du-Pin, la (F) 68 Af 45
7500 Tournai (B) 53 Ad 40
07300 Tournon-sur-Rhône (F) 67 Ae 45
71700 Tournus (F) 67 Ae 44
61190 Tourouvre (F) 53 Aa 42
37000* Tours (F) 66 Aa 43
28390 Toury (F) 53 Ab 42
Tova (RUS) 24 Ea 25
Tovarkovskij (RUS) 43 Di 37
Tovste (UA) 58 Cf 42
Tøymskardia (N) 21 Bd 25
63600 Töysä (FIN) 22 Cd 28
37173 Trabanca (E) 80 Sd 49
61000* Trabzon (TR) 90 Dk 50
91017 Tracino (I) 84 Bc 54
12330 Traiguera (E) 82 Aa 50
3153 Traisen (A) 56 Bf 42
2514* Traiskirchen (A) 70 Bg 43
76580 Trait, le (F) 53 Aa 41
21001 Trakai (LT) 41 Ce 36
Trakt (RUS) 26 Fb 28
Tralee = Trá Lí (IRL) 49 Sa 38
Trá Lí = Tralee (IRL) 49 Sa 38
SY21 Trallwng = Welshpool (GB) 52 Sg 38
07040 Tramariglio (I) 83 Ai 50
Trá Mhór (IRL) 49 Sc 38
Tramore = Trá Mhór (IRL) 49 Sc 38
2460 Trăn (BG) 86 Cc 48
57300* Tranås (S) 29 Be 32
85360 Tranche-sur-Mer, la (F) 66 Si 44
6420-623 Trancoso (P) 80 Sc 50
8305 Tranebjerg (DK) 39 Ba 35
51400 Tranemo (S) 29 Bd 33
70059 Trani (I) 85 Bg 49
8297 Tranøy (N) 14 Bf 22
78068 Transtrand (S) 29 Bd 29
91100 Trapani (I) 84 Bc 52
7092 Trăstenik (BG) 72 Ce 47
8128 Trăstikovo (BG) 88 Ch 48
4050 Traun (A) 55 Be 42
4801 Traunkirchen (A) 69 Bd 43
83278 Traunstein (D) 69 Bc 43
23570 Travemünde (D) 39 Ba 37
8105 Travers (CH) 68 Ag 44
72270* Travnik (BIH) 70 Bh 46
1420 Trbovlje (SLO) 70 Be 44
674 01 Třebíč (CZ) 56 Bf 41
89000* Trebinje (BIH) 86 Bi 48
87075 Trebisacce (I) 85 Bg 51
8210 Trebnje (SLO) 70 Be 45
379 01 Třeboň (CZ) 55 Be 42
NP22 Tredegar (GB) 52 Sg 39
LD7 Trefyclawdd = Knigthon (GB) 52 Sg 38
NP25 Trefynwy = Monmouth (GB) 52 Sh 39
SY25 Tregaron (GB) 52 Sg 38
22220 Tréguier (F) 52 Sg 42
89054 Trehörningsjö (S) 21 Bi 27
19260 Treignac (F) 67 Ab 45
49800 Trélazé (F) 66 Sk 43
23102* Trelleborg (S) 39 Bd 35
17390 Tremblade, la (F) 66 Si 45
08230 Tremblois-lès-Rocroi (F) 53 Ae 41
25620 Tremp (E) 82 Aa 48
914 01 Trenčianska Teplá (SK) 56 Bi 42
911 01 Trenčín (SK) 56 Bi 42
38100 Trento (I) 69 Bb 44
Trepça = Trepča (RKS) 86 Ca 48
Trepča = Trepça (RKS) 86 Ca 48
76470 Tréport, Le (F) 53 Ab 40
6391 Tresfjord (N) 20 Ah 28
09540 Trespaderne (E) 81 Sg 48
Třešť (CZ) 56 Bf 41
Trestino (RUS) 32 Dd 33
Trestna (RUS) 32 Df 33
Tretnica (RUS) 33 Ee 30
13530 Trets (F) 68 Af 47
Tretten (N) 28 Ba 29
91757 Treuchtlingen (D) 55 Ba 42
14929 Treuenbrietzen (D) 55 Bc 38
24047 Treviglio (I) 69 Ak 45
31100 Treviso (I) 69 Bc 45
01600 Trévoux (F) 67 Ae 45
34613 Treysa (D) 54 Ak 40
17525 Trgovište (SRB) 86 Cc 48
Triánda = Ialissos (GR) 96 Ci 54
18465 Tribsees (D) 39 Bc 36
75019 Tricarico (I) 85 Bg 50
73039 Tricase (I) 85 Bi 51
8784* Trieben (A) 70 Be 43
54290* Trier (D) 54 Ag 41
34100 Triest = Trieste (I) 69 Bd 45
34100* Trieste (I) 69 Bd 45
65220 Trie-sur-Baïse (F) 66 Aa 47
53076 Trígono (GR) 86 Cb 50
59032 Tríkala (GR) 86 Cb 51
37009 Trikéri (GR) 87 Cd 51
Trilj (HR) 70 Bg 47
Trim = Baile Átha Troim (IRL) 49 Sd 37
86290 Trimouille, la (F) 67 Ab 44
13039 Trino (I) 68 Ai 45
22101 Trípoli (GR) 94 Cc 53
27063 Tripótama (GR) 94 Cb 53
85700 Tristomo (GR) 95 Ch 55
147410 Trivalea-Moşteni (RO) 72 Cf 46
86029 Trivento (I) 85 Be 49
5350 Trjavna (BG) 87 Cf 48
917 01* Trnava (SK) 56 Bh 42
Trnovo (BIH) 71 Bi 47
Trockoe (RUS) 63 Fc 38
Trödje (S) 29 Bh 30
Troekurovo (RUS) 43 Dh 37
Troekurovo (RUS) 44 Dk 37
8680 Trofors (N) 21 Bd 25
Trogir (HR) 70 Bg 47
71029 Troia (I) 85 Bf 49
Troick (RUS) 47 Gb 36
Troick (RUS) 63 Fe 40
Troickaja (RUS) 75 Dk 46
Troickij (RUS) 36 Gd 33
Troickij Sungur (RUS) 45 Eh 37
Troickoe (RUS) 36 Gc 31
Troickoe (RUS) 46 Fc 37
Troickoe (RUS) 63 Fd 38
Troickoe (RUS) 64 Fg 38
Troickoe (RUS) 76 Ee 44
Troicko-Pečorsk (RUS) 27 Fg 28
94018 Troina (I) 84 Be 53
53840* Troisdorf (D) 54 Ah 40
4980 Trois-Ponts (B) 54 Af 40
7506 Trojaci (MK) 86 Cb 49
6491 Trojan (BG) 87 Ce 48
Trojic'ke (UA) 60 Di 41
Trojic'ke (UA) 73 Da 43
Trojic'ko-Safonove (UA) 74 Dc 43
46100* Trollhättan (S) 29 Bc 32
9006* Tromsø (N) 14 Bk 21
9107 Tromvik (N) 14 Bi 21
7010* Trondheim (N) 20 Ba 27
Trönninge (S) 39 Bc 34
7120 Tronvik (N) 28 Af 29
89861 Tropea (I) 84 Bf 52
Tropojë (AL) 86 Ca 48
61901 Trosa (S) 29 Bh 32
29033 Troškūnai (LT) 41 Ce 35
Trosna (RUS) 60 Df 38
Trostan' (RUS) 59 Dc 38
Trostjanec' (UA) 58 Ck 42
Trostjanec' (UA) 59 De 40
Trostjanskij (RUS) 61 Ed 40
14360 Trouville-sur-Mer (F) 53 Aa 41
BA14 Trowbridge (GB) 52 Sh 39
10000* Troyes (F) 53 Ae 42
Trpanj (HR) 85 Bh 47
81 437 Trsa (MNE) 86 Bi 47
Trstenik (HR) 85 Bh 48
37240* Trstenik (SRB) 71 Cb 47
37240* Trstenik (SRB) 86 Ca 48
Trsteno (HR) 85 Bh 48
Trubčevsk (RUS) 59 Dd 38
Trubetčino (RUS) 44 Dk 38
33100 Trubia (E) 80 Se 47
Trudfront (RUS) 77 Eh 45
Trufanova (RUS) 25 Ee 26
10200 Trujillo (E) 80 Se 51
TR1 Truro (GB) 52 Se 40
717400 Trușești (RO) 73 Ch 43
Truskavec' (UA) 57 Cd 41
Trusovo (RUS) 26 Fb 25
541 01* Trutnov (CZ) 56 Bf 40
88011 Tryškiai (LT) 41 Cc 34
64-980 Trzcianka (PL) 40 Bg 37
64-980 Trzcianka (PL) 57 Cb 39
66-320 Trzciel (PL) 56 Bf 38
73-100 Trzebiatów (PL) 39 Bf 36
55-100 Trzebnica (PL) 56 Bh 39
62-240 Trzemeszno (PL) 56 Bh 38
Tsamantás (GR) 86 Ca 51
Tscheljabinsk = Čeljabinsk (RUS) 47 Gb 35
Tschernobyl = Čornobyl' (UA) 59 Da 39
Tuaim = Tuam (IRL) 49 Sb 37
Tuam = Tuaim (IRL) 49 Sb 37
Tuapse (RUS) 75 Dk 46
72070* Tübingen (D) 54 Ak 42
Tubinskij (RUS) 47 Fi 38
11350 Tuchan (F) 82 Ac 48
89-500 Tuchola (PL) 40 Bh 37
Tuchol'ka (UA) 57 Cd 42
Tučkovo (RUS) 43 Dg 35
78-640 Tuczno (PL) 40 Bg 37
47320 Tudela de Duero (E) 81 Sf 49
46606 Tudu (EST) 30 Cg 31
72160 Tuffé (F) 53 Aa 42
9670 Tufjord (N) 15 Cd 19
Tugolukovo (RUS) 61 Eb 39
Tugulym (RUS) 37 Ge 33
Tugustemir (RUS) 64 Fg 38
88120 Tuhkakylä (FIN) 23 Ci 26
Tuhkala (RUS) 23 Da 25
36700 Tui (E) 80 Sb 48
Tuilsce (IRL) 49 Sb 37
Tujmazy (RUS) 46 Fd 36
Tukan (RUS) 47 Fh 37
Tukmačevo (RUS) 35 Ff 31
3101* Tukums (LV) 41 Cd 34
Tula (RUS) 43 Dh 36
Tulach Mhór = Tullamore (IRL) 49 Sc 37
000820* Tulcea (RO) 73 Ci 45
Tul'čyn (UA) 58 Ci 42
537330 Tulgheș (RO) 72 Cf 44
Tullamore = Tulach Mhór (IRL) 49 Sc 37
19000* Tulle (F) 67 Ab 45
38210 Tullins (F) 68 Af 45
3430 Tulln (A) 56 Bg 42
Tullow = An Tulach (IRL) 49 Sd 38
Tulos (RUS) 23 Da 27
Tulpan (RUS) 35 Fh 29
98840 Tulppio (FIN) 15 Ck 23
Tul'skij (RUS) 75 Ea 46
Tuma (RUS) 44 Ea 35
Tumak (RUS) 77 Ei 44
Tumannyj (RUS) 16 Df 22
Tumanovo (RUS) 43 De 35
14700* Tumba (S) 29 Bh 31
Tumbotino (RUS) 44 Ed 35
Tumutuk (RUS) 46 Fd 35
Tuna-Hästberg (S) 29 Bf 30
43900 Tunçbilek (TR) 88 Ck 51
62000 Tunceli (TR) 90 Dk 51
Tundra (RUS) 24 Ea 26
Tungozero (RUS) 23 Db 25
Tunnhovd (N) 28 Ai 30
98960 Tuntsa (FIN) 15 Ck 23
46110 Tuohikotti (FIN) 31 Ch 29
Turav (BY) 58 Ch 38
76201 Turba (EST) 30 Ce 31
Turbe (BIH) 70 Bh 46
Turbiv (UA) 58 Ci 41
000401* Turda (RO) 72 Cd 44
40370 Turégano (E) 81 Sf 49
62-700 Turek (PL) 56 Bi 38
Turek, Mari- (RUS) 45 Ek 34
Turgenevo (RUS) 44 Eb 35
Turgut (TR) 96 Ci 53
Turgut (TR) 96 Db 52
Turgutlu (TR) 95 Ch 52
48960 Turgutreis (TR) 95 Ch 54
60030* Turhal (TR) 90 Dg 50
72210* Türi (EST) 30 Cf 32
Turijs'k (UA) 57 Ce 39
10100 Turin = Torino (I) 68 Ah 45
Turinsk (RUS) 36 Gd 32
Turinskaja Sloboda (RUS) 37 Ge 33
46389 Turís (E) 82 Sk 51
Turiščevo (RUS) 43 De 38
Tur'ja (RUS) 26 Fa 28
8796 Türje (H) 70 Bh 44
Turka (UA) 57 Cd 41
Turki (RUS) 61 Ed 39
Türkmen (TR) 89 Df 49
46800 Türkoğlu (TR) 98 Dg 53
Turksad (RUS) 76 Ee 45
Turku (FIN) 30 Cc 30
Turlu (TR) 98 Dh 53
32004 Turmantas (LT) 41 Cg 35
Turnaeva (RUS) 37 Gg 33
Turnagöl (TR) 91 Ec 51
2300 Turnhout (B) 53 Ae 39
511 01 Turnov (CZ) 56 Bf 40
Turnovo (RUS) 44 Eb 36
145200 Turnu Măgurele (RO) 72 Ce 47
8864 Turrach, Predlitz- (A) 69 Bd 44
AB53 Turriff (GB) 50 Sh 33
023 54 Turzovka (SK) 56 Bi 41
Tuscania (I) 84 Bb 48
02350 Tut (TR) 98 Dh 53
Tutaev (RUS) 33 Dk 33
Tutak (TR) 91 Ec 51
36320 Tutin (SRB) 86 Ca 47
7600 Tutrakan (BG) 72 Cg 46
78532 Tuttlingen (D) 68 Ai 43
71201 Tuusniemi (FIN) 23 Ci 28
04380 Tuusula (FIN) 30 Cf 30
Tuutisjarvi (RUS) 15 Ck 24
36000 Tuygun (TR) 91 Ec 50
Tuža (RUS) 34 Eh 33
81 101 Tuzi (MNE) 86 Bk 48
75000* Tuzla (BIH) 71 Bi 46
907295 Tuzla (RO) 73 Ci 46
01915 Tuzla (TR) 97 De 52
01915 Tuzla (TR) 97 Df 54
Tuzlagözü (TR) 99 Eb 52
76900 Tuzluca (TR) 91 Ed 50
42290 Tuzlukçu (TR) 96 Db 52
Tuzly (UA) 73 Da 45
Tuzyaka (TR) 97 Dd 52
43010 Tvååker (S) 39 Bc 33
800 Tværá (FO) 50 Sd 29
Tvail (RUS) 26 Fe 27
92294 Tvärålund (S) 22 Bk 26
8890 Tvărdica (BG) 87 Cf 48
4900 Tvedestrand (N) 28 Ai 32
Tveitsund (N) 28 Ai 31
Tver' (RUS) 43 Df 34
Tverrelvmo (N) 14 Bk 22
800 Tvøroyri = Tværá (FO) 50 Sd 29
027 44 Tvrdošín (SK) 56 Bk 41
56-416 Twardogóra (PL) 56 Bh 39
Tychonovyči (UA) 59 Dc 39
43-100* Tychy (PL) 56 Bk 40
SA62 Tyddewi = Saint David's (GB) 52 Se 39
Tyfors (S) 29 Be 30
Tykovo (RUS) 33 Eb 32
38-450 Tylawa (PL) 57 Cb 41
Tylösand (S) 39 Bc 34
Tylovaj (RUS) 35 Fd 33
FK20 Tyndrum (GB) 50 Sf 34
NE30 Tynemouth (GB) 51 Si 35
Tyngsjö (S) 29 Bd 30
2500 Tynset (N) 20 Ba 28
93401 Tyrävaara (FIN) 23 Ci 25
28201 Tyringe (S) 39 Bd 34
3533 Tyristrand (N) 28 Ba 30
91800 Tyrnävä (FIN) 22 Cf 26
Tyrnovo (RUS) 43 Dh 36
Tyrnvauz (RUS) 76 Ec 47
Tyrnyauz (RUS) 76 Ec 47
Tyškivka (UA) 59 Da 42
Tysmenycja (UA) 57 Ce 42
5650 Tysse (N) 28 Af 30
5770 Tyssedal (N) 28 Ag 30
86061 Tytuvėnai (LT) 41 Cd 35
Tyvriv (UA) 58 Ci 41
LL36 Tywyn (GB) 52 Sf 38

U

Uachtar Ard = Oughterard (IRL) 49 Sa 37
14210 Ub (SRB) 71 Ca 46
23400 Úbeda (E) 93 Sg 52
8124* Übelbach (A) 70 Bf 43
88662 Überlingen (D) 69 Ak 43
11600 Ubrique (E) 92 Se 54
Učaly (RUS) 47 Fk 36
62700 Üçdam (TR) 91 Ea 51
42317 Ucero (E) 81 Sg 49
Üçgözeler (TR) 91 Ee 51
Üçharman (TR) 97 Dd 53
31600 Uchte (D) 54 Ai 38
Uchvala (BY) 42 Ck 36
Učkeken (RUS) 76 Ec 47
TN22 Uckfield (GB) 53 Aa 40
Učkulan (RUS) 76 Ec 47
Üçpınar (TR) 96 Dc 53
Udačnoe (RUS) 77 Eg 43
Udbina (HR) 70 Bf 46
68340 Uddeholm (S) 29 Bd 30
45101* Uddevalla (S) 28 Bb 32
Uddheden (S) 29 Bc 31
Udel'no-Duvanej (RUS) 46 Ff 35
Udimskij (RUS) 34 Ef 29
33100 Udine (I) 69 Bd 44
Udobnaja (RUS) 76 Eb 46
Ūdri (LV) 30 Ce 33
Udy (UA) 60 Dg 40
17373 Ueckermünde (D) 39 Be 37
29525 Uelzen (D) 39 Ba 38
Ufa (RUS) 46 Ff 36
97215 Uffenheim (D) 55 Ba 41
Ufimskij (RUS) 47 Fi 34
3615 Ugāle (LV) 30 Cc 33
36313 Ugao (SRB) 86 Ca 47
73059 Ugento (I) 85 Bi 51
9800 Uggerby (DK) 28 Ba 33
18480 Ugíjar (E) 93 Sg 54
73400 Ugine (F) 68 Ag 45
Ugleural'skij (RUS) 35 Fh 32
Uglič (RUS) 32 Di 33
Uglickij (RUS) 47 Ga 37
Ugljan (HR) 70 Bf 46
Uglovka (RUS) 32 Dd 32
Ugra (RUS) 43 De 36
19410 Uğurludağ (TR) 89 De 50
686 01* Uherské Hradiště (CZ) 56 Bh 41
687 34* Uherský Brod (CZ) 56 Bh 41
Uholovo (RUS) 44 Ea 37
Uhta (RUS) 26 Fd 27
IV55 Uig (GB) 50 Sd 33
81281 Uimaharju (FIN) 23 Da 28
Uinskoe (RUS) 47 Fg 34
9980 Uithuizen (NL) 38 Ag 37
64-850 Ujście (PL) 40 Bg 37
Ujskoe (RUS) 47 Ga 36
20001* Ukmergė (LT) 41 Ce 35
Ukrainka (RUS) 63 Fb 38
Ukrajinka (UA) 59 Da 40

202 | Tomintoul

Uksora (RUS) 25 Eb 28
Ula (BY) 42 Ck 35
8640 Ula (TR) 96 Ci 53
Uladivka (UA) 58 Ci 41
Ulan Ėrge (RUS) 76 Ee 44
Ulan-Hol (RUS) 77 Eg 45
Ul'anivs'ke (UA) 75 Di 43
3590 Ulaş (TR) 88 Ch 49
3590 Ulaş (TR) 90 Dh 51
Ulaşar (TR) 99 Ed 52
5 360* Ulcinj (MNE) 86 Bk 49
0006* Uleåborg (FIN) 22 Cf 25
830 Ulefoss (N) 28 Ak 31
4279 Uleila del Campo (E) 93 Sh 53
990 Ulfborg (DK) 38 Ai 34
7900 Ulgardereköy (TR) 87 Cg 50
Ulitino (RUS) 24 Dk 28
Ul'janiha (RUS) 32 Dh 32
Uljanivka (UA) 59 Da 42
Ul'janovo (RUS) 41 Cc 36
Ul'janovsk = Simbirsk (RUS) 45 Ei 36
7032 Ullånger (S) 21 Bi 27
V26 Ullapool (GB) 50 Se 33
1060 Ullared (S) 29 Bc 33
8042 Ullatti (S) 15 Cb 23
8370 Ullava (FIN) 22 Cd 27
3550 Ulldecona (E) 82 Aa 50
Ullfors (S) 29 Bh 30
9073* Ulm (D) 54 Ak 42
17190 Ulmu (RO) 73 Ch 46
Ulog (BIH) 71 Bi 47
2301 Ulricehamn (S) 29 Bd 33
970 Ulrum (NL) 38 Ag 37
E2 Ulsta (GB) 50 Si 30
065 Ulsteinvik (N) 20 Af 28
4900 Ulubey (TR) 90 Dh 50
4900 Ulubey (TR) 96 Ck 52
2650 Uluborlu (TR) 96 Da 52
9000 Uluçayır (TR) 88 Da 51
1825 Uluçınar (TR) 97 Df 54
5660 Uluderbent (TR) 96 Ci 52
Uludere (TR) 99 Ec 53
Ulukışla (TR) 97 De 53
Uluköy (TR) 87 Cg 51
Ulu-Teljak (RUS) 47 Fg 36
A12 Ulverston (GB) 51 Sg 36
730 Ulvik (N) 28 Ag 30
39399 Ulvöhamn (S) 21 Bi 27
3276 Ulvsvåg (N) 14 Bf 22
Umag (HR) 69 Bd 45
Uman' (UA) 59 Da 42
Umba (RUS) 16 De 24
0001* Umeå (S) 22 Ca 27
Umet (RUS) 61 Ec 38
Umraniye (TR) 88 Db 51
6630 Umurbey (TR) 87 Cg 50
Umurca (TR) 90 Dh 50
9000 Umurlu (TR) 99 Ec 53
Una (RUS) 24 Di 26
420 Unaðsdalur (IS) 48 Qh 24
6910 Unaja (FIN) 30 Cb 29
9760 Unari (FIN) 15 Cf 23
3600 Unčen' = Ungheni (MD) 73 Ch 43
3600 Unčeny = Ungheni (MD) 73 Ch 43
54693 Undenäs (S) 29 Be 32
33010 Undersåker (S) 21 Bd 27
Undersvik (S) 29 Bg 29
Undozero (RUS) 24 Di 28
Unduksa (RUS) 24 De 25
Uneča (RUS) 42 Dc 38
Unežma (RUS) 24 Dg 27
3600 Ungheni (MD) 73 Ch 43
117780 Ungheni (RO) 72 Ce 46
Ungor (RUS) 44 Eb 36
Uni (RUS) 34 Fb 33
783 91* Uničov (CZ) 56 Bh 41
77-116 Uniechowo (PL) 40 Bh 36
99-210 Uniejów (PL) 56 Bi 39
30360 Unión, La (E) 93 Sk 53
Unkurda (RUS) 47 Fk 35
59423* Unna (D) 54 Ah 39
82008 Unterhaching (D) 55 Bb 42
52300 Ünye (TR) 90 Dh 49
Unža (RUS) 33 Ed 32
Unže-Pavinskoe (RUS) 36 Gd 32
Upolokša (RUS) 16 Db 23
Upornaja (RUS) 76 Ea 46
74174* Uppsala (S) 29 Bh 31
Uraguba (RUS) 16 Dc 21
Uraj (RUS) 37 Ge 30
Ural'sk (RUS) 47 Fk 36
Uralškij (RUS) 35 Ff 33
Ural'skij (RUS) 63 Fb 39
Ural'skij, Kamensk- (RUS) 47 Gb 34
Ural'skij, Pokrovsk- (RUS) 36 Fk 30
Ural'skoe (RUS) 64 Fi 38
Uranbaš (RUS) 63 Fe 38
Urazmet'evo (RUS) 47 Fg 34
Urazmetovo (RUS) 46 Ff 37
Urazovka (RUS) 45 Ef 35
Urazovo (RUS) 60 Di 40
Urban (RUS) 76 Ed 47
61029 Urbino (I) 69 Bc 47
03360 Urçay (F) 67 Ac 44
02000 Urcel (F) 53 Ad 41
Urdoma (RUS) 34 Ei 29
Uren' (RUS) 34 Ef 33
Urfa = Şanlı Urfa (TR) 98 Di 53
Urgala (RUS) 47 Fk 35
50400 Ürgüp (TR) 97 De 52
31761 Urjala (FIN) 30 Cd 29
Urjupinsk (RUS) 61 Ec 40
8320 Urk (NL) 38 Af 38
35430 Urla (TR) 95 Cg 52
106300 Urlaţi (RO) 72 Cg 46
Urlingford = Áth na nUr-lainn (IRL) 49 Sc 38
Urljadinskij (RUS) 47 Fk 36
Urmary (RUS) 45 Eh 35
Urnes (N) 28 Ah 29
Urodovo (RUS) 33 Ee 31
Urolka (RUS) 35 Ff 31
70000* Uroševac = Ferizaj (RKS) 86 Cb 48
Urosozero (RUS) 24 De 27
Uršakbaškaramaly (RUS) 46 Ff 37
Uršel'skij (RUS) 44 Ea 35
Urtazy (RUS) 64 Fi 38
Uruč'e (RUS) 43 Dd 38
Üründü (TR) 96 Db 53
Urup (RUS) 76 Eb 47
06840 Urus (TR) 89 Dc 50
Urusova (RUS) 36 Gd 32
Urussu (RUS) 46 Fd 36
925300 Urziceni (RO) 72 Cg 46
Uržum (RUS) 34 Fa 33
Us (RUS) 36 Fk 32
Usačevskaja (RUS) 32 Di 29
Ušačy (BY) 42 Ci 35
Usadišče (RUS) 32 Dd 31
06290 Usagre (E) 92 Sd 52
64000* Uşak (TR) 96 Ck 52
Usakly (RUS) 47 Fh 36
36342 Ušće (SRB) 71 Ca 47
Uschodni (BY) 42 Ch 37
17406 Usedom (D) 39 Bd 37
Useninovo (RUS) 36 Gd 32
Usen'-Ivanovskoe (RUS) 46 Fe 36
Usinsk (RUS) 27 Fh 25
5463 Uskedalen (N) 28 Af 31
34000 Üsküdar (TR) 88 Ck 49
37170 Uslar (D) 54 Ak 39
Usman' (RUS) 60 Db 38
Usmyn' (RUS) 42 Db 35
Usol'e (RUS) 45 Ek 37
Usol'e (RUS) 35 Fg 31
Usovo (RUS) 34 Eg 29
Usovo (RUS) 44 Ec 38
Uspenivka (UA) 75 Dg 43
Uspenka (UA) 60 Dk 42
Uspenskaja (RUS) 76 Eb 45
Uspenskij (RUS) 61 Eb 40
Uspenskoe (RUS) 60 Dh 38
Uspenskoe (RUS) 76 Eb 46
19200* Ussel (F) 67 Ac 45
Ust'-Bagarjak (RUS) 47 Gb 34
Ust'-Černaja (RUS) 35 Fc 30
Ust'-Čil'ma (RUS) 26 Fc 25
Ust'-Čorna (UA) 57 Cd 42
Ust'-Dolyssy (RUS) 42 Ck 34
Ust'-Doneckij (RUS) 76 Ea 43
Ust-Džeguta (RUS) 76 Eb 46
Ust'-Džeguta (RUS) 76 Eb 46
Ust'e (RUS) 33 Dk 31
8610 Uster (CH) 68 Ai 43
Ust'-Grjaznovskij (RUS) 61 Ec 42
Ust'-Ilyč (RUS) 27 Fg 28
400 01* Ústí nad Labem (CZ) 55 Be 40
562 01* Ústí nad Orlicí (CZ) 56 Bg 41
Ustinov = Iževsk (RUS) 46 Fd 34
Ustiprača (BIH) 71 Bk 47
Ust'-Ižma (RUS) 26 Fc 25
Ust'-Jutuz (RUS) 47 Fh 34
Ustjužina (RUS) 32 Dg 32
76-270 Ustka (PL) 40 Bg 36
Ust'-Katav (RUS) 47 Fi 36
Ust'-Kil'mez' (RUS) 46 Fa 34
Ust'-Kišert' (RUS) 35 Fh 33
Ust'-Koin (RUS) 26 Fb 27
Ust'-Konža (RUS) 24 Di 27
Ust'-Kulom (RUS) 35 Fd 29
Ust'-Labinsk (RUS) 75 Dk 45
Ust'-Luga (RUS) 31 Ci 31
Ust'-Lyža (RUS) 27 Fg 25
Ust'-Nem (RUS) 35 Fe 29
Ust'-Nicinskoe (RUS) 37 Ge 33
Ust'-Njafta (RUS) 25 Ee 25
Ust'-Očeja (RUS) 26 Ei 28
Ust'-Onolva (RUS) 35 Fe 31
Ust'-Pečengskoe (RUS) 33 Ec 31
Ust'-Pinega (RUS) 25 Eb 26
Ust'-Poča (RUS) 25 Ed 26
Ust'-Poryš (RUS) 35 Fd 30
Ust'-Požva (RUS) 35 Fg 31
Ust'-Pyš'ja (RUS) 35 Ff 31
Ustreka (RUS) 32 De 32
Ust'-Reka (RUS) 32 Dh 29
78-111 Ustronie Morskie (PL) 39 Bf 36
38-700 Ustrzyki Dolne (PL) 57 Cc 41
38-714 Ustrzyki Górne (PL) 57 Cc 41
Ust'-Šonoša (RUS) 33 Eb 29
Ust'-Un'ja (RUS) 27 Fh 29
Ust'-Utka (RUS) 36 Fk 33
Ust'-Vačerga (RUS) 25 Eh 27
Ust'-Vaen'ga (RUS) 25 Ec 27
Ust'-Vaga (RUS) 25 Ec 28
Ust'-Voja (RUS) 27 Fh 26
Ust'-Vyjskaja (RUS) 25 Eg 28
Ust'-Vym' (RUS) 26 Fa 28
Ustyluh (UA) 57 Ce 40
Ustynivka (UA) 74 Dc 43
Ust'-Zula (RUS) 35 Fe 31
Ušur (RUS) 35 Fd 33
Us'va (RUS) 35 Fh 32
Usvjaty (RUS) 42 Da 35
91601 Utajärvi (FIN) 22 Cg 26
28001* Utena (LT) 41 Cf 35
Utera (E) 92 Se 53
Utevka (RUS) 46 Fa 38
Utka, Ust'- (RUS) 36 Fk 33
Utorgoš (RUS) 31 Da 32
3500* Utrecht (NL) 54 Af 38
99981 Utsjoki (FIN) 15 Ch 21
Utta (RUS) 77 Ef 44
ST14 Uttoxeter (GB) 51 Si 38
6797 Utvik (N) 20 Ag 29
Uuksu (RUS) 31 Db 29
41231 Uurainen (FIN) 22 Cf 28
66900 Uusikaarlepyy = Nykarleby (FIN) 22 Cc 27
23501 Uusikaupunki (FIN) 30 Cb 30
Uva (RUS) 46 Fc 34
Uvaravičy (BY) 59 Da 38
Uvarovica (RUS) 33 Eb 31
Uvarovka (RUS) 43 Df 35
Uvarovo (RUS) 45 Ee 37
Uvarovo (RUS) 61 Ec 39
Uvat (RUS) 37 Gi 31
3632 Uvdal (N) 28 Ai 30
Uvel'skij (RUS) 47 Gb 36
33027 Uviéu = Oviedo (E) 80 Se 47
Uzda (BY) 42 Ch 37
19140 Uzerche (F) 67 Ab 45
30700 Uzès (F) 67 Ae 46
Užgorod = Užhorod (UA) 57 Cc 42
Užhorod (UA) 57 Cc 42
31000* Užice (SRB) 71 Cb 47
Uzjan (RUS) 47 Fh 37
Uzjanbaš (RUS) 47 Fi 37
Uzjukovo (RUS) 45 Ek 37
Uzlovaja (RUS) 43 Di 37
Užovka (RUS) 45 Ee 36
Üzümlü (TR) 90 Dk 51
Üzümlü (TR) 96 Ck 54
Üzümlü (TR) 96 Db 53
26750 Uzunburun (TR) 88 Db 51
33975 Uzuncaburç (TR) 97 Dd 54
25440 Uzundere (TR) 91 Eb 50
61940 Uzungöl (TR) 91 Ea 50
22200 Uzunköprü (TR) 87 Cg 49
Uzunkuyu (TR) 95 Cg 52
Uzunkuyu (TR) 97 Dd 53
Uzunpınar (TR) 96 Da 52
Uzunpınar (TR) 98 Dg 52
Uzunyol (TR) 91 Ee 51
86036 Užventis (LT) 41 Cc 35
Uzyn (UA) 59 Da 41

V

17200* Vääksy = Asikkala (FIN) 30 Cf 29
91701 Vaala (FIN) 22 Cg 26
99710 Vaalajärvi (FIN) 15 Cg 23
49930 Vaalimaa (FIN) 31 Ch 30
65100* Vaasa (FIN) 22 Cb 27
41033 Vabalninkas (LT) 41 Ce 35
2600 Vác (H) 71 Bk 43
Vača (RUS) 23 Dd 27
Vača (RUS) 44 Ec 35
14320 Vacar, El (E) 93 Sf 52
36404 Vacha (D) 55 Ba 40
Vad (RUS) 45 Ee 35
Vadfoss-Helle (N) 28 Ak 32
6996 Vadheim (N) 28 Af 29
Vadino (RUS) 43 Dd 35
Vadinsk (RUS) 44 Ed 37
9800 Vadsø (N) 15 Ck 20
59201 Vadstena (S) 29 Be 32
2046 Vadul lui Voda (MD) 73 Ck 43
9490 Vaduz (FL) 69 Ak 43
4873 Væggerløse (DK) 39 Bb 36
8185 Vågaholmen (N) 14 Bd 24
Vagaj (RUS) 37 Gi 33
2682 Vågåmo (N) 20 Ak 29
Våge (N) 28 Ah 33
56701 Vaggeryd (S) 29 Be 33
Văglevci (BG) 87 Cf 48
61070 Vagnhärad (S) 29 Bh 32
91050 Vägsele (S) 21 Bi 26
Vågsjöfors (S) 29 Bd 30
900 Vágur (FO) 50 Sd 29
66501 Vähäkyrö (FIN) 22 Cc 27
Vahnevo (RUS) 34 Ef 31
Vahnovo (RUS) 60 Dh 38
Vahruši (RUS) 34 Fa 32
Vahtan (RUS) 34 Eg 33
Vai (GR) 95 Cg 55
53480 Vaiges (F) 52 Sk 42
71665 Vaihingen an der Enz (D) 54 Ai 42
3435 Vaiņode (LV) 40 Cb 34
Vaisaluoktastugan (S) 14 Bh 23
84110* Vaison-la-Romaine (F) 68 Af 46
Vajdaguba (RUS) 16 Dc 21
2060 Vakarel (BG) 87 Cd 48
16021 Vakıf (TR) 87 Cg 50
9672 Vaklino (BG) 73 Ci 47
5725 Vaksdal (N) 28 Af 30
83012 Vålådalen (S) 21 Be 27
2460 Valandovo (MK) 86 Cc 49
756 63* Valašské Meziříčí (CZ) 56 Bh 41
81801 Valbo (S) 29 Bh 30
3650 Vălčedrăm (BG) 72 Cd 47
9280 Vălčidol (BG) 73 Ch 47
36078 Valdagno (I) 69 Bb 45
Valdaj (RUS) 24 Df 27
Valdaj (RUS) 32 Dd 33
88340 Val-d'Ajol, le (F) 68 Ag 43
3260 Valdemārpils (LV) 30 Cc 33
61501 Valdemarsvik (S) 29 Bg 32
13300 Valdepeñas (E) 93 Sg 52
23150 Valdepeñas de Jaén (E) 93 Sg 53
24220 Valderas (E) 80 Se 48
44580 Valderrobres (E) 82 Aa 50
12010 Valdieri (I) 68 Ah 46
73150* Val-d'Isère (F) 68 Ag 45
Val'divatskoe (RUS) 45 Eg 36
917275 Valea Argovei (RO) 72 Cg 46
415700 Valea lui Mihai (RO) 71 Cc 43
807320 Valea Mărului (RO) 73 Ch 45
4930-587* Valença do Minho (P) 80 Sb 48
36600 Valençay (F) 67 Ab 43
82400 Valence (F) 66 Aa 46
82400 Valence (F) 67 Ae 46
32310 Valence-sur-Baïse (F) 66 Aa 47
46001 València (E) 82 Sk 51
46001 Valencia = València (E) 82 Sk 51
10500 Valencia de Alcántara (E) 80 Sc 51
24200 Valencia de Don Juan (E) 80 Se 48
59300 Valenciennes (F) 53 Ad 40
237520 Văleni (RO) 72 Ce 46
15048 Valenza (I) 68 Ai 45
Våler (N) 28 Bb 30
Valerianovsk (RUS) 36 Fk 32
68203* Valga (EST) 30 Cg 33
94302 Valjala (EST) 30 Cc 32
14000* Valjevo (SRB) 71 Bk 46
Valjok (N) 15 Cf 21
4701 Valka (LV) 30 Cg 33
37860 Valkeakoski (FIN) 30 Ce 29
5550* Valkenswaard (NL) 54 Af 39
Valki (RUS) 45 Ee 34
65063 Valkininkai (LT) 41 Ce 36
Valky (UA) 60 Df 41
47001* Valladolid (E) 81 Sf 49
Valldemosa (E) 82 Ac 51
12600 Vall d'Uixó, La (E) 82 Sk 51
Valle (N) 28 Ah 31
39510 Valle (Valle de Cabuérniga) (E) 66 Sf 47
93010 Vallen (S) 22 Cb 26
56179 Vallendar (D) 54 Ah 40
18600* Vallentuna (S) 29 Bi 31
44330 Vallet (F) 66 Si 43
Valletta (M) 84 Be 55
74150 Vallières (F) 67 Ac 45
84078 Vallo della Lucania (I) 85 Bf 50
1337 Vallorbe (CH) 68 Ag 44
43800 Valls (E) 82 Ab 49
82011 Vallsta (S) 29 Bg 29
4201* Valmiera (LV) 30 Cf 33
50700 Valognes (F) 52 Si 41
Valøy (N) 20 Ba 26
Valožyn (BY) 41 Cg 36
5430-407* Valpaços (P) 80 Sc 49
Valpovo (HR) 71 Bi 45
84600 Valréas (F) 67 Ae 46
7318 Valset (N) 20 Ak 27
83067 Valsjöbyn (S) 21 Be 26
07600 Vals-les-Bains (F) 67 Ae 46
75701 Valtimo (FIN) 23 Ci 27
Valujki (RUS) 60 Di 40
21600 Valverde del Camino (E) 92 Sd 53
06130 Valverde de Leganés (E) 92 Sd 52
10890 Valverde del Fresno (E) 80 Sd 50
Valyevka (RUS) 76 Ed 44
907163 Vama Veche (RO) 73 Ci 47
38211 Vammala (FIN) 30 Cc 29
73008 Vámos (GR) 94 Ce 55
32610 Vampula (FIN) 30 Cc 29
65000* Van (TR) 99 Ed 52
Vanda (RUS) 32 Dg 31
01002* Vanda = Vantaa (FIN) 30 Ce 30
87701 Vändra (EST) 30 Cf 32
Vandyš (RUS) 34 Ei 29
46200 Vänersborg (S) 29 Bc 32
Vang (N) 28 Ai 29
2136 Vangaži (LV) 30 Ce 33
88050 Vängel (S) 21 Bg 27
6894 Vangsnes (N) 28 Ag 29
225400 Vânju Mare (RO) 71 Cc 46
9136 Vannareid (N) 14 Bk 20
91101 Vännäs (S) 22 Bk 27
91135 Vännäsby (S) 22 Bk 27
56000* Vannes (F) 66 Sh 43
Vannvikan (N) 20 Ba 27
07140 Vans, les (F) 67 Ae 46
78050 Vansbro (S) 29 Be 30
4560 Vanse (N) 28 Ag 32
01002* Vantaa (FIN) 30 Ce 30
97625 Vanttauskoski (FIN) 15 Cg 24
Vapna (RUS) 25 Ee 27
Vapnjarka (UA) 58 Ci 42
53401 Vara (S) 29 Bc 32
74670 Varaslahti (FIN) 22 Cg 27
44370 Varades (F) 66 Si 43
13019 Varallo (I) 68 Ai 45
Varandej (RUS) 19 Fi 22
9840 Varangerbotn (N) 15 Ci 20
Varapaeva (BY) 42 Ch 35
Varaždin (HR) 70 Bg 44
17019 Varazze (I) 68 Ai 46
43200* Varberg (S) 39 Bc 33
5845 Vărbica (BG) 72 Cg 47
Vårby (S) 29 Bh 31
6800 Varde (DK) 38 Ai 35
9950 Vardø (N) 16 Db 20
Varegovo (RUS) 33 Dk 33
95300 Varejoki (FIN) 22 Ce 24
26316 Varel (D) 38 Ai 37
65001 Varėna (LT) 41 Ce 36
Varenikovskaja (RUS) 75 Dh 45
Varenikovskij (RUS) 76 Ee 46
Varenikovskoe (RUS) 76 Ee 46
03150 Varennes-sur-Allier (F) 67 Ad 44
Vareš (BIH) 71 Bi 46
21100 Varese (I) 68 Ai 45
717450 Vârful Câmpului (RO) 72 Cg 43
317390 Vârfurile (RO) 71 Cc 44
44700 Vårgårda (S) 29 Bc 32
Vargiádes (GR) 86 Ca 51
46821 Vargön (S) 29 Bc 32
4360 Varhaug (N) 28 Af 32
09120 Varilhes (F) 82 Ab 47
83660 Varislahti (FIN) 23 Ci 28
78900 Varkaus (FIN) 23 Ch 28
Varlamovo (RUS) 47 Ga 36
560 Varmahlíð (IS) 48 Ql 25
9000* Varna (BG) 73 Ch 47
Varna (RUS) 47 Gb 37
33101* Värnamo (S) 29 Be 33
Varnavino (RUS) 34 Ef 33
Varnek (RUS) 19 Ga 21
53273 Varnhem (S) 29 Bd 32
88050 Varniai (LT) 41 Cc 35
60302 Varnja (EST) 31 Ch 32
Varnjany (BY) 41 Cg 36
460 05 Varnsdorf (CZ) 55 Be 40
Varntresk (N) 21 Be 25
73201 Varpaisjärvi (FIN) 23 Ch 27
8100 Várpalota (H) 71 Bi 43
3540 Văršec (BG) 72 Cd 47
6170 Vartdal (N) 20 Ag 28
71150 Vartiala (FIN) 23 Ci 28
49600 Varto (TR) 91 Eb 51
147428 Vârtoapele de Sus (RO) 72 Cf 46
Varva (UA) 59 Dc 40
37260 Varvarin (SRB) 71 Cb 47
27057 Varzi (I) 69 Ak 46
Varzino (RUS) 17 Di 22
Varzuga (RUS) 16 Dg 24
58210 Varzy (F) 67 Ad 43
65100* Vasa = Vaasa (FIN) 22 Cb 27
4800 Vásárosnamény (H) 57 Cc 42
Väsby (S) 29 Bh 31
Vasilevičy (BY) 58 Ck 38
Vasil'evka (RUS) 61 Ea 40
Vasil'evo (RUS) 31 Ch 33
Vasilevo (RUS) 43 Dd 35
Vasil'evo (RUS) 45 Ei 35
Vasil'evskoe (RUS) 44 Eb 34
Vasil'evskoe (RUS) 45 Ef 34
Vasiljata (RUS) 35 Fd 32
Vasil'ki (RUS) 32 Dh 32
Vasil'ki (RUS) 32 Di 33
Vasil'kovo (RUS) 34 Ei 33
Vasil'sursk (RUS) 45 Eg 34
Vasiščeve (UA) 60 Dg 41
39034 Vaškai (LT) 41 Ce 34
Vaskelovo (RUS) 31 Da 30
Vaškivci (UA) 58 Cf 42
41001 Vasknarva (EST) 31 Ch 31
Vas'kovo (RUS) 24 Ea 26
Vas'kovyči (UA) 58 Ci 39
000730* Vaslui (RO) 73 Ch 44
Vassarás (GR) 94 Cc 53
34010 Vassiliká (GR) 87 Cd 50
34010 Vassiliká (GR) 94 Cd 52
38891 Vassmolösa (S) 40 Bg 34
86040 Västansjö (S) 21 Bf 25
Västbacka (S) 29 Be 29
72001* Västerås (S) 29 Bg 31
62020 Västergarn (S) 29 Bi 33
13700* Västerhaninge (S) 29 Bi 31
59300* Västervik (S) 29 Bg 33
66054 Vasto (I) 85 Be 48
68695 Västra Ämtervik (S) 29 Bd 31

Västra Ämtervik | 203

	Västra Ritjemjåkk Ⓢ 14 Bh 23		Velyka Mychajlivka ⓊⒶ 73 Ck 43		Verhnie Sergi ⓇⓊⓈ 47 Fk 34		Vesljana ⓇⓊⓈ 26 Fa 27		30321*	Viivikonna ⒺⓈⓉ 31 Ch 31
9800	Vasvár Ⓗ 70 Bg 43		Velyka Novosilka ⓊⒶ 75 Dg 43		Verhnie Tatyšly ⓇⓊⓈ 46 Ff 34	99280	Vesmajärvi ⒻⒾⓃ 15 Cf 23			Vijtivci ⓊⒶ 58 Cg 41
	Vasylivka ⓊⒶ 74 Df 43		Velyka Oleksandrivka ⓊⒶ		Verhnie Važiny ⓇⓊⓈ 32 Dd 29	70000*	Vesoul Ⓕ 68 Ag 43			Vik Ⓘ Ⓢ 48 Rb 27
	Vasyl'kiv ⓊⒶ 59 Da 40		74 Dd 43		Verhnij Avzjan ⓇⓊⓈ 47 Fh 37	82102	Véssa Ⓖ Ⓡ 95 Cg 52		6894	Vik Ⓝ 28 Ag 29
	Vasyl'kivka ⓊⒶ 60 Dg 42		Velyka Pysarivka ⓊⒶ 60 Df 40		Verhnij Baskunčak ⓇⓊⓈ 62 Bf 23	4550	Vestbygd Ⓝ 28 Ag 32		6894	Vik Ⓝ 21 Bc 25
36150	Vatan Ⓕ 67 Ab 43		Velyka Rublivka ⓊⒶ 59 De 41		Eg 42	9940	Vesterli Ⓝ 14 Bf 23		97510	Vikajärvi ⒻⒾⓃ 15 Cg 24
	Vathi Ⓖ Ⓡ 94 Ce 54				Verhnij Čegem ⓇⓊⓈ 91	350	Vesterø Havn ⒹⓀ 28 Ba 33		5994	Vikanes Ⓝ 28 Ag 29
84003	Vathí Ⓖ Ⓡ 95 Cg 53		Velyka Vil'šanka ⓊⒶ 59 Da 40		Ed 47		Vestmanhavn = Vestman-			Vikastir Ⓘ Ⓢ 29 Be 30
84003	Vathí Ⓖ Ⓡ 95 Cg 54				Verhnij Fiagdon ⓇⓊⓈ 91 Ee 48		na ⒻⓄ 50 Sc 28		6470	Vike Ⓝ
51100	Vatólakos Ⓖ Ⓡ 86 Cb 50		Velyka Vil'šanycja ⓊⒶ 57 Ce 41			350	Vestmanna ⒻⓄ 50 Sc 28		87194	Viksjö Ⓢ 21 Bh 28
725700	Vatra Dornei Ⓡ Ⓞ 72 Cf 43				Verhnij Lomov ⓇⓊⓈ 44 Ed 37	900*	Vestmannaeyjar Ⓘ Ⓢ 48 Qk 27		6894	Viksøyri Ⓝ 28 Ag 29
74319	Vattholma Ⓢ 29 Bh 30		Velyka Zahorivka ⓊⒶ 59 Dc 39		Verhnij Mamon ⓇⓊⓈ 61 Ea 24	6390	Vestnes Ⓝ 20 Ah 28		6100-598	Vila de Rei Ⓟ 80 Sb 51
	Vatutine ⓊⒶ 59 Db 42				Verhnij Tagil ⓇⓊⓈ 36 Fk 33	25078	Vestone Ⓘ 69 Ba 45		8650-405*	Vila do Bispo Ⓟ 92 Sb 5
55140	Vaucouleurs Ⓕ 54 Af 42		Velyki Dederkaly ⓊⒶ 58 Cg 40		Verhnij Ufalej ⓇⓊⓈ 47 Ga 34		Vestre Gausdal Ⓝ 28 Ba 29		4480-001*	Vila do Conde Ⓟ 80 Sb 49
30600	Vauvert Ⓕ 67 Ae 47				Verhnij Uslon ⓇⓊⓈ 45 Ek 35	9802	Vestre Jakobselv Ⓝ 15 Ck 20		5360-301*	Vila Flor Ⓟ 80 Sc 49
	Vavkalata Ⓑ Ⓨ 34 Ch 36		Velykij Bereznyj Ⓤ Ⓐ 57 Cc 42		Verhnij Vjalozerskij ⓇⓊⓈ 16 Df 24	8200	Veszprém Ⓗ 70 Bh 43		08720	Vilafranca del Penedès Ⓔ 82 Ab 49
	Vavkavysk Ⓑ Ⓨ 41 Ce 37		Velykij Byčkiv ⓊⒶ 57 Ce 42		Verhnjaja Baksan ⓇⓊⓈ 76 Ec 47	8438	Veszprémvarsány Ⓗ 70 Bh 43		2600-002*	Vila Franca de Xira Ⓟ 92 Sb 52
35002*	Vavož ⓇⓊⓈ 46 Fb 34		Velykij Dobron' = Dobron' Ⓤ Ⓐ 57 Cc 42		Verhnjaja Balkarija ⓇⓊⓈ 91				36600	Vilagarcía de Arousa Ⓔ 80 Sb 48
	Växjö Ⓢ 39 Be 34				Ed 48		Vésztő Ⓗ 71 Cb 44		03570	Vila Joiosa, la Ⓔ 82 Sk 52
31207	Våxtorp Ⓢ 39 Bd 34		Velyki Krynky ⓊⒶ 59 Dd 41		Verhnjaja Buzinovka ⓇⓊⓈ 61 Ed 41	69701	Veteli ⒻⒾⓃ 22 Cd 27		4583	Vilaka Ⓛ Ⓥ 31 Ch 33
	Vazerki ⓇⓊⓈ 45 Ef 37		Velyki Mosty ⓊⒶ 57 Ce 40				Vet'ju ⓇⓊⓈ 26 Fa 28		27800	Vilalba Ⓔ 80 Sc 47
	Važgort ⓇⓊⓈ 25 Eh 26		Velyki Soročynci ⓊⒶ 59 Dd 40		Verhnjaja Čegem ⓇⓊⓈ 91 Ed 47	57400*	Vetlanda Ⓢ 39 Bf 33		4650	Viļāni Ⓛ Ⓥ 31 Ch 33
99981	Veähtøsaknjarga = Vetsikko ⒻⒾⓃ 15 Ch 21		Velykodolyns'ke ⓊⒶ 73 Da 44				Vetluga ⓇⓊⓈ 34 Ef 33		4920-201*	Vila Nova de Cerveira Ⓟ 80 Sb 49
					"Verhnjaja In""va" ⓇⓊⓈ 35 Fe 32		Vetlužskij ⓇⓊⓈ 34 Ef 33		4760-019*	Vila Nova de Famalicão Ⓟ 80 Sb 49
49377	Vechta Ⓓ 38 Ai 38		Velykyj Ljubin' ⓊⒶ 57 Cd 41			7080	Vetovo ⒷⒼ 72 Cg 47			
37450	Vecinos Ⓔ 80 Se 50				Verhnjaja Jus'va ⓇⓊⓈ 35 Fe 32	01019	Vetralla Ⓘ 84 Bc 48			Vila Nova de Foz Côa Ⓟ 80 Sc 49
4122	Vecpiebalga Ⓛ Ⓥ 41 Cf 33		Velytkyj Burluk ⓊⒶ 60 Dh 40			9220	Vetrino ⓇⓊⓈ 73 Ch 47			
	Vecumnieci Ⓛ Ⓥ 41 Ce 34				Verhnjaja Mara ⓇⓊⓈ 76 Ec 47		Vetryna Ⓑ Ⓨ 42 Ci 35		4400-001*	Vila Nova de Gaia Ⓟ 80 Sb 49
	Vedavågen, Åkrahamn- Ⓝ 28 Af 31	84091	Vemhån Ⓢ 21 Be 28		Verhnjaja Maza ⓇⓊⓈ 45 Eh 37	99981	Vetsikko ⒻⒾⓃ 15 Ch 21		7645-211*	Vila Nova de Milfontes Ⓟ 92 Sb 53
43020	Veddige Ⓢ 29 Bc 33		Vemsdalen Ⓢ 21 Bd 28			8630	Veurne = Furnes Ⓑ 53 Ac 39		2435-019	Vila Nova de Ourém Ⓟ 80 Sb 51
	Vede Ⓛ Ⓥ 30 Cb 33	57701	Vena Ⓢ 29 Bf 33		Verhnjaja Orljanka ⓇⓊⓈ 46 Fb 37	1800*	Vevey ⒸⒽ 68 Ag 44			
117815	Vedea Ⓡ Ⓞ 72 Ce 46	86079	Venafro Ⓘ 85 Be 49			53074	Vévi Ⓖ Ⓡ 86 Cb 50			
117815	Vedea Ⓡ Ⓞ 72 Cf 47	06140	Vence Ⓕ 68 Ah 47		Verhnjaja Osljanka ⓇⓊⓈ 36 Fi 33	05400	Veynes Ⓕ 68 Af 46		3650-194*	Vila Nova de Paiva Ⓟ 80 Sc 50
71172	Vedevåg Ⓢ 29 Bf 31	7080-011*	Vendas Novas Ⓟ 92 Sb 52				Veža ⓇⓊⓈ 33 Ed 29			
9355	Vedrina ⒷⒼ 73 Ch 47				Verhnjaja Palen'ga ⓇⓊⓈ 25 Ec 26		Vezdino ⓇⓊⓈ 26 Ek 28		08800	Vilanova i la Geltrú Ⓔ 82 Ab 49
	Vedrovo ⓇⓊⓈ 33 Ec 33		Vendinga ⓇⓊⓈ 25 Eh 27			89450	Vézelay Ⓕ 67 Ad 43			
9640*	Veendam Ⓝ Ⓛ 38 Ag 37	41100*	Vendôme Ⓕ 67 Ab 43		Verhnjaja Peša ⓇⓊⓈ 18 Eh 24	55900	Vezirköprü Ⓣ Ⓡ 89 Df 49		5450-001*	Vila Pouca de Aguiar Ⓟ 80 Sc 49
3900	Veenendaal Ⓝ Ⓛ 54 Af 38	43700	Vendrell, el Ⓔ 82 Ab 49			86501	Vi Ⓢ 21 Bh 28			
33770	Vegadeo (A Veiga) Ⓔ 80 Sc 47	9751	Venec ⒷⒼ 87 Cg 48		Verhnjaja Pyšma ⓇⓊⓈ 47 Ga 34	7090-220*	Viana do Alentejo Ⓟ 92 Sb 52		12540	Vila-real Ⓔ 82 Sk 51
24132	Vegarienza Ⓔ 80 Sd 48		Venedig = Venezia Ⓘ 69 Bc 45			32550	Viana do Bolo Ⓔ 80 Sc 48		5000-047*	Vila Real Ⓟ 80 Sc 49
5460*	Veghel Ⓝ Ⓛ 54 Af 39				Verhnjaja Salda ⓇⓊⓈ 36 Ga 32	4900-001*	Viana do Castelo Ⓟ 80 Sb 49		8900-201*	Vila Real de Santo António Ⓟ 92 Sc 53
73010	Veglie Ⓘ 85 Bh 50		Venev ⓇⓊⓈ 43 Di 36			55049	Viareggio Ⓘ 69 Ba 47		6355-201*	Vilar Formoso Ⓟ 80 Sd 50
23210	Vehmaa ⒻⒾⓃ 30 Cb 30	30100*	Venezia Ⓘ 69 Bc 45		Verhnjaja Sanarka ⓇⓊⓈ 47 Ga 36	34450	Vias Ⓕ 67 Ad 47			
	Veidholmen Ⓝ 20 Ah 27	69200*	Vénissieux Ⓕ 67 Ae 45			8800	Viborg ⒹⓀ 38 Ak 34		6030-001*	Vila Velha de Ródão Ⓟ 80 Sc 51
	Veidnes Ⓝ 15 Cg 20	79293	Venjan Ⓢ 29 Bd 29		Verhnjaja Sinjačiha ⓇⓊⓈ 36 Gb 32	89900	Vibo Valentia Ⓘ 85 Bg 52			
32360	Veiga, A Ⓔ 80 Sc 48	5900*	Venlo Ⓝ Ⓛ 54 Ag 39			72320	Vibraye Ⓕ 53 Aa 42		7830-480*	Vila Verde de Ficalho Ⓟ 92 Sc 53
67043	Veisiejai Ⓛ Ⓣ 41 Cd 36	4700	Vennesla Ⓝ 28 Ak 32		Verhnjaja Storona ⓇⓊⓈ 33 Ea 31	08500	Vic Ⓔ 82 Ac 49			
95230	Veitsiluoto ⒻⒾⓃ 22 Ce 25	85029	Venosa Ⓘ 85 Bf 50			09220	Vicdessos Ⓕ 82 Ab 48		7160-050	Vila Viçosa Ⓟ 92 Sc 52
69026	Veiviržėnai Ⓛ Ⓣ 40 Cb 35	54723	Venray Ⓝ Ⓛ 54 Af 39		Verhnjaja Tojma ⓇⓊⓈ 25 Ef 28		Vicebck Ⓑ Ⓨ 42 Da 35		23220	Vilches Ⓔ 93 Sg 52
26083	Vejbystrand Ⓢ 39 Bc 34	85019	Venta Ⓛ Ⓥ 41 Cc 34			65500*	Vic-en-Bigorre Ⓕ 66 Aa 47			Vilejka ⒷⓎ 41 Cg 36
6600	Vejen ⒹⓀ 38 Ak 35	45127	Ventas con Peña Aguilera, Las Ⓔ 81 Sf 51		Verhnjaja Tura ⓇⓊⓈ 36 Fk 32	36100	Vicenza Ⓘ 69 Bb 45			Vil'gort ⓇⓊⓈ 35 Fg 30
11150	Vejer de la Frontera Ⓔ 92 Se 54	18039	Ventimiglia Ⓘ 68 Ah 47		Verhnjaja Vollmanga ⓇⓊⓈ 34 Eh 31	32190	Vic-Fezensac Ⓕ 66 Aa 47		91201	Vilhelmina Ⓢ 21 Bg 26
5672	Vejle ⒹⓀ 38 Ak 35	PO38	Ventnor Ⓖ Ⓑ 52 Si 40			03200*	Vichy Ⓕ 67 Ad 44		71003*	Viljandi Ⓔ Ⓢ Ⓣ 30 Cf 32
	Vejno ⓇⓊⓈ 43 Df 37	3601*	Ventspils Ⓛ Ⓥ 30 Cb 33		Verhnjaja Zolotica ⓇⓊⓈ 24 Ea 25	20160	Vico Ⓕ 83 Ai 48		70001	Vilkaviškis Ⓛ Ⓣ 41 Cd 36
	Vekike Gradište Ⓢ Ⓡ Ⓑ 71 Cb 46		Vepryk ⓊⒶ 59 De 40			727610	Vicovu de Sus Ⓡ Ⓞ 72 Cf 43		54015	Vilkija ⓁⓉ 41 Cd 35
	Vekšino ⓇⓊⓈ 31 Db 33	04620	Vera Ⓔ 93 Si 53		Verhokam'e ⓇⓊⓈ 35 Fd 32	15800	Vic-sur-Cère Ⓕ 67 Ac 46		24100	Villablino Ⓔ 80 Sd 48
	Vela Luka Ⓗ Ⓡ 85 Bg 48		Verba ⓊⒶ 57 Ce 40		Verholuz'e ⓇⓊⓈ 34 Ei 31	505700	Victoria Ⓜ 84 Be 54		20150	Villabona Ⓔ 80 Se 47
23053	Velanídia Ⓖ Ⓡ 94 Cd 54	13100	Vercelli Ⓘ 68 Ai 45		Verhoramen'e ⓇⓊⓈ 34 Ei 31		Vičuga ⓇⓊⓈ 34 Ek 32		45860	Villacañas Ⓔ 81 Sg 51
	Veldor'ja ⓇⓊⓈ 34 Ek 30		Verchivceve ⓊⒶ 59 De 42		Verhosun'e ⓇⓊⓈ 34 Fb 32		Vidamlja Ⓑ Ⓨ 57 Cd 38		39640	Villacarriedo Ⓔ 66 Sg 47
4415	Velëna Ⓛ Ⓥ 30 Cg 33		Verchnéfilatovo ⓇⓊⓈ 37 Gi 32		Verhotur'e ⓇⓊⓈ 36 Ga 32	750	Vidareiði ⒻⓄ 50 Sd 28		23300	Villacarrillo Ⓔ 93 Sg 52
3320*	Velenje Ⓢ Ⓛ Ⓞ 70 Bf 44		Verchovaž'e ⓇⓊⓈ 33 Ec 30		Verhov'e ⓇⓊⓈ 43 Dh 38	6920	Videbæk ⒹⓀ 38 Ai 34		40150	Villacastín Ⓔ 81 Sf 50
1400*	Veles Ⓜ Ⓚ 86 Cb 49		Verchne Syn'ovydne ⓊⒶ 57 Cd 41		Verhovino ⓇⓊⓈ 34 Ek 31	145300	Videle Ⓡ Ⓞ 72 Cf 46		9500*	Villach Ⓐ 69 Bd 44
04830	Vélez Blanco Ⓔ 93 Sh 53				Verhovino-D'jakovo ⓇⓊⓈ 33 Ed 31	750	Vidhareidhi = Viðareiði ⒻⓄ 50 Sd 28		09039	Villacidro Ⓘ 83 Ai 51
04820	Vélez Rubio Ⓔ 93 Sh 53		Verchnij Rohačyk ⓊⒶ 74 De 43		Verhovskij ⓇⓊⓈ 24 Ea 27				34340	Villada Ⓔ 81 Sf 48
18469	Velgast Ⓓ 39 Bc 36		Verchnjadzvimsk Ⓑ Ⓨ 42 Ch 35		Verhozim ⓇⓊⓈ 45 Eg 38	7960-421	Vidigueira Ⓟ 92 Sc 52		14640	Villa del Río Ⓔ 93 Sf 53
	Veličaevskoe ⓇⓊⓈ 77 Ef 46	59100	Véria Ⓖ Ⓡ 86 Cc 50		3700*	Vidin ⒷⒼ 71 Cc 47		09120	Villadiego Ⓔ 81 Sf 48
	Velika Ⓗ Ⓡ 70 Bh 45		Verigino ⓇⓊⓈ 44 Ea 35			32600	Verín Ⓔ 80 Sc 49		24500	Villafranca del Bierzo Ⓔ 80 Sd 48
	Velika Gorica Ⓗ Ⓡ 70 Bg 45		Verchn'odniprovs'k ⓊⒶ 59 De 42		Verkola ⓇⓊⓈ 25 Ef 27		Vidlica ⓇⓊⓈ 31 Dc 29			
	Velikaja Ⓡ Ⓤ Ⓢ 18 Eh 23		Verchovyna ⓊⒶ 57 Ce 42	627415	Vidra Ⓡ Ⓞ 72 Cg 45			Villafranca del Cid Ⓔ 82 Sk 50
	Velikaja Guba ⓇⓊⓈ 24 Df 28		Verdalen, Kleppe- Ⓝ 28 Af 32		Vermenton Ⓕ 67 Ad 43	627415	Vidra Ⓡ Ⓞ 72 Cg 46		06220	Villafranca de los Barros Ⓔ 92 Sd 52
	Velika Kladuša Ⓑ Ⓘ Ⓗ 70 Bf 45			89270	Vermenton Ⓕ 67 Ad 43	94295	Vidsel Ⓢ 22 Ca 25			
18403	Velika Plana Ⓢ Ⓡ Ⓑ 71 Cb 46	7600	Verdalsøra Ⓝ 20 Bb 27		Vernadovka ⓇⓊⓈ 44 Ec 37	60037	Viduklė Ⓛ Ⓣ 41 Cc 35		45730	Villafranca de los Caballeros Ⓔ 81 Sg 51
	Velikie Luki Ⓡ Ⓤ Ⓢ 42 Da 34	27283	Verden (Aller) Ⓓ 38 Ak 38	49390	Vernantes Ⓕ 66 Aa 43		Vidzy Ⓑ Ⓨ 41 Cg 35			
	Velikij Dvor ⓇⓊⓈ 32 De 31	33123	Verdon-sur-Mer, le Ⓕ 66 Si 45	059 17	Vernar Ⓢ Ⓚ 57 Cc 42	94234	Viechtach Ⓓ 55 Bc 41		08720	Villafranca del Panadés = Vilafranca del Penedès Ⓔ 82 Ab 49
	Velikij Topal' ⓇⓊⓈ 59 De 38			127675	Verneşti Ⓡ Ⓞ 72 Cg 45	2430-592*	Vieira de Leiria Ⓟ 80 Sb 51			
	Velikij Ustjug ⓇⓊⓈ 34 Sg 30	55100*	Verdun Ⓕ 54 Af 41	27130	Verneuil-sur-Avre Ⓕ 53 Aa 42	89094	Viekšniai Ⓛ Ⓣ 41 Cc 34		37069	Villafranca di Verona Ⓘ 69 Ba 45
9850	Veliki Preslav ⒷⒼ 87 Cg 47		Vereb'e ⓇⓊⓈ 31 Dc 32	27200*	Vernon Ⓕ 53 Ab 41	25530	Vielha e Mijaran Ⓔ 82 Aa 48			
	Velikodvorskij ⓇⓊⓈ 44 Ea 35		Vereja ⓇⓊⓈ 43 Dg 35	37100*	Verona Ⓘ 69 Ba 45				09344	Villafruela Ⓔ 81 Sg 49
	Velikoe ⓇⓊⓈ 32 Dh 31		Vereščagino ⓇⓊⓈ 35 Fe 32	11029	Verrès Ⓕ 68 Ah 45	25530	Viella-Mitg Arán = Vielha e Mijaran Ⓔ 82 Aa 48		14210	Villaharta Ⓔ 93 Sf 52
	Velikoe Selo ⓇⓊⓈ 33 Dk 32	45501	Vergi Ⓔ Ⓢ Ⓣ 30 Cg 31	78000*	Versailles Ⓕ 53 Ac 42				13332	Villahermosa Ⓔ 93 Sh 52
	Velikomihajlovka ⓇⓊⓈ 60 Dh 40	24380	Vergt Ⓕ 66 Aa 45		Veršiny, Čelno- ⓇⓊⓈ 46 Fb 35	38690	Vienenburg Ⓓ 55 Ba 39		09343	Villahoz Ⓔ 81 Sg 48
11320	Veliko Plana Ⓢ Ⓡ Ⓑ 71 Cb 46		Verhnečirskij ⓇⓊⓈ 61 Eb 41	27200*	Vernon Ⓕ 53 Ab 41	38200	Vienne Ⓕ 67 Ae 45			
5000*	Veliko Tărnovo ⒷⒼ 87 Cf 47		Verhnečirskij ⓇⓊⓈ 61 Ed 42	33775	Versmold Ⓓ 54 Ai 38	74200	Vieremä ⒻⒾⓃ 23 Ch 27		53700	Villaines-la-Juhel Ⓕ 52 Sk 42
	Velikovskoe ⓇⓊⓈ 45 Ef 34		Verhnečusovskie Gorodki ⓇⓊⓈ 35 Fh 32	27200*	Vertelim ⓇⓊⓈ 45 Ee 36	19120	Viermäki ⒻⒾⓃ 30 Cf 29			Villajoyosa = Vila Joiosa, la Ⓔ 93 Sk 52
81 428	Veliköy Ⓣ Ⓡ 91 Ec 49				Vertijievka ⓊⒶ 59 Db 39	18100*	Vierzon Ⓕ 67 Ad 43			
4600	Velimlje Ⓜ Ⓝ Ⓔ 85 Bi 48		Verhnee Nil'dino ⓇⓊⓈ 27 Gb 27		Vertjačij Ⓡ Ⓤ Ⓢ 61 Ed 42	71019	Vieste Ⓘ 85 Bg 49		47600	Villalón de Campos Ⓔ 80 Se 48
	Veliž ⓇⓊⓈ 42 Db 35				Vërtop Ⓐ Ⓛ 86 Cc 50		Vietas Ⓢ 14 Bi 23			
079 01	Vel'ké Kapušany Ⓢ Ⓚ 57 Cc 42		Verhnee Šilovo ⓇⓊⓈ 34 Ef 29	44120	Vertou Ⓕ 66 Si 43	21058	Vievis Ⓛ Ⓣ 41 Ce 36		49630	Villalpando Ⓔ 80 Se 49
			Verhnee Talyzino ⓇⓊⓈ 45 Ef 35	4800	Verviers Ⓑ 54 Af 40	38450	Vif Ⓕ 67 Af 45		13343	Villamanrique Ⓔ 93 Sg 52
	Velké Meziříčí Ⓒ Ⓩ 56 Bg 41		Verh-Nejvinskij ⓇⓊⓈ 36 Ga 33	02140	Vervins Ⓕ 53 Ad 41	4560	Vigda ⒹⓀ 39 Bb 35		11650	Villamartín Ⓔ 92 Se 54
932 01	Vel'ký Meder Ⓢ Ⓚ 70 Bh 43		Ves'egonsk ⓇⓊⓈ 32 Dh 32	72301	Vesanto ⒻⒾⓃ 22 Cg 28	30120	Vigan, le Ⓕ 67 Ad 47		05380	Villamayor Ⓔ 80 Se 49
00049	Velletri Ⓘ 84 Bc 49				Veščevo ⓇⓊⓈ 31 Ck 30		Vigeland Ⓝ 28 Ah 32		16415	Villamayor de Santiago Ⓔ 81 Sh 51
23501	Vellinge Ⓢ 39 Bd 35		Verhnekardil'skij ⓇⓊⓈ 61 Ef 39		Ves'egonsk ⓇⓊⓈ 32 Dh 32	27029	Vigevano Ⓘ 68 Ai 45			
	Vellinge Ⓢ 39 Bd 35		Verhnelal'sk ⓇⓊⓈ 34 Eh 30		Veselaja ⓇⓊⓈ 44 Dc 37	80650	Vignacourt Ⓕ 53 Ac 40		33730	Villandraut Ⓕ 66 Sk 46
	Vellinge Ⓢ 39 Bd 35		Verhnelal'sk ⓇⓊⓈ 34 Eh 30		Veselaja ⓇⓊⓈ 60 Di 40	41058	Vignola Ⓘ 69 Ba 46		07019	Villanova Monteleone Ⓘ 83 Ai 50
	Vel'sk ⓇⓊⓈ 33 Ec 29		Verhnelbjaž'e ⓇⓊⓈ 77 Eh 44	391 81*	Vesele ⓊⒶ 74 De 43	36201	Vigo Ⓔ 80 Sb 48		47620	Villanubla Ⓔ 81 Sf 49
50400	Velventós Ⓖ Ⓡ 86 Cc 50		Verhnespasskoe ⓇⓊⓈ 34 Ef 32		Veselí nad Lužnicí Ⓒ Ⓩ 55 Be 41	4362	Vigrestad Ⓝ 28 Af 32			
	Velyka Bahačka ⓊⒶ 59 Dd 41				Veselí nad Moravou Ⓢ Ⓚ 56 Bh 42	86401	Vihanti ⒻⒾⓃ 22 Ce 26		14440	Villanueva de Córdoba Ⓔ 93 Sf 52
	Velyka Bilozerka ⓊⒶ 74 De 43		Verhnetulomski ⓇⓊⓈ 16 Db 22		Veselovka ⓇⓊⓈ 47 Fk 35	49310	Vihiers Ⓕ 66 Sk 43		50830	Villanueva de Gállego Ⓔ 82 Sk 49
	Velyka Hluša ⓊⒶ 58 Cf 39		Verhneturovo ⓇⓊⓈ 60 Di 39		Veselynove ⓊⒶ 74 Db 43	79940	Vihtari ⒻⒾⓃ 23 Ci 27			
	Velyka Lepetycha ⓊⒶ 74 Dd 43		Verhneural'sk ⓇⓊⓈ 47 Fk 37		Vešenskaja ⓇⓊⓈ 61 Eb 41	03401	Vihti ⒻⒾⓃ 30 Ce 30		13330	Villanueva de la Fuente Ⓔ 93 Sf 52
			Verhnie Kigi ⓇⓊⓈ 47 Fi 35		Veškajma ⓇⓊⓈ 45 Eh 36	37831	Viala ⒻⒾⓃ 30 Cd 29			
					Veškoma ⓇⓊⓈ 25 Ed 26	41661	Viisanmäki ⒻⒾⓃ 22 Cg 28			
						44501	Viitasaari ⒻⒾⓃ 22 Cf 27		06700	Villanueva de la Serena Ⓔ 80 Se 52
						45202	Viitna Ⓔ Ⓢ Ⓣ 30 Cg 31			

580 Villanueva de la Sierra (E) 80 Sd 50
100 Villanueva del Campo (E) 80 Se 49
110 Villanueva del Fresno (E) 92 Sc 52
540 Villanueva de los Castillejos (E) 92 Sc 53
7174 Villanueva de los Infantes (E) 93 Sg 52
230 Villanueva del Rey (E) 92 Se 52
350 Villanueva del Río y Mina (E) 92 Se 53
3800 Villanueva y Geltrú = Vilanova i la Geltrú (E) 82 Ab 49
773 Villány (H) 71 Bi 45
9550 Villarcayo (E) 81 Sg 48
5480 Villar-d'Arène (F) 68 Ag 45
3190 Villard-Bonnet (F) 68 Af 45
3250 Villard-de-Lans (F) 68 Af 45
9562 Villardeciervos (E) 80 Sd 49
5170 Villar del Arzobispo (E) 82 Sk 51
5192 Villar del Rey (E) 80 Sd 51
5432 Villarejo de Fuentes (E) 81 Sh 51
3590 Villarejo de Salvanés (E) 81 Sg 50
Villarente (E) 80 Se 48
2540 Villarreal de los Infantes = Vila-real (E) 82 Sk 51
9137 Villarrín de Campos (E) 80 Se 49
3670 Villarrubia de los Ojos (E) 81 Sg 51
8150 Villars (F) 53 Ab 42
6678 Villarta de los Montes (E) 81 Sf 51
9580 Villasana de Mena (E) 81 Sg 47
3029 Villa Santina (I) 69 Bc 44
9049 Villasimius (I) 83 Ak 51
3300 Villaviciosa (E) 80 Se 47
4300 Villaviciosa de Córdoba (E) 92 Se 52
7220 Villé (F) 54 Ah 42
0800 Villedieu-les-Poêles (F) 52 Si 42
1290 Villefranche-de-Lauragais (F) 67 Ab 47
2200* Villefranche-de-Rouergue (F) 67 Ac 46
9400* Villefranche-sur-Saône (F) 67 Ae 45
3400 Villena (E) 93 Sk 52
0370 Villenauxe-la-Grande (F) 53 Ad 42
3121 Villeneuve (F) 67 Ac 46
0190 Villeneuve-de-Marsan (F) 66 Sk 47
9190 Villeneuve-l'Archevêque (F) 53 Ad 42
0400* Villeneuve-lès-Avignon (F) 67 Ae 47
7300* Villeneuve-sur-Lot (F) 66 Aa 46
9500 Villeneuve-sur-Yonne (F) 53 Ad 42
2600* Villers-Cotterêts (F) 53 Ad 41
4190 Villerupt (F) 54 Af 41
9100* Villeurbanne (F) 67 Ae 45
8048* Villingen-Schwenningen (D) 54 Ai 42
985 Vilnes (N) 28 Ae 29
1001* Vilnius (LT) 41 Cf 36
Vil'njans'k (UA) 74 Df 43
Vil'nohirs'k (UA) 59 De 42
5701 Vilppula (FIN) 22 Ce 28
Vil'šana (UA) 59 Dd 40
Vil'šanka (UA) 59 Da 42
Vil'šany (UA) 60 Df 40
4137 Vilsbiburg (D) 55 Bc 42
4474 Vilshofen (D) 55 Bd 42
1 423 Vilusi (MNE) 85 Bi 48
Vil'va (RUS) 36 Fi 32
800* Vilvorde (B) 53 Ae 40
5129 Vimianzo (E) 80 Sa 47
7040-010 Vimieiro (P) 92 Sc 52
5230-300* Vimioso (P) 80 Sd 49
9801 Vimmerby (S) 29 Bf 33
1120 Vimoutiers (F) 53 Aa 42
2800 Vimpeli (FIN) 22 Cd 27
85 01 Vimperk (CZ) 55 Bd 41
2500 Vinaròs (E) 82 Aa 50
8879 Viñas, Las (E) 93 Sg 53
707575 Vinători (RO) 71 Cc 46
0059 Vinci (I) 69 Ba 47
2201 Vindeln (S) 22 Bk 26
7830 Vinderup (DK) 38 Ai 34
Vindrej (RUS) 44 Ec 36
317400 Vinga (RO) 71 Cb 44
54301 Vingåker (S) 29 Bf 31
Vinhais (P) 80 Sc 49
2310 Vinica (MK) 86 Cc 49
3890 Vinje (N) 28 Ag 30
Vin'kivci (UA) 58 Ch 41
Vinkovci (HR) 71 Bi 45
Vinnica = Vinnycja (UA) 58 Ci 41
Vinnicy (RUS) 32 De 30
Vinnycja (UA) 58 Ci 41
Vinogradnoe (RUS) 76 Ee 47
83560 Vinon-sur-Verdon (F) 68 Af 47
28820 Vinslöv (S) 39 Bd 34
2640 Vinstra (N) 28 Ak 29
Vintjärn (S) 29 Bg 30
42150 Vinuesa (E) 81 Sh 49
Viny (RUS) 31 Dc 32
39049 Vipiteno = Sterzing (I) 69 Bb 44
Vira (HR) 70 Bg 47
Virandozero (RUS) 24 Dg 26
Viranşehir (TR) 91 Ea 51
Viranşehir (TR) 97 De 54
Viranşehir (TR) 98 Dk 53
14500 Vire (F) 52 Sk 42
4355 Vireši (LV) 30 Cg 33
Virga (RUS) 45 Ee 37
Virginia = Achadhan Iúir (IRL) 49 Sc 37
Virma (RUS) 24 Df 26
56210 Virmutjoki (FIN) 31 Ci 29
49900* Virojoki = Virolahti (FIN) 31 Ch 30
49901 Virolahti (FIN) 31 Ch 30
Virovitica (HR) 70 Bh 45
81 305 Virpazar (MNE) 86 Bk 48
34801 Virrat (FIN) 22 Cd 28
57080 Virserum (S) 29 Bf 33
99860 Virtaniemi (FIN) 15 Ci 22
6760 Virton (B) 54 Af 41
90101 Virtsu (EST) 30 Cd 32
32560 Virttaa (FIN) 30 Cc 30
Vis (HR) 85 Bg 47
Vis (RUS) 26 Fe 27
31001 Visaginas (LT) 41 Cg 35
62100* Visby (S) 29 Bi 33
4600 Visé (B) 54 Af 40
Višegrad (BIH) 71 Bk 47
3500-001* Viseu (P) 80 Sc 50
435700 Vişeu de Sus (RO) 72 Ce 43
Visim (RUS) 36 Fk 33
137515 Vişina (RO) 72 Ce 47
137515 Vişina (RO) 72 Cf 46
Visju,ij Bor (RUS) 31 Dc 33
51520 Viskafors (S) 29 Bc 33
Viškil' (RUS) 34 Ei 32
34030 Vislanda (S) 39 Be 34
Višneva (BY) 41 Cg 36
Višnevaja (RUS) 43 Dh 36
Višnevka (RUS) 62 Eg 41
Višnevka (RUS) 75 Dk 47
Višnevoe (RUS) 61 Ed 38
Višnevogorsk (RUS) 47 Ga 34
14470 Viso, El (E) 93 Sf 52
13770 Viso del Marqués (E) 93 Sg 52
Visoko (BIH) 71 Bi 47
3930 Visp (CH) 68 Ah 44
36060 Vissefjärda (S) 39 Bf 34
27374 Visselhövede (D) 38 Ak 38
62039 Visso (I) 84 Bd 48
Vistabella del Maestrat (E) 82 Sk 50
Vistheden (S) 22 Ca 25
70037 Vištytis (LT) 41 Cc 36
Vitanovac (SRB) 71 Ca 47
Vitebsk = Vicebck (BY) 42 Da 35
01100 Viterbo (I) 84 Be 48
Vitez (BIH) 70 Bh 46
Vithkuq (AL) 86 Ca 50
37210 Vitigudino (E) 80 Sd 49
Vitina (BIH) 70 Bh 47
22010 Vitína (GR) 94 Cc 53
61000 Vitina (SRB) 86 Cb 48
7508 Vitolište (MK) 86 Cb 49
Vitoria = Gasteiz (E) 81 Sh 48
79370 Vitré (F) 52 Si 42
51300 Vitry-le-François (F) 53 Ae 42
94400 Vitry-sur-Seine (F) 53 Ac 42
98010 Vittangi (S) 15 Cb 23
21350 Vitteaux (F) 67 Ae 43
88800* Vittel (F) 54 Af 42
97019 Vittoria (I) 84 Be 54
31029 Vittorio Veneto (I) 69 Bc 44
20219 Vivario (F) 83 Ak 48
27850 Viveiro (E) 80 Sc 47
Vivel del Río Martín (E) 82 Sk 50
07220 Viviers (F) 67 Ae 46
86370 Vivonne (F) 66 Aa 44
Vižaj (RUS) 36 Ga 29
Vižas (RUS) 17 Ef 24
39400 Vize (TR) 88 Ch 49
38220 Vizille (F) 68 Af 45
Vizim'jary (RUS) 45 Eg 34
Vižinada (HR) 69 Bd 45
Vizinga (RUS) 34 Fa 29
817215 Viziru (RO) 73 Ch 45
763 12 Vizovice (CZ) 56 Bh 41
95049 Vizzini (I) 84 Be 53
Vjalikaja Berestavica (BY) 41 Ce 37
Vjalikie Čunaviči (BY) 58 Cg 38
Vjartsilja (RUS) 23 Da 28
Vjatskie Poljany (RUS) 46 Fb 34
Vjatskoe (RUS) 33 Ea 33
Vjaz'ma (RUS) 43 De 35
Vjazniki (RUS) 44 Ec 34
Vjazovka (RUS) 45 Ei 38
Vjazovka (RUS) 62 Ef 42
Vjazovka (RUS) 62 Eg 38
Vjazovo (RUS) 44 Dk 37
Vjazovoe (RUS) 60 Dg 39
Vjazovoe (RUS) 63 Fd 39
3130* Vlaardingen (NL) 53 Ae 39
Vlad (AL) 86 Ca 48
1641 Vladaja (BG) 87 Cd 48
17510 Vladičin Han (SRB) 86 Cc 48
Vladikavkaz (RUS) 91 Ee 48
Vladimir (RUS) 44 Ea 34
85 366 Vladimir (MNE) 86 Bk 48
9379 Vladimirovo (BG) 72 Cd 47
Vladimirskoe (RUS) 43 Dd 35
917295 Vlad Tepeş (RO) 73 Ch 46
Vladyčnoe (RUS) 33 Dk 32
Vladyslavivka (KRIM) 74 Df 45
147135 Vlaşca, Drăgăneşti- (RO) 72 Cf 46
17507 Vlase (SRB) 86 Cb 48
Vlasenica (BIH) 71 Bi 46
258 01 Vlašim (CZ) 55 Be 41
087203 Vlaşin (RO) 72 Cf 46
16210 Vlasotince (SRB) 86 Cc 48
4380* Vlissingen (NL) 53 Ad 39
034 03 Vlkolínec (SK) 56 Bk 41
Vlorë (AL) 86 Bk 50
Vnukovo (RUS) 43 Dh 35
Voč' (RUS) 35 Fe 29
Vočin (HR) 70 Bh 45
4840* Vöcklabruck (A) 55 Bd 43
Vodice (HR) 70 Bf 47
Vodla (RUS) 24 Dh 28
389 01 Vodňany (CZ) 55 Be 41
Vodnjan (HR) 69 Bd 46
Vodnyj (RUS) 26 Fd 27
ZE2 Voe (GB) 50 Si 30
9300 Voerså (DK) 28 Ba 33
190 Vogar (IS) 48 Qh 26
52053 Vogatsikó (GR) 86 Cb 50
27058 Voghera (I) 68 Ai 46
Vogulka (RUS) 35 Fg 31
Vogulka (RUS) 36 Fi 33
Vogvazdino (RUS) 26 Fa 28
92648 Vohenstrauß (D) 55 Bc 41
Võhma (EST) 30 Cc 32
70601 Võhma (EST) 30 Cf 32
Vohma (RUS) 34 Eg 32
Vohtoga (RUS) 33 Eb 32
Vohtozero (RUS) 23 Dd 28
737300 Voineşti (RO) 72 Cf 45
38500 Voiron (F) 68 Af 45
Voja, Ust'- (RUS) 27 Fh 26
12950 Vojakkala (FIN) 30 Ce 30
6500 Vojens (DK) 38 Ak 35
Vojinka (KRIM) 74 Dd 45
Vojkove (KRIM) 74 Dd 45
Vojnić (HR) 70 Bf 45
Vojnica (RUS) 23 Da 25
Vojnovo (BG) 73 Ch 47
Vojvož (RUS) 26 Ff 28
Voknavolok (RUS) 23 Da 26
384 51 Volary (CZ) 55 Bd 42
Volčansk (RUS) 36 Ga 31
Volčki (RUS) 61 Ea 38
6100 Volda (N) 20 Ag 28
Vol'dino (RUS) 26 Fe 28
Voldozero (RUS) 23 Dd 27
Volga (RUS) 32 Di 33
Volgino (RUS) 32 Dd 32
Volgodonsk (RUS) 76 Ec 43
Volgograd (RUS) 61 Ee 42
Volgorečensk (RUS) 33 Eb 33
Volhov (RUS) 31 Dc 31
29091 Volímes (GR) 94 Ca 53
4241 Volintiri (MD) 73 Ck 44
82103 Volissós (GR) 95 Cf 52
97332 Volkach (D) 55 Ba 41
9100* Völkermarkt (A) 70 Be 44
66333 Völklingen (D) 54 Ag 41
Volkonskoe (RUS) 43 Df 37
1255 Volkovija (MK) 86 Ca 49
Vol'noe (RUS) 77 Eh 43
Volnovacha (UA) 75 Dh 43
Voločaevskij (RUS) 76 Ec 44
Voločys'k (UA) 58 Cg 41
Volodarka (UA) 58 Ck 41
Volodarsk (RUS) 44 Ed 34
Volodars'ke = Nikol's'ke (UA) 75 Dh 43
Volodarskij (RUS) 77 Ei 44
Volodars'k-Volynskyj (UA) 58 Ci 40
Volodymyrec' (UA) 58 Cg 39
Volodymyr-Volyns'kyj (UA) 57 Ce 40
Voloe (RUS) 43 De 36
Vologda (RUS) 33 Dk 31
Volohiv Jar (UA) 60 Dg 41
Volokolamsk (RUS) 43 Df 34
Volokonovka (RUS) 60 Dh 40
Volokonovka (RUS) 60 Dk 41
Volokovaja (RUS) 18 Ei 24
Volokovye (RUS) 35 Fc 32
Voloma (RUS) 23 Db 27
Volonga (RUS) 18 Eh 23
38001 Vólos (GR) 86 Cc 51
Volosovo (RUS) 31 Ck 31
Volost' (RUS) 24 Dk 26
Vološyno (RUS) 60 Dk 42
Volot (RUS) 31 Da 33
Volotovo (RUS) 60 Di 40
Volovec' (UA) 57 Cd 42
Volovo (RUS) 43 Di 37
Volovo (RUS) 60 Dh 38
Vol'sk (RUS) 62 Eh 38
56048 Volterra (I) 69 Ba 47
Volyns'kyj, Novohrad- (UA) 58 Ch 40
Volynskyj, Volodars'k- (UA) 58 Ci 40
Volyns'kyj, Volodymyr- (UA) 57 Ce 40
Volžsk (RUS) 45 Ei 35
Volžskij (RUS) 61 Ee 42
Vondanka (RUS) 34 Eh 31
Von'ga (RUS) 24 De 25
Vonga (RUS) 25 Ed 26
30002 Vónitsa (GR) 94 Ca 52
Vonozero (RUS) 32 De 30
Vopnafjörður (IS) 48 Rf 25
Voranava (BY) 41 Cf 36
Vorb'evka (RUS) 61 Ea 40
Vorčanka (RUS) 34 Ek 31
4760 Vordingborg (DK) 39 Bb 35
Vorë (AL) 86 Bk 49
Vorenža (RUS) 24 Df 27
38340 Voreppe (F) 68 Af 45
Vorga (RUS) 42 Dc 37
Vorgašor (RUS) 19 Gd 23
Vorkuta (RUS) 19 Gd 23
Vorob'ëbo (RUS) 35 Fe 31
Voroncovka (RUS) 61 Ea 40
Voron'e (RUS) 33 Ec 32
Voroneţ (RO) 72 Cf 43
Voronež (RUS) 60 Dk 39
Voronežskaja (RUS) 75 Dk 45
Voroniž (UA) 59 Dd 39
Voronovycja (UA) 58 Ci 41
Vorošilovgrad = Luhans'k (UA) 60 Dk 42
Vorotynec (RUS) 45 Ef 34
Vorožba (UA) 59 De 39
Vorožba (UA) 59 De 40
Vorožgora (RUS) 24 Df 27
Vorsma (RUS) 44 Ed 35
65603* Võru (EST) 31 Ch 33
Vorzogory (RUS) 24 Dh 27
Voshod (RUS) 44 Ec 36
Voshod (RUS) 77 Ef 43
Voskopojë (AL) 86 Ca 50
Voskresenka (UA) 74 De 44
Voskresensk (RUS) 43 Di 35
Voskresenskoe (RUS) 32 Dh 33
Voskresenskoe (RUS) 32 Di 32
Voskresenskoe (RUS) 43 Di 37
Voskresenskoe (RUS) 45 Ef 34
Voskresenskoe (RUS) 47 Fg 37
Vospuška (RUS) 44 Dk 34
5700 Voss (N) 28 Ag 30
Vostočnaja Lica (RUS) 16 Dh 22
Vostočnoe Munozero (RUS) 16 De 23
Vostočnyj (RUS) 36 Gb 32
259 01 Votice (CZ) 55 Be 41
Votkinsk (RUS) 46 Fe 34
16608 Vouliagméni (GR) 94 Cd 53
07800 Voulte-sur-Rhône, la (F) 67 Ae 46
3670-231* Vouzela (P) 80 Sb 50
08400 Vouziers (F) 53 Ae 41
Vovčans'k (UA) 60 Dg 40
Vovna (UA) 59 Dd 38
82801 Voxna (S) 29 Bf 29
Vožael' (RUS) 26 Fb 28
Vozdviženka (RUS) 46 Fe 37
Vozdviženskoe (RUS) 43 Dg 34
Vozdviženskoe (RUS) 45 Ef 34
Vožega (RUS) 33 Ea 30
Vožgaly (RUS) 34 Fa 32
Vožgora (RUS) 26 Ei 26
Voznesen'e (RUS) 32 Df 29
Voznesens'k (UA) 74 Db 43
Voznesenskaja (RUS) 76 Eb 46
Voznesenskoe (RUS) 35 Fe 32
Voznesenskoe (RUS) 44 Ec 36
Vozroždenie (RUS) 45 Ei 38
Vozsijats'ke (UA) 74 Dc 43
Vrå (S) 39 Bd 34
952 01 Vráble (SK) 56 Bi 42
3000* Vraca (BG) 72 Cd 47
Vrácevšnica (SRB) 71 Ca 46
3853 Vrådal (N) 28 Ai 31
Vradijivka (UA) 73 Da 43
Vrana (HR) 70 Bf 47
Vranduk (BIH) 70 Bh 46
9663 Vranino (BG) 73 Ci 47
17501* Vranje (SRB) 86 Cb 48
17541* Vranjska Banja (SRB) 86 Cc 48
19344 Vratarnica (SRB) 71 Cc 47
793 23 Vrbno pod Pradědem (CZ) 56 Bh 40
922 03 Vrbové (SK) 56 Bh 42
Vrbovec (HR) 70 Bg 45
Vrbovsko (HR) 70 Bf 45
543 01* Vrchlabí (CZ) 56 Bf 40
Vrelo (SRB) 71 Cb 47
Vrginmost (HR) 70 Bf 45
Vrgorac (HR) 85 Bh 47
1386 Vrhnika (SLO) 70 Be 45
7670 Vriezenveen (NL) 54 Ag 38
57601 Vrigstad (S) 29 Be 33
81300 Vríssa (GR) 87 Cg 51
Vrlika (HR) 70 Bg 47
36210 Vrnjačka Banja (SRB) 71 Ca 47
Vrondádos (GR) 95 Cg 52
Vrondoú (GR) 86 Cc 50
Vrouhas (GR) 95 Cf 55
Vrpolje (HR) 71 Bi 45
26300* Vršac (SRB) 71 Cb 45
Vrtoče (BIH) 70 Bg 46
755 01 Vsetín (CZ) 56 Bh 41
Vsevolodo-Vil'va (RUS) 35 Fh 31
Vsevoložsk (RUS) 31 Da 30
Vshody (RUS) 43 De 36
Vtoraja Pjatiletka (RUS) 61 Ec 38
Vtorye Levye Lamki (RUS) 44 Eb 37
42000 Vučitrn = Vushtri (RKS) 86 Ca 48
5260* Vught (NL) 54 Af 39
Vukovar (HR) 71 Bi 45
Vukpalaj-Bajzë (AL) 86 Bk 48
Vuktyl (RUS) 27 Fh 27
7660 Vuku (N) 20 Bb 27
5300 Vulcăneşti (MD) 73 Ci 45
99690 Vuohčču = Vuotso (FIN) 15 Ch 22
86810 Vuohtomäki (FIN) 22 Cg 27
88610 Vuokatti (FIN) 23 Ci 26
88270 Vuolijoki (FIN) 22 Cg 26
96030 Vuollerim (S) 14 Ca 24
Vuonatjviken (S) 14 Bh 24
Vuorijarvi (RUS) 16 Da 24
98360 Vuostimo (FIN) 15 Ch 24
99690 Vuotso (FIN) 15 Ch 22
Vuottas (S) 15 Cb 24
99970 Vuovdakuoihka = Outakoski (FIN) 15 Cg 21
Vurnary (RUS) 45 Eg 35
557295 Vurpăr (RO) 72 Ce 45
42000 Vushtri = Vučitrn (RKS) 86 Ca 48
Vuzlovyj, Kup'jans'k- (UA) 60 Dh 41
Vybor (RUS) 31 Ck 33
Vyborg (RUS) 31 Ci 30
Vydropužsk (RUS) 32 De 33
Vyezdnoe (RUS) 44 Ed 35
Vygoniči (RUS) 43 De 37
Vyksa (RUS) 44 Ed 35
Vylkove (UA) 73 Ck 45
Vynnyky (UA) 57 Ce 41
Vynogradiv = Vynohradiv (UA) 57 Cd 42
Vynohradiv (UA) 57 Cd 42
Vypolzovo (RUS) 32 Dd 33
Vyra (RUS) 31 Ck 31
Vyrica (RUS) 31 Da 31
Vyrišal'ne (UA) 59 Dd 40
Vyša (RUS) 44 Ec 37
Vyšča Dubečnja (UA) 59 Da 40
Vyščetarasivka (UA) 74 De 43
Vyselki (RUS) 75 Dk 45
Vyšhorod (UA) 59 Da 40
Vyška (RUS) 34 Ef 32
Vyškiv (UA) 57 Cd 42
Vyskod' (RUS) 31 Da 33
Vyškov (BY) 59 Db 38
682 01* Vyškov (CZ) 56 Bh 41
Vyškove (UA) 57 Cd 42
Vyšnie Dereven'ki (RUS) 60 Df 39
Vyšnij Voloček (RUS) 32 De 33
Vyšnivec' (UA) 58 Cg 41
Vysokae (BY) 57 Cd 38
Vysokaja (RUS) 25 Ee 26
Vysokaja (RUS) 34 Ef 31
Vysokaja (RUS) 34 Eh 32
Vysokaja Gora (RUS) 45 Ek 35
Vysoka Pič (UA) 58 Ci 40
565 41* Vysoké Mýto (CZ) 56 Bg 41
Vysokiniči (RUS) 43 Dg 36
Vysokoe (RUS) 33 Dk 31
Vysokoe (RUS) 43 De 34
Vysokoe (RUS) 44 Eb 37
Vysokopil'l'a (UA) 74 Dd 43
Vysokovsk (RUS) 43 Dg 34
382 73 Vyšší Brod (CZ) 55 Be 42
Vytegra (RUS) 32 Dg 29
Vyučeskij (RUS) 18 Ek 23
Vyžnycja (UA) 58 Cf 42

W

5140* Waalwijk (NL) 54 Af 39
87-200 Wąbrzeźno (PL) 40 Bi 37
8820 Wädenswil (CH) 68 Ai 43
34-100 Wadowice (PL) 56 Bk 41
62-100 Wągrowiec (PL) 40 Bh 38
71332* Waiblingen (D) 54 Ak 42
3830 Waidhofen an der Thaya (A) 56 Bf 42
3340 Waidhofen an der Ybbs (A) 70 Be 43
WF1 Wakefield (GB) 51 Si 37
58-300* Wałbrzych (PL) 56 Bg 40
78-600 Wałcz (PL) 40 Bg 37
51545 Waldbröl (D) 54 Ah 40
88339 Waldsee, Bad (D) 69 Ak 43
CH44 Wallasey (GB) 51 Sg 37
74731 Walldürn (D) 54 Ak 41
WS1 Walsall (GB) 52 Si 38
29664 Walsrode (D) 38 Ak 38
99880 Waltershausen (D) 55 Ba 40
CO14 Walton-on-the-Naze (GB) 53 Ab 39
88239 Wangen im Allgäu (D) 69 Ak 43
39164 Wanzleben-Börde (D) 55 Bb 38
34414 Warburg (D) 54 Ak 39
26203 Wardenburg (D) 38 Ai 37
OX29 Ware (GB) 52 Sk 39
8790 Waregem (B) 53 Ad 40
17192 Waren (Müritz) (D) 39 Bc 37
48231 Warendorf (D) 54 Ah 39
05-660 Warka (PL) 57 Cb 39
BA12 Warminster (GB) 52 Sh 39
18119 Warnemünde (D) 39 Bc 36
WA5 Warrington (GB) 51 Sh 37
59581 Warstein (D) 54 Ai 39
00-001* Warszawa (PL) 57 Cb 38
98-290 Warta (PL) 56 Bi 39
CV34 Warwick (GB) 52 Si 38
6484 Wassen (CH) 68 Ai 44
2240* Wassenaar (NL) 53 Ae 38
83512 Wasserburg am Inn (D) 55 Bc 42
TA23 Watchet (GB) 52 Sg 39
Waterford = Port Láirge (IRL) 49 Sc 38
1410* Waterloo (B) 53 Ae 40
Waterville = An Coireán (IRL) 49 Rk 39
WD17 Watford (GB) 52 Sk 39
59143 Watten (F) 53 Ac 40
9630 Wattwil (CH) 69 Ak 43
28-411 Węchadłów (PL) 57 Ca 40
6223 Weert (NL) 54 Af 39
11-600 Węgorzewo (PL) 40 Cb 36
Węgorzynowo (PL) 39 Bf 37
07-100 Węgrów (PL) 57 Cc 38
07570 Weida (D) 55 Bc 40
92637 Weiden in der Oberpfalz (D) 55 Bc 41
97990 Weikersheim (D) 54 Ak 41
35781 Weilburg (D) 54 Ai 40
82362 Weilheim in Oberbayern (D) 69 Bb 43
99423* Weimar (D) 55 Bb 40
69469 Weinheim (D) 54 Ai 41
91781 Weißenburg in Bayern (D) 55 Ba 41
06667 Weißenfels (D) 55 Bb 39
89264 Weißenhorn (D) 55 Ba 42
02943 Weißwasser (D) 55 Be 39
3970* Weitra (A) 55 Be 42
8160 Weiz (A) 70 Bf 43
84-200 Wejherowo (PL) 40 Bi 36
TA21 Wellington (GB) 52 Sg 40
BA5 Wells (GB) 52 Sh 39
NR23 Wells-next-the-Sea (GB) 51 Aa 38
4600* Wels (A) 55 Be 42
SY21 Welshpool (GB) 51 Sg 38
14542 Werder (Havel) (D) 55 Bc 38
49757 Werlte (D) 38 Ah 38
59368 Werne (D) 54 Ah 39
38855 Wernigerode (D) 55 Ba 39
97877 Wertheim (D) 54 Ak 41
46483* Wesel (D) 54 Ag 39
25764 Wesselburen (D) 38 Ai 36
BA13 Westbury (GB) 52 Sh 39
56457 Westerburg (D) 54 Ah 40
25980 Westerland (D) 38 Ai 36
26655 Westerstede (D) 38 Ah 37
BS23 Weston-Super-Mare (GB) 52 Sh 39
Westport = Cathair na Mairt (IRL) 49 Sa 37
LS22 Wetherby (GB) 51 Si 37
9230 Wetteren (B) 53 Ad 39
35576* Wetzlar (D) 54 Ai 40
Wexford = Loch Garman (IRL) 49 Sd 38
3335 Weyer (A) 70 Be 43
DT4 Weymouth (GB) 52 Sh 40
YO21 Whitby (GB) 51 Sk 36
HP22 Whitchurch (GB) 51 Sh 38
KW17 Whitehall (GB) 50 Sh 31
CA28 Whitehaven (GB) 51 Sg 36
DG8 Whithorn, Isle of (GB) 51 Sf 36
KW1 Wick (GB) 50 Sg 32
Wicklow = Cill Mhantáin (IRL) 49 Sd 38
84-352 Wicko (PL) 40 Bh 36
89-410 Więcbork (PL) 40 Bh 37
12-160 Wielbark (PL) 40 Ca 37
64-730 Wieleń (PL) 40 Bg 38
32-020 Wieliczka (PL) 57 Ca 41
98-300 Wieluń (PL) 56 Bi 39
1010* Wien (A) 56 Bg 42
2700* Wiener Neustadt (A) 70 Bg 43
86989 Wies (A) 70 Bf 44
65183* Wiesbaden (D) 54 Ai 40
3250* Wieselburg (A) 56 Bf 42
26639 Wiesmoor (D) 38 Ah 37
29323 Wietze (D) 54 Ak 38
WN5 Wigan (GB) 51 Sh 37
6192 Wiggen (CH) 68 Ah 44
CA7 Wigton (GB) 51 Sg 36
DG8 Wigtown (GB) 51 Sf 36
9500* Wil (SG) (CH) 69 Ak 43
14-405 Wilczęta (PL) 40 Bk 36
27793 Wildeshausen (D) 38 Ai 38
26382* Wilhelmshaven (D) 38 Ai 37
4073* Wilhering (A) 55 Be 42
08112 Wilkau-Haßlau (D) 55 Bc 40
2830 Willebroek (B) 53 Ae 39
6130 Willisau (CH) 68 Ah 43
SW20 Wimbledon (GB) 52 Sk 39
BH21 Wimborne Minster (GB) 52 Si 40
SO22 Winchester (GB) 52 Si 39
LA23 Windermere (GB) 51 Sh 36
4580 Windischgarsten (A) 70 Be 43
SL4 Windsor (GB) 52 Sk 39
9670* Winschoten (NL) 38 Ah 37
21423 Winsen (Luhe) (D) 39 Ba 37
8830 Winsum (NL) 38 Ag 37
59955 Winterberg (D) 54 Ai 39
7100* Winterswijk (NL) 54 Ag 39
8400* Winterthur (CH) 68 Ai 43
51688 Wipperfürth (D) 54 Ah 39
PE14 Wisbech (GB) 53 Aa 38
ML1 Wishaw (GB) 51 Sg 35
28-160 Wiślica (PL) 57 Ca 40
23966* Wismar (D) 39 Bb 37
67160* Wissembourg (F) 54 Ah 41
21-580 Wisznice (PL) 57 Cd 39
NE29 Withernsea (GB) 51 Aa 37
OX28 Witney (GB) 52 Si 39
74-503 Witnica (PL) 39 Be 38
19322 Wittenberge (D) 39 Bb 38
19243 Wittenburg (D) 39 Bb 37
29378* Wittingen (D) 39 Ba 38
54516 Wittlich (D) 54 Ag 41
26409 Wittmund (D) 38 Ah 37
16909* Wittstock/Dosse (D) 39 Bc 37
84-120 Władysławowo (PL) 40 Bi 36
87-800 Włocławek (PL) 56 Bk 38
22-200 Włodawa (PL) 57 Cd 39
97-330 Włodzimierzów (PL) 56 Bk 39
29-100 Włoszczowa (PL) 56 Bk 40
28-330 Wodzisław (PL) 57 Ca 40
GU22 Woking (GB) 52 Sk 39
97-371 Wola Krzysztoporska (PL) 56 Bk 39
97-310 Wola Moszczenicka (PL) 56 Bk 39
97-320 Wolbórz (PL) 56 Bk 39
32-340 Wolbrom (PL) 56 Bk 40
17348 Woldegk (D) 39 Bd 37
77709 Wolfach (D) 54 Ai 42
06749 Wolfen, Bitterfeld- (D) 55 Bc 39
38300* Wolfenbüttel (D) 55 Ba 38
06536 Wolfsberg (A) 70 Be 44
38440* Wolfsburg (D) 55 Ba 38
17438 Wolgast (D) 39 Bd 36
72-510 Wolin (PL) 39 Be 37
2120 Wolkersdorf (A) 56 Bg 42
56-100 Wołów (PL) 56 Bg 39
64-200 Wolsztyn (PL) 56 Bg 38
WV6 Wolverhampton (GB) 52 Sh 38
IP12 Woodbridge (GB) 53 Ab 38
WR2 Worcester (GB) 52 Sh 38
6300* Wörgl (A) 69 Bc 43
CA14 Workington (GB) 51 Sg 36
S81 Worksop (GB) 51 Si 37
Workum (NL) 38 Af 38
67549* Worms (D) 54 Ai 41
27726 Worpswede (D) 38 Ai 37
BN11 Worthing (GB) 52 Sk 40
LL13 Wrexham (GB) 51 Sh 37
50-041* Wrocław (PL) 56 Bh 39
64-510 Wronki (PL) 40 Bg 38
62-300 Września (PL) 56 Bh 38
67-400 Wschowa (PL) 56 Bg 39
42103* Wuppertal (D) 54 Ah 39
97070* Würzburg (D) 54 Ak 41
04808 Wurzen (D) 55 Bc 39
18347 Wustrow (Fischland) (D) 39 Bc 36
25938 Wyk auf Föhr (D) 38 Ai 36
88-300 Wylatowo (PL) 56 Bh 38
89-300 Wyrzysk (PL) 40 Bh 37
72-410 Wysoka Kamieńska (PL) 39 Be 37
21-560 Wysokie (PL) 57 Cc 40
07-110 Wyszków (PL) 57 Cb 38
09-450 Wyszogród (PL) 57 Ca 38
26-242 Wyszyna Rudzka (PL) 57 Ca 39

X

46509 Xanten (D) 54 Ag 39
67300 Xánthi (GR) 87 Ce 49
46800 Xàtiva (E) 82 Sk 52
Xerokambos (GR) 95 Cg 55
12360 Xert (E) 82 Aa 50
43592 Xerta (E) 82 Aa 50
69400 Xilaganí (GR) 87 Cf 50
20400 Xilókastro (GR) 94 Cc 52
Xinóvrisi (GR) 87 Cd 51
32630 Xinzo de Limia (E) 80 Sc 48
33027 Xixón = Gijón (E) 80 Se 47

Y

66720 Yağcılar (TR) 88 Ci 51
66720 Yağcılar (TR) 99 Eb 52
Yağlıdere (TR) 90 Di 50
Yağlıdere (TR) 90 Dk 50
Yağmuralan (TR) 98 Di 54
06840 Yağmurdede (TR) 89 Dc 50
Yağmurdere (TR) 90 Dk 50
71450 Yahşihan (TR) 89 Dd 51
58950* Yahyalı (TR) 97 Df 52
Yakacık (TR) 97 Dg 54
01350 Yakapınar (TR) 97 Df 54
61400 Yakfıkebir (TR) 90 Dk 49
58510 Yakupoğlan (TR) 90 Dg 50
41550 Yalakdere (TR) 88 Ck 50
31710 Yalankoz (TR) 98 Dg 54
42470 Yalıhüyük (TR) 96 Dc 53
Yalıköy (TR) 88 Ci 49
65940 Yalınca (TR) 99 Ed 53
46300 Yalıntaş (TR) 98 Dh 52
Yalnızçam (TR) 91 Ec 49
17900* Yalova (TR) 88 Ck 50
32400 Yalvaç (TR) 96 Db 52
Yamaç (TR) 99 Ea 52
Yamak (TR) 89 Dc 51
Yamanlar (TR) 96 Ck 52
Yanarsu (TR) 99 Eb 52
66300 Yanık (TR) 89 Df 51
22400 Yapıldak (TR) 88 Da 51
Yapraklı (TR) 89 Dd 50
45910 Yarbasan (TR) 96 Ci 52
Yardımcı (TR) 98 Dk 53
Yarıkkaya (TR) 96 Db 52
Yarımca (TR) 98 Dh 52
42265 Yarma (TR) 96 Dc 53
Yarpuz (TR) 96 Db 53
Yarpuz (TR) 98 Dg 53
48500 Yatağan (TR) 95 Ci 53
BS37 Yate (GB) 52 Sh 39
Yavacık (TR) 91 Ed 51
Yavşan Tuzlası (TR) 97 Dd 52
27970 Yavuzeli (TR) 98 Dh 53
28960 Yavuzkemal (TR) 90 Di 50
Yavuzlu (TR) 98 Dh 54
49150 Yaygın (TR) 99 Eb 52
Yayla (TR) 99 Ea 52
24800 Yaylacık (TR) 96 Dc 53
31080 Yayladağı (TR) 97 Dg 55
29150 Yayladere (TR) 91 Ea 51
66700 Yaylak (TR) 98 Di 53
Yaylakonak (TR) 98 Di 53
Yazıçayırı (TR) 89 Dd 51
Yazıhan (TR) 98 Di 52
Yazılı (TR) 97 Dd 53
Yazılı (TR) 98 Dh 54
Yazılıkaya (TR) 88 Da 51
Yazır (TR) 96 Ck 53
Yazır (TR) 96 Ck 54
60800 Yazıtepe (TR) 90 Dg 50
3341 Ybbsitz (A) 70 Be 43
SY16 Y Drenewydd = Newtown (GB) 52 Sg 38
45470 Yébenes, Los (E) 81 Sg 51
30510 Yecla (E) 93 Si 52
Yedisalkım (TR) 99 Ed 52
12830 Yedisu (TR) 91 Ea 51
31560 Yeditepe (TR) 97 Df 54
64610 Yeleğen (TR) 96 Ci 52
Yemişendere (TR) 96 Ci 53
47510 Yemişli (TR) 97 Df 54
Yenibaşak (TR) 99 Eb 52
Yenice (TR) 88 Ch 51
Yenice (TR) 89 Dc 49
Yenice (TR) 89 Dc 51
Yenice (TR) 96 Ci 53
Yenice (TR) 97 Df 54
Yenicekale (TR) 98 Dg 53
42890 Yeniceoba (TR) 96 Dc 52
42270 Yenidoğan (TR) 91 Ee 51
Yenifoça (TR) 95 Cg 52
Yenihisar (TR) 95 Ch 53
22400 Yenikarpuzlu (TR) 87 Cg 50
Yenikent (TR) 89 Dc 50
Yenikent (TR) 97 Dd 52
Yeniköy (TR) 88 Ch 50
Yeniköy (TR) 88 Ch 51
Yeniköy (TR) 95 Ci 52
Yeniköy (TR) 95 Ci 53
Yeniköy Plajı (TR) 88 Ci 50
66490 Yenipazar (TR) 88 Da 50
66490 Yenipazar (TR) 89 Df 51
66490 Yenipazar (TR) 95 Ci 53
32850 Yenişar- Bademli (TR) 96 Db 53
16900 Yenişehir (TR) 88 Ck 50
16900 Yenişehir (TR) 96 Ck 52
Yenisu (TR) 99 Ea 52
51900 Yeniyıldız (TR) 97 De 53
Yenizengen (TR) 97 De 53
BA21 Yeovil (GB) 52 Sh 40
66900 Yerköy (TR) 89 De 51
Yeşilbağ (TR) 96 Db 53
21560 Yeşilbahçe (TR) 99 Ea 52
52930 Yeşilce (TR) 90 Dh 50
42730 Yeşildağ (TR) 96 Db 53
Yeşildağ (TR) 96 Db 53
Yeşildere (TR) 97 Dd 53
Yeşilhisar (TR) 97 Df 52
07645 Yeşilköy (TR) 98 Dg 52
Yeşilköy (TR) 98 Dk 52
15500 Yeşilova (TR) 96 Ck 53
15500 Yeşilova (TR) 97 Dd 52
50900 Yeşilöz (TR) 89 Dc 51
34886 Yeşilvadi (TR) 88 Ck 49
Yeşilyazı (TR) 90 Dk 51
34151 Yeşilyurt (TR) 89 Dc 51
34151 Yeşilyurt (TR) 96 Ci 52
34151 Yeşilyurt (TR) 98 Di 52
60870 Yeşilyurt (Sulusaray) (TR) 90 Dg 51
NP7 Y-Fenni = Abergavenny (GB) 52 Sg 39
14880 Yığılca (TR) 88 Db 50
Yığınlı (TR) 99 Ed 53
Yiğitler (TR) 90 Dg 51
Yiğitler (TR) 98 Dh 53
37400 Yılanlı (TR) 98 Dg 52
Yıldızeli (TR) 90 Dg 51
98050 Ylakiai (LT) 40 Cb 34
54410 Ylämaa (FIN) 31 Ch 30
21901 Yläne (FIN) 30 Cc 30
95290 Yli-Kärppä (FIN) 22 Cf 25
91300 Ylikiiminki (FIN) 22 Cg 25
91240 Yli-Ii (FIN) 22 Cf 25
64610* Ylimarkku = Övermark (FIN) 22 Cb 28
99310 Yli-Muonio (FIN) 15 Cd 22
61401 Ylistaro (FIN) 22 Cc 28
95601 Ylitornio (FIN) 15 Cd 24
85999 Ylivieska (FIN) 22 Ce 26
95980 Ylläsjärvi (FIN) 15 Ce 23
33480 Ylöjärvi (FIN) 30 Cd 29
Yoğun (TR) 98 Dk 52
39000 Yoğuntaş (TR) 88 Ch 49
73400 Yolağzı (TR) 98 Dh 54
Yolüstü (TR) 96 Ci 53
61250 Yomra (TR) 90 Dk 50
69000 Yoncalı (TR) 90 Di 51
69000 Yoncalı (TR) 91 Ea 50
25900 Yoncalık (TR) 91 Ea 50
Yorazlar (TR) 96 Db 52
YO23 York (GB) 51 Si 37
Youghal = Eochaill (IRL) 49 Sc 39
66000* Yozgat (TR) 89 De 51
43200 Yssingeaux (F) 67 Ae 45
27100* Ystad (S) 39 Bd 35
SA9 Ystradgynlais (GB) 52 Sg 39
5265 Ytre Arna (N) 28 Af 30
Ytterån (S) 21 Be 27
68810 Ytteresse (FIN) 22 Cd 27
Ytterhogdal (S) 21 Be 28
Yttermalung (S) 29 Bd 30
Yücebağ (TR) 99 Eb 52
Yukarı Göklü (TR) 98 Dh 53
37800 Yukarı Ilıpınar (TR) 89 Dd 49
Yukarı Kızılca (TR) 91 Ec 51
08200 Yüksekoba (TR) 91 Eb 49
30300 Yüksekova (TR) 99 Ee 53
Yumrukaya (TR) 99 Ec 52
01680 Yumurtalık (TR) 97 Df 54
42530 Yunak (TR) 96 Db 52
45210 Yuncos (E) 81 Sg 50
Yuntdağ (TR) 95 Ch 52
26920 Yunusemre (TR) 88 Db 51
59040 Yürük (TR) 88 Ch 50
08800 Yusufeli (TR) 91 Eb 50
06291 Yuva (TR) 98 Dh 52
Yuvacık (TR) 90 Dk 51
Yuvacık (TR) 99 Eb 52
Yuvalı (TR) 97 Df 52
1400* Yverdon-les-Bains (CH) 68 Ag 44
76190 Yvetot (F) 53 Aa 41
Yxnö (S) 29 Bg 32

Z

1501 Zaanstad (NL) 53 Ae 38
Zabalac' (BY) 41 Ce 37
21230 Žabalj (SRB) 71 Ca 45
Zabalocce (BY) 42 Da 38
12374 Žabari (SRB) 71 Cb 46
Žabinka (BY) 57 Ce 38
57-200* Ząbkowice Śląskie (PL) 56 Bg 40
84 220 Žabljak (MNE) 86 Bk 47
Žabljano (BG) 86 Cc 48
16-060 Zabłudów (PL) 41 Cd 37
16-060 Zabłudów (PL) 41 Cd 38
Žabno (HR) 70 Bg 45
Zabok (HR) 70 Bf 44
Zabolot'e (RUS) 43 Dd 36
Zabor'e (RUS) 32 Df 31
Zabor'e (RUS) 35 Fg 33
Zaborovka (RUS) 45 Ei 37
Zaborskoe, Il'inskoe- (RUS) Ee 33
789 01 Zábřeh (CZ) 56 Bg 41
Začač'e (RUS) 25 Eb 27
Začativka (UA) 75 Dh 43
Zacharivka (UA) 73 Ck 43
Zadar (HR) 70 Bf 46
Zadnevo (RUS) 31 Dc 31
Zadonsk (RUS) 60 Di 38
Zadonsk, Severo- (RUS) 43 Di 36
Zadzežža (BY) 42 Ci 35
Zaem'e (RUS) 33 Ea 32
95019 Zafferana Etnea (I) 84 Bf 53
06300 Zafra (E) 92 Sd 52
68-100 Żagań (PL) 56 Bf 39
Žagarė (LT) 41 Cd 34
Zagljadino (RUS) 46 Fc 37
8939 Zagorci (BG) 88 Ch 48
Zagorsk = Sergiev Posad (RUS) 43 Di 34
Zagoskino (RUS) 45 Ee 37
10000* Zagreb (HR) 70 Bf 45
12320 Zagubica (SRB) 71 Cb 46
Zagvozd (HR) 70 Bh 47
Zaharovo (RUS) 44 Dk 36
5644 Zăicani (MD) 73 Ch 43
Zainsk (RUS) 46 Fc 35
Zajač'e (RUS) 60 Dg 40
19000* Zaječar (SRB) 71 Cc 47
Zajkava (BY) 42 Da 35
Zajkovo (RUS) 36 Gc 33
Zajmišče (RUS) 34 Ef 31
Zajmišči (RUS) 32 Di 31
29100 Zákinthos (GR) 94 Ca 53
Zakobjakino (RUS) 33 Ea 32
34-500* Zakopane (PL) 56 Bk 41
Zakupne (UA) 58 Cg 41
8741 Zalaapáti (H) 70 Bh 44
8900 Zalaegerszeg (H) 70 Bg 44
Zalalövő (H) 70 Bg 44
06430 Zalamea de la Serena (E) 92 Se 52
21640 Zalamea la Real (E) 92 Sd 53
000450* Zalău (RO) 72 Cd 43
Zalazna (RUS) 35 Fc 32
Zalegošč' (RUS) 43 Dg 38
Zaleščyky (UA) 58 Cf 42
Zales'e (RUS) 32 Dg 32
Zalesskij, Pereslavl'- (RUS) 43 Di 34
14-230 Zalewo (PL) 40 Bk 37
Zalivnoj (RUS) 76 Ee 43
Záložci (UA) 58 Cf 41
Zaluč'e (RUS) 31 Db 33
Žaludok (BY) 41 Ce 37
Zalukokoaže (RUS) 76 Ed 47
Zalužne (UA) 58 Ch 40
18-300* Zambrów (PL) 41 Cc 38
Zamežnoe (RUS) 26 Fc 25
Zam'jany (RUS) 77 Eh 44
49001* Zamora (E) 80 Se 49
09-204 Zamość (PL) 57 Cd 40
Zamoš'e (RUS) 31 Ci 31
2040 Zandvoort (NL) 53 Ae 38
57015 Zangliveri (GR) 87 Cd 50
Zanul'e (RUS) 34 Ek 30
Zaokskij (RUS) 43 Dh 36
Zaovraž'e (RUS) 43 De 34
Zaozernyj (RUS) 24 Ea 29
Zapadnaja Dvina (RUS) 42 Dc 34
Zapol'e (RUS) 31 Ck 32
Zapoljarnyj (RUS) 16 Da 21
Zaporižž'a (UA) 74 Df 43
Zaporož'e = Zaporižž'a (UA) 74 Df 43
Zaporožskoe (RUS) 31 Da 30
Zaprešić (HR) 70 Bf 45
Zaprudnja (RUS) 43 Dh 34
58700 Zara (TR) 90 Dh 51
50001* Zaragoza (E) 82 Sk 49
Zarajsk (RUS) 43 Di 36
32013 Zarasai (LT) 41 Cg 35
20800 Zarautz (E) 66 Sh 47
Zarečensk (RUS) 16 Db 24
Zarečnyj (RUS) 47 Gb 34
Zarevo (RUS) 75 Ea 46
Zaričanka (UA) 58 Cg 42
Zarične (UA) 58 Cg 39
Zarizyn = Volgograd (RUS) 61 Ee 42
Zarja (RUS) 62 Ef 42
42-310 Żarki (PL) 56 Bk 40
Žarkovskij (BY) 42 Dc 35
966 81 Žarnovica (SK) 56 Bi 42
70002 Zarós (GR) 94 Ce 55
25006 Zaroúhla (GR) 94 Cc 53
19246 Zarrentin (D) 39 Ba 37
Zaruba (RUS) 25 Ef 28
Zarubiha (RUS) 16 De 21
Zarubino (RUS) 32 Dd 32
68-200 Żary (PL) 56 Bf 39
Žaryn' (RUS) 43 Dd 37

206 | Waalwijk

Postcode	Name	Grid
0710	Zarza de Granadilla (E)	80 Sd 50
	Zašeek (RUS)	16 Db 24
	Zašeek (RUS)	16 Dc 23
	Zašeek (RUS)	16 De 23
	Žaškiv (UA)	59 Da 41
	Zaslav'e (BY)	42 Ch 36
	Zasosna (RUS)	60 Di 40
	Zastavna (UA)	58 Cf 42
	Zasul'e (RUS)	25 Eh 26
38 01	Žatec (CZ)	55 Bd 40
	Zaterečnyj (RUS)	77 Ef 46
	Zatoka (UA)	73 Da 44
4 303	Zaton (MNE)	86 Bk 48
2-640	Zator (PL)	56 Bk 41
113	Zaube (LV)	41 Cf 34
47660	Zau de Câmpie (RO)	72 Ce 44
	Zaural'skij (RUS)	47 Gb 36
330	Zavet (BG)	72 Cg 47
	Zavetnoe (RUS)	76 Ed 43
	Zavidovići (BIH)	71 Bi 46
	Zavitne (KRIM)	75 Dg 45
	Zav'jalovo (RUS)	46 Fd 34
5312	Zavlaka (SRB)	71 Bk 46
	Zavodčik (RUS)	35 Ff 33
	Zavod Mihajlovskij (RUS)	46 Fe 34
	Zavolž'e (RUS)	44 Ed 34
	Zavolžsk (RUS)	33 Ec 33
	Zavolžskoe (RUS)	77 Eh 44
7-120	Zawadzkie (PL)	56 Bi 40
2-400	Zawiercie (PL)	56 Bk 40
	Zbaraž (UA)	58 Cf 41
4-360	Zbąszyń (PL)	56 Bf 38
	Zberoaia (MD)	73 Ci 44
3-210	Zblewo (PL)	40 Bi 37
	Zboriv (UA)	58 Cf 41
	Ždamirovo (RUS)	45 Eg 36
96 32	Ždánice (CZ)	56 Bh 41
	Ždanov = Maryupol' (UA)	75 Dh 43
	Ždanovka (RUS)	62 Eh 39
	Ždanovka (RUS)	63 Fe 38
	Ždanovo (RUS)	44 Eb 36
	Ždany (UA)	59 Dd 40
591 01*	Žďár nad Sázavou (CZ)	56 Bf 41
267 51	Zdice (CZ)	55 Bd 41
	Zdolbuniv (UA)	58 Cg 40
57-340	Zdrój, Duszniki (PL)	56 Bg 40
57-540	Zdrój, Lądek (PL)	56 Bg 40
59-850	Zdrój, Świeradów- (PL)	56 Bf 40
380	Zeebrugge (B)	53 Ad 39
6792	Zehdenick (D)	39 Bd 38
3700*	Zeist (NL)	54 Af 38
06712	Zeitz (D)	55 Bc 39
	Zelënaja Rošča (RUS)	46 Fc 36
	Zelenčukskaja (RUS)	76 Eb 47
	Zelencyno (RUS)	33 Ec 32
	Zelenec (RUS)	26 Ff 28
	Zelenik (RUS)	25 Ee 28
	Zeleninskaja (RUS)	25 Ec 28
	Zelenivka (UA)	75 Dg 44
	Zelenoborskij (RUS)	16 Dc 24
	Zelenodol'sk (RUS)	45 Ei 35
	Zelenodol's'k (UA)	74 Dd 43
	Zelenogorsk (RUS)	31 Ck 30
	Zelenograd (RUS)	43 Dh 35
	Zelenogradsk (RUS)	40 Ca 36
	Zelenokumsk (RUS)	76 Ed 46
	Zelenyj Mys (UA)	59 Da 39
	Zelenzukskaja (RUS)	76 Eb 47
340 04	Železná Ruda (CZ)	55 Bd 41
	Železnodorožnyj (RUS)	40 Cb 36
	Železnogorsk (RUS)	60 Df 38
	Železnovodsk (RUS)	76 Ed 46
	Železnyj, Gus'- (RUS)	44 Eb 35
	Zelina (HR)	70 Bg 45
1226	Želino (MK)	86 Cb 49
35200	Zélio (GR)	94 Cc 52
5700*	Zell am See (A)	69 Bc 43
4345	Želtiņi (LV)	30 Cg 33
	Želtinskij (RUS)	47 Fk 37
	Žëltoe (RUS)	64 Fg 39
	Želtye Vody = Žovti Vody (UA)	59 Dd 42
	Žèl'va (BY)	41 Ce 37
20015	Želva (LT)	41 Cf 35
9060	Zelzate (B)	53 Ad 39
	Žemaičiu (Varduva) (LT)	41 Cc 34
	Žemaičių Naumiestis (LT)	40 Cb 35
	Zembin (BY)	42 Ci 36
	Zemetčino (RUS)	44 Ec 37
3135	Zemīte (LV)	41 Cc 34
72000*	Zenica (BIH)	70 Bh 46
	Zenkovo (RUS)	37 Gk 29
	Zenzeli (RUS)	77 Eg 45
	Žepa (BIH)	71 Bk 47
	Žepče (BIH)	71 Bi 46
39261	Zerbst (D)	55 Bc 39
	Žerd' (RUS)	25 Ee 25
	Žerdevka (RUS)	61 Eb 39
	Zerklo (RUS)	46 Fe 38
3920	Zermatt (CH)	68 Ah 44
7530	Zernez (CH)	69 Ba 44
	Zernograd (RUS)	76 Ea 44
	Zerzjaib (RUS)	26 Ek 27
	Žešart (RUS)	26 Ek 28
	Žestjanka (RUS)	62 Ek 39
07937	Zeulenroda-Triebes (D)	55 Bb 40
27404	Zeven (D)	38 Ak 37
6900*	Zevenaar (NL)	54 Ag 39
16970	Zeytinbağı (TR)	88 Ci 50
	Zeytindağ (TR)	95 Ch 52
10305	Zeytinli (TR)	87 Cg 51
08100	Zeytinlik (TR)	91 Eb 49
45560	Zeytinliova (TR)	95 Ch 52
95-100	Zgierz (PL)	56 Bk 39
4206	Zgornje Jezersko (SLO)	70 Be 44
59-900	Zgorzelec (PL)	56 Bf 39
5234	Zgurița (MD)	58 Ci 42
20520	Žhur = Žur (RKS)	86 Ca 48
	Zhurivka (UA)	59 Db 40
	Ziamet (TR)	88 Da 49
965 01	Žiar nad Hronom (SK)	56 Bi 42
	Zica (SRB)	71 Ca 47
20132	Zicavo (F)	83 Ak 49
	Žičicy (RUS)	42 Db 35
57-220	Ziębice (PL)	56 Bh 40
65-001	Zielona Góra (PL)	56 Bf 39
4300	Zierikzee (NL)	53 Ad 39
14793	Ziesar (D)	55 Bc 38
	Zigaza (RUS)	47 Fh 37
	Žigulevsk (RUS)	45 Ek 37
	Zijančurino (RUS)	64 Fh 39
	Žilair (RUS)	64 Fh 38
	Žil'djarovo (RUS)	46 Fe 37
60400*	Zile (TR)	89 Df 50
010 01*	Žilina (SK)	56 Bi 41
	Žilino (RUS)	32 Dd 33
	Žilino (RUS)	33 Eb 32
53350	Zilkale (TR)	91 Ea 50
	Žiloj Bor (RUS)	32 De 31
	Žilotkovo (RUS)	32 De 33
5751	Zilupe (LV)	42 Ci 34
457370	Zimbor (RO)	72 Cd 43
	Zimijiv (UA)	60 Dg 41
8690	Zimnica (BG)	87 Cg 48
145400	Zimnicea (RO)	72 Cf 47
	Zimnjackij (RUS)	61 Ec 41
	Zimovniki (RUS)	76 Ec 43
18374	Zingst am Darß (D)	39 Bc 36
7060	Zinnik = Soignies (B)	53 Ae 40
17454	Zinnowitz (D)	39 Bd 36
8420	Zirc (H)	70 Bh 43
	Zirgan (RUS)	46 Ff 37
	Žirjakovo (RUS)	37 Gf 33
	Žirjatino (RUS)	43 Dd 37
	Žirkovskij, Holm- (RUS)	43 Dd 35
90513	Zirndorf (D)	55 Ba 41
	Žirnov (RUS)	61 Eb 42
	Žirnovsk (RUS)	61 Ee 40
	Žiteli (RUS)	25 Eh 25
	Zitni Potok (SRB)	86 Cb 47
	Žitomir = Žytomyr (UA)	58 Ci 40
	Žitovo Glagolevo (RUS)	43 Dh 37
02763	Zittau (D)	55 Be 40
	Živajkino (RUS)	45 Eh 37
	Živi Bunari (HR)	70 Be 46
	Živinice (BIH)	71 Bi 46
	Žizdra (RUS)	43 De 37
	Zjaleny Bor (BY)	42 Ci 36
	Zjukajka (RUS)	35 Fe 32
	Zjuratkul' (RUS)	47 Fk 36
	Zjuzjuno (RUS)	35 Fe 33
5090	Zlatarica (RO)	72 Cf 47
793 76	Zlaté Hory (CZ)	56 Bh 40
2080	Zlatica (BG)	87 Ce 48
516100	Zlatna (RO)	72 Cd 44
5760	Zlatna Panega (BG)	72 Ce 47
4980	Zlatograd (BG)	87 Cf 49
	Zlatoust (RUS)	47 Fk 35
760 01*	Zlín (CZ)	56 Bh 41
	Žlobin (BY)	42 Da 38
78-520*	Złocieniec (PL)	40 Bg 37
98-270	Złoczew (PL)	56 Bi 39
19215	Zlot (SRB)	71 Cb 46
59-500*	Złotoryja (PL)	56 Bf 39
77-400	Złotów (PL)	40 Bh 37
	Zlynka (BY)	59 Db 38
	Žmerynka (UA)	58 Ci 41
	Zmiev = Zimijiv (UA)	60 Dg 41
	Zmievka (RUS)	60 Dg 38
55-140	Żmigród (PL)	56 Bg 39
	Znamenka (RUS)	27 Fg 29
	Znamenka (RUS)	34 Ei 32
	Znamenka (RUS)	43 De 36
	Znamenka (RUS)	61 Eb 38
	Znamensk (RUS)	40 Cb 36
	Znamenskoe (RUS)	36 Gd 33
	Znamenskoe (RUS)	43 Df 37
	Znamjanka (UA)	59 Dc 42
88-400	Żnin (PL)	40 Bh 38
	Znob'-Novhorods'ke (UA)	59 Dd 38
669 02*	Znojmo (CZ)	56 Bg 42
	Žodino = Žodzina (BY)	42 Ci 36
	Žodzina (BY)	42 Ci 36
24019	Zogno (I)	69 Ak 45
	Zoločiv (UA)	57 Ce 41
	Zoločiv (UA)	60 Df 40
	Zolotaja Step' (RUS)	62 Eg 39
	Zolote (UA)	60 Di 42
	Zolotonoša (UA)	59 Dc 41
	Zolotuha (RUS)	77 Eg 43
	Zolotuhino (RUS)	60 Dg 38
67000*	Zonguldak (TR)	88 Db 49
20124	Zonza (F)	83 Ak 49
10130	Zorita (E)	80 Se 51
44-240	Żory (PL)	56 Bi 40
15806	Zossen (D)	55 Bd 38
9620	Zottegem (B)	53 Ad 40
	Zovka (RUS)	31 Ci 32
	Žovkva = Nesterov (UA)	57 Cd 40
	Žovti Vody (UA)	59 Dd 42
	Žovtneve (UA)	57 Ce 40
	Žovtneve (UA)	59 De 40
	Žovtneve (UA)	74 Dd 43
	Žovtyj Jar (UA)	73 Ck 45
23101*	Zrenjanin (SRB)	71 Ca 45
285 22	Zruč nad Sázavou (CZ)	56 Bf 41
09405	Zschopau (D)	55 Bd 40
	Zubcov (RUS)	43 De 34
	Zubova Poljana (RUS)	44 Ec 36
	Zubovka (RUS)	46 Fb 36
	Zubovo (RUS)	32 Dh 30
	Zubovo (RUS)	43 Df 36
50800	Zuera (E)	82 Sk 49
	Zuevka (RUS)	34 Fb 32
21210	Zufre (E)	92 Sd 53
6300*	Zug (CH)	68 Ai 43
	Žuklino (RUS)	43 Di 34
	Žukovka (RUS)	43 Dd 37
	Žukovo (RUS)	32 Dg 32
	Žukovskaja (RUS)	76 Ec 43
	Žukovskoe (RUS)	36 Gc 32
	Zula, Ust'- (RUS)	35 Fe 31
53909	Zülpich (D)	54 Ag 40
4880	Zundert (NL)	53 Ae 39
	Župrany (BY)	41 Cg 36
20520	Žur = Zhur (RKS)	86 Ca 48
	Zura (RUS)	35 Fd 33
	Žuravne (UA)	57 Ce 41
	Žuravskoe (RUS)	76 Ed 46
8000*	Zürich (CH)	68 Ai 43
09-300	Żuromin (PL)	40 Bk 37
	Zurrieq (M)	84 Be 55
17495	Züssow (D)	39 Bd 37
	Žuta Lokva (HR)	70 Bf 46
7200*	Zutphen (NL)	54 Ag 38
	Zvenigord (RUS)	43 Dg 35
	Zvenigovo (RUS)	45 Ei 34
	Zvenyhorodka (UA)	59 Da 41
8170	Zvezdec (BG)	88 Ch 48
6820	Zvezdel (BG)	87 Cf 49
	Zvjančatka (BY)	42 Dc 37
960 01	Zvolen (SK)	56 Bk 42
18333	Zvonce (SRB)	86 Cc 48
75400*	Zvornik (BIH)	71 Bk 46
66482	Zweibrücken (D)	54 Ah 41
04442	Zwenkau (D)	55 Bc 39
3910	Zwettl (A)	56 Bf 42
08056*	Zwickau (D)	55 Bc 40
22-470	Zwierzyniec (PL)	57 Cc 40
94227	Zwiesel (D)	55 Bd 41
26160	Zwischenahn, Bad (D)	38 Ai 37
26-700	Zwoleń (PL)	57 Cb 39
8011*	Zwolle (NL)	54 Ag 38
	Zybino, Libicy- (RUS)	43 Dh 37
	Zybkove (UA)	59 Dd 42
	Žydačiv (UA)	57 Ce 41
	Zykovo (RUS)	34 Ek 33
	Zykovo, Efremo- (RUS)	46 Fd 37
96-300	Żyrardów (PL)	57 Ca 38
	Zyrjanovskij (RUS)	36 Gb 33
	Žytkavičy (BY)	58 Ch 38
	Žytnyky (UA)	59 Da 41
	Žytomyr (UA)	58 Ci 40
34-300*	Żywiec (PL)	56 Bk 41

Printed in Poland
Drukarnia Dimograf Sp. z o.o., ul. Legionów 83z, PL-43-300 Bielsko-Biała

© 2025 MAIRDUMONT GmbH & Co. KG, Marco-Polo-Straße 1, D-73751 Ostfildern (11.)
→ 2029

Kartographie: © KOMPASS-Karten GmbH, Karl-Kapferer-Straße 5, A-6020 Innsbruck
unter Verwendung von Kartendaten: © MAIRDUMONT, D-73751 Ostfildern

(UK) Our offer contains references (links) to external websites, on whose contents we have no influence. The respective provider or operator is always responsible for the content of the websites mentioned. MAIRDUMONT can therefore accept no responsibility for the content of external websites. This work including all parts underlies the Copyright Act. Any use in violation of copyright law without the prior consent of the publisher is prohibited and punishable by law. This applies in particular to any reproductions, translations, imitations, microfilming, storage and processing in electronic systems existing now or hereafter invented. Each edition is always revised according to the latest data. Errors can nevertheless not be ruled out. We would be pleased to receive your comments: **korrekturhinweise@mairdumont.com**

(D) Unser Angebot enthält Verweise (Links) auf externe Webseiten, auf deren Inhalte wir keinen Einfluss haben. Für die Inhalte der genannten Webseiten ist stets der jeweilige Anbieter oder Betreiber verantwortlich. MAIRDUMONT kann deshalb für die Inhalte externer Webseiten keine Gewähr übernehmen. Das Werk einschließlich aller seiner Teile ist urheberrechtlich geschützt. Jede urheberrechtswidrige Verwertung ist ohne Zustimmung des Verlages unzulässig und strafbar. Das gilt insbesondere für Vervielfältigungen, Übersetzungen, Nachahmungen, Mikroverfilmungen und die Einspeicherung und Verarbeitung in elektronischen Systemen. Jede Auflage wird stets nach neuesten Unterlagen überarbeitet. Irrtümer können trotzdem nicht ausgeschlossen werden. Ihre Hinweise nehmen wir gerne entgegen: **korrekturhinweise@mairdumont.com**

(F) Notre site web contient des références (liens) vers des sites Web externes, sur le contenu desquels nous n'avons aucune influence. Le fournisseur ou l'opérateur respectif est toujours responsable du contenu des sites Web mentionnés. MAIRDUMONT ne peut donc assumer aucune responsabilité quant au contenu des sites externes. L'œuvre, y compris l'ensemble de ses parties, est protégée par les droits d'auteur. Toute utilisation en violation des droits d'auteur sans le consentement de la maison d'édition est inadmissible et passible de poursuites. Cela s'applique en particulier aux reproductions, traductions, imitations, microfilmages ainsi qu'à l'enregistrement et au traitement dans des systèmes électroniques. Chaque édition est toujours révisée sous prise en compte de la documentation la plus récente. Néanmoins, des erreurs ne peuvent être exclues. Nous acceptons volontiers vos indications: **korrekturhinweise@mairdumont.com**

(I) La nostra offerta contiene collegamenti (link) a siti Internet esterni con contenuti che esulano dal nostro campo di influenza. Per i contenuti di tali siti Internet è responsabile il rispettivo offerente o gestore. MAIRDUMONT non può quindi assumersi alcuna responsabilità per i contenuti di siti Internet esterni. L'opera, comprensiva di tutte le sue parti, è protetta da copyright. In mancanza dell'autorizzazione dell'editore, qualsiasi utilizzo che violi i diritti di copyright è vietato e penalmente perseguibile. Ciò vale in particolare per qualsiasi riproduzione, traduzione, imitazione, copia su microfilm, salvataggio ed elaborazione su sistemi elettronici. Tutte le edizioni sono sempre riviste in base alla documentazione più recente. Ciò nonostante, non possiamo escludere errori. Riceviamo volentieri i vostri commenti: **korrekturhinweise@mairdumont.com**

Photo Credit:
Cover Photo: Turn of mountain highway with dramatic blue sky and sea (evannovostro – stock.adobe.com)
MARCO POLO Highlights:
- Mitternachtssonne, Nordkap (huber-images/M. Rellini)
- Panoramablick auf Reykjavik im Winter (Marc Jedamus – stock.adobe.com)
- Dom am Senatsplatz, Helsinki (huber-images/Gräfenhain)
- Leidesegracht, Amsterdam (huber-images/M. Rellini)
- Königsschloss Wawel - Krakau (Tomasz Warszewski – stock.adobe.com)
- Bodensee (mauritius images/Westend61)
- Bucht bei Le Lavandou, Cote d'Azur (huber-images/Ch. Seba)
- Barcelona (DuMont Bildarchiv/F. Heuer)
- Griechisch-römisches Theater in Taormina mit Ätna im Hintergrund (majonit – stock.adobe.com)
- Hagia Sophia, Istanbul (DuMont Bildarchiv/F. Heuer)

Printed on certified paper · gedruckt auf zertifiziertem Papier